Akademie der Wissenschaften Wien

Archiv für österreichische Geschichte, Notizenblatt

4. Jahrgang

Akademie der Wissenschaften Wien

Archiv für österreichische Geschichte, Notizenblatt

4. Jahrgang

Inktank publishing, 2018

www.inktank-publishing.com

ISBN/EAN: 9783747776391

NOTIZENBLATT.

Beilage

zum

Archiv für Kunde österreichischer Geschichtsquellen.

Herausgegeben

von

der historischen Commission

der

kaiserlichen Akademie der Wissenschaften

in Wien.

VIERTER JAHRGANG 1854.

(24 Numern.)

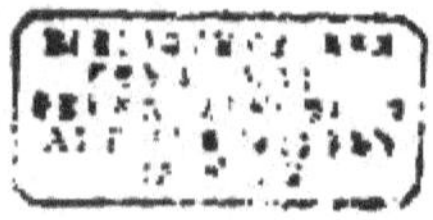

Wien.

Aus der kaiserlich-königlichen Hof- und Staatsdruckerei.

1854.

Inhalt.

I. Literatur.

II. Oesterreichische Geschichtsquellen.

13. Notizen aus und über Ranshofen am Inn. (Aus einer Handschrift des Museums Francisco-Carolinum zu Linz u. s. w.) (Hieronymus Mayr, Dechant zu Ranshofen.)
Mitgetheilt von Jodok Stülz.
Nr. 18, S. 409—416. (I—XXXV.)
Nr. 19, S. 443—448. (XXXVI—XLI, Traditionen, dann: Verzeichniss der Jahrtäge im Kloster Ranshofen [19].)
Nr. 20, S. 465—472. (Jahrtage 20—24. Verschiedene Notizen. Reihe der Pröpste von Ranshofen.)
Nr. 21, S. 496—504. (Notizen über Ranshofen und Suben.)
Nr. 22, S. 524—529. (Klostergeschichte.) Dann S. 529—530 einige andere Notizen. Revers des Churfürsten von Sachsen für Hanns von Ungnad vom 16. November 1450. (Zahlung von 2000 Gulden rhein.)
2. Bitte des Pfarrers von Waidersfelden an seinen Patron den Herrn Hanns von Haimb zum Reichenstein, vom 6. Jänner 1580, gegen den Pfarrer und Schulmeister zu Weissenbach (im Mühlviertel), die ihn verfolgen.
3. B. Altmann von Passau weiht 1084 die Kirche St. Valentin in Haselbach, bei Ranshofen.
14. „Das gräflich von Verdenbergische Seminarium zu Görz."
Von Joseph Bergmann.
(Zuerst Nachricht über den Stifter, den 1630 zum Grafen erhobenen J. B. Verda, k. Hofkanzler. Dann die Stiftungs-Urkunde vom 2. Mai 1636.)
Nr. 20, S. 461—465.
15. „Hofmarch- und Landtgerichts-Puechl der Herrschaft Wartenburg im Lande ob der Enns. 1611."
Mitgetheilt von Joseph Chmel.
Nr. 21, S. 464—496.

III. Monumenta Habsburgica.

2. Fürstenbriefe u. s. w. aus dem 15. Jahrhunderte, unter der Regierung K. Friedrich's IV. (Theils aus den Originalen im Reichsarchive zu München, theils aus den Abschriften im germanischen Museum zu Nürnberg.)
Mitgetheilt von Joseph Chmel.
Nr. 18, S. 417—424. (I—XXXIX. 1475—1477, 1473.)

IV. Acta Conciliorum saeculi XV. (Vacat.)

V. Historischer Atlas und Statistik des Mittelalters.

1. Das Lehenbuch K. Ladislaus P. für Österreich ob und unter der Enns. (Aus den Jahren 1453—1457.)
Aus dem Originale im k. k. Haus-, Hof und Staatsarchive mitgetheilt von Joseph Chmel.
(In alphabethische Ordnung gebracht.)
Nr. 1, S. 13— 24.
Nr. 2, S. 41— 48.
Nr. 3, S. 65— 72.
Nr. 4, S. 89— 96.
Nr. 5, S. 113—120.
Nr. 6, S. 137—144.
Nr. 7, S. 161—168.
Nr. 8, S. 185—192.
Nr. 9, S. 209—216.
Nr. 10, S. 233—240.
Nr. 11, S. 257—264.

Nr. 12, S. 281—288.
Nr. 13, S. 305—312.
Nr. 14, S. 329—336.
Nr. 15, S. 353—360.
Nr. 16, S. 377—384.
Nr. 17. S. 401—408.
Nr. 18, S. 425—432.
(431 Nummern, deren manche aber auch mehrere Daten enthalten.)

2. Seckauer Lehenbuch vom Jahre 1483, im Archive des Schlosses Freistadt, im Lande ob der Enns.

Mitgetheilt von Wirmsberger in Linz.

Nr. 19, S. 449—456.

Die Besitzungen des Benedictinerklosters Nieder-Altaich in der Passauer Diöcese.

Aus einer Pergamenthandschrift des 13. Jahrhunderts im k. k. geheimen Haus-, Hof- und Staatsarchive zu Wien mitgetheilt von Joseph Chmel.

(Vgl. Fontes rerum Austriacarum II, 1, pag. 136—160, CXX [1—44.]
Archiv für Kunde österreichischer Geschichtsquellen I, [1848] 1, S. 1—72.
Sitzungsberichte Bd. X, S. 220 ff. Bd. XI, S. 871 und ff.)

Nr. 20, S. 473—480. (I. Redditus in Usterlingen, II. Oberhausen.)
Nr. 21, S. 505—512. (III. De officio Ötling, IV. Puchofen.)
Nr. 22. S. 537—544. (V. Puchofen. V. De officio Munichdorf.)
Nr. 23, S. 569—576. (V. Münchdorf. VI. Chuntzen. VII. De predio circa Rugensingen.)

№ 1. **NOTIZENBLATT.** 1854.

Beilage zum Archiv für Kunde österreichischer Geschichtsquellen.

Herausgegeben von der historischen Commission
der
kaiserlichen Akademie der Wissenschaften in Wien.

II. „Oesterreichische Geschichtsquellen."

1.) Salzburgische Urkunden und Urkunden-Auszüge von 1440 bis 1457 aus dem k. k. Haus-, Hof- und Staatsarchive.

Mitgetheilt von Joseph Chmel.

(Siehe Notizenblatt 1853.)

CLXXXIV. 1452, 22. Juni. Nicolaus episcopus seruus seruorum dei. Ad futuram rei memoriam. Romanus Pontifex cum naturam sortiatur humanam nonnunquam uariis figmentis fallitur, et sepe multiplicibus obductus curis etiam ad importunam precum instantiam seu alias Constitutionibus per eum salubriter gestis et factis concessionibus seu gratiis preter eius mentem contraria concedit, que tamen postmodum rebus cognitis reuocat et declarat, ac desuper disponit, prout in altissimo salubriter conspicit expedire. Dudum siquidem pro bono pacis et vnione vniuersalis ecclesie nonnulla tunc expressa concordata inclite nationis germanice et inter cetera illa per que cauetur expresse quod per quamcumque reseruationem gratiam expectatiuam seu quamvis aliam dispositionem sub quacumque uerborum forma per nos vel auctoritate nostra factam uel faciendam non impediremus nos quominus de beneficiis ecclesiasticis cum vacarent, de Februarii Aprilis Junii Augusti Octobris et Decembris Mensibus libere disponeretur per illos ad quos ipsorum collatio prouisio presentatio electio seu queuis alia dispositio pertineret reseruationibus aliis a tunc expressis ac dispositionibus auctoritate nostra factis vel faciendis, non obstantibus quibuscumque per alias nostras litteras approbauimus et confirmauimus. Et deinde inter alia statuimus decreuimus et ordinauimus quod per nulla de primoucaturis beneficiis seu que certe persone ducerent acceptanda speciales reseruationes et conferendi mandata etiam motu proprio et ex certa scientia, ac sub quibusuis formis et expressionibus verborum nec non cum quibuscumque clausulis per nos quibusuis personis sancte Romane ecclesie Cardinalibus dumtaxat exceptis cuiuscumque status gradus ordinis uel conditionis forent eatenus concessa et imposterum concedenda, ordinariis collatoribus quominus beneficia ad ipsorum collationem spectantia in certis Mensibus uacantia iuxta quandam per nos desuper editam ordinationem libere conferre valerent aliquod preiudicium fieret etiam si per illa ipsis ordinariis et ordinationi preiudicaretur nominatim specifice et expresse ac subsequenter per alias nostras litteras omnes et singulas gratias nominandi seu conferendi facultates ac speciales reseruationes et conferendi mandata que ad beneficia in mensibus in quibus beneficiorum vacantium collationem ad illorum ordinarios Collatores pertinere voluimus uacantia se extendebant quibusuis quacumque dignitate preditis hactenus per nos concessa, quatinus per ea tacite uel expresse motu proprio sub quibusvis formis et clausulis prefatis constitutioni facultatibus et indultis quoquomodo derogabatur, que nondum sortita effectum erant, nisi ad id expressus ordinariorum assensus accederet, auctoritate predicta reuocauimus mandantes causarum palatii apostolici auditoribus, ac omnibus et singulis Judicibus ordinariis et delegatis, ne in curia uel extra ex

1

eis aut eorum uigore ius quesitum fore, aut queri posse pronuntiare ualerent seu beneficium quoduis adiudicare, ac decernentes illas, nec non quascumque alias huiusmodi per nos imposterum etiam motu simili et ex certa scientia ac sub quibusuis clausulis, etiam si ipsis nostris litteris expresse derogaretur concedendas gratias facultates et reseruationes nullius existere roboris vel momenti, ac irritum et inane quicquid secus a quoquam quauis auctoritate scienter vel ignoranter contingeret attemptari, prout in singulis litteris et constitutione predictis plenius continetur. Cum autem sicut accepimus a nonnullis asseratur per diversa a nobis postmodum concessa gratias facultates concessiones indulta et litteras concordatis et illorum confirmationis, ac aliis litteris et constitutionibus predictis saltem quoad beneficia in ciuitate et diöcesi Salzeburgensi consistentia fuisse et esse derogatum et propterea dilectus filius Sigismundus Electus Salczeburgensis dubitet se et alios ordinarios collatores beneficiorum suarum ciuitatis et diöcesis predictarum super conferendis beneficiis ad ipsorum collationem prouisionem presentationem electionem seu quamvis aliam dispositionem pertinentibus in prefatis mensibus uacantibus impediri seu alias ipsos vel personas quibus beneficia huiusmodi pro tempore collata fuerint, litibus inuolui posse tempore procedente. Nos cuius a tempore quo concordata huiusmodi approbauimus firme et incommutabilis intentionis fuit, prout adhuc existit, quod concordata ipsa inuiolabiliter obseruarentur, nec per aliqua gratias facultates concessiones indulta et litteras per nos concessa uel imposterum concedenda ipsis et presertim supranarratis concordatis predictis etiam si secus in illis caueretur expresse preiudicaretur seu preiudicari quoquomodo posset, ut tamen clarius de intentione nostra huiusmodi constare possit omnisque ambiguitatis scrupulus summoueatur, ac Sigismundus Electus, et ordinarii collatores ciuitatis et diocesis huiusmodi eo absque difficultatis seu impedimenti obstaculis iuxta concordata antedicta beneficia in mensibus predictis uacantia conferre possint, ad omne ambiguitatis dubium summouendum motu proprio non ad ipsius Sigismundi Electi uel alterius pro eo nobis super hoc oblate petitionis instantiam sed de nostra mera liberalitate auctoritate apostolica et ex certa scientia, tenore presentium declaramus a tempore confirmationis concordatorum huiusmodi nostre intentionis fuisse et adhuc esse quod per quecumque expectatiuas aliasque gratias nominationes nominandi seu conferendi beneficia facultates et de primo uacaturis seu alias speciales reseruationes, ac de sic uacaturis cum uacabunt conferendis mandata vniones quoque annexiones incorporationes suppressiones prerogatiuas antelationes declarationes ad ius commune reductiones aliaque concessiones priuilegia indulta et litteras etiam motu et scientia similibus seu ad quarumuis personarum supplicationem uel instantiam sub quibusuis formis et expressionibus uerborum et cum quibuscumque etiam indiuidualium ac derogatoriarum derogatoriis aliisque fortioribus et insolitis apponi clausulis etiam talibus per quas nominatim specifice et expresse Electo seu Archiepiscopo Salczeburgensi pro tempore existenti, nec non ordinariis collatoribus ciuitatis et diöcesis predictis quoad hoc derogaretur expresse et nisi in illis de presentibus de uerbo ad uerbum specialis specifica et expressa non autem per generales seu alias expressam mentionem importantes clausulas mentio fiat imposterum concedenda nullum preiudicium fieret seu fiat, aut factum fuisse seu fieri posse censeri valeat, ipsis Electo seu Archiepiscopo pro tempore ac collatoribus ciuitatis et diöcesis prefatis, nec non dictis concordatis quominus iuxta illa beneficia in predictis mensibus uacantia libere conferre possent ac possint, et per eos seu aliquos ipsorum de beneficiis huiusmodi facte collationes prouisiones presentationes electiones seu queuis alie dispositiones ualerent seu ualeant, plenamque obtinerent et obtineant roboris firmitatem in omnibus et per omnia perinde ac si expectatiue gratie nominationes facultates reseruationes speciales ac conferendi mandata vniones annexiones incorporationes suppressiones prerogatiuas antelationes et alia supradicta a nobis nullatenus emanassent, nec etiam emanarent, non obstantibus premissis ac constitutionibus et ordinationibus apostolicis ceterisque contrariis quibuscumque. Nulli ergo omnino hominum liceat hanc paginam nostre declarationis infringere vel ei ausu temerario contraire. Si quis autem hoc attemptare presumpserit indignationem omnipotentis dei et beatorum Petri et Pauli Apostolorum eius se nouerit incursurum. Datum Rome apud Sanctum petrum anno Incarnationis dominice Millesimo quadringentesimo quinquagesimo secundo Decimo Kalendas Julii Pontificatus nostri anno Sexto.

Junii III V X X X X

G. de Puteo.

Pe. de Noxeto

D. de Luca

Orig. Perg. Bleierne Bulle. Geh. Hausarchiv.

CLXXXV. 1452, 8. August, Eritag vor St. Laurenz, Salzburg. Revers des Bischofs Jörg von Seckau für Erzbischof Sigmund von Salzburg, der ihm bis auf Widerruf sein Weyerl bei Leybencz überlassen hat zur Nutzung („so weilent Bischof Fridreich säliger gedachtnuss vnser voruoder mit darlegen ettweuil widerbracht.“)

Kammerb. V, pag. 374, Nr. 236.

CLXXXVI. 1452, 28. October. Ich Wilhalm vom Turn zu Newnpewrn. Ich Jacob vnd Ich Caspar gebruder dye Turner sein vetter. Bekennen mit dem brieue für vns vnd vnnser erben vnd tun kundt allermeniklich .. Als ettwas lanneczeit Zwitrecht gewesen ist czwischen vnnser an aim, vnd des Erwirdigen in got heren Burckharten Tumbrobst vnd Erczbriester, hern Oswalden Techant vnd des ganczen Capitel zu Salczburg am anndern tail, von der Mess wegen so in sannd Jacobs Capellen auf dem freithof bey sannd Rupprechts Münster hie zu Salczburg vnd da wir vnd vnnser erben Grebnuss haben, solte gehalten gewesen sein, auch der sammung so daselbs Jerlich geuellt, derselben zwitrecht wir aber zu bayderseytt auf den hochwirdigen fürsten vnnsern gnedigen herren vnd vater, hern Sigmunden Erczbischof zu Salczburg, Legaten des Stuls ze Rome oder seiner gnaden Rete hindergengig worden sein, also daz vns sein gnad oder Rete was yeder tail furzebringen hete, hörte vnd so das beschehen wär, daz sy dann vollen gwalt in der gut oder im Rechten in den sachen ze sprechen hieten vnd entschaidung ze machen. Darauf dann wir obbemelt Turner furbrachten aynen besigelten brief, darinn vnder anndern begriffen was, wie weilent seliger gedechtnuss Conrat Tumbrobst Pilgreim Dechant vnd das gancz Capitel ze Saltzburg sich verpunden hieten alle tag ain mess ze halten in derselben Kirchen vnd dieselb Mess fürczesehen mit liecht püchern, kelhen vnd Messgwanndten, darumb dann in vnnser voruoder zu der gült so vormalen darczu gewidemt was, ettwas meer gült auch gestifft heten, nach Innhalt desselben briefs, des datum dann stund Nach kristi geburd dreweczehen hundert vnd im drey vnd dreissigisten Jare an sannd Veitstag, vnd hofften daz sölicher brief billichen solte bey krefften beleiben. Dawider aber sy fürbrachten vnd vermainten wie zu solher gestiffter Mess kain Bestätt von dhaynem herren von Saltzburg ausgangen wär, auch wie Sy nicht meer dann zwelifthalb pfundt gelts in gült von derselben mess wegen innhieten, dauon dhain täglich mess gehalten, noch dhain Capplan sich dauon nicht erneren möchte, Es wär auch nicht in gedächtnuss der menschen daz die mess täglich vnd sunder durch aynen herren vom capitel wär gehalten worden, vnd hofften darauf kainer täglichen ewigen mess schuldig sein ze halten, mit ettwouil meer worten baider tail fürbringens, das lanng vnd nicht notdurfft alles zuerczellen ist. Darauf haben die bemelten vnnsers gnädigen herren von Saltzburg Rete vns entschaiden als hernach begriffen ist. Von erst daz die bemelten vnnser gnädig herren n der Tumbrobst, Dechant vnd das Capitel vnd ir Nachkömen hinfür ewiklich bestellen sullen in der bemelten Capellen an fünff tegen in yeder wochen an yedem derselben tãg ain mess durch aynen Erbern gelewnten briester, dem sy darumb genûg tun sullen fleissiklich an abganng zu rechter czeit des tags, als dann mit alter gwonhait herkomen ist ze halten. Also daz derselb briester zwen feyertag in der wochen, an dem Eritag vnd an dem freitag gehaben mag. Ausgenomen es kõm ain veyertag an der tãg aynen oder sy baid alsdenn so sol derselb Capplan nicht feyeren, sunder mess halten vnd im ainen anndern feyertag an aynem werchtag, doch nicht den montag nemmen. Wir mugen auch in der Cappellen vber die bemelten fünff mess annder mess singen vnd lesen lassen nach vnserr andacht angeuẽrde. Die bemelten herren vom Capitel sullen auch die ebemelten fünff mess mit liecht, mit pûchern, mit kelhen vnd ornẽten erberlich fürsehen. Dann von der sammung wegen so in derselben Capellen geuellt, ist sunder beredt worden, daz der capplan, wir vnd vnnser nachkomen oder vnnser pawmaister den wir darczu orden werden, aynen prediger vnd singer bestellen sullen, vnd sol der mesner der cappellen sammen, darczu dann der Capplan, oder wir dye Turner, ob wir wellen aynen auch geben mûgen, vnd derselb mesner sol alsdenn die sammung dem Capplan vnd vns, oder vnnserm pawmaister antwurtten, die sullen wir dann ee dauon ychts genommen werde, den prediger, auch die Singer so an sannd Jacobs vnd sannd Bẽrtlmees tag daselbs predigt vnd singen, nach alter gwonhait ausrichten vnd der v̊brig tail sol in drew tail getailt vnd ain tail dem briester, so dye fünff mess hat zusteen vnd gegeben werden, vnd die zwen tail sullen vns oder wen wir pawmaister darzu ordnen werden, beleiben, Doch also, daz wir oder wem wir das paw beuelhen sõlich gelt behalten. desgeleichs was sunst das gantz Jar in den Stock gelegt vnd an dem Charfreitag zu der martter gegeben wirdet, das sol auch in dye drey tail getailt, vnd der ain tail dem capplan vnd zwen der bemelten capellen nachuolgen vnd an das paw der cappellen vnd nicht annders angelegt werden. Wir sullen auch nu furan dieselb cappellen mit dach vnd paw vnd anndern notdurfften, ausgenommen sölich notdurfft als dye obeschriben ist fürsehen. Vnd ob Sy in dem allen sawmig wurden, also, daz die mess als oben gemelt ist, nicht gehalten wurden, alsofft das beschiecht, alsofft sullen sy zu vnlessiger peen zwenvnddreissig pfenning gengiger münss zu Saltzburg verfallen sein, vnd die zu dem paw der capellen dem pawmaister daselbs geben, vnd dennoch bestellen, damit solher abganng oder mess erstatt werde. Wir vnd vnnser erben vnd Nachkomen oder dye, den die Kirchen vnd paw zustunde oder beuolhen wirdet, mugen sy wol darinne ermonen vnd anhalden, so lanng bis solich vorgemelte versawmung geben vnd erstatt werde, vnd darüber sol vnd mag sy vnd Ir nachkomen auch ain yeder herr zu Salczburg wer der zu zeiten ist, mit peenen geistlichen vnd weltlichen darzu halden alslanng vncz Sy sölicher peen, mess vnd versawmnuss wider völliklich erstatten, trewlich vnd vngeuerlich. Es sullen dye Turner auch dem Mesner der der benautten cappellen dint vnd auswartt, dye syben ellen grabs tuchs Hẽllingermass vnd so Im auf vnnserm gut zu Slẽming bei weruen gestifft ist, Jerlich als von allter herkomen ist, geben vnd ausrichten. Vnd also geloben wir obbemelt Wilhalm̃. Jacob und Caspar dye Turner, für vns, vnnser erben vnd Nachkomen, daz wir solhe entschaidung trewlich halten vnd volbringen vnd nachgeen wellen, in mass als die oben gemelt ist auch ongeuerde. Wir wellen auch den benantten vnnsern gnẽdigen herren hern Sigmunden vnnsern Ertzbischouen hie zu Saltzburg dyemütiklich bitten, vnd anhalden lassen, damit sein gnad sölich entschaidung mit seiner Bischoflichen gwaltsam geruche ze bestetten. Vnd des ze vrkundt geben wir den brief besigelten mit vnnserr obbenanten Wilhalm̃ vnd Jacoben Turner bayder aigen anhangunden Insigeln. Do hab ich obbenantter Caspar Turner gebeten den edeln vesten Wilhalm̃ von der Alben, daz der vmb meiner fleissigen bete willen sein Insigl auch an den brief gehanngen hat, doch im vnd seynn erben on schaden, wann Ich dyezeit aigens grabens Sigel nicht enhete, Darunder wir vns vorbenant Wilhalm̃ vnd Jacob vnder vnsere, vnd ich bemelter Caspar vnnder desselben Wilhalm̃ von der alben Insigel für vns vnd all vnnser erben verpinden, alles das stẽt ze halten vnd ze volfüren so oben an geschriben steet.

Zewgen der bete vmb des Wilhalm von der Alben Insigel sind dye Edeln vesten Wilhalm Trawner, Görg Tarstainer, vnd Rupprecht Kaynacher. Vnd ist beschehen ze Saltzburg, do man tzalt nach kristi geburde viertzehenhundert vnd darnach im zwayundfünfczigistem Jaren an sannd Symon vnd sannd Judas tag der heiligen Zwelifboten.

Orig. Perg. 3 Siegel. Geh. Hausarchiv.

CLXXXVII. 1452, 11. November. Wir Sigmund von gotz gnaden Ertzbischoue zu Salczburg Legat des Stuls zu Rom etc. Enbietn vnserm getrewn Leonharten Chlewber Richter vnd vrbarambtman in der Abtenaw vnser grus beuor. Als wir durch gunst gotlicher gnaden zu Erbistum ze Salczburg komen sein haben wir im anfang vnsers Ingangs vmb vnser bestett gein Rom auch in andern vnsern vnd vnsers Gotshaus notdurft gros ausgeben vnd darlegen getan vnd darumb haben wir ain gemaine weichstewr in vnserm lande vnd herscheften als dan vnser voruordern ainer auf den andern vncz her getan angeslagen darin wir vnsern gerichts vnd vrbarlewtten darauf solich weichstewr dan vormalen gelegt vnd angeslagen ist in vnserm gericht vnd ambt so du von vns innen hast angesessen Czwayhundert vnd Sibenvnddreissikg pfunt pfening angelegt haben. Also beuelhen wir dir mit ernstlichen vleiss das du den pfarrer daselbs auch etlich der eltisten vnd der tugentlichisten aus den selbem gericht vnd vrbarlewtten zu dir vorderst vnd solich gelt mitsambt denselben nach geleichen geburlichen dingen vnder den gemelten vnsern gerichts vnd vrbarlewtten anslahest vnd die von In einbringest vnd vnserm Kamermaister mitsambt dem Register solichs anslags her in vnser kamer zwischen hie vnd der ersten vastwochen schirstkünftig bringest vnd antburtest anuerziehen Daran tustu auch sy vnsern willn vnd ernstlich maynung Geben zu Salczburg an Sand Marteinstag Anno domini Millesimo quadringentesimo quinquagesimo secundo.

Von aussen: Etlichen hat man auf Ir pet vnd Supplication die weichstewr geringert.

Gleichzeitige Abschrift. Papier. Geh. Hausarchiv.

1. Hochwirdiger Fürst genädiger herr zu Salczburg Wir ewer fürstlich genaden arm lewt vnd burger von sannd Johanns im Panngew Bittenn ewer furstlich genad zu wissenn, das auf vns weichstewer ewern genaden zu geben geslagen ist. Nun ist wissenlich das wir von fewers wegen vor kurczen Jaren in grunt verdorben sein darczu so hat vns hewer das wasser prucken vnd steg weg hintragen das vnns vil gesten wirdet Ee vnd wir das alles widerumb machen Bittenn vnd rueffenn an ewer furstlich genad mit aller vndertänigkait durich got vnd des heyligenn herren sand Rueprechts willenn vnseren oberürten schaden vnd verderben des laider gar gros ist, genädigklichen furnemen vnd bedenckhen vnd vns in der weychstewer ain genadigs nachlassenn tun das wellenn wir vmb dieselb ewer fürstlich genad mit aller vndertänigkait gegen got dem herrn gehorsamlichen verdienn vnd bittenn ainer genadigen antwurt.

Gleichz. Abschrift.

2. Hochwirdiger fürst genädiger herr, wir ewer fürstleichen genaden arm vischkäuff dye Gallfues von Matsee, Bitten ewer fürstlich genad zu wissenn das auf vnnser yeden von ewer genaden Anwalden weychstewer geslagen ist fünf schilling pfenning, der wir, bey den vergangen herren gutter gedachtnuss vertragen worden sein vnd an vns nye geuodert ist worden aunder darinn albeg angesehen, das wir alczeit berait haben müssen sein visch gen hof ze geben als dann noch ist, sich begibt auch oft so wir nicht visch haben das wir von aussern vischern oft ain pfund umb zwainzig oder vier und zwainzig pfening kauffen muessen, damit der hof nicht an visch sey das vns vmb funfzehen pfenig vnd nicht höcher angeslagen wirt. Gnädiger herr an solhen kawffen gibt sich offt das wir ain pfund pfening oder vier verliesn müssen, Bitten wir ewer fürstlich genad mit aller vndertänigkait, durich got vnd des heyligenn herren sand Rueprechts willen ewer

genad well vns darinn genädigklichen halten vnd vns der stewer begeben alsdann ewer voruodern guetter gedachtnuss vns gehalten vnd begeben haben vnd dem kastner schaffen ze schreyben vns darumb mit rue ze lassen, wann er vns Taglich darumb pheuntten will das wellen wir mit aller diemütiger gehorsam vmb ewer fürstlich genad gen got dem herren vnd mit vnnser hertten arbait tag vnd nacht alczeit verdienn vnd bitten von ewer fürstlichen genaden ain genädige anttwurt.

Gleichz. Abschrift. (?)

3. Hochwirdigister fürst vnd genädigister lieber herr Ich armew fraw Warbara die Sweycklin fueg ewren fürstlichen genaden zw wissenn das mein nachpawren ain michlew weychstewr eweren fürstlichen genaden zu geben an mich herttiklichen vodernt vnd ye von mir haben wellent vnd der ich dann layder nicht hab noch vermag zw gebenn wann ich hab layder nwnn ain lanngew zeitt ain vnnsinigen mann vnd klainer chinder Sybennew darzue vnd hab auf Ertreich nyemants der mir sew allew nern hilft wann got mit seinen genaden vnd ich Ellendtes weyb pitt vnd rueff ich an ewr fürstlichew genad durch got vnser lieben frawn sand ruepprecht sand virgilien vnd durch aller heyligen willenn Ewr furstlichew genad etc. will solichen grossen prechen so mein man hat auch meinew klainew chind genädiklichen pegnaden vnd vns solicher stewer mueslichen schaffen das will ich armew fraw mit meinem klainen chindlein alczeit diemuettiklichen vmb ewr fürstlichew genad gegen Got vnnser lieben frawn vnd allen heiligen verdienn vnd pitt ewr fürstleichew genad vmb ain genädigew antwurdt.

Orig. (?) Papier.

CLXXXVIII. 1453, 11. Februar. Nicolaus etc. Ad futuram rei memoriam. Decet Romanum Pontificem cuius est singulorum Jura tueri eam in suis concessionibus et graciis seruare rectitudinis semitam ut quod in vnius fauorem concessisse prospicitur in alterius preiudicium non redundet. Sane dudum sicut accepimus obtentu literarum nostrarum siue per easdem literas de parochialibus ecclesiis et aliis ecclesiasticis beneficiis in Salczeburgensi et Seccouiensi dioecesibus consistentibus que ad presentationem aut collationem seu prouisionem venerabilis fratris nostri n Archiepiscopi Salczeburgensis de antiqua et approbata ac hactenus pacifice obseruata consuetudine pertinere noscuntur monasteriis in eisdem dioecesibus etiam consistentibus seu eorum abbacialibus uel prepositurarum aut conuentualibus mensis vniones annexiones et incorporationes facte vel de illis faciendis mandata siue concessiones facta fuerunt. in eisdem litteris ac mandatis et concessionibus minime cauto, quod dictus Archiepiscopus dum vniones huiusmodi fiebant aut fieri debebant ad hoc euocari deberet, quodque etiam in illis eius voluerimus interuenire consensum. Nos igitur quorum intentionis nusquam extitit annexiones et incorporationes huiusmodi facere aut fieri voluisse in preiudicium Archiepiscopi supradicti. dicti Archiepiscopi in hac parte supplicationibus inclinati ecclesiarum et beneficiorum nec non monasteriorum et prepositurarum quorum mensis vniones annexiones et incorporationes huiusmodi facte seu fiende fuerint nec non literarum mandatorum et concessionum huiusmodi tenores presentibus, ac si illis de verbo ad verbum inserti forent pro expressis habentes. vniones incorporationes nec non literas mandata et concessiones huiusmodi et quecunque inde secuta quatenus in preiudicium predicti Archiepiscopi emanarunt, etiam si ipse vniones suum sortite fuerint effectum nisi idem Archiepiscopus suum illis expresse adhibuerit aut velit adhibere consensum, pro cassis et infectis haberi volumus, ac statuimus decernimus ac etiam declaramus vniones annexiones et incorporationes nec non literas mandata et concessiones ac inde secuta huiusmodi cessante consensu predicto, nullius fuisse aut censeri debuisse et debere roboris vel momenti. Processus quoque per easdem literas habitos, quasuis etiam in se forsitan censuras et penas continentes neminem artare quinymmo eundem Archiepiscopum ac ecclesias et beneficia predicta adversus vniones annexiones et incorporationes ac literas mandata et concessiones nec non inde secuta huiusmodi in eum statum in quo antequam illa emanarant extiterant in integrum restituimus per presentes, non obstantibus premissis nec non constitutionibus et ordinationibus apostolicis ceterisque contrariis quibuscumque. Nulli ergo etc. Datum Rome apud Sanctum petrum Anno Incarnationis dominice Millesimo quadringentesimo quinquagesimo secundo Tercio Idus Februarij Pontificatus nostri Anno Sexto.

Wahrscheinlich dieselbe Bulle, welche Kleimayrn (Juvavia pag. 206) also citirt: „Die dritte, nämlich Nicolaus V. ddo. Romae Id. Febr. 1452 pont. an. (sic), hebt auf Ansuchen des Erzbischofs alle bereits beschehene, oder künftige Unionen, Annexionen, und Incorporationen von allen Beneficien, worüber derselbe die Benennung und Disposition hat, auf, ausser es trete des Erzbischofs ausdrücklicher Wille mit ein."

Gleichzeitige Abschrift. Papier. Geh. Hausarchiv.

CLXXXIX. 1453, 11. Februar, Sonntag nach Dorotheentag, Salzburg. Revers des Ritters Wilhelm Reysperger für Erzbischof Sigmund von Salzburg, der ihm lebenslänglich die Veste und Pflege zu Lonsperg, auch das Amt und Gericht mit anderer Zugehör, um die gewöhnliche Burghut und das Amtmannsrecht, auch den Getreid-Zehent und 2 Weingärten (die ihm Erzbischof Friedrich zur Besserung seiner Pflege dazu gab) überlassen hat. Er will vom Amte jährlich bei dem Vicedomamte zu Leybniz (?) Rechnung legen.

Versiegelt mit seinem „Petschadt brechenhalb meines Sigels das ich die zeit pey mir nicht enhette" und durch die edlen vesten Wilhelm von der Alben Ritter und Wilhelm Turner zu Newnpewern.

Kammerb. V, pag. 376, Nr. 237.

CXC. 1453, 11. Februar, Sonntag nach S. Scolasticatag. Quittung des Ritters Wilhelm Reysperger für Erzbischof Sigmund von Salzburg in Betreff aller seiner Ansprüche und Forderungen (Schadenersatz etc. etc.).

Versiegelt auch durch den edlen vesten H. Wilhalm von der Alben Ritter.

Kammerb. V, pag. 377, Nr. 238.

CXCI. 1453, 7. März, Mitichen nach S. Kunigundentag, Salzburg. Revers des Conrad Schirmer für sich und seine eheliche Hausfrau Ursula, für Erzbischof Sigmund von Salzburg, der ihm für seine Dienste auf 6 Jahre die Veste und Pflege zu Liechtenberg im Pinzgau gelegen mitsammt dem Gerichte überlassen hat, gegen die gewöhnliche Burghut. Wofür er dem Erzbischofe 200 ungarische Ducaten geliehen hat; nach 6 Jahren muss er es gegen Entrichtung der 200 fl. abtreten, sonst darf er es pflegweise behalten (bis die 200 fl. bezahlt sind).

Besiegelt durch die edlen vesten Friedrich Lampotinger, Stadtrichter zu Salzburg, und Panthaleon Hohenfelder.

Zeugen der Bete um die Insigel: Görg Tonnerstainer, Wilhelm Penninger, und Wilhelm Tetenpeckh.

Kammerb. V, pag. 378, Nr. 239.

CXCII. 1453, 11. März, Gredwein. Revers des Erhart Kornmess, Lehrers in geistlichen Rechten, der Zeit Pfarrer zu Gredwein und Erzpriester in der Niedern-Steyermark, für Erzbischof Sigmund von Salzburg, der ihm für seine Lebtage den erzbischöflichen Getreid-Zehent, genannt im Podem in seiner Pfarre Gredwein („des zway tayl sind") in Bestandweise überlassen hat. Er will jährlich in das Vicedomamt reichen nach Leybenez 12 Pfd. Pfen. Steyrer Münze, um Liechtmess 14 Tage vor oder nach.

Kammerb. V, pag. 380, Nr. 240.

CXCIII. 1453, 27. März, Eritag vor Ostern. „Vermerckt dy beredauss so „tzwischen meins genedigen herren von Salczburg vnd herren Sigmunden von „Weispriach bescheen ist. Von erst ist beredt das der bemelt her Sigmund „meinem genädigen herren von Salczburg ain gewöndleiche quittung hinaws „geben sol. vmb alle die zwspruch vnd vodrung so er dann zw seinen genaden „gehabt hat. Doch ist dabey beredt worden, ob mein herr von Salczburg an der

„quittung ain benüegen haben wil die dann der bemelt her Sigmund yeczunt „hinaws geit so sol es dabey beleiben, hiet aber mein herr von Salczburg an der „quittung die er yecz hinaws geit dhain benüegen, so sol her Sigmund meim „herren von Salczburg ein andere gewöndleiche quittung vmb dy sachen geben „nach erkantnuss herren Hannsen von Stubenberg vnd herren Waltheren des „Czebinger. Es ist auch beredt worden, was sich von wein vnd von traid vnd von „Farstrecht vnd Ambtrecht gebüret von der czeit als vierczehentag vor Weich-„nachten biss auf vierczehentag nach ostern nemleich, vmb Sybenthalben vnd „Sechczig mutt waicz, Sibenthalben vnd Sechczig mutt habern vnd sechczigk „redemer weins vnd was sich von vorstrecht vnd ambtmansrecht nach lautt dez „Vrbars erfindet mit Raittung Darumb sullen sich her Sigmund Mardax vnd „Cristof Trawner eruaren zw Rain vnd zw Gurkfeld, wie das getraid vnd wein „seinen gewöndleichen kawf yczo hab vnd sy sullen das herren Sigmunden vnd „herren Casparn lesmaister schriftleich verkunden vnd in demselben gewönd-„lichen kauf sol man das getraid vnd wein herren Sigmunden beczalen mit gelt „zw Prugkh an der Mur. Auch sullen die benanten Mardax vnd Trawner yecz „bey dem vrbar das vorstrecht vnd ambtmansrecht raitten, vnd dy Summ auch „heraws schreiben damit das alles zw Prugk auch beczalt werd. vnd die beczalung „sol also beschehen inner czwaier Moned von datum des briefs vngeuerleich. Da „engegen sol her Sigmund sein gewondleiche quittung von des getraides weins, „vorstrechtens vnd ambtmansrechtens geben. vnd der legen bey dem kornmess „zw Prugk. Des ze vrkund haben wir Jörg von Volkensdorf vnd Wolfgang Vngnad „als taidingslewt zw yder tails hannden ain beredczetel in gleicher lawtt vnder „vnsern bethschefften. Geben an Eritag vor dem heiligen Ostertag nach christs „geburd vierczehenhundert vnd im drewvndfünfczigisten Jare."

Kammerb. V, pag. 284, Nr. 169.

CXCIV. 1453, 28. März, Mittichen vor Ostern. Sigmund von Weispriach quittirt dem Erzbischof Sigmund von Salzburg über die ausständige Burghut des Schlosses und der Hauptmannschaft von Rain, die er aufgab (272 Pfd. Pfen.) auch über die „pessrung" (Zulage) die ihm versprochen war „vnd der ich auf „meinen genädigen herren den bischouen von Chyemsee vnd ettleich annder vnd „zw Irem spruch was sy mir darumb sprechen verwilligt het" . . und über all seinen Dienst, Sold, Schaden, Forderung und Sprüche.

Versiegelt auch durch den edlen vesten Ritter Herrn Bernhard Prawn.

Kammerb. V, pag. 283, Nr. 170.

CXCV. 1453, 28. März, Mitichen vor Ostern. Sigmund von Weispriach verzichtet gegen eine vom Erzbischofe Sigmund von Salzburg empfangene Summe auf seinen Thurm bei dem Schlosse Rain gelegen, den er von dem Czwitter in seine Gewalt brachte und auf die Mühle, gelegen an der Gabernyck, davon man jährlich dient in das salzburgische Urbar daselbst 60 Pfenning.

Versiegelt auch durch den edlen vesten Ritter H. Bernharden Prawn.

Kammerb. V, pag. 512, Nr. 315.

CXCVI. 1453, 6. April. Heinrich Graf von Görz-Tyrol ersucht den Erzbischof Sigmund um einen Urlaub wegen der Lehen-Empfangung bis er wieder in seine Herrschaft kommt. Ddo. Görz. „Also bitten und ermanen wir ewr lieb vnd „freuntschaft Ir wellet vnns solhe vnnser leben vnns vnd vnnsern kynnden guet-„lich vrlauben vncz wir wider hinaus in vnnser herschaft vnd zu landes komen „vnd darumben zu ewr freuntschaft selbs komen oder senndeu mugen vngefärd-„lich vnd vnns solich vnnser vrlaubbrief darumben senden". . .

Orig. Papier. Salzb. Polit. Abth. 21.

CXCVII. 1453, 21. Mai, Montag zu Pfingsten. Salzburg. Revers von Meister Erhard Arzt, welchen Erzbischof Friedrich gegen 26 Pfd. Pfen. jährlich auf 6 Jahre in Sold genommen hat. „Als Ich vor etlichen zeiten zu dem hochwirdigen

„fursten hern Friderichen Erczbischouen zu Salczburg lobl. gedechtnüss vnd „seinem gotshaws ettwas Spruch gehabt hab, darumb Ich dann gen seinen „gnaden vnd Gotshaws in vehde vnd feintschaft kom, daselbs bin Ich durch „denselben Erzbischof Friderichen anweld gutlich berichtt vnd gesint worden, „also daz Ich seiner gnaden warttunder diener sein solt, darumb mir jerlichen „für Sold vnd prouision 26 pfd. pfen. geben vnd die in sechs Jaren nicht auf-„gesagt solten werden." Darauf hat ihn Erzbischof Sigmund jetzt auf 6 Jahre aufgenommen und das erste Jahr bezahlt. Ist er im Dienst „in veld oder anndre „ennde" soll er die Kost und Zehrung haben, wie ander Hofgesind. „Vnd wil darumb anndern Solds nicht vordern." Der Schaden soll ihm ersetzt werden nach Ausspruch der Räthe.

Orig. Perg. 1 Siegel (fehlt). Salzb. Polit. Abth. 31.

CXCVIII. 1453, 16. Juni, Sambstag nach St. Veitstag, Salzburg. Görg Vermoser, Bürger zu Laufen, verkauft dem Erzbischof Sigmund von Salzburg 2 Pfd. Pfen. jährlicher Gülte auf seinem Hause im Obern-Dorf zu Lauffen gelegen zwischen des Füchsleins und des Prews hewser mitsammt dem Stadel entgegen über und dem Garten dabey das freys aigen ist. (Sollen zu Martini gedient werden unter allen Umständen . .)

Versiegelt durch den edlen vesten s. l. Herrn Ruedolf Trawner, Pfleger zu Lauffen.

Zeugen der Bete: die erbern weysen Ruprecht Kren, Richter zum Hawnsperg, und Heinrich Tytelprunner.

Kammerb. V, pag. 508, Nr. 312.

(Fortsetzung folgt.)

2.) Zur Geschichte der Stadt Wien.

Mitgetheilt von Albert von Camesina.

I. 1305. Wand allez menschlichez chunne todlich vnd vnstet ist, Dauon ist gutt daz man die sel mit gueten, werchen bewar, vnd mit der schrift, vrchünd bestetig swaz man zeschaffen hab, daz alles chrieges vrschach, da mit vnderstanden werd. Da von ich Greiffe pei vnser vrawen auf der stetten, ze wienne vergich, vnd tuen chunt. Allen den di disen Prief lesent, oder horent lesen, die nu lebent vnd hernach chunftig sint, daz ich bedaht, vnd angesehen han, den chumber vnd die armuet der siehen in dem Purgerspital vor der stat zewienne, vnd hon durch got vnd durch meiner sel hail, vnd meiner hausfrawen, vern Perchten, der Got genad, vnd aller vnsern vordern sel ze der zeit do ich ez wol getuen macht zu dem selben Purgerspital geschaffet vnd geben acht phunt phenninch gult, Purchrechtes die hernach an disem prief geschriben sint, mit allem dem alten recht vnd ich dieselben gult gehabt vnd herpracht han, vnd auch mit sogetaner, beschaidenhait, daz man von vier phunten vnd sechzich pfenning den dürftigen alle iare, ebichleich geben shol zwai mol. aines von vishen, vnd von vastmues, vm drithalb phunt phenning des suntages ze mitler vasten. So man singet Letare, daz ander mol von vleisch vm vierchzechen schilling, des suntages, nach Östern, so man singet Quasi modo geniti. Von den andern vier phunten, an sechzich phenning, sol man geben alle iar ebichleich an aller sel tag dreiczechen roche Poltinger tuech zue igleichem roche fumfchalben ellen, vnd dreuczechen hembd also beraitt zue igleichem hemde vier ellen, den durftigen die sein aller Peste bedurfen, vnd so man ez aller pest geschaffen mag vmb die vorgenanten mal, vnd vmb daz gewand mit den vorgenanten phenning, daz die duerftigen da von gevreut vnd getröst werden, vnd meiner sel da vnd meiner Hausfrawen vern Perchten, vnd aller vnser vodern sel da pei gedacht werd, vnd schol auch daz geschehen mit meiner des vorgenanten Greiffen gewizzen, oder meiner Erben swan ich nicht pin oder iers poten der do pei sei, do man die vorgenanten mal vnd daz gewant chauffen vnd geben shol. Wer aber daz, daz man des nicht stet behielt aller iar vmb die vorgenanten mal vnd vmb daz gewant als vor an disem prief geschriben stet. so shol ich mith oder mein erben swenne ich nicht pin, der vorgenanten Aht phunt gult wider vnderwinden vnd schullen die geben swa ich oder mein erben nach mier hin wellen, auf ein ander goteshaus durch got vnd durch vnser sel willen. Auch schullen die vorgenanten aht phunt gult. Ebichleichen pei dem vorgenanten spital bleiben vnd weder verchauft, nach verseczt mit andern gult, auzgewechselt nach abgeloset, vnd zu vroemder hant nimmer pracht werden. Derselben acht phunt gult, die vor der stat vnd in der stat ze wienne sint, Dient man a i n phunt von weingarten pei sand Job ze dem chlagpaum allez mit einander an sant Merteines tag, vnd des selben phundes dient. Hainrih Suechler von einen weingarten, vierczich phenning, Hainrich Paewer ahczig phenning, Vlrich Rotenlauner vierczich phenning. Dietreich der walchmner aidem vierzich, Albrecht grauenpech vierczich, der selben weingarten Pin ich gewesen stiphter vnd storer vnd han auch sev dem vorgenanten spital gegeben mit allem dem alten recht do mit ich vnd mein vordern dieselben weingarten, gehabt vnd herpracht haben. Darnach dient Chunrat der Heubler von seinen haus pei dem Pleczenprunne ein phunt phenning dreistund in dem iar, ze weinachten achezig. An sand Georgen tag ahczich an sand Michhels tag achzich. Hainrich der smid von seinem haus pei Pevrerpurgetor ein phunt phenning, auch dreistund in dem Jar ze weinachten ahczich an sand Georgen tag ahczich, an sand Michhels tag ahczich. Darnach dient man in der ziecher straz vnd in der cherner straz von heusern Hainrih von sand Polten von seinem haus dreizich phenning vuer huener ze drin hochzeitten in dem iar zeweinachten, ze Östern vnd zephingsten ze igleicher hochzeit acht phenning. Walcher der verber funf vierzich phenning, an sand Georgen tag, vnd sechs vnd dreiczich phenning vuer huener ze weinachten zwelf ze Ostern zwelf ze phingsten zwelf. Hainrih der taler dreizzich phenning an sand Gorgen tag, vnd zwelf phenning vouer huener ze igleicher der vorgenanten hochzeit vier phenning. Walch fleminch dreizzich phenning an sand Georgen tag vnd vier vnd zwainzich vuer huener ze igleichen hochzait aht phenning Ötacher von Lå von des franchen haus dreizzich phenning, an sand Georgen tag, Seidel sich auf zwelf phenning vouer hueuer von einer hofstat gegn dem graben ze igleicher hochzeit vier phenning, vnd swaz an der selben hofstat abget daz schol man haben auf dem vorgenanten Ötacher vnd auf seinen haus. So dient wielant der suester von seinen haus, sibenzig phenning an sand Gorgen tag vnd sechs vouer huener ze igleicher hochzeit zwen, Hainrich lenk sibenzig, an sand Georgen tag vnd sechs vuer huner ze igleicher hochzeit vier. Jans der vuerer von der Arbaiterinne haus zwelf vnd ein phunt dreistund in dem jar zeweinachten an sand Georgen tag vnd an sand Michhels tag, ze igleichem tag vier vnd achezich phenning Otto pinter auch zwelf vnd ein phunt vnd auch ze der selben zeit, Her Gerläth von seinen haus auf der hochstraz ein halb phunt drei stund in dem iar zeweinachten, an sand Gorgen tag vnd an sand Michels tag vierczich phenning. Der heuser aller in der ziecher straz vnd in der Cherner straz vnd hern Gerlaches haus pin ich stiphter vnd storer gewesen vnd swen man ier dinez verchauffet, so sol man geben, ze ablait zwelf vnd ze anlait sechs phenning. Darnach dient Chunigunt von ier haus in der Tuenforten straz zechn phenning an sand Michels tag, des pin ich auch stiphter vnd storer gewesen vnd schol geben ze ablatt sechs vnd ze anlait drei phenning darnach dient Ortel von Als von seinen haus auf der Goltsmitte zechn phenning an sand Michels tag. Der summe ist also aht phunt vnd ain phennich, vnd daz disen gab vnd diez mein gescheft das ich so redleich getan han mit aller meiner erben gunst vnd guetleichem willen als ich des von in allen prief vnd hantvest han, stot vnd zebrochen weleibe darvber gib ich dem vorgenanten Purgerspital, disen prief zue einen gezeug vnd zue einer obigen bestetichait diser sach versigilt mit meinem insigel vnd durch pesser sichechait han ich erpeten di erbern purger den rat von der stat ze wienne, daz si dicz mein gescheft bestiget habent mit ir prief versigelt mit der stat insigel vnd mit des vorgenanten Purgerspitals insigel. Der prief ist geben da von christes gepürd waren ergangen, Tausent jar dreuhundert jar darnach in dem fumften jar des nachsten mitichens nach sand vlrichs tag. (7. Juli.)

O. p. sig. pend. Bürgerspital.

II. 1415. Ich Pernhart Lembücher dieczeit Maister ze Maurperg vnd wir auch der Conuent daselbs vnd wir auch der Conuent zu sand Johanns ze wienn desselben Orden Bechennen vnd tuen kund Ainhellikleich mit dem brief für vns vnd vnser Nachkömen. Daz wir mit ainyger betrachtung vnd guetem willen vor allen dingen durch Gots willen vnd nach begerung vnd wolgeuallen des durchleuchtigen fürsten Herczog Albrechts Herczogen ze Osterreich etc. vnsers genedigen lieben herren von wegen grozz Ellends Armuet vnd vnrübe der wegfertigen Armen Piligreym die vor Armuet nicht zerung vnd herberg zu den Gastgeben gehaben mugen vnd oft vnd dikich auf den Strazzen gelegen vnd verdarben sind Seind doch zu lob gots Armen lewten ze trost vnser Orden geordent vnd gestifft ist. Da durch zu ainem ewigen Pilgreymhaws vnd herberg geben haben aus vnserm haws vnd Grünten zu sand Johanns hie zu wienn als das hernach benant vnd begriffen ist. Der erbern frawn Elspethen der warttenawerinn oder wem Sy dez zu verwesen Schafft emphilicht oder hinder ir lêt. Vonerst vnsern Garten halben gelegen bey der Chirchen als der vndermacht vnd ausgeczaigt ist den tail gegen Chernertor darauf Sy machen vnd pawn sullen vnd mügen was sew zu dem Pilgreimhaws verlust vnd dürffen doch also wann Sy dasselb in solher höch wellen pawn das es vnser kirchen zu derselben seitten in den venstern vnd Glesern an dem liecht vnd gesicht Irrung vnd vinsternüzz bringen mag So sullen sew vor demselben paw in dieselb vnser kirchen ain weiss glas machen in das venster da yeczund der Stuel jnnstet wann dasselb geschehen ist dann so mügen sew ir paw volbringen als vorberürt ist Vnd haben jn auch günnt vnd gevrlaubt ain Tür vnd durch gankch aus irm tail in vnsern freithof vnd hintten jn vnser Kirichen bey dem weichprünnstain ausserhalb des Keter ain Tor zemachen vnd daselbst sunder darin zugeen zu gewöndleichen zeiten des margens in der frü so man preim lewtt hincz gegen der Nacht das man Ave Maria verlewtt doch das vns derselb vnser freithof mit der wannt des benenten vndermachens beleibleich vnd befridt gehalden sol werden vnd den Stokch der an den benanten Garten stözzt durch langs aus vnd da neben ain gankch auf dem Grünt vnsers hoffs als daz mit ainer wannt ausgeczaigt ist vnd darczue den hintern hof ganczen als der auch mit vmbfrid yeczund stet mitsambt dem Stadl daselbs wann derselb Stadl von dem wolfgang Pötinger leibgeding ledig wirt vnd auch vnsern grossen Garten gelegen doran halben als der zu enndt der Zynnen an der fridmawr mit ainem Riglloch entrichts vber an die hülczen wannt aus getaillt vnd geraynt ist daselbs den vordern tail der da stözzt an den benanten hof vnd stadl vnd vmb die obgenanten Grünt Stokch Hof vnd Pawmgarten alles mit seiner zugehörung hat vns auch die vorgenant Warttenawerinn zu merkchleicher notdurft vnd merers nuez willen vnsers Gotshawses zu sand Johanns geben ain Sume gelts daran vns wol benügt. Des wir von ir genczleich ausgericht vnd beczalt sein vnd daz zu nuez vnserm Gotshaws angelegt haben, Vnd darumb sol die obgenant Warttenawerinn oder wem sy daz zu verwesern emphilicht Schafft oder hinter ir let die obgenanten Grünt Stokch Hof Stadl vnd Pawmgarten alles mit seiner Zugehörunng genczleichen jnnhaben nüczen vnd nyessen zu ainem ewigen beleibleichen Pilgreimhaws wie jn das am pesten gefellet vnd füglеich ist darinn zubehalten ellend vnd Arm Piligreim vnd all ander Arm lewt die jn geuallen Geistleich vnd werltleich frawn vnd Mann genczleich an vnserer Nachkömen jrrung vnd hindernuzz vngeuerleich jnsolicher mass vnd aufgenomen warten als ain yedleich dinkch vnd stukch hernach vnd benant ist Vonerst sullen sew die benante want die geet von vnsers freithofs Tür an das hinder Tor zwischen vnsers hoffs vnd des Stokchs machen mit ainer Mawr an der höch des benanten Tor vnd sol dasselb mawren geschehen als chûrczleich sew das vermûgen vngeûerleich. Wêr aber daz Sy das in lêssikchait verlengern vnd nicht têtten So sein wir jn an derselben stat des gangs nicht schuldig lassen zû geen vncz alslang das sy die Mawr gema als oben berûrt ist So sullen sew auch den benanten Stokch mit paw also machen vnd halten zu der seitten vnsers haws mit chainem aussehunden venstêrn oberthalb der benanten Mawr vnd wannt an vnserm haws vnd hof Sunder mit sôlhen venstern die gemacht sein zu invallendem liecht Es sol auch der ausgankch des wassers aus vnserm hof beleiben bey dem alten ausgang Wir haben jn auch erlaubt vnd gûnnen Ainen gankch zu vnserm Prûnnen vnd den zûschephen vnd des geleichen habent Sy vns auch gevrlaubt vnd gûnnen Ainen gankch durch irn egenanten tail gartens in vnsern hindern tail daselbs yegleicher tail von sunderm willen vncz auf ain widerruffen vnd ob dasselb Piligreimhaws zu sôlichem aufnemen vnd vermûgen chem Das man damit gestifften mochtt oder wolt Mess oder andern Gotsdinss das sol geschehen mit Priestern vnsers Ordens zu vnserer Kirchen zu sand Johanns vnd nicht anders Doch in sôlicher mazz daz dieselb Stifftung vnd Gotsdinst von vnserm Orden allczeit stêtleich vnd ordenlich verwest vnd ausgerichtt werd vnd sol das von vnserm Orden versargt werden nach rat des Landesfûrsten vnd verweser des Piligreimhaws vnd ob daz obgenant Piligreimhaws wider gênczleich abnêm vnd aller ding Pilgreym halben Ôd wurd Also daz chain Piligreim Geistleicher noch werltleicher frawn noch Mann darinn nicht mer gehalten wurd mochtt noch wolten sein vnd dasselb auch geschêch an all schuld vnsers Ordens vnd der ŷnsern. Sunder ob das der Lanndesfûrst vnd der Rat der Stat ze wienn also verstunden vnd bechannten. So sol daz obgenant Pilgreimhaws mitsambt allen den Grunten vnd zugehôrung als wir jn geben haben wider geuallen vnd kômen zu vnserm Haws vnd Orden zu sand Johanns ze wienn vngeûerleich. Wir sein auch der obgenanten Grûnt des Stokches Hof Stadl vnd Pawmgarten jr Rechtt gewer vnd scherm fûr alle ansprach als der Grûnt Recht ist in dem lannde ze Osterreich. Gieng jn aber daran icht ab mit Recht des Sy zeschaden chemen, denselben schaden sullen vnd wellen wir jn genczleich widerkern vnd sullen das haben dacz vns vnd vnserm guet wo wir daz haben nichts ausgenomen dauon Sy ganez alles schaden bechomnen mûgen genczleich nach irm willen an allen abgankch vnd der Sach zu ainem warn vrchund geben wir jn den brief besigilten mit vnser Pernharts des Lembûcher vnd des Conuents zu Mawrperg baider Angehangen Insiglen. Darunder wir vns auch der Conuent zu sand Johanns ze wienn verpinden alles daz stêttzehaben das oben berûrt ist. Darczue haben wir gepeten die edlen Micheln den Peuczen Cholmann den Grasser vnd Jorgen den Ôdenpekchen das sew obgeschriben Sachen geczewgen sind mit irn Anhangunden jnsiglen jn vnd irn erben an schaden. Der brief ist geben Nach Kristi gepûrd vierczehenhundert Jar darnach in dem fûnfczehenden Jare an Eritag vor sand Thamanstag des heiligen zwelfpoten. (17. December.)

Orig. perg. Sigg. desunt. Bûrgerspital.

III. 1418. Ich Elspet Warttnaweryun Vergich vnd tun kund offenleich mit dem brief fur mich vnd all mein erben vnd Nachkômen. Als der durchlewchtig Fûrst Herczog Albrecht Herczog ze Ôsterreich etc. Mein genediger lieber herr vnd ander lewt, Ingôtleicher lieb vnd parmherczichait von wegen gross ellennde armut vnd vnrûbe der wegfertigen armmen Piligreym, Die vor armût nicht zerung vnd herberg zu den gastgeben gehaben mûgen vnd offt vnd dickh auf den Strassen gelegen vnd verdorben sind, Dadurch (mir) jr stewr gegeben habent Das Ich zu ainem Ewigen Piligreymhaws gekaufft hab von dem Maister zu Mawrperg, vnd von dem Conuent daselbs, vnd auch von dem Conuent zu sand Johanns bie ze wienn desselben orden, daselbst hie zu sand Johanns, Aus jrem haws vnd grûnten als der Khaufbrief sagt darûber geben, vnd auch das haws daselbst, das Ich von hannsen dem Khûnigswiser gekaufft hab, Das Ich die benanten Hewser paydew genczlich mit jrn zûgehôrung mit wolmûgen Meins gesunts vnd vernûfftichait, zu der zeit da Ich es Rechtleich wolgetûn mocht, Recht vnd Redleich Geschafft geordent vnd empholhen hab, Dem Erwirdigen Maistern der Hochwirdigen Schûl hie zu wienn, wann sew aws dem Liecht der heyligen geschrifft, jn götleicher lieb erczündet, vnd parmherczikleich hincz den armmen genaiget sein. vnd den erbern weysen Berchtolten von Mangen Hůbmaister in Osterreich vnd Wenczlaben dem Newnhofer Kellermaister, In sölher beschaiden, Das ain yeder Rector der benanten Hochenschuel, vnd der egenant Huebmaister vnd Kellermaister, die yetzund sind vnd hernach chůnftichleich werdent, miteinander oder welcher ygleicher aws jn ainer oder meniger zu den sachen ausczerichten den merern willen vnd muess gehaben mag das obgenant Piligreymhaws genczleich mit seiner zůgehörung als oben beruert ist, vnd auch mitsambt allen dem guet So noch chůnftleich darczů kömen mag wegfertigen geistleichen vnd welltleichen armmen Piligreymmen vnd auch anndern armmen lewten, Besunder als Kranckchen armmen Pristern, die nicht gocz gab vnd nyndert anhaym habent, vnd den armmen Jungen Chindleyn die winterzeiten hie vor den Kirichen vmb das Almuesen pitterleichen erfriesent vnd verderbent. Die jn darczů geuallent zu einer wonung vnd herber jnnhaben arnnen vnd beseczen sullen vnd mügen vnd denselben douon zu hilff kömen vnd gůt tůn nach vermůgen des pilgreymhawss Wie das jr wirdigew weishait verstet, Das es got ain lob vnd armmen Lewten ain trost sey nach ausweisung der benanten Chawff vnd bestëtbrief daruber gegeben. Doch also das Sew alczeit jngötleicher fürsichttichait gedenkchent das der benanten kirichen dacz sand Johanns vnd der Erbern Priesterschafft dem Orden daselben an jren Rechten in chaynerlay weis nicht vngeleich gescheeh. Sunder das dieselben vnd auch das Piligreymhaws yeder tail bey sölichen seinen Rechten beleiben. Das ain lautterew götleichew gerechtichait sey. Also gib Ich in den sachen gënczleichen meinen willen vnd gewalt, Ich sey lebentig oder tod. vnd pit auch wissentleich mit dem brief, den obgenanten Dürchlëuchtigen fürsten Meinen genëdigen lieben herren. oder wer von den genaden gotes nach jm hie der lanndesfürst wirdt. Das sew den obgenanten der hochenschuel, dem hůbmaister vnd dem Chellermaister vnd jren nachkömen zu helff dürch gotes willen. Der sach genedig herren vnd scherm wellen sein vor gewalt vnd vnrecht. Auch ob geschëch das. das obgenant Piligreym haws vngeuerlich genczleich wider abnem. Also das chain Piligreym geistleicher noch weltleicher, noch ander arm Lewt. So oben beruert ist darinn nach ausweisung der Chaufbrief daruber geben nicht mer gehallten würd, möcht noch wollten sein, So sol das benant haws vnd grünt. so Ich von dem Maister von Mawrperg gechaufft hab, hinbider geuallen vnd chömen, gen sand Johanns. nach sag der brief darüber geben. vnd das annder Haws So jch von dem benanten Chunigswiser gechaufft hab. mit seiner zůgehörung. Sol man dann verkauffen, vnd das gelt das darumb geuellt, geben armen priestern vnd andern armmen lewten, die sein in armuet dürftig vnd begerund sind. vnd der Sach zu ainem warn vrkund gib jch jn den brief, Versigelten, wann jch aygen jnsigel nicht enhab. So hab jch vleizzichleich gepeten. die Edeln herren. hern Pilgreym von Puechaym dieczeit Lanndmarschalch in Österreich vnd hern Casparen von Starchenberg. dieczeit des obgenanten meins genedigen lieben herren. Herczog Albrecht Herczog ze Österreich etc. ainer des Rats, Das sew jrew jnsiglen an den brief gehangen haben, darunder jch mich für all mein erben vnd Nachkömen mit meinen trewn gënczleich verpind, alles das stët zehallten. So allerding an dem brief geschriben vnd begriffen ist, vnd hab sunder darczů vleissig gepeten, den Vesten Ritter hern Hannsen den Czingken, dieczeit des offtgenanten Dürchlewchtigen fürsten Herczog Albrechts etc. meins genëdigen lieben herren Anwalt. in dem Rat der Stat hie zu wienn. Das Er der Sach zewg ist mit seinem Anhangundem Insigel. Den benanten allen dreyen vnd jrren erben an schaden, Geben ze wienn An Eben-Weichtag (Samstag den 1. Jänner) Nach kristi gepürd Vierczehenhundert vnd jn dem Achczehenten jare.

Orig. perg. Sigg. devant, Bürgerspital.

IV. 1425. Ich Elzbeth die Warttenawerinn, Vergich für mich vnd all mein Erben vnd tůn kund offenlich mit dem brief. daz Ich mit wolbedachtem můt mit gesundem leib mit guten wiczen vnd synnen zů der zeit da ich es wol getůn mocht

Gordent vnd geschafft hab orden vnd schaff auch wissentlich mit Kraft des briefs mein geschëfft als ich wil daz es yczund bei meinen lebtègen vnd auch fürbazer nach meinem tod also gancz stet vnuerrukchts vnd vndwiderrüffleich beleib, Vonerst Als ich daz piligreimhaus hie ze wienn gelegen jn sand Johanns strazz mit seiner zůgehorung mit frumer leut hilff vnd furdrung erkaufft hab ist mein maynung vnd geschefft, daz dasselb haus also Ebichlich wartt den ellenden pilgreimen vnd andern armen nottürftign menschen jnsolicher weise als das gestifft vnd geordent ist. Auch schaff ich zu dem benantem haus denselben ellenden vnd armen jnwonern all mein Erbgůt ledichlich zuhaben vnd waz ich leibgedings hab Es sei morgen gab oder wie daz genant ist, dasselb leibgeding alles mein lebteg an meiner stat zu nůtzen vnd ze messen zugleicher weise vnd in allen den rechten als ich selb das genůczt vnd genossen möchtt haben, vnd darczue schaff ich auch zu dem obgenanten pilgreimhaus all ander mein hab Es sei beraitschaft geltschult vnd var und hab wie daz alles genant ist darum nichcz ausgenomen noch hindan gesaczt sunder alles jnbeslossen bei dem vorgenanten pilgreimhaus genczlich zubeleiben, Also sullen vnd mûgen, dy verbeser des benanten hauss oder jr Anbelt yczund bei meinen lebtegen vnd auch furbas nach meinem tod sich des vorgenanten gescheffts also halten vnd sich aller meiner hab zu des pilgreimhauss handen als vorberurt ist vnderwinden, jnczenemen vnd die zu des offtgenanten pilgreimhauss notdůrften zu bewenden an menik-lichs jrrung. vnd des zu vrchund gib ich den brief besigilten mit des Erwirdigen geystlichen herren vnd vater in got. hern Niclazz Abbtt dacz den schotten zu Wienn und mit des vesten hern hannsen des Zingken anhangunden jnsiglen die ich darumb fleizzlich gebeten hab daz Sy der sach geczeugen sind dem vorge-nanten Abbt vnd seinem goczhaus vnd dem benanten Zingken vnd seinn erben an schaden, vnder derselben Insiglen ich mich verbind mit meinnen trwen angeuer alles daz stetzuhaben daz vor an dem brief geschriben stet wan ich diezeit aigens begrabens jnsigl nicht gehabt hab, Geben zu wienn an vnser frawn abent zu der Schidung (Dinstag den 14. August) Nach Kristi geburd vireczehenhundert jar darnach jn dem funfvndzwainczigistem jare.

Orig. Perg. Bürgerspital.

V. 1456. Ich Conrat part dietzeit pharrer Ich Lienhart Mair Ich Vlreich von Mauregk Ich Hanns Schedl Ich Hanns Pewrl Ich Peter sledrem Caplen in der Burger Spital vor Kernertor hie zu Wienn Bekennen fur vns vnd all vnser nach-komen pharrer vnd Capplen daselbs im Spital vnd tün kund offentlich mit dem brief ewigklichen allen lewten gegenbürtigen vnd künftigen Als der Erber weise Cristan prenner dietzeit Spitalmaister des vorgenanten, spitals vnd des Rats der Stat zu wienn Nach Rate wissen vnd willen der Ersamen Herren Hern Niclasen Teschler zu den zeiten Burgermaister vnd des Rats gemain der Stat zu wienn. Ain newe Stuben in dem vorgenanten Spital auf der Stiegen als wir zu vnsern Slafkemern geen mit allen dingen von des Spitals gůt gepawet vnd vns briestern die zu geordent hat, Also daz wir vnd vnser nachkömen pharrer vnd Caplen im Spital, dieselben Newen Stuben Innhaben nůtzen niessen vnd darjnn wonen vnd petten vnd die mit vnserm gůt verhaitzen süllen vnd wellen. doch sol vns ain yeder Spitalmaister alle jar vir füder waldholez zu hilff geben. Auch alle Gleser Ram vnd den Ofen was nü hinfür daran zu prochen wirdet machen vnd den Rauch-fankch vnd Jerlichen keren lassen von vnserm gůt an geuerd vnd süllen auch wir vnd vnser nachkömen dennoch teglich in die gemain Stuben zu Tisch gen vnd daselbs essen als das von alter herkömen ist, Derwarten das das, ander Hausgesind dester stiller sey vnd man ist vns vnser teglicher pfrůnt nichtz schuldig in die newen stuben zu Raichen noch in kainer weise Es sol auch vnser yeder auch der Schulmaister vnd der Gusster vnd ain yeder Spitalmaister ainen Slüssl zu der benanten stuben haben, darein vnd daraus zugen an geůerd vnd wan wir vormaln kain sundre stuben gehabt haben darjnn wir vns vor der kellten bieten enthaldten mûgen vnd derwartten das wir sölher gůttat auch nicht vndankchnam sein wellen. Dauon so haben wir vns mit gutem willen vnd wolbedachtem mût zu der zeit do wir das wolgetûn mochten fûr vns vnd all vnser nachkômen vnuerschaidenlich mit vnsern trewn verlûbt vnd verpunden. Geloben vnd verpinden auch vns, gegen dem obgenanten Spitalmaister vnd allen seinen nachkômen wissentlich mit krafft des gegenbûrtigen briefs. In sôlher maynung vnd mit ausgenomen warten, das wir vnd all vnser nachkomen Darumb alle Montag ain wochen mess in sand Colmans Cappellen auf dem Gotzakcher auf vnserer frawn altar welher veirêr vnder vns dieselb wochen ist ausrichten vnd sprechen sûllen vnd wellen. Dartzû ainen ewigen Jartag in dem egenanten Spital sullen vnd wellen wir von vnserm gût begen des Suntags daran man singet Reminiscere in der vasten, oder aber in den nagsten acht tagen vor oder hinnach vngeuerlich des abents mit ainer gesungen vigily mit newn leczen, des morgens mit ainem gesungen selambt mit zwelf stekcherczen, die bey der vigili vnd dem Selambt prynnen sûllen vnd mit vir gesprochen selmessen darunder an alle sawmung got zu lob vnd zu Eeren vnd durch frawn Eua Casparn des Hunczhaymer tôchter Jôrgen des Grauenwerder witiben vnd Benigna jrer swester Jôrgen Grafenwerder philippen des Hunczhaymer vnd aller jrer vordern vnd nachkômen vnd aller gelaubigen selen Hails willen vnd sûllen vnd wellen auch alle Suntag an der predig vmb die egemelten frawn Eua Benigna jrer swester vnd vmb all der Grafenwerder vnd Hunczhaymer selen Andachtigklichen pitten vnd sûllen das alles tûn von vnserm gût, daz vns ain Spitailmaister doran nichtz phliehtig sol sein in dhainer weise an alles geuerd wêr aber daz wir oder vnser nachkômen an der obgenanten mess vnd dem Selgerēt so vorgeschriben stet sawmig erfûnden wûrden vnd das alles nicht begiengen vnd ausrichtēten als vorgemelt ist, So sol vns dann ain yeder Spitalmaister wer der zu den zeiten ist oder wirdet an vnserm sold So wir von dem Spital haben darumb phenndten vnd den jnnhalten solanng vncz das wir die vorgenanten mess Jartag vnd selgerēt oder was daran versawmbt wer wider erstatten aufrichten vnd widerbringen an alle widerrēd jntrag vnd auszûg alles getreulich vnd vngeuerlich vnd des zu ainer vesten ewigen vrkund geben wir obgenant Pharrer vnd Caplen fûr vns vnd all vnser nachkômen vnuerschaidenlich dem obgenanten Spitalmaister vnd allen seinen nachkomen den brief besigilten, mit der erbern weisen Symon des pôtl vnd Jôrgen des Hawgen burgern zu wienn vnd Vlreichs Hirssawer Statschreiber daselbs anhangunden Insigiln, die wir zugeczeugnûss der sach mit vleys darumb gebeten haben jn vnd jrn erben an schaden. Darunder wir vns vnd all vnser nachkômen mit vnsern trewn verpinden stetzûhalten alles das vor an dem brief geschriben stet Geben zu wienn an Eritag nach dem Suntag daran man singet Inuocauit (17. Februar) in der vasten Nach Cristi gepûrd virtzehenhundert vnd in dem Sechsvndfûnftzigisten Jare.

Orig. Perg. Sig. pend. Bürgerspital.

(Fortsetzung folgt.)

V. „Historischer Atlas."

Statistik des Mittelalters.

2.) Das Lehenbuch K. Ladislaus P. für Österreich ob und unter der Enns. (In alphabetischer Ordnung.)

1.) Passivlehen. 1457, 15. September. K. Ladislaus etc. bekennt, von dem Abbte Peter zu Nieder-Altach das Purkhstal zu Ried gelegen vor dem Wienerwald und die Zugehör als rechtes Lehen empfangen und vom Gotteshause zu Nieder-Altach lehensweise inne zu haben.

Wien, phineztag nach des heil. Kreweztag Exaltationis

Oestr. Ms, Nr. 65, Fol. 113.

2.) 1455, 29. Mai, Wien. Anton Aczpekh.

1 Hof zu Obernholczhaim mitsammt dem Burgstall „an der Lueslpurg," und dem Holz daselbst, das zu dem benannten Hof gehört;

it. 1 Hube zu Nidern Holczhaim gelegen in Lewntinger pfarre und Strashaimer Landgericht;

it. 1 Hof zu Pesching genannt „der Khueczagl";

it. $^1/_2$ Hof daselbst bei der Kirche, genannt der Heglhof;

it. $^1/_2$ Hof auf dem Wagram gelegen in Heresingerpfarre und in Strashaimer Landgericht;

it. 1 Gut in der Grub;

it. das Gut zu Swabegk;

das Gut auf dem Sneeperg;

it. das Gut „an des Negleinsöd" gelegen in Sand Jorgenpfarre und Freinsteter Landgericht.

(Sein Erbe.) Oestr. Ms. Nr. 65, Fol. 46, b.

3.) 1455, 23. Mai. Lehen der landesfürstlichen Herrschaft Puchaim. Leonhard Aicher, (für sich und Niclas, Ludwig, Erhart und Magdalene seine Geschwister und die Kinder seines Bruders Heinrich A.), einen Hof zu Niezing in Gunskirchner-Pfarre gelegen.

(Ihr Erbe.) Oestr. Ms. Nr. 65, Fol. 48, b.

4.) 1455, 17. April, Wien. Hanns Aichperger.

1 Hof, gelegen in Oberndorff (sein Erbe.)

1455, 17. April. Derselbe hat seiner Hausfrau Petronella, Tochter weiland Stephan des Wilestorffer, für 125 Pfd. Pfen. Heimsteuer und Morgengabe in satzweise auf denselben Hof mit Äckern und Wiesen und auf 10 (pfund?) ph. Gülte auf 1 behausten Holden geweist.

Oestr. Ms. Nr. 65, Fol. 20, b.

5.) 1456, 19. Juni, Prespurg. Paul, Jörg und Conrad Aler (Gebrüder).

$^1/_2$ Hof zu Phangew und $^1/_2$ Gut daselbst;

it. 1 Gut zu Kacznperg;

it. 1 Gut auf der Hegenrewtt;

it. $^1/_2$ Gut auf dem Ursperg, alles gelegen in Chessendorfferpfarre und in Liechtentanner Gericht;

it. auf 1 Hof zu Hag auf 1 Gut daselbst, auf 6 Gütern zu Atergewdorf und auf 6 Gütern zu Tanhaim halben Zehend, alle gelegen in Sand Jorgenpfarre im Atergew.

(Ihr Erbe.) Oestr. Ms. Nr. 65, Fol. 97, b.

6.) 1455, 12. August, Wien. Caspar Alhartinger.

Das halbe „Anses" zu Pybershofen mitsammt dem halben Bauhof daselbst;

it. $^1/_2$ Hofstatt daselbst im Eyschiel und $^1/_2$ Hofstatt im Kraneat in Neunmarkterpfarre und Freistädter Landgericht.

(Sein Erbe.) Oestr. Ms. Nr. 65, Fol. 66.

7.) 1455, 19. April. Wolfgang Altenstainer (für sich und seine Brüder Jörg und Stephan).

1 Hof zu Aw mit 2 Hofstätten;

it. 1 Fischweide und 1 Au;

it. 18 Tagwerk Wismads und ettliche Äcker, alles in denselben Hof gehörig, auf dem Ybsfeld gelegen in Sand Jorgenpfarre.

(Ihr Erbe.) Oestr. Ms. Nr. 65, Fol. 22.

8. 1455, 31. März. Wolfgang Angrer.

Allen kleinen Zehend zu Waltenstain und zum Albrechts (gekauft von Hanns Kewschacher und seiner Hausfrau Margreth).

Oestr. Ms. Nr. 65, Fol. 15.

9.) 1455, 11. September, Wien. Philipp Aschacher (für sich und seine Brüder Caspar, Virgil und Hanns A.).

9 Güter zu Grauenhouen und
1 Gut genannt Klingensperg an dem „Pangew."
(Ihr Erbe.) Oestr. Ms. Nr. 65, Fol. 70.

10.) 1455, 6. Juni, Wien. Hanns Awer.

1 Hof gelegen zu Wolkestorf auf der Leita bey Lanneznkirchen mit Wiesmahd und Äckern;
it. das Holz am Paehegk;
it. 2 Pfd. und 48 Pfen. Gülte auf behaustem Gut im Dorf zu Wolkestorf und das Dorfgericht daselbst, als es von Alter ist herkommen.
(Sein Erbe.) Oestr. Ms. Nr. 65, Fol. 49.

11.) 1455, 19. April, Wien. Wolfgang Awnberger.

Drittel Zehend, (Wein- und Getreidzehend) gross und klein zu „baiden Durrnpach" gelegen.
(Sein väterliches Erbe.) Oestr. Ms. Nr. 65, Fol. 21.

12.) 1455, 23. April, Wien. Wolfgang Behem, (für seine Hausfrau Agnes.)

1 Hof, genannt der Grabenhof und 1 Hofstatt genannt „am Sandt bey dem Valltor."
(Ihr Erbe.) Oestr. Ms. Nr. 65, Fol. 24, b.

13.) 1455, 23. Mai, Wien. Friedrich Bischof.

Den Hof in der Nestaw;
it. den Hof im Tal in Olachterpfarre gelegen mitsammt dem Zehend daselbst im Tal, gross und klein und den Gülten daselbst auf behausten Gütern, die in denselben Hof gehören.
(Sein Erbe.) Oestr. Ms. Nr. 65, Fol. 42, b.

1455, 23. Mai. K. Ladislaus bestätigt ein Vermächtniss desselben Friedrich Bischof, der seinen Bruder (?) Leonhard Sebérmiezer, im Falle, dass er ohne männliche Leibeserben abginge oder diese vor ihrer Mündigkeit sterben, seine Lehen vermacht hat.

1. Den Hof in der Nestaw mit Zugehör, es seien Äcker, Wiesen, Holz, nichts ausgenommen.

2. „Die Gult im Tal in Alachterpfarre auf 3 behausten Gütern und den Zehend, Holz und Wiesmahd und was dazu gehört so derselb Bischof hat daselbs im Intal gelegen."

Oestr. Ms. Nr. 65, Fol. 42, b.

14.) 1455, 25. Juni, Wien. Engelbrecht Dachpekh.

Die Veste zu Harmanstorf mitsammt dem Dorf dabei, dem Bauhof, dem Baumgarten, Wiesmahd, Holz und Äckern und auch 2 Theile Zehends daselbst; mitsammt dem Wildbann auch daselbst; und 1 Muth Vogthaber auf 1 Holden zu Reinprechtspolan, das alles zu der obgenannten Veste gehört;
it. die Veste Grellenstain mit dem Mairhof und ihrer Zugehör; und $4\frac{1}{2}$ Pfd. Pfen. Gülte zu Rorapach und 136 Joch Äcker und das Wiesmahd vor den Äckern;
it. 100 Joch Holz mit den Weyern und die Fischweid in der Tefen;

1**

it. 1 Holz, heisst die Obernau und liegt unter der Landstrasse, die von Harn gegen Pölan geht;

it. 7 Pfd. und 20 Pfen. Gülte auf behaustem Gut und Überländ zu Tautendorf in Pölinger Gericht;

it. 3 Pfd. 3 Schilling und 23 Pfen. Gülte zu Lewbenrewt auf behaustem Gut und Überländ in Polinger Gericht;

it. 6 Pfd. 30 Pfen. Gülte zu Phafsteten bei Ravelspach auf behaustem Gut und Überländ;

It. 1 Weingarten zu Zellderndorf an dem Wartperg gelegen;

it. das Haus Dachpach mit dem Mairhof 1 Baumgarten, und Äckern und dem Wildbann daselbst und anderer seiner Zugehörung;

it. 1 Lehen zu Eczleinsdorf;

it. 1 Mühle zu Pewgen bei dem Munichhof;

it. 2 Pfd. und 7 Pfen. Gülte zu Pewgen auf Überländen und 1 Pfd. Pfen. Gülte zu Zellderndorf;

it. das Dorf Ottmeinsdorf mit aller seiner Zugehörung, gelegen in Egenburger Gericht.

(Sein Erbe.) Oestr. Ms. Nr. 65, Fol. 54, b.

15.) 1455, 19. April. Degenhart und Ulrich Dachsner, Gebrüder.

Das Dorf Tauhen in Haselpekher-Pfarre.

(Ihr Erbe.) Oestr. Ms. Nr. 65, Fol. 21.

16.) 1455, 25. April. Hanns Dåchsenpeckh (für sich und seinen Bruder Sigmund D.).

1 Hof zu Schalach unter dem Haus zu Sichtemberg gelegen, davon man jährlich 4 Muth und 4 Metzen Getreid dient;

it 1 Hofstatt daselbst dient 12 Schillinge Gülte, 18 Metzen Getreid und 3 Gänse;

it. zu Etzing $2^1/_2$ Pfd. Gülte;

it. (?) „funf achtail gleich halbe an dem gericht zu Nidern Velabrunn under dem Prawnsperg und funf Achtail gleich halbe an den Meuten und Czollen und Rechten an den Merkhten daselbst zu Velabrunn und was in die puchsen gehort."

it. 2 Pfd. 7 Schilling Pfen Gülte zu Meuseldorf auf behaustem Gut;

it. 3 Schilling Pfen. Gülte zu Phafsteten auf behaustem Gut;

it. 1 Weinzehent an dem Seberperg und
1 Weinzehend an dem Ekersperg;

it. 1 Weinzehend an dem Hechsenholcz und
1 Bergrecht daselbst im Hechsenholcz;

it. 1 Getreidzehent in den Jungen und alten Seczen zu Hagenprunn.

(Ihr Erbe.) Oestr. Ms. Nr. 65, Fol. 26, b.

1455, 26. April. Dorothea, Hausfrau des Hanns Dechsenpekh, Tochter des Jörg Neidegger.

Hat einen Bestätigungsbrief über 300 Pfd. Pfen. Heimsteuer und 300 Pfd. Pfen. Widerlegung und Morgengabe, welche ihr von ihrem Gatten in satzweise auf folgende Güter (s. oben) verwiesen wurden.

1. Die Gülte zu Schala unter dem Haus zu Sichtemberg auf behaustem Gut, zu St. Michelstag dienen:

Jacob von 1 Hof 45 Metzen Korn, 45 Metzen Haber, 20 Metzen Weizen und 16 Metzen Gersten;

it. Paul Fragner dient von 1 Hof daselbst 14 Metzen Korn, 14 Metzen Haber, 12 Schilling Pfen. und 3 gemästete Gänse;

2. it. von 1 Hof zu Ezzing $2^1/_2$ Pfd. Pfen. jährliche Gülte und $^1/_2$ Kalb;

3. it. 3 Schillinge Pfen. Gülte zu Pfafsteten auf behaustem Gut;

4. it. zu Mäuseldorf auf behaustem Gut $2^1/_2$ Pfd. Pfen. Gülte;

5. it. 18 Pfd. Pfen. Gülte und 2 Viertel Uuslid auf dem Markhgericht zu Velabrunn gelegen bei dem Prawnsperg;

6. it. Weinzehent auf 20 Joch Weingärten gelegen an dem Ekersperg zu Enezesfeld und zu Seberrperg in St. Veitspfarre.

Oestr. Ms. Nr. 65, Fol. 26, b.

1455, 29. November, Wien. Jacob Dechsenpekh.

Den Sitz genannt Walkering und 3 Güter dabei;
it. 1 Gut zu Viecht;
it. 2 Güter zu Sallrating;
it. zu Spilberg 1 Mühle und ganzen Zehend darauf;
it. zu Wachsprechting auf 5 Gütern halben Zehend;
it. im Tal zu dem Goldman $1/_{3}$ Zehend;
it. „under der Aich" daselbst $1/_{3}$ Zehend;
it. auf 1 Gut zu Spilberg bei dem Gatern $1/_{3}$ Zehend;
it. zu Walkering auf dem Prunnlehen $1/_{3}$ Zehend; alle gelegen in Vekelstorffer-Pfarre;
it. 1 Hof zu Gamparn gelegen;
und 1 Gut in demselben Hof;
it. 1 Gut zu Pystorf gelegen;
it. 1 Gut zu Smidling;
it. zu Egnyng auf 8 Häusern 4 Viertel Zehendt;
it. zu Wiezling auf 5 Peunten 2 Theile Zehents, alles gelegen in Gamparer-Pfarre;
it. 1 Gut genannt zu Reichersperg gelegen in Sewalher-Pfarre;
it. 1 Gut zu Haimpuch in Scherfflinger-Pfarre;
it. zu Rewtleitten 2 Theile Zehents;
it. daselbst auf 1 Gut genannt im Zawn 2 Theile Zehents;
und zu Innerleitten auch 2 Theile Zehents, gelegen in Newnkircher-Pfarre.

(Sein Erbe.) Oestr. Ms. Nr. 65, Fol. 79.

17.) 1455, 19. Mai, Wien. Jörg Dechsser (für sich und seinen Bruder Wilhelm Dechsser).

Die Veste Walkunskirchen mit aller ihrer Zugehörung;

it. das Gericht, Stock und Galgen und 1 Holz, genannt die Pranntleitten zu Reibenstorf in Behemisch-Kruterpfarre;

it. den Hof zu Poysdorf und die gefürstete Freiung darin, Mannschaft, Pfenninggult, Wein- und Getreidzehent und auch den kleinen Zehent;

it. auf $7^1/_2$ Lehen zu Wilhalmstorf Wein- und Getreid- und den kleinen Zehent;

it. 12 Pfd. Pfen. Gülte auf behausten Gütern zu Potendorf und auf 3 ganzen überländischen Lehen zu Enntschesprunn 10 Schilling Pfen. Gülte mitsammt dem Zehent auf denselben Lehen und (auf) 1 Lehen daselbst auch 3 Schillinge Pfen. Gülte.

(Ihr Erbe.) Oestr. Ms. Nr. 65, Fol. 38.

18.) 1455, 29. Mai, Wien. Jörg Derr.

1 Hof zu Hunczhaim oben am Ort mit aller seiner Zugehörung;

it. 5 Schilling und $23^1/_2$ Pfen. Gülte und 6 Faschinghühner auf behaustem Gut und Überländ;

it. die „Leitten" und das Holz darauf an dem „Hainperg" gegenüber dem genannten Hof und die „Waid" daselbst;

it. das Holz genannt die „öden Weingerten" und ein
Holz genannt das „Rechfeld" und ein
Holz genannt die „Seeislacht";

it. zu „Altemburg" 11 Schilling und 10 Pfen. Gülte auf $1\frac{1}{2}$ Lehen Überländ und $\frac{1}{2}$ Pfd. Pfen. Gülte auf 2 ganzen Weingärten, gelegen „in den Seczen;"

it. 1 Steinbruch in dem „Statweg" am „Hainperg."

(Sein Erbe.) Oestr. Ms. Nr. 65, Fol. 46.

19.) 1457, 20. März. Erhard Doss.

Den Zehent auf $14\frac{1}{2}$ Lehen und 2 Theile Zehents auf 60 Joch Ackers;

it. die Lehen, die in die Huben gehören:

1 Lehen und 1 Pfd. 24 Pfen. Gelts auf 2 Hofstätten und Urbaräckern und der Getreidzehent auf der Staingrub für 60 Pfen.;

it. am Perger Lehen, alles zu Pestorf gelegen.

(Vermächtnissweise von Erhart Sibpekh.)

Oestr. Ms. Nr. 65, Fol. 106.

19.) 1457, 20. März. Erhard Doss.

Das Haus zu Parsenprunn mit aller seiner Zugehörung;

it. zu Stokheraw 4 Pfd. und 30 Pfen. Gelts;

it. das Kirchlehen zu Obern Hawczntal;

it. das Dorf zu Nidern Hawczntal mit aller seiner Zugehörung;

it. 1 Hof zu Wolfpaising auch mit aller seiner Zugehörung;

it. in dem Dorfe zu Stinkhenprunn 2 Pfd. Pfen. Gelts;

it. zu Haseldorf 12 Pfd. Pfen. Gelts und zu Passenprunn 2 Pfd. Pfen. Gelts. die sie gekauft haben;

it. zu Smida auf behaustem Gut 13 Pfd. 6 Schilling und 3 Pfen. Gelts und aber daselbst 97 Joch Ackers und 45 Tagwerk Wiesmahds und 3 Theile an der Weide und 3 Theile an dem Holz auf der Weide und auf 1 Mühle bei Smida 5 Pfd. Gelts und Wegpfenning;

$\frac{1}{2}$ Pfd. 10 Pfen. und 2 Käse für 48 Pfen.

it. zu Stranczndorf 6 Schilling 19 Pfen. Gelts.

(Sein väterliches Erbe.) Oestr. Ms. Nr. 65, Fol. 106.

1457, 16. September. Erhard Doss.

1 Neuschütt gelegen in der Donau („und geet mit dem obern ort an der pawrn aw zu Niderzayna abwerts uncz an den Kuwerd").

(Sein Erbe.)

it. die Herrschaft Alten Lengpach mitsammt der öden Veste daselbst und allen ihren Zugehörungen;

it. 18 Pfd. und 4 Pfen. Gelts auf behaustem Gut und Überländ, die man jährlich zu Lichtmess, Fasching und St. Jörgentag dient;

it. aber 40 Pfd. und 32 Pfen. Gelts auf behaustem Gut und Überländ, die man jährlich am St. Michelstage dient;

it. $25\frac{1}{2}$ Eimer Weins Bergrechts jährlicher Gülte auf dem Weingartberg, so zu der Herrschaft gehören;

it. den Weinzehent daselbst.

(Gekauft von Ulrich Eyczinger.)

(Diese Stücke, Güter und Gülten gehörten weiland dem Schenken von Seebarn „und von Magdalenen seiner Tochter Janen von Ranaw hausfrawn an In (?) komen wern.")

Oestr. Ms. Nr. 65, Fol. 113, b.

20.) 1455, 25. April, Wien. Wernhart Drůgsěcz.

1 Gut zu „Prawnstorf" auf der Smida gelegen mit Namen das Kirchlehen daselbst und die Vogtei mit aller Zugehör;

it. das Halsgericht, Stock und Galgen als weit die Pfarre ist;

it. den Wildbann daselbst;

it. auf behausten Gütern jährlich 9 Pfd. 5 Schilling 27 Pfen. Gülte;

it. auf Burgrecht 4 Schilling 5 Pfen.;
vom „velbrein holez jerlich“ 75 Pfen.;
von allen Wiesen daselbst jährlich 18 Pfd. 50 Pfen. Gülte;
it. den Mairhof daselbst mit aller seiner Zugehör;
purkrechtakher 17½ Gewanten und dazu eine kleine Wiese;
it. 1 Hof zu Weykhartslag mit seiner Zugehörung;
it. 3 Pfd. 3 Schilling 25 Pfen. Gülten;
it. auf Überländ 70 Pfen. Gülten;
it. im „Marcktveld“ auf Überland 18 Schillinge Pfen. Gülten;
it. zu „Gioeknicz“ auf Überlend ½ Pfd. 26 Pfen.;
it. auf sand Lussen auf Überländ 65 Pfen. Gülten;

it. ganzen Zehend auf 9 Lehen zu „Weykhartslag“ in Markhler veld und 6 Pfd. 3 Schilling und 1 Pfen. Gülte zu dem nidern Rugers;

it. 1 Hof zu Grossaw mit 15 Schilling Pfen. Gülte auf behaustem Gut und dabei 3 Schillinge Pfen. Gülte auch auf behaustem Gut daselbst zu Grossaw gelegen;

it. 1 Gut gelegen zu „Völsenperg“ mit 11 Pfd. Pfen. (weniger 20 Pfen.) Gülte auf behaustem Gut und Überländ und das Halsgericht, Stock und Galgen daselbst.

(Sein Erbe.) Oestr. Ms. Nr. 65, Fol. 25.

1455, 25. April. Wernhart Drugsecz.

10 Pfd. Pfen. Gülte zu „Reichenpach;“
it. 2 Pfd. Pfen. Gülte zu Harmanstain und das Dorfgericht daselbst;
it. daez dem Schakans 6 Schillinge Pfenning Gülte;

it. daez dem „Hainreichs“ 2 Pfd. Pfen. Gülten und ganzen Zehent auf 6 Leben daselbst;

it. 2 Pfd. Pfen. Gülte gelegen bei Weitra um die Stadt;
it. 10 Schillinge Pfen. Gülte zu Göczells im Waidhover Gerichte;
it. 1 Hof, genannt der „Recher“ gelegen auf der „Tey.“

(„Wan die von der Irrung wegen so zwischen im und Oswalten Eytzinger von Eyczing anstat und als Gerhaben Hedweigen Heienen und Annen weilent Goczn von Tumen töchter zu baiderseit darumb gewesen wern mit einander verainet hieln, komen wern, und die wir demselben Eyczinger anstat der gemelten dreyr Junkfrawn als irm Gerhaben von gnaden verliben heten.“)

Oestr. Ms. Nr. 65, Fol. 25.

1455, 5. November. Bernhard Drugsecz.

16 Pfd. 19 Pfen. 1 Helbling jährlicher Gülte in der landesfürstlichen Stadt Egemburg und im Burgfried vor der Stadt auf behausten Gütern und Überländ.

(Halb Erbe, halb gekauft von seinem Bruder „Haidenreich Drugsecz“)

Oestr. Ms. Nr. 65, Fol. 77.

1455, 13. September, Wien. Leo Drugsecz (als Lehenträger seiner Stiefmutter Margareth, Schwester des Urban Hundzkaimer).

9 Pfd. und 75 Pfen. Gelts gelegen zu Schadendorf auf behausten Gütern, Feldlehen und Überländäckern;

it. ganzen Zehent auf 48½ Joch Überländäckern, 1 Weingarten und 61½ Joch Ackers zu Schadendorf gelegen.

(Ihr Erbe.) Oestr. Ms. Nr. 65, Fol. 78, b.

1456, 20. Juli, Wien. Niclass Drugsecz und Jörg Wächsner.

Die Veste „Meyras“ mitsammt dem Kirchlehen, Gericht, Gülten, Fischweiden, Wildbann und allen ihren Zugehörungen, und 2 Höfe zu Wallhers in Waidhofer-Pfarre auf der Tey gelegen.

(Gnaden-Lehen, ledig geworden durch den Tod Simon des Neydegker, der ohne männliche Erben starb.) Oestr. Ms. Nr. 65, Fol. 101.

21.) 1453, 9. Jänner, Wien. Eberstorf.

K. Ladislaus P. etc. belehnt den Pangraz von Plankenstein und Albrecht von Eberstorf für ihre unverdrossenen Dienste mit dem kleinen und grossen Wein- und Getreid-Zehent in der Pfarre Hindberg zwischen Minckendorf und dem Rietenhofe und im Markte Hindberg, der Ihm nach weiland Heinrich Pfientzl, Bürger zu Wien, vermahnt und ledig worden ist.

Orig. im ständischen Archive zu Wien, Nr. 2756.

21.) 1453, 27. März, Wien. Eberstorf.

K. Ladislaus P. erzeigt dem l. g. Reinprecht von Eberstorf Obrist-Kämmerer in Österreich, dem Er als den Ältern und Lehenträger für sich und seinen Bruder Albrecht, seinen Sohn Georg und seinen Vettern Veit und Hanns Gebrüder von Eberstorf, ihre Lehen verliehen hat und der nicht weiss, ob er diese Lehen alle namentlich vorgebracht habe, die besondere Gnade, dass Er die Ihm etwa nicht vorgebrachten, wenn er sie erfährt und vorbringt, unbeschadet seiner Rechte auch verleihen wolle.

Orig. im ständischen Archive zu Wien, Nr. (?).

1453, 21. Juni, Wien. Eberstorf.

K. Ladislaus P. belehnt Albrechten von Ebersdorf mit dem Weinzehent zu „Atakchein" im „Pfenninggelt" (?) (wovon der Propst von St. Stephan die Hälfte hat); welchen er von Hanns von Ladendorf gekauft und dieser aufgesendet hat.

Orig. im ständischen Archive zu Wien, Nr. 2758.

1455, 9. Mai, Wien. Albrecht von Eberstorff.

Das Landgericht mit Stock und Galgen, als es aus dem Landgericht zu Pekhstal gekommen ist.

it. halben Wein- und Getreid-Zehent zu Meczleinstorf, Frenigaw, Pergarn und Mayrhofen grossen und kleinen, zu Feld und zu Dorf.

(Gekauft von seinem Bruder Reinprecht von Eberstorff.)

it. den Weinzehent zu Atakrin in dem „Phenninggelt" gelegen „da entgegen der Brobst zu Sand Steffan hie zu Wienn den halben tail hat."

(Sein Erbe.)

Auch die besondere Gnade, später in Erfahrung gebrachte Lehengüter ihm verleihen zu wollen. Oestr. Ms. Nr. 65, Fol. 37, b, 38.

22.) Jörg von Ekchärtzaw.

1 Zehent zu Symanveld gelegen Wein- und Getreid-Zehent „wann der weilent Lewpold von Ekchartzaw seinem vater von dem Allerdurchleuchtigisten fursten unserm lieben herrn und Vatter Kunig Albrechten loblicher gedechtnuss als ain vermants lehen von sundern gnaden verlihen worden wer."

Oestr. Ms. Nr. 65, Fol. 6, b.

1456, 14. August, Wien. Jörg von Ekhartzaw.

Das Haus, gelegen zu Haimburg bei der Donau genannt der Gogenhof, und den Werd, an der Donau gelegen gegenüber der Stadt, genannt der Haimburgerwerd.

(Sein Erbe.) Oest. Ms. Nr. 65, Fol. 109, b.

1456, 14. August. Jörg von Ekhartzaw.

Das Dorf Purkstal bei dem Menhartsperg gelegen mit seiner Zugehörung;

it. die Veste im Grewtt mitsammt dem Kirchenlehen und der Mannschaft so zu den 2 Höfen in der Mawr und was zu den vorgenannten Gütern wie das genannt und wo das gelegen ist gehört;

it. die 2 Dörfer in der Mawr mit dem Gericht und der Freyung;

it. 2 Theile an 1 Fuder Wein Bergrecht auf Weingärten am Aichperg ob der Vesten zum Turn in Alten-Lembacherpfarre gelegen;

it. 1 Pfd. Pfen. Gelts zu den Weihnachten (?);

it. an dem Kadoltsperg, an dem Krewsperg und an dem Liebegk das Bergrecht und ganzen Weinzehent;

it. in den Seczen ganzen Weinzehent:

it. auf der Haid, in der Hasenwart und an den „Glaubwirnussen" das Bergrecht und halben Weinzehent;

it. auf dem „Swarczangl" an dem „Rewterperg," am Rosenberg am Frawnperg am Tulnertal am Pfaffenperg und in den Seczen um Heczendorf im Griespach und am Stainveld, zu „peden Liesingk halben Weinzehent;

it. den Getreidzehent, Krautzehent und den kleinen Hauszehent daselbst und gehört alles zu der Mawr;

it. 1 Weingarten genannt der „Kupphersmid, gelegen an dem Krewsperg," des 14 „Rebel" sind:

it. auf behaustem Gut in der „Mawr" und in dem „Grewtt" 21 Pfd. 4 Schilling und 18 Pfen. Gelts;

it. die Waidpfenning daselbst;

it. 100 Pfd. Unschlitt auf den Fleischbänken „in der Mawr;"

it. 13 Schilling Pfen. Gelts von etlichen Wiesen daselbst;

it. 20 Tagwerk Wiesmahds im Gutenpach;

it. das Holz an dem Hedersperg mit seinen Gemärken;

it. zu Laynez 20 Eimer Bergrecht mitsammt den „Voitrecht an den hintern Walkenperg und 1 Weingarten daselbst gelegen;

it. auf behaustem Gut daselbst gelegen (zu Laynez) 10 Schilling Pfen. Gelts;

it. Das Gericht in den Dörfern und auf allen Leuten und Gütern zu Sunberg zu Praitenweidach, zu Dietreichstorf und auf dem Markt zu Symonsvelden, was den Tod berührt mit Stock und Galgen, das zu der Veste Sunberg gehört;

it. das Gericht auf allen Leuten und Gütern mitsamt dem Markt zu Stupphenreith und den Dörfern zu Engelhartsteten; zu Leubmanstorf, zu den Gerlas und zu dem Hof, was den Tod berührt mit Stock und mit Galgen, das zu der Veste Stupphenreith gehört;

it. den Mairhof zu Symansvelden mit dem Wiesmahd und anderer seiner Zugehörung:

it. das Gericht daselbst halbs und 20 Metzen Vogthaber auch daselbst;

it. den Weinzehent und Getreidzehent gross und klein zu Feld und zu Dorf zu Genesterndorf;

it. das Marktrecht zu Velabrunn und zu Prawnsperg;

it. die Veste zu dem Hof im Marchort mitsammt der Mannschaft und anderer ihrer Zugehörung;

it. das Urfar und den dritten Pfenning auf der Mauth daselbst zum Hof;

it. den Sechstheil Zehents gross und klein zu Feld und zu Dorf so zu derselben Veste zum Hof gehört;

it. 3 Viertheil Lehen daselbst (Niclas Kuebel);

it. ½ Lehen genannt des Keufleins Lehen;

it. den Hof oberhalb des Pfarrhofs daselbst (1 ganzes Lehen) und die Mühle halb;

it. 15 Tagwerk Wiesmahds in dem „Marchaken" und den Sechstheil Weinzehents an dem Hofferperg und alle die „Velber" und „Vogelwaid," die zu der vorgemelten Veste gehören;

it. zu Stinkenprunn bei Laa 12 Pfd. Pfen. Gelts;

it. das Dorf zu „Parcz im Langental" das jetzt öde ist und den Weinzehent und Getreidzehent zu Abstorf gross und klein zu Feld und zu Dorf;

it. zu Newndorf bei Gors gelegen 4 Pfd. Pfen. Gelts und 38 Pfen. Gelts, alles auf behaustem Gut;

it. bei Berchtoltstorf „Mawr" an der Soss 84 Eimer Weins Bergrecht und 84 Pfen. Vogtrecht:

it. 1 Holz, genannt der „Holczschuch" bei Raschenlas in Obern Holenbrunner-Pfarre, und $4^1/_2$ Joch Äcker dabei gelegen, und den Zehent darauf;

it. $^1/_2$ Pfd. Pfen. und 16 Pfen. Gelts auf $^1/_2$ Lehen zu Maispirpawm gelegen (Vogt Tanskher).

(Sein Erbe.) Oestr. Ms. Nr. 65, Fol. 100, b, 101.

1456, 23. August, Wien. Jörg von Ekhartzaw.

5 Schilling Pfen. gelegen auf 1 Mühle zu Pruderdorf und
60 Pfen. Gelts auf 1 öden Hofstatt daselbst, genannt das Vogelsankh.
(Gekauft von Bernhard Mittirndorffer.)

Oestr. Ms. Nr. 65, Fol. 101, b.

1455, 4. Mai. Ludwig von Ekharczaw.

1. Das Gericht zu Ekharczaw zu Phrêmna und zu Gang mit Stock und Galgen und ihren Zugehörungen „als die mit pymerkten umbfangen sind;"

2. Das Dorf zu Strauhendorf und alles Dorfgericht darauf „an den tod allain" und darinn 25 Pfd. Gülte auf behausten gestifteten Holden und $^1/_2$ Pfd. Hühner, 20 Käse, 2 Pfd. Eier, alle Robot, 3 Pfd. Wiener Pfen. Gülte auf Oberlünd und auf 2 Werden gelegen in der Donau zwischen den Wassern, und ganzen grossen Zehend zu Feld und zu Dorf daselbst zu Strauhendorf 4 Hofstätt, die geben ihren Haus- und Feld-Zehent der Pfarre zu Ort;

3. it. zu Nidern Menestorf auf Fischweid 3 Pfd. 10 Pfen. Gülte das halbe Dorfgericht inner und ausser Haus „an den tod alain;"

3 Viertel Lehen die in dem Dorf daselbst gebaut werden.

4. it. das Gericht zu Wagram halbs mit Stock und Galgen.

5. 20 Pfd. Pfen. Gülte auf den Zoll zu Pokhflies und 10 Pfd. Gülte auf dem Gerichte daselbst;

6. it. Drittheil Getreidezehent auf $36^1/_2$ Joch Ackers gelegen in des Stranynger Zehent;

it. 2 Drittheil Zehent gelegen hinter der Kirche auf $^1/_2$ Lehen;

it. Drittheil Weinzehent an dem Mental gelegen zu Awrestal;

7. it. gefürstete Freiung zu Pokflies 14 Tage vor St. Jacobstag und 14 Tage hernach;

8. it. 1 öde Dorfstatt gelegen in dem niedern Werd und denselben nidern werd mit seiner Zugehör und 1 Werd gegenüber dem nidern werd der vor Zeiten eine Weide gewesen ist der armen Leute die vor Zeiten im ynnern werd gesessen sind.

9. Alle Fischweide „die da geet umb die obgenanten werd uncz emmitten in die Nawfart gelegen gegen Wildungsmawr und Rogelprunn uber."

10. Auf den obgeschriebenen Stücken allen Wildbann,

(Sein Erbe.) Oestr. Ms. Nr. 65, Fol. 31, b.

23.) 1455, 31. März, Wien. Albrecht Enenkhl (für sich und seinen Bruder Caspar E.).

Die Fischweide mit sammt dem Mühlgang auf der Pielach zu Albrechtsperg und stosst an die Fischweide des Redler von Sichtemberg;

it. 1 Holz an dem Hiersperg, genannt das Kulberholcz und $2^1/_2$ Joch Acker in Lostorffer-Pfarre gelegen.

(Erbe.) Oestr. Ms. Nr. 65, Fol. 14, b.

(Fortsetzung folgt.)

Aus der k. k. Hof- und Staatsdruckerei.

№ 2. NOTIZENBLATT. 1854.

Beilage zum Archiv für Kunde österreichischer Geschichtsquellen.

Herausgegeben von der historischen Commission
der
kaiserlichen Akademie der Wissenschaften in Wien.

II. „Oesterreichische Geschichtsquellen."

1.) Salzburgische Urkunden und Urkunden-Auszüge von 1440 bis 1457 aus dem k. k. Haus-, Hof- und Staatsarchive.

Mitgetheilt von Joseph Chmel.

(Fortsetzung.)

CCIX. 1453, 10. August. Hanns Pfäffinger, Erbmarschall in Baiern, stiftet nebst seiner Hausfrau Margareth in seiner Capelle zum Steg in Puechpacher-Pfarre Salzburger Sprengels eine ewige tägliche Messe [1]), (und zeichnet Gülten und Güter aus dazu, 1449, in einem Briefe unter seinem Siegel und dem seines Vetters Kaspar Pfäffinger); da nun in jenem Briefe einige Artikel fehlen, so erklärt er jetzt, dass er sich das Jus patronatus vorbehalte, und die Besetzung der Messe durch einen „erbergen gelewtten briester," der vom Erzbischof als Ordinarius bestätigt werde.

Kammerb. V, pag. 394, Nr. 248.

CC. 1453, 10. August. Ich Andree von Weispriach Erbhofmaister zw Tyrol Haubtman zw Ortemburg als anwald der Hochgeboren fürsten vnd herren hern

[1]) „Ausgenomen die teg daran man auch nach aufsaczung der heiligen Kyrchen nicht mer dann ain Mess pfligt ze halten bey den pfarrkirchen auch ausgenomen den Ostertag den pfingsttag den weynachttag zve dem fronambt auch ausgenomen den kyrchweichtag vnd vnserer frawentag der schiedung. Auch ausgenomen seinen veyerntag den er alle wochen von wirdikait wegen des heiligen sacraments gehaben mug." Jeder Caplan soll dem Pfarrer zu Puechpach oder seinem Vicari gehorsam beweisen „damit dester pesser aynikait vnder der priesterschaft daselbs gehalten werde (in willichen und briesterleichen sachen). Sich soll auch derselb briester vnd kappellan kainerlay pfarrleicher rechten auszerichten vnderwinden noch Sacrament reichen noch weichprenn palm cherczen noch aschen gesegen noch kaynerlay predig thuen an sunder vrlaub aines pfarrer oder seines Vicari. Er sol auch kaynerlay opfer wie das benant ist, im aufheben noch sich des in der egenanten Cappellen vndersziehen oder swaigen weder wenig noch vil sunder was des wirdet czu czeiten daselbs ainem pfarrer trewleichen antwurten angeuärde Ich vnd mein nachkomen sullen vnd wellen zw der obgemelten Ewigen mess ornat kelich puecher opfer wein vnd all annder notturft so sich dann gepürdt an schaden aines yeden kappellans daselbs nach notturft geben vnd bestellen Sunder so sol vns czw czeiten ye ain pfarrer den kirchtag der benanten Cappellen lassen besingen als er dann bey anderen seinen zwkirchen ze thuen pfligt auch angeuärde. Wir haben auch darauf vnsern genädigen herrn von Salczburg und sein Capitel diemutiklich gebeten solh stift zw ainer gotsgab durch ir gewaltsam vnd Ambt zwerheben vnd die genediklaich ze bestetten."

2

Fridreichs vnd Vlreichs Grauen zw Cili zw Ortemburg vnd in dem Säger, wann in windischen landen meiner genädigen herren vnd der volligen gewalt Ich darzw hab an ainem vnd ich Walthasar von Kyenburg pfleger zw Sachsenburg Wilhalm Aschaher Richter zum Hellein Cristan Rosenhaimer pfleger zw Rauhenkäez vnd ich Jörg Prukdorffer Ambtmann zw Gmünd als anwald dez hochwirdigen fürsten vnd herren herren Sigmundez Erczbischofs zw Salczburg Legat dez Stuels ze Rom vnsers genädigen herren dez völligen gewalt wir auch darzw haben Bekennen offenleich an dem brief als vormalen am nachsten durch vns vnd die Edlen vnd strenngen fürsichtigen vnd weysen herren Hawgenn Burggrauen zw Lüncz vnd pfleger zw Traburg Cholmann Flasperger Cristoff Toppler Burkgraf zu Sterenberg Cristoff von Graffendorf Hannsen Perner Viczdom zw Ortemburg. Chunradt Haspel Pfleger zw Hohenburg Paul Hohenburger Benedict von Schuez Vlreich Froner zw Mülstat Hanns Turner Richter zw sand Patrian. heren Chunraten Tanhawser pfleger vnd landrichter zw Moshaim Walthasar Newnkircher pfleger zw Düchsenpach Peter Moshaimer pfleger zw Lengberg Wolfgang von der alben pfleger zu Stall Sigmund von Lewbenegk Hanns Strasser pfleger zw Kyenburg Leonhart Hawser ambtmann ze Matray von der alben wegen zw Stall genannt die Chwniczen ain abred beschehen ist nach Innhald der beredczetel so darvmb ausgangen vnd darinnen sunder begriffen ist daz wir alz anbald bayder herschaft vnser herren von Cili vnd von Salczburg wie dann die suchen am nachsten nach Innhalt derselben abred verlazzen ist mit notturftiger chuntschaft an hewt solten verfertigen. Also ist die sach ainträchtikleichen nach dem vnd die benant Alben mit dem gesuech vormals aygenleichen beschen ist fürgenomen vnd nach altem herchomen betaydingt Das die obgenant Alben mit dem gesuech vncz auf die pimarch genant an dem Poboick vnd von dem Poboyck ab nach dem pach auf den Dielnack vnd von dem Dielnack auf nach dem Dielnackpach gerichtz auf nach den Ekken vnd von Ekken die wassersaig vncz auf vnserer genädigen herren von Görcz etc. gericht dem obgenanten vnserm genädigen herren von Salczburg vnd seinem gschlozz zw Stall peleiben sol vngeuerleich Doch also das die Mirtschacher mitsambt iren mittail alain von solicher guetiger tayding wegen vnd auch vnserm gnädigem herren von Cili etc. Zwgefalln iarleichen virczigk hawbt vichs ochsen vnd ros in die benant alben zw recht czeit mit den Stalleren treyben mügen vnd nicht mer dauon sullen sy auch jürleichen ainem yedem Ambtman zw Stall geben vnd antwurten von yedem hawbt vier agler pfenning dauon derselb ambtman den gemainen ochsenhaltern der Alben seins lons beczalen sol auch vngeuerleich. Vnd waz sich auch schadens vnd vnbillens zwischen Hannsen Voderwerger dieczeit Richter in Kirichaim vnd der Mirtschacher daselben auch Petern Lobiser ambtmann zw Stall vnd der gerichtlewt daselben in den sachen begeben hat der sol gancz ab vnd gericht sein trewleich vnd vngeuerleich. Zw vrchund verbetschaft mit meines obgenanten Andre von Weispriach anhangunden petschadt wann ich dieczeit gegrabens Insigel nichten hab vnd mit der obgenanten herren Hawgen Burkgrauen Cholmann Flasperger vnd Paulen Hohenburger Hannsen Pernar anhangunden Insigel die sy nach meinem begeren anstat der obgenanten meiner genädigen herren vnd meiner genadigen herren vnd meiner pet willen an den brieue gehangen haben vns vnd vnsern erben an schaden. Der geben ist an sand Larenczentag da man czalt von Christi geburde Tawsent vierhundert vnd im drew vnd fünfczigisten Jare.

Kammerb. V, pag. 381—383, Nr. 241.

CCI. 1453, 6. September. Erzbischof Sigmund hatte Ulrichen von Freundsberg aufgefordert, das Schloss Lichtenwerd von ihm zu Lehen zu empfangen; Herzog Sigmund aber, der die Lehensherrlichkeit dieses Schlosses ebenfalls in Anspruch nahm, ersucht den Erzbischof zum Austrag der Sache einen Tag zu bestimmen.

„Hochwirdiger besunder lieber frewnd. Vns hat vnser Rat vnd lieber „getrewer, Vlreich von Frewntsperg fürgehalten, das er zu ew gen Saltzburg „komen, vnd das Slosz Liechtenwerde von ew zu lehen empfahen sulle, auf sant

„Michelstag nachstkumfftigen, geuordert sei, Wan wir es nu dafür haben, vnd „auch also von vnsern Eltern vnd vater loblicher gedechtnusz auf vns komen ist, „daz wir das benant Slosz leihen sullen. Dauon so bitten wir ewr frewntschafft mit „fleizze vnd ernste, Ir wellet vns, vnd vnser herrschafft ze Osterrich dabei beleiben „lassen vnd es gen dem vorbenanten von Freuntsperg nicht weitter noch verrer „fürnemen, vnd ob villeicht ewer liebe, solchs nicht geuallen wolte, So geuellet „vns wol, daz darumb ein tag fürgenomen werde an gelegen stett vnd zu bequem„licher zeit, dartzu wellen wir die vnsern schikchen vnd getrawen ewer frewnt„schaft sulle wol vnderweiset werden, daz solch Slosz von vns vnd vnserr herr„schafft zu lehen ruren sulle, vnd wir begern des ewer verschriben antwortt. „Geben ze Insprukg, an pfintztag vor vnserr frawntag natiuitatis. Anno etc. liij."

Sigmund von Gotes gnaden
Hertzog zu Österreich.

D. d. in consilio.

Dem Hochwirdigen vnserm besunder lieben frewnde heren Sigmunden Ertzbischouen zu Saltzburg Legaten des Stuls zu Rome.

Orig. Papier. Geh. Hausarchiv. Cam. Abth. 15.

CCII. 1453, 18. October. Balthasar Neukircher gibt dem Erzbischof Sigmund von Salzburg einen Revers. Derselbe hat ihm in urbarweise das Viertail „Alben" im Tretenpach mit Blumgesuch und Bergmahd überlassen „so Jacob „und Matheis gebrueder die merczen czu dem hof czu wald, so seiner genaden „vrbar ist, gehabt haben vnd das in sein kelerambt czu Mittersil gehört." (Das Überlassen geschah mit Wissen und Willen derselben Merczen). Er soll jährlich 1 Pfd. Pfen. dienen in das Kellerambt. „Ich sol auch den bemelten Merczen oder „ainem yedem der den bemelten hof von seinen genaden oder nachkomen innen„hat des geleichs zu stifftczeit geben auch ain pfund pfenning, damit sy seinen „genaden des dinsts so von alter auf demselben hof gelegen vnd in seinen vrbar„registern begriffen ist haben cze entrichten. Ich sol auch den obbemelten „Merczen oder den so den hof innhaben ierleichen 32 hawbt Rinder vnd vier Ros „für ander in dieselben Alben aufnemen vnd darinn vngeuerleich mit meinem vieh „an czins elpen lassen doch mit iren boten die ir wanung daselb haben mugen, „wir sullen auch czu baiderseytt der czeit vnd des tags so wir in dieselben alben „troyben werden ainig werden damit ain tail dem anndern nicht fürkome." Hält er die Verschreibung nicht, ist er von seinen Rechten gefallen.

Kammerb. V, pag. 511, Nr. 314.

CCIII. 1453, Samstag vor Martini, 10. November, Friesach. Erzbischof Sigmund von Salzburg compromittirt in Betreff der Ansprüche, die („vnser getrewer lieber") Jörg Ungnad an weiland Erzbischof Friedrich hinsichtlich des Schlosses Kaprunn machte, auf die Entscheidung des Bischofs Tyebold von Lavant, Burckhards, Dompropsts zu Salzburg, Meister Bernharden von Krayburg, seines Kanzlers, und des edlen Jörg von Volkensdorf auf einem festgesetzten Tage (St. Peterstag ad kathedram zu Salzburg); kommt einer der Spruchleute nicht, so ist Ersatzmann Balthasar Waldegker, Vicedom zu Friesach. kommen mehrere nicht, können die Übrigen andere wählen. Kann eine Partei (er, Erzbischof und Ungnad) nicht kommen, soll sie es 14 Tage zuvor anmelden und soll dann der Tag am 1. Mai sein.

Kammerb. V, pag. 384, Nr. 243.

it. Compromissbrief des Ungnad Nr. 244, S. 386.

CCIV. 1453, 12. December, Salzburg. Instrumentum latae sententiae, dass die Pfarrkirche U. L. Frau in Liezenhaim von jeher ein Manual-Beneficium[1]) gewesen und noch sei, dessen Rector ad nutum amovibilis ist, und wozu, als solchem, dem Salzburgischen Domprobst, nach alter Gewohnheit das Vergebungsrecht zugestanden hat und auch künftig zustehen soll.

[1]) Concedens in titulum.

2*

Die Sentenz wurde gefällt durch Paul Megk, Decretorum Licenciatus, Commissarius generalis Vicariatus ecclesie et Officialatus curie Salczeburgensis; Procurator des Dompropstes Burkhard war Caspar Westendorffer Causarum Consistorii Salzeburg. Procurator; Procurator des Anspruchmachenden Leonhard Fabri de Menig, Clericus der Eichstädter Diöcese, war Magister Stephan von Prethaym, auch Procurator causarum Consistorii. Fabri stützte sich auf eine päpstliche Exspectanz.

Notariats-Urkunde. Perg. 1 Siegel. Geh. Hausarchiv.

CCV. 1454, 18. Jänner. Ich Görg Halbegkh Ich Berttelme Körbler Ich Veitt Podemleder Ich Niclas Hertt vnd wir die ganez gemain dez Marckts zw Altenhouen. Bekennen mit dem brieue für vns vnser hawsfrawn vnd all vnser erben vnd nachkomen Vnd tuen kund allen den er fürkumpt Alz vns der hochwirdig fürst vnd herr Her Sigmund Erczbischoue ze Salczburg Legat des Stuels ze Rom vnser genädiger Herr die freyhait so wir von seiner gnaden voruodern säliger gedächtnuss gehabt haben genädikleich vernewet vnd bestett hat nach Innhalt der brieue vns darüber gegeben die von wort zw wort also lauttent. „Wir Sigmund von gotes genaden Erczbischoue ze Salczburg Legat des Stuels „ze Rom. Bekennen an dem offen brieue allen den er fürkumbt. Das für vns „komen sind vnser getrew die Burger gemainkleich zw Altenhofen vnd haben „vns fürbracht weilent Erczbischof Pilgreims vnd ettleicher anderer vnserer „voruoderen säligen brieue Daran sy durch gemains nucz willen vnsers Marckts „zw Altenhouen, mit ettwas freyhaitten in der arbait dez Eysens begnadt haben „vnd baten vns mit diemüetigem fleys in dieselben freyhait ze uernewen. Auch „ir obligund gebrechen so sy darinn hieten genadikleich ze wennden. Also haben „wir solh ir fleissig gebete. Auch gemainen nucz der bemelten vnserer lewte. „Besunder auch Widerbringung vnsers Marckts zw Altenhouen der von solher „vnornung wegen so in der Eysenarbait ettwelanng gewesen ist an lewten vnd „guet vast abgenomen hat als vns dann fürbracht ist vnd wir aigenleich vernomen „haben angesehen, vnd in solh obgemelt freyhait vernewet vnd bestüttet. Auch „ettleich artikel mit suunderm vleisse von uewen beklert, vernewen westätten „vnd geben In auch die mit dem gegenwürtigen vnserm brieue in mass als her„nach begriffen ist Von erst das man alles das Eysen, das man macht in vnserr „herschaft von der pergen in der Cely vnd darzw zw Hüttenberg vnd in der Mar„niczen, Es sei rauchs oder geschlagens des ersten zw vnserm Obernmarckt zw „Altenhouen füeren vnd daselbs verkawffen sol. Wil dann ain messer das Eysen „nach der wag verkauffen das sol er geben vnserr burger ainem zw Altenhouen „vnd sol dauon zw wagrecht geben vnserm weger ye von dem Meyler drey pfen„ning. Wil dann ain awsserr Eysen bey der wag kawffen das sol er kawffen von „vnserr Burger ainem zw Altenhouen vnd derselb awsser aber zw wegrecht dem „weger geben drey pfenning von dem meyler vnd der burger nichts. Wär aber „das ain messer ainem Burger zw Altenhouen an die wage sein Eysen nichts ze „kawffen geben wolde vnd das der awsser von dem burger nicht kauffen an der „wag wolt, so mag der messer dem gast sein Eysen wol ze kawffen geben nach „gesicht also das sy dannoch dem weger sein wegrecht geben ye von dem messen „ainen pfenning. Vnd daz auch sy dy mawtt richten als von allter her komen ist. „Wir seczen ordnen vnd wellen auch das füran kain messer in der Cely, zw „Hüttenberg vnd in der Marniczen auf sein Eysenarbait kainerlay guet weder „pfenning noch pfenning werdt von niemant anderem fürnemen oder entleichen „oder kainerlay fürkawf tuen sullen. Dann von vnsern Burgern zw Altenhouen „nach dem vnd die grünndt darawa daz Eysen gearbait wirdet vnd auch die von „Altenhouen vns vnd vnserm Gotshaws zwgehören, vnd solhs von allter herkomen „ist. Vnd darawf beuelhen wir vnserm viczdom ze Friesach wer der ze czeiten „ist. Auch allen anndern vnsern pflegern. Richtern Ambtlewten vndertanen vnd „getrewn Den der gegenwurtig vnser brief fürkumbt vnd geczaigt wirdet daz sy „die bemelten vnser Burger zw Altenhouen von vnsern wegen bey sölhem obge„melten freihaiten vnd gnaden vestikleich halden vnd dawider ze tuen nicht

„gestatten in dhainer weyse, Wann wer darinn vngehorsam funden wurde, den „wolten wir swärleich darumb straffen lassen. Wir haben auch von denselben „vnsern Burgern widerumb von solher freyhait wegen verschreibung vnd ver-„sorgnuss genomen nach Innhalt der brief so wir in vnserr Kamer haben. Vrkund „dits brieues Geben ze Salczburg an phincztag vor sand Peterstag ad kathedram „Nach Christi geburd vierczehenhundert Jar vnd darnach in dem vierundfünf-„czigisten Jare.“ Der obgenant vnser genädiger herr von Salczburg hat im für sich vnd sein nachkomen vorbehalden die bemelten freyhait ze vernewen ze minnern oder ze meren, wie dann sein gnad oder sein nachkomen guet gedunken wirdet dawider wir nichtz reden handeln noch tuen sullen noch mügen noch wellen weder mit recht noch unrecht in dhain weyse Sunder wie sein genad oder sein nachkomen darinn handelt sol vns allezeit geuallen sein vngeuerleich. Vnd des ze vrkund geben wir den brief besigelten mit vnserr obgenanten Görgen Halbekan Bartholomeen Körbler vnd Veiten Bodemleder aller draier aigen anhanngunden Insigeln die wir an vnserr vnd der ganczen gemain des Marcks ze Altenhoven stat an den brief gehangen haben wann sy vns darumb fleissikleich geboten haben. Darunder wir vns all obgenant vnuerschaidenleich für vns vnser hawsfrawn vnser erben vnd vnser nachkomen verbinden allem dem nachgeschriben so oben an geschriben steet. Der geben ist ze Salczburg an sand Peterstag ad kathedram nach Christi gebard vierczehenhundert vnd im vierundfünfczigisten Jar.

Kammerb. V. pag. [illegible]—[illegible], Nr. [illegible].

CCVI. 1454, S. Peterstag ad kathedram, 22. Februar. Salzburg. Spruch des Bischofs Tyebold von Lavant, Dompropst Burkhards von Salzburg, Meister Bernhards von Krayburg, Kanzler des Hofs zu Salzburg, und Balthasars Waldegker, Vicedom zu Friesach, zwischen Erzbischof Sigmund von Salzburg und Jörg Ungnad (Ritters) wegen Schloss Kaprun.

Der Anwald des Jörg Ungnad, Herr Hanns Frawnberger vom Hag brachte vor „wye weylent Erczbischof Fridreich säliger gedächtnuss etc. die gerechtikait „so Er vnd der Erwirdig Stift Salczburg an dem Gschlozz Kaprunn vnd seiner „zugehörung haben heren Görgen Vngnaden gegeben vnd in damit begnad hiete, „daz im aber nach menigerm anhalten nicht verfertigt wär worden dez er zw „merckleichem schaden vnd czerung so er darauf gelegt hiet komen wär vnd „getrawt vnd bett diemuetikleich das im mein herr von Salczburg dieselb gab „noch verfertigt vnd im ein rechttag für sein lehennsmanne seczte so wolt er dy „sach mit recht fürnemen damit der Stift Salczburg bey seiner gerechtikait so „Er daran hat möchte beleiben. Hoft auch das er vnd sein frewntschaft das „wolten willikleich verdienen vnd pas dann ainer der dye sach also in Hohenmuet „wolt hintragen ob aber vnser herr von Salczburg dez ye nicht vermaint ze tuen „des er nicht getrawt so hoft er wir wurden vnseren herren von Salczburg selhs „ze tun mit vnserm guetleichen spruch daran weisen.“ Darauf antwortete des Erzbischofs Anwald Hanns Püczner, Landschreiber zu Burghausen „wie seinen „genaden vmb sölh gab seines vorvodern nicht wissentleich wär Er hiet aber wol „vernomen das sein vorvoder säliger gedächtnuss im solher gab alz er fürgab „auch nicht anhellig gewesen wär auf das vermaint der von Salczburg Seind das „Her Görg Vngnad nicht anders dann wort fürbrächt so hoff Er die sache sulle „nicht verrer gewaigert werden etc. etc.“ Der ungnadische Anwalt brachte darauf vor: „ain Register mit ettleichen abgeschriften ettweuil brief so in den sachen „awsgangen wärn auch ettweuil abschrift der gerechtikait vnd Brief so der stift „Salczburg vmb daz Gschloz Kaprunn hat. die im aws vnsers Herren von Salcz-„burg Kanczley gegeben wärn die er selbs nicht möcht haben zewegen bracht „vnd hoft daz daraws wol vernomen möcht werden. das die sach durch Hern „Görgen nicht ain fürgenomen oder erdacht ding wär sunder ain anczaigen wär „der rechten warhait. So wären auch ettleich noch gegenwurtig als her Caspar „von der alben der Haubtmann vnd Kanzler. den vmb die sach vnd solh gab auch „wissentleich wär.“ Darauf der salzburgische Anwalt: „Als her Görg Vngnad „von solher gnad vnd gab wegen dez Gschlozz Kaprunn ain Register fürbracht,

„vermaint vnser herr von Salczburg daz solh gab nicht darinn stuend vnd liess „das sein als es wär vnd hielt das nicht anders dann für schlechte wort. Vermaint „auch hab Herr Görg nicht anders fürzebringen dann solh wort so getrawt vnser „herr von Salczburg daz In die wort nicht sullen pindten. Sunder es sull sein „gnad solher Spruch billich ledig vnd müessig gesprochen werden. Wann solten „solhe schlechte wort vmb solh gab geloz lewt vnd gült genueg sein das wär „nicht alain meinem genädigen herren von Salczburg sunder allen fürsten getan „vnd auf das alles getrawt vnser genädiger herr von Salczburg die sach sulle „nicht verrer gewaigert. Sunder sein genad sulle vmb solh spruch durch die „spruchlewt ledig vnd muessige gesprochen werden." . . .

Die Spruchleute sagen, der Erzbischof sei der Ansprüche quitt und los, aller Unwille soll aufhören.

„Darnach sprechen wir als her Görg solher seiner sach Spruch vnd vordrung vns obgenant vnsers genädigen herren von Salczburg Räten zw hinnder„genngen vertrawt hat daz Im vnser genädiger herr von Salczburg vmb guet vnd „guetes gunsts willen vnd sunder vmb hilf vnd zw erstatten ettwas czerung so „er in den sachen getan hat. Auch angesehen, daz er dem gotzhaws wol mag „zw dienst werden geben vnd beczaln sol vierhundert gueter guldein vnger vnd „ducaten. Vnd darzw sol Er im heraws geben den schuldbrief vmb hundert „Guldein so derselb vnser herr von Salczburg von heren Görgen in seiner „Chamer hat" etc. etc.

Pön gegen die Übertretung 50 Mark Goldes und der übertretende Theil soll um seinen Schaden verfallen sein.

Kammerb. V, pag. 388—392, Nr. 246.

CCVII. 1454, Montag nach S. Matthiastag, 25. Februar. Quittung des Ritters Jörg Ungnad für Erzbischof Sigmund von Salzburg über 400 ungarische Ducaten und einen Schuldbrief per 100 fl. (von ihm ausgestellt), der ihm aus der Salzburgischen Kammer zurückgestellt wurde, die ihm von den Spruchleuten zugesprochen wurden.

Versiegelt mit seiner Petschaft und durch den edlen und vesten Strengen Ritter Herrn Hadmar von Volkensdorff der Zeit Hofmarschall zu Salzburg.

Zeugen der Bete: die edlen und vesten Streng Ritter Her Kaspar von der Alben pfleger auf dem Nyonberg und Wilhelm Turner, zu Neunpewern.

Kammerb. V, pag. 387, Nr. 245.

CCVIII. 1454, Pfinctag vor S. Kunigundentag, 28. Februar, Salzburg. Andre Nüter und Magdalena Wegingerin, Kinder des sel. Heinrich Nüter, verkaufen dem Erzbischof Sigmund von Salzburg ihre Gerechtigkeit auf dem Weyssenhof in der Rastatterpfarr und Gericht gelegen, Urbar des Erzbischofs, gehört in das Amt zu Rastat („vnd davon man vns zw vberdinst ierleich gedient hat vierczehen pfund vnd drey schiling pfenning").

Der Ehemann der Magdalena, Achacz Wäginger, Bürger zu Salzburg, willigt ein.

Versiegelt durch die erbern weysen Hannsen Kewczel, Bürger zu Salzburg. und Clementen Wülppenhofer, Amtmann zu Rastat.

Zeugen der Bete: Niclas Späch vom Hellein und Andre Seltsam, Bürger zu Salzburg.

Kammerb. V, pag. 507, Nr. 311.

CCIX. 1454, S. Ambrosientag, 4. April, Salzburg. Revers des Ritters Erasmus Holnegker für Erzbischof Sigmund von Salzburg, der ihm für sein Lebtag die Veste und Pflege des „Mitterhauses" zu Leybencz, mit der gewöhnlichen Burghut überlassen hat.

Er will es bewohnen und in Stand erhalten „füran nach dem vnd man yeczo „daran pawen wirdet mit Dach weburen. Der benant mein genädiger herr von „Salczburg noch sein nachkomen sind mir auch füran dhaines andern pawes mer „schuldig ze tuen awsgenomen ob das wildfewer in die bemelt vesst vnd pfleg

„keme, oder von den veindten angeczendt wurde oder ein mawer nidergieng. „Dieselben schäden sol der obbenant mein genädiger herr oder sein nachkomen „wenden vnd widerumb aufpawen... Vnd ist die bemelt Burckhuet also genant. „Von erst wayez mutt sechczehen Rocken mutt czwainczig, habern mutt 28, „wein gancser vas viere Swain achte. Dann czwen wachter sol ain yeder viczdom „zw Leybencz mit irer gab ausrichten als von alter herkomen ist. Ich mag mich „auch zw der bemelten pfleg zw beschaidner notturft mit prennholcz aus seiner „genaden vnd Gotshaws wald an dem Sausal beholczen vnd zw kainen andern „sachen nicht nemen noch nüczen lazzen vngeuerleich."

Versiegelt durch die edlen vesten und strengen Herren Kaspar von der Alben Ritter und Wilhelm Turner zu Newnpewern.

Zeugen der Bete: die edlen vesten und strengen Herr Sigmund Mordachs Ritter, Pfleger zu Bischecz, und Albrecht Scheller zu Gartenaw.

Kammerb. V, pag. 398, Nr. 250.

CCX. 1454, S. Ambrosientag. 4. April, Revers des Ritters Sigmund Mordachs für Erzbischof Sigmund von Salzburg, der ihm und seinem ehelichen Sohne Erhard auf ihre Lebtage die Veste und Pflege Bischecz mit der gewöhnlichen Burghut übergeben hat, pflegweise (die nämlichen Bedingungen wie beim Holnegker.)

Burghut: Waicz Mutt 74, mes vierdhalbe, Habern Mutt 74, wein Redember „101 emerl 1, lember 7 Kuchenschaf $22^1/_4$ Swein 7, Salz meczen $3^1/_2$ pfenning „mark 27, Pfen. 51, alles auf den lewten vnd nuczen zw Bischecz vnd zw pessе„rung derselben Burckhuet pfenning marck 30 aus dem Amt zu Liechtenwald. „Item aber pessrung pfenning marck 13 aus dem amt zu Liechtenwald. Nun ist „an den järleichen nuczen zw Bischecz vncz her vil abgang gewesen sunder an „waicz mutt 31 an habernn mutt 31 wein Redember $22^1/_2$ Kuchenschaf $22^1/_2$ „Swein 7 Salcz meczen 4. Darauf aber vmb allen solhen obgemelten järleichen „abgang, ausgenomen die obbemelten 31 mutt habern ain stätter abpruch getan „vnd gemacht ist vmb 20 marckh vmb solh vorbenant pessrung vnd die 31 mutt „habern sol vns der obgenant vnser genädiger herr von Salczburg oder sein „nachkomen geschäftbrief an iren ambtman zw Liechtenwald der dann zw „czeiten ist schaffen. Damit vns die vns alzo järleich gegeben werden."

Kammerb. V, pag. 401, Nr. 251.

De eod. d. Revers desselben für denselben Erzbischof der ihm versprochen hatte, falls die Pflege und Veste Bischecz verwechselt oder verkauft würde, sie bei dem Leibgedinge zu erhalten, oder aber die 400 Pfd. Pfen. (die er dem Erzbischofe jetzt gegeben hat) zurückzuerstatten.

Kammerb. V, pag. 404, Nr. 252.

CCXI. 1454, Pfincztag vor dem Palmtag. 11. April. Magdalena, Witwe des weiland Conrad Tawfkind, verkauft für sich und ihren Sohn Conrad dem Erzbischof Sigmund von Salzburg verschiedene Lehengüter:

„Von erst ain veld genannt das Schniczveld das der Chuencz innhatt dint „jerleich 6 pfd. pfenninge. It. das Awfeld dint 18 Schiling pfen. It. darnach ain „feldel vnd ist ain Joch ackers das der Leonhard Schmid im Dorf innhat, dint „1 pfd. pfen. und 2 hennen. It. 1 Haus auf dem pühel mit seiner Zugehör garten „anger feld vnd protpenck das der Oswald Beber innehat, dint 2 Pfd. Pfen. „und 4 Hennen. It. die klain aw, die derselb Oswald Beber czw dem obern czw „pawrecht hat dint vierczehen schiling pfen. und 2 henn. It. 1 hewsel dabey das „die Wisentian innhat dint 50 pfen. ain haws im Fuechslueg vnd 1 pewt vnd „garten so darczw gehörent die der Jacob Püchler innhat dint 3 schiling und „10 pfen. darauf dann ain pfarrer czu Rastat cze überdienst hat 50 pfen. gelts. „It. 1 haws im Ellent mit seinem garten vnd anger das Michel Prantler innhat „dient 3 Schiling pfenning. It. des Schneider Cristel haws mit dem garten und „anger das der Magt innhat dint $^1/_2$ pfund und 10 pfen. It. 1 haws anger und

„garten das der Mänhart Leondel innhat dint $^1/_2$ pfd. pfen. vnd 1 henn. It. „auf dem hawa krawtgarten vnd anngerl das Hanns Goldwascher innhat fünft-„halben schiling pfen. vnd 50 ayer alle in Werfner pfarr und gericht gelegen „der ain tayl von dem benanten meinem genedigen herren von Salzburg und „seinem Gotzhaws czu lehen darrüren et ein tayl freys aigen sind."

Versiegelt durch die erbern weisen Hanns Kewczel der Zeit Stadtrichter und Virgil Venediger, Bürger zu Salzburg (s. l. Bruder).

Zeugen der Bete: der edle veste Martin Gschurr, der Zeit Pfleger zu Werfen, und die erbern weisen Sigmund Kewczel und Caspar Venediger Bürger zu Hall (m. l. Bruder) und Gabriel Kesser (m l. swager).

Kammerb. V, pag. 486, Nr. 285.

CCXII. 1454, Samstag vor dem heil. Palmtag, 13. April. Dorothe, Rueprechts des Venediger sel. Tochter, Hausfrau des Andreas des Toringer, verkauft dem Erzbischof Sigmund von Salzburg folgende Güter:

„Von erst ain czehent gelegen in der Kappel dint 3 schiling pfen. auf „2 hewsern 1 gut gen. Stadellehen in St. Veitspfarr dint 2 pfund 32 pfen. It. „1 gut gen Rosenstain in derselben pfarr gelegen dint 9 Schil. 15 pfen. It. „1 zehent auch in St. Veitspfarr dint 2 pfund pfen. It. 1 guet gen Schmidlehen „dint 10 Schiling und 9 pfen. 1 Gut gen Wolfgrueb dint 1 pfd. und 1 Gut gen „Tacksach dint $37^1/_2$ kes vnd ist angeschlagen ain kes für 4 pfenning vnd drey „stäb grabs tuchs oder 50 pfen. für 1 stab vnd 40 pfen. in der Stift vnd sind „die vczb. 3 Güter alle gelegen in der Rawris. It. 1 Gut in der Tunten gen. „Lauffenlehen am Lachperg dint 10 Schil. und 20 pfen. 1 Gut auf der Eschnaw „genannt Mitterdorf dint 12 schil. und 4 pfen. It. des Gutentaler lehen zw Prugk „vnd 1 Hofstat dapey dint $12^1/_2$ Schil. pfen. It. 1 Zehent in Dächsenpacher „gericht dint 3 pfd. pfen. 1 Gut ober Viechtegk dint $^1/_2$ pf. und 6 pfen. It. „1 Gut gen. nidern viechtegk dint 5 Schil. 8 pfen. 1 Gut gen. Spangwerg dint „6 schiling 23 pfen. 1 Gut gen. Strudollehen dint 3 Schil. 6 pfen. 1 Gut gen. „Erlehen dint 5 Schil. 6 pfen. 1 Gut gen. aw dint 1 Pfd. Pfen. It. 4 zehent hewser „ligent in der Gengaw dint $^1/_2$ pfd. pfen. die genanten Güter sind alle gelegen „in Wagramer Hofmarch."

Versiegelt durch die edlen und vesten Erhart Überäcker, Sigmund Sefner, und Hanns Töringer.

Kammerb. V, pag. 488, Nr. 286.

CCXIII. 1454, 13. April. Revers des Wigoleis von Volkenstorf für Erzbischof Sigmund von Salzburg, der ihm die Veste und Pflege Tittmaning mitsammt dem Landgericht, mit der gewöhnlichen Burghut auf sein Lebtag pflegweise überlassen hat.

Versiegelt durch ihn W. und durch seinen Vetter den edlen Herrn und Ritter Herrn Harmund von Volkenstorf, der Zeit Marschall zu Salzburg.

Kammerb. V, pag. 405, Nr. 253.

CCXIV. 1454, Eritag nach dem Palmtag, 16. April, Salzburg. Revers des Erhard Kyrchdorffer für Erzbischof Sigmund von Salzburg, der ihm das Amt zu Marchburg mit Zugehör, auch den Zehend zu Järing unter St. Leonhard (den Niclas Reisperger inne hatte), für die nächsten 20 Jahre in Bestand gelassen hat. Er soll jährlich in das Vizthumamt zu Leybencz Rechnung legen vom Amte, und vom Zehend 12 Pfd. Pfen. dienen. Auch soll er in den nächsten 3 Jahren nach des Vizthums Geschäffte und Rath 60 Pfd. Pfen. an dem Amthaus zu Marchburg verbauen etc. etc.

Nach seinem Tode fällt es heim.

Versiegelt durch die edlen vesten und Strengen Herrn Caspar von der Alben Ritter und Wilhelm Turner von Newnpewern.

Zeugen der Bete die edlen vesten Hanns Rordorffer und Sigmund Moser.

Kammerb. V, pag. 391, Nr. 247.

CCXV. 1454, 28. April. Sonntag nach St. Görgentag. Salzburg. Revers des Andre Moshaymer, Pflegers zu Lengwerg, für sich, seine Hausfrau und seinen Sohn Peter, für Erzbischof Sigmund von Salzburg, der nun auch seinem Sohn Peter für sein Lebtage die Veste und Pflege zugesichert hat, nachdem schon früher Erzbischof Eberhard ihm, Andreas und seinem Bruder Peter die Veste und Pflege Lengwerg für ihr Lebtag überlassen hatte, unter den nämlichen Bedingungen.

Versiegelt auch durch den edlen Heinrich Eber.

Kammerb. V. pag. [illegible] Nr. [illegible]

CCXVI. 1454, Montag nach St. Pongraciemtag, 13. Mai. Salzburg. Hanns Hewnner(?), der Zeit Pfarrer zu dem Hellein, verkauft dem Erzbischof Sigmund von Salzburg sein Gut, genannt Urfar, gelegen unter Muntigel im Radecker Gericht, Lehen von Salzburg, dahin man dient „Jerleichen . . . zwelif schilling pfenning sechzehen pfenning für ain kuefuer, vier pfenning czu weysat, ain halb pfund ayer, vier huener vnd ain stift viertail wein."

Kammerb. V. pag. [illegible] Nr. [illegible]

CCXVII. 1454, Mittichen vor St. Urbanstag, 22. Mai. Salzburg. Görg Grill, gesessen zu Golling, verkauft dem Erzbischof Sigmund von Salzburg 1 Pfd. Pfen. ewigen Gelts auf 2 Joch Äckern „ene strass in dem wald ze nachst an dem Marckt czu Galling vnd sind seiner gemainen vrbar." (Zu dienen am St. Ruprechtstag im Herbst 8 Tage vor oder darnach).

Versiegelt durch die erbern weysen Hanns Cunntzgrafer(?) der Zeit Pfleger zu Golling und Urbar Ambtmann im Kuchelthal und Ortolffen Krepflein, Urbar-Ambtman auf dem obern Weyer.

Zeugen der Bete: die erbern weysen Hanns Gruber, Wolfgang Kainan[illegible] bed Burger zu Golling.

Kammerb. V. pag. [illegible] Nr. [illegible]

CCXVIII. 1454, 27. Mai. Revers des Görg Fröschel, Rath und Siedherr zu Reichenhall (und seine Hausfrau Anna, Tochter [illegible] des Türndlein sel.) für Erzbischof Sigmund von Salzburg, der ihm den Thurn zu Felben in Pinzgau gelegen mit den dazu gehörigen Gütern (auf 34 Pfd. jährlicher Gülte angeschlagen) für ihr Lebtag überlassen hat. Sie mögen den Thurn selbst innehaben oder einen andern darauf setzen, ihn bauen oder nicht. — „Darumb sullen die wir ganz bey vns besteen", wider jedermann dienen, ausgenommen den Herzog Ludwig (von Baiern) und seine Erben denen sie beistehen dürfen (selbst wider Salzburg).

„Wir mügen auch so wir oder vnser ainer gein Velben in vnser Stift oder „sunst in vnser nottürft Reiten daselbs vnd auf allen wassern ausgenommen auf „dem Czeller see vnd auf den czwain [illegible] wir vischen lassen zuo vnserm „gevallen. doch das wir die visch selbs so wir dann den czeiten vnser herberg „haben werden brauchen vnd verrer nicht verkauffen sullen."

Versiegelt durch den Görg Fr. und (für die Anna durch ihren Schwager, G. Bruder) den weisen vesten Peter Fröschel, Rath und Siedherr zu Reichenhall.

Zeugen der Bete die ersamen weysen Heinrich [illegible] Rat und Siedherr zu Reichenhall, Hanns Sedler Stadtschreiber daselbst . . .

„Von erst der Stainthalhof davon Conrad [illegible] zu Velben gedint hat „3½ pfund pf. zu anfwechsel 70 pfen. 32 pfen. für [illegible] weysat. 16 pfen. „von ainem Seelhaus. vnd 16 pfen. von ainem garten. Item [illegible] zu Velben hat dint 3½ pfund pfen. zu anfwechsel 70 pfen. 32 pfen. für [illegible] „weysat und 16 pfen. von ainem Stainhaus. It. 1 Gut am Freithof daselb davon „Chuncz Lechner zu Velben gedient hat 14 Schilling Pfen. zu anfwechsel fünf „vnd dreissig pfen. und 16 pfen. für weysat. It. Peter [illegible] daselbs zu Velben „hat dienet 14 Schill. Pfen. zu anfwechsel 35 pfen. und 16 Pfen. für weysat. It. „Cristan Lederer daselbs hat dienet für alles dienst 20 Schilling und 20 pfen. und „darauf zu anfwechsel 30 pfen. Item Sigm Schneidmaister zu Velben hat dint

„von 1 hofstat vnd pawngarten daselbs 60 pfen. vnd zw aufwechsel 5 pfen. das „Johannes Schuelmaister innen gehabt hat. It. derselb Sigel hat auch dient von „dem Pfissterhaws zw Velben von ainem Garten vnd ettleichen äckern so auch „darzw gehörent 1 pfd. und 75 pfen. zw aufwechsel 27 pfen. und 12 pfen. für „weysat. Item Görg von ainöd hat geben von der wisen zw Lopach 12 Schilling „und zu aufwechsel 30 Pfen. Item 1 mül zw Chlausen davon Görg Loter gedient „hat 4 Pfund vnd zw aufwechsel 80 Pfen. It. Michel von Prüel hat dient von „Griespewnt 66 vnd zw aufwechsel 5 pfenning. It. ain zehent gelegen an dem „Drätenpach dauon Jacob Mercz gedient hat 18 Schilling pfen. vnd zw aufwechsel „47½ pfen. It. Nicla von Mosen hat dient 4 Pfd. Pfen. It. Leonhart auf der öd „hat dient für sich vnd Hannsen seinen Sweher 2 pfd. pfen. zw aufwechsel 40 „und zu weysat 40 pfen. It. Jacob Sämer von Pergoren hat dient 12 Schill. zw „aufwechsel 30 und zu weysat 32 pfen. It. Cristan Schänntel hat dient von der „Tafern vnder der linden dacz Utendorf 1 Pfund 20 Pfen. zw aufwechsel von „ainem garten 32 pfen. und zw aufwechsel 2½ pfen."

Kammerb. V. pag. 408, Nr. 254.

CCXIX. 1454, 1. August. Salzburg. Wilhelm Lewprechtinger zu Pännczing quittirt den Erzbischof Sigmund von Salzburg über alle Forderungen „von Inn„habung wegen des Gsloss vnd des Lanntgerichts zu Weruen, so ich ettwe lanng „inngehabt auch von anderer meiner dienst wegen so ich seinen gnaden, seinen „voruordern, vnd gotzhaws bisher getan hab auch vmb sold schäden vnd all ander „sach dy ich in seinen vnd seins gotzhaws diensten bisz auf hewtigen tag datum „des gegenwurtigen briefs genomen vnd empfangen hab."

Versiegelt durch den edlen vesten Herrn Hadmar von Volckensdorf.

Zeugen der Bete: der edl vest und erbar weysz Virgili Überegker, Verweser der Haubtmanschaft, und Hanns Kewczl, Stadtrichter zu Salzburg.

Kammerb. V. pag. 519, Nr. 322.

CCXX. 1454, 1. August. Sigmund von Welsperg verkauft dem Erzbischof Sigmund von Salzburg ein Gut, genannt der Krass, gelegen in Dofferegken im Matrayer Gericht, mit Zugehör und dasselbe dient 9 Pfund „weisser chrewczer."

„Versiegelt auch durch den edlen und vesten Liebharten Hawser."

Kammerb. V, pag. 513, Nr. 316.

CCXXI. 1454, Sonntag vor St. Oswald, 4. August. Vorchtenstain. Lehens-Revers des Sigmund von Weispriach, der Zeit Hauptmann zum Vorchtenstain, für Erzbischof Sigmund von Salzburg, der ihm durch seinen Kanzler Meister Bernhard die Lehen seines Geschlechtes (Brüder und Vettern) verliehen hatte.

Kammerb. V, pag. 284, Nr. 171.

CCXXII. 1454, 9. August, Salzburg. Leonhard Mattseer zu Kesendorf und seine Hausfrau verkaufen dem Erzbischof Sigmund von Salzburg ihren halben Theil Zehends gelegen auf folgenden Salzburgischen Lehengütern (und zwar 2 Theile Zehends), wovon man jährlich 20 Schill. Pfen. dient. „Von erst czw „Schalhaim auf allen gütern, it. zu Haslach auf 3 gütern, it. zu Kolperg und zu „Neufaren auf den Gütern das Prunnlehen und auf dem Gut daselbst, da Hanns „Fuchs aufsitzt: it. und auf 2 Gütern zu Ollering, alle in Kessendorffer-Pfarr „und im Liechtentanner Gericht gelegen."

Kammerb. V, pag. 490, Nr. 297.

CCXXIII. 1454, 1. November. Gilg Hokk Bürger von Gmund[1]), vermacht seinen Acker vor dem oberen Thor daselbst[2]) zu dem ewigen Licht in

---

[1]) vnd die czeit Zechmaister baid Gotzhawser auch Spitalmeister des Spitals daselbst.

[2]) innhalben als man gen Kreutzslach get vnderthalben der Petern Kramerin Akcher gelegen.

der Spital Capelle zu Gmund[1]). Zu Ehren Gottes, Marie und Anthonii. Mit Baumöl beleuchten, „vnd was dann desselben öls vber das beleichten vber wirt da sol man von demselben öl den armen lewten ir speys angeuer damit chochen all freytage auch ander vastagen geben."

Versiegelt durch den erbern und weisen Ulrich Wuchel, Ratherr und Bürger zu Gmünd.

Orig. Perg. 1 Siegel (fehlt). Cam. Abth. 19. Geh. Hausarchiv.

CCXXIV. (1454), Sonntag nach Weihnachten, 29. December. Quittung des Hanns von Degenberg zu alten Nusperg für Erzbischof Sigmund von Salzburg; er hatte von Seite seiner ehelichen Hausfrau Elisabeth und für sie („dy den wol-„gebornen herren Graff Heinrichen von Ortenberg säligen vor mein eelichen gehabt „hat") „ettwas spruch vnd vordrung" zum Erzbischof und zum Capitel „von ettwe-„vil Silber geschirs vnd cklainat wegen dy dann der vorgenant Graf Heinrich „seinem brueder Graff Oswalden Dechant zu Salzburg in pfanndesweys versetzt „hat, darinn dy obgenant mein hawsfraw halben tail hiete;" er wurde befriedigt.

Versiegelt durch die edlen und vesten Herren Wilhelm von der Alben Ritter, und Marckhsen Nusdorfer.

Kammerb. V, pag. 520, Nr. 323.

Der Gewaltbrief der Elisabeth von Degenberg etc. für ihren Gemahl, vom 24. December 1454, (sie sagt) „darumb ich denn meinem gnedigen herren von „Salczburg vnd dem Techant menigmall geschriben vnd sollich Silbergeschir vnd „klaynat erfodert etc." Sie bevollmächtigt ihren Gemahl „sollich klainet an „meiner stat mit recht oder gutickait einzubringen gemaincklich darin zu „hanndeln wy sich dann das nach ordnung des rechten oder der gutikayt geburet „zu gewin vnd verlust."

Versiegelt durch die erbern und weysen Caspar Smidinger und Friedrich Vorster.

Kammerb. V, pag. 521, Nr. 324.

CCXXV. 1455, Erichtag vor St. Agnesentag (14. Jänner), Salzburg. Revers des Ritters Hadmar von Volkenstorff für Erzbischof Sigmund von Salzburg, der ihm für sein Lebtag pflegweise die Veste und Pflege zum Newnhaws mit der gewöhnlichen Burghut überlassen hat.

Kammerb. V, pag. 411, Nr. 255.

CCXXVI. 1455, 12. Februar. Sigismundus dei gratia sancte Salczeburgensis Ecclesie Archiepiscopus. Apostolice sedis Legatus Dilecto nobis in Christo Friderico Prangker, Canonico et Rectori fabrice Ecclesie nostre Salzeburgensis. Salutem in domino. Et si omnium Ecclesiarum nostro Regimini subiectarum profectibus ex debito pastoralis officii teneamur intendere, decorem tamen domus dei videlicet Salczeburgensis Ecclesie sponse nostre, cui apud deum fide media copulamur, tanto ardentiori zelo nos conuenit ordinare, quanto excellentius super omnes alias prouincie nostre Ecclesias velud magistra primatum obtinet, et ipsius honoris magnificentia filiarum gloria reputatur. Cum autem dudum ex predecessorum nostrorum felicis memorie quorum vestigia imitamur Constitutionibus, longeuaque et laudabili consuetudine hucusque observata repperimus, dimidiam partem fructuum primi anni omnium Ecclesiarum ad nostram collationem spectantium, etiam auctoritate apostolica collatarum, aliter quam ex causa permutationis vacantium et in futurum vacaturarum ad fabricam eiusdem nostre metropolitane Ecclesie reseruatam. Et quia nonnulli quibus vacantes nobis parrochiales Ecclesias contulimus apud dictam nostram metropolitanam Eccle-

[1]) mit willen des Er wirdigen h. Paul, Licenciat in geistl. rechten und Pfarrer zu Gmünd.

siam a qua promotionum suarum stillicidia emanarunt. se reddentes ingratos dictam portionem seu mediam eius partem vsque modo soluere neglexerunt. Quocirca deuotioni tue committimus et mandamus, quatenus eosdem et alios qui se deinceps negligentes et rebelles exhibuerint in premissis ad dicte partis solutionem dicte fabrice integraliter faciendam per censuram ecclesiasticam auctoritate nostra arceas et compellas. Nos enim sententias per Te in rebelles huiusmodi rite latas ratas et gratas habebimus facientes eas auctore domino inuiolabiliter obseruari. Presentibus vsque ad nostre reuocationis beneplacitum valituris. Datum Salczeburge, die duodecima mensis Februarii, anno domini millesimo quadringentesimo quinquagesimo quinto.

Orig. Perg. 1 Siegel. Geh. Hausarchiv.

CCXXVII. 1455, Samstag nach Valentini, (15. Februar), Salzburg. Verzichtbrief der Barbara, Hausfrau des Hanns Fürstenegker, Bürgers zu Neustadt (früher Hausfrau des sel. Meister Eberhards Übelin), für Erzbischof Sigmund von Salzburg. „Als der benant weilent Maister Eberhart mein man das ambt czu haws „ettwielanng als ain ambtman inngehabt hat, daselbs er das halb guetel gelegen „czu Prugkarn das Innwerts aigen vnd vrbar ist vmb ettweuil gelts ingeczogen „hete, darumb dann brief vorhanden sein darczu so hat er die czeit vnd er „ambtman czu Salczburghouen gewesen ist, ettleich newrewt czu Lifring verkawfft des er doch alles nicht gewalt vnd als ich vnderweist bin wider den „Hochwirdigen fürsten vnd herren herren Sigmunden Erczbischouen czu Salczburg etc. etc. nach dem vnd das seiner gnaden vrbar vnd an derselben seiner „gnaden vnd seiner voruodern willen vnd wissen beschehen sey vnd nicht recht „gehanndelt daran dann sein gnad missuallen gehabt habe, doch in dem so hat „mir derselb mein genediger herr solh genad getan vnd beweist, vnd mir solh „gelt so er vmb das bemelt halb guetel ausgeben hat, auch das gelt so vmb die „bemelten newrewt czu Lifring geuallen sol gancz widerfaren vnd nachuolgen „lassen. Also vnd in solher beschaiden das ich dasselb halb guetel vnd die „bemelten Newrewt dem benanten meinem genedigen herren von Salczburg „widerumb vbergeben vnd vberantwurten solte.“ Das thut sie. . . .

Versiegelt durch den Ersamen herren Ulrich Ströpel der Zeit Pfarrer zu Haus und den edlen vesten Heinrich Ebser.

Zeugen der Bete: die erbern weysen Prihenhafen, Bürger zu Släming, und Hanns Ödenperger.

Kammerb. V, pag. 514, Nr. 317.

CCXXVIII. 1455, Pfinczlag nach St. Gregorientag (13. März). Lehenrevers des Hanns Grabmer für Erzbischof Sigmund von Salzburg, der ihm 5 Pfd. Pfen. jährlicher Gülte auf 6 gestifteten behausten Gütern und 1 Öd und auf Überländen zu Obern-Lebarn in Österreich gelegen als Lehen verlich.

Zeuge durch sein Siegel: der edel Erasem Pülsperger, gesessen zu Prugk bey Toczenpach.

Kammerb. V, pag. 413, Nr. 256.

CCXXIX. 1455, Sonntag Judica, (23. März). Leonhart Mattseer zu Kessendorf verkauft dem „ersamen“ Herrn Thomas Aschringer Caplan der St. Kolman und St. Sigmunds Capelle im Münster zu Salzburg seinen halben Theil Zehend gelegen auf allen Gütern zu Schalhaim. it. zu Haslach auf 3 Gütern etc. etc. der Lehen des Erzbischofs Sigmund von Salzburg ist, welcher einwilligte.

Versiegelt auch durch den erbern und weisen Ulrich Ausserhofer der Zeit Richter zum Newnmarckt.

Zeugen der Bete: die erbern beschaiden Hanns Wichtel, Hanns Unverdorben an der Stainmül, Conrad Pyllicsser, Conrad Chürsner von Pfanngew u. a. erber leut.

Kammerb. V, pag. 491, Nr. 300.

CCXXX. 1455, 20. April. Calistus episcopus seruus seruorum dei. Venerabili fratri Sigismundo Archiepiscopo Salczeburgensi Salutem et apostolicam benedictionem. Rationi congruit et conuenit honestati, ut ea que de Romani Pontificis concessione processerunt licet eius superueniente obitu littere apostolice super illis confecte non fuerint suum consequantur effectum. Dudum siquidem felicis recordationis Nicolao papa V predecessori nostro pro parte tua exposito pro eo quod parrochialis ecclesia sancti Albani tue dioecesis sub castro Matray in confinibus dominiorum ecclesie Salczeburgensis et quorumdam aliorum temporalium dominorum qui interdum Archiepiscopis Salzeburgensibus predecessoribus tuis qui pro tempore fuerant aduersari consueuerunt situata erat, tu dubitans ne occurrente uacatione dicte ecclesie que ad collationem tuam pertinere noscebatur posset in uim generalis aut specialis reseruationis gratie expectatiue Nominationis nominandi seu conferendi facultatis primariarum precum priuilegiorum indultorum uel litterarum per ipsum predecessorem nostrum uel eius successores pro tempore seu sedem apostolicam concessorum fortassis uel concedendorum tali fortassis persone prouideri que statui archiepiscopi pro tempore et ecclesie Salczeburgensis occassione dicti castri suspecta haberentur et per consequens ecclesie Salczeburgensi damna plurima subsequi possent, idem predecessor volens indemnitati tue et ecclesie Salczeburgensis huiusmodi oportune prouidere, tuis in ea parte supplicationibus inclinatus uidelicet sub dato diei Septimo Kalendas Augusti Pontificatus sui anno Octauo tibi ut quoad uiueres prefatam ecclesiam parrochialem etiam si tunc uacasset aut cum uacaret personee ydonee tibi et ecclesie tue predicte in premissis non suspecte conferre ac de illa disponere posses in omnibus et per omnia ac si supradicte generales uel speciales reseruationes gratie expectatiue nominationes nominandi seu conferendi facultates, Primarie preces priuilegia indulta atque littere cum quibusuis prerogatiuis declarationibus et antelationum fauoribus, etiam motu proprio et ex certa scientia sicut prefertur concessa et concedenda etiam si specialiter ad dictam ecclesiam nominatim se extenderent nullatenus emanassent vel infuturum emanarent, plenam et liberam concessit facultatem. Non obstantibus premissis ac quibuscunque Constitutionibus et ordinationibus apostolicis et potissimo per eundem predecessorem editis quibus omnibus etiam si de illis ac eorum totis tenoribus, nec non nominibus et cognominibus personarum quarumcunque specialis et expressa mentio in predicta facultate tibi concessa foret habenda expresse derogauit et haberi voluit pro sufficienter expressis. Ne autem de derogatione et facultate huiusmodi pro eo quod super illis dicti predecessores eius superueniente obitu littere confecte non fuerunt ualeat quomodolibet exhitari, uolentes et apostolica auctoritate decernentes, quod presentes littere ad probandum plene derogationem et facultatem predictas ubique sufficiant nec ad id probationis alterius amminiculum requiratur. Nulli ergo omnino hominum liceat hanc paginam nostre voluntatis et constitutionis infringere uel ei ausu temerario contraire. Si quis autem hoc attemptare presumpserit indignationem omnipotentis dei et beatorum Petri et Pauli Apostolorum eius se noverit incursurum. Datum Rome apud Sanctum petrum, Anno Incarnationis dominice Millesimo quadringentesimo quinquagesimo quinto. Duodecimo Kalendas Maji, Pontificatus nostri anno Primo.

p. G. de Puteo.
L. Therunda.

Orig. Perg. Bleierne Bulle. Geh. Hausarchiv.

CCXXXI. 1455, Montag vor St. Görgentag, (21. April), Salzburg. Dienstrevers des Achaz Trawner für Erzbischof Sigmund von Salzburg, der ihm das Amt zu Haws mit dem Kasten daselbst zu verwesen gab (wofür er den Bauhof daselbst und jährliche 40 Pfd. Pfen. bekommen soll). Mit vorhergehender Aufkündung des Dienstes eine Quatemberzeit früher, und es sollen ihm 400 Pfd. Pfen., die er jetzt hergeliehen hat, ausbezahlt werden.

Kammerb. V, pag. 414, Nr. 257.

2.) Zur Geschichte der Stadt Wien.

Mitgetheilt von Albert von Camesina.

(Fortsetzung.)

VI. 1530. Wir Ferdinand von gots gnaden zů Hunngern vnd Behem etc. Khůnig, Infant von Hispanien Ertzhertzog zu Österreich Hertzog zu Burgundi, Steir, Kerndtn, Crain vnd Wirtemberg, Graue zu Tiroll etc., Bekhennen das vnns vnser getreuer lieber Wolfganng Trew vonser Burgermaister vnser Stat Wienn, zu erkhennen geben, wie Er zu seinen notdurfften vnd behausung aines Weinpresshauss, aus vrsachen das Ime in der jungsten des Turgkhen gewelltigen belegerung in der vorstat daselbst zway heuser sambt seinem Presshaus verprennt, bedurftig, Vnd nachdem durch vnns zu vnnderbringung der Armen verprenln Burger in den vorstetten etlich Clöster vnd annder Geistlicher wonung einzugeben bewilligung beschehen were, vndertenigclich angerueffen vnd gebeten, Das wir jme vnd seinen Erben zu angeczaigtem Presshaus von dem Garten des Jungkhfrau Closters zu sand Claren, ain Ort vnd hofmarch neben dem Schwinmargkht zugeben vnd volgen zelassen genedigclichen geruechten, Darauf wir dann erkhundigung zethun beuolhen, in welher sich befunden vnd aus genuegsam bericht vernomben, wo gleich gedachtem vnserm Burgermaister in solhem seinem begeren wilfarung erzaigt. das dardurch dem bemellten Closster kain schaden nachtail noch ainiche billiche beswerung zuegefuegt wirdet, Vnd dieweill dann mergedacht Closter sannd Clara von weillent vnsern vorfarn Fursten vnd Erczherczogen zu Osterreich löblicher gedechtnuss, fundiert gestifft vnd aufgericht, Auch wir als Regierunder herr vnd Lanndsfurst desselben rechter vogt vnd Stiffther sein, vnd sich ernennter Wolfgang Trew in angezaigter des Turgkhen gwaltigen belegerung in seinem Burgermaister ambts verwaltung bey tag vnd nacht vngespart seines leibs, neben andern getreuen vnndertanen vnd Burgern daselbst zu Wienn, Edlich vleissig vnd wolgehallten, Auch von Khnechten etlich geuerlichait vberstannden, Damit Er aber derselben wollhalltung vnd seines gehabten vleiss mue vnd Arbait von vnns genedige vnd milde ergeczlichait emphinde vnd sich hinfüro in solhen vnd dergleichen furfallenden nötten nicht wenigers vleis gebrauchen vnd wolhallten, auch des ain annder zetun desst mer vrsach vnd ain ebenpilld nemben muge, Haben wir demnach villgedachten Trewen vnd seinen Erben, genedige bewilligung getan. Thun das auch hiemit wissentlich in crafft dits vnnsers briefs. Allso das Er von demselben sand Claren Garten den Flegkh zu ainem Presshauss vnd hofmarch, Nemblichen anzefahen an der Schiedmaur so der Closterleut Padstuben von dem Garten taillet, vnd nach der lenng hinein geendt bis an das Egkh der Garten Maur, so an den Schweinmargkht stossset, gegen der Grauen von Schaunburg hof vber, vnd dann ferrer in den Öden Garten in die weite anfahenndt an gemellter Garten maur, bis an das Egkh des gemaurten Stogkhs in demselben Garten, vngeuerlichen vierundzwaintzig Schritt weitte, von welhem Egkh vnnez hinwider an die Garten Maur dardurch der eingang von berurtem Swein Margkht geet, sich vnnderfahen, denselben zu seiner gewalltsam einnemben, vnd berurten ausgezaigten Flegkhen des Garten zu ainem Presshaus vnd hofmarch, seiner notdurfft gelegenhait vnd gefallen nach, nuczen hrauchen vnd Pauen, vnd damit weitter thun vnd hanndln solle vnd mag, als mit anderm seinen aigenhafften guet, wie Ine vnd seine Erben gelanget vnd verlust, von vnns vnd sonst allermenigelich vnuerhindert, Vnd gebieten darauf allen vnd yeden Geistlichen vnd welltlichen Obrigkaiten, vnd in sonnderhait vnnsern Stathallter vnd Regennten vnnser Niderösterreichischen

Lannde, gegenwurtigen vnd kunftigen, das Sy den mergenanten Treuen vnd sein Erben, bey diser vnnser Gab vnd bewilligung, des obausgezaigten Flegkhen zu sannd Clara, von vnsern wegen hanndthaben Schuczen vnd schermen, Auch Ime vnd seinen Erben, von den Closterleuten noch yemandt anndern, kainerlaj jrrung eintrag oder verhinderung thuen, sonder jne damit seiner notdurft vnd gelegenhait nach, wieuorgemellt, handln vnd pauen, vnd daran nicht jrren noch verhindern lassen, ongeuerde, Mit vrkhundt dits briefs, besiglt mit vnserm anhangundem jnsigl. Geben in vnnser Stat Wienn am Dreissigisten tag des Monats Januarij, Nach Christj vnnsers lieben herren geburdt, Funfczehenhundert vnd im Dreissigisten Vnnserer Reiche im Vierdten Jaren.

Orig. Perg. sig. pend. Bürgerspital.

VII. 1532. Wir Ferdinannd von gots gnaden, Römischer zu Hungern vnnd Behaim etc. Kunig, Infannt in Hispanien Ertzhertzog zu Österreich, hertzog zu Burgundi, Steyr, Khärndten Crain vnnd Wirtemberg, Graue zu Tirol etc. Bekhennen, Auf das wir vnserm getrewen lieben Wolfganngen Trewen der zeit vnnserm Burgermaister zu Wienn, in erwegung vnd bedennkhung seiner getrewen embsigen vnd vleissigen dinst, der Er sich ye vnd albegen gegen vns, vnd vnsern vorfordern beflissen, vnd fuernemblich in zeit seiner verwaltung ermelts vnsers Burgermaister Ambts, in sonnderhait, als der Turkh mit grosser macht, gedachte vnser Stat Wienn gwaltigelichen beschwert (?), bey tag vnd nacht vngesparts seines Leibs, neben anndern vnsern Burgern vnd ynwonern daselbst, Eerlich vnd wolgehallten, vnd aus sondern gnaden ain hofmarch zu ainem Presshaus, von dem Garten den Closterlewten von sand Clara zuegehörig, am Swein Markht gelegen, darein wir yetzt vnser Burger Spital gewidmbt vnd verordnt, Ime vnd seinen Erben mit ainem ausgezaigten gezierkh söllhs Flekhen zuegestelt vnd verschriben, alles vermug vnnserer Gab verschreibung Ime derhalben gefertigt vnd zuegestelt, Nun hat vns aber obgedachter Trew, an vnserm Kunigclichen hof ferrer zuerkhennen geben, wie Er zu lob vnnd Eer der heiligen funf wunden, vnsers heilmachers Jhesucristi, vnd in namen des heiligen zwelfpoten sand Pauls, aus Cristenlicher Andacht, zu hail seiner Seel, mit seinem sondern hohen darlegen, neben dem Presshaus auf die ander vberig hofmarch, ain zierliche Capellen von newem auferbawen, vnd dieselb Capelln mit allen notturfftigen Ornamenten vnd was dartzue gehört, zierlichen versehen, vnd jungstlich durch den Erwirdigen vnsern Rat vnd lieben Andächtigen Johann Fabri Bischouen zu Wienn weihen, Auch darein etlich gestifft messen, durch seinen vleiss Incorporiern lassen, Vnd wiewol Er der zeit, die bemelt Capellen mit allen Paw verricht, vnnd anders, was zu notturfft vnd zier derselben gehörig, versehung gethann, So hette Er doch, darein Er sölh Ornament vnd Kirchenzier, als Messgwanndt, Kelh, Puecher, vnd dergleichen notturfft legen, vnd bewarlich behalten möchte in derselben Capellen, khainen gelegensamen, oder gerawmen Platz, Vnd vns darauf vndtertainigclichen angerueffen vnd gebeten, von der obemelten Closterleut, yetzt gemaines Spitals Garten, so verödt, zu aufrichtung vnd erpawung ainer Sacristei, jme ain Flekhen oder Platz, vngeuarlichen zehen Manssschritt in die weit, vnd zwelf in die lenng, vnd die höch seinem andern hausgepew gleich, gnedigclich zuuergönnen vnd zu geben geruechten, haben wir angesehen obermelt des Trewen vleissig embsig, ansehlich dinst, vnd fuernemblichen sein Cristenlich vnd guet gemuet, so Er zu erhalltung Cristenlicher Zier vnd Ordnung tregt, Vnnd damit wir vnns des löblichen Gotsdinst, vnd annder gueten werch, so in diser Capellen, yectzt vnd khunfftiglich gehalten vnd volbracht werden, tailhafftig vnd geniesllich machen, vnd Ime von sonndern gnaden wegen, in sein begern, des ernennten ausgezogen Flekhen, gnedigclich bewilligt, Thuen vnd bewilligen vnns des auch hiemit wissenntlich in Crafft ditz vnsers briefs, Also dax Er sich des flekhen vnnd Platz, des öden Gartens, Inmassen Ime der, durch vnnser Canntzler vnd Regennten vnserer Nider Osterreichischen Lannde, verordnet Comissari, Ires Rats mitl, vermug vnd ausweiss vnnsers beuelhs, derhalben ausganngen, ausgemessen, Namblichen in die weit zehen, vnd in die lennge zwelf Mannsschritt, vngeuarlich, ausgezaigt vnd eingeben, vnderfahen, denselben ausgezaigten Flekhen, zu notturfft vnnd erbawung der Sacristei einnemen, vnd sich des, wie sich geburt gwaltig machen, Auch seiner gelegenhait, vnd genallen nach, die Sacristey, vnd anders, seiner gelegenhait vnd notturfft nach, darauf pawen, vnd damit weitter thuen, vnnd hanndlen sol vnd mag, alls mit andern seinen aigenthafften guet, wie Ine vnd seine Erben, gelanngt vnd verlusst, von vnns vnsern Erben vnd sonnst aller menigelichs vnuerhindert, Vnd gebieten darauf a. allen vnnd yeden geistlichen vnnd weltlichen Obrikhaiten vnnd fuernemblichen vnnser Stathalter, Canntzler, vnd Regennten, Auch Burgermaister vnnd Rate zu Wienn, gegenwurtigen vnnd khunfftigen, das Si vilgedachtens Trewen vnd sein Erben, bey diser vnser Gab vnd bewilligung, des ausgezaigten Flekhen, in dem Spital Garten vesstigclich hanndthabet, Schutz vnd Schermb haltet, Auch jme vnnd seinen Erben khainerlay eintrag, Irrung noch verhinderung zuthuen, nicht zuesehet noch gestattet, Vnnd solhs fuer Ew selbst auch nicht, thuet, Sonnder jne damit seiner notturfft vnd gelegenhaitt nach, wienorgemelt, hanndlen, darauf pawen vnd Ew daran nicht Irren noch verhindern lasset, ongeuärde, Mit vrkhund des Briefs, mit vnserm anhanngunden Innsigl verfertigt Geben in vnnser Stat Wienn am Funfzehenden tag des Monats Marcij, Nach Cristi vnnsers lieben herrn geburt Funffzehenhundert, vnd im zwai vnd dreissigisten. Vnserer Reiche des Römischenn im andern, vnd der anderan im Sechsten Jaren.

O. P. sig. pend. Bürgerspital.

VIII. 1416, Oculi (22. März), Wien. Herzog Albrecht beurkundet, dass Elzbeth die Wartenawerinn von dem Meister zu Mawrperg und dem Convent daselbst, auch dem Convent zu St. Johanns in der Kernerstrazz zu Wien den halben Garten bei St. Johannskirchen („vnd ist der tail gegen kernertor") den hinteren Hof, Stadel etc. Ferner ein Haus in St. Johannsstrasse zu Wien, zunächst des Floyten Haus von Hansen dem Kunigswiser gekauft „alles zu enthaltnuzz vnd behawsung armer leut," giebt dazu seine Gunst und Einwilligung und gelobt sie dabei zu schirmen etc.

O. P. sig. pend. avuls.

IX. 1417, Freitag vor Palmtag, (2. April), Wien. Herzog Albrecht freyt das von Elzbeth der Warttenawerinn „zu enthaltnuss armer leut vnd pilgreim" gekaufte Haus bey S. Johanns in der kernerstrass ze Wienn von aller Schatzsteuer, so lange es diese Bestimmung haben wird.

O. P. sig. pend. avuls.

X. 1418, Samstag vor Lichtmesse (29. Jänner) Wien. Herzog Albrecht beurkundet, dass Elzbeth die Wartnawerinn von dem Meister von Mawrperg und seinem Convent, auch dem Convent „dacz sant Johanns ze Wienn" und dazu von N. dem Kunigswiser einige Häuser zu Wienn in der kernerstrazz bei S. Johanns Gotteshaus zu einem Pilgreimhaus und „enthaltnuzz armer vnd ellender leut" gekauft und dasselbe den Meistern der Schule zu Wien, Berchtolten von Mangen, dem Hubmaister und des Herzogs Kellermeister Wenczlawn dem Newnhofer zu verwesen gegeben, giebt dazu seine Gunst und Willen und bestätigt diese Stiftung.

O. P. sig. pend. avuls.

(Fortsetzung folgt.)

V. „Historischer Atlas."

Statistik des Mittelalters.

2.) Das Lehenbuch K. Ladislaus P. für Österreich ob und unter der Enns. (In alphabetischer Ordnung.)

24.) S. D. Wien, 1455, c. 9. März. Wilhelm Enczestorffer.

1 Hof zu Mannswerd aufm Anger;

it. $^1/_4$ Getreide-Zehend daselbst zu Mannswerd und zu Pewgen auf beiden Dörfern;

it. das Pangericht zu Mannswerd und auf der Fischweide daselbst, ausgenommen was den Tod berührt.

(Sein mütterliches Erbe.) Oestr. Ms. Nr. 65, Fol. 8, b.

25.) 1456, 20. April. Lorenz Erndorffer (für sich und seine Brüder Mert, Jörg und Tristram und die Kinder seines verstorbenen Bruders Wolfgang E.).

Lehen der landesfürstlichen Herrschaft Weytra.

1 Hof „zum Wielants" mit seiner Zugehörung und 4 Holden dabei;

it. 4 Holden „an der Behaimzeil" und 2 Theile Zehends auf demselben Hof und denselben Holden gross und klein zu Feld und zu Dorf;

it. den Wolfshof mit seiner Zugehörung, der mauth- und zollfrei ist, alles in dem Landgericht zu Weytra gelegen;

it. auf 11 Häusern an der Behaimzeil auf N. des von Liechtenstain Holden 2 Theile Zehends, gross und klein zu Feld und zu Dorf;

it. zu Erndorf 2 Theile Zehends gross und klein zu Feld und zu Dorf in Weytraher Herrschaft und in dem Landgericht zu Gmund gelegen.

(Bestätigung der von Herzog Albrecht (s. Vater) erlangten Gnade der Erblichkeit für Töchter.) Oestr. Ms. Nr. 65. Fol. 91, b.

1456, 21. April. Dieselben.

Lehen der Herrschaft Weytra.

Auf 1 Lehen zum Schakans 40 Pfen. Gelts, 40 Eyer oder dafür 4 Pfen., 6 Käse oder für jeden Käs 2 Pfen.;

1 Schot Haar $^3/_4$ Mohn, und 2 Theile Zehends zu Feld und zu Dorf;

die sie von Niclas Freinsteter zu Weytra und seiner Hausfrau Katharina gekauft haben;

it. 2 behauste Güter zum Gerungs und 1 Mühle, genannt die „Klausenmüll;"

it. 1 ödes Lehen und 1 öde Hofstatt gelegen in der Pfarre zu Schönaw;

it. zu Reichenpach 1 gestiftetes Leben 1 gestifte Hofstatt und 1 öde Hofstatt in der Pfarre zum Sweikers in Weytraher Landgericht;

und 1 behaustes Gut „auf der Marcharts" in Gerungerpfarre und dem Landgericht zu Arbaispach

Gekauft von weiland Albrecht Krumbacher.

(Kauf und Erbe. Gnadenlehen, auch auf Töchter vererblich.)

Oestr. Ms. Nr. 65, Fol. 91, b, 92.

1456, 21. April. Lorenz Erndorffer.

Zum Wetzleins auf 1 gestifteten und auf 1 öden Lehen ganzen Zehend;

it. zu Harmanstain auf 2 gestifteten und auf 1 ganzen öden Lehen ganzen Zehend zu Feld und zu Dorf.

(Österr. fürstl. Lehen.)

(Sein Erbe.) Oestr. Ms. Nr. 65, Fol. 92.

2**

26.) (1455, c. 1. October), Wien. Tibolt Eschpan (für sich und seinen Bruder Sigmund E.).

Die Veste Liechtenhag;
it. die Hube dabei, genannt Chlam und
1 Gut genannt in der Leitten und
1 Gut genannt „dacz dem Scherer; und aber
1 Gut genannt im „Hennper" in Grentlsteterpfarr;
it. 1 Hof genannt zu Simpach und das
Lehen zu den bey dem Prunn in Everdingerpfarr.
(Ihr Erbe.) Oestr. Ms. Nr. 65, Fol. 75.

27.) 1455, 25. Juni, Wien. Ulrich Eybesprunner.

4 Pfd. 72 Pfen. Gülte auf behaustem Gut und Überländ und einen Zehend, alles in Alachterpfarre gelegen;
it. 11 Schilling Pfen. Gülte auf 3 Hofstätten zu Pyekenrewt gelegen und den Zehend darauf gross und klein;
it. 1 Wiese und 1 Holz daselbst „als die mit rayn und stain sind ausgemarhet."
(Sein Erbe.) Oestr. Ms. Nr. 65, Fol. 54.

1455, 25. Juni. Ulrich Eybesprunner.

Die Theile und Gerechtigkeit an der Veste Wildegk, welche er von den [1]) Töchtern Pankraz des Newnhauser abgeledigt hat.
Oestr. Ms. Nr. 65, Fol. 54.

1455, 6. October, Wien. Waltpurg, Hausfrau des Ulrich Eybesprunner.

$\frac{1}{2}$ an dem Haus zu Wildegg und an dem Kirchlehen zu Sykkendorf.
(Gnaden-Lehen. Ihr Erbe.) Oestr. Ms. Nr. 65, Fol. 76.

28.) 1455, 16. April. Caspar Eystorffer.

13 Schilling 20 Pfen. Gülte auf 3 Holden und auf behaustem Gut in dem Dorfe zu Gobestorf in Strennigerpfarre gelegen und 84 Pfen. Gülte gelegen auf Bergrecht und Überländ Äckern daselbst zu Gobestorf.

(Sein Erbe. Auch mit der Gnade, im Abgang männlicher Erben auf Töchter diese Gülten zu vererben.)
Oestr. Ms. Nr. 65, Fol. 18, b.

29.) Oswalt Eytzinger von Eytzing.

„Das zeprochen hewsel mit dem hof und 2 holden zu Newndorf, was „die mit tod und abgang Ludweigen Hawser vermant und ledig worden weren."
(Gnaden-Lehen.) Oestr. Ms. Nr. 65, Fol. 1.

1456, 22. April. Oswalt Eyczinger.

Zu Grossaw 9 Pfd. weniger 20 Pfen. Gelts auf behaustem Gut;
it. zum Kunrats 3 Pfd. und 60 Pfen. Gelts auf behaustem Gut.
(Fürstl. österr. Lehenschaft.)
(Gekauft von Jörg Frawnhouer.) Oestr. Ms. Nr. 65, Fol. 93, b.

1455, 19. Mai, Wien. Sigmund Eyczinger.

Den Hof zum Nidern Hedreins auf der Pulka zunächst dem Hofe Hanns des Mader, mit aller seiner Zugehörung zu Feld und zu Dorf.
(Sein Erbe.) Oestr. Ms. Nr. 65, Fol. 30.

[1]) Gilburg, Hausfrau des Melchior des Waser und Barbara, weiland Hausfrau Friedrichs des Schawnburger.

Herr Ulrich Eytzinger.

Halben Wein- und Getreidzehend zu Utzessee und halben traidzehend in dem Krotenfeld zu Strobleinstorff „wan die mit abgang weilent n. des Schuchlers Burger zu Wienn vermant und ledig worden wêrn."

(Gnaden-Lehen.) Oestr. Ms. Nr. 65, Fol. 2.

Wilhelm Eyczinger, sein Sohn und (von sundern Gnaden) seine Tochter.

(Göffritz.) Die Veste Gottfrids mit Zugehör, in Zwettlerpfarre gelegen; mitsammt dem Bauhof und Zehent so dazu gehören;

it. das dorfgericht.

it. den wiltpan und vischweid zum Gottfrids als weit die phar ist;

it. auf 2 hofsteten auf 1 Mühl daselbs und 1 hofstat do vormalen Chunrat der Geyer auff gesessen ist gancz zehent ausserhalb haws;

it. 18 Güter in dem obgenannten Dorf gelegen;

it. auf 5 Lehen und auf 5 Hofstätten in dem Dorf zum Gottfrids ganzen Zehent grossen und kleinen;

it. und auf 2 Hofsteten daselbs innerhalb haws klainen zehent.

„Wan das sein erb wern." Oestr. Ms. Nr. 65, Fol. 6.

1455, 3. October, Wien. Wolfgang der Eycsinger (als Lehenträger seiner Hausfrau).

10 Schilling Pfen. Gelts zu Nidern Lanneczendorf auf 1 ganzen Hof gelegen;

it. von 1 Hofstatt daselbst 60 Pfen. Gelts;

it. von 1 Seez weingarten hinter dem Dorf zu Lanzendorf gelegen 4 Pfen. Gelts;

it. aber von 1 Seez Weingarten 4 Pfen.;

it. aber von 1 Seez Weingarten daselbst 4 Pfen.;

it. aber von 1 Seez Weingarten daselbst hinter dem Dorf gelegen 1 Viertel Most zu Bergrecht;

it. 26 Metzen Vogthaber von den Holden des Pfarrers von Vösendorf zu Lanzendorf gesessen;

it. 3 Pfd. 6 Schilling und 20 Pfen. Geltes auf 3 Lehen, zu Obern Recz, zu Nidern Recz und zu Enczesfeld;

it. das „wasserrechten zu Wienn auf der Tunaw."

(Ihr Erbe.) Oestr. Ms. Nr. 65, Fol. 75.

1457, 10. November. Wolfgang Eyczinger (für sich und seine Brüder Altman und Stephan Eyczinger).

Die Veste Kornberg mit aller ihrer Zugehörung, als von Alter herkommen ist;

it. den Wein- und Getreidzehend zu Niedern Rewtt, auch alle behauste Güter und

den Wein- und Getreidezehend zu Schonberg im Mürbing und im „obern Werd" mit ihren Zugehörungen;

it. zu Reinprechts auf 5 Lehen und auf 1 Burgrecht Acker in dem Feld daselbst überall ganzen Zehend gross und klein zu Feld und zu Dorf, und

auf 2 Höfen, 2 Lehen und 7 Hofstätten daselbst zu dem Reinprechts und auf 3 Mühlen unter dem Reinprechts auf der Krems gelegen, überall zwei Theile Zehend, gross und klein zu Feld und zu Dorf.

(Ihr Erbe.) Oestr. Ms. Nr. 65, Fol. 115.

30.) 1455, 3. März. Erasmus Fewchter.

4 Pfund Gülten und 7 Faschinghühner zum Stoltzleins, gekauft von Jörg Kamrer;

it. 12 Schilling 10 Pfen. Gülten auf 4 Lehen zum Stoltzleins und 2 Theile Getreide - Zehents und den kleinen Zehent auf dem ganzen Dorf daselbst, die er gekauft hat von Hanns Kewscher und seiner Hausfrau Margareth.

it. ½ Pfd. Pfen. Gülte auf 1 hofstat daselbs in Weissen Albarner pharr gelegen, ebenfalls gekauft von Hanns Kewscher und seiner Hausfrau.

it. dem bemelten Fewchter einen Bestättbrief über einen Satz um 100 Pfd. Pfen., so er satzweise auf dem Hof zum Stolzleins mitsammt dem Teichlein dabei hat. Oestr. Ms. Nr. 65, Fol. 6.

1455, 28. März, Wien. Erasmus Fewchter.

Zu Wolkchenstorf 7 behauste Güter;
it. zu Krotendorf 2 behauste Güter; und 1 Mühle daselbst;
it. zu Lanczenkirchen 12 behauste Güter;
it. zu Steinez 2 behauste Güter;
it. zu Walperspach 1 behaustes Gut.

Hatte weiland Margreth, Tochter des Michel des Prenner, Hausfrau des n. des Dressidler gesessen in der Neustadt, inne und wurde mit ihrem Tode ledig.

(Gnaden-Lehen.) Commissio d. Regis. m. Drugss.

Oestr. Ms. Nr. 65, Fol. 14, b.

1455, 20. December, Wien. Erasmus Fewchter.

Den Hof zu Hartperg mit 2 öden Rewtten, die darein gehören, im landesf. Landgericht zu Weytra gelegen.

(Gekauft von Hanns Kewscher.) Oestr. Ms. Nr. 65, Fol. 81.

1457, 28. Februar, Erasmus Fewchter.

Landesfürstliches Lehen. 1 Hof, gelegen „zum Stolczleins" mitsammt dem Bauhof daselbst mit allen Wiesen, Äckern, Hölzern, dem Teichlein daselbst mitsammt den Wasserläufen und mit dem Zehend grossen und kleinen auf den Äckern, die in den Bauhof gehören und allen ihren Zugehörungen, gelegen in Weissen Albaner pfarre.

(Gekauft von Hanns Kewscher.)

Oestr. Ms. Nr. 65, Fol. 105, b.

1455, 8. Juni, Wien. Otto Fewchter (für sich und die Söhne seines Bruders, Caspar und Veit).

Den Weinzehent, gelegen zu Kunigsteten in der Newnstift auf 14 Hofstätten gross und klein.

(Ihr Erbe.)

K. Ladislaus gibt dem Otto Feuchter einen Bestätigungsbrief eines Satzes, wodurch ihm Margareth, Tochter des Conrad Potinger, Witwe Wolfgang des Schad, 1100 Pfd. Pfen. auf ⅓ Zehend zu Egelsee und zu Uezing gelegen, Weinzehend und Getreidzehend gross und klein zu Feld und zu Dorf, herzogl. Lehenschaft und auf etlichen andern Gütern satzweise versicherte.

Oestr. Ms. Nr. 65, Fol. 48, b.

1456, 7. April. Bartholomäus Feuchter.

Den Bauhof zu Schefelsegk in Kanstorfferpfarre gelegen.

(Sein Erbe.) Oestr. Ms. Nr. 65, Fol. 88, b.

31.) S. d. (1455, c. 9. Juli.) Bernhard Veyrtager.

1 Zehend zu Hayczndorf und Sitigendorf, allerlei Getreide.

(Sein Erbe.) Oestr. Ms. Nr. 65, Fol. 59, b.

32.) 1455, 26. März, Wien. Conrad Vischpekh.

1 Zehend auf folgenden Gütern:
auf dem Humelhof;
auf dem Hof genannt dacz dem Pauch;

auf dem Gut genannt zu dem Graben;
it. dacz Niderngraben;
it. auf dem Gut genannt am Gatern;
auf jedem ganzen Zehend;
und auf dem Gut genannt zu Pirchêch 2 Theile Zehend; alles in Linzerpfarre.
(Sein Erbe.) Oestr. Ms. Nr. 65, Fol. 13.

33.) 1455, 30. April, Wien. Sebastian Fleischman.

1 Gut genannt der Geltprechtshof gelegen in Sanct Peterspfarre bei der Freystadt;
it. 1 Gut genannt „dacz dem Lienschupl" in Neumarkterpfarre gelegen;
it. 1 Gut genannt das Krenslehen in Lasperger Pfarre gelegen.
(Sein Erbe.) Oestr. Ms. Nr. 65, Fol. 28, b.

34.) 1455, 1. Mai, Wien. Paul und Heinrich Florstet, Gebrüder.

1 Drittel an 1 Pfd. Pfen. Gülte gelegen auf 2 Höfen zu Kalsenrewt und Prassenrewt in Drosendorffer Herrschaft.
(Gekauft von ihrem Bruder Jörg Florstet.)
Oestr. Ms. Nr. 65, Fol. 28, b.

1456, 16. Jänner, Wien. Paul Florstet (für sich und seinen Bruder Heinrich).

Das Dorf Suessenpach und Zugehör;
it. den Hof zu Hainreichslag an der Sumerczeil gelegen mitsammt den dazu gehörigen Lehen, und das Dorf zu Hainreichslag;
it. das Fischwasser dabei zwischen Weykhartslag und Suessenpach mit seiner Zugehörung und den Zehend auf dem ehgenannten Hof und zu dem Dorf Hainreichslag „ausgenomen ettlich Garb, die man davon gibt zu der kirchen gen Suessenpach."
(Ihr Erbe.) Oestr. Ms. Nr. 65, Fol. 64, b.

35.) 1455, 9. Mai. Pernhart Floyt.

Hat 10 Pfd. 36 Pfen. Gülte gelegen zu Marchtal auf behaustem Gut und Überländ, die österreichische landesf. Lehen war, zu einer Messe zu Obern-Ruspach gegeben. K. Ladislaus gibt ihm einen Eigenbrief, worin Er auf die Mannschaft und Lehenschaft verzichtet.
Oestr. Ms. Nr. 65, Fol. 34.

1455, 7. Juni, Wien. Bernhard Floytt. (Lehen).

Das Dorf zu Wolfsprunn mit Wildbann, Hölzern und das Gericht auf dem Dorf und aller seiner anderer Zugehörung;
it. 5 Pfd. Pfen. Gülte auf Diensthaber und 1 Pfd. Pfen. Gülte auf 1 Weinzehend;
it. 1 Hof zu Eberstorf bei Ober Ruspach und 12 Schilling und 24 Pfen. Gülte auf behaustem Gut und Überländ;
it. 2 Eimer Wein Bergrecht auf Weingärten in der Kellen und 2 Tagwerk Wiesmahds daselbst;
it. 1 Pfd. Pfen. Gülte auf behaustem Gut zu Wischental und 2 Hölzer zu Eberstorf;
it. halben Getreidzehend auf der Haid zwischen Ayczertal und Wischental;
it. das halbe Dorf zu Obern Hawczental mit Pfenninggült dienst trayd und halben Zehend weniger ein Sechzehntel;
it. den Zehend auf 8 Joch Äckern gelegen zu Amaistal.
(Sein Erbe.)
Oestr. Ms. Nr. 65, Fol. 48.

1455, 30. Juni, Wien. Bernhard Floytt. (? ob derselbe.)

Halben Zehend zu Gelestorf, Wein- und Getreidzehend klein und gross zu Feld und zu Dorf.

(Sein Erbe.) Oestr. Ms. Nr. 65, Fol. 55, b.

1455, 30. Juni, Wien. Bernhard Floytt (?).

Das Haus zu Zemla mit seiner Zugehörung;

it. die Lehenschaft der Capelle dabei und die Vogtei auf den Leuten mitsammt den dazu gehörigen Gütern;

it. den Bauhof daselbst, darein gehören 88 Joch Acker und 8 Tagwerk Wiesmahd;

it. 1 Holz an dem Menhartsperg gelegen „als es mit Marchen umbfangen ist."

it. das Burgrecht auf den Krautgärten und auf andern Äckern daselbst zu Zemling mitsammt den Zehend darauf und was dazu gehört;

it. aber ein kleines Hölzel gelegen zu Zemling;

it. das Gericht in dem Dorfe zu Zemling und den Wildbann daselbst.

(Gekauft von seinem Vetter Bernhard Floytt.)

1455, 30. Juni. K. Ladislaus gibt demselben Bernhard Floytt die Gnade, dass in Abgang männlicher Erben oder falls diese unmündig sterben, diese Lehen auch auf Töchter vererbt werden können.

Oestr. Ms. Nr. 65, Fol. 55, b.

1455, 24. Juli. Wilhelm Floyt.

Zu Eberstorf bei Gross-Russbach auf 5 Lehen ganzen Zehend zu Feld und zu Dorf;

it. 1 Hof mit seiner Zugehörung und $^1/_4$ auf dem Dorfgericht daselbst;

it. zu Nidern Holabrunn 1 Pfd. Pfen. Gülte auf 3 behausten Holden;

it. 3 Fleischtische zu Velabrunn;

it. den ganzen Zehend auf Heczmanstorf zu Feld und zu Dorf;

it. das ganze Gericht zu Wurnicz zu Feld und zu Dorf, und Stock und Galgen „als verr die gemerckh geent."

(Sein Erbe.) Oestr. Ms. Nr. 65, Fol. 61.

36.) 1455, 9. Juli, Wien. Sigmund Vorster (für sich und die Kinder seines Bruders Wolfgang Vorster, Hanns, Hedwig und Cäcilia).

1 Hof zu Auffaim;

it. 3 Güter zu Praitenrewt;

it. 3 Güter „dacz Stethaim;

it. 1 Gut zu Atergewdorf;

it. 1 Gut in dem Pobankh;

it. 1 Gut „dacz den Hellhunden,"

it. 3 Güter und 1 Mühle „dacz Hypping;"

it. die „Winderrewt" und 1 Wiese bei dem „Frankhenmarckt" alles in St. Jörgenpfarre gelegen, Lehenschaft der landesf. Herrschaft Atersee;

it. auf der Stewff 1 Zehendhaus; it. dacz den Reittern daselbst 6 Zehendhäuser; it. auf 2 Gütern „dacz den Schupplingern" 2 Theile Zehends; it. auf dem Hof „dacz dem Schiemer" 2 Theile Zehends; it. „dacz dem Winderrewt" 7 Zehendhäuser; it. „dacz den Chuschinkhen" 6 Zehendhäuser; it. zu „Swaigarn" 5 Zehendhäuser; it. „dacz Nidern Mulhaim" 2 Theile Zehends auf 3 Zehendhäusern; it. „dacz Czembing" 5 ganze Zehendhäuser; it. „auf dem Chogl" daselbst 2 Theile Zehends auf 2 Häusern, gelegen in Pondorfferpfarre; it. 2 Theile Zehends auf 6 Zehendhäusern „dacz dem Adelmaninger;" it. „dacz dem Sechbinger" 2 Theile Zehends auf 6 Zehendhäusern; it. „dacz dem Waldinger" auf 6 Zehendhäusern 2 Theile Zehends, gelegen in Frankhenmarckterpfarre;

it. „dacz Talhaim" 5 Zehendhäuser; it. „dacz Leyttern" 3 Zehendhäuser in Schöndorfferpfarre;

it. zu Oberheytzering 2 Zehendhäuser; it. „dacz Perkhaim" 1 Zehendhaus; it. „dacz Weiterswant" 2 Theile Zehend auf 2 Gütern in Gampererpfarre gelegen; Lehenschaft von Puchaim;

it. „dacz Tewssingen 1 Gut; it. „zu Ausserrewt" 2 Güter;

it. auf dem Liechtenperg 1 Gut, 1 Wiese in der Pernaw, 1 Holz an dem Siberaperg in Vekhelstorfferpfarre gelegen, das da dient gegen Frankenburg 60 Pfen. Lehenschaft von Frankenburg;

it. 1 Gut „dacz dem Holczlein;" it. den Stettenhof; it. am Aschegk 1 Zehendhaus, und die Haberrewtt 1 Zehendhaus;

it. „dacz dem Grellinger" 1 Gut; it. auf dem Veychtenberg 1 Gut, gelegen in Zwischwalderpfarre; it. 1 Hof zu Vorsterrewtt und das Forstrecht daselbst, Lehenschaft von Frankenburg und dient daselbsthin 2 Muth Habern und 6 Schilling Pfen. und zu der Pfleg zu Kammer dient er 1 Muth Haber;

it. 2 Güter „dacz Rewt," der Herrschaft Kammer;

it. den Gutenperg, gelegen in Newnkircherpfarre, Lehenschaft von Frankenburg;

it. ½ Hof zu Newnkirchen und auf 10 Gütern daselbst halben Zehend, der zu demselben Hof gehört, gelegen in Starhemberger Gericht, Lehenschaft von Wessemberg.

(Ihr Erbe, schon früher aus Gnade auf Töchter vererblich.)

Oestr. Ms. Nr. 65, Fol. 60.

37.) 1456, 10. Juli, Wien. Gerhard und Gamret Franawer (Gebrüder).

14 Schilling, weniger 1 Pfen. Gelts zu Gotesprunn auf behaustem Gut und Überländ;

it. das Dorf Utendorf bei Hintperg gelegen und 2½ Pfd. Wienerpfennig Gelts zu Velben auf behaustem Gut;

it. 2½ Pfd. weniger 38 Pfen. Gelts gelegen zu Arbaistal auf behaustem Gut;

it. den Weinzehend und Getreidezehend, gross und klein zu „Vischamund" markhthalben auf 4 ganzen Lehen gelegen und heissen die „Walleheu;"

it. einen Zehend zu Kumerleinstorf auf 8 Lehen gelegen;

it. zu Stukhsennewseidel 3 Schilling Pfen. Gelts und 4 Hühner, und 1 Hof zu Trawtmanstorf, der dem Sohn des „Behem" angehört.

(Ihr väterliches Erbe.) Oestr. Ms. Nr. 65, Fol. 67.

1456, 10. Juli. K. Ladislaus bestätigt ein Vermächtniss, das Wolfgang Zisterstorffer von Mergerstorf ihrer Mutter Hedwig (Hausfrau ihres Vaters Gerhart Fronawer) und ihnen eventuell im Abgange männlicher Erben oder im Todesfalle (in Zeit der Unmündigkeit) derselben gemacht hat:

Das Dorf Aicharn und den Zehend daselbst auf 15 Lehen;

1 Mühle, den Mairhof und den Teich hinter dem Dorfe bei Zisterstorff gelegen. Oestr. Ms. Nr. 65, Fol. 67.

38.) 1455, 29. November, Wien. Christoph Franstorffer.

2 Höfe und 4 Hofstätte zu Obern Tirna in Drosendorfer Herrschaft;

(Gekauft von Jorg Redler.)

it. 1 Gut zu dem Weissen in St. Peterspfarre und Wessenberger Landgericht;

it. 1 Hube am Lehen in St. Johannspfarr, auch in Wessenberger Landgericht;

und 1 Gut in der Dewsgrub in Grieskircherpfarre und Tegernpekher Landgericht.

(Sein Erbe.) Oest. Ms. Nr. 65, Fol. 79.

39.) 1455, 23. Mai. Jörg Frannez.

1 Hof, darin gehören 85½ Joch Acker und 15 Krautgärten und 1 Weidenfleck;

it. 2 ganze Lehen, dienen 2 Pfd. 15 Pfen.;

it. 7 halbe Lehen, dienen 4 Pfd. und 10 Pfen.;

it. 24 Hofstätte, dienen 2½ Pfd. und 6 Pfen. Gülte;

it. von 2 Joch Äcker 2 Pfen. Dienst;

it. von 4 Joch Äcker und von 1 Wiese 6 Pfen. Dienst;

it. von 3 Joch Äcker 3 Pfen. Dienst; alles gelegen zu Enezestorf in Steczerpfarre;

it. zu Ernstorf von 1 Hofstatt 5 Schillinge Pfen. Dienst und daselbst von 1 Weingarten 10 Pfen. Dienst;

it. in dem Dorfe Frütigestorf von 1 Garten 1 Pfen. Dienst und um das Holz genannt die Au, liegen 8 Viertel Weingärten darauf 2 Theile Zehend.

(Sein Erbe.) Oestr. Ms. Nr. 65, Fol. 42, b, 43.

40.) 1455, 29. September, Wien. Katharina, Hausfrau des Engelbrecht Frawnhouer, Tochter weiland Hanns des Hartlieb.

Den Hof zu Paden gelegen hinter dem „Swarczmunnichof" mit seiner Zugehörung der landesf. Burgrecht ist (man dient in die herzogl. Kammer am St. Michelstag 24 Pfen. Burgrecht);

it. 1 Hof zu Pidermanstorf gelegen (herzogl. Burgrecht);

it. ⅓ Weinzehend und Getreidzehend zu Winstorf gelegen gross und klein zu Feld und zu Dorf;

und 28 Pfen. Gelts daselbst auf behaustem Gut gelegen;

it. 6 Viertel Wein Bergrecht auf Weingärten und 75½ Pfen. Gelts am Hausperg auf Überländ in Dreskircherpfarre gelegen.

(Gnaden-Lehen. Ihr Erbe.) Oestr. Ms. Nr. 65, Fol. 73, b.

1456, 18. Jänner, Wien. Jörg Frawnhouer (für sich und seine Geschwister Bernhard, Reinprecht, Barbara und Katharina).

*9 Pfd., weniger 27 Pfen. Gelts und

1 Groschen (grossen) von 1 Wiese, alles gelegen zu Grussaw auf etlichen Gütern „an der Sumerczeil" in Drosendorffer Landgericht;

it. zu Czedlicz 60 Pfen. Gelts auf 1 Hof auch in Drosendorffer Landgericht gelegen;

*it. „dacz dem Kunratz 3 Pfd. und 60 Pfen. Gelts gelegen in Waidhouer Gericht auf der Tey.

(Ihr Erbe.) Oestr. Ms. Nr. 65, Fol. 85.

41.) 1456, 13. April. Caspar Freinperger.

2 Güter, gelegen zu Zell bei dem Atersee in Abstorfferpfarre und 1 Gut, genannt „in der Grufft" und

der Gatersperg gelegen in Unkhnacherpfarre und in Kamrer Gericht.

(Sein Erbe.) Oestr. Ms. Nr. 65, Fol. 89.

*) Verkauft an Oswald Eizinger a. 1456, 22. April.

(Fortsetzung folgt.)

Aus der k. k. Hof- und Staatsdruckerei.

№ 3. NOTIZENBLATT. 1854.

Beilage zum Archiv für Kunde österreichischer Geschichtsquellen.

Herausgegeben von der historischen Commission
der
kaiserlichen Akademie der Wissenschaften in Wien.

II. „Oesterreichische Geschichtsquellen."

3.) Zur Geschichte der Patriarchen von Aquileja.

Mitgetheilt von Valentinelli, Bibliothekar der Marciana in Venedig.

Aquileja ist für uns einer der wichtigsten und interessantesten Puncte. Von hier aus verbreitete sich das Christenthum zuerst in unsere Länder (Illyrien, Noricum, Pannonien).

Eine der grössten und blühendsten Städte des übergrossen Römerreiches ist nun ein — elendes Dorf; ein ergreifender Anblick! und doch bietet es des Merkwürdigen gar viel und ein Besuch daselbst vor einigen Monaten (September 1853) setzte mich in Erstaunen.

Man könnte ganze Museen errichten von den Denkmälern, welche dort theils herumliegen, theils leider ganz verkehrt aufbewahrt werden, so ist z. B. ein Kühstall ganz von Römersteinen aufgebaut!

Das wäre ein Feld für unsere jüngst ins Leben getretene Central-Commission zur Erhaltung historischer Denkmäler!

Ein sehr unterrichteter und thätiger Mann, Herr Apotheker Zandonati in Aquileja hat eine Münz- und Anticaglien-Sammlung von dort ausgegrabenen Gegenständen zusammengebracht, die zu besehen sehr der Mühe lohnt. — Zandonati ist die Gefälligkeit selbst.

Derselbe hat mit grossem Fleisse eine genaue Beschreibung aller noch übrigen Denkmäler Aquileja's ausgearbeitet, deren Veröffentlichung sehr wünschenswerth ist.

Ein kleines, sehr ansprechendes Büchlein über Aquileja ward von ihm herausgegeben unter dem Titel:

„Guida storica dell' Antica Aquileja compilata da Vincenzo Zandonati, membro effettivo dell' I. R. Società Agraria di Gorizia. Gorizia, tipografia di G. B. Seitz, 1849. 8. 230 pp."

Diesem Büchlein wäre eine grössere Verbreitung zu wünschen, überhaupt kennt der Österreicher, namentlich der Wiener, sein Vaterland und dessen Schätze viel zu wenig.

Ich schämte mich, in dem reich besetzten Album Zandonati's so wenig deutschen Namen zu begegnen, es zählt mehr Engländer als Deutsche.

Nur der Name des kunstsinnigen, für alles Merkwürdige so viel Empfänglichkeit hegenden, Erzherzogs Max (k. Hoheit) prangt auch hier.

Das bei weitem wichtigste und ergreifendste Denkmal aber in Aquileja ist die herrliche Basilika, deren fortwährende Erhaltung und Restaurirung dringende Pflicht der Pietät ist.

Zwar hat Seine Majestät Kaiser Ferdinand I. für diesen wunderherrlichen Tempel und seine Herstellung Bedeutendes geleistet, doch ist aber so Manches — noch wünschenswerth.

Ein ergreifender Umblick ist denen gewährt, welche den der Basilika angebauten „Campanile" besteigen.

3

Eine beinahe unabsehbare fruchtbare Ebene stellt sich ihren Blicken dar, Maisfelder mit Weinstöcken umsäumt breiten sich aus, im Hintergrunde die Lagunen. Hart zu unseren Füssen liegen umgestürzte kolossale Säulen, ein Paar nur stehen noch — vereinsamte Überbleibsel des grandiosen Palastes der Patriarchen von Aquileja, einst so bedeutende Kirchenfürsten und Herren eines fruchtbaren Gebietes. Jetzt steht an seinem Platze ein Maisfeld!

Leider war aber der letzte Herbst (1853) für die so fleissige Bevölkerung dieser Gegenden sehr unergiebig und Noth und Elend war nicht blos drohend — sondern schon eingebrochen.

Als mich bald nach diesem Besuche Aquilejas der verdienstvolle Bibliothekar der Marciana Valentinelli zu Wien heimsuchte, versprach er, auf meine Anfrage und Bitte um geschichtliche Materialien für Aquileja, Notizen zu liefern über die zu Venedig liegende urkundliche Sammlung Fontanini's, in welcher so Manches über Aquileja und seine Patriarchen enthalten ist. Er hielt sein Wort.

Wir theilen diese Notizen sogleich mit und wollen später vielleicht noch andere urkundliche Mittheilungen folgen lassen. *Chmel.*

Vir omni rei vel historicę vel litterarię eruditione conspicuus Justus Fontaninius, Abbas Sexti, demum Archiepiscopus Ancyranus, Romę vita functus, Bibliothecę S. Danielis Fori Julii, ubi altus, ditissimam reliquit codicum manuscriptorum supellectilem, eo pretiosiorem, quod vel propria, vel aliena ad historiam aquileiensem et forojuliensem illustrandam, studia comprehendant. Cum eorum magna pars, fato nobis auspicato, Bibliothecę S. Marci Venetiarum ornamento cesserit, non abs re fore arbitramur documentorum fere sexcentorum, quę vel autographa vel apographa syncrona, de rebus pręcipue primitis et pubblicis forojuliensibus pertractantia, idem Fontaninius anno millesimo septingentesimo decimo tertio in unum congesserat, regesta typis mandare. Ea sunt de quibus Carolus A. Carnierius in notis operi: Inaugurazione della effigie di Mons'. Carlo Fontanini (Sandaniele del Friuli, 1846, in 8.), patria scripserat charitate, pag. 49: „Questi due torni in forma di atlanti sono di un „pregio singolare: ciascheduno di essi contiene da dugento (Vol. I, num. 245; „II, num. 340); e più capi di materie, scritte in carte pecore originali, l'indice „di uno delle quali lo conservava l'erede con altri suoi libri e manoscritti (la „maggior parte di questi ora sono di proprietà della mia famiglia), li quali non „hanno a che fare con quelli della pubblica Libreria." Hęc, Deo dante, alia plura forojuliensia sequentur, quę ex eodem penu, in thesauris manuscriptis bibliothecę S. Marci adservantur. Quo pacto nos quoque arenę particulam in ędificium historię maxime aquileiensis intulisse censebimus. Quis enim ignorat quantum operę in eam spartam exornandam a tribus usque sęculis insumpserint docti viri? Vel romanam, vel patriarchalem antiquitatem spectes, eam quoque versus scriptis interpretati sunt de Susannis Odoricus (1), Candidus Joannes (2), Sabellicus M. Antonius (3), Madrisius Nicolaus (4), Fontaninus Justus (5), Bertolus Joannes Dominicus (6), de Rubeis Joannes Franciscus Bernardus Maria (7), a S. Floriano Carolus Joseph (8), Turre Philippus (9), Liruti Joannes Josephus (10), Bianchi Joseph (11), ut cęteros mittamus. Quid quod hodie quoque, magno studiorum apparatu, easdem curant elucidandas Ab. Jacobus Pirona Utinensis, Carolus liber baro Czörnig Vindobonensis, Kandler Petrus Tergestinus, qui postremus in ea, quę ad Istriam referuntur, insudat?

Ad documenta duobus voluminibus forma, quam dicunt athlanticam, comprehensa properamus.

---

(1) Thesaurus Ecclesię Aquileiensis — Opus sęculi XIV edidit Joseph Bianchi. Utini 1847, in 8.

(2) Commentarii aquilejensis — Venetiis, Bindonus, 1521, in 8. — Iidem in Thesauro Antiquit. Italię Gręcii, Tom. VI, Vol. IV. — Commentarj dei fatti d'Aquileja — Venezia 1544, in 8.

(3) De vetustate aquileiensis patrię — Sine nota, in 4. — Extat quoque in Blondi Flavii Italia illustrata, 1527. — Et in Thesauro Antiquit. Italie Gręcii Tom. VI, Vol. IV.

(4) Apologia per l'antico stato e condizione d'Aquileja. Udine 1721, in 12.

(5) Historię litterarię Aquileiensis libri V. Romę 1742, in 4. — Commentario di S. Colomba, vergine d'Aquileia. Roma 1726, in 4.

(6) Le antichità d'Aquileja. Venezia, Alluzzi, 1739, in Fol. min.

(7) Monumenta Ecclesię Aquileiensis. Argentinę (Venetiis) 1740, in Fol. — De schismate Aquileiensis Ecclesię Venetiis, Giavarina, 1732, in 8. — Dissertatio de nummis Patriarcharum Aquileiensium. Venetiis 1747, in 8. — Dissertatio altera de nummis aquileiensibus. Venetiis 1749, in 8. — Dissertationes varie eruditionis. Venetiis 1762.

(8) Dissertazione della fondazione della chiesa d'Aquileja. Milano 1757, in 8.

(9) De Beleno et aliis Aquileiensium Diis et Inscriptiones aquileienses. — Extant in Thesauro Antiquit. Italie. Tom. VI, Vol. IV.

(10) Dell' origine del Patriarcato d'Aquileja. — Sta in Calegeni Nuova raccolta d'opuscoli. Tom. XXIV, n. 3.

(11) Saggio storico intorno all' epoca della distruzione d'Aquileia. Udine 1835, in 8.

Aggiungansi pure Tartarolti Girolamo Dissertazione epistolare dell' origine della chiesa d'Aquileja. Milano 1759, in 8.

Schweizer Federico, Serie delle monete e medaglie d'Aquileia e Venezia. Trieste 1848, Vol. II, in 4.

Regesta ex codicibus Bibliothecę palatinę D. Marci Venetiarum.

Regesta daturus diplomatum et actorum cujusque generis, quę in codicibus manuscriptis Bibliothecę ad D. Marci Venetiis adservantur, duplicis locorum et temporum seriei in syllabo conficiendo tenendę, prout digestę materię forma expostulat, opportunitatem insitias non ibo. Quemadmodum vero in litterariis ephemeridibus Academię scientiarum vindobonensis ea consignata, quandocumque, cum ceteris a bibliothecis et tabulariis conquisitis, uberem segetem ad prospectum universum thesauri diplomatici ex austriaco Imperio apparabunt, quam viri doctrina et diligentia insignes in classes redigent suas, ita documenta eo ordine, quo in codicibus, referam. Hoc pacto et historię bibliothecę D. Marci, cujus longe pretiosiores codices describendos aggredior, me consulturum spero.

Acta quędam veneta, maxima ex parte autographa (quę vero apographa, syncrona omnia) ab anno MCXXIII ad annum MCCCCXXXIX, ex tabulario Procuratorum ecclesię D. Marci in Bibliothecam palatinam translata anno MDCCLXXXVI. Hęc duobus voluminibus digesta in classem quartodecimam codicum manuscriptorum latinorum illata sunt.

Cod. LXXI membranaceus — chartaceus in Fol.

MCXXIII. Pacta inita inter Prelatos et Barones regni hierosolymitani ex una parte, et Dominicum Michaelem Ducem a commune Venetiarum ex altera.

MCLIV. Anastasii IV. pontificis maximi Bulla de erectione Archiepiscopatus jadertini.

MCLIV. circ. Pacta inter Dominicum Maurocenum Ducem Venetiarum et Federicum I. Imperatorem facta per Dominicum Maurocenum Ducis filium.

MCLXIV. Donatio facta Ecclesię S. Marci Venetiarum a Vitali Michaele duce de bonis quibusdam in Tyro positis.

MCLXXV. Donatio facta Ecclesię prędictę a Sebastiano Ziani Duce, de tertia parte Tyri etc.

MCLXXVII. Inventarium rerum Gratiani Gradonici de Venetiis, quę post ejus mortem a Pisanis, apud quos erant, Nuntio Ducis Venetiarum traditę sunt et iisdem venditę.

3*

MCLXXXI. Formula juramenti, quod Clujenses pręstare solebant de armis non gerendis, neque civitate turbanda, sed modis omnibus juvanda.

MCLXXXIII. Promissio facta Duci Venetiarum a Clujensibus de non vendendo sale aliis, prętarquam iis qui haberent mandatum ab eodem Duce.

MCLXXXVIII. mense majo. Charta de denariis a civibus Communi Venetiarum datis pro expeditione adversus Jadrenses suscipienda.

MCLXXXVII. mense novembri. Charta de denariis aliis Communi Venetiarum datis a civibus pro expeditione eadem suscipienda.

MCXCII. Confirmatio pactorum anni MCXXIII, inter Venetos et Prçlatos ac Barones regni Hierosolymitani, facta a Conrado Marchione Montisferrati, Rege Hierosolymorum electo.

MCCVII. Assignatio reddituum pro solvendis denariis Communi Venetiarum mutuo datis.

MCCXXVI. Statuta quędam veneta de navigatione in Syriam Joanni Michaeli Duci cretensi missa.

MCCXXVIII. Juramentum Consulum et hominum Castri Ficardi et Piceno de servandis pactis deditionis ejusdem Castri Dominio Venetiarum.

MCCXXVIII. Juramentum Potestatis et Comestabilium Auximi de servandis pactis deditionis ejusdem civitatis et Recineti Dominio Venetiarum.

MCCXXVIII. Juramentum Vicarii Potestatis et Camerarii hominumque civitatis Humanę in Piceno de servandis pactis deditionis civitatis ejusdem Dominio Venetiarum.

MCCXLVII. Pacta deditionis Jadrę factę Dominio Venetiarum.

MCCXLVIII. Transactio inter Dominium Venetiarum et Magistrum Domus militię Templi pro damnis illatis Venetis quibusdam a Templariis in captione et combustione civitatis Senię.

MCCLXII. Decretum Majoris Consilii de expensis pro armandis triremibus triginta, que in Romaniam mitti debebant.

MCCLXXVIII. Capitulare comitis Jadrę.

MCCCXIII. Pacta deditionis Jadrę, factę Dominio Venetiarum.

. . . . . Capitulare Comitis Arbensis.

MCCCL. circ. Commissio data Stephano Bragadeno Consiliario Cretę.

MCCCLVI. Commissio data Nicolao Lauredano Comiti Nonę.

MCCCLIX. Litterę ducales Guidoni de Polenta Vicario Ravennę, commendatitię pro Nuntio misso ad pecuniam, Reipublicę nomine, exigendam.

MCCCLIX. Petitiones factę, nomine Venetorum, Bano Dalmatię et Croatię post pacem initam cum Ludovico Hungarię rege.

MCCCLIX. Litterę tres Bartholomęi Ursi notarii veneti ex Segnia et Buda scriptę ad Dominium Venetiarum, de rebus ejusdem cum Ludovico Hungarię rege.

MCCCLIX. Littere quatuor Nicolai de Zecch Bani Dalmatię et Croatię ad Dominium Venetiarum de rebus iisdem.

MCCCLXII. Mandatum Procurę factę Nicolao Faledro, Francisco Bembo et Dominico Michaeli Legatis ad Imperatorem constantinopolitanum, pro exigenda satisfactione de damnis a subditis Imperatoris subditis Venetis, contra treguam, illatis.

MCCCLXXXIX. Pacta inter Patriarcham aquilejensem et communitatem Utini.

MCCCLXXXXIX. Ratificatio pro parte Nicolai Estensis Marchionis Ferrarię federis initi inter eum, Venetos, Florentinos, Dominium Padue, Bononienses et Marchionem Mantuę.

MCCCLXXXXIX. Declaratio, quod Nicolaus de Robertis de Tripoli, ejusque fratres veluti adhęrentes Marchioni Ferrarię, gaudeant beneficio dicti fęderis.

MCCCLXXXXIX. Ratificatio fęderis prędicti pro parte Obizonis de Polenta Vicarii Ravennę, eiusque fratrum.

MCCCLXXXXIX. Ratificatio fęderis prędicti, pro parte Reipublicę Lucensis.

MCCCLXXXXIX. Mandatum Pini de Ordelaphis Vicarii Foroliviensis et Cecchi ejus fratris pro pace concludenda inter Venetos aliosque supra nominatos Principes et ducem Mediolani.

MCCCC. Ratificatio pacis initę inter Venetos aliosque Principes et Ducem Mediolani, nomine Pini et Cecchi de Ordelaphis.

MCCCCI. Diploma Doctoratus in artibus et medicina Abrahami Nicolai, olim Judęi.

MCCCCVI. Littere ducales prętori et prefecto Paduę, ut liber Secretorum, qui fuerat Stephani de Carraria Episcopi paduani, detur fratri Matthęo Bertoli de Venetiis.

MCCCCXXXIX. Litterę concilii basileensis armigeris dięcesis aquilejensis ut bona Patriarchatus, quę a Venetiis detinebantur, restitui faciant Patriarchę.

Codex LXXII. membranaceus-chartaceus. in 4.

MCLX. Charta securitatis facta a Vitale Michaele Duce Venetiarum Philippo de Aiboles de Matamanco de libris quinque veronensibus ab hoc solutis in pęnam rebellionis et contumacię.

MCLXXV. Pacta inter Venetos ac Veronenses de mercatura exercenda, et de ratione dissidia mutua ea de re tollendi.

— Aurii Mastropetri Ducis commissio Philippo de Aiboles, ut Jaderenses certiores reddat, prętor voluntatem Ducis contigisse, ut damna iisdem a nautis quibusdam venetis inferrentur.

MCLXXXVIII. Jussio facta nomine Ducis et Communis Venetiarum, ut Veneti omnes ad tempus Paschę anni proximi se se recipiant Venetias, pro expeditione ad recuperandam Terram sanctam suscipienda.

MCXCII. Henrici Danduli Ducis Venetiarum Promissio de servandis in Ducatu.

MCXCII. Cęlestini III. Pontificis Maximi litterę ad Ducem Venetiarum hortatorię pro auxilio ad recuperationem Terrę sanctę pręstando.

MCXCVIII. Charta securitatis facta Duci Venetiarum a Matthęo de Gaeta pro receptione rerum, quę a nautis venetis eidem per errorem ablatę fuerant.

MCCV. Excerptum ex Promissione ducali Petri Ziani ducis.

MCCVI. Charta qua Vitalis Faledro libere remittit in possessionem Ducis et Dominii Venetiarum Casale positum in Tyro.

MCCXIV. Protestatio Andreę Vitalis Bajuli Ducis Venetiarum de remissione jurium Ducis ejusdem ad sedem apostolicam in controversia cum archiepiscopo tyrensi.

MCCCLVIII. Instrumentum treguę ad quinquennium initę inter Venetos et Joannem Palęologum Imperatorem constantinopolitanum.

MCCCLVIII. Commissio data Dominico Michaeli Capitaneo generali G u l p h i (Meerbusen) Venetiarum.

— Conditiones loci et castri d e l a B a r g a ad Dominium Venetiarum scriptę per Bajulum ejusdem.

MCCCLXII. Commissio data Maphęo Contareno et Nicolao Justiniano Ambaxiatoribus (Gesandten) ad Canesignorum et Paulum Albuinum fratres d e l a S c a l a Dominos Verone, pro gratulatione de nuptiis inter sororem eorundem et Nicolaum Estensem Marchionem Ferrarię.

MCCCLXIII. Edictum reipublicę genuensis, ne subditi ejus auxilium prętent Cretensibus rebellibus contra Venetos.

MCCCLXIII. Commisio data Dominico Michaeli Capitaneo generali Gulphi et Romanię.

MCCCLXVII. Litterę ducales Provisoribus Cretę de rationibus sumptuarii Regni illius ponendis.

MCCCCII. Commissio data Marino Cararello, Capitaneo Gulphi.

MCCCCV. Alia commissio data eidem Marino Cararello Capitaneo generali Gulphi.

MCCCCVII. Commissio data Marino Cararello et Zacharię Trivisano, Oratoribus ad Gregorium XII. pontificem maximum et Benedictum XIII. antipapam.

MCCCCVIII. Commissio data Andreę Barbaro, Jacobo Michaeli, Joanni Ayme et Lucę Trono Provisoribus et Syndicis ad partes Coreyrę, Mothoni, Coroni, Neapolis Romanię et Nigropontis.

MCCCCXXXI. Litterę Concilii basileensis commendatitię pro Jacobo Donato nobili veneto, qui ad Concilium accedebat.

Classis X. Cod. LVIII. membran.-cartac.

MLXXII. Donatio aliquot prędiorum facta a comite Cacelino Abbatis Modii (in Forojulio.)

MCXLIX. Idus Majas. Ex Brissaco. Donatio aliquot prędiorum facta a Conrado rege Romanorum Odalrico Abbati Modii, et concessio privilegiorum eidem ab eodem facta.

MCXCVII. Facultas a Celestino III. Pontifice maximo data Conrado Abbati Modii mitram induendi.

MCCXXVII. 27. Septembr., Romę. Confirmatio privilegiorum a Friderico tertio Imperatore in commodum Abbatię Modii.

MCCCLX. 13. Januar, Aquileje. Confirmatio investiturę meri et mixti Imperii, cum cęteris privilegiis datę Guidoni Abbatis Ordinis S. Benedicti de Modio a Ludovico Patriarcha aquilejensi.

MCCCXCVI. 12. Novembr., Utini. Concessio investiturę datę Francisco Abbati Modii, ejusdemque privilegiorum confirmatio.

MCCCXCVII. 20. Martii. Instrumentum quo Andreas de Taconia Abbas monasterii S. Benedicti de Leno dięcesis Brixiensis facultatem elargitur Hieronymo ejusdem monasterii Monacho et Priori SS. Jacobi et Philippi de Panzano, adeundi quodlibet beneficium ecclesiasticum cum cura vel sine cura, in dięcesi Brixiensi, addito jure retinendi prioratum prędictum cum fructibus, vel permutandi.

MCCCLXVI. 16. Novembr., Utini. Charta qua Marquardus Patriarcha aquilejensis confirmat privilegia Fratri Bondio Abbati S. Benedicti de Modio, eique investituram cum mero et mixto imperio confert.

MCCCCIII. 12. Novembr., Utini. Charta qua Antonius Patriarcha aquilejensis confirmat privilegia Thomę Abbati Monasterii S. Galli de Motio, eique investituram cum mero et mixto imperio confert.

MCCCCLXXXVII. XVII. Kal. Aug., Romę. Bulla Innocentii VIII. qua Novellę Morosini viduę Zacharię Morosini concedit ut fundatio Missę in perpetuum celebrandę in ecclesia S. Marię Gratiarum (in insula G r a z i a) Venetiis possit ad viciniorem ecclesiam transferri.

MCCCCXCI. 22. Julii, Patavii. Instrumentum quo Franciscus Vitturi, Canonicus patavinus, Protonotarius apostolicus, Commendator et Comes Abbas S. Benedicti de Leno dięcesis brixiensis confert ecclesiam S. Benedicti de Parona, cum titulo archipresbyterali, Triphoni Gradonico quondam Leonelli.

Class. X. Cod. LIX. membran.-chartaceus.

MXIX. Ratisbonę. Rescriptum Henrici Imperatoris Oddoni Abbati monasterii SS. Salvatoris et Benedicti in Leone (Leno) dięcesis brixiensis, quo eidem usum indulget prędiorum a Fidelibus dicto monasterio oblatis, et jurium tum personalium tum realium.

MCXXXVI. Rosacio. Litterę Peregrini Patriarchę aquilejensis quibus Abbatię de Modio possessio bonorum a Cacelino eidem Abbatię jam donatorum adseritur, ex exemplo Wodalrici Peregrini in patriarchatu antecessoris.

MCCLXXII. 31. Decembr., Romę. Bulla Gregorii X. pontificis qua confirmantur omnia jura monasterii S. Georgii Majoris Venetiis, de decimis ac possessionibus in Constantinopoli, Nigroponte, S. Maria de monte Ystrię iuxta muros civitatis Justinopolitanę, Bononia, Tarvisio, Patavio, Torcello, Verona, Arimino, Tergeste, Clugia, Pellestrina.

MCCLXXX. Testamentum Marci Polo veneti, sub die 5. Augusti.

NCCC. 31. Augusti. Testamentum Mapchęi Polo veneti

MCCCXXIII. 9. Martii. Testamentum Marci Polo veneti.

MCCCLIV. 24. Octobris, Utini. Exemplum privilegii quo Nicolaus Patriarcha aquilejensis Fratri Guidoni Abbati monasterii S. Galli confert investituram, cum mero et mixto imperio, omnium possessionum in Modio Reala et Clusa, quarum limites definiuntur.

MCCCXCIX. 2. Junii, Venetiis. Placitum Petri Patriarchę Gradensis, Primatis Venetiarum et Dalmatię, in causa beneficii parochialis S. Floris superioris Cenetensis Diocesis.

MCCCCLXII. 19. Decembris, Venetiis. Instrumentum quo Antonius Nigro preco et ministerialis curię et palatii, de pręcepto Christophori Mauro Ducis investituram quinque domuum prope ecclesiam S. Angeli Raphaelis Venetiis, confert Antonię viduę Aloysii Tomasini.

MCCCCLXXXII. Bulla Sixti V. Casimiro Regi Polonię qua, occasione adhibita victorię in Ferdinandum, eum ad pacem et Ecclesię favorem hortatur.

MCCCCLXXXV. 4. Martii, Romę. Bulla Innocentii VIII. pontificis qua supplicationi Caroli I. Ducis Sabaudię, per oratores ad id deputatos, factę indulgens, spondet eius filium Franciscum electum Auxitanum Cardinalium numero aggregare.

MCCCCLXXXVII. 17. Septembr., Romę. Bulla qua Innocentius VIII. pontifex Jacobum de Vulterris Cubicularium et Nuntium apostolicum Florentię sedentem instruit quomodo cum Laurentio de Medicis se clam gerere debeat, ita res componat ut pontificia sedes nullum detrimentum patiatur.

MCCCCXC. 7. Februar, Venetiis. Testamentum Francisci Prioli veneti, de contrata sancti Severi, rogatum ab Aloysio Lamberti notario Venetiis.

MCCCCXCVII. 10. Julii, Romę. Breve Alexandri VI. pontificis, quo Ludovicum sanctę Marię in Cosmodin Diaconum Cardinalem de Aragonia Romam accit, ut reformationem romanę Curię consilio adjuvet.

MCCCCXCVII. 10. Julii, Romę. Breve Alexandri VI. pontificis, Philippum sanctorum Petri et Marcellini presbyterum Cardinalem Cenomanensem Romam accit ut Curię romanę reformandę consilium pręstet.

MCCCCXCVII. 17. Augusti, Romę. Breve Alexandri VI. pontificis, quo Prioribus Artium et Decem arbitrii civitatis Perusii extractionem frumentorum ex Marchia anconitana et Patrimonio prohibet.

MCCCCXCVIII. 14. Januar, Romę. Breve quo Alexander VI. pontifex constituit Triphonem Gabrielem presbyterum venetum, Coadjutorem et Administratorem Episcopatus Argolicensis.

MCCCCXCVIII. 3. Aprilis, Romę. Breve Alexandri VI. pontificis Archiepiscopo Nidrosiensi, eidem facultate data solvendi ab onere annatę et aliorum jurium Camerę apostolicę pręstandorum, Elanum Moderum Episcopum Stanagrensem, dummodo vera sint ab hoc exposita.

MCCCCXCVIII. 4. Aprilis, Romę. Breve Alexandri VI. pontificis nobili viro Fregosino de Campofregoso militi Januensi, Cardinali Pauli Fregosi Archiepiscopi Januensis hęredi dicto, quo testamentum ratum et confirmatum declarat.

MCCCCXCIX. 8. Martii, Romę. Breve Alexandri VI. pontificis, quo, non obstantibus causis ab Hadriano de Cuprinis clerico Viterbiensi contra Johannem Baptistam Ursinum romanum, Presbyterum Cardinalem SS. Johannis et Pauli intentis, hunc confirmat Abbatem monasterii S. Benedicti extra muros dięcesis Narnensis.

Hęc codicibus manuscriptis num. 101, 102, classis XIV, Codic. latinorum includuntur.

Cod. CI. membranaceus. in Fol.

MCCCXLIII. 26. Aprilis. Actus quo Andreas Dandulo Veneciarum, Dalmacię atque Croatię dux testatur Ricardum de Camino Comitem Cenetensem cessisse dominio veneto, pro commodatis libris centum quinquaginta denariorum venetorum grossorum duo nemora jacentia in territorio de Baredelis et Laurençage de districtu Motę vocata Le comune et Maientrada, rogante Omebono plebano ecclesię S. Joannis de Rivoalto.

MLXXII. 17. Kalend. Jan. Datum Ratesbonę anno VIII regis Henrici IV. Henricus IV. Godobaldo Aquileiensi Patriarchę, petenti ut sibi antiqua in Gradensem ecclesiam privilegia confirmentur, benignam prębet assensum, statuitque ut plebs Gradensis cum omnibus suis pertinentiis, prędiis, familiis utriusque sexus, titulis, capellis, decimationibus, domibus, vineis, olivetis, silvis, terris cultis et incultis, pascuis, venationibus, piscationibus, paludibus, molendinis, aquis, aquarum decursibus et juribus etc. dicto Godobaldo Patriarchę et successoribus suis in perpetuum subsit.

DCCCLV. 3. Kal. Novembr. In Papia civitate Ludovicus Imperator, Aquileiensis patriarchatus fastis illustribus commemoratis, Teutmari Patriarchę aquileiensis seu forojuliensis precibus per Everardum comitem, compatrem suum, sibi factis indulgens, contestationes inter Aquileię et Gradi ecclesias per eundem Everardum finiendas declarat et antiquissimum jus Aquileiensis confirmat.

(Extat in Lünig. Codex Italię diplomatic. tom. 2, et De-Rubeis Monumenta ecclesię aquilejens. col. 438—440.)

MCLX. 15. Kalend. Mart., Papię. Exemplum authenticum syncronum placiti Friderici I. Imperatoris, quo omnia jura quę Reges et Imperatores ejus antecessores in Episcopatum Bellunensem habebant, tradit Peregrino Patriarchę Aquilejensi, et successoribus suis in perpetuum, pro fidelitatis ejus sinceritate.

MCCCCLXVIII. 21. Julii. Odoricus Candidus civis a Venzone et Jacobus Franceschinus de S. Vito comparent coram Augustino Abate monasterii S. Sexti, deprecantes ut se conferat Savorgnanum et arbiter inter eos litem dirimat, quod actum, presente, inter alios. Marco Ungaro monaco Sextensi.

MCCLXVIII. Gregorius Patriarcha aquileiensis, nomine aquileiensis Ecclesię, locat ad duos annos Marino Zorzano s. Petri de Castello Venetiarum, eidemque recipienti pro Stephano Cuppo et Marino fratribus de contrata s. Agnetis Venetiarum gratiam mille centum et triginta octo amphorarum vini, quam Dux et Commune Venetiarum tenentur ex pacto conducere annuatim de Istria in Forum Julii, et mutam Montisfalconis tam de vino quam de aliis rebus pro sexcentis marchis argenteis, quas patriarcha convertit in assoldandis militiis et berrorariis equitibus, et pane, vino, carnibus et aliis expensis in exercitu contra Albertum Comitem Goritię paratum Ecclesię aquileiensis et terrę Fori Julii iura conculcare. Pacta vero locationis hęc enuntiantur: dictum vinum possit vendi in Aquileia ad grossum et minutum; non carius quam cęteri cives aquileienses vendunt; non exigatur ultra mediam marcham pro qualibet amphora; nemini, excepto Zorzano et Cuppo, detur facultas ducere vinum in aliqua quantitate, per mare, de Istria usque Palazzolum per septem priores menses; si occasione belli pactorum exercitium impediatur, Patriarcha debeat restaurare quantum nominatis Zorzano et Cuppo deesset vel defuisse videatur.

MCCLXXV. 3. Februar. Civitate Austrię (Cividal). Pax composita inter Raimundum a Turre Patriarcham Aquilejensem et Albertum Comitem Goritię, teste inter alios nominato Philippo a Turre Equite et arbitro ex parte Patriarchę Gottifredo a Turre Marchione Histrię.

MCCLXXV. 11. April., Civitatę Austrię. Instrumentum factum ante coquinam Canonicorum Civitatis Austrię, Conrado notario rogante, pręsentibus duobus Canonicis et quatuor Armigeris, quo definiuntur jura Stephani coci eorundem Canonicorum et ejus filiorum Bonurii, Pantaleonis et Dominicę, in terras quas habent ad censum ex capitulo, eo pacto ut solvant annuatim duas libras olei ad coquinam dictorum Canonicorum.

MCCLIII. 11. Maii. Abbas Rosacensis et Scholasticus Aquilejensis in causa Capitulo Civitatis et Plebano Glemonę ab apostolica sede commissa, Pontificis delegati dant litteras, per manum Valieri Canonici Aquilejensis, Rigardo de Farganea, exponentes se, ubi sint ab eo requisiti, processuros iuxta tenorem dictarum litterarum. Actum ante fores Ecclesię Aquilejensis, coram testibus nominatis, rogavit Varachinus dictus Petrinus de Voltabio notarius Patriarchę Aquilejens.

MCCCVII. 12. Junii, Goritię. Nicolusius de Vermegliano vendit Petro de Cocinamin de Goritia, pretio sex marcharum denariorum solidorum aquilejensis monetę, unum mansum situm in Langalach aput ysoncium in contrata Montisfalconis, cum promissione investiturę feudalis, rogante Adamo dicto Astulfo de Civitate Austrię.

MCCCVIII. 8. Octobris, Corone. Nicolussius de Vermegiano vendit eidem Petro, pretio decem marcharum et medie solidorum aquilejensis monetę, unum mansum situm pariter in Langslach, iisdem conditionibus eodemque rogante.

MCCCXXXVIII. 10. Novembris, Venetiis, in confinio Sancti Bartholomęi in stacione Gabrielis lombardo. Guidetus Dellaturri mediolanensis, habitans in portu naonis in foroiulio constituit proprios procuratores, Bandinum adam arnold de Pessina de Mediolano, habitantem in Vercellis, Bonifacium ejus fratrem, et filium adam arnoldi iis vendendi facultate facta usque ad summam quatuor millium quingentorum florenorum auri. Infrascripti notarii et judices ordinarii rogati sunt Surianus Billinus et Boninseyna de Primerio habitans Veneciis.

MCCCCLIV. 23. Julii, Venetiis. Litterę ducales quibus Franciscus Foscari admonet Capitaneum portus naonis (Pordenone) quomodo se gerere debeat in differentiis confinium componendis inter communitatem ei subiectam et Nobiles de Zopola mandans ut, lite pendente, Portunaonenses a quocumque actu neutralitatem ledente abstineant.

MCCCLX. 6. Decembris, Goritię. Antonius de Rabatta Goriciensis recipit, flexis genibus, investituram duorum mansorum et decimę septem mansorum in Becaniça sitorum, item unius mansi in Betrach super Carstis, jure recti et legalis feudi a Worlico de Reysenberg, cui idem Antonius jurat corporaliter homagium fidelitatis: instrumentum rogat Mathias quondam Nicolai Pacini.

MCCXXIII. 13. Aprilis, Apud Austriam Civitatem, in Camera parochiali. Controversia oborta inter Taliam Raimundi uxorem et Henricum ac Johannem filios quondam Marquardi Marçutti, servitutis causa vel dictis fratribus vel Ecclesię aquilejensi per dictam Taliam prestandę; utraque pars comprommittit stare et obbedire laudo et arbitrio Bertholdi Patriarchę aquilejensis et Johannis de Portis, qui decernunt fratres memoratos, duabus marchis aquileiensis monetę a Patriarcha aquilejensi receptis, controversię finem impositaros: quod si quandocumque, ea de re, molestiam ingesserint Talię vel heredibus eius, ei vel his quinquagiata marchas argenti solvere teneantur. Instrumentum scripsit et autenticavit Leonardus notarius imperialis.

MCCCXVIII. 7. Januar, Venetiis, in claustro episcopalis palatii Castellani. Henricus Comes Goritię dat investituram castri Flambri Phebo et Raymundo a Turre Instrumentum rogatum a Jacobo quondam Johannis de Placentia, notario, mandato et auctoritate Vicarii Episcopi Castellani.

MCCLXXXII. 9. Maii, Tergeste. Ropretus (Rupertus) de Bedrio se se obbligat, fideiussorio nomine, ad cautionem prestandam pluribus personis in instrumento nominatis, pro mille marchis argenti Episcopo Tergestino commodatis, Henrico notario rogante, de mandato Episcopi, Decani et Capitali.

MCCCXL. 16. Octobris, In villa S. Danielis, apud domum habitationis Nicolai Putini notarii. Instrumentum ab Odorico de Ragone notario, mandato Bertrandi Patriarche Aquileiensis, rogatum, quo Simon quondam Matthię de sancto Daniele (S. Daniele del Friuli) affictat ad decem annos Craritto et Badio Musssni de Cisterna unam braidam positam inter Cisternam et ygnanum, eo pacto ut quolibet anno solvant octodecim staros frumenti et sexdecim avenę.

MCCCXLII. 7. Octobris. Leonardus quondam Francisci de Berguarola confitetur se integre recepisse a Simone et Nicolusio de Villalta summam viginti quinque marcharum solidorum, titulo dotis Lucię uxoris suę et Simonis ac Nicolusii sororis; pro incontro autem supradictę dotis Leonardus designat Lucię unam domum suę habitationis in Bagnarola cum pertinentiis immobilibus et mobilibus nec non omnibus que idem Leonardus habet seu videra habetur in Bagnarola, usque ad satisfactionem valoris dictę dotis, sub pęna quingentarum librarum denariorum venetorum, Francisco Oderico rogante.

MCCCLVII. 19. Augusti, Utini. in foro veteri. Castronus de Bordis de Florentia constituit Marcum Turioni notarium de Venetiis et Arnoldum de Belgrado ejus familiares, nec non Beltrandum sui fratris familiarem, procuratores in litibus et quęstionibus quas habet vel habiturus est cum Nicolao Serravalle degente, tanquam hęrede vel possessore bonorum quondam Çoni, quondam Bonafidei de Florentia. Instrumentum rogavit Nicolaus filius Manini de Florentia, notarius Utini commorans.

MCCCXXXIII. 7. Aprilis. Ludovicus de Caroriaco filius Dietalmi de Vilalta arbiter constitutus in quęstionibus componendis inter Sbrisaliam de Porcilia Capitaneum Portusnaonis et Bregoniam ac Bartholomęum fratres de Spegl, occasione Communis unius inter Vicarium et Cortuneonem siti, definit quod homines Cortuneonis transire non debeant ultra signa facta, cum tumulis lapidum, ad segandam herbam, foenum, stramen vel boschandum; illi vero de Vicario etsi transire non debeant ultra dicta signa, possint tamen transire, juxta consuetudinem, ad pascolandum et boschandum, solvendo Capitaneo Portusnaonis duos sextarios frumenti et decem pullos gallinarum, ea pęna statuta ut pars contrafaciens debeat toties quoties viginti solidos parvulorum parti observanti solvere; quam sententiam utraque pars teneat sub pęna centum marcharum denariorum aquileiensis monetę. Instrumentum rogat Daniel filius magistri Francisci de Spegl notarius, ex commissione Johannis Contareni Forojulii locumtenentis.

MCCCLIX. 9. Decembris, Utini in androna quę est versus Ecclesiam S. Petri martyris, in domo Ottonelli filii Pelegrini de Maniacho. Instrumentum a Nicolao Manini de Florentia, Utini notario rogatum quo Nichillus Galvani de Glemona confitetur se recepisse ab Alexandro quondam Beltramini Brugni de Glemona, notario, centum marchas denar. aquilei. mon. sibi debitas ab anno millesimo tercentesimo, in certum autem tempus solvendas.

MCCCXXXV. 1. Septembris, In S. Daniele. Charta qua Magister Thomas S. Danielis, coram Benvenuto de Utino, notario, intrumentum rogante, emancipat filium suum Tibaldum, data ei facultate contrahendi, acquirendi, possidendi, testandi, et omnia et singula peragendi sine obtentu patrię potestatis.

MCCCCXCIV. Quinta feria ante Dominicam tertiam Quadragesimę. Balthassar Ranobar, litteris sigillo Leonardi Kaczianari Castellani in Gortstlach roboratis, commendat Jacobo Episcopo Justinopolitano, Sedis aquileiensis Vicario generali Casparem clericum aquileiensem, ex legitimo matrimonio procreatum, morum integritate commendabilem, ut possit ordinari ad titulum mensę et provisionis ejus (Balthassaris), quoadusque beneficio ecclesiastico provideatur.

MCCCXXXVII. 26. Octobris, in burgo Castelucti, sub porticu domus sev pacis. Paxerinus de pulciniga vendit Philuxino unum sedamen terrę (limitibus descriptis) positum in villa pulcinigę, item quinque campos ibidem positos, precio quinque marcharum denariorum novorum aquileiensium. Instrumentum rogavit Philippus notarius, quondam Bologninus de Vandellis de Massa Fisthalię.

MCCCXL. 30. Decembris, Casteluti. Odoricus filius Nicolai de Rivarotta vendit Phebosino De la Turre civi mediolanensi in Casteluto commoranti masium situm in villa de cammollio, quod est feudum Patriarchę aquileiensis, pretio viginti octo marcharum monetę aquileiensis, cum jure investiturę quo a Patriarcha aquileiensi decombitur; rogante Raynaldo Guarengo cive mediolanensi, notario.

MCCXXIV. Pinus Primicerius Gradensis, Magister Philippus Canonicus s. Marci et Johannes Plebanus S. Marię Formosę de Venetiis litteras ab Honorio Pontifice, Beate quarto idus Julii ann. non. eis datas communicant Magistro Philippo Canonico aquileiensi, Pino Castellano, Magistro Philippo Torcellano archidiacono, quibus illis facultas datur inquirendi in causam inter hos et Canonicos Ecclesię Justinopolitanę; mandato, ut, veritate inquisita, officio beneficioque privent nonnullos, et excommunicationem in Capitulum Justinopolitanum initam pronuntient.

MCCCXXVI. 9. Maii, Tulmecii, in domo Canecti ejusd. loci. Johannes quondam Thomasii de Culina vendit pretio quadraginta solidorum grossor. denarior. venetor. Johanni Justo de Tulmecio unum mansum situm in Canali de Gorio in villa de Valprect cum pertinentiis etc. Ymurius de Tulmecio scripsit bona fide quod invenit in notis Petri plebani de Legia, de mandato Johannis Abbatis S. Marię de Rosaccis. Vicarii generalis Eccles. aquilejensis.

MCCCXLIX. 10. Januarii, In s. Daniele. Nicolaus quond. Caçenelli de s. Daniele vendit pretio quatuor marcharum denar. aquil. Fante quondam Mathię de s. Daniele quatuor suos campos contiguos sitos in pertinentiis s. Danielis, in loco qui dicitur Barditos cujus confines designantur, pactum pro se et hęredibus confirmante Babis filio Nicolai. Chartam rogat Nicolaus Rici de Glemona.

MCCCXXXII. Jacobus de Biliis quondam Buça vendit pretio unius marchę denarior. aquil. mon. unam petiam terrę non arboratę sitam in silvis, in loco qui dicitur Neuale, Henrico filio Remari de Biliis, confiniis assignatis, irrevocabilis donationis titulo. Actum rogat Rodulfinus de Asteno, notarius.

MCCCXL. 28. Augusti, In S. Daniele, sub arboribus platee comunitatis nove dicti loci. Birtuclius quondam Francisci de Pigerno vendit pretio ducentarum librarum parvulorum Mariuscio dicto Fante quondam Inochie de s. Daniele, jure feudi, unum mansum situm in s. Daniele, cum domibus, sediminibus, ortis, bayarcis etc.; pacti manutentore, defensore et warentatore Ingelpreto teste. Chartam rogat Nicolaus Puçinus de Glemona.

MCCCXLIX. 14. Augusti Goricię ante domum novam quondam Gotlebi que sita est super plaça. Miche quondam Chitare de Ceran vendit pretio unius et dimidię marchę, denarior. nover. aquileiens. Antonio de Rabatta unum sedimen de pustota et unum campum positos in Mossa; quam vendicionem factam Antonio Thusco de Goricia Ponalinus filius olim Chitere de Ceran, penultima die Augusti ejusdem anni, in stacione emptoris, ratificavit pro se et hęredibus, sub pena dupli valoris fundi. Instrumentum rogat Nicolaus Pucinus de Glemona notarius, ex mandato Meynardi Comitis Goricię et Tyrolis.

MCCCLVII. 1. Julii, Utini, in platea Communis ante domum consilii. Jachomettus quondam Philippi de Belgrado vendit, iure feudi, medium mansum situm in partibus S. Vidoti, Simoni quondam Janissi de Valvasone, pretio decem marcharum den. aquil. mon. Instrumentum rogat notarius Nicolaus filius a Zanini de Florentia.

MCCCLII. 17. Julii. Utini, in palatio Patriarchali. Phebusinus De la Turre commorans in Castelluto constitutus in pręsentia Nicolai Patriarchę aquileiensis ut vasallus ejusdem Ecclesię petit investituram feudorum jam ab dicta Ecclesia, in villis Palazzoli, Bargomani, Rivarottę, Camolii, Fuldi, Marizę et Flambri inferioris, receptorum, promittens se fidei et obbedientię juramentum ei delaturum. Jacobus Merula notarius investiturę chartam extruxit.

MCCCXVII. 31. Januar, In via pubblica Avarini ante stacionem Artichi de Varmo. Giletis dictus Cellus de Campileo vendit pretio et mercato marcharum duodecim mon. nov. aquileiens. unum mansum situm in Moxone Nicolao quondam Friderici de Varmo, jure feudi cum omnibus pertinentiis usque ad abissum, cum obligatione pro se et hęredibus standi promissis, sub pęna dupli valoris supradicti precii minus quinque solidis veronensium parvorum. Chartam rogat Floravantes quondam Magistri Richoboni de Peregiis de Padua, notarius.

MCCCXLIV. 2. exeunte Martio, In Castro Raimondo ante domum novam. Odoricus et ejus fratres de Castro Raimondo, filii quondam Friderici de Pinçano, vendunt Simoni de Sancto Daniele unum mansum positum in villa Forgarię pretio et foro septem marcharum aquil. Instrumentum rogat Petrus filius Amantiqui de Justinopoli, notarius.

MCCCLV. 24. Januarii, Utini, ante domum Consilii. Petrus de Zugliano quondam Gregorii de Vendoio et filius Odoricus confitentur se solvisse Francisco quondam Venuti de Nimis Utini habitanti, pro anno pręsenti, undecim libras denariorum in racione octo Frix. pro qualibet libra, quam pecuniam asserunt annuatim solvendam jure livelli perpetualis super quibusdam domibus cum curiis sitis in villa Utini de Grazano, confinibus quoque designatis. Actum rogat Joannes Franciscus de Philetinis de Utino.

MCCCLXI. Die Joris, 11. Februar. Utini, sub domo Communis quę olim fuit Artici, apud acta Curię. Petrus Tuscus quondam Michaelis Zatti de Florentia, Utini, commorans, comparet tanquam tutor Michaelis Ongari, Johannis et Dyanę fratrum pupillorum et filiorum quondam Guerrę Tusci de Florentia quondam fratris dicti Petri Tusci, ad prę̨sentiam Johannis de Monticulis Vicarii generalis Ludovici Patriarchę Aquileiensis, pro tribunali sedentis et judicantis in lite quam Petrus tutor movet Zinetto de S. Danielè, seu partibus suis, occasione inibitionis suorum bonorum immobilium eidem quondam Guerrę obbligatorum, pro certa pecunię quantitate Zinetto commodata. Actum rogat Benvenutus quondam Magistri Bonaventurę physici de Utino, notarius.

MCCCLXVII. Die Martis, 14. Septembris. In Civitate Austrię, sub domo communis. Blasius Tuscus de Civitate Austrię, quondam Johannis de Florentia, nulla revocatione facta cęterorum suorum provatorum, constituit Johannem et Albertum Tuscum de Civitate Austrię, nec non Nicolaum Manini de Utino, proprios procuratores in solidum ad eas lites agendos quas Blasius habet vel habiturus est cum Petro notario de Utino quondam Ser Nanni de Bononia, coram Marquardo Aquilejensi Patriarcha, vel ejus Vicariis aut quocumque eius officiali et locum tenente. Instrumentum rogat Fridericus quondam Georgii de Montefalcone, notarius, habitans in Civitate Austrię.

MCCCLX. 18. Maii. In S. Daniele, in canipa heredum quondam domini Simonis. Bartholomęus de Glemona quondam Fante de S. Daniele vendit, pretio et foro marcharum septem cum dimidia denarior. novor. mon. aquil. medietatem baianci et domorum in dicto baianco, siti in S. Daniele, Hectori quondam Cordellę de S. Daniele, tutori heredum quondam Simonis de S. Daniele, pretium tutorio nomine solventi, Baianci extra portam siti limites definiuntur. Instrumentum rogat Nicolusius quondam Thomasini de Meduna, notarius.

MCCCLXXIII. 26. Julii. Goricię, in domo notarii infrascripti Mathię quondam Nicolai Pucini. Johannes quondam Goznami de Goricia, judex assignat Annę uxori suę, pro dote recepta centum et viginti octo marcharum solidorum, unum mansum situm in Duol apud Gersachum, duos in Betach, duos in Besthiza sub nemore, eo pacto ut Anna hęc bona usque ad finem vitę suę possideat, qua demortua, nominatus Johannes, Cerniza, Catherina et Margareta sorores neptes suę et filię quondam Thomasii filii ipsius Johannis prędictam pecuniam restituere teneantur.

(Schluss folgt.)

2.) Zur Geschichte der Stadt Wien.

Mitgetheilt von Albert von Camesina.

(Fortsetzung.)

XI. 1298. Ich Pittrolf von Tuln vnd purger ze wienne vnd zden zeiten chamergraf tun chunt allen den die disen brief lesent oder hôrent lesen di nu lebent vnd her nach chumftich sint. daz ich mit zeitigem rat, vnd mit meiner lieben housvrowen vron Mehthilden gûtem willen vnd gantzer gunst do ichs wol getûn mohte. nah miner sel vnd miner housvrowen der vorgenanten vron Mehthilden sel geworhait han hincz dem heiligen Chreucz der samunge in daz siechhovse geschaffet minen gûten weingarten docz Chlaitzinge, der do leit zenest bei hern Hainriches weingarten des Hôrmachter des anderhalb ievch ist. Also mit beschaidner red, daz man mir vnd miner housvrowen der vorgenanten vron Mehthilden jartach da von begê mit einem vollen dienst. vnd swaz darvber wirt do schullen di siechen durch daz iar von getrôst werden. in dem siechhouse. also doch daz den weingarten min vorgenantiv housvrowe vro Mehthild hab vntz an iren tôt. vnd nach ir tôt sol sich der zden zeiten siechmaister dotz dem Heiligen Chrevtz ist vnderwinden des vorgenanten weingarten. vnd da von disen als vor geschriben ist. vnd das dicze gescheft stet. vnd vnzebrochen beleib. dar vber gib ich disen brief versigelt mit minem insigel. vnd mit hern Haimen vnd mit hern Otten insigel. Des sint geziug Her Ott der Cherbethe. Her Chunrat von Praitenveld, Her Hainrich sin brůder. Her wernhart der Chrevtzer. Her Wernhart der Peschinger. Diser brief ist gegeben do von christes geburd waren tovsent iar. zwai hundert iar an dem oht vnd neunzigistem iar an sand Thomas tach. (Sonntag den 21. December.)

Orig. perg. 3 Siegel pend. Wiener Stadtarchiv.

XII. 1369. Phinctag vor Gregorgentag (8. März) Wyenn. Jörg von Newnchirhen, Schaffer der Siechen vnd des Hauses „dacz sand Lasers vor Stubentar ze Wyenn," die Sichen vnd Samung gemain des Hauses daselbst verkaufen ein halb Pfund Wiener Pfen. ewiges Gelts, rechts Grunddienstes auf Dietreichs Weingärten des Nymervols „in der Mitterpewnt vor Stubentar ze Wyenn," und „hinder dem chloster dacz sand Niclas vor Stubentar ze Wienn" Jansen von Jenching Bürger zu Wien und s. Hausfrau Chunigunden um 6 Pfd. Wiener Pfen., die diese Gült zu einem ewigen Öhllicht „in vnserr chirhen dacz sand Lasers var Gotsleichnamm" vergabt haben.

Orig. perg. 2 sig. pend. (1 avuls.). Bürgerspital.

XIII. 1370, Samstag nach Lichtmesse. (9. Februar) Wienne. Niclas der Wurffel, Bürgermaister und der Rath der Stadt zu Wienne beurk. dass vor offenem Rathe Michel in dem Weyer, Schaffer zu dem Chlagpawm, Herman Glesel, Schaffer ze S. Johanns in der Siechenalsze vnd Jorg von Newnchirchen, Schaffe rzu S. Lasers mit rat geben etc. erschienen und „mit iren trewn an aider stat" zu erkennen gegeben, dass Hainreich der Jendel auf der Widem in s. letzten Willen angeordnet habe, von seinem Haus auf der Widem „gegen der heiligen geist chirchen vber, zenast Marchharts haws des Gaizz pekchen" jahrlich 6 Schill. Wien. Phen. den Dürftigen in Burgerspital vor Chernertor ze Wienne zu geben.

Orig. perg. sig. pend. Bürgerspital.

Siegel des Klagbaum † S. DOMINARVM. IN. CLAGPAVM. Lapidarbuchstaben, gerundete N, gerundete gerade M wechseln, geschlossene C. Zwischen Perlenlinien.

Auf einem Hügel erhebt sich ein Krückenkreuz in dessen oberen Winkeln, rechts ein sechseckiger Stern, links ein Halbmond, unterhalb des Querbalkens steht zu jeder Seite ein Vogel abgekehrt, das Haupt gegen das Kreuz zurückgewendet.

Spitziges Oval, Höhe 2 Zoll 1 Lin., Breite 1 Zoll 3 Lin. Das Original in weissem Wachse hängt mittelst Pergamentstreifen an der Urkunde.

Siegel von S. Johann in der Siechenalsze. TRVM. MESCL. EGEN. S. I. BAP. (Sigillum fratrum Mesclariae egenorum Sancti Johannis Baptistae.) Lapidar auf einem erhöhten Rande, der Anfang der Umschrift ist weggebrochen, die M haben die Form von Z.

Brustbild des h. Johannes des Täufers, das reichgelockte, bärtige Haupt vom Nimbus umgeben, um die Schultern ein Pelzgewand, das Siegelfeld ist mit Ranken ausgefüllt.

Rund, Durchmesser 1 Zoll 2 Lin., das Original in weissem Wachse hängt mittelst Pergamentstreifen an der Urkunde.

Siegel von S. Lazar. S. DOMVS. SCI. LAZARI. LEPROSORV. WIE..... der Schluss der Umschrift und das Anfangskreuz sind weggebrochen. Lapidar zwischen Perlenlinien die Buchstaben A R und O R verschränkt, nach jedem Worte eine Blume.

Die Erweckung des h. Lazarus. Aus einer Tumba, welche auf einer Reihe von Spitzbogen ruht, und von welcher der Deckel weggewälzt ist erhebt sich der h. Lazarus in das Leichentuch gehüllt, mit gefalteten Händen, bis zur Hälfte des Leibes, vor ihm steht Christus, das gelockte Haupt vom Nimbus mit dem

Strahlenkreuze umgeben, seine Rechte ist segnend erhoben, in der Linken hält er ein Gefäss (Salbenbüchse). Das Siegelfeld ist mit schräg gekreuzten Doppellinien gegittert, darin je eine Blume.

Gute zierliche Arbeit. Rund, Durchmesser 1 Zoll, 11 Lin. Das Original in weissem Wachse hängt mittelst Pergamentstreifen an der Urkunde.

XIV. 1372. Mittichen nach Thomannstag (22. December) Wienn. Albrecht der Rampperstorffer, Meister „dacz sand Johanns in der Herrenalsze vor Schottentor ze Wienne“ und die Samung daselbst, Jorig von Newnchirchen, Pfleger vnd Verweser „dacz sand Marx vor Stubentor ze Wienne“ und die Samnung daselbst, ferner Wolfhart der Sicman, Pfleger und Verweser „der sundersichen vrown dacz den chlagpawm und die Samnung daselbst beurkunden, dass Hanns von Harrenstain, Bürger zu Wien und oberster Spitalmeister des Bürgerspitals zu Wien ihnen nach dem letzten Willen Hermanns, des verstorbenen Sohnes Hainreichs sel. des Stadtschreibers, („als daz geschefft in statpůch geschriben stet“) 6 Pfund Wiener Pfen. entrichtet habe etc.

O. perg. 3 sig. pend. (1 avuls.). Bürgerspital.

XV. 1382. Weihnachtabend (24. December) Wienn. Stephan der Waldner von Symonyng und s. Hausfrau Elspet verkaufen mit des Burgherren Hand, Hannsens des Chirichenchnophs, Kaplans der Kapelle in der Burg zu Wien, 13 Schill. und dritthalb Pfen. Wiener Münze und 8 Hühner („der igleichs vier phenning wert“) Gelts zu Symonyng auf behaustem Gute und Überländen um 30 Pfund Wiener Pfen. an Niclasen Pfarrer „ze sant Marx vor Stubentor ze Wienn,“ der die eine Hälfte dieser Gült „vmb die phening, die im erber lewt... dercze geschafft“ gekauft „zu der newn chappellen sant Johanns gelegen in dem haws dacz sant Marx bey dem Aychorn,“ zu gunsten der dortigen Kapläne, „darumb daz si den durftigen in derselben Aychorn dester willichleich predigen, peicht horn vnd die heilicheit raichen.“ Die andere Hälfte kauft Elspet die Seltzpergerynn mit der Widmung zur Besserung der Pfründe und Kleidung der Dürftigen daselbst, doch mit Vorbehalt des Nutzgenusses bis zu ihrem Tode. Mitsiegelt der obgenant Burgherr, Stephan der Schiekk vnd Stephan der Leytner des Rathes zu Wien vnd Spitalmeister.

O. perg. 4 sig. pend. (3 avuls.). Bürgerspital.

XVI. 1384. Eritag nach Convers. Pauli (26. Januar). o. O. Janns der Hunt von Symonyng und s. Hausfrau Kathrey verkaufen 7 Schill. 23 Wiener Pfenn. Gelts zu Symonyng „auf bestifften gut vnd auf vberlent,“ ihr rechtes Eigen, um 14 Pfund Wiener Pfen. Niclasen, Pfarrer „dacz sand Marx“ zu einem ewigen Öllicht „dacz den egen. sand Marx in der newn kappellen sand Johanns,“ der diese Gült um sein und anderer Leute Geld dazu gekauft etc. Mitsiegelt Jörg von Nicoltspurch, Burger zu Wien.

O. perg. 2 sig. pend. Bürgerspital.

XVII. 1385. Freitag nach Mitternasten (17. März). o. O. Heynreich der Jenn, Schaffer des Siechhauses „zu Sand Lazzer,“ Michel auf der Widem, Schaffer des Siechhauses „ze dem Chlagpem,“ und Vlreich der Scher, Schaffer des Siechhauses „zu der Herenalzz“ geloben an der Siechhäuser statt, Niclasen dem Dratlauf, derzeit des Raths der Stadt Wien, jene 6 Pfund Pfen. die derselbe ihnen auf einer Fleischbank an dem Lÿchtensteg jährlich zu gleichen Theilen angewiesen, jedesmal unter die armen kranken Leute dieser Häuser treulich zu vertheilen etc.

O. perg. 3 sig. pend. Bürgerspital.

XVIII. 1388, An gotes auffartabennde, (6. May), Wienn. Ingram von Regensspurg, Verweser des Hauses „der sundersiechen dacz sand Johanns in der Siechenalsze vor Schottentor ze Wienn, Seyfrid der Pawkker, Verweser des Hauses

„der svndersiechen dacz sand Marx," und Michel der Herwart, Verweser des Hauses „der sundersiechen dacz dem Chlagpawm" geben in Folge des Gebotes weil. Herz. Rudolfs, dem Bürgerspital vor Kernertor zu Wienn um 10 Pfund Wien. Pfen. 10 Schill. Wiener Pfen. Gelts Burgrechtes abzulösen, davon die genannten drey Siechenhäuser 6 Schill. (jedes Haus 60 Pfen.) auf des von Gors Haus an dem Lichtensteg zu Wien, und das übrige halbe Pfund die beyden Häuser sand Johann und St. Marx (jedes 60 Pfen.) auf des Smawzzer Haus gehabt.

O. perg. 3 sig. pend. avuls. Bürgerspital.

XIX. 1429. Samstag nach Simon und Judastag (29. October). Wienn. Peter Durchlas, Kaplan und Verweser St. Johanns des heil. Zwölfbotten und Evang. Kapelle zu sand Marx vor Stubentor zu Wien beurk., dass Vlreich von Gors und Jacob von Ofen dieser Kapelle 3 Achtel Weingarten vor Stubenthor „auf dem Reuberg (vnd stosset an den Liechtenstain" ze nagst Petreins weingarten vnder dem Pirpawm," davon man jährlich dem Predigerkloster in Wien 60 Wien. Pfen. Grunddienst entrichtet), gegeben haben vnd gelobt dafür an sechs bestimmten Tagen eine Seelenmesse zu lesen etc. Besiegelt von Hans dem Prunner, Bürger zu Wien und Vlreich Hirssawer, Stadtschreiber.

O. perg. 2 sig. pend. avuls.

XX. 1444. Fabian und Sebastianstag (20. Januar) Wien. Hans Trautman, Michel Singer und Jacob Ott, gesessen in der Lantstrasse vor Stubentor ze Wienn, Giligen des Tullner sel. Geschäftsleute und Vormünder seiner Geschwister Friedreich vnd Kathrein verkaufen vierzehnthalb Joch frei eigene Äcker, aneinander gelegen vor Stubentor zu Wienn um 18 Pfund Wien. Pfen. Pauln, Kaplan der Kapelle zu sand Marx bey Wienn und Verweser „des hoffs der armen leut daselbs." Besiegelt von Niclasen Purger, Burger zu Wien und Vlreich Hirssawer, Stadtschreiber.

O. perg. 2 sig. pend. (1 avuls.) Bürgerspital.

XXI. 1444. Sontag vor Vrbanstag (24. Maÿ) Wien. K. Friedrich als Vormund K. Lasslaws nimmt Hans den Wiltperger, Kaplan der Kapelle St. Johanns „zu St. Marcs vor Stubentor" gelegen, nebst allen Gütern derselben in seinen besonderen Schirm, wie diess weil. s. Vetter Herz. Albrecht bereits gethan hatte.

O. perg. sig. pend. avuls. Bürgerspital.

XXII. 1447, Wie sich die von Schotten mit der Stat vmb jr weinschenken vnd weinfurn gesint vnd verschriben habent.

Wir Hanns Steger Ritter zu den zeiten Burgermaister vnd Munssmaister vnd der Rat der Stat zu Wienn Bekennen fur vns vnd vnser Nachkômen vnd tůn kund offentlich mit dem brief, Als zwischen den Erwirdigen geistlichen herren dem Abbt vnd dem Conuent vnser lieber frawn Gozhaus das den Schotten hie zu Wienn sins tails, vnd vnser des andern ettwas zwayung vnd stôzz gewesen sein vmb jnfůrung vnd schenkchung der wein von zaphen, So dieselben herren hie in jrm kloster getan habent darumb vormaln der Allerdurleuchtigist fůrst vnser genedigister lieber herr kunig Albrecht etc. loblicher gedechtnuss, zwischen vnser ordnung gemacht, vnd gesprochen hat, auf ettliche Jar zehalten, di nu vergangen sind nach laut der Spruchbrief, so wir darumb haben, wan aber die obgenanten geistlichen herren, der ein michel tail ist, nach sazung jrer Regel ordenlich lebend an jrn vnd des benanten jrs gozhauss lewten gůtern gůlten vnd nůzen in dem land zu Österreich enhalb der Tunaw in den kriegen die lang gewert habent vast geswecht vnd beschedigt, vnd des zu armůt vnd mangelhaftikait jrer zeitlichen narung kômen sind, durch das der heilig gross loblich gozdinst daselbs in die leng nicht mocht besteen, als der vnzher enziklichen ist gehalten worden, Solhs angesehen vnd dabey gewegen, das der Stift, des gozhauss, von langen jarn in grossen wirden herkômen ist, vnd neben der Stat willigcliehen mitleidig gewesen ist, in menigen wegen, Sunderlich yez mit dem, das der graben zu befridung der vorstet hie an menigen enden durch des benanten Gozhauss grůnt gefůrt, vnd gegraben wirdet, das auch der heilig dinst gotes, pey dem benanten Gozhaus gesterkt kreftigt vnd gemert, vnd der herren leibnarung gefůrdert vnd gesteurt werde, darumb sein wir, mit den egenanten herren dem Abt vnd Conuent, vnd sy widerumb mit vns einer gutlichen bericht, vnd ordnung zu Rat worden vnd haben vns geaint in der maynung als hienach begriffen wirdet. Von ersten das die gegenburtig ordnung, der wir yez miteinander, ainig worden sein von dem nagstkůnftigen sand Michels tag, des gegenburtigen Siben vnd virzigisten Jars, vnz auf den schiristkůnftigen sand Michels tag des Newn vnd funfzigisten jars, das ist auf zwelf ganze Jar nechst nacheinander kůmend wer und sein, vnd von vns paiden tailn an all Intrag sol gehalten werden also das die vorgenanten geistlichen herren zu den Schotten sullen vnd můgen yedes der vorgenanten zwelf Jar Sibenzig fůder weins zu gewondlichen zeiten her gen Wienn zu jrm gozhaus vnd keller fůrn, vnd pringen lassen, vnd darůber nicht, vnd was sy am jar mynner die yezgemelt anzal in die Stat vnd in jr keller fůrten, denselben, abgang můgen sy des andern Jars erfůllen vnd erstatten, ob sy wellent, alsofft das in den bemelten jarn zuschulden kimbt vngeuerlichen, sy sullen vnd můgen auch yetlichs der vorgenanten zwelf Jar in jrn kellern von zaphen verschenken zwny vnd dreissig fůder weins, vnd darůber nicht, vnd die ůbrigen wein vber die zway vnd dreissig fůder, vnz auf die ganz anzal, der Sibenzig fůder, můgen sy bey jrm gozhaws ausspeisen jnfůllen vertůn behalten oder gesten verkauffen, nach jrn notdurften wenn vnd wie jn das albeg zu seiten, nach jrm gutbedunkchen fuglich, sein wirdet angen fůgt sich auch, das die egenanten geistlichen herren zu den Schotten, von geprechenhait wegen derselben jrer wein, ains Jars, welches das wer, souil nicht mochten von Zaphen verschenkchen, als jr anzal bringet, denselben abgang, alsuil des wurd, sullen vnd můgen sy das ander Jar darnach auch erfůllen vnd erstatten, ob jn dasfugsam wirdet sein angeuerde. Vnd an solhem jrm wein fůrn weinschenkchen vertůn vnd verkauffen der egemelten jrer wein sullen vnd wellen wir jn kain jrrung tůn, weder mit weinkostern ausrůffern vasziehern vnderkewffeln noch in dhainen andern wegen vngeuerlich. Wenn sy auch solch jr anzal weins als dauor begriffen ist, her in die Stat in jr keller fůrn wellent, so sůllent sy jerlich zaichen, an die Stattorr, da des notdurft ist nemen, damit sy an denselben Stattorrn, nicht geirret noch aufgehalten werden vnd dieselben zaichen sol man jn albeg, an alle widerred, vnd beschwernůss geben angeuer, vnd was sy also wein in obgeschribner Sum in die Stat fůrent, von den sůllen sy nichts phlichtig sein zegeben noch mit der Stat mit zeleiden in dhainen wegen. Ausgenomen vnsers genedigisten herren, des kunigs und landesfůrsten in Österreich etc. vngelts der seinen gnaden von den weinn die sy von Czapphen verschenkchen lassent, geuallen sol angeuerd. Es sullent auch die obgenanten geistlichen herren zu den Schotten solch weinschenkchen, als vor berurt ist, beschaidenlich tůn, vnd handln lassen, Also das sy in jrm hof vnd kellern nicht lassen offenlich kugeln kegeln oder wurffelspil treiben, damit underlewt, daran nicht geergert werden, vnd die vorgeschriben ordnung, sol kainem tail, an, seinen briefen Priuilegien herkůmen freihaiten vnd gnaden, nach den obgenanten zwelf jar hinfur kainen Pruch mangl jrrung oder hindernuss pringen, noch schedlich sein in dhain weg vngeuerlich, vnd des zu vrkund geben wir jn den brief mit vnserm klainem Anhangundem Statjnsigl, besiglten an phinztag vor sand Jorgen tag (20. April). Nach Cristi gepurd vierzehenhundert jar, darnach in dem Siben vnd virzigisten jare.

Abschrift im Eisenbuch. Fol. 153, Wiener Stadtarchiv.

(Fortsetzung folgt.)

V. „Historischer Atlas."

Statistik des Mittelalters.

3.) Das Lehenbuch K. Ladislaus P. für Österreich ob und unter der Enns. (In alphabetischer Ordnung.)

(Fortsetzung.)

42.) 1455, 23. April, Wien. Hanns Frewntshauser.

1 Hof genannt der „Prulhof" mit 1 Pfd. 24 Pfen. Gülte auf demselben Hof gelegen;
it. 1 Pewnt genannt die „Prulpewnt;"
it. 13 Tagwer Wiesmahds gelegen bei demselben Prulhof;
it. 1 Mühle genannt der Lömkhof.
(Sein Erbe, auf Söhne und aus besonderer Gnade auch auf Töchter zu vererben.) Oestr. Ms. Nr. 65, Fol. 24, b.

43.) Lehen der Herrschaft Starhenberg. 1456, 18. März. Hanns Frey (der Zeit Landrichter zu Pewrbach.)

Die Zehende: auf der Widem zu Niderleyten;
it. auf dem Paweznperg auf 3 Häusern, und
zu Obern Samating auf 4 Häusern, überall ganzen Zehend, klein und gross gelegen in Kalhamerpfarre und Erlinger Gericht.
(Gekauft von Erasmus Guetlinger.)
Cod. Ms. Oestr. Nr. 65, lediges Blatt.

1456, 18. März. Hanns Frey.

Den Zehend aus 4 Zehendhäusern zu Oberndorf in Pewrbekcherpfarre.
(Sein Erbe.) Ibidem.

1455, 3. October, Jörg Frey.

Den Hof, gelegen zu Emerstorf, genannt der Rathof.
(Sein Erbe.) Oestr. Ms. Nr. 65, Fol. 75.

1455, 3. October. Jörg Frey.

„Hat zu lehen gebeten die Weingarten Weindienst ekher und wismad so zu „seinem hof zu Emerstorf gelegen genant am Rathof unserr und unsers „fürstentums Österreich Lehenschaft gehört hieten, und von weilent Anndren „dem Hager dauon verkauft weren worden, wan damit nach lehens und lannds „Recht nicht gehanndelt sey, dadurch uns die ledig und vermant weren." Vermahnte Lehen.
(Gnaden-Lehen.) Oestr. Ms. Nr. 65, Fol. 75.

44.) 1456, 19. Jänner, Wien. Stephan Frey von Stain.

36 Pfen. Gelts auf 1 Hofstatt zu Kunigsprunn unter dem Wagram gelegen.
(Sein Erbe.) Oestr. Ms. Nr. 65, Fol. 65.

45.) Herman Freyer.

3 Güter zu Albsting und
1 Zehend daselbs in Gampårer und Veklstorfferpharren gelegen;
it. 124 hewser im Atergew gelegen und darauf 2 tail des drittail zehents grossen und kleinen ze veld und ze dorff;
it. 3 Güter zu Czachlewten;
it. 1 Gut zu Viecht

3**

und 1 Gut zu Vinkchenrewt gelegen;
it. 1 Gut genannt das Viecht gelegen in Zwiswalderpharr, in dem Atergew „der ettlich sein erb und ettlich sein kauffts gut wern."
Oestr. Ms. Nr. 65, Fol. 5, b.

46.) 1455, 17. Juni, Wien. Conrad, Virgil und Hanns Freytag (Gebrüder.)

Lehen von Leostain, Wels und Puchaim.
1 Hube zu Hintterpach;
1 Gut auf dem Grätleinsperg;
it. 1 Hof und 1 Gut zu Pircheeh;
it. 1 Hof zu Matzing;
it. 1 Hof hinter dem Wald;
it. 1 Gut zu Weikharting;
it. das Lehen bei Gmunden in dem Burgfried, alles in Regawer, Lobkircher, Rewthaimer und Münstrer-Pfarren gelegen;
it. zu Awrach $3^1/_2$ Zehendhäuser;
it. zu Permanstorf 2 Zehendhäuser;
it. zu Aichelhaim 3 Zehendhäuser;
it. auf dem Wintpuhel 1 Zehendhaus;
it. 2 Theile Zehend auf 2 Häusern in der Öd;
it. 1 Gut zu Olsdorf „zu den Herczlein" und auf 2 Gütern zu Igelperg 2 Theile Zehend in Olsdorfferpfarre gelegen.
(Ihr Erbe.) Oestr. Ms. Nr. 65, Fol. 51, b.

S. D. Wien. (1455, c. 30. Juli.) Wolfgang Freytag.

1 Hof genannt der Swymmerhof;
it. 1 Gut unterm Wald;
it. 1 Gut genannt die „Volkenhub;"
it. 1 Pewnt, die früher in das Gut im Spicz gehörte;
it. auf der obern Steig;
it. zu dem „Stefflein daselbst zu dem Seczenfües," zu dem „Goriglein," zu dem Wagner auf dem Puhel auf 1 Pewnt im Winkhl auf dem Swymmerhof, auf dem Strohof, am Schachen, zu dem Gansler zu dem Freyscheff in der Strass, auf 1 Feld auf dem Hof zu Haperig zu Grub zu Pawngarten auf 3 Gütern zu dem Kunczlein an der Steyg auf der Amsakchöd zu Moshaim auf 4 Gütern zu dem Wernczlein am weg, zu Schrankhoren, zu dem Liplein zu Leytten, zu Grafing auf 3 Gütern zu dem Schuster im Pirhech zu dem Genglein am Trawnfeld auf 2 Gütern, zu Maczing auf 4 Gütern, zu Weykharting auf 4 Gütern, zu Pachaim auf 1 Gut auf 1 Pewnt am Kurrnperg, auf dem Mulweg auf der Storklöd, Conrad am Mos von dem Gut bei der Storklöd, Seczenfues und Mesner auf der Swannt von dem Sawrůssl, auf den Höfen, Gütern und Peunten allen ganzen Zehend;
it. auf dem Gut im Pruel zu dem Stainer hinterm wald, zu dem Liendlein im Grunt auf ainem gritnam (?grunem) Mos auf 2 Gütern, auf 1 Gut an der Prantstat zu dem Hennslein am Pach zu dem Schuster an der Huling, zu dem Denklein auf der öd, auf dem Puchelsperg, auf 2 Gütern im Slag, auf 2 Gütern in der Rewt, am obern Mos auf 2 Gütern auf dem Aichperg dacz Hof auf 2 Gütern, auf 2 Gütern zu dem Paulen am Hard; an der Stuben, auf 1 Gut im Stawdach, auf 1 Gut zu Diethalming auf 2 Gütern zu Pachaim auf 1 Gut, auf den Gütern allen 2 Theile Zehend;
it. zu dem Stainstukh zu Perkhaim auf 4 Gütern zu Reichering, auf 2 Gütern zu Waldweg zu Etling auf 2 Gütern zu Pawmgarten bei Krotendorf auf 2 Gütern zu Vorstaren auf 1 Gut dacz Mosharting

auf 1 Gut hinterm Wald, auf den Höfen und Gütern allen halber Zehend;

it. zu Oberweis und in der Grub zu Nakhatten Pawngarten auf 3 Gütern, zu Erlwang auf der Geyrshutten auf 2 Gütern, am Prunn auf 1 Gut, zu Smyding auf 1 Gut, auf dem Schonperg auf 1 Gut, auf dem Liechtmaisterperg auf 2 Gütern, auf den Höfen und Gütern allen Drittheil Zehend; alles in Lokircherpfarre;

it. ganzer Zehend auf 1 Gut zu Grubfeld in Kirchaimerpfarr; it. 1 Gut zu Pulnstorf.

it. zu Mayrhof 2 Theile Zehend; it. zu Gukenperg auf 1 Gut zu Paech auf 2 Gütern, zu Öd auf 1 Gut, auf den Gütern ganzen Zehend; it. auf dem Gut zu Puchl 2 Theile Zehend; das Gut und Zehend gelegen in Rewthaimerpfarr; it. 1 Gut zu Rewtt; it. zu Gatern auf 1 Gut, zu Pubendorf auf 1 Gut, auf den Gütern ganzen Zehend; Gut und Zehend in Olstorfferpfarre;

it. auf 3 Gütern im Pirchech ganzer Zehend; in Tesselprunnerpfarre;

it. zu Nidern Hornpach 1 Hof und 3 Sölden; it. zu Yllsungsperg auf 2 Gütern, zu Peintal auf 1 Gut zu Heczleinsdorf auf 1 Gut und auf dem Weissenhof zu Yegerhub auf 2 Gütern, auf dem Hof und Gütern ganzer Zehend, Hof, Sölden und Zehend in Vorchdorfferpfarre gelegen;

it. 2 Höfe (im Gehag und der Meczhof) und die Mühle dabei gelegen in Pharrkircherpfarre;

it. 1 Gut auf dem Hayschperg; it. 1 Gut auf dem Kateregk mitsammt dem Weyer dabei gelegen in Ischlerpfarr; it. auf 1 Hube zu dem Pechingern, auf ½ Hube zu Obendorf zu den Dorfflingern, auf 1 Gut zu Heczendorf auf 1 Gut zu Nidern Laingreben auf 3 Gütern zu Grueb auf 1 Gut zu Marichtrenkh auf 1 Acker, auf den Gütern und Acker ganzen Zehend, in Weyskircherpfarre;

it. 1 Gut genannt die Swaybelhub in Hofkircherpfarre; it. auf 1 Hube und auf dem Prunnlehen im Gailspach und auf den Lehen „hinder dem Mulwanger" ganzen Zehend in Mekhenhoferpfarre;

(Sein Erbe, aus Gnade auch auf Töchter vererblich.)

Oestr. Ms. Nr. 65, Fol. 63.

47.) 1456, 19. April. Caspar Fronberger.

3 Schilling, 3 Pfen. Gelts gelegen zu Puchpach auf „Odrecht" in Waidhouer Gericht.

(Sein Erbe.) Oestr. Ms. Nr. 65, Fol. 90.

48.) 1455, 14. März. Mertt Fünfkircher.

Folgende Stücke, Güter, Gülten und Zehende, theils Erbe, theils gekauft, mit der besonderen Gnade für seine Dienste, diese Lehen in Ermanglung von Söhnen auf Töchter vererben zu können:

Das halbe Bergrecht, den halben Zehend und den halben Pfenningdienst zu Ottental an dem Leupolczperg;

it. 2 Drittail Bergrecht, 2 Drittail Zehend und 2 Drittail Pfenningdienst am untern Leupolczperg daselbs und 30 Pfenning Gülte auf 2 Hofstätten zu Ottental gelegen;

it. 9 Schilling 10 Pfen. Gülte zu Kulwicz auf behausten Gütern und daselbst zu Kulwicz und zu Rorbach halben Weinzehend und Getreidzehend gross und klein zu Feld und zu Dorf;

it. zu Valkenstain auf 9 Gewanten Acker Dienst 59 Pfenning und 2 Theile Zehend;

it. in Stuczuhoverfeld daselbst von 3 Äckern Dienst 28 Pfen. und von 1 Gewanten 3 Pfen.;

it. zu Poisprunn von 19 Gewanten Dienst 62 Pfen.

daselbst von 2 Äckern Dienst 29 Pfen.

daselbst von 3½ Gewanten Ackers Dienst 26 Pfen., 1 Helbling, und ganzen Zehend;

Daselbst von 1 Acker 7 Pfen. und ganzen Zehend;

it. zu Poisdorf von 1 Acker Dienst 6 Pfen.;

it. an dem Galgenperg von 3 Weingärten Dienst 20 Pfen.

it. 5 Weingärten daselbst Dienst 34 Pfen. und darauf 2 Theile Weinzehend;

it. von 1 Weingarten und 2 halben Weingärten im Newnperg gelegen von jedem 3½ Pfen. zu Dienst, 2 Viertel Bergrecht und darauf ganzen Weinzehend;

it. 1 Pfd. Pfen. Gülte und 2 Faschinghühner:

it. zu Valkhenstain im Valkenprun auf Überländ Äckern ½ Pfd. Pfen. Gülte und den Zehend darauf:

it. zu Rotnsee auf 3 Lehen Zehend gross und klein;

it. zu Ottental von 1 Feldlehen 60 Pfen. Gülte in Valkenstainerpfarre gel.:

it. zu Voitsprunn auf ¼ Lehen 70 Pfen. Gülte und 1 Helbling und auf 3 Hofstätten daselbst 41 Pfen. Gülte. Oestr. Ms. Nr. 65, Fol. 10.

1455, 2. Mai, Wien. Martin Fünfkircher.

Zu Stuczenhofen ganzen Zehend auf 5 ganzen Lehen gross und klein zu Feld und zu Dorf;

it. daselbst 10 Schilling 27 Pfen. Gülte auf 1 ganzen behausten Lehen und auf 2 Hofstätten behaust;

it. das Weingartholcz das da vürt in Draissenhoferfeld;

it. das Bergrecht zu Stucznhofen;

it. das Weinzehentlein daselbst in den Seczen:

it. die Wiesen und die Felder und 13 gewanten Acker niederhalb Stuczenhofen.

(Gekauft von Leupolt. Jörg und Friedrich von der Sal Gebrüder.)

Oestr. Ms. Nr. 65, Fol. 29, b.

49.) 1455, 13. April, Wien. Jörg Gailspekh.

Hat seine Hausfrau Waldburg, Tochter Bernhards des Seusenegker um 200 Pfd. Pfen. Heimsteuer und 300 Pfd. Pfen. Widerlegung auf folgende Lehen verwiesen (und einige andere Stücke die nicht Lehen sind). die sie satzweise haben soll:

Lehen: „der Sitz und Hof zu Haiczing in Har(t)kircher-Pfarre gelegen mit aller seiner Zugehör; in Aschach Winkler Gericht:

it. 1 Gut auf der Lerochen Öd in Eferdingerpfarre gelegen;

it. 2 Huben auf dem Sumersperg in Eferdingerpfarre; (kommt im Lehenbriefe nicht vor.)

it. die Zehende auf folgenden Gütern in Weiskircher Pfarre:

1 Gut im Ortlgraben:

1 Gut zu Valcz;

it. den Zehendhof daselbst;

it. 1 Gut auf der grossen Hulgenöd;

it. 1 Gut an der Lintten:

it. 1 Gut an der Voglöd:

it. 1 Gut zu Goldestrass, (Gorgelstrass);

it. 1 Gut zu Rechsendorf;

it. 2 Güter „dacz den hewsern:

it. 1 Gut auf dem Linttach;

it. 1 Gut zu dem Schenkhen;

it. 1 Gut zu Fuchslug;

it. 4 Güter zu den Öden;

it. 1 Mühle zu Valcz;

it. 1 Gut zu Taindorf, (Tiendorf);

it. 3 Güter dacz Alhaim, (Alhaming). Ganzen Zehend gross und klein;

Oestr. Ms. Nr. 65, Fol. 17.

Lehenbrief, am 14. April, 1455. Fol. 17, b und 18.

(Sein Erbe.)

50.) 1455, 4. October, Wien. Jörg Galsperger.

2 Güter im Tal in Sand Valentinspfarre und
1 Hube in dem Custorff gelegen, gegenüber der Brücke.
(Sein Erbe.) Oestr. Ms. Nr. 65, Fol. 75.

51.) 1455, 10. Mai, Wien. Wolfgang Gang (Bürger zu Egemburg.)

$^1/_2$ Pfd. Pfen. Gülte zu Rietental auf 1 Hof gelegen „zu nagst der Kirchgassen."

(Früher hatte sein Vormund, K. Friedrich, diese Gülte ihm und dem Hanns Mülvelder verliehen, der hat aber seinen Theil aufgegeben und sich mit ihm ausgeglichen.) Oestr. Ms. Nr. 65, Fol. 35.

52.) 1455, 19. April. Wolfgang Gassner.

Den Hof zu dem Hainreichs gelegen in Tollershaimerpfarre mitsammt 5 Hofstätten 1 Lehen und dem Theile Zehends, welchen weiland Heinrich von Moydraez und Peter Briester Gebrüder gehabt haben.
(Sein Erbe.) Oestr. Ms. Nr. 65, Fol. 21.

53.) 1455, 3. Juni, Wien. Caspar Geltinger.

Den Hof zu Sulczpach;
it. 1 Gut genannt das Gutsinalehen;
it. 1 Acker und eine Wiese genannt die Molnerin, alles gelegen in Kirchpergerpfarre;
it. den Hochhof;
it. 1 Hof genannt der Grillhof;
it. 1 Gut zu Sturmperg, gelegen in Pfarrkircherpfarr;
it. der Egkhof gelegen in Waldnewnkircherpfarre;
it. die Odenhub;
it. die Lewchhub;
it. die Kersperghub;
it. die Fidelhub;
it. die Fidelmühle;
it. 1 Gut zu Nidern Ror gelegen in Kematterpfarre;
it. 1 Gut zu Sträcz;
it. 1 Gut zu Sinczendorf gelegen in Wartpergerpfarre;
it. den Schiferhof;
it. 2 Güter auf der Rewt gelegen in Puchkircherpfarre;
it. den Prugkhof und die Prugkmühle gelegen in Mekchenhoferpfarre;
it. 1 Hube zu Malling genannt im Pawngarten gelegen in Krenglbekherpfarre;
und auf folgenden Stücken ganzen Zehend, gross und klein:
auf dem Weghof ganzen Zehend;
auf den 3 Höfen zu Gelting den Zehend;
it. auf der Mühle zu Hargling (u) Zehend;
auf dem Furthof, der nun in 2 getheilt ist.
it. auf 1 Luss Acker bei dem Praitenloch „der vorzeitten gehort hat in des Geltinger Hofpawm.
Hof und Zehend alle gelegen in Waldarrerpfarre.
(Sein Erbe.) Oestr. Ms. Nr. 65, Fol. 47.

54.) 1455, 30. Juni. Hanns Geschêchsennot.

Den halben Hof gelegen zu Memplsperg („der Raspen Gegentail"), darein gehören 1 $^1/_2$ Tagwerk Acker und ausserhalb des Dorfs ein Baumgärtlein.
(Sein Erbe.) Oestr. Ms. Nr. 65, Fol. 55, b.

55.) 1455, 6. October, Wien. Caspar Gnewss (für sich und seinen Bruder Veit G.)

*Von der Herrschaft Wechsenberg
zu Newsserling 2 Huben und 1 Hofstatt daselbst;

it. 1 Hof zu Huntprening;
it. 1 Hof genannt „auf dem Veld“ und was Äcker gehören in das Gut zu Veldkirchen;
it. 1 Hof zu „Nidern Kerspawm“ und 1 Mühle dabei alles in Gremesteterpfarr gelegen;
it. 1 Hof „vor dem Wald,“ darauf früher der „nymatvol“ gesessen ist und 1 Hof (?) daselbst;
it. 1 Gut auf der Wolffgrub und auf den benannten 3 Gütern ganzen Zehend;
it. auf 1 Gut „am Weg“ 2 Theile Zehend, alles gelegen in Newnkircherpfarre;
it. auf 1 Gut „an der leytten“ ganzen Zehend;
it. „auf dem Kotring“ ganzen Zehend, gelegen in Sand Veitspfarre;
it. auf 1 Gut zu Müllparcz ganzen Zehend in Sand Peterspfarre gelegen;
it. 2 Huben zu Leupolczperg in Schawnberger Gericht und in Sand Mareinpfarr.
(Ihr Erbe.) Oestr. Ms. Nr. 65, Fol. 75, b, 76.

56.) 1456, 19. Juni. Wilhelm Gossenperger.

$1/2$ Hof zu Phangew und $1/2$ Gut daselbst;
it. $1/2$ Gut auf dem Ursperg, alles gelegen in Liechtentanner Gericht und in Kessendorfferpfarre;
it. 1 Hof zu Hag und halben Zehend auf demselben Hof, auch auf 1 Gut daselbst und auf 6 Gütern zu Atergewdorf auch auf 6 Gütern zu Tanhaim halben Zehend, alles gelegen in Sand Jorgenpfarr in dem Atergew.
(Sein Erbe.) Oestr. Ms. Nr. 65, Fol. 97, b.

57.) 1455, 10. April. Jörg Gradner (anstatt seiner Hausfrau Margareth, Tochter Hanns des Tumbritzer.)

Zu Eysenberg 2 Theile Getreidzehend gross und klein zu Feld und Dorf;
it. zu Rabez 1 Pfd. Pfen. Gülte auf 1 Lehen und daselbst auf 6 Lehen ganzen Zehend;
it. 10 Pfd. Pfen. Gülten auf behaustem Gut zu Griebarn, Guendorf und Wilhalmstorf;
it. zu Pfafsteten auf 1 Lehen 13 Schillinge Pfen. Gülte;
it. zu Linndberg 1 Weinzehent und 14 Schilling Pfen. Gülten;
it. zu Purkstal auf 1 Hof 3 Schilling Pfen. Gülte;
it. zu Reihestorf auf 3 Lehen 3 Pfd. Pfen. Gülte;
it. zu dem Prewreichs 2 Theile Zehend gross und klein zu Feld und zu Dorf und daselbst auf behausten Gut $8^1/_2$ Pfd. 4 Pfen. Gülten
und von 1 Mühle genannt zu der Klausen 12 Schill. Pfen. Gülte;
(Ihr Erbe.) Oestr. Ms. Nr. 65, Fol. 16, b.

Jörg Gradner (für sich und seine Brüder Wigileus und Bernhard, ausser Land.)

Die Veste Mitterdorf mit Wiesen, Äckern, Hölzern, Auen, Fischweiden und aller Zugehör;
it. das Dorf zu Mitterdorf mit allen Diensten und Zugehörungen;
it. den Getreidzehend zu Mitterdorf, zu Feld und Dorf;
it. das Dorf zu Prodesdorf mit allen Diensten und Zugehör;
it. einen Getreidzehend zu Geroltstein mit seiner Zugehör;
it. den Hof und das Dorf zu Eczkestorf mit ihrer Zugehör, und das Gericht daselbst zu Eczkestorf;
it. die Gülten und Güter zu Loncz, zu Liesing, und zu Speysing mit ihrer Zugehörung;
it. das Dorf zu Molestorf und das Gericht daselbst auf der Strasse und im Dorf, und 16 Muth 10 Metzen Vogthaber daselbst zu Molestorf mit ihrer Zugehör;

it. 1 Hof zu Molestorf mit Zugehör (Burglehen vom Fürstenthume Österreich);
it. 1 Wiese gelegen bei Loencz, genannt die Tampfwiese.
(Ihr Erbe.) Oestr. Ms. Nr. 65, Fol. 17.

58.) 1456, 22. April. Wolfgang Grauperger.

einen Zehend auf dem Hof zu Nydern Affnang;
it. auf dem Hof zu Prehafen;
it. auf 2 Höfen zu Seyrring;
it. auf 1 Lehen auf der Hohenrewtt;
it. auf dem Dörflein zu Vetting alles ganzen Zehend;
it. 1 Gut in der „Furchalben;"
it. 1 Gut zu Salffing, alles gelegen in Goppolczhoverpfarre und in Starhemberger Gericht.
(Sein Erbe.) Oestr. Ms. Nr. 65, Fol. 92, b.

59.) 1457, 4. Juli. Leonhard Grassawer (für sich und seinen Bruder Lorenz, Söhne des Peter G.).

$^1/_3$ Getreidzehend zu Rebesrewtt auf 15 Lehen und 5 Hofstätten;
it. 1 Hof zu Grassaw mit seiner Zugehörung;
it. auf des Klingen Hof und auf des Kostram Lehen daselbst 2 Theile Zehend gross und klein;
it. auf des Pranntner Hof ganzen Zehend und auf 7 Lehen zu Grassaw und 1 Hofstatt ganzen Zehend, gross und klein.
(Ihr väterliches Erbe.) Oestr. Ms. Nr. 65, Fol. 108.

60.) 1455, 6. August, Wien. Mathes Grasser (als Lehenträger für seine Hausfrau Barbara, und ihre Schwestern Dorothea und Katharina, Töchter weiland Wilhelm des Eyczinger.)

Das Haus zum Gotfricz und 18 Güter, Lehen und Hofstätt, die dazu gehören;
it. den Wildbann „alsuerr die pharr zum Gotfricz geet" und das Gericht daselbst zum Gotfricz in dem Dorf, ausgenommen was den Tod berührt;
dann die Güter im Atergew in St. Jörgenpfarre halb:
1 Hof zu Kolmanspewnt;
it. 2 Gütel zu Liechtenpach;
it. 1 Peunt bei Atersee „einhalb des mulpachs;"
it. ein Zehentl „dacz dem Lachner zu Mos;"
it. 1 Gütel halbs gelegen zu „Lenczing" in Schirflingerpfarre;
it. 1 Gütel zu „Reihenrewt;"
(Gnadenlehen, da Wilhelm Eyczinger keine männlichen Erben hinterlassen hat.) Oestr. Ms. Nr. 65, Fol. 64.

1455, 23. August, Wien. Matthäus Grasser (für sich und seinen Vetter Hanns Grasser.)

1 Hof zu Rekendorf bei Sweinwart und grossen und kleinen Zehend auf $1^1/_2$ Lehen und 4 Hofstätten, die in den Hof gehören
und das Holz ganz, ob Maczen gelegen, genannt das „Prewslaholz" und den Wildbann daselbst zu Rekendorf gelegen;
it. 10 Pfd. Pfen. Gelts gelegen zu Marichtal auf behausten Gütern:
it. 1 Hof zu Altenburg und 2 Hofstätt daselbst;
it. den Weinzehend und Getreidzehend gross und klein zu Feld und zu Dorf auf 3 ganzen Lehen zu Stetldorf bei Eberstorf auf der Smida auf 2 ganzen behausten Lehen und auf 1 Feldlehen;
it. $^1/_3$ Zehendtheil zu Obern Velabrunn gelegen;
it. einen Zehend daselbst;
it. 1 Zehendtheil in dem Feld gen Sunnberg;

it. den zwölften Theil in dem Dorfzehend zu Velabrunn Weinzehend und Getreidzehend gross und klein zu Feld und zu Dorf;

it. in dem Feld gegen Gross auf allem Überländ $^1/_4$ Zehend;

it. $^1/_4$ Zehend in dem Feld gegen Sunnberg gelegen, genannt das Lerochveld auf allem Überländ;

it. $^1/_4$ Zehend in dem Feld zu Hunertal auf allem Überländ und das da heisst „in den Jeuchen" $^1/_2$ Zehend, darinn hat der Velabrunner den zwölften Theil;

it. $1^1/_2$ Viertel Zehends gelegen auf Äckern, heissen auf dem Lach und in allen „Praitten" daselbst $1^1/_2$ Viertel Zehends;

it. in 1 Praitten gelegen in den Weiden in zwelf Jochen den 12. Theil Zehends;

it. daselbst zu Obern Hellabrunn auf den Weingärten, was Burgrecht Recht ist, $^1/_4$ Zehends;

it. auf $8^1/_2$ Joch Weingärten in dem Jungern perg $1^1/_2$ Viertel Weinzehends;

it. auf 14 Viertel Weingarten in dem Alten perg den zwölften Theil Weinzehends auf behaustem Gut und Überländ zu Eczleinstorf und Gawnestorf gelegen; 3 Pfd. weniger 4 Pfen. Gelts.

(Ihr Erbe, aus Gnaden auch auf Töchter vererblich.)

Oestr. Ms. Nr. 65, Fol. 66.

61.) 1456, 28. September. Matthäus Grosser und Hanns Meylinger.

$23^1/_2$ Jeuchart Acker;

2 öde Hofstätt und 1 gestiftete;

it. 2 Tagwerk Wiesmahds;

1 Au mit Bäumen und

1 Viertel Weingarten, alles zu Kledorf in Steltzendorfferpfarre gelegen;

it. daselbst zu Kledorf an dem Ort $^1/_2$ Hof, dahin gehören 7 Tagwerk Wiesmahds;

it. in 1 Feld 3 Jeuchart in das 2. 4 Jeuchart und in das 3. Feld $5^1/_2$ Jeuchart Acker;

it. $^1/_2$ Pfd. Pfen. Gelts auf 1 Herberg mit ihrer Zugehörung, auch daselbst zu Kledorf gelegen.

(Aus Gnaden ihnen von K. Friedrich als Vormund verliehen.)

Oestr. Ms. Nr. 65, Fol. 103, b.

62.) 1455, 7. August, Wien. Erhard Grauenwerder.

1 Hofmarch gelegen auf der Donau;

it. 42 Joch Äcker und 1 Weidach mit 1 Wiese bei dem Kampp gelegen;

it. 4 Pfd. Pfen. Gelts zu Uczestorf auf behaustem Gut und Überländ in Grauenwerderpfarre gelegen und

1 Baumstatt „enhalb des Kampps in Hayczndorfferpfarre gelegen;

it. $^1/_2$ Muth Haber Marchfutter von 1 behausten Gut zu Velcz in Kirchpergerpfarre gelegen und

10 Pfd. Pfen. Gelts zu Enkhenprunn in Grauenwerderpfarre auf behaustem Gut und Überländ gelegen.

(Sein Erbe.) Oestr. Ms. Nr. 65, Fol. 64, b.

1456, 5. Juli, Wien. Albrecht und Bernhard Grauenberder (Gebrüder.)

1 Zehend, gelegen zu Rauhenwart.

(Ihr Erbe.) Oestr. Ms. Nr. 65, Fol. 97, b.

(Fortsetzung folgt.)

Aus der k. k. Hof- und Staatsdruckerei.

№ 4. NOTIZENBLATT. 1854.

Beilage zum Archiv für Kunde österreichischer Geschichtsquellen

Herausgegeben von der historischen Commission

der

kaiserlichen Akademie der Wissenschaften in Wien.

II. „Oesterreichische Geschichtsquellen."

3.) Zur Geschichte der Patriarchen von Aquileja.

Mitgetheilt von Valentinelli, Bibliothekar der Marciana in Venedig.

(Schluss.)

MCCCCXIII. 10. Septembris, Utini. Rutilus quondam Amuti de Secondano vendit Martino quondam Vidusii de Villanova, pretio quatuordecim marcharum solidorum veronens. parvulor. suum campum terrę aratorię, pastinatum, situm in Secondano, in loco nominato Quelchiarman, confinibus designatis.

MCCCXLII. 16. Julii, Utini, in partriarchali palatio. Judicium datum a Patriarcha aquileiensi in controversia qua Johannes quondam Worbiti de Senicosio compellit Bartholomęum quondam Petrimali de Senicosio, ut, qua Commissarius, eorum bonorum ab hoc administratorum rationem reddat, quorum denatus Johannes Johannem modo petentem et fratres eius instituerat hęredes. Actum rogat Philippus quondam Alberghetti de Bononia, notarius.

MCCCXLIX. 18. Julii, Actum in Ecclesia S. Felicitatis in Casteluto. Ariginus de Conago, contrahendi matrimonii causa inter filiam suam Belaflorem et Magistrum Jacobum de Novaria, medicum, commorantem in Civit. Austrię, dat pro dotibus libras ducentas veronens. parvulor., linteamina et drapamenta et pariamenta linea condicencia, et varnaconum furnitum de duodecim grossis vel ultra pro brachio, nec non unum indumentum furnitum de grossis decem octo pro brachio et unum mantelum de bruno consuetum, conditionibus definitis. quibus standum morte intercedente vel unius vel utriusque partis. Instrumentum rogat Marcus quondam Antonii Mellonis de Veneciis, ex commissione, licencia et mandato Maynardi Comitis Goricie et Tyrolis.

MCCCLXXVII. Die Mercurii, 2. Septembr., Goritię, in domo Antonii de Rabatta, scilicet in Stupa. Antonius de Rabatta Goritię habitans et Margareta ejus filia, relicta quondam Odorilici de Gramoglano concorditer compromittunt Nicolaum filium dicti Antonii legum doctorem, arbitratorem amicabilem super dissidiis inter illum et illam componendis ratione bonorum Margaretę, quorum affictus exegit Antonius, eo pacto ut quę pars laudo obbedire noluerit, teneatur centum ducatos boni auri et iusti ponderis alteri soluere. Actum rogat Mathias Goriciensis, quondam Nicolai Pucini.

MCCCLVIII. 6. Aprilis, In S. Daniele, Ante domum Petri Pasqualis. Honderieus quondam Jacobi de Tribano superiori vendit Simoni quondam Mathię de S. Daniele, pretio marcharum sexdecim denarior. mon. aquileiens. unum mansum in feudum et iure feudi, situm in Pirotta, rectum per Pellegrinum dictę villę, cum omnibus pertinentiis a cęlo usque ad abyssum. Chartam rogat Bertrandus quondam Arigini Lelli de colnago, mediolanens. dięces., notarius.

MCCCLXVI. 28. .... Floridiana relicta quondam Simonis de S. Daniele, tanquam tutrix filii sui Francisci et hęredis ejusdem Simonis, constituit Johannem filium suum, Simonem et Fulcherinum divę Clarę de Utino nec non Leonardum

4

factorem de sancto Daniele novos nuncios, actores, factores et legitimos procuratores in lite quam ei movet seu movere videtur Nicolaus de Pulcinico coram Marquardo s. sedis aquilejensis Patriarcha, et coram quocumque alio judice seu rectore. Chartam rogat Nicolaus filius quondam Thomasini de Meduno, notarius, in S. Daniele, in castello, ante domum dicti pupilli.

MCCCXLIII. 25. Martii. Matthęus quondam Francisci de Braçacho superiori vendit Conrado olim Francisci de Braçacho superiori unam silvam vocatam La alnet et aliquantulum de palude in dicta silva posita inter Braçachum et Braçachum, finibus designatis, pretio duarum marcharum novor. denarior. aquilejens. Actum rogat Matthęus dictus Missius quondam Çotti de sancta Maria de Sclaunich, super castrum de Groragnis, in cemeterio Ecclesię sanctę Margarete apud turrim.

MCCCLXX. 17. .... In S. Daniele. Hector quondam Corandelę, de sancto Daniele, solvit pro se et nomine Sanuti quondam Bartholomęi militis de s. Daniele, Bartholomęi dicti Glemonensis de s. Daniele, nec non Coleti de Glemona, quinquaginta duas marchas denar. novor. mon. aquil. Johanni quondam Pedrusii de Utino, tanquam tutorio nomine Francisci filii et hęredis quondam Simonis de s. Daniele, occasione medietatis dotis et contradotis ac lucrorum ab isto Floridanę relicte quondam Simonis de s. Daniele solvendę. Actum rogat Indialpretus quondam Nicolusii de Meduno, notarius.

MCCCLXII. Nicolaus filius quondam Gabrielis Marsunonis de s. Daniele testamento disponit, corpus suum in Ecclesia sancti Michaelis de s. Daniele sepeliri, cui Ecclesię donat campum, finibus pręstitutis, in s. Daniele, eo pacto ut camerarii ejus Ecclesię teneantur annuum anniversarium facere, semel in anno, patris et matris ejus Nicolai et sui, cum quatuor presbyteris. Legat insuper francos decem dictę Ecclesię et decem Ecclesię s. Danielis, nec non centum libras solidor. veronens. parvulor. Catarinę consanguineę suę et filię quondam Francisci barbę sui. Actum rogat Nicolusius quondam Thomasini de Meduno, notarius, in s. Daniele, in camara domorum dicti testatoris.

MCCCLXXI. 20. Julii. Arissius de Ramanzacho, Nicolaus notarius, quondam Magistri Gregorii de Utino, et Nicolaus filius Francischi de Lavilla habitans Glemonę, nec non Clara filia Avisii et relicta quondam Antonii Utini habitantis constituuntur tutores Antonii Alvisii filii ac hęredis dicti Antonii, atque ita ut testamentarias dispositiones curent et inventarium omnium rerum tam mobilium quam immobilium conficiendum instituant. Chartam rogat Seraphinus quondam Petri Laurini, notarius de Utino, asserens se pro ejusmodi inventario marchas denariorum tres recepisse.

MCCCLXXII. Die dominica, 27. Junii, Padue, in choro altaris majoris Ecclesię S. Justinę. Paulus Fulchus quondam Gabrii de Gabrielibus, de civitate Austrię, tonsuratus, constituitur coram Nicolao Abbate monasterii S. Justinę et profitetur nudum regulam S. Benedicti, unde votis clara voce emissis ab eodem Abbate per manuum impositionem in Monasterium excipitur. Rogat instrumentum Bartholomęus filius Nicolai notarii, habitans Paduę.

MCCCXXXV. 7. Septembris, Glemonę, in Ecclesia S. Marię Collium. Phebusinus de la Turre coram Bertrando Patriarcha aquilejensi constitutus, humiliter supplicat suorum feudorum investituram, qua obtenta eo jure quo sui progenitores ab Ecclesia aquilejensi tenuerant, fidelitatis juramentum Bertrando, ejus successoribus et Ecclesię aquilejensi, tanquam vassallus pręstat. Actum rogavit Gelesinus de Novate notarius et patriarchalis Cancellarius.

MCCCLXXXV. 2. Junii, In S. Daniele. Franciscus quondam Simonis de S. Daniele tradit jure perpetui livelli, secundum morem aquilejensis Ecclesię, Andreę quondam Morassini de S. Daniele sedimen domorum cum curia et bayartio situm in S. Daniele, confinibus designatis, cum omnibus pertinentiis et juribus a cęlo usque ad abyssum, salvo iure et consuetudine annui livelli solvendi, in die Circumcisionis Domini, Francisco locatori et ejus hęredibus, scilicet libras denarior. aquilejens. duodecim, cum jure sprangandi et disprangandi. Actum rogat Antonius quondam Nicolai olim Guarnerii de Sonenbergo, notarius residens in S. Daniele.

MCCCXXXIX. 23. Octobris. Everardus quondam Candidi de Nonta, habitans in S. Daniele constituit suos Procuratores Simonem quondam Matthię de S. Daniele et Nicolaum quondam Peregrini Valutti de Glemona, pręsentes et mandatum suscipientes ambos in solidum in causis quas vel movet vel movere intendit Matthęo Fabro, Alexandro de Pach, et Stocio quondam Egidii Werron, omnibus de S. Daniele, nec non generaliter cuilibet persone, cujusve loci, quocumque nomine, coram Bertrando aquil. Eccles. Patriarcha, suis Vicariis et Successoribus, Gastaldione S. Danielis, vel quocumque alio auditore seu judice delegato vel subdelegato. Actum rogat Nicolaus Piccinus de Glemona, notarius.

MCCCLXXVII. 3. Februarii, Utini, super pugulo domus Francisci de Savorgnano. Miles Franciscus quondam militis Francisci de Savorgnano, coram testibus Georgio de Cortis de Papia Decano aquileiensi et Marquardi Patriarchę Vicario generali, Johanne quondam Perotti de Austria civitate Decano civitalensi, Simone quondam Henrici de Prampergo et Dyetalino quondam Androtę de Castro Utini. fatetur solutionem sibi factam ducatorum quatuor millium trecentorum et octuaginta, nec non mille ducatorum boni auri et iusti ponderis a Nicolao notario, quondam Manini de Florentia Utini commorante. Actum rogat Thomasinus quondam Nicolaus Messe notarius de Utino.

MCCCXIX. 7. Februarii, Utini, sub porticu domus Sintelgimi de Utino. Henricus Mansarius de Villalta vendit pretio trium marchar. mon. aquil. unam Braydam sitam in Villa de Çisterna cuidam Gabrieli de Utino. Actum rogat Franciscus quondam Piçoli de Utino.

MCCCLII. In Castro Partessagni, in domo nova. Tomassius de Chucanea commorans in Castro Pagane ob plura merita et grata servitia habita a Cono de Partessagno filio Nichulli ejus fratris, cedit, donationis titulo inter viros, ejus nepti Bette Catarinam de Herossa uxorem Tomassii de Masnata cum natis, nascendis et descendendis ex ipsa, nec non cum bonis vel mobilibus vel immobilibus, cum jure paternę et maternę hęreditatis spectantibus, promittens se stare in instrumento contentis, sub pęna marcharum quinquaginta mon. aquil. Chartam rogat Johannes de Sarallo notarius.

MCCCCXIII. 13. Maii, Actum in Portu Naonis. Nicolaus quondam Petri Limarii de Portu Naonis, habitans nunc in Murano, vendit pretio librarum soldorum .... (spatium vacuum et in documento) hęredibus Francisci Pelli et Nicolussii Lazzarini domum sitam in Portu Naonis, volens autem ne ex dicta divenditione Zanilinus et ejus hęredes aliquid detrimenti patiantur, eidem assignat mansum seu terrenum situm in sancto Martino de Colle. Instrumentum exemplavit ex votis Zampolini notarii Paulus quondam Odorici de Valle notarius, committente domino Partusio.

MCCCCVIII. 21. Januarii, Actum in Castro Valvesoni, super salla palatii Jacobi de Valvesonis. Gylisia quondam Forzatè de Forzatè de Padua constituit maritum Jacobum de Valvesonis, procuratorem suum sponte accipientem. qui exigat a Nicolao quondam Thomę de Bononia, notario, tanquam tutore pupillorum quondam Hermatore quondam Phębi de la turre ducatos quingentos auri, quos Gerardus de Gratazollis de Utino tanquam procurator Gilisię obtinuit in judicio Goritię contra dictos pupillos hęredes Phebi de la turre eorum avi. Actum rogat Melchior quondam magistri Baldassaris Treugiri de Valvesonis, notarius.

MCCCVI. 11. Septembris, In foro Goricię apud solium. Benvenutus de Emeglamo olim Stefanutti vendit Petro Gocenami olim Tremoldi de Goricia, notario, pretio septem marcharum solidor. denar. aquil. mon. unum mansum dominorum de Reyfenberch situm in S. Petro aput Ysoncium, in Contrata Montisfalconis, jure feudi. Actum rogat Adam dictus Astulfus de Civitate Austrię, notarius.

MCCLVII. Ulricus de Reiffenbach insinuat quod Grymoaldus dictus Saybot et Eva ejus uxor comparavit curiam sitam prope fratres. in pede montis Goricię et vineam cum pertinentiis suis a Rudolfo dicto Bratito, pro tribus marcis aquilejens. quam curiam et vineam sibi a Bratito libere resignatam confert, jure

4*

investiturę, dictis Crymonldo et uxori eius, promittens se eos in dicta curia, a quocumque invasore defensurum.

MCCCLIX. 18. Decembris, Utini, in Clostro Eccles. S. Petri Martyris etc. Bertoldus de Marzanis constituit proprios massarios Pedrussium Falzoni de Aquileja, Nicolusium dictum Cozeta notarium de Utino, Philippum et Sanctucium fratres, dictę civitatis, habitantes in Aquileja, ac Ghudiellam et Odorlisam de ...... (lacuna est in charta), omnes absentes tanquam presentes, et quemlibet ipsorum in solidum, proprios procuratores in lite cum Thadeo et Varnerio fratribus de Marzanis, vel eorum procuratoribus, coram Ludovico sedis aquil. Patriarcha vel ejus Vicariis et officialibus etc. Nicolaus Manini de Florentia, Utini commorans, actum rogat.

MCCCXXX. 4. Martii, In mercato Goricie, in domo Franchi. Judas uxor Henrici de Verxa et Nicolaus eorum filius, in satisfactionem septuaginta quinque marcharum denar. solid. quas promiserant Fançelo quondam. Gocenami de Goricia pro dotibus hujus uxoris Gertrudis filie Judnę et Henrici, assignant Fançelo et uxori decimam sancte Marię et quatuor mansos, usque dum eisdem jugalibus septuaginta quinque marchas in festo S. Georgii solvant. Instrumentum rogat Nicolaus Pucinus de Glemona, Goricię habitans ex mandato Meynardi comitis Goricię et Tyrolis.

MCCCXLVI. 20. Januarii, In sancto Daniele, ante canipam Tomasii de Pignano. Ingelprettus quondam Francisci de Pignano vendit pretio viginti octo marcharum denar. aquil. Fantę quondam Mathie de S. Daniele unum mansum situm in S. Daniele, jure feudi. Actum rogat Nicolaus Pucinus de Glemona.

MCCCXLII. 20. Julii, In villa Morucio sub logia communis. Nicolusius et Morandus fratres, filii quondam Meynardi de Marucio vendunt pretio quinquaginta et unius denariorum novorum aquil. Fantę Matthię de S. Daniele unum mansum positum in villa S. Danielis. Actum rogat Johannes de Justinopoli (Capodistria) notarius.

MCCCXXXIV. 22. Augusti, In domo Asquini, ante portum Burgi Varni. Fedricus filius Antichi de Varmo vendit pretio viginti duo marcharum denar. novor. aquil. mon. Phybuxino quondam Raynoldi de la turre mansum situm in territorio villę S. Petri, qui solvit per fictum staria quinque frumenti, staria quinque milii, staria quinque sorgi, quinque urnas vini, quatuor gallinas cum ovis, unum edum, unam spalam etc. fideiussoribus in solidum Asquino fratre venditoris et Tonegolli de Varmo. Actum rogat Philippus quondam Bologaini de Vandolis de Massa Fischalie, Castellucti habitans, notarius.

MCCCXLIII. 13. Novembris. Everardus quondam Candidi de Nonta vendit Simoni quondam Adalcyti de S. Daniele feudum jure feudi, cujus partes quamplures in istrumento numerantur, pretio centum marcharum aquil. mon. Actum rogat Maynardus de Glemona, Glemonę.

MCCCXLV. 16. Augusti, Actum Utini, in foro novo. Magister Masius Barberius Utini commorans, quondam Magistri Bonacose, de Bononia, uxor ejus Beatrix et filius Henricus Barberius vendunt pretio quatuor marcharum den. aquil. mon. Manino quondam Bucii de Florentia unum fictum seu livellum octo librarum denar. aquil. super una eorum domo murata, posita in foro novo Utini, solvendum festo Assumptionis B. M. Virginis vel octo diebus post. Actum rogat Paulus quondam Nicolaus Busetus de Utino, notarius.

MCCLXXVI. Kalend. Aprilis, In Budin. Othocarus Rex Bohemię, Dux Austrię, Stirię et Carinthię et Marchio Moravię, Dominus Carniolę etc. respondet Johanni Patriarche Aquileiensi, olim Archiepiscopo Salisburgensi cum de receptis offensis incusanti, asserens dissensionis causam ex parte Johannis subortam, ac proinde cum propriis amicis ita agere velle ut molestias sibi irrogatas propulset.

MCCCCIII. 13. Junii. Pratę sub logia communis Guilelminus quondam Nicolusii comitis de Prata, tradidit, donationis titulo inter viros, Maximo Barberio familiari Bartholomęi quondam Francisci de S. Daniele unam suam petiam terrę aratorię et partem plantarum et vidigatus, omnia posita in Sacileto Pratę.

confinibus constitutis. Chartam rogat Paulinus quondam Odorici, de valle Pucci, notarius.

MCCCXLVI. 1. Julii, In S. Daniele, in domo Nicolai Puccini notarii infrascripti. Henricus quondam Thomasii constituit suos procuratores Cholam Salig de Civitate Castellana commorantem in S. Daniele, Franciscum quondam Lionardi de Agar de S. Daniele, et Thebaldum dicti loci notarium, absentes tanquam presentes, in causis quas movet, movere intendit seu posset Waltero Pertoldo et Henrico fratribus de Speglimbergo (sic), vel eorum alteri in persona et bonis Jacobi Pellegrini Pertoldi de S. Daniele, massarii et servitoris prędicti Henrici, coram Bertrando Patriarcha aquil. vel ejus Vicario, auditore, judice delegato vel subdelegato etc.

MCCCLIII. Die veneris, 12. Aprilis. Utini, in domo Leonardi Anoloni de Utino, apud gurgitem. Johanolus de Lissomo, Wicardus et Franciscus de Coloreto constituuntur arbitri et compositores litis vertentis inter Nicolaum militem de Lafratina et Pinçanum filium Manfredi de Soldanis Utini commorantem, hunc tanquam procuratorem Catarussę quondam Vermigli de Lamiduno et uxoris quondam Federici olim dicti Nicolai de Lafratina, nomine et occasione dotium, morgingabii et dismontadurarum ac alienorum jurium dicte Catarussę. Arbitri in compromisso definiunt quod, facta ex utraque parte remissione de ulterius aliquid impetendo, in cujus signum unaquęque in terram dimittat puleam quam manibus tenet, Nicolaus solvat Catarusse ducentas marchas denar. aquil. terminis datis, videlicet quinquaginta quoque festo SS. Martini et Petri, per biennium, conditionibus positis casu mortis Johanninę filię Catarussę. Actum rogat Odolricus quondam Andreę. de Utino, notarius.

MCCCLXV. 28. Januarii. Catharina quondam Franciscuti, quondam Simonis, et Bartholomęus Bilifius jugales confitentur se recepisse a Zanucto, Commissario instituto a Simone Catharinę avo, et Floridiana relicta ejusdem Simonis, omnia bona Catharinę spectantia, scilicet Castolarium, mansos et singula bona ab Ursula ejus matre, hęreditatis titulo obtenta, ducentas libras solidor. parvul. eidem legatas ab avo Simone, nec non libras centum eidem pariter legatas a Nicolao Mysangineo. Chartam rogat Nicolusius quondam Thomasii de meduna, notarius, in Sancto Daniele, in castro, ante domum habitationis domini tutoris.

MCCCLVIII. 4. Julii, Actum Utini, in stacione heredum quondam magistri Bonaventurę phisici. Henricus quondam Federici de Andriato de Utino transfert, titulo donationis inter viros, quę nullu ingratitudinis causa possit revocari, in Franciscutum notarium filium Minicuti de Utino, stipulantem et recipientem, omnia jura sua et actiones in omnibus bonis et mansis, quorum longus subtexitur syllabus. Actum rogat Nicolaus filius Manini de Florentia, notarius.

MCCCCXXII. Die lunę, 12. Januarii. In terra Utini. Ex mandato Petri Lauredano Patrię Forojulii Locumtenentis Antonius tubita et preco refert Nicolao Iavodono notario se. tubetę sono pręmisso, proclamasse in foro veteri et novo, quod quicumque actionem in bona mobilia et immobilia Cristophori de Chuchagna, Jacobi de Glemona et Machoris Philipussi a lamino in venetum Ducatum rebellium habendam pręsumeret, coram Cancellario locumtenentiali, infra datum terminum studeat pervenire. — Vigore hujus proclamationis Jacobus Manius coram prędicto Cancellario exigit a Machore ducatos auri octodecim, quos pro eo, Nicolao de la Turre jam solverat. — Die Maii duodecima ejusdem anni Locumtenens Manio indulget ut in bona Machoris inquirat usque ad solutionem prędictorum ducatorum. Chartam rogat Nicolaus Iavodonus, quondam Petri de Rolando patavini, notarius.

MCCCLXXXVI. 1. Novembris, In S. Daniele, penes domum habitationis Musissi olim relictę Mussi. Flechus quondam Anceloti de Buya, habitans in S. Daniele, vendit pretio trium marcharum denar. novor. mon. aquil. et trium stariorum avenę Mathiossio olim Pauli de Carpato medietatem domus quę olim fuit Henrici quondam Viti de Carpato. Actum rogat Georgius quondam Francisci de Paluça, notarius.

MCCCLXXV. 22. Februarii, In Civitate Austrię, in domo Nicolai dicti Poleti Nicolaus Poletus quondam Nicolai Pulięutti de Civitate Austrię confitetur se habuisse a Coradina relicta Marii de Goricia et a Johanne quondam Nicolusii de Castro novo, habitante Goricię solventibus nomine Simonis dicti Viebegor quondam Cernigor de Goricia, sexcentos ducatos auri pro dote Alzuletę uxoris suę, filię Simonis, ducentos vero pro tribus paribus indumentorum felcitis, uno cum variis, alio cum vulpibus, tertio cum cendato, et vigintiquinque marchas solidorum pro uno pare indumentorum de scarleto. Chartam rogat Johannes quondam Guillini de Civitate Austrię, Aquileiens. notarius.

MCCCLXVIII. 5. Decembris, Actum Utini, in domo infrascripti venditoris. Nobilis et potens miles Franciscus quondam militis Federici de Savorgnano, Utini habitans, vendit pretio quindecim marcharum denar. mon. aquil. Nicolao notario, quondam Manini de Florentia, Utini habitanti, quoddam pratum suum jure proprii situm in pertinenciis Utini, cujus confinia stabiliuntur. Chartam rogat Jacobus quondam Magistri Albertini, phisici de Pergamo, notarius.

MCCCLVIII. Die penult, Junii. Actum in Civitate Austrię in salla conventus Sancti Francisci ordinis fratrum minorum. Vluinus quondam Candidi de Canussio stat Pratę fideiussor Zampolino utinensi pro marchis quingentis et quinquaginta (solidorum veterum in denariis novis de viginti duobus pro quolibet computatis solummodo viginti veronensium) illi debitis a Jacobo Purgani de Laybach, Lappo de Serris et Lippo de Goricia. Zampolinus insolutus actiones suas in bona Vluini singulatim enumerata cedit Bertoldo de Manzano, a quo per incantum divenditas coemit Henricus de Andreotis de Utino. Andreas Vluini filius et heres cum beneficio inventarii. accedit ad res componendas cum Nicolusio dicto Cuccta notario de Utino, procuratore Bertoldi de Manzano, nec non Francisento notario, filio Minicuti de Utino, procuratore Henrici de Andreotis. Actum rogat Nicolaus filius Manini de Florent. una cum magistro Francisco notario.

MCCCLXXX. 4. Novembris. Marquardus Patriarcha aquileiensis Capitaneo, Consilio et Comuni terrę Utini, pro multiplicibus laboribus, presertim in guerra pręsenti exantlatis inter illius ecclesiam, eum et subditos ejus ex una parte, et ducem ac comunem Venetiarum ex altera, indulget nundinas publicas, sine solutione datii, pedagii, vel gabellę, anno quolibet celebrandas super ripam Cormorii, in die beatę Catharine, virginis et duobus diebus immediate pręcedentibus ac duobus sequentibus, libere concedens ut omnes accedere possint, exceptis proditoribus et rebellibus, latronibus, furibus, predonibus, falsariis, hęreticis et bannitis. Bertrandus filius Antonii notarii de Crociis, notarius, ex mandato Hectoris Pasqualigo locumtenentis Patrię Foroiulii, exemplavit, prout in notis invenit Nicolussii Zirbini de Utino.

MCCCLVI. 13. Decembris, Actum in burgo Tirani superioris, ante Ecclesiam. Nicolaus dictus Tin, quondam Francisci de Tirano superiori promittit solvere Francisco dicto Cesth quondam Nicolli de Garono marchas quatuor den. aquil. mon. ad sanctum Michaelem proxime futurum, sub pena unius marchę et refectione damnorum, pro residuo docium Thomasinę uxoris dicti Francisci et sororis pręfati Nicolai, sibi Francisco promissarum per dictum Nicolaum pro rata tercię partis sibi contingentis, pro quibus plenius observandis Nicolaus eidem Francisco designavit pro pignore unum mansum situm in Tirano inferiori. Actum rogat Bertrandus filius ...... Mediolanensis dięcesis, notarius.

MCCCXCI. 18. Decembris. In patriarchali palatio Civitatis Austrię. Johannes Patriarcha aquileiensis committit Bambio Piculi gastaldiam Carnee, nec non ejus castri custodiam cum censibus, redditibus etc. a die quintadecima Decembris proxime pręterita usque ad unum annum immediate sequentem, pretio mille et octingentorum ducatorum boni auri et iusti ponderis, quorum quingentos solvat in Nativitate domini, septingentos intra quindecim dies immediate sequentes, trecentos in festo S. Johannis Baptistę, trecentos in festo S. Michaelis. Mandat insuper Consilio et Comuni Tumecii nec non singulis eidem gastaldię subiectis ut Bambio, vel suo vicesregenti, per annum, obbediant quo elapso Bambiees castrum Patriarchę vel, sede vacante, Capitulo, vel ejus Vicedomino libere et fideliter assignabit.

MCCCVII. 9. Novembris, In foro Gorici̧ę, sub solio. Benvenutis de Emeglano constituit Omobonum dictum Bezzeca filium olim Francisci notarii de Goricia, procuratorem ad resignandum libere in manibus dominorum de Reyfenberch aut unius eorum unum mansum situm in sancto Petro apud ysoncium, in contrata Montisfalconis, quem mansum Petrus Gocenami olim Tremoldi de Goricia accipit in feudum, jure feudi, pro se et hęredibus a dominis de Reyfenberch. Actum rogat Adam dictus Astulphus de Civitate Austrię.

MCCCLXXXV. 21. Novembris, Paduę, in palatio Domini de Anticamera Camerę navium. Cardinalis Philippus de Alençonio Patriarcha Aquileiensis memor eorum quę Michael de Rabatta Antonii de Rabatta, natione florentinus, origine goriciensis in suo Marescalatus officio Forojulii pręstitit, nec non damnorum ei a Patriarchę emulis illatorum, donat eidem castrum Buglie ultra Tulmentium in patria Forojulii situm cum omnibus bonis mobilibus et immobilibus, villanis ad ipsum castrum spectantibus, juribus etc. tanquam rem Aquileiensis Ecclesię et manualem ipsius Patriarchę. Instrumentum rogat Lilius filius Facini de Calvis de Montagnana, habitans Paduę, in quarterio centenario et contrata Domi, una cum Egidio Ledoulie Canonico Aquilejensi et Nicoletto de Alexio Patriarche Protonotario.

MCCCXIII. 11. Marcii, In Civitate Austrię, in domo de Portis. Henricus Gorici̧ę et Tyrolis comes, Aquileiensis, Tridentinę et Brixinensis Ecclesiarum advocatus tradit in feudum, jure feudi, Febo et Raymondino fratribus de la Turre, eorumque heredibus tam masculinis quam femininis, castrum Flambri cum burgo adiacenti, campis, silvis, etc. proptereaque ab eis exigit fidelitatis juramentum. Actum rogant notarii Franciscus quondam Jacobi de Ymaxio habitans Padue in quarterio Pontisaltinati, centro sancti Blaxi et contrata sancti Bartholomęi, Antonius quondam Bonifacini de Curtarodulo habitans Padue in quarterio pontis molendinorum, centro et contrata sancti Jacobi, Franciscus quondam Antonii Turcheti, habitans Paduę in quarterio et centro Domi, et contrata S. Johannis de Navibus, Otho quondam Henrici de Marosticha habitans Paduę in quarterio Domi, centro s. Nicolai, et contrata pathei mendosi.

MCCCLXXX. Die Veneris, quinto Aprilis. Marquardus Patriarcha Aquilejensis Magistro Augustino quondam Benimbene militi de Alonis, utinensi, ob plura et fidelia servitia cum pluribus veteranis pręstita in recuperatione civitatis Tergesti (in durissimam ac crudelissimam servitutem, sub jugo civitatis et dominii Venetiarum redactę), largitur, titulo remunerationis, domos, possessiones, bona quę Manum de Pariono spectabant, Demorum in contrata Riburgi confinia assignantur.

MCCCLXXXXVI. 18. Augusti, In s. Daniele. Albertus quondam Artichi de Faila suorum bonorum dispositionem per testamentum nuncupativum pronuntiat. Sepulturam cum monumento sibi eligit in ecclesia S. Michaelis, cui legat mansum jure livelli, eum eo ut anniversarium ei celebretur, et quinque missę celebrentur, pro earum qualibet quatuor denariis solutis. Legat quoque S. Jacobi de villa Coseglani unam canipam et fraternitati de castro s. Danielis unum pratum, iisdem ferme conditionibus. Francisco quond Simonis de s. Daniele totum quod habet in castro s. Danielis, eo ut teneatur solvere Pedrusię nepti testatoris septuaginta libras solid. veron. paruul; quod si neglexerit solutionem, vel noluerit acceptum legatum, idem Albertus legavit eadem bona cum turri in eodem castro, Ecclesię S. Marię de Aquileia. Catharusię uxori unum campum et omnia sua mobilia in domo S. Danielis. De reliquis bonis instituit hęredes Nicolaum et Artichum fratres, quondam Andreę de Sacilo, ęquali parte inter ipsos. Actum rogat Andreas quond. Pithiani, notarius.

4.) Urkundliche Beiträge zur Adelsgeschichte.

I. Die Herren von Wallsee, im 14. Jahrhunderte.

Mitgetheilt von Joseph Chmel.

1. 1301, 18. December, Wien. Heinrich von Praitenvelde verkauft dem „Erbaern herren hern Eberharden von Walsse seines rechten

Lehens (von denselben E. von Walse) 4 Pfd. Wienerpfenninge Geltes zu Guntbartestorf auf $1^1/_2$ Lehen um 32 Pfd. Wienerpfenninge, die er richtig erhalten hat.

Schirm gegen alle Ansprache.

Zeugen: Her Chunrat von Praitenvelde,
Her Ulrich von Ruckendorf,
Her Ulrich von Grunt, die Ritter.
Ulrich von Ruckendorf,
Ulrich von Grunt,
Her Hayme,
Her Otte sein pruder,
Pilgreim von Praitenaich,
(und ander frume leute genuch).

Geben ze Wienne 1301 des Maentages vor sand Thomans tage.

Orig. Perg. 1 rothes Wachssiegel (des H. von Praitenvelde). Haus- und Staatsarchiv.

2. 1303, 12. Juni. Johans von Chappellen gibt seiner Hausfrau Chunigund, Tochter Herrn Eberhards von Walsse, 1000 Pfd. Wienerpfennige zu rechter Morgengabe und setzt ihr zu Pfand das Dorf zu Stételndorf mit Zugehör (für 700 Pfd. Pfen.) und was er zu Zwentendorf hat („ze „dorf und ze velde, an werden, an wismat, an weide, an vischwayde, an vogtay „daz ùrfur und swy ez genant ist ez sei aigen oder lehen") für 300 Pfd. Pfen.). Das geschah vor seinem Herrn Herzog Rudolf von Österreich, der auch mit seiner Hand bestätigte was zu Zwentendorf sein Lehen ist (die Erlaubniss gab). Hinsichtlich Stetelndorf bringt er die Erlaubniss seines Lehensherrn des Burggrafen von Nürnberg bei.

„Wer aber des got niht verhenge, daz ich und mein vorgenant housfrowe „an erben und an chinde verschieden, so sol das vorgenant guet allez mein èrben „her wider an geuallen nach landes reht."

Zeugen (erbern geziugen): Her Stephan von Myssowe Marschalch in Österrich,
Her Hainrich von Volchenstorf,
Her Otte von Zelkinge,
Her Chûnrat von Chappellen,
Her Houch von Reichenstain,
Albêr von Chunringe,
Rapot von Valchenberch, und ander erber leût genueg.
1303, Mitichen vor Sand Veitstag.

Orig. Perg. 1 Siegel von weissem Wachse. Haus- und Staatsarchiv.

3. 1309, 12. October (Sonntag nach Dionys), daez Voytsperch. Ulrich von Graden und Friedrich von Hannow verbürgen sich für ihren Herrn, Herrn Ulrich von Walsse, gegen Ulrich von Saurow über 20 Mark Silber („gewegens"); es soll ihm die Hälfte nächste Pfingsten und die andere Hälfte auf St. Egidientag entrichtet werden. Widrigenfalls ist jeder von ihnen, welchen dann Ulrich von Saurow dazu auffordert, verpflichtet, dass er „ze Voytsperch in ein offen gasthaus varen und da laisten nach inne ligens reht und niht ouz chom er werd ê gewert seins vorgenanten silbers." — Stirbt er (Ulrich) früher, sind sie dazu dem Bruder Friedrich von Saurow verpflichtet und andern seiner Geschwister.

Zeugen: Her Ötacher von Schaflaz;
Her Chûnrat ven Lubgast;
Friderich von Saurowe;
Ulrich von Schaflaz;
Weygel von Hannow u. a. piderbe leut genûch.

Orig. Perg. 2 Siegel, von weissem Wachse. Haus- und Staatsarchiv.

4. 1312, 6. December (Mitichen St. Niclastag), datz Enns. Heinrich von Walsse erklärt, dass er Gotfried dem Schreiber (Scriber) von dem Haus und seiner Hausfrau Margareth und ihren Kindern als rechtes Lehen verliehen zwei Lehen „ains datz Portleinsperge daz ander datz Gumprehzueld versücht und unversücht ze holtz und ze veld;" er kann sie, wenn ihm „ehaft not" dazu zwingt, versetzen oder verkaufen.

Zeugen: Her Hainreih von Lonstorf,
Her Ott sein prûder,
Her Hainrich von Folchenstorf,
Brûder Leupolt pfleger von Bech(larn), und anderr piderber leut genûg die dapei worn.

Orig. Perg. 1 Siegel von weissem Wachse. Haus- und Staatsarchiv.

5. 1314, 17. Jänner, Pfintztag (S. Antonintag), dacz Wienn. Berchtold von Pebrun und seine Hausfrau Margret verkaufen dem (erbern hern) Herrn Heinrich von Walsse und seinen Erben ihr rechtes Eigen 27 Lehen und 15 Hofstätt, die da liegen „datz dem Gaezweins" und „datz Barperg" und alle Jahre 8 Pfd. weniger 21 Pfen. dienen und ihr rechtes Lehen von Herzog Friedrich von Österreich, allen den Zehend klein und gross in den zwei vorgenannten Dörfern „dez zwai tail unser gewesen sint und daz drittail dez pharrer von Schônauw" um 101 Pfd. Pfen. Wienermünze. Als Ebentheuer setzt er ihm, wenn etwas abginge, 200 Pfd. Pfen. und als Schirm und Gewähr all sein Gut, es sei Eigen oder Lehen.

Zeugen: Her Dietrich der Marschal von Pilichdorf;
Her Ulrich und Her Ott seine Vettern;
Her Eberhart Her Ulrich und Her Friedrich die Gebrüder von Walsse;
Her Chunrat von Potendorf;
Her Jans von Chappell;
Her Ulrich von Grunburch;
Her Ott von Grûnburch;
Her Rudolf und Her Hertel von Stadek;
Her Rûdolf von Arburch;
Her Jans von Walpurch und
Her Weichart von Topel u. a. erber herren etc.

Orig. Perg. 1 Siegel. Haus- und Staatsarchiv.

6. 1314, 2. Februar (Lichtmesstag). Reymprect und Hôuch (Brüder) Tursen von Liechtenvels verkaufen dem („Erbern Manne") Herrn Eberhard von Walsse alles ihr verlehntes Gut, das sie (von ihren Vorfahren her) gehabt haben in dem Dorfe zu Geyczendorf (18 Lehen und 1 Hofstatt) und dazu das Dorfgericht daselbst („mit allen dem daz darzu geheort ze dorffe und ze velde besueht und unbesueht mit allen dem reht als wir ez in aigens gewer herbraht haben") um 60 Pfd. Wienerpfenninge, die sie erhalten haben.

Zeugen: Her Rapot und Her Haidenrich Purkrafen von Gors,
Her Hadmar von Sunneberch,
(Lücke) „vnser veter" der Turs von Rouhnekke,
Alber von Chunringe,
Otte von Cheyowe,
(Lücke) von Hakenberch u. a. erber l. g.

Orig. Perg. 2 Siegel von weissem Wachse. Haus- und Staatsarchiv.

7. 1319, 24. Juni, Wien. Peter der Piber gibt dem „erbaern" Herrn Herrn Heinrich von Walsse, der sich für ihn gegen Gutmann den Juden über 100 Pfd. alter Wienerpfenninge verbürgte, einen Schadlosbrief, falls er ihn nicht bis nächsten St. Michelstag, wie bestimmt ist, von der Bürgschaft ledigen sollte.

„Swelichen schaden er der vorgenanten Purgelschaft furbas nimt gegen den „egenanten Juden iz sei van Inne ligen van Raisen oder van Czerunge oder van „swelicher laie sach das sei den selben schaden sol ich im allen ab legen mit „sampt dem haupgut."

Orig. Perg. 1 Siegel von weissem Wachse. Haus- und Staatsarchiv.

8. 1321, 13. Februar. Ich Gundaker van Storhenberch vergih offenlich an disem brief allen den die | in sehent oder hôrent lesen, das ich mein tail an dem holtz bei Valchenberch | daz mich an erstorben ist von meiner Mûmen von Behem gegeben han | den edlen Herren meinem Geswein herrn Heinrichen von Walse und seinen chinden. | Mit urchûnd diez briefes. Der brief ist geben do von Christes Gebûrt | worn ergangen driuzehen hundert iar in dem ains und zweinzigistem iar | des vreitages vor sanct Valenteinstag.

Orig. Perg. 1 Siegel von weissem Wachse. Haus- und Staatsarchiv.

9. 1324, 3. April (Eritag vor Pluemostern). Ulrich von Walse, Hauptmann in Steiermark, bekennt, dass er künftigen St. Michelstag zahlen soll dem Herrand von Trawtmansdorf 45 Mark Silber mit den 10 Mark („an dem Ros") (?) und setzt ihm desshalb (nebst sich) noch seinen Schreiber Peter „ze Purgel."

Zeugen: Her Ulrich von Chaphenstain,
Her Ot von Harperg und ander pider leut.

Zerschnitten.

Orig. Perg. 1 Siegel. Haus- und Staatsarchiv.

10. 1325, 14. Februar (7. Jänner? St. Valentin), Linz. Bischof Albrecht von Passau erklärt als Lehensherr, dass in seiner Gegenwart der „Edel man" Eberhart von Wallse seiner Hausfrau Anna (seiner, des Bischofs, „Muemm") mit seiner „hant" um 320 Pfd. Wienerpfenning einen Zehend versetzt habe, der des Bisthums von Passau Lehen ist und „leit dats velts niderhalben des Champes und ist der Puchperiger gewesen." Er ist der Anna hinsichtlich dieses Zehends „rechter Herr und Scherm."

(Zerrissen. Siegel abgestreift.)

Orig. Perg. 1 Siegel. Haus- und Staatsarchiv.

11. 1326, 6. Jänner (Perchtag). Wulvingh von Puechperch erklärt, dass er nach Rath seiner besten Freunde seinen Oheimen den Gebrüdern Herren Heinrich Reinpreht und Friedrich von Walse gegeben habe die „aigenschaft di leit auf zwain halben lehen datz Eisneisdorf."

Zeugen: Her Rapot Puerchraf von Gars,
Her Seifrid von Plench,
Her Reinprecht von Schonnberch,
Her Hertweich der Schad,
Hainreich von Schonnberch,
Hauger und Fridreich di zwen Prûder vom Schonnberch,
Gundacher von Zemler.

Orig. Perg. 1 Siegel von weissem Wachse. Haus- und Staatsarchiv.

12. 1326, 21. Jänner. Wir Graf Fridreich von Hochenloch Chorherre ze Babenberch und ich Albrecht von Stralenberch Commitewer | datz Sand Peter und ze Helenstain und ich Hainreich der Schralle wier veriechen an disem prief | und tuen chunt allen dem di in sechent oder hôrent lesen das wir mit versintem muet und von hayzze | und von gepot unsers lieben Prueders und Öchaims Graf Hainreichs von Höchenloch und von unserr Swester | seiner wiertinne Greffinn Elspeten gepot und hayzze dem edeln mann unserm lieben vreunt Herrn | Ulreichen von Walse und seinen Erben gelobt haben pey unsern Trewen an aydes stat das wier | im haben gesworn mit gestalten Henden. Swann er oder sain Erben dem

vorgenanten Graf Hainreich | an von Höchenloch oder seiner wiertinne oder swem si es schaffent geit und vericht dy dreu Tausent | March silbers die er in an Smyelenbürch solt gelten, so schullen wir dem vorgenanten Herm Ulreichen von | Walse oder seinen Erben das vorgenant Haus ze Smyelenbürch antburten an alle wider rede und an | all arge liste. Daz loben wir im und seinen Erben pey unsern trewen an aydes stat als hie vor stet | geschriben. Und das diseu gelübde dem vorgenanten Herm Ulreichen von Walse und seinen Erben von| uns stet und unzerprochen werden behalten, haben wir im und seinen Erben disen prief geben zue | ainem gezeug der warhait versigelt mit aller unserr dreyer anhangunden Insigelen. Der prief ist | geben datz Gretz do man zalt von Christes gepurde dreuczechen hundert iar darnach im dem Sechs | und zwayntzkistem iar das nesten Ertages vor sand Pauls becherunge.

Orig. Perg. 3 Siegel von weissem Wachse. Haus- und Staatsarchiv.

13. 1326, 30. April. Ich Ludbeig von Zelking vergich und tůn chunt allen den di disen brif sechent lesent oder hornt | lesen di nu lebent oder her nach chunftig sint. Daz ich nach rat aller meiner vreunt und mit gunst| aller meiner Erben mein Hous ze Espeinshouen und alles daz darzu gehort ze veld und ze dorf | versuecht und unversuecht und daz mein rechtes lechen gewesen ist von den fursten von Osterreich | ze chauffen han gegeben hern Eberharten von Walsse ze den zeiten Lantrichter ob der Ens um | suben Hundert phunt alter wienner phenning der er mich recht und redleich gewert hat und ich | dem vorgenant hern Eberharten von Walsse daz vor genant Hous auf gegeben han mit der fursten hant | da von iz mein lechen waz also weschaidenleich daz ich des oft genant Hous sein und seiner Er | ben scherm und gwer sol sein für allen anspraeh als des Landes recht ist zo Osterreich. Tet ich | des nicht swelichen schaden sein das der oft genant her Eberhart von Walsse oder sein Erben nemen den | sol ich im ab legen und sol daz haben auf mir und auf aller meiner hab di ich han in dem Land | ze Osterreich und daz im daz also stet weleib gib ich im disen brif versigelt mit meinem Insi | gel. Diser sache sint gezeug Her Ulrich von Walsse Her Alber von Chunring Her Burchart von | Vriberch Her Hainrich von Dachsperch Jans von Chappelle Hainreich Fridreich Reinprecht Brueder| von Walsse Her Wernhart von Cozesdorf Her During der Pyber Her Freytel von Winthag Her | Chunrat von Tann und ander Erber laut gnueg den diseu sache wol chunt ist. Der brif | ist geben nach Christes gepůrd uber Dreuzehen Hundert Jar in dem Sechs und zwaingstem Jar | dar nach an dem Auffert abent.

Orig. Perg. 1 Siegel von weissem Wachse. Haus- und Staatsarchiv.

14. 1326, (S. Bricientag) 13. November. Ulrich der Prueschinch gibt dem Herrn Eberhard von Walsse, der Zeit Landrichter ob der Enns, der sich für ihn gegen Friedrich den Tunguezzinger, Richter zu Linz, verbürgte, einen Schadlosbrief. Er, Prueschinch, verkaufte dem Tunguezzinger eine Hube um 45 Pfd. Pfen. und versprach noch vor Weihnachten nebst seinem Bruder die Hube bei dem Lehensherrn richtig zu machen, widrigenfalls Herr Eberhard von Walsee oder ein „piderb chnecht“ an Seiner Statt leisten soll („als laistens recht ist und nicht aus chomen iz werd dan Fridreichen dem Richter di hueb aus gericht an allen schaden“). Welchen Schaden nun diese Leistung macht, soll er ersetzen.

Orig. Perg. 1 Siegel von weissem Wachse. Haus- und Staatsarchiv.

15. 1327, 4. Jänner. Ich Wentel Hern Chunrats witibe von Werde dem got gnade. Vergich und tun chunt allen den die disen prief lesent | oder horent lesen, die nu lebent und hernach chunftich sint. Daz ich nach meiner pesten vreunde rat mit guten willen | und mit verdachtem můte ze der zeit do ich ez wol getun mochte meines wirtes swester Hern Chunrats von werde vron | Alhaiden Hern Fridriches witeben von Walsse und iren sunen Eberharten Fridrichen und Hainrichen von Walsse recht und | redelichen ouf geben han daz hous datz

Merchenstain und daz hous ze Huetenherch, und alles daz gut daz zu den paiden | housern gehoret ze holtz ze velde ze dorff gestift oder ungestift, versucht oder unversûcht swie so ez genant ist und | den Satz ze Drosendorff und datz Weychartsslag. Darzu han ich in gegeben alles daz gût daz mein wirt Her | Chunrat von Werde lazzen hat, ez sei verlehent oder unverlehent gestifft oder ungestifft versûcht oder unversûcht an | daz hous ze Wernperg und an daz dorff datz Eitzestal und waz darinne ist ez sei verlehent oder unverlehent | gestifft oder ungestift swie so ez genant ist, und an den marcht datz Haebrestorff der mein rechte morgengab ist | von meinem vorbenanten wirt hern Chunraten von werde dem got gnade und für das vorbenante gut alles daz | ich in gegeben han, habent sie mir recht und ledechlichen gegeben ires aygen gutes daz hous ze Chalbesperch mit | allem dem gût daz sie darzu gehabt habent ze holtz ze velde und ze dorf gestift und ungestift versûcht | und unversûcht, swie ez genant ist. Darzû habent sie mir gegeben alles daz gut, daz sie gehabt habent in den | zwain dorffern datz Höffelein und datz Regelprunne, die da ligent pei Prukk ze holtz ze velde und ze dorff ez sei | gestifft oder ungestift versûcht oder unversûcht swie so ez genant ist. Und daz die sache staet und untzebrochen beleibe | darüber so gib ich in disen prief ze ainem waren urchund und ze einem ewigen gezeug versigilten mit meinem | Insigel und mit meiner vreunde Insigeln Hern Rudolfs von Potendorff hern Chadolts von Ekkhartesowe hern | Weycharts von Winchel, hern Hainrichs von Wildungesmour hern (hern) Hertneides von Liechtenstain, die diser sache | gezeuge sint mit iren Insigeln. Der prief ist geben ze Wienne nach Christes geburt Dreutzehenhundert Jar darnach | in dem siben und zwaintzigistem Jare des Suntages vor dem Perichtage.

Orig. Perg. 6 Siegel (1 zerbrochen, 2 abgestreifft, ebenso 4 und 5, nur 3 und 6 ziemlich erhalten) von weissem Wachse. Haus- und Staatsarchiv.

16. 1328, 24. Februar. Ich Eberhart von Walsse und ich Alhait sein Housfrowe und ich Fridreich sein | Brûder und ich Margret sein Housfrowe und ich Hainreich ir Brûder von Walsse | wir vergechen und tûn chunt allen den di disen brif sechent lesent oder hornt | lesen. Daz unser veter her Ulreich von Walsse Houptman in Styr und Eberhart | von Walsse unser veter Lantrichter ob der Ens durich recht triwe unser Porgen | worden sint gen Guetmannine der Judyn und Morelein lebntins sun um neun | hundert phunt wyenner phenning da von wir seu pring suln an allen | schaden. Wer auer daz daz von laistung von gesuech oder wie schad gegen | mocht auf di vorgenanten neun Hundert phunt da schull wir in von helfen | an allen irn schaden und schuln daz haben auf uns und auf aller unser hab | di wir haben in dem Land ze Osterreich oder swo wirs haben und luben | in daz ze laisten mit unsern triwn und geben dar uber disen brif versigelt | mit unserr dreyer insigel. Der brif ist geben nach Christes gepürd uber | Dreyzehen hundert Jar in dem acht und zwaintzgstem Jar dar nach an | sant Mathyas tag.

Orig. Perg. 3 Siegel (1 fehlt, 2 ganz, 3 halb). Haus- und Staatsarchiv.

17. 1328, (Auffarttag) 12. Mai. Albait, Witwe Herrn Friedrichs von Walse, und ihr Sohn Eberhart von Walse erklären, dem Wiener Bürger („dem beschaiden manne“) Heinrich dem Chezzeler schuldig zu sein 27 Pfd. und 28 Pfen. Wiener Münze, dann 2 Muth Weizen und $2^1/_2$ Mark Silbers Wiener Gewichtes; sie wollen ihn bis nüchsten St. Colomannstag (13. October) bezahlen und schadlos halten, falls es nicht geschähe.

(Zerschnitten.)

Orig. Perg. 2 Siegel (1 halb, 2 fehlt). Haus- und Staatsarchiv.

18. 1329, 12. März. Ich Jans von Junging vergich mit disem prief allen den die in sechent hörent oder | lesent, daz ich mich nach meins Puerder (sic) Hern Purcharts von Junging rat und meiner | pesten vreunt mit meinem lieben Öhaim Herrn Ulrichen von Walse Hauptman in Steyer | gentzleich bericht han um allen

dem Schaden den ich genomen han in seins Vater dînst | des alten von Walse Herrn Ulrichs. Also swenn sein Prueder Herr Fridrich von Preuzen | chumt, swaz si ped denn sprechent, daz sol ich stet haben zu deu, unt mit ier vater | unt auch seu geben habent an dem schaden unt dienst, den ich getan han ierem | vater daz ich fuerbaz dar um geng in chain anspruch nicht mer haben sol. unt | dar uber ze ainem sichtigen urchûnd gib ich in disen prief versigelt mit meinem zuhang | ngunden insigel. Der geben ist ze Graez nach Christes gepuerd dreuzechen Hundert | iar dar nach in dem Neun unt zwainckistem iar, des Suntages in der gantzen vast | wochen.

Orig. Perg. 1 Siegel von weissem Wachse. Haus- und Staatsarchiv.

19. 1329, 8. Juni. Ich Alber von Volchenstorf vergich und tuen chunt offenleich mit disem brief allen den die | in sehent oder hôrent lesen. Daz ich und all mein erben geluben und verhaizzen meinem Sweher | Herrn Eberharten von Walsse und seinen erben, daz wir seu mit unsern tailn an dem Hôuse ze | Saûsenbûrch nichtz sullen irren umb dhainer lay sache, die si mit îrm virtail an dem vorge | nanten Hoûse dar zû und da von ze wandeln habent. Wir sûllen auch dhainer lay weg sue | chen die îrm vîrtail oder in ze schaden mêchten chômen und sûllen in mit unsern tailn ge | holffen sein wider aller menchleich die nicht rechtes von in wellent nemen. Wir sullen seu auch | mit unserm guetem willen darin und dar aus lazzen, swenn in des nôt geschicht zû wel | her lay daz ist und sûllen seu daran nicht îrren. Und der voruerschriben pûnd und gehaizz | verpinden wîr uns geng in mit unserm ayd stât behalten an alles gevêrde, und dar ûber | ze einem ûrchunde gib ich Alber in disen brief versigelten mit meinem Insigel und mit | meiner Ôhaim Insigeln Heinreichs Reinprechtz und Fridreichs von Wallse und Gundachers | und Perchtoltz von Losenstain, die diser sache gezeug sint. Der brief ist gegeben do man | zalt von Christes gepûrde Tausent iar Dreuhundert iar darnach in dem Naewn und zwain- | zigsten iar, an dem achten tag nach dem Auffart tag.

Orig. Perg. 6 Siegel (2 fehlen, 5 und 6), 4 von weissem Wachse. Haus- und Staatsarchiv.

20. 1329, 24. November (3. Decemb.). Ich Sweyker von Seldnaw vitztum bei der Rot vergich offenbar an disem brîf und tuen chunt allen den di in sehent lesent oder hôrnt lesen. | Daz ich ein tag von dem suntag der nu schîrist chomt uber acht tag hintz Vornbach genomen han gen Herrn Eberhartn von Walsse | dem Lantrichter ob der Ens und sol îm do auz richtn waz unser beder brîf sagent, di er und ich gen einander geben haben, | und sol daz geschehen nach sechs mann rat, di er und ich ietzunt genomen haben di her nach geschriben stent, von meinem tail | Herrn Dyetreichen von Haibach Richter ze chamm. Herrn Wernher den Sultzperger und Ulreichen den Popenperger Purgrauen ze Scherding; und von Herrn | Eberharst von Walsse tail Herrn Albern von Portzhaim, Dyetmarn von Aistershaim und Ûtzen von Tann Purgrauen ze Newnburch, | also daz di selben sechs gewalt habent, daz ich nach îrm rat ab nemen sol mit lieb und mit minn, waz siw pilleich duncht | nach unser beder brîf sag, seint den malen, daz wir die gen einander geben haben. Wer aber, daz di selben sechs nicht mechtn | uber ain chomen, so hat her Eber(hart) von Walsse ob er chlager ist auf dem selben tag ain uberman ze nemen swen er wil an allez | geuerd, und schullen denn di siben sprechen bei îr ayd, und swo der merer tail hin geuelt under den siben, daz sol ich îm wider | chern unverzogenleich nach unser brîf sag, di wîr ze Weibarn gen ein ander haben geben an allez geuerd. Wer aber, daz der sechser | ainer oder mer do bei nicht weren. so hat er oder ich des tails geprestet ander an der oder an des stat des geprestet ze nemen. | Und der uber zu einem ûrchund gib îm disen brîf versygeltn mit meinem Insygel. Datum Newnburge m°ccc°xxviiij in vigilia sancte Katerine.

Orig. Perg. 1 Siegel von weissem Wachse. Haus- und Staatsarchiv.

21. 1330, 29. September. Ich Hertneyd von Weyzzenek und ich Ruedel und Hertel sein Prueder und unser payd Swester veriechen | und tuen chunt allen den die disen prief sechent hörent oder lesent, das wir mit wol bedacht | em muet und nach rat unsers Lieben vetern Otten von Weyzzenek und anderr unserr vreunt | unsern lieben Herren Herrn Ülrichen Herrn Fridrichen und Jansen Prudern von Walsse unser | Haus ze Weyzzenek versatzt haben um Tausent March Silbers Gretzer gewichtes mit leuten | und mit guet, mit vogtay, mit gerichten, ze Stock und ze Stayn, ze Rainen, ze gemerchen, oder | swi es genant ist, gesucht und ungesücht, gepawen und ungepawen, gestiftet und ungestift, also | beschaydenleich swenn wir oder unser Erben seu oder ier Erben ermanen mit unserm aygendleich | em guet Tausent Marchen Silbers so schullen seu und ier Erben uns und unser Erben nicht enier | ren an der Losung unsers ëgenanten Hauses. Und dar um ze ainer gueten bewarung und urchund | geben wir in disen prief zu ainem sichtigen gezeug mit mein Hertneydes von Weyzzenek fuer mich | und fuer mein Prueder anhangundem Insigel und mit meins Herren Herrn Fridriches des vreyn von | Sewnek und mit Herrn Ruedolfs von Stadek Insigeln versigelt. Der prief ist geben ze Gretz nach | Christes gepuerde dreutzechen Hundert iar dar nach in dem dreyzkistem iar an sand Michelstag.

Orig. Perg. 3 Siegel von weissem Wachse. Haus- und Staatsarchiv.

22. 1330, 21. December. Ich Mayster Alb(recht) des Hohen Herren Graf Ruedolfs von Hohenberch Sneyder | vergich offenbar mit disem brif allen den di in sechent lesent oder hornt | lesen. Daz mich der Edel Herre Her Eber(hart) von Walsse zu der zeit lantrichter | ob der Ens an meines herren gult recht und redleich verricht und gwert | hat acht Hundert March und zwo und Dreizig march ie vir und | Sechzig grosser Pehemmischer phenning für ain march und ze einem ur | chund gib ich im disen brif versigelt mit meinem Insigel und mit | meines herren Graf Ruedolfs von Hohenberch chlain Insigel daz her Peter | meines herren Schreiber pei der Raitung het und sein ouch gezeug ist. | Der brif ist geben ze sant Thomans tag do man zalt von Christes | gepürd Tousent Jar Dreu Hundert Jar in dem Drizgstem Jar.

Orig. Perg. 2 Siegel von weissem Wachse. Haus- und Staatsarchiv.

23. 1331, (phintztags nach dem achztag) 3. Jänner. Graf Rudolf von Hohenberch erklärt von Eberhard von Walsse erhalten zu haben („daz (er) mich recht und redleich verricht und gwert hat*) „295 March und 44 grosse Costnitzer gewicht.“

Orig. Perg. 1 Siegel. (*) Haus- und Staatsarchiv.

24. 1331, 8. Jänner. Ich Hertnid von Weizzenek vergich mit disem prif und tün chunt allen den die in ansehent oder horent lesen. Das ich mit verdahtem müt unt mit | rat meiner freunt und mit willen und gunst meiner Prüder Hertnids und Rudolfs und meiner paider Swester und anderr meiner Erben dem Edlem | manne herrn Ulrich von Walsse und Herrn Friderichen und Jenslein seinen Prudern zu den zeiten Hauptleut in Steyr und allen iren erben reht | und redlich und unversprochenlich verchauft han zu den zeiten und ich ez wol getün maht mein Hous Hertneydstain, daz von meinem Herren von | Cherunten mein und meiner Pruder lehen ist mit dem Lantgeriht daz darzü geboret, daz hie dishalb der Lauent gelegen ist und daz | da get ab dem Champpach ob sand Gedrauten unez ouf die Wolich an den Eselstain niderhalb Traberch und mit den Edling die zü | dem vorgenantem geriht gehorent und mit dem anderm güt Stock und Stain ze Holcz ze velde vogtay ze Dorfen gestifft oder ungestifft | gesucht oder ungesucht swie daz genant ist als ez mein seliger vater und mein vordern in nucz und in gewer her praht habent umb vierdhalb | Hundert March Silber der ich genczlich gewert pin, für ein ieglich march sehs und Sehzich pehaimischer pfenninge und lob ich und mein Pruder | und mein Erben dem vorgenantem herrn Ulrich von Walsse seinen Prudern und allen iren Erben daz vorgenante Hous mit

sampt | Lantgeriht und mit allem dem und darzů gehoret swie daz genant ist als vor geschriben stet ze schermen vor aller ansprach nach lehens | reht und nach des Landes reht in Chernten, und schol ich vorgenanter Hertnid von Weizzenek oder mein Průder dem vorgenantem Herrn Ulrich von | Walsse oder seiner Pruder ainem wann si das an mich oder an seu ayschent oder vordernt mit gerahter Hant ouf geben vor meinem herren von | Chernten von dem daz Hous und Lantgeriht lehen ist. Das loben wir im pey unsern triwen an aydes stat ze volfůren und ze laisten an | alles geuerde. Stund in aber dar uber chain chrieg auf von Otten von Weizzek (sic) meinem vettern oder von meinen erben oder von wem daz | wern, oder daz wir in daz vorgenante Hous niht ouf geben und in daz verziehen wolten mit geuerde, und den chrieg und die ansprach niht | zerledigen wolten und aus rihtich machen, nemen die vorgenanten von Walsse des furpas chainen schaden, den schull wir in abtůn | und schullen den haben ouf alle den und wir haben in dem Lande ze Chernten oder anderswa. und daz den vorgenanten von Walsse und | iren erben von mir und von meinen Průdern und von meinen erben daz also stet und unverprochen peleibe daruber gib ich in disen | prif versigelt mit meinem und mit meines vettern Dytmars von Weizzenek Insigeln und mit des Edlen hern Friderichs des vreyn von Saenek | Insigel und mit hern Růdolfs und hern Hertnids Pruder von Stadek Insigeln ze einem urchund der warhait, der geben ist ze Wim (sic) da man | zalt von Christes geburde Dreuzehenhundert Jar und dar nach in dem ain und Dreyzigistem Jare des Ertags nach dem Perht tag.

Orig. Perg. 5 Siegel. Geh. Haus- und Staatsarchiv.

25. 1331, 19. Juli. Ich Ott von Weyzzenek vergih mit disem Prief und tuen chunt allen den di in ansehent oder | hőrent lesen, daz ich mit wol verdachtem můt und mit gunst und gůtem willen aller meiner Erben und | mit versintem rat meiner vetern Dyetmars und Hertleins von Weyzzenek und anderr meiner vreunt | verchauft han den Edeln Leuten Herrn Ulreychen von Walsse Haůptman in Steyer und seinen Průdern | Herrn Fridreychen und Johansen und allen iern Erben um achtzich March Silbers Gretzer gwegens, der ich | genczleich verricht pin meinew zway Lantgericht mit den Edlingen di dar inne gesezzen sind, und | mit alle dew daz von alter darzů gehőrt hat an gemerchen und an rechten swi dew genant sind, und an | allez ab niezzen. Derselben gericht ist ainez gelegen um sand Lyenhart in dem Lauentտal, und daz | ander da sand Andre und Reysperch innleit, also aůzgenomenleich swo ich oder mein Erben von den | vorgenanten Herren von Walsse oder von iern Erben di ẽgenanten gericht nicht wider chaůften von sand | Jacobs tage der schierst chůmt über fümf Jare um daz vorgeschriben silber an allen abslach und an allez | geuerde von ůnserm aygenleichem gůt, so schullen di ẽgenanten gericht der vorgenanten herren von Walsse und | ierr Erben reeht lehen sein und sol ich und mein Erben in und irn Erben di gericht aůf geben von meim | Herren von Chernden von dem ich sew han ze lehen und lehen sind, und sol ich in und mein Erben der lehen- | schaft volhelfen, daz in di gericht mein Herre von Cher(n)den leihe, als wir pest můgen mit ůnsern trewen. | Und swann sich in di vorgenanten gericht veruallent so sol ich oder mein Erben oh mein nicht enwere | ainen man nemen und sew ainen, swaz di sprechent, daz sew herzů ůns pilleich geben schůllen, da sol ůns an | genůegen. Und daz in daz stete und unzebrochen beleib, dar über gib ich vorgenanter Ott in disen Prief ver | sigelten mit meim Insigel und mit meiner vetern Dyetmars und Hertleins Insigeln, di der sache war gezeugen | sind. Der Prief ist geben nach Christes gepůerd Dreutzehen Hundert Jar darnach in dem ains und | Dreyzzigisten Jare des vreytags vor sand Marien Magdalen tage.

Orig. Perg. 3 Siegel (Nr. 2 fehlt). Geh. Haus- und Staatsarchiv.

26. 1332, 12. April. Ich Hertneyd von Weyzzenek und ich Rüedel sein Průeder wir verichen an disem Prief und tuen chunt allen | den di in sehent oder herent lesen. Daz wir nach allen den Taydigen und gewerfen, di wir vor haben gehabt mit den Edeln Herren Herm Ulreichen und Herm Frydreychen Prüedern von Walsse und nach allen den Priefen di | wir in haben gegeben. haben wir üns mit weitbedachtem muet und mit guetem rat ünsers vetter Hern Dyet | mars von Weyzzenek und anderr ünserr freunt des verainet. Daz wir den vorgenanten Herren von Walsse | und iern Erben ze chaüffen haben gegeben ünser Haüs ze Weyzzenek mit laeut und mit güt und mit ge | richten oder swie ez genant ist aygen oder leben gesuecht und ungesuecht, gepawen und ungepawen, ze Holcz | ze velde ze stain oder swie ez genant ist. Und haben wir üns an ünserm tail desselben chaüffes gesetzet gütleich und williechleichen an ünsern vetter den vorgenanten Hern Dyetmar von Weyzzenek, und di vorgenanten ünser | Herren von Walsse an iern tail an Hern Chünraten von Hornek, also näzgenomenleich swaz diselben zwen Pyderman sprechent pey iern trewen, des daz vorgenant Haüs Weyzzenek wert sey, mit leut und mit güet und | mit gerichten als ez vor stet geschriben, daz schüllen wir stet haben und unverchert. Gyeng aber derselben schid- | leut ainer ab, an swelihem tail der ab gieng, der sol ainen andern nemen an desselben stat an allez geuerde. | Oder wer daz, daz sich di zwen mit einander nicht berichten möchten und uberain chomen, so schüllen sew ainen | gemainen überman nemen, der in payden füeg und swaz di drey danne sprechent, daz üns die vorgenanten | ünser Herren Walsse geben schüllen aüf swelihen tag sew üns daz sprechent da schüllen sew üns aüf wern unverzo | genleich. Teten sew des nicht, nemen wir des chainen schaden der wizzenleich were, den schüllen sew üns ab | legen. Und schüllen wir daz haben aüf alle dew und sew haben. Und daz di rede von üns stet beleibe dar über geben wir in disen Prief mit mein Hertneyds Insigel, wand ich Rüedel nicht Insigels | an | und mit Hern Ruodolfs und Hern Hertneyds prüder von Stadek. und mit ünsers vettern Hern Dyetmars | von Weyzzenek und mit Hern Chünrats von Hornek Insigeln versigelt, die pey der red und wandelung | gewesen sint. Der prief ist gegeben ze Grecz nach Christes gepuerde Dreuczehen Hundert Jar, darnach | in dem andern und Dreyzzigistem Jare an dem Palm tage.

Ulrich von Walsse, Hauptmann in Steir, und Friedrich sein Bruder geben ihre Urkunde über denselben Compromiss.
De eod. dato. Orig. Perg. 6 Siegel. Haus- und Staatsarchiv.

Orig. Perg. 5 Siegel von weissem Wachse. Haus- und Staatsarchiv.

27. 1332, 19. Juli. Ich Wülfinch der Ungenad vergib mit disem prief und tuen chunt allen den di in sehent oder hörent lesen, daz ich mich williechleich und genczleich verpunden han gegn | den Edeln Herren Herm Ulreichen und Herm Frydreichen Prüdern von Walsse Haüpt | laeuten in Steyr, das ich den spruch genczleich volfüern sol, den ich an sew geseczt han und | den sew gesprochen habent um di veintschaft, die di Erbern laeut der alt Pyligreym | von Obduch und sein Süne und all ir freunt gegn mir gehabt habent, wie si dar um gesprochen habent, als an den schidpriefen stet, di sew dar über gegeben habent, also | schol ich ez volfüern genczleich und gar, und han in dar um zü sampt mir ze Pürgeln | gesaczt den Edeln man Hern Hainreychen von Erauels und meinn Prüder Chünraten | unverschaydenleich. ob ich di schidung nicht volfüert swelich zwen sew danne vordernt | ünder üns allen dryn, die schüllen in laisten ze Grecz in ain offenz Gasthaüs swo si in hin | zaigent mit vir pherten und schüllen da nicht aüz chomen, ünez ich di vorgesprochenn | schidung genczleich volfüer. Und daz daz von mir stet behalten werde, dar über gib ich disen | prief mit ünser aller dreyr mein und meiner Pürgeln Insigeln versigelt. Der prief ist gegeben | ze Grecz nach Christs gepüerde Dreuczehen Hundert Jar darnach in dem zway und dreizzi | gistem Jare an sant Margretentage des Sunnetags.

Orig. Perg. 3 Siegel von gelbem Wachse. Haus- und Staatsarchiv.

(Fortsetzung folgt.)

V. „Historischer Atlas."

Statistik des Mittelalters.

1.) Das Lehenbuch K. Ladislaus P. für Österreich ob und unter der Enns. (In alphabetischer Ordnung.)

(Fortsetzung.)

63.) 1455, 29. März. Helena, Hausfrau Albrechts des Greysenegker.

1 Gut zu Praitenprunn in Hersingerpfarre;
it. 1 Gut dacz Ötzn und 1 Gut zu Hunger in Laspergerpfarre gelegen.
(Ihr väterliches Erbe, abgetreten von ihrem Lehenträger und Vormund Wolfgang Czinispan.)

„Der bemelten Helena Gemecht bestett so sy Albrechten Greysenegker irem Mann hat getan."

„Item auf das Gut zu Praitenprunn in Hersingerpharr etc. als oben begriffen „ist in selher mass, ob die egemelt Helena mit tod abgieng, ee denn der obgenant „ir Man und nicht Kinnder die sy miteinander hieten hinder ir liess oder ob sy „kinder so sy miteinander hieten hinder ir liest die auch abgingen ee dann sy „zu ira vogtperen jarn kemen das dann die bemelten güter mit ira zugehö„rungen auf den egenanten Greisenegker irn man und sein erben geuallen und „erben sullen in gemechtsweis." Oestr. Ms. Nr. 65, Fol. 15.

1455, 26. September, Wien. Albrecht Greisenegger (für sich und seinen Bruder Thaman G.).

Den Kreppenhof;
it. 1 Mühle, genannt die Knutlmühle in der Waldaist in Wartpergerpfarre;
it. 1 Gut zu Stranasperg;
it. 1 Hube genannt die Niderhub zu Stranasperg und 1 Überländ daselbst genannt die Klaus in der Waldaist in Trageinerpfarre;
it. 1 Gut genannt an dem Lehen und
1 Gut zu Pirchach in Sand Jorgenpfarr gelegen.
(Ihr Erbe.) Oestr. Ms. Nr. 65, Fol. 73.

64.) 1455, 2. December, Wien. Leonhard Gruber.

Das Gut zu Schonnperg (Hennsel Schellinger), in Rorbekherpfarre gelegen. Lehenschaft der landesf. Herrschaft Valkenstain im Machland.
(Sein Erbe.) Oestr. Ms. Nr. 65, Fol. 79, b.

65.) 1455, 7. Mai, Wien. Hanns Grym.

1 Hof mit 5 Hofstätten zu Linsperg, 6 Hofstätte zu Puten unter dem Haus, die zu demselben Hof gehören und 1 Hofstatt gelegen auf dem Wasser daselbst;
it. die Fischweide auf der Alta und das Gejaid am Linsperg „alsverr ir gränt geent" und das Kirchtagrecht auf dem Linsperg bei Sand Ulrichskirchen daselbst.
(Sein Erbe, aus besonderer von Ihm verliehener Gnade auch auf Töchter vererblich.) Oestr. Ms. Nr. 65, Fol. 33.

1455, 25. Juni, Wien. Dorothe, Hausfrau des Friedrich Grym, Tochter weiland Ulrich des Missingdorfer.

Auf 4 gestifteten Gütern gelegen zu den Obern wasen in Grauenwerderpfarre 1 Pfd. 4 Pfen. Gülte;

4**

it. 6 Tagwerk Wiesmahds und 2 Joch Äcker dabei gelegen.
(Ihr Erbe [aus besonderer Gnade.])

Oestr. Ms. Nr. 65, Fol. 54.

66.) 1455, 9. Mai, Wien. Jacob Gwältl.

1 Hof mit seiner Zugehörung;
$\frac{1}{4}$ Zehend Getreid- und Weinzehend, gross und klein zu Feld und Dorf;
6 Viertel Bergrecht und 10 Schilling Pfen. Gülte auf behaustem Gut zu Niedernpassenprunn gelegen;
it. 1 Hof zu Walterstorf mit seiner Zugehör;
it. 1 Holz, genannt das Panhölczl, das in den benannten Hof gehört;
it. 11 Schilling Pfen. Gülte daselbst auf behaustem Gut gelegen.
(Sein Erbe.) Oestr. Ms. Nr. 65, Fol. 54.

1455, 21. November. Martin Gweltl.

Das Gericht zu Hohenaw, gleich halbes, Stock und Galgen „von ainem gemerkh uncz an das annder," zu Feld und zu Dorf;
it. $\frac{1}{2}$ Zehends daselbst, gross und klein zu Feld und zu Dorf;
it. 1 Pfd. Pfen. Gelts daselbst, und Mauth und Zoll auch halbs daselbst.
(Sein Erbe.) Oestr. Ms. Nr. 65, Fol. 78.

1457, 28. Juli, obige Stücke dem Wilhelm von Liechtenstain verliehen, welchem sie Martin Gweltl verkauft hatte. Oestr. Ms. Nr. 65, Fol. 116.

67.) 1455, 5. Juli, Wien. Jörg Hager.

Den Hof zu „Merterstorf" in Gorserpfarre gelegen;
it. 8 Pfd. und 65 Wienerpfennige Gülte auf behaustem Gut und die Badstube daselbst:
it. 6 Schilling Wienerpfennige Gülte auf Burgrechtäckern;
it. 18 Hühner und 7 Schilling Eyer; it. 60 Käse;
it. 1 Pfd. Pfen. Gülte auf der „Waid;"
it. 100 Joch Äcker, 18 Tagwerk Wiesmahds und 1 Holz genannt „in der Aw;"
it. 1 Holz in dem „Dietreichsgraben;"
1 Holz genannt „das Frawnholcz" und
1 Holcz genannt „der Weingarten," stosst an das Holz des Pfarrers zu Kunring; und
1 Weingarten daselbst zu Mertesdorf gelegen;
it. das Haus Anger an der March in dem Marchort gelegen mit aller seiner Zugehörung, so von Alter dazu gehört hat;
it. den Hof zu Schrëtenperg und die Hofstätte dabei „in der Lukhen," und 1 Baumgarten hinter demselben Hof gelegen;
it. 6 Schilling und 3 (also 183) gwantten Äcker, die in denselben Hof gehören, wie folgt:
a) in dem Feld gegen „Gassental" auf der Hochstrass 6 Gwanten an 3 Theilen gelegen;
b) bei der Haid 3 Gwanten.
c) „uber das geritn" 19 Gwanten.
d) „hindern Haniffl antten" 7 Gwanten und ganzen Zehend darauf;
e) it. 1 Gwanten,
f) it. 4 Gwanten und 3 Gwanten auch daselbst „hindern Haniflantten" gelegen;
g) it. 9 Gwantn genannt der Runsakher;
h) it. 13 Gwanten „ubern Steyg" an 3 Äckern gelegen;
i) und 1 Gwanten, auf dem Zukhenmantl gelegen;
k) it. im Feld gegen Veldsperg 1 Gwanten bei Potendorf, in dem Char 3 Gwanten, vor den Gärten 1 Gwanten, in der Satzung 1 Gwanten, und

$9^1/_2$ Gwanten an 4 Äckern daselbst gelegen, vor dem Newsidel 4 Gwanten und in dem Tellein und bei der Tarhait 3 Gwanten, auf dem Ulrischtal 2 Gwanten, das Feld gegen Baumgarten heisst der Hasensprung, und auf den Staingruben $4^1/_2$ Gwanten, vor dem Potenperg 3 Gwanten und in dem Raczntal 11 Gwanten an 3 Äckern gelegen, untern Lebarn 2 Gwanten, das Feld gegen Baumgarten bei dem Pladlein $2^1/_2$ Gwanten, über Chruterweg $5^1/_2$ Gwanten, in Ploder grunt 3 Gwanten. zwischen Holczern 11 Gwanten, bei der Hayd $5^1/_2$ Gwanten, zu dem Prunnlein $1^1/_2$ Gwanten, auf dem Gräwt $1^1/_2$ Gwanten und $5^1/_2$ Gwanten; daselbst hinterm Baumgarten 3 Gwanten uber die Viechtrifft 4 Gwanten it. 5 Gwanten, it. 3 Gwanten und $7^1/_2$ Gwanten daselbst gelegen und $3^1/_2$ Gwanten auf der Stetten; it. hinderm hof 12 Gwanten, zum Prunnlein 7 Gwanten die alle zu demselben Hof Schretenperg gehören und gefürstete Freyung auf demselben Hof;

it. 1 Lehen zu Stetten mit 32 Joch Äckern und den Dienst, den man jährlich darein dient;

it. 1 Zehend zu Pèstorf auf 21 Lehen gelegen, Wein- und Getreidzehend;

it. 2 Pfd. Pfen. Gülte zu Alat und in dem Winthag gelegen und 1 Holz an dem Kaltenperg gelegen zunächst dem Holz der Augustiner zu Baden, genannt das Holertal.

(Sein Erbe.) Oestr. Ms. Nr. 65, Fol. 58, b, 59.

1457, 12. August, Wien. Jörg Hager und Wolfgang Rukkendorffer.

Weinzehend und Getreidzehend, gross und klein, gelegen zu „Vischamund" markthalben auf 4 ganzen Lehen und heissen „Walleben die man jerlich hat ze nemen in dem veld wellend man wil."

(Gnaden-Lehen, ledig geworden durch den Abgang weiland Hanns Awers ohne männliche Leibeserben.)

Oestr. Ms. Nr. 65, Fol. 110, b.

1457, 7. April. 1. Sigmund und Hanns Hager, (Söhne der Margareth Ricandorfer).

2. Ursula R., Hausfrau des Sigmund Stokharner (ihren und den Theil ihrer Schwester Beatrix R., den sie an sich gelöst hat).

3. Wenzlaw und Hanns Derr, Söhne des Hanns Derr und seine Hausfrau Magdalena R.

4. Hedwig, Tochter des Martin Eyczinger und seine Hausfrau Elspet R.

Das Dorf Flendorf mit seiner Zugehörung;

it. 6 Pfd. und 6 Schilling Pfen. Gelts auf behaustem Gute daselbst und 1 Pfd. Pfen. Waidpfenning auf der Gemain;

it. 112 Metzen Haber auch daselbst auf behausten Holden;

it. 40 Metzen Erbvogthaber daselbst auf den Holden des Probstes von (Kloster) Neuburg auf 4 ganzen Lehen;

it. einen Weinzehend und Bergrecht an dem „Veyalperg" zu Flendorf.

(Paul Ricandorffer, der ohne männliche Erben abging, hatte diese Stücke seinen 5 Schwestern vermacht, was Herzog Albrecht (Ladislaus Vater) bestätigt hatte. Jörg Hager, Gemahl der Margareth Ricandorffer, und königl. Rath hat um diese Belehnung gebeten.) Oestr. Ms. Nr. 65, Fol. 108, b.

68.) 1455, 24. Juni, Wien. Ludwig Haidelberger.

Auf dem Dorfe zu Scheibs in Kottingerpfarre von behausten Gütern 3 Pfd. 3 Schilling und 9 Pfen. Gülte und 2 Theile Zehend, gross und klein, daselbst;

it. 2 Theile Zehends, gelegen zu Maingolts auf 24 Lehen und 3 Hofstätten gross und klein zu Feld und zu Dorf;

it. 11 Metzen Mohn und 3 Viertel Schmalz auf gestifteten Gütern zu Grub und zu Schafperg gelegen.

(Sein Erbe.) Oestr. Ms. Nr. 63, Fol. 54.

69.) 1456, 16. Jänner, Wien. Lorenz Haiden.

25 Pfund Pfen. Gelts auf behausten Gütern zu Spilarn unter Stockerаw gelegen.

(Sein Erbe.) Oestr. Ms. Nr. 65, Fol. 85.

70.) 1456, 23. August, Wien. Hanns und Caspar Haider (Gebrüder).

1 Hof zunächst dem Freynhof zu Wulfleinstorf gelegen, darein gehörn 25 Joch Ackers, die auch in Wulfleinstorffer Feld liegen,

und 5 Hofstätte, dient jede in den vorgenannten Freinhof 32 Pfen. und 2 Hühner.

(Gekauft von Balthasar Ringelstainer.)

Oestr. Ms. Nr. 65, Fol. 99, b, 100.

71.) 1455, 26. März. Melchior Hannawer.

6 Pfd. Pfen. Gülte auf Überlend zu dem Lewtweins bey Pragk auf der Leytta gelegen; Erbe von seinem Vater Jörg Hannawer. Mit der Gnade, dass sie auf seine Schwestern Scolastica und Barbara fallen sollen, wann sie ihren Bruder überleben.

Oestr. Ms. Nr. 65, Fol. 13, b.

72.) 1456, 16. Jänner, Wien. Jörg Harmanstorffer.

1 Hof zu Haindorf mit seiner Zugehörung in Gobelspurgerpfarre gelegen und

½ eines Zehends zu Feld und zu Dorf zu Utichsenpach gelegen.

(Sein Erbe, aus Gnaden auf Töchter vererblich.)

Oestr. Ms. Nr. 65, Fol. 84, b.

73.) 1456, 22. Juli, Wien. Caspar Harrasser.

5 Schilling Pfen. Gelts zu Frawndorff auf 3 behausten Holden auf 25 Gewannten Ackers und auf 2 Jochen Weingärten gelegen;

it. den Zehend auf 1 Weingarten in dem Preinharczperg an dem Ort gelegen und auf ½ Tagwerk Wiesmahds.

(Sein Erbe.) Oestr. Ms. Nr. 65, Fol. 73.

1456, 22. Juli. K. Ladislaus bestätigt dem Caspar Harrasser und seinem Bruder Lorenz H. einen „Gemechtbrief des weiland Zacharias Pirchenwarter, der ihnen folgende Zehende vermacht hatte:

zu Schretenperg bei Vőlsperg auf 300 Gewanten Acker ganzen Zehend;

it. 20 Metzen „Praittenwaicz;"

it. den Weinzehend auf 15 Joch Weingärten daselbst an den Veialperg;

it. allen Krautzehend von der Mühle daselbst „uncz auf Potendorffer Furt."

(Gnaden-Lehen.) (Derselbe Pirchenwarter war gestorben ohne dass dieses Vermächtniss bestätigt war, „sunder also zu val komen wer.")

Oestr. Ms. Nr. 65, Fol. 88.

1456, 14. August, Wien. Ulrich Harrasser.

1 Holz, genannt das Sperkenholcz bei Weykharczdorf gelegen.

(Sein Erbe.) Oestr. Ms. Nr. 65, Fol. 86, b.

1457, 28. September. Harrasser (Caspar und Hanns, Söhne weil. Ulrichs H.).

K. Ladislaus etc. verleiht den Söhnen weiland Ulrichs Harrasser, Caspar und Hanns Harrasser, auf ihre Bitte für die treuen Dienste (vergangenen und zukünftigen) auf den Gründen und Feldern, die zu ihrem Sitz und Hause Gross und ihren dazu gehörigen Leuten gehören, Gericht und Wildbann.

„Doch ausgenommen was den tod berürt sullen si solh übelteter, die auf „die obgenanten ir gruntt komen und begriffen werden dem Richter in des „lanntgericht es gelegen ist mit der hanntfasst (sic) oder wie sy begriffen „werden antwurtten und nichts damit ze schaffen haben."

Oestr. Ms. Nr. 65, Fol. 114, b.

74.) 1456, 5. April. Wolfgang Haselpekh.

½ Hube auf der Haselpekh Aw gelegen in Wartpergerpfarre.
(Übergeben von seinem Vater Heinrich H.)

Oestr. Ms. Nr. 65, Fol. 88, b.

75.) 1456, 2. August, Wien. „Hanns Hawczenpekh."

1 Gut auf dem Keglperg in Neunkircherpfarr auf der Steir;
it. 1 Hube auf der Hayd in Kembnaterpfarre;
it. 1 Gut zu Valkenperg und
2 Güter zu Luczmanstorf in Siernikherpfarre gelegen.
(Sein Erbe.) Oestr. Ms. Nr. 65, Fol. 98, b.

76.) 1455, 11. August, Wien. Jacob Hawser (für sich und seinen Bruder Hanns H., der eigentlich der Ältere wäre, aber nicht kommen konnte).

Einen Wein- und Getreidezehend zu Maczn gelegen und den kleinen Zehend daselbst im Dorf;

it. den Zehend zu Palterndorf gelegen auf 8 Lehen und auf 3 Hofstätten zu Feld und zu Dorf, gross und klein;

it. 5 Pfd. und 3 Schilling Pfen. Gelts, gelegen zu Enkenprunn und 30 Metzen Korn Gülte daselbst;

it. 7 Pfd. Pfen. Gelts auf behaustem Gut gelegen zu Engelstorf und 7 Muth Weizendienst auf behaustem Gut und einen Weinzehend in „Seczen" in der Eben und am Hengstperg daselbst;

it. 2 Pfd. Pfen. Gelts gelegen zu Eberstorf auf behaustem Gut und einen Zehend daselbst auf 10 Lehen zu Feld und zu Dorf grossen und kleinen.

(Ihr Erbe.) Oestr. Ms. Nr. 65, Fol. 66, b.

1456, 17. August, Wien. Anna, Witwe des Hanns Hawser, Jobst Hawser ihr Sohn und seine Geschwister.

Die Gründe, Gülten und Güter zu Engleinstorf gelegen in Pilichdorferpfarre mit Pfenninggülten, Getreidgülten, Hühnern, Käse- und Eierdiensten.
(Gekauft von „Ulrich Eyczinger von Eyczing.")

„Also haben wir der benanten Anna irn tail an den gemelten Gütern und „Gulten von gnaden verlihen und wan sich Jacob Hawser und der gemelt Jobst „sein vetter miteinander geaint und verschriben habent das der Elter aller irer „lehen lehentrager ist, haben wir demselben Jacoben Hawser als dem Eltern „und lehentrager des gemelten seins vettern und seiner geswistreid tail auch „verlihen wissentlich mit dem brief."

Oestr. Ms. Nr. 65, Fol. 99.

1457, 27. Juni. Jacob Hawser (für sich und für Jobst Hawser und der übrigen Söhne des Hanns Hawser seines Bruders).

Die oben angeführten Stücke (ddo. 11. August 1455).
(Ihr Erbe.) Oestr. Ms. Nr. 65, Fol. 106.

77.) 1455, 10. Juni, Wien. Tibolt Heblicher (für sich und die unmündigen Kinder seines Vetters Conrad des Heblicher).

1 Hube genannt die „kleindiensthube;"
1 Lehen genannt am „Sperkhen-Lehen" und
1 Gütel am Kerzperg in Wartpergerpfarre gelegen.
(Ihr Erbe.) Oestr. Ms. Nr. 65, Fol. 49, b.

78.) 1456, 17. April. Greger Hebichler.

„an der grossen wisen“ und 1 Hofstatt dabei in Petenpekherpfarre gelegen.

(Sein Erbe.) Oestr. Ms. Nr. 65, Fol. 20, b.

79.) 1455, 17. April. Wien. Jörg Hékkinger (für sich und seinen Vetter Hanns H.).

9 Schilling 18 Pfenning Gülte auf 1 Hof zu Siedning:
it. 20 Schilling Pfen. Gülte auf 1 Lehen im Schilpach:
it. $7\frac{1}{2}$ Schilling Pfen. auf $\frac{1}{2}$ eines Lebens zu Puchgraben: alles in Kulberpfarre gelegen:
it. 10 Schilling Pfen. Gülte auf behaustem Gut zu Wagram in Hollenburger-Pfarre gelegen.

(Ihr Erbe.) Oestr. Ms. Nr. 65, Fol. 20, b.

80.) 1455, 15. April, Wien. Caspar Herleinsperger.

Zu Sweykerstorf auf 1 Gut und auf 1 Hofstatt halben Zehend in Pharrkircher-Pfarre gelegen:
it. halben Zehend auf dem Hof zu Tannberg:
it. $\frac{1}{2}$ Gut zum Dorff;
it. $\frac{1}{2}$ Hofstatt zu Lempach:
it. $\frac{1}{2}$ Gut daez Prostdrumm in Serleinspeckerpharr;
it. zu Grub den halben Hof und 2 halbe Hofstett dabei und darauf auch halben Zehend in Rarbekherpfarre gelegen.

(Sein Erbe.) Oestr. Ms. Nr. 65, Fol. 18.

1455, 25. August, Wien. Ulrich Herleinsperger.

Zu Karlspach 4 Güter;
it. 1 Gut zu Gredenpach;
it. 2 Güter zu Pernastorf und die Äcker an der Aumühl;
it. 1 Hof, genannt der Greinhof;
it. 1 Gut zu Unholdenöd und den Zehend darauf;
it. 1 Mühle, genannt die Zenkimühle halb;
it. 1 Gut am Hoflein;
it. 2 Güter zu Werichpach, alles in Pfarrkircherpfarre gelegen;
it. 1 Gut zum Wasgram;
it. 1 Gut zu Pagendorf;
it. $\frac{1}{2}$ Gut zu Kranczagel;
it. $\frac{1}{2}$ Gut zu Keleznperg in Serleinspekherpfarre gelegen;
it. $\frac{1}{2}$ Hof zu Huntpremyng:
it. $\frac{1}{2}$ Gut in der Kryen;
it. auf 1 Gut zu Scheraren ganzen Zehend;
it. auf 1 Gut zu Heczenegk ganzen Zehend;
it. zu Kernten auf 1 Gut halben Zehend;
it. zu Pebamstorf auf 2 Gütern auf 1 Hofstatt und auf einer Mühle daselbst überall 2 Theile Zehend alles in Veldner Landgericht und in Rorbacher-Pfarre gelegen;
it. 1 Hube zu Lebenaw in Gremesteterpfarre und in Wessenberger Landgericht gelegen.

(Sein Erbe.) Oestr. Ms. Nr. 65, Fol. 68, b.

1455, 25. August, Wien. Ulrich Herleinsperger.

$\frac{1}{2}$ Mühle, genannt die Czenkelmühle, in Pfarrkirchnerpfarre und Veldner Landgericht gelegen.

(Gekauft von Sigmund Meisbrunner.)

Oestr. Ms. Nr. 65, Fol. 68, b.

1457, 7. Juli. Hanns Herleinsperger und seine Hausfrau Anna.

1 Hof in Sand Jorgenpfarre und
1 Hof, genannt der Waldnerhof;
it. aber 1 Hof, genannt der Vaderhof und 4 Hofstätte dabei und ganzen Zehend auf denselben 4 Hofstätten und auf dem Dietmansperg allen grossen Zehend; alles gelegen in Hebreinnewnkircherpfarre.
(Gekauft von Reicher Walich.)

Oestr. Ms. Nr. 65, Fol. 108, b.

1455, 6. October. Ursula, Witwe weil. Udungs des Herleinsperger, Tochter des Heinrich Stainpekh (Lehenträger Balthasar Schallnberger).

1 Hube zu Veldstorf in Gremesteterpfarre, und
1 Hube zu Prantstat in Sand Veitspfarre in Wechsenberger Landgericht.
(Ihr Erbe.) Oestr. Ms. Nr. 65, Fol. 76.

81.) 1456, 19. April. Wolfgang Hersinger.

Den Anfall[1]) von Gütern, die Bernhard Glanast seiner Hausfrau, welche nach seinem Tode den Wolfgang Jörger heirathete, für ihr Heirathsgut verschrieben hatte.

Oestr. Ms. Nr. 65, Fol. 90.

1456, 19. April. Wolfgang Hersinger.

½ Hof an der Inn gelegen in Puchlerpfarre;
it. 1 Gut zu Ober weydach gelegen in Kirchaimerpfarre;
1 Gut zu Stadl in Tafershaimerpfarre gelegen.
(Sein Erbe.) Oestr. Ms. Nr. 65, Fol. 90.

82.) 1455, 1. October, Wien. Wolfgang Herting.

Den Getreid- und Weinzehend mitsammt dem kleinen Zehend auf ettlichen Gütern zu Pëstorf und 7 Holden daselbst bei Ladendorf und 1 Hof zu Sand Michel in Kirchpergerpfarre;
it. 1 Zehend, gelegen zu Valkenstain 1 Pfd. Pfen. Gelts daselbst und 1 Hofstatt zu Greuensultz, gelegen davon man jährlich dient 24 Pfen.;
it. 1 Holz genannt das „Pledl zu Schrëtenperg" in Chruterpfarre gelegen;
it. 1 Zehend;
it. einen Zehend auf 3 halben Lehen zu Feld und zu Dorf, klein und gross auf 1 Hofstatt und auf 9 Gwanten Urbaräckern zu Walkeskirchen gelegen;
it. 1 Pfd. Pfen. Gelts auf 1 Mühle zu Poystorf, niderhalb des Dorfs, genannt die Haidlin;
it. 2 Theile Zehends auf 10 ganzen Lehen zu Rotensee bei Laa gelegen, gross und klein zu Feld und zu Dorf.
(Sein Erbe.) Oestr. Ms. Nr. 65, Fol. 74.

83.) 1455, 2. Mai, Wien. Michel von Herwartenhouen.

Das Dorf Schonnaw in Seligensteter pfarre gelegen mitsammt der Fischweide dabei, so weit die Gründe gehen, die zum Dorfe gehören.
(Gekauft von Hanns Topler zu Hyrspach.)

Oestr. Ms. Nr. 65, Fol. 29, b.

---

[1]) „Wann ër des ain nachster erb wer. Doch andern die als nahend oder nehender erb weren an irn gerechtikaiten und uns und unsern erben unvergriffen an der lehenschaft ungeuerlich."

84.) 1455, 4. Mai, Wien. Michel am Herwarthof.

3 Schilling Pfen. Gülte auf 1 Lehen zu Hadmarstain in Schonawerpfarre gelegen (Jörg Mayr); ganzen Zehend, gross und klein zu Feld und zu Dorf auf 5 gestifteten und 3 öden Lehen zu Slag in Haselpacherpfarre.

(Sein Erbe.) Oestr. Ms. Nr. 65, Fol. 30 b.

85.) 1456, 1. März. Hermann Helzestorffer.

1 Hof, gelegen zu Ladendorf, mit seiner Zugehör.

(Gekauft von Anna, weiland Mert des Streuhel Witwe und ihrer Tochter Barbara, Hausfrau Hanns des Frei.) Per consilium.

Oest. Ms. Nr. 65, Fol. 88.

86.) 1456, 9. Jänner, Wien. Hanns Hiltprechtinger.

8 Zehenthäuser zu Hiltprechting;

it. ganzen Zehend auf 4 Zehendhäusern zu Poyczkhaim;

it. auf 1 Haus zu Foting 2 Theile Zehends;

it. ganzen Zehend auf 2 Mühlen bei der Traun (die „Tengkmühle" und die „an dem Leittlein"), alles in der Herrschaft zu Leonstain und in Olstorfferpfarre gelegen.

(Sein Erbe.) Oestr. Ms. Nr. 65, Fol. 88, b.

87.) 1456, 16. Jänner, Wien. Jörg Hintperger.

1 Hof zu Pidermanstorf gelegen, 30 Joch Äcker in 3 Feldern daselbst und 30 Joch Äcker zu Krotendorf;

it. 1 Secz Weingarten hinter dem Dorfe gelegen;

it. 1 Wiese, 2 Tagwerke gross, gelegen bei Lachsenburg „niderhalb der Stainprugken."

(Halb sein Erbe, halb von seinem Bruder Reinprecht Hintperger zu seinen Gunsten aufgegeben.)

Oestr. Ms. Nr. 65, Fol. 84, b, 85.

88.) 1455, 30. Juli. Veit und Wolfgang Hochsteter, Gebrüder.

Haben einjährigen Urlaub zum Empfang ihrer Lehen, „wan sy yecz nicht bey lannd sind."

Oestr. Ms. Nr. 65, Fol. 62, b.

1457, 8. März. Wolfgang Hochsteter (für sich und seinen Bruder Veit, der der Ältere ist, aber jetzt nicht „bey Land" ist).

3½ Pfd. Pfen. Gelts auf 14 behausten Holden zu Walthawsen an dem Hierssenlug und

¼ Weinzehend und Getreidzehend, gross und klein zu Feld und zu Dorf, zu Grossen Menhartzdorf auf der Persnigk in Cappeller-Pfarre gelegen.

(Ihr väterliches Erbe.) Oestr. Ms. Nr. 65, Fol. 105, b.

89.) 1455, 16. December, Wien. Gregor Hofer (für sich und seine Brüder Hanns und Leupolt).

1 Hof zu „Sand Aytten" gelegen.

(Ihr Erbe.) Oestr. Ms. Nr. 65, Fol. 61.

(Fortsetzung folgt.)

Aus der k. k. Hof- und Staatsdruckerei.

№ 5. NOTIZENBLATT. 1854.

Beilage zum Archiv für Kunde österreichischer Geschichtsquellen.

Herausgegeben von der historischen Commission

der

kaiserlichen Akademie der Wissenschaften in Wien.

II. „Oesterreichische Geschichtsquellen."

Ungern.

5.) Nachtrag zu der Abhandlung über die Friedens-Verhandlungen zwischen K. Ferdinand II. und Gabriel Bethlen zu Nikolsburg 1621—1622[1]).

Mitgetheilt von Fr. Firnhaber, corresp. Mitgliede der kaiserl. Akademie.

Das hier folgende Actenstück, ohne Datum, muss nach dem 6. Jänner 1622 eingereiht werden, da es den Nikolsburger Frieden als bereits bestehend voraussetzt. Es enthält die Antwort Gabriel Bethlens an die Gesandten des Kaisers, welche zu ersterem gekommen waren, um mehrere im Nikolsburger Friedensinstrumente enthaltene Puncte und andere streitige Angelegenheiten zu ordnen, oder Änderungen zu verlangen. Aus der hier vorliegenden Antwort geht wenigstens hervor, dass dies der Zweck der Gesandtschaft gewesen sein musste, denn das Schreiben des Kaisers an Bethlen ist nicht bekannt. Übrigens wurden nie alle Bedingungen des Friedens erfüllt, und Verhandlungen, wie die zu welcher dieses Actenstück gehört, dauerten fort und fort. Erst die Kenntniss aller dieser Verhandlungen aber würde uns klar machen, worin die zunächst liegenden Ursachen der neuen Zerwürfnisse lagen, die bald wieder zur Kriegsflamme aufloderten, um ebenso schnell neuen Unterhandlungen Platz zu machen, die den Waffenstillstand von 1624, 24. April, zur Folge hatten.

Das Original des vorliegenden Actenstückes auf Papier mit einem aufgedruckten Siegel Bethlens befindet sich in der reichen Sammlung des Herrn Carl von Latour, der dieses wie die früheren diesen Gegenstand betreffenden Stücke mit der grössten Liebenswürdigkeit zur Veröffentlichung mittheilte.

Serenissimus princeps dominus dominus noster clementissimus benigne intellexit ea, quae Sacrae Caesareae Regiaeque Maiestatis Ablegati Nuncij scripto Suae Celsitudini Serenissimae coram exhibuerunt. Ad quae, hoc ordine, et modo se clementer resoluere dignata est.

Quantum igitur ad primum uidelicet in Conclusionibus articulorum Niclspurgensium illud diserte conclusum fuisse quod Transylvania etiam Suam Maiestatem Caesaream et Successores de septem comitatuum jure assecurabit. Illud Sua Celsitudo serenissima benigne intelligit, atque ut omnibus palam se nihil antiquius, quam pactorum observationem habuisse demonstraret in primis comitijs regni sui Transylvaniae illud in effectum deduci curauit quod dominis Nuncijs demonstrari etiam mandauit, et suo tempore post complanationem difficultatum Suae Maiestati Caesareae transmissura est.

Quo ad secundum: De bonis ad arcem Zendreő pertinentibus, licet Sua Serenissima Celsitudo, anno etiam proxime elapso, cum certos ad Suam

[1]) S. VIII. Band, Heft 1 und 2 des Archives für Kunde österreichischer Geschichtsquellen, dann Notizenblatt 1853, Nr. 5.

Maiestatem Caesaream Ablegatos transmittendos uoluisset, de hac etiam re Suam Maiestatem requirendam debuerat, ibique uarie aliquoties de hoc negocio per Ablegatos suos tractatum esse intellexerat, adeo, ut nihil ad respondendum necessarij superesse putarit, tamen cum denuo eandem rem Nuncios Suae Majestatis urgere cognoscit, nihil aliud hoc quoque tempore responderi benigne uoluit, quam comitatum etiam Borsodiensem una cum reliquis Sex comitatibus aeque jure Suae Celsitudini Serenissimae concessum, ex cuius comitatus plenaria et omnimoda possessione solum Zendreő exceptum esse. Cum autem hactenus etiam illud, quod disertis et claris uerbis descriptum est, utpote Zendreő ad rationem Suae Majestatis possessum sit, modo etiam possideatur; non uidet Sua Celsitudo serenissima quid hac in re ulterius desiderari a se possit, cum id nullo pacto 'fieri queat, ut de suo aliquid in alienum largiri coacte debeat; cum praesertim nulla mentio in tractatu ullorum plane bonorum facta sit, quin potius illustris Dom. Sigiefridus a Prainer pluribus uerbis coram Commissarijs Suae Celsitudinis de cedendo Zendreő loquutus; non ultra, quam ad anni spatium Suam Maiestatem retenturam eum locum affirmavit. Sed quod maius, hoc etiam non in ultimis considerari in hoc negotio oportet, si quid de bonis illis in tractatu Nicispurgensi actum fuisset, uti de Tricesimae, si qua ibi foret erecta, ratione, ea de illis etiam mentionem aliquam fuisse factam; Sed cum nihil eius rei sit actum, nullo jure, neque ullis foederum uinculis se teneri in hoc negocio Sua Serenissima Celsitudo profitetur, eo magis, quod oppidum illud, ubi mola frumentaria, cauponaque in rationem Suae Celsitudinis reseruatur, neque nomen Zendreő, sed Gerse ab antiquo obtinuerit, aliusque et re, et nomine locus sit, qui neque nominatus quidem in tractatu, sed una cum totius comitatus jurisdictione Suae Celsitudini Serenissimae traditus fuerit.

De catholicae romanae relligionis exercitio Cassouiae in absentia Suae Celsitudinis Serenissimae non admisso, quod Sua Celsitudo requiritur, nihil esse, quod de hac re eadem requiri debeat, palam profitetur. Cum neque in promouendo neque impediendo hoc negocio quicquam sollicita sit, quemadmodum neque illo teneri se ullo pacto agnoscit, sed totum id in liberae illius ciuitatis arbitrio positum esse intelligit; qui Priuilegia sua saepius causati, in hoc ut consentirent nullo pacto hactenus induci potuere; cum referant generales ibi nomine Suarum Maiestatum antea residentes, capitulumque in ciuitate collocatum saltem in capella aulae, exercitia religionis libera habuisse.

De tricesimarum exactione nihil, quo partes merito offendi potuerint Sua Celsitudo hactenus intellexit, in posterum quoque praefectis suis de hac re serio demandatura erit, ne ullis contra aequitatem uel minima iniuria fiat. Tamen aequum esse arbitraretur, ut ex parte etiam Majestatis Suae idonei aliqui modi inirentur, quibus tricesimarum exactiones iuxta antiquum usum quam commodissime limitarentur, cum negociatores, qui antehac plures exercendi quaestus causa externas regiones frequentare soliti fuerant, propter tot impensas a quaestu deterriti sint, paucioresque ex eis, iam cum maximo publici reditus detrimento commeare soleant.

De bonorum quorundam immobilium in ditionibus Suae Celsitudinis restitutione, cur quidam adeo importune Majestatis Caes. benignas aures molestare non uereantur satis mirari Sua Serenissima Celsitudo cogitur, cum praesertim praeter omnem aequitatem eorum preces importunas esse uideat, adeo ut Relicta Magnifici quondam Andreae Doczij iam ante contentata, et bona Szeplakiensia ciuitati Cassouiensi certa pecuniae summa impignorata sunt. Bona quoque Sebesiana ex proprij aerarij Suae Celsitudinis pecunia redempta; aequis iustisque conditionibus reddita uiduae iam fuissent, si illa benignitate Suae Celsitudinis contenta esse, quam importunis Suam Maiestatem precibus fatigare maluisset. Bona autem Szalancziana, cum aequo Jure pro manifestissimis illustris et magnifici quondam Sigismundi Forgach debitis, iuxta ipsius obligatorias a ciuitate Coronensi, Suae Celsitudini subdita occupata sint, eosque de hoc Sua Celsitudo contentos reddiderit, deposita sedecim millium florenorum Summa redditura etiam Sua Celsitudo bona eadem erit.

Quod ad decimas ultra Tibiscanas capituli Agriensis attinet: Nullum aliud Jus Sua Celsitudo in ijs se habere quam antea Reges Hungariae habuerint, agnoscit. decretoque beatae memoriae Caesaris Rodolphi delimitatione Arendae Decimarum earum iam antea facto, inhaerendum sibi esse ducit. Quod in archiuis camerae Scepusiensis repertum cum fuerit, iuxta praescriptum illius, Arendae solutionem antehac etiam Sua Celsitudo Serenissima Praefecto suo demandauit, quod precium cum capitulares recipere noluissent, nullis alijs, quam sibimetipsis, si quod inde damnum habuere, ut imputetur aequum est. Cum enim pleno jure Sua Celsitudo Serenissima eaque qua par est potestate in suis ditionibus fungatur quod aliis antea licuerat, sibi etiam licere merito arbitratur.

De processu autem Liszkaiensi cum nemo unquam aliquid intellexerit ita Sua Celsitudo etiam Serenissima nihil habet quod respondeat. Oppidum enim Liszka anno praeterito una cum decimis et prouentibus adhuc mense Martio possessoribus modernis restitutum est. Possessiones autem Kisfalud et Szeghi certis personis aequo jure a Sua Celsitudine inscriptae sunt.

Quod autem Reuerendissimo Episcopo Varadiensi Sua Celsitudo Serenissima benignitatis suae signa deferenda uoluit, ea pari benignitate hoc etiam tempore agnoscit, Et si quem ex suis D. Episcopus hac missurus erit, illa restitui Sua Celsitudo demandabit.

Quantum uero ad negocium orphanorum magnifici quondam Georgij Homonnaij attinet, ad stuporem usque Sua Celsitudo Serenissima mirari cogitur, quanam de causa tam laudabile et in Deum pupillosque pietatis exemplum aliqui secus interpretari uelint. Cum id palam fit, nihil aliud ea re Suam Celsitudinem quam eorum commoda spectasse, ex literis enim, quae praesentes ostendi possunt manifeste liquet, quanto cum damno orphanorum curatores ij, qui antea illic constituti fuerant, tam prouentus bonorum, quam etiam bona ipsa distraxerint, quae ut auerti possint eas rationes ineundas Sua Celsitudo Serenissima uoluit, quibus et damnum pupillorum praecaueri, et commoda illorum exquiri cum maximo eorum bono possent. Cum ne minimi quidem eorum prouentus uspiam distrahantur, sed sarti tectique illis cum cura conseruentur. Aequum est igitur, ut tantae benignitatis et clementiae pietatisque erga sui hostis, pupillos iuxta praeceptum diuinum laudes ab omnibus magis celebrentur, non ut contraria iudicia aliquorum contra suam Celsitudinem Serenissimam euulgentur. Quod omnes uti facturos Sua Celsitudo sperat, ita id maximae etiam aequitatis esse arbitratur.

Quod autem ad trium illorum antea captiuorum Suae Celsitudinis negocium attinet, mirari Sua Celsitudo Serenissima cogitur, quonam pacto tantae ingratitudinis labem illi perferre non erubescant, cum aequissimo belli jure captis, ex sola Suae Celsitudinis praeclara illa et laudabili animi clementia uita restituta sit, lytrumque ab illis adhuc ante tractatum Niclspurgensem promissum; quod uti jure merito exactum est, ita quiuis aequi iudicij arbiter illud ordine factum esse judicabit.

De bonis autem Dominae Viduae Thurzonianae et debito, quod illa praetendit, cum nihil aliud supersit, quod sua Celsitudo respondeat, nullum plane debitum apud Suam Celsitudinem superesse, quin imo ipsam sibi aequo iure debere agnoscit: Tamen cum saepius etiam antea maximae aequitatis media Dominae Viduae Sua Celsitudo proposuerit, hisce quoque diebus per certum e famelis eius benigne et iuxta omnem aequitatis normam se resoluit, quibus Dominam Viduam contentam fore benigne arbitratur.

Cum autem Sua Celsitudo Serenissima ex exhibitis Dominorum nunciorum intelligat, quid de juramento per certas personas deponendo nomine Suae Majestatis postulent: uti antea etiam nullas in hac re difficultates interponendas Sua Celsitudo uoluit, ita in posterum quoque idem factura erit, dummodo prius difficultates, quae interuenere ex parte Suae Maiestatis complanentur, et eae in optatum aliquem effectum a Sua Maiestate deducantur.

De monetae autem cusione cum nihil hactenus intellexerit, dabit Sua Celsitudo Serenissima benigne operam ne quid hac etiam in re a se merito desiderari possit.

5*

Atque haec sunt quae Sua Celsitudo Serenissima Sacrae Caesareae Regiaeque Maiestatis ad suam Celsitudinem delegatis nuncijs benigne respondari voluit, Quibus de caetero fauorem benignitatemque clementer defert.

L. S.

Ad mandatum Serenissimae
suae Celsitudinis proprium
Stephanus Kowachochi
Cancellarius m/p.

(Aussen steht die falsche Jahreszahl 1620.)

4.) Urkundliche Beiträge zur Adelsgeschichte.

I. Die Herren von Wallsee, im 14. Jahrhunderte.

Mitgetheilt von Joseph Chmel.

(Fortsetzung.)

28. 1332, (Mitichen nach Bartholomei), 26. August. Eberhart von Walsse, Hauptmann zu Drozendorf und Hertweich der Schad bekennen, den („erbern mannen") Leupold, Richter zu Krems und seinen Erben 5 Pfd. Pfen. Wienermünze schuldig zu sein, die nächsten St. Martinstag bezahlt werden solten.

„Tůn wir des nicht so suln wir einen erbarn rittermaezzigen chnecht selb „andern mit zwain Phaerden ze Chrems in ein erber gasthaus in legen und sein „nicht auzkomen, ez werde der vorgnant Leupold | oder sein erben des vorgenanten gůst gewert. Waer aber daz wir nicht laisten, so geb wir dem oft „gnantem Leupolten oder sein erben vollen gewalt darumb auf ze haben in Steten „und in Maerchten auf wazzer und auf land wa in des stat wirt so lang uncz siu „ir gůst gewert werden."

(Zerschnitten.)

Orig. Perg. 2 Siegel von weissem Wachse. Haus- und Staatsarchiv.

29. 1333, 3. Juni. Ich Herneyd und Ruedel Hertneydes Sůn von Weyzzenek dem got genad und all unser geswistereyd veriechen mit disem prief und | tuen chunt allen den, di in sechent hőrent oder lesent. Daz wier mit wolbedachtem muet und mit guetem veraintem willen will | en und rat aller unserr Erben und vreunt zu den zeyten da wier es wol getuen machten und an all ierrung, des wier vollen gewalt | heten, ze chauffen geben haben redleich und recht unsern Lieben und besundern Herren Hern Ulreychen von Walsse, Hauptman in Steyer | und Hern Fridreychen und Jansen seinen Pruedern und ieren Erben unser Haus ze Weyzzenek, daz voder pey dem Tor mit samt dem | Turn vor dem Tor auf Rigel um Taussent march Silbers, der si uns genczleich und gar gewert habent und gar vericht, daz selb | Haus haben wier in geben in aller der weyss und mit alle deu und es unser seliger vater hat inn gehabt und an uns pracht, mit | aygen leuten mit edelen leuten und unedeln Leut, di darzue gehőrent, mit voytleuten mit edlingen mit Mundleuten, swo di gesezzen sind | in den gerichtten oder anderswo, und die gericht mit samt den voytrechten, di darzue gehőrent, gesůcht und ungesůcht gestyft und un | gestyft gepawen und ungepawen ze Stoch ze Stayn ze Holtz ze velde ze wazzer ze wysmad mit wayd Echer und weyngarten mit alle | den und darzue gehőrt swi daz genant ist mit allen den rechten gewonhait und nůtzzen, als es von altter her chomēn ist und von recht | es und als es unser seliger vater und unser vodern her pracht habent in nutz und in gewer. Also loben wier in es ze scherm und ieren | Erben vor aller ansprach nach des Landes recht und gewonhait als man lechen ze recht schremen (?) schol. Tut wier

des nicht und nemen | si dauon chainen schaden von chainer ansprach, den schulle wier in abtuen gaenczleich und gar, und schüllen si daz haben auf uns und | auf alle deu und wier haben und auf unsern Erben oder wer unser guet nach uns besezz, der sol in des gepunden sein, als geintzlich | als wier selb von unserm guet, wo si dar auf zaygent oder weyssent. Daz lob wier in stet ze beleyben pey unsern trewen an aydes | stat. Und daz diser chauf und diseu wandelung (sic) also ebichleich von uns und unsern Erben in und ieren Erben stet beleib und gantzen | chraft hab, dar über geben wier in disen prief mit unser payder und mit unsers Lieben vetern Hern Dyetmars von Weyzzen | ek und mit des edeln mannes Hern Ruedolfs von Stadek und mit Hern Chunrats von Hornek anhangunden insigeln versigelt | zu ainer ebigen gedenchnüsse beuesten und bestet. Der prief ist geben ze Gretz nach Christes geporde Dreuzechen Hundert | iar dar nach in dem dreu und dreyzkistem iar, des phintztages an unsers Herren Leychnamen tag.

Orig. Perg. 5 Siegel von weissem Wachse. Haus- und Staatsarchiv.

30. 1333, 19. December. Ich Ulreich von Walsse Haûptman in Steyer und ich Frydreich und Jensel sein | Prüeder und ûnser Erben verjehen mit disem prief und tuen chunt allen den, die | in sehent hôrent oder lesent. Daz wir mit veraintem mût ûnserm Schaffer Herm Otten | von Waltstain und seiner Haûsfrowen und allen irn Erben haben in geantwûrtt des | gûts daz zû dem urbar gehôrt hincz Ûbelpach und ûnser satz ist von ûnsern Herren den | Fuersten von Ôsterrich vir leben ze Kukenpach, der ygleiches dient aller jerichleich | sechs und fûmezich Gretzer phennig und fûmf virtail Habern und daselb ze Kukenpach | ain Mûl di dient vir und zwainzich phennig, und ain Hofstat in dem Weychselpoden, | da Hainczel der zimmerman aûf sitzet, di dient zwainzich phennig, und schûllen seu daz | gût nûczen und inne haben mit alle deu und darzû gehôrt, gesuecht und ungesuecht, | gepaûn und ungepaûn, swie ez genant ist mit allen den rechten und wir ez inne gehabt | haben. Und schûllen wir und ûnser erben daz vorgenant gût von in noch von irn erben nicht | lôsen noch widerchaûffen, di weil wir daz ander gût inne haben, daz zû Ûbelpach gehôrt. Swenn | aber daz ist, daz di vorgenanten ûnser herren di fûrsten oder ir erben Ûbelpach losent von ûns | oder ûnsern Erben, so schûllen wir in fûr daz eegeschriben gût ie fûr di March gelts als vil silbers | geben, als vil ûns dafûr an der losung gepûerdet. Und daz in daz stete beleibe, dar ûber | geben wir in disen prief mit mein Ulrichs und Frydreichs anhangunden Insigeln versigelt | ze einem ûrchûnde der warhait, wand ich Jensel aygens Insigels nicht enhan. Der prief ist | gegeben ze Grecz nach Christs gepûerde dreuczehen hundert jar, darnach in dem drey | und dreyzzigestem Jar, des Sunnetags vor sant Thomans tage des zwelifpoten.

Orig. Perg. 2 Siegel von weissem Wachse. Haus- und Staatsarchiv.

31. 1334, 5. Juni. Ich Hainrich Schench von Reichenekk, pfleger dez Gotzhaus von Babenberch in Kernden vergich | offenleich an disem prief und tûn chunt allen den, di in sehent horent oder lesent. | Daz ich mich verpunten han und verpint ainuoltichleich pei meinen triwen an alles geuerd | gegen meinem lieben Swager Hern Ulrichen von Walse Hauptman in Steyer und | gegen allen den purgen di Friderichen von Oufenstein von mir auz genomen habent | auf unser frawntag di schierist chomt als si ze Himel fur, alle di pûnt | stet ze behalten an alles geuerd und gelûbd, als si an der Hantuestt gelobt | und verschriben sint, di ich von den vorbenanten purgen inne han, daz ich di unze | prechenleich von dez vorbenanten gotzhaus und von meinen wegen behalten wil an alles | geuerd. Und dar uber zu ainem urchund der warhait gib ich disen prief | versigelt mit meinem an hangunden Insigel. Der geben ist nach Christes gepurtt | dreuczehen hundert Jar darnach in dem vier und dreiczigistem Jar, des | Suntags nach sand Erasmen tach.

Orig. Perg. 1 Siegel von weissem Wachse. Haus- und Staatsarchiv.

32. 1334, 7. September. Ich Chuenrat von Oufenstain Marschalch in Chernden und ich Fridrich und Chuenrat sein Sun veriechen mit disem | prief und tuen chunt allen den, die in sechent hörent oder lesent, daz wier unsern Lieben und sundern vreunt | Ulrichen von Walsse, Hauptman in Steyer, ze Purgel gesaczt haben geng dem erwierdigen Herren Herm Wernchten | Pischolfs von Babenberch und Schench Hainreichen seinem prueder des gotshausses phleger von Babenberch in | Chernden und geng allen den die das Gotshaus angehörent um di Suen und richtigûng, die zwischen in und uns be | schechen ist um mein Fridrichs von Oufenstain vanchnûss, da er Ulrich von Walsse fuer uns un gelobt hat mit samt | andern unsern Herren und vreunten, daz wier di selben suen stet schullen haben und behalten in allen den gelubden | und pûnten, als unser Hantuest sagt, di wier dar ubêr geben haben mit unsern und unserr Purges Insigeln | versigelt. Wer aber daz, daz wior uns an den gelubden vergezzen und den Suen an raichten anders denn unser | Hantuest sagt, swaz in Ulrichen dar um angieng oder schaden nem, den schull wier im ab legen genczleich und gar| und soi er daz haben auf uns und auf allem dem, daz wier haben. Daz loben wier im stet ze behalten | ainvoltichleich an alles geuerde pey unsern trewen. Und dar über ze urchûnde und gedenchnusse geben wier im | disen prief versigelt mit unser aller dreyer anhangunden Insigeln. Der prief ist geben ze Grecz, nach Christes ge | pûrde dreuzechen Hundert iar, darnach in dem vier und dreyzkistem iar an unserr vrowen Abende als si gebarn | ward.

Orig. Perg. 3 Siegel von weissem Wachse. (1 und 3 verletzt.) Haus- und Staatsarchiv.

33. 1334, 13. September. Ich Rénpreht und ich Fridreich von Waltsee Hauptleût ze Ens vergehen | mit disem offen prief allen den, die in sehent horent oder lesent, daz | wir unserm liewen Swager Schench Hainrichen von Reicheneck und unsrer liewen | Muemen vrowa Agnesen seiner wiertinn pei unsern triwn gelobt haben, die hant | vest, die si uns in geantburt habent uber Friburch und Atersee umb | Tausent march silbers die er unsrer muemen darauf geben hat, ze widerleg. | daz wir in die selben hantuest wider geben shullen, swenn in der sihti | chleich nôt geshieht oder irn Erben, ob si niht enwern, daz got enwelle.| Und ze einer bestêtigûng und einem waren ûrchûnd geb wir in disen prief mit| unser paider anhangunden insigeln versigelt, der geben ist ze Grêcz an des| heiligen Chrêuczs abent, als ez erhaben wart, anno millesimo ccc^{mo} Tricesimo| Quarto.

Orig. Perg. 2 Siegel. (1 fehlt.) Haus- und Staatsarchiv.

34. 1335, 27. April. Ich Chunrat von Polnhaim vergich mit disem offen prief daz ich den erbern Leûten Jansen | Chûtzchouern Ulrichen von Hûsendorf, Perichtolden Schefolt und Chunraten Sûnnthaim mit | meinn treûn verhaizzen han, ob mein Swoger Her Libaûn von Trûchssen der Pollnhaimer | mein veter her Wernher mein Swoger der Waldpûrger die mein Schiedleût und meiner| Herren von Walse von Ens gebesen sind, ob die selben nicht geschaiden noch ge | sprochhen haben umbe meinn forsthabern, daz ich danne noch stet schol haben | waz seu dar uber sprechhen, und schûllen dez die egenanten vier an allen sachhen | unenkolten beleiben. Dar uber ze ûrchûnd gib ich in disen offenn prief mit | meim an gedrûchttem Insigel der ist geben nach unseres herrn gebûrd dreûtzehen | hûnndert Jar darnach in dem fûmf und dreizkistem Jar dez nochsten pfinctags | nach sand Jeorigen tag.

Orig. Perg. 1 hinten aufgedrücktes Siegel von weissem Wachse, fast ganz herabgefallen. Haus- und Staatsarchiv.

35. 1338, 1. Mai (Philippi Jacobi) ze Wienne. Eberhart von Walse und sein Bruder Heinrich von Walse erklären dem Herrn Ulrich von Ekchartesawe und seiner Hausfrau Agnes $37^1/_2$ Pfd. Wienerpfen. schuldig sein, die nächsten St. Georgentag bezahlt werden soll.

„Tun wir des nicht, so schulle wir In einen Erbern diener selbe ander mit „zwain Pherflen des naechsten Tages darnach ze Wienne in ein Erber Gastehaus „inlegen an unser paider stat, do in der vorgenant her Ulreich von Ekchartsawe „und vrow Agnes sein Hausvrowe oder ier Erben oder swer uns mit disem Prief „manet an irre stat hin zaigent und schullen darinne laisten als inne ligens recht „ist und daraus nimmer chomen, si werden e der vorgenanten phenninge gar „und gantz verricht und gewert."

(Zerschnitten.)

Orig. Perg. 2 Siegel von weissem Wachse. Haus- und Staatsarchiv.

36. 1338, 18. December. Wir Chûnrat von gotes gnaden Byschof ze Freising und ich Raeinpercht von Walsse vergehen paide an | disem Prief, das wir ein ander ûber ain sein chomen umb die Chlag die mein Herre von Frei | sing gegen mir het tan in dem Hoftaeding ze Wienn umb etleichen gûter und zechenthaeuser | und auch meinen gûter gefrônt hot in dem Entzspach und auch ze Mauren. Die selbn gûter | ich aus der frôn han genomen mit dem rechten und sold si ze dem naechsten taeding verant | wurten und ein recht darumb tûn vor dem Hoftaeding daz nu schierst chumpt. Nu sei wir | paide ûber ain chomen mit einander, das wir die selbn chlag und antwurt habn auf ge | choben und lazen gestanden mit unser paider gûtleichem willn uncz auf daz naechst Hoftaedinch | daz ze Wienn wirt vor sant Michelstag der nu schierst chumpt. So sol unser jetweder stan | in allem dem rechten als er iezunt stat und sol unserm Entwederm der auf schup noch der auf | slach chain schade sein an seinem rechten, und sol unser entweder die chlag gegen dem andern | treiben noch sûchen noch fûrsprechen noch verantwurten vor dem Hoftaeding, noch anderswo untz | auf das naechst Hoftaedinch, daz ze Wien wirt vor sant Michelstag, der nu schierst chumpt. | Swer anders taete gegen dem andern dann als vor gescribn stat, das sol chain chraft habn | noch sol dem andern chain schade sein an seinem rechten. Ze ainem urchûnd gebn wir paide | disen Prief versigelt mit unsern Insigeln. Der gebn ist ze Waidhouen do man zalt von | Christes gepurt driûzechen Hundert Jar und darnoch in dem acht und dreizigistem Jar | des naechsten vreitags vor sant Thomas tag des zwelf poten. (Duplicat.)

Orig. Perg. 2 Siegel von weissem Wachse. Haus- und Staatsarchiv.

37. 1339, 6. Jänner. Ich Ulreich zden zeiten Richter ze Methausen und mein Hausvrow Alhait und all unser Eriben di wir haben | oder noch gewinnen vergechen offenleich mit disem brif und tun chunt allen den di in horent sechent oder le | sent, daz wir mit wolbedachtem mût und mit unserm gutleichem willen und wort durich der triwn und | genaden willen, di wir an unsern liben herren hern Reinprechten und hern Fridereichen von Walsse erchen | nen und erfunden haben willichleich und gern uns verpunden haben daz wir all di hab di wir haben oder | noch gewinnen hinder seu legen und bringen an gever schullen, swas wir uber di funfczk phunt phenning | di wir in geben schullen, haben oder gewinnen iner jars vrist hinder seu und hinder ir Eriben allez legen | schullen. Oder wo wir dez nicht enteten und wider wern daz si uns dez indert mit Erbern Leuten mugen | uberweisen, so sei wir in aller unser hab veruallen, wo wir di haben versucht und unversucht, nûr alain | den zechent den wir haben von dem Reichenstainer darumb habent si uns teg geben von Ostern di schirst | choment uber ein jar also daz ich in der zeit den selben zechent hinder seu mit sambt anderm gut | bringen schullen. Mochten aber wir dez nicht getun, so schull wir als vil guts und der zechent wert ist | hinder seu darfur bringen und erstatten. Und wo wir des aber nicht teten, so sei wir in aber aller | unser hab veruallen und gepunden. Und daz in und irn Eriben di sach also stet von uns beleib, dar | uber geben wir in disen brif gesigelten mit unserm anhangunten Insigel. Daz ist geschechen nach Christes | gepurd uber dreuzechen Hundert Jar darnach in dem Neun und dreiskistem Jar an dem Prehentag.

Orig. Perg. 1 Siegel. (Abgestreift). Haus- und Staatsarchiv.

38. 1339, 18. April. Ich Fridreich von Pettaw Marschalch in Styer vergich mit disem prief allen den di in sechent hörent oder lesent | daz ich meinen besundern Herren und Öchaim Graf Ulrich von Phannberch Marschalch in Ostérich und Haupt | man in Cherden und meinem lieben Swager Hern Ulrichen von Walsse Hauptman in Styer versatzt han um | ain gelübde fuer fümf Hundert march Silber zalpechaimisch oder sechzechen Hundert Gulldein dafuer hintz| dem erbern mann Herm Volkern Vytztum in Chernden dem ich daz guet gelten sol und geben nu von Sand | Jörgentag der schierist chümpt über vier iar und han im darum gesatzt mein aygeneu vest Seldenhaim mit | sibentzk Marchen Geltes, di darczue gehörent also ob ich im von dem vorgenantem sand Gorentag über | vier iar daz vorgenant silber oder di Gulldeinen nicht engeb, so sol ich im di vorgenanten mein vest | Seldenhaim vertigen und machen als sein rechtes aygen mit alleu deu und darczue gehört als ich sey han | inn und gechauftt. Tet ich des nicht, so schullen im mein vorgenant pürgel mein Herre Graf Ulrich von| Phannberch und mein Swager Her Ulrich von Walsse laisten dacz Sand Lienhart als die Hantuest sagt | di ich Herm Volkern darüber geben han, ob ich im di gelubd nicht enlaist und volfuert, nemen des | mein vorgenant pürgel chainen schaden mitlaistung und von den gelubbden als ich seu versaczt han | hintz dem vorgenanten vitztum Herm Volkern alo sein prief sagent, den sol ich und mein Erben meinen|purgen und iern Erben gentzleich ablegen und in gar auzz richten an allen iern schaden, und sol in des | mein Herre der Fuerst von dem Land volhelffen von alleu deu und ich han mit meim guetleichen willen, | des lob ich mit meinen trewen stet ze behalten an alles geuerd und schullen seu daz haben auf mier | und meinen Erben und auf alle deu und wier haben. Und darüber ze urchunde gib ich in disen prief | mit meinem anhangunden Insigel versigelt Der geben ist ze Gleichsdorf nach Christes gepürd über | dreiczechen Hundert iar darnach in dem Neun und dreyzkistem iar des nösten Suntages vor sand | Görgentag.

Orig. Perg. 1 Siegel von weissem Wachse. Haus- und Staatsarchiv.

39. 1339, 17. Mai. Ich Jans von Tann und mein erben veriehen offenbar an disem brief alle den di in sehent oder | horent lesen, daz sich mein Herr Her Eberhart von Walsse zden zeiten Hauptman ob der | Ens und sein erben liepleich und guetleich mit mir verricht habent, also beschaidenleich | daz ich und mein erben mit guetleichem willen hinder in und hinder sein erben sullen le | gen in zwain iaren zwai hundert phunt pfenning, daz vom Hertzogen lehen sei oder von wem | seu iz pilleich haben sullen. Und zu einer sicherhait verseczt ich meinen pruder Hern Ulrichen | von Tann zu mir. Si sullen auch daz vorgenant guet mir und meinen erben sunen und | tochtern leichen zu rechtem lehen, und sullen uns niht irren zu verseczen und zu verchauffen | wenn uns des muet wirt. Und wenn ich und mein erben niht wern, so sol sich daz vor | genant guet niht vervallen im und seinen erben, wand iz sol erben an mein nest erben. | Daz di red stet und unzebrochen beleib, daruber gib ich disen brief gesigelten mit | meim anhangundem Insigel und mit meins pruder Hern Ulrichs von Tann anhangundem in | sigel. Der brief ist geben do man zalt von Christes gebürd dreuczehen hundert jar | und im newn und dreizkistem Jar, des mentags nach dem phingst tag.

Orig. Perg. 2 Siegel von weissem Wachse. Haus- und Staatsarchiv.

40. 1339, 6. (?13.) Juli. Ich Ott von Weizzenek und ich Dyetmar und ich Hertneid sein sün veriehen mit disem brief allen den die in sehent oder horent lesen, daz wir mit wol bedach | tem muet und mit rat und gunst unser pesten vreund und aller unsrer erben willen unsern tayl dacz Weizzenek an dem Haus aygenleut und guet daz uns | dar zue hat angehört mit aigenschaft, aigen und lehen, secz und gericht voytayd, holcz und wayd, wismad und Echer, Stoch und Stain, wazzer und | rain, gestift und ungestift, gesuecht und ungesuecht, gepawen und ungepawen, swie so daz genant ist, allew recht und gewonheit die dar zue ge | hörent die wir inne haben gehabt und unser vodern von alter her

pracht habent, also haben wir das selb unsern teyl an dem haus leut und guet | vreyleich und ledichleich verchauft umb sechs hundert march silbers fuer ein iegleich march silbers vier guldein den Edeln mannen hern Ulrichen von Walsee di | weyl Hauptman in Steyer und herrn Friderichen und herrn Hansen seinn Pruedern und allen ieren chindern und nach Erben ebichleich ze besiczen und habent seu | uns des vorgenanten silbers genczleich und gar bericht, und loben wir in daz vorgenant haus leut und guet als vor geschriben stet, auf geben | vor dem herren von dem es lehen ist, und loben in es auch schermen vor aller ansprach als man lehen und aygen schirmen sol in dem land ze Chernden | als das land mit recht und mit gewonhait hat her pracht von alter. daz loben wir in mit unsern triwen an aydes stat genczleich und stet ze behalten | wier und alle unser erben, und swa wir des nicht en teten, nemen sew des chainen schaden von chainer ansprach und vodrung mit zerung und | raisen, den schüllen wier in ablegen an allz geuerd und schüllen sew das haben auf uns und unsern triwen und auf allen dew daz wir haben | und geben in der über ze urchůnd disen prief mit meinem vorgenantem Ott und meiner Sůn Dyetmars und Hertneyds und mit hern Růdolfs | von Vanstorf und Chůnrats des Ungnaden anhangunden insigeln versigelt, die zu ainer gedenchnůsse und geczeugnůsse durch unsrer pett willen | ier Insigel an disen prief gehangen habent. Der geben ist ze Grecz do nach Christes gepurd ergangen waren dreuzehenhundert iar dar nach | in dem Neun und dreizzchistem iar des nosten (sic) Eritage vor sand Margreten tag.

Orig. Perg. 5 Siegel von weissem Wachse. Haus- und Staatsarchiv.

41. 1339, 16. November. Ich Jans der Almmer vergich offenwar mit disem prief und tůn chunt allen den die in ansehent | oder heorent lesen di nu sind oder noch chůnftig werdent daz ich mich han vertaidingt mit | meim Genedigem herren hern Ewerharten von Walse ze den zeiten haůptmann ob der Ens | umbe etlleich sache da ich umbe waz fůrchommen, mit so getaner beschaidenhait | das ich han verhaizzen, ob ich fürbas dem Lande ze Eosterreich (sic) dehainn schaden tůt, des ich | uber varen wůrde mit czwain erbern manne den ze gelaůben wér so schol ich mit siben | uber varen sein. Daz diu rede also ståt beleib, dar uber ze ůrchund gib ich ee genanter Jans | Almer disen prief versigelten mit des erbern herrn hern Jansen von Gůndolfing und mit hern Ůtzen | von Tanne und mit hern Chůnrats des Wolichs und mit Jansen des Würmtaler und mit | Hainreichs des Schicchen ze den zeiten Richter dacz Wels di ir Insigel an disen prief geleit habent, daz seu zeůg sind der sache wand ich selber aygens Insigels nicht gehabt han. Der prief ist | geben datz Linnese nach ůnsers herrn Gebůrde dreůtzehen hůndert Jar darnach in dem neůn und | dreizkistem Jar des nechsten eritage nach sand Merteins tag.

Orig. Perg. 5 Siegel von weissem Wachse. (Nr. 2 halb weg.)
Haus- und Staatsarchiv.

42. 1340, 24. Jänner. Ich Witigel der Schrampaumer und her Herman mein prueder und unser paider Hausfrawen und Erben ver | iehen mit disem brief allen den die in sehent oder hőrent lesen, daz wir mit verdachtem muet williechleich | und gern gangen sein hinder die Edeln unser lieb herren hern Pilgreim von Půchaim und hern Ulrichen von Walsee | Hauptman in Steyer aller der chrieg, stőz und aufleuf, die si zwischen uns und unserm herren Graf Ůlrichen von | Phannberch ergangen habent von der vest und des Turens wegen ze Mansperg und auch umb die | vanchnůsse so wir seim Ritter Herrn Dyetmaren dem Mordax getan haben und auch allz des schadens den | wir von unserm egenanten herren von Phannberch der vest und des Turens ze Mansperch genomen haben | wie uns der schad von im geschehen ist. Also daz si zwischen uns und unserm egenantem herren von Phann | berch mit vollem gewalt, den si paidenthalben von uns habent, minne oder Recht erfinden schůllen und | sprechen. Auch lob ich egenanter Witigel und verpint mich genczleich mit meina triwan an allz geuerd | und mit vollem gewalt fůer meinn obgeschriben prueder hern Her-

mannen und fűer unser paider Haus | frawen und Erben wie die vorgenanten her Pilgreim von Pűchaim und her Ulreich von Walsse die e | genanten chrieg und schaden zwischen uns und unserm herren von Phannberch auztragent und richtent mit | minne oder mit Recht, daz wir daz an allew widerred gar und genczleich stet haben schűllen und | volfűeren. Teten wir des nicht, so schűllen wir egenant Witigel und her Herman mein pruedor und | unser Hausfrawen und Erben verloren haben allew unserew Recht und Ansprach die wir haben hincz un | serm egenantem herren Graf Ulrichen von Phannberch, und nimmermer darnach gesprechen. Und daz disew | gelűbd von mir Witiglein und Herrn Hermannen meim prueder und von unser paider Hausfrawen und | erben, von den ich vollen gewalt han, stet und unczerprochen beleibe, dar űber gib ich egenanter | Witigel fűer uns disen brief versigelt mit meim anhangundem Insigel. Datum in Grecz in vigilia | Conuersionis sancti Pauli apostoli. Anno domini M°CCC Quadragesimo.

Orig. Perg. 1 Siegel von weissem Wachse. Haus- und Staatsarchiv.

43. 1340, 6. Februar. Ich Perichtold Schefelt und mein Eriben vergechen mit disem Brif und tun chunt allen den, di in horent sechent | oder lesent, das wir mit unsern triwen gelubt und verhaizzen haben dem Erwirdigen Fursten unserm genedigen Herren | Pyscholf Chunraten ze Freising, daz iem und sein Gotzhaus unser genedig herren her Reinprecht und her Fridereich von | Walse auz richten sullen zwischen hinn und Mitteruasten den hof ze Sperchsteten, der von dem Herzogen Lechen ist | und waz dar zu gehort, also daz iem und sein Gotzhaus der Herzog ze Osterreich den selben hof steten sol und sein | gunst und will darzu geben sol dez chauffes als sein brif sagt. Teten dez unser egenant herren nicht her Reinprecht | und her Friderich von Walse, swenn uns denn unser egenanter herr Pyscholf Chunrat oder sein nachchumen vadernt | so sull wir dar nach iner acht tagen laysten hincz Waidhouen mit aim chnecht und mit zwain pferiften | in ein Erber Gasthaus und nicht auz chomen untz unserm vorgenantem herren Pischolf Chunraten und seinen nach | chumen der egenant hof gantz und gar auz gericht wirt und bestet von dem Herzogen, und daruber ze einem urchunt | geben wir im disem brif gesigelten mit unserm anhanguntem Insigel. Daz ist geschechen nach Christes gepurd | uber Dreuzehen hundert Jar dar nach in dem virczkistem Jar an sand Dorothee Tag.

Orig. Perg. 1 Siegel (zerbrochen) von weissem Wachse.
Haus- und Staatsarchiv.

44. 1340, 24. März. Ich Eberhart von Walsse und ich Hainreich von Walsse sein bruder wir veriehen und tun | chunt allen den die disen brief sehent oder horent lesen daz unser holden di hernach mit namen | geschriben stent Pernhart von Chrainueld, Wolfker der zwikchel von Chrainueld, Hiersman | von Entschesueld, Stephan der Pawer von dem Heldolfs, Jacob von Chrainueld, Fridreich der | mulner von Gunuarn und ir hausvrawen und ir erben gelten suln unverschaidenleichen und an | allen chrieg Eysachen dem Juden der Werochin sun dacz der Newenstat und seinen erben | sechzehen pfunt newer wienner pfenning der si seu wern suln an dem nesten chunftigem sant | Michelstag. Geschicht des nicht so get furbaz schad auf ein igleich pfunt alle wochen acht | pfenning. Haubgut und schaden suln die Juden haben auf alle dem gut daz unser vorge|nanten holden habent in Osterreich und in Steyr wie iz genant ist. Stunden auer di vorge | nanten pfenning so lang auf schaden daz di Juden der nicht lenger wolten Rat haben | so suln unser vorgenanten Holden all sehs invarn datz der Newenstat in ein erber gast|haus da in die Juden inzaigent und suln darauz nicht chomen untz di Juden werden ge | wert erchen und schaden gar und gentzleichen. Wer auer daz si der invart nicht | enlaisten so suln di Juden di selben unser holden und auch ander unser holden pfen | den und auf haben mit samt irem guet in merchten oder in steten mit unserm gutem willen | so verre das si gewert werden erchen und schaden gar und gentzleichen und immer ainen | fur den andern. Daz di red stet und unzebrochen peleib daruber geb wir disen brief |

behangen mit unser baider insigeln. Der brief ist geben nach Christes geburd dreu | zehen hundert Jar darnach in dem vierczkistem Jar, des vreytages in der vierden vast | wochen.

Orig. Perg. 2 Siegel von weissem Wachse. Haus- und Staatsarchiv.

45. 1340, 15. Juni. Ich Reinprecht und Fridereich von Walse und all unser Eriben wir vergehen offenleichen an disem brif und tun chunt allen den, di | in horent sehent oder lesent, daz wir uns mit wolbedachtem mût, nach weisung und rat unser pesten vreunt reht und redleich gancz | und gar verricht haben mit unserm liben swager Rûdolfen dem Jungen von Lichtenstain und mit unser swester seiner Hausvrown | vron Alhaiten von Aychaim umb all di ansprach di di vorgenant vrow Alhait hincz uns gehabt hat umb ir heyratgût daz ir von | irem vodern ewirt unserm liben Prûder Hainreichen von Walse seligen geuallen solt und besunderleichen umb daz gût daz ir von | irem vater hern Perichtolden von Aychaim auch geuallen solt sein. Also beschaidenleichen, daz wir sey da für gericht und gewert | haben Tausent phunt wienner phenning und dafür haben wir in gesaezt mit unserm guten willen und mit aller unser Eriben | gunst und wort unser vest Mulbach und darzu sechczk phunt geltes mit allen den rehten und nuczen und dar zu gehort und | als wir ez in unser gewalt und nucz und gewer gehabt haben und schullen si furbaz mer chain ansprach noch vaderung hincz uns | noch hincz chainem unserm Eriben noch hincz unserm gût suchen noch haben, ez sey umb varunt gût umb haimstewr oder umb welicherlay | sach daz ist, daz uns und unser gut an rûret und tryffet, dez habent si sich furzicht getan und geauzzent. Ez sol auch unser vorgenanten | swester vrow Alhait von Aychaim mit sampt irem wirt di vorgenanten vest ze Mulbach und di sechczk phunt geltes in ir nucz | und gewer haben mit allen rehten und nuczen und darzu gehort versucht und unuersucht, als wir daz in unser gewalt gehabt haben | unczt an iren tod, daz wir si daran nindert hindern noch irren sullen, und nach irem tod, so schol di egenant Vest Mulbach | und di sechczk phunt geltz an allen chrig her wider eriben auf uns und auf unser Eriben. Daz uns daran niemant chainen chrig | noch irrung tûn sol noch chainem unserm Eriben. Wir schullen auch der vorgenanten Vest ze Mulbach und der sechczk phunt geltz | ir scherm und gewer sein fur all ansprach an aller der stat da in dez not geschicht als des Landes reht ist in Osterreich. Und | daz in di sach von uns also stet und unverchert beleib; dar uber ze einem warn urchunt geben wir in disen brif gesigelten mit | unser paider anhangunten Insigel. Daz ist geschechen nach Christes gepurd uber Dreuzehenhundert Jar dar nach in dem vierczichist | em Jar an unsers Herren Leichnam tag.

Orig. Perg. 2 Siegel von rothem Wachse mit weisser Einfassung. Haus- und Staatsarchiv.

46. 1340, 24. August. Ich Jans von Starichenwerch vergich offenleichen an disem brif und tun chunt allen den di in horent sechent oder lesent, das | ich mit wolbedachten mût und mit meiner Eriben willen und wort gelubt und verhaizzen han den erbern herren meinen | liben Ohaimen hern Reinprechten und hern Friderreichen von Walse umb mein Dorf ze Losch daz da leit in Neun | dorfer Pharr ob mir des not wurd hin ze geben oder daz mit mûtwill verchauffen wolt, das ich daz niemant geben sol | noch wil denn in, und sullen wir baidenthalben dar uber nemen vier man si zuen und auch ich zuen, und schullen uns des | an si seczen genczleichen, und waz di selben vier daruber sprechent des sullen wirbaidenthalben vollaist sein und gehorsam, , was si mir umb mein egenantz Dorf schullen geben, das si bei iren trewn sprechent. Wer aber das, daz sich dy vier | schidman nicht mochten gesamen und daran ze stos wûrden, so schullen di vier einen uberman dar uber nemen und | waz der dar uber sprichet, das sullen di vir und auch wir baidenthalben stet haben und auch tun an alles furzog. | Und das in di gelub von mir also stet beleiben daruber ze einem urchunt gib ich in disen brif gesigelten mit | meinem anhanguntem Insigel und ze einem pezzern urchunt mit meins

Swagers Insigel hern Hainreichs von | Volchenstorf. Das ist geschechen nach Christes gepurd uber Dreuzehenhundert Jar dar nach in dem viertzistem Jar an| sand Bartholomei tag.

Orig. Perg. 2 Siegel. (Nr. 2 abgestreift.) Haus- und Staatsarchiv.

47. 1341, (U. H. Leichnamstag) 7. Juni, Wien. Eberhart von Walse von Lintz und seine Erben erklären, den („erbern") Herren Jansen dem alten von Chappelle, Eberharten und Ulrichen von Chappelle seinen Söhnen und ihren Erben 2000 Pfd. alter Wienerpfennige schuldig zu sein, von denen 1000 Pfd. 14 Tage nach St. Jacobstag und 1000 Pfd. 14 Tage nach St. Gilgentag (dieses Jahres) bezahlt werden sollen. Bürgen: „die erbern Herren" Herr Jans von Chlingenberch, Herr Reymprecht von Walse, Herr Eberhart von Walse von Drösendorf, Herr Leutold von Chunringen, Herr Alber von Rauchenstayn, Herr Ulrich von Pergaw, Herzog Albrechts Hofmeister, Herr Fridreich der Heuseler, Her Chadold von Ekharttaw, Herr Weyhart von Toppel, Hofrichter in Österreich, und Herr Jacob der Grabener. — Falls er oder seine Bürgen nicht zahlen zu rechten Tagen, muss geleistet werden „Swanne er mich oder mein „Purgele darumb manet und inuodert, so schol in ie der man des nachsten Tages „immer nach ainem igleichen tage ainen erbern Rittermessigen chnecht selb „ander mit zwayn Pherften ze Chremse in die Stadt in ain erber Gasthaus inlegen, „da In der vorgenante her Jans der alte von Chappelle, (oder) Her Eberhart „oder Her Ulreich von Chappelle sein Süne oder ir erben oder swer uns mit disem „brief manet an seiner stat hin zaiget und schullen die dar inne laisten als Inne„ligens recht ist und schullen darauz nimmer chomen seu werden e der vor„genanten phenninge immer ze ainem iglichen tage gar und gantz verricht und „gewert."

(Zerschnitten.)

Orig. Perg. 11 Siegel von weissem Wachse. (7 und 10 fehlen.) Haus- und Staatsarchiv.

(Fortsetzung folgt.)

2.) Zur Geschichte der Stadt Wien.

Mitgetheilt von Albert von Camesina.

(Fortsetzung.)

XXIII. Wir Albrecht von gotes gnaden herczog ze Osterreich ze Steyr vnd ze Kernden tůn kunt das ein chrieg gewesen ist zwischen den kǒufleuten purgern vnd gesten an ainem tail, vnd vnserm amptman Niclasen in der Schefstrazze ze Wienn Hansen seinem brůder vnd Haugen irn vettern, vnd iren erben, an dem andern tail, vmb das wasser recht das diselben Niclas, Hans, vnd Haug ir vetter, vnd ir erben, habent auf dem wasser, Nu haben wir siv ze paider seit, nach irr fürlegung darumb verhört, vnd sind ouch der sache paidenthalben hinder vns gegangen, vnd darumb, daz wir sölicher chlag, und red, furbas von den kǒufleuten vberwurden, vnd daz siv wizzen bey we, si fürbas beleiben sullen, Haben wir nach rat, vnser getrewen lieben, die ze der zeit bey vns waren, daruber gesprochen, vnd sprechen ouch, Daz di vorgenanten Niclas, Hans, vnd Haug ir vetter, vnd ir erben, von ainem iglichem geladen schef, daz hinnaw get vnd das sechs schuech hat, dwerichs vber ze messen, mitten in dem seatail, des schefs, oder daz mer denn sechs schuech hat, wie vil der ist, vncz an zwelif schůch, von ainem iglichem schuech, nemen sullen virtzig wienner phennig. Ist aber ain schef mer, dann zwelif schuech dauon sulln si nicht mer nemen, denn als von zwelif schůhen vnd von swelhem scheff di vorgenanten Niclas, Hans vnd Haug ir vetter, vnd ir erben ir lǒne enphahent vnd das nicht geladen wer, nach der kǒufleute, gaste, oder purger, notdúrft, swas man darnach, an dasselb, schef füret an chlainen zallen zwischen Wienn vnd Haimburg, darumb, das das schef an sein stat geladen wert, da sol man ouch nicht von geben wúrd aber ein chlaine zallo, die hinter sechs schúhen hiet, wie vil der wér, für Haimburg gefúrt, aus dem lande, vnd di geladen wér mit chaufmanschaft. So sol man in dauon ir lône geben nach dem schuech, alz vorgeschriben stet, vnd swenn si irs lones verrichtet werden, so sulln si weder mit den purgern noch mit den gesten, schefleuten, vertigérn noch nawuerigen von des lones wegen, nichtes mer ze schaffen haben. wir wellen ouch, das di kóufleut, purger und geste ir gût andingen vertigérn, schefleuten vnd nawuerigen, swem si wellent, vnd damit si aller peste bewart sein, an der vorgenant Niclas, Hansen vnd Hauges irs vettern, vnd irr erben irrung. Swas ouch den koufleuten pûrgern vnd gesten, von den, den si ir gût aufdingent als vor benennet ist, an irm gût vor warlosung oder schadens geschiecht, darumb sulln si in anderswa nindert antwûrtten, denn vor dem der das wasser recht hat zerichten ze Wienn auf dem mauthus. Ouch wellen wir swer schiffung herpringet, di er verchauffen wil, das der die schiffung vnd das geschierr anpiet, di vorgenant Niclas Hansen, vnd Haugen irn vettern, vnd ir erben wolten si denn der schiffung vnd des geschierr nicht chouffen an geuerd, so mag er es dann verchouffen wem er wil. Ez sol ouch die schiffung, vnd das geschierr durch têwrung nymant fürchauffen. Ouch mugen purger oder geste schiffung oder geschierr ze irr ladung chouffen, dacz den vorgenanten Niclas, Hansen, vnd Haugen irn vettern vnd irn erben, oder anderswa an geuerd, wa, in das aller peste fueget. Darzû welln, wir, das di schefleute, den egenanten Niclas vnd Hansen Haugen irm vettern vnd irn erben an vnserstat wartund vnd gehorsam sein, als es von alter herchomen ist, swann si di vordern, an alain das di stuck beleiben in der weis alz vorgeschriben ist. wir nemen ouch dem vorgenanten Niclas vnd Hansen, Haugen irm vettern, vnd irn erben, mit disem spruch nicht ab, alle andrêv irêv recht vreihait vnd gût gewonhait, di si bey vns, vnd bey vnserm lieben herrn vnd vatter kunig Albrechten seligem von Rom vnd bey vnsern brûdern habent herpracht, wan, si da bey beleiben sullen an alle irrung mit vrchund diez brifes, den wir daruber geben besigelten mit vnserm jnsigel, geben ze Wienn an montag vor Gregory (10. März) nach kristes gebûrd dreuczehen hundert iar darnach in dem vir vnd fuufczigistem iar.

Original Perg. Siegel (fehlt), Stadtarchiv von Wien und Abschrift im Eisenbuch, Fol. 75.

Bei Hormayr, Geschichte Wiens, II. Bd. LXVI, Urkundenbuch, nach einem fehlerhaften Vidimus vom Jahre 1510 abgedruckt mit der Jahrzahl 1324.

Angeführt bei Lichnowsky, Bd. III, Regesten Nr. 1667.

XXIV. 1430. Wir Albrecht von gotes gnaden herczog ze Österreich ze Steir ze Kernden vnd ze krain markgraf ze Merhern vnd graue zu Tirol etc. Embieten vnserm getrewn lieben Chûnraten dem Hôlczler vnsern burgermaister hie ze Wienn, vnser gnad vnd alles gût. Wir haben vernomen wie das meniger in dem purkhfrid der egenanten stat gesessen, offenleich pier schenkhen vnd vertun das vns nicht geuellt, wan daraus der stat vnd vnssern burgern die weinwuchs habent grosser schad geen mag. Empfelhen wir dir vnd wellen ernstleich das du das vndersteest vnd vnderschaffest das das hinfür nicht mer geschehe. Welich aber darin nicht gehorsam sein vnd dawider pier offenleich schenkhen wolten, das du dich desselben piers zu vnssern handen vnderwindest, Daran begeest du genczleich vnser maynung. Geben zu Wienn an phincztag vor sant Greiorgen tag (9. März) Anno domini etc. tricesimo.

D. dux in consilio.

Orig. Papier. Hinten aufgedr. Siegel. Stadtarchiv zu Wien und Abschrift im Eisenbuch. Fol. 97.

XXV. Wir Fridreich von gots gnaden römischer künig zuallenzeiten merer des reichs herczog ze Österreich ze Steir ze Kernden vnd ze Krein graue ze Tirol etc. Embieten den erbern weisen vnsern lieben getrewn, dem burgermaister, richter vnd rate hie ze Wienn. vnser gnad und alles gut. Als weilent Elsbet Warttenawerin ain pilgreimhaws bey sand Johanns in der Kernerstrass geordent gestifft, vnd das eitleichen zuuerwesen empholhen hat dadurch weilent vnser lieber vetter künig Albrecht löbleicher gedechtnuss seinen willen vnd gunst darczů gegeben vnd dasselb Pilgreimhaws mit seinem besunderm brief bestetet hat nach laut der brief darumb ausgegangen da aber dieselben verweser so mit dem tod abgangen sind dadurch notdurft ist ander an jr stat zenemen. Empholhen wir ew vnd wellen ernstlich, Daz jr von vnsern wegen hinfur albeg ainen erbern gesessen burger hie ze Wienn mit wissen eins rector der hohen schul erwelet der all sachen des haws auch mit wissen desselben rector getrewleich verwes vnd handdel vnd ew vnd demselben rector alle jar aller seiner handlung völlige raittung tu damit wissentleich werd gemacht wie all handlung vnd verwesung des haws vnd der pilgreim sůllen furgenomen steen vnd betracht werden zu nucz vnd aufnemen des haws. Doch nur vncz auf vnsers lieben vettern künig Laslawes vnd seiner erben widerrůffen. Daran begeet jr vnser ernstleiche meynung. Geben ze Wienn an montag vor sannt Veits tag (13. Juni) Nach kristi gepurd im vierczehenhundert vnd sechsunduierczigisten jar, vnsers reichs im sibenden jar. Commissio domini regis in consilio.

Orig. Perg. Siegel (fehlt). Stadtarchiv zu Wien und Abschrift im Eisenbuch Fol. 146.

XXVI. Allerdurchleuchtigister kunig genedigister herr, Als vnser genediger herr von passaw vns vor ewern künigklichen gnaden beklagt hat, wie wir jm durch die vnsern ainen seinen garten vor Werdertor gelegen mit gräben durch-farn, vnd ettweuil geslachter vnd fruchtperer pawm abgeslagen, auch in seinen welden holcz abgemaist, vnd von dannen sullen gefurt haben, dadurch er vast gesmecht sey, des er schaden nemb nach leutt der ladung von ewern künigklichen gnaden, darumb ausgangen.

Allergenedigister künig darauf geben wir ewern künigklichen gnaden ze erkennen, als ewern künigclichen gnaden warnung kôm, wie die Vngern mit grosser macht, ewrer künigklichen gnaden land vnd lewt, mainten zeverherczichen vnd zubeschedigen, nach dem so vns ewr kunigklich gnad von solher geschicht wegen offt besandt, da prachten wir an ewr gnad vnder andern notdurfften der stat, wie die vorstet offen, vnd gar weit wërn, das wir besargten, solten die Vngern so grosse macht haben als man sagt, sy möchten die vorstet abprennen, dauon kem die gemain in denselben vorsteten zu verderben, solt das also geschehen sein so wer das ewern künigclichen gnaden zu voran ain grosser vnfug gewesen nach dem so doch ewr künigkliche gnad, persondlich hie pey vns wesenlich sess, wer nu ewern künigklichen gnaden geuellen, so wolten wir die vorstet eilund nach vnserm vermůgen mit zewn vnd greben bebarn auf das pest, als wir zu den zeiten vermochten, das vns also ewr künigclich gnad erlaubt zu tün vnd gnedigclichen hilff mit stekhen vnd zawnholcz aus ewrer gnaden welden vnd hölczer darczu brieflich schuf, des wir ewern künigclichen gnaden diemütik-lichen dankchen als vnserm genedigisten herren.

Allergenedigister kunig, nu sey wir der burgermaister, richter vnd der rat ewern küniglichen gnaden vnd der stat gesworn gemaynen nucz zubetrachten mit allem vleiss zufurdern vnd besunderlich nach der grosten notdurfft vnd gelegenhait der veint, so dieselb zeit vorhanden warn hieten wir die vorstat so eilund, als in zehen order zwelf tagen mugen zugerichten wir wern das ewern künigclichen gnaden zu ern vnd der stat ze nücz auch den mitburgern in den vorsteten die jr trews mitleiden von leib vnd gut mit vns tünt schuldig vnd phlichtig gewesen.

Also haben wir die zurichtung, an den vorsteten mit rat vnd hilff ewrer künigklichen gnaden, vnd mit vnserm der ganczen gemain von der stat gůt vnd darlegen in solher notdürft, vnd eilund getan, vnd zu lest do die veint bey der Newnstat vnd zu Leuberstorff lagen, und an dem zug her gegen der stat warn, da ward auch ain fluchtgraben eilund gemacht im obern Werd, zu bewarung derselben vorstet vnd als derselb fluchtgraben nu berait was, vnd die veint sich aus dem lannd schikchten da ward vns, anprachtt das der fluchtgraben vnsers gnedigen herren von Passaw garten, an ainem klainn ort, berurt hiet dabey ewr künigclich gnad mag vernemen, das das seinen gnaden nicht zu smach noch widerwertikait geschehen ist.

Item das man aber sein gnad besunderlich darumb nicht begrüst hat das hat solich vnser merkliche vnd gross vnmüss gemacht, wan die veint in solher nehent, vnd wir auch dieczeit mit zurichtung vnd ordnung der stat gegen der veinten also bekumert vnd gar vnmüssig warn, vnd besunderlich burgermaister richter vnd rat als das zumal wol wissentlich ist, dadurch jm das sein gnad gegen vns, zu beswerung nicht pillich fürnymbt nach dem vnd solich vnser ernstliche vnmüss seinen gnaden auch wol wissentlich ist vnd selbs auch höfe güter vnd geistliche manschaft hie hat. Wir haben auch solich klag, vmb sein gnad nicht verschult sunder seinen gnaden allczeit gern gedint, vnd wellen daz hinfür auch tun ob vnser das seinen genaden geuellet vnd von vns wil aufnemen vnd so ewr künigcliche gnad auf beschaw der sachen schaffen wurde des wir ewr künigklich gnad bitten vnd darumb anruffen, als vnsern genedigisten herren, so hoffen wir sich wurd, nach vnderweisung ervinden das vnsers gnedigen herren von Passau garten mit dem fluchtgraben alsuil verpessert sey vnd villeicht mer daen schaden daran geschehen ist.

Item ob die veint nicht in solher nehent gelegen wern vnd das auch so merklich gemainer nucz mit dem fluchtgraben nicht wer furgenomen noch dann hieten wir seiner gnaden genczlich vertraut vns solt sein gnad darjnn so swerlich mit klag, nicht haben fürgenomen.

Dann von abmaissens wegen des holczs als vnser gnediger herr von Passaw für ewr künigkliche gnad klagweis pracht hat, nach jnnhalt der ladung darumb ist vns zu denselben zeiten nichts wissentlich gewesen, sunder es mag aus ainem solhem geschehen sein als vns ewr künigclich gnad zu zurichtung der vorstet stekchen vnd zawnholcz schüf, was wir des bedorften, nach ausweisung ewrs künigklichen briefs, den wir ewrer gnaden vorstmaister zuschikten, darauf vns derselben vorstmaister anwald, ain red am wald angeczaigt hat, da wir solten maissen lassen. Also mügen villeicht, die maisser vnsers gnedigen herren von Passaw holcz auch gemaist haben, in ainem klainnen ort, das doch an vnsern willen vnd wissen geschehen ist, vnd wir hieten gehofft, das vns sein gnad daruber gegen ewern künigklichen gnaden nicht solt verklagt haben.

Allergenedigister kunig nu maint vnser genediger herr von Passaw, wir solten seinen gnaden, auf die obgemelt klag abtrag tůn mitsambt dem schaden nach jnnhalt der ladung genedigister kunig hoffen wir zu ewern künigclichen gnaden, das wir des nach allem herkomen der sachen, als oben ains tails, gemelt ist nitt schuldig sein, vnd sunderlich darumb wan es ist in dem vnd andern landen, auch in andern steten ye vnd ye gewesen, wenn man sich, von der veint wegen besurgt, vnd stet oder gslosser zu weer zuricht zu gemainen nucz ains landesfursten seiner land vnd lewt, als dann hie geschehen ist, das man da nach gelegenhait ainer stat oder ains gsloss, vorstet hewser kirchen abprechen vnd greben mag machen, an alle abtrag des schadens den man damit tůt als das hie vnd andern enden in land vnd ausserlandes vormaln offt geschehen ist vnd noch hinfür geschehen mag vnd ist vns vnerhort, das kain stat noch ander yemants ye abtrag darumb getan hab.

Wann aber ewr künigklich gnad die zuflucht manig tausent menschen raicher vnd armer, hie pey vns wol gesehen hat, die sich von forchten der veint mit jrm leib vnd gůt, hie in den vorsteten aufenthalden vnd da sicherhait gesucht habent, dabey mag nu ewr künigclich gnad erkennen das aus solher zurichtung vnd bebarung der vorstet gemainer nucz des lants vnd der lewt gegangen ist.

Wann solten die veint die vorstet hie an zurichtung funden vnd den mit prant raub oder mit andrer beschedigung schaden zugeczogen haben das wer ewern künigelichen gnaden ain grosser vnfug, auch ewrer stat hie vnd vns schand vnd smach vnd den veinten ain sundre frewd vnd besterkchung gewesen wider ewr künigeliche gnad, auch wider ewrer gnaden landt vnd lewt.

Sol nu vnserm gnedigen herren von Passaw, der klain fluchtgraben ain schad sein so ist es doch seiner gnaden gar ain klainer schad. den wir vmb sein gnad vnd vmb seiner gnaden nachkomen wol mügen ausgedienen, vnd haben das vorgetan, dadurch hieten wir gehofft sein gnad. hett jm das so swerlich nit klag gegen vns nit furgenomen, wann solten wir seinen gnaden, bekerung schuldig sein. von der stat gut. so ist doch manigem armen vnd reichen hie virueltiklichen grosser schaden geschehen. dieselben dann die stat auch darumb anlangen wurden, solt man das alles beczaln man vermöcht das in ettweuil jar von allen renten nuczen vnd gülten. so die stat hie hat hart aufgerichten.

Nu hat vnser gnediger herr von Passaw die sachen seinthalben genczlich in ewr künigklich gnad gesaczt. was ewr gnad dar jnn tue das stee bey ewern gnaden, das sehen wir gern, vnd seczen das auf vnser anbringen auch genczlich in ewr kunigeliche gnad. vnd bitten diemütiklich ewr künigelich gnad welle vns als die ewern gnedigklichen darjnn beuolhen haben als wir des ain vnczweyfleich vertrawn vnd gancze hoffnung zu ewern künigklichen gnaden haben, das wellen wir vmb ewr kunigeliche maiestat vndertenigklich nach allem vnserm vermugen allczeit gern verdiennen.

Orig. Papier. Stadtarchiv zu Wien.

XXVII. 1447. Wir Fridreich von gots gnaden, römischer kunig zuallenczeiten merer desreichs, herczog ze Osterreich, ze Steir, ze Kernden, vnd ze Krain, graue ze Tirol etc. Bekennen, von der czwayung wegen, die sich, zwischen dem erwirdigen Leonarten bischouen zu Passau vnserm fürsten rat vnd lieben andechtigen ains vnd den erbern weisen vnsern lieben getrewn, vnsern burgern hie zu Wienn des andern tails, von ains gartten daselbs ze Wienn vor Werdertor gelegen vnd andrer stuck wegen, darumb wir jn vormals zubaiderseitt ainen tag fur vns auf den phincztag nach dem suntag trinitatis nachstuergangen, beschaiden, vnd die aber mit baider taillen vnd wissen, auf sand Jacobs tag, auch nachstuergangen geschoben hetten, nach jnnhalt der ladung vnd schubbrief darumb ausgangen. Daz wir dieselben sachen, von merklicher vnsrer gescheffl vnd vnmuss wegen, damit wir yecz beladen sein verrer geschoben haben wissentleich mit dem brief, bis auf den nachsten montag nach sand Mertteins tag schiristkunftigen yetwederm tail an seinen rechten vnentgolten, insolhermass, ob baid tail in der czeit nicht gutleich veraint würden, daz dann sy, oder jr anwelt auf denselben montag widerumb fur vns kömen, so wellen wir si darumb mit recht entschaiden jn allermass, als auf den obgenanten sannd Jacobs tag, beschechen solt sein. Mit vrkund des briefs. Geben zu Wienn an sand Matheus abend des heiligen zwelfpoten vnd ewangelisten (20. September). Anno domini etc. quadragesimoseptimo, vnsers reichs im achten jar.

Commissio domini regis in consilio.

Orig. Papier. Hinten aufgedr. Siegel. Stadtarchiv zu Wien.

(Fortsetzung folgt.)

V. „Historischer Atlas."

Statistik des Mittelalters.

2.) Das Lehenbuch K. Ladislaus P. für Österreich ob und unter der Enns. (In alphabetischer Ordnung.)

(Fortsetzung.)

87.) 1455, 20. December, Wien. Hanns Hofkircher.

Die Veste Kolmüntz mitsammt den nachgeschriebenen Dörfern und Gerichten:

it. das Dorf zu Kolmunez;

it. das Dorf Sawkorn;

it. das Dorf Seibotenrewt;

it. das Dorf Sweinbart;

it. alle Gerichte grosse und kleine Stock und Galgen in dem Markt zum Ludweigs und zu Kolmunez und auf allen andern Gütern, wie die genannt sind, mit allen Nutzen, Ehren, Rechten und Gewohnheiten, die weiland Rudolf Kraezer von den Winklern gekauft hat, und nachmals weiland Herzog Albrecht und sein Bruder Herzog Leupold dem Hanns von Tirna und seinen Brüdern als Lehen gegeben haben.

it. die Mühle zu „Hawnstain;"

it. alle Hölzer, Wiesmahd und Wildbann auf den obgenannten Gütern;

it. in dem Dorfe zu Ellends den Zehend auf $8\frac{1}{2}$ Lehen zu Feld und zu Dorf und $\frac{2}{3}$ Zehends auf 7 Lehen zum Slag;

it. den Hof zu Klaubendorf und 37 Joch Ackers;

it. die Hofmarch und 2 „Prannstetet;"

it. ganzen Weinzehend auf 3 Bergen daselbst zu Klaubendorf a) in der verr, b) „in der Newrat," c) „in der Stokod;"

it. 17 Schilling und 11 Pfen. Gelts auf behaustem Gut;

it. in dem Dorf zu Hohenwart 5 Pfd. und 66 Pfen. Gelts auf behaustem Gut und Überländ, und 1 Weinzehend;

it. alle Mitwoch Wochenmarkt zum Ludweigs (bestätigt ihm und seinen Erben und den Leuten zum Ludweigs), „den die obgenanten fursten gegeben habent." Befehl desshalb an den Landmarschall in Österreich und an die Landherren, Ritter und Knechte, Pfleger, Burggrafen u. s. w. Pön gegen die Verletzer der Gerichte oder des Wochenmarkts 100 Pfund Goldes, halb in die herzogl. Kammer, halb den „Gelaidigten" zu zahlen.

(Sein Erbe.) Oestr. Ms. Nr. 65, Fol. 81.

1455, 20. December, Wien. Hanns Hofkircher.

4 Pfund und 52 Pfen. Gelts zu Lobnicz, in Weissenalber pfarre auf behausten Gütern gelegen und „alle gewondliche Robat auf denselben Gutern" und eine Fischweide auf der Tey, die sich anhebt „an des Strewn vischwaid und geet hinauf uncz an die Kaufwisen."

(Gekauft von Hanns Topler.) Oestr. Ms. Nr. 65, Fol. 82.

1455, 20. December. Lorenz Hofkircher.

Das Haus „Dressidels" mitsammt dem Dorf und $\frac{1}{3}$ Zehends daselbst gross und klein

(Sein mütterliches Erbe.) Oestr. Ms. Nr. 65, Fol. 82.

8**

88.) (S. D. 1455, circa 20. Juni.) Friedrich von Hohemberg.

Die Herrschaft und Veste Hohemberg mit aller Zugehörung, mit den Kirchlehen und aller ritterlichen Mannschaft, „gefürsteten Freiung und dem Halsgericht, die Mauth und den Wildbann, den grossen und kleinen „Gejaid" und allen Fischwässern, Marktrecht und allen dazu gehörenden Gütern, Gründen und Wäldern „und hebt sich an mit den pymerkhen an der Herschaft Getenstein „und von dann an der Gotshewser grunt in dem Newnperg sand Lamprecht und „Liligenveld alles als das Regenwasser schuit und von alter herkomen ist;"

it. darnach die Kirchlehen und Vogtei und Vogteirechte ausserhalb der Herrschaft Hohemberg „zu Sand Johanns zu Traysm, zu Reczpach, Rorbach, die Capelle zu Winkhelberg im Haus und 1 Altar zu Kirchperg auf dem Wagram;"

it. die Erbvogtei und Vogteirechte zu S. Veit auf der Gölssen und auf der Zell im Halltal und in der Ramsau und Hainfeld und zu Steczenfeld, und das Dorfgericht daselbst;

it. die ritterlich Manschaft, so weiland die von Pergaw, von Wildegk und die von Winkhel geliehen haben;

it. das Halsgericht ausserhalb Hohemberg auf den Gründen und Gütern in dem Krewspach Wisenpach Ramsau Halpach und am Swerczesperg und zu Traism;

it. die Fischwasser ausserhalb Hohemberg auf der Traism, Golssen, Halpach, Wisenpach, Kerssenpach und die Wasser zu Rorbach der Durlas und Hermanspach und auf der Fledniez unter dem Gottweig alles mit ihrer Zugehör;

it. den Wildbann, das grosse und kleine „Gejaid" in dem Gebirg und den Wäldern ausserhalb Hohemberg zu Traism Sand Veit, auf der Zell, Ramsau Hainfeld Krewspach Wilhalmspurg und S. Jorgen, was dess in den benannten Pfarren gelegen und von Alter herkomen ist;

it. das Marchfutter in den benannten Pfarren und dazu in „Durnieser," „Liligenvelder" und „Pirchingerpfarre" auf den Gütern, als von Alter herkomen ist;

it. die gefürstete Freiung in dem Haus „im Kiel" zu Wilhalmspurg im Markte gelegen;

it. den Weinzehend und Getreidzehend zu Freindorf alles mit seiner Zugehörung und die behausten Güter, dazu gehörend;

it. alle Güter Gründe und Wälder in den Gepieten in dem Halpach, Wisenpach, Wegpach mit ihren Zugehörungen und das Salzarn im Halpach alles mit seiner Zugehör, als von Alter herkomen ist;

it. 7 Pfd. und 34 Pfen. Gülte in der Ramsau und in den Friedreichspach und auf 2 Gütern am Egk 6 Schilling und 11 Pfen. Gülte und

den Zehend zu Reidenfeld und am Teschelhof und auf 11 Gütern an der Stainbant in Hainvelder und St. Veitspfarren gelegen;

it. in Gravendorfferpfarre auf 1 Gut $^1/_2$ Muth Getreidedienst und auf 1 Mühle im Anger 1 Pfd. Gülte;

it. die Güter Gründe und den Zehend an der prunst und im Kerssenpach und Wispach in Hainfelder und S. Veitspfarre gelegen das seiner Manschaft gewesen und mit Kauf an ihn kommen ist;

it. den Getreidzehend datz der Hulben auf 1 Hof und 1 Hofstatt dabei „dacz den Puchspemen zu Öd" auf 2 Höfen „dacz dem Wasen under dem Hag," auf 1 Feld und 1 Garten daselbst auf 1 Burgrecht Acker dacz dem Wasen auf 3 praitten, sind des Pfarrer von Weinberg;

it. zu Weinberg in der Awen in 3 Feldern auf 6 Burgrechtäckern vor „der Sesnaglin tor" auf 1 Feld „dacz der Kuniginn" auf 3 Höfen und 1 Hofstatt auf jedem halben Zehend;

„Die benanten Stukh gult und guter alle hat der vorgemelt von Hohemberg „an ainer pergamenen zedl in die Kannczlei geantwurtt und hat darumb chainen „lehenbrief genomen."

(Sein Erbe.) Oestr. Ms. Nr. 65, Fol. 52, 53.

1456, 26. August, Wien. Stephan von Hohemberg.

2 Wiesen, 2 Äcker und 12 Krautbeete gelegen zu Potenstain, welche weiland Leupold der Weisser zu Baden hatte und durch seinen Abgang ohne Mannes Erben ledig wurden.

(Gnaden-Lehen.) Oestr. Ms. Nr. 65, Fol. 100.

89.) 1455, 29. November, Wien. Hohenfelder.

K. Ladislaus belehnt den Erasmus Hohenfelder mit seinen österreichischen Lehen, dem Sitze zu Schlüsselberg sammt Zugehör, dem Bauhofe daselbst, Wiesen unter dem Hause niderhalb und oberhalb der Gasse, dem Tannholze an der Eben, dem Puechholze, der Fischweide vor den Gründen, der Weide ober den Wiesen unterm Hause, der Vogtei auf der Hube auf der Strass, alles in der Pfarre Grieskirchen; von Frankenburg aus der Honigpoting 3 Pfd. Pfen. Gülte; 1 Hofe, zu Neukirchen ober Lambach, bei der Spekch und zu Hofarn auf 2 ganzen Huben (5 Häusern) und auf Strahaimer Weinberg auf 7 Lehen ganzen Zehend zu demselben Hofe in der Pfarre Neukirchen gehörig; dann dem Vorsthofe in der Pfarre Gaspolzhofen, 2 Gütern im Holze, dem Zehend auf dem Gute in der Plahen und auf des Rundmunds Hofe, einer Wiese zu Maling, alles in der Pfarre Krengelbach; 1 Zehend auf dem Hofe an der Inn, 1 Hube im Pirichach, 1 Hofstatt zu Nisting und dem Zehend auf dem Lutzleinsberg, alles in der Pfarre Püchl.

Orig. im ständ. Archive zu Wien, Nr. 2824.
Oestr. Ms. Nr. 65, Fol. 78.

1455, 29. November. Erasmus Hohenvelder (für sich und seine Brüder Lucas und Pantaleon, und seinen Vetter Sigmund H.).

3 Güter zu den Kepplingern;
it. 1 Gut zu Kraymes;
it. 1 Gut „an der Prantstat;"
it. 1 Gut zu Atergewdorf;
it. $1\frac{1}{2}$ Hube zu Weezing und den Zehend daselbst;
it. den Zehend zu Talhaim;
it. den Zehend auf dem Weterperg und auf dem Achperg;
it. den Zehend zu Perkhaim;
it. 2 Güter zu Volkrating;
it. 1 Gut zu Atergewdorf und
Auf 6 Gütern den Zehend;
it. 1 Mühle und 1 Säge ob Atergewdorf;
it. 1 Hof zu Scherfling bei Kamer;
it. 1 Hof zu Seewalhen.
(Ihr Erbe.) Oestr. Ms. Nr. 65, Fol. 78, b.

1456, 9. Mai. Erasmus Hohenfelder.

Den Hof zu Offthering mit seiner Zugehörung (Andree) in Offtheringerpfarre und in Tunawtaler Landgericht.

(Gekauft von Seifrid, Hanns und Ambros N. (?) Gebrüdern.)

Oestr. Ms. Nr. 65, Fol. 96, b.

Hanns Hohenvelder.

2 höf zu Hänting in Schirflinger pharr;
it. 2 Güter zu Spilberg und

1 Wiese, heisst die „Velberwis“ und stosst an der „airzelter veld zu Vecklestorffer pharr;“
it. 1 Hof genannt zu „Vekklach“ in Schöndorfferpfarre;
„Wann die vermant und ledig worn wern.“
(Gnaden-Lehen.) Oestr. Ms. Nr. 65, Fol. 4.

Hanns Hohenvelder.

„Von erst d. zehent auf 2 huben zu Sigttental und auf 1 huben genant auf dem Egk;“
it. d. zeh. auf 1 huben in Penewanger pharr:
it. d. zeh. auf dem Freinperg und auf der mul daselbs;
it. d. zeh. auf dem Kirchof auf dem nidern hof und auf 3 gütlein gelegen zu Yn;
it. den zeh. zu Kaltenegk;
it. den zeh. auf 2 huben zu Hard, in Mokehenhofer pharr gelegen;
it. d. zeh. auf dem Wolffensperg;
it. d. zeh. auf der widen daselbs;
it. den zeh. in Reissee;
it. d. zeh. auf 3 hewsern zu Altenhofen;
it. d. zeh. auf 3 hewsern auf dem Weinperg;
it. d. zeh. zu Velding auf dem hof;
it. d. zeh. gel. zu Obern Offnang auf der hub, in Gaspoltshofer pharr;
it. 1 wisen genant das recht lehen, in Stainer pharr;
alle gelegen in Starhemberger Gericht.
„Wan die mit tod und abgang „des Gètringer vermant und ledig worden wern.“
(Gnaden-Lehen.) Oestr. Ms. Nr. 65, Fol. 1.

1455, 29. November, Wien. Sigmund Hohenvelder.

2 Theile Zehends auf 28 Zehendhäusern zu Sundhaim, (landesf.) Lehenschaft von Atersee.
it. zu Rewt auf 1 Haus 2 Theile Zehend;
it. zu Mesendorf auf 2 Häusern 2 Theile Zehend, (landesf.) Lehenschaft von Kamer;
it. zu Eging in Gamparerpfarre auf 8 Häusern halben Zehend, (landesf.) Lehenschaft von Puchaim;
it. auf 13 Häusern und auf 1 öden Gut in Newnkircherpfarre gel. 1/3 Zehend, (landesf.) Lehenschaft von Leonstain;
it. „dacz Werd, dacz Kogl, und dacz Fridhaiming“ 2 Theile Zehend;
it. „dacz Spilberg“ auf 3 Häusern 2 Theile Zehend;
it. „dacz Walkering“ auf 1 Haus 2 Theile Zehend;
it. „dacz Vischaim“ auf 1 Haus 2 Theile Zehend;
it. zu Weichselpawm auf 1 Haus 2 Theile Zehend;
it. „dacz Armtalhaim“ auf 2 Häusern 2 Theile Zehend;
it. „dacz Gotprechting“ auf 2 Häusern 2 Theile Zehend;
it. „dacz Reichentalhaim“ auf 2 Häusern 2 Theile Zehend;
it. „dacz Kogling“ auf 4 Häusern 1/3 Zehend;
it. zu Niderndorf auf 4 Häusern 2 Theile Zehend, (landesf.) Lehenschaft von Frankenburg;
it. „dacz Herrating“ auf 2 Häusern 1/3 Zehend:
it. „dacz Kruczling“ auf 2 Häusern 1/3 Zehend;
it. „dacz Albrechting“ auf 2 Häusern 1/3 Zehend;
it. „dacz Waschprechting“ auf 1 Haus 1/3 Zehend;
it. „dacz Esch“ auf 2 Häusern 1/3 Zehend.
(Sein Erbe.) Oestr. Ms. Nr. 65, Fol. 78, b, 79.

90.) 1455, 24. Juli, Wien. Caspar Holderberger.

1 Hof zu Plösten und 1 Hammer, der in denselben Hof gehört;
it. 1 Hube zu Pingensöd in S. Stephanspfarr;
it. 1 Gut in dem Altenslag in Helffenbergerpfarr;
it. 1 Gut am Distmansperg und 2 Theile Zehends darauf in Obernnewnkircher pfarre;
it. das ganze Dörfel im Amanslag und 2 Theile Zehends daselbst;
it. 1 Mühle „dacz dem Helmreichen" und 2 Theile Zehends in 2 Feldern zu Obernnewnkirchen gelegen.
(Übergeben „ledielich" von Hanns Geczendorffer.)

Oestr. Ms. Nr. 65, Fol. 61, b.

91.) 1455, 26. Juli, Wien. Bernhard Hölczl (für sich und seine Brüder Kristoph und Marx).

Den Hof zu Eyczgesperg in S. Kristoffenpfarr und Lempekher Gericht gelegen und Zugehör, Holz und Wiesmahd, Weingärten, Baumgärten, Krautgärten, zu Feld und zu Dorf.
(Ihr Erbe.) Oestr. Ms. Nr. 65, Fol. 62.

92.) 1456, 14. Jänner, Wien. Conrad Holczler (für sich und seine Brüder Leupolt, Mathes und Kolman and ihre Mutter Katharina die Holczlerin).

Die Veste Pekhstal mitsammt dem Landgericht, Vogtei, Kirchlehen, Fischweide und Wildbann mit allen ihren Zugehörungen.
(Ihr Erbe.) Oestr. Ms. Nr. 65, Fol. 84.

1456, 14. Jänner, Wien. Conrad Holczler.

Die Mauth zu Vorhenveld mit ihrer Zugehörung.
(Sein Erbe.) Oestr. Ms. Nr. 65, Fol. 84.

1457. 29. Mai, Laugendorf. Conrad Holczler.

Einen Zehend zu Pirchenwart auf dem Marchfeld gelegen.
(Soll durch Abgang weiland Ulrich des Gundloch, Bürgers zu Wien, ledig geworden sein.)
(Gnaden-Lehen.) Oestr. Ms. Nr. 65, Fol. 109.

93.) 1455, 5. August, Wien. S. Jacob in Wien. (Klosterfrauen.)

12jährigen Urlaub zum Empfang folgender Lehenstücke:
Den Hof mitsammt dem öden Haus zu Obern Streitdorf gelegen mit aller seiner Zugehörung;
it. 7 Pfd. Pfen. Geltes auf behausten Gütern und Überländ daselbst;
it. den Getreiddienst, Weizen und Haber 28 Metzen und des halben Zehend zu Obernstreitdorf zu Dorf und zu Feld gross und klein $^3/_4$. Indess zu nützen.
(Gekauft von Wilhelm Floyt.)

Oestr. Ms. Nr. 65, Fol. 64.

94.) 1455, 3. Juni. Hanns Innerseer.

1 Hube in der Leserlaw in Weiborerpfarre;
it. 1 Hube und 1 Lehen zu Innersee in Rotenpekherpfarre;
it. 1 Zehend in Taufkircherpfarre; in Schawnberger Gericht gelegen;
it. 1 Hof genannt der Wisenthof in Sand Jörgenpfarr im Atergew gelegen;
it. 1 Hube im Wepach in Waczнkircher pfarre.
(Sein Erbe.) Oestr. Ms. Nr. 65, Fol. 47, b.

1455, 4. Juni. Hanns Innerseer hat einen Urlaub rücksichtlich folgender Güter:

Den Hof an der Hub und die Selden daselbst in Rotenpacherpfarre gelegen;
it. 1 Hof zu Otischenperg und 1 Mühle genannt die Ramlmühle in Mökchenhoferpfarre;
it. 1 Hube zu Gothaining und 1 Gütel gelegen zu Puchegk in Hegerpfarre gelegen.

Die er vor Wolfgang von Walsee in der Hauptmannschaft ob der Enns mit Recht behauptet hat gegen Jörg Ketringer „nach ains berednussbrief laut mit willen und wissen des bemelten Ketringer ausgangen."

Oestr. Ms. Nr. 65, Fol. 47 b, 48.

95.) 1455, 16. December, Wien. Christoph Inprugker.

Die Veste Newnhaws mit Pfenninggült, Zehend und mit anderer seiner Zugehörung;
it. 1 Gut zu Penczing zu Geigelperg und zu Hagenaw 10 Pfd. Pfen. Gelts;
it. einen Getreidzehend auch daselbst zu Hagenaw;
it. zu dem Kogl einen Getreidzehend;
it. einen Getreidzehend an dem Aufperg;
it. einen Getreidzehend zu Reipotenpach;
it. das Holz genannt die Hainpekhin und
1 Wiese an dem „Edlparcz."
(Sein Erbe.) Oestr. Ms. Nr. 65, Fol. 81.

96.) 1455, 11. April, Wien. Kristoff, Regina und Sophia Jörger, (Kinder des Caspar Jörger).

Urlaubbrief für ihr väterliches Erbe (Lehen) bis zu ihren vogtbaren Jahren, mit der Gnade für Regina und Sophia Jörger „ob sy den vorgenanten irn bruder uberlebten daz dann die egemelten Lehen nach seinem tod auf sy geuallen und erben sullen als landes und lehens recht ist."

der sitz zu Sand Jörgen mit aller seiner zugehör.;
die Huben zu Virhausen;
it. 1 Zehend auf dem obern Hof und auf der Mühle zu Langendorf;
it. 1 Wiese zu Offenhawsen;
1 Zehend auf den Nidern 3 Huben zu Offenhawsen;
1 Zehend auf den Aigen daselbs;
it. 1 Zehend in dem Nidern wailpach (?) auf der Nidern Hub;
it. 1 Zehend zu Winkhel;
it. 1 Zehend auf der Schewrn;
it. dacz Martein in der müll in yedem veld 1 lant, und darauf der Zehend;
it. 1 Zehend auf der Huben zu Tuschenperg;
it. ganzer Zehend auf dem Minnknechtperg;
it. 1 Zehend auf dem Krewssenperg und auf dem Aigen gelegen niderhalb des Puchhof;
it. $1/2$ Hube zu Chyeselperg und 1 Wiese und 1 Acker in Newnkircherpfarre;
it. der halbe Sitz zu Eczlestorf mit ganzem Bauhof und mit aller seiner Zugehörung
it. 1 Selden daselbst und $1/2$ Hube zu Wising;
it. $1/2$ Hof zu Krotndorf, und 1 ganzer Hof, genant an Höfen;
it. die halbe Fischweide zu Puchel und $1/2$ Hube im Sulspach;
it. $1/2$ Zehend zu Smidring (?) auf 2 Höfen;
it. 3 halbe Hölzer, die gen Eczelstorf gehören, eines genannt in der Öd, das andere am Puchêch und das dritte an der Scheiben, alles in Puchlerpfarre gelegen. Oestr. Ms. Nr. 65, Fol. 16.

1455, 15. April. Ulreich Jörger.

Das Burkhstal zu Swabegk;
1 Hof und 1 Lehen zu Stainpach;
2 Lehen zu Parschaller.
(Sein Erbe.)

1455, 16. April. Bernhart Jörger.

Hat einen Urlaub bis zu seiner Mündigkeit über:
Die Veste Rewt.

1455, 16. April. Wolfgang Jörger hat für sich und Bernhard Jörger, Sohn weil. Hanns des Jörger, den er hat innegehabt, den Gebrüder Wilhelm, Ulrich und Hilbrant Jörger

Die Veste Rewt vermacht, „in solhermass ob der egenant Pernhart mit „tod abgieng und nicht leiberben das Sun weren hinder im liess oder ob er „leiberben hinder im liess die auch abgingen ee denn si zu irn vogtperen und „beschaiden jarn komen, das dann die obgemelt vesst mit irn zugehörungen auf „die vorgenanten Wilhalmen Ulreichen und Hilbranten die Jörger und ir erben gevallen und erben sol in gemechtsweis."

Oestr. Ms. Nr. 65, Fol. 18.

1455, 19. April. Thoman Jörger (für sich und seinen Bruder Wolfgang J.).

Den Sitz auf dem Mos mitsammt dem Bauhof daselbst in Ofenhauserpfarre;
it. 2 Güter zu Pachleitten und 1 Zehend in Zwischpallner[1]) und in Neunkircher-Pfarren;
it. 6 Schilling Pfen. Gülte jährlich „aus der Honigpotingen von Frankchenburg;"
it. 1 Gut auf der Öd in Neunkirchnerpfarre;
und 2 Güter in Nidernholtzarn in Puchlerpfarre.
(Ihr Erbe.) Oestr. Ms. Nr. 65, Fol. 21.

1455, 19. April. Affra, Hausfrau des Wolfgang Jörger.

1 Hof in dem Tannach;
it. 1 Hofstatt genannt Reczenspicz mit ihrer Zugehörung, gelegen in Czeidlinger-Pfarre;
it. 1 Gut genannt am Hof und
1 Mühle in dem Tewffenpach in Kolmunczer-Pfarre;
(Ihr Erbe) Oestr. Ms. Nr. 65, Fol. 21, b.

1457, 23. August, Wien. Leonhard Jörger.

1 Au auf dem obern Anger und dem niedern Anger und mitten in den äussern Gräben zu Wolfstal gelegen zunächst des Enczestorffer Au;
it. aber 1 Au mitsammt dem Grund zunächst dem „Pinnsgang" mit dem Graben umfangen hinter der Veste zu Wolfstal gelegen;
it. 1 Wiese gelegen daselbst von den Krautgärten hinauf bis an die äusseren Äcker neben des Praitendorffer Wiesmahd;
it. 6 Pfd. 6 Schilling und 4 Pfen. Gelts und 4 Hühner Diensts, gelegen zu Wolfstal auf behausten Gütern und Überländ, gestifteten und öden;
it. 112 Joch und 1 Viertel Äcker, auch daselbst zu Wolfstal gelegen und
3 Schilling und 27 Pfen. Gelts auf Krautgärten zu Wolfstal gelegen.
(Gekauft von Sigmund Weihenperger.)

Oestr. Ms. Nr. 65, Fol. 110, b.

---

[1]) Zwischpallen, Zwispalden, seit 1621 Frankenburg.

97.) 1456, 14. Jänner, Wien. Caspar Jud (für sich und seinen Bruder Jörg Jud).

„Das Purkhstal genannt der Wasen, gelegen in der Weyerwiese unter Hofkirchen mitsammt den Weihern, Baumgärten und Gärten, so dazu gehören;
it. 1 Hube auf dem Hohenperg;
it. die „Eysenhub;"
it. die Hofwiese bey dem Hauczenpach und bei der Ypf, 7 Tagwerks gross;
it. das Recht auf den 2 Wassern, die um dieselben Tagwerke rinnen „das si die mugen vischen lassen wenn sy wellen;"
diese Stücke in Hofkircherpfarre;
it. die Hube „im Holcz" in Florianerpfarre;
it. 1 Gut auf dem Slat in Neukircherpfarre auf der Ypf;
it. 1 Hube auf dem Rosperg in Wolfferpfarre und
1 Gut im Thal in Newnkircherpfarre auch auf der Ypf gelegen mit allen Zugehörungen.
(Ihr Erbe.) Oestr. Ms. Nr. 65, Fol. 83, b, 84.

1457, 17. September, Wien. Jörg Jud.

1 Hube auf dem Hohenperg;
it. die Wiese halb, genannt die Hofwiese bei dem „Hawcznpach;
it. das Recht auf den 2 Wässern, die um die Wiese rinnen, in Hofkircherpfarre gelegen;
it. 1 Hube auf dem „Rossperg;"
it. 1 Gut im Tal."
(Sein väterliches Erbe.) Oestr. Ms. Nr. 65, Fol. 114.

1457, 17. September. Jörg Jud (für seinen unmündigen Vetter Peter Jud, Sohn seines Bruders weil. Caspar Jud).

Das Purkstal genannt der Wasen, gelegen in der Weyer Wiese unter Hofkirchen mitsammt den dazu gehörigen Weihern, Baumgärten und Gärten;
it. 1 Hube genannt die Eysenhub;
it. die halbe Wiese genannt die Hofwiese bei dem Hawcznpach;
it. das Recht auf 2 Wässern, die um die Wiesen rinnen, gelegen in Hofkircherpfarre;
it. 1 Hube im Holz in Florianerpfarre, und
1 Gut auf dem Slat in Newnkircherpfarre;
(Sein väterliches Erbe.) Oestr. Ms. Nr. 65, Fol. 114.

1457, 17. September. Jörg Jud.

Das Gut „hincz dem Preuntlein;"
it. das Gut an dem Lehen und 1 Hammer dabei;
it. das Gut an der Öd in Trageinerpfarre gelegen;
it. 1 Gut „hincz dem Derren" in Altenburgerpfarre;
it. 5 Tagwerk Wiesmahds genannt im Dawming in Trageinerpfarre;
it. 3 Tagwerk Wiesmahds bei Seebarn;
it. 1 Gut im Rewtt auf der Nornleitten in Nernerpfarre;
it. 1 Gut genannt „das hinder Holcz" in Wartpergerpfarre;
it. 1 Krautgarten bei Perg;
it. 1 Mühle im „Prunngraben" und
1 Gut genannt am Gumppenegk in Trageinerpfarre gelegen;
(Sein mütterliches Erbe.) Oestr. Ms. Nr. 65, Fol. 124.

(Fortsetzung folgt.)

Aus der k. k. Hof- und Staatsdruckerei.

№ 6. NOTIZENBLATT. 1854.

Beilage zum Archiv für Kunde österreichischer Geschichtsquellen.

Herausgegeben von der historischen Commission der kaiserlichen Akademie der Wissenschaften in Wien.

II. „Oesterreichische Geschichtsquellen."

Ungern.

6.) Schreiben des Erzherzogs Matthias an K. Rudolf, die Ausrüstung der Armee für den ungrischen Feldzug betreffend. Wien, 3. Mai 1604 [1]).

Allerdurchleuchtigister Grossmechtigister Römischer Khayser Auch zu Hungern vnd Behaimb etc. Khünig. Eur Röm. Kay. Majestät sein meine gehorsamb freundtliche vnnd bruederliche willige dienst yederzeit zuuor. Genedigister freundtlicher geliebter Herr vnd Brueder. Demnach E. Kay. Mtt. etc. auf mein gehorsame erclärung. das Ihro Ich mich zu sondern ehren vnd gefallen, auch gemainer Christenheit vnd dem geliebten Vaterlandt zum besten, auf diess Jar das Generalats vber E. Mtt. etc. Kriegshör vnd Veldtzug vnden in Hungarn, wann Sy mich mit der darzu erforderten notturfft geburlich versehen hindangesezt allerhandt meiner vngelegenheit. in Gottes Allmechtigen namen, vnterfahen wollte, durch Ihr verrers von Dero anwesenden Hof Camer aus am ailfften tag sechstverwichenen Monats Aprilis abgangen schreiben aine specification, was Ich nemlich für notturfften maine, vnd hierzu für aine Verlag bedürffen werde, Ihro ehist zukhomen zu lassen, darauf desto zeitlicher zugedenckhen, vnnd dieselbe zu verschaffen, von mir gnedigist begert: Hette solches zwar meines erachtens, vorgedachte anwesende Hof-Camer vnd die Kriegsexpedition darinne, wann Sy die specificationes vnd Verzaichnussen alles des Jenigen, was auf vorige Veldt Züege. als ich hieuor denselben selbst persönlich beygewohnet. Insonderheit aber auff meinen Hof Veldt stat vnd alle hohe beuelch vnd Ämbter für vncosten Monatlich aufgangen von den Zalmaistern vnnd der Hofbuechhalterey abgefordert vnnd sich in denselbigen ersehen leichtlich wissen mögen.

Als hab ich nit vnderlassen hieneben eine specification der Anno 1601 gemachten vast gleichmessig mit einzuschliessen daraus aigentlicher zuuernemen was ungeuerlich monatlichen auf meinen Generalstat vnd alle hohe vnnd niedere beuelch vnnd Ämbter, nach gelegenhait E. Mt. solche auch heur zu bestellen gnedigist vermainen, aufgehen möchte.

Vor allen dingen aber, vnd da Ich mich ye zu dem mir gnedigist aufgetragenen General vnnd höchsten beuelch im Veldt gebrauchen lassen solle, ist erstlich mir zu wissen vonnötten, auf was anzal Kriegsvolckhs zu Ross vnnd fuess zum heurigen Veldtzug vnnd offensiue zu kriegen werben zu lassen, vnnd zu vndterhallten E. Mt. etc. sich genedigist entschlossen, dann auch, wie viel Regimenter geworben vnd gerichtet werden sollen, auch was für Obriste auf dieselben bestellt seindt. Item, wie baldt vnnd zu was Zeit dasselbige Kriegshör zu Veldt werde versamlet sein khünnen wie lang es im Veldt verbleiben solle:

[1]) Das durchschossen Gedruckte ist theils Correctur, theils Zusatz von des Erzherzogs eigener Hand.

vnnd woher auffs selbig die monatliche richtige Zalung oder Leben eruolgen werde: Inmassen dann solchs in meinem hieuor vom Sibenden February E. Mt. zugefertigten gehorsamen guetachten Ihro von mir vndter anderm angedeutet worden.

Zu dem wil auch vonnötten sein, das sich E. Mt. etc. gnedigist erkleren, ob vnd was Sy für einen General Leuttenant, dann auch Veldtmarschalch, Obristen Zeug- vnd Profiantmaister gnedigist bestellt haben wöllen.

Daneben aber versehe ich mich zu E. Mt. gehorsamb brüderlich Sy werden mir als declarierten Generaln dannoch der gewallt vnd authoritet von mehrers ansehens respects vnnd gehorsambs wegen gnedigist vergönnen vnd verleihen, sonst alle andere im Veldt bedürfftige hohe vnd Nider Ämpter mit darzu tauglichen vnd Kriegserfahrnen Subiectis zu ersetzen. Sintemal es sonst ain verächtlichs ansehen hette, das ain jeder Obrister seine Haupt- vnnd Nidere beuelch zubestellen vnnd aufzunemen macht hab, Ich aber als ain General vnnd mehrer, in dergleichen Fällen gesperrt sein sollte.

Was auf die Regimenter vnnd Reutter monatlichen auflauffen möchte kan meines Erachtens darinne zu Prag aine specification, wann E. Mtt. etc. sich gnedigist resoluiert, wie viel Sy derselben werben vnd bestellen lassen wöllen, baldt gemacht werden.

Anbelangend aber meinen General Veldtstat, versehe ich mich zu E. Mt. ganz bruederlich, Sy werde erstlich mir, wie voriges Jar die zwainzig Tausent gulden zu meiner ausrüstung auch diess Jar gnedigist bewilligen, vnnd damit Ich mit der ausrüstung darzu zwar baar gellt erfordert wierdt, zeitlicher aufkhomen vnnd nit erst, wann ich anziehen solle, mich erst alhie lang aufhallten, vnd mein vngelegenheit thuen müsse, derowegen gnedigiste Fürsehung thuen lassen, auf das mir, wo nit gleich auf ain mal berüerte ganze Summa, doch der halbe thail, benenntlich zehentausent gulden auffs ehist, vnnd der ander halber thail vor meinem aufbruch zu contentierung der Leutte erlegt werde: Weil die handlsleutt vnnd handtwerckher auf die bezalung dringen, vnnd ohne derselben gewisser vertröstung nichts hergeben noch arbaitten wöllen.

Wann auch Profiant, Victualien, füetterung vnnd andere auff kuchl vnnd Keller erforderte nothwendigkeitten der Zeit nit wolfeiler, sonder je lenger je teurer, vnd darzu (Zumal im Veldt) schwerlich zu bekhommen, oder Je mit dryfachem precio vberzallt, auch weil vnden in Hungarn der orten kinumb, da das Veldtläger geschlagen, vnnd nach vnd nach, nachdem sich etwa der feindt im Veldt erzaigen möchte, verruckht werden mueste, von dem seither des fertigen Veldtzugs vber winter gelegenem vnnd thails noch vnnten sich aufhallttenden Kriegsvolckh vast alles aufgezehret vnd verheret worden ist, darzu die zugefüerte Profiant, Victualien vnd fuetterung auf ain ansehnlichs Kriegshör schlechtlich ausgibt, vnnd daher Ich wol sorg trage, das Ich auch mit denen verferten mir Monatlich bewilligten funfftausent gulden Veldt deputat, damaln Ich doch meinen völligen Hof Statt nit vndten im Veldtläger vor Ofen gehabt, der Zeit schwerlich gelangen werde mögen: yedennoch in brüederlicher ansehung Eur Khay. Mt. vnerschwinglicher Kriegsaussgaben,. wil Ich mich gleich mit berüerten fünfftausent gulden Monatlich beschlagen lassen, vnd sehen, damit Ich, so viel müglich, vnd sich zuerhalltung meines furstlichen Veldt stats thuen lässt, desto gespäriger alle notturfften lasse antragen, vnd ausskhome. Entgegen aber zu E. Mt. etc. versehe Ich mich ebnermassen zuuerlässlich, damit Ich dennoch solches Veldt deputats monatlich vergewisst sey, In bedenkhung, das nur baar geldt vnd ain offener Seckhl vndten im Veldt sein muess, vnd auf borg nichts zubekhomen, viel weniger zu anticipierung gellts gelegenheit verhanden: Eur Mt. etc. werden mir hierumb solch mein Monatlich Veldt deputat encawer im Kriegszalampt, oder sonst an ain gewisses ort gnedigist assigniern, vnnd beneben fursehung thuen, das mir daher mein Veldt deputat von dem tag an meines verruckhens von hinnen, biss auf den tag verhofften glücklichen wider heraufkunfft richtig vnd ordenlich geraicht werde. Dann wo das nit verordnet, vnnd Ich, wie vorige Jar beschehen, neben gefhärlicher darseczung leibs vnd lebens noth leiden wurde mueessen, hetten E. Mt. etc. gnedigist vnnd leichtlich zugedenckhen, was hieraus für inconuenientien eruolgen wurden.

Demnach auch wol zu vermuetten, Sintemal dem verschlagenen arglistigen vnd geschwinden Erbfeindt zu dem sonderlich diess Jar gesuechtom frieden so wenig als vor der zeit offter beschehen, khain ernst gewesen, Er werde sich heur mit so viel ainer grössern macht im Veldt erzaigen, vnnd offensiue wider E. Mt. etc. anziehen: derowegen was nunmehr versicherung auch besserer ordnung, vnd erhaltung des mir als Generaln im Veldt gebüerenden respects vnnd gehorsambs wegen, werden E. Mt. etc. gnedigist khain bedenckhen haben, anstatt meiner hieuor vndterhalltenen Hof- vnd Archibusier Fahnen, zu ainer Leib Guardy mir aintausent wolgerüster Pferde, dieselben nach meinem gefallen zurüssten, vnnd vndter solchen mein Hofgesindt mit ihren gerüssten Pferden auch vnderzustossen, gnedigist zu bewilligen: welche nit weniger als andere im fall der noth das Irig thuen sollen. Hergegen werden E. Mt. auch auf dieselben, jnmassen auf andere obriste Ritmaister vnd beuelchsleutte die bestallung aufzurichten, vnd Ihnen sowol als andern, neben der monatlichen Ordinarj besoldung auch das Anritt- vnd Abzuggellt sampt dem ersten Monatsoldt nach beschehener Musterung zuverordnen vnd anderer Teutsch Reutterey allerdings gleich zu halten gnedigst geruhen.

Neben dieser Reutter guardy bitt Eur Mt. etc. Ich auch brüederlich auf meine Leibguardy zu Fuess, benenntlich funffzig Trabanten vnd funffzig Mosketire, allermassen hieuor Sy gnedigist verordnet, nun gleichermassen die Monatliche bezalung also zuuerordnen, damit die armen gesellen ihrer besoldung vergewisst sein mögen.

Vnnd nachdem die Gezellte in vorigen Veldtzügen durch vngestümmes Wetter, Sturmwindt, regen, Schnee, vnd viel daher laider empfundene vngelegenheitten zerrissen, erfordert derwegen die notturfft, das E. Mt. etc. sowol auf reparation der manglhafften, als erzeugung neuer Gezelten die verlag verordnen.

Also auch auf die Zeltwägen, Zeltschneider vnd Zeltknecht, weil dieselben sonst aus mangl der bezalung verlauffen, vnd im fall der noth sonnst auch im eylenden aufbruch die Zelte nit abgebrochen, sonder offt dahinden gelassen werden müessen.

Weil mir auf die Aufwarter vorige Jar zwaytausent gülden gnedigist bewilligt vnnd geraicht worden, So werden E. Mt. etc. versehenlich gnedigist khain bedenckhen haben, an yezo auch zwaytausent gulden auf die Aufwarter zuuerordnen.

Zu dem, weil vor allen dingen das Artolerey wesen, als ein Hauptnotturfft, auf zuträgliche fälle, etwa vorhabender belägerung oder Veldtschlachten nothwendigklich bestellt sein muess, hierumb zweyfelt mir gleichwol nit, bey E. Mt. etc. werde vber alles dess, was auch wegen desselben Zeugwesens hieuor vnd hienach von mir hinein berichtet worden ist, der Graf von Sulcz sowol mündtlich als schrifftlich gehorsamist angebracht haben: Dieweil mir dan auch zuwissen vonnötten, was darauf für verordnung von E. Mt. etc. gnedigist beschehen, vnnd die Hof Camer angeschafft hab, auch wie ich mit demselben wesen versehen, Seitemal Ich im Veldt, in mangl der bezalung vnd anderer nothwendigkeitten am allermaisten vberloffen werde: So bitt Ich E. Mt. etc. gehorsamblich, das Sy auch auf diesen statum vnd demselben vnterworffene Officier vnnd Püxenmaister, so Ihr leben in die Schancz seczen müessen solche gnedigiste fürsehung zuthuen geruhen, damit so wol den Jenigen, welchen man schuldig, Ihre ausstände bezalt, als auch kunfftig denen bey diesem statu dienenden Personen mit der bezalung Wartgelt vnnd Vorlehen zugehallten, auch sonderlich der Erst Monatsoldt auf denselben statum So wol die notturfft auf werbung dreytausent Schanczknecht vnnd fünffhundert Artollerey Ross, Item Puluer, Blei Zündstrickh vnnd andere nothwendigkeitten zeitlich vnd auffs ehist verordnet werde. Seitemal ausser förderlich wolbestellter vnnd richtiger Artollerey sonst zu Veldt nichts fürgenommen noch verrichtet werden khan.

Eur Mt. etc haben sich auch gnedigist vnnd ehist zueentschliessen, wie viel vnnd was für ain Anzal Tscheickhen Sy diesen Sommer wollen armieren vnd vnderhalten lassen, vnnd woher auf armierung derselben vnd der Nassadisten Monatliche richtige bezalung, weils nothwendig vnnd sich sonst ausser derselben auf Sy nit zuuerlassen, Sonder dieselben in mangl ihrer Vndterhalltung von den Tscheickhen entlauffen, die gewisse verlag eruolgen solle. Des darauf lauffenden vncostens vberschlag, wann E. Mt. sich der Anzal gnedigist entschlossen, khan so dann darinne zu Prag gemacht werden.

Neben diesem allem hat man auch auf die Verlag auf den Schiffmaister Ampts Stat, vnnd das Schiffpruggwesen zugedenkhen, Was aber auf aines vnd das ander Monatlich laufft, khombt vnder andern nothwendigkheitten in beyge-fuegter Verzaichnus[1]) ein.

Ob vnnd wie der New angehende Obrister Profiantmaister mit dem Profiant Verlag auf khunfftigen Veldtzug, vnnd solche Anzal Kriegsvolckhs, wie E. Mt. etc. zu Veldt in Vndter vnnd Ober Hungern vndterhallten wollen, so wol auch zu prouiantierung der Vestungen versehen, vnd wie mit demselben geschlossen worden, Solches ist mir zu meiner nachrichtung vnd anstellung aigentlicher disposition in allweeg zuwissen vonnötten Geruhen derowegen E. Mt. etc. der anwesenden Hof Camer mich dessen auch zu erinnern gnedigist zubeuelhen.

Wan auch ain hohe notturfft von mehrer versicherung wegen darauf in allweeg zugedenckhen, das, ehe Ich mich hinab ins Veldt begebe, die Canisischen Gränizer vnnd all andere Hungerische Gräniczer durch raichung ainer Zahlung in den Vestungen erhallten, Auch dieselben mit Prouiandt, munition vnnd einlegung mehrers Kriegsvolckhs (ausser dessen, so man zu Veldt vonnötten) gnuegsam versehen werden, damit Ich dem Veldtzug desto besser vnnd sicherer abwarten khönne, vnd mich der verlassung aines oder andern Gräniczhauses nit besorgen dürfe, noch aines durchs ander verhindert werde. Derhalben wöllen E. Mt. etc. auch yeczt vermeldte nothwendigkeit Ihro gnedigist beuolhen sein lassen, vnd auf die mittl zeitlich bedacht zu sein, viel gedachter Hof Camer beuelhen.

Was aber darauf für vncosten vonnötten, khan beym Kriegszal Ampt wan die Hof Camer sich entschleusst mit wie viel Monatsoldt Sy darauf zugeuolgen vnd zuuerordnen vermaint, ain Vberschlag gemacht werden.

Demnach auch zu meiner aigentlichen nachrichtung vnd anstellung kunfftigen Veldtzugs vonnötten, das sich E. Mt. etc. gnedigist resoluiern vnnd erkleren, wohin Sy dieses Jars Veldtzug dirigiert haben wöllen: Hierumb so bin ich nit allein dieses puncts, sondern auch in allem andern, wie vorangeregt derselben gnedigisten resolution gehorsamblich gewertig, Neben hochfleissiger brüederlicher bitt, vnd dem Veindt zum Vorstraich vnd fürbruch keineswegs lufft gelassen werde Weil nunmehr hohe Zeit, wöllen anders E. Mt. etc. das diess Jar was fruchtbarliche fürgenomen vnd verrichtet werden solle, das sich nun E. Mt. vber vorbemellte nothwendige Puncten gnedigist vnd unuerlengt, darauf auch auf alle die in der Verzaichnuss specificierte nothwendigkeitten, solche fürderlich ins Werk zurichten die Verlag heraus zuordnen, sowoll auch damit Ich mich zeitlich rüsten, alle notturfft zurichten vnd in beraitschafft bringen vnd sonderlich meine Reutterey vnd Leibguardy werben aussrüsten vnd riechten lassen möge, darzu dennoch auch ain Zeit gehört, vnd nit erst, wan Ich aussiehen solle vmb gelt bitten, schreiben vnd sollicitiern, vnd daher wie vorige Jar nur meiner selbst vnd des Veldt Wesens vngelegenheit bescheen, heur abermaln der letst sein vnd erst wen der halbe Veldtzug furüber hinab eylle vnd das wesen fiscammotiern müsse. Derhalben dan zu meiner fürderlichen ausrüstung, und meinen Veldtstat, das Ihenigh was E. Mejestät

---

[1]) Das Verzeichniss fehlt.

vermög der eingeschlossenen Verzaichnus gnädigst mir bewilligen, zeitlich zu schaffen, vnd richtig erlegen zu lassen, der Hofcammer beuehlen wolten. So bin ich darauf gehorsamsten erbietens an mir nichts ermangeln zu lassen sondern, wann mir nur die geltmittel nit retartiern noch aufhalten, souiel zu bemühen, damit ich bey versamleten Kriegshör zeitlich vnden im Veldt vnnd nit der letzte sey; sonsten mich auch in allen müglichen dingen E. Majestät gnädigistem willen beuelch vnd resolution, daran ich zu meiner nachrichtung ehist erwartte gehorsamist mich zu accommotiern[1]) dero Kayserlicher gnad vnd bruederlicher huldschafft mich alles fleiss beuelhendt. Geben in der Statt Wienn den dritten May, Anno etc. Im Sechzehenhundert: vnnd Vierdten.

Eur Röm: Kay: Mt. etc. vnd Lieb:

Von Aussen: Der Römischen Kayserlichen Auch zu Hungern vnd Behaimb etc. khünigliche Majestät etc. Meinem gnedigisten freundtlichen geliebten Herrn vnd Brueder etc.

Corrigirte und nicht expedirte Reinschrift. Orig. Pap. im Besitze des Herrn Karl von Latour.

4.) Urkundliche Beiträge zur Adelsgeschichte.

I. Die Herren von Wallsee, im 14. Jahrhunderte.

Mitgetheilt von Joseph Chmel.

(Fortsetzung.)

48. 1342, (Sonntag nach Ostern) 7. April. dacz Sand Andre. Jacob der Steyger, Bürger zu St. Linhart, erklärt, den edlen Herren Ulrich von Waltse, Friedrich und Hanns seinen Brüdern und ihren Hausfrauen, mit Einwilligung seiner Hausfrau und aller seiner Erben recht und redlich verkauft zu haben folgende Güter:

einen Hof bey „Cholbnicz“ der genannt ist „ze Pirch;“
und 2 Huben zu Puchlern (Peter aufgesessen);
und 2 Huben zu Rayach (Chunrad, und Christan der Leiniker);
und 1 Zehend „dacz Merteinsdorf“ („mit zehent hof mit all“);
und 1 Zehend „dacz Sand Marein;“
und 1 Zehend „dacz Muldorf;“
und 1 Hof unter „Hertneidstain“ („der genant ist in dem Pirche da der fuerer auf geseczzen ist“);
und 2 Huben zu „Altendorf“ (Jans an der gazzen, n. der Placzer“);
und 1 Hube „dacz sand Johans“ („Jacob der Mesner“).
Kaufpreis, den er richtig erhalten hat, 1200 „guldein florin gewegner“.

Orig. Perg. 1 Siegel von weissem Wachse. Haus- und Staatsarchiv.

49. 1342, 25. Mai (Samstag nach Pfingsten), Gretz. Jacob der Steyger, Bürger zu St. Leonhard und seine Hausfrau geloben den edlen (ihren gnädigen) Herren Herrn Ulrich von Walsee, Hauptmann in Steyer und seinen Brüdern Friedrich und Hanns von Walsee das ihnen verkaufte Gut, das Lehen des Erzbischofs von Salzburg ist, vor dem Lehensherrn aufzugeben so bald sie es verlangen, sie verpflichten sich zum Schadenersatz beim Säumen.

Orig. Perg. 1 rundes Siegel von weissem Wachse. Haus- und Staatsarchiv.

50. 1342, 30. November. Ich Reinprecht und Fridereich Bruder von Walse vergehen offenleichen an disem brif und tun chunt allen den, di in horent

---

[1]) von solche förderlich — accomotiern, eigenhändiger Zusatz des Erzherzogs.

sehent | oder lesent, di nu sind oder noch hernach chumftig werat, und di Tausent phunt wienner phenning, di unser liber Pruder | Hainreich von Walse, dem got genad mit unserm willen seiner wiertinn unser Swester vron Albaiten von Aychhaim ze haym | stewer geben hat, darumb wir ir gesaczt haben unser vest Mulbach und darzu sechczk phunt geltz, des si unser brif hat, di si | uncz an ir tod inn haben sol. Auz den selben Tausent phunten haben wir unser vorgenanten Swester vron Albaiten und irem | wirt Rudolfen von Lichtenstain geleichen und gern mit willen und wort aller unser Eriben nach weisung unser vreunt durich | besunder vreuntleicher lib willen in gegeben zwayhundert phunt wienner phenning ledichleichn und vreyleichen, di si geben mugen und | sullen, wem si wellent und allen iren frum damit schaffen, das wir sen noch chain unser Eriben daran nindert irren sullen noch | dahin furbaz chain anspruch nicht haben sullen. Und umb di vorgenanten zwayhundert phunt wienner phenning sullen si und | ir Eriben di egenanten vest Mulbach und darzu di sechczk phunt gelts oder wem si di phenning gebent oder schaffent inn ha | ben und niezzen, als lang uncz wir oder unser Eriben seu oder ir Eriben oder wem si geschaft sind, des er uns mit disem brif | geweisen mag, der vorgenanten zwayhundert phunt wienner phenning gantz und gar verrichten und gewern. Und daz in di sach | und di wandlung von uns und von unsern Eriben also stet und unverchert beleib, daruber ze einn warn urchunt geben wir | in disen brif gesigelten mit unser bayder anhangunten Insigeln. Daz ist geschechen nach Christes gepurd uber Dreuzchenhundert | Jar darnach in dem zway und virczkistem Jar an sand Andrestag.

Orig. Perg. 2 Siegel von rothem Wachse. Haus- und Staatsarchiv.

51. 1343, 15. November. Ich Johans Graf von Pernstain. Vergich und tun chunt allen den die disen brief lesent oder hôrent lesen, die nu lebent und hernach chûnftich sint. Daz | ich gelobt han ze geben meiner hausvrowen vron Agnesen hern Eberharts Tochter von Walsse Hauptman ob der Ens Tausent Phunt Wienner phenninge | ze rechter Morgengab nach des Landes recht ze Osterreich. Und han auch ich ir die selben Tausent Phunt ir Morgengabe gemacht und gegeben | auf meinem satze auf dem Gerichte ze Newenchirichen und auf alle deu und dar zû gehôret ze velde und ze dorffe swie so daz genant ist, der mein | satzunge ist von dem Hochgeborn Fûrsten Hertzog Albrechten ze Osterreich ze Steyr und ze Chêrnden fûr achtzehen Hundert phunt wienner phenninge. Also | mit ausgenomener rede daz mein hausvrowe vrowe Agnes fûr die egenanten Tausent phunt geleich alle die nûtze halb die von dem vorgenanten satze chôment oder | chômen mûgent in nemen und in nutz und in gewer inne haben sol unverchummert uncz an irn tode als Morgengabe recht ist und des Landes recht ze Ôster | reich, und nach ir tode so sol derselbe satze denne erben und gevallen auf unser Paider chinder die wir mit ein ander haben oder noch mit ein ander | gewinnen. Waer aber daz ich Johans sturbe und daz unser baider chinder abgiengen die wir mit ein ander haben oder noch gewinnen des got nicht gebe | so suln denne die vorgenanten Tausent Phunt auf dem egenanten satze nach meiner hausvrowen Tode vron Agnesen erben und geuallen auf mein naechst | erben da si denne ze recht auf erben und gevallen suln nach des Landes recht ze Ôsterreich. Und swenne auch daz waer daz man den vorgenanten | Satze lost, so sol denne mein hausvrowe vrowe Agnes die egenanten Tausent phunt ir Morgengabe wider legen an Erbe nach unser baider | freunt rat, also daz si denne daz selbe Erbe da die Tausent Phunt an gelegt werdent auch in nutz und in gewer sol haben als Morgen | gabe recht ist und des Landes recht ze Ôsterreich und in alle dem recht als vor an disem brief geschriben stet. Es sol auch | mein hausvrowe vrowe Agnes mit andern meinen Sâetzen die ich han nichts ze schaffen haben, denne daz si da hin gevallen suln da ich si hin schaffe | oder gibe. Und daz diseu sache und diseu Morgengabe fûrbaz also staêt und unzerbrochen beleibe, darumb so gibe ich Johans Graf von Pernstain meiner hausvrowen vron Agnesen disen brief zu einem warn sichtigen urchûnde diser sache versigilt mit meinem Insigil und | mit meins Ôhaims Insigil hern Rûdolfs von Potendorf und mit meins

swagers Insigil hern Fridreichs von Walsse von Gräetz die diser|sache gezeuge sint mit irn Insigiln. Diser brief ist geben ze Wienne nach Christes gepurt Dreutzehen Hundert iar dar nach in dem Dreu|und viertzgisten iar des naêhsten Suntages nach sant Merteins Tage.

Orig. Perg. 3 Siegel von weissem Wachse. Haus- und Staatsarchiv.

52. 1344, 24. Juni. Ich Eberhart und Heinreich di brueder von Walsse zu den zeiten Hauptleut ze | Drozendorf und unser Erben wir vergehen und tuen chunt allen den di disen | brief sehent oder horent lesen. Daz wir unverschaidenleich gelten schullen Ey|sachen dem Juden, der Werochin Sun von der Newnstat und sein Erben | ains Dreysich phunt wiennerphening der wir si weren zallen an den ne|chsten chunftigen Phingst Tag geschicht dez nicht so get furbas schad dor | auf auf ein igleich phunt alle wochen acht phening. Haubgut und scha|den schuln di Juden haben auf allen dem gût daz wir haben in Osterreich | und in Steyr wie iz genant ist. Stuenden aber di vorgenantten phening so | lang auf schaden daz di Juden nicht lenger der phening wolten rat haben so | lub wir vorgenant bed bey unsern trewn, daz wir in ein erberen dienner in | legen sullen zu der Newnstat in ain erber gasthaus selb anderen mit zwain | pherften, wo in di Juden hin zaigent und di suln in do laisten alz inligens| recht ist. Geschech aber der invart nicht so suln uns di Juden pfenden und | auf haben mitsampt unsern holden in merchten oder in steten so verre daz|si gewert werden erchens und schadens gar und genczleich. Daz di Red stet | und unzeprochen beleib daruber geb wir in disen brief versigelten mit unsern In | sigeln. Der brief ist geben nach Christes gepurd Drewzehen Hundert Jar darnech | in dem vir und virzigisten Jar an sand Johanstag ze Sunnbentten.

Orig. Perg. 2 Siegel von weissem Wachse. Haus- und Staatsarchiv.

53. 1345, 29. August. Ich Ulrich von Walsse Hauptman in Steyer vergich mit disem prief umb den chrieg, der da gewesen ist zwischen vrawen Kathreyn| hern Hermanns Witiben des Reisacher und zwischen Ulrichen dem Reysacher um den zehent, der da gelegen ist in Moschiricher | pharr, den selben chrieg habent si paydenthalben in mein hant gegeben und an mich gesatzt, und han ich daruber ge | sprochen mit ir payder gûten willen, daz Ulrich der Reysacher di gwer an dem zehent inne sol haben und sol der | vrawen geben für den hewrigen nütz zu zû Sant Merteinstag zwaintzig guldein, und zû den nechsten weinachten| auch zwaintzig guldein und sol auch der vrawen geben nu von den zwayn chûnftigen jaren für di zwen chûnftig|nütz, im werd wenich oder vil zû aim ygleichem Jar zu Sant Merteinstag zwaynczig guldein und zû Weinachten | zwaintzig guldein, und swenn di sway chunftigen Jar vergent, daz er ir geben hat für drey gantz nûtz mit dem | hewrigen nûtz alle Jar viertzig guldein, so sol er ir fürbas geben alle jar, di weil si lebt alle jar zwayntzig | guldein zû Sant Merteinstag zehen und ze Weinachten zehen für den halben zehent an irm tail, untzen an | irn tôd. Und nach irm leben, so ist der zehent Ulrichs und seiner erben ledichlich gantz und gar. Und wer daz, daz | Ulrich der Reysacher der vrawen zû einer iglichen vorgenanten zeit ir guldein nicht engeb, waz schadens si des nem der wizzenliche wer, den sol er ir ablegen, oder ich sol in darzû nöten auf seim gût, wo er daz hat oder wer hauptman wer. Ich | han auch gesprochen, ob Ulrichs des Reysacher in der vrist nicht enwer, swer denn den zehent nach im besezze oder | inne hiet, der ist der vrawen schuldig ze geben all jar ierichlich di guldein von dem zehent als vorgeschriben stet, in allen | den gelûben und pûntten alz Ulrich selb. Und daz der Spruch also stet beleib, darumber gib ich Ulrichen dem Reysacher und seinn | erben disen prief versigelt mit mein anhangdem Insigel und mit Herrn Wolfhartz des Hannawer anhangdem insigel | der daz an der vrawen stat an disen prief gelegt hat, wann dew vrawe nicht aygens insigel hat. Geben ze Gretz an|Montag vor Sant Giligen tag. Anno domini Millesimo Tricentesimo Quadragesimo Quinto.

Orig. Perg. 2 Siegel (1 fehlt, 2 von weissem Wachse.) Haus- und Staatsarchiv.

54. 1346, 24. März. Ich Ůlreich von Walsse Hauptman in Steyr und ich Rûdolf Otte von Lichtenstain Obrister Chamrer in Steyr und ich Weichart von Winchel, und ich Eber | hart von Walsse Hauptman ze Drosendorf und ich Fridreich der Heusler und ich Chûnrat von Tyrnstain. Wir veriehen und tûn chunt allen | den die disen brief lesent oder hôrent lesen. Daz wir mit gûtem willen unverschaidenlich Purgel worden sein fur die Edeln erbern Herren die| hernach geschriben stent. Dez ersten den Hochwirdigen Herren Bischolf Chûnraden von Chemsse' hern Rûdolfen hern Otten, Andreen Fri | dreichen Jansen und Rûdolfen die brûder von Lichtenstain, hern Rûdolfs Sûne dez alten von Lichtenstain dem Got genade, hintz dem | Erbern Herren hern Fridreichen von Walsse und hintz seiner Hausurowen vron Chunigunden und hintz irn Erben für Neun Hundert phunt | Wienner phenninge, der wir si an alle wider rede und an alle vertzichnûzze wern und richten suln Dreu hundert phunt an | sand Mertein tag der schierst chumt. Dreuhundert phunt an dem Vaschang tag der schierst chumt und dreuhundert phunt|an sand Gôrigen tag der darnach schierst chumt. Und zu swelhem tag und vorbenant ist wir dez nicht entûn swenne uns | denne her Fridreich von Walsse und sein hausurow vro Chûnigunt oder ir erben darnach manent und vorderat mit einer rechten | gewissen, so sol unser iegleicher einen erbern Ritter oder einen rittermaessigen chneht selb andern mit zwain phaerten an dem achten tag | darnach hintz Wienne in ein Gasthaus senden swa uns her Fridreich von Walsse und sein hausurow vrow Chûnigunt oder ir erben hin| zaigent und suln die da inne ligen und laisten alz laistens recht ist und suln nimmer auz chomen, si werden ê der vorgenanten|irr phenninge zu iegleichem tag und vorbenant ist gar und gaentzleichen verricht und gewert, daz loben wir in unverschaidenlichen an alles | gevaer ze laisten mit unsern trewen. Waer aber daz wir in nicht enlaisten, alz vor an disem brief geschriben stet, swelhen schaden si denne | dez vorgenanten gûtes furbaz nach einem iegleichen tag nement, daz si bei irn Trewen gesagen mûgen den selben schaden mit sampt| dem hauptgût suln wir in mit gûtem willen allen ablegen und wider chern, daz loben wir in auch ze laisten mit unsern trewen. Si | suln auch baide hauptgût und schaden haben auf uns allen unverschaidenleichen und auf allem unserm gût daz wir haben in den Landen ze|Österreich und ze Steyr oder swa wir iz haben. Und geben in dar uber disen brief zu einem warn sichtigen urchund versigilt mit unsern | Insigiln. Diser brief ist geben ze Wienne nach Christes gebûrde Dreuzehen Hundert iar darnach in dem sechs und Viertzgisten iar an un | ser Vrowen abent ze der Chûndunge in der vasten.

Orig. Perg. 6 Siegel (Nr. 6 fehlt). Haus- und Staatsarchiv.

55. 1346, 22. Juni. Ich Peter von Rosenberch obrister Camrer des Chungreichs czu Pehaim vergih und tûn chund allen den di disen brief sehent lesen oder hôrent lesen, das ich allen chrieg | stôzz und auflauf di czwischen den edeln mannen Herren Raimprechtn und Herren Fridreichen von Walze, di von Ens und mir unez da her gewesen sein an di | edln Herren unser lieb vreund Hern Perchtolden von der Leipen Murschalk in Pehaim und Herrn Ulrichen von Walze Haupman zu Steyr gelasen und gesucz | haben gar und ganczlich an alles gevûrd und gelob ich vorgenanter Peter von Rosenberch und wir Wilhalm von Lanstain Perchtold von der Leipen Tho | besch von Kempnyez, Przibik von Poreschin und Jesk von Czekaw mit gesamter hant mit unsern gûtn triwn an aydes stat an all argelist alles das | das di vorgenantn herren Her Perchtold von der Leipen und Her Ulrich von Walze daran sprechen und czwischen uns schikhent und machen gar und | ganczlich und unczebrochenlich cze halden. Wer awer das si uberein nicht mochtn chomen, so sullen seu under den Herren Graf Ruedolfen von Schaum | berch, Graf Pûrchartn und Graf Ottn von Maydberch ir ainen czu ainem ubermann nemen und was der sprûche und schikhet, das gelob wir auch | mit unsern gûtn triwn czehalden und volfûren. Tete wir des nicht das wir oder unser dhainer daran brûchek wûrd und sein nicht enhielt so schull|wir den vorgenanten Hern Raimprechten und hern Fridreichen von Walse

und ira Erben Tausent March sweres grosser Prager Pfeninge sein vervallen, di | sullen wir inner czwen monetn nach dem als ubervarn wirt und geprochen ganczlihen in geben an all wider red. Und geb wir di pfeninge nicht | so sol ich Peter von Rosenberch einen erbern Ritter an meiner stat hincz der Vreinstat in ein erbar offen gasthaus senden ynn czu ligen und czu laisten | als gewonlich ist und wir vorgenantn Purgen Wilhalm von Laustein Perchtold von der Leipen Thobesch von Kempnicz unser ieglicher schol | ein erbern gesezzen Ritter auch an seiner stat in daz selb gasthauss senden. So schulle wir Przibik von Porzeschin und Jesk von Czekaw mit | unser selbs leib do leisten. und wenne wir vier wochen gelaist hietten so mugen Herr Raimprecht und herr Fridreich und ir erben di Tausent March | auf unser aller schaden nemen dacz Juden oder cze Christen wo si mugen und schullen nimmer auschumen, es sein dann die Tausent March swärs | mit alle dem schaden der dorauf ging den seu redlich und recht beweisen mochtn gar und ganczlich verricht, dannoch mügen die offtgenantn herren | Herr Perchtold und her Ulrich oder der uberman ob si einen nämen offenlihen sprechen, das wir pruchik worden wärn und sullen all sach in gleiher | weiss sten in chrieg als seu vor unes da her gestanden sint. Seu schullen auch her Perchtold her Ulrich oder der ubermann di sach enden und dorüber | sprechen czwischen hinn und sand Michelstag an als verczieben und hindrunge. Wer auch das got nicht geb, das Her Perchtold oder Her Ulrich sturb | in der czeit so schol her Raimpreht und her Fridrich von Waisse an hern Ulrihen stat einen andern nemen und kyesen. Und das dise gelubd stet und uncze | brochen bleiben, dorüber geb ich vorgenanter Peter von Rosenberch disen brif versigelt mit meinem und mit meiner vorgenantn Purgen anhan | gunden Insigeln czu einer worn ürchund beuestent und bestet. Der geben ist dacz Philipps Haid an dem nahsten pfinstag vor sand Johans | tag baptiste, nach Cristes gepürd dreuczehen Hundert Jar und darnach in dem sehsten und virczikistem Jar.

Orig. Perg. 6 Siegel (Nr. 4 fehlt). Haus- und Staatsarchiv.

56. 1347, Sand Margretentag (13. Juli). Reinprecht und Friedrich von Walsee geben dem Dyetlein von Wiczmansdorff, seiner Hausfrau und ihren Erben („oder swem si es gebent der uns darauff ze Holden nucz und fuegleich ist") das Recht auf ihren Hof, genannt zu Wiczmansdorff, darauf sie sitzen („also daz wir noch unser Erben seu darauff nimmer schullen vercheren noch davon geschaiden an phenning all dy weil si uns den verdienn und versteurn mugen.") Verkaufen sie ihn, sollen sie den zehnten Pfenning des Kaufschillings als „Ablait" geben und der ihn kauft („der darauff vert") 60 Pfenninge zu „anlait." Stirbt einer der Holden darauf, so gibt seine Hausfrau oder seine Erben für „Todhowp" 60 Pfen. und zu „Anlait" 60 Pfen. „und nicht mer."

Orig. Perg. 2 Siegel von braunem Wachse. Haus- und Staatsarchiv.

Dieselben geben am selben Tage (Sand Margretentag 1347) einen gleichlautenden Kaufrechtsbrief dem Ulrich dem Prukner, seiner Hausfrau, ihren Erben, oder wem sie es geben u. s. w., auf ihrem Lehen genannt „an der pruk da si auf siczent."

Orig. Perg. 2 Siegel. Haus- und Staatsarchiv.

57. 1348, 6. April. Ich Otte von Meychsawe Vergich und Tun chunt allen den die disen brief lesent oder hörent lesen. Daz mir mein | Sweher her Fridreich von Walsse gegeben hat zu meiner hausvrowen vron Annen seiner Tochter der got genade sechs Hundert phunt | beraiter Wienner phennige. Und han auch Ich dieselben Sechs Hundert phunt widerlegt nach Rat und mit willen und | gunst meiner Prüder Stephans von Meychsaw Obrister Marischalich in Österreich und Hainreichs und Wernharts und Chünrats | von Meychsaw mit dem Güt daz ich umb die Egenanten Sechs Hundert phunt gechauft han, daz hernach geschriben stet. | Des ersten dacz Weykestorf syben Mutt Waitzs und sechtzehenthalben Mutte Chorns und achtzehen Mutte habern und drey | Mutte Gersten geltes und

da selbens sechs Drêylinge weins geltes und für Chlainen zehent zway phunt Wienner phennig geltes | daz alles Lehen ist von dem Pyscholf von Pazzaw und datz Zayssenperge und datz Abtstorf ainen halben Mutt chorns geltes | und datz Hohenwart syben phunt und sechs schilling wienner phening gelts daz rechtes aygen ist. Also mit aus genomener | rede, daz ich daz selbe Gût alles in nutz und in gewer sol inne haben unverchumert untz an meinen Tode als Haymsteür| recht ist und des Landes recht ze Österreich. Und nach meinem Tode so sol denne daz selbe Gût alles erben und ge | uallen auf meinen Sun Fridreichen, den ich han mit der vorgenanten meiner hausurown vron Annen und auf sein Erben.| Wüer aber daz der selbe mein Sun Fridreich sturbe und an erben verfür des got nicht gebe, dennoch so sol ich daz selbe | gût alles in nutz und in gewer inne haben unverchumerts untz an meinen Tode als Hâymsteùr recht ist und des| Landes recht ze Österrreich. Und nach meinem Tode so sol daz selbe gût alles denne erben und geuallen auf den| vorgenanten meinen Sweher hern Fridreichen von Walsse und auf sein erben an allen Chrieg. Und swenne daz ist | daz ich nicht mer bin und daz der vorgenant mein Sun Fridreich auch abget und an erben verfert. swenne | denne die vorgenanten mein brûder oder darnach unser nâchst erben dem Egenanten meinem Sweher hern Fri | dreichen von Walse oder seinen erben gebent sechs hundert phunt wienner phêninge, die süln si denne daz obge | nant Gût alles ledichleichen darumb wider auf geben und in antwurten an alle wider rede. Und daz diseu | sache fûrbas also stât und unzerbrochen beleibe, darumb so gib ich in disen brief zû einem warn urchünde | diser sache versigilten mit meinem Insigil und mit der egenanten meiner prûder Insigiln Stephans Hain | reichs Wernharts Chûnrats von Meychsaw mit der willen und gunst diseu sache gewandelt und geschehen | ist. Diser brief ist geben nach Christes gebûrd Dreutzehen Hundert iar darnach in dem acht | und vierczigisten iar des nâchsten Suntags vor dem Palm Tage.

Orig. Perg. 5 Siegel (1, 2, 4, 5, von weissem Wachse, mittelmässig erhalten, Nr. 3 fehlt). Haus- und Staatsarchiv.

58. 1348, 27. April. Ich Reinprecht und Fridreich Prueder von Walse veriehen mit disem prief. Daz wir | Fridreichen und Chûnraten von Slaizzpach und irren Hausfrowen und irren erben oder | swem si ez gebent der uns nücz und fuegleich ist ze einem holden ein recht | haben geben auff dem lehen in der Grueb dacz Slaizzpach da si auff siczent | also daz wir noch unser erben seu da von nimmer schullen vercheren | noch davon geschaiden an phenning all dy weil si uns daz verdienn und | versteurn mugen. Ist aber daz si ez verchauffent so schullen si uns ze ablait | geben den zechenten phenning waz man in darumb geit an gevêr, | und der dar auff vert sechzzich ze anlait. Stirbt aber einer unserr hol | den darauff so sol uns sein Hausfrowe oder sein erben geben für tôd | haupt sechzzich und sechzzich ze anlait und niht mer. Geben in daruber| den prief ze einem urchund der warhait mit unsern anhangunden | Insigeln bestetigt. Geben nach Christi gepurde dreuzehen Hundert Jar | darnach in dem aecht und vierzzichgistem Jar des Sûntag nach Sand | Jôrgentag.

Orig. Perg. 2 Siegel (von braunem Wachse). Haus- und Staatsarchiv.

Dieselben geben einen ganz gleichlautenden Kaufrechtsbrief am selben Tage (27. April 1348) Heinrich dem Rabenchropf auf dem Chienperg, seiner Hausfrau, ihren Erben, oder „swem si ez gebent der uns nûcz und fuegleich ist ze einem Holden auff dem lehen auff dem Chienperg da si auff siczent.“

Orig. Perg. 2 Siegel (fehlen). Haus- und Staatsarchiv.

it. ganz gleichlautend vom selben Tage (27. April 1348) dem Heinrich von Slaizpach, seiner Hausfrau, ihren Erben oder wem sie es geben u. s. w. (auf der Hofstatt zu Slaizpach darauf sie sitzen).

Orig. Perg. 2 Siegel, Haus- und Staatsarchiv.

59. 1348, 1. November (Allerheiligentag). Dyetreich der Schenk von Dobra und Anna seine Hausfrau, und ihre Erben, und Alber von Polnhaim („zden zeiten Pfarrer ze Stainachiren") und seine Erben verkaufen mit Erlaubnis des Herzogs Albrecht von Österreich als ihres Lehensherrn, ihren Zehent (ze dorf und ze veld) in der Pfarr zu Viechtwanch, der österreichisches Lehen ist, um 110 Pfd. alter Wienerpfenninge (den Erbern herren) den Herren Reinprecht und Friedrich von Walsse Brüder. Das Geld haben sie empfangen, sie gewährleisten das Gut.

Siegel des Dietrich Schenk von Dobra, des Alber von Polnhaim und ihrer lieben Freunde Herrn Eberharts von Polnhaim von Wartenburch, Hanns des Schenken und ihres Schwagers Chunrats des Oberndorfer.

Orig. Perg. 5 Siegel (1 zerbrochen, 2 abgestreift, 3 kleiner Rest, 4 zerbrochen, 5 ganz). Haus- und Staatsarchiv.

60. 1349, (19.?) 26. Juni. Wir Gotfrid von gotes gnaden Bischof ze Pazzowe Tůn chunt offenlih mit disem Brif, daz | für uns chom der Edel Ersam Ott von Volchenstorf und uns auf gab daz halb Haus | dacz Geswent und daz gantz Haus und den Hof zdem Wasen und waz darzů gehört und | acht güter gelegen dacz Rådbering, di alleu von uns und unserm Gotzhaus lehen sind | und uns pat, daz wir di alleu liben mit samt ym dem Edeln Ersamen Heinrichen von | Walsse, Haubtmann ze Drozendorf seinem Swager und seinen Erben. Und nah seiner pet | und willen haben wir di vorgenanten Haeuser und Guter alleu mit samt ym verlihen | dem vorgeschriben Heinrichen von Walsse und seinen Erben und des ze urchund geben wir | disen brif versigelt mit unserm anhangundem Insigel. Der ist geben ze Wienn an | freytag von Sunnebenden nah Christes gebůrd dreutzehen Hundert Jar in dem | Neun und vierczkisten Jar.

Orig. Perg. 1 Siegel (ganz weggebrochen der Vordertheil). Haus- und Staatsarchiv.

61. 1349, 4. October. Ich Ott von Volchestorf vergich und tůn chunt mit disem prief allen den di in ansehent horent oder lesent di nu lebent oder hernach chůnf|tig werdent. Daz ich bedacht han di treů und besunder freuntschaft di mir mein Lieber Swager Hainreich von Walsse von Drosendorf getan hat unde| noch getůn mag in chunftiger zeit und mach im und besunderlich seinem Sun Reimprechten und andern seinen Sůnen ob Reimprecht an leib | erben abgieng und tůn daz mit wol verdachtem můte zu der zeit da ich ez wol getůn mocht und mit meiner lehen herren hant di gů | ter di hernach geschriben sint und lehen sint. Des ersten, von meinem Genedigen Herren dem Hochgebarn Fursten Herczog Albrechts in Oster|reich den Marcht ze Neunhofen und di paůhoff dar zu in dem Marcht und zwo hůbe aussen an dem Marcht und da pey di vischwaid auf der| Chrems, di vischwaid auf der Ens. Darnach von dem Pischolf von Pazzau Hundert phunt und sibenczig phunt wienner phenning da ich daz halbe | haus in der Geswent umb gelöst han, daz haus und den hoff zu dem Wasen und waz darzů gehort. Von dem Pischolf von Pabenberch daz marich | fůter in Hager pharre. Von dem Abpt ze Chremsmůnster den hoff ze Schiermstorf und den zehent in Chemnster pharre. Von der Abptissinn | von Erlaichloster den zehent in Sand Valenteinerpharre. Di gůter allesampt als si vor geschriben stent, mache ich dem vorgenanten mei | nem Liben swager Hainreichen von Walsse und seinen Sůnen in der maynung als vor geschriben ist. Also beschaidenlich ob daz an mir geschech da got | vor sey, daz ich und mein Hausvrov̊ ver Chunigunt an leib erben sturben und verfůren, so schullen si di obgenanten gůter di alle mein le | ben sint alle an gevallen und zů gehóren in allem dem Rechtem als si mein vater seliger gedenchnuzze und auch ich in lehens gewer herpracht | haben, dar inn schullen si si ez auch haben zu nuczen zu verchauffen zu verseczen, geben wem si wellent und alle iren frum da mit schaf | fen als lehens recht ist und des Landes ze Osterreich. Und daz dise machung also furbas stet und unzebrochen beleibe daruber gib ich in di | sen prief versigelten mit meim Insigel. Dieser sach sint zeug di erbern herren her Reymprecht und her Fridreich Pruder von Walse von | Ens und her Eberhart von Walse Hauptman ob der Ens mit iren Insigeln. Der Prief ist geben da von Christi geburd waren er | gangen Dreuzehen Hundert Jar darnach in dem Neun und vierczigistem Jar des Sunntags nach sand Michelstag.

Orig. Perg. 4 Siegel von weissem Wachse. Haus- und Staatsarchiv.

62. 1350, (Gotsleichnamtag) 27. Mai, Wien. Otte und Stephan Brüder von Walde verkaufen mit Einwilligung des Bischofs Gottfried von Passau als Lehensherrn allen ihren Wein- und Getreide-Zehend in „der Wochhawe (ze Rezzs „der da get von Pach untz gen Chienstoch grozzer und chlainer ze veld und ze dorf. . . .)", der Lehen vom Bisthum Passau ist, um 220 Pfd. Wienerpfennige „dem Erbern Herren hern Fridreichen von Walsse," Hauptmann zu Ens und seinen Erben, und gewährleisten den Kauf.

Zeugen mit ihren Siegeln: ihre „Öhem her Chůnrat von Liechtnekke und her Alber von Liechtnekke sein Vetter."

Orig. Perg. 4 Siegel von weissem Wachse. Haus- und Staatsarchiv.

1350, 31. Mai, Wien. Dieselben geloben, den Zehend aufzugeben vor dem Lehensherrn „zwischen hinne und Sand Jacobztag der schirist chůmpt. Tun wir „des nicht so suln wir einen Erbern Rittermůzzigen chnecht selb ander mit zwain „phärfften des nüchsten tags darnach hintz sand Pöllten in ein Erber Gasthaws „senden swa in der vorgenant her Fridereich von Walsse oder sein Erben hinzaigent und suln auch die da inne ligen und laisten als inn ligens und laistens „recht ist und suln die da nimmer auz chömen in werde ee allez daz gäntzlichen „gelaist und volfürit daz vorgeschriben stet."

Orig. Perg. 2 Siegel. Haus- und Staatsarchiv.

(Fortsetzung folgt.)

2.) Zur Geschichte der Stadt Wien.

Mitgetheilt von Albert von Camesina.

(Fortsetzung.)

XXVIII. 1448. Wir Leonart von gotes gnaden. Bischoue ze Passaw bekennen für vns vnd vnnser nachkömen vnd tůn kunt offenlich mit dem brief von aller zůspruch wegen, so wir zů den erbern weysen vnsern besunderlieben dem burgermeister, richter, rate vnd den burgern zů Wienn gehabt haben. Darumb, daz die jrn, vns vnnsern gartten vor Werdertor gelegen, mit greben durchuaren, vnd darjnn ettweuil, geslachtter fruchtperer pawm abgeslagen, auch holcz in vnnsern wellden abgemaisst vnd vondann gefürt, an vnsern willen vnd wissen. Nu haben wir angesehen jr willig dienst die si vns getan habent. Auch vns vnd vnnsern nachkömen künfticlichen wolgetůn mögen. vnd haben si dadurch der benanten sachen vnd zůsprüch gutlichen gancz begeben, vnd wellen furbazz darumbe zů jn vnd jren nachkömen, dhainen zuspruch mer haben in dhainer weise. Auch mügen si jr erben vnd nachkömen nů hinfür, den egemelten graben, den si durch vnnsern gartten gemacht habent, halden gebrauchen, verpessern, vnd machen nach jrn notdürfftn vnd was der grünt vnnsers gartens ausserhalb des grabens, beliben sein damit süllen vnd mügen sy auch hanndeln vnd tun nach jrer fügsamkait was sy verlusst, an vnnser vnd vnserr nachkomen jrrung vnd hindernüss vngeuerleich, doch daz der weg der an den benanten vnnsern gartten neben am vürat perghalben den sy vns zů ainer erstattung, gegeben haben, vns bei vnnsern gartten zu kunftigen ewigen zeiten auch beleib, an menicliche jrrung auch vngeuerlich. Mit vrkunt des briefs. Geben ze Wienn an sand Peters tag, ad kathedram (22. Februar) Nach cristi gepurd, vierczehenhundert vnd darnach jm, achtundvierczigisten jaren.

Orig. Perg. 1 Siegel. Stadtarchiv zu Wien und Abschrift im Eisenbuch, Fol. 156.

XXIX. 1453. Wir lasslaw von gotes gnaden zu Hungern zu Behem Dalmacien Croacien etc. Kunig herzog zu Osterreich zu Steir zu kernden zu krain vnd zu Lusemburg Marggraue zu Merhern vnd zu Burggaw herr auf der windischen Marich vnd zu Porttenaw Graue zu habsporg zu Tirol zu phirt vnd zu kiburg vnd lanntgraue in Ellsassen. Bekennen fur vns vnd vnser erben vnd tun kund offennlich mit dem brief Allen lewten zu Ewiger gedechtnůss wann nach naturlichem Rechten zymlich ist das die vngeuogten durch ander Verwest vnd versorgt werden vnz das Sy jr volkomen alter begreiffen. Als wir denn von verhengnůss des Allmechtigen Gots nach des Allerdurleůchtigisten fůrsten kunig Albrechts Rōmischen zu Hungern zu Behem etc. kunig Herzogen zu Osterreich etc. vnsers lieben herren vnd vater loblicher gedechtnuss tod vnd abgang von seinem leib in dise welt komen vnd geborn sein † [vnd die Prelaten Grauen herren Ritter knecht vnd die von den Steten die vier parthey vnsers fůrstentumbs Osterreich den Allerdurleuchtigisten fůrsten Hern fridreichen Romischen kaiser auch herzogen zu Osterreich etc. vnsern, herren vnd vettern diezeit er dannoch Herzog was, durch nuz vnd beschirmung willen des lanndes, zu verweser aufgenomen hetten vnd vnser vormund ist gewesen vnd wann aber in derselben seiner verwesung das lannd aus Hungern Behem vnd Merhern von ettlichen Veindten vast ist beschedigt worden vnd auch in andern notdurfften vil sawmbnuss beschehen sind das ettlich von den prelaten herren Rittern knechten vnd Steten der obgemelten Parthey vnd Sunder von den Steten die erbern fursichtigen vnd weisen vnser lieben getrewn Burgermaister Richter Rate die Genannten vnd ganz Gemain vnserr Stat hie zu Wienn zu herzen genomen vnd mit allem jrm vermůgen betracht habent damit wir als jr naturlicher erbherr aus seinem hannden her in vnser fůrstlich gesess komen vnd gesezt vnd vnsere lannd mit vns furgesehen wůrden. Das sy aber mit menigen gelimphlichen eruordrung an jm nicht erlangen mōchten vnd dem verrer nachkomen sein Vnd veraintlich mit hilff Rat vnd beystanndt ettlicher anderer unserren getrewn den ogenanten kaiser fur sein fůrstlich Stat vnd gesess die Newnstat auf dem Stainueld da er vns bey jm hette ain Gewaltigs veld gehalten vnd mit Ritterlichen taten den obgenanten kaiser darzu bracht habent das er vns ledigen vnd freyen heraus in das veldt in jr hanndt geantwůrt hat vnd auch vns dieselben von Wienn mit grosser begir her in die egenannt vnser Stat wienn mit heiligtum vnd processen Geistlicher vnd weltlicher loblich vnd wirdigelich emphangen vnd sich in aller gehorsam gen vns beweist habent, Der .wir ju pillich vnd hoch dankchen vnd fůr all ander vnser Stet gnad mitailen sullen] Das wir dieselben und ander jr getrewn willigen dinst die Sy dem vorgenannten vnserm lieben herren vnd vater anndern vnsern vordern fůrsten von Osterreich den allen got genedig sey vnd sunderlich vns getan habent, vns die auch hinfur tůn sullen vnd mugen, Vnd haben ja darumb mit guter betrachtung nach vnserr lanntherren vnd Ret die dazemaln bey vns worden zeitigem Rat von kuniglicher macht vnd rechter wissen als lanndesfůrst in Osterreich mit gutem willen ledigelich geben vnd geben wissenntlich in krafft des briefs, Vnser mawtt zu Stadlaw mit allen Renten nůzen gerechtigkaiten vnd zugehorůngen damit die zu vnnserr obgenanten vordern vnd vnsern hannden vnzher gehanndlt vnd gerrechsennt ist worden. Also das dieselben vnser Burger zu wienn vnd jr Nachkomen dieselben Mawtt nu hinfur ewigelich behalden jnnehaben mit jrn Ambtlewten besezen vnd zu jrm vnd der Stat nus und sunder die zewn polwerch turn Torr vnd Greben damit Sy die vorstet jngefanngen habent dauon pessern sullen vnd mūgen an all vnser vnserer erben, vnd Nachkomen Herzogen zu Osterreich vnd vnserr Ambtlewte jrrung vnd hindernůss angeuerde. Wir haben auch denselben vnsern Burgern die sunder gnad getan vnd vergunnet Das Sy Nu hinfur in vnserer, Stat daselbs Getraidkesten vnd Melgrub alsuil Sy der dann bedůrffen pawen vnd machen Getraid mel vnd ander Akcherspeis darjnn vnd darauss kauffen vnd verkauffenn sullen vnd mūgen, Ob ain tewrung auskem das denn die pekchen Melbler vnd Grewssler in Gůter Ordnung gehalten werden vnd Arm und Reich dester pessern kauf vinden mügen vnd was Sy derselben kessten vnd Maigrüb gemessen mügen vngeuerlich Das sullen jn vnd jrn Nachkomen zu Gemainen nuz der Stat gebraucht behalden vnd anlegen auch an alle jrrung angeuerde. Als denn der obgenant vnser lieber Herr vnd vater kunig Albrecht Ee denn er kunig ist worden die Juden der ain grosse menig hie vnd in andern vnsern Steten in Osterreich gewesen ist durch merkchlich schuld vnd verhandlung nach der Maister vnd gelerten vnserr schul hie vnd seiner lanntherren vnd Ret Rat vertiligt vnd aus dem lannde vertriben hat haben wir die gemelten vnser Burger vnd jr Nachkomen vertrost vnd vertrosten Sy auch bey vnsern kunigclichen worten in kraft des briefs für vns vnd vnser erben das nu hinfur in kunftigen zeiten ewigclich die Juden keinen Siz haws noch inderlass hie in der Stat noch in den vorsteten nicht haben noch gewynnen sullen noch jn ymer geben noch erlaubet werden sol Ob auch Juden von anndern enden ainem oder menigern Burger oder andern hie gelt lechen wurden auf phannt oder an phanndt Darumb sol denselben Juden kain bezalung noch gericht getan werden weder in dhainer weise Sunder dasselb gelt sol vns oder ainem yeden lanndesfursten nach vns zugehörn vngeuerlich; † † Vnd geben jn des zu Vrkund den brief besiglten mit vnserm kunigclichen anhangunden Insigel. Geben zu wienn an mitichen nach sand Erasmen tag (6. Juni) Nach kristi gepurd virzehenhundert vnd darnach in dem drewundfunfzigistenn Jare vnserer krönung vnsers Reichs des Hungrischen etc. im virzehendem Jare.

Gleichs. Abschrift im Eisenbuch, Fol. 167. Stadtarchiv zu Wien.

In der zweiten Urkunde (vom 27. September 1455) stehen statt der obigen, mit Klammern eingeschlossenen Stelle die folgenden Worte: † vnser lieber herr vnd vetter Herr Fridreich Romischer kayser die weil er Romisser künig ist gewesen vns in vormundschaft gehabt hat, da vnd nachmaln als wir gewogt in vnser fürstentumb Österreich gesez (sic) würden vns die Ersamen fürsichtigen vnd weisen vnser lieben getrewn der Burgermaister Rate die Genanten vnd Gemain hie zu wienn menigueltig trew dinst vnd darlegung damit wir in vnser Fürstlich gesezz zu wienn komen sein getan habent, die wir mit gnaden vnd dankchperkait gen jn pillichen erkennen.

† † Vnd geben jn des zu vrkund den brif besigilt mit vnsern kuniglichen maiestat Anhangundem Insigil. Geben zu wienn an Sambstag vor sand Michels tag (27. September) Nach Cristi gepurd virzehenhundert vnd darnach im fünfvndfunfzigisten Jare vnserr Reich des hungerischen etc. im Sechzehenden vnd des Behemischen in andern Jaren.

Gleichs. Abschrift im Eisenbuch, Fol. 162. Stadtarchiv zu Wien.

XXX. 1575. Bantheidungs Büechel, des Grundts zue Sanct Theobaldt auf der Wünndtmühl, negst bey Wienn.

Hernach vermerckht die Bantheydung, so durch den Allerdurchleüchtigisten, Grossmechtigisten, vnd vnüberwindtlichisten Fürsten, vnd herren, herren Ferdinanden, Römischen Kaiser, zu allen zeitten, Mehrern des Reichs etc. Vnseren allergenedigisten herren, Seiner Kay. Mt. vnd dess heiligen Römischen Reichs Ehrenholdten Hannsen von Franncolin etc. zu ergöczlichheit seiner lang trewwürdigen dienst, zu einer gnaden gaab, auf seinen behausten güetteren oder gründen, vnd den leüthen daselbst zu Sanct Theobald, zu erhalttung guoter Policey, vnd Ordnung gegeben wie hernach volgt.

1. Zum Ersten, Melden wir, vnd sprechen bey vnsers trewen, dass es an jeczo vnd hinfüro, nun fort an billich sey, dass man allweg, ein mahl im Jahr Pantheidung haben soll, des Sontags nach St. Dietboldts tag, der allweg kheombt acht tag, nach St. Johannis, dess Tauffers tag, vnd wann mann es vmb dieselb zeit gehaben mug, soll mann ein vorsprecher, vnd zwen weyser, auch drey Sprach: oder umbfragen haben. vnd darnach über vierzehen tag ein Nachtheydung, vnd aber drey sprachen. Dass ist darumb, ob mann im der ersten

Panthaydung, der herrschafft, vnd des aignen Rechtenss jcht wass vergessen hette, dass mann es dann meldet, inn der Nachthaydung, vnd dass soll alls guette Crafft haben, als inn der ersten theydung.

2. Auch melden wir, Dass die zwen weyser, vnd die vorsprecher Niemandts zu laid, noch zu lieb jchtwass reden, richten oder sagen sollen, on allein dass, dass der Herrschafft, deren Haussgenossen, vnd des Aigen Rechtenss notturfft ist, Ob dass Jemandt von jhnen höret, vnd dem dass nicht gefiel, dess sollen sie vnentgollitten sein gegen der Herrschafft, vnd gegen Menigclichen.

3. Es ist auch billich, Dass mann stets einen Ambtmann, oder Richter alhie haben, auch drey vierer erwählen vnd seczen sollen, dass dieselben trewlich vnd vngeuährlich dem Richter vnd der Gemain zubeschawen, zuschäczen, zuthailen, vnd zu all anderen nottwrfflen nach jhrem vermügen vorhanden sein sollen, Wo jnen [illegible] lass zu schwer were, dass sollen sie an die herrschafft bringen, an den Rich[illegible] ler Ambtmann, vnd wer der vierer einen oder mehr mit bösen, vngebürli[illegible] vortten oder werckhen widertribe, derselbig ist der herrschafft fünf pfunt [illegible] ning zu bezalen verpflicht, auch soll derselb, der dey vierer einen belaid[illegible] jinen schaden, nach der that, oder sachen gelegenhait abtragen, vnd guetth[illegible]

4. [illegible] Welche alhie gesessen sein, auch wasser, vnd freyheiten mit vnss brauche [illegible] l nemmen, dieselben sollen auch mit vnss sein, jnn den Pantheidungen [illegible] r Gemein, vnd vnseren gehorsamb gedulden, vnd wellicher on erlaubtn[illegible] s Ambtmanns, oder sonsten ohne ehenhaffte notturfft zue der dritten s[illegible] nit kheme, der ist zwen vnd sibenczig pfenning zubezalen verpflicht, w[illegible] ler darumben Beclagt würdt, der ist sechs schillin pfenning verfallen.

5. Item [illegible] er alhie auf behaustem guet siezet, vnd behausste güetter verkhaufft, der [illegible] die Gwöhr iner Jarss frist aufgeben, vnd nit lenger, wer es khauffs, der [illegible] es auch empfahen, inn derselben Jarss frist, Beschehe es aber nit, welcher [illegible] r denselben zwayen, der Kauffer oder verkauffer seümig were, der sol dem an[illegible] n thail den schaden abtragen, vnd guetthon, auch ist dasselb guet auss gnad[illegible] er herrschafft haimbgefallen.

6. Item, D[illegible] mann allen dienst von grund heüser vnd gärtten, auch wass Erb vnd grund d[illegible] sein, daruon zu dienen ist, soll mann zu rechter dienstzeit raichen vnd geben, [illegible] schehe es aber nicht, so hat der Ambtmann hie gewallt und Recht, ohn alles Re[illegible] ht darumb zunöthen.

7. Item, Ob ai[illegible] Gast herkeme, vnd wolte ein erb alhie bey vnns kauffen, vnd welcher den Ga[illegible] leidet, durch neid, hass, oder durch welcherláy sachen dass were, vnd ob [illegible] sprech, es wer daselbsten ein grewliche herrschafft, oder redet dem Ambtmann, oder der Gemaind vbel nach wie er jmmer die herrschafft Gemaind, oder dass Guet verleczt so ist Er, der herrschafft, vnd noch jedem haussgenossen zwen vndsibenczig pfening wandel vnd abtrag zuethon verphlicht.

8. Item, Ob ein broust inn dem Aigen Ausskhäme, vnd nicht jedermann zulieff, vnd rötten hülffe, auch mit Allem willen daheimbden blibe, oder auss neid, alss offt Er dass vbertrit, so offt ist Er zwen vnd sibenczig pfening zubezalen verfallen, spreche Er aber, Er hette den Rueff nit gehört, wer auch nit anheimbs gewesen, Nimbt Er sich mit dem Rechten daruon, Alss Er zu Recht soll, vnd schuldig ist, so sey Er ledig.

9. Weitter, ob ein brunst ausskäme, vnd wer vmb röttenss willen darzue lieffe, vnd doch feindtschafft zu demselben hette, der sol frid vnd freyung da haben, Greifft jhn aber sein feind an, vnd wollt jn belaidigen, oder thet jhm laid, denselben soll mann angreiffen, vnd dahin liferen, dahin ein frid: vnd freyungsbrecher gehörig, vnd ist darzu der herrschafft abtrag vnd wandel zuethon schuldig, fünf pfundt sechczig pfenning, oder ein handt.

10. Item, Ob einer zulieff, vnd wass vsstrüeg, dass mehr dann drey pfenning werth were, den soll man auf laugnen, fahen, vnd dahin antwortten, dahin ein dieb gehörig.

11. Item, Ess sollen der Ambtmann, vnd die Vierer, oder geschworn, alle jar viermahl, alle fewrstätt besichtigen vnd beschawen, wer dann vngewonliche vnd vnbewachtte fewrstätt hat, Dem Sollen Sie die aussagen vnd sprechen, dass Er die frewrstatt wend, vnd bessere, juner acht tagen, thut Er aber das nicht, so ist er zwen vnd sibenczige pfenning zubezalen verpflicht, vnd ob jrgent ein schad darvon entstüende, so ist er denselben abzutragen vnd zu widerlegen pflichtig vnd verbunden.

12. Item, Ess soll ein jeder hausswürt seinem gesind verbietten, dass sie nicht an ongewohnlichen stätten fewr haben, noch darbey kochen, waschen, sieden, Praten, oder wie Sy vnordenlichen mit dem fewr vmbgiengen daraus den leütten schaden beschehe, denselben Würt, sambt seinem hausgesind, sol der Richter oder Ambtman straffen.

13. Item, Dass ein jeder hausswürt inn seinem hauss, mit seinem gesind frid vnd freyung haben soll, dass man niemandt darein belaidige oder angreiffen soll, weder mit worten noch mit werckhen, were aber, dass mann einem in sein hauss schuss, oder wurff, stech, oder schlüeg, oder jhm inn sein thür oder fenster brech, hinein stiess, vnd böse verbotne wort hinein gebe, alls offt Er dass thut so oft ist es ein freuel, vnd ist sechss schiling, vnd zwen pfenning straff zu-zahlen schuldig.

14. Item, Ess soll auch kheiner den anderen, noch auch sein gesindt, aus seinem hauss forderen, nach mit bosen verbottnen wortten scheltten, als offt einer dass thuet, ist Er sechss schilling vnd zwen pfenning hierumben zu bezallen verpflicht.

15. Item, Soll kheiner den anderen mit vnbeschnidner verpotner wör erwartten, wer aber dass thet, der jst strafwürdig, hat Er einen Armpost gespannt, vnd scheust, fünf pfundt pfening, vnd wass Er schaden thuet, Er püesse es, spannt Er, vnd lässt wider ab, vnd scheusst nicht, so hat Er sechs schilling, vnd zwen pfenning verfallen, Würfft Er mit einem stein, einer Hacken, oder anderen waffen, welcherlay die seyen, so ist Er nach jedem wurff fünf pfundt pfenning zubezalen, vnd dem nachgeworffen worden, den schaden abzuthuen schuldig, zeucht Er einen spiess, oder andere waffen zwen vnd sibenczig pfenning straff, zeucht Er ein schwerdt, Dolchen, Messer, Waidner oder Degen, von jr jedem vier vnd zweinczig pfenning straff.

16. Item. Dass Niemandts dem anderen an seinem hauss, weder bey tag, noch bey nacht, auch nit an fensteren horchen gehn soll, Ob einer zuhorcht vnd der jm hauss wurd dessen gewahr, vnd schlieg, steche, oder schusse heraus, vnd thödtet darmit einen dessen soll er gegen der herschafft, vnd dem Gericht nit entgeltten, auch nichczit darumb zugeben schuldig oder pflichtig sein, vsgenommen der wacht.

17. Item, Ob ein dieb oder diebin inn ein hauss gejagt wurde, vnd ohn dessen willen vnd wissen darauss khäme, darumb ist der hausswürt niemandt nichts schuldig, noch Pflichtig, wollt mann dass dem Würth nicht glauben, so nemb vnd ledige Er sich mit dem Rechten daruon, wirt der Würth dessen aber v̂berwisen, das Er es mithielt, mit dem Dieb oder diebin, oder die vfenthielt, vnd daruon hulf, der ist wie der dieb, oder die diebin zuestraffen.

18. Item, Wer inn seinem hauss einen dieb, oder diebin begriff, den soll Er anfallen vnd fahen, vnd dem Gericht v̂berliferen, Möcht Er aber seiner nit mächtig werden, vnd jne handthaben khönnen, so soll Er seinen Nachbauren rueffen, dass sie jhme zu hilff khemen, seczt sich dann der dieb darwider, dass sy ihn zu thodt schliegen, däss sollen sie weder gegen der herrschafft, noch dem Gericht nichczit entgeltten.

(Fortsetzung folgt.)

V. „Historischer Atlas."

Statistik des Mittelalters.

Das Lehenbuch K. Ladislaus P. für Österreich ob und unter der Enns. (In alphabetischer Ordnung.)

(Fortsetzung.)

98.) 1455, 2. Mai. Jörg Kadawer.

Auf 1 Mühle 61 Pfen. Gülte;
von 1 öden Lehen 6 Schillinge 18 Pfen. Gülte;
von 1 gestifteten Lehen ½ Pfd. 18 Pfen. Gülte;
von 1 Hofstatt 28 Pfen. Gülte;
alles gelegen zu dem Sigartleins;
it. auf 1 Hof zu Vistricz an der Sumerozeil 1 Pfd. Pfen. Gülte und
daselbst auf 1 gestifteten Lehen 6 Schillinge Pfen. Gülte und 1 Huhn;
daselbst 1 Hofstat, dient 17 Pfen. Gülte;
alles in Rampezer gegent gelegen.
(Sein Erbe.) Oestr. Ms. Nr. 65, Fol. 30.

1455, 2. Mai. Jörg Kadawer (für sich und seine Brüder Wolfgang und Hanns).

Das Haus zu grossen Kadaw mit aller seiner Zugehör;
it. ½ Zehend auf dem Dorf zu Stainenprunn und
1 Mühle gelegen zu grossen Kadaw in dem fur.
it. 3 Schillinge Wienerpfenninge Gülte zu grossen Kadaw auf ½ Lehen;
it. ½ Hof und ¼ Feldlehen gelegen zu Stainenprunn;
it. 1 Hof daselbst zu Stainenprunn gelegen mit seiner Zugehör;
it. das Haus zu „Wenyag Kadaw" mit aller seiner Zugehör;
it. ⅓ Wein- und Getreidzehend gross und klein gelegen zu „Uczestorf."
(Ihr Erbe.) Oestr. Ms. Nr. 65, Fol. 30.

1455, 2. Mai. Jörg Kadawer (für seine Schwester Anna, Witwe Wilhelms des Eybenstainer).

1 Hof gelegen zu Wisendorf;
1 Weingarten (7 Viertel) an dem Stainperg gelegen und 1 Hofstat;
it. ⅓ Weinzehend zu „Pawngarten" bei „Weykhestorf" in Roppeltstalerpfarre" gelegen;
it. ⅓ kleinen Dorfzehend daselbst und
1 Wiese „in dem Veyta" ob der Pruglein mül" gelegen;
it. 2 Theile Zehend auf 15 Lehen und auf 5 Hofstätten gross und klein zu Feld zu „Rebesrewtt" gelegen.
(Ihr Erbe, „von sundern gnaden".) Oestr. Ms. Nr. 65, Fol. 30, b.

99.) 1457, 30. Juni. Hanns Kamerstorffer.

Den Hof gelegen zu Stranegk mitsammt 4 behausten Holden.
(Gekauft von Gregor Merczinger.) Oestr. Ms. Nr. 65, Fol. 108.

100.) 1455, 6. August, Wien. Sigmund Kapplan.

Das Gut zu Tyemdorf gelegen in Peylstainerpfarre und Veldner-Landgericht;
it. 1 Gut zu Pechtragen in Mertingerpfarre;
und 1 Mühle genannt die Puchmühle in Gramensteterpfarre;

6**

it. 1 (phar? Gut?) genannt das „Prunnleben“ zu Obernrewt in Lewtingerpfarre;
it. 1 Gut zu Hub in Serleinspekherpfarre.
(Sein Erbe.) Oestr. Ms. Nr. 65, Fol. 69.

1455, 6. August. Sigmund Kapplan.

1 Gut, genannt am Zainhof, in Helffenbergerpfarre.
(Gekauft von Caspar Newndlinger.)
Oestr. Ms. Nr. 65, Fol. 69.

1456, 22. December. Sigmund Kapplan.

$1/2$ Mühle genannt die „Prugkmüll“ auf der grossen Rötl in Gramastteter pharr und in Wechsenberger Landgericht gelegen.
(Gekauft von Caspar Neindlinger.) Oestr. Ms. Nr. 65, Fol. 109.

1455, 24. September, Wien. Simon Kapplan (für sich und die Kinder seines Bruders Hanns K.).

Den Sitz zu Tendleinspach mitsammt dem Bauhof und Zehend darauf mit aller Zugehörung;
it. 1 Hof zu Obern Tendleinspach;
it. 1 Gut zu Gredenpach;
it. 1 Gut zu Pernestorf und ganzen Zehend darauf;
it. auf 3 andern Gütern zu Pernestorf ganzen Zehend;
it. 3 Güter zu Karleinspach;
it. $1/2$ Mühle, genannt an der Aumühle;
it. 1 Gut zu Werchpach;
it. 2 Güter zu Wurtzwald;
it. 4 Zehendhäuser zu Werchpach, darauf ganzen Zehend;
it. 1 Gut am Valkhner ganzen Zehend;
it. am Greinhof ganzen Zehend;
it. zu Gerastorf auf 1 Gut ganzen Zehend;
it. zu Heczendorf auf 1 Gut halben Zehend;
it. zu Mayring auf 2 Gütern die 2 Theile Zehends;
it. zu Aharnperg auf $1/2$ Gut das Drittheil Zehend;
it. in dem Markt zu Hofkirchen in der herzogl. Herrschaft Valkenstain gelegen auf etlichen Hofstätten halben Zehend, auf etlichen $1/3$ Zehend, und auf etlichen $1/4$ Zehend, das alles gelegen ist in Pfarrkircher pfarre und in Velder Landgericht.

„Wir haben im auch ain Gut zu Aigleinstorf und ain Gut zu Rewtt in „Serleinspekher pharr gelegen unsrer lehenschaft, die im weilent Anna sein „Hausfraw die vormalen Hannsen Glainczer eelich gehabt zupracht hat vergunnet „und geurlaubt innezehaben ze nuczen und ze niessen sein lebtag unverkumert.“
(Ihr Erbe.) Oestr. Ms. Nr. 65, Fol. 73.

1455, 24. September. Simon Kapplan (anstatt seines Bruders Hanns K. der krank ist).

1 Gut, genannt zu „Leytten.“ Oestr. Ms. Nr. 65, Fol. 73, b.

1455, 24. September. Simon Kapplan (anstatt der kranken Barbara, Hausfrau des Hanns K., Tochter weil. Ulrich des Reicher).

$1/2$ Gut zu Mitteregk in Pfarrkircherpfarre.
(Gnaden-Lehen. Ihr Erbe.) Oestr. Ms. Nr. 65, Fol. 73, b.

1455, 24. September, Wien. Simon Kapplan (anstatt Gustaw, weil. Ulrich des Reicher Tochter und Hausfrau Heinrichs des Hilprechtinger).

$1/2$ Gut gelegen zu Mitteregk in Pfarrkircherpfarre.
(Gnaden-Lehen. Ihr Erbe.) Oestr. Ms. Nr. 65, Fol. 73, b.

1456, 9. Mai. Simon Kapplan. (landesf. Leh.)

Halben Zehend auf 1 Gut zu Hetzendorf und auf 2 Gütern zu Manastorf.

(Gekauft von Hanns Kaplan). Und

zu Marapach ⅓ Zehend auf dem Bauhof überall;

it. zu Englstorf auf 1 Gut ganzen Zehend;

it. auf 2 halben Hofstätten ganzen Zehend; der Zehend aller ist gelegen zu Englmanstorf in Pfarrkircherpfarre;

(Übergeben von Balthasar Triegenrewtter, als Heirathgut seiner Schwester Helene [Hausfrau des Simon Kaplan?]).

Oest. Ms. Nr. 65, Fol. 96, b.

101.) 1455, 22. Mai. Bartholomäus Kastner.

Die Veste zum Wasen mitsammt der Manschafft, Diensten, Zehenden, Wildbann, Wändeln und die Fischweide auf der Luensnicz „alsuerr sein gruntt geent;"

it. die Fischweide auf dem „Lempach uncz an die Harbpekhin;

it. zu Windischsteig 5 Schilling und 4 Pfen. Gülte;

it. einen Zehend zu dem Redweins und zu „Liechtenperg;"

it. von „Aichpergerfeld" 12 Schilling Pfen. Gülte mitsammt dem Zehend „Wildpenn und Wenndln;"

dann als Lehen der Herrschaft Weitra:

1) auf der Luensnicz auf gestifteten Gütern 3 Pfd. und 15 Pfen. Gülte 3 Metzen ³/₄ Mohn, 15 Metzen Korn und 15 Metzen Haber „gesaczten zehent" und die Zehendkäse;

2) auf einer ödrewtt 70 Pfen. Gülte;

3) it. auf Überländ auf des „Newnmullner" Äckern und Wiesen, gelegen bei dem „Tewffen graben" 3 Schilling Pfen. Gülte und darauf 2 Theile Zehend;

4) it. auf des Newnmüllner und Ull Gotten Äckern und Wiesen gelegen 15 Pfen. Gülte, 1 Henne und 2 Theile Zehend darauf;

5) it. auf der Weikhartin Wiesen unter des Neunmüllers Äckern 48 Pfen. Gülte;

6) it. auf der Zechwiese 24 Pfen. Gülte;

7) it. auf des Panreitter Äckern und Wiesen 32¹/₂ Pfen. Gülte 1 Huhn und 2 Theile Zehend darauf;

8) it. auf Jacob des Hafner Äckern und Wiesen 7 Pfen. Gülte;

9) it. auf dem Voglberg 20 Pfen. Gülte und ganzen Zehend darauf;

10) it. auf der Wiese genannt die Leitgebinn 15 Pfen. Gülte;

11) it. auf Äckern und Wiesen „dacz sand Mertten" 40 Pfen. Gülte und 2 Theile Zehend darauf;

12) it. „dacz dem Ulreichs" und „dacz alten Weytra" auf 1 Lehen 3 Pfd. und 80 Pfen. Gülte und auf 10 Lehen und 7 Hofstätten ganzen Zehend gross und klein, zu Feld und zu Dorf;

13) it. auf 3 Lehen und auf 1 Hofstatt daselbst halben Zehend gross und klein 16 Hamen (?) 3 Schilling und 10 Eier, 10 Hühner und 16 Käse;

14) it. zu Lempach auf 1 Hof und 8 gestifteten und 6 öden Rewtten 17 Schilling und 29 Pfenning Gülte, 3 Metzen Mohn, 7 Hühner 3 Käse, 80 Eier und auf denselben Rewtten 2 Theile Zehend, gross und klein;

15) it. auf Hannsen des Plabentunst 2 Rewtten 3 Schilling und 19 Pfen. Gülte;

16) it. von Hannsen des Kespekhen halben Reut 12 Pfen. Gülte;

17) it. von Michel des Hofsteter 2 Reuten 50 Pfen. Gülte und 4 Pfenninge für Har;

18) it. von Niclas des Gulher 2 Reuten 80 Pfen. Gülte und 1 Huhn;

19) it. dacz Hadmarstain 7 Schilling und 25 Pfen. Gülte, 10 Eier und auf 2 Lehen ganzen Zehend, gross und klein;

20) it. "aber Weiern auf 4 Lehen 2 Pfd. 7 Schilling und 17½ Pfn. Gülte. 4 Metzen Mohn; auf der 4 Lehen 12 Metzen Korn und 16 Metzen Haber „gemaszten zenent;“

21) it. "aber dem Aussern Wolfgers" auf 1 gestifteten Lehen und auf 1 öden Lehen 22 Metzen Haber Zwetler Mass, 16 Hühner und 6 Käse.

(Sein Erbe.) Oestr. Ms. Nr. 65, Fol. 80, b, 81.

1455, 22. Mai. Wien. Agnes, Hausfrau des Bartholomäus Kastner, Tochter des weil. Heinrich des Ydungspeuger.

Zu Eberstorf bei Zisterstorf in Dresingerpfarre auf 1 Hof, darin gehören 3½ Lehen Ackers und sein Theil Zehends daselbst gross und kleinen, zu Feld und zu Dorf;

it. daselbst auf behaustem Gut 6 Pfd. 81 Pfen. Gülte;

it. 12 Jeuchart Ackers gelegen in „Siedendorffer Feld“ und „gebent weder dienst noch zehent;“

it. 13 Schilling und 4½ Pfen. Gülte gelegen zu Zisterstorf auf behausten Gütern und Überländ;

it. zu Gösting ½ Pfd. Pfen. Gülte auf Überländ;

it. zu Acharn 75 Pfen. Gülte auf Überländ und in Dresingerfeld auf Überländ 14 Schillinge und 15 Pfen. Gülte.

(Ihr Erbe.) Oestr. Ms. Nr. 65, Fol. 81, b.

1455. 28. November. Sigmund Kastner.

Die ganze Rathub in Krembnaterpfarre

(Sein Erbe.) Oestr. Ms. Nr. 65, Fol. 76.

102.) 1455, 2. December. Wien. Ulrich Katzoprenner (Lehenträger: sein Sohn Kaspar K.).

1 Hube, genannt die Kunigshube in Naternpekherpfarre und in Peurbekher Landgericht.

(Sein Erbe.) Oestr. Ms. Nr. 65, Fol. 79, b.

103.) 1455, 21. April. Caspar Kelbersharder.

1 Hof, 2 Hofstätte, 1 Mühle zu Herstorf in Menkher Pfarre;

1 Lehen zu Rewttarn in Hulber-Pfarre.

(Sein Erbe.) Oestr. Ms. Nr. 65, Fol. 23.

104.) 1455, 30. Juli. Caspar Kersch.

Ganzen Zehend auf 10 Lehen in Plaustawder Newsidel gelegen und 4 Holden zu Hewtal, deren jeglicher von seinem halben Lehen 12 Metzen Weizen, 12 Metzen Haber und 45 Pfen. Geltes dient.

(Sein Erbe.) Oestr. Ms. Nr. 65, Fol. 62, b.

105.) 1455, 30. Juli, Wien. Marchart Kersperger.

Den Sitz zum Stain mitsammt dem Bauhof und der Mühle daselbst und anderer seiner Zugehör;

it. 1 Gut am „Veld;“

it. 1 Gut zu Sand Marein, 2 Häuser und die Badstube daselbst;

it. 2 Güter zu Posendorf;

it. 1 Gut auf der Haid;

it. 3 Güter zu „drein Schachen;“

it. 2 Güter zu Weichsteten;

it. 1 Gut zu Notingsdorf;

it. 1 Hub am Leutersperg;

it. die halbe Hube zu Weiderstorf;

it. 2 Theile Wein- und Getreidzehend zwischen der Tumming und des Ortgraben und auf dem Dorf zu Grekking, gross und kleinen Zehend;

it. 2 Mühlen auf dem Stainpach ob Marbach;

it. auf dem Gut im Mos 2 Theile Zehend, gross und klein alles in Goczdorfferpfarre gelegen;

it. von 1 Weingarten zu Grekking (Ull der Syn hat) ganzen Zehend, gross und klein;

it. auf dem Gut an der Czinnen 2 Theile Zehend, gross und klein;

it. 3 Güter in der Radungsaw;

it. 2 Gütel daselbst und 1 Mühle daselbst auf dem Dretenpach.

(Sein Erbe.) Oestr. Ms. Nr. 65, Fol. 62, b.

1457, 5. Juni. Hanns Ponhalm und Jörg Kersperger.

K. Ladislaus verleiht ihnen die obenangeführten Güter wegen ihrer Dienste und aus besonderen Gnaden, da sie durch den Tod des Marchart Kersperger ledig geworden und heimgefallen waren.

Oestr. Ms. Nr. 65, Fol. 107, b.

1457, 22. Juli, Wien. Stephan Kersperger (für sich und als Lehenträger seiner Mutter Elspet und ihrer Schwester Barbara, Hausfrau N. des Strewtwicz).

1 Hof, 2 Lehen, 2 Hofstätte und 1 Zehend in Heresingerpfarre.

(Ihr mütterliches Erbe.) Oestr. Ms. Nr. 65, Fol. 109, b.

1457, 22. Juli. Caspar Kersperger (für sich und seinen Vetter Stephan Kersperger).

3 Höfe zu „Jêgarn“ und

1 Hube „auf der Strass“ in Kempnaterpfarre gelegen und den Zehend zu Ror auf dem Ambtman.

(Ihr Erbe.) Oestr. Ms. Nr. 65, Fol. 109, b.

106.) Ulrich Keuschacher.

„Den hof zum Stöltzleins, das dorf und zwaitail zehend daselbs und was zu idem gehôrt zuveld und ze dorff gestifft und ungestifft, wan das von Hannsen Keuschaher seinem vater mit kauf an in komen wêr.“

Oestr. Ms. Nr. 65, Fol. 2, b.

107.) 1455, 27. October, Wien. Wolfgang Kirchknoph.

4 Pfd. Pfen. Gelts, 34 Käse, 15 Hühner, 30 Eyer, 1 „Lemberspauch“ 1 Fuder Salz und $2^1/_2$ Metzen Mohn auf 2 Höfen bei Klam und auf 1 Hof in der Frosehnicz, auf 1 Hof und 2 Hofstätten „unterm Holcz“ und auf 6 Hofstätten „zum Pfaffen“ und in dem Drettenpach gelegen.

(Sein Erbe, aus Gnaden auch auf Töchter vererblich.)

Oestr. Ms. Nr. 65, Fol. 76, b.

108.) 1456, 8. Jänner, Wien. Sigmund Kirchperger.

1 Hube zu Pirchach bei dem Gatern in Pachaimerpfarre. (?)

(Gekauft von Ursula, Tochter weiland Erharts des Kirchsteiger.)

Oestr. Ms. Nr. 65, Fol. 82, b.

109.) (1456) 17. April, (?) Samstag vor Georgi, Wien? Job Kirchsteter.

Das Haus Kirchsteten mitsammt dem Mairhof, Wiesmahd, Baumgärten und Äckern;

it. $12^1/_2$ Pfd. und 12 Pfen. Gelts auf behaustem Gut und Überländ in dem Dorfe daselbst und das Dorfgericht, als es von Alter herkommen ist;

it. den Getreidzehend auf $11^1/_2$ Lehen zu Feld und zu Dorf und den Weinzehend auch daselbst;

it. die Hölzer, genannt die „Hucznleitten,“ die „Manhartzwisen,“ der „Wachsirigel“ der „Pfaffengrunt,“ die „Karleitten,“ und der „Ruemarcharczgern;“

it. zu Potenhofen 8 Pfd. und 17 Pfen. Gelts auf behaustem Gut und Überländ und auf 34 Lehen Getreidzehend gross und klein, zu Feld und zu Dorf;

it. 1 Hof daselbst zu Potenhof mit 34 Jeuchart Acker;

it. das Bergrecht an dem Altenperg 2 Theile Zehend und 14 „Sedlpfenning;"

it. $^1/_2$ Weingarten daselbst und an dem Leupoltsperg 9 Eimer Wein Bergrechts;

it. an der obern Ried halben Zehend und an der untern Ried $^1/_2$ Zehend und 30 Sedlpfenning;

und das Gericht halbs daselbst;

it. in dem Laadorf 12 Schilling Pfen. Gelts auf Überländ und 1 Wiese bei der Tey, genannt die „Scheissen;"

it. 3 Pfd. 5 Schilling, 19 Pfen. Gelts gelegen zu Valbach auf behaustem Gut und Überländ;

it. 10 Schilling Pfen. Gelts gelegen zu Ungerdorf auf 2 halben behausten Lehen;

it. daselbst auf 11 halben Lehen halben Zehend gross und klein und auf 10 Viertel Weingarten auch daselbst ganzen Zehend;

it. 9 Schilling Pfen. Gelts gelegen zu Gawbatsch auf 2 halben Feldlehen und auf 1 behaustem halben Lehen;

it. am Plod das Bergrecht und 2 Theile Zehend und $33^1/_2$ Sedlpfenning daselbst;

it. zu Durrnpach auf $13^1/_2$ Lehen, kleinen und grossen Zehend zu Feld und zu Dorf;

it. daselbst 2 Pfd. 6 Schilling Pfen. Gelts auf 2 ganzen Überländ und Feldlehen.

(Sein Erbe, aus Gnaden auch auf Töchter vererblich.)

Oestr. Ms. Nr. 65, Fol. 84, b.

110.) 1455, 8. Juli, Wien. Ulrich Kling (für sich und seine Brüder Jörg, Heinrich und Hanns und seine Vettern Philipp und Stephan).

1 Drittel an den 3 Vesten zu Weissemberg, Watenstain (?) und Fridegk mitsammt allen Holden, Getreidgült, Pfenninggült, behaustem Gut, Überländ, Zehend, Burgrecht, Vogtey, Wildbann, Fischweid, Holz, Weid, Wiesmahd, Bau, das alles zu den obgenannten 3 Vesten gehört;

it. 1 Drittel an folgenden Kirchlehen, an der Pfarrkirche zu „Frankhenfels," an der Kapelle im „Swarczenpach" und an der Kapelle in der Veste zu Weissemberg;

it. Halben Theil an den 46 Pfd. Wienerpfennige Gülte gelegen in Frankhenfelser-, Kirchperger-, Rabenstainer- und Hofsteter-Pfarren auf behausten Gütern und auf Überländ;

it. 1 Fischweide genannt die Leuch in Kirchpergerpfarre;

it. den Wildbann und das Gejaid auf allen ihren Gütern die sie haben im „Pielachtal im Dretigisten und in Kirchpergerpfarre;

it. 2 Pfd. Gülte „under dem Wald;"

it. $^1/_2$ Pfd. Gülte „auf dem mittern leben;"

it. 11 Schilling und 14 Pfen. auf 1 Gut genannt „an dem hof;"

it. $^1/_2$ Pfd. und 14 Pfen. auf 1 Gut „im graben daez dem Rupplein;"

it. 3 Schilling und 23 Pfen. an „Roicherstat in der Golsnicz;"

it. 60 Pfen. auf 1 Mühle zu Chuspentaler, alles gelegen in Kirchpergerpfarre;

it. 5 Schillinge Gülte „ob Prüls;"

it. 6 Schillinge und 10 Pfen. an der Hofstatt im „Dietigist;"

it. 5 Schilling und 22 Pfen. zu „Aigelsrewtt" gelegen, in Rainstainerpfarre;

it. 1 Zehend auf des Cikkenhofe und auf 3 Gütern dabei und auf 1 Hof in der Grub kleinen und grossen;

it. 1 Zehend „daez den Gesaten“ gross und klein gelegen in Grefen-[illegible]erpfarre, und

1 Zehend gross und klein zu Wolfenperg in Pöltingerpfarre gelegen.

(Ihr Erbe.) Oestr. Ms. Nr. 65, Fol. 59.

1536, 23. Februar, Sebastian von Losenstain 1 Drittel. it. Landgericht zu [W]eissemburg.

111.) 1455, 25. April. Thoman Kolb.

Zu Losch auf 5 Lehen und 1 Hofstatt ganzen Zehend gross und klein zu [Fe]ld und zu Dorf und daselbst

zu Losch auf 2 Lehen und 1 Hofstatt ½ Zehend gross und klein zu Feld [und] Dorf;

it. auf des Neidegger Hof zu Prannt,

auf des Eyczinger Hof zu Wisenrewt,

auf 1 Acker zu Prannt unter dem Maiss,

auf 1 Mühle unter Jeuttendorf,

auf 1 Mühle unter Losch und

auf 1 Acker hinter dem Loschaperg,

Drittel Zehend gross und klein, zu Feld und zu Dorf;

it. zu Sigenrewt auf behaustem Gut 13 Schilling und 10 Pfen. Gülte;

it. zu dem Peczleins auf 4 Lehen und

zu dem Lewpolcz auf 4 Lehen und auf 1 Hof daselbst halben Zehend [g]ross und klein, zu Feld und zu Dorf in Chottinger-Pfarre;

it. zu Scheits bei Liechtenau auf 3 gestifteten Lehen und auf 1 öden [Le]hen und auf 1 öd Recht eines Hofs genannt der Senghof ganzen Zehend, [g]ross und klein zu Feld und zu Dorf, gelegen in Meisslinger-Pfarre;

it. der Ödhof ist gelegen in Obrechtsperger-Pfarre und ist alles wismad und [h]olcz;

it. zu Obrechtsperg in dem Dorf auf 1 behausten Gut 3 Schilling und 20 Pfen. Gülte;

it. auf dem Rechsenpach bei Ottenslag auf Wiesmahd ½ Pfd. und 20 Pfen. Gülte;

it. zu Pirpem auf dem Hof und auf 6 Hofstätten dabei und auf ettlichen Äckern, Weingärten und Wiesen 3½ Pfd. und 5 Pfen. Gülte, gelegen in Eberstorffer-Pfarre.

(Sein Erbe.) Oestr. Ms. Nr. 65, Fol. 25, b.

1455. 3. Juni, Wien. Stephan Kolb.

1 Hofmarch zu Wiselburg „an der zeil als si mit zawn umbfangen ist;“ und 1 Wiese vor der Hofmarch;

it. 1 Wiese genannt die Tannwiese in Peczukircher- und Ruprechtshouer-Pfarren gelegen.

(Sein Erbe.) Oestr. Ms. Nr. 65, Fol. 47, b.

112.) 1456, 20. April. Friedrich Krafft (für sich und seinen Bruder Caspar).

1 Gut, genannt „die Seeaw;“

it. 1 Gut, genannt „die Petschen“ bei dem Halstatsee;“

it. 1 Wiese genannt die „Rauhenrewtt“ in Gewsarnerpfarre gelegen;

it. 1 Mühle und Säge, gelegen auf der Yschel im Yschelland und

½ Mühle auf der Gosach bei dem Hallpergsee im Yschelland gelegen.

(Ihr Erbe.) Oestr. Ms. Nr. 65, Fol. 91, b.

1456, 22. April. Anna, Witwe des Lorenz Kraft, und ihre Söhne, Friedrich und Caspar.

1 Hof gelegen zu Stain ob der Stat genannt der Verthof mitsammt den Kirchlein St. Matthias-Capelle bei demselben Hof gelegen, der Freyung und was dazu gehört;

auf 1 Weingarten genannt der Hofweingarten („und geet von dem urfar uncz an den egenanten hof und gibt kainen zehent“);
und 1 Weingarten, genannt der Schutweingarten („und geet von dem hof uncz zu dem türlein bei dem weg und gibt auch kainen zehent“).
(Gekauft von Ulrich Eyczinger und seiner Hausfrau Barbara.)
(Gnaden-Lehen.) Oestr. Ms. Nr. 65, Fol. 98.

113.) 1455, 16. Juni, Wien. Christoph Kressling (für sich und seinen Bruder Wolfgang Kressling).

1 Hof genannt der Schiferhof gelegen in Gutswerpfarre;
it. die halbe Fischweide auf der kleinen Gussen zu Weyterstorf;
it. das halbe Holz an der „Swartzen Aw“ in Gallennewnkircher Pfarre;
it. im Ennstorf 3 Güter gelegen in S. Valentinspfarre;
1 Gut genannt in der Zauhen, und 1 Gut genannt am Retzenlehen;
it. 1 Gut im Puchêch in Hedershoverpfarre;
it. 1 Gut im Pirchêch und dabei 1 Acker gelegen in Aspekherpfarre.
(Ihr Erbe.) Oestr. Ms. Nr. 65, Fol. 51.

114.) 1455, 31. März. Ernreich und Dietmar Kunigsperger.

Die Veste Zigerberg mit ihren Zugehörungen und
1 Fischweide in der „Putenaw“ von dem Kunigsgraben uncz hinauf an den Wannkh;
it. der Hof zu Obern Parsenprunn und $2^1/_2$ Pfd. 32 Pfen. Gülte auf behaustem Gut und Überland, und $^1/_2$ Weingarten;
it. zu Obern Pirpawm auf dem Tulnerfeld 8 Pfd. 3 Pfen. Gülten auf behausten Gütern und Überländ;
it. zu Walperspach 4 Pfd. 6 Schill. 15 Pfen. Gülten und $^1/_2$ Muth Weizen;
it. auf 1 Hof zu Erlach 10 Schill. Pfen. Gülte und 1 Hofstatt gelegen in Puttnerpfarre;
it. von 3 Höfen zu Nidern Ofenpach 3 Schilling 14 Pfen. Gülte;
it. zu Lanczenkirchen 1 Mühle und 10 Tagwerk Wiesmahd in dem Swal;
it. zu Rorpach ob Newnkirchen 18 Schill. Pfen. Gülte auf Überlend;
it. zu Kawnperg 5 Schilling Pfen. Gülte;
it. $8^3/_4$ Eimer Weins Bergrecht, 7 Eimer gestift, das andere ungestift, gelegen zu Pulsenstorf an der Swarczach an dem Purkstal hinter demselben Dorf, der herzogl. Lehenschaft zu Warstenstain, (?) davon man jährlich an St. Michelstag von jedem Eimer 1 Bergpfenning dient;
it. 1 Hof ob Aschpang (Lorenz d. Z.) 10 Schilling Pfen. und 1 Pfd. Pfen. Gülte auf 1 Au und auf 1 Baumgarten daselbst zu Aschpang, das von den Fronauer gekauft ist worden;
it. die Güter die von den Zigern gekauft sind, alle gelegen in Zöbrerpfarre;
it. 3 Güter gelegen in dem Ofenpach in Pranpergerpfarre die gekauft sind von Eberhart von Ror, dienen jährlich 7 Schilling, 10 Pfen. Gülte;
it. 1 Hofstatt und 1 Baumgarten unter dem Hause zu Puten gelegen mit ihren Zugehörungen;
it. 1 Pfd. Pfen. Gülte gelegen in der Wernyng in der Payrpacherpfarre;
it. 5 Lehen mitsammt der Vogtei, 1 Mühle und das Gericht zu Feld und Dorf zu Pischolfstorf auf dem Tulnerfeld und
2 Hofstätt zu Goldenau in Absteterpfarre gelegen;
it. $4^1/_2$ Eimer Bergrecht von 1 Weingarten gelegen an dem Rosenpuhl niderhalb Stuppach in Glokniczerpfarre.
(Ihr Erbe.) Oestr. Ms. Nr. 65, Fol. 15, b.

(Fortsetzung folgt.)

Aus der k. k. Hof- und Staatsdruckerei.

№ 7. **NOTIZENBLATT.** 1854.

Beilage zum Archiv für Kunde österreichischer Geschichtsquellen.

Herausgegeben von der historischen Commission

der

kaiserlichen Akademie der Wissenschaften in Wien.

II. „Oesterreichische Geschichtsquellen."

7.) Actenstücke zur Geschichte der Gesandtschaft, welche K. Maximilian II. im Jahre 1567 an die Königin Elisabeth von England abgeschickt hat.

Mitgetheilt von Joseph Chmel.

Bekanntlich war durch längere Zeit der Plan im Werke, eine Vermählung zwischen Königin Elisabeth von England und dem jüngsten Bruder Kaiser Maximilians II., Erzherzog Karl, zu erzielen.

Hurter handelt im dritten Buche des ersten Bandes seiner Geschichte Kaiser Ferdinand's II. und seiner Ältern etc. (Schaffhausen 1850), S. 35—47, von dieser „beabsichtigten Vermählung."

Er sagt unter anderm, S. 42, Note 26, von den Unterhandlungen und den dazu verwendeten Personen Folgendes:

„Den Gedenkbüchern der allgemeinen Hofkammer zufolge wurde am 14. März 1567 verordnet, dem Grafen Ludwig zu Stollberg 3000 fl. auf Abschlag seiner Reise nach England (wo er monatlich 1500 fl. Gehalt beziehen sollte) zu bezahlen. Da aber des Grafen und seiner Anwesenheit in England nirgends Erwähnung geschieht, ist zu vermuthen, er seie nicht abgegangen."

Dass diese Gesandtschaft wirklich abgegangen, geht aus den hier folgenden Actenstücken hervor [1]). Übrigens ist dieselbe nicht ganz so spurlos verschwunden, als man glaubt.

De Thou spricht davon wie man aus folgender Stelle entnehmen kann. Auch Häberlin erwähnt das Factum.

1567. „Cependant le Comte de Stolberg fut enuoyé par l'Empereur en „Angleterre, pour parler du mariage d'Elizabeth, non pas auec Ferdinand, mais „auec l'Archiduc Charles, et fut reçeu auec beaucoup de magnificence, et de „demonstration de bien-veillance et d'amitié. D'un autre costé Elizabeth enuoya „à l'Empereur auec l'Ordre de la Jarretiere, et de S. Georges, le Comte de „Sussex, qui mit toute chose en usage, afin qu' Elizabeth se mariast auec un „Prince Estranger, soit par enuie du Comte de Leicestre qui esperoit cependant „espouser la Reine, soit qu'il voulust trauailler pour la gloire de l'Angleterre, „qu' il sembloit que l'on abaissoit par un mariage inégal. Apres auoir passé auec „une grande suite par Anuers, par Mayence, par Vorms, par Spire, par Vlme et „par Ausbourg, enfin il arriua à Vienne, et demeura quelques mois à la cour de „l'Empereur. Le Comte de Leicestre luy auoit ioint le Baron de North, non pas „tant pour l'accompagner en son Ambassade, que pour l'obseruer, et luy faire „perdre par adresse et par des retardemens affectez, la passion qu'il auoit que „ce mariage se fist. L'on demeura aisément d'accord des titres, de la succession „de part et d'autre des enfans, et des autres articles, parce que la memoire

[1]) Die Originale befinden sich in der dem k. k. Haus-, Hof- und Staatsarchive einverleibten Registratur der ehemaligen „Reichskanzlei"

7

„estoit encore toute recente de ceux du contrat de mariage de Philippes. Mais „il y eut plus de difficulté pour ce qui fut de la Religion; car l'Empereur demandoit au nom de Charles son frere, qu'on luy donnast une Eglise publique pour „luy et pour les siens, afin d'y celebrer le seruice diuin à la maniere ancienne; „et les Anglois disoient qu'il y alloit en cela de la conscience de la Reine, de „sa dignité, et de son salut."

„Enfin, quoy que l'Empereur tesmoignast que son frere se contenteroit „d'une Chapelle particuliere en sa maison, pourueu qu'on ne fist point de diffi„culté d'y laisser entrer les siens, on ne pût mesme obtenir cela, et l'on „respondit que s'il plaisoit à Charles de venir en Angleterre pour traitter luy„mesme auec Elizabeth, ni luy ni la Reine ne seroient point fasches de la peine „de ce voyage. En suite, le Comte de Sussex ayant esté honnorablement con„gedié par l'Empereur, alla trouver Charles, en attendant en vain de iour en „iour une autre response de la Reine; et enfin apres aoir demandé son congé, il „s'en retourna en Angleterre. Long temps depuis l'Empereur et Elizabeth se „rendirent pour cela des offices mutuels d'une amitié reciproque; et l'Empereur „tesmoigna tant de bonne volonté pour Elizabeth, qu'autant qu'il fut en son „pouuoir, il retarda ou il eluda les entreprises du Pape contre elle, et les efforts „de Philippes son cousin."

(V. Histoire de M. De Thou, des choses arrivées de son temps, mise en françois par P. Du Ryer, de l'Academie françoise. Livre XLI, T. III, pag. 53—54. Paris 1659. Fol.)

Chmel.

Verzeichniss der Actenstücke.

I. Schreiben K. Maximilian II. an Grafen Ludwig zu Stolberg und Königstein. Ddo. Prag, 23. März 1567. (Auftrag, nach England abzureisen und zwar über Brüssel, wo er mit der Statthalterin der Niederlande, der Herzogin von Parma, zu verhandeln hat und sich den burgundischen Gesandten anschliessen soll.)

II. Instruction K. Maximilian's II. für seinen Gesandten nach England, Grafen Ludwig zu Stolberg und Königstein und (den burgundischen Gesandten) Jakob von Clarhout, Herrn von Maldeghen. (Auseinandersetzung der grossen Türkengefahr und Begehren von Hilfe in seinem und der deutschen Reichsstände Namen.) Ddo. Prag, 13. März 1567.

III. Schreiben des Grafen Ludwig zu Stolberg an K. Maximilian II. Ddo. 12. Mai 1567. (Dem Auftrage zu Folge, sich zuerst nach Brüssel zur Statthalterin, der Herzogin von Parma, zu begeben, muss er ihr nach Antorff (Antwerpen) nachreisen, weil sie gegenwärtig dort ist.)

IV. Schreiben des Grafen Ludwig zu Stolberg etc. an die Herzogin von Parma, Statthalterin der Niederlande. Ddo. Rochefort, 3. Mai 1567.

V. Antwort der Herzogin. Ddo. Antorff, 7. Mai 1567.

VI. Schreiben des Grafen Ludwig zu Stolberg etc. an K. Maximilian II. Ddo. Antorff, 20. Mai 1567. (Ihre Ankunft musste zuerst nach England gemeldet werden, desshalb schickte die Herzogin einen eigenen Courrier an den spanischen Gesandten daselbst und sie schrieben an ihn. — Warten auf Antwort. — Spricht über die Zustände in den Niederlanden und die Nothwendigkeit, Milde statt Schärfe anzuwenden. Der Kaiser soll dazu rathen.)

VII. Berichtschreiben des Grafen Ludwig zu Stolberg etc. an K. Maximilian II. Ddo. London, 5. Juni 1567. Ankunft in Dobern (Dover) am 30. Mai (Er und Maldeghen). Guter Empfang, Audienz bei der Königin am 4. Juni. — Anbringen des Grafen im Sinne der Instruction, extemporirte Antwort der Königin in einer „langen zierlichen latinischen Oration." — Ausserdem anderes „freundliches gnediges und zierliches Gesprech." — Graf Stolberg meldet, dass allgemein der Gesandtschaft der Zweck zugeschrieben werde, um die Königin zu werben für Erzherzog Karl (K. Maximilian's Bruder).

Stolberg bemüht sich, das Vortheilhafte herauszuheben und den Kaiser dazu zu bewegen. — Lob der Königin. — Dieselbe wolle, wie er gehört habe, auch eine „stattliche Bothschaft an Ihn (Kaiser)" abschicken.

VIII. Des Grafen Stolberg Rede an die Königin Elisabeth, bei dieser Audienz.

IX. Duplicat dieser Ansprache mit Veränderungen in der Fassung.

X. Berichtschreiben des Grafen Ludwig zu Stolberg etc. an K. Maximilian II. Ddo. London, 14. Juni 1567. Er ist für morgen (Sonntag den 15. Juni) nebst seinem Mitgesandten zur Königin geladen nach Richemont, um die Antwort zu erhalten. Man ist befremdet (und zwar nicht bloss die Räthe und Vornehmen sondern die Königin selbst), dass diessmal hinsichtlich der Heirath gar nichts in der Instruction gestanden, man habe also die Sache, wie es scheint, fallen gelassen. Das könnte der Proposition schaden. — Bei der Audienz habe sich die Königin entschuldigt wegen Verzögerung der Antwort auf den früheren Antrag (wegen der Heirath). — Stolberg gibt sich alle Mühe den Kaiser zu stimmen für weitere Schritte in dieser Sache, er glaubt die Königin sei dem Hause Österreich vor allen geneigt.

XI. Schreiben des Grafen Ludwig zu Stolberg an K. Maximilian II. Ddo. London, 18. Juni 1567. Die Antwort der Königin ist ablehnend, die ungünstige Stimmung ist veranlasst durch falsche Gerüchte über ein Bündniss zwischen Frankreich, Spanien und dem Kaiser zur Unterdrückung der neuen Religion. Sie gaben sich alle Mühe, den ersten Secretär William Cecil von der Falschheit dieses Vorgebens zu überzeugen. Die Königin sei jedoch nicht davon abzubringen, wolle sich rüsten. Schlechte Aussicht auf Hilfe gegen die Türken von Seite Englands.

XII. Antwort der Königin auf die Proposition der Gesandten des Kaisers und der Reichsstände Deutschlands. Ddo. Richmondiae, 15. Junii 1567. (Ablehnend.)

XIII. Schreiben der Königin Elisabeth von England an K. Maximilian II. Ddo. Richmondiae, 22. Junii 1567. Entschuldigend wegen der ablehnenden Antwort. — Auffordernd, zum bessern Einvernehmen zwischen den christlichen Mächten mitzuwirken.

XIV. Zweites Promemoria der kaiserlichen Abgesandten an die Königin Elisabeth. Bemühen sich wiederholt, Beistand zu erhalten, widerlegen die Einwendungen und zeigen auf die frühere Zeit, wo K. Heinrich (VIII.) dem K. Ferdinand I. in viel schwierigerer Lage des eigenen Landes den Beistand nicht verweigerte gegen die Türken.

XV. Antwort der Königin auf dieses zweite Promemoria. — Setzt die frühere Weigerung weiter aus einander.

XVI. Bericht, was die Gesandten Sonntags am 22. Juni auf diese zweite schriftliche Antwort der Königin mündlich erwiedert haben. — Die Königin bleibt bei der Behauptung, dass „Practiken" getrieben würden (von Seite des Papstes u. s. w.). Übrigens ist die abschlägige Antwort nicht definitiv, nur jetzt unter den gegenwärtigen Umständen könne man nichts thun.

XVII. Kurzer Auszug der Artikel eines (angeblichen) heimlichen Bündnisses der katholischen Fürsten gegen die neue Religion (Papst, König von Spanien, König von Portugal, Herzog von Baiern, Herzog von Savoyen und ihre Mitverwandten u. s. w.).

(Ganz absonderlich.)

XVIII. Schreiben des Grafen Ludwig zu Stolberg an K. Maximilian II. Ddo. 15. Juli 1567. Schickt die oben mitgetheilte zweite Erklärung der Königin und über die ganze Verhandlung ein vollständiges Protokoll (in welchem die Abschriften sämmtlicher Actenstücke aufgenommen sind). Sollte ein mündlicher Bericht nöthig sein, will er selbst zum Kaiser kommen, obgleich der Weg etwas weit. — Für jetzt war nichts zu thun — als abzureisen. Er hat also drei Monate mit dieser Gesandtschaft zugebracht.

I. 1567, 23. März. Maximilian der ander von Gottes Gnaden, Erwelter Römischer Keyser zu allen zeiten mehrer des Reichs etc.

Wolgeborner lieber getrewer, bei dieser unser aigner post hastu dein abfertigung in Engellandt zu empfangen. Und wollest also im Namen Gottes dich von stundt an erheben, und zu unser freundtlichen lieben Muemen der Hertzogin zu Parma, Gubernantin der Nider Burgundischenn Erblanden, gestragcks verfügen, dich daselbsten mit uberreichung beiligender Credentzs angeben, Ir unsern freundtlichen gnedigen willen und darbei die gelegenheit ermelter deiner abfertigung vermelden, auch die Instruction mit J. L. communicieren, und alsdan durch Irer L. fernere nachrichtung dich sampt dem Burgundischen Gesandten vollendts hinuber zu der Konigin von Engellandt begeben. Die sachen vermög ermelter Instruction anfenglich durch ein kurtzes Latinisch anbringen (so du dir Extrahiren und volgendts selbst pronunciren solt), und dan mit fürlegung einer lautern und zierlich geschriebenen Inhalts solcher Instruction, sowie zur Werbung gehörig, furtragen, handlen, vnd nachgeendts mit weiterer, fortsetzung prosequiren zuuersichtig auch mit frucht zu vnserm vnd vnserer bekhummerten König Reichen, vnnd Landenn, guten frommen vnd trost, Auch zu sonderm deinem bei vnss vnd gemeinen Reichsstenden, Ruem vnd Dank aussrichten, Inmassen wir dan hierin zu dir ein besonder genedig vertrawen tragen, Dir auch auf die etwas ferne raiss vnd zu guter verrichtung, von Gott glücklichen Zustandt vnd wolfhart, hiemit gewunscht haben, Vnd von dir gleich auss Prüssel vnd dan aus Engellandt zum offtern deiner aussfhürlichen schreiben vnd bericht, durch das Prüsslisch Postmeister Amptt auf Reinhausen, vnd forder an vnsern Kayserlichen hoff von allem dem, wie du die sachen nit allein diser Legation, Sonder auch alles andern halben, vberal vnd inn allen dingen in publicis et priuatis, befinden, vnd vernhemen wurdest, gewertig, Vnd dir vnd den deinen alweg mit kayserlichen gnaden, forder wol gewegen, Auch Itzige dein trewe Bemühung Insonderheit genedigist Zuerkennen, vnd zu gedencken, vnuergessen sein wollen. Geben auf vnserm königlichen Schloss Prag, den 23. Marty Anno im sieben vnd Sechzigisten, vnserer Reich des Römischen im fünfften, des hungerischen im viertten, vnd des Beheimischen im Neunzehenden etc.

Maximilian m/p.

Ann Graf Ludwigen zu Stolberg vnnd Königsteinn etc.
Ad mandatum Sacrae Caes[ae] Maiestatis proprium

H. Kirchschlag m/p.

V[t]. J. v. Zascht.

II. 1567. 13. März. Maximilianus secundus Diuina fauente clementia electus Romanorum Imperator Semper Augustus etc.

Instructio pro generoso ac magnifico, nostris et sacri Imperij fidelibus, dilectis, Ludouico Comite in Stolberg, Kunigstain, Wertheim, et Rochefort, Consiliario nostro, ac strenuo Jacobo à Clarhout, Domino in Pithen et Maldeghen, Capitaneo Schlusiensi, equite aurato, ijs de rebus quas nostro et Electorum, principum ac ordinum Sacri Romani Imperij nomine, apud Serenissimam Principem, Dominam Elisabetham, Reginam Angliae, ac Franciae, Dominam Hyberniae, defensorem fidei etc. Sororem et Consanguineam nostram charissimam, summa fide, cura ac diligentia, agere ac tractare debebunt.

Inprimis, cum iam dicti nostri et ordinum sacri Imperij Oratores, in aulam dictae Serenissimae Reginae peruenerint, et opera ac medio illorum ad quos haec cura spectat, a Serenitate eius audientiam impetrauerint, Serenitati eius verbis nostris salutem et fraternae nostrae beneuolentiae incrementum atque ex parte ordinum ac statuum Imperij omnia obseruantiae ac bonae uoluntatis studia deferant.

Et deinde serenitati eius nostro ac dictorum ordinum ac statuum Imperij nomine exponant, haud dubie Serenitati eius optime constare, quomodo statim post obitum Serenissimi ac potentissimi quondam principis, Domini Ferdinandi electi Romanorum Imperatoris Augustae, memoriae, Domini ac genitoris nostri obseruandissimi Dux Johannes Sigismundus quondam Serenissimi Johannis Hungariae Regis filius, adiutûs auxilijs Turcicis praeter omnem rationem et aequitatem bellum nobis intulerit Quamuis enim nos nihil magis optauerimus praesertim in Imperij ac regiminjs nostri initio, quam pacem et concordiam cum omnibus et maxime christianis Principibus colere, et tranquillitatem publicam tueri, conseruare et stabilire, rebusque Sacri Romani Imperij ac Regnorum et dominiorum nostrorum quiete et pacifice disponendis et ordinandis vacare, quo rectius commodiusque postulante necessitate periculis Turcicis occurrere, eaque Deo bene iuuante à ceruice Christianae Reipublicae propellere possemus. Eamque ipsam ob causam propensi quoque et parati fuerimus, pacem octennalem quae praelibato quondam diuo domino genitori nostro, cum defuncto Turcarum Principe Solimanno intercessit sub ijsdem conditionibus quibus cum eodem domino parente nostro inita fuerat, ad finem vsque constituti octennij continuare, ac Sancte et candide seruare, tamen eiusmodi pio et honesto desiderio nostro euentum minime respondisse.

Nam licet praefatus Dux Johannes Sigismundus quem Turcarum Princeps priuati sui emolumenti gratia pro mancipio suo fouendum susceperat, indicta quoque pace Turcica compraehensus, et de eo expressis verbis pactum et conuentum, literisque hinc inde datis confirmatum fuerat, vt durante eiusmodi pace octennali ei in ipsa Transsiluania nihil molestiae exhiberetur, de arcibus vero et locis extra proprios Transsiluaniae limites sitis, cum eo liceret amicabiliter concordare pacisci, et transigere, quae scilicet ipsi pacifice relinqui et quae diuo domino genitori nostro aut nobis ab illo restitui deberent, hac comminatione expressè adiecta, quando ille inducias et pacta conuenta non seruaturus esset, id illum impune minime laturum.

Nihilominus tamen his conditionibus et pactis postpositis dictum ducem Johannem Sigismundum non exstitum ijs, quae antea multifariam contra pacta conuenta, et induciarum iura perpetrauerat, paucis diebus post obitum diui quondam Domini genitoris nostri sine omni iusta ac legittima causa ex improuiso oppidum quoddam nostrum non procul a Transsiluania situm Zathmar vocatum intercepisse atque exinde cum auxilijs Turcarum vlterius progressum, nobis nihilminus quam tales bellicos motus expectantibus, plura loca nostra occupasse.

Quam illius temeritatem Princeps Turcarum non solum non inhibuerit, sed potius concesserit quod supremus praefectus eius Themesiensis (Beglerbegum vocant) illum haud contemnendo militum numero iuuerit.

Expostulauisse quidem nos ea de re cum Turcarum Principe et flagitasse, vt dictum ducem Johannem Sigismundum ad restitutionem occupatorum locorum, et obseruationem pacis, seu induciarum compelleret, aut saltem aequo animo ferret, quod ipsimet tam insignem iniuriam vlcisceremur et ablata recuperaremus, neque ipse Turcarum Princeps illi deinceps vllum auxilium praestaret, nec à suis praestari permitteret, offerendo etiam nos paratos ad praestandum et exequendum quaecunque vigore conditionum vtrinque initarum nobis praestanda incumberent, prout omnia sincerè et candide tunc quoque praestitissemus.

Verum eam nostram integritatem et animi moderationem nihil prorsus ponderis apud eum habuisse. Cum enim dicto duce Johanne Sigismundo indies vlterius inditionem nostram hostiliter procedente, nos quoque collecto exercitu iustam atque legitimam ditionis ac fidelium subditorum nostrorum defensionem suscepissemus et Deo propitio, conatus illius temerarios repressissemus, recuperatis locis per illum occupatis et alijs etiam quae antiquitus ad diuum parentem nostrum optimo Jure pertinuerant, in potestatem nostram redactis, Principem Turcarum id aegerrime tulisse.

Accidisse tunc, quod praefatus Dux Johannes Sigismundus diffisus viribus (ac quod euentus postmodum ostendit) vt tempus haberet maiores copias a Turca obtinendi, a praefectis et commissarijs nostris per oratores et nuncios suos ad id pleno mandato instructos pacem petierit ac sub certis conditionibus et ratificatione nostra concluserit et acceptauerit, quam et nos postposita quacunque etiam pulcherrima occasione rei bene gerendae, quae nobis tum fuerat oblata, studio pacis et tranquillitatis publicae, quam priuatis emolumentis nostris haud grauatim anteponimus, nequaquam refutauerimus, sed ad ratificanda ea, quae à nostris praefectis cum dictis ipsius Transsiluani Nuncijs conclusa erant, paratos ostenderimus. Verum dum nos cum Oratore illius qui hac de causa vti constitutum erat, in aulam nostram Caesaream venerat, candide et sincere tractaremus, ipse vero Orator petendo moderationem initarum conditionum tempus duceret, dictum Turcarum Principem saepefato Johanni Sigismundo Duci noua subsidia aliquot millium hominum contra nos, sub ductum Beglerbegi Themesiensis misisse, qui ditionem nostram rursus infestis signis immiserint et quaedam castra et loca nostra oppugnauerint.

Nos autem pro eo quo tenemur studio pacis et tranquillitatis publicae, ne tum quidem flagrante bello, pacis tractatus omnino postposuisse, Sed misso rursus in portam siue Aulam eiusdem Turcarum Principis Nuncio nostro cum beneuolo responso, ad ea quae paulo ante nobis per quendam suum Nuncium satis insolenter scripserat et nunciauerat, adhuc ad redintegrandam pacem et amicitiam paratos obtulisse, dummodo Johannes Sigismundus Dux ad satisfaciendum conditionibus pacis per Nuncios et Oratores eius plena potestate ad id suffultos vt supra dictum est, acceptatis compelleretur, vel à pace Turcica prorsus excluderetur, omniue ipsius Turcarum principis auxilio plane destitueretur.

Et cum idem Turcarum Princeps intellecta huiusmodi amicabili nostra petitione renunciasset, sese cupere quod vtrinque ab armis discederetur, exercitusque reuocarentur, de componendis vero exortis controuersijs in porta siue Aula tractaretur, nos ea quoque in re ipsi gratificos esse, ac reuocatis copijs nostris ab omni vlteriore hostilitate tam contra Transsiluanum quam Turcas exercenda abstinuisse et Nuncio eius qui aliquandiu eorum tractatuum causa in Aula nostra moratus fuerat honorifice dimisso pollicitos propediem oratorem nostrum prosequendorum istiusmodi tractatuum causa Constantinopolim ablegare prout postea factum est. Verum ista omnia apud Turcarum Principem nihil prorsus valuisse, qui Transsiluani tantum calumnijs et falsis criminationibus aures praebuerit, nostris autem verissimis rationibus et iuribus nullum plane locum reliquerit, ita vt tandem uictus continuis querelis et precibus eiusdem Transsiluani non cessantis nos quo iure quaue iniuria, nouisque subinde figmentis excogitatis in odium et inuidiam illius adducere, ipsemet cum immenso exercitu contra nos in Hungariam progressus fuerit posthabitis honestissimis et aequissimis postulatis nostris cum non dubitarint etiam Passae Oratori nostro nouissime Constantinopolim ablegato contra Jus gentium et omnium Principum consuetudinem barbarica quadam feritate omnes literas et scripturas violenter eripere, eumque insuper etiam asperrimis verbis exceptum vnacum altero Oratore nostro Ordinario in domo quadam concludere, vbi ordinarius ille orator noster etiamnum sub arctissima custodia detinetur.

Qua re multorum literis et Nuncijs ad nos perlata, animaduertentes nos ac serenissimos charissimosque fratres nostros solos cum Regnis et dominijs nostris praeteritorum bellorum Turcicorum quae Diuo quondam Domino genitori nostro ab initio Regiminis sui cum hoc potentissimo hoste intercesserunt tantopere debilitatis et praegrauatis, ad sustinendam tantam uim vix pares fore, mox vndique validissima quam fieri posset auxilia nobis contrahenda, eoque nomine non modo ordines ac status Sacri Romani Imperij verum etiam alios Reges, Principes, ac Potentatus orbis Christiani interpellendos duxisse.

Vbi quidem ordines ac status Imperij considerata periculi magnitudine, singularem promptitudinem in iuuanda Republica declarauerint, decretis scilicet haud poenitendis subsidijs, maioribus sane quam vnquam antea decreta fuisse constet, quemadmodum nec alij quidam Reges et Principes nobis in tanta necessitate defuerint, Quibus auxilijs etiam omnibus quantacunque habuimus contractis, nos quidem ipsosmet vna cum praefatis charissimis fratribus nostris in expeditionem prodijsse.

Sed quia ista nostra auxilia vtcunque extiterint maxima, ad potentiam tamen Turcarum tanta non fuerint, vt potuissemus numero hostilibus exercitibus esse pares, aut quod cum ijsdem, in tam amplo Regno omnibus locis, quae laborarent, commode ac sine denudatione aliorum confiniorum nostrorum, accurrere, hostem callidissimum qui id facile intelligebat, Sic belli sui rationes instituisse, vt ea primum loca aggrederentur, ad quae sciret nos cum exercitu tam graui, vt est germanicus equitatus et peditatus, tum ob itineris longitudinem et varias maximasque difficultates, tum etiam propter inopiam commeatus commode peruenire non posse vtque ijs occupatis sibi more suo gradatim ad reliquas etiam afflicti Regni nostri Hungariae partes opprimendas, atque inde alia quoque vicina nostra et fratum nostrorum Regna Dominiaque subiuganda, ac demum alias christianitatis prouintias, quibus intuebat truculentus hostis inuadendo, aditum patefaceret.

Posteaquam ergo ex Imperialibus comitijs Viennam appulissemus et contra ingruentem hostilem vim Turcarum Principis, in nomine Dei altissimi defensionem Regnorum ac dominiorum nostrorum susciperemus, Nos in ipso aduentu nostro comperisse, quod Passa Budensis iam initium belli fecerat, et collecta haud ita magna Turcarum manu arcem nostram Palotha duobus milliaribus ab Alba Regali sitam, obsederat dirutisque magna tormentorum vi turribus et propugnaculis eius vehementer oppugnabat Quam tamen obsidionem postea superueniente exercitu nostro coactus sit re infecta soluere amissis etiam Oppido Vesprimo et arce Tatha, alijs duobus propugnaculis et Castellis et data deinque paucis diebus post Principi suo ob iacturam hanc et arma impestiuius sumpta capitis poena.

Interea Turcarum principem Solymannum qui vigesima nona die Aprilis cum vniuerso suo exercitu hominum circiter Ducentorum millium Constantinopoli profectus erat, Albam Graecam peruenisse premisso Pertauo Passa, vno ex Vesirijs suis, vt vna cum Passa Themesiense et Tartaris quorum numerus ad quadraginta millia ascendere ferebatur. Item Moldauis et Transalpinis arcem nostram Julam Transsiluaniae finitimam obsideret prout eam die secunda Julij obsidione cinxerit.

Ipsum vero cum reliquo exercitu quam primum videretur sub Agriam iturus, postea mutato itinere per Sirmium quousque Transsiluanus ad eum leuioribus curribus excurrerat Zigettum ascendisse, eiusque expugnandae curam suscepisse, expedito haud exiguo copiarum suarum numero ad Albam Regalem qui progressum nostrum quacunque ratione remoraretur Itaque vtrumque locum Julam et Zigettum acerimé fuisse Hebdomadas aliquot oppugnatum et tandem etiam in hostium potestatem redactum Julam quidem per deditionem Secunda Septembris, alterum vero locum per uim septima eiusdem mensis die Solymanno Turcarum Principe (quod mirum est tandiu occultari potuisse) tribus diebus ante defuncto, qui vt plerique captiui et speculatores unanimiter retulerunt, omnium constituerat capto Zigetto, contra nos ipsos omnem potentiam suam conuertere ac prelio nobiscum decernere, ita ut tunc iuxta consilium virorum in re militari peritorum, nobis propè Taurinum deligendus fuerit locus, in quo illius impetum freti diuina spe expectaremus, manusque cum illo consereremus, Siquidem iam antea in castris eramus, ad duodecimam Augusti Vienna egressi, cum ijs quae ex Imperio et ab alijs Principibus contraxeramus auxilijs, dato quoque non contemnendo copiarum numero Serenissimo Principi Carolo Archiduci Austriae fratri nostro Charissimo, quibus cum in finibus Croatiae nostrarum suarumque ditionum defensioni et conseruationi inuigilaret, ac hostium progressum uersus partes illas inhiberet sicuti factum est, magno hostium numero in diuersis locis caeso.

Interea uero dum nos ad Taurinum hostis aduentum opperimur, quem nesciebamus iam ante esse defunctum, Pertauum Passam ulterius progressum, una atque altera adhuc arce priuatis hominibus pertinente et male munita circa Julam potitum esse, Tartaros autem qui nec Turcicis Transsiluanicisque, nec nostris subditis pepercerunt, tam durante, quam confecta obsidione Julense maximas excursiones ac depopulationes fecisse, immensumque Christianorum captiuorum numerum abduxisse, Quin etiam Transsiluanum à Turcarum Principe reuersum et congregatis eius prouintiae copijs denuo egressum castellum Isaka nuncupatum occupasse.

Sic etiam ex altera Danubij parte Turcas occupato Zigetto latè omnia depopulatos esse, interceptis etiam alijs quibusdam arcibus et castellis quae à nostris fuere deserta.

Verum tamen magno constitisse hostibus hos qualescunque successus, nec eis ubique omnia ex animi sententia successisse, quoniam vltra citraque Danubium multis passim in locis et ferme ubicunque in nostros inciderunt et res praelio agenda fuit, profligati succuberint. amissis etiam ac deletis pluribus castellis et arcibus, praeter illas quae cuidam infideli ac rebelli subdito nostro Georgio Bebeck erepta fuerunt, et multis insignibus Sanziackis interfectis et captis ita ut sub Zigetto ac Jula, et in alijs locis passim per Regnum nostrum Hungariae ultra quadraginta hominum millia de exercitu Turcico cecidisse dicantur, praeter illos quos fames et morbus absumpsit, nobisque plane persuasum esse, si habuissemus auxilia vno uel altero mense tempestiuius parata, quod Deo beneiuuante potuissemus quoscunque hostis conatus eludere, ditionemque nostram penè integram et saluam conseruare et tuerj.

Mirum autem esse, quod Passae et consiliarij defuncti Turcarum Principis tanto usi sint astu et calliditate ut morte illius et Christianos et Turcas atque adeo non gregarios tantum milites, uel etiam mediocris conditionis Partesum Passam celauerint donec filius eius Selinus qui erat in Asia, ea de re certior factus Constantinopolim peruenerit, ac quiete sineque omni turba atque tumultu (quod ualde rarum esse dicitur) in Solio paterno consederit cum è diuerso nos frustra in magnam spem fuissemus erecti, mortem illius haud dubiè aliquid turbarum successori daturam nobisque meliorem aliquam occasionem rei bene gerendae et amissae recuperandi subministraturam esse, sed quantum apparet, res nostras nunc esse loco non multo meliore, quam erant superstite Solymanno, Siquidem nouus Princeps ac Tyrannici Dominij successor Solinus paterno Regno recepto, paucissimis diebus Constantinopoli immoratus, recta maioribus itineribus, et incredibili celeritate in Hungariam ad exercitus paternos contenderit ut non solum prisco eius gentis more ab ijsdem Turcicus Imperator publicatus declaratus et salutatus eos in fidem suam reciperet, sed ut susceptam à patre expeditionem prosequeretur ac subiugatis et oppressis nostris quoque ac Charissimorum fratrum nostrorum Regnis et Dominijs vlterius in Germaniam penetraret, et inde paulatim ad alia quoque Christianitatis Regna et nationes infestandas uiam sibi praemuniret. Et quamuis receptis in fidem suam exercitibus paternis non longam in Regno nostro Hungariae moram traxerit, nec ibi sicuti futurum putabatur hyemauerit, sed mox Constantinopolim versus cum parte exercitus regressus sit: Tamen ex omnibus ijs quae ex illo tempore diversis ex locis ad nos relatet certò comperta fuerunt, satis esse perspicuum illum non alio animo fuisse regressum quam ut se ipsum Colligeret, atque reficeret ex eo corporis languore et aegritudine, quam ex incommoditate atque labore maximi itineris tam celeriter emensi contraxerat, et ut sarciret defectus tolleretque alias etiam difficultates quibus exercitus eius conflictabatur, ut puta victualium penuriarum, iumentorum interitum et indies magis magisque ingrauescentem morbum, tum etiam quod existimaret tam magnam expeditionem, quantam animo conceperat, rectè non posse confici, priusquam domi res omnes pro voluntate disposuisset et satis stabiliuisset Quemadmodum sanè nobis relatum sit, ipsum simulatque Constantinopolim redijt, quò scilicet ad diem quintam Decembris cum Solenni pompa ingressus est, mox curam suscepisse renouandi et corroborandi pacem et amicitiam cum Persa, et cum ijs Christianis Principibus, quos fraudulenter studet foedere sibi coniunctos habere, Siquidem ad obsistendum omnibus simul, animaduertit se non esse parem nec sufficientem, cum ad Illustre Dominium Venetum ea de causa etiam ex itinere Oratorem ablegasset.

Itaque dictum nouum Turcarum Principem rebus suis domi constitutis, et stabilito Imperio, haud dubiè validissimam expeditionem denuo contra nos summa sua potentia suscepturum, omnibusque viribus, quas poterit colligere nostra et praedictorum Serenissimorum et Charissimorum fratrum nostrorum Regna atque prouintias infestaturum primamque impressionem aduersus arces nostras totius Christianitatis propugnacula Comaronium et Taurinum et demum etiam primariam nostram in Austria ciuitatem Viennam extrema rabie facturum, iuxta antiquam Ottomannorum Imperatorum consuetudinem, qui plerique omnes, simulatque Regni sui gubernacula primitus susceperunt, insignem aliquam expeditionem aduersus Christianos mouerunt, Sic defunctum nuper Solimannum in Regiminis sui initio prosequutum esse expeditionem, in cuius apparatu cum iam itineri sese commisisset pater eius Selinus itidem vocatus obierat, et Belgradum expugnasse, aliosque alia magna facinora contra Christianos perpetrasse. Quod autem hic Turcarum Princeps eiusdem sit animi non ex coniecturis colligi, sed re ipsa ex ijs quae Orator noster quem habemus Constantinopoli nobis imprimum per specialem Veredarium ad nos missum de decima septima proxime elapsi mensis Februarij scripsit, atque nunciauit, satis superquè compertum esse, Videlicet cum ad decimam eiusdem mensis diem duo Veredarij Passae Budensis Constantinopolim aduolassent, nunciassentque summa vi oppugnari Castellum Georgij Bebecki perfidi subditi nostri Zardwar uocatum, praeterea ex arcibus nostris Vesprimo et Thata maximum inferri detrimentum ditioni Turcicae, adeo ut extra Budam Strigonium et Albam Regalem nemo in agris vel uijs publicis tutus esse posset, Turcarum Principem eo nuncio ita fuisse commotum, ut altera statim die per totam urbem uoce praeconis publice publicatum fuerit bellum et iniunctum Spahijs, ut de armis atque equis absque mora sibi prospiciant, quo infra dies quindecim instructi omnes sub signis apud suos praefectos compareant Janitzeris quoque ac Solackis serio mandatum fuerit ut sua tentoria campestria praeparent, et ceptum sit constanti fama circumferri. Pertauum Passam et Beglerbegum Graeciae sub finem uertentis mensis Martij Constantinopoli abituros ad oppugnandum Agriam et circumiacentia loca Ipsum vero Turcarum Principem Budam progessurum, ut contra nos moueat, omnino. n. constitutum esse belligerari, tumultum esse magnum et iactari voces minarum plenas de continuanda expeditione et tentanda Vienna Siquidem se Comaronio et Taurino sine magno negocio petituros putant.

Haec sane nobis ita scripta et nunciata esse, quibus veredarius addiderit se in transitu uidisse iam in procinctu Passam Budensem, unacum nouo Passa seu Beglerbego Themesiense magno cum exercitu, ut recta aduersus supremum nostrum in superioribus Regni nostri Hungariae partibus capitanum Lazarum de Schwendij moueat et quam sibi videtur accepisse iniuriam expugnatione arcium Zardwar et Mwnckatz duobus istis proximis mensibus occupatarum ulcisci conetur.

Porro expeditionem istam Principis Turcarum etiamsi in hoc eius Imperij initio suscipiatur illi non fore admodum laboriosam aut difficilem Siquidem non amplius necesse habeat euocare copias ex Asia interiore, Armenia, Egypto et alijs longinquis Regionibus, quum in Graecia, Bulgaria, Moesia, Rascia, Bosna et alijs Europae prouintijs, ubi nimirum magnam partem copiarum suarum in hybernis reliquit, possit numerosissimum exercitum conscribere, et paucissimarum hebdomadarum spacio ad confinia Regni nostri Hungariae educere.

Sic etiam non longe abesse Tartaros qui illi ad omnem nutum citissime, ut edocti sumus praeteriti anni experientia praesto sunt futuri et libentissime operam suam impensuri illecti spe uberiorjs praedae ibidem obtinendae.

Ad haec reliquisse illum autumno praeterito in Hungaria classem Danubianam, puta biremes, et alia id genus maiora nauigia armata, quae alias Constantinopoli adduci solent, vna cum plurimis tormentis et apparatibus ad ea spectantibus.

Itaque in tam magno et euidentissimo regnorum atque Dominiorum nostrorum et charissimorum fratrum nostrorum ac totius Christianae Reipublicae periculo summam nobis incumbere necessitatem, omni mora postposita conquirendi vndique ualidissima quam poterimus auxilia, quibus Deo propitio conatus istos perpetuorum Christiani nominis hostium sustineamus cohibeamusque ut qui non modo reliquias afflicti huius Regni nostri Hungariae prorsus opprimere Sed Austriam quoque, et alia Regna et Dominia nostra subiugare moliuntur ut inde postmodum in uiscera Germaniae penetrare, et demum etiam alia Christiani Orbis Regna inuadere queant.

Cum igitur hic hostis communis sit atque perpetuus inimicus omnium quicunque Christi nomen inuocant, omnesque suas curas et cogitationes eo conuertat, ut totius Christianitatis Imperio cui auidus inhiat, aliquando potiri, ac subditis fidei et Religionis Christianae cultu, Mahometanam impietatem suam instituere ualeat, id quod tandem haud magno sit negocio perfecturus, si sensim et successiue unum Principem aut nationem populumque Christianum post alium, caeteris tanquam in re aliena ociose inspectantibus torpentibusque oppresserit prout immanis hostis crucis nullius sit rationem habiturus, cui unquam nocere aut insidias struere poterit, nisi quatenus occasione et commoditate destituatur, quantumuis nunc cum nonnullis simulata utatur pace atque amicitia et parum habeat momenti quorundam Regnorum à confinijs nostris distantia ut ipsa testetur experientia quandoquidem remotissima quaeque Regna non longius absint à finibus nostris, in quibus modo hoc grassatur incendium, quam olim abfuerint Hungaria et Austria, cum scilicet haec effera et barbarica gens nondum in Europa pedem posuisset.

Hinc sanè manifestum esse, quod haec cura, obuiam scilicet eundi tantae calamitati, quae uidetur impendere Reipublicae Christianae quamuis nos prae caeteris in presenti uersemur periculo, tamen ad nos solos non pertinere, sed nobis totique Christianitati communem esse, ac rationi et aequitati congruens, quin extremam etiam necessitatem postulare, ut omnes uel saltem plerique Christiani Reges, Principes ac Potentatus collatis consilijs pariter et auxilijs sese illi opponant, et pro cohibendis impijs et crudelibus illius conatibus, subsidia conferant, quo iam tandem Dei benignitate pestis ista Tyrannica a Ceruicibus Christi fidelium remoueatur et protinus conculcetur cui nos si humanis ac nostris duntaxat viribus sit agendum, tantopere scilicet afflictatis Regnis ac Dominijs nostris diuturnitate ac immensa mole bellorum quae Diuo Domino genitori nostro ab initio Regiminis sui cum hoc praepotente hoste gerenda fuerunt, ac in tanta sumptuum magnitudine qui nobis cessante quoque aperto bello incumbunt tenendis et alendis praesidijs confiniorum nostrorum, quae magno an fractu à sinu Adriatico ad fines usque Transsiluaniae cum Turcicis finibus mixta atque confusa extenduntur, in quibus etiam hoc tempore nobis necesse sit triplo et quadruplo maiora praesidia tum equitum Cataphracto Hungarorum ac leuis armaturae tam peditum Germanorum et Hungarorum, quam alias alere haud simus pares futuri, Quin nec sacri Romani Imperij auxilia, quae nobis tanta animorum promptitudine praestita fuerunt, et deinceps quoque ut speramus praestabuntur contra tam ualidum hostem sola queant sufficere, prout denique nullus in Republica Christiana Rex, Princeps et Potentatus tantam molem solus et absque aliorum auxilio ferre posset.

Quae cum ita se habeant, Deoque permittente res nostrae ac Reipublicae Christianae in eum statum redactae sint, vt vix hominum memoria in maiore fuerint, periculo, non potuisse neque debuisse nos iuxta ea, quae in proxime praeterito generali Imperiali Conuentu decreta fuerunt, omittere, quin de his omnibus alios etiam Potentatus Reges et Principes Christianos per nostros et eiusdem Imperij Oratores edoceremus, atque ad ferendam afflictissimis Regni nostri Hungariae reliquijs caeterisque Regnis et Dominijs nostris opem adhortaremur, et praesertim ipsam Serenissimam et charissimam sororem et consanguineam nostram Angliae Reginam pro ea amicitia et necessitudine, quae non modo priuatim nobis et Serenitati eius ab utriusque nostrum progenitoribus quasi per manus tradita sed etiam Sacro Romano Imperio cum inclyto Angliae Regno antiquitus intercedit. Itaque nos et dictos Sacri Romani Imperij Ordines et status Serenitatem eius fraterne, amanter et diligenter adhortari, ut et ipsa in propulsando et remouendo communi periculo et calamitate, quae non solum nobis ac Regnis Dominijsque nostris, sed uniuersae Christianitati ab immanissimo isto hoste impendet, operam ac studium suum adhibere, nostramque expeditionem insigni aliquo subsidio pecuniario maioreque poterit quamprimum iuuare velit, quo facilius Deo dante cum Serenitatis suae et aliorum Regum ac Principum auxilijs ualeamus tam immensam hostis istius maximi potentiam sustinere, eiusque crudeles et impios conatus cohibere et infringere, praesertim cum id etiam incommodum et beneficium Serenitatis suae ac inclyti Angliae Regni aliquando redundare queat Etsi enim uideatur Serenitas eius cum suo Regno ab hoc funesto et periculosissimo incendio ualde esse remota, ac plane secura, non tamen ponendam esse Serenitati eius ullam spem in ista periculi longinquitate sed potius gloriam Dei et Religionem Christianam, quam hostis proculcare et opprimere conatur, respiciendam, ac insistendum hac quoque in parte laudatissimis Serenissimorum progenitorum suorum uestigijs Siquidem memoriae proditum sit, priscis Angliae Regibus publicam et communem Christianitatis necessitatem summae curae fuisse, ita ut non dubitauerint etiam saepius in consortio aliorum Christianorum Regum ac Potentatum ipsimet signa sua contra Turcas et alios infideles summa alacritate et pietatis zelo proferre. Facturam itaque Serenitatem suam rem cum suae eximiae pietati ac optimae in Rempublicam Christianam voluntati nec non praeclaro in nos et Sacri Romani Imperij Ordines ac status studio consentaneam, ac sese et Serenissimis progenitoribus suis dignissimam, tum uero inprimis ad laudem Dei Omnipotentis, totiusque Christianitatis beneficium et incrementum spectantem, cuius compensandae nos mutuis fraternae beneuolentiae officijs, ac ipsi quoque Sacri Imperij status Ordinesque omni obseruantiae et bonae uicinitatis studio promerendi nullam simus occasionem praetermissuri.

Tali propositione facta quam utique Oratores ipsi pro sua industria multo disertius et elegantius extendent, operam dare debebunt, vt etiam Regni illius proceribus ac primarijs Serenissimae Reginae Consiliarijs ac ministris communis periculi magnitudinem diligenter inculcent ac idoneis rationibus persuadeant, vt apud Serenitatem eius partes suas interponant et efficiant quo Serenitas eius beneuolae et officiosae nostrae Statuumque Imperij petitioni primo quoque tempore satisfaciat et nos denique de resolutione Serenitatis eius pro qua quam primum obtinenda debita quidem adhibita modestia, sed tamen sedulo ac diligenter instare debebunt, sine mora certiores reddant Exequuturi in his bene gratam et omnimodam nostram et praedictorum Electorum ac Principum aliorumque ordinum et Statuum Imperij voluntatem, Caesarea benignitate per nos recognoscendam et ab illis quoque mutua gratia et fauore, beneuolentia et humanitate compensandam. Datum in arce nostra Regia Praga die tredecima mensis Martij Anno Domini Millesimo quingentesimo Sexagesimo Septimo Regnorum nostrorum Romani Quinto, Hungariae Quarto, Bohemiae uero decimo nono.

Maximilianus.

Ad mandatum Sacrae Caesar.

V.t Zas. — Maiestatis proprium

M. Singkhmoser m/p.

III. 1567. 12. Mai. Allerdurchleuchtigister, grossmechtigister, vnd vnüberwindlichster RömischerKayser, E. Röm. Kay. Matt. seint mein allervnderthenigiste, willige dienst Jeder Zeit mit hechstem vleiss Zuuor, Allergnedigster Herr, Als E. Röm. Kay. Matt. mir vff vorgehenden beuelch Ire Kayserliche Instruction vff die Englische Legation allergnedigist Zugeschickt, Welche mir gleichwol etwas spat zukommen, hab Ich dieselbige mit vnderthenigster gebürlichster Reuerentza empfangen, vnd sobaldt mir muglich gewessen, vngesaumbt, fast in Zehen tagen hernach mich vff die raise E. Kay. Matt. Zu vnderthenigstem gehorsamb, begeben.

Vnd dieweil E. Kay. Matt. mir darbeneben allergnedigst vfferlegt, vnd beuolhen meinen weg zu meiner gnedigsten Frawen der Hertzogin zu Parma vnd Placentza, Gubernantin der Niderlande etc. zunhemen, vnd mich von dannen sampt dem Jenigen, so von E. Kay. Matt. wegen Ir fr. gnad. mir zuordnen werden, vnd vf fernere I. fr. gd. nachrichtung, naher Engellandt zuuerfugen, Vnd Ich in gewisse erfharung kommen, dass I. fr. gdn. von wegen vieler vnd hochwichtiger gescheffien, vnd sonderlich ein Zeithero gewessener vnruhe in disen Niderlanden, sich ausser derselbigen gewonlichen hofflager naher Antorff begeben, Damit Ich dan I. fr. gdn. zu verhinderung E. Kay. Matt. sachen, nit zur vnzeit betreffe, hab bei I. fr. gnd. Ich mich angeben, vnnd ob es derselbigen gelegenheit mich daselbsten ghen Antorff oder anderst wohin zubescheiden, vernhemen lassen,

Bin darnf von I. fr. gdn. alssbaldt erfordert, wie mir gestrigs tags derweg f. g. schreiben zukommen, Daruf Ich mich dieses tags erheben, vnd den naher Antorff genhomen hab, verhoffentlich I. f. g. werden mich sampt zugeordneten, welchen dan I. f. g. auch beschrieben, alssbaldt zu volliger E. Matt. allergnedigsten beuelchs verrichtung, abfertigen, also daz Ich vermi gotlicher gnaden verhoffe, (wie Ich es dan an mir nit erwinden lassen wi Kay. Mtt. beuolhene Legation zum fürderlichsten In aller vnderthenigkeit z bringen, Welches E. Kay. Mtt. Ich auss schuldigstem gehorsamb nit hab s in vnderthenigkeit vnuermeldet lassen.

E. Kay. Matt. achte Ich in vnderthenigkeit von vnnötten welcher gest In dieser Landtart geschaffen, vnd daz alle gewessene vnruhe mherertl nachgelassen, zuschreiben, dan Ich nit zweiffel E. Kay. Mtt. desselbigen allergnedigst vnd wol berichtet seindt.

Sonst wil von etlichen vorgeben werden, dass zwischen Engellandt Frankreich sich Irrungen zutragen, darauss sich eines kriegs zubesorgen, beide theil in rüstung sein solten, Welchem Ich doch gründtlichen glauben zur zeit nit weiss zuzustellen, vnd hette Ich wol die fürsorg, wo dem also Ich doch nit hoff) es möchte solchs, dieser E. Kay. Matt. beuolhener a gnedigster werbung nit sehr fortreglich sein.

Do Ich in diesem oder anderm etwas weiters vnnd zuuerlessigs verg vnd sich sonst allenthalben zutragen möge. Sol E. Kay. Matt. derselben a gnedigsten beuelch nach von mir Jeder Zeit In aller vnderthenigkeit, a schrieben werden. Datum den 12. May Ao. 1567.

E. Kay. Matt.

Aller vnderthenigster vnd gehorsambs
Ludwig Graf zu Stolberg, Königstein
Ruschfort etc.

Ann die Röm. Kay. Matt.

IV. 1567, 3. Mai. Durchleuchtige hochgeborne Fürstin E. fr. gdn. mein vnderthenige geuliessene dinst zuuor, gnäd. Fraw. Es hat die Röm. Matt. vnser aller gnedigster herr, mir hiebeuor allergnedigst vfferlegt beuolen, von Irer Matt. auch Churfürsten, Fürsten vnd Stenden des hey Reichs wegen, ein Legation vnnd Botschafft bei der Kön. W. auss Engell anzutragen vnd zuuerrichten. Vnd darneben allergnedigst mir auch verm lassen, dass E. f. g. zu solcher verrichtung mir einen hern mit Namen Jac von Clarhout, hern zu Pithen vnd Maldeghen etc. zuzuordnen, vnd ist daru kurtzer Zeit von I. Kay. Matt. mir die Instruction vnd Credentzs allergne zugeschickt, vnd vberantwort worden, mit diesem allergnedigsten beuel E. f. g. mich zum furderlichsten zuuerfugen, derselbigen die Instruction zu c municiren, vnd mitt Rhat E. f. g. sampt Itzt bemeltem meinem zugeordn mich vngesaumbt, In Engellandt zubegeben.

Vff welchen allergnedigisten Beuelch I. Kay. Matt. zu vnderthenig gehorsam, Ich solche raise furgenhomen, vnd bin gestrigs tags alhie In m Behausung Rüschfort ankommen, des gemhuts zu E. f. g. mich alssbaldt zuuerf

Demnach Ich aber bericht, das E. f. g. dieser zeit an Irer gewonlichen haltung zu Prüssel nit anzutreffen, vnd mit vielen hohen vnd wichtigen gesch beladen, Auch kein wissenschafft, ob der zugeordnet, an derselbigen E. hoff oder anderstwo anzutreffen, vnd zu der raiss gefasst sein möchtt. Ich vngern bei E. f. g. zu vngelegener zeit ankommen, auch sonst souiel müglicl Kay. Mtt. gescheffl In vnderthenigkeit befurdert sehen wolt. So hab Ich N wendig geachtet, an E. f. g. dieses wie obstet durch gegenwertige schriefft diesen meinen diener In vnderthenigkeit gelangen zulassen.

Vnd ist an E. f. g. mein vnderthenige Bitt, Sie wollen mich gnedigl verstendigen, vf welche Zeit tag vnd ort, sie den obbenanten zugeord erfordern, Auch Ich bei E. f. g. erscheinen soll. Damit alsdan mit verlei göttlicher gnadenn, Ich bei derselbigen gewisslich ankommen, die Instru communicirn, vnd vnuerzüglich die beuolhene kayserliche Legation, souiel an mir In vnderthenigkeit verrichten helffen möge, wie E. f. g. von gegenwertigem meinem diener ferner gnedig bericht werden konnen, wie er dan deesen von mir Beuelch.

Welches E. f. g. Ich in vnderthenigkeit nit verhalten sollen, vnnb vnuerleegte gnedige antwort bittendt. Datum Ruschfort den 3. May An. LXVII.

Ludwig graf zu Stolberg vnd
Königstein etc.

Ann die Hertzogin zu Parma vnd Placentzs Gubernantin der Nider Landen etc.

V. 1567, 7. Mai. Margreta von gottes gnaden Hertzogin zu Parma vnd Placentzs etc. kön. Matt. zu Hispanien etc. Stathalterin vnd Gubernantin der Niderlanden.

Wolgeborner lieber besonder, Ewer schreiben, darinnen Ir vnss eur furhabende Raiss vnd beuolhene kayserliche Legation in Engellandt vermelden vnd darneben vndertheniglich bitten thuen, dass wir euch gelegene Zeit vnd Malstatt personlicher, vnderredung ernennen, desgleichen auch vnsern zu dieser Legation mitueror denten gefast halten lassen wolten, haben wir alles seines fernern Inhalts venhomen, vnd wissen euch hierauf gnedichlich nicht zouerhalten, wie dass wir dieser Legation hiebeuor durch die Rom. Kay. Matt. etc. vnsern allergnedigsten hern zu mhermhalen erinnert, vnd daruff Irer Kay. Matt. zu gehorsamen ehrn vnnd gefallen vorlangst den hern von Maldeghen etc. hierzu furgenhomen, vnd vfferlegt haben, sich allerding gerust vnd fertig zuhalten, wie wir dan Ihne auch an Itzundt nach empfangenem Eurem schreiben hieher zu vnss erfordert, Also dass verhoffentlich seines theilss kein mangel noch verzug erscheinen wurdet, Dieweil nun der Kay. Matt. an dieser sachenn gelegen, So möget Ir euch zu erster eur gelegenheit hieher ghen Antorff, da wir mit vnserm hofflager ain zeit lang verharren werden, verfugen, vnd ferrer eurm desfales habendem Kay. beuelch nachkommen, wollen wir euch zu gnediger antwort, guter wolmeinung anzaigen. Gebenn zu Antorff am 7. Mai Ao. etc. Im 67.

Margreta.

An graff Ludwigen zu Stolberg vnnd Königstein etc.

VI. 1567, 20. Mai. Allerdurchleuchtigster grossmechtigster, vnd vnüberwindtlichster Rom. Kay. E. Kay. Matt. seint mein allervnderthenigste gehorsambste dienst, vngesparts vleiss Jederzeit zuuor, allergnedigster herr, E. Kay. Matt. werden auss meinem nheern schreiben meines abreisens von Konigstein vnd ankunfft in diese Niderlande allergnedigst bericht sein.

Vnd sol E. Kay. Matt. Ich daruf ferner in gleicher vnderthenigkeit vermelden, dass den 16. May Ich alhie zu Antorff ankommen bei der hochgebornen furstin der Hertzogin zu Parma vnnd Placentzs Gubernantin dieser Landen, meiner gnedigsten Frauen mich angeben lassen, daruff I. f. D. mich alsbaldt erfordert, von E. Kay. Matt. wegen gantzs freundtlich vnd wol empfangen, mit aller forderung erspriesslich gewesenn seindt, Deren Ich auch nach inhabenden E. Kay. Matt. beuelch mit vberreichung E. Kay. Matt. Credentzs alles guts vnd freundtschafft von E. Kay. Matt. wegen vermeldt, vnd die Instruction communicirt habe. Vnd dieweil I. f. D. fur gut angesehen, dass die Kön. W. zu Engellandt meiner vnd meines mitueror dneten des hern von Maldeghen etc. ankunfft zuuor verstendigt, Haben I. f. D. einen eignen Currir In Engellandt mit schriefften an den Hispanischen Oratorem abgefertigt, welchen wir die gesandten, neben I. f. D. auch geschrieben, vnd der Königin vnsere ankunfft anzuzeigen gebetten, vnd seindt daruf wir beide nach genhomenem Abschiedt von hochgedachter Hertzogin von Antorff naher Brugck In Flandern abgereist, daselbst des Currirers wiederumb zuerwarten, den wir dan hoffen In gar kurtzen tagen wieder zu vnss gefertigt zu werden, alss dan wollen wir geliebts gott vnss alssbaldt zu schieff begeben, vnd was sich weiter zutregt E. Kay. Matt. aller vnderthenigstes gehorsambs vnd vleiss auf der Post verstendigen.

Alss auch E. Rom. Kay. Matt. mir vnder anderm allergnedigst vfferlegt, vnd beuholen, dieselbige wess sich allenthalben In gemeinen vnd besonderbaren sachen zutrüge vnd mich anlangte, zuuerstendigen, Daruf sol E. Kay. Matt. ich allervnderthenigst nit verhalten, dass Ich alhie befunden, der mherertail der Inwhoner dieser Landen, der verenderten Religion In Iren gemutern gantz vnd gar zugethan vnd anhengig. Vnd ob wol die gewesene offentliche Exercitia ingestelt, das doch wenig zuuermhuten noch zuuerhoffen, diese ding auss diesen landen gebracht vnd gentzlich vffgehaben werden mögen, Wan dan wo mit ernst vnd scherpffe, wie es viel beforchten, dargegen gehandelt, anders nichts zu besorgen, dan das solches nit allein zu zerruttung vnd verwüstung dieser Niderlande, sonder auch sonst zu mhererm verhat vnd weiterung vrsach geben, auch die notwendige gegenwher gegen dem gemeinen der Cristenheit Erbfeinde, dem Turcken dardurch geschwecht, vnd durch Innerliche vneinigkeit seinem blutdurstigen vorhaben zubereitung gemacht, vnd das thur des verderbens vnd vndergangs Teutscher Nation noch mher geoffnett werde, Dieweil diese Religionssachen, also weit Ingewurtzelt, dass sie ohn grundtliche zerstörung der Landt nit aussgetilget werden mögen, auch die vielfaltige erfarung, wie vnmuglich es sei, durch zwangk vnd gwalt die gewissen zuuerendern, vberflussig beweisset. So hab Ich alss der E. Kay. Matt. vnd dem heiligen Reich dessgleichen auch der Kön. W. auss Hispanien, mit pflichten verwandt, auch in E. Kay. Matt. dissmals besonderbaren dinsten, vnd deren (gleichwol vnwürdiger) Legat bin, mich vmb souiel mher schuldig geachtet, wass E. Kay. Matt. auch hochgedachter Kön. W. auss Hispanien zu wolfhart, ehren, vnd gedeien reichen möchte vnderthenigstes gehorsambs zuuermelden, der vngezweiffelten hoffnung, E. Kay. Matt. solchs von mir mit allen gnaden vffnhemen vnd versthen werden.

Vnd hielte Ich demnach (E. Kay. Matt. allergnedigster verbesserung vorbeheltlich) In vnderthenigkeit es dafür, Wo E. Röm. Kay. Matt. auch Churfürsten, fürsten vnd Stende, des heiligen Reichs sowol geistlichs alss weltlichs Standts diesen Landen, vnd der gantzen Religionssach zu gut, vnd zu verhütung verderblichs besorglichen nachtheilss vnd schadens sich einer gütlichen handlung welcher gestalt ohn blutvergiessen vnd andere eusserste rawhe weg, diese ding gestilt vnnd verglichen werden möchten, vndernhemen, vnd bei I. Kön. W. solchs einzuraumen suchten, Es solte E. Kay. Matt. vnd Stenden, dasselbig von I. Kön. W. nit abgeschlagen, noch verweigert, sonder vergonnet, vnd nachgegeben werden, So were die hoffnung zuhaben, es werden E. Matt. vnd gemeine Stende, solche weg vnnd mittel nach gelegenheit der sachen wol finden vnd treffen mögen, damit die Kön. W. den geburlichen billichen gehorsamb, bei derselbigen vnderthonen, bestendiglich vnd gutwilliglich erhalten, niemandt des seinen entsetzt, noch vergwaltigt, vnd doch die gewissen darneben vnuerstrickt sein möchten, Vnd wo es E. Kay. Matt. fur gut ansiehet, bei der Kön. W. Auch Gubernantin vnd Regirung diser Nider Lande, In mitler die scherpffe zuzustellen zubefurdern, wie E. Kay. Matt. auss hochbegabtem verstandt diesen sachen ferner allergnedigst nachzudencken werden wissen, Dan zubesorgen, wo nit durch diesen oder dergleichen weg, sonder durch zwangck vnd scherpffe verfharen, solchs ohn mergckliche ringerung vnd abgang dieser so herlichen landen vermögen, anderer weiterung zugeschweigen, nicht geschehen, oder verrichtet werden möge.

E. Kay. Matt. hab Ich es auss schuldigster, vnderthenigster gehorsam nit sollen verhalten. Datum Antorff den 20. May Ao. LXVII.

E. Kay. Matt. Allervnderthenigster
vnd gehorsambster
Ludwig graf zu Stolberg Königstein
Ruschfort vnd Wertheim etc.

Ann die Röm. Kay. Matt.

NB. Dieser Brief findet sich auch im Original mit dem Dat. 22. Mai, in dessen Texte folgende von jenem der Copie abweichende Stellen vorkommen:

1.

Seite 3 im Originale: „vnd zu den verderben vnd vndergang Teutscher Nation noch mher geöffnet werde."

Dieselbe Stelle pag. 3 der Copie: „vnd das thur des verderbens vnd vndergangs Teutscher Nation noch mher geoffnett werde."

2.

Seite 4 im Originale fehlt vor dem Satze: „wie E. Kay. Matt. auss hochbegabtem verstandt etc. etc." folgende in der Copie enthaltene Stelle: „Vnd wo es E. Kay. Matt. fur gut ansiehet, bei der Kön. W. Auch Gubernantin vnd Regirung dieser Niderlande, in mitler die scherpffe zuzustellen zubefurdern."

3.

Seite 4 im Originale im Schlussabsatze ist nach dem Worte „verhalten" noch zu lesen: „deren ich mich zu allen Kay. gnaden thue beuelhen, Vnd bin E. Kay. Matt. allervnderthenigst Jederzeit zu dienen schuldig vnd willig."

VII. 1567, 5. Juni. Allerdurchleuchtigster, grossmechtigster, vnd vnüberwindtlichster Rom. Keyser, E. Rom. Key. Matt. seint mein aller vnderthenigste, schuldigste, vnd gehorsambste dinst embsiegs vleiss Iderzeit zuuor, allergnedigster herr, Demnach E. Kay. Matt. Ich auss Antorff den 2. vergangnes Monats May allervnder(thenigst) geschrieben vnd zuerkennen geben, wass sich biss daher In dieser von E. Kay. Matt. mir allergnedigst vfferlegter vnd beuolhener Legation zugetragen, Alss sol E. Kay. Matt. Ich weiter allervnderthenigst nit verhalten, dass Ich sampt meinem zugeordneten dem hern von Maldeghen den 30. May zu Dobern In Engellandt glücklich vnnd wol, ankommen, daselbst von einem der Kön. W. zu Engellandt Edelman von hoff, mit Namen Friederich Cobham, sampt andern mit Ime, von I. Kön. W. wegen, mit freundtlichen worten, vnd erbieten empfangen, vnd angenhomen, dess volgenden tags biss ghen Candelberg beleitet, vnd den Sontag darnach vort nacher Rotshester verrückt, daselbst der Gubernator derselbigen pfleg ein Ritter des Englischen Ordens vnd obgedachts Cobhams eltister Bruder, mit etlichen andern hern, fast in 200 pferdt sterk mich vnd meinen mitgesandten nachmales in Namen der Königin mit vielen hoffliechen vnd Stattlichen erbieten, auch entpfangen, vnd desselbigen tags noch biss gegen greuenssin geführt, an welches ort I. Kon. W. etliche Jagschiff verordnet, mit denen wir des andern tags, das ist den 2. Juny zu London inkommen, vnd vnderwegen der Hispanisch Orator mit Namen Gussman de Vina, mit einem eignen schifflein E. Kay. Matt. zu ehren vnss vnder augen gefharen vnd am gestadt zu London etliche Ordensherrn vnd andere mit gezierten pferdten meinen mitgesandten vnd mich, zum drittenmal angenhomen, vnd gantz statlich in meine beherbergung gefhürt haben. Dieweil Ich dan E. Kay. Mat. beuolhene werbung zum förderlichsten zuuerrichten begirig, haben wir bede gleichwol mit zurhaltung des Spanischen Ambassadors des andern tags zu dem furnhembsten der Königin Secretario geschickt, mit begern von I. Kön. W. zuuernhemen, was es derselbigen von E. Kay. Matt. wegen vnss Audientzs zugeben, gefellig sein wolte. Daruf dieselbige durch Zwen vom Adel sich hinwieder vernhemen lassen, dass I. Kön. W. solchs zu vnss selbst gestelt haben wolte, möchten aher leiden, da es in vnserer gelegenheit, dass es des andern tags alss nemlich den 4. Juny vmb 3 Vhrn nach mittag geschehen möchte. Vff welche Zeit, wir E. Kay. Mat. gesandten sampt dem hispanischen Oratorn durch beleitung vieler hern, so I. Kön. W. vnss ghen hoff zufhüren geordnett, erschienen, von I. Kön. W. gantz wol vnd statlich entpfangen, vnd zu anhörung vnsers beuelchs In einen grossen Saal, etwas vff ein ohrt gefhurt worden, Da hab Ich die werbung bestes meines verstandts I. Kön. W. fürgetragen, Inmassen E. Kay. Matt. auss hiebeigelegtem concept, so vff E. Matt. allergnedigste vergunstigung (dieweil die instruction etwas lang) Ich mir zuuor aussgezogen, allergnedigst zuersehen, Auch daruf I. Kön. W. E. Kay. Matt. Instruction wie die von worten zu worten lautet, biss vf den letzten anhang schriefftlichen zugestelt, Daruf dan I. Kön. W. alssbaldt vnd ex tempore mit einer langen Zierlichen Latinischen Oration geantwort, vngeuherlich dieser meinung.

Erstlich das I. Kön. W. E. Kay. Matt. gesundheit vnd glückseligen Zustandt zuuernhemen hochlich erfrewet wheren, dan I. Kön. W. ein sonderen freundtlichen willen vnd beliebung zu E. Kay. Matt. Je vnd alweg getragen, vnd noch hetten, vnd E. Key. Matt. alle wolfhart von herzen gönneten.

Zum andern das I. Kön. W. der beschwerung vnd betrangnus halben, so E. Kay. Matt. von dem Tirannen dem Turcken begegnet hochlich bekummerten, vnd mit derselben ein treulichs, hertzslichs mitleiden hetten.

Es weren aber gleichwol I. Kön. W. berichtet worden, Es solte dieser Zeit zwüschen E. Kay. Matt. vnnd im dem Turcken ein friedt sein, welches I. Kön. W. verhoffet, es solte also gewessen sein.

Nun aber I. Kön. W. vnsere werbung angehörtt, were zuerachten, dass solch geschrei vngegrundet, vnd nichtig were, vnd vielleicht daher keme, dass viel leut eines friedens begirig, vnd denselben gern sehen wolten.

Es wusten sich aber I. Kön. W. wol zuberichten, was tirannischen furhabens der Türck vnd alle desselbigen vorfarn gegen die Cristenheit Jederzeit gewessen, hielten es auch fur ein vnuermeidtliche Notturfft dass alle Cristliche Potentaten demselbigen zubegegnen vnd zu wiedersthen sich bemüheten, vnd zusamen setzeten, dass auch I. Kön. W. es vngern an Ir wolte erwinden lassen, Jedoch dieweil die sach etwas hoch vnd wichtig, so begerten I. Kön. W. dass wir vnss vnbeschwerlich sein liesen, dass sie dieselbig zu gutem zeitigen rhat ziehe, damit I. Kön. W. sich dergestalt darin verhalten, vnd mit gebürlicher antwort, gegen E. Kay. Matt. wie es der sachen vnd I. Kön. W. gelegenheiten erforderten, vnd leiden möchten, vernhemen lassen konten.

Vnd haben I. Kön. W. vnss daruf mit anderm freuntlichem gnedigem vnd zierlichem gesprech ein zeitlang vffgehalten, Vnd nachmalss da es vnss an etwas in vnsern Beherbergungen mangelte, dasselbig zu begeren beuholen, vnd also mit ehrlicher beleitung wieder von sich abziehen lassen.

Wass sich nun weiter hernach zutregt, Sol E. Kay. Matt. von mir in aller vnderthenigkeit zum furderlichsten es auss diesen ferren landen gesein kan, auch zugeschrieben werden.

Ewer Röm. Kay. Matt. kan Ich hierneben auss schuldigstem gehorsamb vnuermeldet nit lassen, dass sich meniglich, (wie Ich dessen glaublich vnd eigentlich bericht bin) anderst nit vermutet, dan es where diese Legation nit allein obbemelter vrsach, Sonder auch von wegen eines heyrhats zwischen dem Durchleuchtigsten, hochgebornen fursten vnd hern, hern Carlen Ertzhertzogen zu Österreich etc. E. Kay. Matt. Pruder meinem gnedigsten hern, vnd I. Kön. W. von E. Kay. Matt. hieher verordnet, dessen dan der mherertheil der gantzen Landtschafft hochlich begirig. So ist mir auch von etlichen ansehenlichen leuten die der Königin wol vertrawet, diese Anzeig geschehen, das I. Kön. W. zu solcher sachen auch wol geneigt, Vnd mag E. Kay. Mat. In warheit schreiben, dass ein gemeine sage zu hoff vnd anderstwo Im Landt daruon ist, Vnd Jederman I. Kön. W. gern verheiratet sehen wolte.

(Fortsetzung folgt.)

V. „Historischer Atlas."

Statistik des Mittelalters.

2.) Das Lehenbuch K. Ladislaus P. für Österreich ob und unter der Enns. (In alphabetischer Ordnung.)

(Fortsetzung.)

(1455, 31. März.) Ernreich und Dietmar Kunigsperger.

Die Veste Schönnberg mit aller Zugehör.

„Doch ausgenomen die Manschaft der Rittermessigen lehen die zu Schonn-„berg gehörnt die weilent Leupolt von Ekhareczaw zu der zeit da er den Kunigs-„pergern dieselb vessten zu kauffen geben im und seinen erben vorbehalten hat „ungeuerlich."

(Ihr Erbe.) Oestr. Ms. Nr. 65, Fol. 16.

1455, 25. April. Andreas Kunigsperger (für sich und seinen Bruder Heinrich Kunigsperger).

1 Hof zu Keczleinstorf, gelegen bei der Kirche, genannt der Sedelhof mit aller seiner Zugehör;

it. auf behaustem Gut und Überländ, so in denselben Hof gehören 12 Pfd. 6 Schilling und 13 Pfen. Gülte;

it. 1 Fischweide mitsammt dem Wildbann am Foken, die sich anfangen „und rürnt von dem Judenfurt uncz an den Gutenpach;"

it. 2 Theile Getreidzehend, gelegen auf dem Stainfeld von Neusteterfeld „uncz gen Mitterndorf und das Strasgericht (Strafgericht?) in dem Dorf zu Kecz-leinstorf;"

it. 1 Hof gelegen zu Grub bei Ternberg in Pranperger Pfarre, darin gehören 1 anderer Hof und 4 Hofstätte dabei gelegen.

(Ihr Erbe.) Oestr. Ms. Nr. 65, Fol. 26.

115.) 1455, 25. April, Wien. Burkhart Kyenberger.

Die Veste Eczleinstorf mit Hölzern, Wiesmahden, Äckern, Dörfern, Fisch-weiden, Wildbann, Pfenniggült, Bergrecht, Zehend und was von Alter zu derselben Veste gehört hat;

it. das öd haws und Purkhstal zu dem Kogel auch mit aller seiner Zugehör, alles gelegen in Sighartskircher- und Rapoltenkircher-Pfarre.

(Sein Erbe.) Oestr. Ms. Nr. 65, Fol. 25, b.

1455, 24. Mai, Wien. Wolfgang Kyenberger.

18 Schilling Pfen. Gülte zu Strêczesdorf bei der Donau, auf behaustem Gut gelegen;

it. auf 1 Hof, zu Stetzndorf bei dem prunn gelegen, $^1/_2$ Pfd. Pfen. Gülte $1^1/_2$ Metzen Weizen und 4 Metzen Habern;

it. auf 1 Hofstatt bei dem „prunn" 10 Pfen. Gülte;

it. auf 1 Lehen gegenüber dem Hof 50 Pfen. Gülte, 1 Metzen Weizen, und 2 Metzen Habern, daselbst zu Stetzndorf gelegen;

it. 3 Schilling und 15 Pfen. Gülte 2 Metzen Weizen und 12 Metzen Habern jährlicher Gülte auf $^1/_2$ behausten Lehen zu Noppendorf in Melunkherpfarre gelegen.

(Sein Erbe.) Oestr. Ms. Nr. 65, Fol. 43.

116.) 1455, 28. Mai. Spital zu Laa (Lehenträger: Richter und Rath zu Laa).

2 Drittheil Zehend auf 26 Jeuchart und $^3/_4$ Ackers gelegen zu Wulkendorf in den Weingartäckern und 12 Schilling Pfen. Gülte zu Laa auf 2 halben

7**

Feldlehen die in den Hof Ludwigs Prannstorffer gehört haben, die sie von Thomas Hochstrasser, Bürger zu Kornnewnburg, gekauft haben. „und sind in dieselben Lehen also von sundern gnaden geurlaubt auf VI Jar von Datum des briefs und den egenanten („armen durfftigen Leut in dem Spital") die nucz dauon ze raiben."

Oestr. Ms. Nr. 65, Fol. 45, b.

117.) 1456, 18. August, Wien. Hanns Ladendorffer.

Den Hof genannt der Erlhof, gelegen zu Sand Kristoffen bey dem Turn, mit Weingarten, Äckern, Wiesmahden und

½ an den Erlweingarten daselbst.

(Lediglich ihm übergeben von Tibolt Sebeck, Veit Sebeck und seine Hausfrau.) Oestr. Ms. Nr. 65, Fol. 28.

118.) 1456, 13. April. Jörg Lasperger.

Den Zehend „zum Reinprechts"

auf 4 ganzen Lehen und 2 halben Lehen;

it. auf 2 Höfen und auf 2 Lehen;

it. auf 6 Hofstätten und auf 1 Mühle unter dem Reinprechts, überall 2 Theile Zehends zu Feld und zu Dorf; und auf 1 Burgrecht Acker daselbst ganzen Zehend.

(Sein Erbe.) Oestr. Ms. Nr. 65, Fol. 80.

119.) 1455, 17. April, Wien. Wolfgang von der Leytten (für sich und seinen Bruder Stephan).

4 Pfd. Pfen. Gülte zu Dornperg;

it. 3 Pfd. Pfen. Gülte zu Erlach in Sighartskircher-Pfarre;

it. 17 Schilling 8 Pfen. Gülte in Marcherstorffer-Pfarre;

it. 4 Schilling 7 Pfen. Gülte in Enczestorffer-Pfarre;

it. den Zehend (Wein und Getreide) zu Rornpach in Sighartskircher-Pfarre;

it. 2 Höfe die zwei ganze Lehen sind zu Feld und zu Dorf;

it. auf 6 Lehen weniger ⅓ ganzen Zehend zu Feld und zu Dorf;

it. auf dem Hörleinsperg das Bergrecht und 2 Theile Weinzehend;

it. in der „Marichgrub" und in dem „Gerewtfeld" ⅓ Getreidzehend;

it. an dem „Hyrsperg" Bergrecht und Weinzehend;

it. die alten Weingärten und auf behaustem Gut und Überländ 2½ Pfd. und 80 Pfen. Gülte gelegen zu „Gotesprunn;"

und 1 ganzes Lehen zu Raslabstorf gelegen mit Weingärten, Äckern und aller Zugehör.

(Ihr Erbe.) Oestr. Ms. Nr. 65, Fol. 20.

1457, 29. August, Wien. Wolfgang und Stephan von der Leitten.

8 Pfd. und 30 Pfen. Gelts auf behausten Gütern und Lehen zu Rappeltenkirchen und zu Stérczing und 15 Schilling Pfen. Gelts auf Überländ daselbst.

(Gekauft von Tibolt Seebeck und seiner Hausfrau Barbara.)

Oestr. Ms. Nr. 65, Fol. 112.

120.) 1455, 3. October, Wien. Ulrich Leschenprant (für sich und seine Brüder Bernhard, Hanns, Berthold, Pancraz und Jörg).

Die „Vorsthub" gelegen bey der Enns unter dem Tanperg, Lehenschaft der landesfürstlichen Herrschaft Steir.

(Ihr Erbe.) Oestr. Ms. Nr. 65, Fol. 76, b.

121.) Jörg und Hanns Leuprechtinger.

Einen Sitz zu Windorff und

den hof zu Krotental.

(Erbe.) Oestr. Ms. Nr. 65, Fol. 2, b.

1455, 16. April. Ulrich Leuprechtinger

hat Breiden seiner Hausfrau, Tochter Veit des Mulbanger um 100 Pfund Pfen. ihrer Heimsteuer und 300 Pfd. Pfen. Wiener Münze ihrer Widerlegung („aus derselben widerlegung ir hundert phund pf. (?) lediclich volgen sullen") auf die Veste Wynndorf mit Zugehör in satzweise geweiset. „Also daz dieselb Breid die obgemelten ir Haimsteur, widerlegung und hundert phunt pfenning lediclich darauf haben nuczen und niessen sol und mag."

Oestr. Ms. Nr. 65, Fol. 18, b.

1457, 22. April. Jörg Leuprechtinger (für sich und seinen Bruder Hanns L.).

Auf 120 Joch Äcker halben Zehend zu Krotenfeld im obern Feld;

it. auf 114 Joch Burgrechtäckern daselbst im niedern Feld halben Zehend;

auf 14 Feldlehen in jedem 18 Joch Äcker, auch halber Zehend daselbst zu Krotenfeld;

im Mitterfeld zu Stroblеinstorf aller kleiner Zehend zu Feld und zu Dorf;

12 Eimer Weins Bergrecht zu Hagenprunn an der Achleitten auf Weingärten, gestifteten und ungestifteten,

und 55 Pfen. Gelts Voitrechts daselbst;

it. halber Weinzehend, $1^1/_2$ Eimer und 1 Viertel Weins Bergrecht zu „Enczestorf" unter „Pusenperg" in dem innern Thal auf Weingärten;

$^1/_2$ Muth Weizen jährliches Dienstes auf 1 ganzen behausten Lehen zu Stêmestorf (n. der Weber früher, jetzt öde), und

10 Schilling Pfen. Gelts Waidpfenning auf dem Pusenperg ob der Ayben gelegen, die die zu Enczestorf jährlich davon dienen.

(Ihr väterliches Erbe.) Oestr. Ms. Nr. 65, Fol. 106, b, 107.

1456, 16. April. Ulrich Leuprechtinger.

Das Haus zu Wisent und 62 Joch Ackers, 12 Tagwerk Wiesmahds, $2^1/_2$ Pfd. 30 Pfen. Gelts in dem Dorf zu Wisent und $18^1/_2$ Pfen. Gelts auf Überländ.

(Sein Erbe.) Oestr. Ms. Nr. 65, Fol. 91.

122.) 1455, 19. April, Wien. Jörg und Stephan Lewbestorffer, Gebrüder.

2 Theile Zehend auf dem ganzen Dorfe zu Schonnaw bei der Tey in Seligenstteterpfarre, grossen und kleinen, zu Feld und zu Dorf.

(Gekauft von Thaman Pewger und Margareth seiner Hausfrau.)

Oestr. Ms. Nr. 65, Fol. 21, b.

1455, 19. April. Jörg Lewbestorffer (für sich und seinen Bruder Stephan).

17 Schillinge Pfen. Gülte Burgrecht auf dem Hof „dacz dem Reippolcz auf dem Trappenpuhl" vor dem dorff gelegen in der Pfarre Waidhofen auf der Tey;

it. 18 Schilling 6 Pfen. Gülte Burgrecht auf 1 Hof daselbst „zu dem Reippolcz" gelegen in dem Dorf;

it. 1 Au und 1 Zehend gelegen daselbst zu dem Reippolcz;

und 1 Fischweide gelegen „auf der Tawhen die vormalen getheilt gewesen, zu beiden obgenannten Höfen";

it. 4 Küfel Salz von 2 Mühlen genannt die Hofmühle, und die Gaisjeklmühle;

it. 2 Pfd. Wienerpfenning Gülte 8 Herbsthühner und $^1/_2$ Pfd. Eyer auf 4 gestifteten Lehen zu „Mynnpach" gelegen und 12 Schilling 10 Pfen. Gülte zu „Vistricz" auf behaustem Gut in der Herrschaft „Rabtz" gelegen.

(Ihr Erbe.)

Oestr. Ms. Nr. 65, Fol. 23, b.

1456, 21. April. Jörg und Stephan Lewbestorffer.

2 Pfd. Gelts gelegen zu Windigsteig auf behaustem Gut und auf 1 Mühle in Windigsteigerpfarre. (Fürstl. österr. Lehen.)
(Gekauft von Simon Neidegker.) Oestr. Ms. Nr. 65, Fol. 98, b.

123.) 1455, 23. April, Wien. Hanns Lewbser.

1 Hof zu Geuell im Markt gelegen, darin man jährlich 7 Schillinge und 12 Wienerpfenninge Gülten von behausten Gütern dient.
(Sein Erbe.) Oestr. Ms. Nr. 65, Fol. 24.

124.) 1455, 2. September, Paden. Jörg Leutfaringer.

Den Sitz zu Pidermanstorf mitsammt dem Teichlein und 2 Baumgärten daran, die stossen an den Altpach;
it. 1 Teichgrübel oberhalb des Dorfs gegenüber der Mühle;
it. 1 Hof zu Trautmanstorf niederhalb des Pfarrhofs und 1 Baumgärtlein hinten daran, des $2\frac{1}{2}$ Lehen sind und den Zehend darauf;
it. zu Samarein unter dem Leitaporg 2 Höfe (Heberler, dient 6 Schilling Pfen. $1\frac{1}{2}$ Lehen und Rüsselpawr dient 6 Schilling Pfen. auch $1\frac{1}{2}$ Lehen) und den Zehend auf beiden Höfen;
it. 1 Hofstatt daselbst (Vindenwandel, dient 15 Pfen.);
it. 1 Baumgarten daselbst an dem Ort bei der Kalchgrube;
it. daselbst 16 Tagwerk Wiesmahds bei Sarastorffer Weg;
it. daselbst 1 Holz an den Leitaberg neben des Pfarrers Holz;
it. $\frac{1}{2}$ Feldlehen (9 Joch) dient $\frac{1}{2}$ Pfd. 8 Pfen. und den Zehend darauf;
it. 5 Joch Acker Überländ bei den 16 Tagwerk Wiesmahd und dient 60 Pfen. und den Zehend darauf;
it. 10 Joch Äcker, heisst das Trogl;
it. 8 Joch Acker bei der Kalchgrub zu Trautmanstorf, nächst Conrad den Riedmacher;
it. 4 Joch Acker nächst Alblein den Riedmacher;
it. 2 Joch Acker nächst Hannsen dem Zechmaister zu Trautmanstorf.
(Sein Erbe.) Oestr. Ms. Nr. 65, Fol. 60.

125.) 1456, 20. Jänner, Wien. Hanns Lewtzestorffer.

1 Hof, gelegen zu „Frueling" („der ettwann Hannsen des Fruling gewesen ist").
(Sein Erbe.) Oestr. Ms. Nr. 65, Fol. 85.

1456, 20. Jänner. Hanns Lewczestorffer (für sich und seine Brüder Kristoph und seinen Vetter Jörg Lewtzestorffer).

1 Hof zu Olmasperg an dem Ort mit allen seinen Zugehörungen und $\frac{1}{3}$ Zehend gross und klein zu Feld und zu Dorf zu Schöngraben gelegen;
it. die „Gerewtäcker" gelegen auf der Wart und stossen an Haselbecker Gemärk.
(Ihr Erbe.) Oestr. Ms. Nr. 65, Fol. 85, b.

126.) (1456.) (Wulfing von Liechtegk.)

Durch seinen Tod und Abgang an K. Ladislaus als Landesfürsten in Österreich heimgefallene Lehen. Oestr. Ms. Nr. 65, Fol. 89.

S. Fol. 105, verliehen an Albrecht von Ror. 1457, 24. Jänner.

127.) 1455, 29. August. Andreas Liechtenegger (für ihn als Empfänger: Jörg von Oehdorf).

Der Oberhof zu Kaenperg (?) gelegen in Veldnerpfarre:
it. $\frac{1}{2}$ Gut zu Ledmanstorf in Serleinspekherpfarre;

it. $^{1}/_{2}$ Zehend auf dem Hof zu Volkestorf gelegen in Serlspekherrre;
it. auf 5 Gütern zu Obern Kronaw, auf ihnen allen 2 Theile Zehend;
it. auf 1 Gut zum Rumphlein ganzen Zehend in 6 Stücken, liegend in rpekherpfarre und Veldner Landgericht;
it. zu Feuchten auf 2 Höfen ganzen Zehend;
it. zu Nidern Grub bei Lempach auf 2 Gütern ganzen Zehend, gelegen Sarleinspekherpfarre;
it. halben Zehend auf 1 Weghof in Pharrkircherpfarre;
it. 1 Hof zu Volkestorf in Sarleinspekherpfarre gelegen.
(Sein Erbe.) Oestr. Ms. Nr. 65, Fol. 69.

8.) 1455, 16. Juni, Wien. Wilhelm von Liechtenstain von Nicolspurg.

Die Veste „Herrnpawngarten“ mit aller ihrer Zugehör;
it. die Veste „Wulfestorf“ mit aller ihrer Zugehör;
it. den Zehend zu Ringleinstorf, den weiland Christoph von Liechtenin sein Vater von dem Pluczndorffer gekauft hat;
it. zu Palterndorf 1 Hof und den Zehend auf 3 Lehen daselbst mit seiner igehör;
it. zu Dobernestorf 3 Lehen und $^{1}/_{4}$ Lehen auch $^{1}/_{2}$ Hofstatt und den ehend auf diesem Lehen und Hofstatt;
it. den Zehend daselbst, den weiland Hanns von Liechtenstain Hofmeister n Jörg Meylestorffer gekauft hat;
it. den Zehend zu Liechtenwart;
it. einen Zehend gelegen zu „Asparn bey Stadlaw;“
it. einen Zehend gelegen zu Maczen und die Manschaft die einst der lerswankcher gehabt hat;
it. zu Keczleinstorf 29 Pfd. Pfen. Gülte;
it. zu Altenruperstorf 13 Pfd. Pfen. Gülte und den Zehend auf 16 Lehen daselbst.
(Sein Erbe.) Oestr. Ms. Nr. 65, Fol. 50, b.

1457, 28. Juli, Wien. Wilhelm von Liechtenstain.

Das Gericht zu Hohenaw gleich halbs Stock und Galgen, von einem „Gemerk“ zu dem andern, zu Feld und zu Dorf;
it. Drittheil Zehend daselbst gross und klein, zu Feld und zu Dorf;
it. 1 Pfd. Pfen. Gelts und die Mauth und Zoll daselbst auch halbs.
(Gekauft von Martin Gweltl.)
Oestr. Ms. Nr. 65, Fol. 110.

129.) 1456, 15. Juli. Barbara (ehemals Hausfrau des Anton Grewl) Hausfrau des Jörg Liechtenwerder (Lehenträger: Vincenz Stodulegk).

Den halben Theil an den Hof zu Flachaw in Polinger Landgericht gelegen.
(Ihr Erbe.) Oestr. Ms. Nr. 65, Fol. 97, b.

130.) 1455, 24. September, Wien. Hertneid von Losenstain (für sich und seinen Bruder Florian und die Kinder seines Bruders Rudolf von L.).

Das Schloss Losenstain mit seiner Zugehör.
(Ihr Erbe.) Oestr. Ms. Nr. 65, Fol. 71, b.

131.) 1455, 28. März, Wien. Erhart Mainberger (für seine unmündigen Kinder Jörg Kyrein, Bernhardine und Elspet).

Den Mairhof zu Wildungsmawr und 60 Joch dazu gehörige Äcker;
it. $9^{1}/_{2}$ ganze Lehen und 14 Hofstet;
und von Überleend:

von dem Ruberczdorf $2^1/_2$ Metzen Haber und 8 Pfen. Gülte von 1 Peunt und von Krautgärten 5 Schilling Pfen. und 10 Pfen. in dem Warttal und in dem Ulreichstal;

5 Schilling $2^1/_2$ Pfen. von Burgrechtäckern und von 1 Jeuch $2^1/_2$ Metzen Haber $6^1/_2$ Emer Wein Bergrechts gelegen auf Weingärten. In dem Warttal halben Zehend daselbst und $^1/_4$ Zehend zu Wildungsmawr gross und klein zu veld und zu dorff;

it. den tail holcz zu Wildungsmaur an dem Hard mit grunt mit all und dem tail an dem Hard;

und 38 Metzen Vogthaber zu Hoflein;

it. der werd der da ligt gegen Wildungsmaur über zwischen den Wasen in der Tunaw und geet uncz gen Reglprunn über;

it. die Stetten gegen dem yczgenanten werd uber und auf dem land da Wildungsmaur aufligt gelegen die da geet von Wildungsmaur uncz gen Regelprunn an das Weingartekg;

it. die Fischweid daselbs die zu baiden seitten neben dem obgenanten werd und nach Stetten auf und ab von Wildungsmaur gen Regelprunn an das Weingartegk in der Tunaw geet;

it. das halb Dorf zu Telesprunn und $17^1/_2$ Pfd. Pfen. Gülte auf behausten Gut und 1 Pfd. Pfen. Gülte von der Weide daselbst.

Oestr. Ms. Nr. 65, Fol. 14.

1455, 28. März. Erhart Maynberger als sein väterliches Erbe:

20 Pfd. Pfen. Gülte zu Weinberg und daselbstum auf gestifteten Gütern gelegen;

und die Fischweid am Ort daselbst auf der Pielach;

it. die Fischweide zu Mainberg von dem Dewtschpach in den Aigelpach und den Wiltpan in Hofsteterpfarre.

Oestr. Ms. Nr. 65, Fol. 14.

1456, 25. Juni. Wien. Erhart Mainberger.

1 Fischweide gelegen zum Wasen auf der Pielach.

(Gekauft von den Gebrüdern Pankraz und Kristoff Scharner.)

Oestr. Ms. Nr. 65, Fol. 97, b.

132.) 1455, 21. April. Erasmus Malczkasten.

Die ganze Veste Sitzendorf mit Zugehör;

(Die Hälfte war schon früher österreichisches Lehen, nun hat derselbe die andere Hälfte, welche bisher freies Eigen war (seiner Vorderen) aufgegeben „zu Manschafft“ und hat gebeten, ihm alles als Lehen zu verleihen. Er erhält die Gnade, dieses Lehen im Abgange von Söhnen auch auf seine Töchter zu vererben.) Dazu gehören:

„ettlich holden“ in dem Dorf daselbst zu Sitzendorf und zu Gokendorf jenseits und diesseits der „Smida“ und der Burgrechts Dienst und etliche Weingärten, Baumgärten, Äcker, Wiesmahd, und Baumstätte daselbst;

it. das Dorfgericht zu Sitzendorf und alle Fischweid und Wildbahn „alsverr der vesten und des dorffs Siczndorf und Gokendorf grunt geent;“

it. der Hof zu „Roppoltstal als er mit pawmgerten umfangen ist und den ekhern so darzu gehörnt;“

it. auf der Mühle zu dem „Wasen zenagst niderhalb des Marckts Weykestorf“ gelegen 2 Pfd. Pfen. Gülten und daselbst zu dem Wasen das Dorfgericht Wiltpan und Fischweid „alsuerr die grunt des dorffs zum wasen geent.“

(Sein Erbe.) Oestr. Ms. Nr. 65, Fol. 22, b.

133.) 1455, 9. Juni. Christoph Matseber.

Das Haus Judenaw mit seiner Zugehör und der Fischweide, so dazu gehört, auf dem Tullnerfeld in Absteterpfarre gelegen;

it. 1 Mühle gelegen daselbst „enhalb des pachs“ in Sighartskircherpfarre;
it. zu Lostorf auf gestifteten Holden 6 Pfd. 33 Pfen. Gülte, 4 Muth Korn
I 4 Muth Haber.
(Sein Erbe.) Oestr. Ms. Nr. 65, Fol. 49.

. 1455, 9. Juni, Wien. Hanns Matseber.

Das Haus Grêfendorf;
it. 2 Theile Zehend zu Kartharn auf dem Tullnerfeld und
24 Eimer Bergrecht daselbst;
it. 1 Hof zu Mugkendorf in St. Andreaspfarre vor dem Hekkental.
(Sein Erbe.) Oestr. Ms. Nr. 65, Fol. 49.

k.) 1456, 12. April. Matthäus Melebrunner (für sich und seine Brüder Dannkhart und Sigmund).

Den Hof „am Altenhof“ und 3 Hofstätte dabei, den Hof und Hofsteten (?);
it. 4 Güter zu Palmanstorf;
it. 1 Gut zu Kareleinspach und ganzen Zehend darauf;
it. 2 Güter zu Unholdenöd;
it. die „Awzall;“
alles gelegen in Pfarrkircherpfarre;
it. 1 Gut zu Pagendorf;
it. $1/2$ Hof zu Valkenstorf;
alles gelegen in Sarleinspekherpfarre.
Die Zehende:
den Zehend auf Höfen zu Valkenstorf;
it. „dacz dem Karlein“ auf 1 Gütlein ganzen Zehend;
it. 3 Zehendhäuser „dacz Geremstorf“ und daselbst 4 Metzen Vogthaber;
it. „dacz Hag“ auf 2 Gütern die 2 Theile Zehend;
it. auf 1 Gut „dacz dem Zeltbagn“ ganzen Zehend;
it. auf 2 Gütlein „dacz Atzkastorf“ halben Zehend;
it. auf 1 Gut „am Awerperg“ ganzen Zehend;
it. 6 Metzen Vogthaber zu Arnastorf.
Die Manschaft:
im Hohenslag auf 10 Häusern halben Zehend;
it. in der Chrien auf 2 Gütern halben Zehend;
it. „dacz Stainach“ auf 2 Gütern halben Zehend;
it. auf 1 Gut an der Widem halben Zehend;
it. auf 1 Gut „am Albernperg“ ganzen Zehend;
it. auf der Kampfmühle ganzen Zehend;
it. auf 1 Gut „dacz Grub“ ganzen Zehend und auf dem andern daselbst halben Zehend und 2 Metzen Vogthaber daselbst;
it. zu Vatreinsrewtt auf 1 Gut ganzen Zehend;
it. auf 1 Gut zu Halslag ganzen Zehend;
it. auf 1 Gut zu Grêdenpach ganzen Zehend;
it. auf 1 Gut zu Vatersrewt ganzen Zehend und auf den andern daselbst die zwei Theile;
it. auf 1 Gut im Holczlein ganzen Zehend;
it. auf 1 Gut zu Valkenstorf halben Zehend;
it. auf 1 Gut am Kobl ganzen Zehend;
it. „dacz Zmeik“ auf 2 Gütern halben Zehend;
it. auf 2 Gütern zu Wesenpach 2 Theile Zehend;
it. am „Hofflein“ ganzen Zehend;
it. zu „Hainczleinsrewt“ auf $1/2$ Gut ganzen Zehend;
it. „dacz Kunradstorf“ auf 2 Gütern ganzen Zehend;
das Gut alles ist gelegen in Veldner Landgericht.
(Ihr Erbe.)

Oestr. Ms. Nr. 65, Fol. 88, b, 89.

1456, 12. April. Dauckwart Melebrunner (als Vorgeher und Lehenträger seiner Hausfrau Anna).

2 halbe Güter zu Stainegk;

it. halben Theil an der Mühle, genannt die Pfeffermühle, und auf allen diesen Stücken ganzen Zehend, gross und klein, in Rorbekherpfarre und in Veldner Landgericht.

(Ihr Erbe, übergeben von weil. ihrem Vater Jacob Hawcznperger.)

Oestr. Ms. Nr. 65, Fol. 69.

135.) 1455. 30. Juni. Wien. Kloster Melk (Abt Johann und Convent).

K. Ladislaus macht folgende bisherige Lehen zu freiem Eigen, welche Erhart von Zelking ihm tauschweise übergeben hat:

Die Fischweide auf der Donau „mit allen irn geschaiden lakhen ermen und „zugehörungen wie die yecz sind oder hinfur werden von mittel der Nawfart auf „der Tunaw uncz an das wasser genannt die Melkh, und dieselb vischwaid hebt „sich oben an an des Bischoffs von Regenspurg vischwaid die gen Pechlars „gehört entrichts gegen dem Pechlein uber das an dem obern ortt zu Eber„storf in die Tunaw rynnet und get hinab an des klosters zu Melkh vischwaid „an das Pechel genannt im Weibertal;“

it. die „inner Aw und Wiese bei frênigaw“ gegenüber dem Baumgarten des Jorg Mairlebl gelegen;

it. die „ausser Aw und Wiesen gegenüber Weitenegk,“ jedweder mit ihrer Zugehörung und mitsammt den „klainen awel und angeschutten haufen“ auch mit ihren Zugehörungen, „was er der bey Frenigaw gehabt hat;“

it. zu Nidern Hag bei Hering in Kulberpfarre auf dem Hof Jannsen Hendlein 12 Schilling Pfen. Gülte Grunddienst und auf 4 Tagwerk Wiesmahds daselbst 28 Pfen. Gülte Burgrecht;

it. zu Spilberg in Melkherpfarre auf 2 Lehen (Friedrich des Winkhler und Thoman des Nagengast) auf jedem 9 Metzen Korn, 18 Metzen Haber, 2 Herbsthühner, 4 Schillinge 15 Pfen. Gülte 1 Gans, zu Fasching 2 Faschinghennen und zu Ostern 30 Eier;

it. auf der Hofstatt des Wilhelm daselbst 1 Faschinghenne und zu Ostern 15 Eier und auf der Hofstatt (Petreins Pawrn) 5 Pfen. Gülte zu St. Kolmannstag;

it. daselbst zu Spilberg auf 3 Lehen (Seifrid Zieglers Kinder, Stephan Redelmair und Mertein Newmair) auf den Gründen der Pfarrkirche zu Melk, auf jedem 1 Faschinghenne zu Erb-Vogtrecht;

it. zu Winnden auf 2 halben Lehen (Oslein und Hannsen des Haidem) auf den Gründen des Klosters Melk, auf jedem 5 Metzen Haber und 40 Pfen. Erbvogtrecht;

it. auf 1 Lehen (Hanns Reffer) gelegen in der „Sweintz“ auf dem Grund des Klosters Melk 1 Gans und 2 Hühner zu Vogtrecht;

it. zu Knechtleinstorf auf 2 Lehen (Jörg Snevogl und Stephan Lanhover), auf jedem 17 Pfen. und 1 Faschinghenne, am St. Jörgentag 4 Pfen. und 1 „pfenbert“ Käse, an St. Michelstag 2 Metzen Haber und 4 Pfen. und auf der Hofstatt „Pertleins Wagenprugl“ daselbst 14 Pfen. alles Vogtrecht;

it. auf des Klosters Melk Wiesen und Holz genannt „im Moslein,“ am Hirsperg gelegen 10 Pfen. Gülte Burgrecht;

it. zu Frenigaw auf der Hofstatt Jörgens Mairlebel am St. Michelstag 20 Pfen. und auf der Hofstatt Michels Mairleben am St. Michelstag 24 Pfen. und 2 Herbsthühner, alles Grunddienst; und

auf Baumgärten, Wiesen, Äckern und Krautgärten bei Frenigaw 5 Schill. und 11 Pfen. Gülte freies Burgrecht.

Oestr. Ms. Nr. 65, Fol. 56, b, 57.

(Fortsetzung folgt.)

Aus der k. k. Hof- und Staatsdruckerei.

№ 8. NOTIZENBLATT. 1854.

Beilage zum Archiv für Kunde österreichischer Geschichtsquellen.

Herausgegeben von der historischen Commission
der
kaiserlichen Akademie der Wissenschaften in Wien.

II. „Oesterreichische Geschichtsquellen."

7.) Actenstücke zur Geschichte der Gesandtschaft, welche K. Maximilian II. im Jahre 1567 an die Königin Elisabeth von England abgeschickt hat.

Mitgetheilt von Joseph Chmel.

(Fortsetzung.)

Wo nun von dem Almechtigen, dieses versehen vnnd verordnet where, konte ich nit erachten, wass furtrefflichers heyrhats in dieser welt itziger Zeit I. f. Durchleuchtigkeit konte oder mochte vorstehen, dan ich dieses Königreich so gewaltig, gross, reich, vnd mechtig befinde, als ich zuuor nie hette können oder mögen glauben.

So ist I. Kön. W. Person mit so viel mancherlei Gaben von Gott dem Almechtigen vnd dermassen gezieret, dass dessgleichen nit allein in Königlichen vnd fürstlichen heusern, Sonder auch vnder geringern Stenden, meines erachtens nit wol zufinden, Nit allein mit furtrefflicher schönheit, vnd Adelichen leibsgestalt, sonder auch hoher weissheit, verstandt, wolredenheit, vnd wesentlichheit, dass ich es auch E. Kay. Matt. nit genugsam schreiben, noch mit worten aussztrugekenn kan.

Ich bin aber vngezweifelt, demnach E. Kay. Matt. andere Bottschafften hiebeuor diss orts gehabt, dieselbigen werden E. Kay. Matt. fernern vnd mherern Bericht in vnderthenigkeit daruon gethan haben.

So hat mir auch der Hispanisch Orator, welchen dan I. Kön. W. wol leiden mögen, in vertrauen angezeigt, dass er mit I. Kön. W. etwas rundt vnd vnuerdecket geredet, vnd gesagt, Er hielte es fur ein Notturfft dass sich I. Kön. W. erclärten ob sich dieselbige zubestatten gedechte, oder nit, daruf I. Kön. W. geantwort, dass sie nichts liebers wolte, dan sie möchte in dem Stande darinnen sie itzunder were, vnd also vnuerheiratet bleiben.

Nachdem aber I. Kön. W. allerhandt begegnet, vnd gegen derselbigen vorgenhomen wurde, von etlichen zu denen sie sichs billich nit solte zuuersehen haben, Auch die Landtschafft I. Kön. W. sich zu bestatten hefftig anlege, So weren Ire Kön. W. sich zuuerheiraten entschlossen.

Vnd als er der Orator weiter gefragt, Ob dan I. Kön. W. sich innerhalb Ires Königreichs oder anderstwo zubestatten gedechten.

Hetten I. Kön. W. daruf gesagt, dass sie sich an keinen, Er where dan Ires gleichen, zuuerheiraten gedechte.

Auss welchem E. Kay. Matt. abermales allergnedigst abzunhemen, wess in dieser sachen zuuerhoffen.

Do nun wie obgemelt es von got also versehen, E. Kay. Matt. vnd hochgedachter mein gnedigster herr, der Ertzhertzog ein gefallen zu dieser statlichen vorstehenden gelegenheit hetten, were es meines erachtens itzunder eben die Rechte Zeit, vnd muste furderlich zu den sachen gethan werden, Dan wie E. Kay. Matt. auss hochbegabtem Keyserlichem verstandt allergnedigst abzunhemen, andern Leuten dieses Königreich auch nit vngelegen, vnnd dergleichen nit Jeder vorstehet.

Ich bin auch bericht, dass I. Kön. W. In kurtzem zu E. Kay. Matt. ein statliche Bottschafft abzusenden vorhabens, (wie dan vor dieser Zeit geschehen were, wo sie dieser E. Kay. Matt. Legation Zuuor nit erwarten hetten wellen) E. Kay. Matt. den Englischen Orden zubringen, ob derselbig auch dieser [illegible]gedachter sachen halben beuelch haben werden, kan Ich eigentlich nit wissen, Ist aber doch vermutlich, gegen derselbigen konnen E. Kay. Matt. (meines erachtens) sich Ires gemuts fuglichen wol vernhemen lassen, doch zu E. Kay. Matt. allergnedigstem bedencken vnd verbesserung vndertheniglich gezogen.

Welches E. Rom. Kay. Matt. alss meinem allergnedigsten hern, Ich aus schuldigster pflicht vnd gehorsam nit hab vnangezeigt lassen sollen.

Ewer Kay. Matt. gluckselige langwirige regirung vnd alle zeitliche vnd ewige wolfhart von got dem Almechtigen aller vndertheniget wünschende. Datum London in Engellandt, Donnerstage den 5. Juny Ao. 1567.

E. Kay. Matt.

Allervndertheniigster vnd gehorsambster
gesandter In Engellandt
Ludwig Graf zu Stolberg vnd
Königstein etc.

An die Röm. Kay. Matt.

VIII. Serenissima Regina Domina gratiosissima, Sacrae Caesareae Maiestatis, Principum Electorum, caeterorum quoque Principum et statuum S. Romani Imperij iussu huc ad littus et oram uestram applicuimus, Excepti quam humaniter Nunc vocati ad hoc Vestrum Palatium accessimus: Grates (sic) agimus vestrae Serenitati immensas de tanta nobis praestita humanitate, non dubitantes, Si ea Caesareae Maiestati ac Principibus et statibus Imperij retulerimus, quid nobis officij contigerit, id suae Maiestati atque Principibus gratum fore.

Ante omnia autem iussi sumus, nomine Caesareae Maiestatis vestram Regiam Serenitatem salutare eaeque omnem beneuolentiam atque fraterni amoris incrementa exponere.

Nomine vero Principum et statuum omnem obseruantiam atque obsequia polliceri, precantur enim omnes simul vt res et Serenitati et Regno vestro omnes prospere cedant.

Priusquam autem negotium cur huc missi sumus attingamus, necessarium ducimus hasce literas Credentiae Vestrae Serenitati offere, quibus perlectis precamur, ut ad caetera tractanda nobis benignas aures porrigat.

Serenissima Regina non dubitamus quin ad Regias vostras aures saepe deuenerit, ipsa quoque ex Historijs legerit, quam misere et crudeliter inimicissimi hostes crucis Turcae seuierint atque grassati sint in plebem Christianam, quot Regna, quot Imperia, quot Ciuitates è manibus nostris eripuerint Et quod omnium est maximum et pernitiosissimum quam magnam partem humani generis et sincera fide Christiana in impijssimam Sectam Mahometicam pertraxerint, quae si singula commemorentur, et nimis longum foret, et praeterita non facile corrigenda Sed quam diu Diuinae Maiestati visum fuerit, patienter ferenda sunt.

Cum autem videamus illis malis nullum apparere finem hostemque hunc ita obcaecatum libidine dominandi vt non vno aut altero contentus imperio Sed omnium vestrum Regum Regna, Et sic totum orbem terrarum ad se rapere, et suo Tirannico Imperio subijcere studeat. Nullae enim leges, nulla foedera vlli tam humanum aut sanctum est, quod illum possit ab hoc concepto animi detrahere quare prospiciendum in tempore ne hoc malum latius serpat, Et tunc calamitas nostra inanibus lacrimis nimis sero defleatur Nam vt vetera omittantur Caesar Ferdinandus Augustae memoriae, Princeps pacis studiosissimus, cui haec aetas parem vix habet, cum vnice hoc ageret, ut posset Rempublicam Christianam pacificam atque pacatam reddere, Foedus cum Principe Turcico et [illegible] olim Joannis Hungariae Regis filio pepigit, ijs conditionibus vt inter illos octo annorum spatio esset pax, et ab armis discederetur, Et quae essent rixae atque controuersiae amico modo in eo temporis componerentur (sic) Quod foedus tam [illegible] per legatos, sed quoque literis et data virique fide ita est munitum, vt nulli sancte vel Religiose ab eo foedere discedere liceret.

Sed cum ita accideret, vt Caesar Ferdinandus paucis post annis vltimum vitae diem clauderet, statim ille Transsiluanus Princeps sine omni iusta causa non lacessitus neque prouocatus arma in Caesarem mouit, exercituque parato atque auxilijs Turcicis in castra accitis in confinia Caesareae Maiestatis irruit, [illegible] oppidum obsedit, et tandem vi caepit.

Praeterea alias etiam munitiones aggressus nihil non hostile tentauit, Quae cum ad Caesarem perferuntur, eaque iniuria ipsius Maiestas non leuiter ut par est afficeretur Sua Maiestas statim Legatos ad Principem Turcicum mittit, qui fractum foedus à Wida exponant, atque de illata iniuria conquerantur, petant vt hostem cogat vt è finibus Caesaris exeat, captas Ciuitates et Dominia restituat, et pro illata iniuria satisfaciat, ipse etiam Turcicos milites e castris auocet, Aut saltem tamen feedore (sic) Caesari licere sinat proprijs viribus hostem expellere, atque illatam iniuriam vlcisci. Quae cum impetrari non possent, receptoque satis frigido responso, Caesar coactus iusta arma induit, exercitum hosti opponit, qui etsi numero esset, impar, tamen virtute longè fuisse praestantiorem exitus rei docet.

Nam statim primo aduentu non solum hostem è finibus Caesaris expulerunt, captasque ciuitates et munitiones recuperarunt Sed et in fines hostis ingressi rem tanta virtute agunt, vt cogaretur (sic) hostis legatos ad Caesarem pro petenda pace mittere, oblatis non iniquis conditionibus, quibus Caesareae Maiestatis animum ita demulcebat, vt Caesar qui omnia Sincere agi putaret, malletque ut qui pacis esset cupidissimus certa pace potius quam sperata victoria bello finem facere, inhiberet militibus ne latius progrederentur et bello abstinerent, quod quidem non absque magno malo et incommodo Caesaris factum Nam videbatur Caesar. M. victoriam quasi in manibus habere.

Et quanquam Wida Transsiluanus coactus pacem petijsset, tamen id simulate fecerat, quo maiores copias et auxilia Turcica in castra aduocaret, quibus impetratis omnes quas antea ipsemet obtulerat pacis conditiones respuit, et à nouo bellum aggreditur Ciuitates et Munitiones denuo occupat et omnia hostilia in Caesarem parat.

At Caesarea Maiestas cum videt se spe pacis delusam, statim alteros Legatos ad Principem Turcicum mittit, qui eum foedoris admoneant, petantque ut ipse pro foedore contra Transsiluanum auxilium ferat.

Ad quae tandem Princeps Turcicus respondet se petere ut utrique ab armis discedant, exercitus reducant et in aula sua de toto negotio disceptetur.

Quae conditio etsi Caesareae Maiestati videretur satis dura vt tamen Principi gratificaretur non recusauit missis legatis, qui de integra re agerent.

Sed interea ille Transsiluanus Princeps qui se mancipium Turcae dedisset ita blanditijs animum eius ad se attraxit vt solis dictis Transsiluani fides adhiberetur, Quidquid etiam à Caesareanis ex aduerso proponeretur Praeterea Turcici Principis animum ita mouet vt et ipse non tam foederis quam iuris gentium immemor vim legatis inferre iusserit, eos nempe in domum includi ut quidquid literarum penes se haberent rapi Ipseque Princeps interim bellum quam maximum in nos parat, conuocatis vndique militibus quos ad certum diem sub signis esse iubet.

Quae cum Caesareae Maiestati per certos nuncios allata essent, Caesar nec tantum hostem neque molem belli contemnendam ratus statim Principes Electores, Caeterosque Principes et omnes Imperij status conscribit, quae hactenus gesta sunt periculum etiam et magnitudinem belli exponit, consilium et auxilium petit. Principes re prius bene deliberata suadent vt Caesar quoque exercitum conscribat, hosti obuius procedat, nec paciatur illum propius accedere Et cum res haec sit magna et ardua non priuata Sed quae omnes Reges et Princeps (sic) Christianos attingat vt auxilia à finitimis Regibus ac Principibus petat, ipsos non dubitare Neminem suae fortunae et pietatis adeo fore immemorem ut auxilia sit [illegible], Ipsi quoque auxilia pollicentur et decernunt longe maiora quam vnquam alijs temporibus praestita sint.

8*

Caesar tam probo et sincero consilio contentus statim se Viennam recepit, paratoque ac conscripto exercitu atque impetratis à confinibus auxilijs vrbem egreditur, se ipsum ac fratres Duces exercitui praeposuit Quo res cum tanto maiore authoritate ageretur locaque oportuna atque commoda castris capit vbi aduentus hostis expectandus et cum illo possent conseri manus.

Et quo res cum maiore cura ageretur et caeteris etiam Regnis prospiceretur. Caesar Juniorem fratrem Carolum nomine Principem tum viribus fortitudine et consilio praestantem atque florentem aetate instructo exercitu in hostem misit, qui propius ad eum ex illa parte accedat.

Caesar autem cum maiore exercitu hostium aduentum alio in loco expectat.

Princeps autem Turcicus non ignarus de aduentu Caesaris ad Albam Graecam castra ponit, praemisso tamen valido exercitu qui fortunam tentaret et Palotam Arcem expugnare conetur.

Cui Caesarea Maiestas statim exercitus sui partem opponit hostemque fugat Arcem obsidione liberat Et duas satis munitas arcis, Nempe Vesprimum et Detis de hoste vi capit Qua quidem Caesaris fortuna ita indignatus est Turca vt iuberet quam primum Ducem quem exercitui suo prefecerat capite plecti.

Ipse autem interim Julam et Zigettum duas munitissimas arces oppugnare parat quibus locis propter iniquitatem et longitudinem itineris et grauitatem Germanici exercitus sine euidendi (sic) periculo Caesar subsidium ferre non poterat Erant autem hae munitiones tanto praesidio firmatae vt maxima esse (sic) spes hostem non victoria potiri posse Sed res longe aliter quam sperabatur cessit Julat enim tam crebris machinarum ictibus et oppugnationibus coacta fuit vt se dederet.

Zigettum vero vltimam expugnationis vim passa, occiso misere praesidio vi capitur.

Sed interea cum haec agerentur Turcicus Princeps Solianus admodum senex, obijt, quae mors tanto artificio celata fuit vt non prius resciret exercitus illum mortuum quam vocatus ex Asia Selimus filius in Castra veniret Tum detecta morte Selimus ab exercitu sine omni tumultu praeter spem Caesaris pro Principe recipitur qui statim recepta fide, caeptum bellum prosequi parat.

Sed certior factus de accepta clade militum, quos ferunt ad quadraginta millia hominum ferro caesos praeter quos fames et pestis absumpsit ipse etiam morbo conflictatus mutato consilio se domum recepit exercitu in hiberna posita.

Quod cum Caesarea Maiestas intellexisset et instaret hiems ipsa quoque exercitum reduxit relicta tamen satis valida manu, quae praesidio Hungariae esset.

Caeterum haud dubie ad Caesaream Maiestatem idque saepius et certis inditijs relatum est, simulatque Selimus Constantinopolim redijsset eam renouandi belli curam suscepisse Ideoque pacem et amicitiam cum Persarum Rege et ijs Christianis Principibus quos fraudulenter sibi foedere coniunctos habet redintegrare (sic) conari quo videlicet liberius aduersus Caesarem belligeretur stabilitoque Imperio eum validissimam expectationem omnibus viribus suis instructum contra Caesarem extemplo moturum iuxta antiquam Ottomannorum consuetudinem qui primordia Regni sui fere omnes ab insigni aliqua contra Christianos expeditione auspicati sunt Certum praeterea est Turcam accepto nuncio de oppugnatione Arcis Zadwar quam supremus ipsius Maiestatis in Hungaria capitaneus Lazarus à Schwendi post abitum Imperatoris protuitione (sic) subditorum Maiestatis ipsius contra rebellem quendam necessario susceperat Altera statim die per totam vrbem bellum contra Caesarem voce preconis publicasse omnibusque militibus imperasse ut de equis tentorijs et reliquo bellico apparatu sibi prouiderent.

Bassis quoque demandatum esse ut in id maxima cura incumbant Ita ut dubium esse non possit. quin prima quaque occasione in Caesaris fines irrupturus sit, quod quidem eo facilius illi fore, nemo negare potest qui sciat quod maximam exercitus sui partem in vicinis vngariae locis et regionibus collocauerit nec e longinquioribus milites euocare necesse sit, Imo et tormenta bellica, machinasque maiores Tum etiam classem Danubianam quae omnis Constantinopolim antea reduci solebant in vngaria reliquit Quae quidem non alio spectant quam vt conceptum animo bellum tanto citius et minore cum labore possit redintegrari.

Cum itaque de tanto Caesaris et Regnorum ipsius periculo abunde constet Et hostis hic communis et perpetuus sit omnium Christi nomen inuocatium, (sic) quos omnes ipse extinctos et deletos vult facile etiam id perfecturus sit Si sensim et successiue vnum Principem post alium caeteris tanquam in re aliena otiose inspectantibus torbentibusque oppresserit, nimis manifestum est curam huic tantae calamitati obuiam eundi non ad solum Caesarem etiamsi periculo per priorem pertinere Sed omnibus Regibus et Principibus communem esse, summamque et extremam necessitatem postulare vt collatis pariter consilijs et auxilijs hostis hic cohibatur. (sic).

Nam Caesari quidem et eius Regnis et ditionibus diuturnis bellis et tutandis per longissimum tractum munitionibus exhaustis et afflictis Nec solis nec etiam accedentibus. Germanorum tantum auxilijs tantum hostem sustinere possibile est.

Quae cum ita sint Maiestas ipsius tum suo tum Principum et ordinum Imperij nomine Serenitatem vestram quemadmodum etiam alios Reges et Principes de eo edocere et voluit et debuit Eamque peramanter adhortari pro ea amicitia et consanguinitate, quae Maiestati ipsius cum S. vestra à Maioribus vtriusque, tum etiam pro necessitudine, quae inclito Angliae Regno cum S. Imperio intercedit vt ipsa in propulsando et remouendo communi periculo, operam suam impendat.

Orat igitur ipsius Maiestas Serenitatem vestram vt necessariam ipsius expeditionem et instans bellum insigni aliquo pecuniario auxilio iuuare velit Quo facilius immanissimi et crudelissimi hostis conatus impediantur et impetus sustineri possit Moueaturque Serenitas vestra exemplo maiorum nostrorum, qui si id quod a vestra Ser. petitur, fecissent, maturaque auxilia Graecis dum hostis adhuc longius abesset et Hellespontum tentaret, tulissent, Reipublicae Christianae optime consuluissent, neque nunc ante vrbes nostras strepidum (sic) armorum fremitumque equorum ipsorum pertimesceremus nec clamores nec eiulatum promiscui generis hominum ab immanissimo hoste parte cadentium partim in turpissimam et miserandam seruitutem redactorum exaudiremus, qua in re Serenitatem vestram pro summa sua prudentia diligentiorem fore omnino speramus. Etsi enim à Serenitate vestra hostis hic adhuc longe abesse credatur, ipsa tamen experientia quam illi prosperis successibus in flato nihil nimis remotum sit satis superque docet.

Gloriam etiam Dei omnipotentis et religionem Christianam hoc à se exigere Serenitas Vestra existimet, ut qui eiusdem verae fidei cultores sunt, mutua etiam auxilia, contra impios et blasphemos hostes inter se conferant.

Qua in re S. vestra rem Deo acceptam Caesari et statibus Imperij pergratam toti Christianitati Cum vtilem tum maxime necessariam, tum denique se ipsa dignissimam praestabit omni beneuolentia à Caesarea Maiestate omnibusque officijs et obseruantiae studijs à statibus Imperij et omnibus Christianis erga eandem promerendam.

(Vide das folgende Duplicat dieses Vortrages mit Varianten.)

IX. Serenissima Regina, Domina Clementissima, Jussu Sacrae Romanae Caesareae Maiestatis, principumque Electorum, ac caeterorum principum ac Statuum Imperij Romani, ad littus atque oram Vestram applicuimus, Excepti gratiose ac humaniter. Atque nunc vocati ad Palatium vestrum accessimus, Pro qua nobis praestita humanitate, gratias vt par est, agimus immortales, praedicaturi illud ipsum apud Caesaream Maiestatem et ordines Imperij minime dubitantes, quod nobis praestitum sit officij, id Caesareae Maiestati ac statibus Imperij per quam gratum fore.

Priusquam autem negotium, cur huc missi simus, attingamus, necessum (sic) ducimus, hasce literas Credentiae, vt vocant, vestrae Serenitati offerre, quibus lectis precamur, vt ad cetera tractanda nobis benignas aures praebeat.

Ante omnia Regiae Vestrae Serenitati, Caesareae Maiestatis nomine, plurimam salutem, et fraternae beneuolentiae incrementum, atque ex parte ordinum ac Statuum Imperij omnia obseruantiae ac bonae voluntatis officia, iussi deferimus.

Deinde non dubitamus Serenissima Regina, Cum ad aures vestras Regias deuenerit, Aut etiam ex Historijs Vestrae Serenitati notum sit, quam misere et crudeliter, inimicissimi crucis Christi hostes Turcae, gentem Christianam afflixerint, quot Regna, quot Ciuitates et dominia, è manibus nostris eripuerint, et quod omnium maximum est, quantam humani generis partem in impijssimam Mahometi sectam pertraxerint, Quae ordine singula referre neque necesse est, et nimis longum foret, et nunc deplorari facilius, quam corrigi possunt, ideoque quoad Deo optimo maximo visum fuerit, patienter ferenda.

Cum autem satis perspicue appareat, malis istis nondum finem imponi, sed immanissimum hostem indies longius atque latius grassari, nec vno atque altero Imperio contentum esse. Sed omnium Regum regna, atque adeo totum orbem terrarum ambire, vnumque hoc agere, vt omnia sibi suoque tyrannicoque imperio subijciat: Longè consultius esset, rebus illis mature prospicere, quam postea calamitatem ipsam frustra deplorare. Nam certum est nullas leges, nulla foedera, nullum Juris aut aequitatis respectum, crudelissimum hunc hostem ad hoc animi conceptum atque imperandi libidine, posse dimouere. Quicquid enim libet, id omne sibi, more videlicet tyrannorum, licere putat.

Vt enim omissis Veteribus ad recentiora veniamus, Caesar Ferdinandus Imperator Romanus, augustae memoriae, cum pacis esset atque tranquillitatis publicae amantissimus, nihil magis studio habuit, quam vt Rempublicam Christianam quietam atque pacificam conseruare posset, Ideoque foedus ad annos octo, cum ipso Turcarum Principe Solimanno inijt, in quo etiam Dux Johannes Sigismundus, Johannis quondam Hungariae Regis, filius, Transsyluanus, quem plerique Veiuodam vocant, comprehensus fuit. Id foedus non tantum per legatos factum, sed hinc inde datis literis, et maxima fide munitum cum fuerit, merito ab omnibus sancte obseruari debebat. Verum postquam Caesar Ferdinandus augustae memoriae, è viuis excessit, Statim Transsyluanus ille veiuoda arma mouit, Turcicos milites ad se acciuit, atque comparato exercitu, contra foedus et pacta, in Sacrae Caesareae Maiestatis regnum irrupit, oppidum Zathmar nomine, obsedit, ac tandem vi caepit.

Praeterea in caeteras quoque Prouincias signa inferens, nihil hostile intermisit. Quod vbi Caesari nunciatum est, primo rebus inopinatis perturbatus tandem ad Turcarum principem legatos mittit, qui de illata iniuria querantur, se petant, vt foedoris (sic) memor, Transsyluanum ad restitutionem et satisfactionem adigat, neue iniquo animo ferat, si Caesar tam insignem iniuriam ipsemet vlciscatur. Turcicos etiam milites ex Castris Transsyluani auocari curet, nec illis permittat, sub eius signis amplius militare.

Id vero cum impetrare Caesar non posset, commotus arma iusta induit, exercitum hosti opponit, et omni iure permissam defensionem suscipit. Etsi autem exercitus Caesareanus numero esset minor, tamen virtute longe praestantiorem fuisse exitus rei ostendit. Nam breui temporis spatio et hostem è finibus eiecit, et amissas ciuitates recuperauit, et confinia quoque ipsa veiuodae aggressus est. Qua virtute tantum hosti timorem incussit, vt ad pacem petendam legatos ad Caesarem mitteret, propositis non iniquis conditionibus, Quibus animum Caesaris ita demuliebat, vt Caesar exercitui ne latius progrederentur mandare non recusauerit, quamuis iam fortunam in manihus habere videretur.

Sed etsi coactus sit hostis pacem petere, Tamen non multo post aperte se prodidit, ideo eam pacis tractationem susceptam fuisse, vt ipse interim recipere vires, et maiores copias contrahere posset. Nam quamprimum nouis subsidijs aliquot millium hominum à Turcarum principe adiutus est, statim ab omnibus conditionibus pacis destitit, et bellum de nouo instaurauit, atque in Ditiones Caesareanas impetum fecit. Caesar autem vbi videt se pacis conditionibus a Veiuoda delusum neque pacem ab ipso aut Bassis Turcicis expectandam esse, dunno nuncios mittit ad Turcarum Principem Qui exponant, quam inique Transsyluanus in ipsa pacis tractatione arma sumpserit. Ipsum hortentur, vt suos milites auxiliarios è Castris reuocet, bassis praecipiat, ne amplius auxilia ferant, Aut Caesari permittat, vt saluo foedere sua defendere, et iniuriam vlcisci liceat, Et Transsyluanum à pace, quam violauerit excludat. At Turcicus Princeps ad haec nihil aliud respondit, quam quod cupiat vt vtrique ab armis discedant, atque iudicium de toto negotio, ex aula, seu porta, vt Barbari vocant, expectent. Etsi autem Caesari hoc valde durum videretur, Tamen quo facilius pax obtineri posset, non recusauit, depositis armis apud aulam Turcicam de rebus controuersis cum Transsyluano disceptare.

Verum Transsyluani criminationibus ac calumnijs victus princeps Turcicus, omnia quae ab illo dicerentur in optimam, et quicquid à Caesareanis oratoribus quantumvis aequum, afferretur, in pessimam partem interpretatus est, atque ita exacerbatus, tam contra foedus ipsum, quam contra Jus gentium, vim Legatis inferre non dubitauit, Nam et literas quas secum habebant, omnes violenter eripi, ipsosque legatos in domum, ne cuiquam ad illos esset aditus includi, atque arctissimé custodiri iussit, Ipse interim bellum parans, vndique exercitus conscribi, atque ad statutum diem adesse imperat.

De quo apparatu bellico Caesar per crebros nuncios, et multorum literis certior factus, Nihil moratus, omnes Imperij Romani proceres et Status conscribit, ac quo in discrimine res sit exponit, consilium atque auxilium expetit. Illi intellecta periculi magnitudine, nequaquam diutius morandum censent, Itaque auxilia maiora, quam vnquam ante hac decreta fuisse constat, singulari promptitudine decernunt: Consulunt etiam, quoniam negocium hoc non sit priuatum, Sed ad omnes Christiani nominis proceres spectans, à finitimis Regibus et principibus auxilia Caesar petat, certo sibi persuadentes, neminem adeo seu officij sui, seu periculi immemorem fore, vt suam opem atque auxilium reipublicae sustineat denegare.

Caesar non aspernatus tam maturum ac probum consilium, viennam proficiscens vndique milites conscribit, auxilia contrahit, et certo statuto die ad signa adesse iubet. Ipse quoque vna cum fratribus ducem exercitibus sese praebet. Neque defuerunt ei in ea necessitate etiam exteri quidam Reges et principes, à Caesare super hoc interpellati.

Turca autem non ignarus expeditionis Caesaris, protinus exercitum duce Bassa Budensi praemittit, qui Palottam arcem duobus milliaribus ab Alba Regali sitam, obsidendo, initium belli faciat. Nec segnius Caesar exercitum, qui hostibus occurrat, et miseros ciues obsidione liberet, quamprimum ad ea loca mittit, Qui felici omine hoste fugato non tantum Palotam obsidione liberauit, Sed et munitas quasdam arces, nempe Vesperinum et Totham, cum alijs, vi coepit.

Qua re Turcicus princeps audita ita irritatus ac commotus fuit, vt Ducem ipsum quem exercitui praefecerat, capite plecteret, Sed tamen exercitum Caesaris timens propius accedere noluit, aut fortunam totis viribus experiri, Sed deflectens ad ea loca, ad quae Caesari neque tutus neque facilis esset accessus, partim propter exercitus Germanici grauitatem, partim ob commeatus, inopiam, aliasque difficultates quamplurimas, duas munitissimas arces, quarum alteram Julam alteram Zigettum vocant, obsidere coepit, Et quanquam illae fortissimae à nostris defenderentur, tamen crebris oppugnationibus tandem effectum est, vt Jula quidem deditione facta, Zigettum vero vi captum, in potestatem hostium deuenerit.

Caesar autem partem copiarum Serenissimo Principi Carolo Archiduci Austriae fratri suo permittit, vt excursiones Turcicas in finibus Croatiae, et alijs partibus inhibeat, Ipse Castris ad Jaurinum positis hostem operiri constituit, vt aperto campo, si progrederetur, cum eo manus conserere liceret, Simul quod speraret, hac ratione hostem primo successu ferocientem, ad loca commodiora, Danubioque Viciniora attrahi posse.

Sed interim Turcarum princeps Solimannus nomine, annis, morbo, atque laboribus confectus, in hoc ipso rerum molimine, diem extremum claudit. Cuius mors miro quodam artificio ita caelata fuit, vt filius Selimus ex Asia accitus prius ad exercitum veniret, quam mors Solimanni inter milites diuulgaretur, ibi praeter nostram spem et fortunam absque tumultu statim in locum patris surrogatus, et adeptus imperium, bellum à patre ceptum instituit prosequi. At vbi certior factus est, de tot amissis militibus, quos ferunt ad quadraginta millia diuersis in locis caesos esse, atque exercitum morbo absumptum, commeatumque defecisse: mutato consilio domum se recepit. Et Caesar vbi de discessu Turcici principis cognouisset, et quia iam hiems instabat, ipse quoque Viennam regressus est.

Ne tamen finitimi Turcis Christiani populi indefensi relinquerentur, Caesar satis validum exercitum remanere iussit, qui sicubi opus esset, laborantibus atque oppressis opem ferret, eosque ab iniuria tueretur. Qui quidem exercitus non tantum hostium incursiones, ac depredationes inhibere conatus est, Sed et loca quaedam ab hostibus occupata recuperauit, Praeterea ditioni Turcicae maximum detrimentum intulit, Ita vt hostibus vix vnquam receptus tutus esset.

Quae vbi principi Turcico per Bassas Constantinopolim allata sunt, adeo iram eius accenderunt, vt altera die post acceptum nuncium publicé per praecones bellum proclamari iuberet, mandans vt sibi quisque de equis et alijs rebus ad rem bellicam pertinentibus prospiceret, quo sub initium Martij omnes praesto essent, et quilibet mandata sui imperatoris exequeretur, Bassis quoque negocium dedit, vt omnia quecunque ad bellum necessaria essent, quamprimum procurarent, Ipse vero Princeps, quo bellum hoc tanto securius, et maiore commoditate administrare posset, ilico pacem atque foedera cum finitimis renouare studet, praecipué cum Persis ac Venetis, non eò quidem, vt ipsis commodet, Sed vt dissipatis viribus, ipse commodius bellum aduersus nos gerat.

Quae omnia Caesareae Maiestati per certos nuncios et ab ipsis legatis per veredarios scripta atque indicata sunt. Neque vero in dubium haec vocanda quisquam putet, Cum insuper illud quoque certé constet, hostem biremes omnes et classem danubianam cum machinis bellicis, in Hungaria reliquisse, quae alias Constantinopolim adduci solent; Praeterea magnam partem copiarum in vicinis locis hibernare, vnde facile ad nouum bellum redintegrandum educi poterunt, ne quis forte opus esse existimet, vt ex Asia, Aegypto, Armenia, aut alijs Regionibus longinquioribus euocentur, Haerent adhuc quamquam retrocesserunt, in ceruicibus nostris, primam quanque occasionem expectantes. Retinebit et hic Selimus sine dubio inueteratum ipsorum Turcarum principum morem, quo receptum est, vt quamprimum nouus aliquis in demortui locum substituitur, ille quasi Religione aliqua obstrictus, imperium suum à bello aduersus Christianos auspicetur, Quod Solimanni, ac Veterum historiae abunde testantur.

Cum igitur Sacra Caesarea Maiestas Rempublicam Christianam, si vnquam ante hac, nunc maxime periclitari, se vero potentiae tanti hostis nequaquam parem esse videat, Aerarium etiam diuturnis bellis Turcicis ita exhaustum sit, vt etiamsi neque pedestribus neque equestribus copijs destituatur Caesar, et reliqua omnia ad nutum succedant, tamen sumptuum magnitudinem tandem amplius solus sustinere nequeat: Itaque cogitur ipsius Maiestas, vbi res non priuata sed publica agitur, quae omnes Christianos reges et populos attingit, vndiquaque auxilia conquirere, et opem petere, monere etiam alios et hortari, vt nostro exemplo edocti atque cautiores facti, rebus suis in tempore prospiciant. Atque vtinam idem Maiores quondam nostri factitassent, duxissentque satius, coniunctis viribus hostem à Graeciae limitibus vbi primo Hellespontum pernauigauit, expellere, quam cum eo intra contiguum patriae nostrae Pannoniae regnum belligerari, Nunc fremitum castrorum atque armorum strepitum, ad portas nostras, et intra ipsa moenia non exaudiremus, Sed praeterita reprehendi magis possunt quam corrigi.

Vestrum iam est, nascenti malo, dum adhuc licet, dum vires supersunt, occurrere, et hostem quantumuis remotum, non contemnere, Nam quod Deus opt. max. auertat, si victoria de nobis potiretur, Putatis ne illum, qui totius orbis Imperium iam dudum animo concupiuit, illa victoria contentum fore, et non protinus ad vos aduolaturum? Prohibeant Dij, ne ille Rheni nostri dominium vnquam adipiscatur, qui si Danubio aduerso nauigare non dubitat, quid non secundo Rheni fluminae (sic) tentaturum atque ausurum putatis? aut quae poterunt illi obstare, quominus quamprimum in Anglia pedem figat? Ne aestimetis, (absit inuidia dicto) vos nobis fortunatiores aut vicino hoc principe incolumes fore.

Verum quoniam nolo male ominari, Et haec talia sunt, vt prolixiore commemoratione non indigeant: Restat (id quod Caesarea Maiestas tum caeteros Christiani nominis Reges, tum Regiam vestram Serenitatem cumprimis rogat) vt Regia vestra Serenitas per sese rei magnitudinem pro dignitate ac necessitate perpendat, et in hoc communi Christianitatis periculo suam quoque opem, ad salutem et conseruationem eorum, qui Christi saluatoris nomen inuocant, haud grauatim conferat, ipsamque Caesaream Maiestatem, et afflictos misere Christianos insigni aliquo pecuniario subsidio subleuet atque ita adiuuet, vt auxilium illud tanto periculo, et illa necessitudine, qua alter alteri ex consanguinitate deuincti estis, dignum videatur, et conueniens.

Quare et Vestrae Serenitati consuletis, et illud praestabitis, quod antiquitus obseruata amicitia requirit, et Religio atque charitas Christiana atque adeo praesens necessitas expostulat. Atque hoc vestro beneficio deuincietis vobis, non tantum ipsam Caes. Mttem. Sed etiam omnes omnium Germanorum animos, vt vbicumque dabitur occasio, vicissim nullum officij genus erga vestram Regiam Serenitatem, et regnum Angliae sint intermissuri.

Porro Serenissima Regina. Quoniam ego ingenij mei atque memoriae infirmitatem agnosco, fieri facile potuit, vt aliqua in dicendo praeterierim, quae vestram Serenitatem scire referat, Iccirco Instructionem, quam à Sacra Caes. Mte. accepi, vestrae Serenitati legendam offero, ex qua totius rei et negotij summam vberius poterit cognoscere. Ac rogo ne mihi temeritati asscribatur, quod hoc onus, cui me imparem esse libenter fateor, (sic) subierim. Obedientia enim me, qua Sacrae Caes. Mati. et Romano Imperio deuinctus sum, vt id facerem impulit. — Dixi.

X. 1567, 14. Juni. Allerdurchleuchtigster, grossmechtigster vnd vnüberwindtlichster Romischer Kayser, E. Kay. Matt. seindt mein aller vnderthenigste, schuldigste vnnd gehorsambste dinst Zuuor, allergnedigster herr, E. Kay. Matt. haben meiner tröstlichen zuuersicht, nunmher drei vnderschiedtlicher schriefften von mir allergnedigst empfangen, Vnd daraus wass sich biss daher Inn dieser E. Kay. Matt. Legation zugetragen, Vnd sonderlich auss dem letzten, dass Ich der Kon. W. zu Engellandt die beuolhene werbung zum ersten mundtlich in der kurtze, vnd darnach mit vberreichung E. Matt. schriefftlichen Instruction angetragen allergnedigst verstanden, vnnd vernhomen haben, Sampt dem Jenigen wass sich eines heyraths halben zwischen dem Durchleuchtigsten Ertzhertzogen zu Österreich, Hertzogen zu Burgundi E. Kay. Matt. geliebten Bruder, meinem gnedigsten hern, vnd der Kön. W. zu Engellandt vor rede vnd anders begeben.

Vnnd sol E. Matt. Ich zu vnderthenigstem fernerm bericht nicht verhalten, dass I. Kön. W. mich vnnd meinen mitverordneten morgen Sontags zu sich in ein schloss Richemont genant, dahin I. Kön. W. fur zweien tagen verruckt, vff sechs oder sieben Englisch meilen von hinnen gelegen, erfordert, alda wir antwort zuhaben, vertröstet worden. Da dieselbige vnd welcher gestalt sie gefelt, sol E. Kay. Matt. alsbaldt in vnderthenigkeit auch zugeschrieben werden.

So uiel aber die andere sach belangen thut, da mag E. Kay. Matt. Ich auss schuldigstem gehorsamb vnangezeigt nit lassen, dass nit allein die Rhete vnd furnhembsten, Sonder auch I. Kön. W. selbst etwas befrembdung tragen, dass E. Kay. Matt. des heiraths halben, die geringste anmhanung oder erwhenung nit haben dissmalss thun lassen, dessen sie sich dan gentzlichen vermutet vnd versehen gehaptt, Vnd woltens schier dafur achten, E. Kay. Matt. vnd hochgedachter mein gnedigster herr, der Ertzhertzog haben diese sachen fallen lassen, vnd hindan gesetzt, wie dan ein solches mir von etlichen ist vermeldett worden.

Dieweil Ich nun besorgt, es möchte solcher verdacht E. Kay. Matt. Itzigem suchen vnd begern hinderlich sein, vnd dan darneben auch bericht worden, Es sei die letzte antwort an der Königin alhie erwunden, So hab Ich etlichen im furnhembsten angezeigt, Ob Ich wol von E. Kay. Matt. des heiraths halben keinen beuelch, So hielte Ich es doch dafür, dieweil die Kön. W. Ire antwort ein so lange Zeit verzogen, Es were dasselbig die vrsach, dass E. Kay. Matt. hierzu In itziger werbung kein beuelch etwas zusuchen oder zubegeren, geben hette. Vnd möchte vielleicht bei E. Kay. Matt. die vermhutung sein, alss ob I. Kön. W. zu der sachen keine anmhutung hetten, Welches Ich gleichwol alss fur mich selbst angezeigt haben wolte.

Hieruf alss Ich hernach zu der Königin kommen, haben I. Kön. W. mich vf ein ort genhomen, vnd sich des verzugs zum höchsten entschuldigt, dasselbig auss diesen vrsachen, dass E. Kay. Matt. ein Zeitlang vff dem Reichstag mit vielen vnd hohen gescheфften, vnd darnach mit den Kriegshandelungen gegen dem Turcken beladen, Da hetten I. Kön. W. dieselbige mit dieser sachen nit bemuhen noch beunruigen wollen, Vnd an mich gantz gnedichlich begert, E. Kay. Matt. solche I. Kön. W. enttschuldigung gewisslichen zuzuschreiben, vnnd haben I. Kön. W. sich sonst souiel vernhemen lassen, dass Ich anderst nit gedencken oder zuuermhuten weiss, dan es seien dieselbigen zu dieser sach gantz vnd wol geneigt, wie Ich dan auch sonst niemandts von der Landtschafft gehort noch vermercket, der nit ein sonderlich gut gefallens an dieser sachen vnd begirde darzu hette.

Vnd bin Ich gantz vngezweiffelt, wo von E. Kay. Matt. Ich den geringsten beuelch derhalben gehabt, Es solle wo nit zu endtlicher abhandlung, Jedoch soweit dissmalss bracht sein worden, das der Beschluss gewisslich daraus hette erfolgen mögen.

Dan Ich auch vernhomen das vff letztgehaltenem Landtag vff embsig anhalten der Landtschafft I. Kön. W. sich dahin erclert, dass sich dieselbige zubestatten gewilligt, doch nit Innerhalb der Landtschafft, Sonder an einen herrn Ires gleichen, Vnd haben sich Ire Kön. W. dabei noch weiter vernhemen lassen, dass sie zu dem hauss Osterreich vor allen andern ein sonderliche gute Zuneigung vnd willen hetten, damit dan die Landtschafft gantz wol zufrieden gewessen, Vnd das solches ein fortgang haben möcht zum hochsten begert.

Dieweil nun diese sachen dieser gestalt, wie erzhelt, geschaffen, So hab es E. Kay. Matt. Ich nach der lengde In aller vnderthenigkeit zuuermelden nit vmbghen sollen, vnangesehen das E. Kay. Matt. vnd hochgedachts meines gnedigsten hern gemhut mir hierinnen vnbewust, Dan Ich keinen Zweiffel trag, E. Kay. Matt. vnnd Ire furstliche durchleuchtigkeit, werden derselbigen allergnedigsten vnd gnedigsten wolgefallens sich hierinnen wol zuschicken wissen, vnd E. Kay. Matt. thue Ich mich zu allen gnaden In aller vnderthenigkeit beuelhen. Datum Landen den 14. Junij Ao. 1567.

E. Kay. Matt. Allervnderthenigster gehorsambster
Ludwig graf zu Stolberg Konigstein
Ruschfort vnd Wertheim etc.

Ann die Rom. Kay. Matt.

XI. 1567, 18. Juni. Allerdurchleuchtigster, grossmechtigster, vnd vnuberwindtlichster Rom. Kay. E. Kay. Matt. seindt mein allervnderthenigste, schuldigste, vnd gehorsambste dinst Zuuor allergnedigster herr, Demnach E. Kay. Matt. auss meinen hieuorigen allervnderthenigsten schreiben allergnedigsten bericht entpfangen, wass sich biss anhero alhie vnd sonst zugetragen, Sol E. Kay. Matt. Ich in gleicher vnderthenigkeit ferner vnuermeldet nit lassen, dass Sontags des 14. Juny (rectius 15. Juni) die Kon. W. zu Engellandt vff dem hauss Richemond meinem mituerordneten vnd mir, vff von E. Matt. gethane werbung schriefftliche antwort zugestelt, welche E. Kay. Matt. hierneben zuentpfangen, vnd allergnedigst dieselbige zuersehen haben.

Vnd hette mich zwar nit versehen, das ein solche vnd kein andere antwort solte erfolgtt sein, Ich bin aber darneben auch mundtlich von etlichen bericht, dass die vrsach dieser antwort, einig daher fliesse, dass der Kön. W. vnd vielen

Ires rhats eigentlich vnd gewiss Ingebildet sei, Es solten etliche heimliche bundtnussen vnd Practicken gemacht vnnd beschlossen sein, die verneuerte Religion betreffende, Also dass I. Kön. W. sich vberzugs vnd vberfalss, wie auch alle andere, solcher Religion zugethan, zugewarten hetten.

Dieweil Ich dan darfur geachtet, Es were ein vnuermeidtliche Notturfft, etwas der Königlichen W. wiederumb zu antworten, vnd mit diesem ersten bescheidt, nit begnugig zusein, haben mein mituerwandter vnd Ich ein kurtze gegenantwort gestelt, vnd I. Kön. W. durch deren furnhembsten vnd vertrauesten Secretarien Gulielmum Cecilium vberschicket, deren Copei E. Kay. Matt. hiebei auch allergnedigst zubefinden, Vnd ob wol etliche angezogene sachen In der Kön. W. antwort In derselbigen in Specie nit widerlegt, wie es dan auch nit wol durch vnss hat geschehen konnen, So hab Ich aber nit desto weniger mit demselbigen Secretario, der dan E. Kay. Matt. sachen zubefurdern sonderlich gutwillig, vnnd dieselbig treulich meinet, mich in gesprech, dess aussgegossenen, vnd in diesem Landt Zuuiel baldt geglaubten geschreis halben, Ingelassen.

Vnd demnach in den Capiteln solcher vermeinten Bundtnuss E. Kay. Matt. mit begriffen sein sollen, Wie dieselbigen ein solchs mit sich bringen, vnd E. Kay. Matt. Ich hiebei In vnderthenigkeit auch zuschicke, hab E. Kay. (Matt.) Ich in dem auss denen vrsachen vnnd grundenn wie E. Kay Matt. hernacher allergnedigst zuuernhemen entschuldigt.

Vnd erstlich, das wo man die Capitel vnd Conditiones dieser bundtnus Recht ansehe, vnnd bedencke, Wurde meines erachtens klerlich nach vielen vmbstenden, der örter, Zeit, vnd personen sich befinden, dass es ein lauter gedicht, vnd vngegrundtes vorgeben where, dass auch von keinem verstendigenn, dem etwas Itziger Zeit der vornembsten Potentaten vnd leufft in der Cristenheit gelegenheit bewust, Sonder vielmher von leuten die Inen selbst eigne treum vnd gutduncken machen entsprungen vnd herkommen sein muste.

Dan souiel die Kön. W. zu Hispanien anlangt, wher es Je nit verborgen, das dieselbige an einem ohrt mit dem turcken, vnd Morn zuschaffen, vnd Zuthun gnug, Auch der Niderlande halben die sachen in solche ruhe vnd friede noch zurzeit nit bracht, das Ire W. sich mit mherern, vnd dem allergrösten Krieg, alss da where nit allein das Königreich Engellandt, so ohne das mechtig, vnd dissmalss in grosen vorrhat stehet, sonder auch den mherertheil der gantzen teutschen Nation, Zubeladen vrsach.

So were der König auss Franckreich noch sehr Jung vnd hette in seinem eignen Landt diese ding nit allein nit ausstilgen, vnd abwenden konnen, Sonder es werden hin vnd wieder predigten, vnd gebreuch der Sacramenten der verneuerten Religion offentlich vnd frei zugelassen.

So were es auch Je gewiess, dass nit ein geringe anzhal, sonder wol der mherertheil diss landts dieser sachen gewogen, Vnd wie Zuuor das Königreich franckreich, nit mitt seinem geringen schaden, vnd nachtheil erfharen hette, dass die gwalt so hiergegen vorgewendet, vnfruchtbar vnnd vergeblich gewessen, Also werde ein König auss Franckreich (meines erachtens) In keinem rhat befinden konnen, dass er solche alte vnd noch nit geheilte wunden, nit allein wieder vffreissen, Sondern im selbst noch mherer vnd grossere feindt, machen vnd erwecken solte. Do er doch sich selbst vnnd die seinen zum ersten bekriegen, vnd zum hochsten beschedigen vnd verderben muste, So werde von meniglich gesagt, dass dieser Bapst ein gar frommer, gutiger man der zu kriegen vnd dergleichen vnruhen gar kein lust oder beliebung hette.

Souiel aber E. Röm. Kay. Matt. betreffen thete, Da könte man Ja wol gedencken, Nach dem E. Matt. nit allein ein Religionsfrieden Im heiligen Reich angenhomen, bewilligt vnd verneuert, Sonder auch der teutschen Fursten vnd Stende gemuter dergestalt an sich bracht hetten, dass eure Matt. einen viel willigern gehorsamb dan etliche andere E. Matt. vorfarn im Reich gehabt, erlangt, auch dj Stende zu E. Matt. mit dermassen statlicher hulff wieder den Turcken, alss keinem Kayser zuuor Jemalss geschehen, gesetzt, dass E. Kay. Matt. solches alles ohne Zweiffel nit zuruck setzen dass gantze Reich zertrennen, zweispaltig machen, vnd wieder sich nit erregen, Vnd die gewisse hülff, deren E. Matt. sich zu den Stendenn zugetrösten, vmb einer solchen vngewissen weitleufftigen handlung willen, Welche sie werde gleich vorgenhomen wie sie wolte, In kurtzem nit geendet, noch verrichtet werden möchte, in windt setzen, vnd sich selbst sampt allem deren vermögen dem vngewissen, zweifelhafftigen Kriegswesen beuolhen werden.

Zu dem das E. Matt. an den Turcken ein schweren feindt gnug hetten, Welchem zu widerstehen der teutschen hülff E. Matt. nit vndienstlich noch vnbequem were, Dan ob wol sie die Englischen sich bereden liesen, Es solten E. Matt. mit Im dem Türcken in einem funfjärigenn Anstandt, der auch albereit beschlossen sein solte, stehen, So weren doch solche Zeitung nit sehr gewiss, Ob im aber schon also, So hette die erfarung nit allein hiebenor, sondern auch In diesem letzten Krieg gnugsam angezeigt, wass sich vff sein des turcken zusagen zuuerlassen, dan er Je lenger vnd weiter weder frieden noch Anstandt Jemalss gehalten, dan es sein gelegenheit, vnnd im gefellig where. Vnnd werden E. Matt. gewisslichen sich einigen Anstants halben vff den turcken, so hoch, dass derselbig, gehalten werden solte, nit verlassen, dass E. Matt. sich in einen solchen beschwerlichen vnd verderblichen Krieg stecken werden, dardurch der Turcke E. Matt. zubeschweren (wie E. Matt. solches bei sich zuuor wol werden gedencken konnen) die allerbeste vnd gewunschte gelegenheit erlangen werde.

Ob Ich nun wol solchs vnd was Ich mher der sachen dienlich geachtet, mit dem Secretario also geredt, dieses auch an I. Kön. W. durch Inen eigentlich gelangen wirdet.

So hat mir doch der Secretari alssbaldt daruff angezeigt, dass die Kön. W. mit dero bestendigkeit dieser Practicken berichtet, dass es I. Kön. W. gantz fur gewiss halten, Seien auch entschlossen, alssbaldt sich in rustung zubegeben, mit leuten gefast zumachen, vnd etliche schieff Schewarts ausszurusten.

Darauf ich dan geantwort, Ich zweiffelte nit, I. Kön. W. werden die sachen wol zubedencken wissen.

Wan aber dieses so gar ein vnformlich gedicht, dass sich eigentlich hernacher also auch erfinden werde, So konten doch I. Kon. W. mit Condition vnd mass E. Matt. vnd dem Reich hulff willigen vnd zusagen.

Nemlichen vnd dergestalt, Wofern diese Practicken vngegrundt vnd nichtig, vnd I. Kön. W. der Religion halben vnangefochten blieben, was man sich zu I. Kön. W. alss dan zugetrosten, etc. Welches dan der Secretari an I. Kön. W. zu bringen vff sich genhomen.

Wass nun hieruf erfolgen möchte, kan Ich nit wissen, Ich hab aber die fursorg, man werde sich von diesem vorgeben nit leichtlich abweissen lassen, vnd die vertröstung würgcklicher hulff sehr gering sein.

Dieweil Ich dan auch darfur achte, I. Kön. W. werden vnss mit der andern antwort nicht lang vffhalten, Vnd Ich alss dan sampt meinem mituerordneten auch wiederumb naher hauss begeben. Do dan E. Kay. Matt. etwas weiter hierin schreiben oder allergnedigst beuelhen wolten, Konnen E. Matt. dasselbig dem hispanischen Oratorn welcher stetigs hie am hoff ist, zuzuschicken vnd zuuerrichten, allergnedigst beuelhen.

Es sol auch E. Matt. was fur emdtliche resolution gefelt, sampt dem Prothocol aller handlungen zum ehisten in vnderthenigkeitt zugefertigt werden. E. Kay. Matt. mich vnderthenigllich, mit vnderthenigster wunschung gluckseligen langwirigen Regiments beuelhende. Datum Londen den 18. Juny Ao. 1567.

E. Kay. Matt.

vnderthenigster gehorsambster

Ludwig Graf zu Stolberg Königstein
Ruschfort vnd Wertheim etc.

XII. 1567, 15. Juni. Responsio facta Magnificis Dominis D. Ludouico Comiti in Stolberg etc. et D. Jacobo à Clarhout Domino in Pithen et caet. Oratoribus missis à Caesarea Maiestate Electoribus et Principibus Imperij de certis rebus quas ipsi sermone et scriptis Serenissimae Angliae Reginae communicarunt.

Serenissima Regina libenti animo audiuit ea omnia quae Magnificus Comes in Stolberg et caet. presenti et bene longo sermone Suae Serenitati declarauit: et ea item omnia, quae magnificus Comes et D. de Maldeghen inscriptis etiam exhibuerunt accurate considerauit: Quarum rerum summam in his potissimum capitibus consistere Sua Serenitas animaduertit.

Primum declaratum est studium Caesar. Maiestatis quo tenebatur a suscepto S. Imperij gubernaculo tuendae et conseruandae illius pacis quae inter potentissimum et Augustae memoriae Principem D. Ferdinandum Romanorum nuper Imperatorem et caet. Patrem suum Charissimum et Solymannum Turcarum Principem facta fuerat, quamque variae occasiones illi oblatae sint aliter faciendi per multiplicia subsidia, quae Turcarum Princeps dederat Duci Joanni Sigismundo qui in eadem pace compraehensus fuerat. Et post multas inuasiones factas per eundem Ducem Joannem vna cum subsidio Turcico in Hungariam et alia Dominia Caesar. Maiestatis cum aperte constaret ingentes copias Turcicas vndique comparatas esse contra nomen Christianum vt omittantur tot et tantae illae iniuriae atque contumeliae per ipsum Turcam oblatae Caesar. Maiestatis Oratoribus Caesaria Maiestas videns secum suis viribus uix parem esse ad sustinendum hunc potissimum hostem mox ad omnia quaqua versus quam validissima contrahenda auxilia se conuertit: Eoque nomine ordines atque Status Sacri Imperij Romani conuocandos curat: qui re tanti momenti cognita et rite perpensa maiora decreuere subsidia quam vnquam antea constat fuisse decreta Qua in re etiam alij quidam Principes et Potentatus non defuerunt.

Deinde sequitur ipsa expeditio suscepta à Caesarea Maiestate vna cum nobilissimis suis fratribus contra Turcam Qui apparatus quantumuis per se splenditus, vna cum omnibus alijs vndique contractis auxilijs, varijs de causis, non par quidem fuit, ad tantam uim hostilem sustinendam. Tum res hinc inde in bello gestae describuntur. Primum obsidio Palothae per Bassam Budensem quae Caesar. Maiestatis exercitu aduentante, re infecta soluta est euictis etiam et recuperatis per Caesareanos Oppido Vesprimio et arce Tatha cum alijs propugnaculis atque Castellis Post haec ipse Turca, Solymannus abusque Constantinopoli cum exercitu hominum circiter ducentorum millium in Hungariam peruenit praemissis ante duobus Bassis, qui suas vires coniungerent cum Tartaris quorum numerus ad quadraginta millia ascenderat ad obsidendam Arcem Julam Et cum ipse Turca videretur sub Agriam iturus, subito mutato itinere Zigettum accerrime obsidet Sic Jula coepta obsideri ante mensem Julium secundo Septembris in manus hostium per deditionem venit. Zigettum vero per uim Septembris septimo expugnatur, cum Turca ipse tribus diebus ante iam mortuus fuerat Durante quidem hac Zigettensi obsidione exercitus Turcarum castra etiam habuit intra Zigettum et Taurinum, quo in loco Caesarea Maiestas hostis aduentum opperibatur Sed suae Maiestatis vires in varia dispersae loca, ad varias vno eodemque tempore repellendas incursiones vix pares tam multiplici hostili vi esse potuerunt: Nihilominus tamen, eo ipso tempore, in uarijs expeditionibus vltra citraque Danubium factis per Caesarianos res Turcarum passim sunt accisae, interfectis multis plurimis profligatis et praeter quadraginta millia occisos et inter illos multos quidem insigniores Sanziackos, partim interfectos partim captos interire etiam fame et peste innumerabiles alij Turcae: Sic vt si Maiestas Caesaria vel altero mense tempestiuius auxilia parata habuisset, credibile fuisset, suam Maiestatem potuisse non solum quoscumque hostis conatus eludere, sed ipsum etiam Turcam eiusque res in miras angustias perducere.

Tertio in loco explicatur quomodo Selimus sine turba sine tumultu ad solium paternum peruenerit Et post res domi ex animi sententia constitutas (quia in re praeter omnium expectationem omnia illi quiete et pacate accidere) quomodo nouus hic Turca omnibus consilijs vniuersis viribus, se ac suos comparet ad laedendum et infestandum omne Christianum nomen iuxta antiquam Ottomannorum consuetudinem qui nihil prius vnquam suscepto Imperij sui gubernaculo, sibi suscipiendum esse duxerunt quam ut aliquam insignem expeditionem contra Christianos mouerent. Quod consilium hunc Turcam etiam iniuisse Caesarea Maiestas non aliquibus coniecturis sed certis argumentis compertum iam et exploratum habet; Cum plane intelligat quas copias, quem apparatum varij Passae et Beglerbegi Turcici his proximis superioribus mensibus Februario et Martio vndique collectum et ab omni re instructum habent.

Postremo, explicatur magnitudo huius Turcae singulis Christianis Principibus longe superior et vniuersis etiam valde formidolosa: cuius immensa vis et immanis crudelitas non solum Caes. Maiestatis ditionibus imminet sed omnibus etiam alijs Christiani nominis Regionibus, periculum et ruinam struit.

Itaque iuxta Decretum illud superiori anno in Diaeta Imperiali factum, vt Christiani Principes de hoc communi periculo quamprimum commonefierent Visum est Caesarea Maiestati vt propter mutuam inter se beneuolentiam propter priscam et auitam inter suos maiores necessitudinem Serenissima nostra Princeps imprimis de toto hoc negotio certior fieret: vt eius auxilium requireretur:

Quouis et terror tanti hostis et tam communis inimici communi Christianorum Principum subsidio coniunctis viribus et opibus mature coerceretur et christiani nominis status, in publica pace, in priuata tranquillitate, ad Dei gloriam ad Christi Religionis incrementum sartus tectus conseruaretur.

Serenissima nostra Princeps hanc esse summam illarum rerum quae fusius cum alijs circumstantijs per Oratores Caesar. Maiestatis sunt expositae, plane existimat. Quas res ad hunc modum summarie repetere, suae Serenitati visum est, vt appareat ipsis Oratoribus has causas et sua cogitatione accurate versatas et sua memoria firmiter defixas fuisse. Et pro responso ab ipsis Oratoribus uicissim postulat, et plene et amice cum Caesar. Maiestati tum statibus et principibus S. Imperij haec quae sequuntur referant et exponant Primum Serenissima Princeps admodum probat Caesar: Maiestatis studium pacis conseruandae cum Turca, post patris sui Nobilissimi et Augustae memoriae Principis obitum, cum videret uires suas uix esse pares ad coercendam tantam vim hostilem.

Dein nihil molestius illi accidit, quam cum cogitat quomodo ira Dei sceleribus Christianorum et summorum publicis et infimorum priuatis et omnium communibus, sic indies ingrauescit, ut pro iusta vindicta, hunc communem nominis sui hostem Christiani populi ducis ceruicibus inijciat.

E regione quid tristius esse potest, quam eo recidere Christianorum et uires et animos, ut, uel omnino non possint, vel prorsus nolint huic hosti resistere, Fuere illa quondam et tempora faciliora et mores tolerabiliores cum regnandi causa et Imperij augendi studio, priuata quies et publicum ius sit quandoque uiolatum. Nunc uero aut leui, aut nulla de causa, sic Principes apertis bellis, sic populi factiosis tumultibus inter se conflictantur, ut in hac plaga Christianorum omnis quaqua versus, cum traiectio maris tum peragratio terrestris praedationibus, insidijs latrocinijs, fortunarum dispendijs, uitae discriminibus miserrime infestetur. Peracerba quidem haec, sed sanabiliora tamen vulnera sunt Sunt alia plane extrema et prope desperata, Hijs (hijs) temporibus multis in locis, sunt multi acriores, in affligenda bonorum conscientia, quam in coercenda malorum improbitate.

De minimis ceremonijs maxime animorum distractiones oriuntur Proleuissima quaque in religione contentione facile excitantur acerrimae pugnae libentur exhauriuntur ingentes opes, crudeliter effunditur et innocentissimorum sanguis.

Olim quidem priscis et melioribus temporibus boni Episcopi venerabiles patres, authoritate et presentia Imperatorum, Regum et Principum nixi et adiuti communibus ac liberis concilijs non priuatis ac coactis inquisitionibus sine publico bello, sine domestico sanguine, omnes Religionis controuersias diuina ratione, humana benignitate, ad quietam, commodam et optatam omnibus concordiam traduxerunt Et tunc Principes Christiani habebant subditos suos numero plures opibus instructiores, animo erectiores, et voluntate paratiores ad resistendum omnibus quicunque Christiano nomini vim et iniuriam adferre molirentur.

Secundo in loco Serenissima Regina magnas habet gratias cum Caesar. Maiestati tam reliquis statibus S. Imperij quod tam honorifica ratione res superiori anno gestas, suae Serenitati explicandas esse ducerent Et ipsa quidem vehementer dolet ea damna, quae referuntur, Christianis sic accidisse. Et è regione admodum laetatur propter prosperum illum rerum successum qui Caesar. Maiestati in initio illius belli tam faeliciter obtigit, Atque optat ex animo, vt illa prospera fortuna, quomodo coepit, ad foelicissimum etiam exitum perducta fuisset.

Cum vero cogitat de illa Zigetti expugnatione quae mortuo iam ipso Turca contigit Cumque considerat mirum illud silentium de Turcae obitu. et quam constanti taciturnitate, de eius morte et Caesaream Maiestatem et suos etiam intimos celarent, donec filius eius Selimus ab Asia usque euocatus Constantinopolim non solum tute sine periculo, sed quiete etiam absque omni turba in solio paterno consederit, tanto veriorem existimat esse suam opinionem quod Numen et manus Dei hoc efficiat, vt isto extra ordinario more et modo communi hosti res sic foeliciter succederent, ad magis apertam vindictam Domesticorum scelerum quae inter Christianos magis ac magis crescunt.

Nec hac in parte latet Serenissimam Reginam magnam rerum foeliciter gerendarum oportunitatem oblatam fuisse, humano consilio, si Turcae mors aut statim suis Zigetti innotuisset (obsidionem enim credibile est quamprimum soluissent) aut Caesar. etiam Maiestati qui ad illum optatum nuncium, magnum aliquod contra hostem moliri aggressus fuisset: De qua re quid dici possit, Sua Serenitas commemorare omittit cum ut res prorsus aliter iret, Deo placuisse, propter populi sui supplicium videri possit.

Tertio Serenissima Regina admodum dolet de foelici successu rerum huius Selimi Turcarum Priscipis: quod tam pacato (contra priscam consuetudinem superiorum Ottomannorum) ad Imperij fastigium peruenerit: sed multo impensius dolet quod Caesaria Maiestas plane uideat certa indicia noui apparatus contra Christianos institui Et ex animo optat vt Dei prouidentia vel domestico tumultu, uel Persico aut alio extremo terrore, tam grauis et Christi et Christiani nominis inimicus à Christianorum ceruicibus summoueatur.

Postremo in loco quod attinet ad conclusionem et postulationem institutam Serenissima Regina à Caesarea Maiestate et statibus Imperij uicissim postulat, vt quo melius statuant de iusta eius responsione certas causas recte considerent quas hic commemorare per necessarium esse ducit.

Primum satis exploratum est, paucos hoc tempore Christianos esse Monarchas (Serenissimae Angliae Principe et paucis admodum alijs exceptis) quin eorum integra Regna vel dominiorum aliqua pars aut foederis sit et eo nomine etiam contributaria sacro Romano Imperio, aut terra mariue planè confinis atque subiecta Turcicae ui, uel eius socijs aut confoederatis Mahumitanae sectae. Et propterea, eadem responsio à Serenissima Regina merito expectari non potest, quae ab alijs Regibus, Principibus et Rebuspublicis iure possit requiri.

Dein Serenissima Regina existimat non esse Caesar. Maiestati caeterisque Christiani orbis Principibus, obscurum, quot modis et uijs à suscepto huius Regni gubernaculo certarum exterarum Personarum magni nominis et uirium vel aperta iniuria uel structa fraude, saepe quidem et ferè quotannis coacta sit suos fideles subditos terra marique armare, ad propellendam eorum vim, qui suum Dominatum alienis Imperijs augere studuerunt Qua in re eos sumptus Angliae Regnum pertulit qui pares haberi possunt, uel maximis subsidijs, quae quisquam Angliae Monarcha vnquam contra communem Christiani nominis hostem contribuerat. Et quam iniusti omnes illi conatus extiterint, iusta Dei benignitate, precipuo aliquo et insigni semper exitu plane declarauit. Cuius rei tot angloriam soli Deo acceptam refert Eius solius bonitate, non ope, non opibus, non auxilio illius exteri uicini Principis, se ac suos, suaque Regna, ab his, qui se, grauissimos illi intentarunt aduersarios conseruauit.

Nec minima quidem et illa Dei benignitas in eam extat, quod praecipua et perpetua domestica quies subditos suos sub illius Imperio, hactenus semper beauerit: Cuius beneficij recordatio licet huius loci ualde propria non sit, illud tamen uel eo nomine sua Serenitas silentio praeterire non potuerat, cum reliquos circum circa vicinos Principes, tam Singulari beneficio non usque adeo beari animaduertat.

Tertio Serenissima Regina rem magni momenti esse ducit cuius summa ratio et matura consideratio inprimis habenda est, cum plane intelligat certas uicinas regiones hoc presenti tempore sic propendere in turbas intestinas, et domesticos tumultus, ut nihil prius sibi faciendum existimet, quam ut circumspiciat et caueat ne aliquae huius incendij faces in haec sua Regna etiam traijciantur.

Et quanquam Serenissima Regina et ingenio et iuditio prorsus sit propensa ad fouendam et alendam pacem cum caeteris omnibus Principibus, nec libenter sese iugerit in aliorum Principum negotia, tamen cum nimis probabile et pereuidens sit, quod quanto studio et cura Caesarea Maiestas incumbat ad coercendum communem Christiani nominis hostem. tanto etiam studio à nonnullis, et conquiruntur milites, et congeruntur pecuniae ad concitandum bellum in ipsis Christianitatis visceribus, atque id quidem solum quia alij in aliqua Religionis parte, ab alijs discrepent.

Personae aliquae Sanctimoniae nomen insigne sibi prae alijs sumentes non desistunt concitare et inflammare Principes et Potentatus Christianos ad permiscendam omnem quietem ad effundendum cuiusuis sanguinem, quia in ipsa Religionis forma, alij ab ipsis dissentiant, unde illorum priuato et commodo et dignitati nonnihil detractum sit.

Atque haec moliuntur eo modo ut hi ardores incendi non queant quin ipsius flammae faces, per eos ipsos authores quantum ipsi possint efficere, in hoc etiam suae Serenitatis Regnum sint peruolaturae.

Haec de causa cuius aperta militia nimis eminent Serenissima Regina et magna necessitate et iusto concilio mouetur ut serio de hac re cogitet, ac expectet, quem progressum haec initia adferant istorum hominum: quos compertum et exploratum est, propter priuatam ambitionem omni studio niti et incumbere ut concitent Christianos Principes ad bellum, ad sanguinem: quorum uires et opes, non ad horum hominum superbam libidinem, sed ad Caesar. Maiestatis pié postulatum subsidium contra communem hostem iustiore ratione et maiori laude conuerterentur.

Atque, si compararetur haec Caesar. Maiestatis pia et Christiana mens, cum cruento isto horum studio inijciendi hoc tempore faces belli in ipsa Christianitatis viscera, ita inter se pugnare videbuntur ut nihil uel excogitari possit quod Caesaris Diuinum institutum aut magis perturbet aut plus impediat, quam haec impia et intempestiua horum hominum ad domesticum bellum concitatio. Nam quae subsidia commode iam à Christianis, uel cum ratione postulari possunt, uel propter domesticam necessitatem requiri debent, quando tantopere elaboratum est, ut ciuilis belli flamma quisque Christiani nominis angulus exardescat. Cuius mali incendium quos potissimum ipso exitu premet, incertum est: sed quod uicti simul et vincentis et uires et opes sit consumpturum, percredibile est. Et cum ad omnes aut plurimos hoc pertinebit, his tamen seorsum et praecipue cauendum erit, contra quos et contra quorum Regiones, haec praecise struuntur, nec illis, ullo modo, in tam imminenti et proprio periculo, domesticas suas, uel uires diminui et opes subtrahi patiantur.

(Fortsetzung folgt.)

V. „Historischer Atlas."

Statistik des Mittelalters.

Das Lehenbuch K. Ladislaus P. für Österreich ob und unter der Enns. (In alphabetischer Ordnung.)

(Fortsetzung.)

6.) 1455, 16. Juni. Erhard Menter (für sich und seinen Bruder Erasmus M.).
Einen Hof genannt der Menthof in Gutauerpfarre.
(Ihr Erbe.) Oestr. Ms. Nr. 65, Fol. 50, b.

7.) 1456, 28. September. Hanns Meylinger (in Gemeinschaft mit Mathes Grosser, s. G.).
Gewisse Stücke zu Kledorf in Stelzendorferpfarre.
(Gnaden-Lehen.) Oestr. Ms. Nr. 65, Fol. 103, b.

8.) 1455, 21. Mai. Wolfgang Missingdorffer (für sich und seine Vettern Wilhelm, Leupolt und Stephan M., Söhne seiner Brüder weil. Stephan und Leonhard Missingdorfer).

Die Veste Stainaprunn mit Bergrechten, Zehenden und Pfenninggülten auf behausten Gütern und Überländen und aller anderer Zugehörung, [ausgenommen $^1/_2$ Lehen (Nikl Stokh) und den Pfarrhof (Kaplan);
it. 1 Hofstatt gegenüber dem Pfarrhofe und 1 Hofstatt (warnung);
und 1 Hofstatt (der alt Mayr) die eigen und 1 Weingarten genannt der Fisweingarten und 5 Joch Acker genannt die Wolfleitten, die Burgrecht sind;]
it. das Haus zu Praiten Weideich mit nachgeschriebener seiner Zugehörung:
it. 10 Pfd. und 42 Pfen. Gülte auf behaustem Gut und Überländ;
it. 5 Eimer Bergrecht;
it. 1 Holz genannt der Awgrunt;
it. 1 Holz genannt das Egleinstal:
it. 1 Holz genannt das Vorholcz;
it. 1 Holz genannt der Sawperg;
it. 1 Holz genannt die Plassleitten;
it. 76 Joch und $^1/_4$ Acker in alle Feld und 5 Tagwerk Wiesmahds;
it. der Mairhof und die Fischweide auf dem Bach daselbst zu Praitenweidech;
it. das Burgrechtlehen zu Praitenweideich:
1) 28 Krautgärten nächst Niclas von Puch gelegen;
2) 6 Joch Acker, die an dieselben Krautgärten stossen;
3) $^1/_2$ Jeuchart Acker in der Sulcz und 1 Tagwerk Wiesmahd;
4) $^1/_2$ Tagwerk Wiesmahds auf dem pach;
5) 2 Jeuchart Ackers auf der Laimgrueb, alles gelegen in dem Kappellenfeld;
6) it. 4 Jeuchart ackers zunachst bey dem dorff;
7) it. 3 Jeuchart akhers ob dem Haslach;
8) it. 1 Tagwerk wismads under dem Haslach;
9) it. 2 Tagwerk wismads in dem wismad;
10) it. 2 Tagwerk Wismad bey dem Pawmgarten;
11) it. in dem Feld bey der Tallrunsen 4 Jeuchart ackers;
12) it. bey der Feldmühl $^1/_2$ Jeuchart Acker:

8**

13) it. bey Wankh 1 Jeuchart Acker;

und ist alles des Keyawer gut genannt und zu Praitenweideich gelegen;

it. den Hof zu Klein Weczlestorf auf der Smyda in Klaubendorferpfarre gelegen;

it. 10 Pfd. 6 Pfen. Gülte auf behaustem Gut in dem Dorf daselbst;

it. 68 Pfen. Gülte auf Überländ;

it. 2 Joch Weidech und 2 Joch Baumgarten;

it. 21 Joch Acker im hintern Feld;

it. 26 Joch Acker im mittern Feld;

it. 28 Joch Acker im Nidern Feld;

it. 8 Joch Wismads;

it. 3 Viertel Weingarten in den Kogeln;

it. 1 Teichel unter dem Hof und halber Wein- und Getreidzehend gross und klein, zu Feld und zu Dorf, daselbst gelegen, das alles in den ebgenannten Hof gehört;

it. zu Praitensee auf 18 Joch Weingarten und $1/_2$ Joch das Bergrecht, und auf jedem Joch 6 Pfen. zu Vogtrecht, und 12 Schilling Pfen. Gülte von 1 Weide, alles gelegen bey Praitensee an dem Newnperg und Newnperglein;

it. zu Kamrewtt 2 Theile Zehend, gross und klein, zu Feld und zu Dorf;

it. 19 Schilling und 8 Pfen. Gülte auf behaustem Gut und Überländ zu Gundorf, alles in Egemburger Gericht gelegen;

it. die Gülte zu Eberstorf:

1) 8 Pfd. 3 Schilling Gülte zu Eberstorf an der Czaya auf behausten Gütern;

2) 4 Pfd. Pfen. Gülte zu Peygarten auf behausten Gütern;

it. der Zehend zu Helfancz gross und klein zu Feld und zu Dorf, in Niderleisserpfarre gelegen;

it. „der anfal" 3 Pfd. Pfen. Gülte zu Resing auf behaustem Gut und Überländ gelegen;

it. 1 Weinzehend zu Freindorf und zu Pawngarten auf Weingärten in der Eben und an dem perg gelegen;

„des Gegentail habent die Klosterleut zu Mawrbach und der pharrer zu Tulln;"

it. Getreidzehend kleiner und grosser zu Freyndorf und zu Pawngarten, wie der genannt und daselbstum gelegen ist;

it. 21 Eimer Most Bergrecht, gelegen auf Weingärten zu Freindorf;

it. 2 Pfd. $47^1/_2$ Pfen. Gülte daselbst zu Freindorf auf behausten Gütern, und das Gericht auf denselben Leuten „innerhawss das den tod nicht berüret;"

it. 10 Metzen Diensthaber auf 4 Viertel Feldlehen zu Pawngarten;

it. 3 Schilling 20 Pfen. Gülte Burgrecht zu Freindorf auf Weingärten und $1^1/_2$ Joch Überländ Äckern gelegen, und

3 Schilling, 10 Pfen. Gülte auf Überländ gelegen in dem Tulner Burgfried „die halb in unser Herschaffl gen Lempach geborent;"

it. die Lehenschaft des Hofs zu Praitenweideich:

1) 1 Hof daselbst zu Praitenweideich, dazu gehören 3 Pfd. und $31^1/_2$ Pfen. Gülte auf behausten Gütern und Überländen und 15 Hühner, 3 Schilling Eyer, 25 Käse; 29 Jeuchart Acker in 3 Feldern und $4^1/_2$ Tagwerk wismads, 1 Baumgarten und 1 Holz, genannt der „Fuchsmantl," stosst an ein Holz, genannt der „Kyenwerger."

2) it. 2 Weingärten (alt und jung Weingärten), beide gelegen vor „an dem perg" und $6^1/_2$ Eimer 1 Viertel Bergrecht und $11^1/_2$ Pfen. Vogtrecht auf Weingärten, gelegen zu Praitenweidach;

it. zu Seyezerstorf 8 Metzen Vogthaber von $7^1/_2$ Feldlehen;

it. zu Furt auf Weingärten, genannt die Secz und auf 1 Joch Ackers, genannt die Chuepergerin den Zehend;

it. zu Dietersdorf $1/_2$ Pfd. Pfen. Gülte auf 2 behausten Hofstätten, und

zu Stêmesdorf $3^1/_2$ Pfd. 3 Schilling und 6 Pfen. Gülte und 54 Metzen Diensthaber, alles auf behausten Holden;

it. zu Lewezenprunn 6 Pfd. und 6 Schilling Pfen. Gülte in Stockerauerpfarre auf 1 Hof und auf 1 Mühle dabei gelegen.

(„Wan die ir erb und si auch ire lehen zusamen geworffen hieten daz der albeg der Elter under in lehentrager wer.")

Oestr. Ms. Nr. 65, Fol. 39, b, 40.

139.) 1455, 29. Mai, Wien. Bernhard Mitterndorffer.

4 Feldlehen in Czisterstorffer pfarre gelegen;
it. 6 Pfd. Pfen. auf behaustem Gut zu Eberstorf bei Zisterstorf;
it. 5 Schilling Pfen. Gülte zu Pruderdorf und auf
1 Hofstatt daselbst 60 Pfen. „genannt das Vogelsankh."
(Sein Erbe.) Oestr. Ms. Nr. 65, Fol. 46, ibid. Fol. 100.

140.) 1455, 23. Mai, Wien. Graf Herman von Montfort (für sich und seinen Bruder Graf Johann von M.).

1 Hof „des ain ganczs lehen ist, ain halbs lehen zway virtail und ain hofstat" mit 9 Schilling Pfen. Gülte, die in denselben Hof gehören, gelegen zu Haslaw auf der Leytta;

it. 40 Pfd. Pfen. Gülte mit aller Zugehörung, gelegen zu Gotesprunn und 1 Weingarten, des 4 ganze Lehen sind;

it. 1 Hof zu Eysempach bey Arbaistal;

it. 1 Hof zu dem Gerhaws bey Roraw und Weinzehend und Getreidzehend zu Prellenkirchen;

it. das Hallsgericht zu Roraw und das ganze Dorf zu Pachfurt;

„Item die Manschefft, so weilent die Grafen von Phannberg und n. die von „Stadegk in unserm furstentum Osterreich haben gehabt und die weilent unser „lieber herr und vater Kunig Albrecht loblicher gedechtnuss Graf Herman des „obgenanten Graf Hermans vater anstat sein selbs und Graf Stephans seins vettern „auf sun und tochter von sundern gnaden verlihen hat, doch ausgenomen die „lehen derselben Manschafft so zu dem Gotshawss zu sand Dorothea hie ze Wienn „geaigent sind von dem yeczgenanten unserm lieben herrn und vater, zu den „zeiten da er dannoch Herczog gewesen ist. Wan wir wellen, daz dieselben „aigenschaft bey irn krefften beleiben nach seines aigenbriefs innhaltung unge-„nerlich."

(Ihr väterliches Erbe.) Oestr. Ms. Nr. 65, Fol. 41, b, 42.

141.) 1456, 16. April. Sigmund Moser.

1 Hof zu den Hoffingern und
1 Lehen dabei, in Weiskircherpfarre gelegen.
(Sein Erbe.) Oestr. Ms. Nr. 65, Fol. 89.

142. 1455, 21. April. Hanns Moyker (für sich und seine Schwester Elsbeth).

Den Turnhof zu Wolfstal mit aller Zugehör;

it. zu Prellnkirchen auf 2 halben lehen auf jedem 70 Pfen. Gulten und 4 Metzen Vogthaber;

und $^1/_2$ Lehen daselbst („da der Mawrer und die Hewndlin" aufsitzen) dient auch 70 Pfen. und 4 Metzen Vogthaber;

it. zu Huntshaim 1 Weingarten genannt die „Langengrufft" (?)
und 1 Weingarten genannt die Nidergrefft;"
it. 1 Weingarten in den Hofekhern;
it. 2 Weingarten im Knappenpuhel;
it. 1 Eimer Wein Bergrecht am Kirchweg und 6 Pfenning Gülte;
1 Pfd. Pfen. Gülte zu Niderneibenprun auf behausten Lehen gelegen;
it. 2 Pfd. Pfen. Gülte gelegen bey Huntshaim auf Urbaräckern;
it. 9 Schilling 4 Pfen. Gülte gelegen zu Huntshaim auf behausten Holden;
it. 1 Hof gelegen zu Oberweyden, das ein ganzes Lehen ist;
it. 3 Urbarlehen am Neydegk;

it. ein Fischwasser zwischen Zwerendorf und Anger gelegen;
it. ein Holz daselbst, davon man jährlich dient $^1/_2$ Pfd. Pfen.
(Ihr Erbe.) Oestr. Ms. Nr. 65, Fol. 23.

143.) 1455, 14. April, Wien. Wolfgang Mulbanger.

Das Dorf Elsiarn in Grossen Enczestorffer Pfarre.
(Sein Erbe.) Oestr. Ms. Nr. 65, Fol. 17.

1455, 14. April. Veit Mulbanger.

1 Hube genannt zu Freiling in Stainkircher-Pfarre;
it. 1 Hof zu Tann in Schirflinger-Pfarre gelegen;
it. 1 Gut zu Ottnanng und 1 Gut in der Aw, beide in Ottnangerpfarre;
it. den Zehend im Weilpach zu Smiczperg auf 5 Häusern ganzen Zehend;
it. im Weispach 2 Häuser und 1 Selden;
it. auf 1 Hub (Prunner);
it. auf 1 Hof (Oberhaimer);
it. am Prunn 2 Güter und auf dem Gut (Sigl) in 2 Feldern;
it. im Kuegraben und Ortl vorm Tannech ganzen Zehend;
aller in Puchlerpfarre gelegen;
it. zu Olstorf auf 1 Gut (Genngl);
it. zu Roting und zu Ried den Zehend;
it. 44 Zehendhäuser in Ottnanger in Unkchnaher und in Aespakherpfarren gelegen;
it. den Zehend auf dem Dorf zu Pussing in Swanserpfarre gelegen;
it. dacz dem Raben im Slag 3 Gütel, darauf 2 Theile Zehend;
it. 1 Gut am Steg in der Laurach, darauf 2 Theile Zehend;
it. dacz Mertlein am Mos 2 Güter, darauf 2 Theile Zehend;
it. dacz Gaistaig 2 Höfe, darauf 2 Theile Zehend;
it. in der Schnittlaw 1 Gut, darauf 2 Theile Zehend;
it. dacz dem Nussel auf der Leitten 1 Hof, darauf 2 Theile Zehend;
it. dacz Newnhub 3 Gütel, darauf 2 Theile Zehend;
alle in Lobkircherpfarre gelegen;
und am Hausmansperg 2 Gütel, darauf 2 Theile Zehend, gelegen in Kirchaimerpfarre;
it. 1 Gut zu Hochstrass in Linzerpfarre gelegen;
it. 1 Hof am Aichperg in Lochkircherpfarre.
Oestr. Ms. Nr. 65, Fol. 17, b.

144.) 1457, 26. August. Hanns Mülfelder (für sich und seine Brüder Niclas und Wolfgang M.).

Das Haus Dross und den Hof dabei („der ettwenn des Tenicher ist gewesen") mit ihren Zugehörungen, ausgenommen das Kirchlehen daselbst;

it. 2 Sechstheil Wein- und Getreidzehend zu Gors, klein und gross, zu Feld und zu Dorf und auch daselbst im Newnperg 60 Pfen. Gelts;

it. 1 Drittheil Zehend zu Stendorf, zu Puchperg zu den Winsden und in dem Strauhartsperg Wein- und Getreidzehend zu Feld und zu Dorf, der Lehenschaft zu Gors;

it. 1 Sechstheil Zehend zu Respicz Wein und Getreid des ganzen Dorfs und daselbst zu Respicz 7 Pfund und 30 Pfen. Gelts und 1 Muth Haber auf behaustem Gut;

it. das Haus zu Wegschaid und 2 öde Lehen und das Holz in der Prachaw auch daselbst zu Wegschaid;

it. zu Tewffenpach 1 Hof genannt der Dryhof und auf den Äckern, so in den Hof gehören, 2 Theile Zehend und daselbst das Holz in der Debernicz mitsammt dem Wildbann und

zu Teuffenpach 1 öder Hof („der weilent n. des Tortenderffer gewesen ist");

it. 12 Joch Äcker auf dem Ratenstain und das Holz dabei, mitsammt dem
lbann auch daselbst zu Teuffenpach.
(Ihr Erbe.) Oestr. Ms. Nr. 65, Fol. 112, b.

145.) 1455, 20. Juni, Wien. Hanns Münczkh.

1 Gütel zu Hollnpach genannt in dem Kaltenpach bei Waidhofen auf
Tey.
(Sein Erbe.) Oestr. Ms. Nr. 65, Fol. 58.

146.) 1455, 25. September. Reinprecht Mustinger.

Ganzen Zehend auf 7½ Joch und ¼ und ⅙ Weingarten, gelegen an dem
senperg."
(Sein Erbe.) Oestr. Ms. Nr. 65, Fol. 72.

1456, 24. April. Jörg Müstinger (für sich und seine Mutter Elene).

1 „Purkbstal," genannt der Krotenstain;
1 „Weidach" und
1 Wiese, alles gelegen bei Pèstorff.
(Sein Erbe.) Oestr. Ms. Nr. 65, Fol. 93, b.

147.) 1455, 19. April. Simon Neiddegger.

Die Veste zum Meyras mitsammt dem Kirchlehen, Gerichten, Fischweiden,
dbann und anderer Zugehör,
und 2 Höfe zum Wolfharcz in Waidhofnerpfarre auf der Tey.
(Sein Erbe.) Oestr. Ms. Nr. 65, Fol. 21, b.

148.) 1456, 20. Jänner, Wien. Hanns Neydegger von Réna.

Die Veste Réna, 1 Mühle und etliche Äcker und Weingärten dabei gelegen;
it. der Berg, der da heisst der Pellingk „unczt in den grunt niderhalb
Hohenegk und halben tail als der Turn ligt zu Veyssstricz;"
it. ein Dorf bei Egkartzstain genannt Newndorf mit aller seiner
gehörung;
it. 3 Theile einer Dorfstatt, die genannt ist „dacz Weezleins" und liegt
Egkartzstain;
it. 1 Wiesmahd, das da heisst „auf dem Hof" und liegt bei dem Snee-
rg;
it. das „Gestleins" ganz und gar;
it. den Hof „in dem Greymer;"
it. 1 Hof zu Drästall;
it. 5 Hofstätte „in dem Pach" mit ihrer Zugehör;
it. 4 Hofstätte „niderhalb des Dorfs zu Mülldorf in dem Ledertal;
it. 1 Hofstatt unter „Murcztal;"
it. den Aichperg ganz und gar und 4 Hofstätte, die unter demselben Berg
gen und auch dazu gehören;
it. das Gut „in dem Mulpach, und was dazu gehört, auch was an dem-
ben Aichperg und auf dem Gut zu richten ist in dem Mulpach, den Tod aus-
nommen;
it. zu Pofett 2 Lehen;
it. zu Ellssarn 10 Hofstätt und was dazu gehört und auf demselben Gut
e Sachen zu richten, mit Ausnahme des Todes.
it. zu Habrugk 6 Lehen und 4 Hofstätt;
it. zu Newsidel 2 Höfe, 1 Lehen und 1 Hofstatt;
it. zu Lugendorf 2 Lehen;
it. zu Newsidel halben Zehend, kleinen und grossen;
it. in dem Greymer von dem „obristen Lehen" ganzen Zehend gross
d klein;
it. zu Muniebrewt auf 4 Lehen ganzen Zehend, kleinen und grossen;

it. daselbst zu Munichrewt von 1 Lehen den Drittheil Zehend, klein und gross;

it. daselbst von 1 Hofstatt auch $^1/_3$ Zehend klein und gross;

it. in dem Engelspach von 1 Hof und von 1 Lehen $^1/_3$ Zehend klein und gross;

it. in dem Reudems von 1 Hof 2 Lehen und 1 Hofstatt $^1/_3$ Zehends klein und gross;

it. zu Aichperg von 1 Hof und 1 Lehen $^1/_3$ Zehend klein und gross;

it. 1 Purkhstal, das da heisst Ekhartstain;

it. zu Sessing 1 Hof und 1 Hofstatt;

it. zu Stainpach 2 Lehen;

it. zu Chlebing 1 Lehen;

it. an der Hub 1 Hof;

it. 1 Lehen enhalb des pachs zu Embstal;

it. zu Vorchuch 1 Hof und 2 Lehen;

it. $^1/_2$ an dem Geltracz Holcz und Äckern und 2 Hofstätt daran;

it. unter dem Haus zu Rena 1 Baumgarten gegen Oczpach wärts gelegen;

it. vor dem Haus zu Renna an dem Pellnigk 2 Äcker;

it. zu Aichergk 2 Hofstätt;

it. zu Otczspach 2 Lehen;

it. an der Mottaw 2 Lehen;

it. zu Otcz $1^1/_2$ Lehen;

it. zu Mülldorf hinterhalb des Furt 2 Hofstätt;

it. daselbst zu Muldorf ob der voglhütten 1 Hof „an dem Tremmig;"

it. 1 Mühle niderhalb Wogschaid und die Baumgärten, die oben daran liegen „uncz in den Mairhofgraben;"

it. auf dem Poffet 2 Lehen;

it. zu Ambstal $^1/_3$ Lehen und 1 Hofstatt;

it. aber zu Poffet 1 Lehen und 3 Hofstätt;

it. im „Tal" bei der Hueb 2 Lehen;

it. zu dem Wernhers 1 Lehen;

it. zu Sigenrewt 4 Lehen und 1 Mühle;

it. das Dorf zu Spilberg und die Dörfer in Spilberger Gericht gelegen und in Antschawer Gebiet, die gen Obriczperg gehört haben;

it. die Gericht, Stock und Galgen, Forst, Wildbann, und auch das Halsgericht zu Kunigspach;

it. zu Gfell im Tal 2 Pfd. Gelts;

it. das Dorf zu Nydern Abstorf;

it. das Gut zu Wissendorf;

it. zu Wenigenrufft 6 Pfd. 5 Schilling und 7 Pfen. Gelts 7 Muth Korn und 6 Metzen, Haber 4 Muth und 20 Metzen;

it. das Haus Ainöd mit seiner Zugehörung;

it. den Wildbann auf allen vorgenannten Gütern;

it. die Fischweide, die zu der Veste Pielach gehört;

it. 1 Hofstatt genannt der Häsibhof in Hederstorfferpfarre gelegen;

it. die Veste Zäking mit ihrer Zugehörung;

it. das Dorf zu Kunigsprunn;

it. zu Wochaw 1 Hof, genannt „auf der Pirkh," und 1 Weingarten der daran stösst und 1 Weingarten genannt die „Klawsen;"

it. das Halsgericht zu Neidegk;

it. zu Pirpawm $4^1/_2$ Lehen, 2 Hofstätt und 1 Badstube mit ihrer Zugehörung;

it. zu Nidern Reyttarn 1 Hof und 2 Hofstätte;

it. zu Wursenaigen 2 Lehen;

it. den Zehend zu Jewttendorf.

(Sein Erbe.) Oestr. Ms. Nr. 65, Fol. 66, b, 66.

9.) 1456, 24. April. Caspar Newndlinger (für sich und seine Brüder Balthasar, Sigmund, Wolfgang und Moritz).

Den Hof zu Ludmanstorf;
it. den Hof zu Walichofen;
it. den Hof zu Ekhartzdorf;
it. 1 Gut am Kasten;
it. 1 Gut am „Nidern Puben," die alle sind gelegen in Sand Johanns und Sand Peterspfarre;
it. die „Stainmüll" in S. Johannspfarr gelegen;
it. 1 Gut „auf der Stelczen" in der Herrschaft Wessenberg;
* it. die Prukmüll, auch von der Herrschaft Wessenberg Lehenschaft.
(Ihr Erbe.) Oestr. Ms. Nr. 65, Fol. 93, b.

0.) 1456, 24. April. Wolfgang Nuremberger (für sich und seinen Bruder Wilhelm).

1 Hof im „Pach" und 1 Mühle daselbst mit 35 Pfen. Gelts.
(Ihr väterliches Erbe.) Oestr. Ms. Nr. 65, Fol. 93, b.

151.) Wolfgang Obdacher.

1 Lehen zu Newpölan „das von der Kanntzley des fürstent. Österreich zu ‚hen rürt wan das vermant wer."
(Gnaden-Lehen.) Oestr. Ms. Nr. 65, Fol. 2.

152.) Kristoph Ochsenpeck.

12 Schill. Gelts zu Guntzestorff (sein Erbe);
it. 1 hof gelegen zu Amaiss m. Z. und 2 hofstet daselbs;
it. Egker alsvil in 1 lehen gehörn und 1 wisen gelegen bey alten Rurechtstorff;
it. 1 holtz gelegen zu Eybenstal genannt die Dornaw;
it. 1 Weingarten gelegen zu Herestorff an dem Kuepirg;
it. 2 zechentel, eines gelegen zu Krotendorff, und eines zu dem aigen.
(Gekaufte Güter und erben auf Söhne und [aus gnaden] Töchter.)
Oestr. Ms. Nr. 65, Fol. 2.

153.) 1455, 13. Mai. Sigmund Odenpekh.

1 Drittel Wein- und Getreidzehend zu Feld und zu Dorf, zu Lymberg elegen.
(Sein Erbe.) Oestr. Ms. Nr. 65, Fol. 35, b.

154.) 1455, 19. April, Wien. Mert Öder.

1 Hof, genannt der Genghof in St. Stephanspfarre und Wechsenberger andgericht;
it. 1 Gut zu Gredenpach in Pfarrkirchnerpfarre in Veldner Landgericht;
it. 1 Gut zu Mayrhof in Pfarrkirchnerpfarre und in *Niderkappeler ‚yankhl;
it. ½ Gut daselbst in derselben Pfarr gelegen;
it. aber ½ Gut genannt zu Öd auch in derselben Pfarre;
it. ½ Gut genannt „in der Krynn" in Rorbekherpfarre;
it. 2 Selden zu Peylstain in derselben Pfarre gelegen, alle Stücke in ‚eldner Landgericht gelegen;
it. ganzen Zehend auf 1 Gut im Oberntal und in Waldkirchnerpfarre bey ‚esen gelegen;
it. ganzen Zehend auf 5 Gütern zu Röczling:

[1]) Siehe Kapplan.

it. auf 3 Gütern ganzen Zehend zu Eygen und auf einer „pewnt" daselbst gehört gen Puchperg;

it. ganzen Zehend auf 3 Gütern zu Danckmaring und auf 2 Gütern zu Mülperg überall grossen und kleinen;

alle Zehende gelegen in Newnkircherpfarre und in Pewrbekher Landgericht.

(Sein Erbe.) Oestr. Ms. Nr. 65, Fol. 23, b.

1455, 23. September, Wien. Kristan Öder (für sich und seinen Bruder Caspar Öder).

Den Hof zu Sigenhofen mit seiner Zugehörung;
it. die Hofstatt in der Kappenaw;
it. die Sunmühle;
it. 1 Gut „dacz Goschel am Weg;"
it. 1 Gut am Mistelperg, alles in Trageinerpfarre gelegen;
it. das Gut in der Laimgrub;
it. das Gut in der Viechtenaw;
it. die Hofstatt „in der Not;"
it. die Hofstatt zu „Oberndorf;"
it. 1 Gut im Aschpach, alles in Schonnawerpfarre gelegen.
(Ihr Erbe.) Oestr. Ms. Nr. 65, Fol. 71, b.

1455, 13. Mai, Wien. Alex Öder.

Auf 4 Gütern im Obern Trostleinspach ganzen Zehend;

it. auf 3 Gütern „zu Reisat" an dem Mairhof und zu „Hag" 2 Theile Zehend;

it. auf 4 Gütern zu Ripperg ganzen Zehend;

it. auf 1 Gut genannt am Hasenleben (?) ganzen Zehend;

it. zu Weybarn 1 Gut mit Grund und Boden und aller Zugehörung, alles gelegen in „Naterpegkher" Pfarre und in „Pewrpekher" Landgericht.

(Sein Erbe.) Oestr. Ms. Nr. 65, Fol. 35, b.

155.) 1456, 25. September. Hanns Ofenpekh.

Die Mühle im Oberndrum ob irs hofs gelegen;
it. 1 Hofstatt (Wolfgang Schuster);
it. 1 Hofstatt (Jacob Wagner);
it. 2 Hofstätt (Michel Grel);
it. 1 Hofstatt (Niclas Weber); alles gelegen bei dem Markte zu Kirchperg;
it. 1 Hofstatt in Gloknitzerpfarre (Andre in der Prewn);
it. 1 Hof in Wismaderpfarre (Steffan am Ruppleins);
it. 1 Hof (Ulrich zu Krotendorf);
it. 1 Hof (Kristan Rewhel);
it. 1 Hofstatt (Michel, Sohn des Wumpl im Raiffpach);
alles in Aschpangerpfarre;
it. 1 Baumgarten (heut die Mokhlinn) in Putnerpfarre gelegen;
it. 1 Hof (Ruppl Olbm zu Grefenpach);
it. 1 Hof (Hanns, Sohn des Olbers zu Obertenning);
it. 1 Hof (Ulrich im Graben);
it. 1 Überländ (Ulrich Stengl des Kumers Sohn hinder Oder);
it. 1 Hofstatt (Hanns Schreml im Renach hinder Oder);
it. 1 Hofstättl (Rauschart bey Oder).
(Sein Erbe. Oestr. Ms. Nr. 65, Fol. 169.

(Fortsetzung folgt.)

Aus der k. k. Hof- und Staatsdruckerei.

№ 9. NOTIZENBLATT. 1854.

Beilage zum Archiv für Kunde österreichischer Geschichtsquellen.

Herausgegeben von der historischen Commission

der

kaiserlichen Akademie der Wissenschaften in Wien.

II. „Oesterreichische Geschichtsquellen."

8.) Antiquarische Mittheilungen aus Kärnten.

Vom k. k. Landesgerichtsrathe Michael von Jabornegg-Altenfels.

I.

Die römische Stadt Teurnia in Noricum.

(Mit 1 Tafel.)

Plinius nennt unter den Städten der Noriker auch Teurnia; er sagt nämlich: A tergo Carnorum, qua se fert magnus Ister, Rhaetis junguntur Norici; oppida eorum Virunum, Celeja, Teurnia, Aguntum, Vianiomina, Claudia, Flavium Solvense [1]).

Ptolomäus erwähnt dieser Stadt gleichfalls. Nach ihm lag sie unter dem 34° 40' der Länge, und 45° 40' nördlicher Breite [2]).

Über die Ortslage dieser Stadt waren die älteren Geschichtsforscher verschiedener Ansicht. Lazius und unser vaterländischer Chronist Hyeronimus Megiser setzten selbe an die Stelle des heutigen Radstatt im Salzburgischen, Jordan mit Cluver nach Villach, dagegen wiesen ihr Hansiz, Wellner, Scheyb, Resch, Rubeis u. s. w. bereits den Platz am heutigen Lurnfelde an, welches sich vom Markte Spittal in Oberkärnten bis zum Einflusse der Möll in die Drau erstreckt, und eine bedeutende, von hohen Alpen umgebene, von einigen Hügeln unterbrochene Ebene bildet. Unsere neueren vaterländischen Geschichtsschreiber Amb. Eichhorn, Albert von Muchar, Bar. von Ankershofen und Heinrich Herrmann nehmen gleichfalls an, dass Teurnia im heutigen Lurnfelde gelegen sei.

Die Verschiedenheit der Annahmen unserer älteren Historiker mag wohl vorzüglich darin ihren Grund haben, dass die Wenigsten derselben jene Gegend selbst in Augenschein nahmen und durchforschten, auch alle geschichtlichen Quellen, welche auf diesen Ort Bezug haben, so wie die neueren Entdeckungen nicht kannten, welche uns in der Gegenwart viele gewichtige Anhaltspunkte für die Behauptung darbieten, dass Teurnia in jener Gegend gestanden habe.

Abgesehen davon, dass der heutige Name des Lurnfeldes mit vieler Wahrscheinlichkeit davon seinen Namen erhielt, indem aus der ursprünglichen, sicher schon in die vorrömische Zeit hinaufreichenden Benennung: Teurnia im V. Jahrhundert, wie wir weiter unten hören werden, der Name Tiburnia entstand, welcher später in Liburnia, vielleicht durch Verwechslung des T mit L durch Copisten beim Abschreiben, überging, woraus dann endlich im Mittelalter das in Urkunden wiederholt vorkommende Lurn, Lurne und Lurnfeld gebildet wurde; so deuten schon die von mir wiederholt und in allen Richtungen durchforschten bedeutenden Ruinen auf jenem Hügel im Lurnfelde, worauf die heutige Kirche St. Peter im Holz liegt, dann die dort ausgegrabenen Alter-

[1]) Plin. L. III, c. 4.

[2]) Ptolem. L. II, c. 14.

thümer, die zahlreichen Römersteine mit Abbildungen und Inschriften, vorzüglich die merkwürdige aus diesen Ruinen herrührende Inschrift in dem nahen Millstatt, worauf der Name Teurnia vorkommt, und endlich die wenngleich spärlichen geschichtlichen Quellen unzweifelhaft dahin, dass an diesem Platze eine bedeutende römische Stadt gestanden, welche keine andere als Teurnia gewesen sein könne.

Ohne die Inschriften und Abbildungen auf Stein hier genauer aufzuführen, welche aus diesen Ruinen bis jetzt ausgegraben worden sind, weil selbe von mir anderswo ohnehin umständlich besprochen werden sollen, wollen wir nur im Allgemeinen bemerken, dass ihre Anzahl bedeutend ist. Wir widmen demnach hier nur den wichtigsten, den Namen Teurnia enthaltenden Inschriften einen Platz und eine nähere Besprechung. Die bereits oben erwähnte Inschrift zu Millstatt lautet nun so:

IMP·CAES·
C·VIBIO·
AFINIO·
GALLO·
VELDVMINO·
VOLVSIANO·
P·F·INVI·AVG·
ORDO TEVR·
DEVOTVS·
NVMINI·MAIES·
TATIQVE·EIVS·

Dieses Denkmal liess der Ordo Augustalium Teurnensis, nämlich der Stadtrath[1]) von Teurnia dem Kaiser Volusianus und seinem Vater T. Gallus, welche vom August 251 bis August 253 nach Ch. Geb. regierten[2]), wahrscheinlich aus dem Grunde setzen, weil sie sich um das Stadtwesen verdient gemacht hatten.

Dieser Stein macht uns zugleich mit der damaligen Verfassung der Stadt Teurnia bekannt, indem er uns zeigt, dass zur Zeit, als er dem K. Volusianus und seinem Vater gesetzt worden, in dieser Stadt eine Municipal-Verfassung ähnlich jener bestanden habe, welche die Städte mit italischem Rechte genossen[3]).

Dieses ergibt sich auch aus einem zu Bernau am Chiemsee[4]) befindlichen Römersteine, der folgende Inschrift trägt:

L·TERENTIO·VERO·II·VIR·TEVRN·
PRAEF·IVRI·D·OBIT·AN·LX·ET·
SEPPIAE·G·F·PRESENTIÆ·L·TEREN·
VERINVS·ET.C·TERENTIVS·PRE·
SENTINVS·PARENTIBVS·OPTI
MIS·FECERVNT·

Auf diesem Steine erscheint Terentius Verus als Duumvir von Teurnia, der zugleich auch ein Praefectus juri dicundo war. Die Duumviri juri dicundo waren als ordentliche Magistratspersonen der Municipien und Colonien den römischen Consulen vor der Absonderung der Prätur zu vergleichen, indem ihnen die höchste Aufsicht über alle Zweige der Verwaltung, der Vorsitz im Senate

---

[1]) Pitiscus lex Antiq. und Reinesius inscr. p. 29, 133, 134.

[2]) Jordan. de orig. slav. Tom. II, pag. 118.

[3]) Freiherr von Ankershofen, Handbuch der Geschichte des H. Kärnten, I. Band, Seite 510 und 512.

[4]) Juvavia p. 51.

und die Rechtspflege oblag [1]). Sie waren also hohe Staatsbeamte, und die Städte, wo sie ihren Amtssitz hatten, mussten daher jedenfalls von Bedeutung sein.

Von einer Stadt von solcher Wichtigkeit wie Teurnia mussten nothwendig Strassen nach mehreren Richtungen in die anderen Landestheile und Nachbar-Provinzen führen. So folgte eine Strasse aus dieser Stadt dem Laufe der Drau entgegen und führte hinauf in das Thal der Pirusten nach Loncium und dann weiter in das alpenreiche Rhätien.

Eine zweite Strasse ging durch das untere Möllthal über Obervellach und Mallnitz, dann über das mehr als 8000 Fuss hohe Joch des Kornthauern hinab zu den uralten thauriszischen Goldschachten des Ache- und Salza-Thales [2]).

Ein dritter Weg führte durch das Drauthal abwärts nach Santicum (Villach), dann nach Virunum und Celeja.

Auf allen diesen Strassenstrecken geben zahlreiche Steine mit Inschriften und Abbildungen sichere Kunde vom einstigen Dasein der Römer.

Endlich deuten häufige Spuren auf eine einstige Römerstrasse durch das heutige Liserthal über Gmünd, durch den Laussnitzgraben ins Lungau und über den Radstädter-Tauern nach Juvavia; besonders bestätiget das Auffinden zweier römischen Meilensteine diesen Strassenzug.

Der eine Meilenstein wurde im Laussnitzgraben auf der Taferneralpe an der Gränze von Kärnten und Salzburg, am Übergange vom Liserthale ins Lungau, gefunden.

Auf demselben liest man folgende Inschrift: [3])

IMP·CAES·
L·SEPT·SEVERVS·
PIVS·PE AVG·AR·
AB·AD B·PAR·MXP
TRIB·PC VRI·IM·XII·
COS·IT·P P·PRO·
COS·ET·IMP·CAE·
M·AVRELIVS·
PIVS·AVG·TRIB·POT·
IIII·PROCOS·
A·T·MPS·
IIXXX·

Der ehemalige Professor und Bibliothek-Custos Kaspar Stefan in Salzburg las diese Inschrift so:

Imperator Caesar Lucius Septimius Severus, Pius, Pertinax, Augustus, Arabicus, Adiabenicus, Parthicus, Maximus Pontifex, Tribunitiae Potestatis IX, Imperator XII, Consul II, Pater, Patriae, Proconsul, et Imperator Caesar Marcus Aurelius (Antoninus?) Pius Augustus, Tribunitiae Potestatis IV, Proconsul..... a Teurnia Millia passuum IIXXX.

Es handelt sich hier vorzüglich um die Bedeutung der Siegeln der vorletzten Zeile, da der Inhalt des übrigen Theiles der Inschrift ohnehin ziemlich klar ist.

Nachdem auf allen römischen Meilensteinen in der vorletzten oder letzten Zeile gewöhnlich jene Stadt benannt wird, von welcher die Entfernung, nämlich die Zahl der Schritte, bis zum Standorte des Steines angegeben worden; dieser Meilenstein auf der Strasse zwischen Spittal und Salzburg, und zwar nur wenige Meilen von dem bei Spittal befindlichen Orte St. Peter im Holz gefunden wurde;

---

[1]) Allgem. Encyclop. der Wissensch. und Künste von Ersch und Gruber über Duumviri, p. 431 und 432.

[2]) Noch heute sieht man die Spuren des alten Römerweges über diese Alpe, welcher Weg vom Landvolke in der Mallnitz allgemein der „Heidenweg" genannt wird.

[3]) Juvavia, p. 53.

auch im Noricum keine Stadt von Bedeutung ausser Teurnia mit dem Anfangsbuchstaben: „T“ vorkömmt; so kann die Leseart der vorletzten Zeile dieses Meilensteines „a Teurnia millia passuum 28“ wohl mit allem Grunde als die richtige angenommen werden.

Der zweite Meilenstein auf diesem Wege wurde zu Mauterndorf im Lungau gefunden[1]). Die Inschrift auf demselben lautet:

CAS·L·SEPTMV
S·PERTNAX·AVG·
EI.MX·PONT·T·P·
XII·COS·II·P·P·PROC·
C·M·AVREL·ANTONN·
POT·IIII·PROCOS·
MILARA·
VLAPSA·RESTTV
VRNE·M·IVENI·
PROCVLO·LEG·PR·PR·
A·T·MP·
XLV·

K. Stefan las und ergänzte diese Inschrift, wie folgt:

Caesar Lucius Septimius Pertinax Augustus et Imperator, Maximus Pontifex, Tribunitiae Potestatis XII, Consul II, Pater Patriae, Proconsul, et Caesar Marcus Aurelius Antoninus, Tribunitiae Potestatis IV, Proconsul, (et Geta) Milliaria conlapsa restituerunt, curante Marco Juventio Proculo Legato, Praeside Provinciae a Teurnia Millia Passuum XLV.

Hier gilt dasselbe in Betreff der Auslegung der Siegeln A. T. in der vorletzten Zeile, was schon beim ersten Meilensteine bemerkt worden ist.

Da man annehmen kann, dass diese beiden Meilensteine an jenem Platze oder wenigstens in der Nähe desselben, an welchem man sie in der Neuzeit ausgrub, ursprünglich gestanden sein werden, so stimmt auch die auf beiden angegebene Entfernung von Teurnia mit der heutigen Distanz von den Ruinen zu St. Peter im Holz bis auf kleine, durch spätere Veränderung des Strassenzuges leicht erklärbare Unterschiede überein.

Über die Geschicke Teurnias zur Zeit der Römerherrschaft in Noricum durch die ersten 4 Jahrhunderte sind keine bestimmten Überlieferungen auf uns gelangt; wir können blos vermuthen, dass es die Schicksale, welche jenen Theil Mittelnoricums trafen, mit diesen getheilt haben werde. Mit Zuverlässigkeit können wir jedoch annehmen, dass Mittelnoricum und somit auch Teurnia die christliche Glaubenslehre zuerst von Aquileja her erhalten habe, wie dies Muchar in seinem „römischen Noricum“ auf das Gründlichste nachgewiesen hat.

Der Zerstörung durch die Hunnen zur Zeit Attila's, welche auf ihren Zügen von Osten nach Süden und Westen wohl auch Mittelnoricum berührt haben werden, war die Stadt Teurnia, sei es durch ihre feste Lage, sei es durch ihre Entfernung von der allgemeinen Heerstrasse nach Süden, glücklich entgangen.

In der zweiten Hälfte des V. Jahrhunderts befand sich bereits eine Christengemeinde in Teurnia mit einem von ihr selbst gewählten Bischofe. Dies erfahren wir durch Eugippius, einem Schüler des heil. Severin, des Apostels der Noriker, welch' Letzterer zwischen den Jahren 454 und 484 im Ufernorikum das Evangelium predigte. Eugippius, später Abt des Klosters Lucullum bei Neapel, schrieb zwischen 509 und 512 die Denkwürdigkeiten seines frommen Meisters, und bemerkt hinsichtlich des Bischofes in Teurnia:

Paulinus quidam ad Severinum, fame ejus excurrente, pervenerat. (Severin hielt sich gewöhnlich in seinem Kloster bei Faviana — Wien — auf.) Hic concertis

---

[1]) Juvavia, p. 54.

beati viri diebus aliquot remoratus, cum redire vellet, audivit ab eo: „Festina venerabilis Presbiter, quia cito dilectionem tuam, populorum desideriis, ut credimus, obluctantem dignitas Episcopalis ornabit.“ Mox remeante ad patriam, sermo in eo praedicentis impletus est; nam cives Tiburniae, quae est metropolis Norici, coegerunt praedictum Virum summi sacerdotii suscipere principatum. Sectio XXII.[1])

Aus dieser interessanten Mittheilung erlangen wir auch zugleich Kenntniss, dass Teurnia oder Tiburnia damals die Hauptstadt Norikums gewesen sei.

Zu jener Zeit wurde Teurnia auch einmal von den Gothen, obwohl vergeblich belagert; um jedoch dieses sehr unwillkommenen Besuches los zu werden, überliessen ihnen die Bewohner der Stadt jene Geschenke, welche für die dürftigen Christengemeinden im Ufernorikum bereits gesammelt und zur Absendung an Severin bestimmt waren (Eugippius Sectio XVIII). Hierauf zogen die Gothen wieder ab.

Diese Belagerung dürfte noch vor dem Jahre 472 erfolgt sein, entweder beim Abzuge Widemirs nach Italien oder als die noch in Panonien sesshaften Gothen Raubzüge ins Norikum machten[2]).

Auch die Alemannen machten in jener Zeit Einfälle in das Gebiet von Teurnia, wie wir aus folgender Stelle der Beschreibung des Eugippius (Sect. XXV) ersehen:

Deinde quidam Noricus, nomine Maximinus ad Servum Dei (Severinum) prout frequentare solitus erat, cum venisset, et pro familiaritate, quam meruerat, in monasterio S. Viri diebus aliquot moreratur, informatur oraculis, patriam suam grave repente exitium subiturum. Qui acceptis literis ad S. Paulinum Episcopum destinatis, remeavit instantius. Igitur memoratus Antistes literarum tenore perstructus, universa Dioecesis suae Castella scriptis propriis vehementer admonuit, ut triduano jejunio, quod literae Viri Dei signaverant, exitio venturae cladis occurrerent. Quibus jussa complentibus, terminato jejunio ecce Alemannorum copiosissima multitudo feraliter cuncta vastavit. Castella vero nullum sensere periculum, quae lorica fidelis jejunii et laudanda cordis humilitas per Virum propheticum adversus hostium ferociam fidenter armaverat.

Dieser Einfall dürfte in jene Zeit fallen, als die Alemannen durch Mittelnorikum bis Savia zwischen den Jahren 466 bis 470 Raubzüge unternommen hatten[3]).

Die Beschreibung dieses Einfalles trägt übrigens das Gepräge genauer Ortskenntniss an sich; denn wie wir weiter unter hören werden, stand Teurnia hart am Ufer der Drau auf einem Hügel, war also durch den Fluss, durch seine hohe Lage und durch feste Mauern und Thürme geschützt, konnte daher den Überfällen der auf Raub und Plünderung ausziehenden Barbaren-Horden um so eher widerstehen, als sich diese schwerlich die Zeit zu einer längeren und förmlichen Belagerung nehmen mochten.

Auf den Hügeln des Lurnfeldes und seiner nächsten Umgebung stehen noch jetzt die Ruinen der ehemaligen festen Schlösser: Feldsberg, Hohenburg, Ortenburg, Sachsenburg u. s. w.[4]), welche im Mittelalter auf jene Stellen gebaut wurden, wo zur Zeit des Bischofes Paulinus die „universa Dioecesis sue Castella“ gestanden sein mochten.

Teurnia, oder wie es zu jener Zeit hiess: Tiburnia, wurde während des gothischen Krieges von den Franken unter dem Könige Theodebert erobert und von den fränkischen Bischöfen mit Priestern besetzt[5]), und zwar um das Jahr 556.

---

[1]) Germania sacra, T. I, C. XIV. — Muchar, röm. Noric. Bd. II, pag. 302.

[2]) Muchar, röm. Noric. Bd. II, p. 207.

[3]) Muchar, röm. Noric. Bd. II, p. 206.

[4]) Einige dieser Schlösser kommen im frühen Mittelalter schon urkundlich vor.

[5]) Muchar, röm. Noric. Bd. II, pag. 55. — A. Eichhorn, Beiträge zur Geschichte und Topogr. Kärntens Bd. I, p. 105. — B. Ankershofen, Handbuch der Geschichte des H. Kärnten, Bd. II, p. 90.

Dies gab zum Theil Veranlassung, dass der Patriarch von Aquileja mit allen ihm noch anhängenden Bischöfen sich an den bizantinischen Kaiser Mauritius wendete, und darüber Klage führte, dass durch die Ausdehnung der fränkischen Macht überhaupt, und insbesondere über Rhätien und Mittelnorikum auch die fränkische Kirchengewalt sich ausgebreitet und drei zum Patriarchate von Aquileja gehörige Hauptkirchen — von denen die von Tiburnia ausdrücklich genannt wird, — gewaltsam davon abgerissen habe [1]).

Der letzte Bischof von Tiburnia, dessen die Geschichte erwähnt, ist Leonian, welcher im Jahre 579 nebst den Bischöfen Joannes von Cellejs, und Patricius von Aemona der Sinode von Gradus (wohin der Patriarchen-Sitz von Aquileja vom Patriarchen Paulinus übertragen worden) beiwohnte [2]).

Die letzte Meldung von dem Bestande der Kirchengemeinde zu Tiburnia geschieht um das Jahr 591 in einem Sendschreiben mehrerer Bischöfe des Patriarchates von Aquileja. Von da an verschwindet Tiburnia aus der Geschichte, und es ist mit aller Wahrscheinlichkeit anzunehmen, dass die heidnischen Slaven, welche gegen Ende des VI. Jahrhunderts nach der Drau hinauf bis in das heutige Pusterthal zogen und sich in jenen Gegenden sesshaft machten, den Bischofsitz Tiburnia, wo das von ihnen gehasste Christenthum blühte, zerstört haben werden [3]).

Eine kleine Stunde ober dem Markte Spittal in Ober-Kärnten liegt fast an der Drau an deren linkem Ufer ein Hügel von ziemlichem Umfange, welcher auf der Höhe abgeplattet, grösstentheils mit Wald bedeckt ist; nur an der südöstlichen Seite sieht man urbar gemachten Boden. Dort steht die uralte Pfarrkirche St. Peter „im Holz“ mit dem Pfarrhofe und ein Paar anderen Gebäuden.

Dieser Hügel ist ziemlich hoch; gegen die Drau fällt er steil ab; am Fusse desselben läuft eine ziemliche Strecke fort die Poststrasse von Kärnten nach Tirol.

Die ganze obere Fläche dieses Hügels ist mit Grundmauern von Gebäuden, Gewölben, unterirdischen Canälen u. s. w. bedeckt, und am Rande dieser Fläche sind Spuren einer fortlaufenden, sehr dicken Mauer kennbar, welche einst als Festungs-Mauer gedient zu haben scheint. Das sind die Ruinen, das die einzigen Reste der alten Römerstadt und des Bischofsitzes Teurnia!

Seit Jahrhunderten wurden aus dem Schutte dieses classischen Bodens Steinschriften, dann Abbildungen in Stein, Säulen, Quaderstücke, Hohlziegel, Geräthe von Erz, Geschmeide, Waffen, Geschirre, Münzen u. s. w. hervorgewühlt, und besonders viele behauene Steine und Verzierungen zum Baue der fürstlichen Burg in Spittal verwendet [4]).

Die Kirche zu St. Peter im Holz und der Pfarrhof sind grösstentheils von den aus diesen Ruinen genommenen Steinen und Ziegeln erbaut; daher sind auch am letzteren und an den dazu gehörigen Gebäuden mehrere Reliefs und Inschriften auf Stein an den Aussenwänden sichtbar.

Im Jahre 1845 traten mehrere Freunde der vaterländischen Geschichte in Spittal zusammen, um in diesen Ruinen Nachgrabungen zu pflegen, an deren Spitze sich der Herr Fürst Alfons Gabriel von Porzia, Besitzer der Burg in Spittal und der Grafschaft Ortenburg, stellte.

Zweierlei wäre bei diesem Unternehmen zu wünschen gewesen; dass man nach einem bestimmten Plane gegraben hätte; und dass über die zu Tage geförderten Gebäude-Reste vor ihrer neuerlichen Verschüttung richtige Zeichnungen

---

[1]) Muchar, röm. Noric. Bd. II, p. 55. — de Rubeis, antiq. Aquil. p. [illegible]. — Hansiz, Germ. sacr. T. I, p. 94.

[2]) A. Eichhorn, Beiträge zur Geschichte und Topogr. Kärntens, Bd. I, p. [illegible]. — B. Ankershofen, Handbuch der Geschichte des H. Kärnten, Bd. II, p. [illegible].

[3]) B. Ankershofen, ibidem.

[4]) Hansiz, Analecta seu Collectanea pro histor. Carinthiae; Norimb. [illegible], I. Pars, p. 65 etc.

aufgenommen worden wären, wodurch sich dem Geschichtskundigen Gelegenheit geboten hätte, zu beurtheilen, welche Bestimmung die einst hier gestandenen Gebäude gehabt haben mochten.

Die Nachgrabungen wurden hauptsächlich auf dem südöstlichsten Punkte dieser Ruinen vorgenommen. Man traf daselbst auf ein grösseres Gebäude mit unterirdischen Heizungs-Vorrichtungen, wo an den Seitenwänden der Wohnlocalitäten noch die Hohlziegel zur Fortleitung der von unten hinaufströmenden Wärme klebten und mit Mörtel beworfen, so wie mit rother Farbe, von blauen und gelben Streifen durchzogen, bemalt waren. Dieses Gebäude musste nach dem, — leider von einem Unkundigen aufgenommenen und mir übersendeten Grundrisse von ansehnlicher Grösse gewesen sein. Der Estrich-Fussboden wurde von sechzig kleinen gemauerten viereckigen Säulchen getragen. und der Raum unter dem Fussboden (hypocaustum), wo die 60 Säulchen standen, trug an den Wänden und am Boden allenthalben die Spuren des Feuers, weil dort die Beheizung stattgefunden hatte.

Bezeichnend ist in dem mir zugekommenen Berichte über die Resultate der Ausgrabung die Bemerkung, dass man Knochentheile von Menschen und Thieren vermischt mit Kohlen und Schlacken von geschmolzenes Gegenständen, so wie auch eine weit ausgedehnte Ascheulage vorfand, aus der man folgerte, dass dieselbe von vielen auf einmal verbrannten Körpern herrühren müsse. An diesen Orten wurden dann auch die sehr stark oxydirten Reste von eisernen Waffen, Helmen, Armschienen u. s. w. gefunden.

Alle diese Umstände zusammengenommen geben deutliche Fingerzeige, dass die Zerstörung Teurnia's durch Feuer und Schwert erfolgte, und dass die Einwohner fechtend in der Feuerlohe ihrer brennenden Stadt zu Grunde gegangen sein müssen.

Ausser den Waffenresten fand man auch römische Münzen, einige Gegenstände von Erz, Scherben von Gefässen, unter andern eine grössere Urne von Thon, die jedoch beim Hervorziehen in Trümmer fiel, dann Säulenstücke, Bruchstücke einer kolossalen Statue von weissem Kalkstein, Karniesse, Nägel u. s. w. Jene von diesen ausgegrabenen Gegenständen, welche der Aufbewahrung werth waren, wurden dem Herrn Alfons G. Fürsten von Porzia übergeben, Hochwelcher dieselben in der Folge grossmüthig an den kärntnerischen Geschichtsverein in Klagenfurt übersendete. Der Herr Fürst hat sich überhaupt stets bereitwillig gezeigt, bei ähnlichen Unternehmungen die Hand zu bieten, und wir dürfen, wenn mit der Zeit eine grössere systematische Ausgrabung in diesen sehr merkwürdigen Ruinen stattfinden sollte, mit Zuversicht auf eine kräftige Unterstützung des kunstliebenden Herrn Fürsten hoffen.

An der östlichen Seite bildet der Hügel einige Terrassen, wo in neuerer Zeit häufig Begräbnisstätten aufgefunden wurden; dieser Platz, unter der grossen Umfangmauer gelegen, musste sich also ausser der eigentlichen Stadt befunden haben.

Auch in der Umgebung dieses Ruinen-Hügels werden auf den umliegenden Grundstücken zeitweise Münzen und dergleichen gefunden; insbesondere ist noch der Weiler Faschendorf zu erwähnen, welcher über dem Draufiusse, den Ruinen von Teurnia beinahe gegenüber nahe am Gebirge, etwa eine Viertelstunde vom rechtseitigen Drau-Ufer entfernt, sich befindet; dort wurden bei Reparirung des durch diesen Ort führenden Fahrweges zwei grosse massive römische Steine nahe unter der Oberfläche des Bodens gefunden, auf deren einem eine menschliche Figur mit den Emblemen des Sommers und auf dem andern eine solche mit den Abzeichen des Herbstes in einer Nische abgebildet erscheinen. Beide Steine enthalten dann noch Blumen-Arabesken. Wie aus der Form dieser Steine zu schliessen ist, mussten offenbar zwei andere Steine mit den Abzeichen des Winters und Frühlings dazu gehört haben.

Die Landleute, welche die Ausbesserung dieses Dorfweges vornahmen, versicherten mich, dass sie auch einen behauenen Stein mit Buchstaben beim Aufgraben des Bodens aus dem Grunde zum Theil hervorragend bemerkt hätten, aber wegen anderen eben damals dringenden Felderbeiten die Ausgrabung dieses Steines hätten unterlassen müssen. Die Ausforschung dieses Schriftsteines ist indessen eingeleitet.

Der beiliegende Plan des Lurnfeldes mit dem Hügel von St. Peter im Holz und mit den Anhöhen, auf denen die Ruinen der Schlösser Feldsberg, Sachsenburg, Ortenburg und Hohenburg stehen, wird das in diesem Aufsatze über die Ortslagen Mitgetheilte mehr deutlich machen.

Die bald folgenden Lieferungen „der Abbildungen der römischen Alterthümer Kärntens,“ an denen ich eben jetzt arbeite, werden den detaillirten Plan des Hügels von St. Peter im Holz mit Andeutung der dortigen Ruinen, so wie die dort gefundenen römischen Inschriften und Sculpturen enthalten.

7.) Actenstücke zur Geschichte der Gesandtschaft, welche K. Maximilian II. im Jahre 1567 an die Königin Elisabeth von England abgeschickt hat.

Mitgetheilt von Joseph Chmel.

(Fortsetzung.)

Praeterea iusta habita ratione status Religionis Christi, quae iam in hoc Regno stabilitur (quo in negotio nemo uti spes est, reperiet, quicquam publica authoritate receptum, quod aliquo modo pugnat cum expresso verbo Dei, licet inanibus uocibus et calumniosis libellis aliud in vulgus sit iactatum) Serenissima Regina (cum aliquo suo dolore) per magnam sentit imponi sibi prae ceteris necessitatem accurate circumspiciendi quo haec conata tendant et euasura sint.

Hoc etiam videt, inprimis sibi esse videndum, ut se, ac suos, suaque Regna ita communiat, ne haec noua conata maiori fraudi et detrimento illi sint futura, quam superiora illa molimina fuere: quae omnia, Dei benignitate Serenissima Regina circumspecte et prouide, fausté et foeliciter licet suis magnis cum impensis et suorum aliquo cum periculo fregit et disiecit.

Ad haec Serenissima Regina, si par esset ut in hac responsione aliquid sui consilij interponeret quod cum hoc etiam praesenti negotio admodum congrueret, valde optat ut Caesarea Maiestas authoritate sua non solum in Germania maiorem inter Principes concordiam ali procuret quam nuper ex certis rebus istic gestis esse constat, sed ut alias etiam Christiani nominis nationes et Regna, ad quietem domesticam, ad mutuam et amicabilem intelligentiam ad vniuersam tandem et communem inter omnes pacem adducat et conciliet: sic, ut, uel nulla omnino in Religione subesset dissentio, propter priuatam ambitionem eorum, qui ab eo uitio, sua professione debent esse alienissimi: vel si discrepantia aliqua, aut ceremonialis aut formalis aliquando oriretur, tamen ut publica charitas inter vniuersos et pax Ecclesiae Christi et vinculum Christiani nominis inter singulos humaniter et syncere continuaretur: vt omnes controuersiae et animorum distractiones, doctrina potius quam gladio, docendo non occidendo tollerentur: ut maior ratio charitatis quam crudelitatis habeatur: ut auidior sitis, salutis, quam sanguinis ostendatur: atque id uel illius exemplo, qui sanguinem non alienum sed suum pro salute, non sua sed aliena libentissime effundebat.

Postremo Serenissima Regina plane confidit, si superiores istae considerationes (praeter alias magis particulatim quidem cum hoc response cohaerentes, sed prolixitatis euitandae causa omissas) rite et recte examinentur, Caesaris Maiestas et status Imperij minime mirum esse iudicabunt Si Serenissima Regina in praesenti non alienam responsionem sit datura ad postulatum illud de subsidio

Nord
Ost
West
St. Daniel
Kollnitz
MOELL THAL
Hühnersberger Alpe
Ruinen von Hohenburg
Feldsberg
Busarnitz
Lendorf
Gmünd
Ruinen von Treffling
Millstatt
Millstätter See
St. Peter im Holz
Frefsnitz
Sachsenburg
Ruine des Schlosses von Sachsenburg
Drau Fl.
Paschendorf
Baldramsdorf
Spittal
Molzbühl
Ruine von Ortenburg
Alpen
Alpen
Lind
Poststrasse von Tirol
Drau Fl.
Drau Fl.
L U R N
F E L D
Das LURNFELD in
Oberkärnten.
entnommen der Generalstabskarte
Section Nro 11.
Vom k. k. Landesgerichtsrathe Mich. F. von
Jabornegg - Altenfels.
Aus d. k.k. Hof u. Staatsdruckerei.

aduersus Turcam contribuendo Quanquam Sua Serenitas et propter priuatam beneuolentiam erga Caesariam Maiestatem et propter communem causam Christiani nominis, nunc admodum propendet, et deinceps etiam, cum melior oportunitas feret, et probe animatam se et tam paratam in hanc ipsam causam ostendet, quam vllus alius Christianus Princeps, qui parem rerum rationem peraeque considerndam (sic) cum statu Suae Serenitatis habuerit.

Et propterea Serenissima Regina petit à Magnifico Comite in Stolberg et Illustri Domino de Maldeghen vt accipiant hanc suae Serenitatis responsionem ita institutam vt praesentis temporis necessitas ferebat. Quam necessitas occasionem molestam sibi ducit quod id sequi non possit, ad quod studio suo et voluntate prouocatur propter studium et parati animi sui propensionem, qua ad hanc communem causam promouendam, pro Christiano nomine susceptam inprimis excitatur Cuius causae praecipuum Dei Ministrum, Caesariam Maiestatem agnoscit: Cui S. Serenitas eas vires et eam foelicitatem exoptat, vt suos non solum fortiter defendat, sed crudelem hunc hostem prorsus frangat et sibi imperpetuum subijciat, ad Dei summam gloriam ad Christiani nominis longam et latam propagationem, ad Nobilissimae Austriacae domus perpetuam laudem et maiorem, quam haec quae iam maxima est, honoris dignitatem Datum Richmondiae 15. Juny Ao. 67.

XIII. 1567, 22. Juni. Elisabeta Dei gratia Angliae Franciae et Hiberniae Regina fidei defensor etc. Illustrissimo et Potentissimo Principi D. Maximiliano diuina fauente clementia, Electo Romanorum Imperatori semper Augusto, ac Germaniae, Hungariae, Bohemiae, Dalmatiae, Croatiae, Sclauoniae etc. Regi, Archiduci Austriae, Duci Burgundiae, stiriae, Carinthiae, Carniolae et Wirtembergae etc. Comes Tirolis etc. fratri et consanguineo nostro charissimo Salutem, cum omnis boni incremento ac complacendi affectu. Litteras vestrae Maiestatis datas in arce vestra Regia Pragae prima Martij, ad nos exhibitae sunt quarto huius mensis Junij, per illustrem Ludouicum Comitem in Stolberg, Kunigstain, Wirtheim, et Rochefort, consiliarium vestre Maiestatis ac magnificum virum Jacobum a Clarhout, Dominum in Pithen et Maldeghen, quos ex ipsis litteris intelleximus, expeditos esse vt oratores, et vestrae Maiestatis, et Electorum Principum ac celerorum ordinum et statuum Romani Imperij, nobiscum loquendi et tractandi de rebus ad Dei gloriam ac Rempublicam Christianam pertinentibus.

Hosce illustres ac magnificos viros non solum pro illorum dignitate sed pro Imperij Romani maiestate libentissimé accepimus, audiuimus, et tractauimus, eisque post bene intellectam eorum legationem, responsum dari curauimus, Non quale pro nostro voto maximé cupiuimus, sed quale aduersi huius temporis necessaria ratio, quam quidem illis magno cum nostro dolore patefecimus, nos inuitas coegit dare et depromere.

Itaque si quid in eo, aut vestre Maiestati, aut Illustrissimis Principibus Imperij videbitur ab expectationibus vestris alienum, id omne aduerso tempori ac aliorum contrarijs, ac intempestiuis machinationibus ferendum esse, aperté (vt speramus) in responso nostro probatum est. Atque a vestra Maiestate (quae fastigium Reip. Christianae tenet) enixé petimus, atque ab Illustrissimis Principibus Imperij, serio rogamus, vt earum rerum quas apud Oratores istos et verbis et scriptis commemorauimus, melior et maturior ratio habeatur, vt Respub. Christiana, iam oppressa, magis libera sit ab intestinis periculis, et Ecclesia Christi floreat et augeatur charitate, concordia et doctrina, non euertatur seueritate, armis et sanguine. Atque ita consequenter omnium et singulorum Monarcharum Principum, Communitatum et populorum voluntates, vires, et potentiae, vnitae, et charitatis veluti vinculo conglutinatae, coalescant. Et contra communem Ecclesiae hostem, sedulo, serio, et indesinenter conspirent, et inseruiant. Cui quidem rei iuuandae, promouendae, et proficiendae, nos, nostraque omnia deuouemus, et lubentissimé offerimus, hancque nostram animi propensionem, et voluntatis decretum apud vestram Maiestatem, permanens esse cupimus et precamur Maiestatem vestram etiam atque etiam resté valere, ac prosperis rerum successibus vti fruique exoptantes. Datum in Palatio nostro Richmundae xiij. die mensis Juny 1567. Regni vero nostri anno Nono.

Vestre Maiestatis bona Soror et Consanguinea
Elizabeth m/p.
R.

In tergo. Potentissimo Principi Maximiliano dei gratia Electo Romanorum Imperatori semper Augusto, ac Germaniae, Hungariae, Bohemiae, Dalmatiae, Croatiae Sclauoniae etc. Regi etc. etc. fratri et consanguineo nostro charissimo.

XIV. Non dubitamus Serenissima Regina quin Regia Maiestas vestra ex ipsa re satis perspicue cognoscat Nos non ob leuem aliquam causam à Caesarea Maiestate Electoribus Principibus S. Imperij Statibus huc missos esse, Necessitas enim quod telum durissimum et ineuitabile est, hoc ita fieri impulit Qua de re gratulamur nobis maxime quod Regia vestra Maiestas non dedignata sit, ea quae nuper gesta sunt, et ipsamet audire et ex oblatis literis accurate cognoscere.

Facile enim ex eo Maiestas vestra perspicere potuit, quid hic hostis moliatur, quid Iusiurandum foedera aut ullae transactiones apud ipsum valeant, quae omnia quoad ipsi uisum et utile sit nec ultra obseruantur et coluntur.

Intellexit quoque Regia Maiestas vestra ex ea Narratione quomodo hostis nec prouocatus nec lacessitus, nec ulla data iusta causa in Caesarem nostrum arma mouerit.

Quamobrem vestrae Maiestati denuo agimus gratias maximas, quod tantum laboris insumpserit, ut ea et audiret et ipsa legeret.

Quod autem Caesarea Maiestas a vestra Maiestate, cuius Regnum neque ad imperium spectet, nec vicinitate hosti Turcico coniunctum sit, auxilium petat, Id non in consulto nec sine ratione fieri vestra Maiestas putet. Mouit enim Caesaream Maiestatem et titulus Nobilissimus quem Reges Angliae ferunt et multae quoque Historiae de Anglicis Regibus conscriptae, quae quam parati semper fuerint afflictis Christianis contra hunc hostem auxilia ferre aperte demonstrant et restantur Non enim solum auxilia pecuniaria contulerunt sed omnibus viribus instructi suis proprijs personis praesentes in longinquis et remotissimis Regionibus bellum summa ope contra hostes Christi gesserunt bonaque et mala cum caeteris Christianis Regibus perpessi sunt.

Mouit praeterea recordatio beneuolentiae et amicitae quae semper inter hoc vestrum Regnum Angliae et domum Austriacum tum ipsum quoque Imperium à maioribus quasi per manus tradita optime fuit, huc vsque conseruata tum ipsa etiam consanguinitas quae Maiestati vestrae cum Caesarea Maiestate intercedit, quae omnia indies firmiora fore omnes speramus Ita ut non dubitemus si priuata aliqua alterutrius causa ageretur, nec vestram Maiestatem domum Austriacam et Imperium nec é contra Domum Austriacam et ordines Imperij vestram Maiestatem et Regnum hoc mutuis ferendis auxilijs esse deserturos, nedum in hac urgente necessitate et publico totius Orbis Christiani periculo Maiestatem vestram communi causae defuturam esse sperare possemus.

Non enim nescit Vestra Maiestas quanta sit huius hostis potentia quam longe manus, qui superata vel Germania vel Italia, quod Deus auertat, facile sibi ad hoc vestrum Regnum per mare aditum patefacturus sit et id hostiliter inuadere.

Cum itaque opus sit ab ijs inprimis auxilia petere de quorum prompta voluntate minime dubitatur, quo facilius caeteri eorum exemplo inducti et ipsi auxilia honeste denegare non possint, a vestra Maiestate inprimis auxilium expetitur Non dubitat Caesar et Principes Statusque Imperij ullam subesse hoc tempore causam, quae tam vtilis aut necessaria videri possit, vt vestram Maiestatem ad id denegandum permotura esset. Cum autem ex responso Regiae vestrae Maiestatis aliqua obstare impedimenta vt vestra Maiestas aut remoretur aut penitus deneget auxilium, non sine dolore intellexerimus, facere non potuimus quin ad

...eremus (sic), quod quidem Maiestati vestrae taediosum fore ...dmodum etiam ut ea in bonam partem accipiat obnixe prae-

...rimis Maiestas vestra monet placandum **esse** deum à cuius ... tot et **tantis victorijs** de nobis gaudeat Erit **haec** vestrae Maie-...que Sancta **admonitio tam** Caesari tum **statibus** Imperij admodum

...on enim dubitamus vllum esse Principem tam immemorem pietatis qui non ...tiat hoc tantum malum nobis ob delicta et facinora nostra diuinitus immitti.

Cum autem pietatis atque misericordiae Diuinae **recordamur,** non leuis spes est pias preces quae a multis fidelibus quotidie profunduntur impetraturas esse, vt tandem (ni ipsi velimus datum donum respuere) auxilium Diuinum respirationem à malis et tot continuatis calamitatibus et commutationem in melius sentiamus.

Nec minus erit etiam Caesari grata haec pia admonitio **vt Caesar pacem et** tranquillitatem in Religionis negocio foueat et eo rem **deducat, ut doctrina potius** quam ferro res aut componatur aut disceptetur.

Quod quidem Caesarea Maiestas hactenus **omnibus viribus summo et indefesso** studio facere non intermisit nec porro intermissura **est.**

Nam qua diligentia, quibus vigilijs et curis haec negocia **iam a multis annis** actitata sint non dubitamus Regiam vestram Maiestatem probe **percepisse.**

Quin et hoc Maiestati vestrae certo constare arbitramur, post varias et multiplicas (sic) et non unius generis actiones, post plurimas multorum Ordinum offensiones, superatis maximis periculis et difficultatibus Singulari Dei benignitate, indefesso Imperatorum Augustae memoriae Caroli Quinti et Ferdinandi tum etiam nostri huius Caesaris studio, eo rem praeter multorum opinionem In Imperio deductam esse, vt etsi in Religione sint qui dissentiant, certa tamen et firma pax inter omnes ordines non solum constituta sed saepius confirmata et stabilita sit, quae et Sancte hucusque conseruata est et nouis subinde pro re nata constitutionibus et fulcitur et corroboratur Quia quidem in pace eae rationes aut componendi aut conciliandi opinionum diuersitates aut in aliud tempus quoad Deo visum fuerit differendi initae et compraehensae sunt, quae non solum nihil crudelitatis habent sed ad alendum et conglutinandam inter ordines Imperij sinceram amicitiam sunt appositissimae vt ipsemet euentus non obscure declarauit cum ab eo tempore Germania intestinis motibus nequaquam ut prius conflictata sit.

Nam quod postremis hisce mensibus pro iusta tuitione Caesareae Maiestatis et Ordinum Imperij decretis et authoritate, et vltione rebellium quorundam et laesae Maiestatis criminis Conuictorum necessario in Ducem Saxoniae consentientibus ordinibus bellum motum et foeliciter confectum est, id non modo ad nullius iniuriam aut distractiones voluntatum, sed ad Stabiliendam potius Caes. Maiestati debitam obedientiam et maiorem Ordinum beneuolentiam conciliandam spectare Maiestas vestra sibi certó persuadeat Cum etiam in Religione dissentientes tanta alacritate et concordia pro conseruanda publica et ea pace de qua dictum est inuicem sese iuuerint.

Quibus sane pactis et conuentis ipsa etiam Caesarea Maiestas ea integritate et fide insistit, vt diuersae Religionis causa nullus Ordinum negocium sibi exhibitum ab ipsius Maiestate iure possit conquiri, nec etiam illam causam suspicandi immutandae aliquando huius voluntatis Maiestas ipsius cuiquam de se praebet quod ipsis quoque Ordinibus satis compertum est. Neque enim sperare aut coniectari possumus ullum Principem nedum Imperatorem rem Religionis conaturum gladio componere Quis enim praesertim hoc tempore tam imperitus sit, vt ea quae persuasione in animos hominum incesserunt et radices egerunt gladio ex ijsdem euelli posse arbitratur Cum diuinitus et illustratione spiritus Sancti hoc perficiendum sit. Quod autem eadem tranquillitas non ubique et prout communis Christianorum vtilitas postularet et Maiestas vestra exoptat consecuta sit: id quidem per ipsius Maiestatem nec stetit nec in posterum si quid diligentia effici poterit Maiestas ipsius quicquam in se desiderari pacietur.

Cum autem hic labor non sit vnius diei habeamusque hostem Sathanam qui nunquam illa (sic) fidei concordiam ferre potuit neque ullo vnquam tempore Ecclesia ab omni haeresi immunis fuerit, ferendae sunt preces ad deum et ipsa illustratione S. Sancti non vera et sincera fide imbuat tranquillitatem et concordiam Ecclesiae suae clementer largiatur Nec dubitet vestra Maiestas Caesarea et status Imperij quidquam intermissuros esse, quo turbulentis his et dissidijs fidei negotijs pié et sancte secundum normam et regulam fidei quantum in ipsis erit medicina adhibeatur Interea tamen nihilo segnius communi hosti occurrendum erit nec illud optandum magis quam sperandum communis et vniuersalis corcordiae (sic) tempus expectandum Cogitantibus immanissimum hunc aduersarium non unum aut alterum Religionis nostrae caput impetere, sed id conari vt proculcata et in vniuersum extincta et deleta fide Christiana in Impijssimam Mahomethi sectam traducamur et una cum Imperijs et regnis animae quoque salutem omittamus. Quod autem à vestra Maiestate adducitur quantis sumptibus Regnum suum munire, istruere et armare propter uicinitatem eidem infestorum hostium coacta sit de eo equidem non dubitamus.

Sed cum Regia vestra Maiestas cum omnibus vicinis Principibus iam pacem colat, et si quae olim fuerint controuersiae compositae sint et sopitae minimeque dubitandum sit Regiae vestrae Maiestatis tanto regno tantis viribus tanta suorum concordia, tanta praeterea prudentia et sapientia (quod sine vlla adolationis suspicione vt verissimum et multis testatissimum recte praedicamus) instructae amicitiam potius quam inimicitiam a finitimis quibus haec eadem omnia non omnibus eodem modo exposita expeti, omnino nobis persuademus, Regiae vestrae Maiestati non solum ad ea quae iam olim impensa sunt recuperanda sed et ad coniungenda sua cum Caesar. Maiestate et Ordinibus Imperij auxilia vires satis superque suppetere, eamque hoc tempore tanto maiorem occasionem re ipsa declarandae propensae Suae erga Caesaream Maiestatem ordines Imperij et totam Christianitatem voluntatis habituram eamque non esse praetermissuram.

Ceterum quae a Maiestate vestra de bellicis rumoribus et occultis quorundam machinationibus et technis prudenter et cordate considerata sunt, haec quidem si aliquo modo ita se habeant omnino non esse contemnenda ducimus, à quibus autem ista disseminentur, aut quaenam ea consilia sint plane ignoramus.

Oramus autem Regiam vestram Maiestatem ut si quid de eo comperti habeat nos eius participes facere ne dedignetur, cum non minus Caesaream Maiestatem et ordines Imperij quam ipsam Maiestatem vestram ne quid tale fiat prouidere et curare conueniat. Nos quidem (quod summa interposita fide nostra testamur) si quid de eo nobis cognitum esse Maiestatem Vestram minime id celare parati essemus.

Quam autem res haec nec ad Caesaream Maiestatem nec ad ordines Imperij nec ad Impediendum vestra (sic) Maiestatis studium iouandae Reipublicae Christianae pertineat, ex superioribus manifestum est Sed et non dubitamus Maiestatem vestram pro singulari sua prudentia quibusuis Rumoribus quorum multi saepius à certis hominibus perturbandae Principum concordiae, et concitandae multitudinis studiosis confinguntur nequaquam fidem adhibituram multo etiam minus ad deneganda auxilia contra certum hostem communem ab incertis rumoribus sese permoueri passuram esse.

Quae omnia cum ita se habeant, et nec de Caesar. Maiestatis ac ordinum Imperij in se studio et beneuolentia vestra Maiestas dubitare, nec de ea quicquam sinistre suspicari debeat et Caetera à vestra Maiestate commemorata impedimenta nec ad hoc negocium spectent, nec tanti aestimanda sint vt communi Christiani nominis bono obsistere uel possint vel debeant et Christianae res in maximo et euidentissimo uersentur periculo Obsecramus Regiam vestram Maiestatem pro eo quod nobis incumbit officio, vt re altius considerata exoptatum, certum, et pro ratione suae dignitatis, magnitudine negotij, expilatione Caesareae Maiestatis et Ordinum Imperij, auxilij responsum nobis impertiatur.

Sicut olim non solum alios Serenissimos maiores sed etiam ipsum parentem Maiestatis vestrae excellentissimae memoriae Henricum Regem accepimus illis temporibus cum et in Anglia non omnia esset (sic) pacata et non obscura aliovoluntatis multorum erga ipsum apparerent inditia et de religione multo maiora et acerbiora dissidia, nihilominus hisce non impeditum Ferdinando ris nostri patri tum temporis Regi ad bellum Turcicum non defuisse Quando spes nobis esse debet M. vestram tam pacate summa subditorum suorum obedientia tam beneuolentia suum hoc tam florens tam opulentum Regnum custodem, vicinis Regibus tam arctis foederibus et amicitia coniunctam tot à bello feriatam omnium rerum copia affluentem, tanta consanguinitate ri nostro deuinctam ita sese in hoc tam necessario tempore gesturam vt as suas in propulsando Christiani nominis periculo non solum regnasse sed superasse merito existimetur Quod vt à Maiestate vestra denuo peteremus officij nostri ratio nos impulit quam vt Caesareae Maiestati et ordinibus ij de certa Maiestatis vestrae voluntate, prout vestra Maiestas nobis iniungit niare et diligentiam a nobis adhibitam testari possemus. Id si à Maiestate impetrauerimus Caesarea Maiestas ordinesque Imperij omnibus fraterni s ac beneuolentiae et obseruantiae studijs vicissim omnibus temporibus et eque data occasione eidem gratificari non cessabunt.

Im Duplicat dieses Vortrages findet sich mit folgenden Variationen:

Pag. 1,	Zeile	7	v. o.	fehlt nach audire: et.
detto	„	11	v. o.	ne loco nec.
detto	„	detto	v. o.	quod loco quoad.
detto	„	13	v. o.	neque loco nec.
detto	„	6	v. u.	quem Nobilissimi loco Nobilissimus quem.
detto	„	3	v. u.	Nec loco Non.
2	„	5	v. o.	Imperatorem loco Imperium.
detto	„	11	v. u.	longae loco longe.
detto	„	5	v. u.	Nec loco Non
detto	„	3	v. u.	et loco vt.
detto	„	2	v. u.	promotura loco permotura.
3	„	1	v. o.	M. V. loco V. M.
detto	„	3	v. o.	V. M. loco M. V.
detto	„	8	v. o.	et loco atque.
detto	„	7	v. u.	etiam erit loco erit etiam.
4	„	4	v. o.	Quum loco Quin.
detto	„	7	v. o.	indefessé loco indefesso.
5	„	11	v. o.	aliquando immutandae loco immutandae aliquando.
detto	„	8	v. u.	arbitramur loco arbitratur.
6	„	1	v. o.	illam loco illa.
detto	„	3	v. o.	nos loco non.
detto	„	4	v. o.	tranquillitatemque loco tranquillitatem.
6	„	11	v. o.	concordiae loco corcordiae.
detto	„	12	v. o.	Cogitantes loco Cogitantibus.
detto	„	9	v. u.	amittamus loco Omittamus.
7	„	11	v. o.	M. V. Regia loco M. V.
detto	„	6	v. u.	esset loco esse.
detto	„	3	v. u.	Vestrae loco Vestra.
detto	„	3	v. u.	imutandae loco iuuandae.
8	„	2	v. o.	Principium loco Principum.
detto	„	4	v. o.	denegandum loco deneganda.
detto	„	7	v. o.	sese loco se dann aut loco ac.
detto	„	9	v. o.	debeant loco debeat.
detto	„	12	v. u.	Certi loco certum.
detto	„	11	v. u.	et expectatione loco expilatione.
detto	„	detto	v. u.	Imp. ordin. loco O. I.
detto	„	10	v. u.	impertiamur loco impertiatur.

XV. Serenissima Regina, hoc alterum vestrum scriptum perlegit, in quo breuiter quidem sed satis explicaté declarata est sententia vestra, de illis rebus, quas sua Maiestas in sua responsione, scripto etiam ex tuto, vobis exponendas curauit. Dein. postulatio vestra de subsidio hoc tempore aduersus Turcam concedendo. de integro et accuraté repetita est. De vtraque re Serenissima Regina suam itidem sententiam breuem etiam et aperté expositam, quo melius vobis satisfiat quomodo sequitur declarandum esse duxit.

Primum, Serenissima Regina plane agnoscit, causam illam subsidij postulandi contra Turcam et rem honorificam, et tempore pernecessariam fuisse, si status rerum gerendarum et tempora illa respiciantur in quibus Caesarea Maiestas et ordines Imperij superiori anno de subsidijs conquirendis decreuere.

Secundo, Serenissima Regina sentit se tam proposito studio inclinari ad hoc pium, iustum, et Nobile Caesareae Maiestatis consilium adiuuandum quam quiuis alius Christiani nominis Princeps Adeo, vt iam in eo, res plane versetur, illa ut recté considerentur impedimenta, quae Suam Maiestatem remorantur, quominus huius subsidij postulationi hoc tempore concedat. Qua in re superiori sua responsione, vobis plane satisfieri. ipsa plane existimauit.

Sed cum haec Suae Serenitatis mens, nondum penitus à vobis ita sit concepta, causas illas, quibus retardata sit, magis particulariter et magis aperté repetendas esse ducit, Id quod ante, consilio quidem et ex industria praetermissum fuit, vt nomine certarum personarum abstineretur.

Primum, certior facta est sua Maiestas ab illis Regionibus ubi res illae inprimis notae sunt, clandestina iampridem iniri consilia per Romanum pontificem, et certos suos Cardinales qui plurimum possunt et apud Caesaream Maiestatem et apud alios magni nominis Christianos Monarchas vt hac ipsa praesenti aestate commune bellum concitaretur omnibus in locis, vbi Religionis cultus suscipitur à Romana discrepans Ecclesia, et ut vi ac bello omnes (nullo excepto statu) é medio tollantur, qui aliter quam ipsi volunt, Christi Religioni sese addicunt, bonis et fortunis eorum in praedam propositis atque promissis hijs, qui hoc bellum sunt gesturi Inter hos praecipue et nominatim designatur Serenissima nostra Regina vt princeps cuius status horum consiliorum Architectis maximé iam diu extitit inuisus.

At cum hae Romani pontificis et suorum Machinationes, multa grauia pericula multis particulatim minantur, quorum Serenissima Regina, suo et sermone et scripto praeterit, mandauit, ut ipsi Articuli horum consiliorum Nobis exhiberentur, quibus rite consideratis, optimé vos statuetis an ratio harum rerum Suae Serenitati inprimis habenda sit, nec ne.

Et licet affirmetis haec vobis prorsus ignota esse, vel existimetis item, nec Caesaream Maiestatem, nec alios nominatos istic Monarchas adduci posse vt publicam Christianam tranquillitatem sic permiscendam sibi proponant, nec horum incitamentis moueri uelle, vt firma illa et foelix amicitia, quae inter ipsos et Suam Serenitatem intercedat, ita prorsus excidat: Serenissima tamen Regina in tam communi rerum discrimine in tam proprio suo et immensi periculo, in tam explorata et proposita eorum militia qui has struunt tragedias, cum miles non in apparatu sed in ipsa acie cernitur. Cum non expectatur metus, sed repraesentatur periculum licet huius motus primum quod intendebatur (vti fertur) consilium, iam plané cesset: tamen Serenissima Regina officium suum suo iam florenti Regno, suis tam beneuolis subditis iure debitum, nec vult nec debet praeterire. Atque licet propriae Securitatis praecipuam non haberet rationem, huius tamen et praesentis belli tantus apparatus, et militum indies maior ac maior concursus, quid velit, quo tendat, prouide et cauté Sua Serenitas sibi circumspiciendum esse ducit, quo melius ipsa ad suum tuendum statum ad suorum protegendam salutem, ab omni re, ad omnem euentum parata et instructa erit.

Ad haec, abscurum non est, quo motu summa iam rerum apud vicinos Scotos iactatur Quas turbas cum Sua Serenitas inprimis pacare studeat et propter amorem, quo praecipue Serenissimam Reginam Scotorum, Sororem suam Charissimam prosequitur et propterea commoda quae ex Scotorum et domestica inter se quietate communi cum suis pace exoriri vtrobique possunt: tamen illam non latet quae sunt structa consilia et quae iam in praesenti non multis elapsis diebus comparantur molimina vt ciuilis belli flumma illic incensa, faces suas post in hoc Regnum inijciat, quomodo ante iam saepe factitatum est.

Cum haec omnia Serenissimae Reginae vel inuitae ob oculos quotidié obuersentur, urget ipsa necessitas, ut eadem altius in corde recondat, vt eorum et frequentem cogitationem et iustam rationem suscipiat vt quae sibi ac suis creantor pericula, cautius euitentur.

Postremo, frequentes nuncij bonis quidem authoribus, indies increbescunt, spem illustrem esse, vel pacis vel induciarum inter Caesaream Maiestatem et Turcorum Principem, quae res, vt maturé, fausté ac foeliciter expediatur, Sua Serenitas ex animo optat et à Deo optimo Maximo petit submissis precibus vt ad finem à Caesarea Maiestate optatum perducatur.

Attamen, Si Deus ita moderabitur corda Caesarea Maiestatis reliquorum Monarcharum et statuum, vt haec aspera et duriora Pontificiorum consilia reijciant, qui, tota hac in re nihil aliud quam Suam mundanam cogitent tueri Amplitudinem longé contra illorum priscorum patrum mores et exempla quorum successores haberi ab omnibus contendunt Atque consequenter (relictis istorum Pontificiorum consilijs) pacis foueantur semina non belli alantur incendia, et militum concursus eo cogi non permittatur, vbi nullus qui resistat hostis existit, aut quod optatum bonis gratum Deo foret, contra ipsum Turcam totus hic apparatus conuerteretur, si ipse pacem et inducias repudiat Sic ut Serenissima Regina plane perspiciat prorsus dissipari et inania facta esse consilia illorum qui speciem ostendentes perpurgandae Religionis certa struunt pericula et placido nomine pietatis, cruenta praetexerunt sua facinora, Atque haec, quae aperté impendent, tollantur discrimine, et quae palam obijciuntur, remoueantur impedimenta: Serenissima Regina libentissime quidem ea subsidia contra communem hostem contributura est quae quisquam alius paris status ac Conditionis Princeps sit concessurus.

XVI. Sontags den 22. Juny alss die hern gesandten vff erfordern ghen hoff, ghen Richemont vor Mittags ankommen, hatt die Königin I. gnaden die zweite antwort durch den Secretarien Cecilium vbergeben lassen, Mit der Anzeig, dass solchs darumb geschehe, Damit I. gnaden sich darinnen zuersehen, vnd es wolten I. K. W. nach essens, wo si etwas daruf anzeigen, wolten, sie gern hören, auch weiter selbst mit Inen von der antwort reden.

Daruf hat mein Gn. her graf Ludwig nach gehaltenem Rhat vnd vf gutachten des Hispanischen Orators nach essens alss sie samentlich zu der Königin erfordert, der Konigin angezeigt. Wie sie die Legaten die antwort durchlesen, Nun geburt Inen nit I. Kön. W. weiter zubemuhen, vnd die sachen ferners zu disputiren, wollen auch dasselbig vngern thun.

Wass aber die furnhembste vrsach, Daruf sich diese antwort zög, betreffe, Wolten sie gesandten nit zweiffeln. Es wurden I. Kon. W. die sachen weit anderst geschaffen finden, Vnd ob wol sie die gesandten, was der grossen hern vorhaben vnd gedancken weren, nit wusten, So hielten sie es aber für sich darfur, Wo man die Artickul der gestelten Bundtnuss mit allen vmb Stenden bedencken vnd bewegen werde, Es konte leichtlich darauss geschlossen werden, dass es ein vngegrundt vorgeben where, So wust sie Je auch wol, dass die Kay. Matt. In neuligkeit, bei Ir vmb weitere freundtschafft zumachen, ansuchung gethan, wie I. Matt. vngezweiffelt solches gemhuts noch seien, wie sich nun dasselbig hiemit vergleichen konte, hette sie vernufftiglichen abzunhemen.

So zweiffelten sie auch nit I. Kön. W. hetten I. Kay. Matt. dergestalt gespurt, dass sie so vnbedechtig In Iren sachen zu handlen nit pflegten, Darumb wolten sie nit zweiffeln I. Kön. W. zu der Kay. Auch Kön. Matt. In Hispanien einig misstrawen zustellen, kein vrsach haben wurdt.

Dass aber die Kay. Matt. vnd Stende des Reichs bei Ir erstlich vnd vor andern, dergleichen hohen Potentaten vmb hulff angesucht, geschehe aus dem, dass I. Kay. Matt. zu I. K. W. alss dero geliebten Schwester, auch die Stende des Reichs ein sonderlich vertrawen hetten. Welchs sie vngezweiffelt wo sie in solchen Practicken stunden wie die puncten das mit sich bringen, wol werden vnderlassen haben.

Daruf die Königin geantwort Es wer Ir sehr leidt, dass sie dissmalss kein andere, oder wilfärige antwort geben konte. Sie hielt aber dafur. Wo dieselbige Ire antwort Recht ersehen, Es werde niemandts darauss abnhemen, oder schliessen konnen, dass sie etwas abgeschlagen, Dass aber Itzunder nichts endlichs gewilligt werden konte geschehen auss obangeregten vrsachen. Dan es wissen I. Kön. W. eigentlich vnd gewiss, das solche Practicken vor der handt seien. Vnd ob wol sie dj Kay. Matt. dessgleichen den König auss Hispanien vor entschuldigt hielte, So wusten I. Kön. W. doch gar wol, vnd mher dan sie sagen wolte, was vorhabens etwan andere wheren.

Sie glaubt auch dass die Artickul nicht durchauss, vnnd allenthalben war sein mochten.

Hiergegen aber. So hetten I. Kön. W. gewisse kuntschafft, dass der Bapst vnd Cardinal In einer solchen prackticken stunden, Vnd wher ein Engellender der im fal der nott wol genennet werden konte, In dem Consistorio da Bapst vnd Cardinal von diesen sachen tractirt, auch gewessen, der alle wort, vnd Anschlege angehört hette, Darumb werde niemandts I. Kön. W. verdencken konnen, dass sie dieser sachen whar nheme.

Büte aber sie die hern gesandten wolten I. Kön. W. gegen der Kay. Matt. vnd Stende des Reichs entschuldigen, Damit diese antwort nit dahin verstanden werde, Alss ob sie Ire hulff wieder den Turcken abschlagen, Dan es wolten I. Kön. W. bei Irem Königlichen haupt das beteuren, Wo diese sachen nit weren, oder hernachmalss sich befunde, dass sie sich in dem nit zubefharen, Dass sie Im fal der not ein solche hulff gegen dem Turcken thun vnd leisten wolte, als man Ir vielleicht nit antrawen oder zumhuten möcht.

Dieser letzten gnedigen antwort haben sich gesandten bedanckt, Vnd daruf Iren endtlichen Abschiedt genhomen, mit erbieten, solches alles an dj Kay. Matt. vnd die Stende gelangen zu lassenn, Seindt hieruf wieder naher London des tags verruckt, Vnd seindt die hern gesandten vber drei tag hernach nemlich den 25. Juny wieder von Lunden naher Grauensandt, Von dannen zu Dobren, vber vff Caless gefharen, Vnd hernach den 1. July zu Antorff glücklich vnd wol wieder ankommen.

XVII. Ein kurtzer ausszug der Artickel der heimlichen Bundtnus, zwüschen dem Bapst, dem Konig auss Hispanien, dem Konig auss Portugal, dem hertzogen von Beiern, dem hertzog von Sophoi vnd andern Iren mitverwandten vnd zugethanen vffgericht, In welche man vnderstanden hat, den König auss Frangckreich auch zubringen, der den auch darein gewilliget hatt.

Alle Lutherischen, Caluinisten, vnd Hugenotten die der Römischen Kirchen zugegen seindt, sollen ausgerodet werden, vnd an stat derselbigen Fürsten andere verordnet, Nach wolgefallen der Bundtsverwandten.

Wan dieser Anschlag verrichtt, alssdan sollen alle die Bundtsverwandten mit gantzer macht, wieder den Turcken ein Zug furnhemen.

Dess Kaysers vorhaben ist, dass erstlich vnd vor allen andern dingen der Pfalzgraf, vnd der Churfürst zu Sachssen hertzog Augustus vnuersehenlich vnd ehe sie sich dessen vermhuten, entsetzt, vnd vom Reich aussgeschlossen, Vnd dasselbig vf dem ersten Reichstag zu Wormbss geschehen sol.

An Ire stat sollen des Kaisers beide Brüder Ertzhertzog Ferdinandt, vnd Ertzhertzog Carlen verordnet werden.

(Schluss folgt.)

V. „Historischer Atlas."

Statistik des Mittelalters.

3.) Das Lehenbuch K. Ladislaus P. für Österreich ob und unter der Enns. (In alphabetischer Ordnung.)

(Fortsetzung.)

156.) 1455, 9. Mai, Wien. Anton Ottenperger.

1 Hof zu Mittich in Griespacher Herrschaft gelegen.
(Sein Erbe.) Oestr. Ms. Nr. 65, Fol. 34. b.
(Zur Seite ein Fingerzeig.)

157.) 1455, 6. Mai. Simon Pabenöder.

2 Güter zu Funsing gelegen in Pharrkirchenpfarre:
it. 1 Gut zu Grambsrewtt darauf ganzen Zehend, alle gelegen in Veldner Landgericht;
it. 1 Hube zu Lewntting bey dem Gatern in der Pfarre daselbst und in Mistelbacher Landgericht.
(Sein Erbe.) Oestr. Ms. Nr. 65. Fol. 33.

1457, 4. Juli, Wien. Simon Pabenöder.

1 Hof gelegen „am lehen" in Otenshaimerpfarre,
und 1 Gut gelegen zu Stadl.
(Gekauft von Simon Volka und Wolfgang Hersinger.)
Oestr. Ms. Nr. 65, Fol. 102. b.

158.) 1455, 14. April, Wien. Dorothea, Hausfrau des Erhart Paiss.

1 Hof zu Schalichpach.
(Ihr Erbe.) Oestr. Ms. Nr. 65. Fol. 77. b.

1455, 16. April, Wien. Hanns Paiss (für sich und die Kinder seines Vetters weiland Erhart Paiss).

Einen Zehend „enhalb des Hawsrukchs in Rieder Gericht gelegen." auf folgenden Gütern:
zu Fewchtach 2 Häuser;
zu Öd 2 Häuser;
it. zu Praitschbach auf 5 Häusern;
it. zu Heldenhaim auf 5 Häusern;
it. zu Vuering auf 3 Häusern;
it. daez Eczling auf 7 Häusern;
it. das Sneyderhaws das Wernezleinshaws, der Strasserin haws auf dem perg; des Kirichsteigerhaws und aber auf dem perg das Hainleins Haws am Anthesen;
it. daez den Gruntmairn auf 3 Häusern, alle gelegen in Eberswangerpfarre;
it. zu Pilgershaim auf 6 Häusern:
it. zu Schernhaim auf 6 Häusern in Sand Mareinkirchnerpfarre;
it. 1 Hube genannt die Kalthub, gelegen in Swanserpfarre;
it. 1 Hube im Graben gelegen in Puchlerpfarre;
it. $^1/_2$ Hof gelegen zu Newnkirchen bei der Swaig und 2 Zehendhäuser zu Hofarn;
it. auf 5 Zehendhäusern auf dem Weinperg;

9**

Item einen Zehend zu Pernestorf auf 1 Hof und 2 Gütern, alles Hawszehent und Getraidzehent;

Darnach die Lehen, daran halber Theil ihnen gehört:

1 Hube zu Hainpuch in Schirflingerpfarre;

it. 1 Hube am Veld in Unkchnaherpfarre;

it. 1 Hube zu Rötelhaim in Swanserpfarre;

Item zu Obernhewgkering auf 2 Zehendhäusern ganzen Zehend;

it. dacz dem Pirpawm auf 5 Häusern ganzer Zehend in Gamparerpfarre;

it. zu Oberngrub auf 2 Häusern auch ganzer Zehend in Sand Jörgerpfarre;

it. zu Sundhaim auf 3 gütern Drittheil Zehend;

it. auf 1 Gut in dem Tal auch Drittheil Zehend;

it. auf dem Spilberg auf 2 Gütern Drittheil Zehend;

it. zu Mesendorf auf 5 Gütern auch Drittheil Zehend;

it. zu Asten auf 5 Gütern Drittheil Zehend;

und der Zehend zu Milichrewt, der aller gelegen ist in Vekchelsterfferpfarre;

„und anderer zehent grosser und klainer Hauszehent und getraidzehent so von alter darczu gehöret und der weilent Asmen des Schonnawer ist gewesen und von dem Hawnsperger gekauft ist."

(Ihr Erbe.) Oestr. Ms. Nr. 65, Fol. 19.

1455, 16. April, Wien. Hanns Payss (für sich und seinen Bruder Pankraz und Erhart und Oswald Payss, Kinder seines Vetters).

1 Hof zu Wiczling und 1 Gut daselbst und 1 Zehend zu Heykgering in Gamparerpfarre gelegen;

it. 4 Güter zu Perkhaim und 1 Gut und 1 Mühle zu Volkreting alle gelegen in Pandorffer-Pfarre;

it. 1 Hof zu Kogel;

it. 1 Gut in der Aw;

it. 1 Gut auf der Öd;

it. 1 Gut zu Haselaw;

it. 1 Gut auf der Stëmczleins Öd;

und 1 Gut auf dem Gorssersperg, alles gelegen in Newnkirchner Pfarre, in dem Atergew;

it. 1 Hof zu Swant und

1 Gut auf der Öde, gelegen in Czwischwalderpfarre;

it. die Stuben mit ihrer Zugehörung,

und 1 Gut auf dem Vorsperg in Vekelstorfferpfarre;

it. 18 Schilling Pfen. Honiggelts zu Frankenburg und

6 Schilling Pfen. Gülte Peutelgelts von dem Frankenmarkt;

diese Stücke sind alle der Lehen unserer Herrschaft zu Frankenburg;

it. 1 Gut zu Weczelkirchen, der Lehenschaft von Atersee

„und sind die stukh alle Babembergerisch Aygen."

it. 1 Hof in dem tal zu Rustorf gelegen.

(Ihr Erbe.) Oestr. Ms. Nr. 65, Fol. 19, b.

1455, 16. April. Wolfgang Payss.

Zehende auf 2 Höfen zu Weiskirchen, (Ober- und Niderhof),

auf dem Weyrhof,

auf 1/2 Huben auf dem Roysenweg,

auf 1/2 Huben zu Prunndegk,

auf 1/2 Huben auf dem Vogelgesang,

auf der Hub „dacz Hamer,"

auf 1 Lehen „dacz Aw hincz dem Liendlein:"

auf dem „Veringer lehen,"

auf dem Schawrlehen,

auf dem Lehen im Pawmgarten,
auf dem Leben bey der Prugk,
auf dem Lehen bey der Isel,
auf 5 Lehen „daez Simleinstorf."
auf dem Lehen „daez Grassing,"
auf 1 Luss daez Anger;
auf 1 Lehen „daez Weiskirchen" im Dorf,
auf $\frac{1}{2}$ Lehen, genannt des „Perngers" Lehen,
auf 2 Gütern „auf den gestetten,"
auf 1 Wiese daselbst,
überall ganzen Zehend. Oestr. Ms. Nr. 65, Fol. 19, b, 20.

159.) 1456, 30. September. Wolfgang Panderffer.

Halben Theil von:
1 Gut genannt am Kolbleinsperg;
it. 1 Purkstal genannt zu Nidern Ror;
it. 1 Gut genannt am Gfelhof und
1 Wiese, gelegen zu Ybs, genannt die Siednerpewnt.
(Sein Erbe.) Oestr. Ms. Nr. 65, Fol. 103.

160.) 1455, 22. April, Wien. Jörg Parawer.

Zu Czebing, am Kogelperg auf $5\frac{1}{2}$ Joch und auf 2 Joch Weingarten ganzen Zehend;
it. auf $5\frac{1}{2}$ Joch und $\frac{1}{4}$ Weingarten ganzen Zehend „an dem Akher;
und auf 5 Joch Weingarten daselbst halben Zehend;
it. an dem „Helenstain" auf $\frac{1}{2}$ Joch Weingarten ganzen Zehend und auf $\frac{1}{2}$ Joch 2 Theile Zehend;
it. „was man anpawt in 2 werden und auf dem Helenstain es sey wein der getraid ganczen zehent."
(Sein Erbe.) Oestr. Ms. Nr. 65, Fol. 23, b.

1457, 14. März. Hanns Parawer.

Zehende zu Zebing gelegen:
am Kogelperg auf $5\frac{1}{2}$ Joch und auf 2 Joch Weingärten ganzen Zehend;
it. auf $5\frac{1}{2}$ Joch und 1 Viertel Weingarten ganzen Zehend an dem Acker und auf 5 Joch Weingärten daselbst halben Zehend;
it. an dem Helenstain auf $\frac{1}{2}$ Joch Weingarten ganzen Zehend und auf $\frac{1}{2}$ Joch 2 Theile Zehend;
it. was man anbaut in 2 werden und (under) dem Helenstain, es sei Wein der Getreid, ganzen Zehend.
(Erbe von seinem Vater Jörg Parawer.)
Oestr. Ms. Nr. 65, Fol. 105, b.

161.) 1455, 19. Mai. Friedrich Parssenprunner (für sich und seine Brüder Mathes und Caspar).

1 Hof zu Wolfpaissing und 1 ödes Haus dabei, und 3 Pfd. Pfen. Gülten auf behausten Gütern und 5 Schilling Joch Äcker und 1 Garten und 2 „Waydach" und 4 Tagwerk Wiesmahds und 2 Baumstätte dabei 1 Weyer, alles in Neuhofer-Pfarre;
it. 5 Pfd. und 60 Pfen. Gülte und 47 Metzen Weizen, gelegen daselbst.
(Ihr Erbe.) Oestr. Ms. Nr. 65, Fol. 10.

162.) 1455, 19. Juni, Wien. Sigmund Paternostrer.

1 Hof, genannt der Hochhof in Peckhingerpfarre:
it. den Aspekhof in Newnkircherpfarre auf der Ipf;
und 3 Güter auf dem Zwabelsperg in Hofkircherpfarre gelegen
(Sein Erbe.) Oestr. Ms. Nr. 65, Fol. 11, b.

163.) 1456, 23. April. Hanns Pawmgartner.

1 Hof, gelegen zu Walterstorf in Stēczerpfarre;
it. zu Enczestorf 7 Eimer Wein Bergrecht;
it. 4½ Pfd. Pfen. Gelts auf behausten Gütern zu „Nidern Eybenstal;"
it. 1 Hof zu Newndorf und
1 Feldlchen daselbst gelegen, davon man ihm (von dem Hof und dem Lehen) jährlich 12 Schilling Pfen. dient.
(Sein Erbe.) Oestr. Ms. Nr. 65, Fol. 90.

1455, 24. Mai, Wien. Veronica, Margareth, Anna und Hedwig, Töchter weiland Hanns des Pawngartner.

Aus besonderer Gnade, in Ermanglung männlicher Erben (Lehenträger Jörg Franntz).

1 Hof zu Walterstorf bei Stēcz, darin gehören 60 Joch Acker und 1 Holz genannt das „Linttech;"
it. zu Ernstorf am Windischenperg 8 Eimer Wein Bergrecht;
it. zu Nidern Eybestal 4½ Pfd. Pfen. Gülte auf behaustem Gut;
it. zu Newndorf von 1 Hof 11 Schilling Pfen. Gülte.
(Aus Gnaden, ihr Erbe.) Oestr. Ms. Nr. 65, Fol. 42.

1457, 18. Juli, Wien. Dorothea, Hausfrau des Ulrich Pawngartner.

1 Gut, genannt am Schapllehen.
(Gekauft von Albrecht Greisnegger dem ältern und Lehenträger seines Bruders Thaman G.). Oestr. Ms. Nr. 65, Fol. 109.

164.) 1455, 10. September, Wien. Wilhelm Pebringer.

Die Veste „Purkhslewncz" und die Lehenschaft der Capelle in der Veste daselbst und der Bauhof mit 3 Feldern und 32 Tagwerk Wiesmahds;
it. 1 Holz, das sich anhebt „ze nagst vor der vesten Purkhslewncz zu dem aussern graben und ligt zu baiden seitten des pachs genant Slewncz und wert mit aller prait und weit uncz an die March lindwerg und zu allen seitten des holcz ain grosse viechwaid;"
it. das Halsgericht und allen Bann zu Feld und zu Dorf und auch allen Wildbann und Fischweid, alsweit die Pfarre zu Purkhslewncz ist mit aller Zugehörung;
it. in dem Dorf zu Purkhslewncz 24 Holden;
it. zu Newndorf dabei 6 Holden;
it. zu Ambstorf 2 Holden;
it. zu Zekelstorf 2 Holden;
it. zu Rokendorf und Uczestorf 20 Holden;
it. zu Pernstorf 4 Muth Haber;
it. zu Radendorf 2 Muth Haber;
it. zu Sukaprunn 3 Muth 10 Metzen Haber und
zu Stainebrunn 13 Metzen Haber, alles Marchfutter;
it. zu Holebrunn 1 Holden und 2 Fleischbänke;
it. 3 Weingärten, 2 im Tehenfeld und 1 zu Lindberg in dem Hohenstein und
2 Teiche, gelegen bei der Veste „Purkhslewncz" mit aller Zugehör.
(Sein Erbe.) Oestr. Ms. Nr. 65, Fol. 69, b, 70.

165.) 1455, 3. März, Wien. Thaman Peleitter.

Bestätigung eines Vermächtnisses seines Vetters Leonhard Peleitter, der ihm folgende Güter vermachte:
6 ganze Lehen und 1 Hofstatt zu Honerstorf in Stephanshartderpfarre gelegen;
it. den Hof zum Tabstain, da jetzt Peter Herbler aufsitzt;

it. 1 Hofstatt, da Tibolt aufsitzt;
it. 1 Hofstatt, genannt das „Herbertlein;"
it. 1 Hofstatt zu Tabstain, da Peter aufsitzt;
it. 1 Hofstatt im Weinreitt;
it. 1 Hofstatt im Kempperreitt;
it. 1 Hofstatt, die Toml am Pruglein inne hat;
it. aber 1 Hofstatt, die Michl am Gaisteig inne hat.

Oest. Ms. Nr. 65, Fol. 8, b.

166.) 1455, 6. September, Wien. Hanns Pellendorffer.

Das Gericht, Stock und Galgen am Obersperg und
auf $4^1/_2$ Weingarten daselbst den Zehend und 6 Joch Äcker auch daselbst
l gehören gen Pellendorf in 1 Hof;
it. die nachgenannten Hölzer in Pellendorffer Feld gelegen, mit den
richten, als sie von Alter herkommen sind:
die halbe „Aw;"
it. die „Mitterleitten" und das Holz, das daran stosst;
it. die „Vrerleitten" das Ort gegen Eezestorf;
it. das halbe Dorf Obern Hauczntal und den halben Zehend daselbst,
agenommen $^1/_3$.
(Sein Erbe.)

Oestr. Ms. Nr. 65, Fol. 69, b.

1456, 21. Jänner, Wien. Leonhard Pellndorffer.

Die Veste Pellndorf, den Mairhof daselbst;
it. das Gericht zu Pellndorf;
it. daselbst $2^1/_2$ Lehen;
it. $^1/_2$ Garten niderhalb des Dorfs;
it. 1 Wiese bei den „Velbern;"
it. das Holz „auf dem Sandt;"
it. die „Pruch oberhalb der Aw;"
it. der Wildbaumgarten;
it. die halbe „Varaw;"
it. das Holz in der Kollengrub bei den Fuchslugern;
it. halben Baumgarten oberhalb des Dorfs;
it. 1 Hof zu Pellendorf;
it. aber 1 Hof zu Pellendorf mit 40 Joch Äckern.
(Sein Erbe.)

Oestr. Ms. Nr. 65, Fol. 87, b.

167.) 1455, 21. Juni, Wien. Hanns Penkhel (für sich und aus besonderer Gnade für seine Hausfrau Kunigunde).

14 Schillinge und 18 Pfen. Gülte auf behausten Gütern in Aspangerpfarre
gelegen und
1 Pfund Pfen. Gülte auf 1 Hof (Michl Puchler) in Liechtenegkerpfarre gelegen;
50 Pfen. Gülte Überländ auf 2 Hölzern, beide im Ungerpach gelegen.
(Gekauft von „Veit Seebekh.")

Oestr. Ms. Nr. 65, Fol. 53.

168.) 1456, 10. Jänner, Wien. Rüdiger am Perg.

2 Güter zu Rainprechtzrewt und
1 Gut zum Ödlein „unsrer lehenschaft unsers fürstentumbs Österreich
und ist Kunigstewr zu unsrer Herschaft Valkenstain."
(Sein Erbe.)

Oestr. Ms. Nr. 65, Fol. 82, b.

169.) 1457, 21. Juli, Wien. Oswald Perger.

Folgende Güter, welche „zu unsrer herschafft Valkenstain im Mulhel-
land dienen Kunigstewr:"
2 Güter zu Weigartsperg, dienen 4 Pfen.;

it. 1 Gut zu Hawcznperg dienen 2½ Pfen.
it. 1 Hofstatt dient 1 Pfen.;
it. 1 Gut „zu dem Dorff" dient 4 Pfen.;
it. 1 Mühle genannt die „Kramphmühle" dient 1 Pfen., alles in Velder Landgericht gelegen.
(Sein Erbe.) Oest. Ms. Nr. 65, Fol. [illegible]

170.) 1455, 5. Mai, Wien. Jörg Perkhaimer (für sich und seinen Bruder Hanns P.).

1. 1 Gut zu Weiterswang;
2. zu Pistorf auf leuttern (?) und 3 Gütern grossen und kleinen Zehend in Gamparerpfarre gelegen;
3. 4 Güter zu Veldarn in Pondorffer-Pfarre gelegen, genannt die „Schappeli" und „Wappinger" Güter;
4. 2 Güter auf der „Rewtt" in Unknaher-Pfarre gelegen;
5. it. in Amphelbanger Pfarre überall 2 Theile Zehend gross und klein;
6. it. zu „paiden leyttarn" 4 Zehenthäuser grossen und kleinen Zehend;
7. it. zu „Veklsprukg" in der Stadt und vor der Stadt und zu Schöndorf im Dorf grossen und kleinen Zehend;
8. it. 1 Gut daselbst zu Schondorf in Schondorffer Pfarre;
9. it. zu Friding 2 Güter in Vekhelstorffer-Pfarre;
10. it. zu Stethaim 3 Güter;
11. it. zu Aych 14 Zehenthäuser grossen und kleinen Zehend;
12. it. zu Perkhaim im Atergew 2 Zehendhäuser gross. und klein. Zehend;
13. it. zu Erlach 1 Zehendhaus grossen und kleinen Zehend;
14. it. zu Atergewdorff 3 Zehendhäuser grossen und kleinen Zehend;
15. it. auf der Smidhub den kleinen Zehend;
16. it. den Hof zu Puch und die Selden dabei, alles gelegen in Sand Jorgenpfarre im Atergew;
17. it. 1 Gut zu Wiczelskirchen in Sebalherpfarre;
18. it. 1 Hof zu Rachmanstorf in Wartpergerpfarre;
19. it. Drittheil Zehend in der Ottnange gegen den Utzingern, grossen und kleinen Zehend;
20. it. Drittheil Zehend zu Puhelspach grossen und kleinen Zehend beide in Ottnangerpfarre gelegen;
21. it. 1 Gut zu Atter in Schondorfferpfarre;
22. it. 1 Drittel an der Mühle zu Trena auf der Vekla in Vekhelstorfferpfarre;
23. it. das Dorf zu Talhaim;
24. it. der Weterperg daselbst;
25. it. 1 Gut im Haslach;
26. it. 1 Gut auf dem Achperg;
27. it. die Mühle unter dem Gastaig;
28. it. 1 Gut an dem Sager;
29. it. 1 Gut an der Ryenleitten;
30. it. 1 Gut an der Kaltenleitten;
31. it. 1 Gut an der Prantstat;
32. it. 5 Güter „dacz wald".

Die jetztgenannten Stücke jedes halb und liegen auch in Sand Jorgenpfarre im Attergew
(Ihr Erbe.) Oestr. Ms. Nr. 65, Fol. [illegible]

1455, 5. Mai. Jörg Perkhaimer.

Den Wintterhof;
it. die Hub am Parcz;
it. die Tafern und Weyr und die Selden bei dem Weyr, alles gelegen zu Offenhawsen in Offenhauser-Pfarre.
(Sein Erbe.) Oestr. Ms. Nr. 65, Fol. [illegible], b.

1455, 5. Mai. Susanna, Hausfrau des Jörg Perkhaimer (Tochter weiland Gregors des Rathalmynger).

1. it. den Sitz und Hof zu Wirting mitsammt der Tafern und „weirmül" so in den Hof gehören; („Seiden und der Schantmüll so in den Sicz und hof gehornt mit allen iren zugehorungen in Offenhawserpharre gelegen");
2. it. den Zehend zu Arbing gross und klein in Pembaunger-Pfarre;
3. it. die Sagmühle, (in Hagerpfarre am Hawarugk);
4. it. 1 Gut zu Vogelhub;
5. it. 1 Gut zu Gukkenperg, beide in Riederpfarre;
6. 1 Hub genannt im Holez, (Chunczl und Steffl).
7. 8. it. das Dorf zu „Hueben"; [it. die Hueb zu Dorff, (Hertl), it. (Mertl);] (fehlt) it. 1 Gut genannt die Kesmitteröd;
9. it. 1 Gut genannt in der Öd; (Hueb in der Öd) (Michl);
10. it. 1 Hube, die der Semelrosch inne hat;
11. it. 1 Hube, die der Herbaleben inne hat;
12. it. die 2 Hofstet mit den Wisflekhen zu Nidern Hag;
13. it. die Stokhwisen;
14. it. die Rorwisen, alles gelegen in Hagerpfarre am Hawarukg;
15. it. 1 Hof zu Erlach (Puhelhof);
16. Aw am Griess;
17. it. 1 Gut (zottagut) zu Engelsperg, alle gelegen in S. Valentin Pfarre;
18. it. 1 Gut genannt am Hamad; (Gut zu Hagmad [Kaas] mitsammt den Äckern, so daraus brochen sind);
19. it. die halbe Hube am Pares (Parcz);
20. it. den Wintterhof halben;
21. 22. it. die Taferne und Weyr halb;
23. it. die Seiden halb alles zu Offenhausen im Dorf in Offenhauserpfarre;
24. it. die Lehenschaft des Zehents zu Obern Hardarn in Swanserpfarre;
25. it. die Lehenschaft des Guts am Gissubel in Riederpfarre.

(Gnaden-Lehen.) Oestr. Ms. Nr. 65, Fol. 38, b.

1457, Anfangs August (— vor Stephanstag Inventionis) Wien. Jörg Perkhaimer.

Die am 5. Mai 1455 seiner Hausfrau Susanna verliehenen Stücke, welche sie ihm vermacht hatte, mit Abweichungen, (die bemerkt sind). 2 Stück mehr, 1 weniger.

Oestr. Ms. Nr. 65, Fol. 110.

1455, 27. Juni, Wien. Wolfgang Perkhaimer.

$^1/_2$ Hof, genannt am Geyrhof;
it. 1 Hube zu Pachleitten;
it. 1 Gut vor dem Prunwald;
it. 1 Gut in der Geyraw;
it. 1 Gut zu Pletich;
it. 1 Zehend auf dem Hof und auf der Hube am Ort zu Wernhartsdorf;
it. 1 Gut und 1 Holz genannt der Viecht, und
1 Gut am Kelnern in Ratenpacher-, Weywarer-, Gaspalczhover- und Pehbnacherpfarre gelegen.

(Sein Erbe.) Oestr. Ms. Nr. 65, Fol. 54, b.

1455, 20. September. Wolfgang Perkhaimer (als Lehenträger der unmündigen Affra, Tochter weil. Mert des Stainperger).

Den Sitz am Klainhof und 2 Hofstätte dabei in Pergkircherpfarre;
it. $^1/_2$ Hof und 2 Hofstätte dabei in Pergkircher Pfarr;

it. $^1/_2$ Hof und 2 halbe Hofstätt dabei zu Weinezurl in Nernerpfarre gelegen;
it. den Prentlhof;
it. 1 Hofstatt zu Dursendorf;
it. den Zehend in der Flein;
it. den Zehend am Mairhof;
it. 1 Gut im Klaffer, die sind gelegen in St. Lienhardspfarre im Forst.
(Aus Gnade, weil der Vater ohne männliche Erben abging.)

Oestr. Ms. Nr. 65, Fol. 71.

1456, 30. April. Wolfgang Perkhaimer.

2 Huben „dacz den Pratern bei alten Ror in Hallerpfarre gelegen;
it. den Sewmairhof zu Perkhaim;
it. den Stainkelterhof daselbst;
it. eine „Übertewrung" auf dem Hof zu Staudach in Lewatingerpfarre;
it. 1 Gut zu „Munichen" und 1 Wiese im „Werd" 1 Au und 1 „Purkstal" dabei gelegen in Municherpfarre;
it. 1 Hof zu Goczleinstorf gelegen und 3 Hofstätte dabei in Steyregkerpfarre;
it. 1 Gut an dem Swabegk, 1 in der Grueb und 1 an dem Sneperg;
it. 1 Hofstatt zu Negleinsöd in Sand Jörgenpfarr;
it. ganzen Zehend auf dem Hof genannt am Hof;
it. 2 Theile Zehend, genannt an dem Lehen und
auf 1 Acker bei Methawsen ganzen Zehend, aller in Riederpfarre gelegen.
(Sein Erbe.) Oestr. Ms. Nr. 65, Fol. 96, b.

1457, 30. August. Hanns Perkhaimer und seine Hausfrau Wenndel.

1 Wiese gelegen am Dietmansperg;
it. ganzen Zehend auf dem Waldnerhof und Vorderhof in Hebreimsenkircherpfarre, und
ganzen Zehend an der Ramelmul gross und klein.
(Gekauft von Reicher Walich.)

Oestr. Ms. Nr. 65, Fol. 113.

171.) Hanns Pernstorffer.

Einen Zehend zu Nidern Pleppach in Tallershaimerpfarr gelegen auf 16 Lehen und 3 hofsteten klain und gross zu veld und zu dorf, wan der sein mûterlich erb;
ein hof zu Schanberg mit seiner Zugehörung wisen eckern und 12 phening gelts auf 1 behausten holden, in gemechtsweis von weilent Wolfgangen Pacher.

Oestr. Ms. Nr. 65, Fol. 2.

1455, 19. Mai, Wien. Hanns Pernstorffer.

(Lehen der landesf. Herrschaft Trautmanstorf.)
Den Hof zu Parez bei Trautmanstorf gelegen der früher n. das Franczoysen gewesen, den er von seinem Bruder weiland Wenzlaw Pernstorffer geerbt hat, der ihn von K. Albrecht seinem Vater als Burgrechtlehen von Trautmanstorf erhielt. „Also daz er und sein erben in unser urbar daselbs zu Trautmanstorf jerlich davon raihen und dienen sullen von yeder Jeuch akkers so in denselben hof gehörent 7 Wiennerpfenninge Gülte" (halb zu S. Jörgentag, halb zu Michaelis).

Oestr. Ms. Nr. 65, Fol. 89.

(Fortsetzung folgt.)

Aus der k. k. Hof- und Staatsdruckerei.

№ 10. NOTIZENBLATT. 1854.

Beilage zum Archiv für Kunde österreichischer Geschichtsquellen.

Herausgegeben von der historischen Commission

der

kaiserlichen Akademie der Wissenschaften in Wien.

II. „Oesterreichische Geschichtsquellen."

7.) Actenstücke zur Geschichte der Gesandtschaft, welche K. Maximilian II. im Jahre 1567 an die Königin Elisabeth von England abgeschickt hat.

Mitgetheilt von Joseph Chmel.

(Schluss.)

Anfenglich sollen zu volfurung dieser Bundtnuss alle guter der vngehorsamen vnd widerwertigen Fursten vnd hern die in diese Bundtnus nicht willigen, oder derselbigen zugegen sein, confiscirt vnd von den Bundtsuerwanten Ingenhomen werden.

Der Kayser sol dieser sachen mit seiner macht zu wormbse den Anfang machen, vnd sol hernach dasselbig verfolgt werden an allen orten, Da es von nöten ist.

Alle die Caluinischen vnd Luterischen gunstig und behülfflich sein, soln verjagt, vnd zum todt bracht werden.

Der Bapst sol ein Patriarchen vber gantze teutschlandt verordnen, derselbig sol ordnung vnd gesetz machen zu erhaltung der Römischen Kirchen.

Vnd damit der vnkosten der vf diese ding gewant werden muss, erlangt werdt, Sol der Bapst den halben theil seiner einkommen darzu geben, wie dan auch alle Cardinel, Ertzbischoffenn vnd andere geistliche personen in teutschen vnnd andern landen auch thun sollen, zu erhaltung der Römischen Kirchen.

An allen orten sollen neu Kirchendiener verordnet werden, nach dem brauch der Rom. Kirchen.

Es sol meniglich zur mess zu ghen schuldig sein, bei straff des bannes, leibss und lebensstraff, oder vfs wenigst bei verlust aller guter. Welche man vnder dj vornhembsten hauptl vnd Kriegsleut ausstheilen soll.

Der Konig auss Hispanien, wil mit allem seinem vermögen befurdern, damit der Konig auss Frankreich mit des Kaysers Dochter verheiratet werde.

Caless vnd andere grenitzen nit weit von Engellandt gelegen, Sollen dem Konig auss Spanigen ingeantwort werden, Vnd sol der König auss Spanigen der Konigin auss Schotten hulff thun, damit sie wieder In Ir Königreich gesetzt, Vnnd die Königin auss Engellandt veriagt werdt.

Es sollen auch alle die Jenigen, die zu demselbigenn Königreich einige gerechtigkeit furwenden, mit seiner hulff gedempfft werden.

Dess Konigs son auss hispanien, Sol des Kaysers Dochter zur ehe nhemen.

Der Keyser, der König auss Hispanien, der König auss Franckreich, soln personlich in allen diesen Kriegen sein, damit dieselbigen desto bass Ins wergck gesetzt.

Der Hertzog von Beiern Sol des Bapsts Stathalter vnd von aller geistlichen wegen, in obgedachtem Krieg Oberster Hauptman sein.

Des Hertzog von Beiern eltister son, Sol des Hertzogen von Lotringen Dochter nhemen.

10

Der Hertzog von Guis sol des Jungen Hertzogen von Beiern Dochter zu ehe nhemen.

Des Koniges auss Franckreichs Schwester sol der Konig auss Portugal [illegible].

Im fal der Hertzog von Florentzs sich in diese Bundtnuss, nit wolt begeben, Sol er des Landts veriagt werden.

Dass hertzogthumb Maylandt sol dem Konig auss Franckreich zugestelt werden, auch sol er die Insel Corsica haben, wan die von Genua drauss seindt.

Es sollen die Venediger zu dieser Bundtnus auch bewilligen Vnd wo sie es abschlagen, So solln die Bundtsverwandten sie derhalben bekriegen vnd ire Landschafften vnd guter die si in Italia haben, andern gegeben werden.

Es sol der Hertzog von Florentzs damit dieses alles volnzogen werdt, vff der Post, vff die Frantzöschen grenitzs raisen, dahin dan der Konig vnnd sein mutter kommen soln.

Doch sol er sich an keinen gewissen ohrt einlassen, von desswegen, das viel von des Koniges rhat dieser sachen zugegen sindt.

Die erfinder dieser Bundtnuss sindt der Cardinal von Lottringen, vnd [illegible] vnd seine bruder.

Der Kayser ist sehr geneigt darzu, vnd vmb souiel mher, Dieweil es im zu ehren, vnd Reichthumb gereicht. Welches dan das hauss von Osterreich alwegen gesuchtt vnd begert hat.

Der Cardinal von Borbon ist der Pracktikanten auch einer.

XVIII. 1567, 15. Juli. Allerdurchleuchtigster, grossmechtigster, vnd vnuberwindtlichster Römischer Kayser, E. Kay. Matt. seint mein allervnderthenigste, gehorsambste dienst, vngesparts vleiss Jederzeit zuuor, Allergnedigster herr, Demnach E. Kay. Matt. mir, beneben dem hern von Maldeghem, die raiss vnd werbung Inn Engellandt, von irer Matt. vnd der Stende des heyligen Reichs wegen, allergnedigst vferlegt, hab Ich sampt meinem mitverordneten, dieselbige bestes vleiss vnd vermögens nunmher volbracht, vnd alss E. K. Matt. durch meine zu mhermhalen ahn dieselbige hiebeuor aussgangene vnderthenigste schriefften, wass Jederzeit gehandtlet vnd vorgelauffen, berichtet.

So schicke E. Kay. Matt. die letzte vnd endtliche schriefftliche antwort, auch daruf erfolgte der Königinn mundtliche ercierung, Welches alles den 22. Juny geschehen, Ich hieneben aller vnderthenigst auch zu. Vnd ob Ich wol nichts liebers gesehen, vnd gewolt. dan es hetten mein mitverordneter vnd Ich, bei der Konigin das Jenig, so E. Kay. Matt. begert, gestragcks vnd ohn anhang erlangen konnen, So hat doch die Zeit vnd gelegenheit dissmalss andere verrichtung nit geben wollen. Vnd ist die sachen dermassen furgelauffen, dass vns den gesandten vnsers erachtens (wie dan der hispanische Orator desselbigen bedenckens auch gewessen) weiter daruf zu handlen, vnd lenger auszuhalten nit allein nit geburen wollen, Sonder auch der hoffligkeit etwas zugegen gelassen were;

Ist derhalben an E. Kay. Matt. mein allervnderthenigste bit, die wollen ir diese Ausrichtung souiel mein vnnd meines mitgesandten person anlangt, allergnedigst gefallen lassen, Dan wo etwas mherers oder anders hette vermutlich erhalten werden konnen, solte es an vnserm vleiss nit erwunden oder gemangelt haben.

Wiewol auch E. Kay. Matt. Ich (wie obstet) zuuor alle sachen vnderschiedtlichen bericht zugeschrieben vnd nit zweiffel, E. Kay. Matt. (ob schon Ich von derselbigenn niemalss antwort bekommen) seie dasselbig alles wol zukommen, So hab Ich doch damit es beisamen zufinden alle handlung In hiebeigebundenn prothocol nach der lengde registriren lassen, So E. Kay. Matt. allergnedigst zuentpfangen, vnd dieweil alles darinnen begrieffen, was zu dieser Legation gehörig, vnd dan auch der weg etwas weit, hab Ich von vnnöten ge[illegible] Kay. Matt. mundtliche Relation zuthun.

Sonder bin tröstlicher hoffnung, sie werden auss solchen prothocol [illegible] bericht entpfangen mögen.

Im fal aber E. Kay. Matt. meines mundtlichen berichts allergnedigst begeren, (wiewol ich deren weiter oder mher, dan wie vermeldet, nit anzuzeigen) So gebürt mir in dem wie auch allem andern, E. Kay. Matt. allervnderthenigst zugehorsamen.

Ewer Kay. Matt. werden auch ein schreiben an sie, von der Kön. W. hiebei gnedigst befinden, Welchs nach aller handlung mir ist vber antwort vnd zugestelt worden, Vnd (wie Ichs darfur halte denn von Rogendorff betreffen thut) Vnd hab Ich mich hieruff wieder naher meiner behausung begeben vnd drei Monat mit dieser reisse zubracht, welchs E. Kay. Matt. alss meinem allergnedigsten hernn Ich auss schuldigsten pflichten, nit hab vnangezeigt lassen sollen. Vnd thue E. Kay. Matt. mich vnderthenigstes vleiss zu allen gnaden benelhen, Vnd zu derselbigen allervnderthenigsten diensten mich gehorsamblich vnd mit allem meinem vermögen erbieten. Datum den 15. July Ao. 67.

E. Kay. Matt.

Allervnderthenigster gehorsambster
Ludwig graf zu Stolberg Konigstein
Ruschfort und Wertheim etc.

t. t. Dem Allerdurchleuchtigsten, grossmechtigstenn vnnd vnüberwindtlichsten Fursten vnd hern hernn Maximilian, dem andern Römischenn Kayser zu Hungern, Behaim, Dalmatien, Croatien, vnd Sclauonien etc. König, Ertzhertzog zu Österreich, hertzog zu Burgundj Steier, Kärndten, Crain vnd Wurtenberg etc. graffen zu Tirol, Meinem allergnedigsten hernn.

(Cito-tissime.)

2.) Zur Geschichte der Stadt Wien.

Mitgetheilt von Albert von Camesina.

(Fortsetzung.)

19. Auch wern, dass einer höret rueffen, vnd schreyen, vnd dem nicht zu hilff kheme, so ist er zwen vnd sibenczig pfenning zubezalen schuldig, sprech Er aber, Er hette dass rueffen, nicht gehört, so mach er sich mit Recht ledig darson.

20. Item, Ob ein dieb, oder ein diebin herkheme inn dass Aigen, vnd mit handtschafft alhie gefangen wurd, die soll mann dem Richter antwortten, die soll Er halten so lang, biss dass genuegsamb gestrafft wirdt, Wo es aber ein grosse Malefics sachen were, so soll der Ambtmann die dem Vicethumb zu Wien vberantwortten.

21. Item, Dass niemandts leuth behörbergen soll, der feindtschafft hett, jhm zuhilff, vnd dem Nachbauren zueschaden, Wer aber also herkheme inn dass Aigen, wass oder wieuil der weren, die solle mann anfallen, fahen, vnd allen harnisch vnd waffen, so sie bey jhnen haben, nemmen, sie zu der herrschafft, vnd Gemein handen vberantwortten, vnd ist auch, der sie hieher geladen hat, noch jeder person sechss schilling vnd zwen pfenning zubezahlen verpflicht, vnd ob sie jrgent schaden gethan hetten, denselben solle Er sampt jme püessen, Wer aber dem Richter darzue nit hilfft nachnotturfft, wan Er jhn darzue erfordert vnd anrüefft, der ist noch jedem haussgenossen zwen vnd sibenczig pfeninng zu bezalen, vnd zue büessen verpflicht.

22. Item, Ess solle on wissen, vnd willen des Grundherren, oder, inn des Grundherren abwesen, seiness Richters, Niemandts frembde vnbekhandte leuth beherbergen, oder Er ist für ein jede person alle nacht zwen vnd sibenczig pfenning straff zugeben schuldig.

23. Item, Ess soll kheiner dem anderen seinen Arbaitter auss dem hauss theydingen, noch gewöhnen, oder mehr lohnss zugeben versprechen, oder, wie

10*

dass sey, dann den geseczten lohn, wer das darvber thet, der jst nach jeder person zwelf pfenning zubezalen schuldig.

24. Item, Dass kheiner dem anderen vnsauber ding für sein behausung, oder auf die gassen thon, vnd für den Pronnen schütten, oder giessen soll, bey zwelf pfenning straff vnd peen, ess soll auch jedermann seines fridt, es seyen zaun, graben, oder wass fridt sein, bewahren, vnd friden, dass seinen Nach-bauren, vnd andern leuthen dauon nicht schaden beschehe thet aber einer das nicht, was dass schaden geschehe der buess dass nach der vierrer Rath, vnd jst zwen vnd sibenczig pfenning darzue zubezalen schuldig.

25. Item, Dass ein jeder seine Arbeitter den rechten weg und steg, damit denn leuthen nit schaden geschehe, weisen soll, thet eres aber nicht, der ist nach jeder person zwelf pfenning zubezalen schuldig.

26. Es soll auch ein jeder sein vich, vnd huener haltten ohne schaden, wer aber ainichen schaden an seinen gründen oder gärtten begriffen vnd erfunden wirdt, so soll Er zwo personen, sey Manns oder weibsbildt zu gezeuckhnus von stunden an dem Richter anzaigen, wess dass vich gewesen, derselb soll von einem ochsen order Khue, von einem Rosss, Kalb, schwein, gayss oder Lamb, vnd wass vich das were, drey Creüczer straff bezalen, vnd darzue die schäden abthuen, Nach der vierer rath, möcht Er aber den Ambtmann nicht darbringen, wass Er jhm schaden thete, so soll Er dessen vnentgollten sein.

27. Item, Wann einer den anderen einlegen oder fordern last für Gericht, der soll dem Ambtmann inn dem Stockh zwelf pfenning, vnd wider darauss zwelf pfenning geben vnd bezahlen.

28. Item, Wann einer gefangen ligt vmb gellt schuldt, so soll jhm der Richter, da der gefangen so vnuermögenlich, zu essen geben, biss an den dritten tag, dar-nach soll der Richter oder Ambtmann, zue dem, der jhn hat faben lassen gehn oder senden, dass Er dem gefangnen, zu essen gebe, will Ers aber nicht thun, so soll Er den gefangen gehn lassen.

39. Item, Ob ein gast herkhämb, vnd wer ein hieiger dem gast schuldig vnd der gast wollt gellt oder pfandt haben, so soll der Gast dem Richter zwelf pfen-ning geben, vnd der Richter soll jhm von dem hieigen, ob Er jhn am ersten in gebreüchigen Termin nit bezahlet, hernach pfandt oder pfenning geben, was Er ohn laugnen gestehet laugnet Er aber, so soll Er gericht werden, vor dem Ambtmann.

30. Item, Wellicher würt, leüth inn seinem hauss hat oder haben wirdt, die ohne Ehe bey ain ander siczen, vnd die wissentlich vfhellt, derselb ist der herr-schafft sechs schilling vnd zwen pfenning straff schuldig, vnd dem Richter von jeder personen zwen vnd sibenczig pfenning.

31. Item, Ob ein Gasst wollt herziehen oder hergezogen were, vnd hie heüsslichen siczen wollt, der ein verleümbdter Mann were, den mögen der Richter, vnd die vierer von dem aignen wol vhrlaub geben.

32. Wer vnsauber ding bey dem prunn wäscht, es seyen staub, aschen oder tüecher, der soll, als offt Er begriffen wirdt, dem prunnmeister geben zwelf pfenning, were Er aber ein fremder, soll man es jhme am ersten vnder-sagen zuem andern mahl soll mann ihn pfänden für zwelff pfenning.

33. Item, Ob ain Mann oder ein fraw aines dem anderen vnbeschaidne ver-botne wort gebe, die soll zu besserung des pronnes zwelf pfenning straff aus geben schuldig sein, soll sie auch darzue wol büessen, Item vmb ein maultaschen mit flacher handt fünf pfundt pfenning, vnd mit einer fausst ein pfundt pfenning.

34. Item, Wer ein bestandthauss hat, vnd nicht ein aigens hie, derselb soll inn kheinem weg nit schenkhen, so Er aber wein khaufft von einem frembden, vnd schenckhet jhn hie, derselb wein ist der Herrschafft verfallen, vnd zur straff fünf pfundt pfenning, halben thail der herrschafft, vnd den anderen halben thail der Gemaindt.

35. Item, Ob einer vnzüchtige wort bey dem wein tribe, vnd wollt die leüth abtreiben, den soll der Würth auss dem hauss weysen, Wollte Er aber strittig sein, so mag jhn der würth wol mit gewallt hinauss stossen, vnd drey truckhen

[illegible]schlag auf dass genüekh geben, vnd darumben ist Er dem Ambtmann nichts zur straff zugeben verpflicht.

36. Item. Welcher ein Recht von einem hieigen will haben, der soll dass Recht vergwisen oder verpurgen mit hieigen Leütthen, vnd nicht anderst.

37. Item, Wer ein hackhen zum wein tregt, vnd legt die vnder den leib, vnd [illegible]ckht darauf eins pfennings werth wein, so solle Er die hackhen dargeben, [illegible] Er aber lenger, vnd verhällt es, so ist er zwelf pfenning straff schuldig, [illegible] Er sich aber zuwider, vnd wollt jhm die hackhen nit geben, so ist Er sechs schilling vnd zwen pfenning straff schuldig.

38. Item. Es soll khein Würt oder Gastgeb keinen wein vber die bierglockhen zeit ausgeben, oder bey jm trinckhen lassen, da Er dass thuet, ist Er zwen vnd sibenczig pfenning straff schuldig.

39. Item, Dass khein gastgeb oder peckh nit mehr borgen soll, auf ein hackhen, hawen oder krampen, dann vier oder sechs pfenning, es were dann, dass der hawer wol bekhandt were, dass die hawen sein wären.

40. Item, Dass ein jeder inn seinem hauss, oder einer inn seines würths hauss, frey soll sein, wer aber, dass einer auss einem hauss inn dass ander schlieg, stech, wurff, oder schusse mit gefahr durch ein Maur, zu ein fenster, oder durch ein tach, der ist der herrschafft fünff pfundt pfenning verfallen.

41. Item, Dass kheiner soll auss seinem weingartten, gartten, oder heüsern oder zimmern ainss, nichts vnsauberss, noch vnzimbliche ding werffen, ess seyen stein, koth, oder welcherlej dass sey, als offt mann dass vber jn Clagt, vnd nicht meiden will, als offt ist zwelf pfenning straff zugeben verpflicht.

42. Item, Dass khein hieiger nicht soll gemainschafft haben mit kheinem, der nicht hie gesessen ist, mit aignem hauss, weder mit weinkauffen, binzugeben oder zuschenckhen, wer dass vbertridt, denen soll der halbe theil weinss, der herrschafft vnd der ander halbe theil der Gemaindt verfallen sein, vnd der Herschafft nach jeder person fünf pfundt pfenning.

Item. Ob ein Gast ein hauss hie hette, vnd dess nicht seshafft hie wer, der soll nicht hie schenckhen, vnd wer darvber schenckht, der soll halben theil der herrschafft, vnd halben theil der Gemaindt, auch der herrschafft fünf pfundt pfenning straff zubezalen schuldig sein.

43. Item, Wo ein Weinschenckh hie ist, oder were, da [illegible] Nachbaur dem anderen rechte mass geben, vnd ob einer einen [illegible] dem soll mann es geben oder borgen, so mann wein aufthuet.

44. Item, Wass schaden beschehen auf dem aigen, [illegible] schäczen, dann Richter vnd die Vierer, dauon sollen sie [illegible]

45. Item, Wer einem seinen friden bricht oder [illegible] grüenen Dorn zwelf pfenning, vnd von einem dirren Dorn zwen [illegible] pfenning.

46. Item Wer eines fruchtbaren felber abschlegt, der ist verfallen [illegible] schilling vnd zwen pfenning, schlegt Er aber einen [illegible] verfallen fünf pfundt, vnd sechczig pfenning.

47. Item, Welcher am ersten mit seinem [illegible] werckhen, wenig oder vil, einen [illegible] ist vnnachlässlich zwen vnd sibenczig pfenning.

48. Item, Soll niemandts mit [illegible] Gericht erscheinen, wer solches zu Gericht [illegible] pfenning straff zubezahlen verpflicht.

49. Item Gotteslästerung. [illegible] mals acht tag jm stockh mit wasser vnd [illegible]

50. Zum Anderen mal, [illegible] Nacht gestrafft werden.

51. Zum Dritten mal, solle Er [illegible]

52. Item, Alle [illegible] nicht gefurdert, noch gestattet, [illegible] Mt. etc. Policey vnnachlässlich gestrafft werden.

53. Nachdem auch von dem prunnen, da Er nicht ordenlich oder [illegible] gehaltten wirt, ainer ganczen Gemaindt nicht allein schädliche kranckheit, sonder leib vnd lebenss gefahr durch stehet, zu verhüettung vnd fürkhommung solchen bösen vbels, solle ein jeder Nachbaur, seinen prunnschlissel, auch die thür auf der gassen, nach seinem ein- vnd aussgang fleissig zuesperren, Wer aber das vberschreit, vnd nicht thuet, auch disem entgegen handelt, dessgleichen, der solche nachlassigkheit, von einem anderen sicht, vnd dass dem Richter oder prunnmeister nit anzaigt, der ist straffwürdig, vnd verpflicht zwelf pfenning zum pronn zugeben, wollt sich einer dess widern, solle der prunnmeister zum Richter gehn, der solle jhne darzu hallten, vnd vnnachlässlich gestrafft werden.

Solche hierob geschribne verlesne Articul, so von der Röm. Kay. Mt. vnserem allergnedigsten herren, vnd allen seinen Erben, dem Edlen vessten herren Hannsen von Francolin vnd seinen Erben, allergnedigist inn gnaden mitgetheilt, Will Er dass dieselben aller mass vnd gestallt, wie obgehört, vesst, steet, vnd vnuerbündtlichen gehaltten werden solle, Bey allen obgeschribnen straffen [illegible]culen, Dass ist Ihrer Kay. Mt. Ernstlicher willen vnd mainung.

Vor mir Hanns von Fränncolin Röm. Kay. Mt. vnd dess Heiligen Röm. Reichss Ernholdt, Recht grunndtherr zu St. Dietboldt vnd der ganczen gemaind, jst der Panthäding verlesen worden, den 18. Aprilis. Anno 1575.

Gleichz. Abschrift. Papier. Wiener Stadtarchiv.

(Fortsetzung folgt.)

9.) Vor Vernichtung Gerettetes.

Mitgetheilt von Joseph Chmel.

Seit einiger Zeit erhalte ich von Seite eines Mannes, der nebst seinem Sinne für Handel und Erwerb doch wenigstens noch so viel Theilnahme für „Geschriebenes" hegt, dass er es vor dem Zerschneiden einem Unterrichteten zeigen will, ob es nicht noch anderweitig verwendbar wäre, so manche Stücke, die ich ihm abkaufe und die ich nach und nach veröffentliche.

Es ist wirklich schmählich, dass unsere Zeit noch solchen Mangel an Theilnahme aufzuweisen hat.

Das Verschleppen ist schon traurig, das Zerstören ist es natürlich noch mehr.

Chmel.

1. 1495, 22. April. Ich Cristoff Chëttner mitburger zu Aussee unnd ich Margret sein eeliche hawszfraw bekennen veraintlich fur unns unnd fur | all unnser erben unnd tun kund allermenigklich, das wir dem edln Casparn Lindner die zeit zechprobst Sannd Margreten gotsz- | hawsz unnd pfarrkirchen zu Mitterdorf im Hintterperg seinen mitgsellen unnd allen irn nachkomen zechpröbst daselbs recht | unnd redlich verkauft haben ain wisen mit irn zugehorungen gelegen im Lositz stost an die Frey unnd an des Zapler hallt, dauon | man jerlichen zu sannd Michelstag dem lanndesfürsten etc. ins urbar im Hintterperg dient unnd raichet acht pfenning gueter lan- | deswerung in Steir an abgang unnd on alles verziechen. Wir haben In auch die benent wisen mit irn zugehorungen verkauft | unnd auch ledigklich unnd unversprochenlich ausz unnser gwallt nutz unnd gwer ingeantwurt in ir gwalt nutz und gwer | wissendlich mit ambtmans hannden unnd in kraft des briefs mit allen den ern rechten notzen gesuechen unnd gerechtigkaitten alls | wir unnd unser voruodern das alles ingehabt unnd herpracht haben. Wir behallten unns auch kainerlay gerechtigkait daran | nindert, sunder sy mugen nu furan wol damit tun alls mit andern des berurten gotszhawsz guet an menigklichs widersprechen | an geuär, wann sy haben unns ain summ gellts berait darumben geben daran unns dafur wolbenuegt

unnd der wir zu rechter | seit an allen schaden von In ausgericht unnd betzalt sein. Wir geloben In auch die vorbenent wisen mit irn zugehorungen trewlichen | ze schermen unnd mit dem rechten zu vertreten wie recht ist im lannd Steir an geuär. Tun wir des nicht unnd sy nemen des | schaden, den geloben wir In gentzlich abzelegen unnd widerzekern unnd sy sullen das haben zu unns unnd zu allem unnserm | guet, dauon sew dann aller schäden richten und wern sol ain jede herschafft, die uber unns oder uber unnser guet ze pieten hat an | klag an furpot unnd an alles berechten. Das ist unnser will unnd pet, unnd des zu urkund geben wir in disen kaufbrief besigelten mit | des edln Ulrichen Storch die zeit der Römischen kunigklichen Maiestat etc. gegnschreiber des Halls zu Aussee unnd ambtman im Hintter- | perg aigen anhangunden insigl, den wir vorbenante wirtlewt Cristoff unnd Margret mit besunderm vleisz darumben | peten haben, das er sein aigen insigl der sachen zu bestat an den brief gehanngen hat, doch im unnd allen seinen erben an schaden und | dem lanndesfürsten etc. an seinen zinsen vodrungen unnd gerechtigkaiten allzeit unvergriffen, darunder verpunden war unnd | stät ze volfurn innhallt des briefs. Zeugen umb pet des insigl sind die ersamen Sigmund Öder desmalis Marcktrichter zu Aussee | Cristan Huckenstain unnd Hanns Peer (?) Fleischackher burger daselbst. Der brief ist geben an Mitichen vor Sannd Jorgentag do man | zallt nach der gepurd Cristi Jesu tausent vierhundert darnach inn dem funfundnewntzigisten jare. |

Orig. Perg. 1 Siegel (fehlt). Die Urkunde war eingenäht (in einem Codex ?). In Privathänden (mir zum Kaufe angetragen).

3. 1540, 21. März. Illustrissimo Caesareae Maiestatis Consilio, amicis charissimis.

Franciscus Donato Dei gratia Dux Venetiarum et cetera. Illustrissimo Caesareae Maiestatis Consilio salutem et syncerae dilectionis affectum. | Quod controuersia, quae longa et peruetusta Hieronymo Barzizio ciui Bergomensi fuit cum Vincentio Barzizio familiae minoritanae | super hereditate Joannis Mariae Barzizii ciuis pariter Bergomensis et eorum consanguinei per Caesaream Maiestatem remissa fuerit vestro | Juditio sapientissimo dirimenda, id profecto nobis valde gratum fuit fatemurque Nos eidem Caesareae Maiestati hoc etiam nomine plurimum debere, | quae hoc oratori nostro idipsum apud eam curanti libenter concesserit. Nam cum semper optauerimus, ut huic controuersiae | finis aliquando imponeretur, id nunc vobis judicibus speramus breui futurum; cuius litis progressum visum est nobis Domi- | nationibus Vestris Illustrissimis paucis declarare, ut re ex nobis cognita facilius intelligere possitis quis eorum litigatorum foueat | causam iustiorem. Cum Joanni Mariae Barzizio ciui Bergomensi nostrae ditionis homini iampridem apud nos mori con- | tigisset, statim orta est contentio inter Hieronymum Barzizium ciuem pariter Bergomensem et defuncto consanguinitate | propinquum et fratrem Vincentium Barzizium ordinis minorum, qui hanc nactus occasionem deserta quam semel | professus est religione mox vero pro animi sui libidine eam rursus profitendo ad secularia negotia se conuertit, ac con- | tendentibus utrisque haereditatem Joannis Mariae defuncti ad se pertinere eaque causa coram nostratibus judicibus diu agitata; | obtinuit tandem Hieronymus haeresque ipse declaratur, reiecto Vincentio non uno tantum judicio sed pluribus. Cumque Hie- | ronymus misisset in urbem Norimbergam qui res haereditarias suo nomine apprehenderent, nanque in ea urbe Joannes | Maria magna ciuens negotia habuerat, eodem subito aduolauit Vincentius petiitque à magistratu Norimbergensi ut | posthabitis judiciis magistratuum nostrorum ipse haeres declararetur; quam rem prudentissimus ille magistratus | monitus etiam nostris literis diei x. Februarii 1540 se facturum negauit, cognouit nempe non licere quae Judices nostri | decreuissent semel atque iterum inter nostrates homines apud se contendentes quae jure gentium apud omnes salua esse | debent ea alicuius improbitate infringi labefactarive; appellat ad Senatum Norimbergensem Vincentius, reicitur, prouocat | rursum ad Juditium Camerae Imperialis Spirae non alio sane consilio quam ut Hieronymus magnitudine impensarum |

obrutus quas eam ob causam subire cogebatur pertesusque fortasse controversiae longitudinem litem desereret, quod profecto | facile contigisset; verum laborantem hominem Caesaris clementia sustinuit ac recreauit, qui huiusmodi causam vobis| sapientissimi atque amplissimi viri cognoscendam ac finiendam mandavit. Cum igitur causa eo tandem deuenerit | quo optaueramus moxque futurum sit, et eum finem sit habitura quem ęquitas postulat, Illustrissimas Dominationes vestras| rogamus, ut quae Judices nostri inter nostrates homines decreuerunt ea utilia ita apud vos salua esse, quemadmodum vestra | acta omniumque Imperii et Germaniae aliorumque Christianorum Judicum rata sanctaque apud nos habita fuerunt semperque | habebuntur; sic nempe jus ipsum omnisque societatis humanae ratio postulat, quod vos pro vestra justitia procul dubio facturos | confidimus, nosque ob id ipsum vobis plurimum debere existimabimus, quod civem nostrum ea molestia liberaueritis per quam | ei hactenus non licuit rebus suis quietus perfrui. Decet nempe pios et christianos judices et religiosissimę Cęsareę Majestatis imprimis| consiliarios peregrinum hominem et jam annos tres in causa tam iusta laborantem aliquando ab aduersariorum | calumniis ac nexibus absoluere.| Datae in nostro Ducali Palatio die xxi. Martii, Indictione vij. M. D. xlviij.|

Von aussen: Apertae et ad Acta positae 25 Maji Ao. 1549.

Orig. Perg. Bl. Bulle (fehlt). In Privathänden.

3. Freising, 23. Jänner 1609. Privilegium des Bischofs Ernst von Freising für die Zirkelschmiede zu Waidhofen an der Ybbs.

WIR Ernst Von Gottes genaden Ertzbischoue zu Cöln, dess Heyligen Römischen Reichs durch Italien Ertz Cantzler vnnd Churfürst, Bischove zu Lüttich, Administrator der Stifft Hildesheim, Freising, vnnd Münster, fürst zu Stabl, des Ertz- vnd Primat stiffts Magdenburg Thumb Probst, Pfaltzgraue bey Rhein jnn Obern vnnd Nidern Bayrn, zu Westphalen, Engern, vnnd Bullien Hertzoge Marggraue zu Francimonth etc.

Bekhennen vnnd thun khundt menigclich mit vnnd in crafft dises offen Libels oder briefs, Nachdem vnnss vnnsere Burger, Vnderthone, vnd getreuen, die Circkhlschmidt in vnserer vnnd vnnseres Stüffts Freisingen Statt, vnnd Herschafft Waidthouen an der Ybbs, gehorsamb- vnnd vnderthenigist für- vnnd angebracht, wie dass Sy sich mit vnserem genedigisten vorwissen, consens, vnd bewilligung, einer gewissen ordnung, wie es in jrem Handtwerch in ainem vnd anderem solle gehaltten werden, auch damit also fürterhin ain yeder nach solicher ordnung, als einer vnfelbaren richtschnuer sich endtlich regulirn, darnach handlen, thun vnnd lassen mechte, auch sonst guete richtigkheit, Mannszucht Policey vnnd ordnung, wie auch nit weniger vndter Inen fridt, vnd ainigkheit gepflanzet, vnnd erhaltten wurde, ainhelligclich entschlossen vnnd verglichen hetten. Vnnss auch hierauf ettliche verfasste articul ob denen Sy fürterhin in Irem Handtwerch steiff vnnd vntzerbrochenlich zehaltten gedachten, gehorsambist vbergeben, Mit vnderthenigister bitt, dieselben genedigist zu confirmirn: Welche Artiel von wortt zu wortt also lauthen, wie vnderschiedlich hernach volgt.

Erstlichen vnd zuuorderist, weiln vor allen zeitlichen dingen, die Ehre Gottes vnnd der selen Hayl zesuechen, Allso soll auch sich daher dise vnser ordnung billich anfachen, Vnnd sein derewegen gentzlich entschlossen, hinfüran jerlich vnnd Ewigclich ainen Jahrsstag, jnn hieiger pfarrkhürchen, am Tag dess heiligen Tauffers Christi, Joannis, zuhaltten vnnd zubegehen, an disem Tag soll ain Jeder vnsers Handtwerchs, Er sey Maister oder Gesell, vormittag zu dem gewohnlichen Gottesdienst gewisslich erscheinen, dem Almechtigen Gott für die empfangene Wolthatten dess verschinen Jahrss, lob vnnd Danckh sagen, vnnd vmb weittern Göttlichen Seegen vnnd Genad bitten vnnd anrueffen, Dem Herrn Pfarrer, wehr der Yederzeit sein würdet, Solle für den Järlichen Gottesdienst an solchem tag geraicht werden, Ain Gulden zwen Schilling, vnnd denen Khürchen-Pröbsten für die beleuchtung Vier Schilling, dem Messner für sein Müch zween Schilling, nach verrichtem Gottsdienst sollen wür in dess Herrn Vattern Behausung zusammen khommen, miteinander in aller Zucht, Erbar- vnnd

Fridlichkhait, ain freundliche Mahlzeit haben, khainer für sich selbs Zanckh Hader vnnd Widerwillen anfahen, schwören, fluechen, oder Gotslestern, noch andern darzu vrsach geben, Thätte aber das Ainer oder Mehr, die sollen nach gelegenheit dess verbrechens in dess Gerichts oder höhern obrigkheit, vnd aines Handtwerchs straff sein. Da auch Ainer mehr Wein verschüttet, alss Er mit einer Handt bedeckhen khann, Soll Er darfür ain Achtering zwo oder mehr, nach gelegenheit dess verschittens beczalen, Da aber ainer die gaben Gottes also missbrauchet, Dass Er den Wein auss voll vnnd Trunckhenheit in des Herrn Vatters Behausung wider von sich bräche, Der solle zu Morgens dess Herren Vatters Straff gewartten.

Zum Andern sollen die Circkhlschmidt Maister, alle Quottember vmb ain besamblung, vnnd darczu ainen beysiczer auss dem Rathsmittel bey Herrn Stattrichtern gehorsamblich anhaltten, vnnd ausser verwilligung dess Stattgerichts, weder zu Quatembern, noch sonsten im Jahr vmb khainerlay sachen, ainige ganncze besamblung oder Zusamenkhonfft, weder auf der Herberg noch anderstwo haben, Wann sie nun dass erlangt, sollen sy auf der gewondlichen Herberg zu angeseczter stundt zusamen khommen, Alda zu der Ladt sitzen, yeder sein gebierliches Aufleggeldt, Alss ain Maister Quattemberlich Siben Pfening, raichen vnnd geben, nach dem alle fürkhombende Irrungen in handtwerchs sachen gebürlichen weiss verhören, darüber ain ordenliche vmbfrag ergeben lassen, vnnd nach billichkhait abhandlen, Vnnd wass also in Handtwerchssachen abgehandlet worden, darüber sollen die Viermaister Pundt vnnd fähll zuetzen macht haben, Alss dass hernach im Sechsten Artiel begriffen ist. Da aber Gerichtsmessig sachen fürfiellen, dieselben dem Statt Gericht treulich anzaigen. So sollen auch die Gesellen alle Quatember, für die Maister erscheinen, vnnd wass bey der Geslla ladt nit abgehandelt khann werden, dasselb soll bey der Maisterladt gerichtet werden. Welcher Maister oder Gsell nun, so erfordert worden, zu den vier Quattembern am Jartag, oder so offt jm sonsten dass Jahr hinumb von den Zech- vnnd Viermaistern angesagt wurde, fürsetzlich, verächtlich, oder ohn ander erheblich vrsachen, alss Gottsgwaldt oder Obrigkheit gschafft, ausableiben wurde, Der soll in aines Ersamen Handtwerchs straff stehen, nach gelegenheit dass ausableiben gestattet ist. Da auch ainer gahr erschine, aber nit auf die benente Stundt oder lengest ain Viertl darnach, oder khäme voll vnd trunckhen, oder wurden in der besamblung vnwillen, Zanckh vnnd Hader zurichten, anderen an Iren Stimmen vorgreiffen, die Viermaister vnnd ain Ersamb Handtwerch, verderist den vom Rathmittl zugeordneten Beysiczer, nit in gebürlichen Acht haben vnnd respectirn, Derselb soll nach gelegenheit dess verbrechens, dem Handtwerch von Aim, biss in Sechs Pfundt Wax, in der Straff sein, dem Stattgericht vnnd ainem Ersamen Rath an Irer straff gannez vnuergriffen.

Zum Dritten, Wass also fur Aufleg, Straff- oder ander gellt, in die Ladt khombt, dass soll zu gemainem vnser aines ganczen Ersamen Handtwerchs nucz vnnd wolfarth gebraucht, fürnemblich dauon der gestiffte Jartag, dise aufgerichte Ordnung, die Waxkhörczen, dass Leichtuech, die Paar vnnd schragen, die Almer oder Casten in der solches verwartt würdt, hergehaltten, auch auf firfallende Rechtsfirungen Stritt vnnd Irrungen, so sich zwischen hiesigen vnnd andern Werkstetten zutragen mechten, angelegt, auch damit etwan khranckh Prechhafft vnnd Eisserist Krarmbten Maistern, nach aller möglicheit geholffen, vnnd durch Zech- vnnd Viermaister jerlichen am Tag, wann sie ander Viermaister Erwöllen, ordenlich verraittet werden.

Zum Vierdten, wo nun ain Maisterschafft Quatember helt, sollen sie ainhellig bey einander verharren, damit nit ainem oder dem andern die Pürdt allain aufglegt werde, vnnd der Herr Vatter darbey die Herberg ist, sich zurichten wiss, welcher aber dauon gehen wurde, ohne vorbergehende erhebliche entschuldigung vnnd Vrsachen, Derselbig solt den beywohnenten Maistern halbe Zech, souil auf ain Maister khombt, zubeczalen schuldig sein.

Item vnd zum fünfften sollen die Maister der Zirckischmidt, alle Jahr an der ersten Quatemberbesamblung nachdem Neuen Jahr, Neu vnnd andere Viermaister erwöllen, Auch zwayen Maistern die Schlüsel zur Ladt zubehalten geben, vnnd welchen Maister, so das vorig Jahr ainen schlüsel in behaltnus gehabt, denselben nit so baldt der Herr Beysitzer verhaunden ist, zur Ladt [illegible] antworttet, sonder denselben vergessen vnnd erst darnach gehn oder schickhen müeste, derselbig soll ain Pfundt Wax zum Handtwerch verfallen sein. So [illegible] nun Neue Viermaister erwellet worden, sollen zwen ander Beysiczer zu den Gesellen, Auch ander Zween Bschauer verordnet werden, Dise zween [illegible] sollen so baldt sie wissen, Wo ain khaufmann verhanden ist, hingehen, die Arbait vnnd erkhauffendt oder eingelegte wahrn, wass vnsers Handtwerchs ist, [illegible] vnnd wol besichtigen vnnd beschauen. Wurdte nun ainige Arbait vnsers Handtwerchs alhie, durch die bschau betretten vnnd befunden, dass sie nit gerecht oder khaufmanssguet, auch etwan zu khlain oder zu gross wehr, dardurch [illegible] anderer Maister zuschaden khommen, oder vnsers genedigisten fürsten vnd Herrn Clainot der Mohrnkhopf, so yeder Maister auf sein Arbait schlagen [illegible] verletzt wurde, Dieselbigen Maister, sie seyen wer oder woher sie wollen, sollen aintweder mit confiescierung der Arbait zu Gericht, oder sonsten nach gelegenheit vnnd grösse dess Mengls an der Arbait, von ainem Ersamen Handtwerch, in die Ladt gestrafft worden. Im fahl auch von andern, so nit vnsers Handtwerchs, ainige Gattung die vnnsers Handtwerchs, gemacht vnnd in der bschau gefunden wurde, Dieselb sollen die zween Bschauer dem Gericht alssbaldt zustellen, vnd solche Im ganez vnd gahr verfallen sein, damit der Herr Statt Richter [illegible] Handtwerch desto lieber Schutze haltte, dass Handtwerch gestörckht vnd nicht geschwecht werde.

Item zum Sechsten, Solle ain Circkhlschmidtmaister, So er ainen Lehrbueben bekhombdt oder aufnimbt, denselben lenger nit Probiern dann Vier Wochen, So Er dann vermaint Ine dass Handtwerch zulehrnen, Denselben bey der Maisterschafft fürstellen, mit begehren, dass Er Ime nach Alter Handtwerchsgewonheit vnnd gebrauch auf vier Jahr, oder da der Pueb noch so schwach vnd Jung währe, Damit Er nit an seinem gewächs vnd auch der Lehrnung verhindert werde, auf fünf Jahr ordenlich verdingt: vnnd ain Wochenlohn nach billicher erkhandtnuss aines Ersamen Handtwerchs, gemacht werde. Da er nun dass von Ainem Ersamen Handtwerch erlangt, soll Er Maister ainem Ersamen Handtwerch in den Vncossten zubeczalen schuldig sein, zween Gulden yeden zu Sechczig khreuczer. Es sollen auch vber solche Dingnuss, vnnd wann sonst etwas in Handtwerchssachen vor dem Handtwerch abgehandlet würtet, die Viermaister Pundt vnnd Fall seczen, Gemainer Statt ain Vngarischen Ducaten in goldt, dem Herrn Stattrichter dass Wandl, vnd ainem Ersamen Handtwerch von zwayen oder Dreyen biss in Sechs Pfundt Wachs. Dass alles der Thaill, so solche abhandlung andten, Äffern, oder nit haltten wurdte, vnnachlesslich verfallen sein solle.

Zum Sibendten soll nun hinfuro ain Maister dess Handtwerchs nit mehr Gsölln halten dann zween, vnnd ain Lehrbueben. Welcher aber khain Lehrpueben hat, der mag drey Gsölln fürdern, der aber zween gesellen vnnd ain Pueben, oder drey geselln hat, der soll khain Aufschlager fürdern, damit ain Maister der khain gselln hat, schlager bekhommen khöne, Welcher Maister disen Articl vbertratte, der soll zur Ladt verfallen sein, Sechs Pfundt Wax, Im fahl aber ain Gsell auf die werckhstatt khombt vnnd khain Maister verhanden were, der macht hett den gselln aufczunemen, Alsdann soll ain yeder Maister Er hab vorhero vill oder wenig gsindt, macht haben, Ain solchen Gsöllen vierczehen tag zuhaltten, damit derselb mit Ehren vnd Zerung weiter khomen möge.

Zum Achten wann ain frembder Gesell herkhombt, dem sollen die Viergsellen vom Oeltisten biss auf den Jungsten Maister, vmb Arbaith sehen, doch soll Im vor Vesper zeit nit zugeschickht werden, es wer dann an ainem feirtag, vnnd Er vorhero nie hie gewest, Bekhommen Sy Im nun Arbait vnnd der Gesell erstreckht bey solchem Maister seine Vierzehen Tag, Allesdann mag Er zu ainem Maister nach seinem Willen vnnd Gefallen zu schickhen.

Zum Neunten wann Also ain Maister ainem Gsellen Arbait gibt, auf ansuechung der zween fürgesellen, soll Er den Viergesellen zu Hülf der Schenckh, so sie dem frembdten Gsellen beweisen muessen, zugehen schuldig sein für dass Ayr vnnd schmalcz, Sechs khreüczer.

Zum Zehenden solle ain Maister ainem solchen Gesellen auf versuechen lenger nit Arbait geben, dann vierczehen tag. Alssdann soll Er Im, da Er in zubehaltten: vnnd der gsell zubleiben lust hat, ein ordenlich Wochenlohn sprechen vnnd geben, so lang beeden Maister vnnd Gsellen beyeinander zubleiben gefellig ist. Da aber ain Gsell von seinem Maister zu ainem andern, auf hiesiger Werckhstat lust hett, Der soll dem Maister vierczehen Tag zuuor aufsagen, damit Er sich darnoch zerichten wiss, Da Er aber von der Werckhstatt hinweckh vnnd wandern wolte, solle Er nach altem Löblichen Gebrauch, Acht tag vorheer vrlaub nemmen.

Zum Aindlifften, solle der Circkhlschmidt-Maister zu Waidthouen ordnung sein, dass wenn durch verhencknuss dess Allmechtigen Gottes ain Maister durch den zeitlichen Todt abgefordert wurde, vnnd die verlassne Wittfrau mit Khündern oder andern nötten beladen, der Maisterschafft Hülf begerete, Sollen Ir die Maister auf Ir begehren, ainen gueten Gsöllen, der Ir nach Handtwerchsgebrauch, so lang sie im Wittibstandt bleibt, die Werkhstat füehren khöne, zuuerschaffen schuldig sein, damit ain solche arme Wittib sich sambt Iren armen Waisen mit treuen vnd Ehren, auch hinbringen vnd ernehren möge.

Zum Zweifften, So auch ain Maister mit langwüriger Leibsschwachait also beladen wurde, dass Er seinem Handtwerch nit vorstehen khundt, soll Im ain Maisterschafft, gleichermassen auf sein begehren, mit ainem solchen gsellen, da anderst ainer verhanden, zu Hülf khommen, Auch da die nott so gross ainem solchen auss der Ladt mit ainem Darlehen beygesprungen werden. Wouer auch die schwachheit so gefärlich, soll Im ain ordenliche Wacht gehaltten werden, vnnd welcher Maister auf den die Wacht khommen wurdt, selbst nit wachten wolt, der soll sich mit ainem andern darumben vergleichen, da auch ain solcher Maister oder sonst Jemandts auss vnserer Zech vnd Handtwerch, nach dem Willen Gottes auss disem ellendten Jammerthal durch den zeitlichen Todt abgefordert wurdte, Den sollen wür nach altem löblichen gebrauch, gehen Grab zutragen vnnd zubelaitten schuldig sein, Es wurde vnns dann etwan zu zeiten, der laidigen Infection daruor vns der Allmechtig Gott genedigclich lang behüetten welle, von vnser fürgesetzten lieben Statt Obrigkheit, ain anders beuolchen. Dem sollen wür yederczeit, wie in allem anderen zugehorsamen schuldig vnnd willig seyn.

Zum Dreyzehenden solle khain Gsell macht haben, Ainem Maister seines gefallens auss der Arbait zustehen, oder ainen feyrtag zumachen, weniger andern Maistern Ire Gsellen darczu anraiczen, aufreden oder bewegen, Welcher sich aber dergleichen ohne sonder billich vnd bewegliche vrsachen vndterstehen, vnd sein Maister darüber clagen wurde, der solle dem Herrn Stadtrichter dass Wandl verfallen sein, vnnd der Maisterschafft straff gewartten, von ainem biss in drey Pfundt Wachs.

Zum Viertzehenden solle auch khain Maister dem anderen khainen Gesellen oder Pueben aussfreyen, Welcher darüber betretten wurdt, der soll dem Statt Richter verfallen sein, Ain Taller dem Handtwerch vier Pfundt Wachss, vnnd soll Im dennoch der Gsell oder Pueb nit volgen oder gelossen werden.

Zum fünffzehenden, wo dann ain Gsell lust hett, alhie Maister zewerden, soll Er Erstlich zuuorher zway Jahr nacheinander auf hiesiger Werckhstatt Arbaitten, Alssdann vnd nit ehe mag Er passiert werden, Wür wollen auch khainen beheyrathen Gsella, Gsellsweiss Arbaiten lassen, sonder Er soll aintweder, wann Er vorher zway Jahr auf hiesiger Werckhstatt lediger weiss gearbeitet, die Maisterschafft diser ordnung gemess annemben, oder ain Aufschlager werden, oder sich dess Handtwerchs gahr verczeichen.

Zum Sechezehenden, So ain Gesell Maister will werden, Der khaines hiesigen Maisters Sohn ist, oder khaines Maisters Tochter oder Wittib dess Handtwerchs begert zunemen, Derselbig solle fünff Stuckh machen, alss ain geschrauffen Zirckhl, ain geschrauff Rohr, ain Pfeilzangen, ain zerlegten Hammer vnnd ain feilkhloben, Wass aber die Maisterkhünder anbelangt, oder die so

Wittfrauen oder aines Maisters Tochter nemmen, die sollen aines stuckhs zemachen, befreyet sein.

Zum Sibenczehenden Wann dann Ainer vermaint die Maisterstuckh [illegible] nemmen, Soll Er solches zuuor dem Viermaister anzaigen, damit derselbig die bey der obrigkheit anmeldt, vnnd so es der Obrigkhait gefellig, dass Handtwerch versamblen lassen khöne, Alssdann der so die Stuckh machen will, [illegible] Handtwerch ain Halben Taller zu gerechtigkheit auflegen, Darauf Ime in beysein aines des Raths, nach Handtwerchsgebrauch, die Stuckh aufgeben werden sollen.

Zum Achtczehenden wann dann nun ain solcher Gsell die Stuckh aufgenommen hatt, Soll Er sich verbürgen, dass Er well dabey verharren, vnnd nit dauon weichen, damit nit allain dass Handtwerch, sonder auch die liebe obrigkheit nit vergeblich behelligt werde.

Zum Neunczehenden, wann nun der Stuckhmacher will anheben zu schneiden, Sollen die Maister so zu Im verordnet sein, samentlich jr guetes Aufsehen haben, ob Er auch alle Stuckh mit freyer Handt ohne mass zumachen, mit khunst vnd Griffen, wie es ainer wissen vnnd khönen muess, versehen seye, Darauf solle die Maisterschafft vleissig Acht haben, Damit die Werckstatt Waidthouen mit guetten Maistern gesterckhet werde.

Zum zwainczigisten, solle ain solcher Stuckhmacher sich desselbigen Tags mit ainer Maisterschafft wegen aines zimblichen Trunckhs Irer bemüehung vnd verfeyr halber, nach billichen dingen, doch ohne Vberfluss vnd sonderbahre beschwernus dess Stuckhmachers, guetwillig vergleichen, Alssdann von alter herkhommen ist.

Zum Ain vnd zwainczigisten, wann nun ainer die Stuckh ferttig hat, Solle der Viermaister sich abermahl bey dem Herrn Statt Richter anmelden vnnd vmb verwilligung aines Herrn Beysiczers anhaltten, vnnd auf erlangten Zulass, die ganez Maisterschafft bey der Maisterstraff vordern lassen, Alssdann sollen Im die Stuckh ordenlich beschaut werden, Vnnd solle der Stuckhmacher seine Lehr- vnnd Geburthsbrief, auch ehe Im Antwortt würdt, abermahl ain halben Taller für die Gerechtigkheit auflegen, So nun hierauf die Stuckh für recht erkhendt werden, Alssdann soll Er nach altem löblichen gebrauch zu Maister an- vnnd aufgenommen werden.

Zum zwayvndzwainczigisten soll ain solcher Neuer Maister, in die Maister Ladt Siben Schilling zu bestätt- oder Maistergeldt, hernach zehen Taller fürs Maistermahl, dann ain halben Taller fürs Zaichen, aussm vnnd jnns Pley, erlegen, Ererbt Er aber selbst ainss, Ist Er von bestättigung desselben nur Achtczehen khreuczer zegeben schuldig.

Zum Dreyvndzwainczigisten, wellen wür hinfüro khainen Maister vnsers Handtwerchs, Ausserhalb diser vralten Waidthouerischen Werckhstatt innerhalb Vier Meil weegs gestatten, passieren noch aufkhommen lassen, Doch hiemit die Zeller vnnd sonderlich die Alberaith Maister aldo sein, der Zeit ausgenommen. Da aber ainer in solchem gezirckh sich dess Handtwerchs vnd Maisterschafft gebrauchen, vnnd auf vnnser abmohnen vnnd ersuechen, dauon nit alssbaldt abstehen wolte, Denselben sollen weder wür noch ainige andere Redliche Werckhstatt vnnseres Handtwerchs für Redlich achten vnd haltten, doch der höhern obrigkheit vnforgriffen.

Zum Vier vnd zwainczigisten, Ob sich aber ain Maister der Zürckhlschmidt von diser Werckhstatt Waidthouen hinweckh seczen vnd seinen frommen weitter suechen wolt. Mag Er vndter Vier Meiln von hinen wol passiert werden, so Er mit der Werckhstatt alhie auflegt, wie vor, So er sich aber auf Vier meil oder weiter hindan richtet, soll Im sein Maister-Recht ain Jahr vnnd ain tag [illegible] stern, So Er darüber aussbleibt vnnd hernach sich wider [illegible] wolt, soll Er in der Maisterladt, so Er dass Handtwerch arbaiten will, zehen Taller zubeczalen schuldig sein.

Zum fünffvndzwainczigisten, wurde ain Maister oder Gsell in vnserm Handtwerch an Ehren gescholten, der soll darumben alssbaldt [illegible] werden, oder yemandt neben vnd bey Im zearbeiten sich enteussern, Sonder der so in gescholtten oder ainer vnehr becsichtiget, soll solche Zicht auf Ine, wie recht ist, beweisen. Khondte Er dass nit thuen, soll Er dem, so Er gescholten, nit allain seiner ehren nottarftigen Abtrag vnd widerkherung thuen, sonder es solle auch ain solcher fräfler Erenverleser, dem Gericht vnnd ainem Handtwerch in gebürlicher Straff sein, vnnd solle hierdurch der Missbrauch, so bisshero in vilen Örtten geweest ist, wo ainer von dem Andern schmächlichen geredt, dass der so becsigen, solches von Im bringen oder weisen soll, hiemit aufgehebt vnnd alss vntichtig abgethan sein, sonder der so einen andern etwass beczeicht, soll das genuegsam darbringen, oder im fahll Ers nit khann, darumben sein Straff ausstehen, doch solle der so gescholten oder ainer vnehr becsigen worden, solches nit auf Im ligen lassen, Sonder den so Ime solche schmach angelegt, in gebürlicher Zeit vnnd weil, mit Clag vor Gericht fürnemmen, Vnnd dannenhero menigelich dess Ausschlags gewartten, vnnd hierczwischen weder Clager noch beclagter geschichen werden, Wass auch in solchen fällen von der lieben obrigkheit für erkhandtnusen vnnd Abschid ergeben, Dem sollen nit allain Clager vnnd beclagter, sonder auch ain gancz Handtwerch statt zugeben, vnnd darwider kheineswegs zuhandlen schuldig (doch dem verlustigen vnd beschwerten thail an der Appellation für die Pfleg- oder höhere obrigkheit gannez nichts benommen sein). Vnnd solle sonderlich khainer seiner Ehren entseczt, oder Ime das Handtwerch belegt werden, ohne Gerichtliche Erkhandtnuss, Consens vnnd verwilligung. Vnnd welcher Maister oder gsell anderer gestalt geschichen oder verworffen wurde, der soll es bey Gericht oder ainem Ersamen Rath anbringen, darinnen soll ernstliche Straff vnnd einsehung beschehen.

Zum Sechs vnd zwainczigisten vnd beschliesslich damit hieuorstehendte Articl vnnd Ordnung ainem yeden vnseres Handtwerchs, in desto frisch vnnd bösser gedechtnuss seyen, wöllen wür die Jerlich, so baldt die Neue Viermaister erwelt werden, von wortt zu wortten verlesen lassen, Doch solle dise vnser fürgenommene Handtwerchsordnung vnserm Genedigisten fürsten vnd Herrn zu Freising, derselben Hochstifft vnd hiesiger Herrschafft vnnd Statt Waidthouen an der Ybbsa, auch Richter vnnd Rath daselbs, an Irer obrigkheit, Hochait freyheiten, Stattbreuchen, vnnd derselben alten herkhommen, nichts benommen, noch ainigen Abbruch oder schmelerung geben. Wir sollen vnnd wellen auch Ins vnnserm Handtwerch vnnd besamblungen nichts anders handlen, betrachten, oder fürnemmen, Dann dass hochgedachtem vnserm genedigisten fürsten vnnd Herrn, allen dero Nachkhommen am Hochstifft Freysing, dem Hochstifft vnnd hiesiger Herrschafft vnnd Statt Waidthouen, vnnd deroselben Burgerschafft vnnd Innwohnern zu Ehren, Wolfarth, nucz vnnd guetem khomen vnd erspriesslich sein khann vnd mag, sonder wür vnd vnsere Nachkhommen sollen vnnd wellen vnns yederzeit allereusserist befleissen, Derselben vnnd Gemainer Statt vnnd Burgerschafft nucz vnnd frommen, nach allem vermögen zubefürdern vnnd schaden zuwenden.

Dass wür hierauff in gnedigister bedenckhung obangezogener vrsachen, vnnd fürnemblich dass dise vnnsere confirmirte Ordnung niemandts vernachteilt, oder laedirt, sonder der gemaine, wie auch aines Handtwerchs der Circkhelschmidt particular aufnamb, nucz vnnd wolfahrt hierdurch merkhlich befürdert würdt, alle vnnd yede vorgeschribene Puncten vnnd articul, wissent vnnd wolbedechtlich confirmirt, vnnd bestettiget haben.

Gebüetten demnach allen vnd yeden yeczigen vnnd khonfftigen Pflegern, Richtern vnd Rath gemeltter vnnserer Statt Waidthouen hiemit in crafft dises gannez ernstlich, besagtes Handtwerch der Circklschmidt, bey diser Irer ordnung, vnnd vnnserer darüber eruolgten Confirmation vnnd bestettigung handtczehaben, zeschuczen, vnnd zuschirmen, Auch Inen darinnen khainerlay trang oder Irrung zuczufüegen, noch solliches yemandts anderem zugestatten.

Daran beschicht vnnser endtlicher auch zuuerlessiger genedigister willen vnnd Mainung. Doch behaltten wür vnns, vnnd vnseren Nachkhommen am Stifft Freising hiemit ausstruckhlich beuor, obangeregte ordnung yederzeit nach vnser oder vnserer Nachfahrer gelegenheit vnnd gefallen zumindern, zu mehren, zu ändern, gahr oder eines thailss abczethuen vnnd aufczeheben, auch andere [illegible] oder ordnung in dieckhangeczogenem Circkhlschmidthandtwerch aufczuri[illegible] vnnd füreczenemmen. Alles getreulich ohne generde. Dess zu vrkhundt, [illegible] wür vnnser Secrete hieranzehangen verschaffet, Geben in vnser Bischoffl[illegible] Statt Freising, den Dreyundzwainczigisten Monatstag Januarij. Als [illegible] nach der gnadreichen geburt vnsers ainigen Erlösers vnd Seeligmachers, [illegible] Tausendt, Sechs Hundert, vnnd Neun Jahr.

Canczley etc.

A. Negele Scripsit m/p.

(Fortsetzung folgt.)

1.) Salzburgische Urkunden und Urkunden-Auszüge von 1[illegible] bis 1457 aus dem k. k. Haus-, Hof- und Staatsarchive.
Mitgetheilt von Joseph Chmel.

(Fortsetzung.)

CCXXXII. 1455. Montag nach S. Görgentag, 28. April, Salzburg. Rudolph Trawner, der Zeit Pfleger zu Lauffen, verbürgt sich für seinen Vetter Achaz Trawner, dem Erzbischof Sigmund von Salzburg das Amt zu Haus mit dem Kasten überlassen hat, zur Verwesung bei dessen Rechnungen (falls sie über die hergegebenen 400 Pfd. Pfen. sich belaufen möchten).

Kammerb. V, pag. 416, Nr. [illegible]

CCXXXIII. 1455, 7. Mai, Salzburg. Calistus episcopus seruus seruorum dei. Ad futuram rei memoriam. Inter multiplices curas quibus ex debito pastoralis officii iugiter peru(r)gemur illa nimirum nos urget potissime, ut aduersus eos insurgamus qui tanquam honoris et priuilegii ecclesiarum et ecclesiasticarum personarum quarumlibet ecclesiasticam in animarum suarum periculum et christiane fidei preiudicium moliuntur subuertere libertatem ne si forte non resistatur eisdem ipsorum temeritas periculosius uiualescat et peruersitas extollatur. Cum itaque sicut ad nostrum non sine mentis turbatione peruenit auditum, nonnulli et presertim laici diocesis ac prouintie Salczeburgensis nomen domini in uanum recipere non formidantes contra canonicas sanctiones et constitutiones Imperiales venerabiles fratres nostros Archiepiscopum Salczeburgensem Gurcensem Seccouiensem Chimensem et Lauentinum Episcopos ac Prelatos et ecclesiasticas personas Prouintie et diöcesis predictarum coram quibusdam in Wiennensi Austrie Gracz Stirie et Sancto vito Carintie opidis dicte Prouintie aliisque secularibus Judicibus in quacunque questione seu causa ad seculare iudicium trahere, ac alias eos diuersis iniuriis et molestiis officere multipliciter presumant in animarum suarum periculum dicte libertatis subuersionem nec non apostolice sedis et canonicarum sanctionum ac constitutionum Imperialium uilipendium perniciosum quoque exemplum et scandalum plurimorum. Nos qui ecclesias et ecclesiasticas personas presertim Archiepiscopali seu Episcopali dignitate preditas in sue libertatis integritate nostris potissime temporibus conseruari et uigere intensis desideriis affectamus, attendentes quod licet felicis recordationis Honorius papa IV. predecessor noster Constitutionem quandam Frederici ij. olim Romanorum Imperatoris per quam idem Fredericus tunc in obedientia et deuotione sancte Romane ecclesie persistens inter cetera ordinauit, quod nullus ecclesiasticam personam in criminali questione uel ciuili ad iudicium seculare trahere presumeret contra canonicas sanctiones et constitutiones Imperiales, quod si secus faceret, actor a suo iure caderet, et iudicatum non teneret, ac Judex foret ex tunc iudicandi auctoritate priuatus, apostolica auctoritate approbans et confirmans ipsam Constitutionem mandauerit inuiolabiliter obseruari et contra presumptores huiusmodi, tam apostolica quam etiam Imperiali auctoritate debite prouisum fuerit, ne tamen predicta scintilla periculosos imposterum afflare posuit in ignes, penarum exageratione prout expedit solicite prouidere et temerariis ausibus huiusmodi obuiare uolentes, hoc perpetuo ualiture, et irrefragabilis Constitutionis edicto, omnibus et singulis in predictis ac aliis opidis Terris villis et locis in prefata Prouintia ubilibet commorantibus cuiuscunque status gradus ordinis uel conditionis seu Nobilitatis fuerint, etiam si Ducali Marchionali Comitali aut alia quacunque et ecclesiastica uel mundana dignitate seu preeminentia prefulgeant in uirtute sancte obedientie, ac sub excomunicationis et anathematis aliisque infrascriptis sententiis censuris et penis districtius inhibemus ne in antea perpetuis futuris temporibus Archiepiscopum Episcopos Prelatos et personas ecclesiasticas Prouintie et predictarum ac aliarum eiusdem Prouintie Ciuitatum et diöcesis presentes et futuros pretextu cuiusuis consuetudinis quantocunque longissimo, etiam cuius contrarii memoria hominum non haberetur tempore inuiolabiliter obseruate quam cum sacris sit inimica canonibus uerius corruptelam reputamus aut quorumcunque indultorum seu priuilegiorum etiam apostolicorum que omnia et singula sub quibusuis formis et expressionibus uerborum ac cum quibuscunque clausulis etiam motu proprio et ex certa scientia concessa fuerint quoad premissa dumtaxat reuocamus cassamus et annullamus ac pro infectis habemus, illis alias in suo robore permansuris quacunque occasione uel causa etiam ratione domicilii delicti contractus, uel rei de qua agitur ubicunque committatur delictum, iniatur contractus aut res ipsa consistat per se uel alium seu alios directe vel indirecte coram predictis seu quibusuis aliis Judicibus et diffinitoribus secularibus presentibus et futuris quocunque nomine appellentur in prefatis uel aliis locis ad iudicium trahere aut alias ipsos in personis vel rebus seu alias qualitercunque uexare molestare seu etiam perturbare quoquomodo presumant, Qui uero contrarium fecerint, ultra penas eis a jure inflictas, quas harum serie innouamus et approbamus, et in dictos presumptores tenore presentium proferimus et promulgamus, Si persone fuerint singulares excommunicationis sententiam eo ipso incurrant, si uero Collegium communitas uel universitas Ciuitatis Terre castri Ville seu loci alterius cuiuscunque ipsa ciuitas Castrum opidum villa seu locus interdicto subjaceant ipso facto. Mandantes districtius uniuersis et singulis ecclesiarum Prelatis eorumque locatenentibus, ac aliis iurisdictionem habentibus, quatinus presumptores predictos et eorum quemlibet, quamprimum aliquam de ipsorum presumptione huiusmodi notitiam habuerint excommunicatos, aut illorum Ciuitates Terras Castra Villas et loca interdicto supposita fuisse et esse, tandiu dominicis aliisque festiuis diebus in ecclesiis dum inibi maior populi multitudo conuenerit ad diuina nuntient, et a suis subditis nuntiari, nec non ab omnibus arctius euitari faciant, donec presumptores ipsi de presumptione huiusmodi satisfecerint competenter, et super premissis absolutionis ac relaxationis beneficium a nobis uel sede predicta meruerint obtinere, Nos enim prout etiam sunt omnes et singulos processus sententias censuras et penas quos seu quas per ipsos Judices seculares contra Archiepiscopum Episcopos Prelatos et clericos predictos uel aliquem ipsorum haberi seu promulgari, ac totum id, et quicquid contra inhibitionem huiusmodi fieri vel attemptari contigerit irrita et inania nulliusque firmitatis, ac ipsos seculares Judices officio iudicandi et causas audiendi priuatos et ad similia uel alia quecunque secularia officia et actus legitimos imposterum exercenda et exercendos penitus inhabiles ac prorsus infames esse et non solum dicti Frederici ac etiam clare memorie Caroli iiij. Romanorum Imperatorum in tales inflictas penas incidisse, et si illas animo quod absit per Tres menses sustinuerint indurato, contra ipsos tanquam contra hereticos de fide suspectos procedi posse et debere quibuscunque consuetudinibus uel priuilegiis etiam apostolicis ceterisque contrariis nequaquam obstantibus decernimus et declaramus per presentes. Verum quia difficile foret presentes nostras litteras ad quecunque loca deferre, uolumus et eadem auctoritate decernimus quod earum transumpto manu publica et sigillo alicuius Episcopalis uel superioris ecclesiastice Curie munito tanquam prefatis nostris litteris si originales exhiberentur plena fides adhibeatur et perinde stetur, ac si predicte originales littere forent exhibite uel ostense ipseque presentes littere infra Tres menses computandos a die qua ille seu carte uel membrane ipsarum tenorem in se continentes, ualuis ecclesie Salczeburgensis affixe fuerint, perinde arctent omnes et singulos supradictos, ac si ille eis personaliter et legitime presentate et insinuate fuissent. Nulli ergo omnino hominum liceat hanc paginam nostre reuocationis, cassationis annullationis innouationis approbationis promulgationis constitutionis declarationis et uoluntatis infringere, uel ei ausu temerario contraire. Si quis autem hoc attemptare presumpserit indignationem omnipotentis dei et beatorum Petri et Pauli Apostolorum eius se nouerit incursurum. Datum Rome apud Sanctum Petrum Anno Incarnationis dominice. Millesimo quadringentesimo quinquagesimo quinto. Nonis Maij Pontificatus nostri anno Primo.

M. Joannes.
A. d. Panigaliis.

April. V
X

L. de Castiliono. tax. de mense Augi. per Ja. de Vicentia.

Orig. Perg. Bleierne Bulle.

CCXXXIV. 1455, 7. Mai, Salzburg. Calistus episcopus seruus seruorum dei. Venerabili fratri Sigismundo Archiepiscopo Salczeburgensi Salutem et Apostolicam benedictionem. Quia presentis vite conditio statum habet instabilem, et ea que visibilem habent essentiam tendunt uisibiliter ad non esse tu salubri meditatione premeditans diem tue peregrinationis extremum dispositione suprema desideras preuenire. Nos itaque tuis in hac parte supplicationibus inclinati, ut de bonis mobilibus a te undecunque etiam per Salczeburgensem cui preesse dinosceris, seu quascunque alias tibi pro tempore commissas ecclesias, alias tamen licite acquisitis et tue dispositioni seu administrationi commissis, que tamen altaris seu altarium ecclesiarum huiusmodi tibi commissarum ministerio, seu alicui speciali earumdem ecclesiarum, diuino cultui seu usui non fuerint deputata, pro decentibus et honestis expensis tui funeris, ac pro remuneratione illorum qui tibi uiventi seruierunt, siue sint consanguinei, siue alii iuxta servitii meritum usque ad Decemmilium Ducatorum summam disponere et erogare, ac alias in pios et licitos usus conuertere possis, prius tamen de omnibus predictis bonis ere alieno et hijs que reparandis domibus seu edificiis consistentibus in locis huiusmodi ecclesiarum uel beneficiorum tuorum culpa uel negligentia tua seu tuorum procuratorum destructis seu deterioratis, nec non restaurandis aliis iuribus ecclesiarum uel beneficiorum huiusmodi deperditis ex culpa uel negligentia supradictis fuerint oportuna deductis. Non obstante quod ordinis sancti Augustini Canonicorum regularium professor existis fraternitati tue plenam et liberam auctoritate presentium concedimus facultatem. Volumus autem, ut in eorumdem ecclesiasticorum dispositione bonorum iuxta quantitatem residui erga ecclesias, a quibus eadem percepisti te liberalem exhibeas prout conscientia tibi dictauerit, et anime tue saluti uideris expedire. Datum Rome apud Sanctumpetrum. Anno Incarnationis dominice. Millesimo quadringentesimo quinquagesimo quinto: Nonis Maij Pontificatus nostri Anno Primo.

May. (X
(X

M. Joannes.
A. de Panigaliis.

L. de Castiliono.

Orig. Perg. Bleierne Bulle (fehlt.) Geh. Hausarchiv.

(Fortsetzung folgt.)

V. „Historischer Atlas."

Statistik des Mittelalters.

[illegible]) **Das Lehenbuch K. Ladislaus P. für Österreich ob und unter der Enns.** (In alphabetischer Ordnung.)

(Fortsetzung.)

[illegible]55, 19. Mai. Hanns Pernstorffer. (Lehen der Herrschaft Trautmanstorf.)

1 Hof, gelegen zu Porcz und 12 Joch Acker daselbst, zunächst Wolfleins [illegible]n Porcz Acker;
it. 32 Pfen. Gülte auf 1 Hofstatt gegenüber dem besagten Hofe;
it. 20 Pfen. Gülte zu „Flöcz."
(Sein Erbe.) Aus besonderer Gnade auf Töchter vererblich.)

Oestr. Ms. Nr. 45, Fol. [illegible].

1455, 23. Juni, Wien. Hanns Perenstorffer.

Das Haus „zum grossen Poppen" „als es mit der mawr umbfangen ist;"
it. auf dem Dorfe daselbst zum Poppen 2 Theile Getreidzehend;
it. auf dem Dorfe daselbst allen kleinen Zehend;
it. das Dorfgericht daselbst und die Fischweide „auf dem Pach;"
it. „daez dem Kunrats" 2 Theile Zehend, kleinen und grossen;
it. „zu dem Slegleins" 2 Theile Zehend, kleinen und grossen;
it. zu grossen Haselbach auf 7 Lehen ganzen Zehend, kleinen und [illegible]rossen, in Polauer Gericht gelegen;
und 1 Drittel an dem Zehend zu Uttissenpach auf 12 Lehen und 2 Hof[illegible]stätten in Zwettler Landgericht gelegen.
(Sein Erbe.) [illegible]

1455, 23. Juni, Wien. Michel Pernstorffer:

1 Hof zu Säresdorf auf der Leytta gelegen, mit [illegible] [illegible]ichts ausgenommen und
1 Hof zu „Nidern Stinkhenpronn" gelegen mit [illegible] „[illegible]schholcz so darzu gehorent"
und 3 Schilling Pfen. Gülte darauf

[illegible]

172.) 1455, 30. Juni. Hanns Pfaurr[illegible]

Den Hof, gelegen auf dem Helperg, [illegible] [illegible]ehend zu Spiegelsperg auf 2 [illegible] [illegible]berall ganzen Zehend, in Aschpacher[illegible] gelegen
(Der Hof sein Erbe, die Zehende sind [illegible] [illegible]rau Anna an ihn gekommen.)

[illegible]

[illegible]73.) Hanns Pfaurr [illegible]
1 Gut zu Niderndorf:
it. 2 gueter zu Engelgerrs[illegible] [illegible]arr gelegen:

[illegible]

it. 3 gueter zu Embing und die Mül daselbs in Kamrer Gericht und in Pondorfferpfarr;

it. 1 Gut zu Stamdorf in Liechtentanner Gericht und in Chessendorfferpfarr gelegen und ist der herschafft von Puchaim.

„wann die ir veterlich erb weren."

Oestr. Ms. Nr. 65, Fol. 1.

„Kathrei" Hausfrau des Hainreich Phaurr.

(1 Theil an) 1 Hof zu Rokmanspewnt;
it. 2 Gütel zu Liechtenpuch;
it. an 1 Gütel zu Reichenrewtt;
it. an der pewnt bey dem Attersee enhalb des mulpachs und an dem zehend dacz dem „Lachner ze Mos," alles halbs und ist gelegen in sand Jorgenpharr;
it. an einem Gütel zu Lennczing halbs in Schirflingerpfarr;
und 1 Hof zu Viecht in Gaspolczhouer pharr gelegen.
(„Wann die ir endlichs [Grossmütterliches] und muterlichs erb weren.")

Oestr. Ms. Nr. 65, Fol. 5, b.

1456, 14. August, Wien. Kathrey, Hausfrau des Heinrich Phaurr.

Die oben angeführten Stücke theilweise.

(Gekauft von Barbara, Hausfrau des Mathes Grasser, und ihren Schwestern Dorothea und Catharina, Töchtern weiland Wilhelms des Eyczinger.)

Oestr. Ms. Nr. 65, Fol. 98, b.

174.) 1455, 14. Juni, Wien. Wolfgang Pielacher (für sich und aus besonderer Gnade für seine Hausfrau Hedwig).

Das Haus zu Oberurewtt mitsammt dem Dorf daselbst und allen ihren Zugehörungen.

(Ihr Erbe.) Oestr. Ms. Nr. 65, Fol. 54.

175.) 1456, 19. April. Pankraz und Hanns die Pierhinger.

Einen Sitz zu Tudach mit dem Bauhof und seiner Zugehörung;
it. 2 Selden daselbst;
it. 1 Au genannt die „Seifferaw;"
it. 1 Gut zu Wintreut;
it. 1 Taferne zu Weiskirchen mit der Selden und Fleischbank daselbst;
und 2 Zehenthäuser, eines im „Varbach" und das andere „im Lehen."
(Ihr Erbe.) Oestr. Ms. Nr. 65, Fol. 90, b.

1456, 6. Juli, Wien. Hanns Pirchinger.

Den Sitz zu Tudach und den Bauhof daselbst;
it. 2 Selden daselbst;
it. 1 Gut, genannt am Winderret;
it. die Taferne zu Weiskirchen oberhalb der Kirche;
it. die Hofstatt daselbst zu Weiskirchen;
it. 2 Zehendhäuser, 1 genannt im „Forchach," das andere „am Lehen."
(Sein Erbe.) Oestr. Ms. Nr. 65, Fol. 95.

176.) 1455, 11. April. Wilbold Pirkchenvelser.

Halben theil Zehend zu Bergel gross und klein zu Feld und Dorf und halben Zehend zu Hawsen auch gross und klein, zu Feld und Dorf.
(Sein Erbe.) Oestr. Ms. Nr. 65, Fol. 16, b.

1455, 11. April. Hanns Pirchenvelser.

Halben theil Getreidzehend zu Hawsen gross und klein, zu Feld und Dorf.
(Sein Erbe.) Oestr. Ms. Nr. 65, Fol. 16, b.

) 1455, 3. Juli, Wien. Pankraz Plankhenstainer (für sich und aus besonderer Gnade für seine Hausfrau Margreth).

1 Zehend in S. Oswalds- und Nochlinger Pfarren und
89 Pfen. Gülte auf 1 Mühle auf der Iaper gelegen auch in Nochlinger Pfarre.
(Gekauft von Jörg Mairhofer.)

Oestr. Ms. Nr. 65, Fol. 58, b.

1455, 3. Juli. Pankraz Plankhenstainer.

Den Zehend „im Harbach" und um „Oberndorf;"
it. des Grillen Hof in der Leyss mit seiner Zugehörung,
und die Manschaft die zu Sésendorf gehört und weiland des Wilhelm des
der gewesen ist.
(Sein Erbe.)

Oestr. Ms. Nr. 65, Fol. 58, b.

) 1455, 20. September, Wien. Jörg Plannkhner (für die unvogtbaren Kinder weiland Hanns des Plannkhner).

Auf der Hube „dacz Spaholting" und auf der Hube zu Meilstain
ser;
auf der Hub zu Nidern Schachen, auf der Hub zu Grossen
achen 2 Häuser;
auf der Hub „dacz zawn" 2 Häuser;
auf der Hub „dacz Kersperg" 2 Häuser;
auf dem Hof zu Antschaw 3 Lehen;
auf der Hub „dacz den Merlingern;"
auf der Hub „dacz den Raspanern" 2 Häuser;
auf der Hub „dacz den Melchern" 2 Häuser;
auf 1 Lehen „im Kranibitach;"
auf 1 Lehen „in der durrn Widm;"
auf den Gütern allen ganzen Zehend, klein und gross, alles „enhalb der
rn" in Talhaimer- und Sippanczeller pfarr gelegen;
it. auf 1 Hof am Pach ganzen Zehend;
it. auf 1 Gut „am Parcz" oben im Freindorf ganzen Zehend;
it. zu Sussenpach „dacz dem Odmayr" ganzen Zehend;
it. auf 2 Gütern zu Grueb auf jedem halben Zehend;
und auf der Pfannstilöd am Wald ganzen Zehend;
aller in Pewrbekher Gericht und in Waecznkircherpfarre gelegen.
Ihr Erbe.)

Oestr. Ms. Nr. 65, Fol. 70, b, 71.

179.) 1455, 13. August. Jörg Plesser.

1 Hof „dacz Egk" (Jörg) in Schönnheringerpfarre;
it. 1 Hube zu Porcz (Sigl);
it. 1 Sölde (Ull Schneider);
it. das Schacherleben zu Trundorf (Hainzl) in Heresingerpfarre
gen;
it. die Manschaft auf dem Obern Holdenhof zu Strasz und auf 1 Sölde
si (Hennsel Hold zu Heresing);
it. auf dem „Wisflekh bey der weissen Mühl" (das die alte Weissnerin inne hat);
it. auf 2 Joch Acker in Offtheringerpfarre gelegen bei der Nidern Scharg (Toml auf dem Perg inne hat);
it. den Zehend auf den Höfen zu Tennyng in Kirchpergerpfarre gelegen
annt der Gesselhof und Teinhof;
it. auf dem Obernhof zu Pug in Offtheringerpfarre und „dacz Pachaim;"
„von dem benanten Zehent auf den yeczbenanten gutern man jerlich gibt
Metzen Korn und 60 Metzen Habern und nicht mer."
Alles im Gericht „Tonawtal" gelegen.
(Sein Erbe.)

Oestr. Ms. Nr. 65, Fol. 67.

180.) (1455, c. 15. März.) Kristoff und Wilhelm Pötinger, Brüder.

¼ Weinzehend und Getreidzehend, gross und klein, zu Feld und zu Dorf zu Egelsee und zu Utzing in Cappeller Pfarre gelegen, gekauft von Margareth, Witwe des Wolfgang Schaden.

Oestr. Ms. Nr. 65, Fol. 16, b.

181.) 1455. 19. Mai, Wien. Weykhart von Polhaym (für sich und seinen Vetter Wolfgang von P.).

Die Veste Wartemburg mit allen Nutzen, Gülten, Zugehörungen. (Ihr Erbe.)

1455, 21. Mai, Wien. K. Ladislaus willigt ein und bestätigt, dass Weykhart von Polhaim seine Hausfrau Barbara, Tochter Wolfgang von Traun, mit 500 Pfd. Pfen. ihre Heimsteuer und 800 Pfd. Pfen. ihrer Widerlegung und Morgengabe auf die halbe Veste Wartenburg mit ihren Zugehörungen und etliche andere Güter verweise, die nicht Lehen sind — satzweise.

Oestr. Ms. Nr. 65, Fol. 28, b.

1456, 5. September, Prespurg. Weykhart von Polnhaim.

Die „Tannerlehen," die er weiter von der Hand leihen soll und mag. (Sein Erbe.)

Oestr. Ms. Nr. 65, Fol. 108, b.

1456, 5. September. K. Ladislaus gestattet aus Gnaden dem Weykhart von Polnhaim, seinem Rathe, den Er die „Tannerlehen" verliehen hat, dass wer von dieser Lehen wegen gegen jemand etwas rechtlich anzusprechen hat, dies vor ihm, Polnhaim, thun soll („als vor dem lehensherrn suchen und zu Recht steen sol").

Oestr. Ms. Nr. 65, Fol. 108, b.

1455, 9. November. Weykhart von Polnhaim (Stiriensis).

2 Höfe zu Prawnsperg und 1 Wiese genannt die Kunynn zu Kyrichdorf gelegen;
it. 2 Güter in dem Erlach, 1 Gut genannt an dem Lehen, 1 Gut zu Sawttarn mitsammt dem Acker und der Wiese, die davon gekommen sind;
1 Gut zu Oberndorf, 1 Gut an dem Weinperg;
1 Gut an dem Prunseenperg; 1 Gut auf der Stainwant, ½ Haus zu Kirichdorf im Markt;
1 Zehend zu Weinczurl auf 2 Huben; 1 Hofstatt daselbst;
1 Gut genannt die Prennkelöd;
it. 1 Gut in der Schewtzngrub;
1 Gut auf der Puchsleitten;
1 Gut an dem Himleinsperg;
1 Gut, genannt das Kromlehen, alles gelegen in Kirchdorfferpfarre;
it. 1 Hof auf dem Kranegk;
1 Gut, genannt der Klettenhof;
1 Gut zu Pesendorf, im Vorchdorffer-, Petendorfer- und in Kirchaimerpfarren;
it. den Lakchof und die Ramelmühle darunter in Wartpergerpfarre;
it. 1 Gut an der Pirchen;
2 Güter zum Virling;
1 Gut am nidern Lehen;
1 Gut an der Pranstat;
1 Gut „dacz dem Kirchen" und
3 Güter „dacz dem Dreiling" in Talhaimer und Stainkircherpfarren gelegen;
it. 1 Gut am Dechsleinsperg, und das Marchfutter um Behemkirchen.
(Sein Erbe.)

Oestr. Ms. Nr. 65, Fol. 77, b.

182.) 1455, 29. Juli, Wien. Hanns Ponhalm.

Das Oberlehen „da der keil aufstet" zu Hofarn und

*2 Lehen und 3 Hofstätt daselbst in Kirchdorfferpfarre gelegen; Lehen der landesf. Herrschaft Steir;

it. 1 Gut genannt zu Moker in Kembnaterpfarre;

it. 1 Gut auf der Smidleitten in Weiskircherpfarre gelegen:

* und 2 Güter zu Hawsleitten, Lehen von Grunburg;

it. 1 Hof genannt am Aigen in Ennserpfarre;

it. 2 Huben in dem obern Rewtt in Chranstorffer- und Hegreinspergerpfarren;

it. 1 Hof genannt der Chranczhof in Sand Mareinpfarr;

it. 1 Hube „dacz dem Prager" in Newnkircherpfarre;

it. 1 Hof genannt der „Wekhenmayr" in Sand Florianspfarr;

it. 2 Güter zu Weichsteten;

it. 1 Hube auf dem Turschperg in Hofkircherpfarre;

it. 2 Tagwerk wiesmahds bey der Stransmühle;

it. 4 Güter zu Warmpach gelegen;

it. 1 Hube genannt die „Tewffelhub" in Kempnaterpfarre;

it. 1 Hube zu Sawtarn im Ort und den Drittheil auf den Gütern des Hanns des Rewter.

(Sein Erbe.) Mit der besondern Gnade, für seine treuen Dienste bei König Albrecht und Ihm, „wenn er mit tod abgangen ist, das denn dieselben Güter was er der unverkumert hinder im liesse auf unser getrewn Colman Oberhaimer Marcharten Kersperger Giligen Wolfstain und auf die Erber Wenndlein weilent Hannsen des Meylestorffer Wittiben, weilent Niclasen des Ponhalmen seins bruder tochter und ir erben geuallen und erben sullen."

Oestr. Ms. Nr. 65, Fol. 69.

1457, 5. Juni. Hanns Ponhalm und Jörg Kersperger erhalten die heimgefallenen Güter des Marchart Kersperger für ihre Dienste und aus besonderer Gnade, s. Kersperger.

Oestr. Ms. Nr. 65, Fol. 167, b.

1455, 28. October, Wien. Sigmund Ponhalm.

Den Sitz am Hof mitsammt dem Bauhof dabei gelegen in Sand Florianpfarr;

it. den Strabhof in Sand Mareinpfarr:

it. 2 Güter auf dem Schimplberg in Weiskircherpfarre;

it. 1 Gut genannt die Prennöd und die Spitzhub, beide gelegen in Newkircherpfarre; auf der Ippf;

it. 1 Gut genannt „dacz dem Letschon" gelegen in Ansfelderpfarre;

it. 1 Gut genannt auf der Vögelöd in Weiskircherpfarre;

it. der Sitz „in der Pewnt" und dabei der Bauhof;

it. der Niderhof zu Stainpach und 1 Wiese genannt die Tocslerinn, alles gelegen in Grieskircherpfarre;

it. die Manschaft auf 1 Gut, genannt am Wasen, gelegen in Mekkenhoferpfarre;

it. 1 Gut zu Winkhel gelegen in Ansfelderpfarre;

it. 1 Gut am Reissenperg und 2 Güter „dacz den Garrern und 1 Gut „dacz dem Salhen" und 1 Gut „dacz dem Haiholczer" in Sand Florianpfarr gelegen;

it. 2 Güter „aufm Osterperg" in Newnkircherpfarre (auf der Ipf).

(Sein Erbe.) Oestr. Ms. Nr. 65, Fol. 78, b.

1457, 17. Juni. Clemens Ponhalm.

1 Hube gelegen in Ennstorf in Valenteinerpfarre.
(Jetzt Leonhard Swerczler inne hat.)
(Gnaden-Lehen, ledig geworden durch den Abgang des Jörg Gelsperger.)

Oestr. Ms. Nr. 65, Fol. 107, b.

1457, 21. Juni, Wien. Clemens Ponhalm und seine Töchter Agnes und Elspet, Enkelinnen des Reicher Walh).

Den Obern Hof zu Frawnperg in Waltingerpfarre;
it. den Nidern Hof daselbst in Ottensbaimerpfarre;
und 1 Gütel dabei, genannt auf der Öd in Grafensteterpfarre;
it. 1 Gut am Dietmansperg in Hebreinnewnkircherpfarre;
it. 2 Güter zu Perkhaim in Veldnewnkircherpfarre gelegen und
ganzen Zehend auf dem Hof zu Stemering.
(Gekauft von dem obgenannten Reicher Walh.)

Oestr. Ms. Nr. 65, Fol. 108.

183.) 1455, 10. October (Freitag vor Galli), Presburg. Simon Potel.

Die Fischweide auf den Wassern bei Hebreichstorf auf dem Mosgelegen.
(Gekauft von Veit und Hanns von Eberstorf „seine Gebrüder ?")

Oestr. Ms. Nr. 65, Fol. 76.

184.) 1456, 18. August, Wien. Kristoff von Potendorf.

Den Weinzehend und Getreidzehend auf 4 ganzen Lehen zu Incesstorf gross und klein, zu Feld und zu Dorf, und die Zeil genannt die „Sumerzeil mit den gütern und gulten daselbs gelegen," früher im Besitze weiland Stephans von Czelking und seiner Hausfrau Elspet.

„Und mit ainem ausspruch zwischen im und unserm getrewen lieben Hartneiden von Losenstain von der vesten Schalapurg wegen geschehen an in komen."

Oestr. Ms. Nr. 65, Fol. 80.

185.) 1455, 9. Juli, Wien. Sigmund Potenprunner.

1 Hof genannt der Jachthof zu Potenprunn;
1 Mühle, genannt die Kefermühle und
1 Badstube daselbst zu Potenprunn und
1 Fischweide auf der Traism gelegen.
(Sein Erbe.) Oestr. Ms. Nr. 65, Fol. 50, b.

186.) 1455, 9. August, Wien. Wilhelm Potinger.

$3^1/_2$ Schilling 2 Pfen. Gelts auf behausten Gütern zu Chunratstorf in Zwentendorferpfarre;

it. zu Dresdorf und zu Uteldorf auf behausten Gütern und zu Weinzurl auf Überländ $4^1/_2$ Pfd. und 10 Pfen. Gelts, alles gelegen in Heiligenaicherpfarre;

it. 4 Pfd. und 65 Pfen. Gelts zu Weisching, zu Wisen und zu Meters gelegen in Pehemkircherpfarre;

it. $3^1/_2$ Pfd. und 13 Pfen. Gelts zu Chigling, zu Salbendorf, und zu Potschalich gelegen in Kappellerpfarre;

it. 2 Pfd. und 10 Pfen. Gelts gelegen zu Hewn und zu Zelking in Herzogenburgerpfarre;

it. 6 Schilling und $12^1/_2$ Pfen. Gelts in Pawmgartnerpfarre;

it. 20 Pfen. Gelts in Potenbrunnerpfarre;

it. zu Schonpuhl 60 Pfen. Gelts in Tullnerpfarre;

it. 1 Gut genannt Kigling in Kappellerpfarre gelegen; zu Feld und zu Dorf, und den Wein- und Getreidzehend gelegen zu Egelsee und zu Uezing, gross und klein.

(Sein Erbe.) Oestr. Ms. Nr. 65, Fol. 63, b.

1455. 28. September. [illegible]

7 Schilling. 7 Wienerpfenning Gelts auf [illegible] zu W[illegible] [illegible] eraaikh gelegen mit aller irer Zugehörung [illegible] [illegible]selben Fischwasser, [illegible]

(Gekauft von Wolfgang [illegible].) [illegible]

1456. 22. August. [illegible]

19 Pfd. Pfen. Gelts auf [illegible] Gütern zu [illegible] [illegible]rfferpfarre gelegen.

(Gekauft von Erhard [illegible].)

[illegible]

187.) 1455. 14. [illegible] Jörg [illegible]

6 Pfund und 81 Pfen. Gülten auf Gütern zu [illegible] [illegible]itternrewt, zu Flachaw und zu W[illegible] gelegen:

it. 4 Pfd. 25 Pfen. Gülten. 3 Hühner zu Langen[illegible];

it. 5 Schilling 11 Pfenning 3 Hühner und [illegible] Metzen Korn Gülten zu [illegible]ttersiag gelegen;

it. 1 Lehen zu Kèspach, alle gelegen in Lang[illegible] Pfarre.

it. 12 Schilling 20 Pfenning Gülten auf 3 ganzen [illegible] und auf 4 ganzen [illegible]en Lehen Überländ zu Oberaaeez[illegible] bei dem [illegible] gelegen.

(Sein Erbe.) [illegible]

1455, 23. Juli. Wien. [illegible]

4 Pfd. 24 Pfen. Gülte und 3 Hühner zu Langena[illegible];

it. 5 Schilling 11 Pfen. Gülte. 3 Hühner und [illegible] Metzen Korn zu [illegible] [illegible]ag gelegen und

1 Lehen zu Kèspach, alles gelegen in Langenanger[illegible].

(Übergeben von seinem Vater Jörg Pranttner. [illegible])

[illegible]

[illegible]8.) Jorg Prantstettner (statt seiner [illegible] [illegible] des Staimpeczen).

Den zehent auf dem ganczen dorf ze Harechtreza[illegible] auf [illegible] [illegible]ch auf der veldmut daselbs, in Hersingerpfarre gelegen.

(Erblich.) [illegible]

189.) 1455, 27. Juli, Wien. Hanns Premser.

* 1 Hube auf dem Straben. Lehenschaft von Valkenstain.

it. 1 Hube zu Suntzing in S. Mertenpfarr und

* 1 Hube zu Aw in Veltkircherpfarr gelegen. Lehenschaft von Wessenberg.

(Sein väterliches Erbe.) Oestr. Ms. Nr. 65. Fol. 42. b.

190.) 1455, 11. April, Wien. Peter Prokh.

1 Hub genannt die Prennhub in Kemhnaterpfarre gelegen:

it. 1 Gut genannt am Reinsperg und

1 Gut im Ödveld beide in Gestnerpfarre (?) gelegen:

it. 1 Gut genannt zum Löbel in der Remyag und

1 Gut genannt am Preischenperg in Pehempergerpfarre.

Oestr. Ms. Nr. 65. Fol. 16. b.

[illegible]1.) 1456, 14. Jänner, Wien. Hanns Prugkner (für sich und seine Brüder Jörg und Stephan).

Den Hof zu Weigkharting in Lochkircherpfarre und in Orter Landgericht;

it. dacz Pilling das „nider gut" in Regauerpfarre und in Kamrer Landgericht;

it. „dacz Rugern auf der Öd" 2 Theile Zehend in Regauerpfarre und in Kamrer Landgericht;

it. auf 1 Gut „auf dem Newnhart" ganzen Zehend, auch in Regauerpfarre und in Kamrer Landgericht;

it. „dacz Haynprechting auf dem obern Hof (Greyml) halben Zehend in Swanserpfarre und in Warttenburger Landgericht,

Alle Stücke Lehen der landesf. Herrschaft „Puchaim;"

it. 1 Hof genannt der Peatenhof in Münstrerpfarre und in Riedrer Landgericht;

Lehen der landesf. Herrschaft Starhemberg.

(Ihr Erbe.) Oestr. Ms. Nr. 65, Fol. 83, b.

192.) 1455, 29. October, Wien. Bernhard Prunnhaimer (und seine Hausfrau Margareth).

2 Huben zu Gothalmyng;

it. 1 Gut auf dem Puchegk in Ilagerpfarre gelegen;

it. 1 Gut am Weg in Hofkircherpfarre;

it. 1 Selden zu Posendorf in Weibrerpfarre;

alles in Starhemberger Landgericht;

it. 1 Gut in der „Jegenrewt" in Taufkircherpfarre und in Erlinger Gericht;

it. 2 Güter auf den „Liechtmaistersperg" in Lochkircherpfarre und in Ortter Gericht;

it. auf dem Hof zu Abbtischendorf und 1 Selden daselbst ganzen Zehend;

it. auf dem Gut in der Jegenrewt ganzen Zehend, aller gelegen in Taufkircherpfarre und Edlinger Gericht;

it. auf dem Hof zu Gerstgras ganzen Zehend, in Offenhauserpfarre;

it. auf der Poeslhueb ganzen Zehend, in Hofkircherpfarre und in Starhemberger Gericht.

(Gnaden-Lehen, übergeben der Hausfrau Margareth und ihrem Gatten vom Vater der ersteren, Hadmar Anhanger, der darum bat.)

Oestr. Ms. Nr. 65, Fol. 77.

1455, 2. December, Wien. Sigmund Prunnhaimer (für sich und seine Geschwister und seine Muhme Margareth, Hausfrau Bernhards des Prunnhaimer).

Den „Nidern Hof zu Rowt" in Gunskircherpfarre, und

1 Zehend auf 4 Eigengütern und 2 Selden zu Poreshaim in Talhaimerpfarre.

(Ihr mütterliches Erbe.) Oestr. Ms. Nr. 65, Fol. 80.

1457, 26. Juni. Sigmund Prunnhaimer.

Den Hof zu Schallpach in Hofkircherpfarr und Starhemberger Landgericht.

(Sein Erbe.) Oestr. Ms. Nr. 65, Fol. 107, b.

193.) 1456, 5. Juni. Mert Pachel.

1 Gut zu Jagarn in Kembnaterpfarre gelegen.

(Gekauft von Achaz Kersperger.) Oestr. Ms. Nr. 65, Fol. 97.

(Fortsetzung folgt.)

Aus der k. k. Hof- und Staatsdruckerei.

№ 11. NOTIZENBLATT. 1854.

Beilage zum Archiv für Kunde österreichischer Geschichtsquellen.

Herausgegeben von der historischen Commission

der

kaiserlichen Akademie der Wissenschaften in Wien.

II. „Oesterreichische Geschichtsquellen."

10.) Venedig.

Bericht des Paolo Minio an die Signorie von Venedig, über eine durch Ungern, Moldau, Wallachei, Polen und Deutschland gemachte Reise, übergeben am 16. October, gelesen im grossen Rathe am 9. November 1620.

Mitgetheilt von Fr. Firnhaber, corresp. Mitgliede der kaiserl. Akademie der Wissenschaften, k. k. Hof- und Haus-Archivar.

Paul Minio, der Schreiber des folgenden Berichtes, lieferte diesen nicht im Auftrage der Republik oder in ihren Diensten als öffentliche Person, sondern als einfacher Privatmann, mit seiner Familie in eigenen Geschäften reisend, nur von dem Wunsche getrieben, etwas zu dem Nutzen seines Vaterlandes beizutragen, da ihm, wie er selbst im Eingange sagt, Gelegenheit wurde, auf dieser langen Reise viele Detailkenntnisse über Regierungen und ihre Kräfte, ihre Unterthanen und deren Eigenschaften, endlich über den Ursprung, die Ursachen und die Zwecke der gegenwärtigen Bewegungen in Deutschland zu gewinnen.

Er sammelte alle diese Nachrichten mit der Absicht, der Republik zu dienen, und bittet die Signorie darum am Schlusse seiner Denkschrift „a riconoscer in questa dimostratione il grand ardore della mia natural deuotione et agradire la pienissima mia uolonta di non uiuer figliuolo infrutuoso della mia patria" u. s. w.

Die ersten Mittheilungen, welche Minio macht, beziehen sich auf Ungern und dessen Verhältniss zu K. Ferdinand II. Er erzählt von dem Vordringen der ungrischen Rebellen und den Verlusten K. Ferdinands in der Weise, dass selbst Wien in Gefahr kam, und nur durch eine Truppe Kosacken, welche der König von Polen unter Anführung des Georg Homonnai zu Hülfe schickte, gerettet wurde.

Diese Bewegungen ermuthigten nicht nur die böhmischen Rebellen, sondern regten alle Feinde in Österreich, Mähren, Schlesien und Franken auf.

Bethlen beschickte die Böhmen mit einer Gesandtschaft.

Minio erzählt nun weiter über Bethlen Gabor, seine Persönlichkeit, seine Eigenschaften, seine Macht und seine Bestrebungen. Höchst anziehend sind seine Bemerkungen über das Verhältniss Bethlens zu den Türken und den benachbarten Fürsten. Er erörtert genau die Stellung Siebenbürgens und die Kräfte, welche Bethlen daraus bezieht, weiter die Verhältnisse der Wallachei und Moldau, der Einkünfte und Truppen dieser Fürstenthümer, ihrer Stellung zu den Türken, und ihren Tribut an diese. Dass Minio die Verhältnisse der Länder genau kenne, geht aus mehreren Stellen hervor, welche beweisen, dass er früher in officieller Stellung an diesen Orten schon gewesen sein müsse, so einmal, wo er von seiner Gefangenschaft in Szathmar spricht; dann erwähnt er ausdrücklich einen Bericht vom Juli 1617, welchen er bezüglich einer Truppenanwerbung für Venedig in der Wallachei gemacht hat.

Seine Reise ging hierauf weiter, wie es scheint, durch das Land der Prokopensischen Tartaren, welche diesseits des Dniepers wohnen. Ihr Chef ist der Gross-Khan, sie können 70 bis 80,000 Reiter stellen und gehorchen dem Sultan, der sie in seinen Kriegen nach Belieben verwendet. Minio nennt sie die Rächer der Unbilden, welche die Kosacken den Türken zufügen; diese beiden Truppen sind es, welche den Anlass zu den fortwährenden Reibungen zwischen Polen und der Türkei geben. Die Vertheidigungs-Anstalten der Polen gegen die Tartaren sind schlecht, die letzteren fallen in Polen ein, rauben und schleppen Gefangene weg, oft ein einzelner Tartar 8 bis 10 wie das Vieh, die Kinder tragen sie weg auf dem Pferde am Mantelsack angehängt. Die Polen sind aber so schlecht versehen und zugleich so feig, dass bei dem blossen Nennen des Namens der Tartaren alles flieht, ohne an eine Vertheidigung zu denken.

Hier spricht Minio wieder von seiner Person, und wir erfahren etwas über seine Reise. Er sagt nämlich, dass er bei seinem Austritt aus der Moldau über den Dniester (Nistro) ging, und in Gefahr kam, in die Hände der Tartaren zu fallen, welche sich zur Recognoscirung der Festung Kamnizze (Kamjenjets) auf dem Marsch befanden. Minio's Reisetour scheint also durch die Bucovina gegangen zu sein. Er macht uns noch mit den Verhältnissen der Häuptlinge der Tartaren bekannt, und geht dann auf Polen über. Interessant ist seine Schilderung der Kosacken am Dnieper und ihre Lebensweise, wie nicht minder die darauf folgende Beschreibung der Verhältnisse Polens. Die Regierungsform nennt er republikanisch, obwohl sie einen König haben. Der grosse Adel ist in zwei Factionen gespalten, die königliche Partei, welche aus Interesse dem Regenten anhängt, und jene, welche ihm abgeneigt ist. Die letztere hat wenig Zuneigung für Österreich und ist sehr unzufrieden darüber, dass der König zwei österreichische Princessinen zu Frauen genommen (Anna und Constantia, Töchter des Herzogs Karl v. Steiermark) gegen den Wunsch und das Interesse der Nation. Als andere Gründe ihrer Unzufriedenheit geben sie an, die Eigenmächtigkeiten des Königs, die Enthebung Brandenburgs von der Lehenshuldigung, den Einfluss der Weiber und Jesuiten. Besondere Macht über den König übt eine deutsche Dame, welche mit seiner ersten Gemahlin nach Polen kam, man nennt sie allgemein Pana Orsola, jeder sucht ihre Protection. Auch dass der König den Kosacken erlaubte, dem Kaiser zu dienen, nimmt man ihm übel. Die Uneinigkeit unter dem Adel ist gross, auf dem nächsten Landtage, welcher für den 3. November angesagt ist, fürchtet man eine heftige Bewegung. Die polnischen Grossen sind sehr für Venedig gestimmt und wünschen eine Verbindung mit diesem Staate. Die Verwicklungen mit den Türken und Tartaren, und die schwankende Stellung des Fürsten Gratiani von der Moldau und sein Einverständniss mit den Polen bestimmten Minio statt über Constantinopel nach Venedig zurückzukehren einen anderen Weg einzuschlagen, um nicht in das Kriegsgetümmel zu gerathen. Eine wichtige Notiz theilt hier Minio über die Politik der Türken mit. Er sagt: Wenn die Türken wirklich die Absicht haben, sich in Ober-Ungern auszubreiten und die Unruhen in Deutschland zu nähren, so werden sie nie aufhören, die Polen von Seite der Moldau zu beunruhigen, um sie von ihrem Alliirten Bethlen und von der Hülfeleistung für den Kaiser abzuhalten.

Minio sagt, er wisse vom Fürsten Gratiani, welcher täglich Zuschriften von Baron Ludwig Molard erhielt, dass die Türken mit diesem unterhandelten und den Willen aussprachen, den Frieden aufrecht zu erhalten, und betheuerten, keinen Antheil an den Bewegungen in Ungern zu haben, um als neutral zu erscheinen im Falle die Sachen sich für den Kaiser günstig stellten. Alle Äusserungen Minio's über Gratiani und die Türken zeigen deutlich, dass ersterer unmittelbar vor dem Verderben, welches Gratiani erreichte, und das in Hammer's Geschichte im 4. Bande so ausführlich beschrieben ist, sich bei demselben befand.

Über seine Reise in Polen sagt unser Berichterstatter, dass er ohne die Freundschaft und Unterstützung polnischer Grossen die Reise durch Polen und Schlesien nicht ungefährdet hätte machen können. Er macht ferner darauf auferksam, dass er es für sehr wichtig halte, die höchst weise Institution der epublik, beinahe an allen Höfen bleibende Gesandte zu haben, auch hier in eben ins Leben treten zu lassen, da hier wichtige politische Fäden zusammenufen, das Interesse des Handels, insbesondere mit Getreide, sowohl zu Land ls über Danzig zur See, für Venedig vorzügliche Bedeutung habe, und fügt ei: „et quando in questa congiontura de tempi la Serenita haveste publico ministro in quel regno potrebbe senza dar inima gelosia fomentar Polachi in questa guerra col Turcho, he tanto importa al interesse di lei."

Von Polen richtete Minio seine Reise nach Schlesien, unter dem Schutze olnischer Grossen, gibt einige kurze Notizen über seine gute Aufnahme beim erzoge von Brieg, von welchem er einen Pass bekam, der ihm bis Augsburg ute Dienste leistete, so dass er nicht nur überall gut aufgenommen, sondern uch in gefährlichen Gegenden escortirt wurde. Von Prag hielt er sich absichtlich fern, ebenso von Dresden, ging durch Bamberg nach Nürnberg der freien eichsstadt, von welch letzterer er die Bemerkung macht, dass sie vorzüglich dem Hause Österreich abgeneigt ist, und die Böhmen auf alle mögliche Weise nterstützt.

Von Nürnberg setzte er die Reise nach Augsburg fort, und gelangte glücklich und wohlbehalten mit seiner ganzen Familie daselbst an; von da ging er nach Innsbruck.

Er entwirft von dem daselbst befindlichen Erzherzog Leopold, Bruder des Kaisers, kein günstiges Bild.

Zum Schlusse gibt Minio noch einige Notizen über den von der Grenze Schlesiens bis gegen Augsburg aufgestellten Grenzcordon, über den Herzog von Baiern, seine und des Kaisers Truppenmacht und über den Zustand der österreichischen Provinzen u. s. w.

Serenissimo Principe!

Il lungo, faticoso, et pericolosissimo peregrinaggio [illegible] Polo Minio Seruitor deuotissimo di V. Serenita astretto da [illegible] russi, et dall' obligo di condur alla Patria la mia famiglia, [illegible] occasione di ueder, praticar et osseruar molti [illegible] potenze de diuersi Principi, della natura, et affetti [illegible] con fondate informationi, l'origine, le cause, et [illegible] della Germania, cosi stimando che nelle congionture [illegible] di cio veridico, con l'incontro di l'Eccel.[illegible] da tant' altri auisi, possa conferir a qualche [illegible] dicato mio debito di dar riuerente parte di questo [illegible].

La piu stimata solleuatione contra [illegible] Ongaria, quando fu chiamato Gabriel Betlem [illegible] di quel Regno da Caluinisti, et Luterani, [illegible] Ferdinando l'anno passato, ridotto in estrema [illegible] di Vienna, nella qual Citta haueua [illegible] c'habbia potuto saluarsi dalla sua [illegible] uato per il Re di Polonia suo cognato [illegible] di condur in ongaria buon numero de [illegible] Cassouia, che Betlem [illegible] Possonia.

Questa mossa non [illegible] animi occulti, e dubij, [illegible] terre franche, si scoprirono [illegible] molta secertezza questa [illegible] l'imperatore ma dall' altri [illegible]

---

[1]) [illegible]

Boemia a serar l'unione, al quale Boemi per sua mercede promissero 100 m. scudi, et tutto questo fu con assenso de Turchi, quali conoscono perfettamente quanto importi per loro la diuisione della Germania, restando sicuri per questa strada da una guerra da quella parte tanto da essi stimata oltre la speranza, di poter metter piedi col mezo di queste riuolutioni nell' ongaria superiore, come ogni altro puo succieder, se la prouidenza diuina non ressiste. Passó Betlem con gran felicita in Ongaria, et senz' oppositione, s'impadroni delle fortezze di Sachomar [1]), et Tochai, et della Città di Cassouia, e quasi di tutt' il Regno, eccetto del Castello di Possonia, doue sta la Corona custodito del Palatino Forgas, prese anco a man salua il general Andrea Doci mandandolo prigione in Transilvania nell' castello di Fogaras, doue poi passò ad altra uita, et fu quello che già 4 anni mi fece priggione in Sachomar. D'allora in quà hà fatto ogni suo possibile per impadronirsi della corona, ma sempre il castello s'e tenuto per l'Imperator et la fation di Catolici ancor che debole, ha saputo cosi ben maneggiarsi, e' hà fatto ressistenza senza forze, col solo negotio, hora promettendo, hora spargendo semi di discordia fra Caluinisti e Luterani. Finalmente fu deliberato far una dieta generale in Bistrizza, con l'assistenza non solo di tutto il Regno, ma anco d'Ambasiatori di S. Maesta Cesarea, et d'altri Principi confinanti. Questa anco per che Betlem scopri che il progresso di essa, non li tornaua a conto, suani, et il negotio resta imperfetto, et per mio creder penso, che non riuscira cosi facile a Betlem potersi incoronare. Circa le sue forze, ha delle sue genti assoldate in Transiluania intorno a 8m soldati, la maggior parte a cauallo; ne puo hauere anco causti dall' ongaria altri 12m e di età d'anni 40 in circa senza figliuoli, non molto sano ha un solo fratello poco atto a gouernar Populi, che pero Transiluani non lo uogliono per Principe; tutto che Betlem l'habbia tentato. Non e molto amato nella Transiluania, gouernando con termini tiranici, se ben hora si guarda d'usarli, anzi si sforza quanto puo di rendersi beneuoli gl'Ungheri. Era gentil huomo priuato; ma principale, et richo di essa Prouincia. Consegui il Principato quando Turchi del 1613, scacciarono Cabriel Battori, del quale egli era Ambasiator alla Porta ottomana, et maneggió il negotio con tanta accortezza che Turchi glielo diedero. Vltimamente era caduto in grandissima diffidenza di essi, et se non succedeua questa sua mossa, che tanto a loro torna aconto; Schender Bassa generale delle tre Prouincie, haueua ordine con bona occasione priuarlo di uita; ma lui insospetito caminaua tanto cauto, et sempre con bone guardie, che non fu possibile effetuarlo. Mentre si preparaua, et faceua genti per entrar in Ongaria operaua tanto tacitamente spargendo anco uoce, che intendeua dar agiuto all' Imperator, che pochi auanti l'effetto sen' accorsero. Procuró anco di rendersi ben affetti li Principi suoi confinanti di Moldauia, et Vallachia, hauendo con Ambasciate honoreuoli complito con essi, et particolarmente col Principe Gratiani, del quale assai piu dubitaua, per il che lo gratifico d'un imprestido de em (?) cinque mille, se ben dopo la sua partenza non restò per questo esso Gratiani di tentar, cosi alla porta, come nella Prouincia col mezo d'alcuni mal contenti, di farsi ellegger Principe; il che essendo per tempo capitato alle sue orechie, prouide, et concepi tant' odio contra di lui, che d'allora in qua l'ha sempre perseguitato, et l'ha messo in tanta diffidenza con Turchi, che e succeduta, come hauerà inteso la Serenità v. la priuatione sua dal Principato della Moldauia.

Il Bassa di Buda, et quello di Temesuar, hanno ordine ad ogni suo cenno mouersi in suo agiuto, ma egli non si servirà di questi soccorsi, se non astretto da grandissima necessità: ben di continuo stà in officio con loro guardandosi però dal lasciarseli aprossimare; et piu tosto procurera, et si contentera, che gli mandino in agiuto qualche banda de Tartari: per che di essi non teme, che gli leuino fortezze, come farebero Turchi seruendo Tartari solo a terrore, et per far incursioni e depredationi et non per fermarsi in alcun luogo. Si fà stimare, et temere, essendo percio in concetto d'huomo ualoroso. E Caluino, se ben in Tran-

[1]) Sachomar, Szathmar.

silvania ui sono piu Luterani, Ariani et Sabbatarij, che Caluini. fra questi ui sono grandissime discordie, ancor che al presente siano tutti uniti; ma in caso di caduta della casa d'Austria nascerano indubitamente molte dissensioni fra di loro.

Dalla Transiluania caua d'entrata c^{ti} 300 m. (?) piu sene cauano in Moldauia, et Vallachia, tutto che le Prouincie siano assai piu pouere et meno habitate, perche in quelle si mettono le grauezze a beneplacito del Principe ma in Transiluania ha le sue contributioni, per le quali gli bisogna anco usar gran destrezza con Populi. Puo metter insieme sin 15 m. combatenti; et piu quando si trattasse dell' interesse della Prouincia, la quale e dalla natura fortissima tutta circondata d'aspre Montagne con pochi ingressi, onde facilmente si può diffender. Ha per entro molte fortezze di grandissima consideratione, et ui sono sette Città, oltre alcun altre, assai belle habitate da una collonia di Sassoni, quali godono molti priuileggi, et giuridictione, con la superiorita del Principe. La Prouincia e piena com l'ouo, non solo di belle Città com' ho detto, ma anco di castelli, et uilaggi, ha siti stupendi et in somma delle belle, c' habbia creato la natura.

Questo principe però si può piu facilmente mantenere, che gl' altri di Moldauia et Vallachia, che sono in campagna aperta, senza fortezze o retirate, del statto de quali, e ben ch'io ne dica alcuna cosa toccando apresso qualche particolar di Tartari, che se ben sono materie cosi lontane, hanno pero qualche conessione insieme.

Il Principe di Moldauia ha d'entrata c^{ti} 350 m. piu et meno secondo che il Principe piu, et manco le pone; et l'anno passato ch'io mi son fermato colà, sò ché il gratiani n'hà cauati piu di 400 m. Puo metter in campagna sin 10 m. caualli arcieri, che sono la piu braua gente di quelle Prouincie, tutta obligata seruir al Principe senz' altro stipendio per certe essentione, che godono ordinariamente; ha solo 500 tra fanti e caualli pagati, della sua guardia. Paga di tributo alla Porta 58 somme d'aspri che sono scudi 58 m. Il Gratiani per auanzar di merito, uolontariamente ne aggionse sei, che prima erano 52; che con li donatiui, et quotidiani presenti alli Bassa, questa spesa ascende alle 150 somme. vano e uengono infiniti Turchi, che tutti rodono quel misero paese.

Tiene il gran signor da pochi anni in qua, un Bassa generale a Moncastro per tener in freno quelle Prouincie, e per rispetto di Cosachi; luogo et sito molto atto a questo seruitio per esser in mezo et a confini de tutti, non molto lontano dalle boche del Danubbio, il quale serue a maggior agravio di quelle Prouincie; perche sotto pretesti di fabricar di fortificar, et d'altre inuentioni, uuol ancor lui auanzar cento e piu mille c^{ti} all' anno.

Quel di Vallachia puo cauarne d'entrata 250 m. nell' istesso modo ne paga alla Porta solo somme 33 di tributo, e sotto posto all' istesse mangiarie; ma però non a tanti pericoli com' è la Moldauia; et li Principi, e populi uiuono assai piu quieti. La Moldauia pero e piu richa, li mercanti et Baroni quadagnono molto piu in essa. Puo cauar 8 m. soldati simili alli sopradetti; ma non tanto ualorosi, et qui sono Populi piu fideli et stabili. Da queste Prouincie potrebbe la Serenita vestra cauar bona Summa di Cauallaria, come racordai l'anno 1617 del mese di luglio con una mia copiosa scrittura, essendo che si possono condur per uia di Vidino, et della Bossina in 15 giornate a Spalato con facilità come io con l'occhio proprio ho diligentemente per seruitio della mia patria osseruato, ne ui saria altra difficultà, che il passaporto il quale con pochi donatiui, si potrebbe non solo conseguire, ma anco sostentare; dica chi uuol in contrario cosi è la uerità, et questo seruitio si farebbe con assai manco spesa di danaro, e di tempo, che non s'e fatto d'olandesi, si come in essa scrittura particolarmente ho descritto.

A questi 3 Principi torna grandemente a conto, che il Turcho sia occupato nella guerra con Christiani. Facilmente per sotrasersi da tanto grauezze et dal timore d'esser priui del carico in questo caso si solleuano, et fano una gagliarda diuersione; si come in effetto s'e ueduto nelle passate guerre; et però L'Imperator et Pollachi, ne fano grandissimo capitale, fomentano li scacciati, et li trattengono; ritrouandosi al presente in Polonia li figliuoli di simeon vaiuoda, et a Viena ui era Redulo Serban vaiuoda della Valachia che ultimamente morse, et hora uiue Petrasio figliuolo del famoso Michal Vaiuoda.

Li Tartari possedono un grandissimo paese, et sono di diuerse sorti; ma tocando quelli che sono al proposito diro solo delli precopensi, et di quelli che habitano di quà dal fiume Nieper. Questi hanno per capo il gran Cam, et possono uscir in campagna fin al n° di 70, ouer 80 mille; obediscono il gran signor, il quale li manda alla guerra di Persia ongaria, et doue piu li piace. questi sono quelli che tanto molestano Polachi, et sono come uendicatori dell' offese che fan Cosachi a Turchi, da che nascono le continue differenze fra questi doi potentati uolendo Turchi che Polachi tenghino in freno cosachi, et Polachi, che Turchi facino l'istesso de Tartari, onde di continuo si nutriscono disgusti fra loro ogni anno entrano Tartari in Polonia, depredano, et fano una gran quantità de schiaui, ne se li prouede mai, tutto che sarebbe molto facile il farlo, essendo questi in non stimarsi punto, spogliati d'armi, et d'ogni esperienza militare; nondimeno, è gran miseria de Polachi, si uede un solo Tartaro, legar et condur otto e dieci di loro senza imaginabile diffesa come se fossero tante pecore et de fanciulli loro apunto come si costuma in questi paesi de capreti, portandoli in groppa sulle bissache; atachati alle spale, et dauanti, et ritornano cosi carichi de preda, che mille soli Cosachi sarebbono bastouoli fugar 10 m. di loro ricuperando la preda, ma sono tanto tarde et deboli le prouisioni, et gl'animi cosi inuiliti, che al solo nominar Tartari, tutti fuggono, ne il Re, o gl'altri capi si curano metter guardie opportune alli passi le quali facilmente potrebbero ouiar a tanti miserie (?) Io nell' uscir di Molduuia passato il fiume Nistro, poco mancò, che io così mi incapassi, perche doi mille d'loro s'accostorano, insieme con alquanti Turchi, alla fortezza di Camnizza per riconoscer il sito, et diffesa d'essa mandati a quest' effetto da Schender Bassa generale, et però hebbi un gran spauento, et costretto a frettar il uiaggio assai piu dell' ordinario. Questi sono signoreggiati dal gran Cam della famiglia Gierei, della quale ui sono doi colonelli. il dominio è stato leuato dal Gran Turcho dalle persona di Meemet Gierei della prima et uera linea; perche non era cosi prontamente obedito hauendolo condoto con ingano a Constantinopoli, et poi mandatolo priggione a Rodi, doue lo trattengono sotto diligenti custodia. Questo Meemet ha anco un fratello minore, bellicoso, et grandemente amato da suoi sudditi, il quale accortosi delli andamenti di Turchi, più cauto del fratello anticipatamente fuggi ricouerandosi nel Regno di Persia, doue tuttauia stà molto ben ueduto da quel Re. Turchi poi posero nel Dominio un cuggino di questi, dal quale hora sono in tutto, et per tutto obediti, tenendolo in freno con la priggionia di quello. Polachi in caso di guerra col Turcho procurerano d'hauer apresso di se uno di questi fratelli per metter sotto sopra la Tartaria, et diuertir quel paese per questa uia dalli loro danni, che è cosa riuscibile, et di gran consideratione.

Deuo dir anco auanti ch'io entri nelle cose di Polonia qualche particolar d'Cosachi poi che tanto molestano Turchi, et sono tanto temuti da loro. Questi habitano in certe Isolete del fiume Nieper che sbocha nel mar maggiore, alle quali con grandissima difficulta et pericolo si puo accostare con barchete, così per la rapacità del fiume, come per li molti sassi, che sono attorno di esse, che pero chi non ha la praticha puo facilmente pericolare. Escono questi fuor di quel fiume, con barchi simili a punto a quelle d'Uscochi, et nauigando per la costa sin uicino alla bocha del stretto di Constantinopoli, uano facendo prede di grandissima consideratione, con morte, et uccisione di quanti gli capitano alle mani, mettendo terrore sin al istessa Città retirandosi poi alle loro tone doue sono sicuri da tutte le potenze del Mondo; L'esempio d'Vscochi è tanto simile, che non si puo aggionger d'auantaggio, pretendendo Turchi, che Polachi possino trattenerli come suoi sudditi, secondo c'ho detto: onde per questo, e per raggione dei Tartari, sempre sono grandissimi rechiami da una, e l'altra parte. Possono esser circa 15 m. tutta buona gente, assuefata al patire, et che adopera benissimo l'arcobuggio. Polachi per dar riputatione alla loro militia la chiamano tutta sotto nome de Cosachi.

Il regno di Polonia si separa dalla Moldauia al fiume Nistro, che sbocha nel mar maggiore, chè uolesse discorrer tutto quello occorre di questo regno, saria cosa troppo lunga per esser grandissimo di uiso in amplissime Prouincie, pieno di Popolo, et opulentissimo, ma douendo restringermi alla breuita, dirò che è bastante a sostentar una guerra col Turcho, potendo, quando si uniseha alla propria, et neccessaria diffesa metter insieme cento mille caualli migliori de Turchi. Ha in se molti giuriditioni ricchissimi gran signori, et Principi, pieno de richissimi Prelati, et posso dir che quasi la 3ª parte di esso, sia de beni Ecclesiastici. Concorono tutti li Popoli del Regno con gran diuotione alle chiese, onde li religiosi, hanno piu comodità de Mondani Si gouernano a Republica se ben hanno Rè; il quale non ha auttorità nel gouerno di statto dispensa pero tutti li carichi, cosi Eclesiastici, come secolari in chi piu li piace pur che sia nobile Polacho, sono li grandi fra di loro diuisi, dependendo parte di essi totalmente dal Re per li benefficij riceuuti, et che speran riceuere per l'importantissima auttorita di tanti carichi, di tanta dignità, et entrata, che concede a suoi dependenti. Altri sono contrarij a questa fatione, dolendosi publicamente, che esso Re habbia preso per moglie doi Austriache contra il gusto, et l'interesse del Regno havendo naturalmente poca inclinatione alla casa d'Austria. Che con detrimento della libertà della loro Republica preggiudichi spesso alli priuileggi del Regno, facendo da se stesso molte cose senza l'ordinarie diete. Ch'habbia sotratto il Marchese di' Brandenburgh dal solito Homaggio douuto al Regno· Che si lasci piu gouernar da donne et da Giesuiti, che dal proprio giuditio, chiamandolo effeminato, et di poco ualore; uantandosi questi che s'hauessero capo proportionato alle forze, et grandezza del Regno, prudente, et sauio che farebbero le merauiglie. Ha questo Re apresso di se una gentildona Todesca, che ando con la prima sua moglie in Polonia, la quale chiamano la Pana Orsola, c'hà saputo cosi ben captiuar l'animo suo, che ogn'uno cerca d'haverla fauoreuole per ottenir gratie, et fauori, conuenendo cosi fare anco la propria moglie, et li figliuoli, et e opinione che con questi mezi si sia grandemente arrichita. Tutto il Regno ha riceuuto gran disgusto, che habbi tacitamente permesso a Cosachi di passar al seruitio del Imperator contra li publici proclami da lui stesso ordinati: dicendo che il termine del buon gouerno ricercaua, conseruarsi neutrali per non disgustar li loro confinanti, da quali riceeuono col comercio tant' utile, et beneficio in loco del quale percio hora non aspettano altro che danno, et guerra, uiuendo in continuo pericolo d'ongari, et slesiti c'hanno longhissimi confini seco, potendo queste nationi entrar nel Regno senza impedimento per esser il paese aperto et la Città di Cracouia poco forte: attribuendo anco a questo il motto de Turchi, che ad instanza di Betlem Gabor si siano mossi a molestar li confini di Polonia per diuertirla dall agitar l'Imperator, et dal disturbarli l'incoronatione, et cosi tirato sopra il Regno una tanto importante guerra. Hanno anco Polachi in se stessi molte discordie, et diuisioni: perche li grandi che sono li Palatini, li Starosta vió e capitanij delle Città, li Duchi, et altri gran Signori seruono per capi di fatione al resto della nobilità pouera, et al Populo onde ui sono molti di essi, che possono metter ivi compagna fin otto et dieci mille persone; L'esempio del Palatino di Cracouia morto nel tempo ch'io mi trouauo in quella Città lo dimostra chiaro, perche sotto pretesto delle disgusti di sopranarrati, si solleuò contra il Re, facendo un Rochos come loro dicono, mettendolo in estremo pericolo di perder la corona. La contadinanza è talmente tiraneggiata, che sono neccessitati per sicurta propria prohibirli ogni sorte d'armi fuor che bastoni; il che certo e degno di gran compassione, per che li trattano come se fossero tanti schiaui Hanno intimato una dieta generale per li 3 Novembre prossimo cosi per il timore della guerra de Turchi, come per questi altri rispetti, et si giudica da persone sauie, che in essa possi succeder qualche risolutione: la fatione del Re desidera la pace piu assai dell' altra, sono però in gran pensiero, essendo tutto il Regno circondato da capitalissimi nemici. Dalla parte di Moscouia non sono in tutto sicuri della pace; hanno il Turche et Tartari alle spalle; sospettano d'ongari, et della Slesia: le piaghe interne sono anco graui; cosi per li mal contenti come per quelli che desiderano la liberta della conscienza, quali se ben frequentano le chiese, et mostrano esteriormente diuotione; ogn'uno però a casa sua la fù alla peggio; credono pocho, et sono infetti della peste di Caluino, lutero, et d'altre simili false religgioni. Nell' esercitar la Giustitia contra nobili si usa grandissimo rispetto, et partialità, ogn'uno fà a suo modo, et guai a quelli forastieri, che capitano in quel Regno senza l'appoggio di qualche grande; ma quando uiuono sotto la protetione di qualche d'uno di essi; sono rispettati. Se ben poi li costa qualcosa, poco importa, quando per altro torna conto il farlo. Tutti li sopra narati rispetti fano creder c'habbino da procurar a tutto lor potere la pace col Turcho, nondimeno non restano di far qualche prouigione, hauendo inuiato il loro generale con buon numero di cauallaria alli confini di Moldauia, nella qual Prouincia com' hò detto si troua Schender Bassa generale con Turchi et Tartari, onde ben presto s'intenderà qualche fatione. Il Gratiani tiene intelligenza col general de Polachi, et se Schender Bassà in questa sua priuatione del Principato, non lo coglie all'improuiso; fuggirà unendosi col campo Polacho; sapendo io che tiene il suo hauere nel castello di Chotin situato sopra il fiume Nistro alli confini; l'ha pressidiato di persone confidenti; inuiatosi ultimamente 4 pezzi d'artigliaria. Le quali turbulenze si preuedeuano sin quando mi trouauo in quella Prouincia, hauendomi mostratto il Principe Gratiani li commandamenti della porta, che douesse andar al campo con tutta la sua gente sotto Schender Bassà et romper con Polachi, et l'istesso anco a quel di Vallachia; il che mi fece rissoluer piu che da fretta partirmi da quelli paesi; mutandomi dell' opinione c'haueuo di repatriare per uia di Constantinopoli, per che dubitauo incontrar nelle militie, che giornalmente capitauano per quell'istesso camino della Dobrizza, et Bulgaria, et per li trauagli dell' Eccellentissimo signor Baile per li quali tutta la nostra natione si trouaua molto intimorita, et in gran confusione.

Il gran Marescial di Polonia hà trattenuto apresso di se con ordine del Re, s. Simon Nicolich, che altre uolte era tragomano di v. Serenità in Constantinopoli, il quale ueniua meco in questa Città a trouar la sua famiglia; con fine di mandarlo, in caso continui la rottura col Turcho; in Persia, cosi per muouer il Persiano, come per chiamar il fratello del gran Cam de Tartari per metterlo in Dominio et diuertir da quella parte il timore, et il danno. Se Turchi sono spiati da Betlem Gabor, et se hanno quelli fini, che si discorono, d'auantaggiarsi nel dominio dell' ongaria superiore, et di nutrir le discordie della Germania, non resterano mai di molestar, et tenir in continua gelosia Polachi da quella parte della Moldauia, per diuertirli dal disturbo che possono dare ad esso Betlem, et di prestar agiuto all'Imperator potendo farlo con li pretesti de danni de Cosacchi, et del preteso donatiuo, o tributo, che deuono Polachi a Tartari; senza dar materia di condoglienza all Ambasiator della Maestà Cesarea alla Porta, sapendo io per uia del Principe Gratiani, che quotidianamente riceueua littere dal Barone Lodouico di Molart, che Turchi passauano seco offitij di uoler mantenir la tregua, et che non hanno parte alcuna nelli motti d'ongaria uolendo mostrar d'esser neutrali per ogni buon rispetto in caso passassero felicemente le cose dell' Imperator. Nell' occorenze di guerra impongono Polachi estraordinarie grauezze di miliona de ducati per uolta.

Il Re nel suo particolare auanza assai; perche non solo ha buone entrate et assegnationi; ma in queste occasioni di grauezze estraordinarie, s'auantaggia molto, onde e opinione c'habbia assai oro. E d'età di 54 anni; 34 chè regna. Ha il primogenito con la prima moglie d'età di circa 22 anni, amato dal Regno, onde e cosa sicurissima, che l'habino da ellegger dopo il Padre. Ha poi altri figliuoli con questa seconda, a quali può abbondantemente proueder; rispetto alli vescouati di 300 in 400 m. fiorini d'anua entrata che sono nel Regno; et altri offitij di grandissima auttorità, et richezza.

Li grandi del Regno desiderano grandemente l'unione con la Serenità v. l'ho scoperto da molti discorsi passati col gran Marascial col Duca di Sbaras, et col Starosta o capitaneo di Sandomir, et da molti altri con chi m'è accaduto trattare per riceuer agiuto nel mio uiaggio, senza l'appoggio de quali, non sarei nelli presenti tempi mai uscito da quel Regno ne passatto per la Slesia, saluo, li quali non solo con honoreuoli esteriori dimostrationi, ho conosciuto affetionati, ma anco con effetti d'inuiti, et de fauori prestatimi, nell' uscir sicuro del Regno mi si sono in questo confirmati, et per il mio debol senso giudico, che se la guerra col Turcho anderà inanzi, che la Serenità v. sara ricercata di lega, la quale si persuadono potersi concludere facilmente per non ui esser fra queste doi Repubbliche, come dicono, diffidenza, ne interesse alcuno d'confini, potendo la Polacha per terra in paesi lontanissimi dall' Italia infestar il Turcho, et far grandissimi acquisti; et la Veneta per uia di mare, et anco di terra, in paesi medemamente lontanissimi dalli suoi far l'istesso. Ne deuo restar, con quella piu riuerente maniera che posso, et deuo de dire a questo proposito; che uedendo l'institutione sapientissima et prudentissima appoggiata al termine di statto, et del buon gouerno di questa Serenissima Repubblica di tener Ambasiatori per quasi tutte le corte del Mondo che stimerei anco molto a proposito osseruarla in questo Regno, nel quale ui concorono cosi importanti diuersioni, come sono quelle dei Turchi et d'Imperiali; oltre la riputatione, et agiuto che ricceuerebbono da questo li negotij di particolari, che pur sono di gran consideratione, cosi per terra, come per uia di Danzicha per mare agiontaui la materia tanto importante delle Biaue et l'apertura gia incaminata della strada di condur genti da quelli paesi; non ui uedendo contrario di momento rispetti' alli segnalatissimi beneffitij che da ciò si conseguirebbono; et quando in questa congiontura de tempi la Serenita v. hauesse publico ministro in quel Regno, potrebbe senza dar minima gelosia fomentar Polachi in questa guerra col Turcho, che tanto importa all' interesse di lei, et far anco in altri tempi secondo il bisogno altri offitij, ne quali non deuo, ne posso perhora penetrare.

Passai col fauore de quelli signori Polachi, accompagnato da persona d'autterità nel Ducato di Slesia, comandato assolutamente dal presente nuouo Rè di Boemia, li populi del quale sono cosi deuoti, et affetti al suo nome et tanto pertinaci contra l'Imperator: ch'è cosa di merauiglia.

Contribuiscono uolontieri grosse summe di denaro; caua anco buon numero di Militie. Al presente è in esso general dell' armi il Duca di Briga cognato del Marchese d'Anspach general dell' unione; nella qual terra di Briga assai bella, et populata, fui molto ben trattato, et spesato, assistendomi di continuo doi principali gentil' huomeni di esso Duca, che mi trattenero un giorno piu del mio uolere. Era risentito, che fu caggione, che non potei uisitarlo. Hebbi un honoreuole passaporto, che mi serui mirabilmente per quella parte del uiaggio sin in Augusta, per doue sono passi, et giuriditioni molto pericolose, col mezo del quale fui non solo honorato; ma anco accompagnato nelli pericoli. Io m'allontanai da Pragga, per non incontrar nelle militie, dalli quali non si può aspettar che insolenza et danno, et allora il Rè faceua la mostra de 1500 Inglesi in quei giorni capitati d'Inghilterra. Entrai nella Sassonia et qui anco m' allargai dalla Metropoli doue si trouaua il Duca con 15 m. combatenti, quanto potei sotrager da buona banda: nelli pensieri del quale, pochi anzi niuno può penetrare. La fama coreua che fosse per dichiararsi afauor dell' Imperator; ma effetti non si uedono. ben e cosa certa che li progressi, et acquisti del Duca di Bauiera non li gustano punto, et e cosa certissima che li suoi populi come tutti infetti della religion caluina, et Lutera, non sentirano mai uolontieri d'agiutar l'Imperio onde bisogna attender di uederne col tempo gli' effetti; perche alcuno non potrà in questo opponersi cosi facilmente al uero.

Passai poi per il Vescouato di Bambergh paese catolicho, et per consequenza Imperiale, non potendo questo Principe far altrimenti per li suoi interessi.

Ariuai a Norimbergh una delle terre franche, ma principale fra tutte nell' esser contraria alla casa d'Austria, agiutando Boemi con denari, et con tutto quello può, onde S. Maestà cesarea l'ha piu in norma di tutte le altre.

Subito fuori di Norimbergh, entrai in quello del Marchese d'Anspach generale com' hò detto dell' unione; il quale allora si ritrouaua alla diffesa del Palatinato del Reno: in questa giuriditione si passano a tempi presenti molti pericoli;

per che si concedono salui condotti a faliti et banditi da altri Principi; onde bisogno anco in questa aprir ben gl'occhi, et affretar il camino.

Gionsi poi in Augusta lieto d' hauer passato per tanti pericoli sano et salvo con tutta la mia famiglia. Questa Città sin hora si mostra diuota dell'Imperatore, fui honorato, et presentato de pretiosi uini da quelli Signori; si come anco seguì a Norimbergh, et in Vratislauia metropoli della Slesia. con missione di particolari persone a nome del loro Senato a complir meco caminando io sempre con quel decoro che conuiene alla nostra nobiltà, oltre anco alle mie forze per honore della nostra natione.

Incontrai poco di qua d'Augusta l'illustrissimo et Eccellentissimo Signor Generalissimo (?) Triuisan Ambasiator che proseguiua il suo uiaggio per Fiandra con circonspicione, et indicibile prudenza, sano et allegro con tutta la sua compagnia.

Continuai il mio uiaggio per il contado del Tirol, et in Inspruch si ritrouaua l'Arciduca Leopoldo Principe di natura audace di poca prudenza, [illegible] assai, et hà piu del precipitoso che dell ardito; dalle cui attioni resteranno talmente disgustati li populi dell' Austria, et della Città di Viena, che posero in grandissimo pericolo l'anno passato l'imperator suo fratello, è nemicissimo di questa Serenissima Repubblica hà opinione, che Boemi, et tutti li nemici della casa d'Austria siano de qui fomentati; onde di continuo mostra con parole segni di sdegno, il che hauendo inteso discorer in diuerse occasioni stimo che sia particolare degno della notitia di vestre Eccellenze.

Dalli confini della Slesia sin in Augusta si teneuano li mesi passati strettissime guardie, che alcuno non potesse transitare, ne al seruitio de Boemi ne a quello dell Imperator, ma essendosi percio reso il comercio difficile, interotto, et pericoloso con danno de tante Prouincie, cosi dell' una, come dell' altra fatica, rissolsero quelli Principi: accordarsi; leuar le guardie, et lasciar ogn' uno passar doue piu li piaceua: la qual congiontura serui mirabilmente per il mio uiaggio; che altrimenti non so come haurei potuto passare.

Il Duca di Bauiera e ancor lui gagliardo in campagna con 15, in 20 mille combatenti, facendo qualche progresso piu de gl' altri nell' Austria et se ben dichiarisse farlo anome di sua cesarea Maestà tuttauia si tiene, che alla restitutione dei luoghi ui sarano delle difficultà.

L' Imperator può hauer 26 m. soldati distribuiti come la Serenita v. intende dalli quotidiani auisi, con pochi denari, et con gran promesse, et speranze d'altri attorniato come hò all' Eccell. v. rapresentato, dall ongaria quasi tutta ribella: Dalla Morauia: Dall' Austria: Dalla Slesia, et dalla Boemia: dalla maggior parte delle terre franche nemiche capitalissime, il suo statto, et la propria Viena piena d'mal contenti, et ribelli.

Nella Croatia, Carintia, et altre Prouincie, ui sono molti contrarij; onde nella consideratione di queste turbulenze, è giudicato incerto l' esito loro; come anco la Serenità v. con la sua infinita prudenza può d'auantaggio scoprire, hauendo io sentito discorerne da persone di grand' intelligenza, et maneggio delli affari del Mondo, et dire che si contenterebbero morir allora, che cessassero questi motti di Germania.

Tutti questi particolari, sono stati da me raccolti con studiosa diligenza per desiderio di portarli alla notitia dell' Ecc. v. v. lequali suplico a riconoscer in questa dimostratione il grand ardore della mia natural deuotione, et agradire la pienissima mia uolontà di non uiuer figliuolo infrutuoso della mia Patria, et seruitor inutile dell' Ecc. v. v. bramoso dell' occasioni di consacrar anco la uita in loro seruitio etc. etc.

(Von Aussen): 1620. Scrittura presentata nell' Ecc. Collegio dal Nob. sr. E Polo Minio à 16. Ottob. L. C. 1620 9. Nov. fu letta nell' Ecc. Senato in questo giorno.

Ant. Ant. Sec. (?) Gleichz. Copie, Papier.

I.) Salzburgische Urkunden und Urkunden-Auszüge von 1440 bis 1457 aus dem k. k. Haus-, Hof- und Staatsarchive.

Mitgetheilt von Joseph Chmel.

(Fortsetzung.)

CCXXXV. 1455, 7. Mai. Calistus episcopus seruus seruorum dei. Venerabili fratri Sigismundo Archiepiscopo Saltzeburgensi. Salutem et apostolicam benedictionem. Ex sedis apostolice prouidentia prouenire dinoscitur ut Romanus Pontifex per eum aut predecessores suos Romanos Pontifices seu sedis eiusdem Legatos gesta quandoque moderetur et immutet, ac de super oportune prouideat prout rerum et temporum qualitate pensata id in domino salubriter expedire cognoscit. Sane sicut exhibita nobis nuper pro parte tua peticio continebat, licet olim dilectus filius noster Nicolaus tituli sancti Petri ad Vincula presbiter Cardinalis tunc etiam in partibus illis dicte sedis Legatus, ac diuersis facultatibus apostolicis suffultus inter alia mandauerit decreuerit declarauerit et ordinauerit omnes personas religiosas in prouintia et diöcesi Saltzeburgensi constitutas que infra Annum in monasteriis siue domibus suis observantiam regularem non recepissent inantea ad quamcunque dignitatem eiusdem ordinis inhabiles et ineligibiles fore existerent quodque nulla persona religiosa post huiusmodi anni lapsum, nisi teneret observantiam regularem eligibilis esset ad huiusmodi dignitatem, mandans nichilominus Archiepiscopo Saltzeburgensi pro tempore existenti, aliisque locorum ordinariis ne talium personarum prefatam observantiam non tenentium electionem huiusmodi confirmarent, etiam cum decreto irritante, prout in quibusdam litteris dicti legati desuper confectis dicitur plenius contineri, tu tamen prouide considerans et attendis secundum temporum qualitatem conditionem dominorum temporalium et personarum tam religiosarum quam etiam ecclesiasticarum et presertim potentie secularis ac principum illarum partium qui electiones Monasteriorum in suis dominiis de facto et potentia in dignitatibus ad quas electi fuerint contra mandatum decretum declarationem et ordinationem huiusmodi conseruare et defendere nituntur, seque grauiter ac taliter eisdem ordinariis opponunt, quod illa in monasteriorum et aliorum locorum religiosorum presertim prouintie et diöcesis Saltzeburgensis huiusmodi uergerent dispendium et detrimentum, et nisi super hoc aliter gratiosius prouideatur, timendum est quod successu temporis quam plurima loca et monasteria huiusmodi, que maximis laboribus et expensis fundata et dotata existunt uerisimiliter desolabuntur et depauperabuntur. Quare pro parte tua nobis fuit humiliter supplicatum, ut propterea mandatum decretum declarationem et ordinationem predicta quo ad dictam prouintiam aut saltim ipsam diöcesim Saltzeburgensem nec non ad Quatuor ecclesias Cathedrales et suffraganeas de uisceribus ecclesie Saltzeburgensis fundatas uidelicet Gurcensem Seccouiensem Chyemensem et Lauentinensem diöceses moderari et immutare, ac penam huiusmodi adiectam tollere et amouere, ac alias super hijs oportune prouidere de benignitate apostolica dignaremur. Nos igitur de premissis certam noticiam non habentes huiusmodi supplicationibus inclinati fraternitati tue de qua in hijs et aliis plenam fiduciam obtinemus per apostolica scripta committimus et mandamus quatinus si est ita super quo tuam conscientiam oneramus mandatum decretum declarationem et penam prefata quo ad prouintiam diöcesim et ecclesias suffraganeas predictas dumtaxat ipsis alias tamen in suo robore duraturis auctoritate nostra modereris et immutes tollas et amoueas. Prouiso quod observantia regularis huiusmodi propterea non minuatur, sed potius uigeat et adaugeatur. Volumus autem, et tibi ac successoribus tuis Archiepiscopis Saltzeburgensibus pro tempore existentibus, ut talium personarum sic pro tempore electarum de observantia tam plantanda quam tenenda huiusmodi confirmationes eorumdem conscientias de super onerando facere et committere libere et licite ualeas et valeant auctoritate apostolica concedimus per presentes. Non obstantibus premissis, ac specialibus et generalibus reservationibus aliisque constitutionibus et ordinationibus apostolicis ceterisque contrariis quibuscunque. Datum Rome apud Sanctum petrum Anno Incarnationis dominice Millesimo quadringentesimo quinquagesimo quinto Nonis Maij Pontificatus nostri Anno Primo.

Apri. L.
L. de Castiliono.

M. Joannes.
S. Crusilisti.

Orig. Perg. Bleierne Bulle. Geh. Hausarchiv.

CCXXXVI. 1455, Erichtag nach S. Veit (17. Juni). Lehenrevers des Weykchart von Polhaym für Erzbischof Sigmund von Salzburg, der ihm und seinen männlichen Erben „ze czelen von ainem Sun auf den anndern vnd nicht verrer," die Veste auf dem Berg zu Leybencz gegen U. L. Frauenkirche daselbst gelegen mit mehreren Gütern und Stücken als Lehen verliehen hat. (1 S.)

Kammerb. V, pag. 419, Nr. [illegible].

CCXXXVII. 1455, Samstag vor S. Achacientag (21. Juni). Salzburg. Thomas Aschringer Kaplan, der St. Thomas und Sigmunds Capelle im Münster zu Salzburg, verkauft dem Erzbischof Sigmund von Salzburg seinen halben Zehend zu Schülhaim etc. Haslach etc., wovon man 20 Schilling jährlich dient.

Versiegelt durch „den ersamen hochgelerten" Herrn Meister Bernhard von Krayburg, Kanzler des Erzbischofs von Salzburg und Pfarrer zu Rewt.

Zeugen der Bete: die ersamen H. Andre Hartperger, Pfarrer zu Fridolfing, und H. Hanns Rosenhaimer, Pfarrer zu Playdeskirchen.

Kammerb. V, pag. [illegible], Nr. [illegible].

CCXXXVIII. 1455, Montag nach Peter und Paulstag (30. Juni). Revers des Hanns Schefherr für Erzbischof Sigmund von Salzburg, der ihm für die nächsten 10 Jahre die Veste und Pflege zu Hütenstain mitsammt dem Gericht daselbst zu verwesen überlassen hat.

Kammerb. V, pag. 422, Nr. 261.

CCXXXIX. 1455, 4. Juli. Revers des Abbtes Peter, Priors Georg und des Convents von St. Peter in Salzburg in Betreff des Holzgesuchs und der Gründe zu Pübing in der Herrschaft Hawnsperg, worüber lange Zeit zwischen dem Kloster und dem Erzbischof Zwietracht und Irrung war. Auf Bitte des Klosters bestimmte der Erzbischof Sigmund als Untersuchungs-Commissär den Peter Reschel, Hofmeister seines Hofs zu Salzburg und Pfarrer zum Heugsperg, der nahm zu sich den edlen vesten Christoph Trawner, der Zeit Pfleger zum Hawnsperg, und den Paul Mülhaimer, des benannten Hofmeister Urbar-Richter, diese haben nach vorgenommener Besichtigung entschieden: „Item von erst angefangen „in der Ochsenhalt das mein herr von sand Peter ambtman ze Ebingen marich „geczaigt hat vncz an ainen alten velber der mit marichstainen gepessert werden „sol dabey meins herren von Salzburg vorstar gewesen ist vnd darinne chain „widern gewesen ist da pey sol es auch noch hinfür beleiben. Item darnach von „demselben alten velber vncz an ainen Elsenpawm der mit ainem chrewcz ver„maricht ist dieselben grünt sullen hinfür dem Gotzhaws zw sand Peter zuge„hören, an alle irrung mit holczgesuech vnd plumgesuech, doch vneingefangen „wann der meins herrn von Salzburg hold auf dem werdt vnd sein nachkomen „habent auch dem plumgesuech daselbs vngeuerleich. Item meer ist dem „obgenanten herren von sand Peter vnd seinem Gotzhaws ausgeczaigt worden „von dem obgemelten Elsenpawm nach ainem Gangsteig ab vnd abhin vncz in „das fürttel das sol vnd mag er vnd sein nachkomen einvahen vnd nüczen nach „yerer notturft an allew Irrung. Item mer angefangen an dem vorgeschriben „Velber als das mit Marichsteckhen ausgeczaigt ist worden nach ainem alber „darein ain chrewcz geschlagen ist vnd das alles ab und abhin vncz an [illegible]

„werdt, das sol baider Herschaft vneingefanngen zw gemainem pluemsuech „ligen. Item da entgegen ist meinem genedigem herren von Salczburg vnd seinem „gotshaws ausgeczaigt worden ain pewnten gegen der Harrosa als dann ausge- „czaigt vnd vermarcht ist die sol er einvahen vnd nüczen nach aller notturft auch „an irrung. Item meer ist dem herren von Sand Peter vnd seinem gotshaws aus- „geczaigt worden die pewnt zw Vnterpühel damit er vnd sein nachkomen „hanndeln vnd tuen mügen ze einuahen vnd nach aller notturft auch vngehindert. „Item meer angefanngen an dem Kaster zw Oberdorff vncz an den Steg da ain „Hintterheczer albeg auf steet das mag er auch einvahen vnd nüczen nach not- „turft mitsambt dem holczgesuech daselbs doch vnabgeschlagen der neczstall „die ain herr von Salczburg aufricht das der geschont werd mit maissen vnge- „uerleich. Item da entgegen ist meinem genädigen herren von Salczburg einge- „sprochen worden das haws auf dem werd mit seinem einfang vnd zwgehörung. „Vnd das haws zw Vnterpühel mit seiner zwgehörung auch an irrung. Item meer „ist dem von Sand Peter vnd seinem gotzhaws ausgeczaigt worden ain pewnt „genannt Prunnpewnt die yecz ligt an der Pübinger grunt vormals eingefanngen „die sullen vnd mugen sy niessen vnd nuczen nach aller notturft auch vnge- „hindert. Item als die vorgeschriben gründt ausgeczaigt vnd vermaricht sein „von dem vorgeschriben albar vncz auf die löw auf der czagelpewnt vnd enhalb „abhin an den Eesteg gen Lauffen da der werd anherstosst das ist alles zw „gesprochenn worden dem gotzhaws zw sand Peter mit Holczgesuech, auf die „recht hanndt von Salczburg ze reiten gein Hawnsperg. Vnd des geleichen „meinem genedigen herren von Salczburg etc. der holczgesuech auf den grünten „gegen der Salczach sol im vnd seinem gotzhaws auch beleiben. Item der Zayn- „werdt sol beleiben mit diensten vnd gehorsam gen Hawnsperg als herkomen ist. „Item meer ist gedacht vnd gered worden was gründt vnd zwgehörung in dem „obgemelten fürnemen vnd ausczaigung nicht vermerkt vnd ausczaigt ist die „sullen füran baiden herschaften vneingefanngen zw pluemgesuech ligen vnd „innbehalten werden vnd sullen auch chainen frömdem zw in nemen vngeuerleich. „Item mein genädiger herr von Salczburg hat ain wisen ob Päbing daselb hew „sullen die Pübinger sein holden infuern lassen durch ir grunt vngeiert nach dem „minsten schaden wolt aber meins herren gnad von Salczburg holcz hingeben „an denselben enden von dem Hawnsperg darinn sol er vngeiert beleiben doch „das auch gesebech nach dem minsten schaden vngeuerleich. Wolt aber sein „hold auf dem werdt holcz fueren das sol er hinnder in vmbher fueren."

Versiegelt durch den Abbt Peter . . „vnd zw zewgnuss des benanten con- „uents willen sind da bey gewesen vnser ratbrueder Brueder Görg prior, Prueder „Stephan Guster Brueder Antoni Kelner Brueder Rueprecht Capellan Brueder „Peter subprior Bernhart Gschühel vnsers benanten Gotshaws vrbar richter. Her „Cristan Grämatsch. Maister Vlreich vnser notari. Erasem Ketbenhaimer vnser „Chamerer.

Kammerb. V, pag. 417, Nr. 280.

CCXL. 1455, 4. August. Revers von Johann Graf zu Görz-Tirol, für sich und seine Brüder, Ludwig und Leonhard auf Erzbischof Sigmund, und die Vesten Lunz, Virgen, Traburg, Lint etc. m. Z. „Item funnfczigk markch gelts gelegenn „zwischen Varbennstain vnd Valkennstain Item die vogtein die Graf Mainhart „saliger von Gorcz gehabt hat auf kchlostern auf Gotzhewsern vnd auf kirchen „in seinem Bistumb gelegen. Item alle die Nucz vnd gueter bey Chals gelegen, „die der vorgenannt Graf Mainhart daselbs gehabt hat. Item das Guet zu Thyminez „Item zwainczigk markch gelts gelegen bei der Möllen vnd ze Kirchhaim. Item „fünff vnd dreyssigk markch gelts bey Chals Item die Märkcht ze Rewntal vnd zu „Winkchlarn mit vier vnd zwainczigk markch gelts dabey gelegen. Item der „Zehennt ze Doburholczueld vnd auch annder zehennt die wir in seinem Bistumb „habenn."

Geben zu Luennca auf Brugk 1 Montag nach Vincula petri 1455.

Orig. Perg. 1 Siegel (fehlt). Geh. Hausarchiv. Salzb. Pol. Abth. 21.

It. ein Transsumpt des Bischofs Ulrich von Chiemsee, auf Verlangen des Erzbischofs Sigmund von Salzburg ausgestellt. Salzeburge in curia Chyemensi anno 1460 die martis vid. 30 Januarii.

Ausgestellt von dem k. Notar Johannes Gerner von Rosenheim Clericus [illegible] singens. Diöcesis.

Siegel (fehlt). Perg.

CCXLI. 1455, Samstag nach M. Geburt (13. September). Revers des Jacob Helmsawer, der Zeit wohnhaft zu Passau, für Erzbischof Sigmund von Salzburg. Seine Hausfrau Margareth, Tochter Conrads des Reichner, Bürgers zu Müldorf, hatte ihm als Heirathgut den halben Hof zu Mosling [illegible] bracht, die Urbar ist von Salzburg, der Bruder seiner Hausfrau, Herr [illegible] der Reichner, der Zeit Pfarrer zu Aufhausen, hat ihm sein Erbtheil, die [illegible] Hälfte auch überlassen für seine Lebenszeit . . er (Jacob H.) hat sich [illegible] seine Lebtage in das salzburgische Urbarbuch einschreiben lassen. „Ich hab [illegible] seinen genaden hofmaister geanlait als seiner gnaden vrbar dann recht ist."

Versiegelt durch die erbern weysen Hanns der Prantsteter, der Zeit Probst zu Altenmüldorf, und Hanns den Ampfinger auch zu Müldorf.

Kammerb. V, pag. [illegible], Nr. [illegible].

CCXLII. 1455, Montag nach Exaltatio crucis (15. September). Revers des Peter Stegmüllner, gesessen auf der Stegmühl bei Lochaim, für Erzbischof (Sigmund) von Salzburg. Er hatte um Erleichterung angehalten der Dienste beim Hofmaister und Erzbischof . . „dem danne die obgemelt mül meinem gne„digen herren von Salczburg etc. mit dinsten seinen genaden selbst zu seinen „hanten zwgehörunt ist vnd auf mein vorgemelt anbringen hat der hofmaister „geschafft mit dem Chastner vnd mit dem Brobsten zw Müldorf das sy die Steg„mül mit aller irer zwgehörung beschawen sullen" — das geschah. — „Nun ist „mir nach rat des bemelten hofmaister Kastner vnd der bröbst am dinst auf die „obgemelt mül geschlagen worden als 16 pf. pfen. landswerung dabey es fürs „beleiben sol" (die will er geben) „vnd darzw Ambtmansrecht als dann meines „genädigen herren vrbarpuech innen hat." Er und seine Erben sollen fürder nicht mehr „vmb henngnuss biten damit der benant dienst die 16 pf. pf. gemynnert „oder abgenomen wurde. Es wär danne ob icht gemainer lantzbrechen auferstunde, „so mugen wir als annder meins genedigen herren vrbarlewt vmb genad biten ob „wir die erlanngen möchten vngeuerleich."

Kammerb. V, pag. [illegible], Nr. [illegible].

CCXLIII. 1455, (29. September). Martin Züngel, wohnhaft zu Gmund, verkauft seinen Stall und Kasten zu Gmund „vnd stöst an der Zenckher Öde vnd mit dem andern ort an des Salczer haws daz zu dem ambthoff gehört," dem Erzbischof Sigmund von Salzburg um 70 Pfd. Pfen.

Versiegelt auch durch s. l. Vetter Ulrich Wuecherl.

Orig. Perg. 2 Siegel (fehlen). Geh. Hausarchiv. It. Kammerb. V, pag. 515, Nr. 318. Cam. Abth. 19.

CCXLIV. 1455, Mitichen vor S. Gallentag (15. October), Salzburg. Revers des Wilhelm Penninger für Erzbischof Sigmund von Salzburg, der ihm die Veste und Pflege zu Dachsenpach mitsammt dem Landgericht für sein Lebtag übergeben hat.

Versiegelt auch durch den edlen und vesten Heinrich Drugsess.

Zeugen der Bete: die edlen vesten Andre Reychenburger und Wilhelm Dachsperger.

Kammerb. V, pag. [illegible], Nr. [illegible].

CCXLV. 1455, Samstag nach Ursen (25. October). „Wir die Burger „gemainkleich der Stat zw Lawffen Bekennen mit dem offen briewe für vns vnd

„all vnser erben vnd nachkomen das vns der hochwirdig fürst vnd herr her „Sigmund Erczbischoue ze Salczburg Legat des Stuls ze Rom vnser genedigister „herr die gnad vnd fúdrumb das wir aus vns czwen tewgleich als zw Burger„maistern erwellen mügen. die all notturft vnd sachen hindan cze richten haben „wie dann das derselb seiner gnaden brief Innhalt alain auf widerrueffen getan „hat Also das sein genad vnd sein nachkomen solh ornung wanne des not tuen „vnd sy guet beduncken wirdet macht vnd gwalt haben zw widerrueffen da „wider wir nichts reden sullen noch mugen getrewleichen vnd vngeuerleichen. „Vnd des ze vrkund der worhait geben wir vnserm genedigistem herren von „Salczburg den offen brief versigelt mit des erbern vnd weysen Rueppreehten „Strudel die czeit Burgermaister ze Lauffen aigen anhanngunden Insigel alles „das war vnd stät zw halten was der brief ausweist. Der geben ist des Sambstags „nach sand Vrsentag der heiligen Junckfrawn so man czalt nach Kristi geburdt „vierczehenhundert vnd im fünfundfünfczigisten Jare…“

Kammerb. V, pag. 430, Nr. 265.

CCXLVI. 1455, 28. October. Matheus Ramsauer, Bürger zu Salzburg, verkauft dem Erzbischof Sigmund von Salzburg ein Gut, genannt Prunnling, gelegen in St. Veitspfarr im Pangaw, dient jährlich 4 Pfd. 50 Pfen. das Salzb. Lehen ist.

Versiegelt durch seinen Schwager den edlen vesten Ulrich Panichen, Pfleger zu Glanegk.

Zeugen der Bete die „edel und erber weys Görg Engelhaimer und Ortwein Krapf, Bürger zu Salzburg.“

Kammerb. V, pag. 494, Nr. 301.

CCXLVII. 1455, Erzbischof Sigmund gab der Ruperti Kirche zu Arnstorf ein Stück aus seinem Weingarten, Mittenpeunt, zu Erweiterung des Freythofes; bekam aber dafür den Weingarten Ketreyerl (Katreyerl) und bezahlte für die Übertheuerung der Kirche noch 8 Pfd. den., worüber der Zechpropst quittirt.

Conrad Funck gesessen zu Nider Arennsdorf und jetzt Zechmeister S. Ruprechts Gotteshaus zu Arennstorf.

Eigentlich hatte die Gemeinde („nachtpawrschaft“) zu Arennstorf den Erzbischof Johannsen Reyschperger gebeten und derselbe hatte den Tausch gemacht. Später erst fand man, dass das Kathreyerl besser sei, und dann bat man den Erzbischof Sigmund und der schaffte es dem Ersamen Conrad Westner, Verweser des Hofmeister Amtes zu Arennstorf, dem Zechmeister 8 Pfd. Pfen. Übertheuerung zu geben.

Mittichen nach St. Luceintag 1455.

Orig. Papier, Geh. Hausarchiv. Cam. Abth. 31.

CCXLVIII. 1456, Eritag nach Judica (16. März). Revers des Paul Schartenberger für Erzbischof Sigmund von Salzburg, der ihm für seine Dienste den Weinzehend zu Wöltsch in St. Rueprechtspfarr und 1 Drittel Getreidzehend in St. Laurenzenpfarr zum Püheln („so in seiner gnaden Viczdomambt gen Leybencz gehören“) (auf Gütern zu Oblacken, Wodichen, Bischofsdorf, Slum, Salmansdorf und auf dem Süczenhof daselbst und zu Chlappendorf, Prúkl, Gabernick, Gerlinczn, Wernicz und St. Laurenzen) für 12 Jahre in Bestand gegeben hat. Er soll jährlich in das Vicedomamt zu Leybencz zu Liechtmess dienen 10 Pfd. Pfen. steirischer Münze.

Versiegelt durch den edlen vesten Hanns Schedlinger.

Zeugen der Bete: die edlen weysen Wilhelm Aufhaimer, Görg Chöllrer, und Casper Pirger.

Kammerb. V, pag. 436, Nr. 309.

CCXLIX. 1456, 28. März. Calistus episcopus seruus seruorum dei Venerabili fratri Archiepiscopo Salczeburgensi Salutem et apostolicam benedictionem. Alias tue fraternitati scripsisse meminimus, ut Hospitalis, Preceptorias ac domus ordinis sancti Antonii Viennensis in tua diöcesi consistentia tuis fauoribus protegeres et conseruares, ac insuper priuilegia apostolica piis locis huiusmodi concessa, et per nos confirmata ita custodires et ab aliis seruari mandares, ut libere locorum predictorum et ordinis procuratores iuxta eorumdem priuilegiorum tenorem litteras et mandata sufficientia pro questis faciendis tam á te quam a tuis suffraganeis sine aliqua solutione consequi valerent, prout in nostris litteris desuper confectis plenius continetur. Verum quia non absque precipua animi admiratione percepimus, quod nostre littere predicte super hoc directe parum roboris apud te habuerunt, cum nichil hactenus executus fueris, cogitantes ad nostrum pastorale officium spectare loca predicta in suis iuribus tueri, iterato ad te scribere decreuimus, commonefacientes tuam fraternitatem et eidem in uirtute sancte obedientie ac sub censuris et penis in dictis priuilegiis contentis precipientes, ut nullo modo sinas Hospitalia predicta et loca tuis auxiliis destitui, sed erga religionem sancti Antonii, et eius membra iuxta priuilegiorum formam, quacunque consuetudine contraria non obstante ita efficias, ut domus et hospitalia, prout instituta sunt, tuo et suffraganeorum tuorum patrocinio uere caritatis et pietatis officine esse possint, ne si id facere ommiseris, curatio infirmorum et aliarum miserabilium personarum tepescat et quasi ad nichilum redigatur. Debes igitur nunc precipue ardentius inuigilare, cum hospitalia et loca predicta ob temporum conditionem frigescente hominum caritate maioribus suffragiis indigere noscantur, tuos suffraganeos predictos sub censuris in priuilegiis predictis contentis etiam ad id compellendo, ne huiusmodi misericordie opera in locis predictis cum dei offensa et egenarum personarum detrimento aliquo modo intermittantur, qua in re, que cordi nostro insidet, ita cum effectu respondere placeat, ut procurator ordinis predicti apud nos existens querele occasionem amplius de te non habeat. Inquo rem ipsi deo acceptam, nobis gratam et tuo honori maxime convenientem efficies. Datum Rome apud Sanctum petrum anno Incarnationis dominice Millesimo quadringentesimo quinquagesimo sexto, Quinto Kalendas Aprilis, Pontificatus nostri anno Secundo.

Von aussen: Venerabili fratri Archiepiscopo Salczeburgensi.

A. de Venerijs.

Orig. Perg. Bleierne Bulle. Geh. Hausarchiv.

CCL. 1456. H. Dreyvaltigkeittag (23. Mai). Revers des Erhard Überegker, für Erzbischof Sigmund von Salzburg, der ihm Veste und Pflege zu Altenhouen mit der gewöhnlichen Burghut lebenslänglich überlassen hat („ausgenomen das gericht so darzw gehört").

Versiegelt auch durch den edlen und vesten Moritz Welczer seinen lieben Oheim.

Kammerb. V, pag. 438, Nr. 271.

De eod. d. Revers desselben in Betreff des Gerichtes, das ihm bis auf Widerruf verliehen wurde. „Nu füran zeuerwesen vnd das mit Richtern nach notturft ze beseczen."

Kammerb. V, pag. 441, Nr. 272.

(Fortsetzung folgt.)

V. „Historischer Atlas."

Statistik des Mittelalters.

) Das Lehenbuch K. Ladislaus P. für Österreich ob und unter der Enns. (In alphabetischer Ordnung.)

(Fortsetzung.)

k) 1455, 2. Mai, Wien. Sigmund von Puchaim (für sich und seinen Vetter Hertneid von P.).

Die Veste und Stadt Litschaw mit allen Zugehörungen, als die von Alter rkommen sind;

it. die Veste Illmaw und das Dorf daselbst mit ihren Zugehörungen;

it. die Veste Fuendorf mit aller Zugehör;

it. die Veste Wildperg mit Landgericht, Wildbann, Fischweid und allen dern Zugehörungen;

it. das Landgericht, Wildbann und Fischweid, das gen Horn gehört mit en Zugehörungen;

it. das Landgericht, Wildbann und Fischweid, das gen Alantsteig gehört t aller Zugehör;

it. „alle Manschafft der alten Lehen, als die von weilent Otten von Meissaw weilent Piligreims und Hannsens von Puchaim irer vettern gewalt komen sind."

(Ihr Erbe.) Oestr. Ms. Nr. 65, Fol. 29.

1455, 2. Mai. Sigmund von Puchaim.

Den Zehend zu „Puchpach."

(Sein Erbe.) Oestr. Ms. Nr. 65, Fol. 29.

1455, 2. Mai. Sigmund und Hertneid von Puchaim, Vettern.

Gnadenbrief für die getreuen Dienste, „ob sy an leiberben das sun wern giengen, oder ob si leibserben das sun wern hinder in liessen und die auch an erben das sun wern mit tod abgiengen, daz denn alle ire lehen so sy von s und unserm fürstentumb Österreich zu Lehen haben auf ir vettern des namen d wappens von Puchaim und ir erben geuallen und erben sullen an irrung."

Oestr. Ms. Nr. 65, Fol. 29. it. Fol. 31, für Jörg von P (aber ausgestrichen). Fol. 47, für Jörg von Puchaim 31. Mai 1455.

1455, 1. Juni, Wien. Jörg von Puchaim.

1. Die Veste und Herrschaft Haidenreichstain mitsammt dem Landgericht, Vogtei, Freiung, Teichen, Weiden. Fischweiden, Wildbann, [illegible] Wäldern und allen andern Zugehörungen, ausgenommen die 2 [illegible] Kat[illegible] chachen und Schwarzpach, die eigen sind; it.

2. Teya den Markt mitsammt dem Landgericht. Freiung [illegible] wasser, Wildbann und aller anderer Zugehör, ausgenommen [illegible] Nider Edlicz, die auch eigen sind;

3. die Veste und Herrschaft Rabez und [illegible] mitsammt dem Landgericht, Vogteien, Freiung, Weiden. [illegible] Holz, Wäldern und allen andern Zugehörungen [illegible] nommen das Oberdorf zu Rabez mit seiner Zugehör. [illegible]

4. Das Haus Liechtenwerd mitsammt der Freiung [illegible] Fischweiden und allen andern Zugehörungen „was [illegible] und von Alter herkommen ist.

(Sein Erbe.) [illegible]

1455, 1. Juni. Jörg von Puchaim (für sich und seine Vettern).
„Das obrist Drugseczambt in Österreich."
(Ihr Erbe.) Oestr. Ms. Nr. 65, Fol. 21.

1455, 31. Mai, Wien. K. Ladislaus gibt dem Jörg von Puchaim einen Gnadenbrief wegen Vererbung seiner Lehen auf seine Brüder und Vettern.
Oestr. Ms. Nr. 65, Fol. 47.

1455, 9. Mai, Wien. Wilhelm von Puchaim.

Schloss und Herrschaft Gmund und Rosenaw mit allen Zugehörungen; den Zehent zu Obern Holaprunn Weinzehend und Getreidzehend, gross und klein, zu Feld und zu Dorf, mitsammt dem „Virteil Gerichts und dem Jarmarkt daselbs;"

it. 45 Pfen. Gülte daselbst auf den Fleischbänken und den Zehendhof daselbst mit aller seiner Zugehör;

it. den Hof zu Leupolczstorf mit ganzem Zehend daselbst auf 27 Lehen, gross und klein, zu Feld und zu Dorf,

und 35 Pfd. 6 Schilling und 19 Pfen. Gülte daselbst auf behausten Holden und auf Hofstätten;

it. den Zehend zu Wentling;

it. das Gericht und die Mauth zu Dreskirchen und das Gut zu Wisstorf und zu Phafsteten;

it. den Kirchtag zu Paden mit allen Rechten und Gewohnheiten mitsammt den 5 Fleischbänken daselbst.

(Sein Erbe.) Oestr. Ms. Nr. 65, Fol. 39.

195.) 1456, 20. April. Barbara, Tochter des weil. Leonhard Puchkircher (Lehenträger der unvogtbaren: Friedrich Trunt, Vetter ihres Vaters).

• Lehen der landesfürstlichen Herrschaft Steir.
1 Gut genannt „dacz Puchkirchen;"
it. 1 Gut „dacz Egelsee;"
it. ½ Hube genannt die Ritzenhub, alles in Pharrkircherpfarre gelegen;
it. 1 Gütel „am Chaczllehen;"
it. 1 Gütel zu Ernstorf in Wartpergerpfarre gelegen;
it. 1 Hube genannt die „Voglhub" und
½ Hube zu Tehenwengk in Kirchpergerpfarre gelegen.
(Ihr Erbe.) Oestr. Ms. Nr. 65, Fol. 90, b, 91.

196.) 1455, 19. April. Erhart Puchler.

Das Dorf zum Geslos mit seiner Zugehör, und das Dorfgericht daselbst; in Zwetler Landgericht und Rugkeringpfarre gelegen;

it. Drittel Getreidzehend zu Jakenpach, gross und klein, zu Feld und zu Dorf;

it. zu dem Rugkers auf 4 gestifteten Lehen und 1 öden Lehen und 8 Hofstätten ganzen Zehend ausgenommen auf 1 gestifteten Lehen und 1 Hofstatt daselbst, worauf der Pfarrer den Drittheil hat.

(Sein Erbe.) Oestr. Ms. Nr. 65, Fol. 21, b.

197.) 1455, 7. Mai, Wien. Achaz Pyelacher (für sich und seine Brüder Albrecht und Jörg P.).

Die Vesle zu Sand Margreten auf dem Mos mit allen Ehren, Rechten, Leuten, Nutzen und Gütern und allen andern Zugehörungen;
it. zu Gainfarn auf 5 Hofstätten 15 Schilling 7 Pfen. Gülte;
it. 1 Pfd. Pfen. Gülte auf 2 halben Lehen;
it. ½ Pfd. Pfen. Gülte auf ½ Lehen;

it. 40 Pfen. Gülte auf Überländ und 60 Pfen. Gülte auf 1 Hofstatt;

it. Zehend am Prunnerperg auf 1 Weingarten (des hohen Stephlein);

it. 16 Eimer Weins Bergrecht und die Pfenninggülte, die darauf und dazu gehören an Gainfarerperg gelegen, und im Hakgen, im Grunach, im Menbartztal, am Gayn und in der Sulcz;

it. 1 Holz genannt der Zingk und 1 Holz im Sighartztal;

it. 38 Joch Acker im Gainfarer Feld und 4 Eimer Most und 30 Pfen. Gülte auf 1 Weingarten gelegen bey Prunnerholz (der vor gewesen ist des Goldschmieds aus der Neustadt);

it. 1 Weingarten zu Gainfarn, genannt der Geyrsparcz;

it. 1 Holz bey Gallprunn gelegen vor dem Altenperg genannt das Oberholz mit Wildbann, Weid und aller Zugehörung.

(Ihr Erbe.) Oestr. Ms. Nr. 65, Fol. 33.

1455, 7. Mai. Achaz Pielachor (für sich und seine Brüder Albrecht und Jörg P.).

Ganzen Zehend auf 24 Weingärten und Öden, gelegen an Gunfarnerberg (?) und an Prunnerberg;

it. $^1/_2$ Eimer Weins und $13^1/_2$ Pfen. Gülte Diensts und 4 Eimer Most und 30 Pfen. Gülte auf 1 Weingarten, bey Prunnerholz gelegen, der Lehenschaft der herzoglichen Herrschaft Trautmanstorf.

(Ihr Erbe.) Oestr. Ms. Nr. 65, Fol. 33, b.

198.) 1455, 16. Juni. Leonhard Rainpekh (für sich und seinen Bruder Hanns R.).

2 Höfe zu Walhshouen und 3 Hofstätte in Freystädter Herrschaft und Laspergerpfarre gelegen.

(Ihr Erbe.) Oestr. Ms. Nr. 65, Fol. 50, b.

199.) 1455, 23. Mai. Hanns von Rappach (für sich und seinen Bruder Kristoff von R.).

Den vierten Theil Getreidzehend, den vierten Theil Viehzehend und den Weinzehend in der „Eben zu Symaning;“

it. zu Swechent in Unser Frauen Feld den vierten Theil Getreidzehend;

it. zu Gletarn vierten Theil Getreidzehend und den Viehzehend;

it. zu Lanntzendorf auf 4 Lehen halben Getreidzehend;

it. zu Etzkestorf vierten Theil Getreidzehend, vierten Theil Weinzehend „in den eben“ und den Viehzehend daselbst;

it. zu Altmanstorf vierten Theil Getreidzehend, vierten Theil Weinzehend, und vierten Theil Viehzehend;

it. den vierten Theil Weinzehend zu Wien in den Weingärten, die gelegen sind in den 2 Ämtern in der „Ottakrinn“ und in dem „Krautgeb“ und vierten Theil Getreidzehend;

it. $^1/_2$ Krautzehend zu „Erdpurg“ bey der Donau, genannt in „Guasen;“

it. die halbe Fischweide zu „Aichaw“ und 5 Metzen Vogthabern;

it. zu „Schadwienn“ in dem Markt 6 Schilling und 29 Pfen. Gülte;

it. in Klammer-Pfarre auf 3 Höfen 3 Pfd. 6 Schilling und 21 Pfen. Gülte und 1 Getreidzehend auf 4 Höfen, der dient 80 Pfen.

(Ihr Erbe.) Oestr. Ms. Nr. 65, Fol. 42.

200.) 1455, 8. Juni, Wien. Erhart Rasp.

1 Hof genannt am Mempelsperg mit aller seiner Zugehör, in Eberstorffer Pfarre und in der Herrschaft Weitenegk gelegen;

it. 1 Zehent im Lempach in S. Oswaldspfarre, und

6 Schaff Haber Dienst auf behausten Gütern zu Mitterndorf and zu Niderndorf in Nochlinger Pfarre, alles in Yspertbal gelegen.

(Sein Erbe.) Oestr. Ms. Nr. 65, Fol. 48, b, 49.

1455, 13. August, Wien. Jörg Rasp.

1 Gut zu Posenpach;
it. 1 Gut zu Grillnperg in Sand Johannspfarre und
1 Gut Ekchenstorf in Sand Peterspfarr, der Lehenschaft der landesfürstlichen Herrschaft Werssenberg (Wechsenberg);
it. zu Humprening 2 halbe Güter und 4 halbe Hofstätt daselbst gelegen in Rorbekherpfarre und in Veldner Landgericht „dieselben guter halbe von uns und unsrer herschaft Valkenstain" zu lehen rühren.
(Sein Erbe.) Oestr. Ms. Nr. 65, Fol. 67.

201.) 1456, 21. Jänner, Wien. Stephan Rat.

* Lehen der landesfürstlichen Herrschaft Steyr.
Den halben Sitz zu Krembsegk;
1 Hof dabei, genannt der Kalthof;
it. $1^1/_2$ Tagwerk Wiesmahds bei Ror und
der Czechlinghof in der Hofmarch in Kirchpergerpfarre;
it. 1 Gut „dacz den Nechlein" auf der Steyr in Waldneunkircherpfarre;
it. $^1/_2$ Hube genannt die „Lempelhube;"
it. 3 Güter an der Hayd bey Hall in Pfarrkircherpfarr;
it. 1 Gut genannt „an dem Polan" und
1 Gut genannt „an dem Turschelin," beyde in Wartpergerpfarre;
die Kaltenhub in der Kembnaterpfarre gelegen.
(Sein väterliches Erbe.) Oestr. Ms. Nr. 65, Fol. 68, b.

202.) 1456, 3. April. Peter Rauscher.

2 „Herrn Luss" Holz in der Aw genannt der „Prater" gegenüber Alttzaaw gelegen;
it. seinen Theil Zehend zu Stadlaw, gross und klein, zu Feld und zu Dorf;
it. 1 öde Hofmarch daselbst zu Stadlaw „darauf ettwenn ain gepauter hof gewesen ist" mitsammt den Fischwassern, Auen und andern seinen Zugehörungen.
(Sein Erbe.) Oestr. Ms. Nr. 65, Fol. 68.

203.) 1455, 25. September. Veit Redebrunner.

Den halben Zehend zu Teren in Weikhestorfferpfarre gelegen, Wein- und Getreidzehend, klein und gross, zu Feld und zu Dorf.
(Sein Erbe.) Oestr. Ms. Nr. 65, Fol. 72.

204.) 1456, 22. April. Margareth Rédenbrunnerin (Tochter des Stephan von Pestorf) (Lehenträger von K. Ladislaus bestellt: Thomas Hager).

6 Pfd. Pfen. Gelts auf 1 ganzen Lehen und auf 4 halben Lehen gelegen zu Pestorf und
6 Schilling 5 Pfen. Gelts daselbst.
(Ihr Erbe.) Oestr. Ms. Nr. 65, Fol. 93.

205.) 1455, 1. October, Wien. Kristof von Redern (für seine Hausfrau Elspet).

Den Hof zu Sibenhirten im Dorf gelegen.
* (K. Friedrich hatte als Vormund diesen Hof ihr und ihrem frühern Ehegatten weiland Jan Schurwicz geliehen.)
Oestr. Ms. Nr. 65, Fol. 73.

1455, 8. December, Wien. Kristof von Redern.

Den Hof zu Sibenhirten im Dorf gelegen.
(Gnaden-Lehen. Übergabe von seiner Frau „und ob uns auch daran ichts ledig worden wér oder mit der egenanten Elspeten abgang ledig wurde.")
Oestr. Ms. Nr. 65, Fol. 83.

206.) 1455, 13. November, Wien. Wolfgang Redler.

Die Veste Sichtenberg, den Mairhof und den Hof dabei;

it. 1 Hof zu Schalach unter dem Haus zu Sichtemberg gelegen, genannt oder Kuchenhof und

38½ Joch Acker und 1 Holz an dem Weyrperg gelegen, das darein gehört;

it. 4½ Schilling Pfen. Gelts, 6 Metzen Korn, und 6 Metzen Haber, Dienst auf 1 behausten Gut zu Schalach gelegen;

it. 1 Fischweide auf der Pielach und 1 Wiese in der Sules unter dem Haus zu Sichtemberg gelegen:

it. 1 Holz, genannt der Pirchmais;
1 Wiese, genannt die Fronwiesen;
4 Lehen zu Rieczngrub;
1 Gut zu Hohenrewtt;
1 Gut zu Geyrsgukken;
1 Gut am Stainparez;
1 Gut im Nidern Seidmanspach:
1 Gut im Seidmanspach;
1 Gut „an der Prukg;“
1 Gut zu Schalach (Stephan Rapp);
1 Gut daselbst (Mert Weber);
½ Fuder Most Bergrecht zu „Nidern Fuchaw.“
(Sein Erbe.) Oestr. Ms. Nr. 65, Fol. 77, b, 78.

207.) 1455, 2. Juli, Wien. Jörg Marschalh von Reichenaw.

Das Dorf im Draperg mit seiner Zugehörung und darauf 2 Theile Zehend, in Newnkircherpfarre und in der Herrschaft Wechsenberg gelegen;

it. 2 Theile an dem Hofe zu Durnpach in Wartpergerpfarre und in der Herrschaft zu der „Freinstat“ gelegen.

(Sein Erbe.) Oestr. Ms. Nr. 65, Fol. 58.

1455, 17. Juli, Wien. Jörg Marschalh von Reichenaw.

2 Lehen gelegen zu Lawb.
(Gekauft von Leonhard Hechelhaimer.)
Oest. Ms. Nr. 65, Fol. 60, b.

208.) 1455, 12. Mai, Wien. Lorenz Reisinger (Bürger zu Linz).

Das Gut genannt „an der Surode“ und das halbe Gut genannt „auf der Obernode,“ beide in Gremensteterpfarre gelegen.

(Sein Erbe.) Oestr. Ms. Nr. 65, Fol. 35.

209.) 1456, 7. Juli, Wien. Ulrich Rewchner und Gilg Rewchner.

59 Pfen. Gelts und ½ Metzen Mohn auf gestifteten Lehen, Zwetler Mass;

auf 10 ganzen Lehen 2 Theile Zehend, gross und klein, zu Feld und zu Dorf, alles zu Wielants gelegen;

it. zu Kattinggrub auf 3 ganzen Lehen 2 Theile Zehends, zu Feld und zu Dorf, gross und klein, in Greuenslagerpfarre;

it. zu Reichenpach auf 7 gestifteten Lehen und auf 1 öden Hofstatt ganzen Zehend, gross und klein, zu Feld und zu Dorf, in Rapoltenstainerpfarre und Landgericht gelegen.

* Lehen der landesfürstlichen Herrschaft Weytra.

(Ihr Erbe.) Oestr. Ms. Nr. 65, Fol. 97/2.

210.) 1457, (Eritag S. Margaretentag), 19. Juli, Wien. Gebhart Rewtter.

2 Peunt, gelegen in Traismawrer Au.

(Gekauft von Hanns Frewnthawser.) (Aus Gnaden auf Töchter vererblich.) Oestr. Ms. Nr. 65, Fol. 108, b.

1455, 26. September, Wien. Elspet, Witwe des weiland Wolfgang Rewtter.

Den Weinzehend in dem Mitterthal in dem Vahenthal in dem Weichselthal, in dem Johenpewnt, in dem Gospat und hinter Meesleinstorf in der langen Gasse gen dem Meczleinsperg an dem Griess oberhalb dem Spital derer von Wien, auf 12 Hofstätten „in dem aigen ob Symoning“ an der „Praitenaich“ und „an dem nidern aigen gelegen.“

(Ihr Erbe.) Oest. Ms. Nr. 65, Fol. 72, b, 73.

1455, 22. April. Kathrey, Witwe weiland Albrechts des Rewtter.

3 Pfd. 35½ Pfen. Gülte zu „Frawndorf“ in Stolhofer Pfarre gelegen auf behaustem Gut und auf Feldlehen;

und den Dienst zu Wagram unter Fürstprunn in Grauenwerderpfarre gel. der mitsammt den Faschinghühnern beträgt 5 Schilling weniger 8 Pfen. Gülte.

(Diese Gülten waren von weiland Wulfing dem Drugsecz, ihrem Vater, auf sie und ihre Schwester Barbara, Hausfrau „Otto des Fabrukg“ und nun auf sie allein gefallen.) Oestr. Ms. Nr. 65, Fol. 34.

211.) 1455, 16. Mai, Wien. Jörg Riedmarcher.

(Lehen der landesfürstlichen Herrschaft Trautmanstorf.)

1 Hof und ½ Feldlehen gelegen zu Trautmanstorf mit seiner Zugehör mitsammt dem Zehent darauf;

it. 1 Hof, des 1½ Lehen ist und auf Urbaräckern 45 Pfen. Gülte und von denselben Äckern 4 Metzen Getreide, alles zu Trautmanstorf gelegen;

it. 2 halbe Lehen zu Sarestorf und 1 Pfd. Pfen. Gülte auf behaustem Gut und Überländ zu Porcz gelegen.

(Sein Erbe.)

it. K. Ladislaus bestätigt einen Leibgedingsbrief dieses Jörg Riedmarcher, der die obgenannten Lebenstücke seiner Hausfrau Helene, Tochter weiland Veits des Gileis, für den Fall seines Todes vor ihr vermacht hat. De eod. d.

Oestr. Ms. Nr. 65, Fol. 30.

212.) 1455, 18. Juli, Wien. Balthasar Ringelstainer.

Den halben Hof zu Wulfelstorf auf der Leyta gelegen zunächst Thomas dem Vogl;

it. 24 Joch Acker;

it. 7 Schilling Wienerpfenning Gülte auf 6 Hofstätten und 18 Tagwerk Wiesmahds daselbst zu Wulfelstorf.

(Sein Erbe.) Oestr. Ms. Nr. 65, Fol. 61.

213.) 1455, 11. September. Albrecht von Ror.

Den Zehend auf 10 Lehen, gross und klein, zu Marchartzreut;

it. den Zehend zu Raspach auf 2 Lehen, gross und klein;

it. den Drittheil Zehend, der in den Hof gen „Raislinkh“ gehört und den Zehend zu Wurssenaigen;

it. den Zehend zu „Eisemgreims;“

it. den Zehend zu Tellarn und den Zehend auf dem Rudbeins;

it. den Zehend zu „Krotendorf;“

it. den Zehend zum „Strannas“ und den Zehend zu dem „Weczels.“

(Sein Erbe.) Oestr. Ms. Nr. 65, Fol. 78.

1457, 24. Jänner. Albrecht von Ror. (Landesfürstl. Aberlehen.)

„Hat zu lehen von sundern gnaden die Manschafft und Lehenschafft an den „nachgenannten gütern, gulten und zehenten Rittermessiger und Pewtellehen „die von uns und unserm furstentum Osterreich zu aberlehen rürten und uns von „weilent Wulfingen Liechtenegger angeuallen und ledig worden waren. Also das

„er und sein erben das sun und seins namens sind dieselben lehen und ob si hin-„fur der ungeuerlich icht mer erfaren uns die anbringen, und die furbasser „von uns und unsern erben Landesfursten in Österreich zu Aberlehen haben und „leihen sullen und mugen, als solher Manschafft lehenschaft aberlehen und lanndsRecht ist."

Zum Chunrats 3 Lehen und 1 Hofstatt;

it. 11 Lehen zu dem Rugers und 1 Hofstatt, und

6 Lehen zu dem Stranas, die der Rennhart gehabt hat;

it. Wennczla Pernstorffer hat zu Lehen zu Rabez auf behaustem Gut 3 Pfd. weniger 15 Pfen. „das der von Winkhl halbe gelihen hat;"

it. der Redischer von Zwetl 2 Lehen, gelegen zum „Frannsen;"

it. Sein Sohn Niclas 2 Lehen und 1 Hofstatt;

Liendl Maurer 1 Lehen und

Ortl 1 gestiftete Hofstatt auch zum Frannsen;

it. Jorg Swelnpekh hat zu „Peygarten" 1 ganzes Lehen, davon man ihm jährlich dient 9 Schilling 10 Pfen. Gelts;

it. Wulfing von Polan hat zum Otten in Tolershaimerpfarre 2 halbe Höfe und 2 Theile Zehend;

it. Ulrich auf 11 Lehen „dacz Ottenslag gross und klein und auf 4 Lehen „dacz dem Otten" den Zehend gross und klein;

it. Jörg Pranntner von dem Hainreichs hat zu lehen 6 Schilling Pfen. Gelts gelegen „zu dem Hainreichs" auf 1 gestifteten Lehen (darauf jetzt Thaman Trolatsch);

it. Airam von Feld 1 Hof „dacz Volerdorf" in Polingerpfarre;

it. Heinrich von dem Östreichs hat einen Zehend zum Frannsen auf 6 Lehen und auf 1 Hofstatt;

it. Reinprecht von Pernslag ½ Pfd. Pfen. Gelts gelegen zu Pernslag auf den Wiesen;

it. der Cholb hat zu dem Chemlencz 1 Zehend auf 4 Lehen gross und klein und den Zehend zu Zaglaw auf 4 Lehen gross und klein und auf dem 5. Lehen 2 Theile Zehend gross und klein gelegen in Felingerpfarre;

it. der Parawer, gesessen zu dem Reinprechts, hat 8½ Schilling Pfen. Gelts gelegen zu Peygarten (das früher des Lachsfelder gewesen);

it. des Dossen Hausfrau hat vermacht ihrem Mann zu Ottenslag in Glokniczerpfarre auf 11 Lehen ganzen Zehend und „zu dem Otten" auf 4 Lehen auch ganzen Zehend (das die Puchler gehabt haben);

it. Johannes (Schreiber bei dem Dechant von Zwetl) einen Zehend „dacz dem Frannsen" auf 5 Lehen und 1 öden Hof und 1 gestifteten Hofstatt;

it. der Gennser hat zu Lehen „zu dem Chunrats" 1 Gut (darauf Jacob Aman sitzt) und dient zu St. Michelstag 3 Schilling Pfen. und zu Weihnachten 2 Hühner und zu Ostern 30 Eyer, und auf 1 Gut (Hennsl Irrogankh) 3 Schilling Pfen Gelts zu St. Michelstag;

it. Jörg Pranntner hat zu Lehen 2 Höfe gelegen zu dem „Otten" in Tollershaimerpfarre, „das die Rorer halbe leihen;"

it. der Lachsfelder und der Heczl von Stain haben zu Lehen auf 4 Hofstätten gelegen zu Peygarten 9 Schilling Pfen.;

it. Anna von Bergemer hat zu Lehen 1 Hof zu Mosrat in Hurbergerpfarre;

it. Ulrich Kolb hat zu dem „Trewdungs" auf 2 behausten Gütern 10 Schilling Pfen. Gelts.

Oestr. Ms. Nr. 65, Fol. 105.

1457, 23. August. Albrecht von Ror, erhält von K. Ladislaus einen Lehenbrief über „die Manschaft und Lehenschaft geistlicher Rittermessiger und Peutllehen, die von uns und unserm Fürstentum Osterreich zu aberlehen rüren und uns von weilent Wulffingen, Liechtenegker angeuallen und ledig worden." „Auch die Summ pfenning so desselben Liechtenegger Hausfraw darauf gehabt hat und

„die wir mit losung an uns bracht im von sundern gnaden und durch der ge-
„nanten bete willen nachgelassen haben."

Oestr. Ms. Nr. 65, Fol. 111.

1455, 2. Mai. Jörg von Ror.

5 Pfd. 3 Schillinge Pfen. Gülte auf behaustem Gut und Überländ und
Getreid- und Weinzehend, klein und gross, zu Feld und Dorf, zu Pusenpe
und die Fischweide in dem weissen Graben und den Wildbann zu Pusenpe
und 1 Holz genannt der Spetestal auch zu Pusenperg;

it. zu Sewring 11 Pfd. 11 Pfen. Gülte auf behaustem Gut und Über
das öd ist;

it. zu Stemestorf 2½ Pfd. Pfen. Gülte auf behaustem Gut und Über

it. zu Smyda 3½ Pfd. weniger 10 Pfen. Gülte auf behaustem Gut
Überländ;

it. zu Oberleyss 18 Schillinge Pfen. Gülte auf behaustem Gut und Über

(Sein Erbe.) Oestr. Ms. Nr. 65, Fol. 30.

1455, 17. Juni, Wien. Wolfgang von Ror.

1 Mühle gelegen zu Weinczurl, und die Fischweide auf seinen Gründ
daselbst mit ihrer Zugehörung;

it. 1 Holz genannt das Lehenholz und 1 Feld zunächst dabei geleg
genannt das „Stokhach," und

1 Wiesmahd, die 3½ Tagwerk ist, genannt die „aigenwis," bey dem
selben Feld gelegen, alles in Kirchsteterpfarre gelegen.

(Sein Erbe.) Oestr. Ms. Nr. 65, Fol. 31.

1455, 11. September, Wien. Tobias von Ror.

1 Haus in dem Obern „Aigen zu Lewbs" gelegen;

it. 1 Weingarten genannt der „Mercs" bei St. Niclaskirche daselbst geleg

it. allen Wein- und Getreidzehend an dem „Lewserperg," in der Pfa
an dem „Tawczenrewt," an dem „Rotenpuhel," und zu „Wilhalmsgrub

und 2 Muth Vogthaber zu Meyrs bey Gors gelegen.

(Sein Erbe.) Oestr. Ms. Nr. 65, Fol. 78.

1455, 27. September, Wien. Wolfgang von Ror (für sich und seine Schwester
Corona und Hedwig).

10 Schilling Pfen. Gelts und 3 Muth und 10½ Metzen Haber;

a) it. Hanns am Gugrell dient von seinem Hof an St. Michelstag 6 Schil-
ling Pfen.;

it. Stephl Müllner von seiner Mühle unter dem Aichperg a
St. Michelstag ½ Pfd. Pfen.;

darnach das Marchfutter jährlich am St. Jörgentag;

b) Mert von Latschen 13 Metzen Haber;
Janns im Puchpach 13 Metzen Haber;
Ulrich Mawroch an der Sunleitten 16½ Metzen Haber;
Kristan aus dem Obern Dachspach 13 Metzen Haber;
Michl im nidern Dachspach 13 Metzen Haber;
Stephl im obern Grintzespach 26 Metzen Haber;
der Weber von Mitterveld 5 Metzen Haber;
Jörg Krepp von Mitterveld 1 Metzen Haber.
(Gekauft von Albrecht von Eberstorf.)

1457, 21. Juli. Wolfgang von Ror erhält diese Stücke allein.

Oestr. Ms. Nr. 65, Fol. 79, b.

(Fortsetzung folgt.)

Aus der k. k. Hof- und Staatsdruckerei.

№ 12. NOTIZENBLATT. 1854.

Beilage zum Archiv für Kunde österreichischer Geschichtsquellen.

Herausgegeben von der historischen Commission
der
kaiserlichen Akademie der Wissenschaften in Wien.

II. „Oesterreichische Geschichtsquellen."

11.) Aufzeichnungen der Klosterneuburger Stifts-Dechante in der ersten Hälfte des XVI. Jahrhunderts.

Aus der Original-Handschrift, im Archive des Stiftes Klosterneuburg, mitgetheilt von Dr. Zeibig in Nussdorf.

Vorbericht.

Die Handschrift, welcher die nachfolgenden Aufzeichnungen entnommen sind, trägt die Aufschrift: Chartularium VI. Acta in Decanatu, und ist eine Papierhandschrift in Fol. von 117 signirten und dann mehreren leeren Blättern. Sie enthält grösstentheils Abschriften von Schuld-Urkunden, dazwischen zerstreut finden sich die eigenhändigen, also gleichzeitigen Aufzeichnungen des jeweiligen Stifts-Dechantes über Ereignisse seiner Zeit, und zwar nicht bloss solche, welche auf die Verhältnisse des Stiftes und das Leben in demselben Streiflichter werfen, sondern auch solche, welche über das politische und bürgerliche Leben der damaligen Zeit, so wie über die damalige Weltanschauung mitunter interessante Aufschlüsse geben. Die Aufzeichnungen umfassen die Jahre 1508 bis 1511, — 1516 bis 1527, — 1534, 1538, 1539, 1547, 1549 und schliessen mit der Notiz, dass 1551 Probst Christof Starl zu dem Landtage reisete.

Ähnliche Aufzeichnungen späterer Zeit werde ich, so Gott will, den gegenwärtigen folgen lassen.

Anno octavo (1508) vigesima septima Junii per ictum fulminis Incensa fuit turris castri Calvimontis, a cacumine ejus usque testudinem ejus est totaliter consumpta, factum ante tempus matutinale et circa ingressum chori eiusdem officii.

Anno dicto octavo idus Augusti incinerata fuit Civitas quasi tota Newnburgensis ac exusta 3 nova edificia eo anno recuperata, eo quoque anno 3 die Augusti revocatus a cura pastorali eiusdem ecclesie et in decanum (licet immeritum) evocatus.

Prima die Julii Incineracio facta est quasi totius civitatis inferioris et majoris partis optimarum domorum.

Anno octavo quasi per totam estatem maxime inondaciones aquarum extiterant, una circa festum Marie magdalene, que quasi totum campum circa Neunburgam forensem operuit, maximum quoque intulit damnum in segetibus ac in rebus nostris decimandis. Secunda inundatio circa festum s. Laurencii, que paulo minor erat priori, que tamen ambe maxima eciam intulerunt damna in vinetis singulis circumjacentibus civitatem Claustroneoburgensem.

Tercio in Vig. Assumtionis tanta pluvia descendit circa 12 horam densissima cum grandine maxima, ita ut quicumque relictum erat in vinetis per aquas priores inundantes, (proh dolor) quasi totum dirutum ac dilapsum in muribus extitit et inexplicabile per omnes montes aureos damnum intulit nec memoriale apud senissimos minime tale damnum fuit.

12

Anno octavo post processionem Corp. Christi erectum est edificium novi refectorii tempore prelature ac regiminis Jacobi Paperl et decanatus magistri Johannis.

Aufzeichnung des Dechant Mag. Johann Zimmermann in Charl. Arch. Nr. 6.

Anno dni. 1509 frater Vincentius in artibus liberalibus magister (cedente magistro Johanne) per conventum electus est in decanum feria 6ª ante dominicam letare in Quadragesima.

Tempore decanatus ejus sic actitatum est.

Primo deputati a Cesarea Majestate coarctaverunt prelatum et conventum ad conscribendum et imponendum omnium bonorum possessionem. Et licet dominus prepositus Jacobus totusque conventus diu reluctaverint, attamen ultimate devenit ad hoc, etiam e tribus vnum acceptaremus, aut faceremus impositionem, vel deremus mille talenta, aut sineremus devastare colonos nostros. Et sic deliberavimus apud nos dare illam summam pecuniarum et esse liberi ab impositione. Et priusquam dedimus hanc pecuniam, fuimus iterum coarctati per eos facere imposicionem. Quam fecimus cum potestate publici notarii Michaelis Apphalbeck et domini Wolfgangi Cherapeis, et misimus super hoc formatum publicum instrumentum. Tandem imposicionem noluerunt acceptare ea forma, quamvis fuerit bona conscripta, sed remiserunt nobis multos articulos sapientes heresim sub velamine, de hiis deberemus dare responsa. Quod contigit tempore prepositure domini Georgii Hawsmansteter.

Item dominus prepositus Jacobus resolvens animo tribulaciones et suggestiones cecidit in infirmitatem corporalem et debilis jacens ad 6 dies, et tandem defunctus est. Et in obitu ejus fuerunt mag. vincencius Decanus, dominus Jeronymus senior, dominus philippus, dominus leopoldus plebanus, dom. fridericus et Thomas Schweiblmaier secularis persona pro tunc cellerarius vinorum et martinus cocus. Et sic conspeximus diligenter in habitacionibus relicta per eum, et non invenimus de pecunia, quin decem talenta et certos obolos. Et sic convocans ad eleccionem officialem doctorem Georgium Prenner et prepositum apud s. Dorotheam, qui prepositus venit nocte circiter horam vndecimam, et mane cecini ego Decanus officium de sancto spiritu, quo finito ingressus capitulum dominus officialis fecit admoniciones, et tandem unanimiter consenserunt eleccionem fieri per viam scrutinii, et elegerunt tres scrutatores, dom. Wolfgangum Moshaimer, cellerarium supremum, mag. Johannem plebanum ad s. Martinum et mag. Jeronymum Liechtenwerger. Et exivimus et processimus ad eleccionem prelati ante summum altare, et postquam fuerunt omnia vota discussa et inscripta iterum ingressimus capitulum, et fuit denunciatus novellus electus dominus Georgius Hawsmansteter plebanus in sancto loco, exeundo cecinimus te deum laudamus. Elapsis tribus diebus dedit iter sua dominacio ad pataviam pro confirmacione recipiendo secum tunc temporis decanum mag. Vincencium et certos famulos. Et postquam venimus pataviam ordinavimus singula necessaria, et in pallacio fuit publicum instrumentum lectum per dominum notarium Reverendissimi, et tandem examinatus per d. doctorem leffelholtzer et officialem ibidem. Et in mane recepit confirmacionem in presencia duorum prelatorum, abbatum videlicet ex formpach et fürstenzell. Et optimo prandio facto et invitatis per me mag. Vincencium omnibus canonicis et civibus de consulatu ad quatuor mensas, et expositis pro confirmacione 200 tal. venimus cum pace ad Hoflinum parrochiam nostram, ibidem mansit prelatus nocte, Et sequenti die, que erat dominica 14. peracto prandio cives civitatis conduxerunt eum usque ad cimiterium et totus conventus dedit obviam ad suscipiendum, Et introductus ad ecclesiam et cantato Te deum laudamus ivimus ad loca nostra.

Item temporibus domini prepositi Jacobi ego mag. Vincencius decanus cum scitu prelati et omnium fratrum meorum recepi mutuo ad precariam ex necessitate a Sagrer et chisling juxta tenorem literarum 800 tal. den. et de 100 tal. obligamus dare 5 tal. den., attamen ad redempcionem quod si volumus redimere ante medium annum debemus eis indicere.

Item temporibus domini Prep. Jacobi receptum est novum refectorium optimum pro sustentacione fratrum hiemale et estivale cum subtilibus figuris annexis factis per mensatorem nostrum wolfgangum absque scitu prepositi non necessariis sed curiosis. Item superveniente novello prelato domino Georio iste inhibuit fieri tali modo et jussit servare illa et ponere ad unum locum tutum et inceptum refectorium deducere in finem.

Item eodem tempore ego mag. Vincencius cum mihi adjunctis deputatis et aliis volente sic duo preposito Jacobo incepi perlustrare omnes litteras nostras, quas potuimus invenire in omnibus locis tocius monasterii spectantibus pro conservacione tocius cenobii cum registracione peroptime ad unum librum juxta ordinem alphabeti et ad ludulas imponendo pari modo cedulas ut eo cicius litere possint inveniri et duravit ille labor quasi per 4 septimanas.

Item circa illud tempus ego institui tres magistros et alios ad componendum ornate omnes libros in libraria nostra, et desuper scribere contenta librorum.

Item statim post aduentum domini prelati novelli de pataria cum discrecione abjecit laycum cellerarium vinorum de officio suo et recepit cum consilio deputatorum dominum stephanum Guglweit plebanum in sancto loco.

Item post hoc ad commissionem coquine recepit unum ex fratribus videlicet dominum Jeronimum de monaco et amovit ulricum hass ex pataria.

Item ex consilio et unanimi consensu omnium prelatorum fuit electus prelatus ad Augustam cum prelato Mellicensi ad Cesaream majestatem et fuit absens quasi ad viginti hebdomadas.

Item in absencia sue paternitatis necessitate urgente et cum scitu tocius conventus pro cultura vinearum et aliis necessitatibus monasterii recepi mutuo a mag. Johanne Thoma Ress 200 tal. den. ad precariam. Item circa illud tempus recepi eciam mutuo a quadam honesta matrona feldkircherin ad precariam 400 tal. juxta tenorem literarum.

Item in descensu de Augusta fuit recepta sua paternitas ad regimen et occupata usque huc multis curis et negociis secularibus.

Item cum consensu Rev^di Patris domini officialis doctoris Georgii Prenner et omnium fratrum vendidimus certas vineas modicum utiles, ut cum illa pecunia possemus meliori modo colere alias vineas nostras, Im Stainhawe, Im newer, Im poechperg.

Item post eleccionem dedit se sua paternitas ad visitacionem colonorum nostrorum cum certis adjunctis pro conservacione eorundem pluribus racionibus moventibus. Attamen hoc negocium fuit interceptum per ascensum ad Augustam et mansit incompletum.

Item anno 1509 in autumno quasi per tres hebdomadas dom. prelatus circa colonos transdanubium peragrando deordinata curavit reformare et perquirere fundos alienatos. Et constituit conscribere nova registra pro officiis villicanis.

Nota eciam arx nostra in Stoyczendorff cum omnibus suis attinenciis est ruperto hawsmanstetter locata ad 15 annos per dominum Georgium prepositum dicti Ruperti fratrem tali condicione, ut libere eam habeat per quinque annos propter ruinosa edificia et inculta predia, ut tandem succedentibus decem annis annuatim persolvat 15 tal. den. Insuper et empcionis iure eadem arx est ei vendita, si 200 tal. persolverit quanto commodius et cicius poterit et reliqua 700 tal. den. infra quindecim anni totum prestiterit et ex tunc omnia pro censu porrecta decem prenominatorum annorum debebunt in numero 900 talen. den. computari, ac si a primo emisset et nunquam censualis exstitisset, sed solo empcionis titulo possedisset. Hujus rei littera reversalis dicti Ruperti habetur in quadam scatula in turri marmorea a dextris ingrediencium cum quadam cedula conscriptionis inventatorum in eadem arce, que inventata vel similis speciei tanta debet post finem 15 annorum per eundem Rupertum conservata relinqui. Data est reversalis Anno 1510 feria quinta post festum s. Michaelis.

Anno virginei partus 1511 die sancti Bilibaldi episcopi administracio officii decanatus commissa est fratri Conrado Stainacher. Acta horum temporum subnotantur.

12*

Die decollacionis sancti Joh. Bapt. que erat sexta feria ex jussu domini prelati fuit inductum ex parte parochie in Newnburga forensi, an ea esset locanda seculari sacerdoti votis singulorum auditis quatuor [illegible] tibus omnes alii contradixerunt moti pluribus racionibus. Primo quia [illegible] querendo proprium commodum deterioraret parochiam, in structuris [illegible] lubefactari, in vinearum culturis et aliis juribus. Secundo quia conductore [illegible] nemo responderet pro inventatis, puta equis, pecoribus, utensilibus et ceteris attinenciis. Tercio plura litigia post obitum vicarii contingere possent ad recuperandam possessionem. Quarto cives possent ad libitum suum inflectere [illegible] dotem secularem non sine derogacione jurium nostrorum. Quinto cives ex sua arrogancia nos amplius non recognoscerent. Sexto parochia est in [illegible] debitis, que nos solvere cogeremur alio senciente commodum.

Nota fer. 4 post Nat. Marie conventus propter ducillacionem vinorum [illegible] rum simul in diversis officinis decrevit illud continuare, quia retroactis temporibus idem factitatum dinoscitur. Nam bonum commune tantum promovetur per dationem monasterii in steuris et aliis reipublice subvencionibus, quantum per dationem singulorum et communiter omnium civium sed quivis eorum [illegible] imo certi eorum in civitate superiori et foro inferiori scilicet ducillant diversa vina. ergo aut ipsi omnes habeant unum ducillum siue unam tabernam, aut permittant nobis plura ducilla.

Deinde fer. 4. ante Mathei venerunt congregati cives, consules et [illegible] circiter 29 cum Judice eorum Vdalrico Schwaiger ad pallacium domini prelati poscentes ut ab inductione vinorum ex sancto loco desisteret. Prelatus dom. Georgius Hausmansteter cum certis de conventu et deputatis deliberando respondit, privilegio sui Monasterii sibi id concedenti derogare non debere. Et sic eodem die, cum vina in 6 plaustris adducerentur, cives armati cum balistis, bombardis, cuspidibus hellparten et ceteris armis furiose concitati extra portam civitatis in comuni methodo infra domum leprosorum circa transvadacionem rivi dicti: der Weidlingpach, prohibuerunt inducionem. Inducione impedita 6 plaustra fuerunt ducta ad litus danubii dictum „in anczug“ et mane quinte ferie aurige cum equis et eorum utensilibus per cimiterium et sub ponte „[illegible]kell“ descendentes secus hospitale pertranseuntes peruenerunt in autzug, et adduxerunt omnia 6 plaustra quatuor introduxerunt ad pistrinam et duo a supervenientibus foris manu violenta detinebantur. Et cum eadem 5 feria audiencia illius cause et negocii comunia urgentibus ageretur preposito quamvis privilegia allegaret et coram responderet, ostenderetque, injunctum fuit ut quiesceret ab induccione. Prepositus respondit se ad hoc non teneri, cum nullus sua possessione vel quasi possessione absque iudiciali sentencia privandus veniret.

Anno partus virginei 1516 in profesto Circumcisionis domini frater Leopoldus herczohurger de Wienna a R^do P^re ac dom. dom. Georgio Hausmanstetter electus est in decanum et sequencia acta sunt sub decanatu suo.

It. Circa festum conversionis s. Pauli apostoli nobilis vir Rupertus Hausmanstetter libere decessit ab empcione fortalitii in Stoyczendorff. et literas empcionis, quas habuit, in vigilia purificacionis Marie in conspectu tocius conventus annihilavit, et postea per modum corporalis convencionis vulgariter Leybgeding recepit in hunc modum et tenorem ut prenominatus Rupertus habeat ad quatuor personas, videlicet ad se et ad uxorem legitimam sibi susceptaram et ad duos pueros legittime natos. Sub illa forma, ut per dies suos quo vivat det omni anno prelato et conventui xvi tal. den. Sub tali conatu et gracia sibi concessum est, ut per quatuor annos eandem pecuniam ad edificium fortalicii distribuat. Insuper promisimus ei dare per istos 4 annos de uno anno 1 tal. vini et IV tal. Khalch.

It. post obitum autem predicti Ruperti tunc predicte tres persone obligantur monasterio annuatim xx tal. den. Ad contingenciam autem omnium istarum moriencium, sicut et mortales sumus tunc immediate ad festum purificacionis predictum fortalicium cum suis attinenciis libere et integre monasterio restituatur cum reali effectu.

It. idem Rupertus et sui successores sunt jurati et obligati ad hoc, ut cuilibet prelatorum nostri monasterii liberum aditum eidem porrigant, cum contigerit ad eos pervenire.

It. Si in causa Cesaree Majestatis aut principis prelatus vocatus fuerit, idem obligantur esse parati ad ministrandum in illa provintia cum duobus equis ad quatuordecim dies, Si autem extra nostram provintiam, ad nostras expensas perseverabunt.

It. ex parte insidiarum, inimicorum et bellorum occurrentium, ymo ignis supervenientis ab ipso vel ab aliis seu inimicis appositis Clare in literis super hoc confectis cum consensu prelati et conventus bene deliberatis et masticatis omnia demonstrantur.

It. propter abdicacionem et recessum Empcionis supra dicti fortalicii propter edificia et expensis facta per viros fide dignos cum consensu prelati et conventus expresse est sibi pecunia danda et data est Sabbatho post translacionem sancti Leopoldi in numero 242 tal. den.

It. post recessum secularis persone officii supremi Cellerarii institutus est e gremio conventus Mag. Cristofforus Lamprechts hawser in die s. Apollonie Virg.

It. in die Marie Magd. contracta est fraternitas cum dominis et fratribus beate Marie Virg. in Ossiaco voulgariter Ossiach ord. s. Benedicti in Carinthia sub tali pacto. Cum quis de nostris aut suis moritur, omnes presbyteri obligantur legere unam missam, fratres vero infra sacerdotium vigilias cum laudibus et vesperis mortuorum, Conversi vero centum pater noster cum totidem salutationibus angelicis, adjecto hoc, ut post officium defunctorum cantetur eciam officium de B. V. Et Rotulario eorum et nostrorum unaqueque pars det xxiv den. ut tenetur in literis per nos et per eos confectis.

It. in Vigilia Simonis et Jude conclusum et confirmatum est per dictum patrem et conventum, Cum quis pecierit ingressum religionis nostre, ut primo examinetur et post ducatur ad conventum, tunc finaliter videbitur, an sit recipiendus vel non.

It. eadem Vigilia venit quidam Rotulanus cum littera generali et rotula petens communia suffragia pro certis defunctis de ordine sancti Georgil. Ex consilio domini patris ob Intuitu Cesaris Majestatis sub brevibus verbis inscripcionem fecimus presenciam istius Rotulani, sed nihil promisimus.

Acta 1517.

It. Dom. ante Sebastiani date sunt litere provisionis Ambrosio bilgenfelder de Haynfeldt patav. dioc. ad instanciam honestorum virorum spiritualium et secularium.

It. Dom. die ante purificationem Marie date sunt litere confirmationis dom. paulo pogner quoad beneficium In capella Wäginger sub hac forma: Nos Georgius Dei gracia prepositus Monasterii b. M. V. in Newnburga claustrali Can. Reg. ord. s. Aug. patav. dioc. Notum facimus universis, Quia in capella de fundacione nobilium de Wähing in ambitu prefati nostri monast. situm et obitum quondam Georgii Aphalter alias Schreiber ultimi ac immediati rectoris et capellani ejusdem ad presens vacat cuyus jus instituendi seu confirmandi ad nos spectare dinoscitur. Idcirco ad presentacionem nobilis viri Johannis de Wäging tamquam patroni ejusdem altaris devotum ac nobis in Christo dilectum paulum pogner presb. pretacte dioc. patav. quem de ydoneitate, vita et conversacione plurimum comendamus, in rectorem et Capellanum ad altare memoratum investimus et confirmamus per presentes regimen ac provisionem et administracionem spiritualium et temporalium ipsius juxta vim et formam desuper literarum fundatarum sibi plenarie committentes tradentesque ei realem corporalem et actualem possessionem, facientes quoque sibi de singulis bonis mobilibus et immobilibus, juribus et proventibus, redditibus et offensionibus ad dictum altare spectantibus ab omnibus quorum interest, integre responderi. Dat. in prefato nro. Monast. Neuburg. octavo die Mens. Januarii Anno domini Mill. quingent. decimo septimo nostro sub sigillo appenso.

It. date sunt litere provisionis Georgio Bucht ex khyzing Herbipolens. dioc. qui pro tunc fuit scholasticus in Attekhrin datum in die s. khunegundis.

It. date sunt litere pro perpetuo Anniversario anime nobi.is viri Seyfridi pyesch, et cum una missa interim legenda, qui anniversarius una cum missa debet teneri circa festum Invencionis s. Steffani. pro quo anniversario dati sunt centum floreni Renenses[1]) sub tali pactu, si ille Anniversarius non fuerit tentus pro negligentia illius obligamur dare Reverendissimo dom. Pataviensi vel officiali ejus 8 talenta den.

It. circa festa paschatis ordinavit dominus pater, ut quilibet de confratribus aut consororibus, cum quis ex nostra congregatione defunctus fuerit obligatur ut mittant legere tres missas et hoc quo ad primum, septimum et tricesimum, similiter cum vigilie majores in anno habentur pro fratribus et sororibus et ipsi aliquid faciant in orationibus et eleemosinis[2]).

It. circa festum s. Vitalis martiris Visitatio et inscriptio facta est per dom. patrem omnium rerum, videlicet Clenodiorum, Reliquiarum etc. que sunt in Sacristia superiori et inferiori in presencia domini Decani, domini Cellerarii supremi, domini Symonis Sacriste, Mag. Georgii Custodis ecclesie et domini ambrosii cellerarii Refectorii.

It. hoc anno fuit festum s. Viti infra octavas corp. Christi, ordinatum fuit per dominum patrem una cum deputatis adjunctis certis ex conventu, ut eadem die historia de corpore Christi ut bini perficiatur, et festum s. Viti postponatur.

It. eodem anno ordinatio facta est ex ordinacione domini patris per decanum deputatos et seniores ex conventu de Almuciis et Superpelliciis portandis in certis festivitatibus.

It. in omnibus summis festivitatibus ad omnes horas cum almuciis et superpelliciis incedimus excepto illo si processio habetur, post quas almutie non deferuntur propter Cappas et Reliquias deferendas.

It. in mediis festis in quibus ad horas Canonicas sedendo proficimus almutie portentur ad matutinale officium, ad primas tercias et sextas et ad primas et secundas vesperas si autem habetur processio cum cappis, tunc almutie non deferuntur.

It. in festivitatibus Bini quando Vacatur Almutie deferuntur ad primas vesperas similiter et ad primas, ad tercias et ad publicum officium.

It. in festivitatibus, quando non vacatur et in commemoracione B. M. V. in ebdomada almutie deferantur ad primas vesperas et ad primas de mane.

It. Dominicis diebus almutie deferantur ad primas Vesp. et ad primas et tercias de mane.

It. deposicione fratris aut sororis Almucie deportentur ad conductum et ad vigilias

It. depositio Almutiorum tam in officio publico et tempore collacionis, quam etiam in certis aliis horis Canonicis stat in arbitrio superiorum.

It. in die Translationis s. August. de mane circa horam quintam in presencia domini dionisii stecher magnus lapis cecidit de testudine super summum altare, ex hoc fuit occasio reformandi et renovandi superiorem partem chori.

---

[1]) Preis eines Anniversariums.

[2]) Initiante sec. 14. Bertholdus Praep. Eberhardus Dec. una cum Canonicis Capitulariter decreverunt quoad missarum numerum. In Cod. Bibl. memb. in fol. min. continenti Rubricas circa finem leges: Notandum est, quod fratri defuncto et sorori (intellige Canonissis tunc hic loci existentibus) unusquisque sacerdotum ligatus est in 7 missis defunctorum, diaconus in septem quinquagenis, subdiaconus in quinque quinquagenis, conversus in septingenis pater noster et totidem ave maria. In virtute sancte obedientie se noverint obligatos, quo si neglexerint sciant certissime se Deo in examine districti judicii reddere racionem.

W. Leirer's Anmerk.

It. in die s. leonardi obiit Reverendissimus in Christo pater dominus Wigileus fröschl episc. patav. cuyus amina deo vivat.

It. in die festo s. Leopoldi misse sunt litere a Cesarea Majestate domino Preposito et conventui in se continentes, ut nos liberos uelit facere a conscripcione prius habita videlicet pachyed, hoc adjecto, si prelatus et conventus velit se perscribere sue Cesaree Majestati et omnibus de sua genealogia consequentibus, quod negatum fuit per dominum patrem et totum conventum ex racionibus istis, primo quia est contra jus canonicum, secundo quia subditi sumus Sanctissimo, tercio quia est contra observantiam nostram et statutorum.

In anno 1518.

It. fer. 3. post Epiph. domini obiit dominus Wolfgangus Khlett, bonus pater et fautor noster beneficiatus altaris s. petri apostoli et s. Catherine virg. in hospitali civium, qui dedit pro perpetuo anniversario et perpetua missa in ebdomada perficienda, que nunc perficitur fer. 3 in hebd. in altari s. Udalrici, pro quibus omnibus tradidit 300 talenta den., et alia quam plura bona, presertim in libris emendis, ut opera doctoris Alexandri de Hallis, Opera s. Jeronimi et opera s. Augustini patris nostri.

It. in die s. Apollonie presentatus est magister Mathias peham Reverendo patri et dom. dom. Georgio episc. Wiennensi ex parte ecclesie sive capelle B. M. V. in Hyeczing cum literis sub sigillo domini patris. Et tenor litterarum est ille: Reverendissimo in Christo patri et dom. dom. Georgio episc. Wiennens. aut ejus in spiritualibus vicario et officiali generali. Georgius dei gracia prepositus monasterii B. M. V. in Newnburgaclaustrali Ord. s. Aug. Can. Regg. Reverentiam tam debitam, quam condignam. Ad capellam B. M. V. in Hyezing extra septa civitatis Wiennensis cujus ius patronatus ad nos spectare dinoscitur vacantem ad presens per obitum dom. Cristanni Wydmer ultimi et immediati rectoris ejusdem venerabilem et egregium virum Mag. Mathiam Beham Clericum frising. dioc. V. R. P. duximus presentandum tenoreque presencium presentamus, eandem R. P. V. rogantes, quatenus prefatum mag. Mathiam ad dictam capellam B. M. V. in Hyeczing canonice instituere et ut moris est, inuestire dignetur nobis ad graciam specialem. Harum testimonio literarum sigilli nostri appensione munitarum. Datum in dicto Monast. Newnb. nono die mensis Febr. anno 1518.

It. ad congaudendum ereptionis et adventus serenissimi principis Ferdinandi a marinis partibus in laudem ejus hec acta sunt. Nam die dominica ante festum Margarethe habita est generalis processio ex ambabus parochiis una cum fratribus ad sanctum Jacobum ad ecclesiam s. Martini in superpelliciis et Almuciis. Exeundo primo inceptum est canticum illud: Surgite sancti, deinde duo responsoria ex hystoria Machabeorum. In ingressu ecclesie s. Martini cantatum est responsorium de s. Martino, finito responsorio inceptum est officium de s. Leopoldo, quod officium cantavit dominus pater in pontificalibus. In reversione autem cantata sunt duo Responsoria de s. Leopoldo. In stacione vero ecclesie nostre cantatum est Responsorium de B. V.: felix namque. Et hec quantum ad spiritualia. Eadem die post vesperas habita est cena in superiori refectorio ad 4 mensas, finita cena factus est compulsus cum omnibus campanis quasi ad mediam horam, infra pulsum incensus est ignis cum certis instrumentis in quodam vase positis ad modum bombardarum in proxima Bardea juxta danubium, ad quem locum dominus pater cum civibus equitavit, similiter conventus secutus est eum. Et nobis omnibus ibidem existentibus audite sonitus bombardarum.

It. fer. 2. post Nativ. Marie date sunt litere provisionis honesto clerico Johanni Echolshamer Bamberg. dioc. et pro tunc Chorali.

In anno 1519.

It. fer. 4. ante octav. epiph. domini obiit Gratiosissimus Clementissimus Imperator Maximilianus in Wels, cuius anima deo vivat.

It. determinatum et conclusum est per dominum patrem, decanum et deputatos, quod infra octavam translationis s. Leopoldi post primas habeatur officium in ara ejusdem sancti, si autem alia officia superveuerint vel magna peracio fratrum aut sororum, seu aliud magnum impedimentum, tunc legatur una missa sola in ara ejusdem.

It. circa id festum facta est concordia inter nos et nobilem virum Michaelem Eyzinger, cui per dominum patrem datum est certum magnum Clenodium, quod prius stabat in pignore, et unum vas ternarii vini.

It. fer. 5 post letare date sunt litere provisionis Nicolao En, filio Steffani En civis Wiennensis.

It. fer. 6 post letare Empcio facta est libera a Rev. dom. Wolfgango preposito ad s. Andream an der Traysen cum consensu conventus ejusdem pro certis vineis super superiorem Khritzendorff, videlicet ain Juger, in mutgraverperg, item 1 Radon vulgariter pysemperg et 2½ juger. vulgariter Tullner pro quadringentis florenis Renens. et quamdam domum in Hofflino pro duo ter vini communis prebendi, pro quo contracto empcionis date sunt nobis litere cum sigillis prepositi et conventus supradicti monasterii s. Andree, et demum ultimate confirmate sunt per Reverendum patrem et doctorem Christoforum tengler officialem pataviensem.

It. isto anno venit festum s. Georgii ad festum paschatis quod festum cum festivacione et sermone fuit translatum ad feriam 4. et eadem die fuit cantatum officium de eodem in capella Wäginger.

It. circa illud festum obiit Reverend. in Christo pater et dom. dom. Leonardus archiepisc. Salczburg. cuius anima deo vivat.

It. in isto anno venit festum s. Viti in feriam 4tam penthecostes, eadem die factus est sermo de eius festo apud vulgum.

It. in isto anno venit festum s. Joh. Bapt. ad feriam 6. post corp. Christi et de festo ipsius sc. Joh. incepimus cauere in mat.

It. in isto anno festum Apostol. petri et pauli venit in fer. 4. ante octavas corp. Christi, quod festum ss. apostolorum primas vesperas habuit sed non secundas propter octavas festi corp. Christi.

It. 25. Sept. Consecrata sunt tria altaria, videlicet altare s. Crucis et apost. secundum altare de septem gaudiis B. marie Virg. tercium de septem doloribus ejusdem a Rever^mo dom. patre dom. Bernardo episc. labaviensi pro tunc suffraganeo episcopi patav.

It. fer. 5 post festum Visitationis Marie habita est solennis processio ad s. Martinum ex parte novi Regis Romanorum, serenissimi principis nostri Caroli. A primo in choro cantatum est Te deum laudamus, interim omnes campane sunt compulsate. deinde processio ad Antiph. Surgite sancti prelatus et conventus processerunt in super pelliciis et Almuciis, in ingressu ecclesie s. Martini cantatum est responsorium de s. Martino, deinde Te deum laudamus. Deinde inceptum est officium de Assumptione B. M. V., quod officium dom. prelatus in pontificalibus cantavit. Descendendo cantata sunt duo responsoria de s. Leopoldo, in stacione vero monasterii cantata est mutata est mutata de s. Leopoldo: O propugnator. De sero vero audite sunt omnes campane cum igne incenso.

In anno 1520.

It. circa festum Conv. s. Pauli app. datus est titulus et litera provisionis Leopoldo Haeckl de Sancto loco.

It. hoc anno venit festum Kathedre s. Petri in feriam 4tam cinerum et cum hoc octava translat. s. Leopoldi, ea de causa festum s. Petri anticipatum est in feriam 2dam.

It. fer. 6 post festum s. Vdalrici tenta est hic una generalis dieta in presencia generosi dom. dom. Casimiri Margravii, ad quam dietam convenerunt omnes de spiritualibus et secularibus infra Anasum, videlicet Landtherrn, Nobiles, milites, Regentes, prelati et Civitatenses. Et ex hoc domini et fratres coacti fuerunt recipere refectionem quoad 4 menses in habitacione cenaculi prope dormitorium.

It. fer. 6 post Assump. B. M. V. facta est magna inundacio aquarum ita quod aque transirent per totum Awerfeldt per singulos ortos et vineas defedavit et fructus anichilavit. Quanta autem dampna facta sunt ultra danubium in areis, segetibus, agris, ortis, nemo potest exprimere.

In anno 1521.

It. fer. 5 post Oculi missus est Udalricus Vilser de inferiori Altha cum libello funeralium seu rotule acceptis et datis sibi 74 litteris, cui ultimate post reversionem data sunt ei 4 tal. den.

It. in die ascensionis domini datus est titulus provisionis leonardo Rawsch ex peylstain patav. dioc. ad instanciam honeste domine Hochsteterin in Khrembs.

Item propter vehemenciam, acerbitatem et pluralitatem horrende pestilencie habita est talis ordinacio, ut feria 2da post Egidi, quod per quinque dies sine intervallo ordinata est processio cum cantico Exurge cum collecta pro peccatis tempore Rogationum, demum cum letania communi Exaudi per ambitum duabus viribus eundo, finita letania inceptum est in stacione ecclesie responsorium: Recordare domine quod invenitur in historia Regum, finito Responsorio inchoatum est officium, quod instituit Papa Clemens VI. quod cantatum fuit suppressa voce, ut in officio Gallicantus Kyrie eleison ut in pleno officio. Domini et fratres incedebant in processione et manebant cum officio flexis genibus in medio ecclesie cum luminibus accensis in habitu adventus domini seu in quadragesima. finito officio cantate fuerunt antiphone Regina celi et media vita cum versiculis sequentibus et collectis: Domine non secundum peccata nostra etc. Domine exaudi oracionem etc. Dominus vobiscum.

Oremus. Jesu Christe nazarene, respice tribulaciones, que circumdederunt nos undique, te deprecamur toto corde contrito et humili ac in spiritu humilitatis, ut exaudias nos et de tribulacione eripias, propter quam te invocamus et ad te clamamus, alpha et O, Jesu benedicte pater omnium credencium atque omnium creaturarum. Et sicut veram carnem de B. V. M. suscepisti, ita veraciter, que a te petimus, percipere mereamur, per eundem Christum dominum nostrum.

Omnipotens et misericors deus respice propitius super populum majestati tue subjectum, et ne nos furor seviens inveniat dextera tue propiciacionis preveniat. per Christum dominum nostrum.

It. eodem tempore facta est seva persecutio Turcorum in finibus ungarie et obsessa est civitas et castrum khriechisch stuelweyssenburg et finaliter ab ipsis possessa.

In anno 1522.

It. Dom. post Epiph. domini quidam doctor de doctrinis Lutheri martini predicavit Wienne publice post Vesperas in Kathedrali ecclesia s. Steffani contra vota essentialia religiosorum dicens, quod Religiosus possit exire monasterium et contrahere matrimonium, et alia plura, quibus contrariantur et contradicunt omnes doctores theologorum. Qui demum citatus est ab universitate Wiennensi, non comparuit, sed ut latro auffugit et recessit.

It. in profesto s. Sebastiani propter eminentia pericula Epidemie vel pestilentie ex exhortatione domini patris conventus accepit jejunium pro hac vice non coactionis causa, sed libere.

It. feria 3 post Ambrosii obiit devota soror nostra Sabina falkhin, que inter alios articulos testamenti sui testavit 10 tal. denar. pro decem anniversariis, qui Anniversarii finiantur in anno 1538.

It. circa festum s. Georgii date sunt litere confraternitatis abbati et conventui in Altha inferiori, in quibus contractus iste tenetur. quod singuli sacerdotes obligantur legere unam missam fratres vero infra sacerdotium constituti unam quinquagenam.

It. fer. 6 ante viti mart. Serenissimus princeps noster. Ferdinandus venit in provinciam nostram Australem et prima vice mansionem fecit in Nova civitate, et ibidem magnam dietam provincialem tenuit.

It. in die Marci et Marcelliani secunda vice missus est Udalricus ... cum libello funeralium pro certis defunctis fratribus et sororibus nostris, qui visitavit 107 monasteria.

It. eodem anno venit s. Joh. Bapt. ad feriam 3 infra octav. corp. Christi. Cantus de ipso sancto scil. Joh. habitus est cum primis vesperis usque ad secundas vesperas, et ipso die cantatum est parvum officium de s. Joh. in Basilica, insuper et officium de corpore Christi in nova ara.

It. in vigilia s. Laurentii decollati sunt in Nova civitate Nobiles viri dom. Mich. de Eyzing et dom. Johannes de Puechaim.

It. feria 2 post laurentii decollati sunt sex de civibus Wiennensium videlicet Dr. Martinus Sybenburger, Johannes Rynner, Fridericus pyesch, Johannes Schwarz Munssmaister Steffanus Schlachysdweyt et flaschner, quorum corpora delata sunt ad Wiennam et ibi sepulta.

It. Dom. die in die s. Mathei apostoli et evangeliste reconciliata est ecclesia sancte Margarethe in Hoffiino a Rev^mo dom. et patre dom. Bernardo episc. Labaniensi et pro tunc suffraganeo episc. pataviens.

It. feria 3 post videlicet in die vere Assumpt. B. M. V. ab eodem episc. reconciliata est ecclesia nostra cum ambitu et cimeterio et aliis capellis annexis.

It. in profesto s. Katherine ex instinctu et complacencia domini patris conventus tenuit jejunium cum lacticiniis.

In anno 1523.

It. feria 2 post Innocentum date sunt nobis litere missive Cesaree majestatis in se continentes, ut cuidam commissario Ord. s. Georgii N. prantner daremus quoddam canonicatum prebendam, plebaniam seu aliquod beneficium, que res adhuc dependet in majorem discussionem.

It. in die ss. App. petri et pauli date sunt litere ex consensu prelati et conventus discreto juveni Matheo, qui ad certos annos domino patri fideliter servivit sub tali pretextu: Si idem Matheus cum aliis prelatis succedentibus cum tali fideli servitute permanserit, ad dies vite suo prebendam ex coquina, cellario et pistrina et debita provisione vestimentorum amministretur, ymo singulis annis eidem dentur duo tal. denar., et demum si in infirmitatem deciderit cum habitacione et aliis necessitatibus, ut quidquid fuerit, sibi subveniatur.

It. Dominica ante Marie Magd. circa horam 2 ante vesperas subito venit magna et impetuosa pluvia cum ymbre et grandine admixtis lapidibus, que demolita sunt vineas in Kalnperg, nussperg, grinzing, Syffring et Dornpach imo duo Juvenes in Dornpach per istos lapides mortui sunt.

It. circa festum Assumptionis Marie ante et post in copia undique invente sunt rose communes.

In anno 1524.

It. certi Astronomi et Astrologi pronosticaverunt fieri inundacionem aquarum in modum diluvii circa primum diem februarii. imo etiam de terre motu, de quibus tamen ex gracia Dei nil actum est.

It. in profesto s. Apollonie de sero circa horam quintam audita sunt tonitrua, insuper vise sunt nubes albe, insuper fulgura per modum flammarum in sese dividentes.

It. in hoc anno venit festum sancte Scholastice ad diem Cinerum et sic texta sunt tres lectiones cum precibus consuetis extra quadragesimam.

It. festum Kathedre petri venit in octavam translationis s. Leopoldi sed quia in Subbato fuit angaria quadragesimalis, ideo festum s. petri fuit anticipatum in feriam 5 post dominicam Invocavit.

It. circa dom. Judica in Quadrag. ad instanciam venerabilium dominorum magistrorum, Mag. Rudperti Hödl et mag. Martini Edlinger et nobilis viri dom.

Johannis Lauttrer datus est titulus provisionis honesto adolescenti Cristoffero Höller dioc. Jauriens.

It. in hoc anno venit festum inventionis s. Crucis ad feriam 3 Rogationum, et sic per dominum prelatum ordinata fuit processio post tertias ad Carnarium propter patrocinium altaris ibidem existens cum Cappis et Reliquiis, cum antiphona Cum Rex glorie, et in eadem capella cantatum est responsorium de sancta cruce, videlicet: O Crux gloriosa finito Resp. et Vers. de sancta Cruce ab officiante incepta est ibidem letania solita, ut ipsa dies rogacionum requirit, et sic processionaliter in ambitu duabus vicibus circuivimus usque ad medium ecclesie, finita letania incepta est antiph. In Organis. Stetit angelus, cum aliis cantilenis, ut ipsa festivitas expostulat. Officium publicum fuit cantatum in ara s. Crucis.

Item post primas tentum fuit officium parvum in summo altari de sanctis Martiribus.

It. circa festum s. Egidii exortus est error et heresis Lutheriensis per certos predicatores publice predicantes in castro principis et hospitalis Wienne. Inter quos inventus est dominus Jacobus dictus peregrinus, qui tandem captivatus et incarceratus est per episc. Wiennensem, tandem in se reversus suos errores et articulos Lutheranos, qui fuerunt quatuordecim, publice apud s. Steffanum, in Hospitali civium et in aula universitatis publice revocavit.

It. quidam civis Wiennensis N. Tauber inventus est plenus erroribus et heresibus Lutheriensis, et presertim de Sacramento Eukharistie, propter quod fuit captivatus et incarceratus, qui omnino se ipsum noluit recognoscere, nec suos errores revocare. Et sic finaliter judicatus et condempnatus est ad mortem decollacionis et concremacionis. Acta sunt hec in die s. Lamperti satis mane.

It. circa festum s. Kholomani quidam predicator de Nova civitate nomine dominus Johannes fásl plenus heresibus et articulis lutheriensis, qui articuli fuerunt xxi, qui tandem in se reversus omnes revocavit Wienne ad s. Steffanum, ad s. Michaelem et in Aula Universitatis.

It. circa autumnum circa festum s. Leopoldi venit in Germaniam quidam Cardinalis Ecclesie sancte Anastasie et legatus a latere missus a papa Clemente VII. nomine Laurencius, qui et prestitit inter cetera legacionis sue plenariam auctoritatem apostolicam cunctis fidelibus et in tali forma ad hec se prepararet, ut singuli feria 4 et 6 et Sabbatho jejunarent, et sequenti dominica reciperent Sacramentum Eukaristie, et in quolibet eorum die orarent quinque pater noster et totidem salutaciones angelicas et hanc graciam ex consensu domini patris participati sunt ambo conventus videlicet fratrum et sororum. Acta sunt hec fer. 4 ante Leopoldi fundatoris nostri.

In anno 1525.

It. 24 die februarii in die s. Mathie apost. circa horam 9 versus noctem exercitus regis Francie totaliter fuit superatus et victus. Insuper Rex Francie fuit vulneratus et captivatus ut habetur ex credencia principis mediolanensium, quam credenciam misit ad principem nostrum Ferdinandum fer. 6 in die februarii. In signum huius triumphi et congratulacionis in dominica reminiscere nostro in monasterio habita est solemnis processio convocantibus his, qui sunt in parochia s. Martini et fratribus ad s. Jacobum in cappis et cum reliquiis ad monasterium monialium. Demum post prandium circa horam primam confluit populus ad ignem ardentem sonantibus campanis et pixidibus.

It. dom. oculi ante festum s. Gertrudis in sero circa horam octavam audita sunt tonitrua, subita fulgura et insolita tempestas.

It. dominus pater ordinavit et constituit, ut diurnale in die cene et in magna sexta feria legatur in Capella s. Nicolai ex certis causis rationabiliter habitis.

It. sedecimo die May videlicet fer. 3 post pangracii venerunt admonasterium nostrum circa horam 7 de sero Magnifici et Generosi domini dom. Dr. fabri et dom. Wolfgangus de Rogendorf in causa commissionis serenissimi principis nostri Ferdinandi ad conspiciendum reliquias et adcommodandam certam pecuniam satis magnam, sed quia dominus pater non fuit in domo manserunt in

It. fer. 6 ante viti mart. Serenissimus [illegible] non veniente dederunt dus venit in provinciam nostram Austral[illegible] in presencia dom. patri Nova civitate, et ibidem magnam di[illegible] Khatter, a primo 12000 flor[illegible]

It. in die Marci et Marcelliani [illegible] ad 5000 flor. Ista exacti libello funeralium pro certis defu[illegible] monasteria infra Onasum- 107 monasteria. [illegible] persecutio in partibus

It. eodem anno venit s. J[illegible] certis nobilibus contra nobiles et de ipso sancto scil. Joh. [illegible] ecclesias opprimentes et spoliantes, vesperas, et ipso die ca[illegible] tamen ultimate quasi omnes sunt Inter- et officium de corpore [illegible]

It. in vigilia s[illegible] nostre cantatum fuit parvum officium de dom. Mich. de [illegible] non potuit habere locum in ebdomada.

It. feria 2 p[illegible] exiit quidam tractatus ex Ratispona, quem Dr. Martin[illegible] in Christo pater et Cardinalis cum certis sibi pyesch, Jo[illegible] et nobilibus, in quo tractatu continetur, quod weyt et f[illegible] et concessa sunt ad labores manuales

It. D[illegible] Juvencionis s. Crucis, s. Augustini, Egidii, s. Marga- sancte M[illegible] et penthecostes. niensi [illegible]

[illegible] Marie Magdalene in nocte infra vndecimam et duodecimam [illegible] ignis Wienne. in Domo Domini de Cilij, ex quo igne cilia [illegible] in civitate IIII^c. et xxxiv domus, et non solum domus, sed et [illegible] s. Michaelis et certa monasteria videlicet ad s. Jacobum, ad v[illegible] ad Cell portas et ad s. Claram. Insuper extra civitatem tota strata [illegible] usque ad s. Nicolaum, vltimate invente sunt multe persone et homines mortui ex igne.

1526.

It. in mense Januarii facta est Liberacio Regis francorum cum certis articulis et distinctionibus inter Cesarem et ipsius Regis francie, quos tamen articulos ipse rex francie minime tenuit.

It. in isto anno venit festum B. M. Nivis in dominicum diem post Juvencionem s. Steffani, et sic ex ordinacione domini patris quoad horas Canonicas Cantatum fuit de commemoratione B. M. V. officium in publicum cantatum fuit de ipsius scil. Nivis.

It. circa idem tempus Turcus venit in Ungariam et habuit victoriam contra Vngaros, in quo strage et ipse Rex Ungarorum nomine Ludwicus interemptus est cum plurimis episcopis et aliis nobilibus viris.

It. circa festum Nativitatis Marie recepta sunt per Regentes ex sacristia superiori, ex habitacione dom. patris et ex domunculis officialium omnia Clenodia ex auro et argento, in quibus fuerunt reliquie sanctorum, imo sarcophagum s. Leopoldi preciose infule, Baculi pastorales, calices turribula, quam plurima picaria, scheyrern et plenaria cum certis aliis preciosis vasis de argento et auro.

It. Sabbato post Symonis et Jude in nocte cecidit magna Nix, ita quod vindemiatores non potuerunt colligere uvas vndique in vineis, similiter in vineis nostris, in calvo monte, khamerjoch, quod et venit in magnum dampnum Monasterii.

1527.

It. in isto anno Serenissimus princeps noster Ferdinandus electus est in regem Bohemie, Coronatus est in Praga ipso die sancti Mathie apost., quod festum venit in Dominicam Sexagesime. Et altera die, videlicet lune, Conthoralis ejus etiam fuit coronata.

It. in isto anno venit festum s. Joh. Bapt. in feriam 2dam infra octavam corporis Christi, et ipso die omnes hore cantate sunt una cum officio publico de ipsa die videlicet s. Joh. Bapt. Et post primas cantatum est officium de corpore Christi.

…tum invencionis s. Steffani genitus est nobis Wienne novus prin… …nna conthorali principis nostri, qui demum fer. 2 post Steffani …est baptizatus imponentes ei Nomen Maximilianus. Interim …fuit in exercitu suo, quem habuit contra Ungaros.

… post Laurenci pro victoria contra Weyda et pro graciarum actione … Regis habita est solemnis processio ad s. Martinum. Ante exitum pro…onis cantatum fuit Te deum laudamus in organis et incepta Antiph. Surgite Sancti exitus fuit cum processione ad s. Martinum, et ibi habitum fuit officium solempne de assumptione B. M. V., post officium in regressu cantata sunt duo Resp. ex historia Machabeorum. In introitu ecclesie nostre inceptum fuit responsorium de s. Leopoldo.

It. feria 3 in die s. Bernardi infra duodecimam et primam in laudem et gaudium novi regis nostri nati habitus est ignis, audite sunt bombarde, et dominus pater ex speciali gracia dedit nobis recreacionem ad cenam recipiendam in communi comessuris et ad collacionem bonum vinum.

It. fer. 3 post Egidi Instancia facta est per dominos certos nobiles videlicet per dominum felicianum de Pötschs, et per dominum Doctorem Marcum pekch viczthum in Austria ex parte Corneli filii Imperatoris Maximiliani a latere, qui anhelavit et concupivit prelaturam nostri Monasterii, sed nullus sibi dedit, et prelatus nostre ecclesie mansit et manet in officio prelature sue.

It. die 3. novembris hoc est dominica die post omnium sanctorum serenissimus princeps noster Ferdinandus coronatus est in Stuelweyssenburg in Regem Vngarie cum corona s. Steffani, et fer. 2 post coronata est et conthoralis ejus.

1528.

It. in illo anno quasi continue infirmitatibus laboravi et egritudinibus, sic parum potui annotare.

It. 16. Julii feria 5 post Margarethe in die post horam secundam venit subito et improvise magna coruscacio imbrium, tonitrua, fulgura cum casu lapidum ad modum ovum et nucum. Ex quibus magna jactura facta est in vineis vndique.

It. 10 die Julii Dominica ante Marie Magdalene venerunt ad nos visitatores ordinati ex regia majestate, qui visitarunt omnia monasteria, omnes parochias et civitates ab Onaso et per strictum Austrie. Apud nos comparuerunt Magnifici et generosi domini Dom. N. Suffraganeus Pataviensis, Dominus Jacobus doctor et plebanus in Strassgang. Mgr. Ambrosius Salczer et generosus D. N. de Polheym. Alter N. Marschalcus Stirie. Ad exequendam eorum commissionem post mensam factus est pulsus cum magna campana. Finito pulso et nobis venerunt ad mediam ecclesiam consedentibus illis. Secta fuit litera auctoritatis eorum per dom. paulum publicum notarium Insuper dominus Doctor intimavit plures articulos de erroribus contra fidem christianam, si quis sciret certos innodatos in istis erroribus et punctis publice proclamaret. Demum per eundem dom. Doctorem factus est sermo ad populum et infra sermonem per alios visitatores examinati sunt omnes plebani et beneficiati. In Sero autem post completorium per eosdem visitatores vocatus est conventus. Et Dominus Suffraganeus Pataviensis in presencia eorum proposuit nobis tres articulos. Primus fuit de fide christiana et de Sectis libellis literis Lutherianis. Secundus ex parte prelati, qualiter se haberet ad nos et nos ad eum. Tercius ex parte Regularum observancie. Respondit pro tunc decanus loco conventus. Quantum ad primum articulum: In fide katholica stamus et permanere volumus. Quantum ad secundum de literis sive libellis Lutherinis nihil habemus. Quantum ad tercium habemus prelatum fidelem, devotum, religiosum et bonum domesticum, et per eum religio et observancia regularis perseverat, et si quid emendacionis causa venerit, illa puniuntur, ut de cetero talia non eveniant.

Hier brechen die Aufzeichnungen des Dechantes ab, und beginnen erst mit dem Jahre 1534.

crastinam diem expectantes dominum patrem. Et illo non veniente dederunt se ad Wiennam et sic illa accomodacio facta est Wienne in presencia dom. patris, Mag. Jeronimi pro tunc Cantoris, et mag. Georgii Khatter, a primo 12000 florenorum, et demum ex pluribus precibus deventum est ad 5000 flor. Ista exactio et accomodatio facta est per omnia monasteria infra Onasum.

Item circa idem tempus facta est magna persecutio in partibus superioribus a rusticis adiunctis sibi certis nobilibus contra nobiles et clerum devastantes certa monasteria et ecclesias opprimentes et spoliantes, Episcopos presbyteros et plebanos, qui tamen ultimate quasi omnes sunt Interempti et Interfecti.

It. in die magne processionis nostre cantatum fuit parvum officium de Dominica post primas, quia alias non potuit habere locum in ebdomada.

It. circa idem tempus exiit quidam tractatus ex Ratispona, quem tractatum compilavit Reverendus in Christo pater et Cardinalis cum certis sibi adjunctis episcopis principibus et nobilibus, in quo tractatu continetur, quod certa festa festiva data et concessa sunt ad labores manuales scil. festum s. Viti, Vdalrici, Jnvencionis s. Crucis, s. Augustini, Egidii, s. Margarethe et ultimi dies pascatis et penthecostes.

It. feria 3 ante Marie Magdalene in nocte infra vndecimam et duodecimam exortus est magnus ignis Wienne. in Domo Domini de Cilij, ex quo igne combuste sunt in civitate IIII^c. et xxxiv domus, et non solum domus, sed et ecclesie, videlicet s. Michaelis et certa monasteria videlicet ad s. Jacobum, ad s. Jeronymum ad Celi portas et ad s. Claram. Insuper extra civitatem tota strata a Stubenthor usque ad s. Nicolaum, vltimate invente sunt multe persone et homines mortui ex igne.

1526.

It. in mense Januarii facta est Liberacio Regis francorum cum certis articulis et distinctionibus inter Cesarem et ipsius Regis francie, quos tamen articulos ipse rex francie minime tenuit.

It. in isto anno venit festum B. M. Nivis in dominicum diem post Jnvencionem s. Steffani, et sic ex ordinacione domini patris quoad horas Canonicas Cantatum fuit de commemoratione B. M. V. officium in publicum cantatum fuit de ipsius scil. Nivis.

It. circa idem tempus Turcus venit in Ungariam et habuit victoriam contra Vngaros, in quo strage et ipse Rex Ungarorum nomine Ludwicus interemptus est cum plurimis episcopis et aliis nobilibus viris.

It. circa festum Nativitatis Marie recepta sunt per Regentes ex sacristia superiori, ex habitacione dom. patris et ex domunculis officialium omnia Clenodia ex auro et argento, in quibus fuerunt reliquie sanctorum, imo sarcophagum s. Leopoldi preciose infule, Baculi pastorales, calices turribula, quam plurima picaria, scheyrern et plenaria cum certis aliis preciosis vasis de argento et auro.

It. Sabbato post Symonis et Jude in nocte cecidit magna Nix, ita quod vindemiatores non potuerunt colligere uvas vndique in vineis, similiter in vineis nostris, in calvo monte, khamerjoch, quod et venit in magnum dampnum Monasterii.

1527.

It. in isto anno Serenissimus princeps noster Ferdinandus electus est in regem Bohemie, Coronatus est in Praga ipso die sancti Mathie apost., quod festum venit in Dominicam Sexagesime. Et altera die, videlicet lune, Contheralis ejus etiam fuitcoronata.

It. in isto anno venit festum s. Joh. Bapt. in feriam 2dam infra octavam corporis Christi, et ipso die omnes hore cantate sunt una cum officio publice de ipsa die videlicet s. Joh. Bapt. Et post primas cantatum est officium de corpore Christi.

It. circa festum invencionis s. Steffani genitus est nobis Wienne novus princeps et rex ex Anna conthorali principis nostri, qui demum fer. 2 post Steffani Wienne in Castro est baptisatus imponentes ei Nomen Maximilianus. Interim Serenissimus Rex fuit in exercitu suo, quem habuit contra Ungaros.

It. fer. 2 post Laurenci pro victoria contra Weyda et pro graciarum actione novi nati Regis habita est solemnis processio ad s. Martinum. Ante exitum processionis cantatum fuit Te deum laudamus in organis et incepta Antiph. Surgite Sancti exitus fuit cum processione ad s. Martinum, et ibi habitum fuit officium solempne de assumptione B. M. V., post officium in regressu cantata sunt duo Resp. ex historia Machabeorum. In introitu ecclesie nostre inceptum fuit responsorium de s. Leopoldo.

It. feria 3 in die s. Bernardi infra duodecimam et primam in laudem et gaudium novi regis nostri nati habitus est ignis, audite sunt bombarde, et dominus pater ex speciali gracia dedit nobis recreacionem ad cenam recipiendam in communi comessuris et ad collacionem bonum vinum.

It. fer. 3 post Egidi Instancia facta est per dominos certos nobiles videlicet per dominum felicianum de Pŏtschs, et per dominum Doctorem Marcum pekch vicsthum in Austria ex parte Corneli filii Imperatoris Maximiliani a latere, qui anhelavit et concupivit prelaturam nostri Monasterii, sed nullus sibi dedit, et prelatus nostre ecclesie mansit et manet in officio prelature sue.

It. die 3. novembris hoc est dominica die post omnium sanctorum serenissimus princeps noster Ferdinandus coronatus est in Stuelweyssenburg in Regem Vngarie cum corona s. Steffani, et fer. 2 post coronata est et conthoralis ejus.

1528.

It. in illo anno quasi continue infirmitatibus laboravi et egritudinibus, sic parum potui annotare.

It. 16. Julii feria 5 post Margarethe in die post horam secundam venit subito et improvise magna coruscacio imbrium, tonitrua, fulgura cum casu lapidum ad modum ovum et nucum. Ex quibus magna jactura facta est in vineis undique.

It. 10 die Julii Dominica ante Marie Magdalene venerunt ad nos visitatores ordinati ex regia majestate, qui visitarunt omnia monasteria, omnes parochias et civitates ab Onaso et per strictum Austrie. Aput nos comparuerunt Magnifici et generosi domini Dom. N. Suffraganeus Pataviensis, Dominus Jacobus doctor et plebanus in Strassgang, Mgr. Ambrosius Salczer et generosus D. N. de Polheym, Alter N. Marschalcus Stirie. Ad exequendam eorum commissionem post mensam factus est pulsus cum magna campana. Finito pulso et sonis venerunt ad mediam ecclesiam consedentibus illis. Lecta fuit litera auctoritatis eorum per dom. paulum publicum notarium Insuper dominus Doctor intimavit plures articulos de erroribus contra fidem christianam, si quis sciret certos innodatos in istis erroribus et punctis publice proclamaret. Demum per eundem dom. Doctorem factus est sermo ad populum et infra sermonem per alios visitatores examinati sunt omnes plebani et beneficiati. In Sero autem post completorium per eosdem visitatores vocatus est conventus. Et Dominus Suffraganeus Pataviensis in presencia eorum proposuit nobis tres articulos. Primus fuit de fide christiana et de Sectis libellis literis Lutherianis. Secundus ex parte prelati, qualiter se haberet ad nos et nos ad eum. Tercius ex parte Regularum observancie. Respondit pro tunc decanus loco conventus. Quantum ad primum articulum: In fide katholica stamus et permanere volumus. Quantum ad secundum de literis sive libellis Lutherinis nihil habemus. Quantum ad tercium habemus prelatum fidelem, devotum, religiosum et bonum domesticum, et per eum religio et observancia regularis perseverat, et si quid emendacionis causa venerit, illa puniantur, ut de cetero talia non eveniant.

Hier brechen die Aufzeichnungen des Dechantes ab, und beginnen erst mit dem Jahre 1534.

It. anno 1534 die nono Mayi datus est titulus provisionis honesto domino Coriary Cibiniensi, Strigoniensis diocesis scolari. Iste pauper obiit in hospitali nostro. Ao. 36.

Auf den 27. tag augusti in abesen des hern prelaten ist in namen des Convents vnd mein verornet gewesen fuer ain ersamen richter vnd ratt hie zu Closternewburg in das rathaws zu schikchen her achacz reyndl, lasla [illegible], gilig Reysner khamerer vnd wolfgang osterperger, rantmaister von wegen des weingepirig, darin die herrn des rats ornung fuergenomen zw machen haben, dy weil aber das Gotshaws pergtäding vnd obrigkhait in dem weinpyrg hat, ist der bestimbten gesanndten bevelich gewesen, ob aynigerlay wider gemelt des gotshaws pergtäding vnd obrigkhait gehanndelt wuert, das solich handlung aus khainer gerechtigkhait beschech, deshalben nichtig vnd chraftlos, wolten auch aus solicher handlung pey khun. Mt. als herrn vnd lanndsfürsten, der des gotshaws froyheit genedigklich bestet, mit dem hoechsten beclagen, wollen auch solichs anstat des convents hiemit offenlich protestirt vnd bezeugt haben, begern soliche protestacion einzuschreiben. Actum ut supra.

Anno 35 die 13. Aprilis accesserunt domini prelati hujus terre infra [illegible] Serenissimum principem Romanum et hungarie et bohemie regem ferdinandum proponentes sue majestati gravamina eorum per dominum abbatem scotorum Wienne secundum longum, quibus sua Majestas benignissime nullis adstantibus curialibus prebuit auditum. Expleta oracione domini prelati et certi de Monasteriis loco prelatorum suorum missi omnes simul flexere genua, quos immediate surgere jussit, tandem sedendo latine paternam fecit exhortacionem ad laudem Dei et cultu divinum longis verbis inducendo proponens nobis juramentum nostrum et essencialia votorum cum pulchra et magistrali ammonicione, in genere vitia et dissolucionem vite corripiens, dicens: multa dicuntur michi de vobis, sed non omnia credo isti nobiles sunt vobis infesti et vere odiunt vos, et extenta et erecta manu dextra dixit: Ego sincere et fideliter loquor. Si laici adessent, non tot loquerer vobis, et hanc horam constitui, si essemus soli, et possetis percipere mentem meam, quia scio vitam vestram, qui boni, mali, domestici, qui habundant, qui mediocriter, et qui nihil habent. Inhibuit inordinatas hospitalitates, potaciones, inutiles eorum dissipaciones, mulieres scandalosas, consanguineorum et affinium de bonis monasteriorum ditaciones, etc. persuadens honestatem vite, ut quisque secundum statum suum se regat, et sit speculum suorum subditorum et familiam teneat honestam, et pauperes specialiter commendat de superfluis et remanenciis foveri.

Conclusive: Si ita fecerint et religiose vixerint, vult sua Majestas monasteriorum suorum esse fundator, non destructor in singulis juribus et privilegiis eas conservare et manu tenere; et iterum erecta manu dixit: Si non fecero, dicite, quod non sim verax et katholicus princeps. Demum peciit gravamina exposita sue Majestati scriptis tradenda, et immediate d. Abbas Scotorum cum debita reverentia obtulit, statum nostrum sue Majestati commendens cum graciarum actione paterne et gratiose avisacionis.

(Schluss folgt.)

4.) Urkundliche Beiträge zur Adelsgeschichte.

I. Die Herren von Wallsee, im 14. Jahrhunderte.

(Fortsetzung.)

63. 1351, 18. Jänner. Ich Fridreich von Walse vergich mit disem Prief und tůn chunt allen den die in sechent oder hőrent lesen, das ich mit wolbedachtem muet zů der zeit da ich ez wol getůn macht und | mit gueten willen und gunst meins lieben Prueder Ulreichs und nach rat meins lieben Swager Graf Fridreichs von Cili und meiner lieben vettern Raeinprechts und Fridreichs von Walse von | Ens und meins lieben vettern Eberhartcz von Walse ze Lincz mit

meim lieben prueder Ulreichen von Walse Hauptman in Steyer liebleich und vreuntleich getailt han dy vier vest Rûkerspûrch | und Chrems an sim tail darzû der satz geuallen ist Staruncz und auf dem Gesnitt mit allen nûczen die darzû gehôrent, und von Wildony von dem Satz vier und zwainczig March | drey schilling fûmf und zwainczig phenning von dem Gericht und vircziken virling waitz und sie und dreiszikch virling Chorn und drey und dreiszikch virling Habern von der vogtay | und was des ûbrigen ist da selbige daz habn wir nicht mit einander getailt. So ist an den andern tail geuallen Gleichenperg und Wallstain und Ûbelpach der Satz mit allen den und | darzû gehôrt, und an denselben paiden tail ist mir mit rechtem las ze tail geuallen Rûkerspûrch und Chrems mit der Pakh mit laeut und mit guet mit sampt den Saetzen die var geschriben | stent, die dar zû mit dem tail geuallen sint. Und sind daz di dôrfer die her nach geschriben stent, die zu Rûkerspûrch gehôrent, und dar zû getailt sint mit allen nutzen. Dez ersten | Weinperg nider Maeusenraeut nider Stang, ober Maeusenraeut Schûtzenhof Pellndorf Altenmarcht Staerezenpach Lempach Neustift dacz Walkrestorf ain Hof, Nezzelpach Peungraben | Gnyebs Vresaw Synelbelebirichen Egleinstorf Predmaustorf Schattaw Rotenpach auf dem Perglein, obern Nytschaw nider Nytschaw nider Grazzaw, obern Grazzaw Erawisen mitter Flaednicz | Ober Flaednicz Zwontieschen Pôlan Takarn Kogschalchstorf dacz Geczenpûchel ain hof, Gleichstorf Ottendorf Rakatschach pey der Mûr dacz Mûnichraeut ain Hof und ain Mûl dacz | Dwang und daz Lantgericht von Weinberch, also das alles gehôrt mit allen nûczen gegen Rûkerspûrch wie di nûcz genant sint. So ist meim lieben prueder Ulreichen ze rechtem | tail hin wider geuallen Gleichenperg und Waltstain di zwo vest mit laeut und mit guet mit sampt dem Satz dacz Ûbelpach der vorgeschriben stet und mit allen nûczen | wie di genant sint. So sint daz di dorfer und gueter di hernach geschriben stent, di meim Prueder ze rechtem tail geuallen sint zû Gleichenperg und di dar zû gehôrent dez | ersten Gleichenperg Wergaalstorf Gesell Ludweigstorf Mayrdorf Peterstorf Gnaest Perleinstorf Hasenpach Awrspach Lûbichendorf Rizzilach Merchendorf Jaegerberch | Haselpach und ain Hueb dacz Taegnestorf Janichendorf ain hueb. So sint di dôrfer di hernach geschriben stent von Rûkerspûrch von dem ûrbar genomen und sint zû | Gleichenperg gegeben und getailt, und di nû darzû gehôrent, dez ersten Rabaw Chrûgstorf Ebergerstorf Leutoltstorf Ober Winchel Grueb Schirlingaw und ain Mûl dacz | Gnaest und zwen aekcher, Schephendorf und das Lantgericht in dem Gnaestal und Gomlitz mit sampt dem Richter recht dacz Vogau vnd dacz Strazz und hie dishalb der | Tra gehorent zû Gleichenperg Welchaw Paschkendorf und zwo hueb datz Gotschach mit allen nûtzen wie di genant sint, und sol der vorgenant tail fûrbaz zwinschen ûns und | unsern Erben also ewichleich beleiben daz ain hincz den andern fûrbaz dhainn vadrung noch anspraeh darumb haben schûllen noch gewinnen. Wir haben auch getailt aigen Lechen Manschaft | Edel und unedel Stokch und Stain wismat und Rain Holcz veld paun und ungepaun gestift und ungestift besuecht und unbesuecht mit gericht und gewanhait mit allen den und dar | zû gehôrt zû den vorgenanten vier vesten als ez von alter her chomen ist und als ez mein vater seliger herpracht hat und auch wir mit recht und gewanhait inne haben gehabt. | Also aus genomenleich, ob ich oder mein Sûn an Erben verfueren dez got enwelle, so schullen di vorgenanten vest und Saetz die mich an geuallen sint zû meim tail hin wider geuallen auf | meinen Prueder und auf sein Erben ledichleich und vreyleich an all widerred. Wir haben auch paidenthalben gegen einander aus genomen, ob man der vorgenanten Saetz di wir mit ein | ander taillt haben von ûns lôst, von welchem daz waer, der selb sol daz gelt der losung geleich tailn mit dem anderm, und der selb sol auf dez andern tail der Saetz geuallen | di gegen dem Satz getailt sint der da gelost ist, und sol im von dem ungelôsten Saetzen geuallen halbenweg als vil gûlt, als man gûlt von im gelost hat. Ich vergich auch, das | ich und mein Erben vollen gewalt sol haben ze schaffen an meinen lesten zeiten durch meiner sel willen von alle meinem guet, vil oder wenich, daz ûns nyemt daran irren noch | engen sol und was ich schaff, daz sol einen fûrganch gewinnen und haben an all widerred meins lieben prueder Ulreichs und aller seiner Erben und nachkomen. Ich vergich auch | daz ich und mein lieber prueder überein chomen sein vnd gegen einander aus genomen haben swaz unser Edler laeut sind, di wir mit einander tailt haben in welcher herschaft die | gesezzen sind, oder in welcher herschaft ir guet gelegen ist, di lechen sol der herr leichen den der man mit dem leib und mit dem guet an geuallen ist. Daz diser | tail fürbas stet und unczebrochen beleib, daruber zu aim ŭrchund der warhait gib ich vorgenanter Fridreich disen Prief versigelt meim lieben Prueder Ulreichen und seinen | Erben mit meim anhangunden Insigel und mit meins lieben Swager Graf Fridreichs von Cili und meiner lieben vettern Reinprechtez und Fridreichs von Walse von | Ens und mit meins lieben vettern Eberhartcz von Walse ze Lincz anhangunden Insigeln. Der Prief ist geben ze Grecz nach Christes gebŭrd dreuczehen | Hundert Jar darnach in dem ains und fŭmfczgistem Jar an sand Peters Tag als er geseczet wart auf den Stuel ze Rom.

Eine gleichlautende Urkunde (Orig. Perg. 5 Siegel) ist von Ulrich von Walse, Hauptmann in Steyer ausgestellt.

Orig. Perg. 5 Siegel von weissem Wachse. Haus- und Staatsarchiv.

64. 1351, 2. Februar. Ich Nycla von Cheyaẘ und all mein Eriben wir veriehen offenleich an disem brief allen den die in | sehent hŏrent oder lesent, die nu lebent oder hernach chŭmftig werdent, daz wir Ich und | mein lieber Ohaim her Eberhart van Waltse ze den zeiten Hauptman ob der Ens und unser | paider Eriben miteinander ŭber ain chŏmen sein ze der zeit da wir ez wol getŭn mochten, | ob daz waer, daz unser lieber Ohaim Seytz van Chŭnnring va(n) Sėveld abgieg und an | Eriben verfŭr, daz Got nicht engeb, so sŭll wir paid Ich egenanter Nycla van Cheyaẘ | und mein Ohaim her Eberhart van Waltse der auch var benant ist oder unser paider Eriben | alle die Hab die uns mit unsers Ohaims Tad des var genanten Seytzen van Chŭnnring an er | stŏrib und ledig wŭrd da wir brief über haben, ez sei an aygen oder an Lehen oder an | verlehenter hab laewt oder gŭt, geistleich oder werltleich wie so daz genant ist, daz sŭll wir | allez geleich mit einander tailen an alle gevaerd und daz meinem lieben Ohaim hern Eberhar | ten van Waltse und seinen Eriben van mir Nyclasen van Cheyaẘ und van meinen Eriben | dise red also staet bestee und unverchert beleib daruber gib ich in disen offenn brief ve(r)sigel | ten mit meinem anhangunden Insigel und mit dez Erbern herrn insigel hern Hansen van Gundol | fing, der diser sach gezeug ist. Der brief ist gegeben da ergangen warn van Christi ge | pŭrtt dreuczehen Hundert iar und darnach in dem ainn und fumfzigisten Jar dez Mitichens | an unser Vrawen Tag ze der Lichtmess.

Orig. Perg. 2 Siegel von grŭnem Wachse. Haus- und Staatsarchiv.

65. 1351, 18. November. Ich Ulrich von Walse Hauptman in Steyer vergich mit disem prief, daz ich und | mein erben gelten schullen dem Jŏslein dem Juden ze Marichpurch seiner | hausvraẘn und ir̄n erben virczenthalb Marich alter greczzer phenning, dar | an ich in geben han ffumfthalb Marich phenning di ubrigen peleib ich in | und ir̄n erben schuldig und get tegleich schad darauf, und wenn di | Juden ir̄s geltes nicht lenger geraten wellent, so schull wir sew wern erchens | und schadens an als verczichen, daz lob wir in stet ze haben an alles ge | uer mit unsern triwn, so vergich ich Hênsel von Ernhausen, daz ich willig | Purgel und gesol (gesel ?) worden pin mit sampt meinem herren unverschaidenlich hincz | den vorgenanten Juden umb di egenanten phenning und umb alle geleb | di vor an disem prief stent geschriben, und dez zŭ urchunde geb wir | in disen prief versigelt mit unser payder anhangunden Insigel, der | geben ist ze Grätz nach Christes gepurd dreuczehen Hundert Jar dar | nach in dem ainn und fumfczigistem Jar, an sand Elspeten abent.

Orig. Perg. 2 Siegel von weissem Wachse. Haus- und Staatsarchiv.

(Fortsetzung folgt.)

V. „Historischer Atlas."

Statistik des Mittelalters.

8.) Das Lehenbuch K. Ladislaus P. für Österreich ob und unter der Enns. (In alphabetischer Ordnung.)

(Fortsetzung.)

214.) 1457, 19. September, Wien. Jörg Rorbacher (für sich und seinen Bruder Hanns R).

1 Hof, genannt zu Wolfstain gelegen in dem „newn Stetlein" bei „Sewsenegk;"

it. 3 Pfd. 6 Schilling und 16 Pfen. Gelts auf 13 Lehen zu dem Sweykers und 84 Metzen Diensthaber, auf denselben 13 Lehen gelegen.

(Ihr Erbe.) Oestr. Ms. Nr. 65, Fol. 144, b.

215.) 1455, 15. März. Hanns Rorbekh.

1 Hof zu Behemischen Krud zunächst vor dem Markt gelegen gegen Walkerskirchen wärts, der vermahnt und ledig ward.

(Gnaden-Lehen.) Oestr. Ms. Nr. 65, Fol. 10, b.

1457, 1. Juni. Bartholomäus Rorbekh. (Landesf.)

4 Feldlehen in Zisterstorfferpfarre gelegen;

it. 6 Pfd. Pfen. Gelts auf behaustem Gut zu Eberstorf bei Zisterstorf;

it. 5 Schilling Pfen. Gelts zu Pruderstorf auf 1 Mühle und auf 1 Hofstatt daselbst, genannt das Voglsankh, 60 Pfen. Gelts.

(Durch Vermächtniss seines Eens mütterlicherseits, weiland Bernhard Mitterndorfer.)

Oestr. Ms. Nr. 65, Fol. 107.

216.) 1455, 8. August, Wien. Wilhelm Rorer (für sich und seinen Bruder Jörg Rorer).

Ihren Theil Zehend zu Tollershaim, gross und klein, zu Feld und zu Dorf;

ihren Theil Zehend zum Zudings auf etlichen Lehen und Hofstätten, gross und klein, zu Feld und zu Dorf;

it. 1 Zehend zu Prugk auf etlichen Lehen und Hofstätten daselbst gelegen, gross und klein, zu Feld und zu Dorf;

it. 1 Zehend zu dem Fransen, gross und klein;

it. zu dem Rugers 2 Theile Zehends, gross und klein;

it. zu dem Renthof 1 Zehend;

it. zu Flachaw 1 Zehend und das Landgericht, Stock und Galgen auf den Dörfern zu Tollershaim zu Prugk zum Otten, zum Zudings und auf der Mühle zu Liechtenegk, das alles zu Ottenstain gehört;

it. ³/₄ an dem Gericht zu Obern Holabrunn und die Fischweide daselbst;

it. allen Zehend zu Raschenla, gross und klein, zu Feld und zu Dorf;

it. 1 Holz daselbst zu Raschenla genannt der Wolfsprunn;

it. das Blutgericht, die Mauth und den Zoll daselbst zu Oberholabrunn, das alles zu Raschenla gehört.

(Ihr Erbe.) Oestr. Ms. Nr. 65, Fol. 65.

12**

217.) 1455, 3. Juli, Wien. Karl von Rotaw.

Den Hof „zum Mittichen" in Griespekher Gericht, und den Zehend „vor dem Wald."

(Sein Erbe.) Oestr. Ms. Nr. 65, Fol. 28.

218.) 1456, 13. Jänner, Wien. Piligrim Rud.

1 Hof zu Kotmaren in Nochlingerpfarre und 2 Theile Getreidzehend darauf (Lehenschaft des Fürstenthums Österreich).

it. 1 Hof in Goczestorfferpfarre gelegen, genannt der Rothof, Burgrechtlehen (des Landesfürsten) (von dem jährlich am St. Michelstage 20 Pfen. zu Burgrecht ins landesfürstliche Urbar zu Persenpeug zu geben ist).

(Kauf und Erbe.) Oestr. Ms. Nr. 65, Fol. 33, b.

1455, 24. April, Wien. Conrad Rûd.

Den Hof gelegen zu Enczesfeld am Ort mit Zugehör.

(Gekauft von Friedrich Sluszelvelder und seiner Hausfrau Anna.)

Oestr. Ms. Nr. 65, Fol. 24, b.

219.) 1455, 25. April. Wolfgang Rukkhendorffer.

2 Güter zu Talhaim, it. Sand Johannsperg mit aller Zugehör;

it. 1 Mühle „an der Sag;"

it. 1 Gut „an der Leitten;"

it. „pewnt und ekher auf der Hallt;"

it. 4 Güter zu Wald;

it. 1 Gut zu Holderberg;

it. 1 Gut zu Kaltenleitten gelegen, alles in S. Jorgen Pfarre.

(Gnaden-Lehen, „die mit tod und abgang weilent Philippen Tanner der an leiberben mendlichs geschlechts verschaiden wer an uns geuallen und ledig worden wern.")

Oestr. Ms. Nr. 65, Fol. 26.

S. D. (1455, 1. October.) Wolfgang Rukhendorffer (für sich und seine Brüder Hanns und Jörg R).

Die Veste Arberg mit dem Gericht, Vogtei, Stock und Galgen und aller anderer Zugehörung;

it. die Veste Spilberg auf der Donau gelegen mit aller ihrer Zugehörung;

it. das Gericht zu Rukhendorf mit Stock und Galgen und anderer seiner Zugehörung;

it. zu Alss bei Wien 1 Hof mit 21 Pfen. Gelts auf behaustem Gut und 1 Weingarten und das Kirchlehen daselbst;

it. das Krychenholz dabei gelegen;

it. halber Weinzehend und „ettweuil" Getreidzehend daselbst;

it. 1 Haus mit dem Weiher und Garten auch daselbst gelegen;

it. zu Suffring 15 Pfd. Pfen. Gelts gelegen auf behaustem Gut und 1 Weingarten und 4 fuder Weins Bergrecht daselbst;

it. das Dorf zu Kadolts mit aller seiner Zugehörung;

it. das Dorf zu Geiselbrechts mit aller seiner Zugehör;

it. zu Naperstorf auf des Abts von Göttweig Gut 2 Pfd. Pfen. Gelts;

it. zu Reynprechtspolan 1 Pfd. Pfen. Gelts auf behaustem Gut;

it. zu Vischamund 1 Werd genannt der „Segelgrunt" mit Fischweid und Wildbann;

it. zu Gerestenn halber Theil Zehends;

it. die Veste Pernhartsthal der Markt und das Kirchlehen, Mannschaft, Vogtei, Mühlfreiung, Gericht mit Stock und Galgen und aller anderer ihrer Zugehörung; und

2 Theile Zehends daselbst, gross und klein, zu Feld und zu Dorf;

it. „alles das so Lasslaw der Héring zu Pia[illegible] [illegible] zu [illegible]trass und zu Gerestorf gehabt hat;“

it. die Dorfstatt zu Ebenfeld mit ihrer Zugehörung und 2 Theile Zehent daselbst;

it. die Veste Hornsperg und was darzu gehört;

it. „zu dem Garmans und Ekhendorf“ etliche Nutz und Gülten.

it. zu Vischental auf behaustem Gut und Überland 5 Pfd. und [illegible] Pfen. Gelts;

it. das Haus zu Wienn in der Preydenstrass [illegible] dem [illegible] gelegen;

it. das Dorf zu Pirchêch mit seiner Zugehörung; it. zu [illegible] [illegible]einzehend und Getreidzehend, grass und klein;

it. daselbst auf behaustem Gut 6 Schilling Pfen. Gelts und [illegible] Pfen. Gelts;

it. zu Nidern Sulez auf behaustem Gut 2 Pfd. weniger 4 Pfen. Gelts;

it. zu Nechsing auf behaustem Gut 6 Schilling Pfen. Gelts;

it. 2 Huben und 2 Hofstätt zu Hofarn und 1 Gut auf dem K[illegible];

it. 1 Gut in dem Werd; 1 Gut am Tanne[illegible]sperg. 1 Gut auf der [illegible] [illegible]arkhsleitten;

it. 1 Gut in der Mittern Purksleitten genannt;

it. 1 Gut am Rossenperg. 1 Gut am Pa[illegible]perg;

1 Gut am Kiezperg. 1 Gut auf der Hindernik genannt und

1 Holz in Kirchdorffer Pfarr gelegen.

(Ihr Erbe.) [illegible]

1455, 1. October. Wolfgang Ekhen[illegible].

Den Zehend zu Reytal auf 21 Lehen, gross und klein, zu [illegible] und zu [illegible]orf und 2 Pfd. Pfen. Gelts auf 1 Hof daselbst gelegen;

it. 1 Hof zu Maezen gelegen, mit aller seiner Zugehörung.

[illegible]

1457, 12. August. Wolfgang Rakkendorffer und Jörg Hager.

Gnaden-Lehen. Wein und Getreidzehend zu [illegible] auf 4 ganzen [illegible]hen.

(Wahllehen) s. Hager. [illegible]

220.) 1456, 21. Jänner, Wien. Caspar Rumhart (Wiener Bürger).

1 Lehen in der Nidern grub;

it. 1 Lehen, genannt das „Munichleben;

it. 1 Lehen, genannt „auf dem Stain;“

it. 1 Leben, genannt in der Obern Grub;“

it. 1 Hofstatt, genannt im Ort;

it. 1 Wiese und 1 Holz, die darzu gehören und

2 Lussel Holz im Hinteraperg in Sechanerpfarre gelegen.

(Sein Erbe.) [illegible]

[illegible]1). 1455, 28. Mai, Wien. Yesse Sachs (für sich und seine Brüder Hanns [der Yesse's Stelle vertrat], Wolfgang, Stephan, Erasmus und Pilgreim S.).

Das halbe Haus zu Albmegk mit seiner Zugehör;

it. 1 Fischer auf der Albm;

it. 1 Hof zu Aichperg und 1 Selden dabei in Leintingerpfarre;

it. 6 Güter zu Rewttarn;

it. 6 halbe Lehen zu Tunawdorf;

it. ½ Lehen am Perg;

it. 1 Lehen am Kronperg;

it. 1 Gut zu Grillenpach; alle gelegen in Ybserpfarre;

it. 2 Güter zu Herbartendorf;

it. 1 Mühle und 2 Lehen zu Velbarn;

it. 1 Gut zu Öd;
it. 1 Gut am Hengstperg; alle gelegen in S. Merteinspfarre;
it. 1 Acker zu Grub mit andern Burgrechten bei Parkhetal in S. Mertinspfarre gelegen;
it. die Sachsenhueb in Kranstorfferpfarre gelegen;
it. den Hof zu Seyring und den Zehend darauf und auf andern Höfen den Zehend in „Gaspiczhouerpfarre;"
it. 3 Luss Holz (der Lehenschaft zu Steyr);
it. 1 Gut im Sawrspach (der Lehenschaft „Sewsenburgk");
it. 1 Gut „dacz dem lanntsidel" in Kremsmunstrerpfarre;
it. die Drĕgfelhub und den Zehend darauf;
it. 2 Güter zu Hulbarn;
it. 1 Gut „dacz dem Nochlein" und den Zehend darauf;
it. 1 Gut „dacz Prun," alle in Sirnigerpfarre gelegen;
it. 1 Gut, genannt die Phundödt in Gestnerpfarre;
it. 1 Gut zu Tilghub in Aschacherpfarre;
it. 1 Gut genannt die Moilnhub in Terrnpergerpfarre;
it. ½ Hof zu Weinzurl und ½ Zehend, der darein gehört in Sirnigerpfarre;
* it. 2 Höfe in der „Sachsaw" in Welserpfarre;
it. 3 Güter zu Oberhaim in Krengelbekherpfarre;
* „dieselben zwen hof in der Sachsaw und guter zu Oberhaim haben wir ir „und irn erben Sunen von sundern gnaden Tochtern verlihen in dem obgeschriben „Rechten."
(Ihr Erbe.) Oestr. Ms. Nr. 65, Fol. 45, b, 46.

222.) 1455, 9. August, Wien. Ulrich Sanndorffer.

Zu Ringleinstorf bei der March auf 12 ganzen Lehen ganzen Zehend zu Feld und zu Dorf, gross und klein;
it. daselbst auf 2 behausten halben Lehen 10 Schilling Pfen. Gelts;
it. zu Rechperg auf der Krems 1 Garten mit seiner Zugehör, genannt der „Schonpewnt."
(Sein Erbe. Aus besonderer Gnade auf Töchter vererblich.)
Oestr. Ms. Nr. 65, Fol. 65, b, 66.

1455, 9. August. Ulrich Sanndorffer.

Zu Sybenhirten in Mistelbacherpfarre gelegen auf behaustem Gut 84 Pfen. Gelts;
it. daselbst auf Überländäckern, Weingärten und Baumgärten 3 Schilling und 18½ Pfen. Gelts;
it. daselbst auf 144 Jeuchart Äcker ganzen Zehend;
it. daselbst auf 19 Jeuchart Äcker zwei Theile Zehend;
it. daselbst auf 12 Viertel Weingärten ganzen Zehend
und daselbst auf 11 Viertel Weingärten 2 Theile Zehend;
it. zu Herestorf auf 18 ganzen Lehen ganzen Zehend Wein- und Getreidzehend, gross und klein, zu Feld und zu Dorf;
it. daselbst im Altenperg auf 67 Viertel Weingärten ⅓ Zehend;
it. zu Enczestorf unter Stĕcz auf ½ behausten Lehen 4 Schilling Pfen. Gelts und daselbst auf ½ Feldlehen 4 Schilling Pfen. Gelts;
it. zu Newsidel in Stĕczerpfarr auf ¼ Feldlehen 40 Pfen. Gelts;
it. 1 Wiese zu Fretigestorf in Steczerpfarre gelegen.
(Gekauft von Hanns Sybenhirter, aus Gnade auf Töchter vererblich.)
Oestr. Ms. Nr. 65, Fol. 66.

223.) 1455, 10. März, Wien. Mertt Schachner.

Folgende Stücke, Güter und Zehende:
1. Sein väterliches Erbe:

1 Hub und 1 Lehen zu Ritsteig in [illegible]:
1 Hof zu Noppingen in „[illegible]:“
1 Hube zu Prantstat in Schirfingerpfarre gelegen:

Der Lehen von [illegible] (?)

it. 1 Gut und 2 Zehendhäuser zu Awrach:
$\frac{1}{2}$ Zehendhaus zu Pubendorf:
1 Zehendhaus zu Puchzawn:
1 detto auf dem „gemerkht:“
2 Zehendhäuser zu Frawadorf:
1 Zehendhaus am Wald:
1 detto zu Rinthaim:
2 Hölzer bei der Awrach:
2 Zehendhäuser zu Talhaim:
2 detto zu Parez:
2 detto zu Grub:
1 Zehendhaus zu Pubendorf:
1 detto zu Olstorf in Olstorferpfarre gelegen:
2 Zehendhäuser auf der Leitten:
2 detto auf der Steig:
$\frac{1}{2}$ Zehendhaus zu Walweg:
1 Zehendhaus an der Krainwichtleitten in [illegible] gelegen

Der Lehen der Herrschaft [illegible]:

von erst 1 Huben genannt im Zawn:
2 Gütel im Schachen:
1 Huben, genannt auf der Wernherumb:
1 Holz, genannt am Pettenfierst:
1 Holz, genannt am hohen Schachen:
$\frac{1}{2}$ Hube gelegen zu Ottnag, in Ottnangerpfarre:
it. $\frac{1}{2}$ Hube, genannt im Ama[illegible]sgrewt:
$\frac{1}{2}$ Hube, genannt im Slegelgerewt:
1 Gütel, genannt auf der Saksed:
1 Mühle, genannt die „Pallmul:“
1 Hube, genannt am Mos in [illegible] gelegen:
it. 1 Pewnt genannt die Ringerin in [illegible]pfarre:
it. 1 Mühle und 1 Gut genannt der [illegible] in [illegible] gelegen

2. Gekaufte Güter (von seinem Bruder [illegible] Wilhelm Hohenegger):

1 Gut im Spiez und an dem Sawrüssel in [illegible] gelegen
it. 1 Zehend auf der Swannt in derselben Pfarre mit allen ihren Zugehörungen;
it. 1 Gut mit seiner Zugehör, genannt im Zawn in [illegible] gelegen.

[illegible]

24.) 1456, 20. Jänner. Wien. Hermann Senad für sich und seinen Bruder Kristoff.

Die Veste Schawnstain mit aller Zugehör:
das Gut und die Gülte zu Fiechaw in [illegible] gelegen.
it. das Niderhaus zu Lengenfeld und der [illegible]:
it. 2 Höfe daselbst mit ihren Zugehörungen:
it. 1 Holz an dem Gevellerwald, genannt das Gerestorfferst:
it. zu Weezlestorff einen Zehend auf 7 Lehen:
it. das Häusel zu Schiltarn und 1 Hof daselbst gelegen [illegible] Gotzer mit aller Zugehör:
it. „daez Zebentbof“ auf $2\frac{1}{2}$ Pfd. Pfen. Gelts:
it. „daez dem Schakans“ auf 3 Pfd. Pfen. Gelts;

it. zu Mulbach 1 Pfd. und 13 Pfen. Gelts gelegen in Weytraher Gericht;

it. zu Reibestorf $2^1/_2$ Pfd. und 15 Pfen. Gelts, daselbst zu Gantzestorf auf $5^1/_2$ Lehen den Zehend, gelegen in Perunsendorfferpfarr;

it. das Häusel zu Gefell und den Bauhof davor, und auf Holden und Überländ 12 Schilling und 2 Pfen. Gelts mit seiner Zugehörung;

it. zu Polweis in Rastpekherpfarre, grossen und kleinen Zehend auf 8 Lehen und 4 Hofstätten;

it. auf 1 Hof zu Gefell, 1 Pfd. Pfen. Gelts;

it. 18 Schilling Pfen. Gelts auf behausten Gütern gelegen zu „altes Gefell im Tal;"

it. 1 Teich in der Au am Gefellerwald gelegen;

it. 2 Joch Weingarten gelegen zu Lewbs und 42 Pfen. Gelts auf 1 behausten Hofstatt gelegen;

it. zu Schasperg auf 2 Holden 3 Schilling Pfen. Gelts und 4 Metzen Mohn und auf demselben Dorf 2 Theile Zehends, gross und klein, zu Feld und zu Dorf;

° it. zu Flachaw 5 Pfd. und 55 Pfen. Gelts (Lehenschaft von Weitra);

it. das Viertel Dorfzehend zu Schiltarn mit seiner Zugehör;

it. zu Sitendorf auf gestiftetem Gut und Überländ $7^1/_2$ Pfd. Pfen. Gelts und 11 Joch Äcker;

it. zu Gross-Neundorf in Sitzendorfferpfarre gelegen 11 Schilling und 33 Pfen. Gelts auf 2 gestifteten Hofstätten und auf Überländ.

(Ihr Erbe.) Oestr. Ms. Nr. 65, Fol. 58, b.

225.) 1456, 30. September. Sigmund Schaftoltinger.

Halben Theil von:

1 Gut, genannt am Kolbleinsperg;

it. 1 Purkstal genannt zu Nidern Ror;

it. 1 Gut genannt an dem Gfelhof, und

1 Wiese gelegen zu Ybs, genannt die Siednerpewnt.

(Gemächtweise von weiland Dorothea seiner Hausfrau, Tochter des Heinrich Heutl zu Ybs.)

Oestr. Ms. Nr. 65, Fol. 103, b.

1456, 30. September. Sigmund Schêftoltinger. (?)

1 Gut genannt an dem Mangelczperg

und 1 Gut im Honpach in Waldnewnkircherpfarre.

(Sein Erbe.) Oestr. Ms. Nr. 65, Fol. 103, b.

226.) 1455, 26. April. Caspar Schaler vom Engelstain.

1. 12 Schillinge Pfen. Gülte auf 12 Gütern zu Weytra in der Vorstadt gelegen, und 15 Schillinge 6 Pfen. Gülte zu Raichaw auf 11 Gütern und 1 öden Mühle gelegen.

2. Als Lehen der landesfürstlichen Herrschaft Gors:

a) das Dorf zu Grunpach und 2 Theile Zehend darauf;

b) it. daselbst auf 18 Lehen, von jedem 40 Pfen. Gülte;

it. von 1 Mühle 40 Pfen. Gülte;

it. von 8 öden Lehen von jedem 40 Pfen. und

von 4 öden Hofstätten von jeder 15 Pfen.;

c) it. auf 19 gestifteten Lehen, auf 18 derselben von jedem 9 Metzen Haber Forstfutter und 2 Forstkäse und 1 Forsthuhn; vom 19. Lehen 5 Metzen Haber;

d) und daselbst den Zehend auf 14 gestifteten Lehen und auf 4 öden Lehen auf 2 öden Hofstätten und 1 öden Hofstatt 2 Theile Zehend;

auf allen andern Lehen 3 Hofstätten ganzen Zehend, gross und klein;

e) daselbst zu Grunpach das Dorfgericht „an das das den tod berürt, mitsambt dem Wildpan;" gelegen in der Pfarre zu dem weissen Albarn in Polaner Gericht.

2. Als Lehen der landesfürstlichen Herrschaft Weytra:
a) das Kirchlehen und die Manschaft zu Pfaffenslag;
7 Pfd. 7 Schilling Pfen. Gülte auf 18 Lehen, 16 Hofstätten, und auf 11 Lehen anzen Zehend und auf 4 Hofstätten auch ganzen Zehend, und 12 Metzen Mohn;
it. auf 1 gestifteten Holden ½ Pfd. Pfen. Gülte ½ Metzen Mohn, 2 Metzen orn, 12 Metzen Haber gesatzten Zehend alles zu Pfaffenslag;
it. 37 Pfen. Gülte von der Vorchmul ob des Tawraus;
it. dacz dem Tawraus auf 18 Lehen, auf jedem 16 Metzl Haber Forstütter und auf 1 öden Lehen 8 Metzl Haber;
it. zu Mulbach 18 Schilling und 4 Pfen. Gülte auf 4 gestifteten Lehen, auf Hofstatt und 1 Mühle;
it. auf 1 Hofstatt 3 Schilling und 3 Pfen. Gülte und 7 Faschinghühner, oder r jedes Huhn 3 Pfen. und ½ Pfd. und 20 Eier, oder je für 10 Eier 1 Pfen., nd 6 Käse oder für jeden Käs 1 Pfen.;
it. auf 4 gestifteten Lehen 1 Pfd. 26 Pfen. Gülte, alles zu Mulbach;
it. dacz dem Wolfgers auf 20 Lehen und 6 Hofstätten ganzen Zehend; ross und klein;
it. dacz dem Hainreichs auf 1 gestifteten Lehen 3 Schilling 12 Pfen. ülte, 1 Huhn und halben Zehend darauf;
it. auf 1 Lehen 84 Pfen. Gülte 1 Huhn und darauf ganzen Zehend;
it. auf 1 öden Mühle 18 Pfen. Gülte und 1 Huhn;
it. auf ½ Lehen 51 Pfen. Gülte 1 Huhn und darauf ganzen Zehend;
it. auf 1 ganzen Lehen 3 Schilling 12 Pfen. Gülte 1 Huhn und ganzen ehend;
it. auf ½ Lehen 51 Pfen. Gülte 1 Huhn und ganzen Zehend;
it. zu Winthag auf 13 Lehen ganzen Zehend zu Feld und zu Dorf;
it. auf der Wismül bei dem Gerungs 6 Schilling und 16 Pfen. Gülte;
it. 10 Pfd. Pfen. Gülte auf behausten Gütern und etlichen Zehenden zu ulbach.
(Sein Erbe.) Oestr. Ms. Nr. 65, Fol. 27.

227.) 1455, 20. August, Wien. Balthasar Schallnberger.

* Lehenschaft der landesfürstlichen Herrschaft Wechsenberg.
Den Hof, genannt der Modelhof und
1 Gut auf der Öd, beide gelegen in Waldkircherpfarre;
1 Gut zu Vorholcz gelegen in Gremasteterpfarre;
it. das Wiesmahd, Äcker und Holz, genannt die Mulöd mitsammt aller ugehör unter Piberstain gelegen;
it. auf 2 Gütern zu Grillnberg auf 1 Gut im Ottepl;
auf dem Gut im Weidach, auf dem Gut „dacz dem Elban;"
auf dem Gut im Grublein, die alle in S. Johannspfarre gelegen sind, nd auf
2 Gütern zu Erlach in S. Veitspfarre gelegen überall 2 Theile Zehend.
(Gekauft von Matthäus Viechtenstainer.)
Oestr. Ms. Nr. 65, Fol. 67, b.

1455, 6. October. Balthasar Schallnberger.

Den halben Hof auf dem Ridel gelegen in Sand Stephanspfarr und in Vechsenberger Landgericht gelegen.
(Gekauft von Wolfgang und Caspar Weterstorffer.)
Oestr. Ms. Nr. 65, Fol. 76.

1455, 6. October, Wien. Balthasar Schallnberger (als Lehenträger seiner Hausfrau Agnes, Tochter weiland Andreas des Gruber).

Die halbe Veste Luftenberg mit Mannschaft, Kirchlehen, Rechtlehen, ewtllehen.
(Gemächtweise von ihrem Vetter Sighart Gruber.)

it. K. Ladislaus bestätigt dem B. Schallnberger das Gemächt, das seine Hausfrau ihm auf diese Güter gab.

Oestr. Ms. Nr. 65, Fol. 76.

228.) 1455, 29. August. Hanns Schanstras.

1 Holz, gelegen zu Arbaistail nächst der Kirche.
(Sein Erbe.) Oestr. Ms. Nr. 65, Fol. 89.

229.) 1456, 30. November. Pankraz Scharner (für sich und seinen Bruder Kristoff S.).

Die Zehende „dacz Kunczen an dem Weg" auf 1 Acker;
it. in des Klammer Lehen Feld auf 1 Acker;
it. auf des Koler Acker;
it. auf 3 Äckern des Pfarrers, jeden Acker besonders in 1 Feld;
it. aber 1 Acker in des Klammer Lehen Feld;
it. auf des „Pekhen" Acker in dem mittern Feld;
aber „dacz Kunczen an dem Weg" 1 Acker;
aber in des Klammer Lehen 1 Acker;
it. auf dem „Fellmann" auf 5 Äckern unter dem „Rain;"
it. in der „Sesneglin" Feld vor dem Tor halbs „als es gestaint ist von an den Wasen in das Mitterueld zu nagst dem Haws und der Gerten under dem veld;"
it. zu Öd auf 2 Lehen („da die Puchspein aufgesessen sind");
it. auf des Stainberger Hof „dacz der Hulben" und auf der Hofstatt daselbst, alles in Weinbergerpfarre gelegen.
(Ihr Erbe.) Oestr. Ms. Nr. 65, Fol. 104.

230.) 1456 (1455?), 19. November. Bernhard Graf zu Schawaberg (für sich und seine Brüder) Landmarschall in Österreich. (Landesf.)

Die Vesten und Schlösser:
„Schawnberg,"
„Stauff,"
„Newnhaws," und
„Euerding."
(Ihr väterliches Erbe, auch auf Töchter vererblich.)
„Item der benant Graf Pernhartt von Schawnberg hat zu lehen als der Elter „und Lehentrager anstatt sein und der Edlen auch unsrer lieben Oheims „seiner Gebruder Grauen von Schawnberg alle weltliche Manschaft und lehen„schaft niderhalb der Enns und niderhalb der Ysper enhalb und dishalb der „Tunaw Rittermessige lehen Rechtlehen und Pewtellehen, die ettwen n. der von „Cappell gewesen sind unsrer Lehenschafft unsers Fürstentumbs Österreich, von „die von weilent Otten von Meissaw in Gemêchtsweis an Si komen wern." (De eod. dato.) ?

Oestr. Ms. Nr. 65, Fol. 99.

231.) 1455, 10. Mai, Wien. Ulrich Schêftenberger.

1 Hof, genannt der Rudolfhof mit seiner Zugehörung in Rorbekherpfarre und Veldner Landgericht.
(Sein Erbe.) Oestr. Ms. Nr. 65, Fol. 25.

(Fortsetzung folgt.)

Aus der k. k. Hof- und Staatsdruckerei.

№ 13. **NOTIZENBLATT.** 1854.

Beilage zum Archiv für Kunde österreichischer Geschichtsquellen.

Herausgegeben von der historischen Commission

der

kaiserlichen Akademie der Wissenschaften in Wien.

II. „Oesterreichische Geschichtsquellen."

1.) Salzburgische Urkunden und Urkunden-Auszüge von 1440 bis 1457 aus dem k. k. Haus-, Hof- und Staatsarchive.

Mitgetheilt von Joseph Chmel.

(Fortsetzung.)

CCLI. 1456, Montag vor S. Oswaldstag (2. August), Salzburg. Revers des Heinrich Hulger, der Zeit Pfarrer zu Stambaim, Salzburger Bisthums, für Erzbischof Sigmund von Salzburg, der ihm für seine Dienste lebenslänglich den Weingarten im Krotenpach gelegen, genannt der Klayetzinger, über in dem Amt zu Coering gelegen, den vormals die alte Urtheilschreiberin inne hatte. (Nach seinem Tode sollen ihn lebenslänglich haben Peter und Görg, Sohne des Erhard des Hulger von Eberspeunt.) Gegen Entrichtung des Bergrechtes.

Versiegelt durch den Ersamen herrn Meister Bernhard von Kreyburg, der Zeit Kanzler des Hofs zu Salzburg.

Zeugen der Bete: die geistleich und erber her Hanns Gerner, Pfarrer zu Plaidakyrchen und Görg Walich.

Kammerb. V, pag. 642, Nr. 273.

CCLII. 1456, 6. November. Ego Magister Anthonius Marini de Francia Tenore presentium recognosco Quemadmodum Reverendissimus princeps dominus meus graciosissimus d. Sigismundus Archiepiscopus Ecclesie Salzeburgensis Apostolice Sedis legatus pro executione certorum mei ingenij laborum hoc est pro coquendo calce et lateribus pro braxanda ceruisia Sale buliendo molendinis construendis aqueductibus formandis et firmandis aggeribus fluminum contra aquarum impetum etc. michi et quos ad hoc de voluntate et assensu paternitatis sue Reverendissime substituero aut assumpsero per vigintiquinque annos proximum immediate se sequentes certa privilegia dedit indulsit et concessit iuxta continentiam literarum super hoc emanatarum Ita bona fide promitto quod si ratione dictarum literarum aut cuiuscunque articuli in eis contenti aut alias quomodolibet inter dictum dominum Reverendissimum et me ac heredes meos aut consortum meorum per me cossumptorum aliquod dubium discordia differentia quouismodo suboriretur, extunc libere et pure diffinitioni aut decretationi prefati Reverendissimi principis secundum consuetudinem Curie et principatus sui sine ulteriori litium anfractione et reluctacione ac prouocatione stare tenebor fraude et dolo quibuslibet proculmotis. Deinde promitto Reverendissime sue paternitati nil me circa aliquem principum cocturas Salis habentem nouo laborare ingenio nisi omnium istorum circumiacentium principum in hys assensus fuerit obtentus. Insuper promitto paternitati sue Reverendissime quod dum ad alios principes venero et si cum eisdem aut eorum aliquo mitiora pacta aut conclusiones largiores quam hec fuerunt in quas cum paternitate sua Reverendissima domini ingressus fuero extunc non obstantibus literis dicte paternitatis sue Reverendissime michi datis de eisdem mitioribus pactis et conclusionibus largioribus paternitas sua Reverendissima vti debet et gaudere sub ea forma quemadmodum cum eisdem principibus per me fuerit conclusa bona fide fraude et dolo quibus-libet procul motis. In cuius rei testimonium paternitati sue Reverendissime presentes literas impendentibus sigillis honestorum virorum Johannis Kewcsl Judicis et Leonhardi Troschenmoser civis civitatis Salzeburgensis ad instantes meas preces sine tamen eorum ac heredum ipsorum preiudicio aliquo munitas trado et assigno attento quod pro hac vice Sigillum meum proprium mecum in partibus hys non habeam. Testes vero petitionis pro sigillatione huiusmodi fuerunt Venerabilis ac circumspecti viri D. Johannes Duster Prepositus Ecclesie Wratislauiensis Leonhardus Stockhaymer plebanus in Sembriach et Matheus Newpeck Auri faber. Ad hec specialiter vocati atque rogati. Datum Salzeburge die Sexta Mensis Nouembris Anno domini Millesimo quadringentesimo quinquagesimo sexto.

Orig. Perg. 2 Siegel (fehlen). Geh. Hausarchiv.
H. Kammerb. V, pag. 443, Nr. 273.

CCLIII. 1456, 12. November, Salzburg. Ablassbrief für die S. Colomanns- und S. Sigmunds-Capelle im Münster zu Salzburg für die Besucher und Unterstützer (gewisse Festtage); 100 Tage Ablass, von Johannes de Castiliono. („Episcopus Papiensi et Comes Sanctissimi D. nostri pape Referendarius ac ipsius et sedis apostolice in Alamania „cum potestate legati de latere nuncius et orator.")

Kammerb. V, pag. 505, Nr. 310.

Mit r. Buchstaben. „Sigismundus Archiepiscopus ecclesie Salczburgensis.
„Confirmat omnes Indulgentias datas vel dandas inquantum de iure potest et dat
„omnibus qui diuinis intersunt aut diuina celebrant aut causa devotionis hanc
„kappellam visitaverint, et ibi flexis genibus unum pater noster et unum ave
„maria devote oraverint quocunque die anni quadraginta dies Indulgentiarum de
„Iniunctis penitenciis. Et de consensu prefati domini Archiepiscopi ac sedis
„apostolice legati Sigismundi ecclesie Salczburgen. Vdalricus Episcopus Chyem-
„mensis et Tyeboldus episcopus Laventinensis quilibet illorum dat omnibus qui
„supradicta fecerint aut alterum supradictorum fecerit quadragiata dies Indul-
„gentiarum de Iniunctis penitenciis perpetue duraturis."

Kammerb. V, pag. 506.

CCLIV. 1456, 25. December, Salzburg. Revers des Caspar Ebenstainer, Pfarrer zu Traismauer, für Erzbischof Sigmund von Salzburg, der ihm das Hofmeister-Amt zu Arnsdorf in Österreich gelegen übergeben hat.

Jährliche Rechnung. Als Sold und Burghut empfängt er jährlich Rogken 4 Mutt, habern 27 Mutt. It den zins von dem Hof an dem Krewezperg. it. 6 Dreiling Weins.

It. Für Lon und Tuch den Knechten „vnd an dye ennde ze geben da es von
„alter hingehört 10 pfd. pf. Item allen chlainen dienst der in das Hofmeisterambt
„gehört es sein hüner, ches, ayer, vogtpfenning waidpfenning vnd werchart. It.
„all anlaitt. It. all abfertt. It. all wänndel vnd puess. ausgenomen vell vnd gross
„henndel daraus sol dem vorgenanten meinem genedigen herren von Salczburg
„die czwai tail geuallen vnd dem vogt vnd mir der drittail. Item auf die wagen-
„pferd vnd den wagen für bechlachgelt drew pfund pfenning."

„Wär auch sache das ain wagen abgefüert oder czebrochen wurde oder ein
„wagenpferd abgieng vngeuerleich das sol von dem obgen. m. g. herren von
„Salczburg sein nachkomen vnd gotzhaws guet widerumb gechauft werden,"
auch seine Auslagen im Dienste (Zehrung) soll ihm ersetzt werden. Bis auf Widerruf.

Kammerb. V, pag. 433, Nr. 280.

CCLV. 1457, 6. Februar. In dem Namen der Heyligen vnd vngetailten drivaltikait Amen. Wir Burkchart von gottes genaden Tümbrobst vnd Thumbriester Johanns Tuchannt vnd das gancz Capitel des Stiftes in Salczburg Bechennen vnd tun chund allen lewten gegenburtigen vnd künftigen zu ewigen zeiten das wir mit wolbedachtem vnd veraintem mut zu den zeiten do wir es mit gesuntem leib wol getun mochten durch merung willen des heyligen Gotsdinsts zu lobe der heyligen driualtikait vnd zu ere der lobsamen kunigin Marie vnd aller Heyligen Sand Kayser Hainrichs vnd Sand Kunigunden vnd Sand Virgilien auch vnnserer vnnser voruodern vnd nachkomen Seelhail willen vnd sunder zu hilf vnd trost allen gelaubigen Seelen gestift haben vnd stiften auch wissenntlichen in kraft des gegenbürtigen brief ain tegliche ewige Mess in der capellen vnnsers gsloss zu Mautterndorf die in den eren der obgenannten heyligen geweichet ist. Also vnd auf solh ordnung das wir oder vnnser nachkomen yetz im anfang vnd darnach als oft es zu schulden kumbt dieselb mess empfelhen sullen vnd mugen ainen leimtigen erbern Briester vnd darumb wir obgenanter Burckhard Tumbbrobst oder vnnser nachkomen so zu zeiten Tumbbrobst ist demselben Briester von vnnsern hannden zu ainer yedenn Quatember Siben pfund pfenning gengiger müuss geben oder aber durch vnnsern Anbald so wir zu zeiten zu Mautterndorf haben bestellen sullen Also zu ainer yeden Quatember siben pfund pfenning ze geben vnd das also in ainer Summ achtundczwainczigk pfund pfenning bringet. Auch orden vnd stiften wir zu derselben ewigen mess ainem yedem Caplan vnd Briester dem wir oder vnnser nachkomen dieselb mess empfelhen werden von vnnsern Rännten Chelich Ornat Liecht vnd all ander notdurft so vngeuerlichen vnd geburlichen darczu gehört ausrichten. Wir haben auch dem benannten caplan vnd Briester ain czimliche herberg kaufft vnd bestellet vnd Im dieselb herberg gefreyet also das er dauon chainer steur schuldig ist ze geben vnd so in demselben haus vnd herberg die däeher oder öfen abgenng gewunnen so sullen das vnnser vnd vnnser nachkomen anbald oder ambtleut so zu czeiten sind nach notdurft auf vnnser aigen kost bessern. Es sol auch derselb capplan dem wir solhe ewige mess empfelhen werden dieselb mess persondlich verbringen vnd kainen andern an sein stat nicht seczen Doch wellen vnd mainen wir das ain capplan dem die obbemelt mess empfolhen wirdet an redlich vnd gross merklich vrsach vnd solher der nach gemainen rechten zu entseczen ainen von seiner Gotsgab genug sey von vnnser nachkomen nicht dauon enthebt noch entseczt sol werden an geuerde. Es sol noch mag auch kain Briester noch capplan dem wir oder vnnser nachkomen zu der obgemelten mess ordnen seins guts was er vngeuerlichen hinder im lat nicht mer dann halben tail vergeben oder verschuffen Sunder was er hat oder lat das sol halbs ledigklich bey der egenanten mess nach seinem tod beleiben. Vnd ob er an geschäft vergienng so sol alles sein gut was er lat bey der bemelten mess beleiben vnd sol sein nachkomen das nicht in sein aigen nucz brauchen sunder er sol das mit wissen zu zeiten ains Tumbbrobsts vnd des Capitel zu Salczburg einnemen vnd was varunder hab ist sol verkauft vnd in ain puchssen darczu wir oder vnnser nachkomen auch ainen Schlüssel haben sullen gelegt vnd dann verrer mit vnnserm oder vnnser anbald wissen an messpücher chelich ornat Tafel oder annder notdurft zu zierung der obgenannten Capellen vnd ze pessern ausgeben werden damit der gotsdinst mit geistlicher zier ordenlich vnd an abgenng gefurdert werde. Auch orden und wellen wir das der bemeldt Capplan der die obberürt mess verwesen wirdet alle Sunntag vor der mess den weichprunn gesegen vnd sich in der mess vmbcheren dem volck so da gegenburtig ist die offen peicht sprechen vnd darauf den allmechtigen got vmb vns obgenanten Tumbbrobst vnd vmb all vnnser voruodern bitte. Vnd sol sich doch sunst chainer pfarrlicher rechten nicht annemen noch sich kains opfers so im zu derselben mess gelegt wurde vnderwinden noch nemen. Er sol im auch kainerlay pfarrlicher gerechtikait als mit kindtauffen peichthören oder raichung der Sacrament nicht zucziechen Sunder was Im von vns obbenantem Tůmbbrobst oder vnnsern nachkomen so wir in vnnserm Gsloss zu Mauterdorf wonen geopfert wirdet das sol Im geuallen vngeuerlichen. Es sol auch der obbemelt Capplan so czu czeiten ist zu Eren dem wirdigen Sacrament vngeuerlich in der wochen so er czu der mess nit geschikt ist ainen veirtag habenn. Vnd das solh vnnser Stift vnd ordnung durch vnnser nachkomen gehalten vnd bey krefften beleibe wellen vnd ordnen wir welher derselben vnnser nachkomen solh obbemelt mess

13*

nicht volbringen vnd abgeen wolt lassen das dann vnnser gnediger herr von Salczburg so czu czeiten ist gewalt vnd macht habe die egemelt mess ze hannthaben vnd gegen dem benannten Tumbbrobst der sölhs Irren wolde [illegible] ze sein damit die obgenannt mess auf Innhalt vnnser Stift füran ewigkleich an abgang vnd an Irrung volbracht vnd gehalten werde alles getreulichen vnd vngeuerlichen. Vnd das die vorgemelt vnnser Stift mit allen punten vnd artikeln so hiean verschriben sind zu ewigen zeiten vest vnd stet beleiben vnd gehalten werden Geben wir zů ainer vrkunde disen gegenburtigen Brief vnder vnnsern obgenannten Burkcharten Tumbbrobst vnd Erczbriester vnd vnnsers capitels minnern anhangunden Innsigeln versigelten Vnd zu pesser geczeugnuss der dinge haben wir gebeten den Ersamen vnnsern lieben in got Herrn Jacoben Widerl die czeit pfarrer zu Pfarr das der vmb solh vnnser bete willen sein Insigel auch an den brief gehanngen hat doch im vnd sein nachkomen an schaden, darunder wir vns verpinden alles das stet ze halden so oben an geschriben stet Das ist geschechen an Sand Dorotheetag der heyligen Junkfrawen do man czalt von Cristi geburde Vierczehenhundert vnd Im Sibenundfünfczigisten Jare.

Orig. Perg. 3 Siegel. Geh. Hausarchiv.

CCLVI. 1457. 21. März. In nomine sancte et individue trinitatis amen. Incipiunt pacta et conuentiones qua (sic) ego anthonius Marini de Francia filius quondam domini Bartholomei Marini miles et doctor natus in ciuitate gracinopolitana in delphinatu. Ego antonius marini pro una parte et magister matheus neupekch auri faber filius Petri Neupekch natus in Salczburga pro alia parte ad inuicem in die presenti conuenimus causa alicuius amicicie et beniuolentie pluribus diebus contracta ad inuicem. qualiter nos ambo sumus contenti et convenimus ad inuicem de bona concordia. quod ego dictus anthonius marini volo et sum contentus concentire (sic) dicto magistro matheo quod ipse possit facere in Salczburga vnam fornacem ad quoquendum (sic) lateres et calcem pro vtilitate et comoditate ciuitatis que fornax sit facta secundum modum quem nuper inveni sicut pro presenti facio in Wyenna que fornax possit quoquere in die naturali tria aut quatuor milia aut plus si sibi placeret vsque ad illam quantitatem quam pro presenti facio in Wyenna. et ego anthonius Marini sum contentus concentire sibi et largire plenam libertatem quod supradictus magister matheus possit facere illam fornacem in Salczburga sicut pro presenti facio nunc in Wyenna et quod dictus magister matheus debeat mihi tradere mediam partem lucri quam ipse faciet in dicta fornace que quoquet lateres et calcem in Salczburga et alia medietas sit sua soluendo tamen de supradictis duabus partibus tributum illustrissimo domino Salczburgensi, quod tributum est de viginti denariis vnum. quod dictus dominus debet habere per virtutem vnius gratie quam ipse serenissimus dominus mihi fecit que dicta gratia durat per viginti quinque annos et per virtutem illius gratie concensio dicto magistro matheo neupekch quod ipse possit illam fornacem facere et vtilitatem extrahere per viginti quinque annos sicut patet in gratia et quod nullus possit sibi dare impedimentum nec facere aliam fornacem que debeat tollere lucrum ad illam in aliquo loco circumcirca ciuitatem Salczburgensem per dictos vigintiquinque annos sicut patet in gratia. et si casus esset quod dictus magister matheus migraret a seculo ante dictum tempus vigintiquinque annos quod ipse possit dimittere raciones suas et Juridictiones filiis suis legitimis. et si casus esset quod dictus magister matheus non haberet filios legitimos quod ipse possit tradere hanc racionem et Jurisdictionem suam petri suo si viueret et si casus esset quod absit quod omnes morirent quod ista sua Juridictio debeat venire ad me antequam aliquibus aliis. quia dignum et iustum est. tamen quod dictus magister matheus possit bene ordinare ad placitum suum de omnibus peccuniis quas ipse exposuisset in fabricatione dicte fornacis aut pertinentibus ei fornaci. et quod dictus magister matheus sit obligatus pro presenti michi tradere tres centos ducatos auri et boni ponderis quo tres centos ducatos dictus magister matheus possit eos capere super primum lucrum et post recuperatos dictos tres centos ducatos quo pro presenti michi tradit secundum con-

conuentionem nostram et dictos tres centos ducatos recuperatos quod ipse semper debeat mihi tradere mediam partem lucri de dicta fornace sicut supra dictum est vsque ad vigintiquinque annos michi aut factoribus meis aut commissis meis. et de hoc ipse promittit et iurat supra sacra sancta dei ewangelia obseruare promissum et dare mihi tributum meum. et si casus esset quod ego aut factores mei inueniremus dictum magistrum matheum in fraudem aut dolum quod absit quod ipse debeat perdere rationes suas et Jurisdictiones que pro ingenijs meis expectat et quod dicta pars sua debeat esse media ad dominum Salczburgensem et alia mihi mea.

Item volo tradere dicto magistro matheo modum bulliendi seruisiam per meliorem modum quam alii faciant pro presenti et vtiliorem et cum minoribus expensis et hunc modum trado simul et semel cum illo de fornace que quoquit lateres et calcem cum tali pacto tamen quod ipse supradictus magister matheus Newpekch sit obligatus michi tradere mediam partem vtilitatis quam posset extrahere de dicta seruisia ad illammet condicionem sicut est dictum de fornace nec plus nec minus sed tamen si supradictus magister matheus indigeret de pluribus instrumentis quam de uno quod possit facere ad placitum suum in Salczburga et quatuor miliaria circumcirca si casus esset tamen quod ipse possit supplere omnibus indigentibus seruisiam ad illum modum quem sibi informaui et si non potest supplere quod non possit aliquem sine licentia mea aut a factoribus aut commissis meis ponere et quod ipse teneatur iurare super sacra sancta dei ewangelia obseruare Jus meum super penam superius dictam.

S. N. (Andere Schrift.) Ego Nicolaus Gerlaci de Kunigsberg ciuitate Sambiensi publicus Imperiali auctoritate notarius Quia prescriptis conuentioni ac concordationi atque iuramenti prestationi, nec non omnibus aliis et singulis premissis dum sic ut premittitur agerentur et fierent vnacum venerabilibus viris domino Paulo Sweiker de Bamberga Baccalaureo in decretis et domino Vlrico Hirssawer artium liberalium magistris Wienne in domo solite habitationis eorumdem interfui eaque sic fieri vidi et audiui. Ideo presentem cartam manu alterius scriptam ad petitionem domini Anthonii Marini et Mathei Newpekh supradictorum manu mea subscripsi et signo meo solito signaui in fidem et testimonium premissorum Actum anno domini Millesimo quadringentesimo quinquagesimo septimo die lune mensis Martii vigesima prima.

Orig. Perg. Geh. Hausarchiv. It. Kammerb. V, pag. 444, Nr. 275.

CCLVII. 1457, 26. April, Salzburg. Mathäus Neupeck, Goldschmied, welchem Erzbischof Sigmund auf die Bitte des Anton Marin das Privilegium, Ziegelsteine und Kalk zu brennen auch Bier in Salzburg zu bräuen auf etliche Jahre verliehen hat, reversirt sich, den 20. Pfen. zur Kammer zu entrichten. Für sich und seine Hausfrau.

Versiegelt durch den edlen vesten Ruprecht Panichner.

Zeugen der Bete um das Siegel: die erbern und weisen Michel Lawbinger und Heinrich Plahuber.

Orig. Perg. 1 Siegel. Kammerb. V, pag. 447, Nr. 276.
S. Polit. Abth. 49.

CCLVIII. 1457, Montag vor St. Veitstag (13. Juni), Salzburg. Revers des Barckhart Checkh, Bürgers zu Salzburg, für Erzbischof Sigmund von Salzburg, der ihm und seinen Leibeserben, Söhnen und Töchtern, die Hofstatt an einer Seite zunächst „an dy freithoftür bey dem münster vnd an der anndern an den laden vnd hofstat den Vlreich Gürtler innhat vor dem hof ze Salczburg gelegen" für ihre Lebenszeit in Bestand gegeben hat. Sie sollen jährlich in die Kammer 1 Pfd. Pfeffer geben.

„Wär auch das dem bemelten meinez genedigen herren von Salczburg oder „seinen nachkomen zu willen wurd, die krem und gepaw an der freithofmauer an „den ennden all furderczetuen da wider sullen noch mugen Ich obbenanter „Barckhart oder mein leiberben nicht sein. Sunder sullen vnd wellen wir das mit

„anndern alsdenn dulden." Sie sind auch vor der „Anlait" gefreiet, aber aufschreiben muss sich der „Leib" der das Gut antritt, lassen.

Versiegelt durch den edlen vesten Ulrich Panichner.

Zeugen: die ersamen Herren h. Thoman Czinzenhawser, Pfarrer in der Castewn, und H. Hanns Rosenhaimer, Pfarrer zu Fridolfing.

Kammerb. V, pag. 437, Nr. 270.

CCLIX. 1457, 23. September, Salzburg. Das Salzburgische Domcapitel bevollmächtigt den Christian Schorn, domcapitel'schen Hofmeister zu Arnsdorf, dass er in dem Streite zwischen Michael Galander und Hannsen Hutter[1]) von des capitel'schen Hofes zu Linz wegen bei dem zu Wien anberaumten[2]) Tag im Namen des Domcapitels erscheine.

Burkchard, Domprobst und Erzpriester, Johann Dechant u. d. Capitel.

Er mag auch einen andern subdelegiren.

Orig. Perg. Geh. Hausarchiv.

(Fortsetzung folgt.)

4.) Urkundliche Beiträge zur Adelsgeschichte.

I. Die Herren von Wallsee, im 14. Jahrhunderte.

(Fortsetzung.)

66. 1352, (S. Sebastianstag) 20. Jänner. Gundakcher, Eberhard und Rudolf Gebrüder von Starhenberch verkaufen ihrem „lieben Frewnd Hern Eber„hard von Waltse der Zeit Hauptmann ob der Enns einen Hof zu Stainachirichen „gelegen, einen halben Hof zu Puhel gelegen und all di Hofstet und Zehent di „darin gehörent." Lehen vom Bisthum Passau, das sie ausfertigen sollen. Sie haben die Zahlung erhalten „mit sogtaner bescheiden. „Daz sew die obgenanten „Höf zehent hofstét und waz darzú gehórt lösen söllen van Chunraten dem „Salmansleitter an fumzehn phunt umb zwai hundert phunt alter winner phenning."

„Waer aber daz unser brief di der Salmansleitter und sein eriben van uns „habent uber den Satz icht mer sagtten dann oben benant ist, daz söll wir dem „vorgenanten hern Eberharten und seinen eriben ablegen und erstatten also daz „sew sein unengolten beleiben."

Orig. Perg. 2 Siegel, Haus- und Staatsarchiv.

67. 1352, 13. Mai. Ich Ulrich von Waltsse, Hauptman in Steyr vergich und Tun kunt mit disem brief allen den die in sehent oder hörent lesen. Daz ich mit wol | verdachtem mút zu der zeit do ich ez wol getún mocht und mit gútem willen und gunst meins liebem Bruder Fridreichs und nach rat meines | lieben Swager Graf Fridreichem von Cili und meiner lieben vettern Reinprechts und Fridreichem von Waltsse von Ens und meins lieben vettern Eberharten | von Waltsse ze Lintz und meins lieben Oheim Hertneides von Pettaw mit meim liebem brúder Fridreichs von Waltsse lieblich und vreuntlich | getailt han di fumf vest Weizzenek Hertneidstain und Chranichperch in Osterreich di drey vest an ainem tail mit allev deu und darzú gehórt, darzú | di Vinsterpels und Obdach getailt ist und waz wír getraid gúlt umb Eppenstain haben daz ist auch darzú getailt. So ist an den andern tail geuallen | di vest Rasek in Kernden und di vest daz Haus di pei Marpurch in dem Traueld gelegen ist mit allen den und darzú gehórt und an den selben paiden | tailn ist mir vorgenantem Ulreichen mit rechtem los ze tail geuallen Weizzenek Hertneidstain Chranichperch Vinsterpels und Obdach und daz getraid gúlt | bei Eppenstain mit laeut und mit gút und

---

[1]) „Zwischen Micheln Galannder aine vnd Hannsen Hutter an stat seiner Hausfrawn vnd des Schreleins erben an stat ir selbs des anndern tails."

[2]) Durch K. Ladislaus.

mit allen den und darzů gehört zu den vorgenanten vesten wie daz genant ist. So ist meim liebm brůder Fridreichem | ze rechtem tail hin wider mit las geuallen Hasch in Kernden und di vest daz Haus bei Marpurch in dem Traueld gelegen mit allen den rechten nůtzen | di zů den vorgenanten vesten gehörent wie di genant sind. Und sol der vorgenant tail furbaz zwischen uns und unser erben also ewichlich staet beleiben | daz ain(er) hintz den andern furbaz dhain vadrung noch ansprach darumb haben sullen noch gewinnen. Wir haben auch getailt Aygen Leben Chirchlehen Manschaft | Edel und unedel, Stokch und Stain, Wismat und Bain Holtz veld gepawen und ungepawen gestift und ungestift besůcht und unbesůcht mit gericht und | gewonhait mit allen den und darzu gehört wie daz genant ist zů den vorgenanten fumf vesten als ez von alter her chomen ist und als ez mein vater seliger her | pracht hat und auch wir mit recht und gewonhait inne haben gehabt. Also aus genomenlich. Ob ich vorgenanter Ulrich oder mein Sun an erben verfuren, daz | got enwelle, so sullen di vorgenanten vest und waz darzů gehört daz mich zů meim tail angeuallen ist hin wider geuallen auf meinen lieben brůder Fridreichen und | auf sein erben ledichlich und vreylich an all widerred. Ich vergich auch daz ich und mein erben vollen gwalt sol haben ze schaffen, wann ich wil durch | meiner sel willen von allem meinem gůt vil oder wenich, daz wir vormalns und ytzunt getailt haben, daz uns nýmant darun irren noch engen sol und waz ich | schaff daz sol einen furgangh gewinnen und haben an all widerred meins lieben bruder Fridreichen und aller seiner erben und nach chomen. Ich vergich auch daz ich | und mein bruder uber ain chomen sein und haben uns dez gein einander verpunden mit unsern triwn, ob unser ainem der vest und der gueter di wir mit | einander getailt haben di vor geschriben stent mit dem rechten wurden anbehabt, daz aigen inner dreizzich jarn oder dez lehen inner zwelif jarn, als | dez landes recht ist in Steyr, waz dez aynem wurd anbehabt, den selben schaden sol der ander mit im tragen und leiden an all widerred. Daz diser tail | und di sach furbaz staet und unzebrochen beleib zwischen meins vorgenanten Ulrichs und meins lieben brůder Fridreichs und aller unser erben, darůber zů | einem urchund der warhait gib ich vorgenanter Ulrich von Waltsse meim liebem bruder Fridreichen disen brief versigelten mit meim anhangundem Insigel | und mit der erbern Herren Insigel di vor geschriben stent mit der rat und willen di tailung beschehen ist. Der brief ist geben ze Gréts dez | nechsten Sůntags vor unsers herren auffarttag, da von Christes gepurd ergangen warn Dreuzehenhundert Jar darnach in dem zway | und fumfczigistem Jar.

II. Eine gleichlautende Urkunde von demselben Tage ausgestellt von Friedrich von Walsee. Orig. Perg. 6 Siegel.

Orig. Perg. 6 Siegel (Nr. 2 und 3 fehlen). Haus- und Staatsarchiv.

68. 1352, 17. Mai. Ich Hărtneid von Pettaw hern Amelreichs sun seliger vergich mit disem prif und | tuen chunt allen den, di in sehent oder hörent lesen, daz mich mein lieb Oheim | her Ulrich von Walse Hauptman in Steyer und her Fridereich von Waltse sein brůder | gènczleich beweist und bericht habent aller der nůtz, guldein, Silber, Agleyer, alt- | pfenning oder new, wein, getraid, und waz sew von allem meinem gůt und nůtzen enpfan- | gen und ingenomen habent alle di jar und zeit und sew mich innhabent.gehabt und waz | sew nůtz von allem meinem gut ingenomen habent untz auf disen heutigen tag, der ha | bent sew mich allez genczleich und gar gewert, wi dī nutz genant sint, grózz und chlain | also daz ich und mein erben furbaz hintz in und hintz iren Erben darumb dhain | ansprach noch vadrung nymmer mer haben sůllen noch gewinnen, wenich noch vil, und | darůber zu aim urchund der warhait gib ich in disen prif, versigelten mit meins | vorgenanten Hertneids von Pettaw anhangundem Insigel. Der prief ist geben an | dem heiligen auffart Tag unsers herren, da von Christes gepůrd ergangen warn | Dreuzehen Hundert Jar, darnach in dem zway und fůmfczigistem Jar.

Orig. Perg. 1 Siegel von weissem Wachse. Haus- und Staatsarchiv.

69. 1352, 17. Mai. Ich Ulrich von Waltsse Hauptman in Steyr vergich mit disem brief und tûn kunt allen | den die in sehent oder horent lesen, daz ich meim lieben brûder Fridreichen von Waltsse | und seinen erben verhaizzen han und auch verhaizz mit disem brief mit meinn trûn | fur mich und fur mein erben, swaz in abget an den edeln leûten di im geuallen | sind gein meinn leuten di mir geuallen sind zû der vest datz Gleichenperg, di sullen | wir in erstatten. daz ir da wider als maniger geuallen als mir geuallen ist. Also daz | ez ein gleicher tail werd. Daz lob ich und mein erben staet ze behalden und ze | volfûren mit unsern trûn an allez geûerd. Darûber geben wir in disen brief versigelten | mit mein Ulrichs von Waltsee anhangundem Insigel zu einem urchund der warhait.| Der brief ist geben nach Christes gepûrd Dreuzehenhundert Jar darnach in dem| zwayundfumfczigistem Jar, an dem heiligen auffarttag unsers herren.

Orig. Perg. 1 Siegel von weissem Wachse. Haus- und Staatsarchiv.

70. 1352, 17. Mai. Ich Fridreich von Walse, ab der Steyermarch, vergich mit disem prif, und tuen | chunt allen den die in sehent oder hôrent lesen, daz ich meim lieben brûder | Ulrichen von Walse Hauptman in Steyer und seim Erben verhaizzen han und verhaizz | mit meinn trewen, fûr mich und fûr mein Erben, swaz in abgêt an den Edeln | Leuten, di im geuallen sint geng meim Leuten, di mîr geuallen sint zu | der vest Ruekerspurch, dî sullen wir in erstatten, daz in da wider als ma | niger geualle als mîr geuallen ist. Also, daz ez ain gleicher tail werd, daz | lob ich und mein Erben in stêt zehalden und ze volfueren mit unsern trewen | an allz geuërd. Dar uber geben wir in disen prif versigelten mit mein | Fridreichen von Walse anhangunden Insigel zu ain urchund der warhait. Der | prif ist geben, nach Christes gepûrd Dreuzehen hundert Jar darnach in | dem zwai und fûmfczigistem Jar, an dem heiligen auffart Tag.

Orig. Perg. 1 Siegel von weissem Wachse. Haus- und Staatsarchiv.

71. 1353, 25. Juli. Wir Leupolt von gots genaden Erwelt und bestetigt Bischof ze Babenberg | bechennen offenleich mit disem prif. Daz wir gelichen haben und verleichen | auch mit disem prif dem edeln mann unserm lieben getrûm Eberhart | von Waltsê Hauptman ob der Ens und allen seinen erben, Sûnen und | Tochtern daz gericht ze Slierpach und alle die gût, die er hat in dem selben | gericht, die von uns und unserm Gotzhaws ze Lechen gen. Und haben auch | im mit gutem willen erlaubt, ob er ab gieng, dez got lang nicht| enwelle, daz er die selben lechen mag schaffen, wem er wil, seinen | erben Sûnen oder Tochtern, doch unschedleich uns und unserm Gotzhaus | an den selben unsern Lechen. Mit urkund dicz prifs, versigelt mit | unserm Insigel und geben ze Weis nach Crist gebûrt dreutzechen | hundert Jar, und in dem drew und funftzigsten Jar, an sand Jacobs | tag.

Orig. Perg. 1 Siegel. Haus- und Staatsarchiv.

(Fortsetzung folgt.)

2.) Zur Geschichte der Stadt Wien.

Mitgetheilt von Albert von Camesina.

(Fortsetzung.)

XXXI. 1562. Wir Ferdinandt von Gottes gnaden Erwölter Römischer Khaiser etc. Bekhenen für vnnss, vnnd vnser Erben, offentlich mit disem brieff, Alss wir vnsern Ernholdt, vnnd getreuen lieben Hanssen von Frencolin, auf sein Vnterthenig bitt, vnnd verdienst willen, ainen Eden grundt oder Flöckhen, darauf vor Thor St. Tiboldts Closter vor dem widtmer Thor hie, gestandten ist, allein zue anrichtung etlicher windtmüllen, vmb ainen Jhörlichen Grundtzinss eingeben zuelassen, gnedigist bewilliget. Alss das er Frencolin von jeder der selben aufgerichten windtmüll, Jorlichen Ain gulden Reinisch in Vnser Vitzthumb Ambt hie, raichen soll. So haben wier ferer bemeltter Grundtzinss, Den Geistlichen, vnsern Lieben andechtigen N. den Parfuessen Ordenss Leuthen, in Vnser Stadt Wienn hie, zue dest stadtlicher erhaltung ihrer Khirchen, widerumb auss den Vitzthomb Ambt volgen zuelassen gnedigist bewilligt, Auch derwegen die verordtnung gethan haben, Thunn das auch hiemit wissentlich in Crafft ditz brieffs, Allso, das sie vonn einer ieden, des Frencolin aufgerichten windtmüll, bemelten gulden Reinisch, den Er, oder die seinen gehörter massen, in vnser Vitzthomb Ambt Jhörlichen, von einer Jeden derselben windtmüll raichen werden, zuerhaltung ihrer Khierchen, wie dorumben auss den Vitzthomb Ambt, jamassen soliches durch sonders beuelh, wie obstedt, verordnet worden, gegen quittung empfachen, vnnd mit dem nutzlichisten zue ihrer Khierchen anlegen, Gnediglich, vnnd ohne geuerde. Mit Vrkhundt ditz briefs, durch vnser N. Ö. Camer Räte, auff unser sondern der wegen an Sie aussgangenen beuelh, mit vnserem anhangenden Insigil Verferdigt, Geben in vnser Stadt Wienn den drey vnnd zwantzigisten Tag Martij Nach Christi vnsers Herrn geburt jm Funfzehenhundert, vnndt zwey vnnd sechtzigisten.

Commissio Domini electi Imperatoris in Consilio Camerae.

Bernhardt Walther Canczler.

Sigmund Fröchern zu Herberstein.
B. Spiller.
A. Peugl.

Bey der Röm. Kay. M. etc. hochlöb. N. Ö. Regierung Canzley, gegen dem Original Colle. vnd gleichlautend befunden worden Actum Wienn den 11. Februarij Anno 1620. — Maximilianus Zurlacher Secretarius vnd Registrator.

Stadtarchiv von Wien.

XXXII. 1620. Ich Jacob Mägerl, einer Ersamen N. Österreichischen Landtschafft Besteller Fendrich, Bekhenne hiemit offentlich, vor menigclich, für mich, vnd all meine Erben, vnd nachkhumen. Dass Ich freywillig mit guetem wissen, wolbedächtlich, vnd zu der Zeit, als ich solches mit recht, ohne menigclichs einred, hindernuss, vnd widersprechen, aines redlichen Erbarn, vnd vnwiderrueflichen Khauffs, verkaufft, vnd hingeben habe, mein aigenthumbliches Guett, Nemblichen den ganczen grundt St. Theobaldt, in gemain die Windtmüll, oder auf der Windtmüll genant, Welches Anno funffczehenhundert zwey vnd Sechzig, von Weillendt der Röm. Khay. M. etc. herrn Ferdinanden, dem ersten Lobwürdigisten gedechtnuss, dem herrn Johann von Frankholin, höchsternanter Irer Khay. M. gewesten Ernholden, vermüg Gabbrieffs, vnder obernantem dato, aigenthumblich geschenkht, vnd geben worden, Dann hernach auf absterben herrn Frankholin, auf Weillendt herrn Hannsen Zeitlhueber gleichsfahls durch Khay. Consens, vnd einweilligung, rechtmessig gelangt. Darumben auch Er herr Zeidlhueber, und nach demselben Ich obbemeltter Mägerl, vnsere richtige Gewöhrn, auss der Röm. Khay. Matt. allhieigen Viczdomhambt vnsern nucz, vnd frumben damit gegen raichung Järlicher zwayer gulden, wie in der Gwör vermelt, richtig empfangen, so bey dem Khauffschluss in Vidimirten abschrifften vorgewisen worden, zuschaffen wie vnss verlust, vnd verlanngt, Allsa nemblichen mein aigthumblich behausung, sambt deren ein: vnd zuegehörigen Gärtten, denen alda wohnenten, vnd gestifften Ainvndviertzig Haussessigen Vndterthanen, neben aller deren zuegehörigen Gärtten Grundtdienst, Grundbuchs gerechtigkhait, vnd in summa alles vnd iedes, wass die Grundtobrigkhait, von Recht, und billigkhait von denen Vndterthanen zuerfordern hat, es sey wie es namen haben mag, Inhalt von mir, denen herrn Kauffern übergebene Specification, bey denen Brieflichen Vrkhunden zufinden, Denen Edlen Gestrengen Ehrnuesst, Hochgelerten Fürsichtig, vnd Hochweisen herrn, Daniel Moser, Röm. Khay. Matt. Rath, vnd der zeit

Burgermaister, ainem ganczen Ersamen Rath, deren nachkhumen, vnd Gemaine Statt Wienn, vmb ain Summa gelts, Benentlichen Sehstausent gulden Reinisch, jeden der zu Seechezig khreüczer, oder funfftzehen paczen gerechnet, rgenlig österreichischer gangbarer Müncz, vnd Ainhundert Ducaten, zu Leithkhauff, deren Ich sambt der Khauffsuma albereith zu meinenn völligen benüeget, bezalt vnd befridigt bin. Also vnd dergestalt, Dass Ich gegen empfangenem obbemelten Khauffschilling, zugleich auch alle Brieffliche Vrkhundt, notturfften, instrumenta auch dises Grundtes halben schwebunde actionen mit allen meinen recht vnd gerechtigkhaiten, sambt dem Grundtbüechl, obbemelt mein aigenthumb, dem wolermelten herrn Khauffern völlig cedirt vnd vbergeben habe, Thue dass auch hiemit wissentlich, vnd wolbedächtlich in crafft diss brieffs, vnd gelob, vnd versprüch wolermelten herrn Khauffern, diss guots halber, für alle khuenfftige spruch, vnd anforderung, wie die denenselben zuestehen möchten, Rechter Schermb, Gwehr, vnd versicherung zusein, dieselben wider alle vnd jede ansprachen, gehörlich, nach inhalt rechtens, vnd diss Lanndtes Österreich gebrauch zuuertretten, vnd zu schermen, da jnnen aber durch ainicherlay ansprach schaden zuegefüegt, Sy in der ruesigen possess, vnd Aigenthumb, dises jnen rechtlich erkhaufften guettes zuestehen, oder begegnen wurde, denselben schaden allen, sollen vnd mugen Sy haben, ersuechen, und bekhumen bey mir, vnd all meinen Haab, vnd Güettern, daruor mich auch geist. oder Weltlich Recht, Vblich gebrauch, vnd gewohnhaiten, wass ortts die sein, nit schuzen solen, sondern mich auf solchen fahl derselben genczlichen hiemit begeben haben wil, vnd mügen nuhn hinfüro ob wolbemelte herrn von Wienn, mit solchen jnen verkhaufften guett halben, thuen vnd lassen wie Sy gelust, vnd verlanngt ohne mein, und meiner Erben, vnnd nachkhumen, hindernuss, eintrag, vnd widersprechen, Treülich vnd ohne geuerde, Dessen wahren Vrkhundt, vnd becrefftigung, dises redlich, vnd rechtlich vorgangenen vnwiderrueflichen Khauffs, habe Ich zu Beyständern, vnd Gezeugen erbeten, die Edl Gestreng, vnd vessten herrn Sebastian Schröttl, auf Schrottenstain, vnd Schweinburg, Rom. Khay. Matt. Diennern, vnd herrn Geörgen Löschenbrandt, den Eltern höchstgedachter Khay. Matt. Musstermaister, als mein geliebten herrn Schwehern, Dass Sy nit allain bey diser vorgangenen Khauffs-Abredt zugegen gewest, sondern auch mit, vnd neben mir disen Khauffbrieff, (doch Inen Iren Erben, vnd ferttigung ohne nachtl, vnd schaden) mit Iren gewohnlichen Insigln verfertigt auch alles obbemelten vorgangnen ein- vnd anhendigung, vnd vbergab beygewohnt haben. Geschehen auf bemelter Windtmüll, den zehenden Monntag Marty, Nach Christi vnsers lieben herrn, vnd Seeligmachers Geburtt, jm aintausent Sechshundert, vnd zwaintczigisten Jar.

Orig. Perg. 3 Siegel (fehlen). Stadtarchiv von Wien.

XXXIII. 1419. Geschefft Stephann des Lanngen.

Des freitags vor sand Merten tag. (10. November) komen für den rate der stat ze Wienn Hanns Musterr, Hainreich Frankch vnd Niclas Edelparts all drey dieczeit des rats der vorgenant stat vnd brachten da für ein offene zedl mit zwaen aufgedruckchten jnsigln des gescheffs so Steffan Lanng getan hat die da offenlich gelesen vnd gehort wart vnd lautt als hernach geschriben stet. Hie ist ze merkchen das ich ain zedl aus meinem gscheff geczogen hab darumb ob das gancz mein gescheff als pald nach meinem abgangk nicht geoffent würd das mein sell der Andacht pet vnd hilff des lembtigen ophers hincz got nicht beraut werd vnd laut also vonerst so schaff ich durch meiner vnd aller gelaubigen sel hail willen das man gedechtnüss hab mit vigily vnd sellmessen meiner vnd aller gelaubigen sel zu sand Steffan, dornach schol man furen meinem leichnam gen Berchtoltoltstorff (sic) vnd da begraben an die stat da mein vater seliger begraben ist vnd sullen da die prister meiner sel vnd allen gelaubigen sell gedechtnüss haben mit vigilig vnd sellmessen die achtag nach einander von dem tag als ich verschaiden bin, auf dem grab sullen sten die sex zynem Kerczen stek mit prinunden Kerczen yede Kerczen sol haben drew phunt wachs, Nach den sebt tagen sullen vier Kerczen geuallen der pharrkirchen zu Perchtoltstorf vnd zwo Kerczen der Kappellen in dem spital daselbs, darnach yedem priester der mess list vnd bey der vigilig ist sol man altag teglich geben vir vnd zwainczig phening die schttag nacheinander das die tester vleizziger sein in irer andacht got zu piten vmb mein vnd meiner vadern sell hayl, dem schulmaister von der vigilig zu singen mit den Knaben altag zwen gross in die prewent in der schûl altag ainen grossen dem messner fur sein mûe altag zehen phening, jn vnser frawn zech von allem gelaûtt die schttag ain halb phunt phening vnd sullen nach der vigilig auf mein begrebnuss gen vnd da gedechnûss haben meiner vnd meins vaters vnd mûter vnd aller vodern sell mit dem platebo oder was jr gewonhait ist, Nota hie ist vermerkcht mein gescheefft das die ervirdigen herren die jch dorczu gepeten hab vnd mir das versprochen habent ausczerichten zu stet als das geweisot wirdet vnd daran nicht verczichen nach irem vermûgen vonerst, so schaff ich zu sand Steffan vir fuder wein, jn das spital vor Kernertor funf fuder wein, darnach in die drew siechawser in yedes zwen dreyling, darnach in die drew mûnich Kloster in yedes Kloster zwey dreiling, darnach in die vier nunnen Kloster zu sand Nicla drey driling vnd sullen die wol haben vaderden dreiling, darnach gen sand Maria Magdalen zu sand Larenczen zu sand Jacob zu den Hymelparten in yedes Kloster zwen dreiling zu sand Jeronimus drey dreiling in das Pilgreim haus drey dreiling zu sand Nicla in der Siangerstrasse zwen dreiling den Achtern zu sand Steffan ain fuder vnd mein gemalts ewanngeligpuch den Korherren ain fuder wein so schaff ich zu sand Dorothe meinen weingarten gelegen zu Perchtoltstorf an dem Kinnungundperg genant der geren vnd mein vergulte tauel mit unser frawn pild vnd vnsers herren leiden, darnach schaff ich gen Mawrbach meinen weingarten genant der oberherczogperg vnd ain misericordia pild vnd ain crucifix mit zwain schahen vnd ain klains crucifix von lauttren holts gesniczet her Ladweigen daselbs vnd pitt die von Mawrbach vnd die von sand Dorothe das sew mir meinen vadern vnd allen gelaubigen sellen jerleich begen vnd gedechtnuss haben mit vigilig vnd selmessen gesungen vnd gelesen noch yedes Klosters gewonheit an dem tag als ich von der gegenburtigen welt verschaiden pin, auch schaff ich zu sand Johanns in der Kernerstrass ain fuder wein vnd zu sand Johanns gen Lach ainen alabastreyn Johannes vnd liecht oll zway vnd dreissig phunt vnd hincz vnser frawn gen Hieczing funf dreiling wein zu stewr zu einem glas vnd lichtoll zwainczi phunt vnd vnser frawn chundung in einem tauelein vnd meinen stainen grant pey dem prunn schaff ich ze liechtoll hincz sand Steffan vnd in die cappellen sand Niclas vor Stubentor zu Sand Laser pey Klagpawm zu sand Johanns in der Siechenalss in yede cappellen liechtöll zwainczig phunt auch schaff ich in das spital zu Perchtoltstorff drey dreiling weyn vnd ob mein sun Benedictus abgieng mit dem tod ee das er zu seinen beschaiden jaren kem so sullen in daselb spital geuallen all mein traid ekcher der bey fûnff vnd dreissig geurchen ist vnd all mein mismat des bey sechczehen tagwerichen sind ledigleich vnd wegen gras vnd klain, auch schaff ich auf mein klaines zuhewsel gelegen ze Perchtoltstorf vnd auf ain weingertel gelegen an der Sess daselbes die liecht die man tret vor gotsleichnam zu den krankchen vnd ain oll lampen die do prinn bey der nacht in dem spital daselbs vor den siechen wer darumb das hawsel vnd das weingertell haben vnd nuczen well der sol des dauon phlichtig sein ausczurichten vnd nicht mer das mag jm der rate vnd ain spitalmaister also emphelhen verczug er jn den sachen so sol sich des ain spitalmaister vnderziehen vnd dauon phlichtig sein darnach vnd es getragen mag nach scheczung des rates so schaff ich meinen weingarten genant der Akcher pey dem Wallnprunn von dem obern weg hincz an den nydern Steg vnd weg bey dem markcht als ver vnd das geraichen mag in den rate zu Perchtoltstorff also das man den ainem frumen man sas der jn paw von dem guet das darjnn ward ist vnd was dann jerlich vber das paw vber beleibt da sol man vol pessern, auch schaff ich meinem vettern Vlreichen vom Wald meinen fuxrukken rokch vnd auch ainen weingarten ze Perchtoltstorf gelegen on dem Viechparts genant dernew Viechparts vnd das gelt das jm vnd seiner swester Elsen zu jren tail geuallen ist darumb man jr peder weingorten verkaufft hat den vorgenant weingarten genant der new Viechparts schaff ich halben seiner swester Anna der Naglin das sy frewndleich mit einander tailen vnd schaff demselben Vlreichen ain gerichts pett mit seiner zugehorung vnd ein Kysten, so schaff ich dem Gruenbald ainen weingarten gelegen an dem Viechparts genant des Rûedwendl vnd fûnfzehen phunt phening Item ain gerichtes pett mit seiner zugehorung vnd ain Kysten vnd einen gruen fuxen rokch vnd mein seideme juppen auch schaff ich jm vnd seiner swester tochter ainen weingarten genannt der Saurûessel ir lebtteg die sullen dauon jerleich phlichtig sein zu geben zu vnser frawn tag zu der liechtmess ain wanndlung Kerczen von zwain phunten vnd zwo stekch Kerczen von zwain phunten hincz vnser frawn gen Hieczing vnd alsuil hincz vnser frawn gen Lanczendorf vnd alsuil hincz sand Johanns gen Lach vnd alsuil hincz vnser frawn gen Weidingsaw wurden aber in den sachen sawmig so sol sich des weingarten ain zechmaister ja vnser frawn zech vnderwinnden vnd mit seinen prûdern vberain werden werden [illegible] weingarten wol getragen mûg des sol der zechmaister dauon pflichtig sein zu geben vnd nicht mer das emphil ich jn auf ir gewissen zu mynnern vnd ze meren, jtem so schaff ich her Hainreichen meinen peichtuater textus quatuor ewangelistarum cum glosa magistri Nicolai de Lyra jtem her Chûnraten meinem capplan mein lanngen fuchsein seydel dem Andree den plaben [illegible] seydl vnd ain phunt phening vnd ein rote hauben her Chûnrat vnd der Andre sullen jnnhaben all meine pûecher meinem sun Benedicto ob er ze priester wurd oder sûnst gute begir zu lesen hiet des sullen sew denn sein, ging er aber mit dem tod ab knaben weis, so sullen sew die pucher miteinander frewntleich tailen darnach vnd yedem fugleich ist. Ausgenommen die wibel schaff ich der fursten collegiaten, Auch schaff ich dem Lienharten vier phunt phening zu seinem jarlon vnd den plabenmantl, Auch schaff ich Nichsen dem weinzûrll das heusel mit der seczt do er ettwann jnn gewesen ist vnd zway phunt phening vnd der geltschuld ledig vnd seiner hausfrawn ain halb phunt dem andern weinczûrl zehen schilling vnd geltschuld ledig vnd seiner hausfrawn sechzig phening darnach schaff ich der alten Margreten ain phunt phening, So schaff ich Hannsen dem Schellen meinen gruen medremen rekch vnd mein portatiff die andern jnnstrument sol man verkauffen vnd das gelt armen lewten geben, Auch schaff ich drey vergult Koph vnd sechs silbrein pecher vnd acht silbrein loffel zu verchauffen vnd darumb sol man chauffen einen Kelich ain messgewant vnd ein messpuch vnd das geben zu vnser frawn gen Weidingsaw, so schaff ich mein zwen weingerten gelegen enhalb tunaw ainer genant der Hayweg vnd ainer genant der Kunigspruner der stat das man jerleich dauon geb all quatember dem der die geuangen trost vnd mit jn ausget ain halb phunt phening vnd dem der die lewt arbait all quatember sechczig phening vnd was vber das paw vberbeleibt das sol man raichen den geuangen vmb essen vnd trinkchen vnd ander nottûrft als verr das geraichen mag dieselben weingerten mug der rat empbelhen einem solichem gewissen frumen mann der durch got vnd seiner sell hail willen gemût well sein vnd des ewigen lons darumb von got wel warten wer aber das die vorgenanten weingerten ains jars des paws nicht trûegen desselben jars sol er nichts phichtig (sic) sein zu geben es wer dann das jn sein gewissen eins andern weiset, darnach schaff ich was vber das vorgenant mein geschefft vberbeleibt es sey erbgût oder varundgûet nichts ausgenomen meiner hausfrawen Elsen vnd Anna meiner tochter in das kloster vnd sol sich das kloster jrs tails ze stetten vnderwinden ob man sey aus dem kloster nâm so sel ir das guet nicht volgen sunder bey dem kloster ledichleich beleiben vnd Benedicto meinem sun vnd Dorothe meiner tochter in geleichen tail ainem alsuil als dem andern ausgenomen den tail der erb die meiner hausfrawn gegen den kinden geuallen die sol sy ir lebttag vnuerkumert jnnhaben es wer dann das sy die erb an geistleich stat durch vnser vnd vnser vodern sell hail willen vergeben wolt vngeuerleich das sol sy alezeit gewalt haben an menikchleichs jrrung vnd widerred, Item dem alten Thoman sol man geben sechs schilling phening vnd ein halb phunt vmb schuech vnd rokeh der Kathrein des kindes diern vier phunt vnd ein gerichtspet, Item der Magdalen ain phunt phening der Vrslein mueter drew phunt, Item dem Niclem wagenknecht zway phunt vnd seiner hausfrawn ain phunt, her Pauln hincz sand Johans in der Siechenass zway phunt, Item dem Andres meinen gruen lanngen mantl, Item dem Pirpawm einen rokch kauffen, Item das banngund wagengel schaff ich meiner hausfrawn, Item zehen guldein sol mein hausfraw geben meiner swiger zu stel nach meinem tod die sy vordes wol vmb mich verdient hat in meiner krankhait do ich hincz jr gelegen pin vnd die zway hundert phunt die auf meinem haws ligent gelegen in der Wolczeil die meiner tochter Anna in dem frawnkloster zu sand Nicla rechts muterleich erb sind ob die vngeuogt abgieng mit dem tod so sullen dieselben zway hundert phunt erben vnd geuallen da sy dann vor recht hin geuallen sullen vnd was ich solicher zainсziger stukchl geschafft hab die nicht in meinem ganczen geschafft seint das sol alswol krafft haben als mein grossers geschafft an der geschefftherren jrrung vnd widered wenn ich ir selb darumb berait gelt geben hab das ausczurichten versigilt mit meinem aufgedrukchten jnsigl vnd mit des erbern manns Hannsen des Mospruner auch aufgedrukchten jnsigl jm an schaden das vorgenant mein gescheffl emphil ich den erwirdigen weisen herren Hannsen dem Mustrer Hainreichen dem Frankch vnserm swager vnd Niclasen dem Edelparts das sy das vorgenant mein gescheffl volrekchen vnd volfüren vnd nymant darumb zu raytung noch zu gegenred sten sullen sunder als in iren trewn ausczurichten nach irn vermůgen darumb fur ir mue schaff ich yedem herren zehen guldein vnd hab auch vleizzlich gepeten den erbern weisen Hannsen den Mospruner dieczeit des rates der stat ze Wienn das er des vorgenanten meines gescheffts gezeug ist mit seinem aufgedrukchten jnsigl jm an schaden das geschehen ist, nach kristi gepurd im vierczehenhundertistem jare darnach in dem newnczehenten jar des negsten erichtag vor Martini. (7. Novemb.)

Des montags nach sannd Merten tag (13. Novemb.) komen fur den rate der stat ze Wienn Chlaws Prewss vnd Michl Karner baid burger ze Wienn vnd brachten da für ein beslossene zedel mit jrn aufgedrukchten petschaden das gescheffl so der vorgenant Steffan Lanng nach dem vadern seinem gescheffl getan hat vnd die da offenleich gelesen vnd gehort ward vnd laut also. Ich Steffan Lanng dieczeit kirchmaister allerheiligen tuembkirchen zu sand Steffan ze Wienn vnd des rates daselbes vergich vnd tun kund offenleich mit dem brief vmb das gescheffl das ich vormaln getan hab vnd darjnn ich meinen sun Benedicten dem got gnad getrewleich bedacht het, nu seind derselb mein sun seliger mit dem tod abgegangen vnd verschaiden ist so schaff ich das mein haws in der Wolczeil ze Wienn gelegen vngetailet vnd vngestalnt beleiben sol sunder es sol warttund sein junkfrawn Annen meiner tochter in dem kloster vor Stubentor ze Wienn die vormaln zway hundert phunt irs muterlich erbtails darauf hat vnd wann mein tochter Dorothe die ich bei meiner hausfrawn Helena der Hawnoltin gehabt hab auch irs veterleichen erbtails darauf wartund ist vnd die weil mag mein hausfraw Helena dasselb haws mit meiner tochter Dorothen jnnhaben nuczen vnd nyessen vnd nyemant nichts dauon phichtig (sic) sein wer aber das dieselb Dorothe mein tochter abgieng mit dem tod so ist dasselb haws der obgenanten junkchfrawn Annen meiner tochter gancz vnd gar ledig worden, ausgenomen der egenanten zway hundert phunt phening dee des Kelhaimer negstfrewnt daruf warttund sein vncz das die egenant tochter junkchfraw Anna geweilet wirdet vnd wann das also beschiecht so ist dasselb haws dem egenanten kloster vor Stubentor gancz vnd gar ledig worden vnd man sol dasselb kloster darumb nucz vnd gewer schreiben Auch bitt ich obgenant Steffan Lanng ainer yegleiche Abptessinn zu sand Niclas vnd das gancz conuent das sy das egenant haws vor menikchil nymant lassen sullen dann der egenanten frawn Dorothen meiner swiger vnd meiner hausfrawn Helena vmb ainen mittern gleichen zyns wann ich des in dem egenant meinem gescheffl vergessen hab vnd sol auch der brief vnd das gescheffl alsuil kraft haben als mein gescheffl das ich vormaln getan hab. Auch schaff vnd main ich das die egenant fraw Dorothe die Kelhaymerin mein swiger nach meinem abgang in dem egenant meinem haws sein sol in dem vadern oder in dem hindern zymer von dem nachsten sand Michels tag doch also das die egenant fraw Helena mein hausfraw alczeit vollen gewalt haben sol vnder den zwayen zymern in dem egenant meinem haws zusein in welhem zymer sy will in dem vodern oder in dem hindern vnd sullen da zu baider seit in meinem haws liepleich vnd frewntleich mit einander leben als jn das zu baider seit zugepuret getrewlich vnd vngeuerleich in allem dem rechten als vor geschriben stet vnd bey der sach sind gewesen Klaus Prews vnd Michel der Karner baid burger ze Wienn die ich des vleizzleich gebeten hab das sy des vorgenant meins geschaffts vnd der sachen geczewgen sind mit jren aufgedrukchten petschaden jn an schaden wenn das mein lester will gewesen ist, als darumb derselb Klaus Prewzz vnd Michel Karner mit jren trewn an aides stat gesagt habent als sy ze recht solten.

Geschefftbuch p. 15. verso Wiener Stadtarchiv.

XXXIV. 1428. Daz die Deupschergen nicht mer absamen sullen auf den Merkten.

Anno domini M°cccc^mo vicesimo Ottauo des nagsten Eritags nach sant Michels tag (5. October) Ist bey zeiten herrn Niclasen Vndermhimel Bergermaister vnd Munssmaister herrn Haunsen des Steger Statrichter vnd von gemain Rat der Stat ze wienn betracht vnd fürgesehen, Das vnpillich Absamen vnd abnemen so der Deupscherg, der Hoher vnd Ir gesellschafft lang zeit her, den leüten auf den Plezen vnd Merkten, an den Marktiegen vnd zu andern zeiten, getan habent damit das volkch, hingeber, vnd kauffer, vast geschrait vnd beswert ist worden, Vnd derwartten das sulich vnpillich abreissen, furbaser verkomen vnd verboten sei, Hat der egenant Rat mit guter vorbetrachttung dieselben Schergen mit ainer sundern Sum gelts die man In von der Stat furbasser geben sol fürgesehen vnd yedem ain Sum gelts benennet der er sich betragen vnd sich benugen daran haben sol als hernach geschriben stet, Vnd zuuolfürung, vnd aufrichtung derselben gult hat der egenant Rat zu der Stat hannden gekaufft das hinder frawnhaus, hinder sant Merttems kirchen nach laut des kaufsbriefs darumb gegeben. Also daz ain yeder Statkamrer wer die ye zu den zeiten sind dem dewpschergen alle Jar geben sullen Vierzehen phunt phennig. Darzu sol Im geuallen die zweliff phunt die weilent Steffan salig der lang in dasselb Deupschergen haus geschafft hat. das bringet all wochen ain halb phunt phenig, Vnd dauon sol er speisen die geuangen vnd sol auch den Hoher in der kost haben also was derselb Hoher auf dem land oder ausserthalb des Purkchfrids mit seiner maisterschafft verdienet, das sol er dem Dewpschergen halbs geben vnd volgen lassen als von alter herkomen ist Auch sol demselben dewpschergen puren was er mit furbieten verdienen mag vnd was jm von wunden vnd andern klainen gerichte, wandeln als von alter herkomen ist geuallen mag, Vnd sol furbaser den leüten weder an plezen noch auf gassen noch zu haus furbasser nichts mer nemen in dhainerlay weis vngeuerleich, Es sullen auch der egenant Statkamrer den drein Schergen knechten geben yedem Schergenknecht alle jar fünf phund phennig, das bringet zu yeder Quatember yedem Schergenknecht ain phunt vnd Sechzig wienner phennig darzu sol jn geuallen was Si mit furbot verdienen mugen. vnd sullen sich mit speis vnd kost selber versorgen vnd aufrichten vnd sullen furbaser den leuten nichts mer abnemen als uor gemelt ist, Item es sullen auch der Statkamrer dem Hoher alle jar geben Aindlef phunt phennig das bringt zu yeder Quatember zway phunt sechs schilling. Vnd sol jm darzu geuallen was er auf dem land oder ausserhalb des purckfrids verdienen mag. Halber tail vnd den andern halben tail sol er geben dem dewpschergen, als mit alter herkomen ist, vnd sullen der dewpscherg, der Hoher noch die Schergenknecht, noch ander yemant von jrn wegen furbasser den leuten, an den Merkten noch auf gassen noch nyndert also nichts mer abnemen noch dhainerlay samung mer tůn Sunder Sy sullen sich daran gans benugen lassen, als jn vor ausgeczaigt vnd benennet ist, Sy sullen auch in dem egenanten frawnhaus nichts zepieten noch zeschaffen haben noch dhainen newen aufsacz darin nicht tůn noch machen vnd ob Sy das vbernarent so sol Sy der Rat swerleich darumb puessen nach des Rats erfindung an alle gnad.

Abschrift im Eisenbuch, Fol. 48, Wiener Stadtarchiv.

XXXV. 1432. Ordnung der virer vor den Toren.

Anno domini Millesimo quadringentesimo Tricesimo secundo an Sambstag vor sant Pangrezen tag (10. Mai) Habent die Herren des Rats von der gesworn vierer wegen auf die Grünt ain ordnung aufgesazt dapey es hinfur beleiben sol. Vonersten das vor Stubentor vor widmertor vor kerwertor vnd vor Schottentor vor yedem tor vier erber getrew Mann zu viereren von der gemain daselbs Jerlichen zu weinachten sullen erwelt vnd darnach des nagsten Rattags in den Rat bracht werden, vnd dasselbs jr gerechtikait tun als das von alter ist herkomen. Es sullen auch alweg, der alten zwen die des nagsten vergangen jars vierer gewesen sein des andern jars auch dapey beleiben vnd zwen New zu jn erwelt werden die nuz darzu sein vnd jr gerechtikait vor dem Rat tun das sy meniklichen wer sy vordert treulichen vnd vngeuerlichen besichten wellen, vnd alspald dieselben vierer gesazt vnd vor dem Rat jr gerechtikait getan haben, so sullen sy dann vor yedem tor von hawa ze hawa geen vnd den Richter daselbs zu jn nemen vnd all fewrstet aigentlichen beschawn vnd wo sy vngewiss oder vngewondlich fewrstet daraus den leutten schaden komen mocht vindent, Die sullen sy schaffen ze wenden vnd welher solh vngewiss oder vngewondlich fewrstet nach jrm besichtten jn den tegen so sy darumb aufsezent nicht wenndet so sol den der Richter mit wandel alsofft darzu Notten vns dieselb fewrstat gewendet wirdet desgeleichen sullen sy die fewrstet auch beschawn jerlichen zwischen sand Giligen tag vnd sand Michelstag Item es sullen auch die vierer alle jar vor Mitteruasten geen vnd besichtten zeueld all vngewondlich vberpaw. weg. Rain vnd Greben, die Stigeln vor den weingerten wo sy das also vindent das sullen sy heissen wennden, vnd verfriden vnd darumb jre march aufstossen wie man das wennden süll vnd wer das also zewenden nicht gehorsam sein wolt das sullen sy pringen an den Richter sol denselben vngehorsamen mit wandel darzu notten das er solher beschaw genug tu vnd darzu den viereren alsofft zwelif pfennig veruallen sein, Item wenn die vierer geuordert werdent vor welhem tor das sey das sy behauste guterb eschawn sullen so sullen sy nemen yeder für seine Mue Acht pfenige (12 den.) Item wenn Sy geuordert werdent zebesichten ze veld es seien weingerten oder Gertten Greben oder Rain so sullen sy nemen yeder fur seine Mu vier pfennig (12 den.) Item wenn die vierer vor Stubentor jn den Abtsperg oder in die Alten haid geuordert werdent so sullen sy nemen fur jr mue yeder Acht pfenig (12 den.) durch der verr willen, Item wenn die vierer geuordert werdent auf tailung der Grünt ze ueld so sullen sy nemen von yedem stukh yeder Acht pfennig (12 den.) vnd den Ambtman desselben güld zu sich vorderen dem sol geuallen zwelif pfennig. Item wenn sy ainen weingartten zu Reys sagent so sullen sy nemen yeder Acht pfennig (12 den.) Item wo die vierer ains Ambtmans des guts das sy besichten wellen bedurffen den mugen sy zu jn nemen den sol denn geuallen fur sein Müe zwelf pfennig Item wer die vierer freuenlichen widertrib der sol jn zu peen veruallen sein fünf phunt pfennig Item wer den viereren jre March oder krewz die sy stossent wenn sy die Grunt beschawn aufwurffen der sol zupeen veruallen sein von yedem march zwen vnd sibenzigk pfennig.

Buch der Handwerker p. 112, Wiener Stadtarchiv.

XXXVI. 1505. Gozleichnams Bruderschaft Ordnung.

Anno domini Quingentesimo Quinto. Des Phinztags nach sand Lerennzentag (7. August) komen fur den Rate, der Stat Wienn die Ersamen, Erbern vnd Weisen Mathews Howpperger, Hanns Rogkner, Marx Heybeinsgruber vnd Wilhalm Rollinger Pildsnizer all vier Zechmaister Gotsleichnams, Bruderschaft, vnd gaben zuerkennen, Nachdem vormals die Ausfurung vnnsers lieben heren Jhesu Cristi. zu gedechtnuss seines heiligen leydens vnnd pittern Marter, an dem heiligen Gotsleichnambstag ain zeit her, sy auch an dem negsten Gotsleichnams tag, zu grosserer vnnd merer Ermonung vnd andacht der frummen Cristenmenschen, Ettliche Stukh des Passion aufgericht, vnd gehalten daran on zweifl ain Ersamer Rate vnnd menigelich geuallen gehabt hiete Nachdem aber an Gotsleichnambs tag, Ain Ersame Briesterschaft, der Rate, vnd sunst vil volkhs mit der Procession beladen weren, deshalben sy nit bey solhem Passion sein mochten, Wern sy des willens, solhen Passion an dem Suntag daruor das ist an der heiligen Driualtigkait tag zuhalten bis zu der Auffürung vnnd dann an Gotsleichnambstag, das man es mit der Auffürung bielte, wie von alter herkomen ist, das auch ain Pün. auf sannd Stephans Freithof aufgericht vnnd der Salvator an das Crewtz geslagen, widerumb herab genomen vnd auf ainer Par schon geziert in des von Tirnaw Cappellen getragen vnnd also die Procession damit beslossen würde, So seche auch ain Ersamer Rate vnd menigelich wol, Was grosser vnordnung vnd gedranng in sannd Stephans Kirchen zu der Österrlichen zeit, so man die Lewt mit dem heiligen Sacrament Gozleichnambs speiset, vnd also vnere demselben Allerheiligisten Sacrament Gotsleichnamb beschehe, hieten sy bey jn fürgenomen damit solicher vnordnung vnnd gedranng fürkomen würd, vnd menigelich das heilig Sacrament mit merer Rue, zucht vnnd andacht emphahen mocht Ettlich Erber lewt aus jrer Brüderschaft, mit ettlichen Wynndliechten zubestellen, dahin in die kirchen verordnen, die auch da dieweil man die Lewt speiset, beleiben vnnd bestellen süllen, das menigelich berueblich, vnd mit guter ordnung zu vnnd von dem heiligen Sacrament geen müg, vnd demselben dhain vnere erzaigt werde, Auch wer an vil Ennden, vnd in wenigern Steten ain gebrauch, das man alle Phinztag bey den Pharrkirchen, mit der procession, das heilig Sacrament Gotsleichnam vmb oder in der kirchen trueg, vnnd darnach ain schon Ambt von Gotsleichnambsunge, Soferr das aines Rats will vnnd maynung wer, wollten sy mit hilff vnnd beystannd aines Rats jrn müglichen fleis fürkeren, damit solche Procession vnnd Ambt, alle Phinztag, bey der Thumbkirchen zu sand Stephan, ordenlichen gehalten wurde, Dieweil aber solhs alles on besunder wissen, verwilligung vnd hilff aines Ersamen Rats, nit aufgericht werden möcht noch solte. Auch das alles dermassen zuhalten. Ainen Cossten bedorffl Baten sy anstat ainer gannzen Bruderschaft. Das jn ain Ersamer Rate solhs alles obbestimbt, zu hanndln vnnd zubestellen zuegeben Auch ob jn ainicherlay darinn zuuer sein würd, hilff vnd beystannd thun wolte, Auch verfügen vnd verschaffen, damit jne, oder wer dann kunfftigclich Zechmaister sein würde. Alle die güter, es seien Hewser Weingertten Clainat, Pargelt, oder annder, Was dann in Gotsleichnams Brüderschaft, vnnd in sounderhait zu der Auffürung, vnnsers heren, geschafft vnnd geordennt ist, oder kunfftigklich geschafft vnd geordennt wirdet. Auf das fürderlichest Eingeantwürtt werden, dadurch sy das alles, wie obgemelt ist, volbringen mügen So sullen alsdann sy oder yegelich Zechmaister ainem Ersamen Rate jerlich oder wann man sy dazu erfordert, aller jrer hanndlung auch Innemen vnd Ausgebnus Raittung thün, damit man allweg in gute erkanntnuss kom, wie mit solchen gütern gehanndelt werde, Wann aber ain Rate gemerkht hat, das solch furnemen Got dem Allmechtigen zu Ere vnd lob. Auch zu gedechtnuss seines pittern Leidens ermonen, Auch Erher, nuz vnnd den gemain frummen Cristen Mennschen zu merkhlicher andacht Raizund ist, Dauon so hat ains Rats darein bewilligt, das es dermassen, als oben angezaigt wirdet, in allen Articlen also gehallten vnnd gehanndelt werde vnd zu merer becrefftigung dise Ordnung in Stat Ordnungpuch haissen einschreiben. Doch jm vorbehallten solch furnemen vnd ordnung kunfftigklich nach gelegenhait der zeit vnd wesens zu mynner zu meren oder gar abzuthün nach aines Rats geuallen.

Buch der Handwerke p. 190. Wiener Stadtarchiv.

(Fortsetzung folgt.)

V. „Historischer Atlas."

Statistik des Mittelalters.

) Das Lehenbuch K. Ladislaus P. für Österreich ob und unter der Enns. (In alphabetischer Ordnung.)

(Fortsetzung.)

232.) 1456, 3. September, Prespurg. Albrecht Scheller. (Landesf.)
1 Hof gelegen zu Steten in Schreflingerpfarre;
it. 1 Gut gelegen zu Haslach in Unkhnerpfarre;
it. 1 Hof zu Staindorf und 1 Gut zu Kembnaten beide gelegen in [illegible]halherpfarre;
it. 1 Gut zu Perghaim und
1 Gut zu Steten, beide gelegen in Gamparerpfarre.
(Sein Erbe.) Oestr. Ms. Nr. 65, Fol. 102, b.

233.) 1455, 24. Mai, Wien. Leonbard Schërmiezer.
4 Pfd. 49 Pfen. Gülte zu Perbleinstorf auf behaustem Gut und Überländ gelegen;
it. 4 Pfd. 6 Schilling und 16½ Pfen. Gülte auf behausten Gütern und Überländen zu Dresing und
½ Pfd. Pfen. Gülte auf 3 Fleischbänken daselbst gelegen;
it. 1 Holz, genannt das Aichholez im Kirenperg bei Mewrsing [illegible]lachter Pfarre gelegen.
(Sein Erbe, aus besonderer Gnade auf Töchter vererblich.)
Oestr. Ms. Nr. 65, Fol. 43. (S. auch fol. 42 b. Artikel Buchof Friedrich.)

234.) 1455, 29. Mai, Wien. Jörg Schiessenberger.
1 Hof zu Goczleinstorff und 3 Hofstätte daselbst in Steiregkerpfarre,
und 1 Lehen am Eczperg in Wartpergerpfarre.
(Sein Erbe.) Oestr. Ms. Nr. 65, Fol. 46, b.

235.) 1456, 22. Mai. Conrad Schirmer.
Am (?) 1 Gaterlehen in Munichpfarre;
1 Hofstatt, niderhalb Kagarn;
1 Hofstatt zu Zukchennikch;
4 Hofstätte zu Marchtreng;
it. aus (?) der Hofstatt genannt zu Zukchennikch;
it. aus der Hofstatt zu Marchtreng (Heinrich Schuberlein);
aus der Hofstatt daselbst (die Reppelin aufsitzt);
aus der Hofstatt (Michel Vischer);
und auf der Hofstatt daselbst (Heinrich Sneider);
it. zu Smiding an dem Holez ¼ in Krengelbekcherpfarre;
an dem Baumgarten daselbst und an den Lehenleuten auch ¼ in der genannten [illegible]farre zu Krengelbach gelegen;
it. den Stigelhof zu Praytenprunn halb. in Hyrsingerpfarre;
und den Ödhof auf der Öd in Lewtingerpfarre gelegen;

12**

it. den Zehend auf 2 Gütern zu Friesha:m;
it. auf 2 Wyden, auf 3 Selden und auf 4 Lehen daselbst;
it. zu Albrechtsheim auf 3 Höfen, auf jedem halben Zehend;
it. zu Vasaltöd auf 2 Gütern;
it. zu Füglíng auf 1 Hof und 1 Mühle und zu Schirhaim auf 1 Hof und zu Neydekch auf 1 Gut, überall halben Zehend;
it. zu Obern Erpenhouen auf 1 Hof 9 Theile Zehend und auf 2 Höfen zu Wachaw ganzen Zehend, alles in Gaspolczhoferpfarre gelegen.
Oestr. Ms. Nr. 65, Fol. 97.

1456, 22. September. Oswald Schirmer.

1 Hof genannt im Pach und
70 Pfen. Gelts gelegen auf 1 Mühle, die in denselben Hof gehört, in Eyrsvelderpfarre gelegen.
(Gekauft von den Gebrüdern Wolfgang und Wilhelm Nurenberger.)
Oestr. Ms. Nr. 65, Fol. 102, b.

236.) 1455, 17. April, Wien. Caspar Schober.

1 Hof zu Veling und 3 Hofstätte zu Taubess gelegen;
15 Pfd. 76 Pfen. Gülte gelegen zu Stainsprunn auf behaustem Gut in Wulderstorffer Pfarre;
it. 50 Faschinghühner;
it. 7 Viertel Weingarten hinder der Kirche zu Durnpach gelegen.
(Sein Erbe.) Oestr. Ms. Nr. 65, Fol. 21.

237.) 1456, 30. April. Greyf Schöttinger.

½ Hube zu Hofpewnt;
it. 3 Güter auf dem Spilberg;
„der ain virtail von unsern getrewn Ulrichen Lienharten, Sigmunden und Jorgen gebrudern weilent Hannsen von den Ayrzelten Sunen mit kauf an in komen wern;"
it. 2 Güter zu den „Merczingern" und 1 Mühle dabei gelegen;
it. ⅙ Zehend auf 4 Häusern zu Nidern Heykhering;
it. ⅙ Zehend auf den hernachgenannten Gütern:
auf 2 Gütern zu Egk;
it. auf 11 Gütern zu Ynnerherigastaig;
it. auf 4 Gütern zu den Vischingern;
it. auf 5 Gütern zu Pramegk;
it. auf 3 Gütern zu den Zachleitten;
it. auf 2 Gütern zu „Vinkhenrewt;"
it. auf 1 Gut „dacz dem Pogl;"
it. auf 1 Gut „am Lehen;"
it. auf 2 Gütern „an dem widerhals;"
it. auf 1 Gut „in der Rewt;"
it. auf 5 Gütern „dacz Fridhalming;"
it. auf 4 Gütern zu den „Attakchringern;"
it. auf 2 Gütern „dacz den Niderleitten;"
it. auf 3 Gütern „dacz den Sundleiten;" (?)
it. auf 2 Gütern zu Slag;
it. auf 2 Gütern „dacz den Schintlern;"
it. auf 2 Gütern „dacz den Perigleitten;"
it. auf 4 Gütern zu „baiden Sweinegken;"
it. auf 6 Gütern zu den Erkenpolingern;"
it. auf 4 Gütern zu den „Aczingern;"
it. auf 4 Gütern zu den „Retleiten;"
it. auf 1 Gut zu den „Hoplingern;"
it. auf 2 Gütern zu den Hiltpringern;

it. auf 6 Gütern zu Öd;
it. auf 6 Gütern zu „Vorder Staingrim;“
it. auf des Pinter Gut zu Hinter Staingrun; (?)
it. auf 4 Gütern „zu Veyczing;“
it. auf 3 Gütern auf dem „Slag;“
it. auf 3 Gütern zu den „Pechingern;“
it. auf 3 Gütern auf dem „Eberhartzperg;“
it. auf 3 Gütern zu dem „Reningern;“
it. auf 4 Gütern zu Haselpach;
it. auf 2 Gütern zu den Ottingern;
it. auf 3 Gütern zu dem Egner;
it. auf 2 Gütern zu den Seybringern;
it. auf 4 Gütern „daez den Klemingern;“
it. auf 1 Gut auf der Swant;
it. auf 2 Gütern zu Haselaw;
it. auf 1 Gut auf dem Gasserperg;
it. auf 4 Gütern zu den „Merczingern;“
it. auf 3 Gütern zu Leittersteten;
it. auf 2 Gütern zu den Magringern, alle in Zwischwalder-Pfarre legen.
(Sein Erbe.) Oestr. Ms. Nr. 65, Fol. 96.

238.) 1455, 10. März, Wien. Peter Schuchler.

Ganzen Zehend auf 26 ganzen Lehen weniger $^1/_4$ grossen und kleinen, zu eld und zu Dorf, deren 5 zu Grossen Enczestorf, 5 zu Nottendorf im rottendorffer Felde, und zu Urlestorf 2 Lehen, 4 Lehen zu Utzessee und Lehen weniger $^1/_4$ zu Ringleinssee;
einen Zehend auf 6 ganzen Lehen zu Perblestorf, gross und klein, zu eld und zu Dorf;
20 Eimer Weins Bergrecht und 20 Pfen. Vogtrecht zu Medling und daselbum gelegen.
(Sein väterliches Erbe.) Oestr. Ms. Nr. 65, Fol. 9.

239.) 1456, 18. August, Wien. Tybolt Sebeck.

Die Veste Rapotenkirchen,
das Dorf, Kirchlehen und die Vogtei daselbst;
it. 3 Pfd. und 56 Pfen. Gelts, die von dem Inprugker gekauft sind worden, und das (herzogliche) Jägermeisteramt.
(Erblich von seinem Bruder Jacob Sebeck.)
Oestr. Ms. Nr. 65, Fol. 99, b.

1456, 18. August. Tybolt Sebeck, und seine Hausfrau Barbara.

3 Pfd. Pfen. Gelts zu Rapotenkirchen auf behausten Gütern gelegen.
(Übergeben lediglich von Wolfgang Zisterstorffer.)
Oestr. Ms. Nr. 65, Fol. 99, b.

1456, 18. August. Tybolt Sebeck.

7 Muth Weizen,
11 Muth Habern,
18 Schilling Pfen. Gelts auf Überländ gelegen zu Wolfpaissing halbs ie weiland Jörg Straninger inne hatte und mit seinem Tode ledig geworden ad heimgefallen sind.
(Gnaden-Lehen.) Oestr. Ms. Nr. 65, Fol. 99 b.

1455, 8. August, Wien. Veit Seebekh.

Den Drittheil in den Krell Weingärten;
it. die Vogtei zu Sichelpach gelegen in Lempekher Gericht;

it. die Vogtei zu Graben gelegen in Lempekher Gericht;
it. die Vogtei an der Widem;
it. die Vogtei am Lehen und 3 Muth Haber Marchfutter, auch gelegen in Lempekher Gericht.
(Sein Erbe.) Oestr. Ms. Nr. 65, Fol. 64.

240.) 1455, 29. April, Wien. Hanns Seeber.

Das Dorf Strobleinstorf und 6 Muth 6 Metzen lautern Weizen Gülte Dienst daselbst auf 15 ½ Lehen;
it. ½ Pfd. Pfen. Gülte Dienst von Urbaräckern daselbst;
it. „der pan von einem valltor uncz auf das annder als uerr Strobleinstorf gemerkh geet;"
it. „das Recht auf der Tunnaw daselbs;"
it. „die Vogelwaid und andre Recht die weilent Hanns der Seeber da gehabt hat;"
it. 1 Weinzehend gelegen zwischen Holabrunn und Sunppenprass (jetzt Suttenbrunn) an den 2 Bergen, einer genannt der Hoyperg und der andere der Mitterberg mit Dienst und aller seiner Zugehör, zu Feld und zu Dorf;
it. 1 Hof gelegen zu St. Michael ob Trebensee,
das Kirchlehen daselbst zu St. Michel und alles, was zu demselben Hof gehört, „es sein pawmgerten wismad paw und holcz Awn Krautgerten, pfennig-gült vogttey in überlend zu veld und zu dorff gestifft und ungestifft versucht und unversucht;"
it. 8 Tagwerk wismads gelegen zu Pirpawm.
(Sein Erbe.) Oestr. Ms. Nr. 65, Fol. 28, b.

241.) 1456, 20. April. Christoph Seeman (für sich und seine Brüder a.).

1 Hube auf der Wybnm mit ihrer Zugehörung in Offtheringerpfarre gelegen;
it. „das Negellehen;"
it. 1 Lehen zu Rembs gelegen in Valenteinerpfarre;
it. den Burggraben zu Enns gelegen zwischen U. L. Frauen Kirche und der Stadt daselbst, und
1 Hube zu Pergkhaim in Lewntingerpfarre gelegen.
(Ihr Erbe.) Oestr. Ms. Nr. 65, Fol. 90, b.

242.) 1455, 26. April, Wien. Hanns Selkhaimer, Anna seine Hausfrau, Tochter des Hanns Kewschacher.

1 Hof, 4 Hofstätte und 1 ödes Lehen zu Alten-Weytra gelegen.
(Von ihrem Vater an die besagte Hausfrau übergeben.)
Oestr. Ms. Nr. 65, Fol. 27, b.

243.) 1455, 16. April, Wien. Jörg Sewsenegkêr.

Sicz Kelberhard mit den 3 Hofstätten die darein dienen mit „holtz, paw, wismad und aller ander Zugehörung;"
it. ein Viertel aus dem Hof zu Herstorf an 2 Hofsteten und 1 Mühle dabei gelegen;
it. 1 Viertel aus den andern 3 Vierteln;
it. zu Priesendorf 2 Güter in Maukcherpfarre, „das ermalen ain hof gewesen ist;"
it. 1 Hof genannt der Pachenhof gelegen in St. Lienhartspfarre.
„Wann uns die von weilent Jorgen Sundbekhen Stephan des Sundbeckhen sun der mit tod an lehenserben mendlichs geslechts abgangen wer vermant und ledig wern worden."
(Gnaden-Lehen.) Oestr. Ms. Nr. 65, Fol. 10.

1455, 29. April (?). Jörg Sewaenegger.

Den Hof zu Wolfpaissing mit seiner Zugehör in Hausleitterpfarre gelegen.

Gnaden-Lehen, (ledig geworden mit Tod und Abgang weil. Jorg des Strainiger ohne männliche Leibeserben).

Oestr. Ms. Nr. 65, Fol. 28.

(Früher stand: Hanns Seber, Reinprecht Frawnhover und Stephan Pirpawmer, aber ausgestrichen und zur Seite: non exiuit, habet Jörg Sewaenegger.)

1455, 1. Juli, Wien. Jörg Sewaenegker.

Die Veste Wimwerkh (Winberg) mit aller ihrer Zugehörung, Mairhöfen, Baufeldern, Wäldern, Wiesmahden, Hölzern, Gärten; allen Wildbann, gross und klein, und allen behausten Gütern, Ödrecht und Gründen, so da liegen zwischen der Isper und dem Chuepach, auf diesen Gründen und Gütern allen ganzen Zehend, gross und klein; und zwischen den benannten Wässern gefürstete Freiung zu dem vorgenannten Schloss, auch alle Wälder und Hölzer die ausserhalb der benannten 2 Wässer liegen und auch zu dem benannten Schloss gehören, und darauf allen Wildbann.

it. die Fischweide die zu der benannten Veste Wimberkh gehört;

it. 1 Fischweide auf der Isper „die da geet von dem Weissenpach uncz zu den nidern steg gen Pusching"

und 1 Fischweide auf dem „Khriechpach von ainem ort an das ander;"

it. 1 Fischwasser genannt der „Gutenpach und das march der vischwaid hebt sich an in dem fuertt dacz under Sibenduerstigen und enndet sich da der Gutapach in die Isper rynnt;"

it. 2 Güter „auf dem Puchl enhalb der Isper" und alle die Güter, die von dem Puchel zwischen des Kallnperg und der Isper liegen „in der Khlaus" darunter 3 freies Eigen sind, und auf den benannten 2 Gütern am Puchel und den andern Gütern allen gelegen in der Klaus ganzen Zehend, gross und klein;

it. 2 Lehen und 1 Hofstatt „auf den Höfen" und 2 Theile Zehend auf den Gütern allen, die da gelegen sind auf den hofen;

it. 1 Rewtt an dem Berg dabei;

it. 4 erb daselbst gelegen „an dem Salmansperg, am Totterperg im mittern Rewtt und „auf der Mawr" gelegen ob des Markts zu Isper und ob desselben Lehen vier behauste Rewtt;"

it. den Adelmuten Hof und 1 behaustes Gut dabei;

it. Khienberger Hof und 1 Lehen dabei genannt Reytlerhof;

it. 1 Hof zu Pusching; 1 Hofstat und 1 Fleischbank dabei;

1 behaustes Gut und 1 Ödrecht auf dem Obern Kallnperg;

it. 1 Hof zu Guthpach und 5 Hofstätt daselbst;

it. 1 Mühle auf dem Gutapach;

it. 1 Mühle auf der Isper genannt die „Unter Mulleitten;"

aber 1 Mühle auf der Isper genannt die „Schefflermühle" und 1 Lehen dabei;

aber 1 Mühle auf der Isper genannt die „Prugkmüll" und 1 Holz bei dem „Prugkpechlein;"

it. 1 Lehen, genannt das Fischerlehen und 1 Mühle dabei auf der Isper;

it. 2 Mühlen unter dem Altenmarkt auf der Isper;

it. 1 Lehen genannt „im Erlach;"

it. 1 Wiese genannt die „Wür wiese, gelegen im Untern Werd;"

it. 1 Lehen „an der Straas;"

it. 1 Lehen „hincz der Apholterinn;"

it. 1 Lehen „zum Lug;"

it. 3 Lehen „an dem Walkhenaperg;"
it. 1 Lehen „hincz der Lynnden;"
it. 1 Lehen „zu dem Ofen;"
it. 1 Hof am Magenhof und 3 Hofstätte dabei;
it. den Lehenhof und 1 Hofstatt dabei „und alle die holczer grunt und guter mitsambt den purkhrechten enhalb des pachs" das alles zu den benannten Lehenhof gehört;
it. 1 Gut „am Zeidelhof;"
it. 1 Gut genannt „Ekharczlehen;"
it. 1 Gut „im Stainach;"
it. 1 Gut „am obern Kalnperg;"
it. 1 Gut „am Schusterperg;"
it. 1 Gut „am Treutellehen;"
it. 1 Gut in der Grub;
it. 1 Gut „um Goglperg;"
it. 1 Gut „im Porchtoltzgraben;"
it. 1 Gut „am Pelsenleben;"
it. 2 Güter „auf dem Pürsting;"
it. 1 Gut „Ennezlinöd;"
it. 1 Gut „am Aharnperg;"
it. 2 Theile Zehend, gross und klein, zu Feld und zu Dorf auf folgenden Gütern:
auf dem Lehenhof und 1 Hofstatt dabei, und
auf 7 Gütern „an der Leitten;"
it. $^1/_3$ Zehend auf folgenden Gütern, gross und klein:
it. auf dem Hof zu Rappolten;
it. auf dem Hof zu Pulgarn;"
it. auf dem Hof „zu Lugen;"
it. auf dem Hof „im Purkhatal;" und auf dem Lehen dabei und
auf dem Lehen „im Wyspuhel;"
it. 1 Hof in der „Lassnykh" genannt der „Sussnhof;"
und 1 Mühle daselbst, und 10 behauste Güter dabei gelegen; diese Veste, Stücke, Gülten und Güter alle sind gelegen „in sand Oswalten- und in Altenmarkhterpfarre;
it. 1 Zehend zu Kerbach gelegen in Münichreitterpfarre;
it. 1 Mühle bei Dorfstetten und 35 behauste Güter;
it. zu Eben 6 Lehen beieinander mit 3 „Heyttern" die dazu gehören und
2 Theile Zehend daselbst, gross und klein, alles gelegen in Dorfstetterpfarre und
1 Ödrecht in Nochlingerpfarre;
it. 8 behauste Lehen zu „Retelperg" in Gotsdorfferpfarre;
it. das Dorf zu „Czuentring an dem Jawrning" mit den Überländen daselbst so dazu gehören;
it. 1 Holz, heisst das Hubholcz und 2 Baufeld gelegen „enhalb des Herfurts" und alles Wiesmahd daselbst gelegen „enhalb des pachs," und gehört alles zu der Veste Sazz gelegen in Hurberpfarre.
(Sein Erbe.) Oestr. Ms. Nr. 65, Fol. 57, 58.

244.) 1455, 30. Juni, Wien. Leonhard Sintzendorffer.

1 Hof in Kematerpfarre zu Sunlewten;
it. 2 Höfe zu Obern und Nidern Egendorf in Kirchpergerpfarre;
it. 1 Hube genannt die „Hadenhub" in Pfarrkircherpfarre;
und 1 Hube genannt die „Pehaimhub" in Wartpergerpfarre.
(Sein Erbe.) Oestr. Ms. Nr. 65, Fol. 58.

1456, 2. Jänner, Wien. Jörg Sintzendorfer.

Die Veste zum Wasen gelegen auf der Ips bei dem Neunmarkt mit ihrer Zugehörung;

ut in der Peunt;
zu Kottenperg gelegen in Siednikherpfarre auf der Steyr;
auf der Stainwant;
Gut auf der Leitten gelegen in Wartpergerpfarre;
it. 1 Gut an dem Flachshof und
1 Gut an dem Parsperg gelegen in Kemnaterpfarre;
it. 1 Gut genannt die „zwikhelhub" in Kirchpergerpfarre gelegen;
it. 2 Güter in Siednikherpfarre und 1 Gut in Neunkircherpfarre;
it. 1 Gut im Erlach auch in Neunkircherpfarre gelegen;
it. der Flemhof und 1 Hube zu Dietreichstorf und $^1/_2$ Hube daselbst in Kemnaterpfarre gelegen;
it. $^1/_3$ eines Zehends in S. Jorgenpfarre und
1 Zehend gelegen zu Mitterkirchen;
it. $^1/_2$ Hof zu Talarn und 3 Hofstätte daselbst und
1 Wiese zu Kernwartudorf in S. Jorgnpfarr gelegen;
it. 1 Gut zu Pueln in Ybserpfarre gelegen;
it. die Fischweide auf der Ybs;
it. zu Mitterburg den Spieglhof;
it. den Hof auf dem Pach und 5 Lehen und 3 Hofstätte, gelegen zu Mitterburg;
it. die Mühle „dacz dem Pueln;"
it. 2 Hofstätte, genannt „dacz den vischern auf der Aw;" alles gelegen in Ybserpfarre;
it. 5 Hofstätte auf der obern Aw gelegen in Neunmarkterpfarre;
it. die Güter gelegen an dem Hengstperg:
a) den Hof am Wolfstain;
b) den Hof zu Weichselperg;
c) 1 Hofstatt daselbst gelegen in Newnsteter;
it. 1 Hof zu Pernaw;
it. 1 Lehen am Rotperg;
it. 1 Lehen an der Elsnicz;
it. 1 Hofstatt zu Grub in S. Mertenpfarre gelegen;
it. 3 ganze Hofstätte am Mellperg auch daselbst in S. Mertenpfarre gelegen.
(Sein Erbe.) Oestr. Ms. Nr. 65, Fol. 82.

1456, 22. Jänner, Wien. Jörg Sintzndorffer

erhält von K. Ladislaus eine Bestätigung über 2 Theile und $^1/_3$ Zehends klein und gross, auf etlichen Gütern zu Mitterkirchen gelegen, den er zu der Pfarrkirche daselbst zu Mitterkirchen verkauft hat.

Oestr. Ms. Nr. 65, Fol. 82.

1456, 15. Jänner, Wien. Sigmund Sinczndorffer.

Den Sitz zu Fewregk mitsammt dem Bauhof und aller seiner Zugehörung;
it. 1 Gut genannt die „Ober Hub;"
it. „der Kreumullner;"
it. 1 Lehen;
it. das Gut zu Grub;
it. das Gut am Rawberlehen in Pfarrkircherpfarre gelegen.
(Sein Erbe.)

Oestr. Ms. Nr. 65, Fol. 84.

245.) 1455, 7. Mai, Wien. Michel Slager.

1 Hof in der Stadt Prugk bey der Leita (ze nagst Erharten des Pekhen haws gelegen);
(Gekauft von Thaman Damsperger, Bürger daselbst);

it. ganzen Weinzehend und Getreidzehend auf Weingärten und öden Lehen an Pellndorfferberg in Veiterpfarre gelegen.

(Sein Erbe.)

1455, 9. Mai. Michel Slager hat seiner Hausfrau Elspet, Tochter Michel des Sigelstorffer, auf bemeldten Hof und Zehend satzweise verwiesen für 200 Pfd. Pfen. Heimsteuer und 300 Pfd. Pfen. Widerlegung.

Oestr. Ms. Nr. 65, Fol. 33, b.

246.) 1456, 21. April. Erhard Slewntzer.

Einen Zehend, gross und klein, zu Feld und zu Dorf „dacz dem Lypfings“ auf 4 ganzen Lehen und 3 gestifteten Hofstätten und auf 1 öden Hofstatt in Pölauer Gericht und in Haselbekherpfarre gelegen;

it. 14 Schilling und 24 Pfen. Gelts, gelegen zu Khubach auf 2 gestifteten Lehen,

und 6 Hofstätte am „Altenmarkt“ in Vitisserpfarre gelegen:

it. 13 Schilling Pfen. Gelts zu Flachaw auf 1 gestifteten Hof und 1 öden Lehen gelegen.

(Sein Erbe.) Oestr. Ms. Nr. 65, Fol. 92.

247.) Friedrich Smidberger. Kunigund seine Hausfrau.

„Den halben Hof zu Ördach in Linczerpfarr gelegen den sy von Jorge Prukner und Paulen Marchtrenker an sich gelost habent und ain tail mit ainem spruch an sy komen wer.“

Oestr. Ms. Nr. 65, Fol. 1, b.

248.) 1455, 3. Juli, Wien. Erasmus Smiczperger.

1 Gut genannt „in der Rewtt“ in Lachkircherpfarre gelegen.

(Sein Erbe.) Oestr. Ms. Nr. 65, Fol. 58, b.

249.) 1455, 14. Mai. Hanns Snaitpekh.

(Lehen der landesf. Herrschaft Trautmanstorf.)

2 Höfe zu Trautmanstorf bei der Mühlgasse gelegen, der 4½ Lehen sind, und 1 Zehend auf dem einen Hof, darauf er sitzt;

it. 19 Joch Ackers in dem Feld gen Parcz gelegen;

it. 19 Joch Ackers in dem Feld gen Galprunn und 24 Joch Ackers in dem Feld hinter dem Dorf gelegen;

it. 2 Krautgärten hinter der Mühle und 4 Joch Acker. mitsammt dem Zehent hinter den Weingärten gelegen,

und 2 Lehen zu Enczestorf auf der Vischa, dienen 14 Schilling 12 Pfen. Gülte.

(Sein Erbe.) Oestr. Ms. Nr. 65, Fol. 36, b.

(Fortsetzung folgt.)

Aus der k. k. Hof- und Staatsdruckerei.

№ 14. NOTIZENBLATT. 1854.

Beilage zum Archiv für Kunde österreichischer Geschichtsquellen.

Herausgegeben von der historischen Commission der

kaiserlichen Akademie der Wissenschaften in Wien.

II. „Oesterreichische Geschichtsquellen."

11.) Aufzeichnungen der Klosterneuburger Stifts-Dechante in der ersten Hälfte des XVI. Jahrhunderts.

Aus der Original-Handschrift, im Archive des Stiftes Klosterneuburg, mitgetheilt von Dr. Zeibig in Nussdorf.

(Schluss.)

It. eodem anno tempore Carnisprivii postulavit Regia Majestas de singulis prelatis terre huius mutuum per doctorem paulum s. Steffani prepositum Wienne et doctorem preyner. A nobis VI mille fl. et post magnos labores domini patris condescendit regia Majestas ad tria millia, e quibus dominica letare dedit d. prelatus 1500 fl. den., item sequentibus diebus totam summam.

It. anno 35 die s. Urbani circa octavam horam versus noctem obiit religiosa virgo Iutia Golsharin, magistra monialium sororum nostrarum. Et die 2 Junii hoc est Marcellini et Petri instituta est virgo Magdalena Munsterin autoritate domini Georgii prepositi per fratrem Hieronymum pro tempore decanum et fratrem Colomannum Sweinzer virginum custodem, nondum velata, sed matura et nostro iudicio honesta.

It. die s. Medhardi habuimus solemnem processionem cum luminibus ad sanctum Martinum pro Cesare Karolo et suis principibus katholicis, qui eo tempore super terras et aquas pugnarunt contra inimicum crucis Christi devastatorem fidelium et ecclesie sicuti 29. anno et 32. experti sumus.

1535.

It. den 1. tag augusti ist in namen des herrn prelaten vnd Convents vor richter vnd rat dyser stat Closternewburg auff dem rathaws erschinen her Augustin Entzenweyss, dy zeit custos ecclesie, thaman pedn., Gilig Reyaner wein kheiner vnd veyt payr des gotzhaws forster von wegen der obrigkhait vnd gerechtigkhait, so benants gotshaws in dem weingepirig hatt, dyselbig vermelt bezeugt pittund, solichs einzuschreiben vnd ingedacht zu sein.

It. den 4. tag augusti Ao. 38 jar ist in namen des herrn prelaten vnd Convents vor richter vnd radt diser stat Closternewburg auff dem rathaws erschinen her Augustin Enzenweys, die zeit Techent vnd hanns Greanvaldt hoffmaister mit ubersendung einer Zetln, welicher des gotshaws freyhait vnd gerechtigkait gemelt vnd protestirt, wie her nach volgt.

Brobst vnd Convent melden hiemit cum solemni protestacione, ob der her Richter vnd ayn ersamer Rath hie zw Closternewburg mit aufnemung vnd bestettung der Huetter in den weinpürgen Jeres purgkhfried etwas wider des gotshaws freyhaiten, altherkhomen vnd gebrauch handltn wellen Sy yeczo vnd kunfftig widersprochen vnd dareyn nit bewilligt haben. Actum den 4. tag Augusti Anno etc. Im xxxviii.

14

It. am x. tag Augusti des 39. Jars Sanndt der herr Prelat Hannsen Grünwaldt hoffmaister, Jacoben Rändtmaister fuer Richter vnd Ratt der Stat Closternewburg mit vbersendung ainer zetln, welicher des gotshaws freyhait vnd gerechtigkhait gemelt vnd protestiert, wie hernach volgt.

Nachdem das wirdig gotshaws alhie zu Klosternewburg das perigtading zu besiczen gefreyt, auch vormals die perig huetter des gotshaws officier aufgenomen vnd beschriben, nachmaln dieselben aynem ersamen Rath presentirt vnd fuergestellt, dye Aydspflicht von Inen aufzunemen, die weil dann an heut den 10. Aug. A. 1539 Jar durch einen ersamen Rath dj Huetter aufzunemen vnd bestätten fuergenomen, wo nun herin Ichtes wider des gotshaws freyhaiten, altherkhomen vnd gebrauch gehanndlt wird, wellen Brobst vnd Convent hiemit protestiert, in solich hanndlung nicht bewilligt, sonder widersprochen vnd Ir vnd Irer nachkhomen an statt des gotshaws notturfft yeczo vnd kunfftig vorbehalten haben.

Auf solich mündlich werbung bemelter zetl vnd protestacion geben Richter vnd Rath antwort, wolten den herrn Brobst noch seiner gnaden gotshaws khain freyhait oder gerechtigkhait enntziehen, Bestienden nicht das die perg oder weingart huetter von ainem Brobst oder dessen Officier aufgenomen, geseczt oder in glub verfast werden sollen, wann ayn ersamer Richter vnd Rath der Stat Closternewburg hetten von alter her allwegen perig vnd weingart huetter geseczt vnd mit glub aufgenomen.

Anno M. D. XXXXVII. in vigilia Thome fr. Christophorus Starl de Neuburga Claustrali a Reverendo in Christo patre et domino D. Wolffgango Haydenn preposito ecclesie Neuburgensis et toto Conventu electus est in Decanum et hec sub decanatu sunt acta.

Sciendum uelim, librum hoc anno prenotato me non habuisse actaque non sunt scripta in librum hunc, ne michi imputetur vitium negligentie.

1548. It. 19 die februarii a prandio Dominica Invocavit predicavit Dominus Johannes Weyss canonicus et confrater noster in opprobrium suis fratribus, Primo quod nulla esset gratia a Deo data, si incederent magnis rasuris ad medium caput tonsi. Item quid usui essent Clenodia, que circumferuntur. Item nos non gratiam incedere in tunicis talaribus, quid clamor in ecclesia prodesset a sacerdotibus, concessit quoque vesci carnibus omnibus sextis feriis, omnibus angariis et per totum quadragesimale. Item omnibus sabbatinis noctibus ea tamen de causa, ne scandalizetur proximus.

Nonno Marci 1548 presentatae sunt hae litterae missae a paulo Eller confratre nostro fedifrago in his verbis.

Superinscriptio ad dom. Reverendum Patrem Wolfgangum Reverendissimo ac gratiosissimo dno. dno. Wolfgango N. Praeposito coenobii Claustroneoburgensis dentur hae litterae domino meo dilecto.

S. P. D. Graciam et pacem a domino deo patre nostro. Meyn gants vnterthanig vnd willig dienst alle zeydt zuvor. Gnadiger herr, mein fleissig pitt ist es E. G. wellet mein schreiben von mir gnadigklich auffnemen vnd khaynen zorn darinnen nemen. Gnadiger Herr, E. G. vnd dem gantzen Conventh ist wol wissent, wie ich herr Paulus Eller haymlich auss dem closter bin gangen vnd mich offtmals gereuth hat, vnd Ir mir ainen brieff habt geben das ich nimer mer in das khloster sol khumen, so wolt got das ich den brieff nie gesehen hett, so hett ir mich wol widerumb hinein müssen nemen, so ist noch solchs mein hochste fleissig pitt propter deum an E. G. vnd an das gantz Conventh, wenn es khann sein, das Ir mich widerumb auff wellet nemen, vnd was ich vor hab mich vnrecht vnd boslich mich gehalten hab, wil ich mich yeczt dester redlicher halten. Si peccavi, penitentiam agam. Denn ich hab mich der welt genueg geniett vnd mich redlich gehalten, es sei mit singen, mit Predigen, was zu dem dinst gottes gehort, vnd so E. G. vnd das gantz Conventh solchs thun wollen, so wollt ich auff Gnad mich stellen, denn khain sünder ist so gross, wenn er Reu vnd leydt [illegible] nimbt, wil Christus meiner mehr gedenken. Wo aber E. G. vnd der Conventh solchs nicht thayn wollt, so müst ich Rat suchen für die Regirung, vnd die weil man ander wider heim nimbt, die gelt vnd ander sachen mit Im In weekh haben geförth, wie denn der herr florian, vnd mich auch von ainer guten professur triben hat vnd abt vnd closter vnd layen priester, die haben den brieff gesehen, und sagen es habt nicht macht ainen brueder brief vnd vrlaub zu geben, denn ich wer selbs zu E. G. khumen, so lich ich fast kranchk bis in die 6 wochen. Vnd so E. G. solchs thayn will, vnd so pit ich vonn E. G. ein gnädige anthworth, damit spar gott der himlisch vater E. G. alle zeydt gesundt bis das der khross der lauffer ainn hündth Datum Statz 1548.

Her Paulus Eller
Provisor ibidem.

Litterae datae causa domini Joannis N. parochi in Siffring provinciali suo.

Graciam et pacem a deo patre et domino nostro Jesu Christo. Cum ad nos, dignissime ac Reverendissime domine, delatum est per venerandum virum, qui iam parochum in Siffring agit se revocatum a tua dignitate ad pristinum statum atque genus vitae suae, idque ex generali mandato ac jussu regie Majestatis factum, petiitque interim praedictus, quo illi consilium communicaremus, quo ipse liber ab hoc esse possit, non quidem ob id, quod amaret libertatem, cum se summa necessitate coactum esse affirmat quod illud genus vitae reliquerit et aliud elegerit, neque obstinate, sed consensu catholicae ecclesie et auctoritate sanctissimi, cujus testimonium litteris corroboratum exibuit, quodquod et illi satis esse judicamus, sin minus ut saltem nostra petitio locum habeat, quo honestus vir curam pastoralem diutius habere possit, si aliter, ut ei solummodo concedatur ea vti ad tempus autumale quo nos interim idoneum eligere possimus, idque vel in tali vel in majori relaturi parati semper erimus. Hisque tuam dominationem deo opt. max. commendatam esse volumus. Dat. sexto Idus Junii Anno 48.

In obitum praeclari et docti viri domini Christophori Riederi Claustroneopolitani, fidelissimi verbi dei seminatoris Elogium.

C. hristophorum rapuit mors importuna Riederum
H. oc cujus pia nunc clauduntur membra sepulchro.
R. ite sacro hic populum divini numine electus
I. nstituit sancti de vero dogmate Christi.
S. inceram vitam duxit vitiisque remotam.
T. errenis quibus opprimitur jam mundus iniquis,
O. pater omnipotens scelerum extirpator et vltor
P. er Christum te suppliciter cape vota precautum.
H. uncque tui fidum verbi dignare ministrum
O. mni qui pavit studiose tempore plebem.
R. ebus divinis ad coelica ducere regna
V. no te sine nemo qui potest esse beatus.
S. is ergo pius in miseros te Christe precamur.

1549.

Kalendis Maji citatus est dominus Reverendus praepositus Wolfgangus Hayden per officialem Wolfgangum fuetmarum jurium doctorem Ecclesie Pataviensis infra Anasum officialem Pataviensem quod nunquam auditum est. Et est haec citatio.

Wolfgangus fuetmarus Jurium doctor Eccl. Pataviensis infra Anasum Officialis Pataviensis.

Universis ac singulis dominis presbyteris curatis et non curatis Salutem in domino. Vobis et cuilibet vestrum in solidum committimus ac mandamus, quatenus ad instantiam generosi domini Marquardi de Khunring Reverendum Dom. Wolfgangum Praepositum Mon. Claustroneoburgensis ad nostram citetis praesentiam, quem et nos tenore praesentium sic citamus ut proxima die lunae post Dominicam Misericordia Domini, que erit 6 mensis Maji coram nobis Viennae hora 1*

14 *

post meridiem in Judicio legittime compareat ad videndum et audiendum idemnum Vitum plebanum in Matzenn ut testem pro parte dicti domini de Khuring coram nobis produci et jurare, nec non ad dandum et exhibendum nonnulla interrogatoria si que dare voluerit super quibus dictus testis producendus examinari debeat et interrogari. Alioquin e'c. de executione vero praesencium nobis et presentes legittime fidem faciatis Dat. Wiennae 11 mens. Aprilis.

Officialatus sub secreto.

Nota. Den 27. tag Junii ist durch einn lossen Menschen (seines hantwerg ein peckenn Jungen) das hochwürdig Sacrament mitsambt der Monstranzen auf die Erdt geworffen worden zu Wien auf dem Graben beschehen vor eines Zingiesser haus. Zu einem Zeichen hat man ein klainn Hietl dahin gepautt, als noch heudt zu tag noch da steth. Als auch mir onzaigt ist worden, ist der vorgenant Peckenn Junge heraussgeloffen aus dem Ziegl haus und dem briester die Monstranz mit gwaltt genumen und gesagt: das euch Gott schennt, was thut ihr eurem Gott fir ain Er, auff das Ir inn also herumbtragt in dem Koth. Also liegt er noch gefangen, wie man Im thaynn wird, will ich hernach schreiben.

Weitter ist zu merkhen, dass man disem Pecken Jungen seine rechten hat gethan zu Wien in der Haubtstadt des lannds Osterreich und martificirt. Erstlich wie man ihn hat gefiert vonn dem Schergenhaus, ist er geführt worden auf einen wagen darauff ein Pinn mit laden, ist er darauff gewesen, alsdann hat im der Zichtiger mit einer Zangen die Zungen herausgenummen und halbe abgesnitten geschehen ab dem ortt da er das hochwürdig Sacrament hat ungeehrt, darnach hat Im der Zichtiger mit Namen meister Gallus all bed henndt abgeschlagen, darnach ist er geschlayfft worden, hat er gesagt: Her in deine henndt befiel ich meine geisth. Darnach hat man pracht den Menschen für das Stubenthor und in auf der Gemsswayd verprennt zu einen aschen, also hat er seines Lebens ein Enndt genumen. Dieser toth ist geschehen den 12. tag Novembris Anno 49 Jahr.

In die s. Margaret que erat 12 mensis Julii incendium magnum factum est et igne perierunt 8 domus, factum est de mane hora quasi 9 et hac die captivatus erat vnus coralius nomine Joachimus.

It. den 27. tag Julii ist Christoff Hebenstreytt zu Wien verbrenndt worden auf einem scheytter hauffen und ist ein Edelman gewesen. Disen jamerlichen tott hab ich gesehen zu Wien auf dem Griess.

It. den 30. tag Julii ist zu Closterneuburg die Zieglstadt abgeprunnen und ist den Jogenhofer zugehorig gewesen.

Den 20 August ist durch den Herrn Prelathen dem gantzen Conventh derlaubt worden, in die heyligstatt zu ziehenn und hat unten das fruemall geessen. Seyn nur Ir 4 hereymbt bliben, Decanus Christof. Starl, Cantor Caspar, Eronymus vener. senior, Colman schweitzer supremus cellerarius.

Anno dni. 1551 vigesimo die Aprilis missus est dominus Christoph. Stürl in Concilium Lanttag.

4.) Urkundliche Beiträge zur Adelsgeschichte.

I. Die Herren von Wallsee, im 14. Jahrhunderte.

(Fortsetzung.)

72. 1353, 5. August. Ich Nycla der Weizzennekker und all mein Erben vergehen mit disem Prief und | tůn chunt allen den die in sechent oder horent lesen, daz ůns unser genediger herr | her Ulrich von Walse Hauptman in Steyr gericht hat und sich veruangen hat | für ůns ze gelten hincz Chatschim und hincz Muschen den Juden Schobleins Sůn | von Cili Hundert March alter Grecer phenninge für daz Bistum ze Gurk umb daz | getraid daz wir gechaufft heten und gen Peylnstain geschutt, daz di Purgrafen | und ander des vorgenanten

Bistum leut da verezert habent und sol der | phenning mein vorgenanter herr von dem Bistum gewert werden mit | urchund dics priefs versigelten mit meinem dez egenanten Nycla dez Weizzen | nekker anhangunden Insigeln. Der Prief ist geben nach Christes gebürd | dreuczehen Hundert Jar darnach in dem dreu und fümfczigistem Jar an | sand Oswaltez Tag.

Orig. Perg. 1 Siegel von weissem Wachse, Haus- und Staatsarchiv.

73. 1353, 24. November. Wir Albreht von Gottes gnaden Bischof ze Frisingen. Embieten unserm lieben Öhan Fridrich von Walse | von Ens unsern friuntlichen grůz. Wir senden zů dir Herman Ranczen unsers lieben Brůder Graf| Hugen Diener, der dir disen brief antwrt, swaz der mit dir rede umb die phantschaft | Trasenmur mit aller zůgehôrd, da gelob im umb und tů ez, wan wir Graf Hugen unserm Brůder | daz verhaizzen haben, swaz derselb Rancz mit der selben phantschaft handelt schaffet und tůt, daz | wir daz selb stet sůllen haben. Dez ze urkůnd senden wir dir disen brief versigelt mit | unserm anhangendem Insigel, der geben ist ze Rûtlingen, do man zalt von Cristes gebůrt driu | sebenhundert iar und dar nach in dem dritten und fůnczigosten iar an sant Katherinun abent. |

Orig. Perg. 1 Siegel von rothem Wachse, Haus- und Staatsarchiv.

74. 1354, 12. März. Wir Graff Fridreich von Cyly, und ich Rûdolf' von Liechtenstain, verichen und tun chunt offenleich mit disem brief, | allen den dî in an sehent oder hôrent lesen um dî gericht, dî ze Hewnburch und ze Weizzenek gehôrent, darumb | der Edel herr Graf Ůlreich von Pfannberch und herr Ůlreich von Walse stôzzig sint gewesen, was yetweder dar | an richten solt derselben stôzz sind si paidenthalben hinder uns gegangen, daz wir ir baider prief und chuntschaft | darumb hôren solten, und waz wir darnach sprechen, da solt ez pey beleiben. Nu hat uns her Ulreich von Walse | einen brief fůr pracht mit Graf Fridreichs und Graf Hermans brůder von Hewnburch Insigeln, daran sew ver | iehent, daz sew daz gericht verchauft habent den Weizzenekkern mit allen rechten, denn daz hat dî herschaft von | Hewnburch ausgenomen, daz seu mit demselben Lantgericht mit der herschaft ze Hewnburch nicht ze schaffen | schůllen haben denn umb schêdliche dinch, daz auf daz leben gêt, dî selben schol in der hêrschaft von Hewnburch | schaffer antwurten oder fůrbringen auf daz recht an allen chrieg. Nu sprech wir, daz der von Pfannberch dem von | Walse oder seinem geschaeft an seinen rechten nicht engengen schol, noch der von Walsse, den von Pfannberch hin | wider, und sol also pei der von Hewnburch prief beleiben, und daz der spruch stêt und unzebrochen beleib. Dar| über ze einem urchůnd der warhait geben wir in disen unsern offenn brief gesigelt mit unserer paider | Graff Fridreichs von Cyly und Rûdolfn von Liechtenstain anhangenden insigeln geben ze Fries. (Friesach?) nach Christi | geburd Dreuzehen hundert Jar darnach in dem vier und fûmffczigsten iar, an sand Gregorii tag.

Orig. Perg. 2 Siegel von grünem Wachse, Haus- und Staatsarchiv.

75. 1354, 28. Mai. Ich Wlreich von Pergaw' (Pergaẘ, Pergawer?) und all mein Erben wir vergehen und tůn chůnt offenbar mit disem Prief allen | den die in sehent oder hořnt lesen, daz ich mit wol verdachten můt ze der zeit do ich ez wol tůn macht | und auch nach rat und gůnst aller meiner Erben und auch meiner pesten vreůnt recht und redleich ze chauffen han geben dem Erbern Herrn Hern Friderichen von Walsse von Ens und seinen Erben einen zehent | der gelegen ist ain drittayl ze Meinhartstorf und ain drittayl ze dem Radbang und ain drittayl bey Meinhartstorf an der wegschaid. Darzů gehôrt auch chlainer zehent den man all jar êcht umb zwainczk | Wienner und der zehent dient wol ze Jaren ain můtt chôrns und ain můtt Habern und ist auch der | vorgenant zehent ze lehen von dem vorgenanten Herrn Friderichen von Walsse umb Vyertzehen phunt pfenning | wiener Můntzz, der ich vorgenanter Ulrich von Pergaẘ (?) verricht und

gewert pin ze rechten Tūgen gantz | und gar. Ez mag auch der vorgenant Her Friderich von Walsse oder sein Erben fūrbaz mit dem | vorgenanten schaden allen irn frōm schaffen mit versetzzen oder mit verchauffen und in geben swem | si wellent mit meinem gūtleichen willen an allen chrieg und an allen irsal. Ich wil auch ir | rechter schérm und gewer, sein fūr all ansprach, alz scherms recht ist und gebonhait in dem | Land ze Österreich und waz in an dem Scherm ab get oder ob sie dez Scherms yndert dhain schaden | nemen, den schaden den der vorgenant Her Friderich von Walsse oder seiner Erben einer ungeswořn pei seinen | trewn gesagen mag, denselben schaden lob ich im ab cze legen gantz und gar an allz fūrbot | und an all chlag und an alz recht und schullen sew daz haben dacz mir und auf alle der | hab dew ich han in dem Land ze Österreich versucht und unversūcht oder swie ez genant sey. Und | daz in daz fūrbaz stät und unzebrochen weleib, dez gib ich in vorgenanter Ulrich von Pergarn | disen Prief versigelt mit meinem anhangendem Insigel, darzū sint auch zeūg der auch Ott der | Praunstorffer von Maingoltz mit seinem anhangendem Insigel und Ott der Wersenslager mit seinem | anhangendem Insigel und anderer Erberger leit genūg den dew sach wol chūnt ist und gewizzen. | Der Prief ist geben anno domini M°CCC°LIIII^ter am Mitichen vor dem Phingst Tag. |

Orig. Perg. 3 Siegel von weissem Wachse. Haus- und Staatsarchiv.

76. 1354, 17. December. Ich Ulrich und Eberhart von Chappeln und all unser Erben | vergechen und tūn chunt allen den dye den briff lesent oder horent | lesen die nu lebent oder her nach chumftyg werdent, das wir | versaczt haben die Erbern Herrn hern Reinprechten von Walsse hern Heinrichen von Walse | von Drozzendorff, Hern Stephan hern Heinrichen hern Otten Hern Wernharten die Pruder | von Meyssaw um zway Taussent Dreuhundert syben und Vyerczeig | phunt wyenner phenning, dye wir unserm lyeben Ochaim Leutolden von | Chunring Oberisten Schenchen in Osterich gelten schullen an dem chauff | der Vest Wyndek, also beschaydenlich, daz wir die vor gnanten Herren | unser Pyrgen an allen schaden von der Parigschaft pringen schullen. | Wer auer, daz seu mit laysten oder von weu daz wer dhain schadn dor | an nemen, den ir seiner bey seinen Trewn sprechen mag, den schull wir | inen gancz und gar ab legen und wyder cheren an all wyderred. Und | schullen seu daz haben auf uns unfuerschaydenlich und auf allem unserm gūt | swo wir das haben unfuerschaidenlich, wir sein lemptig oder Tot. Und | zw urchund diser sach geb wir in disen brif versydelt mit unsern an | hangunden Insydeln. Der briff ist geben ze Chrems. da man zalt | von Christes gepūrd Dreuczechen hundert Jar dor nach in dem vier | und fūmfczigistem Jar des Mitichens vor sant Thomas Tag.

Orig. Perg. 2 Siegel (1 von weissem Wachse, verletzt, Nr. 2 fehlt). Haus- und Staatsarchiv.

77. 1355, 12. März. Ich Fridrich von Walse von Ens vergich und bekenn offenlich mit disem brief fūr mich und alle mein Erben | daz mir der Erwirdig fūrst min gnediger herr Pyschof Albreht ze Frysingen sin vesti Udmeruelt und | daz Lantgriht da selben eingeantwrt und emphulhen hat mit dem Purgsāzz als her nach geschriben | stat. Daz ist daz man mir alle iar ab dem kasten geben sol sehs mutt korns und zehen Mutt habern allez | der mindern mazz. Dar zū sol ich han den Mayrhof, der in dem Margt ze Udmeruelt gelegen ist. Und dar zū | sol man mir jārlich geben ain vas wachowers und driu vas Holnburger wins, vier schwin, allez an | geuerd und hundert kás. Es sol och dieselb purchūt jārlich anheben an sant Georgentag und hin umb | weran von demselben tag ain ganczes iar, und sol ich die selben vesti und daz Lantgriht mit lūten | und gūten di dar zū gehōrent besorgen und behūten mit ainem minem Erbern diener, er si Ritter | oder kneht, damit si wol besorget sien. Und sol ich noch dehain min diener der von minen wegen da | sitzet uber die vorgeschriben purchūt und Lantgriht nischnit mer ze vordern noch ze schaffen han | weder mit luten noch mit gūten, wan daz ich si getriulich versprechen und friden sol, als min aigenlich |

gût. Man sol och wizzen, daz alle todschleg die geschehent in dem vorgenanten Lantgriht in minez vorgenanten herren | Pischof Albrehts kamer sûllen gehôren, an allain daz ain Lantrihter davon nemen sol sehs schilling wienner | phenning und nit mer. Und daz ûbrig sol er ainem Bischof triulich inbringen. Es sol och die vorgenant vesti | Udmeruelt minez vorgenanten herren Bischof Albrehts ze Frisingen und siner Nachkomen offens hus sin gen | allermenclich. Swenn ich och minem vorgenanten herren Bischof Albrehten ze Frisingen oder sinem Nachkomen | der von dem Stûl ze Rome und Pabst Pischof ze Frysingen bestet wrde, fûrbaz ze Purggrauen nit | fûgte, swenn er mich dann mit sinem brief ermant, so sol ich im zehant und unverzogenlich die vorgenant | vesti Lantgriht und Mayerhof wider inantwrten und ledig lazzen, doch also daz man mich der purchût | rihten sol, die sich dann ergangen het. Und ze ainen offenn urkûnd allez dez hie vor geschriben stat, gib | ich fûr mich und alle min Erben disen brief versigelt mit minem anhangden Insigel. Der geben ist do | von Cristes gebûrt waren driuzehenhundert iar und darnach in dem fûnf und fûnfezigostem iar an | sant Gregôrgen tag dez hayligen Babsts.

Orig. Perg. 1 Siegel von weissem Wachse. Haus- und Staatsarchiv.

78. 1355, 10. September. Ich Jost von Rosenberch vergich und tun chunt offenbar an disem brief allen den dy in sehent oder | horent lesen, daz ich mich verpunden und verhaizzen han umb alle dy stozz und aufflauffe dy zwisschen | mein und dem Edlen manne hern Eberharten von Waltsee und seinem Purgrafen von Valkenstain dem | Pyber geschehen sint, daz wir der paidenthalben gegangen sein hinder dy Erbergen herren Hern | Wilhalm von Lanczstain und hern Ulreichen von Capelle und waz dy nach unser baider furgab | bey ir aid und bey irn trewen daruber sprechent zwisschen hie und vierczehen tag nach | Sand Merteinstag der nu schirist chumt, daz schull wir beidenthalben stet haben. Und | schol sich auch der spruch vergen in der vorgenanten zeit, wenn dy ob genanten spruch-herren | wellent, an dem gemercht zwisschen der Haid und Rainpach. Mit urchund des Priffes der versigelt ist mit meinem anhangenden Insigel und geben ist ader Haid do | man zalt von Cristes geburt dreuczehen hundert iar, darnach in dem funf und funfczi | gisten iar, des phincztags nach unserr vrawen tage, als sy gebarn ward.

Orig. Perg. 1 hängendes (und auch wie es scheint ein aufgedrucktes) Siegel. Haus- und Staatsarchiv.

79. 1355, 27. October. Ich Fridreich, ich Wolfgang, ich Hainrich, Prûder von Walse von Ens Tun chunt | offenbar mit disem brief, daz wir nach rat unser pesten vreunt, do wir ez | wol tuen mochten, mit unsern triwen verpunden und gelobt haben hincz unserm | liben vettern hern Reimprehten von Walse von Ens und geloben im auch mit di | sem brief, daz wir allez daz geschaft, so unser lieber vater her Fridrich von Walse | von Ens saelige geschaft hat, genczlich und gar volfuern inner Jarsfrist. Tuen | wir des nicht, swenn uns dann der vorgenant unser vetter manet, oder swem er daz enphilcht und schaffet an seiner stat, ob er selber in der zeit abgieuge | des got nicht gebe, dem sullen wir inantwurten unser veste Ort in dem | Traunse gelegen mit alle dem und darzue gehôrt, und schol unser vetter | oder swen er dar zue schaft an sein stat die egenanten veste ze Ort als | lang inne haben unczen wir allez daz gancz und gar volfuern und tuen | als unser lieber vater saelige geschaft hat und als die brief sagent, die er | daruber geben hat. Und des ze urchund geben wir disen offenn brief | mit unsern anhangunden Insigeln bestêtigt und mit unsrer lieben Swaeger | hern Niclas von Cheyow und hern Chûnrat von Meyssaw und mit der | Erbern Ritter hern Walthers und hern Hansen von Sawsenekk anhangunden | Insigeln bestêtigt. Geben ze Ens an sand Symons und Judas abent | anno domini M°CCC^mo l°quinto.

Orig. Perg. 7 Siegel (1, 3, 4, 5, 6, 7 fehlen, Nr. 2 von weissem Wachse, zerbrochen). Haus- und Staatsarchiv.

80. 1355, 25. November. Ich Eberhart von Walsse Hauptman ze Drozzendorf und ich Fridreich und ich Hainreich sein Süne und alle unser | Erben, wir vergehen und tůn chunt allen den die disen brief lesent oder hôrent lesen. Daz wir uns freuntleich und gůtleich verebent | und verricht haben mit unsern lieben Ohaimen hern Ulreichen und hern Eberharten den Prûdern von Cappelle und mit allen irn erben | umb die Herschaft, die Rapot, hern Rapots Sun von Valkchenberg den got genade gelazzen hat, Valkchenberch Goboltspurch Warttenstain | Spannberch und swaz dar zů gehôret Laeůt und gut swie so daz genant ist, und swaz er anders Gůtes lazzen hat, Laeůt und gůt | veste Chirichen Lehen, in urbar ze Holtz ze velde und ze dorffe, es sei gestift oder ungestift versůcht oder unversůcht swie so | daz genant ist und swo so daz gelegen ist nidterhalben Arbaispacher walde. Also daz wir den vorgenanten unsern zwain Ohaimen | hern Ulreichen und hern Eberharten den Prûdern von Chappelle und irn erben die Herschaft und die Gůter die aygen sint, die | uns mich Fridreichen und mich Hainreichen die Prûder von Walsse an erstorben sint von dem egenanten Rapoten dem Jungen von Valk | chenberch, wand sich der vorgenanten unserr Ohaim hern Ulreichs und hern Eberharts von Chappelle En, her Ulreich von Chappelle | und ir an, vrowe Margret sein hausvrowe, hern Hadmars und hern Rapots Swester von Valkchenberg den allen got genade gaentzleich | verzigen und fürzicht getan habent als der fürtzichtbrief sagt den wir dar umb gehabt haben, recht und redleich geleich | halbes ze chauffen geben haben, also daz uns die selben unser zwen Ohaim her Ulreich und her Eberhart von Chappelle darumb | und auch für alle die ansprach die wir hintz in gehabt haben umb Warttenstain und umb Spannberch und swaz darzů gehôrt | oder swaz Gůtes hin dan chômen ist, daz von dem egenanten Rapoten von Valkchenberch her chômen ist, gegeben habent syben | Hundert phunt wienner phenninge der si uns gar und gaentzleich gewert habent. Und habent uns auch dar zů gegeben | alles daz gůt halbes daz Lehen ist, daz dieselben unser zwen Ohaim her Ulreich und her Eberhart von Chappelle ayn an | erstorben ist von dem vorgenanten Rapoten von Valkchenberch. Also mit ausgenomener rede daz wir und unser erben und | dieselben unser zwen Ohaim und ir erben alle Herschaft und alle Güter si sein aygen oder Lehen und alle Manschaft und | alle Chirichen Lehen oder swie so daz genant ist als vor verschriben ist, als ez der oftgenant Rapot von Valkchenberch | lazzen hat und als wir ez baidenthalben zů diser zeit in nutz und in gewer inne gehabt haben, gleich alles mit ein ander | haben und nůtzen und leihen suln und auch mit einander damit allen unsern frumen schaffen suln mit verchauffen und | mit versetzen, als Prûder von vater und von Můter mit vaeterleichem und mit můterleichem erbe tůn suln an allen | chriege. Und daz diser Chauf und disen Sache fürbaz also staet und unzebrochen beleibe, dar über so geben wir Ich | Eberhart von Walsse und ich Fridreich und ich Hainreich sein Süne den oftgenanten unsern zwain Ohaimen hern Ulreichen und hern | Eberharten den Prûdern von Chappelle und irn erben disen brief zů einem warn urchůnde diser Sache versigilt mit unsern | Insigiln und mit unsers vetern Insigil hern Reymprechtes von Walsse, Hauptman ze Ens, und mit hern Stephans Insigil | von Meyczsaawe obrister Marschalich in Osterreich, die diser sache gezeuge sint mit irn Insigiln. Diser brief ist | geben ze Wienne nach Christes gebůrt Dreutzehen Hundert iar, darnach in dem fůmf und fůmfczgisten iar an | Sant Katreyn Tage.

Orig. Perg. 5 Siegel von weissem Wachse, Haus- und Staatsarchiv.

81. 1355, 21. December (St. Thomastag vor Weihnachten). Ulrich und Eberhard Brüder von Chappellen versetzen ihrem Oheim Eberhard von Walsse von Drozzendorf und Frau Agnes seine Hausfrau, Gräfin von Ortenbürch um 1200 Pfd. Pfen. ihr Dorf Stetelndorf (ihr Lehen vom Burggrafen Jans von Nürnberch) und 19 Pfd. Gülten auf folgenden Gütern: auf dem Hof „dem Zwentendorf 8½ Pfd. Geltes, donach daez Zwentendorf auf behaustem gut swas wir do haben an den Chorndler,“ 3 Pfd. Geltes (weniger 60 Pfen.); „und do selbs daz urfar fur ain halb phunt, do selb di vich waid fur drew phunt und do selb von veld lachen 12 schilling und von purchrecht Eckern 5 schilling und 80 sait phenning von Chrotendorf, auf behaustem gût 30 phening und von Schonpuhel auf behaustem gut 30 phening und ze Schonnpuhel von ainer Mul 7 Schilling und ze Leuczanloch auf behaustem gut und auf überlent zehen und fünf schilling." Ohne Abschlag der Nutzen. Jährlich ablösbar zwischen Weihnachten und Lichtmess. Kann weiter versetzt werden unter den nämlichen Bedingungen. Will der Afterpfandinhaber den Satz nicht zu lösen geben, soll ihn der Herzog zwingen.

Zeugen: her Rainpreht von Walsse von Ens und Stephan von Meyssow Obrister Marschalich in Österreich.

Orig. Perg. 4 Siegel (1, 2, 3, weisses, 4 grünes Wachs). Haus- und Staatsarchiv.

82. 1356, 7. März. Wir Leupolt von gotes gnaden Byschof ze Babenberg Bechennen offenleich mit disem | brief. Das wir dem Edeln unserm lieben getriwn Ulrichen von Waltsê Hauptman | in Steyr und seinem sûn Eberharten und iren erben verlihen haben ze rechtem lehen | die Burk Weissenekk und swaz darzû gehôrt und ander lehen | die sie von uns | und unserm Goczhaus haben. Auch haben wir durch ir̂r bet und dienst willen in die | genad getan, daz die selb Burck Weisseneck und swaz dar zû gehôrt und | ander lehen die si von uns und unserm gotshaus enpfangen haben, sullen auf den | Edeln unsern lieben getriwn Friderichen von Waltsê dez vorgenanten Ulrichs von Waltse bruder | und auf des Fridrichs erben gevallen und erben, nach irem und ir̂r erben tôd | und sullen die dann die selben lehen von uns und unserm gotzhaus enpfahen und | auch verdinen als lehens recht ist und dar über ze urchund geben wir disen | brief mit unserm heimlichem Insigel versigelt. Der geben ist ze Wienn nach | Crists gebûrt dreuczehen hûndert iar und darnach in dem Sechs und funf | tzigstem iar am Montag vor Gregorii.

Orig. Perg. 1 Siegel von weissem Wachse. Haus- und Staatsarchiv.

(Fortsetzung folgt.)

12.) Der Bundbrief der evangelischen Stände Österreichs ddo. Horn 3. October 1608 nach dem Originale im Archive der n. östr. Landschaft mit genealogisch-biographischen Anmerkungen von Adalbert Mainhart Boehm.

„Conföderation der evangelischen Stände in Oesterreich ob und unter der Enns, ddo. Horn 3. October 1608."

Demnach durch sonderbare Schickhung vnd Prouidentz Gottes dess Allmechtigenn es dahin khommen, dass der Allerdurchleuchtigist Grossmechtigiste Fürst vnnd herr, Herr Rudolph der Annder Erwölter Römischer Khayser, auch zue Hungern vnnd Böhaimb Khönig etc. vnnser Allergnedigister Herr, Crafft dessen sub dato Mitwuch nach Johanniss Baptista gegenwerdigen aintausennt Sechshundert vnnd achten Jars, mit dem durchleuchtigisten Fürsten vnnd Herrn, herrn Mathiß designirten Khönig in Böhaimb, Ertzhertzogen zu Österreich etc. dero geliebten Bruedern, vnnserm gnedigisten herrn, aufgerichten verferttigten vertrags, vnnd darin angetzogner hochbeweglichen stattlichen sachen, die gemaine Landtschafft, vnd Stend dero Ertzhertzogthumbs Österreich vnnder vnd ob der Ennss, deren aydt vnnd Pflichten, damit Sy Irer khay. Maj. zuuor zue gethann vnnd verbunden gewest, allerdinngs entbunden vnnd erlassenn, also das Sy nunmehr ob höchstgedachter khö. würdikkeit nach vermög vnnd Inhalt. Irer Lanndtsfreyhaiten, Priuilegien, altter herkhommen Rechten vnnd gerechtigkhaiten, die gebürliche Erbhuldigung laisten vnnd erstatten mügen, vnnd aber hietzwischenn bei erledigte r

Lanndten, vor mehrhöchstgedachter khö. würdigkeit Ankhunfft vnnd gelaister neuer Erbhuldigung wider allerlay, ausser- vnd Innerlichen gwaldt, feindtlicher attentata vnnd gefährlicher practicen sich billich für zuesehenn, vnnd zuuerwahren, Alss haben die Euangelischen Politischen Stenndt, dises Ertzhertzogthumbs Österreich vnder vnd ob der Ennss auss obligunder Schuldigkhait, damit Sy Ierem geliebten Vatterlanndt verbunden zu Schutz des Lanndts, auch Ierer vnd der Ierigen mehrer versicherung, vorderist aber, höchstgedachter khö. wirdigkhait alls dero khünfftigen Herrn vnnd Lanndtsfürstenn, zum bessten. Inmassen auch von Ieren lieben voreltern auf absterben, weillannd khayser Maximilianj des ersten, bey wehrenden interregno. mit allergnedigisten Dannkh nachfolgender Römischen Khaysern, vnnd Lanndtsfürsten Lobwürdig Beschehen, Sich in Jetziger grosser Zusammenkhunfft, im Namen des Allmechtigen Gottes, mit ainhölligem gemueth vnnd stimb dahin entschlossen, vnnd alles mitglider aines Leibs. mit Mundt vnnd hertzen, eyfrig, gegen einander verbunden wie es Jetzt, vnnd zu khünfftig, in ainem vnd dem andern zu abhelffung Jerer vilfelttigen grauaminum vnnd Neue bestättigung, Ierer freyhaitten Priuilegien, rechten vnd gerechtigkhaiten, auch alltt herkhomen gebrauchen vnd gewonnhaiten soll gehaltten werden.

Erstlich dass Sy mehr höchstgedachte khö. wirdigkheit obstehunder gestalt, auf vorgehunde offt vertrösste abhelffung Ierer grauaminum auch restitution vnnd Neuer bestätt vnnd becrefftigung, Ierer in mehr weeg bisshero geschwechten freyhaitten Priuilegien altten herkhommen, rechten vnnd gerechtigkhaiten (darunder Sy sonnderlich die Euangelisch augspurgerisch glaubens Confession vnnd gewissensfreyhait, für das höchst vnnd fürnemist haltten) für Ieren Lanndtsfürsten vnnd erbhern in Össterreich alls Ir nach Gottes gnedigen willen angehunde obrigkhait, auf- vnnd annemen, die Erbhuldigung laisten, vnd nit weniger, alls dero höchstgeehrten vorfordern rühmlich geschehen Schuldigisten gehorsamb mit getreuer darsetzung, Guetts vnnd bluetts laisten sollen vnnd wöllen.

Zum Andern weill dise neue vorganngene ganntze mutation vnnd Regimentsveränderung, fürnemblich daher eruolgt, das die vnirte Lanndt, (darunder auch sonderlich die Euangelischen Stännd diser vnnder vnd ober Ennserischen lannden) ain zeithero wider jere Priuilegia, recht, gerechtigkhait, vnnd altten herkhommen an Seel vnnd gewissen, Ehr Leib vnd guett zum höchsten betrangt, vnnd vast alles zum verderben, vnnd vndergang etwann auss verursachung fridthässiger Räth, vnnd widerwerdigen missgünnern gerichtet worden, dahero Ir khö. wirdigkheit verursacht, Sich deroselben selbst anntzunemen, vnnd mit getreuer Zuesetzung der Stennd, auf mittl vnnd weg, so zu des Lob: hauss Österreich Conseruation vnnd wollstanndt, auch zu enntlicher abhelffung, obgedachter grauaminum nutz vnnd fürderlich zugedennkhen, Dergestalt alle sachen in den altten stannd, wie es bei deroselb hochstgeehrten herrn vatters, weillannd Khayser Maximiliani Secundi Lebtzeitten, vnnd seeligen absterben, auch Jetzt Regierunder khay. May. antrettung, dero Regierung gewest, vnd gefunden, wider restituirt werde, Inmassen Ir khön. wirdigkheit solch Ir gnedigist gemüetth vnnd vätterliche affection, Sowoll gegen denen getreuen Stennden, alls Cur- vnd fürsten des heilligen Reichs, nit allain in verschlossenen vnd offentlichen Truckh ausgeferttigten schrifften vom Sechs vnnd tzwainzigisten Aprilis vnnd Sibenden, auch Sibentzehenden May, Sonndern auch durch Pottschafft vnnd sonnst mündlich erclärt, die gehorsamiste Stännd auch selbsten, kain annder noch erspriesslicher mittl, zuerhalttung, fridt, ruehe, vnnd vorigen altten vertreuligkhait befinden khönnen: Alls das vorderist Gott dem allmechtigen mit seinem allainseeligmachentem wort, blatz vnnd raumb gegeben, derselbige mit worten vnnd wercken ernstlich geehrt, gelobt, vnnd geforchtet werde auch meniglich bei seinem altten recht vnd gerechtigkhaiten erholtten, vnnd also das Jenig, dardurch soeil hochstgedachte khö. wirdigkheit mit diser Regimentsveränderung, gesuecht vnnd begert, nach mugligkhait befürdert vnnd zu werckh getzogen werde, zu dem die rechten auch zuegeben, das ein Jeder das seinige, dessen er ohne rechtliche erkhanndnuss de facto entsetzt worden, auf zuestehunde erste gelegenhait, wider an Sich nemben müge, demnach haben Sich vilgemeldte, vnnder vnd ober

Ennserische Euangelische Stenndt, mit ainhölligem gemüeth, Stimb vnnd Schluss dahin verglichen, das Sy Sich, gesambt vnd sonders, Angetzogener Irer freyhaiten, Priuilegien, Rechten vnnd gerechtigkhaiten, auch altt guett hergebrachten gewonhaiten, vnnd gebreichen, allerortten, jnn den Stanndt vnnd gestalt, wie ainer vnnd der ander, oder des vorfordern solches hieuor, vnnd bei glickhlicher Regierung, Weilland Khayser Maximiliani Secundi, auch Jetziger khay. May. Regimendts antrettung, vnnd aufgenomener huldigung, vnd nachmals, biss auf angefangene, Landtsverderbliche reformation, ruebig im brauch gehabt, Widerumben würckhlich vnnderfanngen, vnnd quasi jure postliminij gebrauchen sollen, vnnd mögen, vnnd demnach Jedem freystehen solle, Seine Khirchen vnnd Schuellen So wie gemeldt, er oder seine vorfordern zuuor Innen gehabt, deren aber seithero de facto, ausser gerichtlicher erkhhenndnus entsetzt worden, widar zueröffnen, dieselben mit rainen Euangelischen lehrern, Predigern vnnd Schuelmaistern zuersetzen vnd mit eyferiger obacht, dahin zu trachten, damit vor allen dinngen, Gott der Allmechtige, von meniglichen recht erkhennd geehrt Auch mit worten vnnd werckhen gelobt, vnd geheilliget werde, die vnnderthonen in schutz vnnd straffen, nach gottes gebott erhaltten, Ein ehrlich, züchtig, vnd niechters leben vnd wandl, allennthalben angestellt, vnnd eyferiger gehorsamb gegen der hohen vnnd nidern obrigkhait gepflanzet werde,

Dieweil aber fürs dritte Sonnderlich zubesorgen, Es werde der böse feundt, Alls ein Zerstörer des fridens, vnd Cristlicher ainigkhait, dem sonnderlichen gottes wort, vnleidentlich, Sich durch allerlaj Practicen, auch widerwerdiger, fridthässiger leuith antreibung, vnnss bei der hohen obrigkhait, vnnd andern Pottentaten dardurch, wegen mit vngleicher angebung, verhast zumachen, kain mittl noch weeg vnnderlassen, dannenhero ainem oder dem andern Stanndt vnnd glidt, gantz beschwärlich möchte zuegesetzt werden, demnach sollen vnd wöllen in allen fürfallenhaitten, nit allain ain Landt dem andern, Sonndern ein Stannd dem andern, wie auch ain mitglid dem anndern, getreuen eyferigen beistannd laisten, der gestalt, das was ainem begegnet, solches nicht annderst aufgenomen, auch mit erstattung der schäden, auss gemainem einkhomen, nicht annderst gehaltten solle werden, alls ob solches, den lanndern vnnd Stannden samentlich geschehen, vnnd begegnet wäre, wie dann destwegen, So baldt ainem oder mehrern hierin wass beschwärlichs widerführe, das Selbige Lannd, der Stannd oder dieselben Personen, solches allspaldt bei tag vnnd nacht, den herrn depudierten, vnd verordneten, im Lannd mit vberschickhung der beuelch, oder Citationen vnnd allen vmbständen vnd notturfften, zuwissen machen, vnd dero Ratts gebrauchen sollen, do auch ein sach so wichtig vnnd gefährlich Sich ertzaigete, das gedachte herrn depudierte vnd verordnete ander Lanndts, rath vnnd assistents, oder der gesambten Stännd Zusamennkhunfft von nötten hieltten, So solle auf erstes Ir ausschreiben ain Jeder, (der nit durch erweisslichen gottes gwaldt verhindert wirt) in der Personn allspaldt zuerscheinen schuldig, vnnd Ime die sach annderst nit, alls obs Ine selbs angienng, lassen angelegen sein, vnnd dann die verranntworttung vnnd hanndthabung dises Schluss, durch die gesambte vnzertrennte Stend beschehen, derenntwegen dann, kain Lannd ohne des andern vorwissen, Ichtes anfanngen, oder attentirn, auch kainer absonderlich, Es seye auf wasserlay zuenöttung es wölle, selbst veranntwortten, auf Citationes erscheinen, noch in anderweg im geringsten einlassen oder parirn solle, damit durch aines abtritt, der gesambten Stennden beeder Lanndt, kain Praeiuditium zuegetzogen, noch ainige Zertrennung, vnnd veränderung gemacht werde, do aber von ainem darwider wass geschähe, solle doch solches vnnbindig, vnnd diser vergleichung vnabbrichig sein,

Damit auch fürs Viertte die widerwerdigen vor gott vnd der weldt kain vrsach haben mügen, ain oder den andern ainiches vnrechts zubetzichtigen, weil sonnderlich dise vergleichung fürnemblich zu erhalttung guetten fridens, ainigkhait vnnd bestenndigen vertrauens, zwischen beeder Religionsverwohnten angesehen, So solle nit allein den Römischen Catholischean in Iren Religionsüebungen, an denen ortten do Sy es zur Zeit Khayser Maximilianj secundi Töttlichen abganng ruebig gehabt, kain eintrag geschehen, Sonndern auch der Euangelischen kainer weidters allss was er oder seine vorfordern vor der Zeit jenes gehobt vnnd hergebracht, dessen er auch mit erhoblichen process vnnd erkhanndtnuss mit enntsetzt worden, Sich antzumassen, vnd solle ein Jede Obrigkhait mit vleiss darauf sehen, dass vnnottwenndige scalierungen vnd Calumnien auf den Canntzln abgestelt, vnd auch sonnsten souil muglich den gegenthailn kain vrsach zu dergleicher Clag gegeben werde.

Schliesslich, vnnd weill solches alles ainig vnd allain zu gottes ehr, Erhalttung der Seelen freyhait vnnd gewissen- vnd befürderung höchstgedachter Ihr. wirdigkheit aigen Intents erclärung, auch erhalttung des Lanndswolstannd vnd freyhaiten, vnnd wider die fridthässige, widerwärdigen rattgeber, die Sich ainer mehrern gewaldts allss Iuen gebürth vnnderfanngen, Angesehen, vnnd ohne menigliches offension, Treuhertzig vonn den Stennden gemaint: damit es demnach vmb souil vesster vnnd gewisser, vnwiderrueflich gehaltten werde. So soll nit allain die Jetzt anwesennde, die dise vergleichung vnnd verbinndnuss, mit ainhälligem hertzen vnd Stimb bestettigt. dieselb auch mit Iren hanndschrifften vnd Pettschafften geferttigt, Sonndern auch die abwesennde hiertzu verbunden, vnnd gleichsfalls zuferttigen schuldig sein, welcher sich ober dessen verwaigert, oder nachmalln, wos hieoben gesetzt vnnd geschlossen worden, nit haltten, Sonndern dorwider hanndlen wurde, der soll alls ein obgeschnitten glidt, auss der Stannd mittl, aussgeschlossen, vnnd zu kainer versomblung, mehr beschriben, oder gelassen werden, Auch in kainerlai gefahr Sich bei den vbrigen, ainiges schutz hillff oder assistenz zugetrösten hoben.

Alles getreulich vnnd ohne gefahr geschehenn zu Horn, den dritten tag Octobris des Aintausennt Sechsshundert vnd Achten Jahrs.

(Nun folgen die betreffenden Unterschriften nebst den beigedruckten Petschaften):

1.) Wolff Freyherr von Eitzing m/p. 2.) Adam Herr von Puchaim Freiherr m/p. 3.) Wolfgang von Hofkirchen Freyherr m/p. 4) Paul Jacob Herr von Starhemberg m/p. 5.) Bernhardt von Puechaimb m/p. 6.) Hanns Vlrich Herr von Starhemberg m/p. 7.) Ludwig Herr von Starhemberg m/p. 8.) Wilhelm von Windischgraz Freyherr m/p. 9.) Erassm von Laudaw m/p. 10.) Sigmund Adam Herr von Traun m/p. 11.) Maximilian von Maming m/p. 12.) Hans Sigmund Greyss zu Waldt m/p. 13.) Wilhelm Seemann von Mangern m/p. 14.) Sebastian Günther Hager m/p. 15.) Christoff von Greissen zu Wald m/p. 16.) Ehrnreich Wurmbprand m/p. 17.) Ernreich von Gera m/p. Obr. 18.) Helmhard von Fridesheim m/p. 19.) Georg Casper von Neuhauss m/p. 20) Hanns Christoff Kaufmann zu Jeutendorf m/p. 21.) Gebhard Wilhelm Weltzer m/p. 22.) Georg Ehrnreich Herr von Puchaim Freyherr m/p. Ob. 23.) Wolff Adam Herr von Puechaim m/p. 24.) Georg von Landaw Freyherr m/p. 25.) Mertt Herr von Starhemberg m/p. 26.) Hanns Herr von Puechaim m/p. 27.) Hanns Gotthard Strein Herr zu Ss. (Schwarzenau) m/p. 28.) Maximilian Herr zu Polhaim m/p. 29.) Hardtmann Herr zu Puchaim Freyherr m/p. 30.) Andre Moracksch Freyherr von Litschau m/p. 31.) Bernhardt Herr von Puchaim m/p. 32.) Christoff Wilhelbm Pernstorffer von Poppen m/p. 33.) Hanns Volckhardt von Concin m/p. zu Weissenburg 34.) Carl Heuperger. 35.) Amandus von Gera m/p. 36.) Hainrich Hager m/p. 37.) Vlrich Leysser m/p. 38.) Sebastian Grabner m/p. 39.) Hanns Wolff Khneyssl m/p. 40.) Hanns Melchior Maschkho m/p. 41.) Georg Sigmundt Geyer von Osterberg m/p. 42) Ferdinand Herr zu Herberstein m/p. 43.) Geörg Ludwig Herr von Trautmanstorff m/p. 44.) Hartman von Landau m/p. 45.) Johann Christoff von Prag m/p. Freiherr. 46.) Christian Herr von Tscherneml. 47.) Maximilian Teufel Freyherr m/p. 48.) Andre Freyherr zu Khainach m/p. 49.) Ernnst von Kolonitsch Freyherr m/p. 50.) Hanns Andre Herr von Trauttmanstorff m/p. 51.) Christoff Wilhelm von Zelking m/p. 52.) Ott Fridrich Geyr m/p. 53.) Hector Khornfaidl zu Wurmbla m/p. 54.) Wolf Christoff Römmer m/p. 55.) Georg Bernhardt Kirchperg m/p. 56.) Haymeran Velderndorffer m/p. 57.) Wolff Steger m/p. 58.) Hector von Sonderndorff m/p. 59.) Dietrich Lasotha von Steblow m/p. 60.) Wolf Christoff Stubner m/p.

1.) Adam Polani m/p. 62.) Hanns Lorenz Khuefstajner m p. 63.) Weikhard Freyherr zu Polhaim der Jüngere m/p. 64.) Raichardt Herr von Puechaim m p. 65.) Georg [illegible] Enenckel m/p. 66.) Weickhardt Freyherr zu Aursperg m p. 67.) Hanns Adam Schratt Freyherr zu Khindberg m p. 68.) Wolff Jacob Freyherr zu Herberstein m p. 69.) Hanns Andre Herr zu Stadel m p. 70.) Wolff Freyherr zu [illegible]rau m/p. 71.) Seyfridt von Greyssen m p. 72.) Wolff Herr von Puchaimb m p. 73.) Joachim Stokarner zu Starein m p. 74.) Zachrias Woyttich m p. 75.) Virgilius Bschönigkh zu Madrantz m p. 76.) Hanns Ludwig Schönauer m p. 77.) Joachim Laglberg m/p. 78.) Wolff Polani m p. 79.) Geörg Ernreich Moser m/p. 80.) Hanns Adam Woittych m/p. 81.) Hannss Christoff Stockhorner zu Starein m/p. 82.) Johann Wilhelm Feyertager m p. 83.) Johann von Althan m/p. 84.) Albrecht Fridrich Graff zu Hardegg m/p. 85.) Sebastian von Greussen Freyherr m/p. 86.) Rudolff Teuffel m/p. 87.) Hanns Ludwig Herr von Khueffstain m/p. 88.) Hannss Rueber Freyherr m/p. 89.) Pilgram von Sintzendorff m/p. 90.) Veit Achaz Englshofer m/p. 91.) Carl Fuert m p. 92.) Hanns Paull Kremmer von Khönigshofen und Edlasperg m/p. 93.) Michael Zeller m/p. 94.) Hans Andre Zeller auf Rastenberg m p. 95.) Ferdinandt Stockhorner m/p 96.) Ferdinandt Pernstorffer von Poppen m/p. 97.) H. Leopolldt Grabner m/p. 98.) Wolff Christoff Waller m/p. 99.) Hanns Gottfridt Moser m/p. 100.) Pilgram von Fridesbaim m/p. 101.) Hanns Joseph Freyherr von Rottall m/p. 102.) Quintin von Althan Freyherr m/p. 103.) Ehrnreich Freyherr zu Khainach m/p. 104.) Erasm Freyherr vonn Eyzing m p. 105.) Hannss Wilhelm von Greyssen Freyherr m/p. 106.) Andre Herr von Puchaim Freyherr der elter m p. 107.) Hanns Jacob Herr von Khuefstain m/p. Freiherr. 108.) Balthasar Thonradl m/p. Freiherr. 109.) Hans Adam von Neydegg m/p. 110.) Carl von Fridesbaim m/p. 111.) Reimundt Straub m p. 112.) Christoff Weltzer m/p. 113.) Christoph Ernst Geyer v. O. (von Osterberg) m p. 114.) Max Hoe m/p. 115.) Johann Baptista Paheleb zu Oberwalterstorf m/p. 116.) Niclas Chrysostomus Ostermayr m/p. 117.) Wolf Fuert m/p. 118.) Görg Christian Herr von Zinzendorff m/p. 119.) Ernfridt Herr von Puechaim Freyherr m/p. 120.) Ott Teuffl Freyherr 121.) Wolff Dietrich Herr von Puechaimb m/p. 122.) Georg Ehrnreich Herr von Zinzendorff m/p. 123.) Ludwig von Künigsperg Freyherr m/p. 124.) Wolf Niclas Freyherr zu Aursperg m/p. 125.) Hanns Georg von Kolonitsch Freyherr m p. 126.) Wilhelm von Hofkirchen Freyherr m/p. 127.) Hanns Fridrich Khielmann m p. 128.) Michl Pitterstorffer m/p. 129.) Hanns Gabryell von Concin m p. 130.) Zachariass Pachmair m p. 131.) Hannss Wilhelbm Mayr m/p. 132.) Christof Khlaindienst m p. 133.) Niclass Gienanger zu Grüenbibl m/p. 134.) Friderich Gienger von Grunbihel m p. 135.) Georg Wopping m p. 136.) Adam Gienger zu Grünpuehl m p. 137.) Hanns Georg von Losperg m p. 138.) Hanns Adam Geyer von Osterberg m p. 139.) Matthias Wurmbprand m/p. 140.) Wolff Cristoff Velderndorffer m p. 141.) [illegible] [illegible]peck m p. 142.) Carl Ludwig Fernberger m p. 143.) Hanns Bernhard von Peuckhaim m/p. zu Albrechtsberg. 144.) Albrecht Geyer von [illegible] zu Osterberg m/p. 145.) Georg Bernhard von Neuhaus m p. 146.) [illegible] lein m/p. 147.) Thobias Stettnar m p. 148.) Matheuss [illegible] m p. 149.) Georg Jacob Freyherr zu Aursperg m p. 150.) Sebastian [illegible] m p. 151.) [illegible] Wolzogen m p. 152.) Math. Wollzogen m p. 153.) [illegible] m p. 154.) Simon Schrötl m p. 155.) Andre [illegible] m p. 156.) Georg Schütter zu Khlingenberg m p. 157.) Philipp [illegible] m p. 158.) [illegible] Startzer Dr. m/p. 159.) Hanns Georg von [illegible] m p. 160.) [illegible] [illegible]sprukh m/p. 161.) Wilhelm Christoph [illegible] m p. 162.) [illegible] m p. 163.) Alexander Huetstokber m p. 164.) [illegible] m p. 165.) [illegible] Friderich Tättenpeckh m p. 166.) Lucas [illegible] m p.

Original auf Papier im [illegible] [illegible]ezüglich der Taufnamen. [illegible] [illegible]ntalziffern.

Anmerkungen.

Ad 1 und 104. Die Freiherrn von Eitzing erscheinen als Edle von [illegible] bereits im XII. Jahrhunderte im heutigen Innviertel in Oberösterreich, wo ihr Stammhaus Eitzing in der Gegend von Ried lag und noch zwei Dörfer dieses Namens bestehen. Sie waren schon gegen das Ende des XIV. Jahrhunderts in Unterösterreich begütert, aber wenig bekannt. Ulrich der Eitzinger, welcher mit 3 Brüdern zu Anfange des XV. Jahrhunderts aus den oberen Gegenden nach Unterösterreich kam, gründete eigentlich die Macht dieses Hauses. Er war gewaltiger Landhofmeister und Günstling K. Albrechts II., der ihn nebst seinen Brüdern Oswald und Stephan (der ältere Martin lebte nicht mehr) zu Bresslau am 22. Februar 14[illegible] in den Freiherrnstand erhoben hat. Er war später der einflussreichste Mann im Lande, brachte das grosse Bündniss der österr. Stände zu Mailberg zu Stande, starb aber in Zurückgezogenheit auf seinem Schlosse Schrattenthal am 20. November 1460 und liegt nebst seiner Gemahlin Barbara, der Tochter des reichen Stephan Kraft, in der Pfarrkirche daselbst begraben.

Der sub 1. vorkommende Wolf Freiherr von Eitzing war 1592 und 15[illegible] kaiserlicher Hofkammerrath, dann K. Rudolfs II. Kammerpräsident und [illegible] Herrenstands-Ausschuss in Unterösterreich. Er war auch oberster Erbkämmerer dieses Landes, welches Amt Christoph Freyherr v. Eitzing nach Erlöschen des Hauses Eberstorf vom K. Ferdinand I. im J. 1561 als Mannslehen erhielt. Er hatte zwei Gemahlinen, Margaretha von der Dörr und Katharina Freiin Breuner. Mit seinem Sohne Philipp Christoph starb im J. 1620 dies Geschlecht aus und dessen Wappen und Erbamt gedieh an die Breuner. Der sub 104 genannte Erasmus Freiherr von Eitzing war 1596 Hauptmann ob und unter dem Mannhartsberge, 1612 ständ. Raitherr und starb 1617. Diese Familie besass damals die bedeutende Herrschaft Schrattenthal.

Ad 2, 5, 22, 23, 26, 29, 31, 64. 72, 106, 119 und 121. Die Herrn und späteren Grafen von Puchheim stammten aus dem Lande ob der Enns, wo ihr Stammhaus Puchheim in der Gegend von Vöklabruck noch heute besteht. Sie dürften ein Seitenzweig der alten Grafen von Rebegau und Hohenburg gewesen sein, die auch Wildberg im Lande unter der Enns, so wie Besitzungen in der Gegend von St. Pölten daselbst innehatten. Bereits im J. 1108 erscheint ein Pilgrim von Puchheim als Zeuge nebst einem Hartmann v. P. Alher erhielt vom K. Otakar von Böhmen als Herzog in Österreich im J. 1276 das Erbtruchsessenamt in Österreich, das ihm im J. 1301 auch Herzog Rudolf verlieh und das dies Geschlecht bis zu seinem Aussterben innehatte. Von den unter den obangesetzten Nummern vorkommenden Herrn von Puchheim waren Wolf Adam und Bernhard Gebrüder Herrn zu Heidenreichstein an der Grenze von Böhmen, Hanns von P. Herr zu Wildberg und Horn, Reichard war auch Herr zu Krumbach und Horn, Andreas Herr zu Rabs. Georg Ehrenreich zu Rabs hatte die Brüder Rudolf und Gottfried. Ihre Schwester Polixena war an einen Geyer von der Osterburg vermählt. Dem Gottfried wurde als Rebellen das Gut Weinern confiscirt.

Dies Geschlecht war das wichtigste bei dem fraglichen Bündnisse, das auch auf seiner Burg zu Horn gefertigt wurde und besass sonst auch Göllersdorf. Der Letzte des Geschlechtes starb im J. 1718 als Bischof zu Neustadt. Er vermachte Göllersdorf und das Erbtruchsessenamt in Österreich den Grafen von Schönborn, die es noch innehaben, wie sie auch den Namen und das Wappen von Puchheim dem ihrigen beigefügt noch jetzt führen. In dem Hause der Letzteren zu Wien ist auch ein nicht unbedeutendes Archiv der von Puchheim, nach dessen Benützung ein eigener Aufsatz über dies uralte hochberühmte Geschlecht erscheinen wird, wenn es die Umstände zulassen. Darum wir gerade diese Familie hier kürzer abgefertigt.

Ad 3 und 126. Die Freiherrn von Hofkirchen waren ein altes Geschlecht, das aus Baiern nach Österreich unter der Enns gekommen sein soll. Bereits im J. 1411 kaufte Jodok der Hofkircher von dem Herzoge Leopold von Österreich die Veste Kolmünz bei Raba im V. O. M. B. und seine Familie erhielt von K. Friedrich III. nebst dem Freiherrnstande das Prädicat von derselben und gehörte von da an zu dem Herrnstande in Niederösterreich. Der sub 3 vorkommende Wolfgang besass die Güter Kolmünz, Drössidl und Vesendorf, war 1593 n. östr. Regierungsrath und 1603 bis 1606 Verordneter des n. östr. Herrenstandes und hatte zur Gemahlin Anna Dorothea Gräfin von Ötting: Wilhelm von Hofkirchen, sein Sohn, heirathete im J. 1609 Anna Sabina Freiin von Auersberg; Wolfgang hatte aber auch einen Bruder Wilhelm, und ein zweiter Bruder von ihm war Georg Andreas von Hofkirchen Freiherr auf Kolmünz und Drössidl und Herr der Güter Neusigen, Judenau und Gutenbrunn (im V. U. W. W.), kaiserl. Rath, Kämmerer und Oberst, vermählt mit Margaretha von Losenstein. Er sowohl, als Wilhelm und Hanns Bernhard von Hofkirchen wurden im J. 1620 vom K. Ferdinand II. als Rebellen in die Acht erklärt. Seine Söhne wurden später katholisch und im J. 1665 in den Grafenstand erhoben, aber dies Geschlecht starb im J. 1692 aus.

Ad 4, 6, 7 und 25. Die noch florirenden Fürsten und Grafen und ehemaligen Herrn von Starhemberg sind wahrscheinlich ein Seitenzweig der alten steiermärkischen Markgrafen, nannten sich im XII. Jahrhunderte Herrn von Steier, waren Vögte der Klöster Garsten und Lambach und bauten um das J. 1176 das Schloss Starhemberg (1 Poststation oberhalb Lambach in Oberösterreich), von dem sie sich von da an benannt haben. Gleichen Ursprungs mit ihnen sind die abgestorbenen Herrn von Hohenberg, Losenstein und Perneck. Der sub 4 erscheinende Paul Jacob Herr von Starhemberg, geboren 1560, war des K. Mathias Rath, Kämmerer und General-Commissär in Ungarn und dreimal Verordneter des Herrenstandes in Österreich unter der Enns. Er hatte zwei Gemahlinnen, nämlich eine von Rappach und eine von Thanhausen und starb am 26. October 1635. Der sub 6 genannte Hanns Ulrich Herr von Starhemberg, geb. 1563 am 27. Juni, war Herr zu Ennseck, kaiserl. Rath und Beisitzer der n. östr. Landrechte und hatte auch zwei Gemahlinnen, nämlich eine Gräfin von Ortenburg-Salamanca und eine Freiin von Schönkirchen. Der sub 7 aufgeführte Ludwig Herr von Starhemberg zu Albrechtsberg und Ober-Pielach, geb. 1564, war des K. Matthias Kämmerer, n. östr. Hofkammer-Director, ständischer Verordneter unter der Enns, 1595 Burggraf zu Steier und vermählt mit Elisabeth Gräfin von Hardeck, Elisabeth von Scherfenberg und Barbara von Herberstein, und der sub 25 verzeichnete Mert oder Martin Herr von Starhemberg, geb. 1566, war kaiserl. Rath und Regent der n. östr. Lande, vermählt mit Benigna Thurzo von Bethlenfalva und dann mit Sidonia von Sonderndorf. Er starb im J. 1620. Ludwig und Martin v. St. wurden vom K. Ferdinand II. im J. 1620 als Rebellen in die Acht erklärt. Dies Geschlecht besass sonst damals die Herrschaften Wildberg, Riedeck, und Lobenstein die Grafschaft Schaunberg mit der Stadt Eferding und dem Gute Mistelbach im Lande ob- und die Herrschaft Schönbühel bei Mölk unter der Enns und hat von den Grafen von Schaunberg das Wappen geerbt, so wie es auch das von diesen bekleidete Erbmarschallamt in Österreich noch jetzt innehat.

Ad 8. Die heutigen Fürsten von Windischgrätz sind ein sehr altes steierisches Geschlecht, das aber nicht mit dem uralten Hause der Herrn von Grätz zu verwechseln ist und aus dem ein Ulrich von Windischgrätz bereits im J. 1242 vorkömmt. Im J. 1551 wurde es in den Freiherrnstand erhoben und erhielt das Erbstallmeisteramt in Steiermark, im J. 1550 wurde es laut Matrikel in den n. östr. Herrenstand aufgenommen und am 16. August 1658 erhielt es den Reichsgrafenstand. Der sub 8 genannte Wilhelm, geboren 1558, war innerösterreichischer Hofkriegsrathspräsident zu Grätz, besass Kolnitz und Katsch in Kärnthen und Pielahaag in Unterösterreich, war einer der an K. Mathias im J. 1609 wegen der Religionsbeschwerden nach Pressburg abgesandten evangelischen ständischen Deputirten und vermählt mit Barbara von Kolnitz. Sonst besass seine Familie damals schon die Herrschaft Trautmannstorf.

Ad 9. Die Herrn von Landau sollen mit den jetzigen Königen von Würtemberg ein und desselben Ursprungs gewesen sein und führten ebenfalls wie dies

Haus drei Hirschgeweihe im Schilde. Sie machten sich im J. 1524 zuerst in Oberösterreich mit dem Schlosse Haus und bald darauf auch in Unterösterreich mit der Herrschaft Rapotenstein begütert. In dem letzteren Lande wurden sie laut Matrikel im J. 1564 in den Herrenstand aufgenommen. Der sub 9 vorkommende Erasmus von Landau, Herrn Sigismunds von Landau und der F. Barbara von Puchheim Sohn, vermählt mit Benigna von Wrbna, kaufte später 1615 die Herrschaft Zistersdorf und besass im J. 1620 auch Marcheck und Anger, wurde geächtet und seine Güter confiscirt. Der sub 24 genannte Georg von Landau war sein Bruder und des Erzherzogs Maximilian von Österreich Mundschenk, verehelicht mit Appolonia von Königsberg am 31. October 1593. Der sub 44 aufgeführte Hartmann von Landau war ihr Vetter, besass im J. 1604 den Edelsitz Schickenhof bei Stadt Zwettl und verkaufte am 28. April 1608 den Sitz und das Dorf Aichhorn an Alexander Huetstocker auf Dobra, soll jung gestorben sein und keine Kinder hinterlassen haben. Einem Sigismund von Landau wurde im J. 1620 das Gut Rodaun confiscirt. Georg ist in demselben Jahre vom K. Ferdinand II. als Rebell in die Acht erklärt worden. Ihr Geschlecht erlosch mit Hanns Adam Freiherrn von Landau zu Rottenbach V. O. M. B. im Jahre 1690 und wurde von denen von Hackelberg aufgeerbt, die ihr Wappen und ihren Namen den ihrigen beigefügt noch führen.

Ad 10. Die im Grafenstande noch florirende Familie von Traun, auch genannt von Abensberg und Traun, seit undenklicher Zeit im n. östr. Herrenstande, ist wahrscheinlich eines und desselben Ursprungs mit dem jetzt königlichen Hause von Baiern und führt ihren Namen von dem wohl von ihr erbauten Schlosse Traun unweit Linz, welches sie noch gegenwärtig besitzt. Rapoto von Traun, einer der Ahnherrn dieses Hauses, war wahrscheinlich ein Bruder des Vogtes Rudolf von Perge, 1108. Seitenzweige dieses Geschlechtes dürften gewesen sein: die Grafen von Schaunberg, Herrn von Rohr, Schlierbach und Zelking, und die von Au, die Grafen von Hohenburg und Wildberg, Rebegau, von Stein und Hoheneck, die Edlen von Schleunz, von Stein, Falkenberg und die Burggrafen von Gars, die Herrn von Kapell und die heutigen Fürsten von Liechtenstein.

Der sub 10 genannte Sigmund Adam Herr von Traun und Herr auf Meissau, geb. 1573, war später n. östr. ständ. Verordneter vom J. 1614 bis 1622, wurde kaiserl. Kämmerer, wirklicher geheimer Rath, Obersthofmeister, Hofkammerpräsident und endlich 1632 Landmarschall und General-Landoberster im Lande unter der Enns. Seine Gemahlin war Eva, eine Tochter des H. Weikhard von Polheim, und sein Haus erhielt am 15. August 1653 den Grafenstand.

Ad 11. Maximilian von Maming stammte aus einem uralten Rittergeschlechte, das bereits um das J. 1490 das Gut Nussdorf an der Traisen in Unterösterreich erkauft hat. Er war der n. östr. Stände Gesandter nach Prag im J. 1573, im J. 1594 aber auf den Reichstag zu Regensburg, 1601 wieder nach Prag, im J. 1608 aber nach Pressburg an die ungarischen Magnaten, sonst vom J. 1576 bis 1579 n. östr. Regierungsrath, vom J. 1597 bis 1604 n. östr. Ritterstandsverordneter, 1589 n. östr. Hofkammerrath und 1604 und 1609 Ausschuss der evangelischen Stände. Er hatte zur Gemahlin Anna Hagerin, besass die Güter Kirchberg an der Bielach, Rassing und Mitterau und starb am 6. Mai 1610. Sein Geschlecht kommt später im Freiherrnstande noch in Baiern vor.

(Fortsetzung folgt.)

V. „Historischer Atlas."

Statistik des Mittelalters.

) Das Lehenbuch K. Ladislaus P. für Österreich ob und unter der Enns. (In alphabetischer Ordnung.)

(Fortsetzung.)

250.) Leo Sneckenrewter.

Den drittail des Hofs zu Wolfsperg mitsampt dem paw akcher wismad ten und vischwaid;

it. Hanns Smid von Hornpach dint von 1 Jeuch weingarten am perg legen 1 emer wein;

it. Pekchin von Hollenwurgk dint von 1/2 Jeuch am perg gelegen , emer wein;

it. Thoml Mushaimer von 1/2 Jeuch daselbs am perg 1/2 emer wein;

it. Steffl Pewrl von Pald von 1/2 Jeuch weingarten am perg 1/2 emer wein;

it. Thomel Unger detto;

it. Hanns Eyffel detto;

it. Symon Steger von Furdt detto;

it. Thomas Pirhinger detto;

it. Hanns Pair von Talarn dint von 1/2 Jeuch weingarten im frawngrunt , Emer wein;

it. Hanns Speiser im werdt dint von 1/2 Jeuch weingarten im frawngrunt , emer wein;

it. Thoman Vorster im werdt dint von 1 Jeuch weingarten im frawngrunt emer wein;

it. Hanns Gaffl im werdt dint von 1/2 Jeuch weingarten am perg 1/2 emer ein weniger 2 echterin;

it. Mörl im werdt dint von 1/2 Jeuch weingarten am gern 1/2 emer wein eniger 1 echterin;

it. Niderl im werdt dint von 1/2 Jeuch weingarten am perg 1/2 emer wein;

it. Mertl Wellukeher dint von 1/4 Jeuch weingarten am perg 1/4 wein;

it. Ramler dint von 1/2 Jeuch weingarten am perg 1/2 emer wein;

it. Steffl am ort von Nider Wellukeh dint von 1/2 Jeuch weingarten am erg 1/2 emer wein;

it. Hanns Jungwirt dint von 1/2 Jeuch weingarten an der Achleytten 1/2 emer wein;

it. Kristan Mauttinger von Fuchaw dint von 1/2 Jeuch weingarten an der chleytten 1/2 emer wein;

it. Mert Kneyssl dint von 3/4 weingarten im Spaneztal 3/4 Most;

it. Anderl Pirpawmer von Talarn dint von 3/4 im Spaneztal 3/4 most;

it. Veit Akkerl von Furt dint von 1/2 Jeuch weingarten im Spaneztal phenning;

it. Jacob Prewer dint von 1 behausten gut 30 pfenning und von 1 garten in er ainöd gelegen 10 Pfenning;

it. Symon Haynaseber von werdt dint von 1 weingarten im Spaneztal phenning;

it. Michel Altman von Paldt dint von 1 Weingarten im frawngrunt 3 helbing;

it. Hanns Puchspawm von Pald dint von 1 weingarten im werdt 26 phen.;

it. Fridreich Leitgeb dint von 1 garten in der Selt 5 helbing;

it. Ul Hofer von Fuchaw dient von 1 Jeuch akcher im Spaneztal phenning;

it. Hanns Jungwirt dint von $^1/_2$ Jeuch weingarten in der achleitten 5 phenning;

it. Niclas Vischer dint von 1 garten in der aynöd 54 phenning;

it. Nikl Merbl von Ober Fuchaw dint von 1 akcher in dem frawngrunt 4 phenning;

it. Andre Wenigenderl dint von 1 garten im werd 22 phenning und von 1 weingarten im frawngrunt 4 phenning;

it. Peter Lewttl dint von 1 weingartlein im frawngrunt 2 phenning;

it. Hanns Spitzl dint von 1 akcher im Spanecztal 6 phenning;

it. Peter Schaihl dint von aim antail $22^1/_2$ phenning;

it. Jacob Zehentner dint von $^1/_2$ Jeuch akcher im frawngrunt 6 phenning, und aber von 1 Jeuch akcher auch im frawngrunt gelegen 5 phenning;

it. Wolff Mair dint von $^1/_2$ Jeuch weingarten am perg 5 phenning;

it. Dietl aus dem werdt dint von $^1/_2$ Jeuch weingarten im frawngrunt 5 helbling;

it. Kristan Mauttinger von Fuchaw dint von $^1/_2$ Jeuch weingarten an der Achleitten 5 phenning;

it. Veit Smidin von Hornpach dint von 1 weingarten an der leitten 5 phenning;

it. Anderl Ranfrid dint von 1 akcher der haist gern 5 phenning und von $^1/_2$ Jeuch 4 phenning;

it. Jorig Pinter von Talarn dint von aim antail enhalb Tunaw $7^1/_2$ phenning und von 1 garten im werdt 26 phenning;

it. Steffl Lewman dint von 1 akcher im frawngrunt 6 phenning;

it. Fridl Tenkschuchl von Fuchaw von 1 akcher im Spanecztal 5 phen.;

it. Kristan Wenigenderl von 1 Weingarten im frawngrunt 3 phenning;

it. Paul Leitgeb von Nider Fuchaw von 1 weingarten haist der Steger 1 helbling und von $^1/_2$ Jeuch weingarten im frawngrunt 5 helbling;

it. Kaspar Pawr von Kirichsteten von 1 weingarten genannt der Mugler 2 phenning;

it. Paul Nustorffer von 1 weingarten genannt der Mawrbekch 5 phenning und dint von aim antail $7^1/_2$ phenning;

it. Seydl Peyrin von 1 akcher gelegen am gemerkt 6 phenning und von 1 weingartlein gelegen im frawngrunt 3 phenning;

it. Matheus Smid von Ekchendorf von 1 Jeuch weingarten im Spanecztal 6 phenning;

it. Conrat Glacz von 1 garten im Mawrbekch 12 phenning;

it. Andre Pirpawmer von 1 weingarten im Spanecztal 3 phenning;

it. Andre an dem Art (?) von Fuchaw von 1 akcher auf dem teuffen weg 4 phenning:

it. Mert Kneyssl von $^1/_4$ weingarten im Schueftling 6 phenning und auch von $^3/_4$ im Spanecztal 3 phenning;

it. Wolfgang Meylenstorffer von 1 behausten Gut 15 phenning;

it. Liechtenekcher von 3 teuchen 3 phenning;

it. Erhart Puchspawm von 1 behausten gut 30 phenning;

it. Philipp Scharner von $^1/_4$ weingarten in der Hinderleytten 4 phenning;

it. Hanns Lewman von aim antail $7^1/_2$ phenning;

it. Anderl Schueler von $^1/_2$ Garten gelegen bey dem Meylenstorffer 15 phenning;

it. der Wesel von Hornpach von 1 weingarten im Spanecztal 3 Helbling;

it. Ursula des Spitzlens Anderl von 1 Weingarten im Frawngrunt 2 phenning;

it. Mert Kneyssl von 1 behausten gut 55 phenning;

„Wan der ettlich sein erb und ettlich sein kauffts gut wern."

Oest. Ms. Nr. 65, Fol. 2, 4.

Leo Sneckenrewter.

2 tail zehents zu Langenaw gross und klain zu veld und zu dorff auf den nachgeschriben gütern:

von erst ain ganez leben da der Metl aufsiczt und ist des Abbts von Jerus;
it. 1 ganez leben darauf der Schellenhaimer siezt;
it. 1 gancz leben darauff der Sehon Thoman siezt;
it. ½ Lehen und 1 hofstat darauff Michel Pfinwol siezt;
it. ½ Leben darauff Wenczl Vinckerl siezt;
it. ½ Leben darauff Philipp Smid siezt;
it. ½ Leben darauff Michl Kegel siezt;
it. ½ Leben darauff Steffel Horner siezt;
it. ½ Lehen darauff Steffel Mader siezt und ist des Abbts zu Sannd Mareinczel;
it. ½ Leben darauff Nikel Peichell siezt und ist des Abbts von Jerus;
it. 1 ganez Lehen darauff der Gross Egkl hinder der kirchen siezt und (ist) des Abbts von Jerus;
it. 1 gancz Lehen darauff Kristan Hupfindaschen siezt und ist des Abbts von Jerus;
it. 1 öde hofstat darauff yecz nyemand ist und ist des Abbts von Jerus;
it. 1 hofstat darauff Jorg Korlupper siczt und ist des Abbts von Jerus;
it. 1 gancz Leben darauff Peter Kallenperger siczt und ist des Abbts von Jerus;
it. ½ Lehen darauff Nikl Streicher siezt und ist des Abbts von Jerus;
it. ½ Lehen darauff Hainczel Lebansargen siezt und ist des Abbts von Jerus;
it. 2 od hofstat daselbs und sind des Abbts von Jerus;
it. 1½ odrechtlehen darauff Michel Harmkolben siczt und von dem ganczen Lehen gibt er halben dinst dem Abbt zu sannd Mareinczel und
1 hofstat darzu, darauff ist etwen gesessen Fridl Mesner;
it. ½ darauff der lanng Thoman siczt und ist des Abbts von Jerus;
it. ½ Lehen darauff Flanss Jännko siezt;
it. ½ Lehen darauff Mert Taschner siczt und ist des Abbts von Jerus;
it. 1 gancz Leben darauff Steffl Lenhosl siczt;
it. 1 hofstat darauf Hainreich Kollnperger siezt und ist des Abbts von Jerus;
it. und 2 od hofstet dabey sind auch des Abbts von Jerus auf der nagsten des lenhosleins ist gesessen der Judel Fleyschaker auff der andern ist gesessen Larencz Hueter;
it. 1 gancz Purgkrechtlehen darauff Hanns Kegl siezt;
it. 1 ganez leben darauff der Liechtlos siezt und ist des Abbts von Jerus;
it. ½ Leben darauff Hännsel Spach siezt und ist des Abbts von Jerus;
it. ½ Leben purgkrecht darauff Colman Golhofen siezt;
it. 1 gancz Leben darauff der Kerspacher siczt und
2 hofstet die er auch hat zu seim hoff dauon ist er schuldig zwaytail Zehent in haws und zu veld;
it. 1 ode hofstat hat der Peter Kalnperger inn, darauff ist etwen gesessen der Pokchl;
it. 1 hofstat darauf Hännsl Haltter siczt und hat sunst auch ain ode hofstat darczu;
it. 1 hofstat hat yecz der Flanss inn, ist ettwen gewesen des Steybl;
it. 1 hofstat leyt an den freythofgraben darauf yecz siczt die Hännsl Halterinn und in dem garten den ettwen der Palterndorffer darczu kaufft hat;
it. Nikl Werderuelder hat 4½ gwanten akchers darauff zway tail Zehend sind.

Mit urkund etc.

Oestr. Ms. Nr. 65, Fol. 4, b, 5.

251.) 1455, 16. April, Wien. Gemeinde Stadlaw (Conrad Gartner, Richter als Lehenträger).

Folgende Auen:

1 Au, genannt „Kriegaw;“

it. 3 Auen, genannt „die Scheiben, der Segengrunt und der „Prater“ gelegen in der Donau bey Stadlaw;

it. 1 Au, genannt „der Hereczngang niderhalb Stadlaw.“

„Sunder sullen si uns auch mit Schiffen und in andern sachen dienstlich und gewertig sein, als man von derselben Awen wegen vormalen getan hat und von alter herkomen ist.“

(Ihr Lehen von früheren Zeiten.)

Oestr. Ms. Nr. 65, Fol. 98.

252.) S. D. 1456, c. 26. August. Erasmus Stadler (für sich und Andreas und Sigmund Stadler, seinen Bruder und Vetter). (Landsf.)

1 Gut genannt am Huneczperg.

(Ihr Erbe.) Oestr. Ms. Nr. 65, Fol. 108.

253.) S. D. (1456, c. 26. August). Barbara, Hausfrau des n. Stainacher (für sich und die Kinder ihrer Schwester weiland Felicitas, Hausfrau Jörgens des Stadler (Sigmund und Barbara).

5 ganze Häuser zu Olstorf;

it. 8 ganze Zehendhäuser zu Ödendorf;

it. 1 ganzes Zehendhaus zu Aichelhaim;

it. zu Naidal 2 ganze Häuser und in dem Feld 1 ganzes Haus;

it. zu Rulhaim auf 6 Häusern, auf jedem Haus das Drittel, und alle gelegen in Olstorfferpfarre;

it. an der Stiegen 5 ganze Zehendhäuser;

it. an dem Strabhof 1 ganzes Zehendhaus;

it. in der „Mitterngrub“ 1 ganzes Zehendhaus.

und in der Obern grub auf 1 Haus 2 Theile Zehend;

it. auf Neitleins Öd 1 ganzes Haus;

it. „dacz dem Greil“ 1 Lehen, auf 1 Haus die 2 Theile Zehend;

it. „dacz dem Freichen an der Strass“ auf 1 Haus die 2 Theile Zehend;

it. „in dem Rewt“ auf 2 Häusern, auf jedem die 2 Theile Zehend;

it. „am pach“ 1 ganzes Zehendhaus;

it. am Stainpuhel 1 ganzes Zehendhaus;

it. „in der grub“ auf 1 Haus 2 Theile;

it. zu Strass 1 ganzes Zehendhaus;

die alle gelegen sind in Lostorfferpfarre;

it. zu Gukenperg die 2 Theile;

it. zu Stetten ½ Haus, gelegen in Kirchaimerpfarre;

it. zu Nessling 4 ganze Zehendhäuser in Rewthaimerpfarre gelegen;

it. 1 „Vailpad“ gelegen zu Gmunden in der Stadt.

(Ihr Erbe.) Oestr. Ms. Nr. 65, Fol. 108.

254.) 1455, 25. April, Wien. Wenczla Stainberger.

1 Hof, genannt der „Klainhof“ und 2 Hofstätte dabei in Perkircherpfarre;

it. 1 Hof genannt der „Prentlhof“ in S. Leonhardspfarre; „ ist in wertsaigen:“

it. 1 Hof genannt zu „Weinczurl“ und 1 Hofstatt daselbst in Nernerpfarre und im herzoglichen Landgerichte im Machland gelegen:

it. 2 Theile Zehend auf 1 Hof genannt der „Mairhof“ und 1 Hofstatt im Klaffer und auf 1 Lehen im Dörflein.

(Sein Erbe.) Oestr. Ms. Nr. 65, Fol. 98, b.

255.) 1455, 19. April. Wolfgang Stainesperger.

1 Gut „daez dem Puher an der Leitten“ gelegen in Grunnsteter-pfarre und Wechsenberger Landgerichte.
(Sein Erbe.) Oestr. Ms. Nr. 65, Fol. 29, b.

256.) 1455, 5. Mai, Wien. Sigmund Stainpekh.

1.) Die Veste Stainpach und den Bauhof daselbst mit ihren Zugehörungen;
2.) 1 Gut zu Lewten;
3.) 1 Gut zu Reyffenaw;
4.) 3 Güter zu Utendorf;
5.) 1 Gut zu Lassenstorf genannt der „Praahof;“
6.) 1 Mühle genannt die „Rabelmüll;“
7.) 1 Gut unter Wechsenberg genannt der Weg;
8.) ½ Mühle genannt im „Viechpach“ und die „Öd“ dabei gelegen;
9.) 1 Gut zu Gestlemd; (?)
10.) 2 Güter zu Vierling;
11.) 1 Mühle, genannt die Kiesmül.
Alles gelegen in Wechsenberger Herrschaft.
(Sein Erbe.) Oestr. Ms. Nr. 66, Fol. 32.

1455. 25. September, Wien. Ekhart Stainpekh.

1 Hof, genannt „daez dem Hof“ und 5 Hofstätt dabei gelegen;
it. 1 Gut, genannt „daez dem Prenntl;“
it. 1 Gut im „Puchach;“
it. 2 Güter, genannt zu „Hawgenöd;“
it. 1 Gut, genannt „daez dem Glaez;“
it. 1 Gut genannt „zu Grub;“
it. 2 Güter, genannt zu „Moss;“
it. 1 Gut genannt „auf dem Puchl;“
it. 1 Mühle, genannt die „Krewamühle;“
it. 1 Hofstatt gelegen zu „Lasperg,“ auf obgenannten Stücken überall Theile Zehend;
it. 2 Güter, genannt zu Gunderstorf;
it. 1 Gut, genannt in der „Chromach;“
it. 2 Güter, genannt „daez dem Geist;“
it. 1 Gut, genannt „daez dem Weissen an der Wiss;“
it. die Fischweide auf der Veistricz als man die von Alter zu den Hof gehabt hat;
it. zu Grub auf 2 Gütern 2 Theile Zehend;
it. auf 1 Gut zu Reichkenstorf 2 Theile Zehend, die Stücke alle gelegen in Laspergerpfarre;
it. 5 Güter genannt „auf der Snapling“ und sind gelegen in Gutauer-pfarre;
it. 1 Hof, genannt „auf Swannt“ und 2 Hofstätte dabei;
it. 1 Gut, genannt im „Pawmgarten;“
it. 1 Gut zu „Lerchnöd;
it. die Aumühle, sind gelegen in Newnmarkhterpfarre;
die obgenannten Stücke sind alle gelegen in Freinsteter Gericht.
(Sein Erbe.) Oestr. Ms. Nr. 66, Fol. 71, b, 72.

257.) 1455, (23. März), Wien. Rüdiger von Starhemberg.

Als der Ältere („anstat sein und Ulreichen und Hannsen gebrüder von Starhemberg seiner vettern und Caspars von Starhemberg weilent Jorgen von Starhemberg Sun auch irs Geuettern“) erhielt zu Lehen
„das landgericht zu Steteldorf auf dem Wagram zu veld und zu dorff.“
(Als ihr Erbe.) Oestr. Ms. Nr. 65, Fol. 12, b.

1455, 24. Juli, Wien. Rüdiger von Starhemberg.

Ganzen Zehend zu Nebagken in Meislingerpfarre gelegen, auf 10 ganzen Lehen, gross und klein, zu Feld und zu Dorf;

daselbst auf 1 Hof und auf dem Eybishof $\frac{1}{2}$ Zehend zu Feld und zu Dorf, und zu

Haichaw auf 2 Lehen auch ganzen Zehend zu Feld und zu Dorf.

(Gekauft von den Töchtern weiland Hanns des Ganser von Zwingendorf, Barbara, Hausfrau des Caspar Matseber, und Elsbeth, Hausfrau des Wiener Bürgers Jacob von Prunn.)

Oestr. Ms. Nr. 65, Fol. 61.

1456, 9. März. Rüdiger von Starhemberg. (Landesf.)

Die „drei Theile" an folgenden Zehenden:

zu Nebagken in Meislingerpfarre gelegen auf 10 ganzen Lehen ganzen Zehend, gross und klein, zu Feld und zu Dorf, und daselbst

auf 1 Hof und auf dem Eybeshof $\frac{1}{2}$ Zehend, zu Feld und zu Dorf;

und zu Haichaw auf 2 Lehen auch ganzen Zehend, zu Feld und zu Dorf.

(Gekauft von den 3 Töchtern des Hanns Ganser zu Zwingendorf,
Kristina, Hausfrau Wenczlaw des Ochsen,
Scolastica, Hausfrau Thaman des Newnhawser,
Wenndula, Hausfrau Dietrich des Pfefflein.)

Oestr. Ms. Nr. 65, Fol. 68.

1455, 23. März, Wien. Rüdiger von Starhemberg.

Folgende „vessten stukh guter nucz gult zehend lanntgerichtt, dorfgericht, manscheffl geistlich und weltlich, geyaid vischwaid wiltpen und vogelwaid" sein Erbe:

die vesst Rappotenstain und das Burkstal zu Antschaw m. Z. und dazu

„die zehent zu Prannt zu Weissenslag und zu dem Zwmssen," 2 tail zehend, grosser und klainer zu veld und zu Dorf;

it. zu dem Aicharns 2 theil zehend, gross und klein, zu veld und zu dorf;

it. der zehend zu Newn Polan, gross und klein, zu veld und zu dorf;

it. zu Puczing auf 4 Lehen 1 hofstat und auf $\frac{1}{2}$ einer hofstat ganzer zehent, gross und klein, zu veld und zu dorf;

it. bei Puczing am Ornpuhl (?) ganzer zehend;

it. bei Puczing am hangundem gerawt auf etlichen weingärten ganzen zehent und auf den andern allen zwei tail zehend;

it. von 1 ganzen weingarten genannt in der Scheyben drittail zehend;

it. daselbs zu Puczing am Diemanrewtt ganzer Weinzehend;

it. Altenperg zenagst daran ganzer weinzehend;

it. am purkstal zu Eberstorf ganzer zehend;

it. an der wart bei Eberstorf auf etlichen weingerten ganzer zehend;

it. im Lochlein ganzer zehend;

it. am Hipleins ganzer zehend;

it. zu Meinhartsprunn auf $10\frac{1}{2}$ Lehen und 9 Hofsteten ganzer wein- und getreidzehend, gross und klein, zu veld und zu dorf;

it. ganzer weinzehend auf allen weingärten so in die yeczgenanten lehen und hofstet zu Meinhartsprunn gehörnt;

it. 2 Thail zehend auf den urbareckern daselbsum gelegen, der da sind bei 130 Jewchen;

it. unter Meinhartsprunn an der Huntsleitten 2 tail weinzehend;

it. am Mitternpuhel 2 tail weinzehend;

it. an der alten wis 2 tail weinzehend;

it. an der Perunaw zwischen Enczesfeld und Meinhartsprunn ganzer weinzehend;

it. zu dem Wilrate auf $5\frac{1}{2}$ Lehen und $7\frac{1}{2}$ Joch Urbar-Äckern ganzer zehend, gross und klein, zu Feld und zu Dorf;

it. zu Marggrafen Newsidel auf $2\frac{1}{2}$ Lehen ganzer Zehent, gross und klein, zu Feld und zu Dorf;

it. zu Perbleinsdorf ain jar an der Sumerzeil auf 9 Lehen und 6 Hofstätten und auf 7 Joch $\frac{1}{4}$ Urbaräckern ganzer Zehend, gross und klein, zu Feld und zu Dorf;

it. das ander jar chain zehent an der Sumerzeil aber an der Wintterizeil auf $1\frac{1}{2}$ Lehen „welchew im dann mit wal geuallen" ganzer Zehend, gross und klein, zu Feld und Dorf;

it. zu Ulreichskirchen auf 19 Lehen ganzer Wein- und Getreidzehend, gross und klein, zu Feld und Dorf;

it. an dem Altenperg ob Alberndorf 2 Theil Wein- und Getreidzehend;

it. auf den Urbaräckern bei Oberstorf gelegen, genannt in dem Kuetal halben Zehend;

it. zu Perbleinstorf auf behaustem Gut und Zugehör 6 Pfd. Pfen. und 48 Metzen Haber Gülte „das ettwann der Floyten ist gewesen und alles gerichtt auf denselben gütern und grunten ausgenomen was den tod berürt;"

it. „die gult und guter die er zu Helma hat und das dorfgericht daselba an der zeil daran seine güter ligent ausgenomen was den tod berürt;"

it. „alle guter und gult auf behawstem gut die er zu Pokflies hat" und ganzer Dienst auf den „Überlenteckhern" und Weingärten daselbsum gelegen;

it. das ganze Bergrecht daselbsum an den nachstgenannten Bergen gelegen:
von erst an der leitten;
it. an dem undern oder posen Ziechperg;
it. an dem jungen Hengstperg;
it. an dem guten Zichperg;
it. am Valkenperg;
it. am Kaltenegk;
it. am alten Hengstperg;
it. am Prakhenperg „und auf den obgenanten gutern uberlennt ekhern weingérten und pergen alles gericht ausgenomen was den tod berürt;"

it. die gult und guter so er hat zu Rietental zu Newsidel und zu Wolfpaising mitsambt dem waidpfenning so die Gemain daselba zu Wolfpaising dient von seinen holtzern;

it. das dorf halbs zu Glinssendorf mit zugehör und das „pantaiding und dorfgerichtt halbs daselbs ausgenomen was den tod berürt;

it. die gancz Vogtey zu Oberdorf mit allen Vogtdiensten und Vogtrechten und das gancz pantaiding und dorfgericht daselba ausgenomen was den tod berürt;

it. die hölczer niderhalb der Strass die uber die Hochleitten geet:
von erst die durr leitten;
it. die wiegen;
it. die phenichleitten;
it. die Egelsaw;
it. der Ellsengern;
it. das Maidtail;
it. das vorder Mais;
it. der ausser amaispuhel;
it. der Laistperg;
it. die Maygrub;
it. der dürr Mais;
it. das klain Gerl;
it. das Lintech;
it. die Nidern Rauhenleiten;
it. der Schottengern;

it. drew holtzer alle genant die Sawleitten und 1 holcz genant die Scheibliggrub;

it. die obern holtzer die under dem Hornsperg gelegen sind:

von erst der Rudgersgraben gelegen an dem Molmansgrunt;

it. die Marchpachleitten;

it. die Hewgrub und das klein Mitteregk und stosst oben an die Marchpachleitten und auf die Hewgrub;

it. dabei 1 Holz, genannt der Tehenperg;

it. 1 Holz genannt die Langleiten gelegen bei Meinhartsprunn und stosst mit einem Ort an die Hagenau;

und auf den obgenannten Hölzern „alle waid und Waidgult Wiltpenn aller geyaid vogelwaid“ und alle andere Zugehör;

it. 1 Neusen „der sich hat geschutt in der Tunaw zu nachst der Newfurt zwischen Emerstorf und Schönpuhel gelegen;“

it. das „vogelgeiaid und wiltpen auf dem gehülcz und andern gruntten die zu dem dorff Mitlperg vor dem geuellerwald gelegen gehörnt;“

it. „das Todgericht zu Wolfgersdorf, ze Oberstorf, zu Rietentsl, und irn zugehörungen;“

it. das Lanntgericht das zu Schönnkirchen und zu Reihenstorf gehört;

und das lanntgerichtt zu Spannberg die vorgemelten lanntgericht baide zu veld und zu dorff mit stokh und galgen und allen andern irn zugehörungen;

it. der halb zehent auf dem dorff zu der bayd, zu veld und zu dorff, gross und klein;

it. das Kirchlehen zu Margkgrafnewsidel und die Manschaft die weilent Reinprechts von Haselaw gewesen ist;

it. die gult auf dem urfar zu dem Stain ob Haimburg gelegen;

it. das gancz urfar zu Vischamund den Markt zol das futerrecht und 2 fleischpennkh daselbst;

it. 1 aw bei Vischamund genannt der Segengrunt und stosst an den Haselawer werd genannt die Newschüt;

it. 1 Mühle gelegen unter der Gstetten auf der Vischa;

it. 1 Hof gelegen auf dem Marchfeld bei Gensterndorf mit seiner Zugehör, der ehe des Edlings gewesen ist;

it. zu Rappoltenslag auf 8 Lehen und 3 Hofstätten in Selingenpergerpfarre gelegen ganzen Zehend und auf der Ringlmühle daselbst 2 Theile Zehend;

it. zu Ludiez 1 Hold und der Zehend daselbst zu Ludiez, gross und klein, zu Feld und Dorf;

it. 5 Holden zu Veliben und besonders 1 Hof und das ganze Dorfgericht daselbst zu Veliben;

it. die vischwaid auf der Krembs und aller wiltpan geiaid und voglyaid auf allen zugehörungen so zu dem haws Hohenstain gehörnt;

it. der zehent zu Stralbach den er von Ursula Hannsen des Puschli Witwe gekauft hat:

it. Hennsel Leitgeb 1 Lehen; it. Erhart Jorgen des Gredniczer aydem 1 Lehen; it. Nikl Oswald 1 Lehen; it. Andre Leitgeb 1 Lehen; it. Ulrich Gredniczer 1 Lehen; it. Erhart Leitgeb 1 Lehen; it. Taman Schikh 1 Lehen; it. Michel Gredniczer 1 Lehen „an der wintterzeil an dem Nidern ort und an der Sumerczeil an dem obern ortt. Ulreich Gredniczer 1 Lehen; auf den vorbenannten Lehen überall ganzen Zehend, gross und klein, zu Feld und Dorf, alles zu nidern Stralbach und in dem lanntgericht und der pharr zu Zwetel gelegen;

(Fortsetzung folgt.)

Aus der k. k. Hof- und Staatsdruckerei.

№ 15. NOTIZENBLATT. 1854.

Beilage zum Archiv für Kunde österreichischer Geschichtsquellen.

Herausgegeben von der historischen Commission
der
kaiserlichen Akademie der Wissenschaften in Wien.

II. „Oesterreichische Geschichtsquellen."

4.) Urkundliche Beiträge zur Adelsgeschichte.

1. Die Herren von Wallsee, im 14. Jahrhunderte.

(Fortsetzung.)

83. 1356, 12. September. Ich Chunigund hern Fridrichs von Walse van Ens seliger witib und all | mein Erben veriechen und tun chund mit dem brif, daz ich Hanr (Heinrichen?) | im Mitterschorn und seiner Hausfrawn Elspeten und allen irn erben | oder wem si ez geben, der mir nucz und fuglich ist ze einem | holden, ein recht han geben auf der hofstat im Mitterschorn | da si auf siczent. Also daz ich nach mein erben sew dauon nymmer | sullen verchern nach dauon geschaiden an phening alle di weil si | uns daz verdienn und versteuren mugen. Ist awer daz si di verchauffent | so sullen si ze ablait geben den zehenten phening, waz man in | darumb geit, an geferd, und der darauf vert sechczich | phening ze anlait. Stirbt awer unser holden einer, so sol uns sein | hausfraw oder sein erben geben fur todhaubt geben Sechczich und | Sechczig phening ze anlait und nicht mer. Geben in dar | uber den offen brif ze einem warn urchund diser sach westetigt | mit meim anhangundem Insigil nach Christus gepurd dreuczehen | hundert Jar in dem Sechs und fumfczigisten Jar dez Montags var | Sand Lambrecz tag.

Von aussen: Renouata est hec litera in Sumeraw in die sancte Agnetis virginis lxxxiij[ie] anno (21. Jänner 1383.)

Orig. Perg. 1 Siegel von weissem Wachse (zerbrochen).
Haus- und Staatsarchiv.

84. 1357, 29. März. Ich Reimprecht von Walse von Ens Tůn chunt mit disem brief allen den, die in | sehent, lesent, oder hôrnt lesen, daz ich mich mit meinen triwen gen meiner lieben Tochter | ver Agnesen, hern Yossten wiertian von Rosenberch verhaizzen und verpůnden han und ge | lobe ir auch für mich und für mein erben mit disem brief, wenn daz ist, daz ich ver | schaide und nimer pin, so schullen mein erben meiner vorgnanten Tochter ver Agnesen | und irer Swester ver Elczbeten von Potendorf und ir paider erben antwurten und ge | waltig machen der Vesste Heinsperch und der Vesste Ernekk und der Vesste Vihofen | und des gutes von Chritzendorf und der fůmfczich phunt geltes auf der Mawtt cze Stain, | dar czu aller der habe, swie die genant ist, die mir mein Swêher sêlige her Christan | der Drůchsêcz von Lengenpach, ir en, lazzen hat an den Marchtte cze Weizzenpach, wann | den han ich mit warten ausgenomen, und dar zů die Leben, die mein Sůn leichen | sullen, als die fůrczicht brief sagent, die ich von meinen paiden Tôchtern han. Und wêr | daz, daz meiner tôchter ainen stürbe und nicht Chinde liezze, so sullen die vorgnanten drei | vessten und die gueter alleu geuallen an die andern Swester und an ireu Chinde. Und | daz mein vorgnanteu Tochter ver Agnes von Rosenberch von meinen erben nach meinem | tode an all hindrung und irrung beleib, daruber gib ich disen brief für mich und | für mein erben ze einem warn geczeug und ůrchůnd diser

15

sach, versigelt mit | meinem Insigel und mit meiner lieben vettern Insigel, hern Hainrichen von Walse von Dro | sendorf und hern Fridreichen von Walse ze Ens und hern Fridreichen von Walse von Drosendorf | die der sach gezeug sind mit iren Insigeln. Der brief ist geben an Mitichen vor | dem Palm tage nach Christi gepurde Dreuczehen Hundert Jare, darnach in dem | Siben und fümfzkisten Jare.

Orig. Perg. 4 Siegel von rothem Wachse. Haus- und Staatsarchiv.

85. 1357, 25. Juli. Ich Dietr(ich?) von Höhenberch Tůn chunt mit disem brief | umb die gelůbe, die geschehen ist, zwischen mír und | hern Reinprechten von Walse, umb seinen Sun Rudolfen | und umb Annen mein tochter, desselben aydes | und gelubes sag ich in ledig mit urchund des | briefs. Geben an sand Jacobs tage anno domini M°. | CCC^{m}-L°. septimo.

Orig. Perg. 1 Siegel von weissem Wachse. Haus- und Staatsarchiv.

86. 1358, 8. Juni. Wir Lupold von gotes genaden Byschof ze Babenberg verjehen offěnlich mit | disem prief, daz wir durch der dienst und lieb willen, di uns und unserem Gotzhaus | di edeln mann Ulrich von Walse Hauptman in Steyr Fridrich von Walse | (fehlt ein Name?) seine Brůder und Eberhart von Walsee dez vorbenanten Ulrichz sůn getan haben | und noch getun mügen und tůn sůllen unser gunst und willen darzů geben | haben und geben auch mit disem prief, das si die vest Weizzenekk und | waz dar zů gehórt, die von uns und unserem Gotzhaus ze lehen get, ge | machen und geschaffen můgen, ob si an erben verfůren, wenn (weirn?) si wellent. | Und dez ze urkund geben wir in disen prief mit unserm heimlichen dem | secret Insigel versigelt, der geben ist ze Wolfsperch nach Christi gepůrtt | Dreutzehen Hundert Jar und in dem acht und fůnfzigsten Jar am Vreitag | vor sand Veitztag.

Orig. Perg. 1 Siegel von rothem Wachse. Haus- und Staatsarchiv.

87. 1358 (?) 27. December (1359, 26. December?). Ich Wernher von Stawdůch vergich fůr mich fůr mein Hausfrawn und fůr | all unser eriben offenbar mit dem prief allen laůten. Daz uns der Erbår | herr her Eberhart von Walse Hauptman ob der Ens und sein Porigen | Drew hundert phunt und vír und dreyssig phunt wÿenner pheuning die uns | an der Půrchůt die drew iar aux gelegen sind, und auch an dem gelt als iř | prief sagent gancz und gar erbårleich bericht und gewert habent an dem | gelt, des si uns von unsern genedigen herren den Höchgepořn fůrsten von | Österreich schůlldig beleibent von der Taiding wegen, di si umb daz Newhaus | pei Schårding mit uns getan habent alz die prief sagent di wiř von in dar | ůber haben und sagen si der vorgenanten Dreyer Hundert und vír und drey | zig pfunt gåntzleich und gar lós und ledig. Mit ůrchůnd des priefes ver | sigelt mit unserm anhangunden Insigel. Der geben ist do man zalt von | Christi gepůrd Drewtzehen Hundert iar darnach in dem newn und fůmf | ptzigisten iar an Pfintztag nach dem Heyligen Weichnachten. |

Orig. Perg. 1 Siegel von braunem Wachse (schadhaft). Haus- und Staatsarchiv.

88. 1359, 8. Jänner. Ich Andre von Leichtenstayn vergich und tůn chůnd, daz ich hern Eberhart von Chappellen | und seinen erben di lehenschaft ze Swertperg und alle di Rechten di ich daran han | von meiner wirtinnen wegen Agnesen hern Leutolds Tochter von Chonnring, dem | Got gnad gegeben han ze chaůffen und pin aůch des chaůffes ir gewer an aller | der stat do in des durft geschicht mit Recht und schol in auch daz aůz | richten mit urchůnd des briefs versigilt mit meinem anhangunden Insigil. | Des ist gezuge her Chadolt von Ekhartsaẘ mit seim anhangunden Insigil. | Datum anno domini Millesimo ccc°. lix. In die sancti Erhardi.

Orig. Perg. 2 Siegel von weissem Wachse. Haus- und Staatsarchiv.

89. 1359, 8. Jänner. Ich Fridereich von Walsse von Drosendorf ze den czeiden Chamermaister des Hoge | pûrnen fuersten Herczogen Rudolfs ze Österreich ze Steyr und ze Keraden vergich | und tûn chund, daz ich Hern Eberhart von Chappellen und seinen erben di lehenschaft | ze Swertperg und all di Rechten di ich dar an han von meiner wierttinnen wegen | Claren Hern Leutolds Tochter von Chounring, dem Got gnad gegeben has ze | chaûffen und pin auch des chaûffes ir gewer an aller der stat do in des dûrft | geschicht mit Recht, und schol in auch daz auz richten mit urchûnd des | briefs versigilt mit meim anhangûnden insigil. Des ist gezûg her Chadolt | von Ekhartsaŵ mit seim anhangûnden Insigil. Der brief ist gegeben nach | Christs pûrt dreuczehen hûndert Jar dar nach in dem Neun und fumfczigisten | Jar an sand Erhartstag.

Orig. Perg. 2 Siegel von weissem Wachse. Haus- und Staatsarchiv.

90. 1359, 21. Jänner. Ich Hainrich von Walse von Drosendorf und mein eriben vergich und tûn chunt mit disem brief | alle den di in sechent lesent oder hörent lesen umb daz dorf ze Rossazze mit alle den so dar zue | gehört swie daz genant ist, daz mein liber veter her Reimprecht von Walse recht und redleich gechauft | hat von meiner liben tochter vrown Alheiden hern Szeniken wirtin von der Leippen umß sechs hundert | phunt wienner phenning der mein veter mich und meinen aydem hern Szeniken an meiner tochter stat gencz | leich und gar bezalt verricht und gwert hat und haben auch wir unserm vorgenanten vetern hern Reimprechten | von Walse mein Tochter und ich daz dorf aufgeben und auf gesantt vor dem edeln Hochgeporn fursten | unserm gnedigen herrn herczog Rûdolfen ze Österreich, Steyr und Chernden von dem daz dorf und swaz darzue | gehört ze lechen get und hat er daz dorf meinem vetern und allen seinen erben verlichen, also daz mein | veter und sein erben daz vorgenant dorf mit allen êren, rechten und nutzen so dar zû gehôrt ze holtz | ze veld und ze dorf versuecht unversuecht gestift oder ungestift oder swie iz genant ist furbaz inne haben | und niezzen und allen irn frumen damit schaffen schullen verchauffen versetzen oder geben wem si wellen | an allen chrieg. Waer aber, daz im oder sein erben mit recht an dem dorffe und waz dar zû gehört icht | chrieg oder ansprach darauf erstuende, daz sûlle wir in auzrichten halbe ze unserm tail an allen | schaden und waz seu dez schaden naemen mit recht, daz schol mein veter und sein erben haben auf | mir und auf meinen erben und auf aller dar hab, so wir indert haben wir sein Lemptig oder Tôd. Und | dez ze urchund gib ich meinen vetern disen brief versigelten mit meinem anhangunden insigel und mit | meiner liben vetern insigel herrn Fridreichen von Walsse von Drosendorf und herrn Ulreichen von Walse Haupman | in Steyr, di diser sach zeug sind mit irn insigeln. Der brief ist geben ze Wienn do man zalt von | Christi gepuerd dreitzechen hundert iar darnach in dem neun und fumfczkisten iar an Sand | Agnesen tag.

Orig. Perg. 3 Siegel. (1 rothes, 2 und 3 weisses Wachs).
Haus- und Staatsarchiv.

91. 1359, 21. Jänner. Wir Czenik von der Leippen, Obrister Marschalch und Chamrer des Chunichreichs | ze Pehaim und unser erben bechennen offenbar mit disem brief allen den, die | in sehent, lesent oder hörnt lesen. Umb daz Dorffe ze Rossazze, gelegen gen Tirn | stain uber und swaz darzue gehört swie daz genant ist, daz unser lieber Swager | her Reimprecht von Walse von Ens recht und redleich gechauft hat, von unser | lieben Wirtinn sêligen vron Alheiden, hern Heinreichen tochtter von Walse von Drosendorf | ze der zeit da unser wirtinn lebt und gesunt was, und daz wol getun macht, und desselben gelts umb daz egenant dorffe hat uns unser vorgnanter Swa | ger her Reimpreht von Walse genczlich und gar beczalt verrichtt und gewert, also | daz wir in noch sein erben nichts daran zeihen. Wir haben auch im daz | Dorffe Rossazze mit allen êren, rechtten und nuczen aufgeben, unser wirtinn | und wir vor dem Hochgeporn fursten unserm gnêdigen herren Herczog Rûdolfen | ze Osterreich ze Steyer und ze Chernden, von dem daz Dorffe und swaz darzu gehort | ze lehen get. Und hat er daz von uns aufgenomen und hat ez unserm Swager | hern Reimprehten von Walse und allen seinen erben gelihen, furbaz innezehaben und | ze niessen und allen irn frumen damit schaffen, verseczen, verchauffen und | geben wem si wellent. Und des ze urchund und ze einer ewigen geczeung | nüsse diser sach geben wir disen brief, besigelten mit unserm anhangun | dem Insigel und mit unsers vetern Insigel Heinreichen von Vetaw, der | diser sach zeug ist mit seinem Insigel. Der brief ist geben ze Wienn, da | man zalt von Christi gepûrde Dreuczehen Hundert jare, darnach in dem | Neün und fümfczkisten iare, an sand Agnesen tage. |

Orig. Perg. 2 Siegel (1 von rothem, 2 von weissem Wachse). Haus- und Staatsarchiv.

92. 1359, 31. Jänner. Ich Katrey, hern Otten Tochter von Cheyaŵ dem got genade. Vergich und Tün chunt allen den die disen brief lesent oder hôrent | lesen, die nu lebent und hernach chünftich sind. Daz ich gelobt han ze geben meinem wirt hern Hainreichen von Walsse von Dro | sendorf sechs hundert phunt wienner phenning ze rechter Haimstewr nach dez Landes recht ze Oster-reich und han | im da für gegeben mit gutem willen mit verdachtem mut und nach meiner vreunt rat zu der zeit do ich ez wol | getun mochte und mit meins Lehenherren hant dez edeln hochgeborn fürsten Herczog Rûdolfs ze Osterreich ze Steyer | und ze Chêrnden meins rechten lehens, daz ich von im ze lehen han allez daz Gut, daz ich han in dem dorff ze | Potendorf gelegen bei Veltsperch, ez sei manschaft, vogtaÿ, gericht, stokch und galgen, phenninggült, zehent, perchreht | ze velde und ze dorff, ez sei gestift oder ungestift, versucht oder unversucht, wie so daz genant ist. Daz selb gut | alles han ich dem obgenanten meinem wirt, hern Hainreichen von Walsse fur die vorgenanten sechs Hundert phunt | sein Haimsteur recht und redleich gegeben mit allen den nutzen und rechten, als ich es alles in lehens gewer | herpracht han. Also mit ausgenommener rede, ist daz ich mit demselben meinem wirt hern Hainreichen von | Walsse chind gewinne, darauf sol denne daz vorgenant Gut alles nach unser bayder Tode erben und geuallen. | Waêr aber, daz ich obgenantew Katrey sturb und daz ich demselben meinem wirt hern Hainreichen von Walsse | nicht chinde liezze die wir mit einander hieten des Got nicht geb, dennoch so sol ér daz obgenant gût alles | als ez vor an disem brief verschriben und benant ist in nutz und in gewer inne haben unverchumert untz an | seinen Tode als Haimsteur recht ist und des Landes recht ze Österreich, und nach seinem Tode so sol denne | daz vorgenant gût alles her wider erben und geuallen auf mein nâchst erben, dar auf es denne ze recht erben unde | geuallen sol an allen chrieg. Und daz disew sache fürbaz also staet und unzerbrochen beleib, dar uber so gib ich | obgenantew Katrey hern Hainreichs hausurow von Walsse demselben meinem wirt hern Hainreichen von Walsse | disen brief zu einem waren urchunde diser sache versigilten mit meinem Insigil und mit meins Prûder | Insigil Hern Nichlas von Cheyaŵ und mit der erbern Herren insigiln hern Reimprechts von Walsse von Ens | hern Eber-harts von Walsse, Hauptman ob der Ens und Graf Ybans von Pernstain, die diser sache gezeüg sint | mit iren Insigiln. Der brief ist geben ze Wienn nach Christs gebûrd dreûtzehen Hundert iar, darnach | in dem Neûn und fümfczigisten iar, dez nâchsten Phincztags vor unser vrown Tag zder Liechtmesse. |

Orig. Perg. 5 Siegel (drei von weissem Wachse, schadhaft; 4 und 5 fehlen). Haus- und Staatsarchiv.

93. 1359, 3. Februar. Ich Eberhart von Waltse, Haubtman ob der Ens vergich offenleich mit dem brief und tuen | chunt allen den, di in sehent oder lesen horent umb den drittayl Cehentz ze Wüldeins- | dorf den emaln her Eber-hart von Tann gehabt hat und den her Georg der Prawnstorffer | selig von mir ze lehen gehabt hat und der mir ledig ist warden mit seinem tod. Den | verge-nanten Cehent mit aller zügehorung han ich versaczte Chunraten dem Gumpen-| perger und seiner hausvrawn vron Kathrein hern Georgen des Prawnstorffer swester, fur | Hundert phunt alter wienner phenning, wand ich in den saeze umb

di vorgeschriben | hundert phunt phenning von gnaden darauf getan han, si sullen auch den vorgenanten | Cehent inne haben mit allen den Erñ rechten und nuczen di darczue gehorent oder | davon bechomen mugen als Saczung recht ist und des Lantes recht in Osterreich. | Ich han auch vorgenanter Eberhart von Waltse und mein Eriben vollen gewalt den ob-|genanten Cehent ze losen swenn wir wellen oder verlust umb di egenanten Hundert | phunt phenning und sullen uns daran in dhain sachen irren noch hindern. Ich | pin auch des saczes ir scherm, herre und gewer, swo in des not oder durft geschiecht, | also Saczes recht ist. Daruber ze eim waren urchund gib ich in disen offenn brif | besigelten mit meim anhangundem insigel. Der geben ist von Christi gebuerd | Dreuczehen hundert iar, darnach in dem newn und funfczigistem iar des Sontags | an Sand Blasii tag.

Orig. Perg. 1 Siegel von rothem Wachse. Haus- und Staatsarchiv.

94. 1359, 30. Juni. Ich Jans von Chappellen und mein Erben wir veriehen und tuen chunt allen den, di den | Prief sehent oder hornt lesen umb das Dörff ze Stetlndörff und Czwentendorff, di mein veter | her Eberhart von Chappellen Hauppman dacz Ens gelöst hat von Vrowñ Agnesen Greffin von | Örttenburch, Hern Eberharten von Walsse von Drosendörff selig witib, dem got genade, das daz- | selb mit ünserm willen und gunst geschehen ist. Ez mag auch mein ègenantter veter her Eberhart | von Chappellen di vor geschriben Dörffer Stetlndorff und Czwentendörff versetzen und geschaffen swem | er wil und wann er wil mit ünserm gütten willen umb als vil gutz als er iz gelost hat von der | ègenanten vrowñ Agnesen Greffin von Örttenbürch und in allem dem Rechten als ir wirt | der vor geschriben her Eberhart von Walsse und si gehabt hat und di Prief sagent, di mein ègenantter Veter auz ir gewalt gelost hat. Und daruber, das dem vorgenantten meim vetern hern | Eberharten von Chappellen disen red und diseu wandlung also stet und unzeprochen peleib von | mier vor genantten Jansen von Chappellen und von allen mein Erben, daruber so gib ich im disen prief | ze ainem warn ürchunt versigelten mit meinem anhangundem Insigel und mit der E(r)bern Herren anh-|angundem Insigel Hern Eberharten von Walsse, Hauppman ob der Ens und Hern Eberharten von Daschperig (Dachsberg) | di der Sach zeug sind. Der Prief ist geben dacz Ens, do man zalt von unsers Herren Christes | gepuerdt Dreutzehenhundert Jar darnach in dem Neün und fumftziksten Jar an sand Pauls | Tag des Heiligen Czweliffpoten. |

Orig. Perg. 3 Siegel (1 von grünem Wachse, 2 und 3 fehlen).
Haus- und Staatsarchiv.

95. 1360, 20. März. Wir Graf Ulrich von Schawnberch und ich Eberhart von Walsee ab der Steyrmarch und Haertneyd von Pettaw | und unser Hausvrowñ und all unser Erben wir vergechen und tün chunt offenleich an dem brief allen den die in se | hent oder hörent lesen daz wir unverschaidenleich gelten sullen Izzerlein dem Juden ze Marchpurch und Muschen und Josu | an seinen Eninchlein und allen iñ erben oder wer uns mit dem brief ermant ayndlef hundert phunt wienner phenning | der wir si richten und wern sullen auf die nachsten chunftigen phingsten. Tün wir dez nicht so get fürbaz schad auf ein | igleich phunt alle wochen vier phenning. Stuenden aber die vorgenanten phenning so lang auf schaden daz die Juden der nicht | lenger wolten rat haben und ir guet an uns vadernt, weñ wir si denn nicht, so sullen wir in gütew phant darfür antwürten | für Erchen und schaden und daz si gern nement und da si phant genüch an habent wann si die an uns vadernt. Taet wir | des nicht so sullen wir in unser igleicher einen Erbern chnecht mit zwain pherten unverzogenleich in legen hincz Marchpürch | in ein offenn Gasthaws in weliches sew in gepietent und sullen die da inneligen und laisten nach innligens recht und sulen | da nicht aüz chomen oder die vorgenanten Juden werden ee gancz und gar gewert des vorgenanten guts Erchens und scha | dens waz des werden mag. Ez get auch schad auf die egenanten phenning man laist in oder nicht. Und waer daz wir | üns daran vergaezzen und sew nicht werten Erchens und gesuechs wann si üns vadernt nach dem vorgenanten tag welichen | schaden seu des nement den ir eins bey seinem trewn gesagen mag den sullen wir in unverschaidenleich gancz und gar ab-|legen und sullen si daz haben auf uns und unsern trewn an aydez stat und darzu auf allem dem guet daz wir unverschai | denleich haben in Österreich in Steyr und in Chernden oder wo wir daz haben Ez sey erbgût oder varundgût swie ez daz genant ist wir sein lebentig oder tôd da sol sew der landes herre in Osterreich in Steyr oder in Chernden oder | sein gescheffl wern von allen unsern gutern Erchens und schadens an allen chrieg und Tayding mit unserm gütleichem | willen an alle widerred wann si irs gûts nicht lenger geraten wellent und wanud si in den brief zaigent wir luben | in auch mit unsern trewn an aydes stat daz wir si umb Erchen noch umb schaden weder gen hof noch gen Chamer noch | an dhain gewaltige hant nindert hinschaffen denn daz wir si selber bezallen sullen mit beraitten phenning. Daruber | zû einem ûrchund geben wir in disen brief versigilten mit unser obgenanten aller dreyr anhangunden Insigiln. Ge|ben nach Christi gepûrd Drewczehen hundert iar darnach in dem Sechczkisten iar dez nachsten vreytages nach | Mittervasten.

Orig. Perg. 3 Siegel (1 roth, 2 und 3 weiss). Haus- und Staatsarchiv.

96. 1360, 3. Juni. Ich Hainreich von Walsse Hauptman ze Drosendorf und ich Eberhart und ich Jans von Walsse sein Sûn und alle unser Erben. Wir vergehen und Tûn chunt allen den die disen | brief lesent oder horent lesen. Daz wir unverschaidenleich gelten sullen Gundakchern dem Werder und seiner Hausurowen vron Annen und ir baider Erben drewhundert phunt und dreizzig | phunt wienner phenning, die si uns berait gelihen habent und haben in dafür recht und redleich gesatzt in dem rechten als hernach an disem brief geschriben stet mit gûtem willen | mit verdachtem mut, zu der zeit do wir ez wol getun mochten unsers rechten Satzes drew und dreizzich phunt wienner phenning geltes, die man alle iar dient siben und zwaintzich | phunt an sand Michels Tage und sechs phunt an sant Jerigen tage gelegen ze obern Waltenraêut, ze nidern Waltenraêut ze Wolfsperch und zdem Gasprechts auf bestifftem gût, be | hauster holden und auf uberlent und auf alle dem und darzu gehôret ze velde und ze dorff, ez sei gestifft oder ungestifft versucht oder unversucht wie so daz genant ist mit allen den | nûttzen und rechten als die vorgenanten drew und dreizzich phunt gelts Satzung sint von hern Ulreichen von Chappelle dem got gnade und von hern Eberharten von Chappelle seinem prûder | und von iren Erben als der Satzbrief sagt den si dar ûber gegeben habent. Also mit ausgenomener rede, alle die weil man den vorgenanten Satz die drew und dreizzich phunt gelts | nicht lôst, so sol der egenant Gundakcher der Werder sein Hausvrow vrow Anna und ir baider Erben den selben Satz in nutz und in gewer innehaben und niezzen und nûtzen an allen | abslage ze gleicher weis und in alle dem rechten als der vorgenant Satzbrief sagt, den die von Chappelle daruber geben habent. Es ist auch der selb satz ze losen zu der zeit und | in dem rechten als der selb Satzbrief sagt. Und wenne daz ist daz si den vorgenanten Satz nicht lenger haben wellent noch mûgen, so sullen si denne vollen gewalt und recht haben | denselben Satz ze versetzen wem si wellent an allen irresal umb als vil phenning und mit dem rechten als vorgeschriben stet und auch mit der Ebentewr und mit dem rechten als | hernach an disem brief geschriben stet. Und ze einer pezzern sicherhait, so haben wir in ûber den vorgenanten Satz ze rechter Ebentewr gesatzt unsers rechten aigens allez daz gut, daz | wir haben in dem Altenwerde bei Winchel und ze Cholestorff ze Saechsendorff und ze Gukking, ez sei in urbar ze Holtz ze veld und ze dorff, ez sei gestifft oder ungestifft versucht oder | unversucht wie so daz genant ist mit allen den Nûtzen und rechten als wir Es in aygens gewer her pracht haben, mit der beschaidenhait wäer dez, daz si an dem obgenanten Sattze | an den drin und dreizzig phunden gelts icht chriegs oder ansprach gewunnen von wem daz wäer, oder daz in an dem selben Sattze ichts abgieng von welherlai sachen daz geschaech, so ist daz | unser gûtleich wille, daz in denne unser Herre der Hertzog in Ôsterreich oder wer den gewalt an seiner stat

hat die vorgenanten Ebentewr an alles fürbot an alle chlag und an alles | recht inanthurtten und si der unverzogenleich gewaltig machen sol also daz si denne der egenanten dreyr Hundert phunt und dreizzig phunt wiennerphenning und alles des dienste der in da | von geuallen sol alle die weil si derselben phenning nicht gewert sint von der obgenanten Ebentewr bechomen sullen wie in das aller pest walchümt und fuegt und so si aller peste | mügen an allen chrieg und an allen irresal. Und was in daran abget, daz sullen si haben auf uns unverschaidenleich und auf allem unserm Güt, das wir haben in dem Lande | ze Österreich oder wo wir ez haben wie so das genant ist wir sein lebentich oder tode. Und dar über ze geben wir ich Hainreich von Walsse und ich Eberhart von Walsse | sein Sun fur uns und für unser Erben dem obgenanten Gundakchern dem Werder und seiner hausvrowen vrou Annen und ir baider Erben disen brief zu einem waren urchünde diser | sache versigilten mit unsern Insigiln und mit des erbern Herren Insigil Hern Hermanns von Lanndenberg zu den zeiten Lantmarschalich in Osterreich und mit unsers Swagers | Insigil hern Nichlas von Cheyaw, di diser sache gezeug sint mit iren Insigiln. Und wand ich obgenanter Jans von Walsse selber nicht aigens Insigils han, so verpint ich mich | mit meinen Trewen an allez geuäer under der vorgenanten Insigiln alles daz gäentzleich stäet ze haben und ze laisten daz vor an disem brief geschriben stet. Der brief ist geben | ze Wienne nach Christes gebürd drewtzehen hundert iar darnach in dem Sechtzgisten iar an unsers Herren gotes Leichnam abent.

Orig. Perg. 4 Siegel (1, 2 und 4 von weissem, 3 von grünem Wachse). Haus- und Staatsarchiv.

97. 1360. 4. Juli. Ich Chunrat von Meizzaw vergich offenlich an dem brief und tun chunt allen den di in sehent oder horent lesen di nu | lebent oder hernah chumphtich werdent, daz mir mein Swaeger her Fridrich und Heinrich di Prueder von Walse von | Ens gegeben habent zu meiner hausvrawn vrawn Elspeten irr Swester ffumph Hundert Phunt Phening | wienner mu(n)zz ze rechter haimstewr nach des landes recht in Osterreich. Und han awch ich ir dieselben ffumph | hundert phunt phenning widerlegt und han awch ir dofuer gesaczt meins rechten aigens daz halb haws | daez Leidem mit allen den Eren und nuezen und rechten und do zu gehort versucht und unversucht, gestipht | und ungestipht wie so das genant ist ze der zeit do ich iz wol getun mocht, also beschaidenleich ob | ich und mein hawsvraw vraw Elspet ab giengen an erben di wir paidew mit einander hieten, des got | nicht geb, so schullen dann di vorgenanten ffumph hundert Phunt pfenning hin wider geuallen auf mein | vorgenant Swaeger von Walse und auf ir nast erben, do sew durch recht hin gevallen schulln, und | schullen sew dann das vorgenant halb haws daez leidem in sacz und in nucz gwer innhaben mit | allen den nuezen und rechten als vorgeschriben stet an allen abslag als sacz recht ist und des lants | recht ze Osterreich, als lang uncz daz in mein nast erben di iz durch recht losen schullen, gebent | ffumph hundert phunt Phenning wienner muncz, den schullen sews dann ze losen geben mit allen den | nuezen und rechten und sews in habent genomen an all irrung und an all widerred. Daz di | red und di wandlung stet und unzebrochen bleib, doruber gib ich in ich vorgenanter Chunrat von | Meissaw den brief versigelt mit meinem anhangundem Insigel und des sind awch zewg mein brueder | her Stephan von Meizzaw Oberister Marschalh in Osterreich und her Wernhart von Meizzaw mit ir | paider anhangunden Insigeln. Der prief ist gegeben do man czalt von Christus gepürd | Drewczehen Hundert Jar, darnach in dem Seczkistem jar an sand Ulreichs | tag.

Orig. Perg. 3 Siegel (1 und 2 von grünem, 3 von weissem Wachse, das letzte zerbrochen). Haus- und Staatsarchiv.

98. 1360. 19. August. Ich Hainreich von Wilthausen, mein wirtin und all unser erben verichen mit disem offen brief allen | den die in sehent oder hörent lesen, das wir mit willen und gunst unser genaedigen hern Herczog

Ruedolfs | und seiner Brueder von Osterreich unserm lieben Ôhaim hern Fridreich von Walse, seiner wirtin und allen irn | erben Mernberch daz haus geben und ingeantwurt haben mit alle dem daz da czue gehôrt swie ez genant | ist und mit allen den rechten und wir ez inne gehabt haben, wand ez unser sein gewesen ist fur dreuczehen|hundert March und vir und dreizzich March Silbers von unsern herren Chunich Fridreich und von seinen Brůdern Herczog Albrechten, Herczog Hainrichen und Herczog Otten von Osterreich fur als vil guets und silbers antwurt wir inz mit allen | den rechten und gelůbden, als in den Hantvesten geschriben stet, die wir von unsern vorgenanten hern von Osterreich| gehabt haben, die wir in auch ingeantwurt haben, uns hat auch unser vorgenanter Ôhaim herr Fridreich von | Walsse gelůbt, daz unser hern diener von Osterreich auf daz genant haus Mernberch lazen sol zu allen chriegen | als wir gelůbt betten, und als unser egenanten hern von Osterreich hantvest sagent, mit urchund dits| offen briefs, versigelten mit meins vorgenanten Hainreichen von Wilthausen anhangundem insigel. Der geben | ist do nach Christs gepurd ergangen warn dreuczehen hundert Jar, dar nach im Sechczgistem jar, des | nasten Mittichen vor sand Bartholomes tag.

Orig. Perg. 1 Siegel vom weissem Wachse. Haus- und Staatsarchiv.

99. 1361, 21. April. Ich Fridreich von Waltse von Ens und ich Hainreich von Waltse sein prueder vergehen offenbar mit dem brif | und tůn chunt. Daz wir unserm liebem Vetern hern Eberharten von Waltse Haubtman ob der Ens freyleich|und vollen gwalt gegeben haben umb unser lieben Swester Urseln ze beheŷraten, also swi er diselb unser | obgenanten swester beheirat, daz wir im des in allen sachen gehorsam sullen sein mit worten und mit | werchen. Und swo wir daz in dhaim artikel indert uberfueren und im derselben sache ausgiengen | so hat er vollen gwalt uns darumb ze zůsprechen und auch monen und vordern cze laisten und nach der|selben monung sulle wir im unvertzogenleichen vier Erber Rittermêzzig chnecht ie den chnecht selber | andern mit zwain phêriften inlegen ze laisten gen Lintz in ein Erber offen Gasthaus da in hin geczaigt | wirt und sullen diselben da innligen und laisten angever, und nicht auzchomen untzen daz di sache | alz obgeschriben gůntzleich volpracht und volfuert werd. Wir vergehen auch, daz unser vorgenanteu|Swester Ůrsel vertzeichbrief geben sol alz ander ir Swester gegeben habent, also swenn daz ist, daz si| ze schulden chumt mit irm wirt, swer der ist, den ir Got beschaffen hat. Daruber ze urchund gib ich | vorgenanter Fridreich von Waltse disen offen brief besigelten mit meim anhangunden insigel, darunder ich mich | obgenanter Hainreich von Waltse sein Prueder verpint mit mein triwen allez daz stêt ze haben und volfuern | alz obgeschriben stet, wand ich aŷgens insigels nicht enhan. Der brief ist geben von Christi gepůrd dreuczehen | hundert iar, darnach in dem ains und Sechtzigistm iar, des Mitichen vor sand Gôrgen tag.

Orig. Perg. 1 Siegel vom weissem Wachse. Haus- und Staatsarchiv.

100. 1361, 6. Mai. Ich Agnes die Gôrginn von Rossazz vergich offenlich mit disem prief. Daz ich | von dem Edelein herren hern Eberharten von Walse ob der Steyermarich enphangen| han zechen phunt alter wienner phenning, und der ich nu gênczleich gericht pin | fůr daz gůt dez an vir phenning aindlef schilling geltz ist, auf zwain holden | gelegen pey Grieczpach auf dem wald, daz emalen Chunrat von Wachaw mein | aydem meim obgenanten herren von Walse umb die egenanten zechen phunt phenning | verchaufft hat, und dez ze urchund gib ich im disen prif versigelten mit meines|Prueder Gôrgen Richter ze Zistestorff, und mit Helmhartz dez Gôrger auz der| Wachaw meins Swager Insigel, die sew durch meiner pet willen an disen Prif|gehangen habent, wand ich selben nicht aygens Insigels gehabt han ze ainer | geczeugnůzz der warhait. Der prief ist geben ze Wienn an dem heiligen Auffert | tag Nach Christes gebůrd dreuczehenhundert jar darnach in dem ainn und | sechczgistem Jare.

Orig. Perg. 2 Siegel vom weissem Wachse. Haus- und Staatsarchiv.

101. 1362, 4. April, Wien. Bischof Paulus von „Freysingen" erklärt, dass er aus „besundern gnaden" dem Edlen seinem „lieben Frund" Herrn Friedrich von „Walse genannt von Ens" alle die Lehen verliehen habe (u. s. Erben) die ihm von Örtlein dem Volkenstorfer ledig worden sind.

Wyenn Montag vor dem Palmentag 1362.

Orig. Perg 1 Siegel von Wachs. Haus- und Staatsarchiv.

(Fortsetzung folgt.)

12.) Der Bundbrief der evangelischen Stände Österreichs ddo. Horn 3. October 1608 nach dem Originale im Archive der n. östr. Landschaft mit genealogisch-biographischen Anmerkungen von Adalbert Mainhart Boehm.

(Fortsetzung.)

Ad 12, 15, 71, 85 und 105. Die Greissen waren ein Rittergeschlecht in Niederösterreich, das aus Thüringen stammt. Wilhelm von Greissen der Ältere, des K. Maximilians I. Hof- und Landjägermeister in Österreich wurde im Jahre 1510 zuerst mit der Herrschaft Wald V. O. W. W. belehnt. Der sub 12 erscheinende Hanns Sigismund Greiss zu Wald, Herr zu Wald und Sitzenberg war vom J. 1592 bis 1599 n. östr. Ritterstandsverordneter. 1608 ständ. Ausschuss bei der Regensburger Verhandlung und 1612 Gesandter nach Prag. Er vermählte sich zu Wald im J. 1593 mit Ester von Polheim.

Der sub 15 genannte Christoph von Greissen zu Wald wurde 1609 Landuntermarschall, welches Amt er bis zum J. 1617 bekleidete. Der sub 71 aufgeführte Seifrid von Greissen ist sonst unbekannt. Hanns Sigismund, Hanns Wilhelm und Sebastian bereits Freiherrn von Greissen, wurden im J. 1607 in den n. östr. Herrenstand aufgenommen und hatten noch zwei Brüder, nämlich Wolf Dietrich und Johann Jakob. Der sub 85 erwähnte Sebastian war im J. 1598 n. ö. Regierungsrath und im J. 1620 Herrenstandsdeputirter, und der sub 105 aufgeführte Hanns Wilhelm Freiherr von Greissen besass im J. 1620 die Herrschaft Sitzenberg, war im J. 1623 Ausschuss des Herrenstandes, und erscheint noch im J. 1631 auf dem Landtage. Er war ein sehr gelehrter Herr, der eine österreichische Geschichte geschrieben hat, von der sich eine Abschrift in der Bibliothek der löbl. n. östr. Landschaft befindet. Rudolph Freiherr von Greissen, Sohn des obgenannten H. Sebastian und der Benigna von Schönkirchen, starb im J. 1659 als der Letzte seines Geschlechtes.

Ad 13. Die Seemann von Mangern sind ein uraltes baierisches Geschlecht, von dem um das Jahr 1472 eine Linie nach Österreich kam und schon im J. 1556 die Herrschaft St. Peter in der Au besass. Wilhelm Seemann von Mangern, der sub 13 genannt wird, war ein Sohn Georgs und der Catharina Giengerin, Herr zu St. Peter in der Au, wurde des K. Rudolphs II. Rath und Landrath und Anwalt, im J. 1586 Verwalter der Landeshauptmannschaft ob der Enns, dann n. östr. Regierungsrath, 1593 und Burgvogt zu Enns, dann des K. Matthias geheimer Rath und n. öster. Hofkammerpräsident, wurde in den Freiherrnstand erhoben und als Reichshofrath im J. 1610 in den n. östr. Herrenstand aufgenommen. Seine erste Gemahlin war Maria Salome von Oed. Nach deren Tode als er selbst am Podagra zu St. Peter bettlägerig war, wurde er daselbst von 8000 rebellischen Bauern, unter denen auch seine Unterthanen waren, belagert, das Schloss erstürmt und geplündert, er selbst sehr misshandelt und über drei Wochen gefangen gehalten, bis ihn der Magistrat der Stadt Steyer auf sein Bitten durch Bürgschaft erledigte. Seine zweite Gemahlin war Felicitas von Rappach im J. 1597.

Sein Geschlecht erlosch nach Bericht Einiger im J. 1624, nach Anderen aber lebte aus selbem im J. 1651 noch ein Johann Jakob Seemann von Mangern.

Ad 14 und 36. Die Hager sind ein uraltes österreichisches Rittergeschlecht und sowohl im Lande ob- als auch unter der Enns begütert gewesen, sind später im J. 1671, 12. Jänner in den Freiherrnstand erhoben und im J. 1686 in den n. östr. Herrenstand aufgenommen worden. Der sub 14 vorkommende Sebastian Günther Hager war ein Sohn des Sigismund Hager und der Juliana von Althan, Herr des Gutes Wezdorf V. U. M. B., kaiserl. wirklicher Hofkriegsrath und Oberst und auch seit dem Jahre 1605 Landesoberstlieutenant in Österreich unter der Enns und 1618 Platzoberster zu Wien, fertigte im J. 1608 das Bündniss der evangelisch-lutherischen österreichischen Stände mit den Böhmen und Mährern, verweigerte im J. 1620 nebst Anderen dem K. Ferdinand II. die Huldigung, wurde bald darauf eines geheimen Verständnisses mit dem Heerführer der böhmisch-mährischen Rebellen, Grafen Heinrich von Thurn, und verrätherischer Anschläge überwiesen und im J. 1620 vor dem kaiserl. Feldlager jenseits der Donau mit dem Strange hingerichtet, sein Gut Wezdorf, so wie seine bei der Landschaft anliegenden Capitalien confiscirt, seiner hinterlassenen Witwe Engelburg, gebornen von Gera, und ihren Kindern aber von den letzteren auf Bitten 1000 fl. im J. 1623 in Ansehung ihrer weiblichen Ansprüche bewilligt. Ad 36. Ein Heinrich Hager hatte Maria Magdalena Kornfail zur Ehe und mit ihr einen Sohn gleichen Namens, welcher als kaiserlicher Oberstlieutenant im J. 1631 starb. Sebastian Günthers Vater, Hanns Seifrid Hager von Allentsteig, wurde später katholisch und in den Freiherrnstand erhoben und besass dann mehrere Güter in Oberösterreich, wo auch schon sein Vater St. Veit besessen hatte.

Ad 16 und 139. Die Wurmbrand, jetzt im Grafenstande, sind ein uraltes Rittergeschlecht in Unterösterreich, das von den Herrn von Wurmberg in Steiermark abstammen soll, von denen ein Ottmar von Wurmberg bereits im J. 1130 lebte. Im J. 1265 starb bereits Heinrich Wurmbrand Herr zu Stuppach in Unterösterreich. Der sub 16 genannte Ehrenreich Wurmbrand zu Stuppach, Herr der Herrschaften Steiersberg, Stickelberg und Hohenwolkersdorf im V. U. W. W. und Raitteinrath, K. Rudolph II. Rath und Vorschneider war ein Sohn des Matthias Wurmbrand und der Sibilla von Zebingen, geboren im J. 1558, wurde, wie schon früher seine Vorfahren im J. 1598 mit dem Erbküchenmeisteramte in Steiermark belehnt, war vom J. 1600 bis 1606 n. östr. Ritterstandsverordneter, wurde im J. 1607 in den Freiherrnstand erhoben und starb 1620. Sein Sohn Johann Ehrenreich wurde im J. 1682 der erste Graf Wurmbrand. Der sub 139 vorkommende Matthias Wurmbrand war des erstgenannten Ehrenreichs Bruder. Ehrenreich hatte zur Gemahlin Dorothea Freiin Zwickel, Mathias aber Christina Rindscheidin und Maria Magdalena von Heissenstein. Ein Melchior Wurmbrand wurde im J. 1620 als Rebelle geächtet.

Ad 17 und 35. Die Herrn von Gera sind um das Jahr 1471 aus Ostfranken in bischöflich Bambergschen Diensten nach Kärnthen und 1486 nach Oberösterreich gekommen. Ehrenreich, Sohn des Franz Freiherrn von Gera und der Emerentiana von Pirching, geboren 1569 vermählte sich mit Anna Rueberin von Pixendorf; Amand von Gera war sein Bruder, aber von einer anderen Mutter, nämlich von Elisabeth von Fuchsberg, und nahm zur Gemahlin Benigna von Friedesheim. Ehrenreich besass das Gut Michelstädten V. U. M. B., war im J. 1596 Viertelhauptmann dieses Viertels und wurde im J. 1597 als oberster Hauptmann über die Landmiliz im V. O. und U. M. B. wegen des Bauernaufstandes bestellt. Von dem J. 1612 bis 1618 war er ständ. Raitmarschall und mit seinen Kindern starb seine Linie aus. Amand war Herr zu Klement und Paastorf V. U. M. B. war 1605 kaiserlicher Hauptmann über eine Truppe deutschen Fussvolks zu Komorn. Er wurde im J. 1620 als Rebelle in die Acht erklärt und seine Güter confiscirt, später aber wurde er begnadigt. Seine Nachkommenschaft verscholl als grösstentheils in fremden Kriegsdiensten stehend. Eine andere Linie seines Geschlechtes besass im Lande ob der Enns die Herrschaften Waxenberg, Eschelberg und Lichtenhag, starb aber um das Jahr 1742 aus.

Ad 18, 100 und 110. Das Geschlecht der Freiherrn von Friedesheim nannte sich anfangs Beham, Behaim, Böhem (Böhm) und stammte von Bernhard Beham geboren 1436, der anfangs des Erzherzogs Sigismund in Tirol, dann K. Maximilians I. in der Landvogtei Schwaben Diener war und im J. 1507 gestorben ist, nachdem er zuerst das Prädicat von Friedesheim geführt hat.

Helmhard von Friedesheim zu Lengenfeld, geboren 1570, war ein Sohn des Wilhelm Bernhard Behaim von Friedesheim, der als ein grosser Gelehrter im J. 1605 starb, nachdem er die Güter Lengenfeld und Süssenbach V. O M. B. besessen hatte. Helmhard diente in der kaiserlichen Armee zu Fuss und zu Pferde gegen die Türken in Ungarn, wurde dann im J. 1608 der n. östr. Landschaft Viertelhauptmann im V. O. M. B., 1612 Raitherr und war 1618 und 1619 Verordneter des Ritterstandes. Er ward im J. 1620 als Rebelle geächtet, konnte aber noch glücklich entfliehen. Mit seiner Gemahlin Sidonia von Hohberg, die er am 29. März 1599 heirathete, erzeugte er keine Kinder. Pilgram von Friedesheim, Herr zu Grundtdorf, geboren 1573, vermählt mit Benigna von Sachwitz, starb im J. 1612. Sein Bruder Karl von Friedesheim, geboren im J. 1583, wurde ebenfalls im J. 1620 geächtet, aber im folgenden Jahre begnadigt und erhielt den Freisitz Burghof bei Krems zurück. Mit seiner Gemahlin Judit Freiin Rueber hatte er Nachkommenschaft, welche in den Freiherrnstand erhoben wurde und sich in Oberungarn begüterte.

Ad 19 und 145. Die von Neuhaus waren ein altes Rittergeschlecht in Österreich, von dem bereits im J. 1409 Hanns Neuhauser vorkommt. Georg Kaspar und Georg Bernhard Gebrüder von Neuhaus wurden im J. 1623 in den Freiherrnstand mit dem Prädicate von Hartenstein und Hoheneck erhoben.

Georg Kaspar Freiherr von Neuhaus und Ruetting auf Stadelkirchen, Herr auf Hartenstein, Hoheneck, Hohenstein, Senftenberg, Arbesbach, Dietersdorf und Oedenthal. Sohn Georgs und der Regina von Hoheneck, geboren im J. 1553, kam im J. 1573 als Truchsess an den Hof des Erzherzogs und röm. Königs Rudolphs II. Im J. 1577 wurde er nebst Joachim Herrn von Sinzendorf als kais. Bothschafter nach Constantinopel gesendet, im J. 1586 war er des Erzherzogs Ernst Oberstsilberkämmerer, Mundschenk und Vorschneider, im J. 1617 des Kaisers Matthias wirklicher Hofrath, nachdem er im J. 1613 auf dem Reichstage zu Regensburg gewesen war. Er heirathete im J. 1585 Justina Herrin von Königsberg, im J. 1624 aber Margaretha Freiin von Teufenbach, starb aber ohne Kinder im J. 1631.

Sein Bruder Georg Bernhard, Herr zu Stadelkirchen und Plumau ob der Enns und Eppenberg unter der Enns vermählte sich 1596 mit Potentiana Geymannin und hatte einen Sohn. Er war nebst seinem obgenannten Bruder im J. 1624 in den Herrenstand unter der Enns getreten. Im J. 1752 lebte noch einer dieses Geschlechtes in Baiern.

Ad 20. Die Ritter Kaufmann zu Jeutendorf stammten aus Schwaben, kamen nach Tirol und dann nach Österreich. Hanns Christoph Kaufmann Herr zu Jeutendorf und Ainöd, war in den Jahren 1596 und 1601 n. östr. Raitherr, im J. 1605 Raitmarschall, vermählte sich am 11. Februar 1579 mit Euphrosina Hagerin von Allentsteig und 1598 mit Judith von Öd. Er starb im J. 1610 und hinterliess Nachkommen. Das Geschlecht blieb lutherisch und starb verarmt im J. 1665 aus.

Ad 27. Die Freiherrn Streun von Schwarzenau waren bereits im J. 1136 als Herrn von Falkenstein V. U. M. B. in Österreich bekannt. Hanns Gotthard ein Sohn Gabriels Herrn zu Hirschbach, Haugstorf und Gross-Schweinwart, kaiserlichen Kämmerers, Obersten und Hofkriegsraths und Verordneten des n. östr. Herrenstandes, war vermählt mit Judith Streünin seiner Muhme, starb aber ohne Nachkommen im 28. Jahre seines Alters im J. 1613. Das Gut Gross-Schweinwart hatte sein Vater bereits im J. 1594 an seinen Vetter den Freiherrn Reichard Streun von Schwarzenau, den hochberühmten Gelehrten und Schriftsteller, verkauft. Der Letzte dieses mächtigen Geschlechtes, Johann Georg Streun zu Schwarzenau verlor im J. 1679 als kais. General und Commandant zu

Philippsburg sein Leben. Zu Gross-Haselbach V. O. M. B. bei Schwarzenau und besonders zu Ferschnitz V. O. W. W sind interessante Grabmäler dieses Hauses noch jetzt vorhanden.

Ad 28. Die Herrn und jetzigen Grafen von Polheim sind eines der ältesten Edelgeschlechter Österreichs, deren Stammhaus bei dem heutigen Dorfe Polheim unweit Partz und Grieskirchen in Oberösterreich stand. Bereits im J. 1073 lebte, urkundlich erwiesen, ein Pilgram Herr von Polheim. Sein Geschlecht stiftete das Minoritenkloster zu Wels, wo es auch eine geräumige Burg seines Namens hatte, und das Kloster zu Thalheim bei Wartenburg, in welchen beiden es Erbbegräbnisse hatte. Es ist mit den berühmtesten Häusern verwandt, selbst mit den Bourbons und hat berühmte Kirchenfürsten, Helden, Staatsmänner und Gelehrte unter seinen Gliedern. Der sub 28 vorkommende Maximilian Herr von Polheim, zu Ottenschlag, Rastbach und Gobelsburg, ein Sohn des H. Andreas von Polheim und der Margaretha von Puchheim, war im J. 1595 unter dem Erzherzoge Matthias bei der Eroberung von Gran und Vicegrad. So begleitete er auf eigene Kosten mit einigen Pferden im J. 1597 den Erzherzog Maximilian in den Feldzug wider die Türken, im J. 1598 war er mit Erherzog Matthias bei der Belagerung von Ofen und der Einnahme der Wasserstadt daselbst. Im J. 1608 zog er mit einigen Pferden auf eigene Kosten mit dem Erzherzoge Matthias vor Prag. Von seiner Gemahlin Elisabeth von Zelking hatte er wohl 4 Söhne, die aber keine Nachkommenschaft bekamen. Er war sonst schon im J. 1604 Verordneter des n. östr. Herrenstandes und starb als solcher zu Gobelsburg im J. 1616 und liegt zu Ottenschlag begraben. Sonst besass sein Geschlecht um diese Zeit Polheim, Lichteneck, Partz, Steinhaus, Wartenburg, Puchheim, Jrnharding. Bruck an der Aschach etc. ob- und Aggstein und Schwalnbach unter der Enns. Gegenwärtig besitzt dies beinahe dem Aussterben nahe Geschlecht kein Schloss mehr im Lande.

Ad 30. Die Marakschy, Freiherrn von Litschau, heissen sonst Mrakesch von Noskow und waren in Mähren sesshaft, aber bereits im J. 1534 besassen sie die Herrschaft Litschau im V. O. M. B. Andreas Freiherr Marakschy auf Litschau und Reingers zog im J. 1609 als vermeintlicher Vogtherr die Probstei Eisgarn gewaltsam an sich, verjagte die katholischen Chorherrn und setzte bei der dasigen Kirche einen lutherischen Prädicanten ein, worüber die katholischen Stände bei K. Matthias im J. 1610 Beschwerde erhoben. Ein Rudolph Marakschy, vermählt mit einer Streunin von Schwarzenau, wurde im J. 1620 als Rebelle geächtet und emigrirte: seine Güter wurden confiscirt.

Ad 32 und 96. Die Pernstorfer, einst Bernhardsdorfer, waren ein uraltes Geschlecht in Österreich, schon zu Anfange des XIV. Jahrhunderts bekannt. Christoph Wilhelm Pernstorfer von Poppen zu Karnabrunn war öfters ständischer Ausschuss, 1620 ständischer Verordneter, war vermählt mit Esther Freiin Ennenkel von Albrechtsberg, lebte als tolerirter Protestant noch bis zum J. 1629 in Österreich, starb aber da als der letzte Mann seiner Familie. Ferdinand war sein Bruder. Ihre Ältern waren Kaspar Pernstorfer und Rosina Dachsenbäckin, die Letzte ihres Geschlechtes.

Ad 33 und 129. Die von Concin stammten aus dem Toscanischen, kamen von da nach Tirol und Niederösterreich, wo sie seit dem J. 1520 vielbegütert waren. Sie waren da lang im Ritterstande und kamen im J. 1613 in den Herrenstand. Johann Volkhard, geboren im J. 1575, Herr auf Dross, Wocking, Weinzierl, Weichselbach und Wildenstein, wurde im J. 1607 in den Freiherrnstand erhoben, war mit Potentiana Enzianerin und dann mit Felicitas Freiin von Auersberg vermählt und starb im J. 1628. Sein Sohn Ehrenreich Christoph wurde mit seinem Geschlechte in den Grafenstand erhoben. Dies Geschlecht kömmt bis zum J. 1712 vor.

Ad 34. Die Heuberger sollen aus Tirol, wo sie schon im J. 1336 erscheinen, nach Österreich gekommen sein.

Karl Heuberger, Herr zu Himberg und Wald, Sohn des Leopold Heuberger, K. Ferdinands I. Hofkammerdieners und dann kais. Hofzahlmeisters, Schatzmeisters und Burggrafen zu Wien, und der Elisabeth Fernbergerin, diente in seiner Jugend am Hofe des K. Rudolph II., war dann n. östr. Landrechtsbeisitzer, in den Jahren

1595 bis 1597 Raitherr und von 1598 bis 1603 Verordneter, 1612 aber Ausschuss des Ritterstandes. Er heirathete am 10. Feb. 1581 Sophia von Gundreching, die ihm die Güter Himberg und Hauskirchen zubrachte. Sein Stamm soll im XVII. Jahrhunderte ausgestorben sein, aber noch von 1740 bis 1756 lebte eine Linie in grossem Reichthume in Wien.

Ad 37. Die Freiherrn Leisser sollen aus Steiermark nach Österreich gekommen sein und schon in der Schlacht K. Rudolphs gegen Otakar von Böhmen sich Einer aus ihnen sehr ausgezeichnet haben.

Ulrich, vermählt mit Maria Nützin, war kaiserl. Oberstlieutenant und hatte Kinder. Er besass das Gut Neunzen, so wie sein Geschlecht sonst die Güter Ober- und Nieder-Leiss. Selbes bestand noch im J. 1765.

Ad 38 und 97. Die Grabner, schon im J. 1314 in Österreich bekannt, waren ein mächtiges Rittergeschlecht im Lande.

Sebastian Grabner Ritter, Herr auf Rosenburg, Potenbrunn und Judenau in Niederösterreich und Joslawitz und Schlickersdorf in Mähren, ein Sohn Leopolds Grabner und der Ehrentraud Freiin von Königsberg, war im J. 1609 und 1610 der protestantischen Stände Deputirter und Ausschuss bei deren Berathschlagungen und der Gesandtschaft zum K. Matthias wegen der Religionsfreiheit. Er hatte zu Gemahlinnen zuerst Johanna von Polheim, Maximilians Tochter, die er am 9. Feb. 1578 heirathete, und dann seit dem 7. März 1594 Marusch von Zelking. Er baute die Rosenburg neu und prachtvoll und starb im J. 1610, nachdem sein Sohn Johann Leopold kurz vor ihm auf Reisen im Auslande mit Tode abgegangen war. Der zweite Sohn Friedrich Christoph emigrirte nach Regensburg und dann nach Franken, wo sein Geschlecht im XVII. Jahrhunderte ausgestorben ist.

Ad 39. Hanns Wolf Kneissel, Herr zu Hacking, war Viertelhauptmann V. U. W. W., dann Oberhauptmann der Viertel O. und U. W. W., über das Aufgebot im J. 1597, in den Jahren 1612, 1613, 1617 und 1622 aber n. östr. ständischer Ausschuss im Ritterstande.

Ad 40. Die Maschko waren ein Rittergeschlecht in Österreich. Hanns Melchior Maschko, Sohn des Melchiors kaiserlichen Raths und Hauptmanns zu Murau und der Elisabeth Rueberin, war Herr auf Nieder-Leiss und Gutenbrunn, wurde im J. 1620 als Rebelle geächtet und seine Güter confiscirt.

Ad 41, 52, 113, 138 und 144. Die Geyer von der Osterburg, später Grafen von Geyersberg, sind aus Franken, wo sie schon im J. 1370 vorkommen, nach Österreich gekommen.

Simon Geyer kaufte im J. 1523 Arbing in Ober- und erheirathete bald darauf Kröllendorf in Unter-Österreich. Georg Sigmund Geyer von O. Herr zu Inzerstorf am Wienerberge, Hanns Adam Herr zu Inzerstorf, Leestorf, Wolfsberg und Thallern und Otto Friedrich G. v. O. Herr zu Zellerndorf waren Brüder und zwar Söhne Christophs.

Georg Sigmund hatte zu Gemahlinnen 1590 Maria Euphrosina Hartmannin von Leestorf und dann Eva Rosina Stegerin. Ihre Kinder starben jung.

Otto Friedrich diente im J. 1619 unter des Grafen von Thurn protestantischer Armee als Reiter-Lieutenant, wurde daher im J. 1620 als Rebelle in die Acht erklärt und seine Güter confiscirt. Er fiel am 8. November 1620 in der Schlacht am Weissenberge bei Prag. Er hatte zur Gemahlin Susanna Woitich von Giwowitz, aber wohl keine Kinder.

Hanns Adam G. von der Osterburg war 1607 Ritterstands-Ausschuss und vermählt mit Susanna Hagerin, Anna Margaretha Walzerin und Marusch von Öd und hatte Nachkommenschaft.

Albrecht G. v. d. O., Herr zu Rothenhaus, Wolfsberg und Sieghartskirchen, welches Letzte er aber schon im J. 1601 verkauft hat, war ein Sohn des Wilhelm Geyer und der Katharina gebornen Geyer, geboren 24. Juni 1562, vermählt mit Susanna Weltzerin und dann mit Margaretha Traunerin von Altstätten aus dem Salzburgischen, und lebte noch im J. 1615. Christoph Ernst G. von der O., ein Vetter Georg Sigmunds und der anderen, Herr zu Kröllendorf, verehelichet mit Maria Magdalena von Grüenthal, lebte im J. 1614 nicht mehr und hinterliess unmündige Kinder. Der, so weit bekannt, Letzte des Geschlechtes soll gewesen sein Johann Heinrich Ehrenreich Graf und Herr von Geyersberg, geboren zu Dresden den 25. November 1739, der später in Schlesien lebte.

Ad 42 und 68. Die als Grafen noch jetzt blühenden uralten Herren von Herberstein sind aus Steiermark, wo sie urkundlich bereits im XIII. Jahrhunderte vorkommen, im XV. Jahrhunderte nach Österreich gekommen, wo sie im J. 1537 in den n. östr. Herrenstand aufgenommen wurden.

Ferdinand Freiherr von Herberstein auf Neuberg und Gutenhaag, Herr zu Triesch, Sierndorf und Deinzendorf, kaiserl. Kämmerer, lebte noch im J. 1627. Er war ein Sohn des Georg Ruprecht Freiherrn von Herberstein, Herrn auf Sierndorf, und der Maria Magdalena von Lamberg, vermählte sich zuerst mit Maria Elisabeth von Greissen zu Wald, dann mit Regina Freiin von Dietrichstein, und hatte Kinder.

Wolf Jakob Freiherr von Herberstein, Herr zu Wolfpassing an dem Wagram, war K. Mathias, Truchsess und dann Mundschenk, wurde im J. 1620 als Rebelle in die Acht erklärt und lebte im J. 1627 nicht mehr. Er war ein Sohn des Jakob Franz von Herberstein und der Barbara von Enzerstorf, vermählt mit Maria Katharina Freiin von Eitzing; sein Sohn wurde wieder katholisch.

Ad 43 und 50. Es gab ein uraltes österreichisches Herrengeschlecht genannt die Stuchs von Trautmanstorf, die aber ein von den jetzigen Grafen und Fürsten dieses Namens ganz verschiedenes Wappen geführt haben und im XV. Jahrhunderte ausgestorben sind.

Ihre Lehenherrlichkeit fiel an die Herzoge von Österreich. Die Jetzigen von Trautmanstorf sollen aus Tirol stammen, wo bereits im J. 1260 ein Hector von Trautmanstorf Ritter des deutschen Ordens gewesen sein soll, im J. 1460 erscheinen sie schon in Nieder-Österreich, wo sie im J. 1602 in den Herrenstand introducirt worden sind. Georg Ludwig Herr von Trautmanstorf und Hans Andreas von Trautmanstorf waren Vettern und besassen die Güter Totzenbach und Kirchstätten.

Georg Ludwig war vermählt mit Anastasia von Sinzendorf und ein Sohn des Johann Friedrich von Trautmanstorf und der Eva gebornen von Trautmanstorf.

Ad 45. Die von Prag sind aus Kärnthen zuerst nach Ober- dann auch nach Nieder-Österreich gekommen. Lasla der Ältere, Erbmarschall in Kärnthen kam nach Österreich, wurde Freiherr zu Windhaag und Weitra und starb im J. 1514. Johann Christoph Freiherr zu Engelstein, ein Sohn Christophs und der Katharina von Prösing, war vermählt mit Christina Tschernembl und hatte 2 Söhne, von denen einer auswanderte; sonst ist dies Geschlecht abgestorben.

Ad 46. Die Herrn von Tschernembl, Erbschenken des Herzogthums Krain und der windischen Mark, wo sie schon im J. 1354 vorkommen, sind um das Jahr 1535 nach Ober-Österreich gekommen und haben die Herrschaften Windeck und Schwertberg an sich gebracht.

Christian Herr von Tschernembl, ein Sohn des Hanns Georg und der Gräfin Anna von Thurn, vermählt mit Barbara Herrin von Prag und Sidonia Elisabeth Gräfin von Windischgrätz, aber kinderlos. Er starb im J. 1665, war kaiserl. Kämmerer, Hofkriegsrath und Oberster eines Reiter-Regiments, und Stadt-Quardi-Oberstlieutenant und war in den Grafenstand erhoben worden.

Sein Oheim Georg Erasmus war ein sehr gelehrter Herr, der zu vielen Gesandtschaften gebraucht wurde und in den Jahren 1598 und 1620 Verordneter des Herrenstandes ob der Enns war. Er fertigte als obderennsischer Deputirter am 1. Februar 1608 zu Pressburg unter der Direction des Erzherzogs Matthias die Conföderation zwischen den Magnaten von Ungarn und den östr. Ständen. Seine Gemahlin war Elisabeth Preunerin, die er am 13. October 1590 heirathete, die ihm aber schon im J. 1611 starb. Seine Kinder starben ledig. Er war Calvinist und hat wohl aus solcher Ursache das vorstehende Bündniss von Horn nicht gefertigt. Er war sonst das hervorragendste Glied der österreichischen protestantischen Stände, und emigrirte.

Ad 47, 86 und 120. Die Freiherrn Teufel von Guntherstorf, früher auch die Teufel zu Krottendorf genannt, kommen unter den ritterlichen Geschlechtern bereits im Jahre 1315 in Unter-Österreich vor. Maximilian Teufel, Herr der Herrschaft Dross, ein Sohn des Karl Teufel Freiherrn zu Gunderstorf, Herrn zu Enzerstorf an der Fischa und zu Bockflüss, und der Judith von Eitzing, emigrirte der Religion halber um das J. 1619, trat in königl. schwedische Kriegsdienste, ward Oberster der Leibgarde des Königs Gustav Adolf und blieb im J. 1631 in der Schlacht bei Leipzig. Seine Gemahlin war Sophia Gödelmann, die Tochter eines schwedischen Hofraths, aber ohne Kinder. Rudolph Teufel, ein Sohn des Andreas T. und der Maria Anna von Waldstein, besass 1598 Gunderstorf, war 1609 und 1610 der n. östr. protestantischen Stände Ausschuss bei der Deputation an K. Matthias wegen der Religionsfreiheit und hinterliess von seiner Gemahlin Polixena von Eitzing nur 3 Töchter.

Otto Teufel, Herr auf Weyerburg und Eckartsau, war des Kaisers Matthias Kämmerer und Oberst-Falkenmeister, hernach kaiserl. Oberst-Hof-Jägermeister und ist als solcher gar oft von seinem Sommersitze Essling in offenem Wagen mit 4 abgerichteten zahmen Hirschen bespannt über die Donaubrücke herein nach Wien gefahren. Er war auch ein Sohn des Michael Teufel und der von Eitzing und hinterliess von seiner Gemahlin Regina Elisabeth von Concin Nachkommenschaft, mit der dieser Stamm im J. 1709 in Österreich erlosch. Sein Sohn Otto Christoph, Freiherr von Gunderstorf, Herr auf Eckhartsau, Essling, Weyerburg und Räckersdorf, geboren 15. December 1614, verkaufte Gundersdorf und Weyerburg und emigrirte der Religion wegen als hochbejahrter Herr nach Sachsen, wo er im J. 1688 das Schloss und Rittergut Hof in Meissen kaufte, chursächsischer Rath wurde und am 27. August 1690 zu Dresden als der letzte Mann seines Geschlechtes starb. Seine Gemahlin war Polixena Elisabeth Freiin in Volckra.

Ad 48 und 103. Die Freiherrn von Kainach stammten aus Unter-Steiermark, wo sie schon im J. 1060 vorkommen, wurden am 20. November 1553 in den Freiherrenstand erhoben.

Ehrenreich und Andreas Gebrüder, Söhne des Matthias und der Esther von Trautmanstorf, wurden als begüterte Landleute in Nieder-Österreich am 4. März 1613 in den alten Herrenstand daselbst aufgenommen und introducirt. Ehrenreich, geboren 1573, heirathete 1605 Margaretha Gräfin von Herdeck, mit der er die Herrschaft Enzerstorf im Langenthale V. U. M. B. wie auch Waldreichs am Wald an sich brachte, welch letzteres Gut sie aber im J. 1630 wieder verkauften. Sie sassen beide als tolerirte Lutheraner auf ihrem Gute Enzerstorf, wo er 1642 starb. Seine Söhne wurden später Grafen.

Andreas besass den Edelsitz Feldmühle sammt Haindorf V. O. M. B. den er 1622 verkaufte. Von seiner Gemahlin Elisabeth, Freiin von Ernau hatte er Nachkommenschaft, mit der sein Geschlecht in Österreich abstarb.

Ad 49 und 125. Die Freiherrn und späteren Grafen von Kolonitsch stammten aus Croatien, wo sie schon im XIII. Jahrhunderte das Schloss Kollograd als ihr Stammhaus besassen. Hanns Georg Freiherr von K. war des K. Rudolphs II. Vorschneider, hernach des Herzogs von Braunschweig Oberster und General-Adjutant. Er kaufte im J. 1603 das Gut Hagenbrunn, war verehelicht mit Ludmilla Anna Wiasa von Wrzessowitz, hatte 6 Söhne und starb im J. 1636. Ernst, sein Bruder, war Herr zu Kirchberg am Wald, Hohensich, Limbach und Wielands, des K. Ferdinand II. Kämmerer, Oberst und Commandant zu Komorn und ein tapferer Kriegsmann wider die Türken. Kirchberg hatte im J. 1609 seine erste Gemahlin (seit 1607) Sabina Freiin von Sonderndorf gekauft, seine zweite war Anna Elisabeth Freiin von Kufstein, die er im Jahre 1625 ehelichte. Im J. 1621 beklagte er sich bei dem Kaiser, dass er wegen seiner Treue von den Rebellen geplündert worden sei und bat um Entschädigung aus den Strafgeldern der geächteten Rebellen und erhielt einen günstigen Bescheid. Er wurde hierauf sammt seiner und seines obgenannten Bruders Descendenz im J. 1637 in den Grafenstand erhoben. Seine Linie starb im J. 1770 aus. Ihr Bruder Seifried besass

Jedenspeugen und mit ihnen gemeinschaftlich Gross-Schützen in Ungarn. Ihre Ältern waren Georg Seifried Herr auf Burgschleunitz, Jedenspeugen, Haindorf und Gross-Schützen, und Maria Helena Fuchs Freiin von Fuchsberg.

Ad 51. Die Herrn von Zelking stammten von den Herrn von Schlierbach in Österreich ob der Enns. Otacher von Schlierbach wird um das Jahr 1145 als Bruder Berengars von Kapell genannt. Sie sollen Söhne eines Ludwig von Schlierbach gewesen sein und dürften zum Hause der alten Vögte von Berg und der Freien und späteren Grafen von Hals und Cham gehört haben. (Cham dürfte aber hier nicht das in Baiern, sondern der Kampfluss sein.) Sie haben wohl ihren Namen von dem Schlosse Zelking oberhalb Melk, nun in Ruinen, angenommen. Bereits im J. 1197 lebte Wernher (Wernhard) von Zelking. Christoph Wilhelm von Zelking war ein Sohn des Karl Ludwigs von Zelking und der Ursula von Prag, besass im J. 1615 Sierndorf, dann Dürrenstein und das Thal Wachau, seit 1623 Weinberg, Dornach, Wartberg und Leonstein (ob der Enns) und seit 1623 Zelking, und hat zuerst den freiherrlichen Titel geführt. Er war vermählt seit 1598 mit Esther Gräfin von Hardeck, dann mit Maria Magdalena Gräfin von Hardeck und endlich mit Anna Elisabeth von Zinzendorf, und sein Sohn Ludwig Wilhelm starb als der Letzte seines Stammes am 10. April 1634. In der Pfarrkirche zu Zelking und in der zu Käfermarkt bei Weinberg sind schöne Grabmäler dieser Familie noch zu sehen.

Ad 53. Die Freiherrn und späteren Grafen Kornfail von Weinfelden kamen aus der Schweiz, wo sie schon im J. 1330 bekannt waren, nach Unter-Österreich; daselbst war bereits im J. 1474 Ulrich.

Hector war ein Sohn des Andreas und der Katharina von Pötting, geboren 1575, ward kaiserl. Oberstlieutenant der Reiterei, diente durch 30 Jahre tapfer in Ungarn wider die Türken, ward im J. 1618 von Bethlen Gabor und den Rebellen durch 26 Monate im Gefängnisse hart behandelt, erhielt dann durch Erbschaft Güter in Ungarn und im J. 1625 das Indigenat daselbst. Er besass in Österreich das Gut Würmla, wo er im J. 1635 starb. Zu Gemahlinnen hatte er zuerst 1621 Rosina Regina von Lasberg und dann Anna Maria Spätt von Zwifalten und hinterliess Nachkommenschaft. Einige seines Geschlechtes begaben sich der Religion wegen ins Ausland, wo der Letzte in sächsichen Diensten im J. 1778 starb.

Ad 54. Das Geschlecht der Römer ist aus Tirol, wo es schon im J. 1427 bekannt war, nach Österreich gekommen und erscheint daselbst schon im J. 1500. Wolf Christoph Römer zu Burg-Schleunitz, vermählt mit Anna Susanna von Artstetten, war ein Sohn des Kaspar Römer und wurde im J. 1620 als Rebelle geächtet und emigrirte, seine Güter aber wurden confiscirt. Im J. 1644 lebte noch Ernst Günther Römer von Burg-Schleunitz und Grünau, Herr zu Unterpfaffenschlag, als kaiserl. Lieutenant. Eine Frau aus diesem Geschlechte lebte noch im J. 1658.

Ad 55. Es gab verschiedene alte Geschlechter in Österreich ob und unter der Enns, die sich von Kirchberg nannten und verschiedene Wappen führten.

Georg Bernhard von Kirchberg, aus dem Geschlechte der Erbschenken des Stiftes Passau, welches im J. 1747 ausgestorben ist, war ein Sohn Wilhelms und der Justina von Königsberg und besass im J. 1592 das Gut Meidling bei Göttweig. Er hatte im J. 1590 zur Gemahlin Radegund Jägenreutherin und hatte Nachkommen, welche als Protestanten noch im J. 1629 in Österreich lebten. Seine Brüder besassen Viehhofen, Seusenburg, Schmiding und Nussdorf an der Traisen. Sein Bruder Georg Achaz wurde im J. 1623 sammt seinem ganzen Geschlechte in den Freiherrnstand erhoben.

(Schluss folgt.)

V. „Historischer Atlas."

Statistik des Mittelalters.

3.) Das Lehenbuch K. Ladislaus P. für Österreich ob und unter der Enns. (In alphabetischer Ordnung.)

(Fortsetzung.)

It. 3 pfund 6 schill. Pfen. Gülte, $1\frac{1}{2}$ Metzen Magen und den Wiltpan auf 3 Lehen zu den Royten in Marwacherpfarre gelegen; und zu Grossen Gundolcz 2 Metzen Magen auf 1 Lehen, und 1 Metzen Magen auf 1 Hofstatt zu Mulbach an der Sumertzeil emmitten im dorff gelegen, und

zu Griesbach 3 Schilling Pfen. Gülte auf 1 Lehen in Kirchpacherpfarre und Zwetler Landgericht gelegen;

dieselben Gülten in Marbacher und Kirchpacherpfarren ist von Ulrich dem Zeller gekauft worden;

it. die Fischweid auf der Melkh als die von weiland Hannsen von Starhemberg in weiland Gundakhers des obgenanten Rudigers von Starhemberg vater und Caspars desselben Gundakhers Bruder Gewalt in kaufweis gekommen ist.

it. die Manschaft auf den nachbenanten gütern:

it. auf 1 gut genant zu dem Henssen;

1 Gut an der Hulben;

1 Gut auf dem Honigsperg, alles gelegen in Hedershouerpfarre und in Enser Landtgericht;

und ganzer Zehend auf Rannshouerhof in Behempergerpfarr gelegen;

it. alle Manschaft wo die gelegen ist die er von unserm fürstentumb Osterreich zu Lehen hat ob er auch hinfur icht mer lehen erfür unsrer lehenschaft die im zugehorten, dieselben lehen sullen wir im auch leihen so er uns die anbringt ungeuerlich.

Commissio d. Regis in Consilio.

Oestr. Ms. Nr. 65, Fol. 11. 12.

1455, 23. März, Wien. Rüdiger von Starhemberg.

1 Hof zu Russt und $1\frac{1}{2}$ lehen paws und 60 pfenning gelts;

it. 2 Lehen zehents in alle veld und den zehend auf 2 hofsteten daselbs zu Russt;

it. die Fischweide auf der Persnikh von dem Rindlein uncz in die Tunaw;

it. 5 pfund 3 Schill. Pfen. gelegen auf Überlend in Holnburgerfeld zu Mertteinsprunn und zu Ror und 2 Theile Zehend auf 52 Joch zu Weintzurl und in der Aw gelegen.

Von weiland Ulrich von Russt, der nicht leibserben hinterlassen hat, vermahnt und ledig geworden.

(Gnaden-Lehen.) Oestr. Ms. Nr. 65, Fol. 13.

1455, 28. October, Wien. Rüdiger von Starhemberg.

Den halben Dorfzehend zu der Haid gross und klein, zu Feld und zu Dorf mit seiner Zugehörung.

(Gnaden-Lehen. Ledig geworden durch den erblosen Abgang weil. Stephan des Wirsing zu Wien.)

Oestr. Ms. Nr. 65, Fol. 77.

15**

1455, 2. December, Wien. Hanns von Starhemberg.

Die Veste Lobenstein mit Gerichten, ausgenommen was den Tod berührt, mit Zehenden, Vogteien, Vogteirechten, Fischwassern und Fischweiden, Wildbann, Wiesmahden, Hölzern, Gütern, Diensten, und aller anderer Zugehörung.

(Sein Erbe.) Oestr. Ms. Nr. 65, Fol. 79, b.

1457, 14. März. Hanns von Starhemberg. (Landesf. Lehen.)

Den Hof, genannt zum Hof, gelegen zu Leusserling in Gremenstetterpfarre mit aller seiner Zugehörung;

it. die Mühle dabei, genannt zu Odenmüll gelegen an der kleinen Rotel in Veichtingerpfarre;

it. 60 Pfen. Gelts auf der Wiese (genannt die „Praitwis“) des Hanns Pirchinger;

alles gelegen in Wessenberger Herrschaft.

(Gekauft von Leonhard Hechelhaimer für sich und als Gerhab der Kinder seines Bruders Wolfgang Hechelhaimer [Friedrich, Balthasar, Wolfgang und Helena.])

Oestr. Ms. Nr. 65, Fol. 105 b.

1456, 30. August, Presburg. Ulrich von Starhemberg.

auf dem Dorf zu Grunpach;

auf dem Dorf zu Liechtenaw;

it. auf 3 Höfen zu den Stödlen;

it. auf der Mühle Aicharnstain;

it. auf dem Durrnperg;

it. auf dem Sibenhof überall 2 Theile Zehend;

it. auf dem Dorf zu Slag auf den 2 Feldern auch 2 Theile Zehends, und auf dem dritten Feld daselbst $^1/_3$ Zehend;

auf den obgenannten Stücken überall auch kleinen Zehend;

it. 1 Gut zu Winthag „in der Scheiben,“ die benannten Stücke in Grünbacher- und Windhagerpfarren;

it. 1 Mühle, genannt die Hammermühle;

it. auf 1 Gut im Erlach;

it. auf 1 Gut zu Prantstat;

it. auf ein Gut Necztal;

it. auf 1 Gut Ochsenperg;

auf den benannten Gütern auch 2 Theile Zehend, in St. Oswalds Pfarre, alles in Freinsteter Landgericht gelegen;

it. das Dorf im Walichslag mitsammt dem Hammer und der Mühl daselbst;

it. 1 Gut dabei im Walchlein;

it. 1 Gut im Draperg;

auf den jetztgenannten Stücken $^1/_3$ Zehends, gross und klein;

it. 1 Hof, genannt Speiselhof, alles in Hebreinnewnkircherpfarre gelegen;

it. 2 Güter zu Penning;

it. 1 Gut zu dem Pesler, alles in Sand Johanns Pfarre gelegen;

it. die Ramelmühle;

it. 1 Hof, genannt Mitterhaim bei Newsserling und auf demselben Hof ganzen Zehend;

it. 1 Hof, genannt „Stemring;“

it. 2 Hofstätte daselbst und 2 Gärten dabei, alles in Gremenstetterpfarre gelegen;

it. 1 Gut zu dem „Märl;“

it. 1 Hof am Zellhof;

it. 1 Gut an der Öd dabei, in St. Peterspfarre auf dem Windberg, alles in Wessenburger Landgericht gelegen;

it. 1 Hof zu Ortt in Veldnerpfarre;
it. 1 Gut zu Rewtt;
it. ½ Hof zu Aczleinsperg;
it. 3 halbe Hofstätte daselbst;
it. ½ Gut an der Kager;
auf diesen Stücken ganzen Zehend;
it. auf 2 Gütern zu Pranstat 2 Theile Zehends;
it. auf 1 Gut zu den Haiden ganzen Zehend, gross und klein, alles in Serleinspekherpfarre;
it. auf 1 Gut im Eybenholczlein 2 Theile Zehends auch gross und klein, in Pfarrkirchnerpfarre;
it. 1 Gut zu Chorherrenöd, die benannten Stücke alle in Veldner Landgericht gelegen;
it. 2 Huben, genannt an der Hueb bey Ratenpach;
it. 1 Hube zu Arphenhofen am Hawsrukg in Rotenpekherpfarre und in Starhemberger Landgericht gelegen.
(Sein Erbe, in der Theilung mit seinem Bruder Hanns von Starhemberg rechtlich an ihn gekommen.)

Oestr. Ms. Nr. 65, Fol. 101, b, 102.

1456, 30. August, Prespurg. Ulrich von Starhemberg.

1 Mühle genannt die Steibelmühle (?) unter dem Sitzhals gelegen;
it. 1 Gut genannt zu dem „Vischer" in Gremensteterpfarre;
it. das Dorf genannt im „Slag;"
it. 2 Güter, genannt auf dem Petersperg;
it. 1 Hof, genannt der Newsselhof, die benannten Stücke alle sind gelegen in Sand Johannspfarre und in Wessenberger Landgericht.
(Gekauft von Magdalena, Hausfrau Hanns des Steger, Tochter weiland Simon des Espan.)

Oestr. Ms. Nr. 65, Fol. 103.

1456, 23. December. Ulrich von Starhemberg.

1 Hof genannt der Gusenhof;
1 Gut daselbst am Graben in Gutauerpfarre und in Freinsteter Landgericht gelegen.
(Gekauft von Leonhard Hechelhaimer.)

Oestr. Ms. Nr. 65, Fol. 104, b.

1456, 13. April. Bernhard von Starhemberg (für sich und seinen Bruder Kadolt).

Die Fischweide auf der Pesinckh in Kappellerpfarre.
(Ihr Erbe.) Oestr. Ms. Nr. 65, Fol. 89.

358.) S. D. (1455, c. 30. Juli.) Lorenz Steger (für sich und aus besonderer Gnade für seine Gattin Magdalena).

65 Metzen Haber Marchfutter, gelegen auf 1 Gut an der Sunnleitten, auf 1 Gut unter dem Hohenperg, und auf 1 Gut zu Sparnranft alles in Kastnerpfarre.
(In Gemächtweise erhalten von Seyfrid Sichelpekh und seiner Hausfrau Barbara, Ältern der Gattin Magdalena.)

Oestr. Ms. Nr. 65, Fol. 62, b.

S. D. (1455, c. 9. Juli.) Magdalena, Hausfrau des Hanns Steger, Tochter des Simon des Espan.

1 Drittel aus dem Sitz „auf dem Hals" mit seiner Zugehör und die Mühle darunter;
it. 1 Gut „dacz dem vischer" in Gremerstetarpfare gelegen;

it. 1 Hof genannt der Neisselhof;
it. 2 Güter auf dem „Petersperg;“
it. 9 Güter in dem „Slag;“
(Aus Gnade „wan ir die von weilent Lienharten des Espan irs bruder der „an leiberben mendlichs geschlechts mit tod abgangen wer gelassem gut und „genaden lehen Sunen und tochtern von Annen Marcharten des Kersperger „Hausfrawn Ursulen und Elspeten irn swestern desselben irs bruder tochtern „mit tailung erblich geuallen wern.“) Oestr. Ms. Nr. 65, Fol. 69.

359.) 1455. 4. December, Wien. Veit Stethaimer.

„Der ober und der nider zehent gelegen im Machland in Mitterkircherpfarre;
it. die 2 Theile Zehend auf dem Gut „dacz Leupolten auf dem Stain, dacz dem Lanngen“ auf 1 Hofstatt dabei;
auf 2 Gütern „dacz den Huben“ und auf 1 Gut auf der Cappellerstat in Munnspekherpfarre gelegen.
(Sein Erbe.) Oestr. Ms. Nr. 65, Fol. 69.

1457, 25. Juli, Wien. Veit Stethaimer (für sich und seinen Bruder Andreas).
1 Hof zu „Weczndorf“ in Siednikherpfarre;
it. 1 Hube, genannt „am Lehen“ in Herdershoverpfarre;
it. 1 Gut zu Dietersdorf in Kemnaterpfarre gelegen.
(Ihr väterliches Erbe.) Oestr. Ms. Nr. 65, Fol. 109, b.

1457, 25. Juli. Veit Stethaimer (für sich und seinen Bruder Andreas und seine Vettern Sigmund und Bernhard, Söhne weiland Simon des Stethaimer).
einen Hof genannt der Poppenhof in Hedershoverpfarre niderhalb der Enns, und
die Oberhub zu Weczndorf in Siednigkerpfarre gelegen.
(Gemächtweise von ihrem Vetter Veit Stethaimer, dem ältern.)
Oestr. Ms. Nr. 65, Fol. 109, b. 110.

360.) 1455, 11. December, Wien. Hanns Stikhelperger.

Die Veste Stikhelperg mit ihrer Zugehörung;
it. 12 Schilling und 21 Pfen. Gelts und 54 Faschinghühner;
it. auf Überländäckern und den Getreidzehend auf denselben Äckern zu Rauhenwart gelegen;
it. $8^1/_2$ Pfd. Pfen. gelegen zu Steten auf behausten Gütern und Überländ;
it. 2 behauste Güter zu Kirchperg;
it. den Getreidzehend zu Hohenruprechtstorf und 60 Pfen. Gelts auf 1 behausten Gut daselbst;
it. zu Nidern Lanczndorf halben Weinzehend und Getreidzehend;
it. zu Plintendorf bei Pewgen $^1/_3$ Getreidzehend;
it. 18Gut zu Kirchperg;
it. 1 Schilling und 4 Pfen. Gelts zu Grillenperg;
it. des Flansen Hof mit seiner Zugehörung;
und 6 Schilling und 4 Pfen. Gelts zu Gunfaren gelegen;
it. die Veste Sachsengang und das Dorf dabei mit aller ihrer Zugehörung;
it. das Ober Haus und das Dorf dabei, auch mit ihren Zugehörungen;
it. 1 Dorf genannt Nötendorf und 1 Zehend daselbst auf 21 Jochen Äckern;
it. 1 Dorf genannt Maczennewsidel und ganzen Zehend [illegible] 16 Lehen, gross und klein, zu Feld und zu Dorf;
it. zu Wittaw 14 behauste Holden und Güter und auf 24 [illegible] ganzen Zehend, gross und klein, zu Feld und zu Dorf;
it. zu Mûlleiten 6 behauste Holden und Güter und 2 Pfd. [illegible] dem Werd daselbst;

it. halber Zehend zu Wolfswerd, gross und klein, zu Feld und zu Dorf;
it. einen Zehend zu Nidernsibenprunn;
it 1 Aw genannt der Wais gegenüber von Stadlaw gelegen;
it. eine Aw genannt das „Pewschl“ und 1 Wiese dabei;
it. eine Aw genannt der „Duringswerd;“
it. eine Aw genannt das Hochdornach;
it. 2 Auen bei Maczn Newsidl gelegen, der „wenigwerd“ und „im alten werd;“
it. 1 Au genannt das „Erlach;“
it. 1 Au genannt das „Weydach;“
it. 1 Hof zu Manswerd genannt „auf dem Anger,“ und daselbst zu Manswerd und zu „Pewgen“ dabei gelegen den vierten Theil Zehends auf beiden Dörfern und

1 „Wasen“ gelegen in der Donau, mit einer „stetten“ gegenüber „Pewgen,“ mit der andern neben einer Au, genannt das „Zoynach.“

(Sein Erbe.) Oestr. Ms. Nr. 65, Fol. 60.

361.) 1456, 15. Juli, Wien. Vincenz Stodulegk. (Landesf.)

Die „Lannchwis“ zu Pölan gelegen, 10 Tagwerk $1\frac{1}{2}$ Joch Acker die auf dieselbe „Lannkhwis“ stossen, 4 Joch Acker bei Sachsendorf;

7 Joch Acker bei dem Vorst gelegen, und stosset „an ain praitten bei Hadmarstorf;“

1 Joch dabei;

2 Joch auf der „Sanntgrub“ da man gen Gors reytt;

„den Weglang des virdhalb Jeuch sind und leit da man gen Chunring „reitt, den obern weg drey Jeuch und haisst der Gruntakher, und leit da „man reitt gen Meissaw;“

8 Joch Acker auf der „Weyrleitten“ bei Chunring gelegen, und

6 Joch Acker, die in den Schenkhof gehören, darauf die Zeit der Siednyger gesessen, der jährlich am St. Jörgentag von demselben Schenkhof und seiner Zugehörung 30 Wienerpfenning dient,

und 77 Wienerpfenninge Geltes, die n. der Schmied dient (45 an St. Jörgen Tag und 30 (?) an St. Michelstag).

davon (?) man jährlich dient „zu unserm „Geuellerwald“ $16\frac{1}{2}$ Metzen Forstfutter.

(Gnaden-Lehen. Verkauft von weiland Zingk von Polan an seinen Eidam Simon Meiraser und seine Hausfrau Elspet, und durch ihren Abgang erledigt.)

Oestr. Ms. Nr. 65, Fol. $\frac{97, b.}{2}$

1456, 15. Juli. Vincens Stodulegk (für seine unmündigen Kinder Paul und Anna, die er mit weil. Barbara seiner Hausfrau, Tochter des Caspar Rennbart hatte).

$\frac{1}{2}$ an dem Hof zu Flachaw in Polinger Landgericht gelegen.

(Öster. Landesf. Lehen.)
(Ihr mütterliches Erbe.) Oestr. Ms. Nr. 65, Fol. $\frac{97 b.}{2}$

362.) 1455, 5. Mai, Wien. Sigmund Stokharner.

1. Die Veste Puchperg mitsammt dem Kirchlehen daselbst und allen ihren Zugehörungen;

2. Das Haus Newndorf, 14 Schilling Pfen. Gülte, 2 Baumgärten, 4 Wiesen, das Holz „an dem perig,“ die Weide „an dem Toppel“ und 60 Joch Ackers, alles gelegen daselbst zu Newndorf;

3. it. 10 Schilling 20 Pfen. Gülte überlend „am Stainpuhel im obern und undern Cheyrperg und „am anger zu Recz in der alten Stat“ gelegen auf Weingärten, und 10 Eimer Weins Bergrecht daselbst.

(Sein Erbe, aus besonderer Gnade, von Seiner Seite gegeben, auch auf Töchter vererblich.) Oestr. Ms. Nr. 65, Fol. 31, b.

1455, 25. Juni, Wien. (Artolf und Ernst) Stokharner, Gebrüder, Söhne weil. Wolfgang des Stokharner.

Urlaub ihrer Lehen bis zur Mündigkeit. Oestr. Ms. Nr. [illegible], Fol. [illegible]

363.) 1455, 17. April. Ulrich Strasperger.

1 Hof gelegen zu Nidern Slewncz, worauf er jetzt sitzt.
(Sein Erbe.) Oestr. Ms. Nr. 65, Fol. [illegible], b.

364.) 1455, 20. Mai. Hanns Strasser zu der Alben.

1 Hof zu Hatmansperg;
it. 1 Hube in Widmanspacherpfarre;
it. der Zehend auf 3 Gütern daselbst;
it. 1 Lehen auf dem Zaisenperg;
it. den Zehend zu Gewolstorf und auf 1 Hof daselbst;
it. den Nidernhof zu Heresing und den Zehend zu Heresing, grossen und kleinen;
it. 1 Zehend zu Munichen auf 3 Gütlein;
it. den Hof zu Lynndenloch;
it. 1 Lehen zu Gewolsdorf und den Zehend darauf und den Zehend auf 2 Gütlein daselbst;

Ein Drittel an diesen Gütern hatte er bereits als sein Erbe, das Übrige (2 Drittel) kaufte er von Lienhart und Thaman Gebrüder den Juden (?) von Prugkperg (ihren Erbtheil), und von Ursula, Tochter des weiland Martin des Aufner, Hausfrau des Andreas Mauthner von Kacznperg (ihr Drittel an den Zehenden).

it. 1 Gut gelegen zu Talhaim.
(Sein Erbe.) Oestr. Ms. Nr. 65, Fol. 26, b.

365.) 1456, 14. Jänner. Wien. Heinrich Strewn.

Halben Theil an 1 Hof zu Gunczingen und an
1 Hof zu Hermanstorf, der halbes Getreid dient;
it. (halben Theil) an der Fischweide, die zu Frewdegk gehört und an 2 Muth Marchfutter gelegen in Veraniczerpfarre.
(Sein Erbe.) Oestr. Ms. Nr. 65, Fol. [illegible]

366.) 1456, 28. Februar. Ulrich von Stubenberg. (Landesf.)

17 Pfd. 5 Schilling und 26 Pfen. davon 4 Pfd. 7 Schilling und 13 Pfen. gelegen zu Schöngrabarn auf behaustem Gut und Überländ;
it. zu Oberngrabarn 5 Pfd. und 60 Pfen. Gelts;
it. zu Gokkendorf 17 Schilling und 24 Pfen. Gelts;
it. zu Sukkenprunn 10 Schilling und 19 Pfen. Gelts;
it. zu Ekkendorf 4 Pfd. Pfen. Gelts und
1/4 Getreidzehend zu Schöngrabarn gelegen;
it. eine Fischweide auf der Püten „von Rayspach uncz gen Gleissenveld an den Steg;"
it. 3 Pfd. Pfen. Gelts „an der wart von dem Mautthof" und 72 Pfen. Gelts von 1 Zehentlein zu Hinderöder gelegen.
(Sein Erbe.) Oestr. Ms. Nr. 65, Fol. [illegible], b.

367.) 1455, 29. Mai. Caspar Sulczpekh.

3 Pfd. Pfen. Gülte zu Gawbatsch auf behausten Gütern;
it. daselbst von Burgrecht und Überländ 4 Pfd. 7 Schilling [illegible]
it. aber daselbst 37 Jeuchart Burgrecht Äcker; [illegible]
it. daselbst an dem Kueperg Bergrecht 5 1/2 Eimer Most;
it. zu Valiba bei Gawbatsch gelegen von 1 behausten [illegible] Pfen. Gülte und 26 Metzen Weizen und 26 Metzen Haber;

it. 1 Hof zu Stranegk mit aller Zugehör und mit 4 behausten Holden, der von Caspar Schreyer an ihn gekommen ist.

(Sein Erbe, aus besonderer Gnade auf Töchter vererblich.)

Oest. Ms. Nr. 65, Fol. 46, b.

1455, 19. Juni, Wien. Caspar Sulczpekh (für seine Gattin die erber Sigawn, (?) Tochter des Stephan Kolb).

Einen öden Hof gelegen unter Ehttenrewt in Albrechtsbergerpfarre;

(Gemächtweise erhalten.) Oestr. Ms. Nr. 65, Fol. 51, b.

368.) 1455, 28. März, Wien. Hanns Sweinpekh u. Elspet seine Hausfrau.

1 Hof, genannt der Tannhof;

it. 1 Hof, genannt der Sunleithof und die Reyssenmül in Trageinerpfarre;

it. 1 Gut zu Hainpuchen;

it. 1 Gut auf dem Geyrsperg;

it. 1 Gut auf dem „Gogericz:"

it. die Äcker genannt die „Stegäkher" in Narnerpfarre;

it. 1 Mühle genannt die Felbelmühle in der Zellerpfarre.

(Gekauft von Marchart Öder.) Zur Seite: non ex[t] (aber nicht durchstrichen).

Oestr. Ms. Nr. 65, Fol. 13, b.

1455, 28. März. Hanns Sweinpekch (als der Ältere und Lehenträger für sich und die Gebrüder Ulrich und Oswald, Söhne des Heinrich Sweinpekh).

1 Hof zu Pilgreimsdorf;

it. 1 Hube zu Haseneg;

it. 1 Slifmül;

it. 1 Hube an dem Lehen und die öde Mühle, alles gelegen in Laspergerpfarre und in der Herrschaft zu Freinstat;

it. 1 Gut auf dem obern Krumperg in Walthauserpfarre gelegen;

it. 1 Gut auf dem Eysenpuhel;

it. 1 Hof in der Grub und 2 Güter eines zu Obern Krum und das andere zu Niderkrum, gelegen in Tunpekherpfarre, (?) und

1 Gut gelegen zu Nidern Schaterle in Stranstorfferpfarre;

it. 1 Gut auf der Strass und 1 Gut zu Puch in Kranstorfferpfarre gelegen; „die vormalen von Wilburgen von Kapeln Jörgen von Dachsperg wittiben ze lehen gewesen sind."

(Ihr Erbe.) Oestr. Ms. Nr. 65, Fol. 14, b.

1455, 27. Juli, Wien. Jörg Sweinpekh.

1 Hof mitsammt dem Thurm zu Stemestorf gelegen und dazu die Pfenninggült, Weinzehend, Getreidzehend, gross und klein, Bergrecht und Vogtrecht daselbst, und am Pusenperg 2 Leytten Hölzer mitsammt dem Grund, Gertleitten und Praittengenannt, Bann, Gericht und Vogtei daselbst zu Stemesdorff.

(Sein Erbe, aus Gnade auf Töchter vererblich.)

Oestr. Ms. Nr. 65, Fol. 61, b.

369.) 1455, 22. April. Conrad Sweinwartter.

Die Veste zu „Sweinwart" „als sy mit greben umbfangen ist," den Wochenmarkt und Kirchtag und gefürstete Freiung daselbst;

it. den Hof zu „Rekendorf" und den Hof zu „Stilfrid" mit ihren Zugehörungen;

(Sein Erbe.) Oestr. Ms. Nr. 65, Fol. 24.

1457, 29. October. Conrad Sweinwarter. (Landesf.)

19 Pfd. Pfen. Gelts zu Telesprunn gelegen.

(Gekauft von Christoph Potinger.) Oestr. Ms. Nr. 65, Fol. 115.

370.) 1456, 16. April. Hanns Talhaimer (für sich und seinen Vetter Sigmund T. „der nicht sein vernufft hat)." (Landesf.)

1 Schenkhaus und 2 Huben zu Olstorff;
zu Pubendorf 1½ Lehen;
zu Rusbaim 5 Zehendhäuser;
zu Obern Talhaim 1 Zehendhaus;
zu Odendorf ½ Haus, alles gelegen in Olstorfferpfarre;
it. 3 Zehendhäuser auf dem „Trawnfeld;"
„an der Albartin" Mühle ganzen Zehend;
„in dem Holcz" 1 Zehendhaus;
„dacz Lachen" 1½ Zehendhäuser;
„auf der Volkenhub ½;"
„auf der Swant" ½;
* „auf dem Schonperg" ⅔, alles in Lachkircherpfarre gelegen, Lehen der landesf. Herrschaft zu Leonstain;
it. ½ Hube zu Pubendorf in Olestorfferpfarre:
1 Mühle, genannt „die Tanneczmül" in Regawerpfarre;
½ Hube in der Grub, in derselben Pfarre gelegen, Lehen der landesf. Herrschaft zu Puchaim.
(Väterliches Erbe des Sigmund Talhaimer, also zu seinen Handen inne zu haben.)

Oestr. Ms. Nr. 65, Fol. 86.

371.) 1455, 28. März? Veit Tanpekh (für sich und seine Brüder Hanns und Caspar).

Folgende Güter weiland Otto von Meissau's Lehenschaft „wan die von „weilent Marcharten dem Oder der mit tod an lehenserben abgangen wer in „gemechtweis an sy komen und geuallen weren."
1 Gut genannt der Sunnleithof gelegen in Trageinerpfarre;
it. 1 Gut auf der Gögericz und 1 Gut zu Hainpuhen, beide in Nernerpfarre;
* it. die Felbelhub in Zellerpfarre gelegen;
it. 1 Hof genannt der Tannhof und die Reysachmühle in der Cappenaw;
it. der Geyrsperg;
it. das Gut zu Luchenwinkchl halbs das auch alles gelegen ist in Trageinerpfarre;
it. allen den Theil auf 22 Gütern in Schonnawerpfarre, den der obgenant Marchart Oder mit seinn vettern Kunrat und Pangretz Oder darun gehabt hat,
und allen desselben Marcharten tail der Lehenschaft an der wis die der Guster zu Hynnderholcz von den egenanten Marcharten und Kunraten Oder Vettern zu Lehen gehabt hat;
it. die Stegëkher die der yeczgenant Marchart und **Lorentz Oder (unten 1456, 22. Juli) (mit einander haben).
(Unvollendet, ausgestrichen. – Zur Seite non ex':)

Oestr. Ms. Nr. 65, Fol. 13, b.

1456, 22. Juli. Hanns Tanpekh (für sich und seine Brüder Veit und Caspar).

Die oben angeführten Stücke mit dem Unterschied:
* die Felbelmül (statt Felbelhub);
** it. 1 Zehend „dacz Sebarn" gelegen, den Wolfharts Sohn inne hat, und ist alles gelegen im Landgericht „im Achlant."

Oestr. Ms. Nr. 65, Fol. 88.

(Fortsetzung folgt.)

Aus der k. k. Hof- und Staatsdruckerei.

№ 16. NOTIZENBLATT. 1854.

Beilage zum Archiv für Kunde österreichischer Geschichtsquellen.

Herausgegeben von der historischen Commission

der

kaiserlichen Akademie der Wissenschaften in Wien.

II. „Oesterreichische Geschichtsquellen."

9.) Vor Vernichtung Gerettetes.

Mitgetheilt von Joseph Chmel.

(Fortsetzung.)

4. 1637, 15. October. ICH Geörg Bernhardt, Graff von Vrsenpeckh Freiherr auff Potschach: Wartten: und Liechtenstain, Herr auff Loschenthall, Lauenmundt, Heinberg vnd Nidertrixen, obrister Erbland Stalmaister in Steyr. Bekhenne für mich, vnd alle meine Erben offentlich, vnd gegen Männiglich das Ich vmb meiner mehrern Wolfarth willen, vnd zu der Zeit, da Ich solches zu thuen, fueg, vnd macht gehabt, recht redlich, vnd auffrecht zu einem Vnwidersprechlichen Khauff hingeben, vnd verkhaufft habe. Gibe hin vnd verkhauffe auch wissentlich, wolbedächtlich, in Crafft dits Briefs, als solcher am aller Cräfftig: vnd bestendigisten sein solle, khan, vnd mag, der Hochwürdigen in Gott Geistlichen, auch Edlen, vnd Andächtigen Frawen, Frawen Annae Jacobe Pollingerin Priorin, vnd N. dem Ehrwürdigen Conuent, auch allen ihren Successorn des Würdigen Frawen Closters zu Khirchberg in Össterreich. Mein, von der Wollgebohrnen Frawen Frauen Anna Magdalena Götzin, Freiin auff Saxenbrun vnd Stuppach Erkhaufften Aigenthumblichen Freysicz vnd Guett Saxenbrun, mit allen seinen Zuegehörungen, Recht. vnd Gerechtigkheiten, sambt der Mayrschafft, als Heuser, Gärtten, Pawfelder, Wisen, Holczstätten, Bluemben besuch, Wun und Wayd, Trieb, vnd Tract, sambt dem darbey befündenten Lebendig: und Todten Varnus, wie dieselb den Namben haben möchte. Item die Vnderthanen in Össterreich, souiel sich derselben in dem Vrbario befünden, vnd bisshero zu Obbesagten Guett Saxenbrun, genossen worden, vmb ein benente Summa gelts, der Ich von wolgemelter Frawen, Priorin vnd Ehrwürdigen Conuent, ohne allen Nachtl vnd schaden, in guеter Landtgäbiger Wehrung, Baar Contentirt, vnd zu meinen sichern handen bezahlt worden bin, daran Ich wohl begnüegt, auch alle meine Erben hinfüro vnd zu Ewigen Zeitten wol zufriden vnd begnüegt sein sollen, anderst nichts ausgenomben, als dass Freyhauss in der Newstatt, vnd die Neun Vnderthanen im Rathen, wie auch die Weingärtten zu Mehrwisch, vnd in der Warth, welche Ich mir zu meiner Herrschafft Warttenstein, doch mit diesem geding vorbehalten, dass wann Jecztbenente drey Stuckh verkhaufft werden, Ich die Anfaillung wolgedachter Frawen Priorin, dem Ehrwürdigen Conuent, vnd Ihren Successorn, ein andern Anzutragen schuldig sein solle. Hierauff habe Ich Obgemelte Verkhauffte Stuckh vnd Guetter, mit aller Nuczung vnd Gerechtigkheit, auch Rechtlich Ein- vnd Zuegehörungen, wie das alles Namben haben, oder geheissen werden mag Ninderst noch nichts ausgenomben, aus meiner: vnd aller meiner Erben aigen Gewaldt, Nucz, vnd Gewöhr genomben vnd dieselb, mehr wolgedachter Frawen Priorin, vnd dem Conuent, auch allen Ihren Successorn, Gewald. Nucz, vnd Gewöhr, frey lediglichen vber- vnd Eingeantworttet. Thue das auch hiemit wissentlich, vnd in Crafft diss Briefs, Also, vnd dergestalt, das nunmehr offt wolerholte Fraw Priorin, das Conuent, vnd alle Ihre Successorn das sie mehr

16

angeregte Specificirte Stuckh, Gülten, vnd Güetter, mit aller vnd Jeder Freyheiten, Recht, vnd Gerechtigkheiten, Ein- vnd Zuegehörungen, nichts ausgenomben, Ihres gefallens Innen haben, Nuczen, genüessen, Verkhauffen Vergeben, Verwexlen, vnd damit handlen, thuen, vnd lassen, sollen vnd mügen, als mit andern ihren Aigenen Guettern, nach allem Ihrem lust vnd Verlangen, ohne Mein: meiner Erben, oder Mennigliche von Vnsertwegen, ainichen Eintrag, Ihrung, hindernus vnd widersprechen, wie Ich mir dann, oder meinen Erben, ainicherley gerechtigkheit, Einstandt, noch Zuegang, mit nichten vorbehalten, sondern vnns deren aller vnd Jeder zu gancz stätten Vollkhombentlichen, Ewigen vnd Vnwiderrueflichen Verzicht hiemit wissentlich vnd wolbedächtlich, in Crafft diss Briefs, genczlich vnd auff Ewig, verczichen, vnd begeben haben. Ich gelob, vnd Verspriche auch für mich, vnnd alle meine Erben, offt ernente Fraw Priorin, das Conuent, vnd Ihre Successores, solches Khauffs, der Vielangeczogenen Verkhaufften Gülten: vnd Gütter, mit allen derselben Rechtlichen Ein- vnd Zuegehörungen, vor aller Clag vnd Ansprach, wann, wo, vnd also offt ihnen des Noth beschicht zu freyen, zu Schermen, vnd mit: oder ohne Rechten gegen allermeniglichen, zuuertretten: vnd zuerantwortten, Massen dann solcher Khauff vmb das Aigenthumb geschermet werden soll, auch solches im Erczherczogthumb Össterreich vnter der Enns, Recht, Sitt, vnd gewonheit ist, Alles mit: vnd bey Khrefftiger Verbündung des Landtschadenpundts Im Erczherczogthumb Össterreich, vnd Herczogthumb Steyr, vnd Khärnden. Trewlich und ohne geuehrde, des zu wahrem Vrkhund, gib Ich anfangs bekhennenter Geörg Bernhardt, Graff von Vrsenpeckh etc. Offt vnd dickh wolernenter Frawen Priorin, vnd Ehrwürdigen Conuent, vnd allen Ihren Successorn diesen Khauffbrieff, welcher mit meinem Grafflichen hierangehengten Wappen Pettschafft, vnd Aigener Handtvnderschrifft geferttigt vnd bekhrefftigt worden. Geben vnd geschehen zu Nidertrixen, in Khärnden, den fünffczehenden Octobris, Nach Christj vnsers lieben Herrn vnd Seeligmachers Gebuerth. Im Sechczehenhundert Sieben vnd dreyssigisten.

Geörg Bernhardt Graff von Vrsenpeckh m/p.

5. 1688, 7. December (13. Februar 1642.) Fürstlich Liechtenstein'sche Privilegien für die Schuster zu Feldsberg ddo. 7. December 1688.

WIR Johann Adam Andreas von Gottes gnaden dess Heyligen Römischen Reichs Fürst vnndt Regierer dess Hausses Liechtenstein, Von Nickolspurg in Schlesien Hertzog zue Troppau vnndt Jägerndorff, der Röm. Kay. Maytt. Würklich geheimber Rath, vnndt Cammerer etc. Thuen Kundt vnnd Bekennen vor Allermänniglich, dass vor Vnss Erschünnen die Ehrbahre Vnsser Vnterthaner vnndt liebe Getrewe Meister vnndt gesambte Zechgenossen des Schuchmacher Handtwercks, vndt Vnss vmb gnädige Confirmation Ihrer von Weylandt Vnseren Fürstlichen Herren gross Vatter erhalten: vnndt von Vnserem Fürstlichen Herren Vattern Christmildesten andenckens bestättigten Zech Articul gehorsambst gebethen, Welche Articul von Worth zue Worth Lauthen wie folget.

WIR Carl Eusebius von Gottes gnaden, Dess Heyligen Römischen Reichs Fürst vnndt Regierer dess Hausses Liechtenstein, von Nickolspurg in Schlesien Hertzog zu Troppau: vnndt Jägerndorff, Kay. vnndt Königl. Ober Ambts Verwalter in Ober vnndt Nieder Schlesien Thun Kundt Hiermit Männiglich, für Vnss Vnsere Erben vnndt Nachkommen, dass Vns die Ehrsamben, Vnser Vnterthanen vnndt Liebe getrewe Meister vnndt gesambte Zechgenossen des Schuester Handtwercks Hier selbst vnndt zu Paumbgartten durch glaubwürdige Abschrifft gehorsambst zuuernehmen geben wie dass von Weylandt Vnssers Hochseeligen Herrn Vattern Christmildesten angedenckens, Sie etlich Zech Articul von Anno Sechzehen Hundert, vnndt fünff bekräfftiget bekommen, Bey vnndt zu welchen Articuln auch die Schuster zue Rabenspurg, Eissgrub, vnndt Lundenburg, sich guttwillig verstehen, vnndt selbigen vnuerbrüchlich halten wolten. Derowegen Vnss zuerhaltung besserer Handtwercks ordnung, Vmb Confirmation derselben Gehorsambst gebetten, vnndt Lauten solche articul von Worth zue Worthen Also?

WIR Carl Herr Von Lichtenstein Von Nickolspurg Herr auff Feldtsperg, Herrn- Paumbgartten, Eyssgrub, Plumenau, Prossnitz, Ausssee, vndt Tschernahor, Röm. Kay. Maytt. geheimber Rath, vnndt Landtshaubtman des Marggraffthumbs Mähren, auch fürstl. durchleuchtigkeit Herrn Matthiassen Ertzhertzogen in Österreich Cammerer. Bekhennen Crafft diess, dass Heundt dato vor Vnss erschienen seint, die Ehrsamben, Vnsere Liebe getrewe vnttertbannen, die Meister Eines Ehrsamben Handtwerckhs der Schuester, in Vnserer Statt Feldtsperg, vndt Herrn- Baumbgartten, mit Beywesent deren Meister, gemelts Handtwerkhs zu Poystorff, Vnndt Vnss gehorsambst zuerkennen geben, wass gestalt Sie sich wohl meinentlich auch wohlbedächtlich entschlossen zu fortsetzung gemeltes Ihres Handtwerckhs Nutzen vnndt Frommen, auch zue Besserer richtigkeith vndt Verhüttung allerley Künffliger stritt vndt Irrungen, so wohl Ihnen alss Ihren nachfolgern zum Besten, eine Zech Ordnung vntter Ihnen aufzurichten.

Derowegen Sie Vnss Vntterthänigstes Fleisses gebethen, Ihnen diese gemelte Ihre wohlbedachte Ordnung nicht allein zuuerwilligen, Sondern auch die darinnen Einuerleibte Articul gnädig zue Confirmiren. Welches Ihr gehorsambes bitten vnndt begehren, Wür vor Billich erkennet, Ihnen auch dieselbe gestalten Sachen nach, nicht abgeschlagen, Sondern gebettener massen, mit Confirmation dieser hernach folgenden articuln, wie dieselbe von Worth zue Worth Lautten, auss gnaden willfahren wollen.

Erstlichen. Wann Einer Hieber kombt, vnndt Meister zuwerden begehret, es sey zue Feldtsperg, Herrn- Paumbgartten, Poystorff, oder anderer Vnsserer Herrschaffts Orthen, der solle pflichtig sein, die Maister des Handtwercks darumb zubegrüssen, vndt ohn ihren auf den Handtwerckh zuarbeitten sich nichts untterstehen, sondern alle billiche gerechtigkeit halten, Es solle auch ein ieder so Meister werden will, vnndt in dass Handtwerckh eingewirbt, dem Handtwerckh von des einwerben weegen erlegen Achtzehen Kreitzer, vndt dem Jüngsten Meister, von den einsagen Vier Kreitzer. Dessgleichen da auch einer, er seye gleich von Herrn- Paumbgartten, Poystorff oder andern Orthen, zu Feldtsperg Maister werden will, solle es ebener massen mit dem einwerben, vnndt einsagen, wie vorgemelt gehalten werden, Er solle auch wehr vndt von Wannen Er ist Zeugnus, vndt dass Er von Vatter vndt Mutter Redlich vnndt Ehelich gebohren, seinen gebuhrtsbrieff neben den Lehr Brieff der Redlichen ausslehrung seines Handtwerckhs auflegen, vndt fürweisen, daruon Er dieselbigen zuüberlesen dem Schreiber geben soll Vier kreitzer, Wofern Er aber dass Handtwerckh in Redlichen Zunfften, vndt Handtwerckhs gewohnheit nicht gelehrnet, soll Er zu keinen Maister zugelassen werden, vndt demnach alles Brieffs inhalt der nachgeschriebenen fünff Maister Stukhen ein völliges Benügen thun, Als nemblichen wann Einer das leder darzu Kaufft hat, So solle es durch die Maister Besichtiget werden, ob es darzue Tauglich sey oder nicht, vnndt soll darzu nehmen eine Schöne Khuehauth, die ohne allen Mangel vndt Dadl ist, vndt eine Schöne Pokhhautt die gleichfalls ohne allen Mangel vnndt Tadl ist. Dann soll Er auss der Khüehaut, schneiden vndt aussmachen in zwey schnitten ein paar Pundtschuch, vnndt ein Langes paar stieffel, mit Einem Krumpen falez, vnndt fünff paar solln, vndt auss der Pokhhaut soll Er schneiden, vnndt aussmachen, Ein drey gesteptes pahr Niederschuch, Ein Paar Frawen Schuch, vnndt Ein Pahr Pössel, vndt dass paar Pundtschuch, auch Frawen Schuch, Nider Schuch, vnndt paar Pössel alles auff Khöder abgenäht, vnndt dass paar Pössel mit selbst gewachsnen für füssen, Wann Er Nun solches alles Bewehret, vnndt auf der Maister Völliges Benügen Verricht, solle Er dem Schreiber seinen Namen Jahr Zeit, vnndt Maister Recht in dass Meisterbuch ordentlich einzuschreiben geben Vier kreitzer, Jedoch aber gesetzt, Wann Einer zu Herrn- Paumbgartten, Poystorff oder andern dieser Herrschafft ohrten, Maister zu werden sich einlassen, und sein Ehr vnnd Redlichkheit (wie vorberührt ist) zubeweisen vnndt fürzulegen, So solle Er auss denen oberzehlten fünff Maister stuckhen, wie in Articuls Brieff begriffen, darauss nur drey stukh, welche ihme von Einen Ersamen Handtwerckh fürgehalten werden, zueschneiden schuldig sein, Aber dieselben aussznmachen, soll Er erlassen vnd befreyet sein,

16*

vnndt wann nun solches die Maister vor Recht erkennen. Alss dann soll ein ieder, Er werde zu Feltsperg. oder andern dieser Herrschafft gründen Maister, denen Maistern zu Feltsperg bey dem Zechmaister, nach seinem Vermögen ein Mahlzeith ausrichten, vndt dann zu Besserung in die Ladt Zween Gulden reinisch geben. Auch dem Zechmaister für die Bemühung Ein gulden reinisch in die Kuchen raichen. Wann sich aber Begebe, dass Eines Maisters Sohn in der Statt Feltsperg gebohrn, alda in der Statt, oder auch anderstwo, auf dieser Herrschaft gründen Maister werden wolt, oder wofern Einer des Handtwerks eines Maisters Tochter zu Feltsperg Ehelich nehmb, der oder dieselben, sollen nur zwey Maister stuckh schneiden vndt aussmachen, vndt der andern drey befreit vndt erlassen sein. Wann auch Ein Maister auss dem Handtwerckh mit Todt ableibet, so Solle desselbigen nachgelassene Wittib frey sein, vndt Beuorstehen, In Jahr, vndt tag dass Handtwerkh zutreiben, auch Ihr ein Brettmaister (da sie es begehret, vndt anders in Handtwerckh einer in arbeith stehet) Von Einem Handtwerckh Vergünstiget vnnd zuegelassen werden; vnndt wo die Maister an Jahrmarkten vndt Wochen Marktten zue Feldtsperg. Poystorff, oder andern der Liechtensteinerischen Herrschafft vnndt gründen, an freyen Merckht, zusammen kommen, vndt faill hetten, solle zwischen Ihnen eine ordnung gehalten werden, dass die Hieigen Maister dieser Zechordnung, Ihren standt ordentlich nacheinander halten, alss dann die Laaber Maister oben an, vndt die Mistelbacher Maister vnten an. Wofern sich aber ein Maister Befindt, der sein Handtwerckh in redlichen Zechen vnndt Zunfften nicht gelehrnet hat, dem solle durchaus fail zuhaben, neben andern nicht gestattet, noch 'zuegelassen sein, Wann auch Ein Maister der sich einmahl rechtmessig, wie vor verstanden, in diese Zechordnung nieder gerichtet, es sey zu Feldtsperg. Poystorff oder andern dieser Herrschafft orthen, nachmalen sich weiter wegbegeben will, seine Besserung weitter zusuchen, dem solle solches von Einem Ehrsamben Handtwerckh nachfolgender Condition zugelassen, auch Ihme Jahr vndt Tag Frist gegeben werden, vndt nachmahlen. dass Er von Einen Ehrsamben Handtwerckh, seinen redlichen abschiedt nehme, Auch wofern sich ein ordnung. mit dem Handwerckh sich einlassen vndt niederrichten wolle, Solle Er pflichtig vnnd Verbunden sein, alle Maister Stuckh, Inhalt des Artikels brieff widerumb von newen zuschneiden, vnndt auss zumachen, des Maister Mahl zugeben, dass gelt in die Ladt zulegen, vndt sonst dass Werbgelt, vndt anderst vermög der Zechordnung alles von Newen wieder ausstehen, alss wann Er zuuor in der Zech nie gewessen wehre, dass soll einen Jeden Vorgehalten werden. Vnndt wann an dem Jahr- vndt wochen märckhten, wass allhero zuuerkauffen fail Gebracht wierdt, so zu dem Handtwerckh gehöerig, es sey gleich Leder, Pech, oder Schmer, So solle einen Jeden in Handtwerckh, wehr es zubezahlen hatt, davon gelassen werden, Wehr aber solches zubezahlen nicht hatt, der soll auch darzue nicht gezwungen werden; Wann Ein Meister Ein Lehr Jungen aufnihmbt, von einem Ehrsamben Handtwerckh solle derselbig, dass Er von Vatter vndt Mutter Ehelich gebobren seinen Gebuhrts Brieff auflegen, oder sich, dass Er denselben in Jahrs Frist bringen will, Pürgschafft leisten, vnndt solle der Lehr Jung denen Meistern in die Ladt erlegen Dreyssieg Kreitzer, vnndt sein Lehrmaister auch Dreissieg kreitzer in die Ladt erlegen, dem Jüngsten Maister von einsagen, Vier Kreitzer, vndt Soll sich der Lehrbueb mit zween Männern gegen Einem Ehrsamen Handtwerckh vmb Zehen gulden reinisch verbürgen, dass Er dass Handtwerckh redlich auslehrnen will, Jedoch soll sich kein Meister, in dieser Zech Ordnung zur Pürgschafft, für die Lehr Jungen nicht einlassen, alss dann soll der Jung Ihne: vndt seiner Bürgen Nahmen einzuschreiben geben Vier kreitzer, vnndt solle Ein Jeder Lehr Jung nach Löblichen Handtwerkhs brauch vndt gewohnheit auf drey Jahr lang, dass Handwerckh zulehrnen aufgedingt, vnndt angenommen werden, Wofern sich aber zutriege, dass der Meister vndt der Lehrbueb sich mit einander nicht betragen kunten, soll der Jung sein Noth denen Pürgen anzeigen, dieselbe sollen mit ihme zu dem Zechmaister gehen, sein Beschwer fürbringen, der solle darrinnen Handlen, so viel Ihm möglich ist, Wofern Er es nicht richten kan, solle Er Einen Ehrsamben Handtwerckh einsagen lassen, vnndt solches fürtragen, darmit der Lehrbueb nicht Vhrsach habe zuentlauffen. Wofern Er aber hierüber entliefe ohne sondere Hochwichtige Vhrsachen, sollen seine Pürgen einen Ersamben Handtwerckh die Zehen gulden reinisch vnablesslich in die Ladt erlegen, Jedoch solle auch Hiermit dehnen Lehrmaistern, so Lehr Jungen halten, ernstlich auferlegt vndt verbotten sein, Ihr Lehrbueben, wieder die gebühr vnndt billigkeith nicht zubeschweren, noch sonsten Vnchristlicher Tyranischer weisse zu halten. Wann nun ein Lehr Jung seine drey Lehr Jahr völlig erstreckht vndt ausgestanden hat, So soll Ihm sein Lehrmaister mit einen Newen Lehrkleidt, vndt Mantel von Fuess auf aussstaffern, vnndt versehen, nachmahlen Ihne vor Einen Ehrsamben Handtwerckh seiner Lehriahr offentlich freysagen, vnndt ledig vnndt müssig zehlen, vnndt solle sein Lehrmaister wegen des Freysagen, einen Handtwerckh in die Ladt erlegen, Achtzehen kreitzer, vnndt der Lehr Jung auch Achtzehen kreitzer, vndt dem Schreiber zu der ausslehrnung frey, vndt ledig einzuschreiben Vier kreitzer geben. Zum fahl aber gesetzt, da sich zutrieg, dass ein Lehrmaister, in der Lehrzeitt des Jungen, mit zeitlichen Todt abgienge, solle ein Ehrsambes Handtwerckh schuldig sein, dem Lehr Jungen alssbaldt wiederumb, Einen andern Tauglichen Maister zuordnen, darbey Er sein Lehrzeit erstrekhen kan, Wann nun Ein Lehr Jung hat aussgelehrnet, vnndt seinen Lehrbrieff von Einen Ehrsamben Handtwerckh begehrt zu sich zunehmen, Solle er dauon dem Handtwerkh geben, Ein Halben Thaller. vnndt sich mit dem Schreiber vergleichen. Wer auch begehrt ein Handtwerckh zusammen zufordern, vnndt einsagen zuelassen, der Solle dauon einen Hanndtwerkh zugeben schuldig sein Achtzehen Kreitzer, vndt dem Jüngsten Maister von Einsagen Vier kreitzer. Auch sollen die Maister alle quatember in die zech zu der Ladt ein Jeder gehorsamblich erscheinen, vndt Jeder Meister alle quattember Sieben pfenning in die Ladt zur Besserung auflegen, vnndt welcher dass versaumbt vnd nicht kombt vmb Zwölff Vhr, der solle in die straff geben denn Meistern Fünff vnndt Dreyssig kreitzer, welcher aber ausser Gottes Gewalt nicht erscheinen kunte, der solle doch sein aufleg Geldt, wofern Er es zu weege richten kann, bei einen andern Maistern schicken, damit der Ladt nichts benommen wierdt, Wo alss dann Ein Meister wieder den Andern was Vngebührliches wais, oder sonst zuklagen hatt, solle Er vor einem Ehrsamben Handtwerckh, sein Beschwer fürbringen, Allda solle einen Jeden so viel möglich gebührliche aussrichtung wiederfahren, Wofern auch es Maister, Schueknecht, oder Bueb sich mit Worthen, vnndt werckhen vergreiffen in einem oder dem andern, es seye bey dem Handtwerkh auch sonsten anderstwo vngebührlich verhalten wierdt, der solle nach erkandtnus der Meister, vnndt nach gelegenheit seines Verbrechens gestrafft werden, Wofern auch ein Meister den andern, in dieser Zech ordnung einuerleibt, sein gesündt aufreden, vnndt abwendig machen wurde, der solle von Einem Handtwerckh, darumben gestrafft werden, auch alssbaldt, dass gesündt, so Er aufgeredt hat wieder wekh thun, vnndt soll es nicht lenger fördern, dergleichen solle es auch also von Vnssern mit werckhgenossen gehalten werden, mit Ihren Gesündt.

Wann ein Schueknecht, oder Bueb hieher gen Feldtsperg kombt, so solle dieser auf die Herberg gewiesen werden, vnndt Keiner solle Ihm vmb Arbeith zusprechen ohne Vorwiessen des Vatters, vnndt so Sich auch ein Schueh Knecht oder Jung vnterstehen würde, seinen Meister, oder andern Meister sein gesündt, oder dirnen Vnbillicher wais, mit verbottenen Worthen zu Schmähen, der solle nach erkandtnus der Maister gestrafft werden. Wofern sich auch zutriege, dass ein Schuhknecht oder Bueb Vierzehen taag vor Weyhnachten, Ostern, Pfingsten, oder Viertzehen Taag vor einen Jahrmarckt wandern wolte, So solle dass keinem zugelassen werden, wofern Er aber nicht bleiben wolt, soll Er dem Meister Ein wochenlohn zugeben schuldig sein, dessgleichen wann Ein Maister einen vor der Zeit wandern wolt lassen, solle Er Ihme Gleichfahls dass Wochenlohn zugeben verbunden sein, Es Solle auch kein gesündt an einem Montag wieder der Maister wissen vnndt Willen nicht feyern, und solle hiemit durch dass Gesündt Blawen Montag zu machen aufgehebt sein.

Ob auch Einer oder der andere Meister an dem Jahr- vndt Wochenmärckten, gen Feldtsperg, Herrn- Paumbgartten oder Poystorff khommen, vnndt Schuch fail betten, so Sollens die allhieigen Meister beschawen, vnndt welche verbrendts Leder hetten, oder sonst nicht würcklich gemacht wehren, Ist von Einem Jeden solchen Mangelhafftigen Paar stieffel Drey Kreitzer von einem paar Frawen Stieffel zwey kreitzer, vndt von Einem Pahr Nieder Schuch Ein kreitzer, vnndt wass man dauon bekombt, solle Halbs in die Ladt vnndt halbs zuuertrüncken genommen werden, Wenn man aber wenig abnimbt solle es gar in die Ladt gelegt werden. Auch solle sonst alles andere Straffgeldt so erlegt wiert Halbs in die Ladt vnndt Halbes zuuertrünkhen genommen werden. Ittem es solle auch der Verordnete Zechmaister alle Jahr einmahl zue einen ernanten Taag einen gantzen Ehrsamben Handtwerckh, Alles empfangs, Einnehmbens, auch aussgebens, damit man sehen kan, wie die Ladt zu Besserung kombt. Ordentlich Reittung zuthun schuldig sein vnndt Wann nun dass Jahr Herumb kombt, So solle dass Handtwerckh einen Tauglichen Zechmaister setzen, oder den alten Zechmaister, da es ein Handtwerckh für gutt erkennen von Newen wieder bestatten, bey dehme auch die Ladt in Verwahrung bleibt, vnndt Ihme einen mit gehielffen zuordnen, vnndt solle Alle Zeith den Jüngsten maister, alss der am newlichsten in dass Handtwerckh kommen, dass Einsagen zuuerrichten auferlegt werden. Ittem wofern sich auch zutragen wurde, wie dann viell beschicht, dass sich Ihre etliche vnterstehen, die dass Handtwerckh nicht gelehrnet, noch können, zue den Wiedertauffern lauffen, von Ihnen die Newgemachten Schuch nehmen, Vndt sich mit denselben auf den Liechtensteinischen Herrschafften, vnndt gründen Allenthalben hin- vnndt wieder vnterschleiffen, vnndt wiederumb in den Heussern Störer weisse verkauffen, Welches weder Ihnen noch auch sonst keinen Redlichen Maister nicht gebühret, dardurch den Armen Vntterthannen, vnndt Redlichen Maistern dess Hantwerckhs, an Ihrer Handtwerckh vndt Nahrung, nicht wenig geschwächt vnndt geschmällert, das Brodt von dem Mundt abstrickhen, vnndt Sie mit Weib vnndt Kündt in Armuth setzen.

Wofern nun solche oder dergleichen Persohnen, oder auch Sie die Wiedertauffer selbst Betretten würden, so gemachte Schuch, Stieffel vnndt dergleichen Arbeith auf Vnssern Herrschafften oder Liechtensteiner grundt einschleiffen, dennen solle solliches genommen, vnndt zue Hielff vnndt sterckung des Handtwercks in die Ladt gegeben werden, darzue Ihnen iedes ohrts Richter vnndt nachgesetzte Obrigkeiten, Wann sie darumb ersucht werden, allen gutten Schutz vndt Hilff erzeugen, darob Handt halten Helffen, vnndt zue Würklicher Vollziehung mit aussrichtung erscheinen.

Dessgleichen solle es auch mit allen Meistern, Schue Knechten, oder auch sonst allen andern Wehr sie wollen, so in dieser Zechordnung nicht einuerleibet, vnndt sich auf Liechtensteinischen Herrschafften, vnndt gründen Störerweiss ain- vndt vnterschleiffen vnterstehen, gehalten werden, dass Sie mit Hielff der Obrigkeith eingezogen, Ihnen alle Arbeith vndt wass darzue gehörig genommen, zue Stürckung der Ladt übergeben, vnndt darnach die Störer ab- vnndt Hinweeg geschafft werden, Ob sich dann auch ferner zutrüge, dass sich ein Wiederwillen, Vnainigkeith vnndt Zwitracht zwischen den Maistern, oder Schuchknechten, in der Wochen an den Jahrmärckten, oder sonst so Ehr vnndt Trew berührt, oder sonst einige Clag fürküme, die soll von den Meistern des Handtwerckhs zu Feldtsperg, verglichen, vnndt gemittelt werden, vnndt welcher darinnen straffbahr, vnndt Vngerecht erfunden wierdt, der Solle nach seinen Verbrechen, vnndt erkandtnus der Maister gestrafft werden, Beschliesslichen vnndt zum Letzten, Wofern sich auch einer oder mehr gegen den andern Vergesse, vnndt Hochwichtige vnndt Verbrechliche Handlung Vbeten vnndt Verbrächten, die sollen auch doch mit Vorbehalt Vnserer, alss rechten grundtherrn vndt Obrigkeith, Fahl vnndt Wandel, auch durch die Maister gleichfahls nach erkandtnus gestrafft werden. Alles gnädiglich ohne gefehrde. Doch wollen Wür Vnnss, Vnssern Erben vnndt Nachkhommen, hiermit aussdrucklich Vorbehalten haben, diese Ordnung in einen oder andern Articul, zu endern, zue Bessern, oder gantz vnndt gar abzuthun, zu Cassiren vnd allerdings aufzuheben, Wann vnndt zu welcher Zeith, Vnnss oder Ihnen solches Belieben möchte, oder sonsten nach ansehung vnndt gelegenheith der Zeith es die Notthurfft erforderte. Dessen zue Vhrkundt vnndt mehrer Bekräfftigung Haben Wür Vnser aigen handtschrifft neben Vnsern anhangenden Insigell Herunter gestelt, Geben vnndt Geschehen in Vnserer Statt Feldtsperg, am Heyligen Palm Sontag, war der dritte Taag des Monaths Aprills in Jahr Christj Gebuhrt Vnsers Erlösers, vnndt Seeligmachers, Ain Taussendt Sechs Hundert vnndt fünff. etc.

Wenn Wür dann angesehen Ihr Billiches Bitten; Alss Haben Wür auch Hierein gnädig Gewilliget; vndt Confirmiren vnndt Bestettigen solche Hiermit, vndt Crafft diesses Brieffs, vnndt Wollen, dass selbige Hinführo mechtig vnndt Kräfftig sein, auch von Einem Ehrsamben Handtwerckh der Schuester vnfehlbar gehalten werden sollen, vndt gebitten darauff allen vnndt ieden Vnssern itzig, vndt Künfftigen Ober Regenten, Pflegern vnndt Officirern, auch dem Rath allhier, dass Sie vorbenembte Vnsere Vntterthannen, des Schuester Handtwercks Bey obgemelten Articuln, in keinerley weisse vndt Weege nicht irren, sondern sie darbey von Vnsertweegen, Festiglich Schützen, Schirmen, vnndt geruglich verbleiben lassen sollen, Alles gnädiglichen ohne gefährde. Doch Wollen Wür Vnnss Vnssern Erben vnndt Nachkommen, hiermit ebenfahls aussdrucklich Vorbehalten haben, diese Ordnung, in einem oder andern Articul zu endern, zuebessern oder gantz vnndt gahr abzuthun, zu Cassiren, vnndt Allerdings aufzuheben, Wann vnndt zue welcher Zeith Vnss oder Ihnen solches Belieben möchte, oder sonsten nach ansehung vnndt gelegenheitt der Zeitt es die Notthurfft erforderte. Zue Vhrkhundt dessen haben Wür Vnss mit aigener Handt vntterschrieben, vndt Vnser Fürstliches grösseres Insigell hieran hangen lassen. Geben auf Vnserem Schloss Feldtsperg den Dreytzehenden Monaths Taag February dess Sechzehen Hunderdt zwey vnndt Vierzigsten Jahrs.

Carl Eusebius Fürst von Liechtenstein.

Jakob Roden von Hiertzenau,
Cantzler.

Ad Mandatum Celsitudinis
suae proprium.
Martin Hutter Secretarius.

Wann dann so Thane Vntterthänige Bitt der Billigkeith gemäss ist, die Articul auch zue Fortpflantzung gutter Policzey gereichen. Alss Confirmiren vnndt Clausuln Hiemit vnndt Crafft diesses Brieffes gnädig Willfährig, vnndt wollen, dass Sie allerdings mächtig vndt Kräfftig sein: Auch von Einem Ehrsamben Handtwerckh der Schuechmacher ohnuerbrüchlich gehalten werden sollen, Gibitten Hierauff allen vndt Jeden Vnseren ietzigen vnndt Künfftigen Ober Regenten, Pflegern, Officirern, auch dem Rath allhier, dass Sie mehrerwehnt Vnsere Vntterthaner dess Schuchmacher Handtwerkhs, in solch Ihren Articeln auf keinerley Weisse irren, sondern Vnsertwegen darbey festiglich schützen, Schirmen, vndt gerubiglich darbey verbleiben lassen sollen. Alles gantz Trewlich sondern gefährde. Doch wollen Wür Vnss Vnseren Erben vndt nachkommen, hiemit ebenfahls aussdrucklich Vorbehalten haben, diese Ordnung in Ein oder andern Articul zue ändern, zu bessern, zum Theil oder gantz vnd gar abzuthun, zu Cassiren vndt aufzuheben, wann vndt zu welcher Zeith es Vnss oder Ihnen Belieben, oder sonst nach Zeith vndt gelegenheith die notthurfft erfordern möchte. Zue Vhrkundt dessen Haben wir Vnss mit aigener Hant vntterschrieben vndt Vnser Fürstliches grösseres Insigell hieran hangen lassen. Geben auf Vnserem Schloss Feldtsperg den Siebenten Monaths Taag Decembris dess Sechtzehen Hunderdt Acht vnndt Achtzigisten Jahrs.

JasfvL m/p.

6. 1706, 1. März. Articul der Hoch Aderlieben Freyheit aines Ersamen Handtwerchs der Schneider zu Purggstall. Anno 1706.

ICH Wolff Augustin dess Heyligen Römischen Reichs Graff vnd Herr Von vnd zu Auersperg, Herr der Herrschafft Dess Neuen Schloss Purggstall, Der Romischen Kayserlichen Mayt. Erb Cammerer, Vnd Erb Marschall in Crain, Vnd der Windischen March etc. etc. Bekhenne für mich, vnd all meine Erben, vnd thue Khundt, mit diser offenen Freyheit, wo die zuuernehmen fürkhombt, dass vor mir Erschinnen sein, die Maister des Ehrsamben handtwerchs der Schneider, meines Marckhts Purgstall, vnd gaben mir Inn Vnderthenigkheit zuuernemben, wass Gestalten von Ihro Gnaden dem Hoch- vnd Wollgebohrnen herrn herrn Maximilian des Heyl. Röm. Reichs Graffen vnd herrn von vnd zu Auersperg etc. Meinem hochgeehrtisten herrn vattern löblicher gedechtnuss, Sye gleich wie in andern Stötten, vnd Märckhten, vnter Ihren handtwerchs gebrauch, yber gewise Articul mit einer ordentlichen Freyheit versechen, welche dat. den zehenten Monatstag Augusti Anno Sechzehenhundert Sechs vnd Sechzig. Derowegen mich vnterthenig angelangt, auf solch begebenten Fahl, vnd Veränderung, Ihnen als Ihr Gnädige herrschafft vnnd obrigkheit etc. widerumben ein Neue Freyheit gnedig verfassen zu lassen, vnd mitzuthaillen.

Dieweilen dann obbemelte Ihr Zöch- vnd handtwerchs ordnung, lange Zeit, vnnd von alters herkhomben, auch anderwerttig, in Stötten, vnnd Märkhten, wie billich Ehrbarlich gehalten worden, vnd ihre Ordnung vnd handtwerchs gewonheit bey Iren nachkhomben, vndt dem gemainen Nuz, guett, vnnd aufnemblich Erachte, vnd halte. Also hab ich dise Ihr vnderthenige Bitt, vnd mehrgemelt Ihre handwerchsordnung vnd Freyheit, so ich mit Fleiss erwogen, zu aufnembung gemaines Nuzens, vnd des Ehrsamben Handtwerchs Erhaltung Christlicher Zucht, vnd Erbarkhait, Ingleichen Ehrbare Sütten, Item zu verhüettung Vnordnung, vngerechter Arbeith, Staigerung am Lohn vnd Arbeith, Ihnen vnd ihren Nachkhomben von Neuen verwilliget. Verwillige vnd bestättige auch hiemit wisentlich in Craft diser Freyheit, alle vnd Jede Articul Ihrer handtwerchszöch, wie solche vnterschiedlich hernach begriffen sein, vnd will selbige alss herrschafft vnnd Obrigkheit etc. Statt vnnd vesst handthaben.

Articul Des Schneider Handtwerchs.

Anfänglich Vnd zum Ersten, Solle ain Ehrsambes Handtwerch Alhier zu Purgstall Jährlichen am Hochheiligen Fest Corporis Christi, Ihren gewöhnlichen Jahrtag halten, vnd soll ain Ehrsames handtwerch an solchem Tag fruehe auf der herberg zusamben kommen, nach handtwerchs gebrauch, ordentlich zuer Kürchen gehen, vnd bey dem heiligen Ambt der Messe vnd vmbgang, mit dem Hochwürdigen Guett, biss zu Endtlicher verrichtung verharren, hernach sich widerumben auf die herberg verfuegen, den Jahr Schilling, sambt dem gebührlichen Aufleggeld, richtig machen, welcher aber ohne Sondere Ehehafften, Gottes vnd der gnedigen herrschafft etc. aussen blibe, der ist zuer Straff in die Ladt, zway Pfundt Wax, oder dass Gelt dafür, für iedes Pfundt Achtzehen Kreutzer, auch soll ain Christliche Mallzeit gehalten werden, vnd welcher dieselbe nit mithalten wolte, der Soll den halbenthaill Mallzeitgelt zugeben Schuldig sein.

Zum Andern. Ess Solle khainer zum Maister angenomben werden, Er habe dann ain Ganzes Jahr zuuor allhier gearbeith, auf dass man wissen möge, ob er der Arbeith könne vorstehen oder nit, vnd habe auch seinen ordentlichen Geburts- vnnd Lehrbrieff, vnd könne die gebührlichen Maisterstukh machen, alsdann soll er zum Maister angenomben werden, doch dass er ainem ganzen Ehrsamben handtwerch, für das Maistermahl gebe Fünff Gulden Reinisch.

Zum Dritten ain Frembter Schneider, So Alhier Maister werden will, der Soll die ordentliche Sechzechen Maisterstukh zumachen Schuldig sein, nach anweisung der in der Ladt befindlichen aufgesezten Schrüfftlichen Maisterstukh, welcher aber dieselben nit gethrauet zumachen, der solle für iedes Stukh Ain Pfundt Pfenning Erlegen vnd drey Gulden absonderlich in die Laadt zugeben Schuldig sein, eines Eingeleibten Maisters Sohn, oder ein Frembder, so einen Maisters Tochter oder Wittfrau Nimbt, ist halbe Maisterstukh zu machen, vnd Ebenfahls die drey Gulden zuerlegen Schuldig.

Zum Viertten Welcher Maister Seinen frombden Schneider, seinem Befreundten, oder lehr Junger, sein Maisterstukh machen hillft, oder darinen lehr, vnd vnterricht gäbe, der solle nach Erkhandtnus der Maister gestrafft werden.

Zum Fünfften, Welcher Maister auf der gewöhnlichen Hörberg da dass handtwerch auf Jahrtäg, oder zu anderer Zeit versamblet, wehr einen vnmueth oder Zankh anfienge, wie es bescheche, vnd sich nit stillen lassen wolte, derselbe solte gestrafft werden vmb zway Pfundt Wax.

Zum Sechsten, Welche Eingeleibte Maistern, widereinander handtwerchs Beschwärung betten, wie die währen, vnd zaiget es auf den negsten Quatember Sontag, ainem versambleten handtwerch nit an, oder kain Ehehafften Entschuldigung fürwendten wurdten, dieselben sollen gestrafft werden nach Rath der Maister.

Zum Sibenten, da ain Maister wuste, dass andere Eingeleibte Maistern, von handtwerchs wegen, widerwillen gehabt, vnd denselben, in gehaimb miteinander vertragen betten, vnd er solches vor der ladt nit anzaiget, der Solle, wouern er dass vberfahren wuerdte, vmb ain Pfundt Wax gestrafft werden.

Zum Achten, Ess Solle kein Maister der auf einem dorff oder Gey Sizt, macht haben, mit Tuech, Zeug oder gemachten gwandt zuhandlen, villweniger an ainem Jahrmarkht, oder Kürchtag, faill zu haben, vnd welcher darwider handlen wuerde, der soll gestrafft werden, nach Rath der Maister, vnd der Obrigkheit Straff beuor.

Zum Neundten, Welcher maister dem andern Ess Seye durch Ihme selbsten, oder seine Leuth, wie sye nahmen haben, die arbeith auf wass weiss vnd weeg wie es zuersinnen ist, aussbütte, vnd dessen yberwisen wuerdte, der soll nach Rath der Maister gestrafft werden.

Zum Zehenten, Solle Ain Ersaambes Handtwerch macht haben alle Stehrer vnd Schneider, so in die Zöch nit gehörig, Ess sey Inner, oder auser des Burgfridts, vnd also in Ganezen Landgericht, mit vorwisen vnnd zuelass der Obrigkheit etc. aufzuheben, vnd nach gewonheit des handtwerchs Straffen, die Jenigen aber so solche Stehrer fürdern der Obrigkheit etc. anzaigen.

Zum Ailfften, Solle ain Ehrsammes Handtwerch Macht haben da ainer oder mehr, so in der herrschafft nicht wonhafft, sich in die Zöch, Einleiben wolten, dass sye dieselben nach gewonheit des handtwerchs, woll aufnemben mögen, Entgegen aber der Jenige Fünff Pfundt Pfenning Einkhauffgelt, sambt aim Pfundt Wax in die Ladt erlegen solle, solte aber Keinem ausswendigen Maister Er seye nun gleich in disen: oder einem handtwerch von aussen her, Erlaubt sein, in dem Markht herein zuarbeithen, oder zuzuschneiden, vnd diselbe hinauss zutragen.

Zum Zwölfften, Solle Ein Ehrsammess Handtwerch Macht haben, alle Jahrmärkht, vnd Kürchtäg, denen faillhabenten Schneidern, Sye sein alhier im Markht, oder von andern Stötten, vnd Märkhten her, das gewandt zubeschauen, vnd welcher mit wandlbahrem gwandt befunden wierd, der soll gestrafft werden, nach Erkhandtnus der Maister vnd der Obrigkheit Straff beuor.

Zum Dreyzehenten, Alle Eingeleibte Maister Sollen auf der Herberg eingeschrieben werden, welcher aines Schneider, oder Bueben bedarff, der soll sich zuvor auf der herberg anmelden, vnd das gsündt zuegeschikht vnd damit also forthin die ordnung gehalten werden, Ess wolte dan ainer dem andern gehrn ain Schneider oder Bueben yberlassen, dass mag er thuen.

Zum Vierczehenten, kain Maister Solle ainichen Schneidergsölln, oder Bueben fürdern, er werde Ihme dan ordentlich, von der herberg zuegeschikht, welcher darwider handlet, soll gestrafft werden, nach Rath der Maister, wolte aber ainer von andern Redlichen orthen gesündt, auf aignen vncossten herbringen, dem ist solches vnuerwörth.

Zum Fünffzehenten, Wan ain Schneidergsöll oder Bueb, von ainem Maister wandert, soll Ihme kain Maister daselbsten fürdern, er ziehe dan zuuor hinwekh, vnd Kombe widerumben hieher.

Zum Sechzehenten, kain Maister Solle dem andern sein gesündt: ab oder aussfreyen, welcher das thätte, vnd von Ihm Erfahren wuerdte, der solle nach Rath der Maister gestrafft werden.

Zum Sibenzehenten, kain Schneidergsöll oder Bueb Hat macht, vier wochen vor denen heiligen Tägen, Alss Oostern, Pfingsten vnd Weinnachten, wie auch

Michaelis Tag zu wandern, Er habe dan so grosse Ehehafften, So mag ain Schneider gesell acht: ain Bueb aber vierzechentag zuuor aufsagen, Bey Straff zway Pfundt Wax, wer es ybertritt.

Zum Achtzehenten, So ain Lehr Jung ausgelehrnt Hat, vnd dessen ain Vrkhundt oder Lehrbrieff begehren wurde, dem solle ain Ehrsammes handtwerch, mit ihrem anhangenten Insigl verförttigter solchen erfolgen lassen, doch solle der Lehr Jung in die Ladt, ain Pfundt Pfenning zuerlegen, vnd dem Schreiber Fünffvndviertzig Kreutzer zubezallen Schuldig sein.

Zum Neunzehenten, Ain Lehr Jung. So auf dass Handtwerch gedingt wierdt, der solle seinem Lehrmaister versprechen, drey Jahre bei ihme zu lehrnen, vnd soll seinem Maister der ihm lehrnt Vier Pfundt Pfenning zugeben schuldig sein, halben Thaill wan man ihm dingt, vnd halben Thaill, zu Aussgang des Ersten Jahrs, vnd soll in die Ladt ligen wan man ihm dingt, zway Gulden 30 kr. Sambt ain Pfundt Wax, vnd dem Schreiber Einschreibgelt zwölff pfenning, auch was er ledig gezelt wierdt, Eben souil, wan aber ain Bueb ainem weglaufft, soll denselben Maister Keiner mehr aufgedingt werden, Ess seyen dann den vorigen Bueben seine Lehr Jahr auss; aines Maister Sohn aber ist allein zur Freysagung fünff vnd Vierzig Kreüzer, sambt ain pfundt Wax zur Ladt zugeben schuldig, da aber ain Bueb bey einem hiessigen Maister lehrnen wolte, solle er dem Maister vor das Lehrgelt zehen Pfundt Pfenning Geben.

Zum Zwainzigisten. Ain Maister Im Burgfridt solle seinem Schneider gesellen wochentlich fünffzechen Kreutzer, vnd ain Maister im Vrbar, zwölff Kreuzer geben, aber Kein Flickherlohn mit dennen Bueben stehet es zu aines iedes Maisters Wollgefallen.

Zum Ain Vnd Zwaintzigisten, Ess Solle kein Maister mit gesellen oder Bueben mehr alss zween Stökh beseczen, darumber aber der Lehr Jung, so noch lehrnet, nit Gerechnet wierd, auch Kein gesellen, oder Bueben haimblich aufhalten, welcher darwider handlet, der ist zuer Straff verfallen zway Pfundt Wax in die Ladt.

Zum Zway vnd Zwaintzigisten, So ain Maister oder Wittib, ainem oder mehr Schneider aufhielte, vnd demselben die Arbeith vmb halben lohn yberliesse zu Abpruch der andern Ihrer Nahrung, dieselben, wan sye yberwisen wurden, sollen nach Rath der Maister gestrafft werden.

Zum Drey vnd zwaintzigisten, Last ain Eingeleibter Maister, Schneidergsöll, oder Bueb, auch ain frembder ain handtwerch fordern, der soll ain pfundt wax in die Ladt zuerlegen Schuldig sein.

Zum Vier vnd Zwaintzigisten, Sollen die Schneider gesellen, vnd Bueben, alle Quatember auf die bestimbte herberg zusamben Komben, vnd Ihr aufleggelt richtig machen, wie an andern orthen gebreuchig Lauth Ihrer gegebenen Schrifftlichen Verzaichnus.

Zum Fünff vnd Zwaintzigisten, Soll vnter dennen Maistern, sye sein gleich in Marckht, oder auf dem Gey, wie anderer orthen gebreuchlich ein gleicher Lohn genohmen, vnd da einer nach dem Tag arbeithet, solle der Maister weniger nit alss 12 kr. der Gsöll 10 vnd ein lehr Jung 8 kr. des Tags nemben, wohl aber mehrers begehren Können, vnd welche darwider handlen, sollen nach Rath der Maister gestrafft werden.

Zum Sechs vnd Zwaintzigisten, Soll Ein Erssames Handtwerch macht haben, da Ein oder mehr Maister zum Handtwerch restierent sein, vnd selbe auf vilfeltiges Solicitiern nicht zallen wollen, dass handtwerch, biss er den Rest abgeführt, niderzulegen.

Zum Siben vnd Zwaintzigisten, Wan ain Maister Gestrafft wierd, muss er solche Straff gleich Erligen, wofern er aber auss Widerspenstigkeit solche nicht bezallen wolte. Solle ihm Ebenfahls So lang biss er die Abführung solcher thuet (sic); das handtwerch Niderzulegen befuegt sein.

Zum Acht vnd Zwaintzigisten, Wann ain Eingeleibter Maister dessen Ehewürthin, oder ain Kindt Stirbt, Soll ain ganz Ersambes handtwerch, Ihren leichnamb Ehrlich zur Begräbnus bestättigen helffen, vnd Kainer ausser Gottes gewalt, oder anderer Ehehafften ausbleiben, Bey Straff ain pfundt Wax, oder darfür achtzehen Kreuzer.

Alles Getreulich Vnd ohne Geuerdte, Dessen zu wahren vrkhundt, Hab Ich Mein Adelich angebohrnes Insigl hieran hangen lassen, auch diee Freiheidt aigenhendtig vnterschriben (doch mier, Meinen Erben vnd Nachkhomben, ann aller Obrigkheit fähl, Wändl, Straffen, herrschafflichen Recht, vnd all anderer Gerechtigkheiten, vnuergriffen vnd ohne Schaden) Behalte mier auch beuor, solche Articul, vnd diese Freiheit, zu Mändern, zu mehren, zu ändern, vnd zuuerbessern, wie es mich für guett anseehen- vnd aines Ehrsamben handtwerchs nuz sein wierdt. Disser brief ist geben im Neuen Schloss Purggstall, Nach Christj Jesu vnsers Erlösers vnd Seeligmachers, allerheiligsten Geburtt zehlent, den Ersten Monatstag Marty Im Aintausent Sibenhundtert vnnd Sechsten Jahr.

Wolff Augustin Graff
undt Herr zu Auersperg m/p.

(Fortsetzung folgt.)

12.) Der Bundbrief der evangelischen Stände Österreichs ddo. Horn 3. October 1608 nach dem Originale im Archive der n. östr. Landschaft mit genealogisch-biographischen Anmerkungen von Adalbert Mainhart Boehm.

(Fortsetzung.)

Ad 56 und 140. Die von Velderndorf waren ein schon im J. 1450 in Österreich bekanntes Rittergeschlecht, das in der Gegend von St. Pölten sein Stammhaus hatte. Haymeran (Emeran) Velderndorfer, vermählt mit Helena Geyrin von der Osterburg, lebte noch im J. 1637. Wolf Christoph Velderndorfer war im J. 1606 Herr zu Grafendorf. Ihr Geschlecht war noch im J. 1683 im Lande begütert; eine Frauensperson aus selbem lebte noch im J. 1738, und in Deutschland soll es noch floriren.

Ad 57. Ein Edelgeschlecht Steger kommt schon im J. 1435 in Österreich vor. Wolf Steger, Sohn des Leopold Steger zu Ladendorf und der Veronica von Kufstein, war Herr zu Ladendorf, kaufte im J. 1614 das Gut Wiernitz und besass auch das Gütchen Eggerstorf, wurde im J. 1636 in den Freiherrenstand erhoben, war vermählt mit Elisabeth Pernstorferin und hatte einen Sohn. Diess Geschlecht kommt noch im J. 1736 vor.

Ad 58. Die Freiherrn von Sonderndorf stammten aus Baiern, wo sie bereits im J. 1102 bekannt waren; im J. 1567 waren sie schon in Österreich. Hector war ein Sohn Christophs, 1567 Landvicedoms in Nieder-Österreich und Obersten-Proviantmeisters, Herrn auf Kirchberg am Wald, und der Katharina von Schermberg. Er und zwei Brüder besassen die Herrschaft Kirchberg und kauften mehrere Gülten, er selbst besass auch Ilmau, Naglitz und Weissenbach schon im J. 1598. Seine Gemahlinn war Benigna Freiin von Eggenberg. Die Familie besass sonst die Herrschaften und Güter Allentsteig, Pellendorf, Rauhenstein und Seilingstat. Paris von Sonderndorf wurde im J. 1612 in den Freiherrnstand erhoben, kaufte Mittergrabern und im J. 1627 Kattau. Eva Katharina Freiin von Sonderndorf war die Letzte ihres Geschlechtes im J. 1721 und dieses von den Schifern aufgeerbt.

Ad 59. Dietrich Lasotha von Steblow, aus einem uralten Hause, das mit den heutigen Grafen Sedlnitzky und den abgestorbenen Herrn von Krawař und Tworkow, Dědic, Lobenstein, Benesow und Daubrawic eines und desselben Ursprungs war, wurde im J. 1606 in den alten Ritterstand in Nieder-Österreich aufgenommen, war vermählt mit Regina Prantnerin, und besass das Gut Hasendorf.

Ad 60. Die Stubner waren ein rittermässiges Geschlecht in Nieder-Österreich, aus dem im J. 1561 Hieronymus zu Kirchberg an der Wild begütert war. Wolf Christoph Stubner, vermählt mit Marusch von Wasseys und dann mit Maria Magdalena Fuertin, besass noch im J. 1635 das Dorf Vels. Er scheint keinen Sohn hinterlassen zu haben.

Ad 61 und 78. Adam und Wolf Polani waren Söhne des Valentin Polani zu Wisent, der erstere vermählt mit Barbara von Schallenberg, die 1612 als Witwe lebte und ihren Kindern das Gut Sachsendorf zuschreiben liess. Georg Rudolph war der Letzte seines Geschlechtes.

Ad 62, 87 und 107. Die noch heute florirenden Grafen von Kuefstein, oberste Erblandsilberkämmerer in Österreich unter und ob der Enns, sind alte Österreicher. Hanns Jakob Kuefsteiner, † 1433, besass schon die Veste Feinfeld. Hanns Lorenz Kuefsteiner, Herr zu Spitz etc., geboren 1582, war in den Jahren 1610 und 1619 Deputirter und Ausschuss der n. öster. Stände an K. Matthias und Erzherzog Ferdinand, bezüglich der Religionsfreiheit und starb im November 1619. Mit seiner Gemahlinn Anna von Puchheim, welche später emigrirte, hatte er zwei Söhne und 4 Töchter.

Hanns Ludwig, ein Sohn des Hanns Georg und der Anna von Kirchberg, geboren 11. Juni 1587, war in den Jahren 1614 und 1616 Deputirter und Ausschuss der n. öster. lutherischen Stände, wurde im J. 1620 katholisch und am 15. December 1620 von K. Ferdinand II. zum n. öster. Regimentsrathe ernannt. Im J. 1627, nach Abschluss des Friedens mit den Türken, wurde er als kaiserlicher Botschafter und Orator nach Constantinopel gesendet. Er wurde auch wirklicher kaiserlicher geheimer Rath und Kämmerer und im J. 1630 Landeshauptmann ob der Enns und am 20. Februar 1634 in den Reichsgrafenstand erhoben. Er war Freiherr zu Greillenstein und Spitz und Herr zu Zeissing, Puchberg, kaufte im J. 1635 Weidenholz, 1639 Hartheim und bald darauf Eggenberg und besass auch Rechberg. Seine Gemahlinnen waren: Maria Grabnerin, seit dem 28. October 1610, und Susanna Eleonora Herrin von Stubenberg, seit dem 27. November 1623. Er hatte grosse Nachkommenschaft beiderlei Geschlechtes und starb am 26. September 1657 und liegt bei den Minoriten zu Linz begraben.

Hanns Jakob Freiherr von Kuefstein, Herr zu Greillenstein und Spitz, Feinfeld, Schauenstein und Burgschleunitz, war des Vorhergehenden Bruder, geboren im J. 1577, von Jugend auf Kriegsmann, ward Oberst, verliess dann im J. 1620 die Kriegsdienste, trat im J. 1621 zur katholischen Religion über, wurde dann des K. Ferdinand II. Kämmerer und n. öster. Regimentsrath, 1623 n. öster. Hofkammerrath, war von 1626 bis 1630 n. öster. Herrenstands-Verordneter und dann kaiserl. Reichshofrath. Er erhielt am 25. Juni 1624 das Oberst-Silberkämmereramt, verwaltete einige Zeit das Landes-Kriegscommissariat und trat im J. 1631 wieder in das Gremium des n. öster. Regimentsraths. Er vermählte sich zuerst am 15. Jänner 1601 mit Clara von Puchheim und dann mit Maria Veronica Freiin Urschenbaeck. Er starb am 31. August 1633 und hinterliess einen Sohn. Den Freiherrnstand erhielt sein Vater Johann Georg am 2. Februar 1602. Sehr schöne Grabmäler dieses Geschlechtes finden sich in der Pfarrkirche zu Laa bei Spitz. Zu Weinberg in Ober-Österreich sind hochinteressante Correspondenzen dieser Familie vorhanden.

Ad 63. Die abgestorbenen Freiherrn Ennenkel zu Albrechtsberg waren uralte Österreicher und es kommt schon im J. 1049 Otto, einer aus diesem Geschlechte vor. Um das J. 1250 lebte Jans Ennenkel der Verfasser des Fürstenbuches von Österreich und Steier, das Megiser herausgab. Georg Achaz Ennenkel Freiherr zu Albrechtsberg, Herr auf Hoheneck etc., geboren 17. Octob. 1573 war ein grosser Gelehrter, besonders Linguist, vermählt mit Anna Freiin von Althan am 29. Juni 1597, mit der er aber nur eine Tochter hatte; starb im December 1610.

Sein Bruder Job Hartmann Herr zu Albrechtsberg an der Pielach, Hoheneck, Goldeck, Liechteneck und Seuseneck ein grosser Genealog, dessen Sammlungen noch in der Bibliothek der n. öster. Stände aufbewahrt werden, ehelichte am 2. December 1601 Marusch von Lappitz von Seuseneck und im J. 1617 Barbara von Traun, hatte aber nur eine Tochter und starb am 9. Februar 1627 als der Letzte seines uralten wohlverdienten Hauses.

Er liegt bei St. Zeno zu Hafnerbach begraben.

Diese Brüder waren Söhne des Albrecht Ennenkel und der Elisabeth von Kirchberg.

Ad 66, 124 und 149. Die ehemaligen Freiherrn und jetzigen Grafen und Fürsten von Auersberg sollen aus Schwaben nach Krain und Friaul gekommen sein und aus ihnen Oderich um das Jahr 1016 das Schloss Cucagna in Friaul gebaut haben, daher sich eine Linie von ihnen von diesem nannte. Volkhard von Auersberg Ritter, geboren 17. November 1443, kam nach Österreich, ehelichte im J. 1480 Margaretha von Wolfstein, die ihm nach der Zeit die Güter Weichselbach und Wolfpassing und grosses anderes Vermögen zubrachte. Im J. 1492 kaufte er Burgstall. Weikhard Freiherr von Auersberg, geboren 1583, Sohn des Wolf Sigmund und der Felicitas von Windischgrätz, Herr zu Burgstall, Wassen, Mainberg und Rothenhaus, Kaiser Ferdinands II. Kämmerer und Oberst zu Pferde, wurde der Stifter der Burgstaller Linie, nachdem er am 17. Februar 1626 Anna von Sezimow-Austy (aus dem Hause der Witkoniden in Böhmen, davon die Herrn von Rosenberg eine Linie waren) geehelicht hatte, und starb im J. 1660.

Wolf Niclas Freiherr zu Auersberg, dessen Bruder, Herr der Herrschaft Peilstein, wurde der Stifter der Peilsteiner- und St. Leonharder Linie, geboren im J. 1579, war des Erzherzogs Matthias Mundschenk, vermählte sich am 23. Jänner 1611 mit Anna Justina von Stubenberg, hinterliess bei seinem im J. 1632 am 3. April erfolgten Tode Nachkommenschaft.

Georg Jakob Freiherr von Auersberg, geboren am 7. September 1586, war Herr auf Wassen, Mainberg und Oberseebern und des K. Matthias Panetier und starb am 26. Mai 1649 ohne Erben. Aus diesem Geschlechte wurde Volkhard im J. 1573 Freiherr, im J. 1673 ward dasselbe in den Grafenstand erhoben und Johann Weikhard wurde im J. 1653 am 17. September der erste Fürst.

Ad 67. Die Schratt von Kindberg kamen aus Steiermark nach N. Österreich. Schon im J. 1325 erscheint da ein Heinrich Schrott und im J. 1451 Hanns Schrott von Leopoldsdorf.

Hanns Adam Freiherr Schratt von Kindberg besass im J. 1580 das Gut Immendorf und wurde im J. 1607 in den n. öster. Herrenstand aufgenommen. Er war ein Sohn Christophs, hatte zur Gemahlinn Sidonia von Scherfenberg und wie es scheint nur Töchter. Er besass bis zum J. 1618 das Gut Veslau.

Ad 69. Die von Stadel erscheinen bereits um das J. 1370 in Steiermark und schon im J. 1550 in Österreich. Hanns Andreas, Herr von Stadel, Herr zu Rieckersburg, Lichteneck, Freiberg, Kornberg und Grafenwörth, Sohn des Franz und der Susanna von Schrattenberg, kaiserlicher Oberst eines Reiter-Regiments, kaufte im J. 1605 Winkelberg, 1607 Dürrenthal, wurde am 15. März im n. öster. Herrenstande introducirt, im J. 1620 aber als Rebelle geächtet und exilirt, seine Güter Winkelberg, Grafenwörth etc. aber confiscirt. Mit seiner Gemahlinn Jakobina Freiin von Kainach hatte er den Sohn Ferdinand, der katholisch wurde. Sein Geschlecht florirte noch im XVIII. Jahrhunderte.

Ad 70. Die noch florirenden Grafen von Saurau sind uralte Steirer und kommen schon im J. 1176 vor. Wolfgang, Herr auf Ligist und Horneck etc.. Sohn Georgs und der Barbara von Wildenstein, bekam die Herrschaft Grafeneck und wurde im J. 1604 in den alten n. öster. Herrenstand aufgenommen. Mit Elisabeth von Gera erzeugte er den Sohn Karl, der im J. 1622 Grafeneck verkaufte und mit seiner Gemahlinn Anna Freiin von Teufenbach Söhne hatte.

Ad 73, 81 und 95. Die von Stockharn oder die Stockharner von Starein waren alte Österreicher und hatten ihren Namen von dem noch bestehenden Schlosse Stockern zwischen Egenburg und Horn und kommen schon im J. 1205 vor.

Joachim Stockharner zu Starein (V. O. M. B.) war vermählt mit Johanna Püchlerin von Rögers. Im J. 1725 lebte diess Geschlecht noch im Fürstenthume Koburg und soll in jenen Gegenden noch floriren.

Ad 74 und 80. Die Woytich von Giwowic und Taxen waren ein altes Rittergeschlecht, das aus Böhmen stammte, und mit den Rittern von Daudleb und Pauzar von Michnic etc. desselben Stammes und Wappens war. Wolf war vermählt mit Ursula Dachsnerin oder von Taxen 1534, wodurch diess Gut an sein Geschlecht kam.

Sebastian besass im J. 1530 Enzerstorf. Zacharias war ein Sohn Christophs und der Anna von Sinzendorf, vermählt mit Susanna Mühlwangerin, sein Sohn Hanns Adam Woytich von Giwowic und Taxen war noch im J. 1629 bei der Erbhuldigung Ferdinands III. zugegen und hatte zwei Gemahlinnen, nämlich Elisabeth Span von Limbach und Amalia Peuger von Reitzenschlag, und starb im J. 1630; er hatte 4 Söhne. Der Letzte der Familie war Karl Gotthard, † 1708.

Ad 75. Die Bschännigg stammten aus Kärnthen, Kaspar Pschännigg lebte im J. 1498 schon in Nieder-Österreich begütert. Hanns Virgilius, Herr auf Moydrams, war im J. 1626 nicht mehr am Leben, eine Frau dieses Geschlechtes kommt noch im J. 1641 vor. Im XVII. Jahrhunderte ist diese Familie erloschen.

Ad 76. Ein Geschlecht von Schönau kommt in Nieder-Österreich schon im J. 1206 vor. Die Schönauer von Duzenthal besassen 1550 das Gut Weiners, sonst auch Prutzendorf. Der Letzte des Geschlechtes, Bernhard Christoph, verkaufte im J. 1623 das Gut Hadres.

Ad 77. Von dem Geschlechte der von Lagelberg kommt bereits im J. 1400 Hanns Lagelberger vor. Sigmund brachte im J. 1535 das Gut Wiesenreuth an sich. Joachim, Herr zu Herrmanstorf, hatte zwei Gemahlinnen, nämlich Sabina Gallin und Anna Katharina Stockharnerin, besass Nieder-Nonndorf, Mühlbach, Engelbrechts und den Schickenhof bei Zwettl und hinterliess Söhne. Seine Ältern waren Christoph und Christina Wieserin. Einer des Geschlechtes lebte noch im J. 1774.

Ad 79 und 99. Die Moser zu Petzelstorf wurden im J. 1579 in den n. öster. Ritterstand aufgenommen. Georg Ehrenreich und Hanns Gottfried Moser waren Söhne Johanns Moser zu Pötzelstorf, zu Winkelberg, und der Margaretha Straubin, an welche als Witwe schon im J. 1601 das Gut Winkelberg von den beiden Erstgenannten übergeben wurde. Georg Ehrenreich war verehelicht mit Anna Susanna Winklerin von Kirchberg, die das Gut Kirchberg an der Wild von ihrem Vater hatte. Georg Ehrnreich war noch bei der Erbhuldigung Ferdinands III. im J. 1629. Späteres ist über diess Geschlecht nichts bekannt.

Ad 82. Die Ritter Feyertager sollen aus dem Salzburgischen nach Unter-Österreich gekommen sein. Chunrad war im J. 1336 Pfleger zu Traismauer. Johann Wilhelm Feyertager, Sohn Wilhelms Herrn zu Haitzendorf und der Elisabeth Geyerin von der Osterburg, war vermählt mit Regina Elisabeth Zellerin von Rastenberg und starb zwischen den Jahren 1615 und 1617 als der Letzte seines alten Stammes.

Ad 83. Die von Althan sollen aus Schwaben stammen, und fabelnde Genealogen führen sie bis zum J. 719 zurück. Was von in so gar frühe Zeit zurückrechnenden Geschlechts-Ableitungen, so wie von Rüxners Thurnierbuche, auf das sie sich gewöhnlich stützen, zu halten sei, ist wohl heut zu Tage ziemlich allgemein ausser Zweifel. Die von Althan sind übrigens wirklich ein sehr altes, hochberühmtes Geschlecht. Aus selbem ist Herr Wolf nach Unter-Österreich gekommen und war im J. 1531 mit Anna von Pötting vermählt. Johann von Althan, geboren im J. 1568, ein Sohn Eustachs Freiherrn von Althan und der Elisabeth Ennenklin von Albrechtsberg, besass nach seines Vaters Tode die Herrschaften Kirchstetten, Walterskirchen, Zisserstorf, Freyenstein und Karlsbach, war K. Rudoph's II. Hofkriegsrath und Oberster zu Fuss, dann des K. Matthias Kämmerer, führte eine üble Wirthschaft und veräusserte alle seine Güter bis auf Kirchstetten. Er war verehelicht mit Anna Maria Freiin von Trautmanstorf seit dem 3. Mai 1597, und starb im J. 1629, Söhne hinterlassend.

Quintin Leo von Althan Freiherr von der Goldburg und Murstetten, geboren 1577 war ein Sohn Christophs Freiherrn von A. und der Elisabeth Teufel, besass Murstetten, Haitzing und Zwentendorf und war im J. 1605 ständ. Viertel-Commissär im V. O. W. W. Seine Gemahlinnen waren Katharina Gräfin Thurn, Esther Susanna Freiin von Stubenberg und Anna Katharina Streun von Schwarzenau. Er starb im J. 1634 und hinterliess Nachkommen. Diess Geschlecht florirt noch.

Ad 84. Es gibt vier Familien, welche sich Grafen von Hardeck nannten, zuerst die Grafen von Plain, von welchen die Grafen Otto und Konrad am 26. Juni 1260 im Kriege K. Otakars von Böhmen, Herzogs von Österreich gegen die Ungarn in einem Gefechte in der Gegend von Laa bei Statz heldenmüthig kämpfend als die Letzten ihres Stammes fielen. Otto's Witwe, Wilburg von Helfenstein, heirathete hierauf einen gewissen Heinrich von Dewein oder Döwin, der sich auch dann einen Grafen von Hardeck nannte. Er nannte sich früher wohl von dem nun verfallenen Bergschlosse Dewin im Bunzlauer Kreise in Böhmen, und dürfte zum Hause Wartenberg gehört haben.

Dieses Haus, auch das der Marquartice genannt, dürfte aus Deutschland und zwar von den kärnthnerischen Marquarden (den sogenannten Eppensteinern) abstammen. Heinrich hatte wohl keine Kinder. Wilburg heirathete zum dritten Male, nämlich den thüringischen Grafen Berthold von Rabenswald, wodurch Hardeck an die Burggrafen von Maidburg kam, die sich davon Grafen von Hardeck nannten und im J. 1474 mit dem Grafen Michael erloschen. Da Konrads von Plain-Hardeck Witwe Euphemia sich später mit Albert Grafen von Görz vermählte, so nannte sich der Letztere, wohl wegen Ansprüchen und wegen urkundlichen Theilbesitzes der Güter von Plain-Hardeck, in manchen Urkunden einen Grafen von Hardeck. Hierauf belehnte K. Maximilian I. den Heinrich Prüschenk Freiherrn von Stettenberg mit dieser Grafschaft und verlieh ihm und seinem Bruder Sigmund und ihren ehelichen Leibeserben den Grafentitel hievon am 27. October 1495. Von dem genannten Heinrich stammen die noch florirenden Grafen von Hardeck. Die Prüschenken sind übrigens uralte Ober-Österreicher und erscheinen schon im J. 1240 als zum Kloster Wilhering stiftend.

Der sub 84 verzeichnete Albrecht Friedrich Graf zu Hardeck war ein Sohn des Grafen Ulrich und der Freiin Elisabeth von Prösing und starb jung.

Ad 88. Die Familie der Ruber war schon im J. 1500 in Nieder-Österreich. Johann Rueber hatte die Söhne Hanns Freiherr zu Pixendorf und Grafenwerd und Georg, kaiserl. Obersten zu Tokay. Johann war vermählt mit Eleonora von Schallenberg 1607 und dann mit Judith von Friedesheim. Sein Sohn Ferdinand, erster Graf Rueber, erbte die Herrschaft Pixendorf und hatte auch von seiner Mutter Eleonora im J. 1640 das Gut Nussdorf an der Traisen und das Gut Franzhausen geerbt. Er besass auch Potenbrunn, Kesmark, Lomnitza, Kornbach und Schebenez und starb als der Letzte seines Stammes im J. 1689.

Ad 89. Die Herrn und späteren Grafen von Sinzendorf sind uralte Ober-Österreicher. Bereits im J. 1270 lebte Konrad von Sinzendorf. Pilgram war ein Sohn Pilgrams und der Susanna von Lappitz, Herr auf Ernstbrunn, Pöggstall und Friedau, und wurde nebst seinen Vettern aus der Ernstbrunner Linie im J. 1610 in den Freiherrnstand erhoben. Im J. 1620 wurde er n. öster. Regimentsrath, 1625 Ober-Erzmundschenk in Österreich, war verehelicht mit Susanna von Trautmanstorf, hatte fünf Söhne und starb im Jahre 1632. Der Letzte des Geschlechtes, Prosper, wurde in den Fürstenstand erhoben und starb im J. 1823.

Ad 90. Veit Achaz Engelhofer zu Schirmannsreith, Jedenstetten und Marbach erschien im J. 1615 im Ritterstande unter der Enns auf dem Landtage, war vermählt mit Anna Maria von Velderndorf, der Witwe des Hanns Stockharner zu Starein seit 18. Juni 1606. Sein Sohn Georg Sigmund erscheint noch im J. 1629. Später ist über diess Geschlecht nichts mehr bekannt, ausser, dass Johann Engelhofer zu Marbach im J. 1660 als Landmann in Ober-Österreich aufgenommen wurde und mit seiner Gemahlinn Sabina Gusserin von Grossau keine Kinder hatte. Früher, im J. 1548, lebte Joachim Engelhofer zu Schirmannsreith, vermählt mit Christina Stockharnerin. Die heutigen von Engelshofen sind ein neueres Geschlecht.

Ad 91 und 117. Die Furt waren anfangs Bürger zu Wien und im J. 1581 am 20. November wurden Wolfgang und Gregor in den rittermässigen Adelstand erhoben.

Gregor, kaiserl. Rath und geheimer Zahlmeister, hatte mit seiner Gemahlinn Elisabeth Schalauzerin den Sohn Hanns Karl Furt, der nebst seinen Vettern am 30. September 1608 das Prädicat von Furtenburg erhielt. Der Würfelhof zu Nussdorf an der Donau erhielt von ihnen den Namen Furtenburg, sie besassen daselbst und zu Kierling, Otakring und Gundramsdorf Lehen und wurden auch Landleute ob der Enns. Wolf Furt war der Sohn des Johann Erasmus, 1581 kaiserl. Rath und Vicedom; Hanns Karl war vermählt mit Felicitas von Mallentheim die im J. 1623 schon Witwe war. Jener wurde am 3. März 1601 in den neuen Ritterstand unter der Enns, und am 10. April 1603 in die Landmannschaft ob der Enns aufgenommen, war vermählt mit Maria Magdalena Urkaufin aus Stadt Steier, hatte Söhne und Töchter und starb im J. 1610 im 72. Jahre seines Alters. Dieses Geschlecht ist im J. 1679 abgestorben.

Ad 92. Die Kremmer stammten aus Franken, Hanns Paul Kremmer von Königshofen zu Erlaberg und Lanzendorf, kaiserl. Rath, des Erzherzogs Ernst Hofdiener, dann des Erzherzogs Mathias Silberkämmerer, wurde am 11. Februar 1595 unter die neuen Ritterstands-Geschlechter unter der Enns aufgenommen, aber auf Nachweis am 21. März 1595 im alten Ritterstande anerkannt. Im J. 1620 war er bei der Erbhuldigung der katholischen Stände zugegen, also wohl schon Katholik geworden. Seine Gemahlinnen waren Anna von Eiseler, welche ihm das Gut Lanzendorf zubrachte, Katharina Steinauerin und Anna Maria Linsamayr von Greiffenberg, die schon im J. 1623 Witwe war. Er hatte Söhne, aber sein Geschlecht starb im J. 1632 aus.

Ad 93 und 94. Es gab in Ober- und Unter-Österreich drei verschiedene Geschlechter, die sich Zeller nannten.

Michael Zeller zu Rastenberg kaiserl. Rath und Hofkriegs-Zahlmeister in Ungarn, wurde im J. 1601 am 3. März in den neuen Ritterstand unter der Enns aufgenommen, kaufte 1604 die Herrschaft Rastenberg und lebte noch im J. 1615. Seine Gemahlinnen waren eine Rossner aus Hall in Tirol, Katharina Hackl von Lichtenfels † 1604 und Elisabeth von Klam. Er hatte Söhne, aus welchen Georg Wilhelm im J. 1620 K. Ferdinands Land-Unterjägermeister in Unter-Österreich war. Ihr Geschlecht ist nach dem J. 1642 verschollen.

Ad 98. Bereits im J. 1528 erscheint Veit Waller zu Haugstorf im Ritterstande unter der Enns. Wolf Christoph Waller zu Haugstorf, ein Sohn des im J. 1583 gestorbenen Veit hat im J. 1590 von Martin Hillebrand Gülten gekauft und hatte nur eine Tochter. Später kommt aber diess Geschlecht nicht mehr vor.

Ad 101. Von den Freiherrn und späteren Grafen von Rothal ist Georg zuerst nach Österreich gekommen und im J. 1525 gestorben. Johann Joseph wurde im J. 1622 mit dem Amte eines Erbsilber-Kämmerers in Steiermark belehnt; er war ein Sohn Johanns und der Katharina von Schernberg, wurde im J. 1601 in den n. öster. Herrenstand aufgenommen, besass im J. 1619 das Gut Feistritz in U. Öster. und starb 1658. Er hatte Nachkommenschaft.

(Schluss folgt.)

V. „Historischer Atlas."

Statistik des Mittelalters.

3.) Das Lehenbuch K. Ladislaus P. für Österreich ob und unter der Enns. (In alphabetischer Ordnung.)

(Fortsetzung.)

1455, 23. September, Wien. Veit Tanpekh (für sich und seine Brüder Hanns und Caspar T.).

Die Veste Winthag mit aller Zugehör, Kaufrechtern und Rechtlehnern in Altenburger Pfarre;

it. 1 Gut „dacz dem Submer;"

it. 1 Gut „dacz dem Geiger" und 1 Mühle daselbst, diese 3 Stücke gelegen in der „hangunden Öd in Sand Jörgenpfarre;"

it. 1 Zehendhaus zu Wagnerlehen in Weissenpekherpfarre;

it. 12 Güter zu Ernsöd in Sand Lienhartspfarre und

6 Güter in der Zaglaw in Altenmarkterpfarre.

(Ihr Erbe.) Oestr. Ms. Nr. 65, Fol. 71.

371.) 1456, 16. Jänner, Wien. Caspar Taynfoit.

12 Schilling Pfen. Gelts auf 1 Gut zu Tursendorf gelegen am Weg in S. Leonhardspfarre im Forst.

(Sein Erbe.) Oestr. Ms. Nr. 65, Fol. 84, b.

372.) 1457, 21. Juli, Wien. Hanns Tegelhouer. (Landesf.)

Folgende Gülten in der Stadt Laa:

von 1 Badstube (gelegen nächst den Häusern des Peter Weber und des Sigl des Lederers) Dienst 12 Schilling Pfen.;

it. von dem Haus des Veit Kürschner (nächst den Häusern des Hanns Kürschner und des Vasolt Beckers) Dienst 14 Pfen.;

it. von dem Haus (gelegen in dem Swertgässlein, nächst des Zimmermanns Haus) des Schuster Jörg Dienst 16 Pfen.;

it. von dem Haus des Bartholomäus Krämer (gelegen nächst dem Haus des Tegelhover) Dienst $^1/_4$ Pfd. Pfeffer;

it. von dem Haus gelegen am Eck daselbst $^1/_4$ Pfd. Pfeffer. Alles am St. Michelstag.

Oestr. Ms. Nr. 65, Fol. 108, b, 109.

373.) 1455, 28. April, Wien. Bernhard Tehenstainer.

Dorf Gerestorf mitsammt der Pfenninggülte, Gericht und Pantaiding daselbst.

(Gekauft von Jörg Wolffenrewtter.)

Oestr. Ms. Nr. 65, Fol. 28.

1455, 28. April. Bernhard Tehenstainer.

Das Unter-Schenk-Amt in Österreich;

it. 1 Zehend zu Rust auf 22 Lehen;

it. 3 Pfd. und 4 Pfen. Gülte gelegen daselbst zu Rust;

it. zu Kagran 6 Pfd. weniger 60 Pfen. Gülte auf behaustem Gut und auf Überländ;

it. zu Artmanstorf 3 Pfd. 6 Schillinge Pfen. Gülte und 1 Pfd. Pfen. Gülte für Vogthaber daselbst;

it. 40 Pfen. Gülte zu Paden von $^1/_2$ Hofstatt.

(Von seinem Vater Kristan Tehenstainer ihm abgetreten.)

Oestr. Ms. Nr. 65, Fol. 28.

16**

374.) 1455, 23. Juni. Jörg Tenndorffer.

2 Theile Zehend gelegen zu dem Kunrats in Waidhofer-Herrschaft und auf den „Gnewken" daselbst grossen und kleinen Zehend, zu Feld und zu Dorf, und $^{1}/_{3}$ Zehend in Uttissenpach auf 12 Lehen und 3 Hofstätten in Zwetler Landgericht gelegen.

(Sein Erbe.) Oestr. Ms. Nr. 65, Fol. 33, b.

375.) 1455, 28. April, Wien. Leupolt von Tirna.

Die vest zu Syedendorf;

it. 2 Höfe gelegen daselbst;

it. 40 Pfen. Gülte von 1 Hofstatt und 12 Pfen. Gülte von 1 Mühle die in dieselben Höfe gehören, und 2 Holden zu Gawnestorf.

(Sein Erbe.) Oestr. Ms. Nr. 65, Fol. 28.

376.) 1455, 27. Mai. Rudolf von Tirnstain.

In der Herrschaft zu der Freinstat zu Kerspawm 13 Güter in Rampekherpfarre gelegen und auf denselben Gütern ganzen Zehend, gross und klein, und daselbst Überländ Äcker;

it. zu Pasperg 11 Güter gelegen in Grunpekherpfarre;

it. zu Preuntt 1 Gut, auch in Grunpekherpfarre gelegen;

it. zu Liechtenaw 16 Güter;

it. zu Grunpach 7 Güter;

it. zu Slag 9 Güter, alles in Grunpekherpfarre gelegen;

und auf dem ganzen Dorf zu Slag und seiner Zugehörung 2 Theile Zehend 2 Jahre, am dritten Jahre nicht;

it. in Laspergerpfarre 4 Güter;

it. in Newnmarckhterpfarre 4 Güter;

it. auf Gärten Überländ, die die Freistädter haben, $^{1}/_{2}$ Pfd. Pfen. Gülte;

it. „Pewtellehen, Rechtlehen und andere Lehen, so er in der Herrschaft zu der Freinstat und von n. dem von winnden kauft hat;"

it. 3 Güter zu Gosserewt in Hirspacherpfarre in der Herrschaft Freystadt, die er von Mert Puchler gekauft hat;

it. 4 Güter gelegen zu Elbesaw mit aller ihrer Zugehörung in Hannthollstainerpfarre, die er von Wolfgang Redler von Öd gekauft hat.

(Theilweise, sein Erbe, aus besonderer Gnade auf Töchter vererblich.)

Andere Schrift: „Dise lehen hat Pernhart von Tirnstain des benanten Rudolfen von Tirnstain Sun nach desselben seins vatter abgang auch emphangen. Anno etc. lvij^{mo} an Sambstag nach Agnetis" (1457, 22. Jänner.)

Oestr. Ms. Nr. 65, Fol. 43.

1455, 1. Juni, Wien. Rudolf von Tirnstain.

Lehenbrief im Allgemeinen (auch auf Töchter vererblich).

„Als weilent Marchart von Tirnstain sein sun unsers getrewen lieben „Rudolfen von Tirnstain een und vater alle ire guter wo die in unserm land „Osterreich gelegen sind, es sein leut guter gult Manschefft vogtey oder „wie si genant sein nichts ausgenomen, in weilent der Hochgeborn Fursten „Herczog Albrechts unsers urenen und Herczog Albrechts unsers eenen Her-„czogen zu Osterreich henndt aufgeben, und dieselben unser vordern in und „weilent unser lieber Herr und vater kunig Albrecht den allen got gnedig sey, „die dem vorgenanten Rudolffen von Tirnstain und allen seinen erben suenen und „tochtern ewiclich zu rechtem manlehen verlihen, In auch die gnad getan haben, „ob dieselben von Tirnstain, oder ir Sun von denselben gutern ichts durch irer „seel hail willen geben oder schaffen wolten. das si das wol getun mugen und in „des vergunnet haben, als die brief von denselben unsern vordern und wir „darumb ausgegangen innehalten."

Schutz und Schirm. Oestr. Ms. Nr. 65, Fol. 43, b, 44.

(1455) Wien. Rudolff von Tirnstain.

Die Veste Hakenberg, mit ihrer Zugehörung „auch alle Manschafft geistliche und weltliche Lehen, Vogtei und Vogteirechten so darczu gehoren und darczu hundert phunt pfenning jerlicher nucz und gult (wie folgt):

1) auf dem Dorf zu Hakenberg und behausten Gütern 8 Pfd. 34 Pfen. Gülte;

2) it. daselbst auf behausten Gütern 18 Schilling Eier-Dienstes oder für 10 Eyer 1 Pfen.;

3) it. auf denselben Gütern 30 Käse Dienstes oder für jeden Käse 2 Pfen.;

4) it. daselbst 20 Hühner Dienstes oder für jedes Huhn 4 Pfen.;

5) it. zu „weysat" zu Weihnachten „ain hinder gestell von einer Kue" oder dafür $^1/_2$ Pfd. Pfen.;

6) it. daselbst von Überländ 4 Schilling und 6 Pfen. Gülte;

7) it. daselbst den Mairhof mit 5 Schilling und 4 Joch Acker (also 104);

8) it. daselbst 17 Eimer Most Bergrecht;

9) it. daselbst 5 Viertel Bauweingarten;

10) it. 40 Tagwerk Wiesmahds, die liegen bei der „Tey," davon dient man in den Rakenhof zu St. Jörgentag $^1/_2$ Pfd. Pfen.

11) it. die folgenden Hölzer, mit „grunt mit all:" das „Stokhach," it. den „Weichselperg," it. den „Wolkenswinkhl," it. die „Achleitten," it. die „Wintterleitten," it. die „Munichleitten," it. den „Pirnsgrunt," it. die „Pannaw," it. das „Seczholez," it. den „Aichperg," it. das „Hermansholez," it. das „Purkchstnikch; it. das „Topllholez" bei dem „Mulperg," und die „Aw" bei der Veste;

12) die Waidpfenning von den Hölzern;

13) it. das Gericht daselbst zu Hakenberg, zu Feld und zu Dorf, Stock und Galgen und gefürstete Freiung;

14) it. das Kirchlehen daselbst zu Hakenberg;

15) it. zu Wulkendorf auf behausten Gütern 4 Pfd. und 42 Pfen. Gülte und $46^1/_2$ Metzen Weizen Dienstes „Lazer Masz;"

16) it. zu Asparn auf 1 behausten Gut und 1 Baumgarten 5 Schillinge Pfen. Gülte;

17) it. zu Nidern Leyss auf 1 behausten Gut $^1/_2$ Pf. Pfen. und daselbst auf 2 Herbergen 4 Pfen. zur Vogtei;

18) it. daselbst 12 Viertel Weingarten, davon man dient in das Haus zu Leyss 2 Eimer Most und 2 Gänse;

19) it. zum Altmans auf behaustem Gut 2 Pfd. und 6 Schillinge Pfen. Gülte;

20) it. zu Pawngarten bei Laa gelegen auf behausten Gütern 34 Pfd. 6 Schillinge und 27 Pfen. Gülte;

21) it. daselbst 4 Schilling und 5 Weysathühner oder für jedes Huhn 4 Pfen.;

22) it. 6 Pfd. 4 Schilling und 20 Eier oder für 10 Eier 1 Pfen.;

23) it. „ain gancz hindergestell von einer Kue oder $^1/_2$ pfund pfen.;

24) it. von Überländ 3 Schilling 10 Pfen. Gülte und das Gericht, Stock und Galgen daselbst;

25) it. zu „Fridwercz" auf behausten Gütern 7 Pfd. 26 Pfen. Gülte; it. daselbst 38 Hühner oder für jedes Huhn 4 Pfen.;

26) it. 24 Gänse oder für jede Gans 10 Pfen.;

27) it. 1 Pfd. 4 Schillinge und 15 Eier;

28) it. 3 Schillinge 28 Käse;

29) it. daselbst von Überländen 6 Schilling und 14 Pfen. Gülte, die man jährlich am St. Jörgentag dient;

30) it. daselbst 5 Schilling und 7 Pfen.;

Weysat zu Weihnachten ein halbes Hintergestell von 1 Kuh oder

... ;

32) it. auf dem benannten Dorfe halben Zehend Wein- und Getreidzehend zu Feld und zu Dorf;

33) it. die Hölzer daselbst gelegen:

it. das „Frawnholcz," das „Oberholcz," und der „Wilhalmsmais Kirichsil" die Holzer und das Gericht, Stock und Galgen und gefürstete Freiung;

34) it. zu Zwentendorf auf behausten Gütern 12 Pfd. 6 Schilling und 6 Pfen. Gülte;

35) it. von Überländ 1 Pfd. 3 Schilling 22 Pfen. Gülte;

36) it. Waidpfenninge vom Kueperg und Mulperg 3 Schilling Pfen. Gülte;

37) it. Weysat zu Weihnachten 1 Hintergestell von 1 Kuh oder dafür $^1/_2$ Pfd. Pfen.

38) it. daselbst die „Ernhünr," von jedem Haus 1 Huhn;

39) it. daselbst zu Zwentendorf auf 15 ganzen Lehen und 7 Hofstätten halben Zehend, gross und klein, zu Feld und zu Dorf;

40) it. in dem Feld gegen Martal auf $3^1/_2$ Jochen halben Zehend und auf dem Feld bei dem „Kochprunn" auf 9 Jochen halben Zehend;

41) it. daselbst „am Mulperg" auf einem halben Weingarten halben Zehend;

42) it. an dem „Kueperg" 36 Viertel Weingarten;

43) it. daselbst eine Wiese genannt der „Pregarten;"

44) it. das Gericht, Stock und Galgen und gefürstete Freiung daselbst;

45) it. zu Weczestorf 1 Mühle;

46) it. die öde Veste zu Gnandorf mit ihrer Zugehörung;

47) it. daselbst zu Gnandorf auf behausten Gütern 22 Pfd. und 51 Pfen. Gülte;

48) it. daselbst von Feldlehen 2 Pfd. 7 Schillinge und 25 Pfen. Gülte;

49) it. von Überländ 1 Pfd. 5 Schilling 22 Pfen. Gülte;

50) it. von behausten Gütern daselbst 13 Hühner it. 54 Eier jährlichen Dienstes it. 10 Käse;

51) it. das Überländ zu Michelsteten;

52) it. auf 6 Jeuchart Acker 1 in dem Pruel, die andern bei dem Mitternholcz gelegen ganzen Getreidzehend;

53) it. auf 4 Viertel Weingarten daselbst ganzen Zehend; it. daselbst 2 Hölzer genannt der Kogel und Mitterholcz;

54) it. von dem Mairhof daselbst 3 Pfd. Pfen. Gülte;

55) it. aber von demselben Mairhofe 1 Muth Weizen 1 Muth Korn 2 Muth Haber jährlichen Dienstes;

56) it. von 1 Baumgarten daselbst 1 Pfd. Pfen. Gülte;

57) it. Weisat zu Weihnachten;

58) das Kirchlehen der Pfarrkirche zu Gnandorf;

59) it. das Gericht, Stock und Galgen mit der gefürsteten Freiung daselbst;

60) it. zu Fretigestorf auf $4^1/_2$ ganzen Lehen und 79 Joch Äckern, darunter etliche Weingärten sind, darauf ganzen Zehend, Wein- und Getreidzehend, zu Feld und zu Dorf.

Die obgenannten Stücke alle zur Veste Hakenberg gehören und Lehen des Fürstenthums Österreich.

(Gekauft von den Gebrüdern Hanns und Heinrich von Liechtenstein von Nikolsburg.) Oestr. Ms. Nr. 65, Fol. 42, b, 44.

377.) 1456, 21. Jänner, Wien. Heinrich Tirpach.

1 Hof genannt der Weyrhof in Wartpergerpfarre gelegen.
(Sein Erbe.) Oestr. Ms. Nr. 65, Fol. 68.

378.) 1455, 16. Mai, Wien. Wolfgang Tobler (Lehenträger des Unmündigen ist Gabriel Ödenpekh).

3 Praitten in 3 Feldern, in jedes Feld (gehören) 12 Gwanten Acker und 1 grosse Wiese, „oh des dorffs die auch in die Praitten gehort;"

it. 1 Baumgarten gegenüber dem Hof und 6 halbe Lehen;
it. 3 Herberg zu Strenczendorf in beiden Dörfern und 1 Hofmarch in dem Dorfe wohin die Praitten gehört;
it. 1 Au niederhalb des Dorfs und 1 Wiese dabei die stösst daran.
(Sein Erbe.) Oestr. Ms. Nr. 65, Fol. 43.

379.) 1455, 28. Mai. Caspar Tollr.

1 Hof zu Rietental in Municherpfarre gelegen.
(Rechtlehen des Fürstenthums Österreich.)
(Sein väterliches Erbe.) Oestr. Ms. Nr. 65, Fol. 45, b.

380.) 1455, 17. Juni, Wien. Otto von Topel.

Die Veste zu Karlstetten und 1 Hofstatt vor dem Thor mit aller ihrer Zugehörung;
it. 2 Höfe „an der wis;"
it. die Güter zu „Steczendorf;"
it. die Güter zu „Markgrafneweidl;"
it. zu „Pielachberg" 4 Pfd. Gülte;
it. 2 Fischweiden auf der Pielach;
it. die Güter zu Nidern Russt;
it. die Güter zu Weinperg mit aller ihrer Zugehörung, und das Kirchlehen und die Vogtei;
it. 1 Pfd. Gülte am Laiteregk und die Königswiese an dem Achswald.
(Sein Erbe.) Oestr. Ms. Nr. 65, Fol. 51, b, 52.

381.) 1456, 8. Juni, Wien. Hanns Topler.

Das Haus zu Hierspach mit seiner Zugehör und das Dorf daselbst;
it. das Dorf zu Lobnitz.
(Sein Erbe.) Oestr. Ms. Nr. 65, Fol. 34, b.

382.) Wolfgang Trebinger.

Den Zehend auf dem gut, da yetz der Pernhart aufsitzt;
it. den Zehent auf dem gut des Ul obern In;
it. den Zehend auf dem gut des Hall;
it. den Zehend auf dem gut des Hennsel Scheffel;
alles gelegen zu Chemnaten;
it. 1 Gut zu Sewalhen zw dem Ampthof und des Nagel gut gelegen in Sewalher pharr, was uns die mit tod und abgang Kristan Kaschpacher vermant und ledig worden wern.
(Gnaden-Lehen.) Oestr. Ms. Nr. 65, Fol. 2, b.

383.) 1455, 30. Juni, Wien. Marcus Treutelkover (für sich und seinen Bruder Hanns Treutelkofer).

Das Gut zu Trubenperg;
it. den Zehend auf 2 Gütern zu Peczleinsperg;
it. den Zehend auf 1 Gut im Tal;
it. den Zehend auf 1 Gut im Holez, in Gunstkircherpfarre gelegen;
it. zu Enntarn 1 Gut in Gewelskircherpfarre gelegen;
it. zu Poppenrewt 1 Gut in Ratenpekherpfarre;
it. 3 Zehendhäuser in Merkenhoverpfarre.
(Ihr Erbe.) Oestr. Ms. Nr. 65, Fol. 55, b.

384.) 1456, 22. Juli. Friedrich Trunt. (Landesf.)

½ Hube zu Techenwang in Kirchpergerpfarre und
1 Gut zu Manndorf in Wartenpergerpfarre.
(Übergeben von seiner Mutter Elspet, Witwe Hanns des Aigner.)
Oestr. Ms. Nr. 65, Fol. 86.

385.) 1455, 29. Mai. Christoff Tuhan.

$^1/_2$ Pfd. Pfen. Gülte auf $^1/_2$ Lehen „hincz ainem Holden" genannt Jans Haberlicz zu Wenczesdorf auf der Zeya.

(Gekauft von Ulrich Eyczinger von Eyczing.)

Oestr. Ms. Nr. 65, Fol. 46.

386.) 1455, 9. Mai, Wien. Balthasar Tumbriczer.

Das Haus zum Dietreichs und das Dorf daselbst und das zu Öden Dietreichs auch daselbst und das Dorfgericht daselbst ausgenommen des Tods;

1 Mühle zu Obern Plettpach in Albrechtssteiger Gericht;

it. die Fischweide auf demselben Bach „von der mull uncz auf die strass, die da geet von Polan gen Chübach zu paiden gestatten;"

it. 2 Theile Zehend auf den vorgenannten Gütern zu Feld und zu Dorf;

it. ganzen Zehend auf dem Hofbau und auf dem Bau das von Alter zu demselben Hof gehört hat und das man „aus hat gegeben und alles das, das zu dem „vorgenanten haws gehort, es sey pfenning gult, holcz, wismad ekher wiltpan in „holcz in urbar zu veld und zu dorff."

(Sein Erbe.) Oestr. Ms. Nr. 65, Fol. 34, b.

S. D. (1455, 8. Juni.) Agnes Tumbriczerin.

$3^1/_4$ Pfd. Wienerpfenning Gülte auf behaustem Gut und auf (?) 1 Getreidzehend „dacz dem Purklinn" (?) in Zwetler Gericht gelegen.

(Aus Gnaden, geerbt von ihrer Mutter Dorothea der Harracherin.)

Oestr. Ms. Nr. 65, Fol. 46, b.

387.) 1456, 3. April. Balthasar Tunsteter. (Landesf.)

1 Hof, genannt der „Wishof" gelegen bei dem Gerungs.

(Sein Erbe.) Oestr. Ms. Nr. 65, Fol. 68.

388.) 1455, 4. Mai. Wolfgang Tyem (für sich und seine Brüder Hanns und Albrecht und seinen Vetter Hanns).

$^1/_2$ Getreidzehend zu Pawngarten zu Feld und zu Dorf „in demselben zehent ettlich ekher zu weingerten sind gemacht worden auf denselben weingerten den weinzehent und den wiltpan daselbs;"

it. „gefürste freyung umb all erber sachen in irm hof, daselbs zu Pawngarten alsweit die hofmarch ist."

(Ihr Erbe; die Briefe, welche sie darüber hatten, sind zu Gors verbrannt.)

Oestr. Ms. Nr. 65, Fol. 30, b.

389.) 1455, 16. Juni, Wien. Pankraz Tyemynger.

Das Haus zu Haindorf mit sammt seiner Zugehörung.

(Sein Erbe.) Oestr. Ms. Nr. 65, Fol. 50, b.

390.) 1456, 19. Juni, Prespurg. Ernst und Wolfhart die Uberekher (Gebrüder).

3 Güter zu Albaring in Liechtentanner Gericht und Kessendorfferpfarre gelegen;

* Lehenschaft der landesf. Herrschaft Puchaim.

(Ihr Erbe.) Oestr. Ms. Nr. 65, Fol. 97.

391.) Erasmus Uezinger.

Das Gut zu Spilbergk und

1 Wiese die „Felberwiss" genannt, alles in Veklstorffer Pfarre gelegen.

„Wan uns die mit tod und abganck weilend Jorgen Ekcharts von Spilbergk vermant und ledig worden weren."

(Gnaden-Lehen.) Oestr. Ms. Nr. 65, Fol. 5, b.

455, 2. Mai. Veit Uezinger (für sich und seine Brüder Erasmus und Valentin).
Das Dorf zu Talhaim und der Weterperg;
it. 1 Gut zu Haslach;
it. 1 Gut auf dem Achperg;
it. 1 Mühle unter dem Gaisteig;
it. 1 Gut an dem Sager;
it. 1 Gut an der Ryenleitten;
it. 1 Gut an der kalten Leytten;
it. 1 Gut an der Praunstetal;
it. 5 Güter daez wald, das alles gelegen in St. Jörgenpfarre;
it. 1 Gut zu Reyttarn (Steffl Leser).
(Ihr Erbe.) Oestr. Ms. Nr. 65, Fol. 23, b.

1455, 2. Mai. Veit Uezinger.

2 Drittheil Zehends am Hausrukh gelegen, in Ottnangerpfarre;
it. auf 1 Hof zu Swenselperg;
it. auf 1 Hof zu Holezleiten;
it. auf 7 Häusern zu Pheffendorf;
it. auf 5 Häusern „daez hof;“
it. auf 3 Häusern zu Rewt;
it. auf 11 Häusern auf der Prugkleitten und
auf 14 Häusern zu Rustorf, alles in Desselprunner und in Rustorffer Pfarre gelegen.
(Sein Erbe.) Oestr. Ms. Nr. 65, Fol. 29.

1455, 10. Juli, Wien. Erasmus Uezinger.

Den Sitz zu Wildenhag;
it. 1 Gut dabei genannt Winterhag und den Zehend darauf;
it. 1 Hof zu Niderapueh und den Zehend darauf;
it. 1 Gut genannt zu Aw;
it. 1 Gut in dem Waldweg;
it. 1 Gut vor dem Hohenperg mitsammt den Wiesmahd dabei, alles in der Pfarre St. Jorgen im Atergew;
it. den halben Zehend zu Frankhenmarkt und zu Pondorf und darum gelegen;
it. 4 Güter zu Veklestorf und 1 Badstube daselbst;
it. 1 Gut zu Puehelspach;
it. 1 Gut zu Volkrating;
it. $^{1}/_{2}$ Gut zu Asten.
(Sein Erbe.) Oestr. Ms. Nr. 65, Fol. 60, b.

392.) 1455, 8. Juni, Wien. Wolfgang Utendorffer.

Das Haus Goldekg mit seiner Zugehörung;
it. halben Zehend zu Leupoltstorf auf der Pyelach, gross und klein;
it. den Hof zu Heczleinstorf, der ihm „geurlaubt ist zu purkhrecht auszegeben“ und davon man jährlich 1 Pfd. Pfen. dient;
it. einen Getreidzehend auf dem Hof zu Salhendorf auf der Pielach;
it. einen Getreidzehend auf dem Hof zu Regenfeat;
it. 3 Pfd. Pfen. Gülte auf 2 behausten Gütern zu Prunsleinstorf und 6 Schillinge Pfen. Gülte auf 1 behausten Gut daselbst.
(Sein Erbe.) Oestr. Ms. Nr. 65, Fol. 40, b.

1456, 22. April. Jörg Utendorffer. (Landesf.)

9 Pfd. Pfen. Gelts zu „Gawbatsch“ und
4 Pfd. Pfen. Gelts zu Stinkhenprunn auf behausten Gütern gelegen.
(Sein Erbe.) Oestr. Ms. Nr. 65, Fol. 66.

393.) 1455, 8. August, Wien. Hanns Vatershaimer (für sich und seinen Bruder Wolfgang, der der ältere wäre aber nicht kommen konnte).

1 Gut zu Semating;
it. auf 3 Häusern zu Nidern Yebing auf jedem Haus halben Zehend;
it. auf dem Enperg bei Kalhaim auf 1 Hof halben Zehend;
it. „dacz dem Kolben" daselbst $1/_{3}$ Zehend; (ein dritthalb?)
it. zu Kunczing dacz dem Rienner halben Zehend;
it. auf des Vatershaimer Gut daselbst ganzen Zehend;
it. „dacz dem Thaman und dem Preschlein und dacz dem zymerman daselbs $1/_{4}$ Zehend;
it. auf dem „Wirtzperg" $1/_{4}$ Zehend;
it. zu Semating dacz dem Ryenner halben Zehend, alles gelegen in Erlinger Landgericht;
it. 1 Hube zu Stephanstorff gelegen;
it. zu Purkhstal auf 2 Gütern halben Zehend;
it. auf dem Puchelhof halben Zehend;
it. „dacz Mantzing auf 2 Gütern ganzen Zehend;
it. „dacz Tuttenpach auf 1 Haus $1/_{4}$ Zehend;
it. in der Noppengrub auf 1 Haus $1/_{4}$ Zehend;
it. im Pranpach auf 4 Häusern in jedem Haus $1/_{4}$ Zehend;
it. zu Punczing auf 1 Haus $1/_{4}$ Zehend;
it. zu Hub auf 3 Feldern in jedem auf 1 Land ganzen Zehend, alles in Peurbekher Landgericht gelegen.

(Ihr Erbe.) Oestr. Ms. Nr. 65, Fol. 64, b, 65.

394.) 1455, 12. September. Wolfgang Vidorffer (für sich und seinen Bruder Gothart V.).

Den Hof zu Krotendorf gelegen, den ihnen ihre Mutter „die erber" Katharina, Witwe weiland Niclas des Hesib übergab und folgende Zehende und Gülten:

* zu „Swarcza" auf 13 Lehen ganzen Zehend, zu Feld und zu Dorf, gross und klein;
it. zu Welestorf auf 6 Lehen ganzen Zehend, gross und klein, zu Feld und zu Dorf;
it. daselbst auf 2 ganzen Lehen 2 Theile Zehend und auf 14 Weingärten daselbst genannt in den „Seczen" 2 Theile Zehend;
it. auf 1 Secz daselbst („Tugentlich") ganzen Zehend;
it. zu Piesting auf Überländ Äckern und Weingärten 9 Schilling 14 Pfen. Gelts;
it. zu Newnkirchen auf Überländ Äckern und Weingärten 9 Schilling 25 Pfen. Gelts.

(* Ihr Erbe.) Oest. Ms. Nr. 65, Fol. 70, b.

395.) 1455, 31. März. Hanns Voit (anstatt Barbara seiner Hausfrau, weil. Hanns des Weikhartslager Tochter).

Ein Achtel Zehend, gross und klein, zu Feld und zu Dorf zu Obern Abtstorf gelegen.

(Ihr väterliches Erbe.) Oest. Ms. Nr. 65, Fol. 13.

(Fortsetzung folgt.)

Aus der k. k. Hof- und Staatsdruckerei.

№ 17. NOTIZENBLATT. 1854.

Beilage zum Archiv für Kunde österreichischer Geschichtsquellen.

Herausgegeben von der historischen Commission
der
kaiserlichen Akademie der Wissenschaften in Wien.

II. „Oesterreichische Geschichtsquellen."

4.) Urkundliche Beiträge zur Adelsgeschichte.

1. Die Herren von Wallsee, im 14. Jahrhunderte.

(Fortsetzung.)

102. 1362, 31. Mai. Ich Haertel von Pettow Marschalch in Steyer, hern Herdegens sun saeligen von | Pettow vergich offenleich mit dem prief, daz mir mein Ôhaim her Eberhard | von Walse ab der Steyermarch vor meinen vetern hern Friderichen und hern Haertneiden | von Pettow und vor etleichen meinn erbern dienern gaenczleich und gar | widerrait hat, alles mein gût, es sei aygen lehen saecz varund gût oder | swie daz genant ist von allen den zeiten und er meinen Pruder Herdegn von | Pettow saeligen und mein Swester Elspeten und mich mit unserm leib und | Gût hat inngehabt uncz auf disen Heutigen tag und hat uns des | alles schôn un d gaenczleich gericht und gewert und auch chundleich verrait | und beweiset, wa ain ÿtweders pei aintzigen nach unsrer notdûrfften | hincz Juden und hincz Christen ist hinchomen und geuallen, und ist mir | noch meiner Swester fûrbaz nihtes mer schuldig, wenig noch vil | in chainen wegen, wand wir und unser Erben in und sein erben | gaenczleich ledig sagen mit urchund dits priefs, den wir in | dar ûber geben mit unsrer egenanten vetern hern Fridreichen und hern | Haertneits von Pettow und mit Fridreichs zû den zeiten Purgrafen | ze Fridaw unsers Schaffer insigeln versigelten, di ire insigel an | disen prief dûrch unsrer pet willen zû ainer gezeugnûzz gehangen | habent, darûnder ich egenanter Haertel von Pettow hern | Herdegens sun fûr mich selb und fûr mein obgnante | swester Elspeten und fûr unser erben trewleich verpinden | gegen den obgenanten unserm Ôhaim hern Eberharten von Walse | und gegen seinen erben, alles daz staet ze haben, daz oben | an disem prief stet geschriben, wand wir aygner | insigel noch niht haben. Der prief ist geben dacz Pettow | an dem Erchtag vor dem hailigem Phingstag nach | Christs gepûrd dreuczehen hundert jar dar | nach in dem zwai und sechczgistem Jar. |

Orig. Perg. 3 Siegel (von weissem Wachse). Haus- und Staatsarchiv.

103. 1363, 5. August. Ich Fridreich und ich Hainrich die Prûder von Walsse hern Eberharts Sun von Drozzendorff selig unser hausfrawn und all unser | Erben wir veriechen offenlich an disem prieff, daz wir unverschaidenlich gelten schullen Muschen dem Juden Yzzerleins Enikkel von | Marchpurk und iren Erben sechczig phunt wienner phenning und fumf hundert phunt wienner phenning der wir si wern und richten | schullen zway hundert phunt phenning auf den nachsten chunftigen sand Mertintag und sechtzig phunt phenning und drew | hundert phunt phenning der wir si wern schullen von dem nachsten chunftigen vaschang tag uber ein gantz iar an allaufschub | , und zu welchem vorgenanten tag wir in ir phenning nicht geben so schol furbaz schad dor auf gen auf ein iglich phunt alle | wochen vir phenning und wenn di vorgenanten Juden irs gûtz nicht lenger wolten rat haben wen si uns den ermanent so schol | iglicher zwen Erber chnecht mit zwain pherften gan

Gretz in di stat senden in ein offen gasthaus dahin uns di Juden | zaigent und schullen dor in ligen und laisten als inligens und laistens recht ist und nicht aus chomen an ir urlaub | si werden den vor gewert haubtgût und schaden gar und gantz, wir laisten, oder nicht dennoch get schad auf di vorgenanten phenning | in aller der mazz und vorgeschriben ist. Si schullen auch haubtgût und schaden haben auf uns und unsern Erben unverschaidenlich | und auf alle dem gût daz wir haben in Osterrich und in Steyr in den landen oder wa wir daz haben ez sey Erbt gût oder | varunt gût so wie daz genant ist, wir sein lebendig oder tod. Und wann di vorgenanten Juden irs gûts nicht lenger wolten rat haben | da von in denn unser herr der Herczog oder der Haubtman oder wer den gewalt an ir stat hat mit unserm gûtlichem | willen an furbot und an chlag phant antwurten schol so verr daz si da von werden gwert haubtgût und schaden gar | und gantz. Wir schullen si auch umb haubtgût und schaden weder hintz hoff nach gen chamer nach gen chainer gwaltiger | stat nicht weysen nach stozzen schullen denn daz wir si selber mit weraitem phenning wern schullen daz luben wir in als ze | laisten mit unsern trewen an aydes stat. Und daz dise red also stet und untzebrochen weliben doruber geben wir disen | prief versigelt mit unser paider Insigel. Dez ist gezeug niclas der schaffer von Arenstein mit seinem Insigel an sein | schaden. Geben an sand Oswaltz tag nach Christz gepûrd dreutzehen hundert Jar dornach in dem drey und Sech | tzigistem Jar.

(Zerschnitten.) Orig. Perg. 3 Siegel von weissem Wachse.
Haus- und Staatsarchiv.

104. 1364, 13. Juli. Hertneyt der Steyrrer und Gôtfryd sein Bruder verkaufen den edlen Herrn von Walse, Herrn Rudolf und seinen Geschwistern und ihren Erben ihr rechtes Eigen 2 Wiesen („dy gelegen sind auf dem gehay und haist dy ain dy vierczehen rahen der ist drythalb tagwerich und dy ain dy Scheybel wis der ist ein tagwerich") um 28 Pfd. Pfge.

Zeugen mit ihren Siegeln ihr Oheim Stephan der Schikh und Hermann der Cyerfogel.

1364 an sand Margreten tag. Orig. Perg. 4 Siegel. Haus- und Staatsarchiv.

105. 1365, 6. März (Phfineztag nach Chunigund in der ersten Vastwochen). Haug von Valchenstain quittirt den „Ersam herrn", Herrn Eberhard von Waltse, Hauptmann ob der Enns über die 300 Pfd. Pfge. die er ihm als Heirathgut für seine Hausfrau, Frau Anna von Dachspergeh, (Muhme des von Walsee) gegeben hat.

Orig. Perg. 1 Siegel von rothem Wachse. Haus- und Staatsarchiv.

106. 1365, 16. December. Ernst der Fleminig, d. Z. Pfarrer zu Reinsperg. verkauft seinem gnädigen Herrn Herrn Ruedolf von Walsee und s. Geschwister sein freyes Eigen 2 Hofstätt gelegen zu Wintpazzing in St. Zenopfarre (die Zeit sitzt auf der einen Ulrich der Tassner und dient 60 Pfge., alle Hochzeit 15 Pfge.) auf der andern Marchart der Tueren, welcher am St. Michelstag 6 Pfge. dient und dazu 2 und 3 Schilling Geltes, die man in dieselben Hofstätt dient von Burgrecht Äckern um $6^1/_2$ Pfd. Wienerpfge.

Zeugen: sein lieber Oheim Ott von Hengsperg und Andre von Topel.

1365. Eritag vor s. Tamanstag.

Orig. Perg. 3 Siegel. Haus- und Staatsarchiv.

107. 1366, 29. September. Ich Hainreich der Wysinger und Chunrat mein Sun, wir verjehen paid offenbar an dem brief allen den | di in schent horent oder lesent, daz uns unser Genediger herre her Eberhart von Waltse Haubtman ob | der Ens gevangen gehabt hat, umb etleiche sache, di wir wider in tûn heten, darumb wir derpeten | sein, und sullen wir noch unser vreunt niemand dester veinter sein, wer an unser vanchnûzze schuldig | ist on als geuer. Wir sullen auch ich vorgenanter Hainreich der Wysinger und Chunrat mein sun bey unserm voruerschriben | herren und

bey seinen erben beleiben und nicht von in chomen, di weil wir leben und im und sein erben berait sein | waz si uns haizzent an alle widerred. Wer aber daz wir daz indert uberfürn, so sol unser leib und unser gut ver | uallen sein in ir gnad, und sullen uber uns rihten an allew Gnad, wie si verlust, und zû einer pezzern sicherhait | hab wir zû uns versaczt di erbern lewt Chunraten den Zeller, Lewtlein den Michelpechen und Chunczlein den | Tûchscherer Purger ze Wels, wanne wir alle fumf unverschaidenleich zû einander verhaizzen haben, waz an aim abge | daz sol man dacz dem andern haben, also ob di voruerschriben wort indert uberuarn wurden, so habent sich zwai | hundert phunt phenning veruallen und sol man di haben dacz uns allen Fumfen, dacz unsern trewn und auf aller unserer | hab wo wir di haben versûcht und unversûcht, also daz man uns des geweisen mag mit Zwain erbern mannen. | Daz di red allew stet und unverchert beleib, geb wir den brief, ich vorgenanter Hainreich der Wysinger versigelten mit meinem | anhangundem insigel, und ich Chunrat der Zeller, ich Lewtel der Michelpeche und ich Chunrat der Tûchscherer Purger ze Wels | auch mit unsern anhangundem Insigeln. So verpint ich mich vorgenanter Chunczel der jung Wysinger under di voruerschriben, insigel mit meinnen trewn alles daz stet ze behalten daz oben an dem brief geschriben stet, wenne ich niht aygens | insigels han. Daz ist geschehen do man zalt von Christes geburd drewczehen hundert jar der nach in dem | sechs und sechczigsten jar, an sand Michels Tag.|

Orig. Perg. 4 Siegel (von braunem Wachse). Haus- und Staatsarchiv.

108. 1367, 1. Februar. Ich Fridreich von Walsse von Drosendorff ich Hainreich von Zelkingen sein aydmen, ich Nichlas der Moschrat dez egenanten hern| Fridreichs diener und alle unser erben wir vergehen offenleich mit dem brief, daz wir unverschaidenleich gelten sullen | Judmann dem Juden ze Wienn und seinen erben Hundert phunt und drew und dreizzig phunt wiener phennig | der wir si wern sulln von dem hewtigen tag uber ain ganez Jar. Tun wir dez nicht so sol furbaz gesuech dar|auf gen auf ain yegleich phunt sechs wienner phennig alle wochen, Und wenne die Juden haubtguts und schadens | nicht lenger peiten wellent so sullen wir si irs Guts wern. Tun wir dez nicht so sol unser ainer welichen si under | uns vorgenanten drin mânt und vodernt einen erbern Rittermaezzigen chnecht selb andern mit zwain pheriden dez | nasten tags darnach gen Wienn in ein erber Gasthaus senden do In die vorgenanten Juden hin zaigent und sullen di | denne da inneligen und laisten als inne ligens und laistens recht ist und da nimmer auzchomen si werden denne ee | irs guts haubtguts und schadens genczleich verricht und gewert, Daz lûben wir In ze laisten mit unsern trewn an aydez | stat. Ez get auch auf die vorgenanten phennig gesuech man laist in oder nicht. Si sullen auch baideu Haubtgut und | schaden haben auf uns unverschaidenleich und auf allem unserm gut daz wir haben in dem lande ze Osterreich oder wo wir | ez haben dauon in denne der Landez Fûrst oder wer den gwalt an seiner stat hat an furbot und an alle chlag phant | anttwurten sol wenne si sein nicht lenger enpern wellent, als verre daz si haubtguts und schadens genczleich dauon verricht | und gewert werden wir sein lebentig oder tode. Wir luben in auch mit unsern trewn an aydez stat daz wir si umb | haubtgut noch umb gesuech weder gen hof noch an chain gewaltigeu hant noch nindert alswohin schaffen sullen denn | daz wir si irs guts baydeu haubtguts und gesuechs selber richten und wern sullen in dem rechten als vor an dem | brief geschriben stet. Und dez ze urchund und zu einer warn gezeugnusse geben wir In den brief versigilten mit | unsern Insigilen. Der brief ist geben ze Wienn nach Krists geburde drewczehen Hundert Jar darnach in dem | siben und sechtzgisten Jar an unser vrown abent ze der Liechtmesse.

(Zerschnitten.) Orig. Perg. 3 Siegel (1 und 2 abgestreift, 3 da).
Haus- und Staatsarchiv.

109. 1367, 4. Mai. Friedrich der Schwarz erklärt, dass er „sein gesâzz datz Aygliisperge" und den dazu gehörigen Hof, das gelegen ist in der Pfarre

17*

Waldkirchen, und im Gericht zu „Wessenberch", und sein freies Eigen ist, als rechtes Lehen empfangen habe und künftig besitzen soll von den Herren Friedrich, Rudolf und Heinrich von Walse.

Versiegelt mit seinem Siegel und den Siegeln seiner Oheime Peter des Harrocher und Athaker des Piber.

1367 S. Florianstag. Orig. Perg. 3 Siegel (1 fehlt) Haus- und Staatsarchiv.

110. 1367, 7. Juni. Ich Eberbert von Waltse zden czeiten Haubtman ob der Ens und alle mein Eriben wir ver | gehen offenlich mit dem brief, und tůn chunt allen den, di in sehent oder lesen horent | daz wir gelten sulln und schuldig sein Ekharten von Seldenhoren (?) zden czeiten Purgraf | ze Senfftenberch, und allen sein Eriben hundert phunt Wienner phenning di er uns durich | triwe und fuedrung willen gelihen hat an dem Sacz des Hauss ze Drozz, also mit der | beschaiden, daz wir im in phandes weiz dasselb Haus ze Drozz und di halben nucz di dar | zue gehorent und davon bechomen mugen si sein chlain oder groz swi so di genant sint | sol inne haben und niezzen alz lang, unczen ich in und sein Eriben der vorgenanten hundert | phunt phenning gancz und gar gericht und gewer. Und swenn si irr obgenanter phenning | nicht lenger geraten noch enperen wellent, so sullen si uns manen und darnach so sulln | wir in daz vorgenant gelt in aim moneid unverczogenlichn an allen irn schaden richten | und weren. Wer daz getan, daz wir in daz verczugen, swaz si dann furbazzer irs geltes schaden | nemen, den ir ainer bei sein triwen gesprechen mag, denselbn schaden sullen wir in abtůn und | widercheren zesampt dem Hauptgut. Und sullen si daz haben dacz uns und dacz unsern triwen | und dartzů auf aller unser hab, di wir haben in dem Lant ze Osterreich und ob der Ens. Dar | uber ze eim waren urchund und stötichait so gib ich in vorgenanter Eberhert von Waltse | disen offenn brief besigelten mit meim anhangundem insigel, und ze einer zeugnuzz und pezzerer | sicherhait, so han ich gepeten den geistleichn herren hern Hainreichen zden czeiten Pharrer dacz Zebnig | und den Ersamen hern Gundachern den Werder, di ir insigel an den brief gelegt habent in an | schaden. Der geben ist von Christi gepurd dreuczehn Hundert Jar, darnach in dem sybn und | Sechtzigistm iar, des Mäntags in den Phingest feirtagen.

(Zerschnitten.) Orig. Perg. 3 Siegel. Haus- und Staatsarchiv.

111. 1367, 28. Juni, Wien. Friedrich von Waltse, Hauptmann zu Drosendorf, gibt mit Bewilligung des Herzogs Albrecht von Österreich dem Jans, Enkel Friedrichs von Tyrnach und seinen Erben die Veste Arnstain mit Zugehör, welche ihm für 1000 Pfd. Wienerpfennige vom Herzoge versetzt war, um diselbe Summe zu lösen.

S. Peter und S. Pauls Abend. 1367.

Mit seinem und dem Siegel seines Bruders Heinrich von Waltse auch Hauptmann zu Drosendorf und dem seines Vetters Herrn Friedrichs von Waltse derzeit Landmarschall in Österreich als Zeugen.

Orig. Perg. 3 Siegel (das mittlere fehlt). Haus- und Staatsarchiv.

112. 1367, 4. Juli. Ich Fridrich und ich Hainrich geprůder von Walsse. Hauptlewt dacz Drosendorf und alle unser erben, wir veriechen | offenlich mit dem brief, das wir uns lieblich und gütlich verricht haben nach unser pesten freund rat ze der | zeit do wir es wol getůn mochten mit unserm lieben Öchaim hern Eberharten von Chappelln Hauptman datz Ens, Hern Hansen | sun von Chappelln dem got genad und mit Eberharten von Chappelln hern Ulrichs sun dem got genad und iren erben | umb das Marchtgericht datz Hädrestorf und swaz dar zu gehört; also beschaidenlich das ich obgenanter Fridrich | und ich Hainrich geprůder von Walsse von Drosendorf und unser erben das selb Marchtgericht datz Hädrestorf | mit unsern egenanten Öchaim hern Eberharten und Eberharten von Chappelln und mit iren erben geleich mit einander haben | und nutzsen und tailen schullent an geuär und auch die nutz die da von geuallent mit einander haben

schullent als von | andern unsern gûtern und auch andrew alle unserew gûter mit einander tailen schullen und auch das Marchtgericht | tailn als anderew gûter, als die bericht-brief sagent die wir gen einander haben und da hern Ulrichs von Chappelln | selig und hern Eberharts von Chappelln seins prûder insigel an ligent an allain aus genomenchlich mit worten das | Marchtgericht das wir chauft haben von dem von Winchel das ist vor aus an allen chrieg mein egenantz Fridrichs | und Hainrichs meins prûder und unser erben. Und das disew sach also stet und unzerprochen beleib dar uber | so geben wir ich Fridrich und ich Hainrich von Walsse geprûder vorgenant den brief versigelt mit unsern anhang | unden Insigeln. Und des sind zeug der erber herr Marchchart der Turs von Tiernstain und Eberhart der Ekcher | purggraff ze Liechtenfels und Nicli von Geuell purggraff ze Gopolspurg mit irem anhangundem Insigel in | an schaden. Der prief ist geben an sand Ulrichs tag des iares do man zalt von gotes gepurt dreutzehen | hundert iar dar nach in dem siben und sechtzigistem iar.

Orig. Perg. 5 Siegel von braunem Wachse. Haus- und Staatsarchiv.

113. 1367, 24. September. Ich Fridreich und ich Hainreich gebrûder von Waltse, Hauptlaeute ze Drosendorf. Wir vergehen fûr uns und fûr alle unser erben und Tûn chunt allen den, die den brief lesent oder horênt lesen die nu lebent und | hernach chûnftich sind. Daz wir mit aller unser erben gûtem willen und gunst, mit wolbedachtem mût, und nach rat unserr besten vreunde zu der zeit do wir es wol getûn mochten, verchaufft haben des ersten unsers | rechten aygens allen unsern tail, den wir gehabt haben an der herschaft ze Valkchenberch und an dem pûrchstal daselbens ze Valkchenberg mit alle dew und dartzu gehôret und allen unsern tail den wir gehabt haben | an der veste ze Goboltzpurch und an alle dem das dartzû gehôret, und allen unsern tail den wir gehabt haben an dem Markcht ze Hedreinstorf, mit gerichte mit zôlle und mit alle dem das dartzu gehôret, und | allen unsern taile den wir gehabt haben an allen den Gûtern die uns unser Ôhaym her Rapot von Valkchenberg, dem Got genade, lazzen hat, und die uns von im anerstorben und geuallen sint, es sei an vesten an | maerkchten, an gerichten, an urbar, oufbehaustem gût ouf ûberlent an Chirichlehen, und an allen Manlehenen, es sein Rittermêzzig, purger oder pawlaeût, an Mayrhôfen, an weingaerten, an Paumgûrten, an vischwaid, an | holtz, an wismat an wayd an pûrchrecht, an perchrecht, an vogtay oder wie so das alles genant ist, es sei gestifft oder ungestifft, versucht oder unuersûcht, oder wa das alles gelegen ist. Darzu haben wir verchoufft | alle die Gûter die wir gechoufft haben von den Winkchlern mit allen nûtzen und rechten die darzû gehôrent es sei in dem Markcht auf dem Gerichte, ouf behaustem gût ouf ûberlent oder ouf wew es sei, wie ein igleichs | genant ist, und wa oder ouf wew es gelegen ist. Und mit unsers Lehenherren hant, des hochwirdigen fûrsten, Bischof Albrechtes ze Pazzŵ unsers rechten Lehens, das wir von im zelehen gehabt haben allen unsern | tail den wir gehabt haben an allen den zehenten die zû der vorgenanten herschaft und gûtern gehôrent, getraidzehent und weinzehent grozze und chlaine, ze perg ze uelde und ze dorffe, wie die genant, und wa si | gelegen sint. Und mit unsers Lehenherren hant, des hochgeborn Fûrsten; Hertzog Albrechtes ze Ôsterreich, ze Steyr, ze Kernden und ze Chrayn, Graf ze Tyrol etc. unsers rechten Lehens, das wir von ihm zelehen gehabt | haben, allen unsern tail den wir gehabt haben an dem Landgerichte ze Hedreinstôrf mit alle den nûtzen und rechten die darzu gehorent. Allen unsern tail den wir gehabt haben an der egenanten Herschaft ze Valkch | enberch an dem pûrchstal daselbens, an der veste ze Goboltzpûrch, an dem Markcht ze Hêdreinstôrf und an allen den gûtern, die vor an dem brief verschriben und benant sint und alles das das zû unserm taile derselben | Herschaft und gûter gehôret, es sei aygen, lehen, pûrchrecht perchrecht, als ouch vorbegriffen ist haben wir recht und redleich verchoufft und geben, mit allen den nûtzen, ern und rechten als uns es der obgenante | unser Ôhaym her Rapot sêlig von Valkchenberch hinder im lazzen hat, und als wir das aygen in aygens gewer das Lehen in Lehens gewer, das pûrchrecht in pûrchrechts gewêr und das perchrecht in perch-

rechtes | gewer herpracht haben umb vier Tausent phunt und umb vier Hundert phunt Wiennerphenning, der wir gantz und gar verrichtet und gewert sein, unserm lieben Ohaym hern Eberharten von Chappelle zû den | zeiten Hauptman ze Ens, Hern Hansen seligen Sun von Chappelle und allen seinen erben fürbas ledichleich und vreileich ze haben und allen irn frûmen damit ze schaffen, verchouffen, versetzen und geben wem si wellen | an allen chrieg und an allen irresal. Und sein ouch wir obgenanten gebrûder, ich Fridreich und ich Hainreich von Waltse von Drosendorf, und alle unser erben unverschaidenleich aller der Herschaft und gûter, die wir | verchoufft haben als vor an dem brief benant und verschriben ist, des egenanten unsers Ohayms hern Eberharts von Chappelle und aller seiner erben recht gewern und Scherm für alle ansprach des aygens als ay | gens recht ist, des Lehens als Lehens recht ist, des Purchrechtes als Purchrechtes recht ist, des perchrechtes als perchrechtes recht ist, und des Landes recht ze Österreich. Wêr aber, daz in mit recht daran icht | abgieng, oder daz si mit recht icht chrieges oder ansprach daran gewunnen, von wem das wer, was si des schaden nement, das sulln wir in alles ausrichten, ablegen, und widerchern an allen irn Schaden | und sullen ouch si das haben ouf uns unverschaidenleich und ouf allem unserm Gût, das wir haben in dem Lande ze Österreich oder wa wir es haben wie das genant ist wir sein lebentich oder tode. Und | daz der Chauf fürbas also stêt und unzerbrochen beleibe, darûber so geben wir obgenanten Gebrûder, ich Fridreich und ich Hainreich von Waltsê fur uns und für alle unser Erben dem vorgenanten unserm Ohaym | hern Eberharten von Chappelle und allen seinen Erben den brief zu einem waren urkunde und ze einer ewigen vestnunge der Sache versigilten mit unsern bayden Insigiln und mit unsers vettern Insigil Hain | reichs des Jungen von Waltse, ouch Houbtman ze Drosendorf und mit unsers Ohaims Insigel Gundakchers von Werde und mit hern Ulreichs Insigil des Neydekker, die des Chouffes und der Sache gezeug sint, mit irn | Insigiln. Der brief ist geben ze Wienne nach Christes geburt Dreutzehen Hundert iar, darnach in dem Syben und Sechtzgistem Jare, des nechsten freytages vor sand Michelstage.

Orig. Perg. 5 Sigel. Haus- und Staatsarchiv.

(Fortsetzung folgt.)

12.) Der Bundbrief der evangelischen Stände Österreichs ddo. Horn 3. October 1608 nach dem Originale im Archive der n. östr. Landschaft mit genealogisch-biographischen Anmerkungen von Adalbert Mainhart Boehm.

(Schluss.)

Ad 108. Die Thonradl stammten aus dem Salzburgischen. Wolf Thonradl zu Ternberg lebte 1522. Balthasar auf Ternberg und Rechberg, kaiserl. Rath und Hofkammerrath, wurde am 31. December 1596 in den Freiherrnstand erhoben.

Andreas Thonradl wurde im J. 1620 als Rebelle geächtet und diess Geschlecht emigrirte der Religion wegen im J. 1643.

Ad 109 und 159. Die von Neideck sollen aus Baiern stammen und haben sich auch in Krain schon im XIII. Jahrhunderte ausgebreitet In Österreich kommen sie bereits im J. 1287 vor. Hanns Adam von Neideck und Hanns Georg von Neideck waren Söhne des Andreas von Neideck und der Veronica Euphrosina von Aheim und hinterliessen keine Nachkommenschaft. Hanns Georg wurde im J. 1620 als Rebelle geächtet. Das Geschlecht starb im J. 1728 aus.

Ad 111. Raimund Straub war im J. 1576 Rathsherr zu Wien, wurde im J. 1579 am 18. Juli in den neuen Ritterstand unter der Enns aufgenommen, kaufte 1590 das Gut Ober-Seebern V. U. M. B. Er war verehelicht mit Katharina Stubmerin und hatte zwei Söhne. Seine Ältern waren Christoph Straub von

Schätzlstorf, kaiserl. Hauptmann und Margaretha von Grünthal. Später kommt über diese Familie nichts mehr vor.

Ad 114. Leonhard Hoe, Doctor Juris, geboren in Franken, 1560 Advocat in Wien, 1596 Reichshofrath, wurde mit dem Prädicat von Hoenegg in den Ritterstand erhoben und war vermählt mit Helena von Wollzogen. Sein Sohn Maximilian trat nebst seinem Bruder Ferdinand am 7. März 1602 in den neuen Ritterstand unter der Enns, war 1608 n. öster. Landrechts-Beisitzer, 1614 Verordneter der n. öster. evangelischen Stände, 1618 derselben Director, resignirte in demselben Jahre nach dem Ausbruche der Rebellion diess Amt, huldigte 1620 dem Kaiser und lebte als tolerirter Protestant in Österreich, wurde am 25. Mai 1624 n. öster. Regimentsrath, besass den Edelsitz Altenmarkt V. U. W. W. nebst Zinzendorf'schen Lehen, war vermählt mit Eva Händlin und besuchte im J. 1637 noch den Landtag.

Sein Sohn emigrirte nach Meissen, wo dieser Stamm noch im J. 1675 vorkommt.

Ad 115. Johann Baptist Pacheleb, Doctor Juris, wurde im J. 1544 königl. Rath und Hofkammer-Procurator, auch Rector magnificus der Hochschule zu Wien, dann Reichshofrath, kaufte die Herrschaft Ober-Walterstorf und die Melkerischen Lehen daselbst und starb im J. 1560. Andreas Pacheleb, ein Rathsherr zu Wien, hatte den Sohn Johann Baptista Pacheleb zu Oberwalterstorf, der den freien Neideggerhof zu St. Ulrich vor dem Burgthore in Wien besass, und wegen des geübten Exercitio der protestantisch-augsburgerischen Religion im J. 1614 bei Hofe verklagt wurde. Er starb im J. 1615 oder 1616 als der Letzte seines Stammes.

Ad 116. Lorenz Ostermayr wurde am 12. Februar 1572 in den neuen Ritterstand unter der Enns aufgenommen, und sein Geschlecht hatte auch die Landmannschaft ob der Enns.

Ad 118 und 122. Die Herrn und späteren Grafen von Zinzendorf und Potendorf sind uralte Unter-Österreicher. Bereits im J. 1246 wurde Mainhart von Zinzendorf zu Lilienfeld begraben. Georg Ehrenreich, ein Sohn Otto's von Zinzendorf und der Eleonora von Königsberg, heirathete im J. 1609 Maria Maximiliana Herrin von Teufenbach und hatte Nachkommenschaft. Georg Christian, 1616 Herr auf Hauseck, vermählt mit Christina Schrattin von Kindberg, hatte auch Söhne und war im J. 1640 schon verstorben.

Diess Geschlecht ist abgestorben und wurde von denen von Baudissin aufgeerbt, die dann im J. 1818 in den n. öster. Herrenstand eintraten.

Ad 123. Die von Königsberg stammten aus Steiermark, kommen schon im J. 1182 vor, wurden im J. 1589 in den Freiherrnstand erhoben und in den n. öster. Herrenstand aufgenommen und waren gross begütert im Lande.

Ludwig Herr von Königsberg, ein Sohn des Erasmus und der Sophia von Weltz, Freiherr auf Pernstein und Sebenstein, Herr zu Pernstein, Schwarzenbach, Thomasberg, Aspang, Pottendorf, Schönberg und Mayrhöfen, Höflein und Sautern, geboren 25. August 1577, wurde 1606 n. öster. Hofkammerrath, 1607 kaiserl. und des Königs Matthias wirklicher Kämmerer, war im J. 1613 Ausschuss des Herrenstandes, und hatte zur Gemahlinn Maria Anna von Apfaltern. Er starb als Protestant im J. 1628. Sein Sohn Ehrenreich Christoph starb 20. December 1646. Wolfgang Matthäus starb im J. 1653 als der Letzte seines Geschlechtes.

Ad 127. Die Kielmann stammten aus Hollstein und wurden später in den Freiherrnstand erhoben.

Bartholomäus Kielmann von Kielmannsegg war seit 1542 des K. Ferdinand I. Hofdiener. Hanns Friedrich Kielmann, Sohn des Andreas, war 1603 n. öster. Landesoberkriegs-Commissär und führte als selber Truppen gegen die Türken, hatte Unterthanen zu Treestorf und Winnerstorf im J. 1607, hatte zur Gemahlinn Katharina Adlerin und starb 1611 ohne Kinder. Andreas hatte Ober-Höflein, Freienthurn und Langau etc., und das Geschlecht starb im XVIII. Jahrhunderte aus.

Ad 128. Am 28. Februar 1600 wurde Michael Pitterstorfer unter die neuen Ritterstands-Geschlechter unter der Enns aufgenommen.

Ad 130. Leonhard Pachmayr zu Ober-Thumritz wurde im J. 1569 in den neuen Ritterstand unter der Enns aufgenommen und besass auch Nieder-Loiben. Zacharias besass 1607 den Pernstorferhof zu Zwetl, Tobias 1626 Tumritz und Moitrams und sein Sohn 1651 den Schickenhof.

Ad 131. Die Familie Mayr besass 1598 Zettenreith und Treminghof; Karl lebte noch 1605.

Ad 132. Die Kleindienst sind aus Steiermark nach Unter-Österreich gekommen. Christoph Herr zu Wachseneck und Pirkenstein in Steiermark, ein Sohn Georgs, wurde am 29. Jänner 1592 in den n. öster. alten Ritterstand aufgenommen, besass 1592 Dietmans, kaufte 1611 Weinern und lebte noch 1612, 1618 aber nicht mehr. Seine Söhne kommen noch im J. 1620 auf Weinern vor.

Ad 133, 134 und 136. Die Gienger stammten aus Ulm in Schwaben und waren da schon im XIV. Jahrhunderte Patrizier.

Georg war schon 1544 in Ober-Österreich begütert. Niklas Gienger zu Grünbühel, Herr der Herrschaften Grünbühel, Rabenstein, Altenhofen und Ranzenbach V. O. W. W., geboren 2 December 1556, ein Sohn Jakobs und der Barbara Kölnböckin, wurde nebst seinem Vetter Johann Friedrich Gienger am 1. Mai 1608 in den Freiherrnstand erhoben und trat nebst Ferdinand Friedrich im J. 1635 in den n. öster. Herrenstand. Seine Gemahlinnen waren Anna Maria von Sürentheim seit 1579, Maria Freiin von Windischgrätz seit 1587 und Elisabeth von Prank seit 1599. Er starb im J. 1636 und hinterliess Nachkommenschaft. Hanns Friedrich Gienger zu Ober-Höflein, vermählt mit Barbara von Concin, ein Sohn des Marcus Gienger und der Magdalena Wecherer, war im J. 1621 nicht mehr am Leben, und hatte nur zwei Töchter. Adam oder Johann Adam Gienger war entweder ein Sohn des Niklas oder er war der auf Wolfseck und Rotteneck, der 1590 bis 1621 Vicedom ob der Enns war. Der Sohn des Niklas wurde 1624 n. öster. Ritterstands-Verordneter und starb im J. 1626, nachdem er mit Anna Maria von Mamming drei Söhne und vier Töchter gezeugt hatte. In Österreich starb diess Geschlecht im XVIII. Jahrhunderte ab, in Baiern lebte noch Joseph im J. 1769 als Edelknabe.

Ad 135. Die Freiherrn von Wopping stammten aus Baiern, wo sie schon im J. 1380 bekannt waren.

Sebastian war schon 1558 in Unter-Österreich. Georg Woppinger von Wopping, vermählt mit Maria Inbruckerin, hatte Söhne und Töchter, war Herr zu Mühlfeld und Karpfheim, wurde am 23. Febr. 1600 in den alten Ritterstand unter der Enns aufgenommen. Ein Anderer besass 1602 Paumgarten im V. O. W. W. Der Letzte dieses Stammes lebte noch im J. 1721.

Ad 137. Die noch heute im Freiherrn- und Grafenstande florirenden Herrn von Lasberg hatten ihr Stammhaus im heutigen Markte Lasberg bei Freistadt in Ober-Österreich, wo sie auch das nahegelegene Schloss Dornach besassen.

Sie kommen bereits im XII. Jahrhunderte vor und waren eines und desselben Ursprungs mit den alten Herren von Prandeck ob der Enns, die sich auch von Prand nannten. Auch in Unter-Österreich in V. O. M. B. war ein Schloss Losberg und nahe dabei eine Ortschaft Brand. Diess Geschlecht dürfte ein Zweig der Herrn von Külb und Narn und der Vögte von Berg und Grafen von Hals sein.

Hanns Georg von Lasberg, ein Sohn des Leonhardt von L. und der Susanna von Khienburg, war Herr zu Ochsenburg und Anzenhof, war verebelicht mit Anna Justina Freiin Hagerin von Allentsteig und hatte Söhne.

Ad 141. Die Kölnpoeck sollen in Baiern schon im J. 1350 bekannt gewesen sein. Andreas kam nach Stadt Steyer, ward durch den Eisenhandel und vortheilhafte Heirathen ein reicher Mann und starb im J. 1526.

Nimrod K., Herr der Herrschaften Salaberg, Niederwallsee, Freienstein, Ottstorf, Hilprechting, Thalheim und der Ämter Haag, Altenhofen, Krottenbach, St. Peter und des Panhalmamtes, kaufte im J. 1590 das Schloss und die Herrschaft Höhenberg ob der Enns und 1592 das halbe Amt und Markt Öd, heirathete 1591 Salome von Sinzendorf. Bei seiner Hochzeit am 23. April auf dem Schlosse Niederwallsee waren anwesend ausser den Verwandten 75 Grafen,

Freiherrn und Edelleute, 66 Frauen und Fräulein, 367 Bediente mit 400 Pferden. Er hatte acht Söhne und zwei Töchter. Er starb zu Enns im J. 1621 in Armuth, nachdem er all sein Gut der Alchymie geopfert hatte. Seine Gemahlin war schon 1617 gestorben. Er war ein Sohn des Johann Kölnpöck und der Susanna Uiberacker, ein Enkel des Niklas und ein Urenkel des Andreas, der den Glanz des Hauses gegründet hatte. Der Letzte des Geschlechtes starb im J. 1712.

Ad 142. Die Fernberger stammten aus Franken; Ulrich kam im J. 1470 nach Tirol, Johann 1521 nach Österreich. Karl Ludwig wurde im J. 1608 in den alten Ritterstand unter der Enns aufgenommen, 1615 wurde er n. öster. Regimentsrath. Er war Herr zu Egenberg und Messenbach ob- und der Herrschaften Sitzenberg und Fahrafeld unter der Enns, war auch Erbkämmerer ob der Enns und Landrechts-Beisitzer, vermählt mit Johanna Geyrin seit 4. Dec. 1594 und seit 15. April 1608 mit Seraphina Barbara von Wollzogen und hinterliess bei seinem am 5. Jänner 1635 erfolgten Tode, Söhne. Diess Geschlecht ist im J. 1671 abgestorben.

Ad 143. Die von Peukheim besassen schon im J. 1545 das Gut Albrechtsberg an der Krems. Hanns Bernhard, Sohn des Christoph Sebastian, wurde im J. 1596 wegen diesem Gute an die Gült geschrieben und war der Letzte seines Geschlechtes. Seine Gemahlinnen waren Elisabeth von Velderndorf und Susanna Regina von Öd.

Ad 146. Die von Malenthein stammten aus Kärnthen, sind aber mit den uralten Grafen dieses Namens daselbst nicht zu verwechseln. Sigmund, ein Sohn des Lorenz, Herrn zu Treffling und Plankenstein, der am 28. März 1577 in den alten Ritterstand unter der Enns aufgenommen worden war, und der Catharina Paradeiser, war Herr zu Plankenstein und im J. 1618 Ausschuss des Ritterstandes und vermählt mit Margaretha von Greiffenberg. Später wurde diess Geschlecht in den Grafenstand erhoben und florirte noch im J. 1687.

Ad 147. Tobias Stettner war aus einem Geschlechte, das von Eisenärzt in Steiermark stammte und aus dem Georg Herr zum Grabenhof V. O. W. W. im J. 1576 am 2. März in den n. öster. Ritterstand aufgenommen worden war. Es war im J. 1675 noch im Lande und noch zu Ende des XVIII. Jahrhunderts in der Pfalz.

Ad 148. Job Eyseler zu Haindorf, ein Österreicher, wurde im J. 1596 nebst seinem Neffen Matthaeus am 12. Febr. 1599 unter die neuen Ritterstandsgeschlechter unter der Enns aufgenommen. Der Letztere und seine Gemahlin kauften im J. 1601 die Herrschaft Egenburg. Sebastian E. zu Haindorf starb 1609 und mit seinen Kindern starb der Stamm aus.

Ad 150 und 154. Georg Schrötl, 1596 kaiserl. u. öster. Hofkammerbuchhalter, wurde am 3. März 1601 in den Ritterstand unter der Enns aufgenommen. Seine Söhne Hanns, Georg der Jüngere, Sebastian und Simon wurden im J. 1610 am 12. October in den Reichsritterstand mit dem Prädicate von Schrottenstein erhoben. Georg der Jüngere besass im J. 1610 Hagenbrun, Kagran und den Freisitz zu Aspern an der Donau. Sebastian besuchte 1615 den Landtag und besass bis zum J. 1625 die Herrschaft Idolzberg. Simon kaufte im J. 1611 das Gut Ebersdorf, erschien noch im J. 1637 auf dem Landtage und hatte, wie es scheint, keine männlichen Nachkommen.

Ad 155. Die Rabenhaupt von Suche waren ein ursprünglich böhmisches Geschlecht, das sich von dem ehemaligen Gute Suche bei Budweis nannte und bereits im XV. Jahrhunderte daselbst vorkömmt.

Nikolaus Rabenhaupt von Suche wurde im J. 1525 n. öster. Kanzler und erhielt in demselben Jahre die Herrschaft Ottensheim vom K. Ferdinand I. geschenkt, war auch Pfleger zu Waxenberg, das er seit 1530 von demselben Könige pfandweise besass. Im J. 1532 wurde er Freiherr und starb am 30. Juni 1538 als Regierungskanzler.

Sein Enkel Andreas, vermählt 1579 mit Sophia Geyerin von der Osterburg, hatte einen Sohn Wilhelm, der im J. 1609 lebte. Diese Familie erscheint in Österreich noch im J. 1678 und die böhmische Linie ward dann von den Obitecky aufgeerbt, die das Wappen und den Namen den ihrigen beifügten.

Ad 156. Die Schüter von Klingenberg waren Landleute in Österreich ob- und unter der Enns. Lorenz Schüter, kaiserl. Ober-Dreissiger zu Ungarisch-Altenburg, wurde am 1. März 1595 in den neuen Ritterstand unter der Enns aufgenommen. Er besass im J. 1598 in Nieder-Österreich die Herrschaften Kollmünz und Harmannstorf und ob der Enns Klingenberg, Windhaag und die öde Veste Sachseneck and starb im J. 1599. Er hatte zwei Gemahlinnen, nämlich Maria Kirchhamerin und Barbara Brunnerin und zwei Söhne und drei Töchter. Der Sohn Georg, Herr auf Windhaag und Kollmünz, verkaufte im J. 1636 Windhaag und 16[illegible] Kollmünz, war vermählt mit Dorothea Fenzlin von Grueb und hatte zwei Söhne. Von seinem Enkel Helfrich lebte noch eine Linie im J. 1750, wieder katholisch.

Ad 157. Georg und Philipp Gebrüder Kötzler wurden am 15. Februar 1585 in den Ritterstand unter der Enns aufgenommen; Georg besass im J. 1598 den Schaumburgerhof, beide Brüder im J. 1621 den Scheilenhof. Weiteres über diese Familie ist vor der Hand nicht bekannt.

Ad 158. Michael Startzer war im J. 1578 Obereinnehmer der n. öster. Stände, aus welchem Amte sich mehrere nun bedeutende Familien, wie die von Gatterburg und von Pergen, erhoben haben. Zacharias Startzer, Doctor der Rechte, wurde am 12. März 1603 in den neuen Ritterstand unter der Enns erhoben, besass Parschenbrunn, Wetzelstorf und Eggendorf am Wald, war n. öster. Landmarschalls-Gerichts-Beisitzer, besuchte die Versammlung der evangelischen Stände im J. 1613 und die Landtage zu Wien in den Jahren 1613 und 1615. Er war im J. 1609 nebst anderen evangelischen ständischen Gliedern nach Pressburg gesendet worden, um das Bündniss mit den ungarischen Magnaten zu schliessen. Er war verehelicht mit Helena Böckin, aber ohne Kinder, wurde im J. 1620 als Rebelle geächtet und musste ins Exil wandern. Noch wurde im J. 1628 am 28. Februar wieder ein Michael Startzer in den n. öster. Ritterstand aufgenommen. Sonst ist über diess Geschlecht unterdessen nichts bekannt.

Ad 160. Die Inbrucker oder von Inbruck waren ein uralt österreichisches Geschlecht, das auch unter die Patrizier von Wien gezählt wurde und aus dem Wolfgang bereits im J. 1278 starb.

Rudolf von Inbruck Herr zu Beigarten war ein Sohn des Joachim J. und der Margaretha Weltzerin, vermählte sich am 26. Jänner 1599 mit Dorothea von Hohberg und hinterliess zwei Söhne, die wohl die Letzten ihres Geschlechtes waren. Er hat im J. 1620 nebst Ortlieb von Inbruck dem K. Ferdinand II. die Huldigung verweigert.

Ad 161. Die Heubl von Pilgramshof sind aus Schwaben nach Österreich gekommen. Matthäus Heubl zum Pilgramshof wurde im J. 1567 am 20. August in den rittermässigen Adelstand erhoben und war vermählt mit Margaretha von Lampoding seit dem 11. September 1569, die ihm das Gut Rafing zugebracht hat. Er starb im J. 1586 und hinterliess zwei Töchter und den Sohn Wilhelm Christoph, dem er durch Testament den Eichhof zu Aichabrunn vermachte. Der Letztere war Herr des Gutes Limberg und wurde im J. 1600 am 23. Februar in den neuen Ritterstand unter der Enns aufgenommen, und hatte zu Gemahlinnen Genoveva Schauchingerin und Susanna Stubmerin, welche Letztere im J. 1613 bereits Witwe war. Georg Christoph, der im J. 1635 lebte, dürfte sein Sohn gewesen sein. Auch über diess Geschlecht ist bei gegenwärtig bekannter Forschung nichts Späteres bekannt.

Ad 162. Die Mühlwanger oder von Mühlwang waren ursprünglich ein Bürgergeschlecht zu Steier, Gmunden und Freistadt im Lande ob der Enns, wo ihr Stammhaus Mühlwang bei Gmunden noch heute als Gut bestehet. Sie sind schon im XIV. Jahrhunderte bekannt gewesen.

Georg Christoph Mühlwanger zu Kronseck und Müllands, Sohn des Adam Mülwanger und der Anna Maria Woytich von Taxen, hatte nebst anderen Söhnen auch den Sohn Christoph, der jung starb und welcher der sub 162 genannte sein dürfte.

Ihr Geschlecht ist wie so viele im Lande zu Ende des XVII. Jahrhunderts ausgestorben.

Ad 163 und 164. Die Hutstocker sind ursprünglich ein rittermässiges Bürgergeschlecht oder Patrizier von Wien gewesen. Schon im J. 1280 kommt aus ihnen Friedrich als Ritter vor.

Alexander und Rudolph waren Brüder, Ersterer war Erbherr auf Dobra und Tiefenbach im V. O. M. B., kaufte im J. 1608 den Freisitz Eichhorns und war vermählt mit Justina Irnfriedin, war im J. 1625 schon verstorben und hatte Kinder, die wohl die Letzten ihres Stammes waren. Rudolph war in den Jahren 1610 und 1615 (wohl als Theilbesitzer) mit Dobra an die Gült geschrieben.

Ad 165. Die Tattenbäck oder späteren Grafen von Tattenbach waren uralte Baiern und schon im J. 1178 bekannt.

Wolf Friedrich, geboren im J. 1578, vermählt mit Anna von Saurau, Herr auf Wollimbel und Gannowitz und Besitzer von Zeillern im V. O. W. W., und sein Bruder Herr Gotthard Herr auf Wollimbel zu Ganowitz und Herr auf Perwart und Plankenstein in Nieder- und zu Breitenbruck und Zell in Ober-Österreich, wurden im J. 1615 am 19. März in den alten Ritterstand unter der Enns aufgenommen.

Wolf Friedrich hatte einen Sohn Sigmund Friedrich, der im J. 1601 lebte. Das Geschlecht blühte fort.

Ad 166. Die Franhamer von Malching stammten aus Baiern. Ludwig war bereits im J. 1496 Amtmann des Hochstiftes Freising in Österreich. Lucas Fronhamer von Malching wurde im J. 1586 am 3. December unter die alten Ritterstands-Geschlechter unter der Enns aufgenommen. Er hat mit seiner ersten Gemahlinn Johanna Polani von Wisent, der Witwe des Wolf Steinhauf, im J. 1588 das Gut Breiteneich bei Horn bekommen und selbes im J. 1613 durch Testament seiner zweiten, Sophia von Sonderndorf, vermacht und war im J. 1615 schon todt. Er scheint der Letzte seines Geschlechtes in Österreich gewesen zu sein.

2.) Zur Geschichte der Stadt Wien.

Mitgetheilt von Albert von Camesina.

(Fortsetzung.)

Nach Christi gepürd Tawsent vierhundert Jar darnach in dem Achzehenten Jare zu sandt Merteins tag, Sein alle die Zinss Dinst Gült Rente vnd güter, Die die Stat ze Wienn hat bey herrn Rudolffen dem Angeruelder Die zeit Purgermaister vnd Munssmaister, vnd Hannsen dem Scharffemperger die zeit Stat Richter ze Wienn vnd Thömas von Weytra vnd Hermans des Hesel bai baid der Stat kamrer ze wiennn zeiten. Von gescheft vnd gehaisze des Rates jn dis gegenwürtig püch verschriben, Durich ewiger gedechtnuss willen vnd süllen auch noch alle die Zinss, gült, vnd güter die hin für in künftigen zeiten zu der Stat geuallen, auch darjn verschriben werden und gemerkchet, Das man die alzeit wisse ze vinden Vnd ist die Stat dieselb zeit frey vnd ledig gewesen vonn aller Geltschuld.

Vermerkcht die Schankchung vnd ander ausgaben alle Jar von der Stat gen hoff vnd andern Amptlewten vnd der Stat Ampptlewt.

It. von Erst meinem heren dem Hertzogen zue weinachten xij Mark Silbers vnd darzu die Gwondleich Jar Stewer ij[m] Pfd. den. It. meiner Frawn der Herzoginn zu weinachten v Mark Silbers. It. meines heren des Herzogen Turhutter j Pfd. den. It. vnd seinem knecht iiij grozz. It. meines Herren Hofmaister ij Mark silbers. It. meines Herren Marschalich ij Mark silbers. It. meines Herren Kanzler ij Mark silbers It. dem Burigermaister iij Mark silbers. It. dem Münssmaister xx lot silbers. It. dem Anwalt xx lot silbers vnd ij Pfd. den. für hawsen vnd j Pfd. den. opher gelt und der frawen j guldem vnd xv Kueffel Salz. It. dem Stat Richter xx lat silbers. It. auff die Schuel all Quottember xx Pfd. den. It. ainem Burgermaister all Quottember viij Pfd. den. It. für ain hoffgewant zu phingsten xij Pfd. den. Item für Hawsen iiij Pfd. den. It. zu weinachten xxx Küeffel Salz. It. ij. Pfd. den. opher gelt vnd der frawen ij guldem. It. dem Statschreiber all Jar xxxiij Pfd. den. It. fur Hawsen ij. Pfd. den. It. ain phunt phenyg ophergelt. It. der frawen j gulden vnd xv kuffel salz. It. dem Richter vnd Achzehen Ratherren yedem ij Pfd. den. fur Hawsen. It. zu phingsten yedem vj Pfd. den. für hoffgewant. It. zu weinachten opher gelt yedem j Pfd. den. vnd yeder frawen j guldem vnd ydem xv kueffel Salz. It. yedem kchamrer v Pfd. den. vnd für ain pherd x Pfd. den. It. ainem chamer knecht v Pfd. den. vnd für die chösst x Pfd. den. It. Denn Stewrhern jren Sold yedem v Pfd. den. It. den Stewerknechten. It. zwain herren an der Moststewer ydem v Pfd. den. It. zwain herren bey dem Grüntpuch yedem v Pfd. den. It. dem Scherigen vnd dem Haher all Quottember v Pfd. den. It. dem Organisten all Quottember ij Pfd. den. It. den Herrn an dem weinschreiben yedem ij Pfd. den. It. vier Schreibern yedem j Pfd. den. It. den wachtern auf Sand Stephanns türen all wochen Lxxx den. It. aber den wachtern von der Ratklogken all Quottember xviij β den. It. Salz denn Rathern.

Hie sind vermerkcht all die Rennte Die dye Stat ze wienn hat von allen mawtten zollen vnd hënndeln die da geuallen auf das haws Vnd dy die mauter auf dem haus jnnemen.

It. von erst die purkchmawt an allen torren. It. Rossmawt auch an allen Törren. It. phunt maut auf dem Haws. It. Parchanter püchsen vnd di beschaw. It. Tuechberayter püchsen. It. Menntler püchsen. It. Smerwag. It. baid vischer merkcht jnnen vnd awssen. It. vischmarkcht am hof. It. Herring platz bey den weissen brüdern. It. wiltpreter am Hochenmarkcht. It. fragnerin am Hochenmarkcht. It. fleischpenkch am graben. It. die fragnerinn vnd Chrewttrerin da selbs. It. die prottpenkch am graben. It. këserynn vnd Hünerrin an sand peters freythof. It. vnd was an andern pletzen vnd steten geuelt. It. vnd was das Metzengadem getragen mag an dem Newnmarkcht. It. vnd was die Stewer getragen mag. Item die Moststewer jm lesen. It. dye Tafern das haws vnd was darjnne ist vnd was die Taferen getragen mag.

Hie ist vermerkcht der zinss vnd der dienst der von den Chrëmen von den Hëwslein vnd von denn Tauelchrëmen an der prannlstat geuellet.

It. Erhart Münsser diener Michels des Ratsmids brueder dient von der Chram am ekk an des Engelharts kürsner haws zu sein ains lebtegen alle iar xij ß den. ze drin tägen. Hanns Pölzel Radsmydt Anna vxor eius dient von der chram an dem obern Ekk an des Engelhart Kürsner haus zü jr baider lebtegen all Jar iij Pfd. den. ze drin tägen vnd schüllen sy selber pezzern. It. Rüegers des zingiesser Hawsfraw Maister perichtoldum mueter dient von der chram da bey auch zü iren lebtegen ze drien tägen Natiuitatis. Geori et Michaelis ze yedem tag vj ß fac. xviij ß den. It. Niclas wachter dient von zwain hulzem chemerlein darnach j Pfd. den. Michaelis. It. fritschem tischerin dient auch von zwain hulzem chemërlein da bey j Pfd. den. Michaelis. It. weichselprawn von ainem hülzem chëmerlein im winkchel dient j Pf. Michaelis. It. Anna Andres des widmer hawsfraw dient von dem hëwslein ze negst des Smerbekchen tür Als ir brief lawt jr lebtëg all iar vj ß den. Michaelis. It. Kathrey Christans weylnt der nadlers wiib dient von irem chram da neben ze iren lebtëgen v ß ze drin tegen. It. Stephann tischer an der pranntstat diennt von ainem hoflein hinder seinem haws j Pfd. den. It. ain hewsel darnach ist der Stat ledig worden von dem Lawtenmacher das ist verlassen warden des Schüssler sun dem Sayttmacher vmb xij ß den. ze drin tegen. It. ain hëwsel ze nëgst dem Smerbekchen im winkchel hat hanns vokrad Lawtenmacher vnd Anna vxor zu iren lebtegen vnd dient da von xij ß den. ze drin tägen jm jar vnd süllen es auch selber pessern. It. Josten Alten hawsfraw Andres des wuniger tochter dient von irem hewslein auch zu irem lebtëgen ze drin tägen xij ß den.

habet Niclas Gunser nadler. It. Hanns volkrad Lawtenmacher, vnd Anna sein hausfraw habent ain hewsel jm winkchel, ze nagst des Erharts Gybing tür vnd ain chremel da neben, Auch im winkchel zů jr baider lebtegen, vnd süllen di auch selber pessern von irem gut vnd dient do von iij Pfd. den. zu dryn tegen jm iar Georii, Michaelis et Natiuitatis.

Hie sind vermerkcht die Tauelchrêm an der Pranntstat mit yren zinnsen.

It. Peter hosnestler dient von seiner tauelchram Michaelis LX den. It. Andre Pürstenpinter dient von seiner tauelchram Michaelis LX den. It. Hanns wolgmut dient von seiner tauelchram Michaelis LX den. It. wilhalm Chammer dient von seiner tauelchram Michaelis LX den. It. Marzin Pymerin dient von ir taulchram Michaelis LX den. It. kathrey des Messrer vxor dient von ir tauelchram LX den. It. Christanyn kramerin dient von ir tauelchram LX den. It. Magnus Lachner dient von seiner tauelchram LX den. It. Hanns Raner dient von seiner tauelchram LX den. It. Chunzin Schranpawmyn dient von ir tauel LX den. It. Symon Ledermacher dient von seiner tauel LX. den. It. Fritzschin tischerin dient von ir tauel LX den.

Hie ist ze merkchen der dinst von den Smertischen an dem Hochenmarkcht pey der Schrann.

It. von den Smertischen an der Schrann geit man von yegleicher als vil der bestifft ist x β den. ze drin tegen Ausgenomen die an dem Ort gegen den vischhof über geyt j Pfd. den. It. die Schrannschreyberin dient von irem tisch x β den. ze drin têgen. It. die Glücknechtinn dient von irem tisch x β den. ze drin têgen. It. die Rittrynn dient von irem tisch x β den. ze drin têgen.

Vermerkcht die Chrewsstet am Hochenmarkcht vor dem Vischmarkcht.

It. Vonn Erst denn Nidern tail gegen der Schranne hat bestanden vntz auff dew künfftigen weinachten Mert puchold Erhart obsêr Thoman Rawffenuogl Andre Hêmerl Hanns euerdinger obser. It. den obern tail gegen der wiltperiger Strazz hat bestanden vnzt auff die künfftigen weinachten Maister Pawl Hanns Hawer Andre borger kunz zymerman vnd geben baid tayl iiij Pfd. den. Michaelis vnd iiij Pfd. den. auf weinachten.

Hie ist ze merkchen von etzleichen zinsen vnd dinsten die da geuallen von Hêwsern vnd Chrêmen vnd von ettleichen andern steten an dem hochenmarkcht.

It. die Smergwag gehört zu der Stat vnd was diê nůtz getragen mag die geuallen auf das Haws. It. das Haws ob der wag vnd das gewelb darvnder hat bestanden Christann der Smeribêr vnd geit da von alle iar ij Pfd. den. ze dryn têgen. It. Hanns Smeriber kathrey vxor hat bestanden das Smerhêwasel vnd gibt davon ain ganz Jar vij Pfd. den. actum quinta post penthecosten anno vicesimo sexto. It. das Grüebel vnder der Schrann hat bestanden der Kanzler fleischakcher vnd geit da von alle iar j Pfd den. It. Syman fleischakcher hat bestanden das grübel vmb j Pfd. den. It. von ainem wachstisch nyden an dem Ort die ist hin lassen Otten dem wachsgiezz das Jar vber IX β den. ze drin têgen. It. ain Sleifchram ze nagst der Schrann ist hin lassen dem goldloffel vmb IX β den. It. ain prottisch daselbs an dem Ekk ist hinlassen Mertten von dem Newnhaws sein lebtêg all jar vmb vj β den. It. ain Gwelb leit vnder dem Schuchhaus das haben bestanden die Tuchberayter von Tullen alle jar vmb v Pfd. den. It. Dietz am Salzgries dient von seinem stal ym graben vnd von dem Hêwslein auf dem Salztürlein alle iar ij Pfd. den. It. der vorgenante Dietz sol alles das pezzern das daran ze pessern ist vnd auch die Rinkchmawer als verr sein stadel get aůssen vnd jnnen ut litera sonat. It. Sigmund Grunttner am Salzgrièzz dient von seinem stal jm graben vnd von dem Hêwslein auff dem Salzturlein alle jar ij Pfd. den. It. der vorgenant Sigmund schol alles das pessern das daran ze pessern ist vnd auch die Rinkchmawer als uerr sein stadel get Awzzen vnd jnnen ut litera sonat. It. Salzmacher am salzgryezz dient von zwain stellein bei dem salzturen vj ß den. vnd schüllen alle pessrung selber pessern. It. Andre kellermaister von ainer pranntstat das weylent ain Haus gewesen ist Jorigen des Ortthaber gelegen auf der Allzz xij den. It. Jörig chrabat Elspet sein vxor vnd hênsel ir Sun diennt von ainer chram jnnerhalb Stubntor alle iar ir lebtêg j Pfd. den. It. Vlreich Scuischer dient auch von zwain chremen daselbs alle jar j Pfd. den. It. Rüeger Mesrer dient von ainer chram bei Stubentor j Pfd. den. It. das Mautthaus in der wiltperiger strazz hat bestanden Andre Nusser vmb v Pfd. den. It. das pschawhaws hat bestanden pawl dörnplud der Sneider vnd geit xj Pfd. den. zu drin tegen. It. ain haws jm tewffen graben Darjn ist ein Hüter dient alle iar xxx den. It. vor widmer tor auf dem graben oberhalb des herzogen marstall ligen zway hewsel das ain ist der Swebm pekchin vnd dient der stat alle iar xxiiij den. It. das ander ist Hannsen des Strudmer Pekch vnd dient alle jar xlv den. It. die ledrer habent bestanden die lederschregen in der pschaw vmb vj Pfd. den. It. ain haws vor Stubentor enhalb der purkk dient Peter gannser Anna sein vxor zu iren lebtågen alle Jar den chamrern ij genns vnd der Stat xxx den. Martin. It. ain haws gelegen in der Pippinnger strass ist Pawl würfel vnd dient xij den. It. ain haws in der Chruegstrass ist Stephan des Zymmerman dient xij. den. It. auf des Sneberger haws an dem Newnmarckt iiij Pfd. den. ut litera (purkrecht). It. des Ott weyssen kapplan dint von seinem haws auf dem anger j Pfd. den. ut litera. It. der Rêdischerin Capplan servit von sein haus in dem Kumpfgesslein vj den. ut litera.

Hie sind vermerkcht die drey werichstet enhalb der Runssen ausserhalb des Rotenturen.

It. von Erst hat bestanden Hanns Strassêr die nagst pey der Runnsen vnd dient der Stat da von ze sand Michelstag iiij Pfd. den. nach seins briefs sag. It. die ander darnach hat bestanden Jörig der Lehnholzer vnd dient der Stat da von vj Pfd. den. auch nach seins briefs sag. Michel. It. von der Drytten ze nagebst des Grêuennawer kleubhof hat bestanden Orttolf Grefennawer vnd dient der Stat da von iiij Pfd. den. nach seins brifs sag. Michel.

Hie ist vermerkcht der dinst von den kochhütten awsserhalb des Rotentüren.

It. Niclas Graf von Angnes sein hawsfraw habent ain kochhütten bey dem Rotentürn vnd dient da von an sand Michelstag vj ß den. It. Peter welser Angnes vxor haben ain kochhütten vor dem Rotentürn auff ir baider leib vnd geben iij Pfd. den. zu drin têgen. It. der Stat ist ledig worden ain Hütten darnach dy ist verlassen henslem dem Payrer all jar vmb iij Pfd. den. hat bestanden wilhalm egelseer vnd sein hawsfraw vnd ir lebtêg vmb xij ß vnd daran pessern alle ding. It. ain kochhütten hat die Stat gechaufft von ainem Juden, Die hat man hinlassen Maister Hannsen dem koch alle iar vmb iiij Pfd. den. dient ze drin têgen ze yedem tag j Pfd. lxxx d. hat bestanden wilhalm egelseer vnd sein hawsfraw ir baider lebteg vmb iiij Pfd. den. vnd doran pessern alle ding. It. Wilhalm Pless vnd kathrey sein hawsfraw habent bestanden, die vorgenanten zwo koch hütten zu ir baider lebteg vmb v Pfd. den. ut litera vnd schüllen alle ding daran pessern was dar an ze pessern ist. It. von den Schäwben Als vil der ist die in dem winter ir schêb aus den scheffen auf denn platz tragen geit yegleicher der Stat ze dinst ix den. It. Maister Christan Niclas Smyd hat bestanden den Piberstuen vmb vj Pfd. vj ß den. ze drin têgen. It. Her Christan in der Juristen schuel dient von ainem haws auf dem Anger ix Pfd den. ze drin têgen.

Hie sind vermerkcht der Stat Türn da von der Purigmaister den zinss nympt zu den zinsen die er jn dem werde enhalb des Armen hat.

It. Hanns Achtzuicht geit von dem Rotenturn alle iar xij ß den. ze drin têgen. It. von dem hêwslein daründer darjnn er das salz vayl hat j Pfd. den.

It. der Hederlêr geit von seinem turn ze nagchst dem Rotenturn alle jar ij Pfd. den. It. die vorgenanten zwen türn mit iren zinsen gehörn den Purgermaister an zu den zinsen die er in dem werd hat. It. So hat ain Burgermaister jn dem werd auff pehawstem gut vnd auf Pawmgärten bringt pey siben phunten als hernach geschriben stet. It. so hat er auch ain wisen jn dem werd.

Das sind die zinss zu der prukk vor Stubentor gehörent.

It. Karnpuhel in der Lanntstrass dient ½ Pfd. den. It. Hainreich Graff dient lx den. It. Alltschaffen ledrêr dient lx. den. It. Jacob Choler dient lx den. It. Gamers zu den predigern dient xxiiij den. It. ainer zue Erdtpurkch dient xx den.

Vermerkcht die dienst in der katerlukchen vor widmer tör.

It. Niclas Strayffing dient vnd Margaret sein hawsfraw xx den. It. Hanns Prenner agnes vxor dient vj den. It. Peter Hoffleich dient xij den. vnd Anna sein hawsfraw dient xij den. It. Mertt Schrannschreiber dient xij den. vnd kathrey sein hawsfraw dient xij den. It. Ammbstoter dient xx den. It. Czirfos chollman dient xx den.

Hie sind vermerkcht die güter dy die Stat jnn dem werde enhalb des Armen hat.

It. So hat die Stat den hof zû Neydegk mit aller seiner zugehorûng holz wyssmad Chrawtgarten Pawmgarten Vischwaid viechwaid vnd von dienst der auch in den hof gehort von Hofsteten Als der prief lawt den wir von dem Ekcharzawer haben vonn dem wir ja gekaufft haben. It. der Schiltgraben Das purgerholz vnd ander Awe die darumb gelegen sind. It. vnd was das Spital Rechtens darjnne hat das hat die Stat von jm bestanden vmb ain benante Svm gelts. It von der waid von Ochsen von chûen von Rossen was das getragen mag. It. von der pletten was die auch getragen mag.

Hie sind vermerkcht der Stat Turn mit irên zinsen.

It. von dem Hafnerturn da ist jnne Hênsel âberlegen der geyt nichts propter servitium. It. darnach des Augelpekchen turn den hat jnne der Strasser. It. Peter Lawttenmacher hat jnne das Augelpekchen türn vnd gibt alle jar do von j Pfd. den. It. den Pyberstürn hat jnne Niclas der Smid der geit vj Pfd. den. vnd vj ß den. pro stabulo. It. den Stubenturn hatte jnne der Mawter. It. den kêrnêrturn hat jnne der Purgermaister. It. den Widmêrturn hat jnne der Herzog. It. Schottenturn ist hin lassen ainen parhanter vmb j Pd. den. It. Judentürn darjnn der ander âberlegen ix ß den. It. in des Hawnolts garten ain turn. It. des wurffels turn Reinyscher parchanter vj ß den. It. der Durichganng türn vj ß den. It. der Turn auff der goldsmyd vj ß den. It. werdêr turn hat jnne ain Mawter. It. Maister petreins Turn hat bestanden hans wild Staynmetz vnd geit da von iij Pfd. den. all iar ibidem maister wenzla Zimerman. It. ain Turn gen das Flekchshauws vber am Salzgriezz darjnn ist Thoman spenngler. It. den Salzturn hat jnne. It. Maister Stephann zymermann hat bestanden den Turn zu nagst dem vischer türlein vnd gibt da von das kunfftig jar iij Pfd. den. vnd schol darzu pessern Dekcher vnd andrew notdurft.

Nota der dienst von hêwsern vor werdertor vnd gehorênt in das Amppt jm obern werd.

It. Stephann Hêllinger dient von seinem haws vnder den vischern ½ Pfd. den. ze drin têgen. It. von ainem gertlein hinden daran enhalb der Runnsen das in mein herren von gnaden erlawbt haben dient er von lx den. It. der jung Mêndel auch von ainem gertlein hinden an der mawer das er hat von gnaden dient er lx den. It. Fridreich in dem Stainchelêr an dem Ekk zenêgst der padtstuben dient xxx den. Jorig Drosendarffêr vischer Elspet vxor et heredes dient von irem haws xxx den. ut litera. It. des vlreich Oml haws ze nûgst ausserhalb werder tor ist der Stat veruallen fur versezzen dinst das ist verchaufft Stephann natêr dem vischer vmb xiiij Pfd. den. vnd dient der Stat alle jar xij den. It. Larenz Nachstainer Anna vxor et heredes dient von irem haws auzzerhalb werdertor Michael v den. It. fridreich vechter dient von seinen Haws ze drin tēgen lx den. It. vlreich flekch dient von seinen haws vnd stadl Natiuitatis. Georg et Michael lx den. It. Hanns Gerstler dient von seinem haws stadel vnd garten Geory et Michēl lx den. It. Jörig Gerstler dient von seinem haws stadel vnd garten Geory et Michael lx den. vnd dient von ainem gertlein hinden daran iiij den. It. Christan ledrer dient von seinem haws Natiuitate et Geory et Michelis iij ß den. It. Hanns weyss dient von dem haws das weylent des Gansgrueber gewesen ist Natiuitate Geory et Michelis ij Pfd. den. It. Marcus Rokk dient von ainem gērtlein an sein haws xiiij den. It. Hanns zöpphel dient von seinem haws stadel vnd garten Natiuitate Geory et Michelis lxiij den. It. Hanns Wunsan flözer dient von seinem haws Natiuitate Geory et Michelis xxx den. It. Hanns Gerstler von seinem haws dient Natiuitate Geory et Michelis xxx den. It. Jörig Gerstler dient von seinem haws Natiuitate Geory et Michelis xxx den. It. Michel freynperiger dient von ainem garten darauff sol er ain haws pawen xij den. It. hawg Garttner dient von ainem garten genant der hertz xxiiij den. It. Lienhart Hawg dient von ainem garten genant der hertz xxiiij den. It. Lienhart Hawg hat verchaufft seinen garten genant der hertz da von man dient xxiiij den. Michelis, Hannsen dem Herbarten vnd seinen eriben. It. der Hawg aber von ainem garten genant der chörbler dient er von xl den. It. Liehart Hawg dient aber von ainem garten xl den. vnd haisset der selb garten der Körblēr. It. aber von ainem garten genant der Allsēr xv den. It. derselb von ainem vang j den. It. Michel Pawngarttner vnd sein erben dient von zwain Pawngerten ainer genant der chorberler der ander der Allsēr, Jerleich von dem chörberlēr xl den. vnd von dem Alsser xv den. Actum Domenica ante Pangraci Anno xx° tercio. It. Andre Holenbrunner weylent Amptman dient von seinem haws vnd garten Natiuitate Geory et Michaelis vnd Angnes vxor ij Pfd den. Das hat er geschafft frawen angnesen seiner hawsfrawen Jacoben vnd Clementen seinen kindern in gleichen tail vt testamentum sonat. It. Mertt Panttsneyder dient von seinem haws vnd garten vnd Margret vxor xiij den. Natiuitate. It. Chunrad Mēndel dient von seinem haws Natiuitate et Michaelis xl den. It. fridreich tůmuerscherl Diemůt sein hawsfraw vnd ir baider eriben dient von irem haws vnd garten Natiuitate Geory et Micheli ij Pfd. den. It. der selb Mēndel von ainem garten da neben j den. It. Christan zērzerl margret sein hawsfraw von ir baider eriben haben emphangen Nutz vnd gewer ains haws vnd garten vnd dient Micheli xlj den. It. Paul weys Kathrey vxor dient von irem haws vnd garten v den. Micheli. It. Mertt panttsneyder kathrey vxor vnd Kunygund sein Swester dient von dem haws Das der hawsleytter gepawt hat vnd von dem garten genant der Slūszlēr ir lebteg Natiuitate Geory et Micheli j Pfd. den. It. Phillip Chuefüezzer kunygund vxor et heredes eorum dient von ainem garten Micheli xxx den. It. Jorig Newēr dient von ainem garten genant der chleber Michel lx den. It. Elspet Vlreichs des primer witib habent nutz vnd gewer emphangen aines garten genant der kleber vnd dient Micheli xxx den. It. Hanns Salber hat enphangen Nutz vnd gewer des halben gartens genant der chleber vnd der da gewesen ist Elspet der Starkchen Hainreichem vnd dient Micheli xxx den. It. Stokchel der Schuester dient von ainem garten xlv den. Micheli. It. Meindel der vischer dient von ainem garten xlv den. Micheli. It. Valb Hanns dient von ainem garten xlv den. Micheli vnd hat jn ynn Peter Stēmlstarffer.

Vermerkcht die dinst auf der Alsser Strazz.

It. Andreynn von ybs die plattnerin am alten kollmarkcht dient Lxxviij den. It. von Albrechts des Rompolstarffer haws das nu hat der Official Dient lij den. It. Jörig Ortthaber dient von ainer hofstat xxj den. It. der Andre auff Sand Peters Stephanns freythof dient bey xxiiij den. It. idem an Sand peters freythoff von ainer pranttstat dient Lij den.

(Schluss folgt).

V. „Historischer Atlas."

Statistik des Mittelalters.

8.) Das Lehenbuch K. Ladislaus P. für Österreich ob und unter der Enns. (In alphabetischer Ordnung.)

(Fortsetzung.)

1456, 23. April. Hanns Voyt (für sich und seinen Vetter Hanns Voitt).

Den Hof zu Grewtschenstetten „zenachst Stephan dem Klinsler;"
it. 42 Joch Äcker und $4^1/_2$ Tagwerk Wiesmahds, die in denselben Hof gehören, und ganzen Zehend auf demselben Hof, zu Feld und zu Dorf;
it. den Zehend auf 1 ganzen Lehen daselbst, zu Feld und nicht zu Dorf, und den Zehend auf $^1/_2$ Leben auch daselbst gelegen und nicht zu Feld;
it. den Zehend auf 1 Hofstatt, zu Feld und zu Dorf, liegen zunächst dem vorgenannten Hof;
it. den Zehend auf den Weingärten, gelegen „an dem Teuffel," genannt die „Drumer" und
1 Hof, des ein ganzes Lehen ist, gelegen an dem Ort zunächst dem Schilber, und
36 Jeuchart Acker und $1^1/_2$ Tagwerk Wiesmahd, die in denselben Hof gehören auch zu Grewtschenstetten gelegen.
(Ihr Erbe.) Oestr. Ms. Nr. 65, Fol. 93.

394.) S. D. (1455, 14. Juni.) Hadmar von Volkenstorf.

Das „Hintterhaws zu Kreweczen „als das mit der Mawr auf dem Stain umbfangen ist;"
it. den Hof zu Lach;
it. die Ziegelwiese.
(NB. non habet literam.)

Oestr. Ms. Nr. 65, Fol. 50.

1456, 17. April. Wiguleis von Volkestorf. (Landesf.)

1 Fischweide in dem Bach, genannt der Sippach „die sich da anhebt bei den zwain höfen in Trawn in Pirchinger phar und geet zu paiden gestatten uncz an die Katmull in Weissenkircher pharr gelegen,"
und $^1/_3$ vom Landgericht zwischen der Traun und Enns.
(Sein Erbe.) Oestr. Ms. Nr. 65, Fol. 89, b.

S. D. (1457, April.) Jörg von Volkestorff. (Landesf.)

Das Drittel des Landgerichtes zwischen der Enns und der Traun;
it. den Markt Newnhofen mitsammt dem Marktgericht;
it. den Kirchhof und 2 Huben bei demselben Markt;
it. die Fischweide auf der Krems; alles gelegen in Kementer- und in Pukinger-Pfarren;
it. das Wasser und die Fischweide auf der Enns von dem Sausstain mitten in die Donau (halb sein väterliches Erbe, halb Vermächtniss von seinem Vetter Wolfgang von Volkestorf);
it. die Fischweide auf den 3 Saxn von der Klausmühl, die ausser Saxn von der Kefermühl, alle 3 obgenannten Wasser bis an die Aschermühle

17**

it. die Fischweide auf der Donau vor seinen Gründen;
it. 2 Theile Zehend, gross und klein, in Krewczerpfarr;
it. den Ascherhof;
it. die Aschermühle;
it. das Gut im Aichech;
it. das Gut zu Lamhof in Saxnerpfarre gelegen;
it. der Wildbann in Kreweczerpfarre, in Saxnerpfarre, in Sanct Thomaspfarre und in Münspekherpfarre;
it. von der Kefermühle;
it. von dem mittern Kirchhof;
it. von Hochstrass;
it. von Pregstein;
it. vom Prunhof;
it. vom Tewffenpach;
it. vom Singerlehen;
it. vom Greinerlehen;
it. vom Veldhof, den Weg nach „zu dem Posen;"
it. vom Posen zum Lachstampff in die Tumbing;
it. „von den obgemelten Gemerken zwischen den drein Wassern den Sarz und den zwain Wassern der Tumbing allen Wiltpan und geiaid uncz in die Tunaw;"
it. allen Wildbann in Dunpekherpfarre, auf den Gütern und Gründen, die zu der Herrschaft gen Kreutzen gehören.
(Sein väterliches Erbe.) Oestr. Ms. Nr. 45, Fol. 107.

395.) 1455, 13. Mai, Wien. Simon Volkra.

Ein Haus, genannt Darnech mitsammt der Manschaft und dem Bauhof und 2 Hofstätte dabei;
it. die Fischweide auf der Aist „als weit die ist von dem Siebensteig uncz auf die Awmul und von der Awmul auf der Fewstricz uncz an den Hamer und vom Hamer uncz an die Vorchmul;"
it. die Awwiese;
it. die Wiese zu „Zagelaw;"
it. die Holzwiese und die Panholzwiese;
it. 1 Holz genannt die Hofstat und 1 Holz, genannt die „Pirrain;"
it. 1 Holz, genannt das Purkholz, das alles zu dem vorgenannten Haus und Bauhof gehört;
it. 3 Güter zu Siglastorf;
it. 1 Gut auf der Öd;
it. 1 Gut zu Nidernweg;
it. 1 Gut zu Gutental;
it. 2 Güter zu Vorholcz;
it. 1 Gut im Rewt;
it. aber 1 Gut im Rewt (sitzt Hennsl);
it. 1 Gut zu Vorhech und 2 Hofstätt daselbst;
it. 1 Gut zu Netztal;
it. 1 Gut am Kestelhof;
it. 1 Gut genannt „daez Mos;"
it. 1 Gut genannt „am hamer;"
it. 1 Hube genannt „ze Prantstat;"
it. 1 Hof genannt der Kursenhof und 2 Hofstätte dabei;
it. 1 Hof, genannt „am Obernstain;"
it. 1 Hof, genannt „am Niderstain;"
it. 1 Hofstatt dabei, genannt „daez dem Holczgattern," alle gelegen in Laspergerpfarre und in der Herrschaft „zu der Freinstat;"
it. 2 Theile Zehends, grossen und kleinen, auf folgenden Gütern:
auf 3 Gütern zu Sigleinstorf;

it. auf der Öd;
it. zu Nidernweg;
it. zu Obernweg;
it. auf 2 Gütern zu Vorholcz;
it. auf 1 Gut zu Vorhech und auf 2 Hofstätten daselbst;
it. auf 2 Gütern beide genannt am Kestelhof;
it. „dacz dem weissen an der wisen;“
it. „dacz Mos;“
it. am Hamer;
it. auf dem Kursenhof und auf 2 Hofstätten daselbst;
it. zu Grillenparcz;
it. zu Altenhofen;
it. zu Krenslchen;
it. auf 2 Gütern „dacz Satol (?) in der Haraw;“
it. auf 2 Gütern zu Prantstat;
it. dacz Widerleben;
it. dacz Hinderleben;
it. dacz Mertlein in der Haraw;
it. aufm Hof zu Punkenhofen und auf der Hofstatt daselbst;
Auf dem Hof zu Koppmperg $1/2$ Zehend; auch alle gelegen in Laspergerpfarre;
it. 1 Gut am Winkhellehen in Neumarkterpfarre gelegen;
it. $1/2$ Gut „dacz dem Hoscher“ darauf halben Zehend;
it. auf dem Hof genannt Weichselpawm halben Zehend, in Gutauerpfarre und alles in der Herrschaft Freistadt gelegen;
it. 1 Hof genannt am Leben in Otenshaimerpfarre und in Wechsenberger Landgericht;
it. $1/2$ Gut auf der Nidernöd bei Gramenstetem und in Gramensteterpfarre gelegen.
(Sein Erbe.) Oest. Ms. Nr. 65, Fol. 35, b, 36.

1455, 13. Mai. K. Ladislaus bestätigt das Vermächtniss des Simon Volkra, der alle vorgenannten Stücke, falls er oder seine Söhne ohne männliche Erben abgehen sollten, seinem Vetter Pankraz Volkra oder seinen Erben vermacht hat.
Oestr. Ms. Nr. 65, Fol. 36.

1455, 14. Mai. K. Ladislaus bestätigt die Verweisung der Hausfrau Agnes, Tochter des Reicher Wallich, durch Simon Volkra von 150 Pfd. Pfen. Heirathsgut und verlornes Gut in Satzesweise auf folgende Güter:
Auf 1 Hof auf dem Nidernstain und 1 Hofstatt dabei, genannt dacz dem Holczgatern;
it. auf 7 Zehendhäusern 2 Theile Zehends, gross und klein;
auf 2 Gütern zu „Vorholcz;“
it. auf dem Gut zu Grillnporcz;
it. auf dem Gut zu Altenhofen;
it. auf dem Gut in der Haraw;
it. auf dem Gut zu Krenslehen, und
auf dem Gut zu Satol und sind alle gelegen in Laspergerpfarre und Herrschaft Freystadt.
Oestr. Ms. Nr. 65, Fol. 36.

1457, 27. Juni. Simon Volkra und seine Hausfrau Agnes.
Ganzen Zehend zu Stemering auf allen Gründen und Gütern, gross und klein, doch ausgenommen den Zehend auf dem Hof daselbst.
(Gekauft von Reicher Walh.)
Oestr. Ms. Nr. 65, Fol. 108.

1456, 21. April. Jörg Volkra. (Landesf.)

1 Widem und 2 Güter zu Tesselprunn;
it. 1 Gut zu Teyttenhaim, alles gelegen in Tesselprunnerpfarre;
it. 4 Güter zu Preymenstorf;
it. 1 Gut auf dem Windpuhl und 1 Mühle daselbst, gelegen in der Awrach in Olstorfferpfarre;
it. 1 Zehend „dacz Mos;"
it. ½ Zehend auf der Hube daselbst;
it. ½ Zehend zu „Appeting" auf 6 Gütern und
½ Zehend „dacz dem Ullein" daselbst;
it. ½ Zehend zu „Hinderschuczing" auf 3 Gütern und ¼ Zehend auf 1 Gut daselbst;
it. ½ Zehend zu Tuffelhaim auf 2 Häusern, aller Zehend gelegen in Swanserpfarre;
it. ½ Hof zu Vellestorf in Wechsenberger Herrschaft und in Gremeltsteterpfarre.
(Sein Erbe.) Oestr. Ms. Nr. 65, Fol. 98, b.

1456, 21. April. Jörg Volkra (für seine Hausfrau Barbara, Tochter Seyfrids des Kressling).

2 Höfe zum Dorff und 1 Hofstatt daselbst in Hederstorfferpfarre.
(Ihr Erbe.) Oestr. Ms. Nr. 65, Fol. 98, b.

1456, 7. Juli, Wien. Pankraz Volkra.

1 Hof, genannt der Schucznhof in Gremensteterpfarre gelegen und in Wechsenberger Landgericht.
* Lehen der Herrschaft Wachsenberg.
(Sein väterliches Erbe.) Oestr. Ms. Nr. 65, Fol. 97, b.

396.) 1455, 4. Mai. Hanns Vollerndorffer.

½ Hof am Achswal(d) und
1 Zehend bei Genczenpach gelegen.
Oestr. Ms. Nr. 65, Fol. 30, b.

397.) 1455, 19. Juni, Wien. Wilhelm Walder.

22 Pfd. Pfen. Gülte auf behaustem Gut und Überländ zu Ebergossing gestift und ungestift;
it. halber Zehend zu Wienner Herberg Weinzehend und Getreidzehent, ausgenommen, was der Pfarrer daselbst zu Wienerherberg darin hat;
it. 11 Schilling und 3 Pfen. Gülte gelegen auf Überländ zu Rauhenwart.
(Sein Erbe.)

1455, 19. Juni. K. Ladislaus bestätigt die Verweisung, welche Wilhelm Walder seiner Hausfrau Margareth gab, der satzweise ihr 1000 Pfd. Wienerpfenning Heimsteuer und Widerlegung versicherte auf den halben Zehend zu Wienerherberg und auf dem halben kleinen Zehend daselbst und auf etlichen andern Gütern, die keine österreichischen landesf. Lehen sind.
Oestr. Ms. Mr. 65, Fol. 52.

398.) 1456, 20. April. Hanns von Walhen (für sich und seine Brüder Balthasar, Jörg und Engelhard).

Den Sitz zu Walhen und 7 Hofstätte dabei;
it. 2 Güter zu Walhen „die sind Babenberger aigen und gehörnt in die herschaft gen Frankhenburg;"
it. 1 Zehendhaus auf der Wepping in Emphelwangerpfarr gelegen;
it. 2 Zehendhäuser auf dem „Scheppfelberg;"

it. 2 Zehendhäuser „auf der Prugk;"
it. 2 Zehendhäuser „auf dem Wolfgramsperg," alle gel. in Unknaher-
farr;
it. 3 ganze Zehendhäuser in dem Dorf zu „Viechauss" in Gamparerpfarr
dem Gericht zu Kamer;
it. $\frac{1}{2}$ Mühle zu „Reichentalhaim:"
*it. 1 Gut zu „Waschprechting," das Lehen ist von der Herrschaft Kamer;
it. zu Sundhaim auf 19 Häusern die 3 Theile Zehends, gross und klein;
it. auf 2 Zehendhäusern zu Herrating die 3 Theile Zehend;
it. auf 3 Häusern zu Gotprechting die 3 Theile Zehend;
it. auf 2 Häusern zu Kruczing die 3 Theile Zehends;
it. zu Asten auf 7 Häusern 3 Theile Zehend;
it. zu Milchrewtt auf 9 Häusern die 2 Theile Zehend;
it. zu Mannsrewt auf 4 Häusern 3 Theile Zehend;
it. in 2 Häusern zu Vicht die 3 Theile Zehend;
it. zu Spilberg auf 2 Häusern 3 Theile Zehend;
it. zu „Arntalhaim hincz dem Wolflein" 3 Theile Zehend:
it. zu „Reichentalhaim" auf 3 Häusern 3 Theile Zehend;
it. zu „Mulhaim" auf 2 Häusern 3 Theile Zehend;
it. zu „Waschprechting" auf 1 Haus 3 Theile Zehend;
it. zu „Messendorf" auf 4 Häusern 3 Theile Zehend;
it. auf 2 Zehendhäusern zu Albrechting 3 Theile Zehend;
it. 1 Gut genannt „Weypolding," alles gelegen in Vekhlastorfferpfarre.
(Ihr Erbe.) Oestr. Ms. Nr. 65, Fol. 91.

[..]9.) 1455, 22. Mai, Wien. Piligreim Walich (für sich und seinen Bruder Lorenz und seinen Vetter Michel Walich).

1 Hube genannt die Metzenhuben;
it. 1 Hof zu Nerenleitten;
it. 1 Hof zu Tanpach;
it. 1 Mühle zu Pölan;
it. 1 Lehen im Rewtt;
it. 1 Lehen an der Leitten;
it. 2 Lehen zu Serleinstorf;
it. 1 Lehen zu Perboltstorf;
it. 1 Lehen zum Tendleinschachen;
it. 1 Hube im Holz zu Perkhaim;
it. 2 Theile Zehend auf 3 Gütern, 1 zu den Pluemern, 2 in der Grub,
zu Seldenegk, alles in Kanstorffer-, Trageiner-, Sand Thomas-, Wart-
rger-, Galnewnkircher-, Kirchperger- und in Lewtinger-Pfarren gelegen.
(Ihr Erbe, aus besonderer Gnade auf Töchter vererblich.)
Oestr. Ms. Nr. 65, Fol. 40, b.

1456, 9. Mai. Reicher Walich. (Landesf.)

2 Höfe genannt die „Waldernhöfe" und 3 Hofstätte daselbst und dazu
nzen Zehend darauf und 1 Gut auf dem Dietmansperg gelegen in Hêbrei-
wnkircherpfarre und in Weissenberger Landgericht;
it. den Zehend auf dem Hof zu Stêmering und auf dem * Dörflein daselbst,
erall ganzen Zehend und auf der Ramelmül auch ganzen Zehend in Greme-
eterpfarre und in Wessenberger Landgericht;
it. den „Nidernhof" zu „Frawnperg" und die Öd ob dem „Frawn-
rg in Atenshaimerpfarre gelegen und in Wessenberger Landgericht;
it. den Obernhof zu Frawnperg und den Hof zu Sand Jorgen, beide
legen in Valenteinerpfarre;
it. 2 Güter zu Perghaim in Veldkircherpfarre und in Obern Walsseer
ndgericht gelegen.
(Sein Erbe.) Oestr. Ms. Nr. 65, Fol. 96, b.

* Den Zehend auf dem Dörflein zu **Stemering** (der Hof ist ausgenommen), wurde von ihm 1457 an Simon Volkra verkauft. (s. Volkra.)

Oestr. Ms. Nr. 65, Fol. 102.

400.) 1455, 21. April, Wien. **Melchior Waser.**

Den Hof und das Doorf zu **Newndorf** in Drosendorffer Gericht mit ihren Zugehörungen und ein Drittel Zehend auf dem Dorf daselbst;

it. zu **Fuesprunn** auf dem Wagram auf 7 gestifteten Gütern 3 Pfd. 12 Pfen. Gülte;

it. zu **Raczstorf** auf 1 gestifteten Holden 1 Pfd. 8 Pfen. Gülte und 24 Metzen Weizen Dienst.

(Sein Erbe.) Oestr. Ms. Nr. 65, Fol. 22, b.

1457, 9. Jänner (Suntag Erhardi?). **Melchior Waser.** (Landesf.)

Den Hof und das Dorf zu **Newndorf** mitsammt den Teichen und allen ihren Zugehörungen in Drosendorffer Gericht gelegen, und

$1/_3$ Zehend auf demselben Hof und Dorf daselbst gross und klein, zu Feld und zu Dorf;

it. zu **Fuesprunn** auf dem **Wagram** auf 7 gestifteten Gütern 3 Pfd. und 12 Pfen. Gelts.

(Sein Erbtheil, bei der Theilung mit seinem Bruder Achaz Waser.

Oestr. Ms. Nr. 65, Fol. 104, b.

1457, 9. Jänner, (Suntag Erhardi?). **Achaz Waser.** (Landesf.)

$1/_2$ Pfd. und 8 Pfen. Gelts und

24 Metzen Weizen Dienst, gelegen zu **Räczestorf** auf 1 gestifteten Holden

(Sein Erbtheil, bei der Theilung mit seinem Bruder Melchior Waser.)

Oestr. Ms. Nr. 65, Fol. 104, b.

401.) 1455, 19. Mai, Wien. **Sigmund Wasner.**

Den Hof zu **Wasen** mit aller seiner Zugehörung;

it. die Fischweide daselbst;

it. 1 Gut zu **Hub**;

it. 1 Gut zu **Weydacht**;

1 Gut zu **Ennczfelden**, alle gelegen in Pewrbekherpfarre und Gericht;

it. 1 Gut zu **Semating** gelegen in Kalhaimerpfarre und Erlinger Gericht;

it. $3^1/_2$ Güter gelegen in der **Eschenaw**;

2 Mühlen dabei, die Vogtei darauf, gelegen in Neunkirchnerpfarre und in Pewrbekher Gericht.

(Sein Erbe.) Oestr. Ms. Nr. 65, Fol. 38.

402.) 1457, 7. Juli. **Jörg Waczmanstorffer.**

1 Gut zu **Vordorf** in Peilstainerpfarre und Veldner Landgericht gelegen.

(Sein Erbe.) Oestr. Ms. Nr. 65, Fol. 108, b.

403.) 1455, 26. September. **Thoman Wehinger.**

Die Veste **Sicznperg**;

it. das „**Turhuttambt in Österreich**;"

it. einen Zehend zu **Gutenprunn** zu **Hauczenueld** und zu **Petschalben**;

it. zu **Wilberstorf** 4 Pfd. und 4 Schilling Pfen. Gelts und einen Weinzehend und 1 Wiese daselbst;

it. einen Zehend zu **Pusenperg** und einen Zehend zu **Lewbendorf**.

(Sein Erbe.)

Oestr. Ms. Nr. 65, Fol. 32.

404.) 1456, 18. Jänner, Wien. Thomas Weingartner.

Das Haus Senftenegk mitsammt dem Bauhof und die Hofstatt dabei, genannt „am Steg“ mit dieser Zugehörung:
ganzen Zehend auf dem obgenannten Bauhof;
it. die Mühlwiese;
it. die Weyrwiese;
it. die Talwiese;
it. 2 Luss Holz in der Rewding in Stainkircherpfarre gelegen;
it. die Erlwiese;
it. die Statwiese;
it. die Mayrwiese und das Holz und Weid genannt der Segenpawm in Veraniczerpfarre gelegen.
(Sein Erbe.) Oestr. Ms. Nr. 65, Fol. 85, b.

405.) Hanns Weinstokch.

1 Lehen „zunachst der Gassen zum Stöltzleins gelegen“ gekauft von Hanns Keuschacher.

Oestr. Ms. Nr. 65, Fol. 1.

406.) 1455, 9. August, Wien. Hanns Weyssenegker (für sich und seine Brüder Balthasar und Kristoff W.).

5 Schilling und 10 Pfen. Gelts auf 1 Hof genannt im Slag in Kirchpergerpfarre;
it. 1 Pfd. Pfen. Gelts zu Lewding in Putnerpfarr;
it. 1 Holz ob Hertmanstorf gelegen, genannt im peintal in Sand Lorenzenpfarre, und
1 Weingarten genannt „am Valkenpuhel“ am Swarczaher Berg gelegen.
(Ihr Erbe.) Oestr. Ms. Nr. 65, Fol. 65, b.

407.) 1457, 16. September, Wien. Ludwig Weitmülner (für seine Hausfrau Magdalena, Tochter weiland Hanns des Hager).

1 Hof, gelegen zu Mertteinsdorf bei Horn, mit seinen Zugehörungen.
(Gemächtnissweise von ihrer Mutter Barbara.)

Oestr. Ms. Nr. 65, Fol. 113, b.

408.) 1456, 19. April. Moriz Welczer (für sich und seine Brüder Hanns und Andreas).

4 Güter am Antenperg (?) und 1 Hofstatt daselbst;
it. 7 Güter zu „Hawsleitten;“
it. zu „Waldarn“ 2 Höfe;
it. auf der „Schalawn“ 1 Gut;
it. „zum Ebergern“ 1 Gut;
it. „zum Verliessenschuch“ 1 Gut;
it. zu „Öd“ 4 Güter;
it. „zu Mauswinkhel“ 1 Gut;
it. zu „Prunnarn“ 2 Höfe und 3 Hofstätte daselbst;
it. 1 Gut, das „Schierlgut“ zu Lewbelstorf;
it. 1 Gut in der „Magerpekhaw;“
it. 1 Mühle, genannt die „Walhmüll;“
it. 1 Gut „an der Wegschaid;“
it. 7 Burgrecht zu Guntherstorf bei Hausleitten gelegen in Siedingerpfarre:
it. 2. Güter zum Stain in Stainerpfarre;
it. 3 Güter zu Terenperg in der Aw in Terenpergerpfarre;
it. 6 Güter zu Molln in Mollnerpfarre;

it. 1 Gut in der „Stauden;"
it. 1 Gut am „Wintperg;"
it. 1 Gut am „Haselperg;"
it. 1 Gut auf der Schiesöd in Waldnewnkircherpfarre;
it. 2 Güter auf dem „aussern Haselperg;"
it. 1 Gut zu „Pelldendorf;"
it. 1 Hof auf dem „Kraperg" in Kempnaterpfarre;
it. 1 Mühle, genannt die „Stegmull;"
it. 2 Güter auf dem „Rewtt" in Ansfelderpfarre;
it. 1 Hof im „Puchech" in Sand Jörgenpfarre;
it. 1 Mühle im „Grepeldorf" und 3 Hofstätte bei Hag in Hagerpfarre;
it. 1 Gut an der „Wiss;"
it. 1 Gut genannt das „Reischlgut bei der Zacha;"
it. 1 Gut „an der Sela" in Hadershoverpfarre;
it. zu Obern Aschpach 2 Güter;
it. zu Obern Hausleitten 2 Güter;
it. 1 Gut im Zeilach in Aschpacherpfarre:
it. 1 Hof „an der Rienn;"
it. 1 Hof am „Puchl;"
it. 1 Gut an der „Leitten;"
it. 1 Gut bei dem „Pach;"
it. 1 Hof zu „Hunczdorf;"
it. 1 Hof zu Kueperg;
it. 1 Gut „am Lehen" daselbst;
it. 1 Gut am „Furt;" it. 1 Gut „am Punczweg;"
it. 1 Hofstatt „am Perglein;" it. 1 Hofstatt in der „Weidachwies" in Wolspacherpfarre;
it. 1 Gut am Vesenperg in Sand Johannspfarre;
it. 1 Hof zu Griklarn und 1 Hofstatt daselbst in Weidacherpfarre;
it. 1 Gut in der Pewnt in der St. Peterspfarre in der Au;
it. 2 Güter zu Seben.
(Ihr Erbe.) Oestr. Ms. Nr. 65, Fol. 89, b, 90.

(Schluss folgt.)

Aus der k. k. Hof- und Staatsdruckerei.

№ 18. NOTIZENBLATT. 1854.

Beilage zum Archiv für Kunde österreichischer Geschichtsquellen.

Herausgegeben von der historischen Commission
der
kaiserlichen Akademie der Wissenschaften in Wien.

II. „Oesterreichische Geschichtsquellen."

13.) Notizen aus und über Ranshofen am In.

Mitgetheilt von Jodok Stülz.

Das Museum Francisco-Carolinum in Linz hat im Jahre 1839 ein Manuscript erworben, welches unter dem etwas sonderbaren Titel: „Antiquarium Ranshovianum" eine Chronik des ehemaligen Klosters Ranshofen von den ältesten Zeiten an bis 1634 enthält. Eine Fortsetzung dieses Werkes, welches die Erzählung der Ereignisse bis 1665 fortführt, befindet sich im Pfarrhofe zu Ranshofen.

Über den Verfasser, den Conventual und Dechant Hieronymus Mayr († 27. Juni 1668) aus München, habe ich in der 8. Lieferung der Beiträge zur Landeskunde von Österreich o. d. Enns (Linz 1853) das Nöthige beigebracht; hier will ich nur noch beifügen, dass Mayr den Schwedenkönig in München ganz in der Nähe gesehen, ihn in der St. Michaelskirche mit den Jesuiten sprechen hörte. Er war Zeuge der Feier des Himmelfahrtsfestes in der Frauenkirche und des glänzenden Umrittes durch die Strassen der Stadt, bei welcher Gelegenheit Geld ausgeworfen wurde.

Die Vorrede des Werkes, eigentlich die Anrede des Verfassers an seine Mitbrüder, worin er Rechenschaft gibt über seine Absicht und den Plan desselben ist datirt ex communi nostro contubernio Ranshouiano anno reparatæ salutis 1650, Calendis Maij. P. Hieronymus Mayr, Monacensis, Ranshoviensis professus, Decanus. Oft, sagt er, habe er es schmerzlich empfunden, dass man die Geschichte von Ranshofen vernachlässigt und über dieselbe fast nichts aufgezeichnet, die Pröpste Konrad und Kaspar haben wohl etwas geleistet, aber nichts Erschöpfendes. Das habe ihn bewogen, selbst Hand an das Werk zu legen. Seinem Unternehmen habe die Auffindung eines Kastens mit Schriften zur Unterstützung gereicht, obgleich selbe zum Theile vermodert, zum Theile durch Unkundige durch einander geworfen worden sind.

Der Verfasser bezeugt, dass er bei seinem Werke aus den Arbeiten seiner Vorgänger, aus den Schriften des Kloster-Archives und aus den Geschichtsschreibern seines Vaterlandes geschöpft habe.

Es besteht aus vier Theilen, jeder Theil aus Unterabtheilungen und ist in lateinischer Sprache geschrieben. Ich lasse die Eintheilung folgen:

Pars I. complectens 1. loci antiquitatem, variationem et constitutionem, 2. erectionem primam sacelli D. Pancratii ejusdemque progressum, 3. fundationem et consecrationem monasterii, 4. primos fundatores, benefactores, tutores, 5. primos inhabitatores eorumque religiosam vivendi rationem, alia memoriâ digna.

Pars II. De S. Pancratio 1. de ejus historia seu vita, 2. de ejus dignissimis laudibus, 3. de ejus sacris reliquiis, 4. de miraculis ejusdem, 5. de ecclesiis eidem dicatis, 6. de oblationibus, donationibus et capitum censibus, item de quibusdam aliis memoriâ dignis rebus huc spectantibus.

18

Pars III. 1. de fundatoribus eorumque donationibus, 2. de anniversariis seu functionibus pro iisdem, 3. de praedictorum sepulturis, 4. de praedecessoribus et pro iis functionibus, 5. de aliorum ordinum et coenobiorum spiritali confoederatione.

Pars IV. de loci hujus praepositis aliisque rebus memorabilibus sub eorundem regimine contigentibus a Rapholdo usque ad Philippum XXXVI hoc est ab anno salutis 1125—1634.

Ich habe vorgezogen, statt eine fortlaufende Klostergeschichte nach den hier vorliegenden Schriften und den gedruckten und ungedruckten Urkunden zu liefern, jene Theile vollständig auszuheben, welche mir von grösserer oder geringerer Wichtigkeit schienen.

Es bewog mich hierzu die Erwägung, dass sich derlei Klostergeschichten im Allgemeinen gleichen wie ein Ei dem anderen und dass die Urkunden, welche mir zu Gebote ständen, seiner Zeit ohnehin im vollständigen Abdrucke erscheinen werden.

Zuerst liefere ich nun hier den Abdruck von 41 Traditionen aus dem leider in Verlust gerathenen und noch nicht aufgefundenen Traditions-Codex. Obgleich nur eine einzige, Nro. VIII, noch ungedruckt ist, so enthalten doch die hier mitgetheilten Stücke bisweilen den richtigeren und vollständigeren Text als der Abdruck im dritten Theile der Monumenta boica und im Urkundenbuche von Österreich o. d. Enns, und wo das nicht der Fall ist, gewähren sie wenigstens einige Sicherheit für die Richtigkeit des früheren Abdruckes. Die Nummern neben dem Texte weisen auf die Monumenta boica, die gesperrten Worte auf bedeutende Abweichungen oder Ergänzungen.

Es war und ist in unseren Tagen viel Rede über die Reformirung von Orden und Klöstern. Schon aus diesem Grunde dürfte es nicht ohne Interesse sein zu erfahren, wie in früheren Zeiten dieses Geschäft betrieben wurde, mit welchen Mitteln und mit welchem Erfolge. Die mitgetheilten Stücke geben hierüber Aufschlüsse und enthalten überdies noch merkwürdige Schilderungen des sittlichen Zustandes der Gesellschaft und der Klöster insbesondere in den verschiedenen Epochen.

Wir kennen die Reformationsgeschichte im Grossen und Allgemeinen hinlänglich, aber an verlässlichen und sehr speciellen Nachrichten über ihre Anfänge, über ihr erstes Auftreten, besitzen wir verhältnissmässig keinen Überfluss. Zur wahren Kenntniss ihrer Natur und ihres Wesens sind gerade diese die allerwichtigsten. Die Aufnahme der Briefe des berühmten Ingolstädter Professors Dr. Joh. Eck und des Weihbischofes Augustin Mayr wird desshalb keiner Rechtfertigung bedürfen, so wie die allerdings sehr sparsamen Notizen über die Versuche das Lutherthum in Braunau einzuführen. Von den übrigen mitgetheilten Nachrichten kann ich nur sagen, dass sie mir der Aufbewahrung würdig geschienen haben.

Die Urkunde des Kurfürsten von Sachsen, ddo. Dresden 16. Nov. 1450, wodurch er dem einflussreichen Kammermeister des römischen Königs 2000 rhein. Gulden zu zahlen verspricht, wird auf dem Schlosse Steiereck bei Linz aufbewahrt. Diese, wie das folgende Stück aus Freistadt verdienen ohne Zweifel ebenfalls einen Platz.

I. (Nr. 32.) Notum sit tam futuris quam præsentibus, quod Imperator Henricus cuius prædium erat, quod Ranshouen vocatur tradidit super altare S. Pancratii ancillam quamdam Lantwaræ cum filiabus suis Herloe, Rihkarta, Chunim, Frizala, Goza, Seburga, Pertha, Gruza, Coldrun, Azela, Erma cum omni posteritate sua, ut singulis annis persolvant censum quinque denariorum. Et si tribus annis non solverent, perpetualiter ut propriæ ancillæ deserviant altaris S. Pancratii. Huius traditionis testes extiterunt Ernest marchio, Adalpero marchio, Rapoto comes de Chambe, Vdalricus comes de Ratelperge, Gebehardus comes de Vorenbach, Sarilo (sic) comes de Mosebach, Aribo comes de Hegirmos et frater eius Poto de Botensteine, comes Sigehart de Tengilingen et alii multi.

II. (Nr. 1.) Notum sit sanctae ecclesiae, quod quidam nobilis vir nomine Vdalrich de Wenngi supra altare S. Pancratii martiris Gottam posteritatemque eius ad annualem censum id est quinque denarios tradidit iubente imperatore Henrico et in conspectu advocati Kadelhohi. In cuius donatione si quis fraudem aut aliquod consequens faciat cum eo, cui data est, in iudicium veniat sub fisco imperatoris. Huius rei testes sunt Altmann de Maticha, Raffold procurator de Scoenibere, Ozhi de Puchi, Erchinger de Ellingin, Sigihart, Adalbart, Vdalrich, Dietmart (sic) et frater eius Adalpert, Herigalt, Germunt, Penno, Racco et alii multi.

III. (Nr. 29.) Pateat omnibus catholicae et apostolicae fidei cultoribus, quod quidam nobilis vir nomine Eberhard genuit de nobili coniuge sua filiam Rusila nominatam, quae valde diu aegrotabat et ideo patrem enixe rogabat, ut in die solemnitatis S. Pancratii illam coram eius altari appenderet confidens, quod pristinae sanitati eius obtentu restitui valeret. Igitur fide sua statim salva facta est; illa autem ut sensit se salvatam, patrem ac matrem multis precibus efflagitabat, ut ad itidem altare pro v. denariis annuatim eo loci solvendis mox eam traderent. Quod et ita factum est astante et accipiente eam potente advocato Rudebertus nomine de Maticha et parochiano nomine Hunto tempore ducis nomine Otho. Huius rei testes sunt Wichard de Idin, Friderich de Nospach, Stephin de Weching et frater eius Adelbert, Saho (sic) de Waninstorf eiusque filius Egino, Raffold de Scoeniperch, alii plures. —

IV. (Nr. 144.) Notum sit omnibus fidelibus, quod Welf coram principibus, militibus quoque et ministris suis doti dedit super altare S. Pancratii ad Hantenberch omnia subiacentia et adiacentia, culta et inculta et quae prius fuerunt in beneficio propria dedit in honore S. Jacobi apostoli et S. Pancratii martiris Christi petitione scilicet Erinberti ipsius ecclesiae presbyteri pro remedio animae suae et patris sui et matris suae. Huius rei testes sunt Otachar marchio, Ekibrecht comes, Dietrich comes, Sigehart et Henrich filii Sigehardi comitis, Werinharth de Julbach, Werinharth de Horbach, Chunrad de Morith, Otho de Dachouue, Otho de Wabhirburch (Wazzirburch), Otho de Schir, Henrich de Scouinburch et filius eius Henrich, Vdalrich de Willeheriogin, Reginbrecht de Berchaha et filius Werinhard, Adalram et frater eius de Werstorf, Egino et frater eius Erchenbrecht de Owa, Gumpold, Raphold, Friderich et fratres eius Adalhard et Adalbert, Hartwich de Uberachen, Diemar, Germund de Ranshoven.

V. (Nr. 2.) Notum sit omnibus christianis, quod quaedam faemina nomine Sigeburch sub testamento se denegavit praedii, quod dicitur Hasilbach omnibusque praediis et mancipiis sui fratris nomine Erimberti in conspectu patroni sui nomine Potonis. Huius rei testes sunt Hartwic, Diemo, Adalhalm, Gerhart, Oocher (sic), Impreth, Germunt, Penno, Gerolt, Weiland et filius eius Huzo et alii multi. —

VI. (Nr. 17.) Notum sit omnibus Christi fidelibus tam futuris quam praesentibus, qualiter Hartwich denegavit se praedii Purperch delegato altari S. Pancratio (sic) martyri et quinque mancipiorum suscipiente sacerdote eiusdem altaris Erinberto et advocato Gebehardo astante omni familia sua. Huius rei testes sunt Rapoto de Truna, Engilram, Adalprecht, Meinhard, Liutpold, Rupert, Wichard de Idin, Prun de Perhach.

VII. (Nr. 18.) Notum sit cunctis mortalibus christianae professionis, quod quaedam mulier privata marito nomine Geba cum filio suo Chunone in conspectu et consensu filiarum suarum tradidit praedium, quod habuit in loco, qui dicitur Cundersbach, cultum et incultum cum omnibus appenditiis suis cuidam clerico nomine Erinberth sine ulla contradictione omnium viventium potestative. Huius rei testes sunt Adalbero, Chuno, Saho (?), Eberhard, Dietmar, Salacho, Reinpert, Germund, Vocho, Diezo, Rupert, Peringer et alii multi.

VIII. In nomine sanctae et individuae trinitatis Henricus dei gratia dux Bawariae et Saxoniae universitati Christianitatis praesenti pagina notificamus, quod loco Ranshoven, quem ad regnum pertinentem deique servitio florentem ac nostrorum parentum donationibus ad hoc ipsum institutum nosque sublimare cupimus, praedicto inquam loco praedia nostrorum ministerialium Lengmos, quod situm est in Willebart et Rotenbach, quod monti Usrukte conterminum est, ipsis ministerialibus nostris Tiemone et Dietwino potestative tradentibus et nos tradidimus, tradende confirmavimus. Huius rei testes sunt comes Sigefridus de Pilsteine, comites Sigehardus et Heinricus de Schalah, Heinricus de Stropha (sic, pro Stoupha), Babo de Ering, Wernhardus de Horbach liber, Warmundus de Nuzbach, Albertus de Hutta, Adalhardus et Hartwicus fratres de Hutta, Fridericus et Chunradus de Brunowe, Albertus de Satelbogen, Heinricus de Berbibingen et alii [1]).

IX. (Nr. 34.) Notum sit omnibus christianis tam futuris quam praesentibus, quod Heinricus dux Bawarorum tradidit S. Pancratio Ranshovin beneficium cum mancipiis et cum omni iure cuiusdam mulieris nomine Irmingarde et filii sui Raffoldi in servitium fratribus, qui inibi sunt communis vitae. Huius rei testes sunt Wernhard, Adalhard, Hartwic, Hiltibrand, Hettile, Otto, Heinrich, Chunrad, Eberhard, Vdalrich, Megingoz, Diepold, Wichard, Hartman, Ekehart, Adalbret, Rudpert etc.

Et quia Heinricus dux domino et S. Pancratio tradidit ista beneficia, ea de causa tradiderunt et ipsi Raphold scilicet et mater eius Irmingart praedia sua in loco, qui dicitur Aspah et mancipia sua numero XXI pro quinque denariis, caetera tradiderunt ecclesiae in diurnum servitium excepto uno die. Et huius rei supradicti testes sunt adhibiti.

X. (Nr. 104.) (Scriptis praesentibus cunctis Christi fidelibus notificamus, quod) Herrandus de Husruke ministerialis regni et uxor eius Chunigunt delegaverunt praedium suum Putingen in manus Erkenberti de Hagenowe eo pacto, ut idem praedium traderet, quocunque ipsi petissent. petierunt autem, ut in manus ducis Heinrici Bawariae et Saxoniae poneretur simili ratione, qua Erkenbertus de Hagenowe tenuerat. Factum est ergo ut ipsum praedium super aram S. Pancratii martyris delegaret dominus dux ipsis petentibus et filio eius Wernhardo clerico praesente, annuente et sorore eius sine omni contradictione. Huius rei testes sunt Otto palatinus senior, Hainricus de Stofe, Gebehardus de Jugelbach, Pabo de Eringen, Walchunus de Steinbach, Eberhard de Meisa, Fridericus de Brunowe, Rudpert et frater eius Rudolf Stal, Poppo et frater eius Engelscalc et Otto, Eberhard de Hennberc, Adalhard de Hutte.

XI. (Nr. 148.) Anno ab incarnatione domini M.C.XXXIX. Friderich de Rore ministerialis regni cum Pertha uxore sua tradidit potenti manu ad aram S. Pancratii in Ranshoven filium eius Richerum ibidem spiritali disciplina nutriendum et omne praedium, quod apud Rore habuerant, suscipientibus et banno confirmantibus Chunrado archiepiscopo Salisburg et Romano Gurcensi episcopo. Huius rei testes sunt Engelbertus marchio de Chreinburch, Wolveram nobilis, Adalbero et filius eius Oderinch (sic), Megengoh (Megengoz) de Surheim Wisen pincerna, Raphold de Sconberg, Raphold de Planchenbach, Eberhard de Brunowe et fratres eius Udalrich, Fridrich, Megengoz, Adalbrecht, Wichard, Adalbrecht de Hutten, Perthold et Rudbret de Tarstorf.

XII. (Nr. 148.) Nobilis item de Rore Egingart Chathelbochi de Rore sororis filius tradidit semetipsum ad aram S. Pancratii secundum regulam communis vitae ibidem degendum et secum tradidit tale praedium, quale habuit Pila in Mechilinsdorf et tale, quale habuit in Druckersteten vel Arckersteten (sic) scilicet mansum unum et mancipia XVII. Walchun cum uxore et liberis duobus, Peringer cum uxore et liberis duobus, Gunther, Mathild, Perman, Egelolf, Heinrich, Cristein, Diethard, liberos tres scilicet Acel, Werndrut, Judith quinque denariis solvendis. Huius rei testes sunt Wichard, Alber, Dietmar, Haiemo, Diethrich, Otto, Gerold, Liutger, Elleman.

XIII. (Nr. 14.) Notum sit cunctis mortalibus christianae professionis, qualiter Erinbertus canonicus S. Pancratii martyris quoddam praedium nomine Pfaffing super altare eiusdem S. martyris cultum et incultum cum omnibus appenditiis

---

[1]) Die Urkunde ist wohl von Heinrich dem Löwen. Sigefridus de Pilsteine erscheint nach Fils zuerst 1153. cf. Mon. boic. III, 321.

suis in proprium tradendo firmavit pro redemptione animae suae parentumque suorum sine ulla contradictione, cuius traditionis testes sunt Adalhard, Otto, Eberhard, Vlrich, Raewin, Walter, Oprecht, Chazalo, Cozwin et alii multi.

XIV. (Nr. 173.) (Notum esse volumus tam futuris quam praesentibus, qualiter) Pertholdus Stichilo, qui cum se subiugasset regulae S. Augustini, tradidit etiam praedium, quale habuit in Engencheim, per manum Friderici judicis super aram S. Pancratii martyris in Ranshoven pro remedio animae suae parentumque suorum. Testes sunt Fridericus judex, Engelbertus de Geroltsperg, Albertus servus judicis, Otto martyr, Albertus servus praepositi, Dietmarus Malso et alii quam plures.

XV. (Nr. 154.) Omnes filii veritatis praesentis et futurae aetatis haec facta noscant esse conscripta, ut obstruatur os loquentium iniqua. Ego frater Fridericus me meaque omnia tradens domino et sanctis eius pro remedio animae meae et parentum meorum super altare S. Pancratii et S. Petri apostoli haec novem mancipia de familia mea potestativa manu contradidi id est; Hezilam et eius filium Heinricum, Mathild, Hiltigut (sic), Eberhard et filios eius Dietricum et Heinricum, Adam et filium Chunonem. Hos omnes delegavi ad legem V denariorum cum omni posteritate eorum quem censum singuli singulis persolvere debent annis. Quodsi omiserint in uno, emendent in secundo, si in tertio temere supersederint, proprii servi huius ecclesiae habendi sint. Hoc testantur Raffoldus rufus, Gebehardus cognomento Epo et alius Gebehardus niger, Echehardus, Otto, Adalpertus avicula et alius Adalpertus de Honberch, Wolfgang, Meinhard.

XVI. Omnibus christi fidelibus notum esse cupimus, quod ego Hettel in infirmitate laborans voluntatem habui, si infirmitatem praesentem evanderem, saecularem relinquere vitam. Et dei gratia feci me fratrem in ipsa infirmitate et domino et S. Pancratio dedi praedium meum in loco, qui dicitur Cunhmening et praedium quod est in loco, Linthach et mancipia. Huius rei testes sunt Lisunch, Eberhard, Dietrich, Adelhold, tres Liutrami, duo Heimones.

XVII. (Nr. 118.) Notificamus omnibus christi fidelibus tam futuris quam praesentibus, quod ego Wernhardus et frater meus Richerus cum saeculo renuntiaremus, praedium nostrum in Wiratsperg super aram S. Pancratii martyris in Ranshoven delegavimus et nos ipsos fraternitati eorum omni relicta proprietate associavimus. ut autem traditio haec firma et irretractabilis iugiter permaneat praesente domino duce Liudwico in inferiore valle habita et confirmata est. Dominus Warmundus de Zierberch praesens aderat, dominus Otto de Rore, Pappo frater eius, Otto Vale, Pruno de Iphe, Diemar de Horrohe, Gotscalc frater eius, Hetilo de Wizenberch et frater eius Wernhard, Fridericus de Brunowe et frater eius Chunrad, Eberhard de Purchsteten et plurimi alii.

XVIII. (Nr. 108). Universitati christianorum notificamus, quod ego frater Albertus de Purchsteten empto praedio in Mosheim tradidi illud super altare S. Pancratii eo pacto, ut in usus pauperum redigetur quidquid utilitatis ullo modo inde provenire poterit. Et ut haec traditio stabilis et inconvulsa permaneat testimonio subscriptorum confirmatur — Albertus de Satelbogen, Fridericus de Schatenske, Pertholdus de Khigelbuch, Hartwic de Uberacken, Albertus Schnarche, Egelbert et alii quam plures.

XIX. (Nr. 49.) Notum sit ecclesiae, quod Gedrudis vidua Wichardi de Hutte, cum filiam Gedrudim traderet in monasterium faeminarum in Ranshoven, optulit pro ea partem praedii sui, quod habuit in Bichelingen, quod filius eius Adelhardus frater puellae potestativa manu delegavit super altare S. Pancratii. Testes sunt Fridericus et frater eius Eberhardus de Brunowe, Germund praepositus, Perthold villicus, Dietmar praeco, Udelscalh Dobehake, Gumpold Selbsteche, Biligrin et Ulrich servi ipsius Adelhardi.

XX. (Nr. 119.) Notum sit omnibus christi fidelibus, qualiter quaedam matrona honesta Liukardis nomine de ministerialibus regni, cum in claustrum faeminarum apud nos se transferret, tradidit super altare S. Pancratii martyris tale praedium, quale habebat in Uberachen, molendinum videlicet vicinum molendino, quod ibidem nos antea habebamus. Testes sunt Pubo de Lozenkůrchen, filius eius et qui cum eo erant duo milites Chunradus et Wirintho, Chunradus et Eberhardus fratres de Brunowe, Bertholdus Stemphar tunc praepositus ducis, Fridericus tunc forstmaister, Eppo Zolnar, Dietrich Prular, Heinric Vicedom, Gotscalcus Afe et alii de familia ecclesiae, Sigfridus de Wenge, Arnoldus carpentarius, duo Chunradi de Uberachen et alii plures.

XXI. (Nr. 71.) Notificamus ecclesiae posterorum videlicet tradendum memoriae, qualiter praedium, in Lintach situm, ecclesiae S. Pancratii a filiabus domini Rapholdi de Planckenbach est potestativa manu traditum in die, qua Adelheidis soror earum saeculum relinquens intravit inibi claustrum converesarum. Huius rei testes sunt Otho de Rore patruus puellae, Eberhardus et Chunradus filius eius de Brunowe, Hartman de Jattelstorf Fridericus Germundi filius, Ascwin de Asenheim, Poppo filius Othonis de Rore et homines Othonis Alram, Chadelhoch, Eberhard, Heinrich de Planckenbach et alii plurimi.

XXII. (Nr. 43.) (Notum sit omnibus fidelibus Christi, quod quaedam) nobilis mulier nomine Waltrat tradidit semet ipsam et omnem eius po steritatem ob spem perpetuae libertatis tam suae quam totius suae posteritatis pro V denariis ad altare S. Pancratii martyris situm in loco, qui dicitur Ranshovin, annuatim eo loci solvendis. Quodsi tribus annis supersederit... (wie a. a. O. ohne Anführung von Zeugen).

XXIII. (Nr. 120.) (Notum sit omnibus christi fidelibus, quod) Hainricus de Raittenbuch libera manu pariter se tradidit ad censum V denariorum... Chunradus de Brunowe, Hartmannus de Neuchirchen, Viscalcus, Chunradus, Eberwinus de Raittenbuch et alii.

XXIV. (Nr. 152.) Quedam nobilis mulier nomine Himzila infirmitati dedita devovit se deo offerendam ad servitium S. Pancratii, quod et fecit tradens se libera manu in manum Wichardi de Ernstigin nobilis viri ad censum V denariorum tradendam super altare S. Pancratii. Hoc perfecit Wichardus in natali ipsius martyris praesente comite Sigehardo tempore ducis Welf prioris. Huius rei testes sunt Dietricus de Chocbing, Isengrin Egen, Wichard, Henric Gerhoch fratres ambo de Tarstorf, Altman, Wichard de Stetpuch, Ence de Etnow.

XXV. (Nr. 182.) Pateat omnibus scire volentibus, quod dominus) Fridericus senior iudex tradidit Chunradum filium suum eadem conditione et absolvit hubam Urvang per V talenta obligatam pro remedio animae suae et parentum eorum praecipue tamen pro redemptione signaculo (sic) sanctae crucis et peregrinationis ad terram sanctam Jerosolymorum quia obstante carnis imbecillitate peragere diffidebat. Huius rei testes sunt Chunrad de Brunowe, Otto martyr, Marquardus de Urvang.

XXVI. (Nr. 141.) Notum esse cupimus christi fidelibus tam praesentibus quam futuris, quod Perhtold vitulus de Purchkûrch tradidit super altare semper virginis Mariae in capella Ranshoven praedium quoddam in Lawe, quod ipse comparaverat pecunia in proprium a domino Friderico de Praunawe, plena donatione pro remedio animae suae et uxoris suae omniumque parentum suorum. Compromissa fuit et ipsi et uxori suae plena fraternitas in orationibus, missis vigiliis caeterisque divinis servitiis. Testes huius rei sunt Suikerus notarius dominae ducissae, Perchtoldus de Erndorf, miles quidam de Hornpuech, judex de Wilhard, magister foresti, Heimo praeco ducis et alii quidam plures. Haec acta sunt sub venerabili domino Perchtoldo praeposito († 1209).

(Diese Tradition kömmt noch einmal vor, wo statt Purchkûrch — Parchs (Purchusen?), statt Praunawe — Prunowe, statt Erndorf — Eindorf steht. Quidam ist weggelassen).

XXVII. (Nr. 42.) Noverit omnis homo, qui christiano censetur vocabulo, quod quaedam domina Yrmgard nomine uxor videlicet domini Alberti de Hutte denegavit se predii, quod est in loco Mosaha astante marito suo Alberto super aram S. Pancratii dans illud in proprium consentiente et secum dante viro suo Alberto suscepitque venerabilis eiusdem loci praepositus nomine Managoldus († 1157). Et his testibus confirmatum Eberardus de Prandan (sic) et frater eius Fridericus de Pehenbach et Fridericus praedicti Eberhardi filius, Tiemo et frater

III. „Monumenta Habsburgica."

2.) Fürstenbriefe u. s. w. aus dem 15. Jahrhunderte, unter der Regierung K. Friedrich's IV.

Mitgetheilt von Joseph Chmel.

(Im Germanischen Museum zu Nürnberg und im Archive zu München die Originale oder die Abschriften.)

I. 1475, 2. April. Durchleuchtiger hochgeborner fürste unnser unttertenige und willige dinste sein Ewern furstlichen gnaden alle zeyt zuuor an bereyt. Gnediger here Es haben etlich hern von der ritterschafft zu Francken ire freunde zu uns geschickt sich auch Cunez von Auffses zum Wolckenstein selbs zu uns gefugt und zu erkennen geben, wie ewer fürstlich gnade inn vergangen jaren dem genanten Cunczen gnedigs willens gewest, im das auch bescheint und etlich ewer slos und empter uff seines leibs lebtage myt einer mercklichen summe jerlicher nuczunge umb sein getrewen dinste eingeben und verschryben, das im ewer gnade unverschulter dinge zusampt seinem eigen erblichen gut on recht und onerfordert seiner antwert genommen, auch von ungenaden im in ewer furstlichen gnaden geleyt solt bescheen sein, darzu einen Gerichtshandel vor dem hochwirdigen fursten und herrn hern Johannsen Bischoue zu Augspurg zwuschen ewern gnaden volmacht und dem genannten Cuntzen ergangen horen lassen darumb den dieselben hern und ritterschafft ewern gnaden geschryben und fur den genannten Cuntzen iren freundt gebeten auch rechtgebot uff etlich fursten getan, darumb byten wir ewer furstlich gnade myt allem vleys ewer gnade geruche den genannten Cuntzen von Auffses wider in sein erblich und leybgut zusampt ander seiner entwerten habe gnedicklich zusetzen, oder ym die dinge vor unnserm hern von augspurg als obman und zusetzen zu ende gehin ader aber der recht gebote uff der fursten einen ewer gnaden freunde auff zu nemen und das recht zu widerfaren lassen den wir nicht gerne horten das solchs vor dem gemelten unnserm hern von augspurg und ander ergangen handel von dem genanten Cunczen und seinen freunden in der konige und fursten hoffe solchermasz ewern gnaden zu unglimpff solten geschryben geclagt und auszgebreyt werden, den ewer gnaden wol versten mogen uber solch rechtlichs erbyten und freuntlichs anrufen des genanten Cunczen und seiner freunde nicht zuuerlossen sten. Ewer gnade wolle den genanten Cunczen unser vorbete fruchtparlich genossen enpfinden lossen wol wir wo sich das wider umb begeben wurde umb dieselben ewer furstlich gnade verdinen. Geben unter unser eins signet am sontag Quasimodogeniti Anno etc. lxx quinto.

Michel und Sigmunde der elter herrn zu Swartzenburg.

Heinrich von Prandenstain zu rains ritter verweser zu Coburg.

Dem durchleuchtigen Hochgebornen Fürsten und Herrn Herrn Albrechten Pfalczgraue bey Reyn, Herczoge inn obern und nydern Beyern unnserm gnedigen Herrnn.

Orig. Im Reichsarchive in München, Fürsten-Sachen, Bd. XI, Fol. 313.

II. 1476, 8. Mai. Hochgebornner Fürst und Bruder Ewr schreiben unns yecz getan haben wir verlesen, darinn Ir under anndern begreifft, was red wir zu Munichen vor ettlichen unnsern Lanndleuten lautten lassen haben, ew antreffent, daran wir ew ganntz unrecht tun sollen, auch daneben ettliche unzimliche wort gebraucht sollten haben, die ew ewr notdurft nach wol pas geburt hetten zuuerantwurten mit mer innhalt ewrs brieffs. Nu haben wir ew ye in unser red kain unrecht zugemessen annders dann die warhait und ewr zusagen gegen unns beschehen, durch uns geöffent ist, auch die billichait auf ir getragen und unnser

Scholasticus pia recordatione animae suae parentumque suorum praedium, quod habuit in Hartperch cum omnibus suis pertinentiis et adiacentiis quaesitis et inquirendis, quae dici vel notari possunt, tradidit ecclesiae S. Pancratii in Ranshoven tali tamen conditione usui totius congregationis profuturum, verum pro petitione sua ex consensu domini Wichardi venerabilis praepositi († 29. März 1224) et conventus dispensatio praenominati praedii uni canonicorum deputetur, quatenus ipse usufructu tam in steura quam in servitio annuatim in unum collecto universo collegio in anniversario patris sui Hartmanni plebani de Purckirch XV. kalendas Maii vinum et siquid quandoque habundantius inde provenire potuerit, administret. Quam consolationem oblationem vitae voluit nominari. Haec autem se superstite inviolabiliter dispensari placuit, post obitum uero suum in depositionis suae diem transferri obnixe petivit. Ut autem pactum huius donationis perenniter inconcussum permaneat nec processu temporis possit deleri, subscriptione testium et scriptura praesentis paginae roboravimus. Testes sunt Fridericus judex, Fridericus Zolner, Pertholdus Schiecho, per cuius manus delegatio facta est et alii plures.

XXXIV. (Nr. 133.) Notum sit omnibus christi fidelibus, qualiter Walkerus de Meinbertingen adhuc vivens statuit ecclesiae Ranshovensi praedium suum, quod habebat in Ode iuxta Gundramshusen pro remedio animae suae delegandum super altare S. Pancratii a filiis suis Walkero et Karolo, quod et ipsi strenue compleverunt delegantes ambo pariter praedium in manus honorabilis praepositi Wichardi in castro Ried praesente Amelberto strenuo milite cum aliis compluribus. Sic et Walterus filius praedicti Walkeri senioris eandem delegationem postmodum strenue complevit tradens antedictum praedium super altare S. Pancratii potestativa manu. Huius rei testes sunt ipse Walkerus, qui delegavit praedium, Gotsalcus praepositus ducis et homines ecclesiae Engelbertus agnus, Gotsalcus senior, Perthold Urnagel, alii.

XXXV. (Nr. 168.) Notum volumus esse cunctis christi fidelibus tam futuris quam praesentibus, qualiter quidam miles strenuus ministerialis regni Engelsalcus nomine de Ratenbach cum infirmitate gravi laboraret, aeternam cupiens mercedem in omne praedium suum, quod habebat S. Pancratium in Ranshoven elegit haeredem tradens praefato martyri et eidem loco omne patrimonium suum per manus cuiusdam nobilis viri Ratoldi de Perge, qui liberae conditionis homo potestativa manu praedictum praedium delegavit, quia ad ipsum haec delegatio pertinebat. Aderant ibi fratres ipsius Engelsalci strenui militis Adalramus et Conradus, qui praedicto praedio abrenuntiantes traditioni consensum praebuerunt et testes extiterunt. Et haec sunt nomina locorum: curtis villica in Schoenberg, praedium in Rute, in Leruenperg, praedium in Oderating. Et hi sunt testes Ratoldus nobilis de Perge delegator seu salman praedii, Adalramus et Chunradus fratres Engelsalci, Chunradus de Brunowe avunculus eorum et miles eius Wichardus et miles Ratoldi Pertholdus et Purchardus et milites de Ratenbach, Fridericus de Rintpach, Waltherus et Rudigerus et servientes praepositi Wichardi, qui et recepit praedium et alii.

Eodem die sub iisdem testibus per manus eiusdem delegatoris mater praefati Engelsalci tradidit quoque S. Pancratio in Ranshoven tale praedium, quale habuit in Oterating.

Item eodem die sub eisdem testibus per eundem salmanum Ratoldum virum nobilem tradidit b. Pancratio nostro Chunradus de Retenbach ministerialis regni praedium, quod habebat in Pramberch, pro remedio animae suae. Idem Chunradus, cum infirmitate gravi laboraret, cum instanti petitione hoc obtinuit, ut haberet canonicam et mansionem apud nos et stipendium tantum (trium) panum, quorum duo exhiberentur de claustro, unus de hospitali et potus et cibaria in loco fratrum.

(Fortsetzung folgt.)

III. „Monumenta Habsburgica."

2.) Fürstenbriefe u. s. w. aus dem 15. Jahrhunderte, unter der Regierung K. Friedrich's IV.

Mitgetheilt von Joseph Chmel.

(Im Germanischen Museum zu Nürnberg und im Archive zu München die Originale oder die Abschriften.)

I. 1475, 2. April. Durchleuchtiger hochgeborner fürste unnser unttertenige und willige dinste sein Ewern furstlichen gnaden alle zeyt zuuor an bereyt. Gnediger here Es haben etlich hern von der ritterschafft zu Francken ire freunde zu uns geschickt sich auch Cuncz von Auffses zum Wolckenstein selbs zu uns gefugt und zu erkennen geben, wie ewer fürstlich gnade inn vergangen jaren dem genanten Cunczen gnedigs willens geweet, im das auch bescheint und etlich ewer slos und empter uff seines leibs lebtage myt einer mercklichen summe jerlicher nuczunge umb sein getrewen dinste eingeben und verschryben, das im ewer gnade unverschulter dinge zusampt seinem eigen erblichen gut on recht und onerfordert seiner antwert genommen, auch von ungenaden im in ewer furstlichen gnaden geleyt solt bescheen sein, darzu einen Gerichtshandel vor dem hochwirdigen fursten und herrn hern Johannsen Bischoue zu Augspurg zwuschen ewern gnaden volmacht und dem genannten Cuntzen ergangen horen lassen darumb den dieselben hern und ritterschafft ewern gnaden geschryben und fur den genannten Cuntzen iren freundt gebeten auch rechtgebot uff etlich fursten getan, darumb byten wir ewer furstlich gnade myt allem vleys ewer gnade geruche den genannten Cuntzen von Auffses wider in sein erblich und leybgut zusampt ander seiner entwerten habe gnedicklich zusetzen, oder ym die dinge vor unnserm hern von augspurg als obman und zusetzen zu ende gehin ader aber der recht gebots uff der fursten einen ewer gnaden freunde auff zu nemen und das recht zu widerfaren lassen den wir nicht gerne horten das solchs vor dem gemelten unnserm hern von augspurg und ander ergangen handel von dem genanten Cunczen und seinen freunden in der konige und fursten hoffe solchermass ewern gnaden zu unglimpff solten geschryben geclagt und ausgebreyt werden, den ewer gnaden wol versten mogen uber solch rechtlichs erbyten und freuntlichs anrufen des genanten Cunczen und seiner freunde nicht zuuerlossen sten. Ewer gnade wolle den genanten Cunczen unser verbete fruchtparlich genossen enpfinden lassen wol wir wo sich das wider umb begeben wurde umb dieselben ewer furstlich gnade verdinen. Geben unter unser eins signet am sontag Quasimodogeniti Anno etc. lxx quinto.

Michel und Sigmunde der elter herrn zu Swartzenberg.

Heinrich von Prandenstain zu raine ritter verweser zu Coburg.

Dem durchleuchtigen Hochgebornen Fürsten und Herrn Herrn Albrechten Pfalczgraue bey Reyn, Herczoge inn obern und nydern Beyern unnsern gnedigen Herrn.

Orig. im Reichsarchive in München. Fürsten-Sachen. Bd. XI. Fol. [illegible]

II. 1476, 8. Mai. Hochgeborner Fürst und Bruder [illegible] schreiben [illegible] yecz getan haben wir verlesen, darinn Ir under andern [illegible]. [illegible] wir zu Munichen vor ettlichen unnsern Lanndleuten [illegible] haben, [illegible] daran wir ew gantz unrecht tun sollen, [illegible] gebraucht sollten haben, die ew ewr notdurft [illegible] antwurten mit mer innhalt ewrs brieffs. [illegible] unrecht zugemessen anders dann die warhait und [illegible] beschehen, durch uns geöffent ist, auch die [illegible] notdurfft eruordert hat, die weil Ir uuns auch anziecht, wie wir unbillichait gegen ew betrachten, wo Ir das bedennken wellet, mugt Ir und mäniclich versteen, das wir in anfang nit ursach dartzu geben haben, sunderst dann das wir durch ewr wort und gschrift darein gedrungen und gebracht werden und unser ere und notdurfften nach das schuldig ze tun seyen, auch das unns not tut auf ewr schreiben das nit weiter erclärt ist, unns darnach wissen zu richten. Auf solichs fugen wir uch zu wissen das wir unnserm vorigen erbieten nach noch des Gemuts und willens seyen, das zu ew ze bringen mit unnser hannd als ainem frumen Fürsten wol zupürt und die notdurfft eruordert, darauf so mugt Ir von harnasch rossen und weer zu ew nemen was ew geuellig ist, desselben geleichen wellen wir auch tun und wellen uns da fügen zwischen Ärding und Münichen da sich unnsers lieben vetters und unnser lannde schaidet, und nur mit ainiger person gegen ewr ainigen person mit unnser hannd zu weisen. Auch das solichs zwischen unnser und ewr nach laut unsers schreibens nach notdurfft verbriefft und versigelt werde, solhem nachzekomen in dreyn wochen oder viertzehen tagen zu ennden und nit lennger. Ewr verschribne antwurt bey dem unnsrm boten uns darnach wissen zu richten. Datum an mitichen nach dem Sonntag Jubilate anno domini etc. lxxvj^{to}.

Von gotts gnaden Kristoff Phalnntzgraue bey Reine Hertzoge in oberna und nidern Beyrn etc.

Dem Hochgebornnen Fürsten unnserm Bruder Hern Albrechten Phalnntzgrauen bey Reine Hertzogen in Obernn und Nidernn Beyren etc.

Orig. Papier. Münchner Reichsarchiv. Fürsten-Sachen, Bd. XII, Fol. 245.

III. 1476, 12. Mai. Hochgeborner Fürst und bruder. Uns ist ain geschrifft von uch zugefugt, auf unser schreiben, euch von uns getan, die haben wir vernomen, und bey demselben unserm schreiben lassen wir es beleiben. Dann der wort halb, darumb di Irrung ist, vor unsern Lanntleuten am nechsten gehört, die zwischen unnser nit allain beschehen, sunder in beywesen dez hochgebornen fürsten unsers lieben bruders Hertzog Sigmunden von Bairn etc. und der Rät auf das mal bestimbt, ist unnser begern gewesen, die darumb zuhörn. Und wiewol Ir das bissher unpillich veracht habt, so mainen wir ye daz ez pillich noch beschehe. Daraus wirt erfunden was da von uns geredt ist und so das beschicht ist dann ye ewer meynung und will uns darüber mutwillens unnsrer person halb nit zuuertragen, wellen wir uns darinn haltten, als ainem loblichen Fürsten wol zugebürt. Datum Munichen an Sontag Cantate A^{o}. lxxvj^{o}.

Albrecht etc.

Dem Hochgebornen Fürsten unserm Bruder Herrn Cristoffen Pfalltzgrauen bei Rein Hertzogen in Obern und Nidern Bairn etc.

Concept. Papier. Fürsten-Sachen, Bd. XII, Fol. 246.

IV. 1476, 11. Juni. Durchleuchtiger Hochgeborner Fürst, Gnädiger Herr. Ewern fürstlichen gnaden sein mein gehorsam dienst mit aller willigkait zuuor. Awff das schreiben so mir Ewr gnad zum jungsten von Kuntzen von Awfsess wegen getan hat, desselben ewern gnaden briefs datum wiset zw Munichen an Suntag vor dem newen Jarstag ditz jars, darawff ich Ewern gnaden in geschrifft widerumb geantwurt habe, als mir nit zweyffelt Ewr gnad in gedächtnus hat. Nwn langt mich an, wie Kuntz von Awfsess einen abschid von oder vor Ewern gnaden genomen haben, deshalb er mich awsgebe und verunglimpfen, ich solle im uber mein gelüb Ewern gnaden getan recht wägern. Auch wie mein schreiben Ewern gnaden dess yetz genannten gesatzten tagshalben getan, nit also noch an im selbs sein solle. Das er durch sein swächs gemüet wider mich erdicht sein ploden grunt damit zu verdechken, und geschichkt mir von im deshalb unrecht, dan wo er seinthalb die sach bei dem zwsagen awff ewr gnad gutlich hett beleiben lassen, mich auch in zymlicher zeyt ee sich solich endrung begeben haben angesucht, ich het mich darin wie mir geburt gehalden. So er aber die sach in ander weg kert hat, vermain ich im des nit schuldig zw sein und ist mein schreiben au im selbs war und hab des erbern fug und gegrünt ursach, die ich hoff also dartzw pringen, wo ich vonn Im wie doch pillefch ist darumb ersucht wäre, deshalb im nit zw stet; mich hinter rugk zw verungelimpfen, nach dem ich dan zw Ewern fürstlichen gnaden besunder vertrawen und zwflucht hab, pin ich auch wol erkanttlich der gnaden, so mir ewr gnad in andern auch in der sach als ich grunttlich bericht pin beweyst hat, das ich umb Ewer fürstlich gnad mit leib und guet mit willen verdiennen wil. Pitt Ewr fürstlich gnad als mein gnädigen herrn, mich des bei Ewern gnaden verantwurt zw haben, dan hiet ich des nit grüntlich fug, ich wolt Ewern gnaden das ungern anderss dan wie es an im selbs ist zwschreiben. Mir welle auch Ewr gnad souil gnaden beweysen und Kuntzen abschid vorgemelt bey meinem poten weyser des Brieffs verkünden mich dargegen als mir geburt wissen zw schichken, das wil ich zwsambt andern gnaden zw verdiennen haben. Ewr gnad beuilch ich mich hiemit. Geben zw Insprugk an Erchtag nach dem Suntag trinitatis anno domini etc. lxxvj^to^.

E. F. G.

willigergehorsamer Marchquart von Schellenberg
Ritter Marschalchk Vogt zum Woichenberg und
pleger (sic) zw Frunttsperg.

Dem durchleuchtigen Hochgeborn Fürsten
und Herren Herrn Albrechten, Pfaltzgrauen
bey Reyn, Hertzogen in obern und nydern
Bayrn etc. meinem gnaden herrn.

Orig. Papier. im Reichsarchive in München. Fürsten-Sachen. Bd. XI, Fol. 385.

V. 1476, 30. September. Mathias dei gratia Rex Hungarie Bohemie etc. Illustrissimo Principi domino Alberto Bauarie etc. Duci fratri nostro Carissimo salutem et prosperos ad uota successus. Illustrissime Princeps, que nobis fraternitas vestra scripsit circa differentiam quam habet cum Illustrissimo Principe Duce Christoforo germano suo bene intelleximus. Ipse uero dux Christoferus nullum de rebus illis apud Maiestatem nostram verbum hactenus fecit, quod si in futurum fecerit scimus quales debeant esse partes amicitie nostre. Nam etsi omnes christianos principes concordes esse et amice inuicem viuere cupimus, Germanos tamen potissimum et sanguine iunctos ac eos singulariter, qui nobis beniuolentia et amicitia qualis est inclita domus vestra copulantur, in caritate esse permaxime desideramus. Pro qua etiam conciliands inter F. V. et ipsum germanum suum operam nostram libenter offerimus, nec ullus nos labor, dummodo placitus sit, nos pro illa conficiends grauabit. Bene Valete E. F. Vestram semper optamus. Datum Bude in die Sancti Hieronimi confessoris anno domini Millesimo Quadringentesimo Septuagesimo Sexto. Regnorum nostrorum Anno Hungarie etc. Decimo nono, Bohemie vero octauo.

Ad mandatum domini regis.

Illustrissimo Principi domino Alberto Bauarie Duci
ac Palatino Rheni etc. fratri et amico nostro Carissimo.

Orig. Papier. Münchner Reichsarchiv. Fürsten-Sachen, Bd. XII, Fol. 259.

VI. 1477, 22. März. Wir Mathias von gottes genaden zu Hungern zu Behem etc. Kunig. Embieten dem hochgebornnen Fürsten unserm besundern lieben frund hern Albrechten Pfallczgrafen bei Rein Herczogen in Obern und Nydern Beyrn unsern frundtlichen grus. Ewer schreiben uns yets getan, darinn Ir anczeucht, unser negstes schreiben so wir ew gutlich mit ewerm Bruder Herczog Kristoffen zuuertragen ersucht, haben wir mit mer worten ewrs briefs vernomen. Und lassen ewr lieb wissen. Das wir nach dem und ewr baider Lieb uns verwandt sein vor und auch yets ye gern gesehen hieten, besser einmutikeit zwischen ewr baider lieben, und sehen ye gern, daz noch durch ewr baider frunde gutlicher handel zwischen ewr baider lieb angestossen wurden, damit Ir in weyter widerwertikeit miteinander nit kêmbt. Dann wo wir ewr lieb geuallen und frundtschafft beweisen möchten wern wir gutwillig. Geben zu Ofen an Sambstag vor dem Suntag Judica in der vassten. Anno domini etc. lxx septima. Unserr Reiche des Hungrischen im zweinczigisten und des Behemischen im achten Jaren.

Ad mandatum domini Regis in consilio.

Dem Hochgebornnen Fürsten unserm besundern lieben
Frunde Hern Albrechten Pfallczgrauen bey Rein
Herczogen in Obern und Nydern Bayern.

Orig. Papier. Reichsarchiv in München. Fürsten-Sachen, Bd. XII, Fol. 266.

VII. 1473, 6. Februar. Herzog Albrecht von Baiern sendet seine Räthe „auf den Tag zu Ingolstadt" mit der Instruction an Herzog Christoph, denselben von seinen Forderungen abzubringen unter Vorhalten der Ereignisse in Betreff des „Abenteurers" Dietrich von Dütten, in welchen Herzog Christoph durch seine Diener, die denselben beraubt und gefangen genommen, compromittirt sei. Wollte er nicht Rath annehmen, so sollten die Räthe vorbringen, dass Albrecht sich genöthigt sähe, „den Handel dagegen entdecken zu müssen, das wir doch ihm und uns zu Ehren gern vermeiden wollten, da dadurch der Unwille nur gemehrt würde." . . „Ob sich die Sach zerschlüge sollten sie Herzog Ludwig bitten, sich der Sache noch zum Rechten zu beladen."

Fürstenband XII, Fol. 157—159. Reichsarchiv zu München.

VIII. 1473, Sonntag nach Juliani Virg. (21. Februar) Ingolstadt. Schiedspruch Herzog Ludwig's von Baiern „mit beider Theil Willen," dass Herzog Albrecht jene 1093 fl., die er einem Strassburger Kaufmanne in der Meinung gegeben, sie „an dem Gelde so erHerzog" Christoph jährlich laut Verschreibung zu geben schuldig ist, abzuziehen . . . eben so für eine Forderung „von neun Pferd wegen" . . 450 fl. an Herzog Christoph zu bezahlen habe.

Fürstenband XII, Fol. 152. Reichsarchiv zu München.

IX. 1473, de eod. d. Wird die Frist bestimmt, innerhalb welcher die obgenannte Leistung zu geschehen habe, nämlich „zwischen hie und Pfingsten schirst folgend." Forderungen die hinwider Herzog Albrecht an Herzog Christoph habe, sollen vorbehalten sein.

Fürstenband XII, Fol. 175. Reichsarchiv zu München.

X. 1473, Montag Kathedrâ, Ingolstadt. Schreiben Herzog Ludwig's von Baiern an seinen Vetter Herzog Albrecht mit Bekanntmachung des obigen Schiedsspruches.

Fürstenband XII, Fol. 180. Reichsarchiv zu München.

XI. 1473, Sonntag Invocavit (11. März), München. Vollmacht Herzog Wolfgang's von Baiern für seinen Diener Jakob Rosenpusch in Betreff eines gewissen Kaspar Scholl, der „zu Rotweil in vancknuss vnd fronunst komen und darumb daselbs zu recht gestellt worden ist." Da man es von ihm erbeten, so willige er ein, „den obgemellten Casparn Schollen strengkhait des rechtens zuuertragen vnd vngerechuertigt zulassen. Doch auf maynung als vns von Ine zugeschriben ist." . . Er schickt nun seinem Diener „vnd getrewen Michaeln Bayr solich vruehd verschreibung vnd versorgknuss So vnns derselb Scholl auf laut des Zueschreibens vns vorgemellt wass von seinern wegen beschehn in vnnserm namen vnd an vnnser Stat . . vnd was er also von vnnsern wegen darjnne handle tun oder lassen wirdet Ist vnnser guet will vnd maynung. das stät zuhallten als ob wir das selbs gehanndelt oder getan hetten."

Fürstenband XII, Fol. 181. Reichsarchiv zu München.

XII. 1473, Pfinztag vor dem heil. Palmtag (8. April). Zweiundzwanzig Beschwerde-Artikel des Herzogs Albrechts von Baiern gegen Herzog Ludwig, worin um Abstellung mehrerer Neuerungen ersucht wird, die theils ihn (Albrecht) in seinem Besitze, theils seine Unterthanen in Handel und Verkehr benachtheiligen. Nach dem 11. Artikel: „Item von der Neuung wegen so er Vns an der Länder zu Ratenfeld, Arendorf, Neubeuern und oberhalb zu Sankt Leonhard thut" — heisst es: „Das alles ist wider K. Sigmunds Spruch und den Theilbrief, auch eines Theils wider K. Ludwigs brief."

Bairische Landtagshandl. von 1429. Beschwerden des Herzogs Albrecht, S. 106.

XIII. 1473, Mitwoch in den heil. Pfingstfeyern (9. Juni), Neumarkt. Schreiben des Herzogs Christoph, „Pfalzgrafen bei Rhein, Herzogs in Obern- und Niedern-Baiern an seine Ritterschaft, Prälaten, Städte und Märkte, worin er sie ermahnt, ihm gegen seinen Bruder Albrecht, der ihn an seinen Rechten und Ehren gekränkt, beizustehen.

„Ob der vorgenannte unser Bruder einige Steuer ihm zu geben an euch begehren würde, dass ihr solches in kein Wege thut, dann es unser Wille dismal ganz nicht ist. Ob er auch mit jemand zu Krieg komen und euch um Hülfe der obgemeldten Einigung halben, so er mit den benannten Marggrafen Albrecht gethan hat, — (Bündniss mit Albrecht von Brandenburg, von dem Christoph allein ausgeschlossen blieb) — ersuchen würde, dass ihr solches abermals nicht thut, auf dass andere unsre Brüder und wir an ihrem und unserem väterlichen Erb nicht beschädiget noch gekränket werden."

Bairische Landtagshandl. S. 420. Herzog Christoph's Ausschreiben an Ritterschaft, Städte, Märkte und Prälaten.

XIV. 1473, Samstag nach Visitationis (3. Juli), Ingolstadt. Schreiben Herzog Ludwig's an seinen Vetter Herzog Albrecht von Baiern, womit er demselben als Antwort auf die unterm 8. April überschickten 22 Beschwerde-Artikel ein Verzeichniss von Forderungen, die er seinerseits erhebt, in 39 Artikeln zusendet. Sie betreffen Salz-, Zoll-, Strassen-, Unterthanswesen u. s. w.

Bairische Landtagshandl. S. 109. Schreiben des Herzogs Albrecht an Herzog Ludwig.

XV. 1473, Samstag nach Francisci, München. Des Herzog Albrecht's Räthe und Anwälte zu München schreiben an die Pfleger zu Tölz, Aybling, Schöngau, Murnau, Ludwigen Machselrainn, Egloffen Dieperskircher, Jorgen Auer, „es sei ihnen angelangt, wie Chuntz von Aufsess mit etlichen Fussknechten in ihres gnäd. Herrn Markt zu Tolltz und anderswo in Sr. Gnaden Lande liege und enthalten solle, darob dann als sie bericht sein, Herzogen Sigmund von Ostreich Missfallen, sein Land und Leut merklich Entsetzen und Scheuhung empfangen, das ihrem gn. Herrn und den Seinen zu Unfug und Schaden wachsen möcht, welches sie in Sr. gnaden Abwesen von Sr. Gnaden wegen nicht gemeint seien. Darum schaffen sie von Sr. Gnaden wegen ernstlich, dass der genante Cuntz von Aufsess und seine Fussknecht in den Margkt und Landgericht zu Tolltz füro nicht mehr wohnen liegen noch enthalten werde, damit daraus ihrem gn. Herrn kein Unrath entstehe.

Fürstenband XI, Fol. 227. Archiv zu München.

XVI. 1473, Sonntag nach Galli (17. October), Landshut. Schreiben Herzog Christoph's an seines Bruders Herzog Albrecht's Anwälte zu München, worin er sie ermahnt, seinen Diener Ennglkol, den sie trotz des zwischen ihm und Albrecht bestehenden Schiedsspruches gefangen genommen, ledig zu lassen; es wäre ihm sonst Ursach gegeben zu glauben, dass Albrecht „di Richtauss auch brief vnd Sigl nicht hallten wollte."

Fürstenband XII, Fol. 214. Reichsarchiv zu München.

XVII. 1473, Sonntag nach Galli (17. October), Landshut. Schreiben Herzog Ludwig's an seines Vettern Herzog Albrecht's Anwälte zu München, mit Bevorwortung des im obigen Schreiben enthaltenen Begehrens.

Fürstenband XII, Fol. 214. b. Reichsarchiv zu München.

XVIII. 1473, d. eod. dat. Gleiches Schreiben Herzog Jorg's von Baiern.

Fürstenband XII, Fol. 215. Reichsarchiv zu München.

XIX. 1473, Montag nach Galli (18. October). Schreiben des Cunz von Aufsess zu Wolkenstain an die Anwälte seines gnädigen Herrn Herzogs Albrecht, worin er sich beschwert, dass man seinem Aufenthalte in des Herzogs Landen so viele Hindernisse in den Weg lege und seine Knechte gefangen nehme, darunter Englkol, dessen Lediglassung er begehrt.

Fürstenband XII, Fol. 215 und 219. Reichsarchiv zu München.

XX. 1473, Erchtag nach Lucä evangel. (19. October), München. Schreiben der Anwälte Herzog Albrecht's an Herzog Christoph von Baiern, mit der Meldung, dass sie den gefangenen Englkol, da sie ihn nach einem Verhör an nichts schuldig gefunden, „auf ein vrvehde" ledig gelassen haben...und „das welln ewr gnadn von vns gnedigklich aufnemen vnd also Im pesten versteen."

Fürstenband XII, Fol. 224. Reichsarchiv zu München.

XXI. 1473, d. eod. dat. Schreiben derselben Anwälte an Herzog Ludwig und Herzog Jorig von Baiern des gleichen Inhalts.

Fürstenband XII, Fol. 222. Reichsarchiv zu München.

XXII. 1473, Freitag nach der heil. XI[m] Maidttag (22. October), München. Schreiben der Anwälte Herzog Albrechts zu Baiern an Cunz von Aufsess, worin sie ihm zu wissen thun, dass man ihn keineswegs beirren wolle, und dass nur nach Englkol, der übrigens sein Diener nicht sei, gefahndet wurde. Seine missverständlich ergriffenen Knechte seien sogleich ledig gelassen worden.

Fürstenband XII, Bl. 213. Reichsarchiv zu München.

XXIII. 1473, S. Linhards Abend (6. November). Cuntz von Aufsess schreibt an Herzog Albrecht von Baiern: „Nachdem ihm von Sn. Gnaden ein Rechttag gegen Marquard von Schellenberg auf St. Maria Magdalena gesetzt, aber wieder wegen vorgefallener Geschäfte abgeschrieben worden sei, so bitte er Se. Gnad ihm einen unverzogen Rechttag zu setzen, indem S. Gnad wohl verstehen möge, dass er förderlichs Austrags gegen diesen Marquard von Schellenberg nothdürftig sei."

Fürstenband XI, Fol. 190. Archiv zu München.

XXIV. 1473, Samstag nach Andrä früh (4. December), Murnaw. Marquart von Schellenberg Ritter schreibt an Herzog Albrecht von Baiern, er habe „des Herzogs Brief wegen Tagsetzung in Sachen Conz von Aufsess und ihm demüthig vernommen, sei aber auf dem Wege durch „Warnungen und ander treffenliche Sachen" aufgehalten worden und wieder umgekehrt." Bittet ihm einen anderen Tag zu setzen[1]).

Fürstenband XI, Fol. 194. Archiv zu München.

XXV. 1473, Sonntag nach Conc. Mariä (5. December), Voburg. Schreiben Herzog Albrecht's von Baiern an Ulrich Dresinger, Dompropst zu Freisingen, und die andern Räthe zu München, worin er sie auffordert, zu „rathschlagen," wie man mit den Dienern seines Bruders Christoph von Baiern, die sich an Cunz von Aufsess vergriffen, verfahren solle. Er meint, man solle seines Bruders

1) Ist geantwortet. s. Niclastag zu Nachts.

Diener, „welche in unsern Städtn liegend gefänglich gegen diese an Cuntzen von Aufsess ergangene That annehmen und so lange halten, bis der von Aufsess ohn Entgelt zur Erledigung käme."

Fürstenband XI, Fol. 211. Archiv zu München.

XXVI. 1473, Eritag nach Nicola (7. December), Augsburg. Schreiben Herzog Albrecht's von Baiern an seine Anwälte zu München, worin er ihnen aufträgt, über die von Seite einiger Diener seines Bruders, des Herzog Christoph, vollführte widerrechtliche Gefangennehmung Cunzens von Aufsess zu berathschlagen. Er bevollmächtigt sie zu Allem.

Nachschrift. Er habe für gut gefunden, an seinen Bruder Christoph zu schreiben. Die Copie des Briefes übersende er.

Fürstenband XI, Fol. 195 und 196. Archiv zu München.

XXVII. 1473, Eritag nach Nicolai (7. December), Augsburg. Schreiben Herzog Albrecht's an seinen Bruder Christoph, worin er ihm anzeigt, dass Obiges geschehen sei und ihn auffordert, Cunz von Aufsess, der mit einem herzoglichen Geleitbrief auf dem Wege war, „ohn Entgelt ledig zu schaffen."

Fürstenband XI, Fol. 197. Archiv zu München.

XXVIII. 1473, am Tag Mariae concept. (8. December), Landshut. Schreiben Herzog Christoph's von Baiern an seinen Bruder Herzog Albrecht, worin er den Empfang seines Schreibens wegen Cunz von Aufsess bestätigt und dass er seine Meinung mit einem eigenen Boten berichten wolle.

Fürstenband XI, Fol. 199. Archiv zu München.

XXIX. 1473, Pfinztag nach Nicolai (9. December), Nannhofen. Schreiben des Herzogs Sigmund von Baiern an seinen Bruder Herzog Albrecht, worin er ihm den Aufenthaltsort Cunzens von Aufsess, nämlich das Haus eines Bürgers zu Aichach, nennt.

Fürstenband XI, Fol. 204. Archiv zu München.

XXX. 1473, Sonntag nach St. Niclastag (9. December). Cuntz von Aufsess schreibt (eigenhändig) an Herzog Albrecht von Baiern, wie ihn trotz des herzoglichen Geleitbriefes die Diener des Herzog Christoph, als er „durch Pruck geriten," gefangen genommen und mit sich nach Aichach in eine Herberge geschleppt haben. Er hofft alles zu dem Herzoge.

Fürstenband XI, Fol. 208, Reichsarchiv zu München.

XXXI. 1473, Sonntag vor St. Lucientag (12. December), Insprук (?). Schreiben Herzogs Christoph von Baiern an seines Oheims Herzog Albrechts von Baiern Anwälte zu München:

„Lieben besundern Ewr schreyben vns yetz zugesandt Cuntzen von Aufsess antreffend haben wir vernomen nu haben wir deshalben noch kain wissen wan wir aber gestalt der sachen bericht werden wollen wie vns seiner Handel nach gepürlicheit darin haben."

Fürstenband XII, Fol. 225. Reichsarchiv zu München.

XXXII. 1473, Montag S. Lucientag (13. December). Schreiben der Räthe und Anwälte des Herzogs Albrecht an denselben, worin sie ihm berichten, Cunz von Aufsess habe über seine Gefangenschaft an ihn geschrieben, dess sie eine Copie beilegen. Herzog Christoph sei „gen Insprugk" geritten.

Fürstenband XI, Fol. 212 und 213. Archiv zu München.

XXXIII. 1473, in der fronnes(chn) nach Luciä (15. December), Aichach. Schreiben Cunzens von Aufsess zum Wolkenstein an Herzog Ludwig in Baiern, worin er demselben seine Gefangennehmung durch des Herzogs Christoph Leute meldet und Angesichts des „verrhorten sweren handel vnd gewaldt der von meim hern von Österreich etc. an mir vnuerschult begangen" seine Sache der Gnade und Gerechtigkeit des Herzogs Ludwig anheimstellt.

XXXIV. 1473, Pfinztag nach Lucientag (16. December), München. Schreiben der Räthe und Anwälte zu München an Herzog Albrecht von Baiern. Da Cunz von Aufsess, in Aichach gefangen gehalten, ohne Willen der Herzoge Christoph und Ludwig nicht loskommen werde, so möge Herzog Albrecht sich desshalb schriftlich an Herzog Ludwig verwenden.

Ferner rathen sie, Herzog Albrecht solle noch die Antwort von Herzog Christoph abwarten, ehe er mit Gewalt einschreite. Der Bothe, der ihm Cunzens von Aufsess Brief aus Aichach hätte überbringen sollen, habe ihn nicht gefunden; sie schicken ihm daher das Schreiben sammt einer Abschrift von Cunzens „Absag an Herzog Sigmund" nach.

Auch schicken sie eine Copie des Antwortschreibens von Herzog Sigmund von Österreich.

Fürstenband XI, Fol. 214, 215—217 und 218. Archiv zu München.

XXXV. 1473, Montag vor Thomä Apost. (20. December), Straubing. Schreiben Herzogs Albrecht von Baiern an seinen Bruder Herzog Christoph von Baiern, worin er um Lediglassung Cunzens von Aufsess und überhaupt um bestimmte schriftliche Antwort in dieser Sache bittet.

Fürstenband XII, Fol. 226. Reichsarchiv zu München.

XXXVI. 1473, Montag vor Thomä Appost. (20. December), Straubing. Schreiben des Herzogs Albrecht von Baiern an Herzog Ludwig von Baiern, worin er ihn bittet, er wolle auf die Lediglassung Cunzens von Aufsess, der doch mit seinem „glaitt" gegen München gezogen war, hinwirken. Er erwarte Antwort.

Fürstenband XII, Fol. 227. Reichsarchiv zu München.

XXXVII. 1473, Mitwoch nach Thomä (22. December), Neumarkt. Herzog Ludwig von Baiern schreibt an Herzog Albrecht, er habe dessen Schrift des Cunzen von Aufsess „Gevenkhnus halben" vernommen und wolle durch eigene Botschaft darauf antworten.

Fürstenband XI, Fol. 220. Archiv zu München.

XXXVIII. 1473. Herzog Albrecht lässt bei Herzog Ludwig anfragen, wie es komme, dass die Amtleute zu Ötting „kein Salz her gen München führen lassen wollten," was doch nach „Brief und Insigel immer geschehen ist." Er lässt daher begehren, Ludwig solle den Abgesandten „ein Brief an seine Amtleut nach Ötting" mitgeben, „damit sie das Salzführen nicht mehr verhindern."

Fürstenband XII, Fol. 160. Reichsarchiv zu München.

XXXIX. 1473. Herzog Albrecht von Baiern sendet die Räthe „Marquart Hinzenhauser und Hansen Rossler Kanzler" an Herzog Ludwig, um diesen einer Forderung über 1093 fl. wegen zu einem billigen Vergleiche zu stimmen. Auch „um die Pferd wolle er es dabei bleiben lassen, was sein lieber Vetter darum spreche."

Fürstenband XII, Fol. 154 und 155. Reichsarchiv zu München.

(Fortsetzung folgt.)

V. „Historischer Atlas.“

Statistik des Mittelalters.

2.) Das Lehenbuch K. Ladislaus P. für Österreich ob und unter der Enns. (In alphabetischer Ordnung.)

(Schluss.)

409.) 1455, 26. Juni, Wien. Bürgermeister (Conrad Holczl) und Rath zu Wien.

Haben Urlaub auf 8 Jahre für ihren halben Weinzehend, den ihnen für das Spital vor dem Kernerthor zu Wien Albrecht von Eberstorf zu kaufen gab:

1. im „Dürrn Lerochveld daz sich anhebt an Hannsen des Hashart „burger zu Wienn weingarten und geet entrichts uber an der Jacobin Aicherinn „Weingarten gelegen an das Kriechenholczl, und von demselben Weingarten „herab uncz an Jörgen des Marstaler Weingarten;“

2. it. den Weinzehend in dem „grossen Pfenninggelt, der sich anhebt „an des Reysner zu Ales weingarten und entrichts uber sich aufgeet uncz an „Erharts des Sneyder weingarten und die weingerten stozzent unden an die „Hofstet under dem Veyal und oben an den weg der da haist der Praitenseer lukchen;“

3. it. den Weinzehend in der Ried genannt der „klain Pfenninggeru „der sich anhebt an Stephans Dienstleins zu Dornpach weingarten und geet „entrichts uncz an Jorgen des Gelestorffer Kinnder Weingarten;“

4. it. den Weinzehend in der Ried in dem klainen Pfenninggelt, das sich anhebt an des Pharrer zu Kembnaten weingarten und geet entrichts auf „uncz an Paulen Scheiner zu Attakrinn Weingarten, der da ligt an dem weg genant der Pawmgartlukhen;“

5. it. den Weinzehend in der Ried genannt der „Huntsnakh der sich „anhebt an Pernharts Orthaber weingarten neben dem Kriechenholczlein und geet entrichts uber uncz an Larenczen des Zingiesser weingarten;

6. it. den Weinzehend in der „Ried genannt inn Paingken (?) der sich „anhebt an Pertleins Porczer weingarten zenagst der Herwertinn auf der widem „wisen und geet entrichts uber an des Treutweins zu Attakrinn weingarten, und „die Hofstet zu Attakrinn hinder den hewsern zu baiderseit gelegen.“

„Da entgegen der Brobst hincz sand Stephan zu Wienn auch überall halben „tail hat.“ Oestr. Ms. Nr. 65, Fol. 55.

1455, 28. October, Wien. Stadt Wien (Bürgerspital vor dem Kernerthor). (Lehenträger: Conrad Holzler, Bürgermeister für sich und den Rath).

Das „Pyerrecht in dem Pyerhaws“ auf dem Graben vor dem Widmerthor zu Wien.

(„Was das zu demselben Spital gehoret.“)

Oestr. Ms. Nr. 65, Fol. 76, b.

410.) 1456, 6. September, Presburg. Dominicaner (Prior und Convent) in Wien. (Landesf.)

1 Hof genannt der Kerphenhof, gelegen zu Markgrafneusiedel mit seinen Zugehörungen und den Zehend auf den Äckern, die in denselben Hof gehören. Burgrechtlehen, dient jährlich am St. Michelstag 12 Pfenning in das herzogl. Hubamt.

(Gekauft von Jörg Plesser und seiner Hausfrau Ursula und ir em Bruder Hanns.) Oestr. Ms. Nr. 65, Fol. 103, b, 104.

18**

411.) 1455, 2. December, Wien. Thoman Wieschendorffer.

1 Hof zu Durrnperg und 1 Hofstatt daselbst in Wartpergerpfarre gelegen. (Sein Erbe.) Oestr. Ms. Nr. 65, Fol. 69.

412.) 1455, 9. August, Wien. Jörg von Winnden (für sich und seinen Bruder Hanns von Winnden und ihren Vetter Wenneslaw von W.).

Die Veste zu Arnstain mit allen Wildbannen, Fischweiden und aller anderer seiner Zugehörung;

it. das „Urfar“ zu Stadlaw auch mit seiner Zugehör;

it. halben Getreid- und Weinzehend zu Vosendorf, gross und klein, „wiesathalben“ und daselbst ganzen Getreidzehend und Weinzehend „enhalb des pachs Honestorf“ halben, gross und klein;

it. zu Newndorf 9 Schilling und 5 Pfen. Gelts 30 Metzen Haber, 8 Hühner, 9 Käse, $4^1/_2$ Schilling Eier und daselbst 3 Schilling und 10 Pfen. Gelts auf des Muldorffer halben Lehen zunächst dem Thurm des Valbacher;

it. 85 Metzen Haber Vogtfutter zu Pidermanstorf;

it. 1 Fleischbank zu Medling am Markt;

it. das Holz an dem Herzogperg zu Berchtoltstorf:

it. die Fischweide zu Zwelföchsing;

it. der Hof zu Hintperg, der ehemals des Peter von Winnden gewesen und gelegen ist zunächst des Hofs des alten Zechmeister;

it. daselbst zu Hintperg 3 Pfd. 7 Schilling und 24 Pfen. Gelts;

it. der Zehend am Wiennerperg zu Inczestorf von Getreid und Wein, gross und klein;

it. zu Inczestorf 8 Muth Vogthaber 6 Schilling Pfen. Gelts und das Dorfgericht.

(Ihr Erbe.) Oestr. Ms. Nr. 65, Fol. 66 b, 67.

413.) 1455, 2. Mai. Elspet, Witwe des Erhart Ruodlieb von Winkhl.

Bestätigungsbrief des Kaufs eines Hauses mit einem Zuhaus daran, gelegen in der St. Johanns-Strasse zu Wien nächst dem Hause des Caspar Schifer.

(Gekauft von weiland Jörg Grauenwerder.)

Oestr. Ms. Nr. 65, Fol. 29, b.

414.) 1455, 4. Mai. Jörg Wisendorfer.

1 Hof am „Achswald bey Gênczenpach.“

Oestr. Ms. Nr. 65, Fol. 30, b.

415.) 1455, 21. August, Wien. Thomas Wisent.

Einen Zehend auf 15 Lehen, zu Feld und zu Dorf, in Eczkestorffer- und in Ganser-Feld bei der Stadt zu Korneuburg;

it. 6 Schilling Pfen. Gelts auf behausten Holden zu Mukgendorf;

it. 6 Schilling Pfen. Gelts auf behausten Holden zu Dieterstogkh und 1 Pfd. Pfen. Gelts auf Krautgärten bei der „hohen Kunast“ gelegen;

it. $^1/_4$ Getreidzehend gelegen zu Wisent;

it. 1 Holz „mit grunt mit all genant der Greiffngern“ mitsammt den Wiesfleck dabei, ausserhalb Weiding nächst dem Holcz genannt das „Sparberegk“ zu einer Seite gelegen „das mit Hottermarchstain und graben ausgemarcht ist.“

(Sein Erbe.) Oestr. Ms. Nr. 65, Fol. 67, b.

1455, 22. August, Wien. Thomas Wisent.

Das Gut zu Krotndorf mit aller seiner Zugehörung;

it. ganzen Zehend auf dem Hof zu Struczing und auf 2 Lehen und auf 1 Mühle daselbst und auf dem Hof zu Mairhouen und auf einer Mühle „hinder Leytten,“ alles in Offenauerpfarre gelegen;

it. ganzen Zehend auf dem Rorhof und auf dem Hof in Wolfwinkhl in Municherpfarre gelegen.

(In Gemächtweise erhalten von weiland Hanns Alt, Bürger zu Linz.)

Oestr. Ms. Nr. 65, Fol. 67, b, 68.

1455, 23. August, Wien. Thomas Wisent.

Seine Gerechtigkeit an dem Hof genannt zu Aichech mit seiner Zugehör, der weil. Hanns dem Alten zu Linz gehört haben soll (doch unvergriffen Ihm [dem Landesfürsten] an seiner Lehenschaft „und andern Leuten an irn Rechten auch unschedleich.")

Oestr. Ms. Nr. 65, Fol. 68.

1456, 19. October. Thaman Wisent. (Landesf.)

Den dritten Theil an folgenden Zehenden, Gülten und Gütern:

halben Zehend zu Molestorf gelegen auf 19 ganzen Lehen an der zeil gegen Laa zu;

it. ganzen Zehend auf 4½ Lehen daselbst zu Molestorf an der andern Zeil gegen den Rietenhof wärts, grossen und kleinen Zehend, zu Feld und zu Dorf, und

13 Metzen Weizendienst auf 1 Lehen daselbst;

it. ganzen Wein- und Getreidzehend, gross und klein, zu Feld und zu Dorf zu Pestorf auf 30 ganzen Lehen und am Perger-Lehen;

it. halber Zehend, gross und klein, zu Feld und zu Dorf, auf dem ganzen Dorf zu Utendorf in Hinttpergerpfarre gelegen;

it. 1 Pfd. Pfen. Gelts auf 2 Feldlehen bei Molestorf in Dreskircherpfarre gelegen;

it. zu Markgrafneusiedel auf 9 ganzen Lehen ganzer Zehend, gross und klein;

it. das öde Dorf Sundleinstorf, das Dorfgericht und den Zehend daselbst, gross und klein und

die neue Mühle auf der Leyta und

1 Au daselbst.

(Gekauft von „Dietzen Prawn.")

Oestr. Ms. Nr. 65, Fol. 104.

416.) 1457, 5. September, Wien. Eustach Wiser und seine Hausfrau Barbara.

Den Sitz zu Kelbershard mit seiner Zugehörung und 3 Hofstätte, dabei gelegen.

(Gnaden-Lehen für die Hausfrau. Gekauft [aber auf Wiederkauf] von Jörg Sewsenegker.)

Oestr. Ms. Nr. 65, Fol. 113.

417.) 1455, 19. April. Wolfgang Wolfstain (Sohn weiland Giligs des W.).

Urlaub bis zu seiner Mündigkeit, seine Güter zu geniessen.

Oestr. Ms. Nr. 65, Fol. 22.

418.) 1455, 3. Juni, Wien. Sigmund Wolkauf.

1 Hof zu Weitterstorf und 1 Mühle daselbst in Sippach, gelegen in Weiskircherpfarre;

it. 1 Gut genannt die „Heczen Öd" in Sand Mareinpfarre gelegen.

(Aufgegeben für ihn von seinem Bruder Conrad Wolkauf.)

Oestr. Ms. Nr. 65, Fol. 47, b.

419.) 1455, 19. April. Leupolt Wulczendorffer.

1 Hof zu Bruck an der Leitha mit dem „Rawhenturn" gelegen in der Stadtmauer;

1 Baumgärtlein davor und den hintern Garten „der stosset von dem zymerrain uncz an die Statmawr;"
it. 32 Eimer Weins Bergrecht an dem Honigperg, in dem „Marchaws;"
it. 6 Schilling Pfen. Gülte von der Weide auf dem Hainperg;" (?)
it. 2 Pfd. Pfeffer von dem „Stainpruch" daselbs;
it. 9 Schilling Pfen. Gülte auf behausten Gütern zu Hunezhaim;
it. 6 Joch Acker zu Altenburg bei dem „Atichprunn,"
und $^1/_2$ Baumgarten genannt der Altgarten.
(Sein Erbe.) Oestr. Ms. Nr. 65, Fol. 22.

1456, 27. September. Quirin Wulczendorffer. (Landesf.)
1 Hof gelegen zu Prugk auf der Leyta bey der Prugk.
(Gekauft von Haidenreich Lynnczer.)
Oestr. Ms. Nr. 65, Fol. 182.

420.) 1455, 23. Juni, Wien. Friedrich Wurmprant.
* Lehenschaft der herzogl. Herrschaft zum Wartenstein:
von einer öden Mühle „am Griess" 1 Pfd. Pfen. und von 1 Wiese 12 Pfen. und von 1 Hofstatt 6 Schilling Pfen. daselbst;
it. 5 Schilling Pfen. Gülte zu Gloknicz an der Zeyl von 1 Mühle und 17 Pfen. von 1 Acker in der „Schawfel;"
it. von 1 Hofstatt 59 Pfen. Gülte;
it. von 1 Haus (Smalcztegl sitzt) 6 Schilling Pfen.;
it. von 1 Hofstatt 84 Pfen. Gülte;
it. auf 1 Badstube $9^1/_2$ Pfen. Gülte;
it. auf 1 Gärtlein 12 Pfen. Gülte, alles daselbst zu Glocknitz;
it. auf Überländ Äckern 50 Pfen. Gülte in Glocknitzerpfarre;
it. von 1 Halt und 1 Aw gelegen niderhalb Stuppach bei der Swartzach 60 Pf.
(Sein Erbe.) Oestr. Ms. Nr. 65, Fol. 53.

1455, 23. Juni, Wien. K. Ladislaus P. verleiht auf Bitte des Friedrich Wurmprant seiner Hausfrau Ursula, Tochter weiland Wilhelm des Zwingendorffer aus besonderer Gnade 93 Eimer Most Weingülte und $3^1/_2$ Eimer Bergrecht zu Reichestorf gelegen.
(Ihr Erbe.) Oestr. Ms. Nr. 65. Fol. 53, b.

421.) 1455, 23. April, Wien. Jörg Wurniczer.
1 Hof zu Lewbein gelegen.
(Sein Erbe.) Oestr. Ms. Nr. 65, Fol. 24.

422.) 1455, 26. April, Wien. Erhart Zech.
Eine öde Veste zum Poppen in Waydhoferpfarre.
(Sein Erbe.) Oestr. Ms. Nr. 65, Fol. 28.

423.) Hanns Zeilacher.
Den Hof zu Lindwergk gelegen im Sturhemberger Gericht und in Waldorffer (Pfarre;)?
it. auf dem Hof zu Parczhaim und auf dem zu Wielatzdorf und auf dem Gut daselbst halben Zehend;
it. auf dem Gut „an dem aygen" $^2/_3$ Zehents;
it. zu Wegpach auf der Hub halben Zehend, gelegen in Pewrbacker gericht und waczenkircherpharr.
„Wann dye sein veterlich erb wern." Oestr. Ms. Nr. 65, Fol. 6.

424.) 1455, 13. Mai, Wien. Jörg von Zelking.
1 Hof am Hewperg;
it. 1 Lehen im Tal;

it. 1 Haus zu Stainakirchen;
it. 1 Weide auf der Strass;
it. 1 Acker und 1 Pewnt;
it. 1 Gut zu Ramplstorf;
it. 1 Gut an der Lochnitz;
it. 1 Gut auf der Schewsöd;
it. 1 Gut am Lehen:
it. 1 Gut auf der Strass;
it. 1 Gut auf der Haid;
it. 1 Gut am Polan;
it. 1 Gut am Pawngarten;
it. 1 Gut am Weingarten;
it. 1 Gut am Hollenrewt;
it. mehr 1 Gut zu Pawngarten;
it. 1 Gut im Dornech;
it. 1 Gut zu Lewten;
it. 1 Gut zu Prumyng:
it. mehr 1 Gut zu Lewtten;
it. der von Zinzendorf dient von 1 Acker 2 Pfen. Michaelis;
it. 1 Gut am Weingarten;
it. 1 Gut zu Darnachrewt;
it. 1 Gut im Sulczpach;
it. 1 Gut an Rosleinshofstat;
it. 1 Gut zu Praitenstain;
it. 1 Gut am Ganegk;
it. 1 Gut am Frisenegk;
it. 1 Gut am Schekhenrewt;
it. 1 Gut am Hof;
it. 1 Gut am Rasengraben;
it. 1 Gut am Wolfhartsschlag.
(NB. Non habuit literam feodalem.) (Sein Erbe.)

1455, 13. Mai, Wien. K. Ladislaus bestätigt dem Jörg von Zelking die Verweisung seiner Hausfrau Helene, Tochter weiland Albrechts von Volkenstorf, welche satzweise auf die obengenannten Lehen und einige andere Stücke, welche nicht Lehen sind, verwiesen wurde für 400 Pfd. Pfen. Heimsteuer und 600 Pfd. Pfen. Widerlegung.

Oestr. Ms. Nr. 65, Fol. 36, b.

1455, 17. Juni, Wien. Erhart von Czelking (für sich und Kristoff von Czelkingen).

Die Veste zum Weinperg;
it. die halbe Veste zu Zelking;
it. die halbe zerbrochene Veste Lenstain;
mit allen Manschaften, Kirchlehen, Zehenden, Wildbann, Fischweiden, Wäldern, Hölzern und allen andern ihren Zugehörungen;
it. halben Zehend zu Gerloss auf dem Marchfeld, kleinen und grossen.
(Ihr Erbe.)

1455, 17. Juni. K. Ladislaus gewährt denselben von Czelking auch die Gnade, dass es ihnen und ihren Erben unschädlich sein soll, wenn sie etliche Lehenstücke vergessen hätten, doch sollen sie selbe nachträglich empfangen.

Oestr. Ms. Nr. 65, Fol. 51.

1455, 30. Juni, Wien. Erhard von Zelking.

Zum Perchtolts auf 15 Lehen 15 Schillinge Pfen. Gülte und auf jedem 1 Herbsthun und 1 Faschinghenne;

it. zu Kueslag auf 6 Lehen auf jedem 60 Pfen. Gülte 1 Herbsthuhn und 1 Faschinghenne;

und auf Wolfgangs Weber Hofstatt 30 Pfen. 1 Faschinghenne,

und auf den Hofstätten der Mollierin und des Jörg Stainauf auf jeder 4 Pfen. Gülte;

it. zu Holczgarn bei Persenpewg auf 2 halben Höfen auf jedem 60 Pfen. und 2 Herbsthühner, und auf 1 Hofstatt daselbst 30 Pfen.;

it. zu Prandegk auf 1 Lehen 3 Schilling Pfen. und 2 Herbsthühner;

it. zu Oberlausnik auf 1 Lehen 6 Schilling 10 Pfen. daselbst auf 1 Lehen am Anger 50 Pfen. 4 Herbsthühner, 10 Käse à 3 Pfen., 4 Faschinghennen, 30 Eier;

daselbst auf 1 Lehen 50 Pfen. und 4 Herbsthühner, 9 Käse à 3 Pfen., 62 Pfen. Mohndienst, 4 Faschinghennen und 45 Eier;

it. zu Stainpach auf 1 Lehen 4 Schilling Pfen., 3 Herbsthühner, 8 Käse à 3 Pfen. 2 Faschinghennen, und 45 Eier;

it. zu Reidnigk auf 2 Lehen 4 Schilling Pfen., 2 Herbsthühner 2 Faschinghennen und 12 Käse à 3 Helbing;

it. zu Lestorf auf 2 Lehen auf jedem 30 Pfen. Gülte;

it. zu Radwanns auf 3 Lehen 7 Schilling 21 Pfen., 3 Herbsthühner, und 1 Faschinghenne, 11 Käse à 3 Helbing und 60 Eier;

it. zu Newsidel bei Sessing auf 3 Lehen, auf jedem 4 Schilling und 10 Pfen.

it. zu Newsidel bei Nannderstorf auf 1 Lehen 3 Schilling Pfen.;

it. zu Eyresperg auf 1 Lehen 60 Pfen., 3 Herbsthühner, 2 Faschinghennen, 6 Käse à 3 Helbing;

und auf 1 Lehen daselbst 70 Pfen., 3 Herbsthühner, 4 Faschinghennen;

it. zu Greuendorf bey Stokheraw auf behausten Gütern und 3 Feldlehen 6 Pfd. 5 Schilling, und 5 Pfen.;

it. Burgrecht auf Äckern und 1 Bienenstatt („Peinstat") 28 $^1/_2$ Pfen. daselbst bei Greuendorf.

(Eingewechselt von dem Abte zu Melk gegen andere Lehenstücke, die Er [Ladislaus] dem Kloster zu Eigen machte.)

Oestr. Ms. Nr. 65, Fol. 56.

425.) 1455, 12. Mai. Ulrich Zeller.

Den Sitz zu Oberndorf und den Zehend zu Freyling in Offtheringerpfarre;

it. 1 Hof auf dem Traunfeld und 1 Acker bei Marchtrenk in Herisingerpfarre gelegen;

it. 1 Fischweide „auf der Nern die sich anhebt an Wenczl des Stainberger vischwasser, das zu dem klainen hof gehoret und an allen gestatten des wassers nach ab als verr die grunt geent die in den Awhof gehörnt;"

und allen Wildbann auf den Gründen, die in denselben Auhof gehören im „Achland in Perkhircherpfarre gelegen;

it. den Schalhof und 1 Hofstatt dabei, in Gutauerpfarre gelegen.

(Sein Erbe.) Oestr. Ms. Nr. 65, Fol. 35.

1456, 13. Jänner, Wien. Tibolt Zeller (für seine Hausfrau Dorothea).

1 Hof, gelegen zu Herestorf auf dem Bach, der da rinnt aus der Seewiesen, mit seiner Zugehörung.

(Gnaden-Lehen, ihr Erbe.)

Oestr. Ms. Nr. 65, Fol. 82, b.

426.) 1455, 2. December, Wien. Wolfgang Zěrtl (für sich und seine Hausfrau Elspet).

2 halbe Huben zu Fudleiten und auf denselben Huben ganzen Zehend;

it. $^1/_2$ Hof zu Reuthaim und auf 2 Höfen daselbst ganzen Zehend in Pramkircherpfarre gelegen;

it. ganzen Zehend auf 1 Gut zu Feyleysen in S. Marienkircherpfarre gelegen;

it. auf 1 Gut zu Krugelling, und auf 1 Gut auf dem Pokan (?) ganzen Zehend, in Hagerpfarre gelegen;

it. 1 Gut zu Pusing bei den Gatern und

1 Gut zu Perghaim in Gerbalczkircherpfarre gelegen.

(Ihr Erbe.) Oestr. Ms. Nr. 65, Fol. 79, b.

427.) 1455, 12. Mai. Jörg Czindorffer.

Den Zehend der da liegt „umb den Stêcz" und „auf dem Stetz;"

it. das Landgericht mit seinen Zugehörungen und Marken in „Grossner- und Lunczer-Pfarren gelegen.

(Sein Erbe.) Oestr. Ms. Nr. 65, Fol. 35.

428.) 1455, 9. Mai. Hanns Zinispan (für sich und seinen Bruder Heinrich Zinispan).

1 Gut am Praittenperg in S. Oswaldspfarre in Freystädter Landgericht gelegen.

(Ihr Erbe.) Oestr. Ms. Nr. 65, Fol. 34, b.

429.) 1455, 19. April, Wien. Wolfgang Czisterstorffer.

1 Hof zu Eberstorff bei Zisterstorf gelegen mit seiner Zugehör;

it. 1 ganzen Raifal Weingarten daselbst zu Eberstorf gelegen;

it. 5 Pfd. 6 Schilling Pfen. Gülte auf behausten Gütern auch daselbst zu Eberstorf und 3 Schilling 2 Pfen. auf 3 Hofstätten zu Zisterstorf in der Vorstadt.

(Sein Erbe.) Oestr. Ms. Nr. 65, Fol. 23.

1455, 9. Juni. Wolfgang Czisterstorffer.

1 Hof zu Wulfleinstorf nächst dem Eigenhof des Hanns Morspekh gelegen;

it. 57 Jeuchart Acker daselbst und 5 Schilling und 10 Pfen. Gülte gelegen auf 5 behausten Hofstätten daselbst zu Wulfleinstorf, deren jegliche auch 2 Hühner dient, alles in den obgenannten Hof gehörig;

it. 1 Haus gelegen in der Stadt zu Bruck bei der Leytta („und stosset hintten an des Assaber haws und neben an der Wunnsamyn haws");

it. ein Fischwasser auf der Leytta zu Wulfleinstorf „von der Mulprugk unez an den Steg zu der Padstuben."

(Durch Vermächtniss des weiland Hanns Morspekh und seiner Hausfrau Katharina.) Oestr. Ms. Nr. 65, Fol. 49.

1455, 10. Juni, Wien. Wolfgang Czisterstorffer.

Zu Aichorn 42 Pfd. und 18 Pfen. Gülte und daselbst auf 15 ganzen Lehen und 3 Hofstätten Weinzehend und Getreidzehend, gross und klein;

it. zu Nidern Nusch $4^1/_2$ Pfd. und 24 Pfen. Gülte und 2 Fass Wein Bergrecht;

it. zu Gösting auf 6 Lehen Weinzehend und Getreidzehend, gross und klein, zu Feld und zu Dorf;

it. zu Swabdorf auf Überländ 6 Schilling und 12 Pfen. Gülte;

it. den Mairhof zu Aichorn mit seiner Zugehör;

und das ganze Dorfgericht daselbst und den Teich und die Mühle, alles zu Aichorn gelegen;

it. 5 Pfd. und 6 Schilling Pfen. Gülte auf behaustem Gut zu Eberstorf in Dresingerpfarre gelegen:

it. darnach 15 Schilling Pfen. Gülte auf 3 halben Lehen gel. im Rorpach;

it. darnach auch 12 Pfen. Gülte zu Haimburg gelegen auf der Freyung.

(Sein Erbe.) Oestr. Ms. Nr. 65, Fol. 49, b.

430.) 1455, 25. April, Wien. Valentin Zumherumb.

Das Marchfutter um Waidhofen auf der Ybs in Alatsperger- und Piberbacher-Pfarren gelegen.

(„was das“ von Thoman Grabner gekauft ist.)

Oestr. Ms. Nr. 65, Fol. 25, b.

431.) 1455, 6. Juni, Wien. Erhard Zwingendorffer.

Ein Sechstel Zehend zu Prawnsdorf auf der Smida und 10 Schilling Pfen. Gülte auf 2 behausten Holden auch daselbst gelegen zu Prawnstorf, die dienen (Jörg Spetl) 5 Schilling aüf St. Michelstag von $^1/_2$ Lehen und (Ulrich Taman auch) 5 Schilling von $^1/_2$ Lehen am St. Michelstag.

(Sein Erbe.) Oestr. Ms. Nr. 65, Fol. 68.

„Beruffzedel der Lehen.“

„Hort und lost hort lost. Ew tut unser gnedigister Herr Kunig Lasslaw „zu wissen daz sein kunigclich gnad alle die lehen seins furstentums Österreich „niderhalb und ob der Enns, die von seinen kunigclichen gnaden zu lehen geent „auf sand Jorgentag schiristkunftigen leihen wil oder emphelhen zu leihen, als „solher Lehen und Lannds Recht ist.“

„Emphelhbrief in Stet und Mërckt die bemelten Lehen zu beruffen.“

Wir Lasslaw von gots gnaden zu Hungern zu Behem Dalmacien Croacien etc. Kunig Herczog zu Österreich und Marggraue zu Merhern etc. Embieten unsern getrewn lieben n. allen und yeden Richtern und Rëten in unsern Steten und Mërckten unsers Furstentums Österreich niderhalb und ob der Enns den der brief geczaigt wirdet unser gnad und alles gut. Wir senndeu ew hiemit ain Beruffzedel unsrer Lehen desselben unsers Fürstentums Österreich. Emphelhen wir ew ernstlich, daz ir dieselben unsre lehen an ewrn wochenmerckten offennlich beruffen lasset nach lautt derselben zedel. Daran tut Ir unser mainung. Geben zu Wienn an sand Mathias tag des heiligen zwelfpoten Anno domini etc. Quinquagesimo quinto.“ (1455, 24. Februar.)

Oestr. Ms. Nr. 65, Fol. 7, b.

1455, 3. März. „Vermerckt, daz unser gnedigister Herr Kunig Lasslaw zu Hungern zu Behem etc. Kunig, Herczog zu Österreich und Marggraue zu Mërhern etc. hat seine lehen die von dem Fürstentum Österreich zu lehen geent beruffen lassen zu leihen auf sand Jorgentag schiristkunftigen, darauf hat sein kunigclich gnad gelihen die hernachgeschriben lehen. Actum an Montag nach dem Suntag Reminiscere in der vasten. Anno domini etc. quinquagesimo quinto.“

Oestr. Ms. Nr. 65, Fol. 8.

№ 19. **NOTIZENBLATT.** 1854.

Beilage zum Archiv für Kunde österreichischer Geschichtsquellen.

Herausgegeben von der historischen Commission

der

kaiserlichen Akademie der Wissenschaften in Wien.

II. „Oesterreichische Geschichtsquellen."

4.) Urkundliche Beiträge zur Adelsgeschichte.

I. Die Herren von Wallsee, im 14. Jahrhunderte.

(Fortsetzung.)

114. 1367, 28. October, Wien. Friedrich, Sohn des verstorbenen alten Schrannschreibers Herrn Heinrich, Bürger zu Wien, und seiner Hausfrau Elsbeth, verkaufen der Frau Katharina, Witwe des Herrn Heinrich von Waltsee von Drosendorf um 132 Pfd. Wienerpfenning mit Erlaubniss ihres Grundherren des Herrn Abbtes Clemens zu den Schotten ihr Haus mit Zugehör, gelegen in der „Suninger" Strasse zu Wien nächst dem Haus Meister Conrads des Maurer, das ihr rechtes Kaufgut ist „daz wir mit ein ander mit gesampter hant erarbait und gechauft haben;" man dient jährlich davon 4 Pfenning Grundrecht dem Schottenkloster und 1 Pfd. Wienerpfennige Burgrecht „daz ewige ist" und den deutschen Herren zu Wien 2 Pfd. „die abzelosen sint mit 16 Pfd." und Herrn Heinrich dem Kaplan zu St. Stephan auf St. Katharinen-Altar 3 Pfd., die abzulösen sind mit 24 Pfd. und in die Zeche der Flemming zu Wien 1 Pfd., abzulösen mit 8 Pfd. Wienerpfennige zu Burgrecht.

Versiegelt durch sein Siegel, das Siegel des Grundherren (Schotten), das Siegel Herrn Thomans des Swêmlein zu den Zeiten Bürgermeister zu Wien, und das Siegel des Herrn Herman von Eslarn, zu den Zeiten des Rates der Stat ze Wienne.

Orig. Perg. 4 Siegel (Nr. 3 abgestreift). Haus- und Staatsarchiv.

115. 1368. 3. Mai. Ich Fridreich von Waltse zu den zeiten Lantmarschalich in Österreich ich Ott der Floyt und | ich Jans der Fritzestörffer und alle unser erben wir vergehen offenleich mit dem brief, das | wir unverschaidenleich gelten sullen Judmann dem Juden ze Wienn und seinen erben | fümfczig phunt wienner phenning, der wir si wern sullen an sand Michelstag der | schierist chumt. Tun wir des nicht so sol denne fürbaz gesuch darauf gen auf ein | igleich phunt drei wienner phenning alle wochen. Si sullen auch paide hauptgût und | schaden haben ouf uns unverschaidenleich und ouf allem unserm gut, das wir haben | in dem Lande ze Österreich, da von In denne unser herre der Hertzog in Österreich | oder wer den gewalt an seiner stat hat an alles fürbot und an alle chlag phand | antwurtten sol wa si darauf zaigent wenne si sein nicht lenger geraten wellent | als verre daz si paide hauptguts und schadens gar und gantz da von verricht und | gewert werden wir sein lebentig oder tod. Und sullen ouch wir si umb haupt | gut noch umb schaden weder hintz hof, noch an chain gewaltig hant, noch inndert | alswahin schaffen denne daz wir si selber irs guts wern sullen. Daz loben wir In | an alles geuer ze laisten mit unsern Trewn. Und des ze urchund geben wir In den | brief versigilten mit unsern Insigiln. Der brief ist geben ze Wienne nach Christi | gepürt dreützehen Hundert iar, darnach in dem acht und sechtzigistem iar, an dez | heiligen Chreűzs tag als es funden ist.

Orig. Perg. 3 Siegel. Haus- und Staatsarchiv.

19

116. 1368, 7. Mai. Ich Niclа der Grawzzüngsrawtter Ich Wernhart der Mörlein Ich Ekkölf Ich Lyebhart Ich Albrecht Ich Andre | Ich Rueger Ich Jans die Grawzzungsrawtter mit sampt allen unsern vrewnten wir vergehen öffenlich und tůn chunt | mit dem Brîf allen den die in sehent horent oder lesent umb die vanchnůzz, die mîr obgenanten Niclan | und Philippem meinem vettern den got gnad von unsers gnädigen Herren hern Eberhartz von Waltse wegen zden| zeiten Haůptman ob der Ens dacz dem Newnmarkcht geschehen ist und mîr vorgenanten Ekkolf dacz Newn | burch geschehen auch ist, und die Hylprant von Albreczhaim getan hat, der zden zeitn Phleger ze Tråtteneck| gebesen ist und umb alle die schaeden die sich ze paider seitt van der selben vanchnůsz wegen ergangen habent | in Tůren in Stökchen an leib oder an guet luczzel oder vil wie die gestallt oder genant sind. Da ist uns unser| obgenanter Herr von Waltse unser lieber gnaediger Herr umb warden und alle sein dîner unser getriw vreůnt auch | vmb warden an alle arig listt. So sey wîr egenant Nicla und Ekkolff und alle unser Vettern und vreunt | alz wîr oben an dem Brîf benant sein, auch hin wider slechtleichen und getriwleichen an allez geuürd îr aller | getriwer vreůnt worden umb die selben sach alz oben benant und verschriben ist, swie sich die sach ze paider seitt her vergangen hat unczt auf den hewttigen tag. Also daz wir alle Grawzzüngsrůwtter die oben an dem | Brîf benant sind, wider unsern egenanten gnaedigen Herren Hern Eberharten von Waltse und wider alle die seinen | umb die selben obgenanten geschriben sach nimermer in dhainen weis tůn schullen wenig noch vil und welher | daz waer, der daz uberfůr und dez beweist wůrd, so schullen die andern alle wann man sew darumb | vodert an alz verczichen mit einander unserm offt genanten Herren Hern Eberharten von Waltse in seinem hof dar| umb laisten und nymermer awschomen unczt wir sein huld und sein gnad darumb vahen gancz und gar. Daz die redd also staett und unczebrochen beleib, daruber zu einem vesten waren staetten urchůnd| gib ich obgenanter Ekkolf der Gråwzzüngsrawtter den Brîf versigelten mit meinem anhangunden Insigel und | mit dez Erbern Herren Hern Reychers dez Růdenberger und mit Fridreichs dez Helfter zden zeitn phleger| ze Schårding an dem Tůrn und mit Ulreichs dez Langveilder zden zeiten Phleger an dem Newn Haůz| ze Schůrding daselbs anhangunden Insigeln versigeltn und die si habent angelegt durich unser vleizzig | pet willen zu einer czeugnuz den drin an schaden und auch îren Erben. Darhinder wîr uns obgenanten Nicla| und Wernhart und Lyebhart und Albrecht und Andre und Rûger und Hans die Grawzzungzrawtter | alle mit einander unverschaidenleich verpinten mit unsern triwen an aytzstatt allez daz staett ze behalten und zu | volfůren daz oben an dem Brîf verschriben ist, wand wir selber zder zeit nicht aygen Insigel gehabt haben.| Der Brîf ist geben do man czalt von Christez gepůrd Drewczehen hundert Jar und darnach in | dem acht und Sechczikchisten Jår, dez Sůntag nach sand Philipp und sand Jacobstag der zwelifpoten. |

Orig. Perg. 4 Siegel. Hausarchiv.

117. 1368, 22. Juni. Ich Hainreich von Waltse von Drosendarff zu den zeiten gesezzen ze Merchenstain vergich und tůn chunt offenleich an | dem brief alle den die in sehent und hörent lesen umb die ůcht hundert phunt wiener phenning, der ich und mein | Prueder her Fridreich von Waltse von Potenstain mer haben auf dem Satzze ze Drosendarff danne ůnser vettern | von Waltse von Enschesueld, als die brief sagent die ich und der egenant mein prueder her Fridreich besunder | leichen ze einem aufslag von ůnsern Herren von Osterreich dorumb haben. Daz ich meineu vierhundert phunt | phenning die mich do van an gevallent schaff demselben meinem Prueder her Fridreichen von Waltse von | Potenstain und seiner Tachter vrowen Agnesen Hainreichs von Czelting (?) Hawsurow also ob ich e ab ge mit | dem Tud e mein Prueder her Fridreich so schol er und die egenant sein Tachter mit den vargenanten | vierhundert phunt phenning fůrbaz allen ieren frumen schaffen, machen und geben swem si wellent an allen | chrieg und gib in dor ůber ich Hainreich von Waltse von Merchenstain den brief zu einem offen ürchunde | der sache versigelt mit meinem anhangundem Insigel und mit meines vettern Insigel Hainreichs von Waltse | des iungen von Drosendarff gesezzen datz Enschesueld und mit hern Wolfgangs Insigel von Winden, die paid der | sache geczeug sint mit ieren Insigeln. Der brief ist geben noch Christes gepuerd Dreutzehen hundert Jar | dornoch in dem acht und sechtzigistem jar des nochsten phintztages var sand Johans Tag ze Sunnebenten.

Orig. Perg. 3 Siegel (1 abgestreift, 2 da, 3 fehlt). Haus- und Staatsarchiv.

118. 1369, 13. December. Heinrich von Walsee von Drosendorf und sein Bruder geben ihrem Amtmann „in dem Altenwerde," Jacob und seiner Hausfrau Chunigund und ihren Erben ihre drei Theile an der Wiese nächst dem Rumpler gelegen „di uns ledich warden ist von Hern Jorigen (?) dem Praitenaicher" als ein freies Burgrecht gegen jährliche 12 Pfen. Burgrecht „in den altenwerde."

Zeuge (mit seinem Siegel) sein (Walsee's) Oheim Heinrich von Liechtenek.

1369, phincztag Lucie.

Von aussen: „Daz ich ein wizz hab gelost umb xx tal. den."

(Schadhaft.)

Orig. Perg. 2 Siegel (Nr. 1 fehlt). Haus- und Staatsarchiv.

119. 1370, 15. Juni. Ich Fridreich von Waltsê, hern Eberharts sêligen sun von Waltsê, weilent Houptman ze Drosendorf. Vergich und tůn chunt allen den, die den brief lesent oder hôrent lesen, die nu lebent und hernach chůnftig | sint. Das ich mit aller meiner Erben gůtem willen und gunst, mit wolbedachtem můte und nach rate meiner nêchsten und pesten vrewnde zu der zeit, do ich es wol getůn mochte verchoufft und gegeben han meinen | lieben Vettern hern Hainreichen von Waltse, houptman ze Drosendorf und seinen Průedern und Ulreichen von Waltse irm vettern, hern Hansen sêligen Sůn von Waltse irs průders und allen irn Erben, alle mein hab und gůter | als si hernach an dem brief verschriben und benant sint. Von erst meines rechten aygens allen meinen tayl, den ich gehabt han an der Veste Merkchenstain und an der Veste Huettenberch und alles das das zu meinem Tayl der | selben zwayer Vesten gehôret, Laeůte und Gůt, Kirichlehen, Manschaft. Erbuogtay und ander Vogtay, Wâeld, Wismat, aêkcher, holden, phenninggůlt, behausts und ůberlent in urbar ze holtz ze velde und ze dorffe es sei gestifftet oder | ungestifftet, versůcht oder unversůcht, wie so das genant ist. Und allen meinen tayl, den ich gehabt han an dem Altenwerde, mit Ottental und mit alle dew und darzů gehôret es sei aygen lehen oder pürchrecht wie das genant ist | und alleu meineu gůter die ich gehabt han ze Ringleinstorf und ze Mistelbach, wie die genannt sint, die rechtes aygen sint. Und allen meinen tayl den ich gehabt han an dem Haus gelegen ze Wienne gegen der Půrkch über und | an dem weyngarten gelegen ze Dornpach, genant der Chůppherl der purchrecht ist und alle mein weingaêrten die ich han in dem Lande ze Osterreich si sein aygen pürchrecht oder perchrecht wie die genant und wa die gelegen | sint. Und mit meines Lehenherren hant des hochgebornen fürsten meines genêdigen herren Hertzog Albrechts ze Österreich ze Steyr ze Kernden und ze Chrayn Graf ze Tyrol etc. meins rechten lehens, das ich von im ze lehen ge | habt han allen meinen tayl an der Manschaft der veste in der Dornaw und alles des, das zu derselben veste gehôret wie so das genant ist, und allen meinen tayl den ich gehabt han an dem Markchte ze Lewbestorf, an dem Gerichte | an der mautte, an dem zolle und an den holden daselbens und an allen dem wismat, das darzů gehoret. Und mit willen und gunst meiner genedigen herren, der hochgebornen fürsten, Hertzog Albrechts und Hertzog Leuppolts ze Österreich etc. | meines rechten Sattzes allen meinen tayl den ich gehabt han an Drosendorf, an Weikchertslag und an Potenstain und an alle dew so zu denselben Saettzen gehôret, wie so das genant ist mit allen den nůtzen, ern und rechten, so die | brief weysent, die von den Fürsten von Österreich darůber sint. Darzů han ich verchoufft allen andreu meineu Gůter die ich indert han Laeůte und gůt,

19*

Kirichlehen, Manschaft, gerichte, vogtay, waelde, vischwayde, holden, phenniggült, | getraydgült, perchrecht, zehenten, weyngült und welherlay gült oder dienst das ist behausts und überlent weingaerten wismat aekcher Stökch und Stayn, in urbar ze holtz ze uelde und ze dorffe gestifftet und ungestifftet versücht | oder unversücht, aygen, pürchrecht, perchrecht erbgüter und saettze lehen von wem ich die ze lehen han gehabt es sei von Layenfürsten von Bischöfen, Äbbten, Abbtessinnen oder wie die genant sint und wa die vorgeschriben güter| alleu ligent in dem Lande ze Österreich enhalben der Tünaw und hiedishalben der Tünaw und in dem Lande ze Steyr oder wa si gelegen sint, si sein mich anchömen von meinen Enen und Anen, von Vater und von Müter von | meinen hausurowen oder wie si mich anchomen sint. Die vorgeschribenen hab und güter alleu gantz und gar, alles inbeslozzen und nichts ausgenomen han ich den vergenanten meinen Vettern Hern Hainreichen von Waltse und ! seinen Prüedern, Ulreichen irm vettern und allen irn Erben recht und redleich verchoufft und gegeben mit allen den nützen ern und rechten, als si von meinen vordern seligen an mich chömen sint, und als ich das aygen in aygens|gewer, das lehen in lehens gewer, das pürchrecht in pürchrechtes gewer, das perchrecht in perchrechtes gewer, und die Saettze in Sätzung gewer herpracht und innegehabt han umb sechs Tausent phunt phenninge | wienner münzze der si mich gantz und gar verrichtet und gewert habent, und die si hintz Christen und hintz Juden an der geltschulde bayden houptgüt und Schaden damit ich bechumert und beladen pin gewesen für mich | gegeben und vergolten habent, alsuerre dieselben sechs Tausent phunt gelangen mochten, also daz die vorgenanten mein Vettern her Hainreich von Waltse und sein Prueder Ulreich von Waltse, ir vetter und alle ir Erben|alleu mein hab und güter die ich indert überal gehabt han als vor an dem brief verschriben und benant ist, süllent fürbas ledichleich und vreyleich haben besitzen niezzen nützen und allen irn frumen damit schaffen | verchouffen versetzen schaffen machen geben und fuegen wem si wellen und alles das damit tün und wanndeln, das In allerpest fuegt und wolgeuellet an allen chrieg und an allen irresal. Und han ouch ich ob- | genanter Fridreich von Waltse für mich und für alle mein Erben mich der vorgeschribenen hab und güter aller lötterleich verzigen und fürtzicht getan und verzeich ouch mich der gantz und gar mit dem briefe also daz | ich noch dhaine mein Erben fürbaz ouf dieselben hab und güter alleu noch ouf dhain Stukch darunder nimmermer chain ansprach recht tayl vodrung warttung noch zuversicht haben noch gewinnen süllen in dhainen wegen | weder umb vil noch umb wenig. Und settz ouch mich den offtgenanten meinen Vettern Hern Hainreichen von Waltse seinen Pruedern Ulreichen von Waltse irm vettern und allen irn erben über die vorgeschribenen | hab und Güter alleu ze rechten Gewern und scherm für alle ansprach über das aygen als aygens recht ist über das lehen als lehens recht ist, über das pürchrecht als pürchrechtes recht ist über das perchrecht als perch | -rechtes recht ist über die Saettze als Satzung recht ist und des Landes recht ze Österreich. Und das der Chauf die fürtzicht und hanndlunge fürbas also staet und unzerbrochen beleibe. Darüber so gib ich für mich | und für alle mein Erben In den gegenbürtigen brief zu einem waren offenem urchünde und ze einer ewigen vestnung der Sache versigilten mit meinem angehangen Insigil und mit meiner zwayer aydemen Insigiln | Hainreichs von Zelkingen und Janen, Hern Janen Suns von Mezerietzsch und mit des edeln meines lieben herren und Öhayms Insigil Graf Hermanns von Zily und mit der erbern herren Insigiln meines Swagers hern | Wernharts von Meichssow oberistes Marschalichs in Österreich und meiner Öhaymen hern Haydenreichs, von Meichssow obristes Schenkchen und ze den zeiten Lantmarschalich in Österreich und hern Seytzen von Küenringen | von Seuelde und mit meiner Vettern Insigiln hern Hainreichs von Waltse von Ens, und hern Rüdolffs von Waltse und mit meiner Öhaymen Insigiln hern Wolfgangs vonn Winnden, hern Stephanns von Toppel und | Hern Hainreichs von Liechtenekke und mit der erbern vesten Ritter Insigiln, hern Ulreichs von Neydekke und hern Chünrats von Weytra, die alle ze einer gezeugnüzze der vorgeschribenen hanndlunge und sache irew | Insigiln an den brief gehangen habent. Der geben ist ze Wienne nach Christes geburt Drewtzehenhundert iar, darnach in dem Sibentzigistem Jare an sand Veyts Tage.

Orig. Perg. 14 Siegel (9 sind da, 3 sind abgestreift, 2 fehlen).
Haus- und Staatsarchiv.

120. 1370, 23. Juni, Wien. Reimprecht von Waltse von Ens erklärt, dass er seiner Frau Katharina, Tochter des Herrn Hanns von Lichtenstein von Nicolsburg 900 Pfd. Pfen. Morgengabe versprochen hat, 1 Monat nach dem Beilager zu entrichten, entweder bar, die dann nach Rath der Freunde angelegt werden sollen, oder mit dem Werthe. Als Bürgen setzt er: „den edeln herren Graf Herman von Zily hern Choln von Saeldenhofen,“ seinen Bruder „Herrn Rudolf von Waltse, hern Wolfgangen von Winnden, Hern Hainreichen von Waltse von Ens und Herrn Heinreichen von Waltse von Drosendorf seine Vettern.“ Dieselben sollen auch, wenn die Zahlung verzögert wird, leisten.

(Es soll) „unser igleicher einen erbern rittermezzigen Chnecht selbandern mit zwain pherten des nechsten tages darnach (nach der Aufforderung durch den Vater Lichtenstein etc. etc.) ze wienn in ein erber gasthous senden wa uns der hinzaigt der den brief innhat, und sullen die da inneligen und laisten als inneligens und laistens recht ist und da nimmer auschomen es werde ê die vorgenant vrow Kathrei der egenanten 900 phunt . . . verrichtet und gewert.“

(Zerschnitten.) Orig. Perg. 7 Siegel (Nr. 3 und 7 fehlen).
Haus- und Staatsarchiv.

(Fortsetzung folgt.)

2.) Zur Geschichte der Stadt Wien.

Mitgetheilt von Albert von Camesina.

(Fortsetzung.)

Vermerkcht die heyschütler vor dem Rotentûrn vnd dient zu drin tägen.

It. von erst der wagnêr jm werd ain hütten vnd dient da von xij ß den. It. die preindlin ain hütten vnd dient da von ½ Pfd. den. It. Peter Schêbler zwo hütten vnd dient von yeder ½ Pfd. den. It. Ampptman jm werd ain hütten vnd dient da von ½ Pfd. den. It. Jacob Rüden kinder ain hütten vnd dient da von ½ Pfd. den. It. die Pruklynn jm werd zwo hutten vnd dient von yeder ½ Pfd. den.

Vermerckt die Newen Heyhutten der sind vj vnd sind verlassen.

It. Ambtman jm werd servit ij Pfd. den. It. Dannkhart Stamer servit ij Pfd. den. It. Jorg Toller servit ij Pfd. den. It. Philipp Hager servit ij Pfd. den. It. Hanns von Schiltarn servit ij Pfd. den. It. Christan Merhel servit ij Pfd. den.

Hie ist vermerckcht der dinst der da geuelt von wysen vnd gehôr auch in das Ambt jm obern werd.

It. Oswald Huebschreibêr dient von ainem garten des vormals zwen sind gewesen Micheli ½ Pfd. j den. It. Her Hanns Scharffenperiger dient von ainer wysen die des keser ist gewesen LXXV den. It. Peter Mayer Gylig sein brueder Anna ir Swester kathrey die Raydlin Angnes die plömlin vnd hanns des schön Niclas sun vnd wendelmuet die Schärnlin habent geribt die wis dy des chêser ist gewesen vnd dienen da von Micheli lxxv den. It. Wenndelmuet Schörnndlin hat versazt iren tayl dem Müschen juden. It. Hanns Stichel dient von seiner wysen Micheli xxiiij den. It. Hanns Scharffenperger dient von ainer wisen xxiiij den. It. Hanns Füchsel dient Micheli xl den. sein zwo tochter die er hey der jungen Zingkin gehabt hat. It. Andre Chellermaister dient Michael xxiiij den. It. Mathias vobürger dient von ainer wysen Michel xxiiij den. It. Reinprecht Grabnêr Margret vxor dient von ainer wis Michel liij den. It. Sigmund Tümesdarffer hat gebenn nütz vnd gewer von der benanten wis Actum christi xviij° im phinztag nach Michael vnd dient da von liij den. It. Jost vom Graben dient von seiner wisen di ym fraw wendelmût sein hawsfraw geschafft hat xij den.

Die ander zeil im Obern Werd.

It. Chunz Gall vnd Margret vxor et heredes dint von ainem garten vnd haws Micheli xxxviiij den. Ibidem Elspet sein tochter, Hainreichs Zerskôphleins hawsfraw vnd hat es irem man gemacht Actum Martin xviiij° on er sey vberlebt seines frumen damit schaffen. It. Sigmund Ernst dient von ainem haws vnd garten Michael xij den. It. Sigmund Tûmesdarffer hat geben nutz vnd gwer von dem genanten haws Actum anno etc. xviiij° an phinztag nach Michael vnd dient da von xij den. Micheli. It. Herman Ezenfelldêr von ainem haws vnd garten hinden daran dient xviiij den. j obol. Michaeli. It. Her Hanns Benedictêr Orden Hermans des Ezenfellder bruder sun hat enphangen nuz vnd gewer ains haws vnd garten hinden daran gelegen vnder den Segnern nach jm haltung seins vetern gescheft vnd dient Michaeli xviiij den. obol. It. Hanns Panttschneyder Agnes vxor dient von ainem garten j den. Michaeli vnd der benant Hons hat seiner hawsfrawen Angnesen geschaft den garten ledigkleich ut testamentum sonat in libro ciuitatis. It. die genant angnes hat gemacht denselben garten irem wirt Merten dem hülber nach irem tod ledigkleich allen seinen frumen do mit zu schaffen. It. Hawg Garttner dient von garten j den. Michel. It. Mertt der Hülber Ambttman jn dem obern werd Angnes sein hawsfraw dient von ainem garten Michael j den. ut litera sonat. It. Elspet Chunrats vischer hawsfraw hat emphangen die gewer aines garten vnd dient Michaeli ij den. j obolus. It. Chunz von Stêmesdarf dient von ainem garten Michaeli ij den. j olobus. It. Anna des Chunzens witib der Elspetn tachter vnd hensel vnd kathrey ir Enykchel habent auch enphangen die gewer. It. Hanns Panttsneyder Angnes vxor dient von ainem garten vnd irem haws Michaeli xxxviiij den. It. Mertt Mayer Dorothea vxor dient von jrem haws vnd garten Michaeli xxxviiij den. It. die frawen von Sand Maria magdalen dient von ainem garten genant der Seser Michaeli lxxviij. It. Mertt panttsneyder kathrey vxor dient von ainem garten Michaeli ix den. j obolus. It. Mertt panttsneyder kathrey vxor dient aber von ainem garten Michaeli ix den. j obolus. It. Diettreich obser dient von seinem haws vnd garten LXXVIJ den. It. Phillipp des Mathes Topplêr Sun dient von seinem haws vnd garten LXXVIJ den. It. Angnes Chunrats des Grünwalder witib dient von ainem garten den jr wirt geschaft hat Natiuitas xviiij den. j obolus. It. Hanns Chlainphêfl vnd kathrey sein Hawsfraw vnd ir baider eriben habent emphangen Nutz vnd gewer eines garten vnd dient Michael ij den. j obolus. It. her Andre von zwetel des füchsel Chapplan dient von seinem haws vnd garten Natiuitas xviiij den. j obolus. It. Die frawn von Sand Maria Magdalen dient von ainem garten genant der Vankch Geory LXVIIJ den. It. Jost vom Graben dient von ainem garten genant der vangkch des weylent vir gêrten gewesen sind Geory LXXX den. It. Jacob Hawg Garttner dient von ainem garten genant wildekk Geory et Michael xl den. vnd ist jm vnd seinem sun lienharten geschafft von larenzen dem Rêdlêr ut litera. It. Linhart Hawg dient von ainem garten genant willdek Geory et Michael xl. den. It. Hanns Panttschneider Angnes vxor dient von irem garten der ain haws gewesen ist j den. It. er hat daraüff geschafft zu ainem iar tag zu den weyssen brüdern all jar lx den. ut testamentum sonat Actum etc. anno xviiij°. It. Chunradt Lêmpershaimer der alt Schranschreiber dient von ainem garten genant willdek Geory et Michel xl den.

Nota den dienst von den Chleuhofen vnder den Flözêrn Enhalb des Grabens der jn das Amppt jm obern werd gehort.

It. Thoman Helbling diennt von seinem Cheubhof Michael xij den. It. Hanns Scharffenperger dient von seinem hof xij den. It. Hanns Gerstler dient von seinem hof x den. It. Jorig Gerstler dient von seinem hof xij den. It. Hanns Seydleins flözer sun dient von ainem kleubhof der Hern Hansen kolblein vicary zu Sand Stephann gewesen ist Michel et Geory ze ydem tag xx den. facit xl den. It. der Ruederhof ist der Stat den haben dy chamrer hin lassen dem Desner all jar vmb j Pfd. den. It. Hanns Wunnsam dient von seinem hoff Geory et Michael zu yedem tag xx den. facit xl den. It. Andre Pawngartenperger dient von seinem kleubhof Geory et Michael zu iedem tag xx den. facit xl den. It. Dietel Gozman dient von seinem kleubhof Geory et Michael xl den. ibidem Margret sein tachter lienharts panhawser hawsfraw dient xl den. It. Niclas weyderfelldër dient von seinem kleubhof Geory et Michael xl den. It. Peter flözer vnd Anna sein Hawsfraw dient von ainem kleubhof Geory et Michael xl den. vnd ist ihr kawffts gut. It. Pangrêtz Hederstorffer Elspet vxor et heredes eiusdem Pangracy dient Geory et Michael xl den. It. Lienhart Hederstorffer hat emphangen Nüz vnd gewer aines kleûbhofs vnd dient Geory et Michael xl. den. It. Herman Ezenfellder dient von seinem kleubhof der weylent Niclasen des Stainer gewesen ist Geory et Michael xl den. It. Vlreich Gundloch et heredes habent emphangen nütz vnd gewer ains kleubhof nach jnn halltung seines vettern geschefft Hermans des Ezenfellders da von man dient Geory et Michael xl den. It. Andre Chelermaister dient von seinem hof Geory et Michael xl. den. vnd der kellermaister hat geschafft den kleubhoff, der Micheln freinperiger kinder petrem vnd vlreichen vnd sind darumb kömen an nutz vnd gwer nach des gescheffts lawtt vnd sag Actum feria sexta post Reministe (?) anno etc. xx°. It. Maister Vlreich Grunwalder dient von seinem hof Geory et Michael xl. den. It. Michel Pawngarttner dient von seinem kleubhof Geory et Michael xl den. It. Seidel flözer dient von seinem Hoff Geory et Michael xl den. It. Angnes Merttel des pekchen hawsfraw dient von irem hof Geory et Michael xl den. ut litera. It. Alex Schernhaymer vnd sein eriben dient von ainem kleubhof Geory et Michael xl den. ut litera sonat. It. Michel weroplêzl Elspet vxor dient von irem hof Geory et Michael xl. den. It. Hanns Ruedermawter dient von seinem kleubhof Geory et Michael xl. den. It. Anna des Jungen Roedermawter witib vnd des cholpekchen tachter hat geben nüz vnd gewer von dem kleubhof vnd dient da von xl. den. nach irs manns geschefft laut vnd sag in dem Statpûch. It. Hanns gerstler dient von seinem hof Geory et Michel xl. den. It. Chunrat gerstler dient von ainem hof Geory et Michel xl. den. It. Peter Grûnpekch vnd sein eriben dient von ainem kleubhof Geory et Michael xl. den. ut litera sonat. It. Hanns gerstlêr dient von anderthalben kleubhöfen Geory et Michael zu yeden tag xxx den. suma lx den. It. Hanns Gerstlêr dient von anderthalben kleubhofen Geory et Michel lx den. It. Hanns Schaffwol dient von anderthalben chleubhöfen Geory et Michael lx den. It. Niclas des Schaffwol pruder Sun hat emphangen die gewer des kleubhofs des anderthalb werichstet ist nach jnn haltung seines vettern Hannsen des Schaffwol geschefft da von man dient Geory et Michael lx den. Actum dominica ante pangracy Anno etc. cccc°. xx secundo. It. Peter Vnger dient von seinem hoff Geory et Michael xl. den. It. Chunrat Gukenhawbt dient von seinem hof Geory et Michael xl den. It. Hanns Grünpekch dient von seinem kleubhof Geory et Michael xl den. vnd sein eriben ut litera sonat. It. Andre pawngartenperger heredes dient von seinem hof Geory et Michael xl den. It. Hanns Allderman dient von seinem kleubhof Geory et Michael xl den. It. Hanns waschengiel kathrey sein hawsfraw vnd ir baider eriben dient von ainem klewbhoff xl den. Geory et Michael ut litera sonat.

Hie ist vermerkcht der dienst der da geuelt von den Chremen an sand Peters freytthof vnd der dienst geuelt ze drin têgen.

It. Christanin kramerin von ainer chram bey der Ristur j Pfd. den. zu drin têgen. It. Larenzin kêseryn von dem hêwslein vnd ainer chram do bey, alle jar iij Pfd. den. It. Ebnerin von ainer chram Pfd. den. It. Hainreichin chramêrin vj ß den. It. Hanns Gurttler von Salspurgk vj ß den. It. Jorig chramer von ainer kram j Pfd. den. It. Hannsem Nürenbergk von ainer kram ix ß den. It. Jörig Chramer von ainer Kram xij ß den. It. Chunradt freysinger von ainer kram xij ß den. It. Koschingerin von ainer chram xij ß den. It. Johannes Honyggsieder von ainer kram vj ß den. It. der Selb aber von ainer chram vj ß den. It. wolfgangin Chramerin von ainer kram vj ß den. It. Hainreichin pronnerin von ainer chram vij ß den. It. Niclas Chramer von ainer kram vij ß den. It. fridreich Chramer von ainer chram j Pfd. den. It. Hannsyn Zymermanin von ainer kram vj ß den. It. Lienhartinn chramêrin an ainer chram vj ß den. It. küppherlin von ainer kram viiij ß den. It. Perttlm Schreiberin von ir chram vj ß den. It. Die Ratgebynn von ainer kram vj ß den. It. Die Polanyn von ainer chram vj ß den. It. Niclasin kramerin von ir kchram vj ß den. It. Elspet Chramerin von ainer kram v ß den. It. Örttel Salzêr von ainer chram j Pfd. den.

Der Zinss von den protpenkchen am Graben.

Nota der pekchen tisch am Graben der sind vierzigk an der zal. Der ist yegleicher aufgesazt zü gebenn j Pfd. den. die mugen nicht geuallen, wann ir vil sten lêr. Da von nympt man nu den zinss in ain püchsen von jedem Pekchen der da sizt all tag j den. Nota der prottisch am Höhenmarkcht vmb di Schrann der sind Achzehen mit der zal vnd geit yeder tisch der Stat, alle Jar j Pfd. den. vnd von den selbigen tischenn dient die Stat in das burigêr Spital vor kerner tör ij Pfd. den. vnd auff den Charner Auf sand Stephanns freytthof j Pfd. vnd genn Lanndorff vnser frawn j Pfd. den.

Hie ist vermerkcht der dienst von den Gwêntler hütten am hof vnd geuelt ze drin tägen.

It. Der Gwêntler Hütten an dem Hof Alsuil der bestifft ist geyt yegleiche j Pfd. den. ze drin têgen. It. Jorig Osterhanner j Pfd. den. It. Andre kchöuffel j Pfd. den. It. Orttel Chêwffel j Pfd. den. It. Lienhart kewffel j Pfd. den. It. Öttel chramer dient von ainem kêmerlein lx den. It. Niclas der.... It. Vlreich vnnd j Pfd. den. It. Seydel Renesinn j Pfd. den. It. Wernhart Grêtzer j Pfd. den. It. Jörig Puechfelêr j Pfd. den. It. Christan von Straspurgk j Pfd. den. It. Vlreich Payr j Pfd. den. It. Perichtold keuffel j Pfd. den. It. Der Mayr Ott j Pfd. den. It. Chünz Nürenberger j Pfd. den. It. Hanns Hüeter j Pfd. den. It. Die Huphintaschin j Pfd. den. It. Andre auf der Runsen j Pfd. den. It. Hannsyn Sneyderin j Pfd. den. It. Czirsos Chraukêr j Pfd. den. It. Vlreich Smydtknecht j Pfd. den. It. Hanns Phêffel j Pfd. den. It. Peter leutl j Pfd. den. It. Haymman j Pfd. den. It. Andre Jêgerperiger j Pfd. den. It. Oswaldt kêuffel j Pfd. den. It. Paul Meichsner j Pfd. den. It. Peter Grasêr j Pfd. den. It. Herzenbrüder keuffel j Pfd. den.

Hie ist vermerkcht der dienst vonn den Chrêmen pey den weyssen Bruedern.

It. Chramer j Pfd. den. It. Oswald kramer j Pfd. den. It. Stephann Kramer j Pfd. den. It. Heinreichin Chramerin j Pfd. den. It. Peter wurzêr j Pfd. den. It. Hanns Glasêr j Pfd. den. It. Michel kramer j Pfd. den. It. Procob tischêr j Pfd. den.

Hie Sind vermerkcht die Nütz die dy Stat hat von den Gwantthütten vnd kochhütten an dem Hoff.

It. So hat die Stat auch an dem Hof vonn yegleicher Gwantthutten Ascensionem Domini jn dem Jarmarkch j guldein vnd von yegleicher Hawbhütten j guldein. It. So hat die Stat in dem Jarmarkcht zu Kathereine auch von yegleicher Gwantthütten vnd haübhütten j guldein. It. von den kochhütten daselbs am hof jn dem lesen von yegleicher j Pfd. den.

Hie sind vermerhcht die füetrêr die das fuetrecht haben Anno etc. xviij°.

It. Jörig von Nicolspurgk Jörign von Nicolspurg Sun. It. Al Azinger wechslêr. It. Perichtoldt parchanter Chlara vxor. It. Elsdes füetrer tachter Niclasen des Stükchsen hawsfraw vnd ir er von Sand Bernhart Maister Mertlen sun et heredes. It. Christan vxor. It. Chunrad von Hohenfels Elizabeth vxor. It. Fridreich Meystetêr. It. Liebhart von Lintz Margaretha vxor. It. Michels des Pinter tochter Andres des Schaffer vxor. It. Perichtoldt Nennding kathrey vxor. It. Hanns Pyerpawmer. It. Jorig Chrabat Elspet vxor et heredes. It. Hanns Gallroder. It. Jorigen vngers kchind. It. Christann aûf der Hochenprûk. It. Hanns Ramsawrer et heredes. It. Peter kirichperger kindêr. It. Hanns jm Mautthaws. It. Johannes Albrantt von Suntra et heredes. It. Johannes Strawchêr Margret vxor. It. Niclas weinperiger ettwann auffgeber. It. Chunradt am Gotzakchêr (das hat er verlassen seinem Steuf Sun vmb j Pfd. den. das ist gescheuh in xxxij jar in der vasten). It. Hanns Puster kathrey vxor et elizabeth filia. It. kathrey Niclas des vogelsangs witib et heredes. It. Peter Strasser des kellermaister dient kathrey vxor et heredes. It. Johannes Ladenhawser et heredes It. Vlreich venndel wenndelmut vxor It. Helena Jorigen des Pretnagel weylent witib. It. Angnes Connrady des Guster hawsfraw. It. Anna Mûlbekchynn. It. Junkchfraw Anna des Tannhawser tachter. It. Caspar Dawm Chlara vxor. It. Niclas Weyspachêr. It. Larenz Hêwzs et heredes. It. Anna Chunrads weylent des vmbweger witib. It. Hanns Leyttgeb. It. Jacob Rûd et heredes. It. Martine von Maintz Christein vxor et heredes. It. frannzen des Hewn Sunn. It. Margret Chuntêryn et heredes. It. Andre von Brûnn et heredes. It. Vlreich hellingêr et heredes. It. Fridreich des Dorffnêr kchind. It. Angnes Stephans des Santtperger witib. It. Niclas pilgreim kathrey vxor et heredes. It. Hanns Radewnl kathrey vxor. It. Prosis tachter des Starkchen Hainreich vxor. It. Elizabeth weilent Dietreichs des Slichten vxor et heredes. It. Anna weylent Symon des Glaser witib. It. Diemût weylent Niclas des Awgelwein witib. Ibidem Symôn Strudmêr messer Elspet vxor. It. Anna Hêmerleins des Goldsmydt vxor et heredes. It. Jacob Pilmgêr et heredes. It. Pangretz Hêderstorffer Elizabeth vxor et heredes vxor Die sy mit dem Hêrtlem gehabt hat. It. Hainreich Gêknecht Anna vxor et heredes. It. Jacob Piesperiger kathrey vxor et ali fuit Paul de Eger. It. Vlreich Schrott et heredes hat gechaufftain fueterecht Actum feria quinta post Jacobi anno etc. xiij°. It. Oswald Scher et heredes habent gekaufft ain futerrecht Actum feria quinta post Thome Anno et cccc° xxiiij.

Nota den dienst in dem werde Enhalb des Armen vnd gehört ainen Burgermaister an. Den man Also dient zu drin têgen Natiuitate vnd Geory vnd Michahel.

It. Niclas wagner Angnes vxor dient von ainem haws vnd garten ze drin têgen jm Jar ze yedem tag vj den. fac. xviij den. It. Janns oben am Ört dient von seinem haws vnd garten hinden daran ze drin têgen ze yedem tag vj den. fac. xviij den. It. Peter Öttel Hendleins Sun dient von seinem halben garten ze nêgchst hainzleins mit der veintschaft garten ze dryn tegen xxvj den. It. Elspet Andres des Zurchêr Hausfraw dient von irem halben garten zenêgst hansen des Ekcherleins garten ze drin tegen xxvj den. vnd hat in vermacht dem vorgenanten Andre nach seins briefs sag. It. Mewsler dient von seinem garten ze drynn têgen jm iar ze yedem tag viiij den. It. Jorig mit der Veintschaft dient von seinem haws vnd garten zu drin têgen jm jar zu yedem tag viiij den. fac. xxvj den. It. Elspet die Sumerawerin dient von ainem haws vnd von ainem garten des weylent drey garten gewesen sind zu drin tagen ze yedem tag xiiij den. fac. xl den. j elln. (?) It. ain Stadel vnd ain garten daran Der ist gewesen Stephann des swarz den hat die Stat gekawft vmb xxiiij Pfd. vnd dient ze drin tegen xxvij den. It. Hainzel mit der veintschaft dient von ainem garten oben am Ört gelegen ze drin têgen ze yedem tag vj den. fac. xviij den. It. die selb Hainzlin dient aber von ainem garten gelegen oben am Ört ze drin têgen ze yedem tag ix den. fac. xxvij den. It. Stephann Mayrer dient von seinem haws vnd garten ze drin têgen ze yedem tag xx den. fac. lx den. It. Stephann Mayrer Anna vxor vnd ir baider eriben dient von irem haws vnd garten zu drin tagen zu yedem tag xx den. fac. lx den. It. Hanns von Schilltarn kathrey sein hausfraw vnd sein eriben dient von irem haws vnd garten ze drin tegen. It. Dietel Mêwsler dient von seinem Haws vnd garten ze drin tegen vnd Margrot sein hawsfraw xxxvij den. vnd ir eriben. It. Hanns von Schiltarn kathrey sein hawsfraw habent verchaufft ir haws vnd garten in dem werd gelegen ze wienn gegen dem Rotenturn uber zenachst Stephanns des Mayrs haws jm Stüthof da von man jerleich dient in des Burgermaister Ampt der vorgenanten Stat xxxvij den. dem erbern man Dietreichen des Mewslêr Margreten seiner hawsfrawen ut litera Actum (salute?) in die viti anno xxvj°. It. Peter Trükchensprot dient von ainem haws und garten ze drin têgen ze yedem tag xx den. fac. lx den. It. Jorig Scherêr vischer vnd sein eriben dient von irem haws ze drin têgen xxx den. ut litera. It. Synndrameryn dient von ainem haws vnd garten zu drin tegen ze yedem tag xvij den. fac. Lj den. It. Vlreich Synndram hat gekaufft ain haws vnd ain garten von seiner Muoter der Synndramynn jm vnd seinen eriben vmb xxviij Pfd. den. mit xij ß gelts purkehrechts vnd dient zu drin tagen zü yedem tag xvij den. fac. lj den. Actum in die floriani anno etc. ccccxx°. It. Peter Pawer kathrein sein Hawsfraw et heredes dient von haw(?) vnd garten zu zway têgen lxviij den. ut litera. It. Nikel Hendel dient von seinem haws vnd garten zü zwain teg ze yedem tag viiij den. fac. xvij den. It. Liephart Trukchensprot dient von ainem haws vnd garten zu zwain têgen xvij den. It. die lempekchin hat halbs haws vnd garten. It. Hanns Schaff vnd heredes dient von irem haws vnd garten zu zwain tegen xxxiiij den. It. Thoman pawer Anna vxor dient von irm haws vnd garten zu zwain têgen xx den. It. Peter Pawer kathrey vxor dient von haws vnd garten zu zwain tegen xx den. It. Dietreich Mêwsler vnd Margret sein hawsfraw von ir eriben dient von haws vnd garten zu zwain têgen xx den. It. Nicel wagnêr dient von seinem haws vnd garten zu zwain tegen per viiij den. fac. xvij den. It. Dankchart Sumerawer Margret vxor vnd jr baider eriben dient von ainem haus vnd garten xx den. It. Lienhart vettermayrer Anna sein hawsfraw vnd ir baider eriben dient von ainem haws vnd garten xx den. ut litera ist versatzt. It. Janns Muckel dient von seinem haws vnd garten ze drin tegen per vj den fac. xviij den. Das benant haws haben verchaufft sein Sun Thoman peter vnd vlreich die noch nicht all gevogt sind, Lienharten dem Sumerawêr jm vnd der hat nyder gelegt zü dem xxiij Pfd. den. Durch der vngeuogten eriben willen vnd dient vor hin zu der himelparten j Pfd. den. purkchrechts. Peter Enn Anna vxor et heredes haben versazt ir haws vnd was darzü gehört zu alt Tunaw vmb xv Pfd. lxxx den. Thoman vnd vlreich Mücklein prüeder die nicht geuogt sind et in libro Schefstrazz. It. Hanns Hamawsch dient von ainem garten vnd Stadel zu drin tegen per xxx den. It. Angnes Hansen des Hamawsch tachter dient von ainem Stadel vnd garten zu drin tagen per xxx den. fac. iii ß den. vnd hat es ab geledigt von ir Müeter künygunden der es jr vater zu marigengab gemacht het fur xxviij Pfd. den. vmb iij Pfd. lx den. darumb si es hin wider versazt hat ut in libro obligationum. It. Nihel Mêrthel dient von ainem haws vnd garten ze drin têgen per xxx den. fac. iij ß den. It. Hanns Chunradt Elizabeth vxor et heredes dient von irem haws vnd garten ze drin tegen per xxviij den. fac. lxxx iiij den. It. Hanns von Schiltarn vnd kathrey sein hawsfraw vnd sein eriben dient von irem haws vnd garten zu drin têgen xxx den. ut litera sonat. It. Stephann Goldtpach vnd Elspet vxor dient von irem haws vnd garton ze drin tegen xxx den. vnd welichs vnder jn baiden das ander vber lebt sol ledigkleich haben ut litera. It. Niclas Grasêr Angnes sein hawsfraw des hannsen Hamawschen tachter vnd ir baider eriben dient von ainem Stadel vnd garten zue drin tagen iij ß den. It. Janns Schaff dient von ainem garten ze drin tegen per vj den. It. Jorig Töler vnd eysal sein hawsfraw dient von ainem garten zu drin tagen xviij den. It. Phillip Hagêr Anna vxor et heredes dient von haws vnd garten xxiiij den. ut litera. It. Jacob am Ört dient von ainem Stadel ze drin tegen xxiiij den. It. Vlreich wekker dient von seinem haws mit sampt der hofmarich ze drin tegen per iij den. fac. ix den. It. Jekel am Ört dient von seinem haws vnd garten ze drin têgen per xxviiij fac. lxxxv den. j obol. It. Hanns Schaff dient von ainem garten ze drien têgen per v obol. fac. viij den. It. Jacob am Ört dient von ainem halben garten der weylent des Zierenhelt gewesen ist ze drin tegen iij den. iij ört. It. Thomel pawrer des Ziernhelts Sun dient von ainem garten ze drin têgen per v obolus fac. viij den. It. Angnes Thomans des pawren tachter dient von halben garten ze nêgehst des Schaffs garten iij den. iij ört zu drin tâgen vnd ist ir ledig worden von irem vater. It. die frawn hinz Sand Jeronimo dient von ainem halben garten ze drin têgen xj den. j ort ut testamentum. It. Jêkel Panntt-snoyder vnd sein Swiger dient ze den weinachten vij den. vnd zu den zwain tegen Geory vnd Michahelis per vij den. It. Nikel Hamawschem dient von ainem garten Michahelis xij den. It. Peter Pawrer kathrey vxor dient von ainem garten Michael xij den. It. aber Peter Pawrer dient von ainem garten Michael xij den. It. Anna Syandramyen dient von ainem garten vnd haws Michael xij den. It. Chunrat Schustel wendelmut vxor dient von irem haws vnd garten Michael xxiiij den. It. Jêkel am Ört dient von dritthalben gêrten der haisset der lassligen Michael xxx den. It. Janns von Norling dient von ainem stadl Michahelis vj den. It. Niclas Spies dient von ainem stadl Michael vj den. It. Hanns Auerbertel engel vxor dient von ainem garten Michael xij den. It. kathrey Hansen des Auerhekleins tachter hat emphangen nutz vnd gewer aines garten vnd dient Michael xij Pfd. den. It. Niclas wachter vnd Elspet sein hawsfraw dient von ainem garten Michael xij den. It. Chuntz Maizêr Anna vxor vnd ir bayder eriben dient von ainem garten Michael xij den. It. Jost vom Graben dient von ainem garten vnd von ainem Stadl Michael xij den. It. Dorothe fridreichs Sêligen des pheylanyzer witib hat geben Nutz vnd gewer von dem garten ains lösling der Mertten des lotter gewesen ist vnd dient Michael xij den. It. Vlreich wekeher Elspet vxor et heredes dient von ainer Stadel-stat Michael xij den. It. Anna die Reyndlin hat gegeben nutz vnd gwer von dem garten ains löslings halben der des Mertleins des lotters gewesen ist dient Michael vj den. It. liephart Aûsgepel vnd küniggunt vxor et heredes dient von ainem haws vnd garten ze drin tegen ze yedem tag xxxjx den. fac. 3 ß xxvij den. It. Hênsel Chunzelmans Sun vnd kathrey sein Mueter vnd Niclas des Spies sein Steufvater dient von ainem haws vnd garten daran Michael xij den. It. Jacob Pehaim dient von ainem haws vnd garten daran ze drin têgen ze yedem tag xxj den. fac. lxiij den. It. Anna Reyndlin dient von ainem garten Michael vj den. It. Niclas Spies dient von ainem garten Michael vj den. It. Liephart Spies dient von ainem garten Michael vj den. It. Michel Öchsel vnd margret vxor dient von irem haws vnd garten Michael xij den. It. Anna Peter Hendleins tachter vendit domum et (ortum) ze nagst Niklem Hêndel (servit) xvij den. Michael et Geory Andre dem Lernkoph preiden vxori et heredibus. It. Anna Petreins Hêndleins tachter dient von irem haws vnd garten daran zu zwain têgen Michael vnd Geory ze yedem tag viiij den. fac. xxvij den. It. Symon Lernkoph Angnes sein hawsfraw dient von irem garten genant chalenekk zu drin tagen xv den. It. Christann Purkchel von Medling Margret vxor dient von irem garten der da haizzt Kaltekk ze drin tegen zu yedem tag v den. fac. xv den. It. Mertt Zêcherl jm werd Eysal sein hawsfraw dient von irem haws vnd garten ze nêgstcht haunsen dem Schaff ze drin tegen xviij den. vnd hat es gekaufft von Giligen vnd Dietreich den Herbarten ut in antiquo libro. It. Jörig Töllrer jm werd vnd Eysal sein hawsfraw habent emphangen nvtz vnd gewer ains haws vnd garten ze nagst Hannsen dem Schuff vnd dient ze drin tegen zu yedem tag xviij den. vnd stet dem Enderlein des Zêrttleins Sun x Pfd. sicut satzpûch sonat. It. Hanns Ofnêr vnd Anna vxor et heredes dient von dem Plaichhof der Stat ze Wienn gegen dem Salz turn vber jn dem werd ze drin tâgen ze yedem tag iij ß x den. fac. x ß den. It. Hanns von Schiltaren hat emphangen nutz vnd gewer ains haws vnd garten vnd dient Geory vnd Michael xvij den. It. Albrecht Ekcherl hat emphangen Nutz vnd gewer ains garten genant das Chaltekk vnd dint zu drin tegen xv den. It. Hanns Glöcknecht vnd Anna sein hawsfraw dient von ainem haws vnd garten Geory et Michael xvij den. (vicinus) der Amptman.

Vermerkcht die dienst auf den hewsern am graben zu Sand Michelstag von des vonn des misst vnd kchot wegen So vor nach den geschriben hewsern wirdet.

It. Peter Melber Domus xvj den. It. Niclas auf der Möringg Domus xx den. It. Hanns Stechk Domus xl den. It. Wolfganng Appoteker Domus xl den. It. Domus

Christann Domus xx den. It. Domus Maister Merten Sun xl den. It. Domus Maister paul Haidem xx den. It. Domus Hanns Sneyder xl den. It. Domus des von Pettaw lx den. It. Domus Chunradt perwynnder xl den. It. Domus Potthaws lx den. It. Domus des von Ellerbach lx den. It. Domus Hakcher xx den. It. Domus des Phaffen xvj den. It. Domus Grymm Sneidêr xvj den. It. Domus Mêwslynn xij den. It. Domus Peter Melber am ort xl den. It. Domus Michel Paldwein xl den. It. Domus Schattawin ist des hênigler xx den. It. Domus (et) Schattawin walchaws est xx den. It. Peter Melber von der mellstat bei der ketten xvj den. It. Domus Stattschreyber xx den. It. von zwain Phaffen hêwsern xl den. It. Domus Jörigin Sneyderin xx den. It. Domus des kuppherleins xx den. It. Niclas Pewgler xx den. It. Peter Melber tachter x den.

Hie ist hernach besunderleich der Stat hêwser vermerkt vnd die Zinss die da geuallen da von.

It. von Erst das Mautthaus gelegen an das Rathaus hinden, hat bestanden Andre nussér vmb v Pfd. den. It. daz hewsel vnderm mawthaws zu nachst, ... Ottenhaim hat bestanden hanns Grimenstainer auff zway jar actum (saluta?) in die geory Anno M°cccc xxvij° vnd gibt da von alle iar xij ß den. zu drin tagen. It. Das pschawhaus da neben hat bestanden pawl Dornplüed Scheider vmb xj Pfd. den. Ibidem die ledrêr haben bestanden die lederschregen in dem pschaw haws vmb vj Pfd. den. (das beschaw haws daz ist (nunz) in dem Mawthaws vnd der ledrer hoff den zins nympt man auf daz mawthaws) (spätere hand 1430.) It. Das Taschenhaws vnder den messrêrn am liechtensteg hat bestanden Andre periger taschner vmb xxx Pfd. den. It. Das Smerhêwsel hinder der Schrann hat bestanden Hans Smerbêr vnd kathrey vxor vmb vij Pfd. den. It. Das Grübel vnder dem Smerhêwslein hat bestanden Symōn fleischaker vmb j Pfd. den. It. ain haws ligt auf dem Anger das hat bestanden her Christan in der juristen schuel vmb ix Pfd. den. It. ain halbs haws ligt in der kêrnerstrazz haist Allmarein hat bestanden kunz vtz vmb iij Pfd. den. It. ain viertal ains haws jn des Geyers haws hat bestanden Maister Hanns ayel vmb v Pfd. den. It. des Rêblem juden haws zu nêchst dem Mathes kramer hat bestanden Niclas wachtêr von hof vmb vij Pfd. den. It. ain haws genant der fleischhof darjnn leitt der Stat Holtzwerich. It. ain Höfel gelegen auf dem graben vor Stubentor an ainem tail gelegen neben des Seyfridts ... haws vnd Stozzt awch an des Paūl würffel hêwsel. It. ain Gwelib vnder dem Schuchhaūs darjn man di vischtrog behalt vnd legt. It. der Pewrrer turen (peyllen turen) der do stasset an ainem taill an Pettern des pirichuelder hawss daz weilent hannsen des Gerestenner gewesen ist (mit sant den kremen geyt x Pfd. zu hofzins) (1430.)

Kamerambts Raittung von 1458. So haben wir auf vnser Innemen gelegt die hernach benanten hofmarch vnd flekch im werd verchauff vnd der Stat in jrm gruntpuch vesazt sind.

Vonersten von dem Pörzl Ambtman vmb ain hofmarch x Pfd den. It. von Hannsen Vnger vmb ain hofmarch x Pfd. den. It. von Hannsen kei(nnatner) zimerman fur ain hofmarch x Pfd. den. It. aber von demselben ke(inatner) fur ain hofmarch viij Pfd. den. It. von Andren wankcher fur ain hofmarch x Pfd. den. It. von Jorgen phlug fur ain hofmarch x Pfd. den. It. von Petern Erber fur ain hofmarch x Pfd. den. It. von Hannsen Mêwsler fur ain hofmarch x Pfd. den. It. von Micheln Aigner fur ain hofmarch x Pfd. den. It. von Thoman Mair fur ij hofmarch xv Pfd. den. It. von kunzen Aigner fur ain hofmarch x Pfd. den. It. von Hannsen Erdinger fur ain hofmarch x Pfd. den. It. von Stephan Satler fur ain hofmarch x Pfd. den. It. von fraun sant Jeronimus fur ain hofmarch x Pfd. den. It. von Jorgen Hirsfelder fur ain hofmarch x Pfd. den. It. von Jorgen Swinkel-macher fur ain hofmarch x Pfd. den.

Wiener Stadt-Archiv. Cod. Ms. chart in 4°.

12.) Notizen aus und über Ranshofen am In.

Mitgetheilt von Jodok Stülz.

(Fortsetzung.)

XXXVI. (Nr. 181.) Notum sit omnibus christi fidelibus, quod Wichardus praepositus et totus conventus in Ranshoven firmiter compromisimus in manus domini Pubonis de Lozenkirch et dominae Gerdrudis uxoris eius et Chunradi filii eorum ut quaecunque persona ex illis usque ad uxorem Chunradi hoc a nobis postulaverit, talem praebendam in cibo et potu apud nos habere debeat, qualis datur uni sacerdoti. Et hoc factum est ea die, qua ipsi tradiderunt ecclesiae potestativa manu tale praedium, quale ipsi habebant in Uberachen cultum et incultum, quaesitum et inquirendum simul cum hominibus ad idem praedium pertinentibus. Testes sunt, qui cum eis aderant, Pernhardus presbyter et plebanus eorum Fridericus miles pips de Aheim, Rudolfus de Prukla et sororius eius Hartwicus Heinricus lirator, et Usalcus de Aheim et alii. Factum est hoc in praesentia officialium domini nostri ducis, qui et advocatus noster, Ulrici de Frenching judicis et Dietmari de Unchufen (sic) praepositi, qui et testes donationis eorum ad nos et promissi nostri ad ipsos. Aderant etiam de familia ecclesiae et domini ducis quam multi, quorum aliquam partem in testes subscripsimus etc. Ad haec insinuamus, quod hanc traditionem praefati praedii et hominum fecerunt super altare S. Pancratii martyris pro remedio animarum suarum receptis tamen a nobis lxxxx talentis Ratisponensis monetae et praefata praebenda.

XXXVII. (Nr. 166.) Notum esse volumus cunctis christi fidelibus, qualiter domina Maethildis filia domini Alrami de Vberechen ipsa et filii eius Ulricus et Wernhardus, qui delegaverunt, et Rudigerus et Hertwicus fratres eorum et filia eius Diemudis potestativa manu tradiderunt Chunradum de Ubrachen S. Pancratio martyri in Ranshoven in proprietatem delegantes eum super altare S. Petri in Rore, quae est capella ecclesiae S. Pancratii praesente Wichardo praeposito et aliis quam pluribus. Testes sunt Ulricus domini Ottonis (?), Heinricus Peckstein etc. Actum est in praesentia dominae Chunigundis, de cuius familia fuit praedicta Mathildis et filii eius.

XXXVIII. (Nr. 123.) Notum esse volumus cunctis christi fidelibus, qualiter homines subter notati filii Liupirgis Sifridus et sorores eius et filii eorum Chunigunt et Methilt, Richa, Liukart, Otto et tres sorores eius Gerbirgis, Diemudis, Liukardis cum matre Methilde et nepotibus earum, Chunradus et Albero frater eius, Chunradus sororius eorum, Siboto cognatus Ottonis, Richa soror Chunradi cum v filiis, Hermannus et filius eius Karolus et Heinricus cum Liukarde matre eorum, Pertha et filii eius Chunradus, Rudigerus et Heinricus cum sororibus, Diemude, Alheide, Gisila, Heinricus Scheitler et fratres eius Otto et Fridericus, sorores eorum Liukart et Gertrud cum filiis eorum, Gumpolt et frater eius Rudiger et Rentwich filii Chunradi Rudigerus et Pertha et Chunradus antiquitus extiterunt censuales S. Pancratii martyris in Ranshoven contigit autem aliquo tempore, quod pace fugata de terra (die Fehde zwischen dem Bischofe Manegold von Passau und dem Grafen Rapoto von Ortenburg) quidam miles Cholo nomine per rapinam et violentiam invadens eos suis servitiis in itinere adduxit. Cumque nimiis abuteretur insolentiis permittente deo gladio occisus est. Eodem tempore vir venerabilis Wichardus nomine praepositus in Ranshoven nobilissimos duces Ludovicum Bavariae et Leopoldum Austriae non segniter adiit et homines aliquamdiu iniuste subtractos ad censum v denariorum S. Pancratii (sic) deinceps libere servituros coram praefatis ducibus et magna militia strenue obtinuit et eos per manum domini Ludovici ducis in manum domini Gundagri de Stiria protegendos commendavit.

XXXIX. (Nr. 126.) Notum esse volumus cunctis Christi fidelibus, qualiter Fridericus, Rudigerus et Otto tres fratres cum sororibus suis Elisabetha et Alheide filii Epponis telonarii in Ranshoven cum matre sua Hailca potestativa manu tradiderunt super altare S. Pancratii martyris in Ranshoven tale praedium, quale habebant in Hartperch, quod colebat Hainricus vir de familia ducis. Affuit ibi et tradidit pariter Alheidis uxor fratris, cui prius proprietas eiusdem praedii in dotem donata erat. Causa donationis haec erat, quod praedicti fratres Fridericus et Otto duos homines ecclesiae Henricum et Wernherum innocenter aggressi vulneraverunt et occiderunt. Insuper in bonis ecclesiae incendium commiserunt. Et ideo a domino duce proscripti et a fratre (sic) judice similiter proscripti et denunciati fuerunt.

Taliter arctati et poenitentia ducti hanc traditionem ad recompensandum dampnum ecclesiae cum subscriptis testibus publice perfecerunt. Praeterea ut firmior sit traditio, exhibita sunt eis vi talenta ex parte ecclesiae tunc ad hoc designata, ut puellae, quae tunc minima erat, debeat (sic), in parte sua provenire. Testes sunt Chunrad de Brunowe et dominus Wernherus de Purchusen, dominus L. de Frenchinge et dominus C. de Geroltsberge et dominus C. Brixinensis et officiales ducis et plures alii.

XL. Notum esse volumus cunctis christum amantibus, qualiter Engelbertus vir regni cognomine Spilvogel cum matre sua, qui antehac ecclesiam Ranshoviensem in praediis suis adiacentibus molestavit, nutu divino inductus partem praedii, quod habebat in Sibrechtstorf potestativa manu super aram S. Pancratii martyris pro remedio animae suae et matris suae tradidit. Testes sunt Chunrad de Prunowe, Liupoldus praeco ecclesiae, Sifridus tunc mansionarius, Pertholdus Tirnagel et alii plures.

XLI. (Nr. 130.) Notum esse volumus scire volentibus, qualiter Liupoldus et Chunradus homines regni super quadam lite cuiusdam praedii S. Pancratii a domino Wichardo venerabili praeposito ante judicem proclamati multociens suam esse litem (sic) affirmabant tandem se recognoscentes tradiderunt praedium in Hannegebl, de quo lis fuit, super aram S. Pancratii tali conditione, ut, si sine haeredibus transirent de hoc seculo, in proprium esset donatio, sin autem haeredes ipsorum annuatim persolverent v denarios (sic) censum usque ad mortem ipsorum et tunc in proprium esset ecclesiae. Testes sunt ipse Chunradus et Liupoldus, qui tradiderunt, Chunrad de Wolzinge, Liupoldus de Lengmosse (sic), Cumpoldus de Rute, Wilhalmus tunc villicus in nova ecclesia et alii plures.

Atque hoc ipso die, quo facta est donatio praenotata, se ipsam quoque delegavit super aram S. Pancratii nostri Liucardis pia quaedam matrona cum pueris suis liberae conditionis ad censum v denariorum annuatim pro more talium devotorum mancipiorum. Testes sunt Ulricus de Gocheim, Liupoldus praeco, Pertholdus Tirnagel et alii plures.

Verzeichniss der Jahrtäge im Kloster Ranshofen.

1. Alramus nobilis de Uttendorf dedit integraliter ecclesiae nostrae Ranshovensi pratum suum dictum Griesswies circa Theoting et Putenhausen situm ob remedium animae suae et omnium amicorum suorum pro anniversario more aliorum celebrando missas et caetera piacula. Acta sunt haec anno 1275 circa assumptionem b. v. Mariae sigillo ipsiusmet appenso.

2. Chunradus plebanus in Ering et Gebhardus laicus fratres dicti de Veltpach filii Gebhardi militis quondam dicti de Veltpach protestantur, quod teneantur ecclesiae Ranshovensi pro anniversario patris sui cum solemni compulsatione campanarum agendo solenniter officium defunctorum (sic) dare redditus unius librae monetae usualis et, quousque alibi assignentur, curiam suam Hurters tradant, ut de proventibus ipsius annuatim sibi recipiant ad unam libram. Actum in Ranshoven anno 1275 in octava S. Martini episcopi et confessoris sigillis domini praelati Sifridi, conventus et dominorum de Veltpach appensis.

3. Wolfkerus decanus ecclesiae pataviensis b. Pancratio, in Ranshoven et fratribus ibidem deo famulantibus xii libras pataviensis monetae in remedium animae suae tali tradidit conditione, ut unum talentum reddituum comparetur ac in suo anniversario per vigilias et missas eius apud nos memoria perpetuo devote ac celebriter peragatur. Datum in Ranshoven anno 1294 in vigilia b. Matthaei apostoli sigillis Chunradi praepositi et conventus appositis.

4. Henricus de Wolfspach et uxor sua Diemudis praedia sua in Puch duo et in Mêlpach unum nostrae ecclesiae pro remedio animarum suarum legaverunt. Acta sunt (haec) anno 1272 VIII. Kalend. Novembr. sigillo capitoli appenso.

5. Siboto plebanus in Sewalchen ob remedium animae suae tradidit b. Pancratio et conventui in Ranshoven xxiv talenta Öttingensis monetae tali conditione ut singulis annis in crastino b. Martini sua et progenitorum memoria cum vigiliarum et missarum solemniis peragaretur. Acta anno 1311 in die b. Martini episcopi sigillis Chunradi praepositi et conventus appensis.

6. Hartliebus plebanus in Haslbach donavit nostrae ecclesiae vineam unam sitam in Gerraestorf tali pacto scilicet, ut in festo quatuor temporum quadragesimae, dum canitur: Intret oratio etc. maiores vigiliae cum missarum solemniis pro salute sua et patris progenitorumque suorum singulariter ab universis et generaliter a singulis peragaretur. Acta sunt haec sub Chunrado praeposito confirmante Bernardo ecclesiae pataviensis episcopo anno 1311 Hyppoliti (sic) martyris sigillo Bernardi episcopi patav. appenso.

7. Henricus de Ror tradit ad altare S. Pancratii in Ranshoven praedium Velwen in Tarstorfer paraecia pro anniversario in remedium animae suae, parentis, fratris et omnium progenitorum anno 1295 in festo Agnetis Ranshovii sigillis domini Henrici de Schaumberch et suo appensis.

8. Wolframus Stal et uxor eius Anna dant ad oblayum Ranshoviensium dominorum praedium Guzmansperg pro anniversario sibi et progenitoribus postridie S. Nicolai celebrando cum vigiliis cantatis et missa defunctorum tali reservato, ut si negligant, praedium cum functione transeat ad parochum Brunoviensem usque dum iterum Ranshovii debito modo iusta peragantur. Acta anno 1339 in festo S. Agnetis sigillis proprio et cognati appensis.

9. Chunradus Pfaffenhover magister in Pfaffenhoven una cum coniuge sua pratum suum dictum Prunwis ad oblagam Ranshoviensem offerunt (sic) pro anniversario pridie S. Matthiae habendo cum vigiliis cantatis et missa una cantata pro se et cognatione sua. Actum anno 1366 festo S. Catharinae sigillo Weichardi Reichenpergeri appenso.

10. Conradus Neyslinger civis in Braunau pro hypotheca assignat molendinum in Tall legatorum a parente suo 14 ß den. Salisburgensis monetae pro anniversario parentis et progenitorum celebrando cum maioribus vigiliis et missa. Datum anno 1331 festo S. Udalrici sigillis civitatis Brunoviensis et suo proprio appensis.

11. Dominus Cunradus Stalo senior et huius filius Albertus tradunt monasterio Ranshoven suam superiorem curiam in Lengdorf pro remedio animarum suarum hac lege, ut inde quotannis pensio 20 ß den. Ratisponensis monetae cum duobus pullis seu gallinis monasterio cedat; 12 ß den. ex his pro perpetuo lumine ex oleo ante altare S. Joannis, reliquum nempe 1 ℔. den. pro anniversario pro utroque uno die celebrando cum vigiliis cantatis et processione ad altare S. Joannis, ubi sepulturam sibi elegerunt, altero die ibidem habendo missam cantandam, praeter quam quilibet sacerdos eo die celebrare teneatur vel impeditus quantocyus supplere pro praedictis fundatoribus et omnibus progenitoribus, quae nisi rite fiant, parochus et cives Brunovienses pensiones illas arripere possunt pro functionibus nominatis. Actum festo S. Luciae anno 1348 sigillis Wernheri praepositi et conventus appensis.

12. Cunradus Burchstetter legavit S. Pancratio Ranshovii 30 ℔. den. Ratisponensis monetae ita, ut 7 ℔. in refusionem praebendae sibi et suis agnatis factae computentur, 2 ℔. pro septimo et trigesimo diligentius celebrandis, 1 ℔. pro augmento luminis ad custodiam. 20 ℔. residua pro missis duabus singulis septimanis legendis in altari aliquo S. Andreae apostolo sacro in remedium animae suae, parentum et aliorum progenitorum, fratrum et posterorum. Actum anno 1298 festo Marcelli papae Ranshovii sigillo fratris . . . Burchstetter appenso.

13. Bernardus episcopus passaviensis confirmat domini Cunradi Stalonis et coniugis Elisabethae anniversarium quotannis in profesto S. Joannis ante portam

latinam celebrandum, sub interdicto ab ingressu ecclesiae, penes quem remora, quominus praedicta fiant, ponitur. Anno 1292, VI Kalend. Febr. sigillis episcopi, Cunradi praepositi Ranshoviensis et conventus affixis.

14. Cunradus Stal tradit monasterio praedium suum: das Aigen auf dem Berg bei Stroheim und eine hub zu Puch innerhalb des Prienbachs, beide ledigs Eigen, pro anniversario peragendo in altari S. Joannis, tertio quoque die post festum S. Gregorii cum vigiliis cantatis et Requiem cantato, singulis pariter aliis sacerdotibus celebrantibus, si impediti proxime supplentibus in remedium animae suae, parentum Cunradi et Elisabethae, propriarum successive coniugum trium habitarum Annae, Elisabethae, Margarethae, filii Alberti et omnium progenitorum. Anno 1343 in festo S. Pancratii sigillis proprio et civitatis Brunoviensis appensis.

15. Dominus Henricus parochus in Haffl fundat anniversarium pridie S. Gregorii habendum cum vigiliis cantatis et missa pro defunctis pariter cantata pro 15 ß. den. quibus emit Wernherus praepositus die Überteurung uf der Hub zu Prauching, quae omnia attestantur literae reversales domini Wernheri praepositi et conventus sub anno 1361, die S. Matthiae sacro sigillis ipsius Wernheri praepositi et conventus.

16. Albertus Temblinger pro se, uxore et consanguineis fundat missam perpetuam Brunovii ad S. Stephanum in altari S. Joannis quotidie excepta feria secunda celebrandam, pro qua dantur monasterio 95 ß. den. Ratisponensis monetae; ideo sacerdos Brunovii specialiter sustentandus. Datae literae a domino Wernhero praeposito et conventu anno 1358, dominica proxima nativitatis domini. Quod si neglecta una die, compensanda alterâ aut alius constituendus sacerdos, cui pro salario 24 den. Viennensis monetae de supradicta summa tribuatur.

17. Chunradus Nedlich pro se, uxore et consanguineis missam item perpetuam fundavit Brunovii ad S. Stephanum in altari S. Erasmi per sacerdotem specialem sive de conventu nostro sive aliunde desumptum, qui praeterea ibidem continuo sustentetur, quotidie celebrandam, quae neglecta una die suppleatur altera per sacerdotem, cui pro salario 24 den. (ß. den.?) Viennensis monetae numerentur. Pro hoc onere domus oblata et 150 (ß.) den. monetae Viennensis. Datae literae a domino Stephano et conventu anno 1377 pridie Michaelis.

18. Albertus Temblinger supra nominatus, qui erat judex provincialis in Weilhart et Pfleger zu Braunau pro se, uxore Diemute et consanguineis fundavit missam perpetuam Ranshovii ad S. Pancratium in altari S. apostoli Andreae sub testudine, ubi eorum sepultura et nunc turris est sita, pro qua functione oblatum praedium zu Risshausen in Weilhart. Impedimentum huius functionis prohibetur sub excommunicatione. Quodsi non amplius persolvatur, census eiusdem hospitali Burghusiano applicentur. Literae datae a domino Stephano et conventu anno 1378 ipso die S. apostoli Andreae.

19. Udalricus Schön civis Brunoviensis in sacello, quod extruxit in caemeterio S. Michaelis Ranshovii ad S. spiritus et d. Oswaldi honorem, fundavit missam perpetuam feria tertia vel ante vel post, si impedita, lumen singulis noctibus pro more in eodem sacello accendendum; item in festo patrocinii ac dedicationis missam cantatam et in anniversario suae depositionis die vigilias et missam de requiem. Pro his functionibus inpendit monasterio 19 ß den. Ratisponensis monetae, item praedium Piriach (?) in Wittigreut, praedium zu Perchaim unter der Aich et eius molendinum in vico Aigen dictum Kaldenhauser et Aigen dictum Prucktal. Datum litterarum sub domino Udalrico praeposito anno 1337, feria secunda post S. Georgii cum consensu capituli.

(Fortsetzung folgt.)

V. „Historischer Atlas."

Statistik des Mittelalters.

4.) Seckauer-Lehenbuch vom Jahre 1483, im Archive des Schlosses Freistadt.

Mitgetheilt von Wirmsberger in Linz.

Aufschrift auf dem Umschlage von Pergament:

Das lechen Register des hochwirdigen Fürsten und herrn herrn Mathiasen Bischouen zu Seckaw Anno dominj etc. milesimo (sic) quadringentesimo octuagesimo tertio.

(Pag. 1.) Hie sind vermerckt, die lechen enphanngn haben von dem hochwirdigen Fursten vnd herrn herrn Mathiasen Byschouen zu Seckaw Anno dominj Millesimo quadringentesimo octuagesimo tertio Angefanngenn.

Form der lechenbrief[1]).

Wir Mathes von gottes genaden Bischoue zu Seckaw Bekennen, das wir vnnserm getrewen Lieben N. vnd sein lehens erben Auf die lehenpflicht, So er vns darumb gethon hat, die hernachgeschriben Stuck vnd guetter, So von vns vnd vnnserm Stifft zu lehen Rûren, zu lehen gelichen haben Also, das er die In lehennsweiss Inhaben nûtzzen vnd prauchen — Wie lehens vnd vnnser Stifft herkomen, gewonhait vnd Recht ist, Doch vnns vnd vnnsern Nachkomen an der lehennschafft vnd Souerr die In vnnser Vrbar nit gehoren vnd ob wir icht Spruch darzu hietten, an schaden vnd sein das die stuckh N. N. vnd N. Vrkund dits briefs mit vnnserm anhangenden Insigel versigelt vnd geben.

Wan die Lehen Angestorben sein.

Wir Mathes von gottes genaden Bischoue zw Seckaw Bekennen, das fur vns komen ist vnnser getrewer lieber N. Bat vns die hernachgeschriben Stuckh zu lehen zuuerleihen, So In erblich Angefallen Vnd von vnnserm Stifft zu lehenn Rûren sollen, Haben wir angesehen sein diennst, So er vns Zutun erpewt vnd Im vnd sein lehens erben, Als verr wir zu Recht sullen vnd mûgen, die gelihen Also, das er die In lehennsweiss Innhaben, nutzen vnd prauchen sol. Wie lehens vnd vnnser Stifft herkomen, gewonhait vnnd Recht ist, Doch vns vnd vnnsern Nachkomen an der lehenschafft vnd so verr die In vnnser Vrbar nit gehoren Vnd ob wir icht Spruch darzu hietten, on schaden. Vnd sein das die stuck N. N. vnd N. Vrkund dits briefs etc.

Wan die lehen haimgefallen sein.

Wir Mathes von gotts genaden Bischoue zu seckau Bekennen, das wir vnnserm getrewen lieben herrn N. vmb die trew dienst, So er vnnsern vorfordern gethon hat vnd vns, auch vnnserm Stifft noch (pag. 2) zu thun gutwillig erpewt,

---

[1]) Die mit gesperrter Schrift gesetzten Worte sind mit grösseren Buchstaben geschrieben.

19**

dise hernachgeschribne stuck vnd gutter, Soverr die in vnser vrbar nit gehorn vnd dan von Vnnserm Stifft zu lehen vnd zu zeitten der gemelten vnnser vorvordern vermaint vnd haimgefallen sein sollen, von gnaden wegen gelihen haben, leihen Im die auch mit dem brief Also, das er und sein erben die Nun furo von vnns vnd vnnserm stifft zu lehen vnd lehensweiss Innhaben vnd so es zu vellen kumbt, enphahen vnd verdienen sollen, wie lehens vnd vnnsers stiffts herkomen, gewonhait vnd recht ist. Vnd sein das die stuckh N. N. vnd N. vrkund etc.

Vrlab lehen auf ain gerhaben.

Wir Mathes von gots gnaden Bischoue zu Seckaw Bekennen mit dem brief, Das auf hewt dato fur vns kumen ist Der Edl vest vnnser getrewr lieber N. hat vns an stat vnd von wegen N. vnd N. die lehen, so weillent her N. von vnnsern voruordern zu lehen emphanngen vnd Ingehept hat, Darumb sie dan bisher nach abgang desselben N. von vnsern voruordern vnd vns Vrlob hietten, dasselb Ir vrlob zu erstrecken, Dan er die zeit der gemelten seiner hawsfrawen, Ir geschwister vnd vetters vnser vnd vnnsers Stiffts getrewr lehentrager vnd dinstlich sein wollte, haben wir Angesehen sein erpietten vnd zimlich beth, Im solch lehen vier Jar die negsten nach dato gevrlaupt, vrlauben Im die auch mit dem brief, wie wir von recht sollen vnd mugen, Doch vns vnd vnser Stifft der lehenschafft vnd ob ainich velligkait darjn wer, vorbehalten vnd vnschedlich. Geben zu Seccoperg auf Sambstag nach aller heilling tag Anno etc. Lxxxvj^{to}.

Schlecht lehen.

Wir Mathes von gots gnaden Bischoue zu Seckaw Bekennen, das wir auf hewt dato Auf pet des Edeln vesten vnsers getrewen lieben N. die stuck vnd gütter, so er vnd sein voruordern von vnserm Stifft zu lehen gehept haben, was der ist, Soverr kain velligkait darjn ist, von dato dits briefs ain gantz Jar gevrlobt haben. Vrkund dits briefs etc.

Wilhalm von Trawtmansdorf.

Als der Elter an stat sein vnd seines Bruder hat Im vnd Iren erben die hernachgeschriben stuckh (pag. 3) Vnd güetter zu lechen enpfanngen zu Gretz am freytag vor Erhardj Anno etc. Lxxxiij^{o} von erst zway tail getraid Zehendt auf dem Sitz gundolfing, Item Zwaitaill wein, getraid vnd hierss zehenndt auf ettlichen güttern in dem gerewdt In sand Johanns pfarr Im Sagkenntall, item den hoff zu pentzendorff mit seinen Rechten vnd zugehorung etc.

Hanns gnäser.

Als der Ellter lechentrager an stat sein vnd seiner vettern hannsen vnd wilhalmen gebrüder der gnäser hat Im vnd Iren erben die hernachgeschriben Stuck vnd gütter zu lechen entpfanngen zu Gretz am freitag vor Erhardj Anno etc. Lxxxiij^{o} Item von erst drei hueben vnd ain virtail ainer hueben zu Seybetsdorff in Vogauer pharr gelegen, Item zu Eberstorff Zway taill.

Her Lienhart Collnitzer.

Hat durch ain missiue auf Epiphanie von sein vnd seins Bruders herr Anndree wegen erlengerung der lechen zu enphachen, Bis sy sich personlich zu vns fügen mügen, ist In durch ain missiue gewilliget, doch das sie die lechen In kurtzer zeit anzaigenn.

Her Leonhart herbestainer halb.

Ist auf phintztag Nach Erhardj kummen herr andre premer landsverweser vnd auch erlengerung der sweren lewff halb begert, ist Im gevrlopt bis Johannis baptiste vnd das er hie zwischen kum vnd sich mit sein briefen vnd die lechen anzezaigen vnd zu enpfachen erschein, die Im auch gelichen werden verwilliget sein, Doch die vellikayt vnd vermanung, auch ander Spruch der Stifft vnd vnnserm gnadigen herrn in alweg vorbehallten.

(Pag. 4.) Michel von hafnerenn.

An stat seiner hawsfrawen vnd Angnesen friderichs des voytscher ira pruder tochter hat auf phintztag nach Erhardj des lxxxiij! Jars zu Gretz vrlob bis Johannis baptistae erlangt der lechen, so weilend fridreich der foytscher getragen vnd von der Stift seckaw zu lechen gehept hat.

Hanns Gleispacher.

Auf phintztag nach Erhardj des Lxxx Jars zu grätz ist hanns gleispacher kumen, sein lechen Im zw leichen begert, ist Im von meinem gnedigen herren vmb das sie vellig sein solten, zu lechen versagt.

Thoman Rottaler.

Auff phintztag nach Erhardj Anno quo supra ist yem vnd seinem Bruder die velligkait vnd Spruch vorbehallten bis Johannis baptistae gevrlopt.

Her Jorig weisnegger.

Vnd seinem Brudern Casparn vnd Anndern (sic) ist auf den obbenanten tag die velligkait vnd spruch vorbehallten bis Johannis baptistae gevrlobt.

Her hannsen Sawrer.

Ist auf den obbenanntten tag die velligkayt vnnd Spruch vorbehalltenn bis Johannis Baptistae gervrlopt (sic).

Her wickart von pollhaim.

Ist auf den bemelten tag auch gleicher weiss vnd form gevrlopt.

(Pag. 5.) Wienna von polhaim gepORN von pernegk.

Ist des geleich ir lechen halb auch obgeschribner mass gevrlopt.

Martin himelfeindt.

Ist seiner lechen halb auch auf den bemelten tag obgeschribner mass auch gevrlopt.

Her hainrich Rindscheit.

Hat auf freitag nach hylary von sein vnd seins Bruder wegen die lechen, So er vom stift Seckaw hat, erfordert vnd die weill er die allten lechen brief nit bey Im hett, ist Im Indult gegeben bis auff Johannis Baptistae negst kumbt (sic) dozwischen weytter bericht ze thon vnd zu enpfahen, doch die velligkait vnd vermonung meinem genedigen herrn vnd der Stifft seckaw In allweg vorbehallten.

hanns ydemspeuger.

Hat sodem die auch sein lechen von sein selbs wegen erfordert vngesusset mit sein briefen vnd ist Im auch In negst gemelter form Indult auf Johannis baptiste gegeben.

Winckler.

Auf Agnetis ist durch her Anndree premer die lechen des winckler pfarrer zu pels vnd seiner brüder erfordert vnd sein In forma superiori gevrlopt, ob mein gnediger herr hie zwischen gen Judempurg komen sein gerechtigkayt darumb ze zaigen vnd die Zw enphachen mugen.

(Pag. 6.) wilhalm chondorffer.

Hat auf sand Dorotheen tag sein lechen erfordert vnd nachdem er die brief nit bey Im hett, ist Im vngevrlopt bis Johannis baptistae, doch die velligkait vnd vermanung vorbehallten.

Clement Lemsnitzer.

Ist des gleich eodem die durch sein Sonn Berhartenn bis auf Johannis baptistae vrlob erlanngt.

Cristoff Rotmansdorffer.

Hat auf valentinj des Lxxxiij Jars sein lechenn erfordert und ist Im nach dem, vnd er die lechenprief nit gehaben mocht, gevrlopt bis Johannys In forma superiorj.

Sebastion Reisperger.

Ist auf kathedra petri Anno etc. Lxxxiij° an stat seiner brüder wilhalm vnd hanns gevrlopt ain jar alle vnd yegliche stuck, die do sein ze leehenn von der Stift Seckaw, doch der vell vnd velligkait vnuergriffenn.

Gothart pogell.

Hat Anno etc. lxxxiij° mitich nach Mathie zu grätz lechen enpfanngen an stat seiner hawsfrawenn Anna hannsen vnger tochter zway guetter gelegen zu Cheylbeng, das ain genant die prantel hueb, die ander die mayr Jakl hueb nach laut ains briefs.

(Pag. 7.) Wilhalm Chondorffer.

Hat Anno dominj etc. lxxxiij an montag nach Ambrosij lechen enpfanngen zu grätz die hernach geschribenn Stuckh. Item dem (sic) Turn zu welsstorf vnd ain hoffstat gelegen daselbs mit Irer Zugehorung etc. nach laut ains priefs.

Niclas gaissrucker.

Hat Anno dominj etc. lxxxiij montag nach Ambrosy ain vrlab erlanngt sein lechen bis auf Sanndt Johanns tag Subentten nach laut ains briefs.

Phunttan.

Anno domini etc. lxxxiij Montag nach Ambrosy haben des phunttan Kinder ain vrlab erlanngt jr lechen bis auf Johnnnis baptistae nach laut ains briefs.

Clement lemsnitzer.

Hat Anno dominj etc. lxxxiij an montag nach Ambrosy zu grätz ain vrlab erlanngt seiner lechen bis auff Subentten nach laut ains priefs.

Caspar Zebinger.

Hat Anno domini etc. Lxxxiij an Moontag nach sannd Jorigen tag zu Grätz erlanngt ain vrlab aller seiner lechenn, So er von dem Stifft Seckaw zu lechen hat, bis auf Sannd Michels tag schirst kumundt etc. vnd ist darumb ausganngen ain prief.

(Pag. 8.) wilhalm flädnitzer.

Hat Im selbs als Lechentrager wulffings, fridreichs, wilhalm, vlrichs, dietmars vnd Cristoffens vonn fladnitz An montag nach sand Jorigen tag Anno etc. lxxxiij nach der Stifft Seckaw gewonnhayt vnd herkummen zu lechen enpfanngen In dem Bischoflichen hof zu grätz die hernachgeschriben stuck: Item von erst ain hoff vnd vier hofstet zu pipelpach (ausgebessert mit pikelpach) vnnd ganntzen traid zehennt darauf, Item anderhalb hueben zu lind In vogauer pharr gelegen.

wilfing flädnitzer.

Hat Anno quo supra montag nach Sand Jorigen tag hat (sic) zu grätz als der Ellter vnd lechentrager an stat sein, herrn Vlrichen seins bruders kinder die Stuck zu lechen enpfanngen: Item ain hoff vnd vier hofstet zu [illegible] vnd ganntzen traid zehenndt darauf, jtem anderhalb hueben zu lind In vogauer pharr gelegen vnd ist ain prief damit ausganngen.

Andre Schlär.

Anno etc. Lxxxiij am Sampstag Nach sand Jorigen tag zu Grätz hat Andree Seler an stat sein vnd seiner geswistratten aller Stuckh vnd guetter, so sie von dem Stift seckaw ze lechen haben, vrlab erlangt bis auf ir vogtpar Jar vnd ist prief darumb ausgangen.

Wilhalm flädnitzer.

Ist auf phintztag Nach vincencj erschinen durch Cristoff seinen Vettern, die lechen erfordert vnd ist Im dilation wie anndern gegeben vorbehalten die vermanung.

Fridrich vonn Flädnitz.

Ist komen vnd zu Lehen empfangen ain hoff zu pickelpach mit zwain hoffsteten Auff datum seins prieffs, So er darvmb hat.

(Pag. 9.) Gorig Katzianer.

Hat seiner hawsfrawen vrsula weillenndt herrnn Bernhart kranwatsdorffer enckell jrer geswistrat vnd miterben auf montag nach sand Jorgen tag des lxxxiij Jars zu Grätz in dem Bischofflichen hoff der lechen, so sy erblich angefallen weren, velligkait vnd spruch vorbehallten auff zway Jar vrlob erlangt.

Erhart lembanitzer.

Hat jm vnd seinen erben an freitag nach sand Erasmus tag des Lxxxiij jars jn dem Bischolflichen hoff zu Grätz den trittail aus ainem zwaytail weinzehenndt zu Sannd steffanns pharr bey Stentz am griess am leestain vnd an dem maurhoff gelegen zu lechen enpfanngen vnd die Im, als der Stifft Seckaw herkummen vnd gewonhayt, gelichen sein.

walthasar Staindorfer.

Hat Im vnd seinen lechenns erben an Erichtag vor dem auffertag Inn dem Bischoflichenn hoff zu Grätz Im lxxxiij Jare drey hueben zu Vdelsdorff bey Bischoffegkh gelegen zw lechen enpfanngen.

Hanns ydomspeuger.

Hat Im am Sambtztag nach ascensionis des lxxxiij Jars ain vrlaub erlanngt vmb seine lechen, So er von dem Stifft Seckaw zu lechen hat, Inn dem Bischoflichen hoff zu Grätz von dato biss vber ain gannts Jar werundt.

(Pag. 10.) Vlrich Gloiacher.

Anno dominj etc. Lxxxiij am Sonntag vor sand Johanns tag gotstauffer hat Im vnd seinem Bruder vmb all vnd yeglich Stuckh, So sy von dem stift Seckaw ze lechen haben, ain vrlab erlanngt vnd ist ain prief darumb ausgangen auf ain gannts jar von desselben dato lauttund.

her Ruprecht windischgretzer.

Sein auf Mittichen vor phingsten zu grätz Anno etc. lxxxiij als dem Elltern vnd lechentrager anderer seines Nam all jr lechen gelichen jn forma solita.

her Jorig weissnegker.

Ist auf freitag vor phingsten des Lxxxiij Jars sein vrlab seiner lechen ain gants Jar erstregkt.

weickhart von polhaim.

Hat die hernach geschriben Stuckh vnd guetter am montag sannd Johanns abent gotstauffer Ano (sic) domini etc. lxxxiij In dem Bischoflichen hoff zw Grätz Item von erst zu altenmarckt drithalb hofstat, zu gomlitz zwo hueben, jtem zu guenng (oder gnenng) tritthalb hueben, Item zu kolbendorff viertthalb hueben vnd ain hofstat vnd daselb fumfthalben ainer (sic) perckh Recht, jtem zu obernvogau ain huben vnd ain hofstat, jtem zu nidervogau Zwo hueben, jtem ze pethpach jn altenmarckter pharr dritthalb hueben, Zwelff hofstett vnd das perck Recht daselbs, jtem Zu Atzenndorf zwaytail Zehenndt wein vnd getraid etc.

Michel von haffnern

Hat anstat seiner hawsfrawen Dorothe fridrich des voytscher swester vnd Agnesen seiner tochter Ann (pag. 11) Montag Sannd Johanns gottstauffen Abennt Anno domini etc. Lxxxiij In dem Bischoflichen hoff zu gretz Alle die guetter, Es sein hoff, hueben, halb hueben, hofstet, perchrecht, ackher, zinss ze nesselpach vnd daselbs vmb gelegen jn gleichdorffer pharr, was Sy da haben, zu lechen enpfanngen.

In Solher beschaidenhayt, So die Jungfraw mit ainem man versechen wirdet, das dan der selb jr man von meinem genedigen herrn oder seiner genadenn nachkummen Als rechter lechentrager der guetter selbs zu lechen enphahe vngeuerlich.

Cristoff Silberger.

Hat auf mittichen nach Erasmi Anno etc. lxxxiij an stat seins vetters vrlob der lechen Als gerhaben weillend herrn jorgens von krottendorff kinder, der noch ains In leben ist namlich Ermena von krottendorf herrurend begert vnd auf vier Jar erlangt, Doch dem Stifft vnd manigklich seine Recht vorbehalltenn.

Kolman winckler.

Als der Ellter vnd lechentrager an stat sein vnd jorigen winckler seins Bruder, auch herrn petter wincklůr pharer zu pells hat In vnd jren lechens erben an mittichen nach Johannis baptisten Anno etc. lxxxiij den zehennt zu krottendorf mit seiner zugehorung nach der Stift Seckaw herkummen vnd gewonnhait zu lechen emphanngen.

Her hainrich Rintscheit.

Als der Ellter an stat sein vnd seines Bruder her Dymas hat in vnd jren erben an phintztag vor vitj des lxxxiij Jars In dem Bischoflichenn hoff zu grätz die hernachgeschriben Stuck vnd guetter zu lechen enphanngen: Von erst Zwaitail (pag. 12) Zehennt am flewgersperg In angrer pharr wein vnd traid, grossen vnd clain, jtem auf ainer hueben zw Kerpach marchfuetter, do hainrich hackher aufgesessen ist, jtem auf ainer hueben zu gletschaw jn der genanntten pharr marchfuetter, die leopolt der wilhalmjn Sunn aufsitzt, jtem auf ainer hueben daselbs marchfuetter do der wachser aufsitzt, die In auch obgeschribner mass gelichen sein.

Anndre Gloyacher.

Anno domini etc. Lxxxiij hat Im vnd seinen erbenn an Sambtztag nach vitj vnd (sic) all vnd yeglich Stuckh, So von dem stifft Seckaw ze lechen sein, von dato des selben tags vber ain gannts Jar ain vrlab erlangt vnd ist ain brief darumb ausganngen.

Ulrich Reysacher.

Hat Im vnd seinen geswistrat als der ellter vnd lechentrager den halben tail weinzehenndts vnd drew tail auss dem Stockh Zehennt In mosskircher pharr gelegen, So weillend her fridrich Ir vatter vnd Jorg sein bruder zu lechen gehabt haben, An mittichen nach sannd veits tag Anno etc. Lxxxiij In dem Bischoflichen hoff zu Grätz nach gewonnhait vnd herkummen zu lechen enphanngen.

Clement lembanitzer.

Hat im Selbs vnnd Als lechenntrager Cristoffens seines brueders die Zwai taill aus ainem trittail weinzehenndt jn Sannd Steffans pharr bey Stanntz gelegen Am freytag Sannd vlrichs tag Anno domini etc. Lxxxiij jn dem Bischoflichen hoff zu Grätz obgemelter mass zu lechen enpfanngen vnd soll meinem genedigen herrn fur die velligkayt ain phert gebenn.

(Pag. 13.) Bartholome von morsperg.

Hat Im vnd seinen erbenn am freitag Sand Ulrichs tag Anno etc. Lxxxiij In dem Bischoflichen hoff zu Grätz die hernachgeschriben Stuckh vnd guetter nach der Stifft Seckaw gewonnhait vnd herkummenn zu lechen enpfanngen. Item von erst ain hoff vnd aindleff hofstet zu gotling, jtem ain müll vnd aekher vnd vier vnd zwaintzigk emer pergkrecht vnd funffvndachtzigk pergkphening, jtem zu laneckh vogtei auf vier hueben, jtem zu dachsnperg ain hoff, acht hueben, ain hofstat vnd auf vier hueben vogtei daselb, jtem Ain hofstat Im Grewt vnd ain wisen genant die Satzung.

Caspar Zebinger.

Item auf Martinj Anno etc. lxxxiij seine lechen bis auf Johannis baptisten gevrlobt, doch die vellikait vorbehallten continiert bis Michaelis vnd darnach ain Jare, hat aber den brief nit gelöset.

Steffan Zmollerer.

Hat auf Sonntag oculj In der vasten Anno dominj etc. lxxxiij zu Seecoperg alss der ellter vnd lechentrager an stat sein vnd Cristoffen seines Brůder dise hernach benanntte Stuckh zu lechen enpfangen: jtem ain Zehennt gelegen pey voitsperg vnd ain weinzehennt gelegen zu perndorf, jtem das Marchfuetter zu Raessaw auf Czuruff huben.

Her hanns Gradner.

Auf mitichen Sigismundj regis Anno etc. lxxxiij zu grätz sein herrn hannsen gradner die nachvolgennden lechen gelichen, Doch velligkayt vnd (pag. 14) Spruch, ob der icht da wern, meinem genedigenn herrn vorbehallten. Vnd sein das die lechen: von Erst den trittaill weinzehennt jn mosskircher pharr vnd den Stockh zehennt, So darein gehört, jtem den weinzehennt zu feustritz vnd Stubing, jtem lxxxiij viertail hierszehennt jn feustritzer, Gredwewner, Sand wartlome vnd jn anndern pharrenn.

Her Jorig weissnegker.

Item auf freitag vor Augustinj des lxxxiij Jars haben wir herr Jorigen weissenegker sein vrlob erstreckt vnd zu lechen zugesagt.

Rottaler.

Eodem die per Jacobum windischgretzer dem Rottaler Sein vrlob bis auf Liechtmess erstreckt.

Her Jorig weissnegker.

Item auf Sambtztag quo supra ist Im noch gewonnhait der Stifft Seckaw gelichen an stat sein vnd Als lechentrager Niclas vnd anndree seiner Brueder namlich ain drittail wein vnd traid Zehennt In Stalhofer pharr zu Käckeritz Zwen ackher diennen zwenvndzwaintzigk phening, jtem drei huebenn daselbs vnd zwo hofstet zu dem helligen (sic) Creutz, jtem ain pergkrecht vnd zway taill weinzehent auf dem Selben perg.

Caspar harder.

Item auf Sambtztag octaua Augustini des lxxxiij jars die lechen, So er vnd sein Bruder friderich (pag. 15) Von der Stifft Seckaw Zu lehen gehabt haben, von gnaden wegen gelihen vnd die velligkait Nach gelassen, namlich den hof mit seiner zugehorung gelegen zu Gleisdorf, So er von dem Gradner an sich pracht hat, Aindlef hofstet daselbs, das drittail Zehent auf dem hardhoff, Sechs emer pergkrecht jm geming hinder gleisdorff vnd das drittail zehent auf dem selben pergkrecht vnd was darzu gehört.

Her hanns von Sawraw.

Ist Exaltationis Sancte Crucis die lehen, So weillennd herr Reinprecht von hollnegk zu lehen gehabt hat, von gnaden wegen, Als vellig lehenn zu verleihen zugesagt und sol meinem genedigen herrn Zimlich abtrag darumb thun.

Caspar Zebinger.

Hat auf Montag vor Exaltationis crucis des lxxxiij jars dise hernach benanten stuckh zw lehen empfanngen: jtem vier hof genant zw den jägerhoffen In hartperger pharr gelegen, jtem die stuckh vnd zehennt acht fewrstatten jn geleatelorter pharr zwaitail traid vnd viech zehent, jtem jn voitsperger pharr bey funfzigk fewrstetten den drittail traid, drey zwaitail vnd Siben weingarten den Zwaitail. Item auf Zwellf fewrstetten In lavgaster (radirt ist das a in lav) pharr den drittail vnd auf ainer hueb yden Zwaitail Zehent, Item der drittail weins Zehennt vnd den Zwaytail zu Sedinng an der Knappen Zel (radirt und dafür Zil) vnd am Kertzenberg Zwaitail Zehent alles jn Moskircherpharr gelegenn.

Her Seyfrid von polhaim.

Hat Auf montag nach der heylling drey kunig (tag) Anno etc. Lxxxvj° anstat Sein vnd seines Bruders herrn Erhardten dise hernach benante Stuckh vnd gütter zu lehen enpfanngenn, die Im auch In gwonnlicher form der Stift (pag. 16) Seckaw gelihen sein. Item zu Altenmarckt dritthalb hofstat, jtem zu gomlitz zwo hueben, jtem zu Buenng trithalb hueben, jtem zu Kölbendorff vierthalb hueben vnd ain hofstat, daselbs Fünffthalben emer pergkrecht, jtem zu obern vogau ain hueben vnd ain hofstat, jtem zu nidervogau zwo hueben, Item zu petpach In Altenmarckter pharr dritthalb hueben, zwelf hofstet vnd das pergkrecht daselbs, Item zu Atzenndorff Zway tail Zehennt wein vnd traid.

Hanns Gleispacher.

Auf Monntag quo supra hat mein genediger herr seine lehen gelihen aus gnaden die velligkayt nachgelassen vnd sind das die hernach benanten Stuckh: Item auf vier weingart am Reckhing das pergkrecht, Item auf dreyen weingarten den wein Zehennt jm Wolffgraben.

Jorig weltzer.

Auf Sannd dionisien tag des Lxxxvj Jars zu Bischolfshofen bey Judenburg sein jorg weltzer Als eltesten lehentrager Rueprechten, Achatzen vnd Cristoffen der weltzer geswistert der weinzehent vnd ain virtail auf dem Stock zehennt jn Mosskircherpfarr, wie dann der von hanns ydumspeuger an sy kummen ist, zu lehen gelihen.

Anndreas Güler.

Anno etc. Lxxxvij° auf mitichen nach petrj vnd paulj sein Andree güler vnd sein lehenns erben die Zwo hueben gelegen zu nidervogau vnd ain virtail einer Albm genant das Seetal, jtem den zehent auf dem weingarten an der leytten vnd den ackher dabey, als er jngefanngen ist, jtem den hirss Zehennt jn sand Florian pharr aus gnaden, wie woll die vellig sind worden, zu lechen gelichenn.

(Von anderer gleichzeitiger Hand): Hansen Zebinger.

Sein die lechen als Eltisten an stat sein. Cristoff vnd Bernharts seiner pruder gelichen, So von seinem vatter Caspar zebinger Erblich auf sy kummen sein, auff freitag nach fabiani des Neuntzgisten jars zu Gretz, wie die vorsten, verlihen.

Aus der k. k. Hof- und Staatsdruckerei.

№ 20. NOTIZENBLATT. 1854.

Beilage zum Archiv für Kunde österreichischer. Geschichtsquellen.

Herausgegeben von der historischen Commission

der

kaiserlichen Akademie der Wissenschaften in Wien.

I. Literatur.

Vorerinnerung.

Wir haben im gegenwärtigen Jahrgange (1854) die Rubrik: Literatur, noch gar nicht begonnen, so viele historische Leistungen und Sammlungen auch sich dargeboten hätten, denn die Literatur der Geschichte und Statistik, sowohl die inländische als die ausländische, ist unendlich reich und theilweise auch sehr bedeutend. Da sich des mitzutheilenden neuen Stoffes und Materials besonders für Topographie, Genealogie und Statistik unseres Vaterlandes so viel darbietet, wollten wir lieber diesem den Platz einräumen, als Anzeigen und Übersichten des anderwärts Geleisteten.

Da aber von Zeit zu Zeit der kaiserlichen Akademie der Wissenschaften unter andern Werken auch so manche historische und statistische zum Geschenke gemacht werden, deren Verfasser theils Besprechungen oder Anzeigen wünschen, theils stillschweigend erwarten, da überdies uns vielfältige Erfahrung lehrt, dass das Erscheinen und Dasein höchst wichtiger historischer und statistischer Arbeiten leider weit weniger beachtet wird, als man erwarten sollte, dass oft sehr bedeutende Erscheinungen der Literatur spurlos verschwinden, als ob sie gar nicht existirten, so haben wir uns entschlossen, der historischen und statistischen Literatur des Inlandes und Auslandes im Notizenblatte mehr Raum zu gestatten.

Es ist ja eine höchst nothwendige Vorbedingung zur „Erweiterung der Wissenschaft," dass man den Gesammt-Umfang des gegenwärtigen Wissens klar und vollständig kenne.

Der Unterzeichnete hat desshalb von jeher bedauert, dass man bei uns in Österreich der Bibliographie und namentlich der vaterländischen Literargeschichte gar so wenig Unterstützung angedeihen liess und man kann es sagen auch gegenwärtig noch nicht mehr angedeihen lässt.

Er hat schon wiederholt auf diesen Mangel hingedeutet, doch immer umsonst; er hat nach Kräften durch einzelne Beiträge diesem Mangel abzuhelfen gesucht, dafür aber sehr wenig Dank geerntet.

Wir kennen unsere eigenen Schätze nicht und es scheint, dass es beinahe zum „Monopol des Wissens" kommen soll.

Es gibt sehr tüchtige und kritische Geschichtsforscher, die aus Mangel an literarischen Hülfsmitteln, aus Unkenntniss des bisher Geleisteten, in ihren in mancher Hinsicht sehr schätzenswerthen Arbeiten theils zu vermeidende Lücken, theils unverschuldete langhergebrachte Irrthümer sich zu Schulden kommen lassen. Wer kennt denn alles Neue, wem sind die reichen Schätze wohlversehener Bibliotheken zugänglich, ja auch nur bekannt?

In keiner Hinsicht sind wir (in Österreich) so weit zurück, als in der Literaturgeschichte unserer vaterländischen Topographie, Statistik und Geschichte.

So wenig Vogel's Specimen (in 3 Bänden) oder Weber's literarisches Handbuch auch nur von weitem Anspruch machen können auf den Name

20

Literatur-Geschichte u. s. w., so fehlt uns selbst ein vollständiger Nomenclator der historischen und statistischen Literatur seit 1800 nach der Weise dieser beiden, in ihrer Art verdienstvollen Männer.

In der jüngsten Zeit wollte der Unterzeichnete wenigstens für die letzten sechs Jahre (seit 1848) die „Pflege der Geschichte und Statistik in Österreich" als einen Beitrag zur Literargeschichte Österreichs umfassend bearbeiten.

Er hatte auch mit dieser mühsamen Arbeit und Zusammenstellung begonnen, sie ward ihm jedoch, vielleicht durch eigene Schuld (?) verleidet.

Was ihm nach seinem ursprünglichen Plane nicht gelingen konnte, soll desshalb nicht ganz unterbleiben.

Der Unterzeichnete wollte den gegenwärtigen Stand der Geschichtswissenschaft nach allen Seiten hin freimüthig beleuchten, alles Anerkennenswerthe mit gebührendem Lobe hervorheben, die Lücken andeuten, die Mängel rügen, ohne sich in förmliche Polemik einzulassen, oder „Kritik vorzugsweise zu üben."

Die nachfolgenden Anzeigen sollen wenigstens theilweise das gegebene Versprechen lösen.

Chmel.

Salzburg.

1.) Kriegerische Ereignisse im Herzogthume Salzburg in den Jahren 1800, 1805 und 1809. Bearbeitet von Anton Ritter von Schallhammer, k. k. Hauptmann. Mit drei Karten und zwei Stahlstichen. Salzburg 1854, in Commission der Mayr'schen Buchhandlung. 8. VI. und 592 Seiten.

Jedenfalls ein Quellenwerk. — Es zerfällt in fünf Abtheilungen.

Drei kriegsgeschichtliche Aufsätze behandeln:

1. Die Stadt Salzburg und das Land im Allgemeinen, S. 3—72 (1800, 1805, 1809). Mit einem Schlacht-Plane von 1800 („die am 14. December 1800 nächst Salzburg, bei Wels, Siezenheim und dem fürstlichen Lustgarten Klessheim vorgefallene „Bataille," nebst dem Übergange der Franzosen über die Salza bei Laufen und dem Rückzuge der k. k. Armee nach Österreich.")

2. Pass Lueg, das Pongau und Lungau, nebst dem Defilé von St. Gilgen, S. 75—128. (Karte des Landes Salzburg und Ansicht des Passes Lueg.)

3. Die Lofer-Pässe, als: Strub, Luftenstein, Hirschbühl, Knie- und Stein-Pass, dann Botenbühl. Das Pinzgau, Brixen- und Zillerthal, S. 131—236. (Special-Karte der Lofer-Pässe und Ansicht des Passes Strub.)

Dann folgen (4.) zwanzig biographische Skizzen k. k. österreichischer (der k. k. österr. Feldzeugmeister Marquis Chasteller, Feldmarschall-Lieutenant Baron Buol, Generalmajor Baron *Veyder, General-Intendant Baron Hormayr), k. bairischer (Feldmarschall Fürst Wrede) und französischer (General Moreau, Marschall Bernadotte, Marschall Lefebvre, Marschall Drouet) Feldherren, nebst den verwegensten Landesvertheidigern (*Anton Wallner, *Johann Panzl, *Joseph Struber, Peter Sieberer, Jacob *Strucker, Anton von *Rauchenbichler, Ignaz *Kettner, Franz Anton von *Berchtold-Sonnenburg, Sebastian *Riedl, Johann *Petermandl, Dr. Sebastian *Mayrhofer[1]) S. 237—324.

*5. Urkunden, 228 Stücke. Von 1797—1813, S. 327—580.

Davon 74 Originale, 70 Drucke; mit Ausnahme weniger Urkunden aus Büchern, die meisten übrigen aus den Archiven erhoben.

S. 581—586 gibt der Verfasser Rechenschaft über seine Quellen.

S. 587—592, Verzeichniss der urkundlichen Beilagen: 1 aus dem Jahre 1797; 2—19 aus dem Jahre 1800; 20—40 aus dem Jahre 1801; 41 aus dem

---

[1]) Eigentlich Tiroler, aber 30 Jahre in Salzburg.

Jahre 1802; 42 aus dem Jahre 1804; 43—64 aus dem Jahre 1805; 65—73 aus dem Jahre 1807; 75—79 aus dem Jahre 1808*; 80—222 aus dem Jahre 1809; 223—227 aus dem Jahre 1810; 228 aus dem Jahre 1813.

Herr Hauptmann Anton Ritter von Schallhammer, ein geborner Salzburger, hat mit dieser mühsamen und sorgfältigen Arbeit der Geschichte nicht bloss seines Geburtslandes, sondern unsers Gesammt-Vaterlandes wesentliche Förderung angedeihen lassen.

Er sagt im Vorworte: „Sowohl einheimische als fremde Geschichtsschreiber jener ewig denkwürdigen Epoche (der Kriege gegen die Franzosen 1797, 1800, 1805 und 1809) benennen alle Vaterlands-Vertheidiger, die hier (in Tirol und den angrenzenden Landen) für Deutschlands Unabhängigkeit fochten, mit dem Namen Tiroler, während doch der bedeutend grössere Theil (?) aus Salzburgs Alpen-Söhnen bestand. Salzburg, als österreichische Provinz, stand im gemeinschaftlichen Kampfe auf dem Rechtsboden, der nicht übersehen werden darf. Eben so wenig, dass in jener Epoche das Zillerthal, Brixenthal (Hopfgarten), Windisch-Matrey und Sachsenburg, noch Theile des Landes waren, die erst spätere Staatsverträge Tirol, letzteres Kärnten einverleibten. Die Waffenthaten jener Gebirgsvölker gehören daher noch der Geschichte Salzburgs an, auf die wir so stolz zu sein alle Ursache haben." — Und etwas weiter sagt der Verfasser: „Um auf die Tendenz des Werkes zurückzukehren, werde ich dem Tiroler geben was sein ist, aber mit dem nämlichen Rechte auch die salzburgische Betheiligung in Anspruch nehmen, die Kriegesthaten des Feindes endlich, so weit sie bekannt sind, mit eben derselben Unparteilichkeit besprechen und seiner tapfern Krieger ehrenvoll erwähnen. — Ich bereiste das Land nach allen Richtungen und beutete mit hoher Bewilligung die Archive desselben zu diesem Zwecke aus. Die reiche Urkundensammlung, am Schlusse dieses Werkes vollen Inhaltes beigefügt, wird stets die Quelle angeben, aus der geschöpft wurde, daher strenge Rechenschaft geben."

Die Literatur der (4) Kriege gegen die Franzosen (von 1792—1809) ist nicht arm zu nennen, obgleich die Literatur des letzten Befreiungskrieges (1813 und 1814) in jeglicher Beziehung sie übertrifft, Dank der grossen Rührigkeit und dem Selbstgefühl derer, die sich daran betheiligten.

Es wäre aber eine umfassende Kriegsgeschichte, in Verbindung mit der politischen Geschichte dieser Epoche (von 1792—1809) vom höchsten Interesse und wahrlich nicht zur Unehre Österreichs, das die ungeheuersten Anstrengungen machte, um Deutschland zu retten.

Wenn Herr Hauptmann von Schallhammer in den oben angeführten Worten hervorhebt, dass Salzburg bei seinem Kampfe gegen die Feinde auf dem Rechtsboden stand, so möchten wir daran eine andere Bemerkung knüpfen, die vielleicht zur Orientirung über das Verhältniss der Tiroler beitragen dürfte.

In der ganzen deutschen Geschichte gibt es vielleicht keine schmachvollere Zeit, als die des Protectorates von Frankreich über Deutschland in den Jahren 1803—1813.

Was ist das für ein Rechtsboden, wo Gewalt für Recht galt?

Wir werden da wohl einen andern Massstab für das was Recht ist anwenden müssen, denn sonst wären ja auch Jene Rebellen, die ihren Protector verliessen und sich Napoleon's Gegnern anschlossen!

Durch das vorliegende Werk hat Herr Hauptmann von Schallhammer allerdings reiche Materialien zu einer künftigen Kriegsgeschichte dieser Epoche geliefert. Wir wollen die vorzüglichsten Actenstücke und Documente herausheben und zur Kenntniss des Geschichtsforschers und Statistikers bringen.

S. 28. „Französische Kriegskosten in den Jahren 1805—1806 im Churfürstenthume Salzburg."

S. 29. „Churfürstliche Landschaftsrechnung pro 1805."

S. 30. Landschaftsrechnung pro 1806."

Zwischen S. 38 und 39. „Standes-Liste der Salzburgischen 4 Landwehr-Bataillons 1808—1809.

20*

S. 63—71. * „Berechnung der Kriegskosten für das Land Salzburg 1809 bis 1810." Aus dem Landschafts-Protokolle vom Jahre 1810.

S. 72. „Übersicht der dem Lande Salzburg verursachten Kriegskosten im Vergleiche zu seinen Mitteln. 1800, 1805, 1809." (Enorm.)

S. 116—118. (3) Zeugnisse über die patriotischen Leistungen des Pflegers zu Mondsee (im Jahre 1809), Johann Petermandl (erhielt 1815 die mittlere Civil-Ehren-Medaille).

S. 133—185. „Urkunde über die von den salzburgischen Pfleggerichten Lofer, Saalfelden und Zell zu Ende des letzten Neufranken-Krieges (1800) gegen die Republikaner unternommene Selbst- und Landesvertheidigung. Verfasst und gesammelt von J. F. H. (Hermann) 1801 und 1802" (Journal der Begebenheiten vom 11. bis 31. December 1800). (Dazu Beilagen 2—42.) Auch „zwei Noten zu diesem Journale."

S. 271—290. Die sehr ansprechende mit vielen Belegen documentirte Geschichte des „Anton Wallner, Aichberger-Wirthes zu Windisch-Matrey, Schützen-Obercommandanten der Landesvertheidigung im salzburgischen Gebirge 1809." Auch die übrigen Biographien der Landesvertheidiger sind interessant.

Die 228 Urkunden enthalten wohl viel schon früher Gedrucktes, doch ist die Zusammenstellung der Flugblätter und einzelnen Actenstücke sehr verdienstvoll.

Die bisher ungedruckten Actenstücke fand Herr von Schallhammer in verschiedenen Archiven, er erfreute sich der lebhaftesten Theilnahme und Förderung seiner Forschungen.

Nicht wenig gewonnen hat von Schallhammer's Werk durch die ihm vergönnte Benützung der Felner'schen Manuscripte.

Es sind nämlich im Stifte St. Peter in Salzburg 7 Bände in Manuscript niedergelegt von dem dem Herrn Abte Albert von Nagenzaun sehr befreundet gewesenen Herrn Verfasser Joseph Felner, der im Jahre 1850 als pensionirter k. k. n. ö. Regierungsrath zu Wien gestorben ist.

Vier Bände enthalten die „Geschichte der churfürstlichen Regierung in Salzburg" 1802—1805.

Drei Bände (913 Bogen) aber den „Krieg von 1809—1810."

Felner war einer der thätigsten und einflussreichsten Beamten Salzburgs, seine früheste Dienstzeit fiel noch in die erzbischöfliche Regierungs-Epoche; dann diente er unter dem churfürstlichen, später unter dem französischen, dann unter dem bairischen Regimente. Er trat dann mit dem Lande zu Österreich über, ward Regierungsrath zu Linz, wo er einer der einflussreichsten Beamten war, und wurde späterhin nach Wien zur niederösterreichischen Regierung versetzt.

Seine reiche Erfahrung, seine Geschäfts-Routine, sein durchdringender Verstand machten ihn besonders in der ersten Hälfte seiner Dienstzeit zum Leiter der Behörden.

Felner war wissenschaftlich gebildet und in den letzteren Jahren seiner ämtlichen Laufbahn war Geschichte besonders seines „Salzburgs" seine Lieblingsbeschäftigung.

Diesem Studium widmete er viel Zeit und grosse Mühe, er sammelte mit grösstem Eifer und seltener Ausdauer.

Er erhielt die Bewilligung, die reichen Schätze des k. k. Haus- Hof- und Staats-Archives zu benützen, die er in zwei Beziehungen sorgfältig ausbeutete.

Erstens für die churfürstliche Periode, von 1802 bis 1805, zweitens für die allerdings hochinteressante Regierungszeit des unglücklichen Erzbischofs Wolf Dietrich (von Raittenau), der 1611—1617 gefangen war.

Aber auch andere Archive und Sammlungen wurden von Felner fleissig benützt. Er hatte namentlich für die Zeit seiner ämtlichen Wirksamkeit die reichsten officiellen Quellen zur Disposition.

Herr von Schallhammer sagt über die oben angeführten Manuscripte (S. [illegible]) Folgendes: „Der im Vorworte, Seite V, angedeuteten Bemerkung über die

Verdienstvollen dieser Quellen-Sammlung, glauben wir nur noch beifügen zu können, dass diese Manuscripte reichhaltige Beiträge zur vaterländischen Geschichte liefern, dieselben jedoch ohne chronologische Ordnung zusammen gereiht, erst einer vernünftigen Sichtung und eines Bindemittels bedürfen, um sie der Öffentlichkeit übergeben zu können. Vom Standpuncte der Geschichts-Forschung bleiben sie äusserst schätzenswerth. Dass wir sie reichhaltig ausbeuteten, erweisen uns 27 urkundlichen Beilagen: 1, 20, 42, 68, 80, 91, 94, 102, 122, 125, 126, 128, 147, 149, 154, 155, 156, 159, 170, 171, 172, 175, 176, 178, 206, 215, 217 und die Citate im Texte der Geschichte, die in vorliegender Bearbeitung ihre Aufnahme fanden."

Wir aber wünschten insbesondere, dass **Felner's** Manuscript: „Geschichte der churfürstlichen Regierung von Salzburg von 1802–1805" wenn auch vielleicht in abgekürzter Gestalt zum Drucke befördert würde, denn wir halten den Inhalt **dieser** Sammlung für besonders interessant und wichtig.

Chmel.

II. „Oesterreichische Geschichtsquellen."

14.) Das gräflich von Verdenbergische Seminarium zu Görz.

Von Joseph **Bergmann.**

Johann Baptist **Verda**, der ältere Sohn des aus der Gegend von Como nach Görz übersiedelten Johann Nicasio **Verda** de Olivis, um 1582 geboren, trat nach vollendeten Rechtsstudien in des Erzherzogs, nachherigen Kaisers Ferdinand II. Dienste zu Görz und Gratz; zeichnete sich durch seltene Fähigkeiten und Eifer in den verschiedensten Zweigen der Verwaltung und Geschäfte so aus, dass er früh zur **geheimen Rathswürde** und zum **Hofvice-Kanzler** emporstieg. Sein gnädiger Gebieter erhob ihn ddo. Regensburg am 25. Februar 1624 in den **Freiherrn**- und am 7. November 1630 in den **Grafenstand** und seine Herrschaft **Namiest** in Mähren, die er am 30. Jänner 1629 von Albrecht, Herzog von Friedland und Sagan (Wallenstein) durch Cession an sich gebracht hatte, zur **Grafschaft**. Ausser derselben erwarb er noch in Nieder-Österreich Grafenegg und Grafenwert, im Lande ob der Enns Peuerbach, in Krain Kreuz, Oberstein und Flednig, und ward Landstand in Mähren, Österreich, Steiermark, Kärnten, Krain und Görz. Später war er kaiserlicher **Hofkanzler**, und mit dem Fürsten von Eggenberg und dem Freiherrn von Questenberg (aus Cöln) einer der sogenannten **drei Berge**[1]) des Kaisers, starb in seinem Hause am Mehlmarkte in Wien, wo jetzt das fürstlich von Schwarzenbergische Palais steht, am 15. 16. September 1648 und ruht in der von ihm errichteten Familiengruft bei St. Michael, wo er auch sein Denkmal hat. Er baute mit seiner Gemahlin Maria **Katharina** Freiin von **Cronberg** (Coronini) aus Görz, zu Medling 1631 das von K. Joseph II. aufgehobene Kapuzinerkloster sammt der Kirche, die Pfarrkirchen zu Namiest und zu Strass bei Grafenegg. Zu **Görz** stifteten beide gemeinschaftlich laut Urkunde ddo. Wien am 2. Mai 1636 ein **Seminarium** oder **Convict** für 24 Zöglinge, vorzugsweise aus dem armen Adel, die daselbst freie Kost und Wohnung erhielten etc.

Er hatte vier Töchter und den Sohn **Ferdinand**, mit dem am 27. März 1666 des Hofkanzlers männliche Nachkommenschaft erlosch. Dessen Vetter **Alexander**, Sohn Johann Peters Freiherrn von Verdenberg, Decature der

---

[1]) „Tunc proverbium erat: Caesaream Majestatem **tres ingeniosas manus**, et Eggenberg, **Werdenberg** (sic), Questenberg, et **tres gratiosas gemmas**, Dietrichstein, Wallstein et Liechtenstein in suis regnis habere." Vid. Status particularis Regiminis Ferdinandi II. Viennae 1637. pag. 34

Medicin und jüngern Bruders des berühmten Kanzlers, erbte kraft des Grafendiploms von 7. November 1630 mit dem Grafenstande auch dessen Fideicommiss-Herrschaften. Dessen jüngerer Sohn Johann Philipp starb als der letzte Graf von Verdenberg am 19. April 1733 zu Brünn.

Mehreres über den Hofkanzler Grafen von Verdenberg und sein Geschlecht werde ich aus archivalischen Quellen in meinen Medaillen auf berühmte und ausgezeichnete Männer des österreichischen Kaiserstaates Bd. II, Nr. LXXXVI, mittheilen.

Der hier folgende Abdruck der so eben erwähnten Stiftungs-Urkunde ist nach einer, beim k. k. Gymnasial-Directorate in Görz verwahrten, ziemlich flüchtig geschriebenen Copie von dem verlornen oder unbekannt wo liegenden Originale genommen, die ich der Güte des dortigen Herrn Professors Anton Tschofen verdanke.

In Nomine Sanctae et Individuae Trinitatis Patris, et Filii et Spiritus Sancti. Amen.

Nos Joan. Bapt.ª Comes de Verdenberg et Namest Baro in Graveneggh, Dominus in Gravenwerth, Peurbach, Rossiz, Oberstein, Creuz, Flednig, Schönberg, Windorff et Struz etc. Haereditarius Dapiferorum Praefectus in Comitatu Goritiensi, Sacrae Caesareae Majestatis Ferdinandi II. Invictissimi et Augustissimi Imperatoris Consiliarius intimus, Camerarius, et Aulicus Cancellarius, et Catharina Comitissa de Verdenberg et Namest, nata Baronissa Coronina, Conjugales.

Tenore praesentium notum facimus, et Posteritati commendamus, et considerantes quod qui plus ceteris in hoc mundo ab auctore mundi accepisse videntur, plura etiam in ejusdem honorem impendere teneantur, et quod juxta dictum Salvatoris, qui parce seminat, parce et metet, et qui seminat in benedictionibus, de benedictionibus metet vitam aeternam, cupientes aeternorum intuitu id seminare in terris quod Deo reddente multiplicatum fructum valent colligere in Coelis, non ignorantes maximopere divinum cultum promoveri, si tenellae adolescentum plantulae recta doctrina et pietate imbuantur, et sub sancta Religiosorum piorumque ac doctorum virorum disciplina educentur, totique mundo constet totam Ecclesiam Dei per literarum studia omnibus Saeculis magna sumpsisse incrementa, determinavimus ad majorem Dei omnipotentis gloriam et honorem, ejusdemque uberiorem cultum, atque pro Pauperum, quorum saepe virtutibus res angusta domi obstat, beneficio, nec non pro incremento publici boni, fundare, prout vigore praesentium fundamus, erigimus et stabilimus, in Civitate Goritiae sub cura, disciplina, inspectione, gubernatione, et superintendentia libera Adm. R. R. D. D. P. P. Inclytae S. J. (de quorum fide, laudabilique et impenso studio in audienda qua literis, qua pietate ac bonis moribus Iuventute orbi universo constat) Seminarium viginti quatuor Adolescentum perpetuis futuris temporibus permansurum. Cui subinde volentes de congrua dote providere, animadvertentesque, quod nec fruges, ubi vilitas annonae accedet, sufficientes sine pecuniis, nec pecuniarum census, ubi annonae caritas ingruit sine proventibus, constituimus hanc Fundationem, partim in annuo pecuniarum censu, partim in tot bonis stabilibus, stabilire. In hunc ergo finem primo Alumnorum habitationi Domum propriam nostram Goritiae sitam prope Templum S. Joannis Baptistae cum horto annexo, prudentum virorum judicio duorum millium quingentorum Rhenensium florenorum praetio acquisitam dedimus et consignavimus, et in ejusdem instaurationem bis mille septingentos paratae pecuniae florenos deposuimus, quam tamen in alium Seminarii usibus capaciorem et ipsi Collegio Societatis viciniorem commutari permisimus. Secundo. Reditus pecuniarios, seu census alendae Juventuti consignamus, prout jam de facto consignavimus in Carniolae Provincia 20,000, apud illam Provinciam ad censum elocata, ex quibus annuatim Mille ducenti veniunt. Tertio in Comitatus Goritiensis Territorio Villesi et Salcani infrascripta stabilia bona, Praedia et Possessiones in dictis terris, et locis Villeslij et Salcani sitas dedimus et assignavimus. Quae omnia Seminario cum infra scriptis conditionibus ita in perpetuum tradita, consignata ac addicta esse volumus, ut Primo nullius unquam potestate, ullo unquam tempore mutari, alienari, aut quacumque alia ratione a juribus et potestate Seminarii extrahi possint. Secundo, jus porro horum omnium habebit R. D. Pater Collegii Rector, qui procurabit, ut alumnis nostris de rebus necessariis ad sufficientiam provisum sit. Tertio, ut Seminarium praefatum a Nostro nomine Verdenbergicum perpetuis futuris temporibus nuncupetur. Quarto. Ex his fundationis nostrae redditibus ali volumus juvenes viginti quatuor, quibus praeter victum et lecti apparatum, calcei dentur vestisque talaris, Alumnorum symbola, caerulei coloris quacum in publicum prodeundum fuerit, induentur illisque libri et alia ad Studia necessaria dabuntur.

Quinto. Jus suscipiendi seu recipiendi et admittendi supradictos Alumnos Nobis et Successoribus Nostris perpetuis futuris temporibus reservatum volumus, ita ut hoc jus nominandi et recipiendi Alumnos sit semper et maneat penes unum solum ex nostris legitimis heredibus, id est seniorem qui tunc temporis superstes erit. Sexto. Statuimus, ut in eos solum hoc sese beneficium extendat, qui ex legitimo Matrimonio nati, quique virtute, bonis moribus, ingenio doctrinaque praestare ceteris fuerint judicati. Ideoque priusquam in Alumnorum numerum quisquam accenseatur, examinari eum volumus a. R. D. P. Rectore Collegij, vel ab alio quocumque, quem ipse sui loco destinaverit; quod si idonei inventi, suscipiantur, sin vero incapaces et ad Studia inhabiles judicati fuerint, rejiciantur, neque contra exclusionem replicantes ullo modo audiantur. Septimo. Quoties, aliquem locum in Seminario quocumque modo vacare contigerit. R. D. P. Collegj Rector vel Regens hac de re Nos certos reddet, ut beneficium illud alteri conferre sciamus; et quotannis Nobis successoribusque Nostris perscribet nomina eorum, qui studia in Collegio Goritiensi absolverunt, et quo fructu, item ad quem Statum vel Ordinem Ecclesiasticum sive Religiosum animum applicuerint. Octavo. Excipimus tamen octo Alumnorum numerum, quorum admissionem R. D. P. Colegij Rectoris arbitrio perpetuis temporibus gratiose cedimus, quos tamen Musices peritos esse oportebit (cui et reliquos omnes diligentem navare operam cupimus), ut divinis Mysteriis in Templo Societatis accinentes, populi pietatem accendant et augeant. Nono. Admittendorum porro haec esto ratio, ut nemo nisi exacto duodecimo aetatis anno, et de legitimo Matrimonio progenitus in horum censum adlegatur, et nullus plane, qui ex patrimonio suo se alere, aut a suis parentibus in studiis sustentari potest, admittatur. Decimo. In Candidatorum autem concursu et multitudine, maxime indigorum prima esto ratio, ac siquis inter eos quos sanguis nobiles, fortuna vero durior egentes fecerit, primi semper censeantur. Undecimo. Caeterum nec nostra, nec haeredum aut successorum nostrorum intentione ad ullum vel Curatorum Statum vel Religionis Ordinem sunt obligandi, sed eos Divinae vocationi obsecundare pererit, ac si quem Deus Religiosis quibusdam familiis adscribi voluerit, gaudebimus ex hoc nostro Seminario Dei servos exiisse. Duodecimo. Tempus vero, quo beneficio nostro Alumnis frui concedimus, erit quinquennium solidum, quo ea victus ac disciplinae ratione, quae in aliis Societatis Jesu Seminariis laudabiliter servatur, humanitatis litteraturae praeceptis imbuentur. Quod si tamen ea cuipiam esset vel ingenii debilitas, ut ad speratum a nobis intentum fructum pertingere non posset, vel ea obstinatae voluntatis pertinacia ut nollet, vel ea morum agendique ratio, quae pravo esset aliisque in pernitiem exemplo, nec admonitiones Superiorum correctionesque admitteret, nolumus Domum nostram Disciplinam domesticam onerari, sed quisquis is fuerit, quinquennii anno nondum exacto arbitrio R. D. P. Rectoris dimittendus erit, ut aliis (qui nunquam deerunt) ingeniosis et probatae vitae Adolescentibus ad virtutem doctrinamque via aperiatur. Decimo tertio. Demum siquis ex Alumnis nostris domesticae Disciplinae et consuetae vivendi methodi impatiens suavi jugo collum subtraxerit, aut quacumque de causa Seminario semel profugerit, nullius precibus vel praetio, instantia, commendatione, actione aut qualicumque petitione in priorem alumni locum est accisecendus: neque enim defuturi sunt unquam probi juvenes, quibus hoc beneficium conferri possit utiliter.

Decimo quarto. Orabunt alumni ex debita gratitudine pro fundatoribus eorumque familia, haeredibus et Successoribus, uti R^{dis}. Patribus juxta eorum institutum visum fuerit eos obligare, et certis temporibus monere. Decimo quinto. Dicti Alumni tenebuntur, etiam omnes, diebus Dominicis et Festis Ecclesiae Societatis ad arbitrium Rev^{di}. Domini Patris Rectoris inservire. Decimo sexto. Si R. R. D. D. Patres alios soluto praetio suscipere voluerint alumnos, liceat ipsis hoc facere, modo in habitatione alumni Verdembergici non coarctentur.

Quae omnia praedicta videlicet supra specificata cum omnibus juribus, pertinentiis, regalibus, quandocumque, et pertinentibus prouti dicti D. D. P. P. Societatis supradictis cum condicionibus, et articulis a fundatoribus seminarii Verdembergici acceptarunt et receperunt, et una cum omnibus praedictis pecuniis tam paratis, quam ad censum elocatis acceptasse ac recepisse confessi sunt et fatentur, ita realiter, sincere, sancteque promittunt, et sese in amplissima juris forma obligant, eorumque nomine acceptat, promittit seseque obligat admodum R. D. Provincialis nomine suo, et totius Inclitae societatis omnes et singulas suprascriptas conditiones, puncta, articulos et statuta in praesenti fundationis Diplomate contenta, et comprehensa semper habere firma, rata, grata, sancteque sincere ac inviolabiliter observare praestare et effectuare neque ullo unquam tempore sub quocumque praetextu, colore, via et modo, de jure vel de facto contradicere vel venire (sc. contra venire) aliqua ratione vel causa neque supradicta Seminario in perpetuum addicta et incorporata bona, imo nec minimam eorum partem vendere, alienare, permutare, et oppignorare, onerantes in his omnibus pro observatione et reali sinceraque totius hujus fundationis, ejusque omnium articulorum conditionumque effectuatione conscientiam R. R. D. D. P. P. Societatis Jesu ac Regentium praesentium eorumque Successorum perpetuis futuris temporibus. Atque haec est Nostra, Fundatorum fixa firmaque voluntas et perpetua dispositio. Et pro majori stabilitate ac corroboratione praemissorum omnium non solum nos fundatores praesens nostrae perpetuae fundationis Diploma manu nostra subscripsimus et Sigillo nostro consulto corroboravimus, sed etiam juxta nos idem admodum R. D. Pater Joannes Rumer Provincialis Societatis Jesu se in fidem quoque subscripsit societatisque sigillo munivit. Deus bonorum omnium Auctor et Secundator efficiat, ut quod ad sui Sancti nominis honorem et exhalationem, ad sanctae Romanae Ecclesiae propagationem, Comitatusque Goritiensis intendimus beneficium, optatum finem sortiatur.

Actum Viennae Austriae die secunda Maii anno 1636.

(L. S.) (L. S.) (L. S.)

Jo. Baptista Comes
de Verdemberg.

Joannes Rumer.

Catterina Comitissa
de Verdemberg.

Über die weitern Schicksale dieser grossartigen und wohlthätigen Stiftung vermögen wir nach den durch Herrn Professor Tschofer erhaltenen Mittheilungen des Herrn Dellabona, Directors des dortigen Monte di pietà, der eine reichhaltige Görzische Geschichts-Encyklopädie angelegt hat, hier noch anzufügen, dass die Jesuiten das von Verdenberg'sche Stiftungshaus bei St. Johann (s. Artik. 1), das als Seminar ihnen zu entlegen war, kraft der Befugniss des Stifters gegen das dermalige vertauschten, dessen zweckmässige Herstellung aber viele Zeit brauchte und mit bedeutenden Bau-Auslagen verbunden war. Nach Aufhebung des Jesuiten-Ordens (21. Juni 1773) wurde aus diesem gräflich von Verdenbergischen Vermögen ein eigener Fond gebildet, mit einer, wenn auch nicht gleichen, doch annähernden Bestimmung. Görz hatte nun mit Ausnahme des erzbischöflichen Seminars gar keine öffentliche Lehranstalt, so dass die studirende

Jugend sich nach Laibach oder Graz verfügen musste. Die Stadt sammt der Landschaft wandte sich mit unablässigen Bitten um eine wohlgeordnete Schule an die Kaiserin Maria Theresia, die den Orden der Piaristen hiezu bestimmte. Mit Hofdecret vom 8. Januar 1780 wurde befohlen, dass im nächstkommenden Herbste die fünf lateinischen Classen und die Normalschulen sammt einer dazu gehörigen und zur Erlernung der deutschen Sprache nothwendigen Elementar-Classe von diesen Priestern eröffnet werden sollen. Hiezu kam noch eine weitere allerhöchste Verordnung vom 25. März desselben Jahres, durch welche den erwähnten Vätern das Lehramt der theoretischen und praktischen Philosophie, wie auch der mathematischen Wissenschaften allda aufgetragen wurde. Diesem Befehle zufolge langten zu Anfang der Wintermonate aus Wien 16 Geistliche dieses Ordens an, welche die Schulen am 14. November 1780 in dem von Verdenbergischen Seminarium, das zugleich zur Wohnung der Piaristen bestimmt wurde, in Gegenwart des Fürst-Erzbischofs Grafen von Edling mit geziemender Feierlichkeit eröffneten. Von nun setzten sie den Unterricht ununterbrochen bis zum April 1809 fort, zu welcher Zeit sie sich wegen Abtretung dieser Provinz an das neue Königreich Illyrien nach Wien zurückzogen.

Im Jahr 1811 wurde unter der französischen Regierung das Seminarium oder Convict wegen schlechter Aufführung der Zöglinge unter einem leichtfertigen Rector auf Verlangen des verstorbenen Erzbischofs Inzaghi aufgelöst. Die Franzosen regierten in Görz bis zum 18. October 1813. Später wurde der Convicts-Stiftungsfond in einen Stipendienfond umgewandelt. Statt der 24 Stiftsplätze sind nun 24 Stipendien, jedes zu dem Betrage von 120 Gulden. Sechzehn von diesen Stipendien verleihen Nachkommen des edeln Stifters, dermals hat dieses Recht die Frau Gräfin von Attems, geborne Gräfin von Coronini. Die übrigen acht verleiht die k. k. Landes-Schulbehörde in Triest. Sie können nur während der Gymnasialstudien in Görz und nur durch fünf Jahre genossen werden. Der mit einem solchen Stipendium Betheilte soll der Musik kundig sein oder sich wenigstens der musicalischen Ausbildung widmen.

13.) Notizen aus und über Ranshofen am In.

Mitgetheilt von Jodok Stülz.

(Fortsetzung.)

20. Elisabetha Thůrmayrin Joannis Thůrmayr civis Brunoviensis uxor anniversarium fundat Ranshovii celebrandum quotannis tertio ante S. Georgii die cum vigiliis et missa defunctorum, in compensationem $\frac{1}{2}$ ₰ den. pataviensis monetae restituantur monasterio de huba dicta Eliserhub, quae pro remedio animae legavit de jure suo haereditario. Item prata et arva intra montem sita im Thal. Datum sub Wernhero praeposito anno 1353 die S. Georgii (sic) sacro.

21. Joannes Aspen civis Brunoviensis cum uxore Diemute anniversarium impetravit quotannis celebrandum ad S. Pancratium die S. apostoli Bartholomaei cum vigiliis, postero cum missa defunctorum, ideo dare 45 ₰ den. pataviensis monetae constituerunt. Datum sub Wernhero praeposito anno 1349.

22. Dorothea Georgii Neuslinger uxor anniversarium petiit feria tertia quatuor temporum cum vigiliis, altera cum missa una lecta et alia cantata; in vicem praedium suum in Wartmeming legavit, consanguineis tamen redimendum pro 100 ₰ den. constituit et ut in quadragesima quatuor temporum (sic) pauperculis sex modii frumenti (6 Metzen Braunauer Mass) distribuerentur. Reversales litterae dedit Henricus praepositus anno 1420 in nativitate b. Mariae virginis.

23. Henricus Maulach perpetuus vicarius capituli patav. ordinavit perpetuum anniversarium in singulis quatuor temporibus cum vigiliis cantatis et missa defunctorum cantata. impendit 10 ₰ den. Viennensis monetae. Datae litterae

a Friderico praeposito anno 1444 in festo S. Bartholomaei seu feria 4[ta] post idem festum.

24. Thomas Apphentaler assentiente Diemude coniuge et filiis Jansone et Nicolao pro fundanda plenius et confirmanda capella a se in caemeterio Neukirchensi erecto tradit monasterio Ranshoviensi ius sibi competens (habebat in emphyteusin mediam curiam, nam alteram medietatem habebat in feudum a.. Bavariae duce Stephano, quam monasterio vendidit et dux a feudo absolvit vi litterarum desuper confecturum datis prioribus anno 1368 in festo S. Michaelis, posterioribus anno 1369 feria quarta post festum S. Georgii) in praedio nostro Ainhausen pro perpetua hebdomadaria missa a parocho loci Neukirchensis dicenda quolibet die lunae in praenotata capella anno 1338 festo S. Blasii sigillo suo appenso.

Verschiedene Notizen.

Circa idem tempus nimirum anno 1138 sacellum d. Stephano prothomartyri in valle seu ripa Oeni constructum Conradus Archiepiscopus Salisburg. assistente sibi Romano episcopo Gurcensi dedicaverat. Locus, ubi capella constructa est, tum temporis sedes erat nobilium de Brunduno dictorum. Nach 100 Jahren stand da die Stadt Braunau, an der Stelle der Capelle eine stattliche Kirche.

Propst Adelhart von Ranshofen († 1180) hat für Ranshofen einen Evangelien-Codex, Plenarium genannt, erworben. Er war auf Pergament sehr schön geschrieben, der prächtige Deckel mit Reliquien geziert. Im Jahre 1650 befand er sich noch im Kloster, jedoch waren die Reliquien herausgenommen.

Voran stand folgende Inschrift: Anno incarnationis dominicae 1178 perfecta et consumata (sic) est caelatura fabrefacti huius operis ad decorem domus dei in Ranshoven et honorem S. genitricis dei Mariae sanctique Pancratii martyris praefatae basilicae patroni ex donariis et oblationibus fidelium in auro, argento et lapidibus; eiusdem quoque sculpturae impensa summa cura summoque studio procurata similique voto oblata a domino Ranshovensi praeposito Adelhardo et thesaurario eiusdem ecclesiae Liutoldo sacerdote.

Scriptura itaque voluminis librorum quatuor Evangelistarum in hoc opere plenarie digesta nec non omnis texturae varietas simulque sculptoria figurarum atque proprietas sanctae et individuae trinitati dicata, sanctae incarnationi et humanitioni filii dei assignata, sanctae eiusdem dei et domini nostri Jesu Christi genitrici destinata, sanctis quoque apostolis, martyribus, confessoribus, virginibus subscriptis delegata stabilis, inconvulsa et inviolabilis praesenti ecclesiae omni aevo in futuris cunctarum generationibus successionum permaneat.

Si quis autem vel superstitum vel post nostri tempus aevi sequentium temerario ausu vendiderit aut emerit seu impignoraverit aut in pignore acceperit sive fraude vel vi involaverit seu qualemcunque diminutionem praesenti paginae ullo modo fecerit, diminuatur nomen eius de libro vitae et de civitate sancta corpusque eius et anima vermes immortales ignemque haereditent inextinguibilem semperque transeat ad calorem nimium ab aquis nivium.

In einer Provincialsynode zu Salzburg im Jahre 1224, von welcher aber weder Hansiz noch Dalham Meldung machen, wurde folgender Beschluss gefasst: „Ad reformationem quoque ordinum Canonicorum regularium S. Augustini et S. Benedicti nostrae provinciae cura pastoralis officii attendentes sacro ordinante Concilio ordinamus praesidentes capitulis antedictis videlicet de Ordine S. Augustini canonicorum regularium dominum praepositum metropolitanae ecclesiae Salisburg., praepositum monasterii b. v. Mariae Neunburgensis pataviensis dioecesis.. quibus plenam concedimus facultatem citandi et evocandi per censuras ecclesiasticos ad regularia scilicet capitula celebranda" ...

In dem Fussboden der von Propst Chunrat I. von Ranshoven (vom 25. August 1277 — 8. Mai 1311) erbauten Stiftskirche waren folgende Verse „literis coctis" eingelegt:

Annos mille duos decies ter sexque ducentos
Obernbergensis ignis destruxit ecclesiam istam[1])
M. duo C. et L. terni decas octo
Henricus Ratisbonensis tunc praesul utensis (sic)
Clarus honestate Rotenek baro, nobilitate potens
Reformavit hanc ecclesiamque sacravit
Duplex altare Pancratii seu Catharinae
Henricus dux Bavariae praesens erat
Et dabat ipse expensas laute
Annis millenis decas nonoque ducenis (sic)
Per Conradum praepositum fuit hoc factum pavimentum[2]).

1.) Die schwer zu enträthselnde Jahreszahl muss 1250 heissen. Im Streite zwischen dem abgesetzten Bischofe Rudiger von Passau und seinem Nachfolger Berthold, einem Grafen von Sigmaringen, der ein Bruder des Bischofes Albert von Regensburg war, wurde ein grosser Theil des heutigen Innviertels verwüstet. Die Besatzung des Schlosses von Obernberg, welches in der Hand des Bischofes Berthold war, zog 80 Mann stark in der St. Urbansnacht 1250 (25. Mai) gegen Ranshofen, dessen Propst für einen Anhänger Rudigers und der kaiserlichen Partei geachtet wurde, aus und zündete die Kirche mit allen Gebäulichkeiten an, sammt dem daselbst gelegenen Hause des Herzogs von Baiern[a]). Wie Aventin[b]), zuverlässig aus guter Quelle berichtet, folgten mehrere benachbarte Edelleute dem Feinde auf dem Fusse nach und ereilten ihn an der Marchlupp. Bischof Berthold rettete sich durch die Flucht. Mehrere seiner Anhänger kamen um, Andere und unter diesen des Bischofs Bruder G. wurden gefangen und nach Burghausen gebracht. Dieser wurde für 700 Mark reinen Goldes Regensburger Gewichtes losgekauft[c]).

Übereinstimmend mit der Chronik von Mattsee sagt unsere Chronik: per incendium Obernbergensium hostium in nocte S. Urbani monasterium nostrum miserabiliter est execratum. Damals befand sich auch Altmann von Leubelfing bei denjenigen, welche Feuer an das Kloster legten, wie er selbst bezeugt: Altmannus de Leubolfing . . interfui heu incendio ecclesiae Ranshovensis et ideo in recompensationem damnorum et laesionum, quae per me sustinuit, ecclesiae profiteor dare de curia Petreichsberg dimidium talentum consentiente filio Altmanno singulis annis perpetuo solvendum vel unum predium ecclesiae emere, quod (dimidium) talentum solvat anno 1276[d]).

2.) Der Propst Ortlieb († 1255) stellte zwar die Gebäude wieder nothdürftig her und liess die Kirche im Jahre seines Todes durch Bischof Otto von Passau wieder einweihen. Allein in den Kriegen zwischen dem K. Ottokar von Böhmen und den baierischen Herzogen fielen sie abermals der Zerstörung anheim und es wurde der Wohlstand des Klosters ganz vernichtet[e]). Erst dem vortrefflichen Propst Chunrat gelang es, Kloster und Kirche neu zu erbauen und diese 1283 am 20. September durch den Bischof Heinrich von Regensburg feierlich einweihen zu lassen. Hierüber berichtet der Propst Chunrat selbst in einem Codex, welcher auf der öffentlichen Bibliothek in München sich befindet: Denno per venerabilem Heinricum Episcopum Ratisponensem de Rotenek ex permissione Gotfridi patav. episcopi procurante honorabili Chunrado huius loci praeposito

---

[a]) Chron. Maiseens. bei Pertz, Mon. Germ. XI, 791.
[b]) Libr. VII, c. V, Nr. 35. Annal. boier.
[c]) Bibliothek des literar. Vereines in Stuttgart XVI, II, 140.
[d]) cf. M. b. III, 355.
[e]) S. Mon. boic. III, 334.

est reformata (ecclesia Ranshofen) Anno domini Millesimo. CCLXXXIII. in vigilia Mathei presente magnifico Heinrico duce Bawarie cum suis Baronibus, qui per tres dies ipsi Episcopo ob huius loci reuerenciam expensas laudabiliter in Provnowe[a]) ministravit habito tunc colloquio in Cell circa Ried (wahrscheinlich Hohenzell, an der Grenze zwischen dem Hausruck- und Innviertel, an der Strasse zwischen Hag und Ried) cum Alberto duce Austrie et F.(riderico) Saltzpurg. Episcopo, qui volebant hostiliter inuadere suam terram. Ipse uero viriliter se opponens tamen ad amicabilem concordiam redierunt. Die Bischöfe von Passau und Regensburg waren bemüht, den Frieden zu vermitteln[b]). Dieser Propst Chunrat war der wahre Wiederhersteller des ganz zu Grunde gerichteten Klosters. Vorzüglich bemühte er sich unter andern, strenge Ordnung in die Wirthschaft zu bringen. In welcher Weise er besorgt war, dieses Ziel zu erreichen, zeigt folgende von ihm selbst geschriebene Notiz:

„Anno domini 1277 sequenti die post festum B. Bartholomaei apostoli, quod fuit in secunda feria ego Chunradus (aus Burghausen) miseratione divina eligebar canonice et communiter in praepositum huius loci, videlicet ecclesie Ranshovensis. Feci diligenter in anno sequenti scribere hunc libellum, in quo continentur omnia privilegia huius ecclesiae, quae per singulos Rubricae titulos poterunt a legente plenius inveniri.“

„Continentur et in ipso libello omnia predia huius ecclesie de omnibus nostris officiis positis longe vel prope sive per emptionem seu per remedium a quacunque persona eadem predia habeamus. Ecclesie, in quibus ipsa nostra predia diversimode sunt locata, per rubricam in margine sunt expressa, ut per ecclesias brevi inquisitione quodlibet predium in illa vel in ista ecclesia collocatum a legente poterit citius inveniri.“

„Sunt et ibi vinee, quas habemus in Austria et quibus sumptibus annuatim ipse vinee excolantur necnon quibuscumque de ipsis vineis sit solvendum et a quibuscumque nobis ipsum ius civile debeat solvi.“

„Volens, consulens atque rogans meos sequentes, ut et ipsi eo modo sua gesta, ne eorum negociatio detur in oblivionem posterorum, diligenter conscribant.“ Im folgenden Jahre legte er ein neues Register an nach einer Ordnung, welche die Auffindung der gewünschten Aufschlüsse erleichtern sollte. Das Manuscript ist noch vorhanden in einem Pergament-Codex der Münchner Bibliothek und wurde für das Museum in Linz im Jahre 1845 copirt.

Es ist eben dieser Propst Chunrat, in welchem Dr. Böhmer (Fontes rer. germ. III. Vorrede LXXI, in der Anmerkung) einen neuen baierischen Geschichtschreiber entdeckt zu haben glaubt. Ich glaube nicht, dass Chunrat eine eigentliche Chronik von Ranshofen geschrieben habe, wohl aber dürfte das obengenannte Manuscript, worin allerlei Notizen über gleichzeitige Ereignisse enthalten sind, gemeint sein. Der sehr fleissige Verfasser unsers Antiquarium Ranshovianum wenigstens weiss hiervon nichts, obgleich er die Geschichte dieses ausgezeichneten Mannes mit Liebe und Umständlichkeit erzählt.

– –

Das Concilium zu Basel beschloss unter andern Dingen auch die Reform des Regularklerus. Hiemit beauftragte es in Bezug auf die reg. Chorherren den Cardinal Julian und den Cardinal von Pincenza, denen für die Diöcesen Freising, Regensburg, Brixen, Augsburg, Constanz, Eichstedt und Trient (so erzählt unser Gewährsmann) Sylvester, Dechant zu Rebdorf, und Peter, ein Profess zu Undersdorf, welcher in der Folge zur Abbtei Ror berufen wurde, zur Seite standen.

In Ranshofen scheint damals eine Reform grosses Bedürfniss gewesen zu sein. Von dem am 26. Juli 1435 verstorbenen Propste macht Mayr folgende

---

[a]) Herzog Heinrich umgab den Ort 1260 mit Mauern und Gräben und baute die Brücke über den Inn.

[b]) Cont. Vindob. bei Pertz, M. G. XI, 712 und Annal. S. Rudberti [illegible]

Schilderung: Heinricus (IV.) Prellar „homo ambitiosissimus et iracundiae deditissimus, male administrans oeconomiam, prodigiosus ideoque amotus a prelatura. Et tamen post aliquot temporis eadem potitus dignitate annos regiminis novem complevit... universim monasterium nostrum his tempestatibus male constitutum haud obscure animadvertitur." Sein Nachfolger Erasmus Ridmundt, welcher am 12. Juli 1444 starb, wünschte sehnlich eine Verbesserung des geistlichen Lebens und schrieb in dieser Angelegenheit folgenden Brief an Einen der Reformations-Commissäre, den Propst Peter von Ror.

Venerabili in Christo patri et domino Petro praeposito totique conventui Canonicorum regularium in Ror, confratribus suis peramandis!

Praemissis orationibus in filio virginis intemeratae.

Venerabilis pater, domini ac fratres mei praestantissimi!

Piissimorum fratrum interesse dignoscitur, ut suorum confratrum non denegent obsequia gratiosa; hinc est amandissimi confratres mei, quod non est in memoria hominum, quod fuerat aliquando in monasterio meo observantia regularis, quod heu dolenter vobis scribo; nunc autem gratia dei omnipotentis, quae me in tantum inflammavit, quod potius vellem non esse, quam in tali statu damnoso diutius stare et jam hunc patrem [1]) multipliciter scriptis et nunciis vocavi ad me, qui me et subditos meos taliter informavit, quod omnes cupimus reformari.

Qua in re vos omnes peto et quemlibet in singulari, ut oretis deum pro me, quatenus gratia sua sit mecum, praecedat me, comitetur et subsequatur me, ut possim maximum meum desiderium deducere in effectum quoad principium, medium et finem. Et hoc ex conscripta fraternitate, qua multis transactis temporibus sumus simul conglutinati.

Plura cum praesenti patre domino Sylvestro commisi, quae utique melius vobis oretenus dicere potest, quam ego calamo valeo significare (sic).

Scriptum per humilem confratrem vestrum Erasmum praepositum in Ranshoven [2]).

Beiläufig aus der Mitte des 15. Jahrhunderts stammt nachstehende Reimerei, welche den Zustand des Ordens und sein Verhältniss zu den weltlichen Ständen schildert:

Olim nostrum ordinem principes amabant
Et Romani praesules ipsum honorabant,
Grata privilegia gratis nobis dabant
Et praeter suffragia nihil postulabant:

Nunc est tributarius idem ordo factus,
In communem hominum sortem est redactus
Servituti subiacet, totus est confractus
Pro subventionibus ad usuras tractus.

Plures domus ordinis debitis gravantur,
Et ex hoc pericula magna conservantur,
Nam ut debitoribus debita solvantur,
Oportet, quod redditus vel terrae vendantur:

Nostra bona tradita ordini iam pridem
Successores filii auferunt eidem,
In factis huiusmodi peccant multum quidem
Patrum elemosinis non servantes fidem.

---

[1]) Sylvester, Dechant von Rebdorf.

[2]) cf. Amort, Vetus disciplina can. reg. Venetiis 1747, pag. 740 et sqq. wo die Statuten enthalten sind, welche Ranshofen 1446 und 1452 erhielt.

Quas antehac construxerat pietas avorum
Consecratas sedes, has more luporum
Devastare cogitant impii haeredes
Nec scriptas aestimant gratiarum schedas:

Olim dum simplicitas ordinis vigebat,
Nos laudabant homines, nullus nos laedebat,
Collectas ab ordine nemo requirebat,
Sed ordo pacifice deo serviebat.

Nunc uidentes homines grandes apparatus,
Equos et familias, splendidos ornatus
Dicunt, nisi locuples esset horum status,
Non valeret ducere tales equitatus:

Propter terras etiam vineas et prata
Quae sunt a fidelibus quondam nobis data,
Nos rodunt et lacerant, dicunt: nimis lata
Sunt bona, quae possidet gens haec tonsurata.

Ipsi non considerant, quantum laboramus
Non, ut nos tantummodo, sed plures pascamus,
Supervenientibus bona nostra damus
Et exinde modicum nobis reservamus:

Nos sumus in pluribus similes iumento
Cui dantur paleae excussae frumento,
Sustentamur etenim pane et pulmento
Servato hospitibus lauto nutrimento.

Nos sumus agricolae, sed nostra cultura
Saepe fit inutilis nobis propter plura,
Jam corrupti aëris turbata natura
Modo laedit vineas, modo laedit rura:

Ea quae pauperibus solebamus dare
Et in usus varios hospitum aptare,
Cogemur de caetero nobis reservare,
Ne nos haec benignitas cogat mendicare.

Quid prodest tot vineas et agros possidere?
Laborare iugiter et semper egere?
Mendicis ordinibus melius est vere
Quam nobis, qui talia videmur habere:

Papa nihil appetit ab his sibi dari,
Quia nudus aliquis nequit spoliari,
Et hoc solent ordines isti gloriari,
Qui possessionibus nolunt onerari.

Ipsi nihil possident nec sunt indigentes,
Colunt enim divites, frequentant potentes,
Apud eos comedunt nec respuentes
Quae sibi conveniunt dapibus utentes:

Surgentes a prandio remotisque mensis
Benedicunt dominum manibus extensis,
Retributis hospiti gratiis immensis
Recedunt nec computant de factis expensis.

De ista materia plura non loquamur,
Sed omissis aliis ad nos revertamur,
Poenas huius temporis laete patiamur
Vt bonis caelestibus frui mereamur:

Signum est, quod dominus non vult nos perire,
Qui nos tamquam filios non cessat ferire,
Ipse per haec tristia det nobis hic transire
Ut ad vera gaudia possimus pervenire.

Reihe der Pröpste von Ranshofen.

1. Raffaldus † 1146.
2. Manegoldus † 1157.
3. Megenhardus † 1162.
4. Altmannus † 20. April 1178.
5. Adelhardus † 1180.
6. Liutoldus (früher thesaurarius Otto's von Wittelsbach) † 1186.
7. Eticho † 1196.
8. Bertholdus † 1209.
9. Wichardus † 29. März 1224.
10. Marquardus † 1230.
11. Heinricus I. † 1245. Archidiaconus Maticensis.
12. Ortliebus † 1255.
13. Sifridus, resignirt 1277 und † 1278.
14. Chunradus elect. 25. August 1277, † 8. Mai 1311.
15. Chunradus II. Brunoviens. † 1332.
16. Udalricus I. † 1342.
17. Wernherus † 4. October 1363.
18. Heinricus II. † 30. September 1373.
19. Stephanus I. † 8. December 1388.
20. Heinricus III. Gamperl † 13. October 1393.
21. Matthias † 5. September 1426.
22. Heinricus IV. Preller † 26. Juli 1435.
23. Erasmus Ridmund † 12. Juli 1444.
24. Fridericus Gunderstorfer † 5. Februar 1448.
25. (Eine jüngere Hand: Anno 1450 legitur praepositum Ranshovianum fuisse Henricum ex Canonicis Garcensibus germanum Oswaldi Fröschlmoser civis et consulis brunoviensis.)
    Udalricus II. Puecher † 20. December 1451.
26. Thomas Witil † 21. März 1462.
27. Erhardus Gossenberger, resignirt 1467, † 1493.
28. Wolfgangus ex Dürnstein † 1491.
29. Leonardus Kallinger † 27. September 1494.
30. Blasius Rosenstingl † 15. Mai 1504.
31. Casparus Türndl elect. 3. Juni 1504, † 9. März 1529.
32. Augustinus Münich elect. 4. April 1529, † 25. October 1566. Er resignirte 5. Juni 1560.
33. Adamus Gensleuthner elect. 3. Juni 1560, confirmat, 29. Juni, † 1587 am 24. September.
34. Stephanus I. Hofer, electus 9. November 1587, † 29. Juli 1610.
35. Hilarius Steirer † 4. Februar 1620.
36. Philippus Vetterl elect. 22. März 1620, † 3. December 1634.
37. Simon Meier ex Burghausen elect. 18. Februar 1635, † 17. Jänner 1665.
38. Benno Meier, des Vorigen Neffe, † im December 1698.
39. Ivo Kurzbauer † 1715.
40. Augustinus II. † 1741.

41. Gregorius † 1749.
42. Ubaldus † 1784.
43. Joannes Nepomucenus † 1809.
Auflösung 1810—1811.

Die löblichen und wiederholten Bestrebungen, eine gründliche Reform des Klosters zu erzielen, hielten nicht lange an. Propst Erhart (1462—1468) erwies sich so untauglich, dass er abgesetzt werden musste. Von ihm schreibt unser Annalist: imprudens rerum humanarum fuit, rem familiarem neglexit et aes alienum contraxit; sexto igitur honoris anno amotus est vixitque privatus annos 25" aus Aventin. Es sank unter seiner Verwaltung nicht weniger auch die innere Ordnung des Hauses.

Da das Capitel die Wahl eines Nachfolgers in die Hände des Bischofes von Passau legte, so übertrug dieser die Würde dem Chorherrn Wolfgang aus Dürnstein. Dieser führte die Verwaltung durch 23 Jahre bis zum 18. März 1491.

Kaum hatte er sein Amt angetreten, als er sämmtliche Capitularen in und ausser dem Kloster zusammen rief und folgende Anrede an sie hielt: Dilectissimi fratres! Vobis constat meum semper fuisse desiderium, ut sic viveremus, ut cum dominus veniret et pulsaret ianuam vocando videlicet nos de hac vita, parati essemus et dispositi venire ad aliam vitam perpetuam et immortalem, et adhuc non cessabo in aeternum, quousque ducam vos et me ad istam vitam regularem, quam vovimus, in qua audemus mori: turpe est homini vivere in tali vita, in qua non audet secure mori. Sicut enim vobis constat, quod princeps noster adhortatus est, ut emendaremus vitam nostram in melius et hoc a nobismet ipsis et voluntarie, quia hilarem datorem diligit deus; si vero non feceritis, tunc una die vult venire unacum episcopo et nos strictissime reformare cum multo dampno et expensis, cum multo strepitu et clamore. Ne ergo nobis talia contingant quaero a vobis omnibus et a quolibet in singulari: an vultis mihi obedire in omnibus licitis et honestis? et praecipue in his, quae respiciunt tria essentialia: videlicet obedientiam, castitatem et nihil proprium possidere? quia scribitur: Si vis ad vitam ingredi, serva mandata dei; multo fortius: Serva vota, quae distinxerunt labia.

Et primo interrogo vos domine decane et consequenter omnes. Si omnes respondent: ita, tunc praecipio vobis omnibus in virtute sanctae obedientiae, ut sitis tali die hic in monasterio et iam vobis plebanis, qui extra monasterium residetis, disponatis domum vestram et missas fundatas, ut possitis nobiscum hic permanere sine periculo et negligentia, quousque dabo vobis licentiam.

Fratres peramandi![1]. Vos scitis, quia in regula nostra scribitur in primo capitulo: Non dicatis aliquid proprium sed sint vobis omnia communia etc. super quo puncto scribit M. Humbertus expositor regulae nostrae et dicit: quicunque dicit frivole et assertive: mea tunica, meus liber etc. peccat mortaliter. Et hoc est, quod Jeorius (Gregorius?) dicit: religiosus habens obolum, non valet obolum. Si sic est, fratres charissimi et quia sic est secundum tenorem regulae et nihil dicamus meum sed omnia debemus dicere nostrum, ut nostra cappa, noster liber etc. et insuper, qui frivole dicit: haec res mea est, peccat mortaliter, quare fratres mei multo fortius nihil proprium possidere debemus, qui enim proprium possidet, in via dampnationis est.

---

[1]) Dieses scheint bei der zweiten Versammlung gesprochen zu sein.

(Fortsetzung folgt.)

V. „Historischer Atlas."

Statistik des Mittelalters.

5.) Die Besitzungen des Benedictinerklosters Nieder-Altaich in der Passauer Diöcese[1]).

Mitgetheilt von Joseph Chmel.

I. Redditus in Usterlingen.

De curia cuius sunt in uno campo xvj iugera.
in secundo — xvj —
in tercio — xij —
Item in Maemmingen iiij^or iugera.
Item dimidiam hubam ad vorlant ad quam habet iiij^or iugera.
Prati xxiiij^or tagwerch.
Item de fronholz omni septimana j carradam.

Berihtung eiusdem curie sunt ij boues, j modius ordei, unus pise, vj avene, aratrum et currum, thaurum, anserem et aucam, gallum et duas gallinas.

Item iiij^or porcos cum quibus duobus seruiet in proximo anno cum reliquis in futuro.

Item suem cum porcellis.

Item de curia et iiij^or hubis in villa decimas indiuisas et plebanus pro sua tercia parte habet de duabus hubis et xxvj agris qui dicuntur Watschâr decimas indiuisas.

Item habemus nos in Zullingen de curia ducis et de curia Trautmanni militis duas partes decimarum.

Item villicus dabit omni mense xij caseos et c. oua.
Item in festo sancti Mauritii ij prupaeuche valentes quilibet xij denarios.
Item abbati vj anseres et xij pullos.
Item preposito ij anseres et iiij^or pullos.
Item cellerario unum anserem et duos pullos.
Item Granatario j anserem et ij pullos.
Item Naute j anserem et ij pullos.
Item Scolaribus j anserem et ij pullos.

Item ad elemosinam j anserem et ij pullos, et dimidium modium farine, item ij porcos valentes lx denarios.

Item in festo omnium Sanctorum cutem ad soleas valentem vij den.
In cena domini alteram cutem valentem vij denarios.
Item in quolibet quatuor festorum xxx^a caseos.
Item de curia et minutis decimis xv metretas pise et v metretas papaveris.
DE quatuor curtibus habet de qualibet v denarios.
Item de ix curtibus de qualibet habet iij denarios.
Summa xlvij denarii.
Item de qualibet illarum messorem unum ad fruges tantum.
Item festum secundum posse.
Item de beneficiis taberne ij anseres et iiij^or pullos et falcatorem et messorem.
Item de beneficiis Forstarii similiter.
Item de beneficio pontis tantundem.
Item de beneficiis Puggaenarii decem denarios.

---

[1]) Vergleiche Fontes rerum Austriacarum II. Abtheil. Band I, pag. 136—160. CXX (1—64). Archiv für Kunde österreichischer Geschichtsquellen. I. (1848), 1. S. 1—72. Sitzungsberichte Bd. X, S. 220, ff. Bd. XI.

Item de hereditate Ruperti iij iuchart in anno vel ix denarios et falcatorem et messorem et unum pullum.

Item de una huba ij urnas ceruisie.

Item de qualibet rota molendini v denarios.

Item de curte Vscalci j anserem et ij pullos.

Item de curte Guntheri ij anseres et iiij^{or} pullos.

Item de curte Dietrici ij anseres et iiij^{or} pullos.

Item de aliis agris et curtibus questum suum.

Item de duabus hubis habet xxiiij^{or} Jeuchart.

Item habet stiftunge ad Gadem.

Item de ponte singulis septimanis vj oua et in festo cuiuslibet apostolici x oua et in quolibet iiij^{or} festorum xl^{a} oua.

Item de vorstlehen tantumdem ouorum.

Item de alio vorstlehen tantumdem ouorum.

Item de officio ecclesiastici c. ouorum et unum pullum.

Summa ouorum que dantur officiali lxij solidi et xvj oua.

Ex quibus dat ecclesie xl solidos ouorum tantum, videlicet m.cc. oua (1200).

De una huba datur unus modius frumenti et tritici et iiij^{or} modii prasii et humuli.

Et ad seruicium regis lx metretas avene et xx frumenti et duos agnos vel pro agno vij denarios.

Hanc hubam habent Chunradus officialis et murarius et Heinricus.

Item Vscalcus et Rupertus et Chunradus dant de altera huba tantumdem.

Item Sleicherius et Fridericus dant de tercia huba tantumdem.

Item de quarta huba, Meinhalmus et Grûber dant carradam ceruisie et unum modium tritici.

Item de v^{ta} huba dant Chunradus et Heinricus v solidos den. In festo Andree ij pullos.

Item de quodam beneficio quod est vj^{a} pars hube dat Heinricus xxv denarios.

Item de beneficiis taberne xv den. de quo dabantur prius iij modii siliginis et x metrete tritici et alia seruitia.

Item Gotscalcus de hereditate dat quartale mellis et j pullum.

Item de Gadem v solidos denariorum minus v denariis.

Item de Ottringe v denarios.

De Tanheggingе v den.

De magnis censualibus lxxij denarios.

Item de piscatione dabantur omni mense v denarii et in festis pisces secundum gratiam.

Item de Villa xij pullos in carnispriuio.

Summa ij modii et dimidius tritici.

Item iij modii et dimidius siliginis et dimidius modius farine et dimidius modius pise et v metrete papaveris.

Item fruges de curia et decima.

Item xviij modii avene.

Item una carrada ceruisie.

Item xj solidi den. et xj den.

Item dimidium quartale mellis.

Item vj agni.

Item xij anseres et xxxvj pulli.

Item MCC oua.

Item ix solidi caseorum minus iiij^{or} (266.)

Item ij cutes et ij prupauch.

Item ij porci.

Notandum, quod ex quo forum cepit esse in Landav, seruicium taberne et piscature defecit.

Cod. Ms. Perg. Nr. XIV, Fol. [illegible] b. [illegible]

I. Usterlingen.

1270. Anno Domini M⁰CC⁰LXX⁰. notata sunt. noualia que habemus in Usterlingen.

In loco qui dicitur Swerzen.
Rupertus habet iij iugera, inde dat xix denarios.
Cunradus Grat iij iugera et dimidium pro xv denariis.
Siboto et Chunradus j iuger pro vj (denariis).
Heinricus Zimbrer iiij denarios.
Wolfganc et Perhtolt de una (sic) et dimidia (sic) iugere ix den.
Heinricus iunger wirt de duobus iugeribus xij denarios.
Heinricus Compter de tribus et dimidio iugere xxj denarios.
Ulricus de j iugere vj denarios.

Cod. Ms. Perg. Nr. XIV, Fol. 144, Nr. 727.

1267. Millesimo cc⁰lxvij diuisimus in eodem loco (Swerzen) subscripta noualia ad eundem censum.

Chunradus niger habet j iuger.
Ditmar j.
Perhtolt j et dimidium.
Fridericus dimidium.
Heinricus dimidium.
Widenman j.
Alter Fridericus dimidium.
Alter Heinricus dimidium.
Chunradus Forster alterum dimidium (1½).
Rudger erber j.
Wolfganc j.
Perhtolt j.
Gewolf ij.
Item in silua que dicitur tuncholz.
Heinricus piper dimidium iuger.
Ulricus dimidium.
Heinricus Chompter dimidium.
Dithart alterum dimidium (1½).
Et nota, quod iuger seruit ecclesie vj denarios, officiali j.
In loco qui dicitur Piamloch.
Heinricus (fehlt) iugera.
Heinricus Pirchpeck j iuger et dimidium.
Ulricus faber tantum.
Heinricus textor tantum.
Item in Dahtgrub ij iugera, quodlibet iuger in eodem loco soluit ecclesie v denarios, officiali unum.
Item in loco qui dicitur Sigmanspiunt.
Helm. habet j iuger.
Dithart j.
Item in Hag.
Heinricus ij iugera.
Chunradus alterum dimidium (1½);
Heinricus ij et dimidium.
Fridericus dimidium.
Chunradus Reutter dimidium.
Heinricus piscator j.
Wernhart dimidium.
Ditmar j.
Heinricus mader ij.
Heinricus Chompter j.
Wernhart ij.

Chunradus j.
Chunradus Zymberman ij.
Auf dem Aicheich.
Hainricus Mader j.
Item dimidium seruit post iij annos.
Nota quod iuger soluit ecclesie vj denarios, officiali j.
Item de Pernleitten xl^{a} denarios.
In Gadm.
Pernhart seruit de ij^{bus} iugeribus ij anseres, j pullum, duo festa.
Idem et frater suus Hagn annuatim x caseos.
Fridericus de iij iugeribus vij anseres, v pullos, x denarios et duo festa.
Heinricus de duobus iugeribus et curte ij anseres, ij pullos et v caseos.
Hagn piscator de duobus iugeribus et curte v anseres et iiij pullos.
Heinricus de uno iugere et curte iiij anseres et j pullum.
Ortlinus de v iugeribus xxx denarios.
Idem de curte et prato ij anseres et ij pullos.
Idem et consobrinus suus Aspan de tribus iugeribus, et ij curtibus v anseres et v pullos.
Chunradus calcifex de uno (sic) curte et dimidio iugere j anserem et ij pullos.
Eisengram (?) de j curte et dimidio molendino xv denarios.
Nota, quod quilibet predictorum seruit ij festa et j messorem.
Summa caseorum xv casei.
Summa denariorum LV denarii et x pro messoribus.
Summa anserum xxvij anseres.
Summa pullorum xxij pulli.

Cod. Ms. Perg. Nr. XIV, Fol. 144, Nr. 725.

S. D. In officio Vaterlinge habemus x solidos den. et ij denarios.
Item lx (den.) pro carnibus.
Item de noualibus ij talenta.
In annona dimidiam scaffam tritici vj scaffas frumenti et x (scaffas) avene.

Cod. Ms. Perg. Nr. XIV, Fol. 137, b, Nr. 677.

c. 1255. Redditus in Usterling.
De curia cuius sunt in quolibet campo iugera Dantur dimidiae fruges.
Item de curia et iiij^{or} hubis in villa decimas indiuisas et plebanus pro sua tercia parte habet de duabus hubis et xxxvj agris, qui dicuntur Watachar decimas indiuisas.
Item habemus nos in Zullig de curia ducis et de curia Trautmanni militis duas partes decimarum.
Item villicus dabit omni mense xii caseos et c oua.
Item in festo sancti mauritii ij prûpseuch valentem quemlibet xij denarios.
Item Abbati vj anseres et xij pullos.
Item preposito duos anseres et iiij^{or} pullos.
Item cellerario j anser, et ij pulli.
Item Granatario i anser et ij pulli.
Item naute j anser et ij pulli.
Scolaribus j anser et ij pulli.
Item ad elemosinas j anser et ij pulli et dimidius modius farine.
Item duos porcos valentes lx denarios.
Item in festo omnium sanctorum cutem ad soleas valentem vij denarios.
Item in quolibet iiij^{or} festorum xxx caseos.
Item de curia et minutis decimis xv metrete pisee et v metrete papaueris.
In villa Usterlig. [De una huba datur unus modius frumenti et tritici et iiij^{or} modii prasii et humuli.]
Ed ad seruicium regis lx metretas avene et xx metretas frumenti et duos agnos vel pro agno vij denarios.

Hanc hubam habent Chunradus officialis et murarius et Hainricus.
Item Ulschalcus et Rupertus et Chunradus dant de altera huba tantumdem.
Item Sleicherius et Fridericus dant de tercia huba tantumdem.
Item de quarta huba Meinhalmus et Gruber dant carradam ceruisie et j modium tritici.
Item de quinta huba dant Chunradus et Hainricus v solidos denariorum in festo Andree et ij pullos.
Item de quodam beneficio quod est sexta pars hube dat Hainricus xxv denarios.
Item de beneficio taberne xv denarios de quo dabantur prius iij modii siliginis et x metrete tritici et alia seruicia.
Item Gotschalcus de hereditate dimidium quartale mellis et j pullum.
Item de Gadem v solidos denariorum minus v denariis.
Item de Ottring v denarios.
De Tanhekking j denarium.
De magnis censualibus lxxij denarios.
Item de piscatione dabantur omni mense v denarii et in festis pisces secundum gratiam.
Item de villa xii pullos in carnisbriuio.
Summa ij modii et dimidius tritici.
Item iij modii et dimidius siliginis et dimidius modius farine et dimidius modius pisee et v metrete papaueris.
Item fruges de curia et decime.
Item xviij modii auene.
Item j carrada ceruisie.
Item xi solidi denariorum et xi denarii.
Item dimidium quartale mellis.
Item vi agni.
Item xii anseres et xxxvj pulli.
Item MCC (1200) oua.
Item ix solidos caseorum minus iiijor caseis.
Item ij cutes. Et ij prûpuch. Item ij porcos.
Item notandum quod ex quo forum cepit esse in Landaw, seruicium taberne et piscature defecit usum censualium quaere.
Istud ius habet villicus in villa.
De iiij curtibus habet de qualibet v denarios.
Item de ix curtibus de qualibet habet iij denarios.
Summa xlvij denarii.
Item de qualibet illarum messorem unum ad fruges tantum.
Item festa secundum posse.
Item de beneficio taberne ij anseres et iiijor pullos, et falcatorem et messorem.
De beneficio forstararii similiter.
De beneficio pontis tantumdem.
Item de hereditate Pruknerii x denarios.
Item de hereditate Ruperti iij ieuchart in anno vel ix denarios et falcatorem et messorem et j pullum.
Item de j huba ij urnas ceruisie.
Item de qualibet rota molendini v denarios.
Item de curte Ulscalci j anser. et ij pullos.
De curte Guntheri ij anseres et iiijor pullos.
De curte Dietrici ij anseres et iiijor pullos.
Item de aliis agris et curtibus questum suum.
Item de duabus hubis habet xxiiijor ieuchart.
Item habet stifftung ad gadem.
Item de ponte singulis septimanis vj oua et in festo cuiuslibet apostoli x oua et in quolibet iiijor festorum xl oua.
Item de vorstlehen tantumdem ouorum.

Item de alio vorstleben tantumdem ouorum.
Item de officio ecclesiastici c oua et j pullum.
Summa ouorum que dantur officiario lxij solidi et xvj oua. Ex quibus dat ecclesie tantum xl solidos ouorum videlicet m.c.c oua.

Cod. Ms. Perg. Nr. XIV, Fol. 48, b, 49, Nr. 211.

II. Oberhausen.

De officio in Obernhausen.

De curia cuius sunt ij hube et dimidia, quam dicit esse vorlant dimidias fruges et ij partes decimarum.

Habet autem curia una cum vorlant xviij iugera in uno campo.

In secundo xvj.

In tercio xiiij.

Prati vj tagwerch.

Silue omni ebdomada unam carradam.

Item habet dimidiam hubam tantum pro domini abbatis nunciis ut fatetur.

Berihtung eiusdem curie xij solidi denariorum iiij^or porci, iure quo in Vsterlingen semen iiij^or scaffce avene, dimidia ordei, dimidia pise suem cum porcellis.

j anserem.

ij aucas.

j gallum.

ij gallinas.

feni v rosmet (?).

plaustrum, aratrum et omnia utensilia aratri.

Item de curia ad seruicium ebdomadale in v ebdomadis xij caseos et lx oua.

In quatuor festis afferre debet abbati seruicia, sicut melius poterit,

In festo sancti Mauritii vj anseres et xij gallinas, ad stiuram.

Abbati iij anseres et vj pullos.

Preposito ij anseres et iiij^or pullos.

Cellerario ij anseres et iiij^or pullos.

Naute j anserem et ij pullos.

Camerario j anserem et ij pullos.

Ad elemosinam iij caseos et xxx oua.

Item iiij^or porcos de curia.

Item de duabus hubis in villa duas partes decimarum abbati.

Item de dimidia huba in tercio campo similiter duas partes decimarum.

Item de villa xlviij^e modios.

Ex hiis sunt sex et dimidius tritici et unus farine, ad elemosinam in festo Sancti Mauritii.

Ceteri modii sunt frumentum.

De uno molendino in Obernhausen dantur ij modii puri frumenti iij et dimidius mulchorn.

Item de altero molendino tantumdem.

Item de molendino in Niderobernhausen iij modios frumenti et quartus est demptus.

Item xxx denarios pro carnibus.

De beneficio taberne j modium tritici et ij siliginis et si taberna habet priugeschirre tunc addit v modios frumenti.

Item de huba in inferiori Obernhausen j modium tritici et ij frumenti et quartus modius est demptus.

De dimidia huba Gotschalci j modium tritici et ij frumenti.

Reinpertus de tanto tantumdem.

Wildungus tantumdem.

Ulricus filius Officialis tantumdem.

De quatuor beneficiis quorum sunt due hube dantur iiij^or modii siliginis et ij carrade ceruisie si est priugeschirre in taberna.

Item nota, quod illa tria beneficia ceruisie dant domino H. de Vo[illegible] dium talentum ad ius aduocati.

Iste est census denariorum in eodem officio.

De huba ad domos vj solidi in festo Martini.

Item de beneficiis preconis iij solidi minus duobus denariis et de hereditate Gotschalci xij denarii.

Item de altera hereditate x (denarii).

De Ho(l)tzhusen xxx* denarii.

De Pirche xxx* (den.).

Item de Pirche dimidium porcum valentem vj denarios ad fronchost.

De Hohenchirchen xxv den.

In Heingerstorf de inferiori huba lx den.

Item in Heingersdorf de huba Aeffricl que est media inter duas L den.

De quodam beneficio xxx* den.

De superiori huba et dimidia iij solidos.

De Heingerstorf iij porcos et dimidium, quemlibet valentem xij denarios ad Fronchost.

De huba L den.

De Egenpach dimidium talentum et porcum valentem xxx den.

De Pezeleinsperige xxx den.

Item unum porcum vel xviij den.

De Harlant xxx den.

De Reicherseůd xxx den.

De Meinhartseůd xxx den.

Item de Reicherseůd j porcum vel xviij den.

Auf der eben lxxx den.

Item j porcum vel xviij den.

De Hellental xl den.

De Funfleuten iij solidos et xv den. et porcum valentem xxx* den. ad fronchost.

De domini Brunonis oede dimidium talentum.

De Gotencheim xl den.

De Gundelchouen lxxv (den.).

De Gauchsperig lx den.

De quatuor curtibus xxviij den. in festo Sancti Mauritii.

Item de una curte v (den.).

Officialis (?) de suo pomerio iij (den.).

De Mangoldsoede xviij den. in curiam ad Wochendienst.

De Egenpach xij den. ad wochendienst.

Hinterntanne x den.

De huba in nydern obernhausen j porcum valentem xij den. ad fronchost.

De molendino j porcum ualentem xxx den. in eadem villa.

De taberna in Obernhausen ij porcos valentes lx den.

Gotschalcus porcum valentem xv den.

De dimidia huba quam habet officialis j porcum valentem xij den. ad fronchost et dimidiam carradam ceruisie.

De dimidia huba Wetzlini tantum.

De dimidia huba Okirtili tantumdem.

De dimidia huba Huchelarii tantum.

De beneficio Puhelarii porcum valentem xv den.

De dimidia huba Wernhardi porcum valentem xv den.

De dimidia huba Rudgeri tantum.

De duobus molendinis lx* solidos ouorum a pascha usque in finem anni.

Ab inferiori Obernhausen usque in pontem Schrettendorf piscatura pertinet ad abbatem.

De curia aduocati xij solidos.

De villa Comm. (comitis?) xlv* den.

In festo omnium sanctorum Camerario [illegible]"

Summa de officio in Obernhusen xxx modios siliginis et vj modios tritici preter curiam.

Et decimas et preter vij modios qui deficiunt in Nydernobernhusen et taberna.

Item ij carrade ceruisie uel iiij^{xx} modii siliginis.

Summa ouorum duo milia d. l. (2550) siue lxxxv solidi ouorum.

Item Centum xlix (149) casei.

Item xiiij anseres et xxxij pulli in festo Mauritii et festa secundum gratiam.

Item in carnispriuio de hubis pullos et cutem.

Item de piscatura in villa.

Item vj talenta denariorum minus v denariis. Insuper lxviij den. ad wochedinst pertinentes.

Item xxij porci vel xv solidi denariorum minus tribus denariis.

De Erhtmanstorf j talentum.

Item xxx^{a} den. vel xxx^{a} caseos pro festis.

Cod. Ms. Perg. Nr. XIV, Fol. 146, b, 147, 148, a.

c. 1270? „Eufemia de Sliphing et Henricus filius eius habent feudum in Nidernobernhausen ab ecclesia, videlicet duas curtes siue ortos et tria iugera agri uel plus quod eis resignauit Gerhardus de Penchausen."

Cod. Ms. Perg. Nr. XIV, Fol. 44, Nr. 94.

S.D. Eufemia de Sliphing et Heinricus filius eius habent feudum in Nidern Obernhausen ab ecclesia uidelicet duas curtes siue Ortos et tria iugera agri uel plus quod eis resignauit Gerhardus de Penchausen.

Cod. Ms. Perg. Nr. XIV, Fol. 92, b, Nr. 460.

S. D. Albertus de Preising ij hubas in Nidernobernhausen.

It. j curiam ad unum aratrum in Slepping.

Cod. Ms. Perg. Nr. XIV, Fol. 92, Nr. 463.

S. D. Feoda in officio Obernhausen (?).

Ekkolfus de Wart hubam in Niderreinspach.

Cod. Ms. Perg. Nr. XIV, Fol. 92, Nr. 462.

S. D. In Obernhausen iiij talenta et v solidos et pro carnibus xiiij solidos et v denarios.

Ibidem de curia, villa et tribus molendinis v scaffas tritici et xvij scaffas frumenti.

Cod. Ms. Perg. Nr. XIV, Fol. 137, b, Nr. 678.

c. 1270(?). Feoda in Officio in Obernhusen.

Ekolfus de Wart Hubam in Niderreispach.

Albertus de Preisinge ij hubas in Nidernobernhausen.

Item in Slepping curiam, ad aratrum unum.

Perhta dicta Poppel dimidiam hubam in Sumersperge et in Stechs dimidiam hubam (habet Waltherus, späterer Zusatz).

Eberhardus Schawer unam curiam in Sumershausen.

Ulricus officiarius quasdam decimas.

Chunradus de Gunzechofen iij hubas in Schretendorf (späterer Zusatz: „quas habet modo Albero Schefel").

Dietricus de Mûmpach.

Decimas aput villelam (?) in Aptsdorf (späterer Zusatz: „inde dantur cancri").

Cod. Ms. Perg. Nr. XIV, Fol. 94, Nr. 98.

Aus der k. k. Hof- und Staatsdruckerei.

№ 21. NOTIZENBLATT. 1854.

Beilage zum Archiv für Kunde österreichischer Geschichtsquellen.

Herausgegeben von der historischen Commission

der

kaiserlichen Akademie der Wissenschaften in Wien.

I. Literatur.

2.) Mähren.

„Die Stadtrechte von Brünn aus dem XIII. und XIV. Jahrhundert, nach bisher ungedruckten Handschriften herausgegeben und erläutert von Emil Franz Rössler, Doctor der Rechte, Mitglied der k. Gesellschaft der Wissenschaften in Prag, der historischen Gesellschaft in Brünn, Privatdocent in Göttingen." Mit 5 Steindrucktafeln (Vorstellungen aus den Rechtsbüchern). Prag 1852. J. G. Calve'sche Buchhandlung. Friedrich Tempsky, 8. XXIV, CXXXI, und 432 Seiten, 1 Blatt Nachträge und Berichtigungen.

Das Werk ist Jakob Grimm zugeeignet, der dem früher erschienenen Stadtrechte von Prag eine Vorrede beigegeben und den Verfasser vielfach in seinem Streben ermuntert hatte.

Das Buch ist also gewissermassen der zweite Band eines Werkes, dessen Fortsetzung jedenfalls von grossem Interesse und höchst wünschenswerth ist.

Rössler hat als Herausgeber Alles geleistet, was man verlangen kann, er erwähnt dankbar der Unterstützung des Herrn Stadtrathes Koller in Brünn.

In der Einleitung (I—CXXXI) gibt der Herausgeber:

I. Übersicht der Mährischen, insbesondere der Brünner Rechte.

II. Übericht des Inhalts des Schöffenbuches.

In vier Anhängen zur Einleitung (C—CXXXI) werden einzelne wichtige Fragen ausführlicher besprochen.

I. Die Quellen des deutschen Rechts in Mähren.

II. • Die Quellen der Brünner Stadtrechte (von besonderem Interesse).

III. Goczius von Orvieto und das Bergrecht K. Wenzels II. (Verbreitung und Ansehen des römischen Rechts in Böhmen und Mähren im XIII. Jahrhundert. Juristen. Doctores. Plan König Wenzel's II., ein allgemeines Gesetzbuch zu geben. Berufung des M. Goczius aus Italien. Das Bergrecht für Kuttenberg.)

IV. Beschreibung der ältesten Rechtshandschrift des Brünner Stadtarchives. (Inhalt. Schwabenspiegel. Magdeburger, Iglauer, Prager, Brünner Recht.)

Dann folgt das Urkundenbuch.

I. Das Brünner Schöffenbuch aus dem XIV. Jahrhundert, S. 1—339.

II. Beilagen.

1. K. Wenzels I. Stadtrecht für Brünn 1243 (S. 340).
2. Das Stadtrecht von Brünn aus dem Anfange des XIV. Jahrhunderts (S. 356).
3. K. Wenzels II. Judenrechte für Brünn (S. 367).
4. Die Brünner Mauthrechte (S. 371).
5. Die Freibriefe der Stadt (9. — 1 von Ottokar II., 28. Mai 1270; 3 von K. Wenzel II., von 1291, 1292, 1293; 5 von K. Johann, von 1312 bis 1331), (S. 375).

6. Einzelne Schöffensatzungen (S. 387).
° 7. Das Stadtrecht von Znaim vom Jahre 1314, (S. 388).
Ortsverzeichniss (S. 411).
Namenverzeichniss (S. 414).
* Glossar (S. 417).
Sachregister (S. 425).
Nachträge und Berichtigungen.

Dies der reiche Inhalt eines Werkes, das einen werthvollen Beitrag zur Rechtsgeschichte und zu den Rechtsquellen-Sammlungen unseres so mannigfaltigen und desshalb so interessanten Gesammtvaterlandes liefert.

Besonders ansprechend ist der erste Abschnitt der Einleitung: „Die Anfänge des deutschen Städtewesens in Mähren." Im XIII. Jahrhundert Ansiedlungen von Deutschen im Lande, auch Umstaltung alter bevorrechteter Niederlassungen von Kauf- und Gewerbsleuten zu Städten nach deutschem Vorbilde. So wenig man diese Bildungen mit Resten alt-germanischer Urbewohner des Landes in Verbindung bringen darf, so wenig kann behauptet werden, dass in diesen Erscheinungen alte slavische Cultur nachwirkte. Diese bescheidenen Niederlassungen mitten im fremden Lande fanden nur in der Gunst und Sorgfalt, in dem regen Antheile und dem Wetteifer der Landesfürsten (besonders durch Markgraf Wladislaw I. 1197—1222, dessen Bruder König Otakar I. 1222—1224, dessen Sohn Wladislaw Heinrich II. 1224—1226, Markgraf Přemysl 1226—1239, König Wenzel I. 1239—1246 und Otakar II. 1247—1278) eine nachhaltige Stütze und Pflege. Sie fanden in den Städten Vergrösserung ihrer Macht, ihres Ansehens, und die Vertheidigung des Landes war auch durch den neugeschaffenen Bürgerstand gefördert. Das Land war durch die Mongolen (1241) arg zerstört worden. Durch die neuen Ansiedlungen ward es wieder blühend.

Naturwüchsig entstehen städtische Genossenschaften an den Burgen und Sitzen der Landesfürsten, indem sich daran Colonien von Kaufleuten ansetzen. Dann aber auch an alten „Marktorten ihrer Lage nach," an Handelsstrassen. Planmässig verfahren bei der Stiftung von Städten die Landesfürsten, der Adel, die Geistlichkeit. Bedeutungsvoll werden für die Städte aber auch deutsche Dorf-Anlagen, indem diese nicht nur oft der erste Anfang einer späteren städtischen Bildung werden, sondern auch um und durch die Städte ringsher angelegt, das deutsche Stadtrecht stützen, welches sich mittelst der Dörfer über das Land verbreitet und zum deutschen Dorfrecht wird.

Rössler weist nun in den folgenden 6 Paragraphen dies historisch nach. Sehr interessant, wenn auch, wie er selbst klagt, stark lückenhaft. Es müssen noch mehr Quellen bekannt werden.

Das Brünner Schöffenbuch gehört übrigens der Mitte des XIV Jahrhunderts an (nicht der Zeit K. Otakar's II.); der Stadtschreiber Johannes von Brünn sammelte die Sprüche des Brünner Stadtrathes. Mit dem Jahre 1353 beginnen die Niederschriften.

Von Rössler aber kann die österreichische Rechtsgeschichte noch die erspriesslichste Förderung erwarten; freilich wäre für derlei so mühsame und nur durch persönliche Forschung gedeihende literarische Arbeiten es sehr wünschenswerth, wenn ihm, dem Österreicher, eine angemessene literarische Stellung im Vaterlande zu Theil würde; für seine literarische Bildung ist übrigens sein gegenwärtiger Aufenthaltsort jedenfalls sehr förderlich und seine Stellung in Göttingen ein Beweis, dass auch in Österreich Gelehrsamkeit nicht fremd ist.

Correspondenz.

Um dem Notizenblatte, das seit den vier Jahren seiner Existenz eine beträchtliche Menge von Documenten und urkundlichen Aufzeichnungen veröffentlichte, immer mehr jene gleich anfangs beabsichtigte Richtung einer Vermittlung zwischen den vaterländischen Geschichtsforschern zu geben, erachtet die Redaction es für erspriesslich, nebst häufigeren Anzeigen literarischer Erscheinungen auch Andeutungen zu geben über wünschenswerthe Leistungen, über vorhandene Lücken, über künftige Arbeiten; derlei Winke und Fingerzeige könnten auch von den ausserhalb Wien lebenden Forschern häufig genug gegeben werden.

Es geschieht auch zuweilen schon jetzt und wir wollen von Zeit zu Zeit solche Stellen aus unserer literarischen Correspondenz, die von allgemeinem Interesse sind, hier mittheilen, bitten auch jeden von reger Theilnahme für unser gemeinnütziges Streben erfüllten Gelehrten, seine Desideria, seine Beobachtungen und Zweifel uns freundlichst mitzutheilen.

Wir beginnen diese literarische Correspondenz mit einer Mittheilung aus einem Schreiben unsers verehrten Collegen Dr. Kandler in Triest, vom 16. August 1854, über die Adels-Familie der Wallsee u. s. w.

Dr. Kandler in Triest (16. August 1854).

Il lungo regno di Federico (IV.) non è per queste provincie meridionali bene chiaro; la Gorizia venne più tardi in dominio dell' Augusta Casa, l'Istria e Trieste erano di poco momento, Pordenone ando staccato, e col distacco sparirono le memorie; l' Istria e Trieste medesima erano venute in dominio Austriaco da non lungo tempo, e le condizioni di stato e di governo erano incerte, per l' incertezza generale dei tempi. Appena con Massimiliano comincia quella pianta che poi sviluppata durò con poche varietà fino all' occupazione francese; m'intendo sempre di queste provincie meridionali.

Il secolo di Federico è secolo di molti movimenti fra noi, però non bene chiariti, si vedono atti di governo, rumori di guerra, anche ordinamenti civili; si vede in quel tempo estendere Trieste il dominio suo sopra Castella, che poi tutte andarono perdute ed alla fine di quel secolo, e nel successivo; si vede Trieste agire in quel secolo come fosse potenza far paci da se, sostener guerre, con si debole intervento del Principe, da appena ravvisarlo. In quel tempo si vedono sul Carso e nell'Istria comparire i Walse potenti, cangiatori delle condizioni di chiesa, così che ad essi si deve la forzosa instituzione di parochie. Ed i Walse Signori di Duino e di Fiume, del Carso, e di Pisino, di tante castella di tante terre, appena noto il nome, per nulla le gesta, non dico in altre provincie, ma neppure in queste.

Ho tentato di porre insieme le carte di quel secolo, e parecchie ho vedute e copiate, le quali danno qualche luce; sono atti dei Veneti, però riguardano cose che non sono di grave rilievo. Può quindi immaginare le mie consolazioni, pensando ai documenti dei Walse che Ella pubblica, non dubitando punto che dal 1400 impoi ve ne sieno parecchi che riguardano questi nostri dintorni, i quali appartenevano a quella famiglia. Ne minore curiosità ho della famiglia dei Signori di Duino, nei di cui possessi subentrarono i Walse, e, come io penso, per ragione avuta da donne; l'ultima donna della casa di Duino sarebbe entrata per matrimonio nella casa dei Walse; ultima per la immatura morte di un suo o nipote o fratello. Vi ha chi disse i Walse parenti dei Conti di Gorizia, ma l'imbecillità di chi scrisse tale cosa, mi fà dubitare della verità.

Avevano i Walse palazzo in Fiume che poi passò più tardi ai Gesuiti, avevano Castello o piuttosto palazzo in Duino, il quale dura in gran parte; di uno di Duino e di uno dei Walse ho veduto la tomba nella chiesa delli Agostiniani di Fiume, ove stanno dipinti li loro stemmi, ma di questi ho motivo di dubitare.

Di Federico pochi atti stanno nell' Archivio di Trieste, pure ve ne ha alcuno del quale in Vienna non si ha notizia, come ebbi a vederlo, quando prodottosi dal Comune di Trieste il diploma che le concedeva lo stemma odierno, si volle vedere l'originale, appunto perchè negli Archivi mancava ogni traccia.

Più rare assai sono le memorie dei Conti d'Istria; dei quali però ho speranza che non tutte affatto le carte sieno perdute, carte che potrebbero essere passate in Lubiana, e da Lubiana a Graz, poi a Vienna. Ma se fossero passati direttamente a Vienna sarei certo che non andarono dispersi.

II. „Oesterreichische Geschichtsquellen."

15.) „Hofmarch- und Lanndtgerichts-Puechl der Herrschaft Wartenburg im Lande ob der Enns. 1611."

Mitgetheilt von Joseph **Chmel**.

Vor Kurzem kaufte ich eine kleine Handschrift in Quart, 53 Blätter von Papier (worunter 12 unbeschriebene), mit einem rothgefärbten pergamenten Umschlag, von einem Landtrödler.

Ich theile den Inhalt um so rascher hier mit, da nach der verdienstvollen Übersicht, welche unser verehrtes akademisches Mitglied, Dr. von Meiller im XII. Bande unsers Archives für Kunde österreichischer Geschichtsquellen S. 270 f. von den bisher bekannten österreichischen Pantaidingen gab, gerade das Land ob der Enns deren noch sehr wenige zählt.

Das gegenwärtige Büchlein gibt aber auch noch nebst dem „Landgerichtsbüchel" verschiedene Notizen über den Umfang des Wartenburger Landgerichts-Bezirkes, über das innere Leben des herrschaftlichen Gebietes u. s. w., die uns lebendig genug in die damaligen Verhältnisse blicken lassen. Hätten wir nur recht viele solche Rechts- und Regimentsquellen. Diese Notizen umfassen zwar nur den kurzen Zeitraum von 1608—1629, das Landgerichtsbüchlein deutet aber auf ein „altes eehafft Tätting Püechel."

J. Chmel.

I.

Fol. 1. Hofmarch: und Lanndtgerichts Puechl, was bey der Herrschaft Warttenburg für alte Freyhaiten unnd gebreuch bisshero ruebig possediert und yeblich erhalten worden, so durch mich Wolfen Rauber der zeit Hofschreibern alda umb khonnfftigs Berichts willen, auch damit meine Successores hierumb wissenschafft haben, unnd sich hernach desto leichter darein finden khünen, aufgezaichnet und beschriben worden ist. 1611.

Fol. 2. Hofmarchs gezierckh.

Die Hofmarch Warttenburg ist in vill lanngen Jarn nie visitiert oder gestraifft, villweniger durch die vorigen verwalter oder Schreiber etwas hieuon aufgezaichneter gefunden worden, dahero vasst Niemandts aigentlich wissen khünen, wie weith sich dieselbe im Umcraiss erstreckhen thuet. Aber auf Anordnung unnd beuelch des yeczigen Phlegers Herrn Wolfen Nidermayrs etc. ist solche durch Wolfen Ortner Spitlmaistern bey Sannt Anna zu Talhaim, (alls welcher über die sibenzig Jar alt, unnd von seiner Jugent an bey der Herrschafft ein Dienner gewest) beschriben worden, und ist solche sein Hanndtschrifft bey anndern abgehanndleten sachen im Hof ambt Lädl (zur Seite: „oder Hofmarch Lädl") zu finden, unnd volgt von wortt zu wortt allso.

Fol. 3, a. Verzaichnus der Herrschafft Warttenburg Hofmarch, welche durch mich Wolfen Orttner in zeit da der Herr Holdt selliger Pfleger gewest, aus dessen beuelch vor etlich unnd funfzig Jarn, in beysein etlicher Polhamischer Dienner, Ambtleuth unnd Unnderthonen, deren Namen mir abgefallen unnd schon gestorben sein unnd an yezt von Neuem aus beuelch des Edlen unnd vessten Herrn Wolfen Nidermayrs Pfleger berürter Herrschafft Warttenburg aber- unnd zum anndern mall durch mich Orttner, auch beysein Jacoben Reiter Hofschreibers, Wolfen Fusstinger Hofambtmans, Georgen Khochpergers Spitalkhnechts, Wölfln Ysal, des Adam Ysal Schuesters zu Talham Sühnlein, unnd Jodln des Khnozers zu [illegible] Sühnl, beede junge Khnaben, beschriben worden, solche dergleichen beschreibung solte bey der Herrschafft findtig sein.

Fol. 3, b. „Erstlichen hebt sich dise Hofmarch an, ausser des Spitalls Sannt Anna, auf der Lanndtstrasss, da die Camerischen Ambtleuth unnd Unnderthonen auf die Ross unnd Khue Mauth hueten, unnd geth auf solcher Lanndtstrass, auf unnd auf, zwischen Timblkhamer unnd Püchelbannger feldt, oberhalb Dornach hinein gerechen unnderhalb des holz Lauch genannt, geen Ober Leutern im weeg, neben des Adam Schöttls vizdombischen Unnderthon, unnd seines Nachbarn der beeder Heuser hinaus auf das feldt, unnderhalb des Stefling Prun, gerehen über die Veckhla an den Aichperg hinauf demselben im weeg, der ausser Unckhenacher unnd Löchaminger gründt schaidt."

„Allsdann hinauf an die Unckhenach Holzleuthen, von dannen hinüber auf die Strass, da man geen Unckhenachkhirchen geth."

Fol. 4, a. „Auf solchem weeg hinein zum Pachinger Leinweber dessen Hauss aber im Lanndtgericht Camer ligt."

„Von danen aufm weeg hinein geen Haizing, dise Heuser ligen in der Herrschafft Warttenburg hofmarch."

„Allsdann im feldt hinumb geen Grueb, daselbst ligt der Thoman mit seiner behausung im Lanndtgericht. Der annder ligt in der Hofmarch."

„Von dannen auf Irem Khirchweeg durch das holz genannt Reverendo der Schässperg, biss an das Pächel das über den weeg rindt. Allsdann im Sunckh hinauf zwischen ausser Hafninger unnd Khranperger feldt, unnd der dörffer, gerehen über die felder gegen (Fol. 4, b) dem Ainwaldt in das Wisamadt, daselbst ligt der Mitter Hümater, Warttenburgerischer Unnderthon in der Hofmarch Warttenburg."

Notta. den lanng gefanngnen Högimüllner hab Ich, das bey dreissig Jarn sein wirdt, zwischen Khranperg, unnd des dorffs Inner Hafnern, Ir Mt. etc. zu gehorsamb, dem Vizdombischen Ambts Verwalter Abrahamen Pruner beantwortt. Diss ist zu mererm bericht unnd khonnfftiger Irrung zuverhüetten, hieher geschriben worden."

„Unnd im Wissmadt hinab, da sich das Tiessen Püchel samblet, in demselben ab unnd ab, zwischen Pruckher Gerichtsholz des Ainwaldts unnd Pfaffenpergs, biss an des Pfarhoffs wissmadt."

Fol. 5, a. „Von danen hinüber in des Michel Peckhen Rüzing, daselbst vor etlich Jarn ain heussl gestannden."

„Von demselben hinumb in weeg zu des Herrn Eders New eingeplannckhten gartten, hinüber auf die Lanndtstrass, da ein Creuzseillen gestannden, unnd die Talhamer geen Schöndorff Khirchen gehen. Allsdann von solcher Seillen über die Lanndtstrasse hinauf gegen über in ain dickhes gehaag. gerehen hinein zu dem Messerer geen Aw. (derselb ligt in der Hofmarch, ausser des Pruckher Burckhfridt, volgunds in solchem weeg hinab auf die Dürnaw, hinumb den alten Voglthenn, so vor der zeit ein aufschleger gericht, volgunds nach dem Holz zum Änntlensteeg in die Äger.")

(Zu dem Eingeklammerten steht zur Seite:)

„Notta alda hat sich Ortner geirrt, dann der Messerer ligt nicht völlig sonnder nur der Stadl unnd ains Tails vom Khuestall in der Hofmarch, alda ein alte Hollerstauden das rechte March, allsdann geths gerehen hinab über das feldt unnd Dürnaw in den Änntenstain, so enhalb des wassers am Gstetten ligt, die zwen hohen Pierpaumb, so man auf der Türnaw in des Messerers feldt stehen siecht, sein zwischen der Hollerstauden unnd Änntenstain, ain Mitl March."

Fol. 5, b. „Von danen mitlet in der Äger der Naufarth hinauf an des Halbwierths zu Khirchperg Holz in weeg hinaus, unnd hinumb auf demselben weeg, durch das dorff Khirchperg, biss widerumb mitlet auf die Lanndtstrassen, da die Camerischen Ir Ross unnd Khue Mauth einnemben, das ist allss dann, wie anfanngs verstannden, oberhalb des Spitalls gelegen."

„Actum den Sibenten unnd achten September des 1603 Jars.

(L. S.)

(Aufgedrucktes Siegel des Freiherrn Friedrich von Polhaim zu Wartenburg.)

Wolf Ortner der zeit Spitlmaister.

„Notta wann der Hof ambtman die Matickhofer Mauth verhueten unnd einnemben soll, da ist in beschreibung der lanndtgerichtlichen Mauth bericht auf

Fol. 6, a. Den 18. Augusti Anno 1609 ist die Hofmarch durch die Talhamer unnd Timblkhamer underthonen visitiert, unnd von ainem ortt zum anndern, inmassen hie oben benennt, umbgangen und durchstraifft worden.“

„Item den 20. Augusti des 1611 Jars ist abermallen die Hofmarch durch die Talhamer und Timblkhamer durchsuecht, unnd auf die gartteden Lanndtskhnecht gestraifft worden.“

„In simili ist den 24. September Anno 1613 die Hofmarch Warttenburg mit allen den Unnderthonen so darinen heusslich wohnen visitiert worden.“

„Den 2. November A° 1615 auch die Hofmarch gestraifft worden.“

Fol. 6, b. „Den 7. September A° 1617 ist die Hofmarch Warttenburg gestraifft worden.“

(Mit anderer Schrift): „Den 5. Nouembris A° 1629. Ist die Hofmarch durch ihro Gnaden Herrn Herrn Sigmundt Ludtwigen Freyherrn zu Polhamb etc. alss aigenthumbern der Herrschafft Warttenburg selbsten, neben der ganzen Burgerschafft zu Timblkhamb, und mit den allen in ermelder hofmarch heussessigen underthanen gestraifft und visitiert worden, und hat man sich am Khrasperg im feldt auf einen schönen grienen Anger auf zween Thail abgethailt, gen Veckhlaprugg werths zue sein geriten, wolgedacht Iero Gnaden, dero Verwalter Elias (Fol. 7) Neuperger und Hanns Frieser Marckhtrichter zu Timblkhamb neben thails Fuessgengern, auf dem obrigen (?) Thail Wolf Auer Hausspfleger, Hieronimuss Weiss Hofschreiber undt Sigmundt Spänessperger Reithknecht zu Warttenburg, neben einer anzall Fuessgengern auss der Burger und Baurschafft.“

(Fol. 8, 9, leer.)

Fol. 10, a. „Hernach volgt was zu meiner zeit, sonnderlich aber vom 1608 Jar anzuraiten für Mallefiez Personen hieher gebracht, auch wo, und an welchen ortten dieselben fennckhlich angenomben, unnd auch in frembte Lanndtgericht hinauss geantwort worden sein.“

Fol. 11, a. „Den 10. October A° 1608 ist ein Warttenburgerischer Underthon, Namens Sigmundt Schreyerauer, so in ainem clainen heusel in Mospach genannt, Regererpharr unnd Camerer Lanndtgericht, sesshafft gewest, alls ein Mallefiz Thätter oberhalb des Spitalls Sanct Anna zu Talham mitlet auf der Lanndtstrassz, da vor Jarn ein stainene Sällen gestannden, durch mich Wolfen Rauber aus der Hofmarch hinaus unnd bemeltem Lanndtgericht Camer beantwortt, der dann an bemeltem Ortt durch ire Abgesanndte alls Wolfen N. Lanndtgerichts ambtman zu Camer, welcher hieuor zu Veckhlapruckh Stattdienner gewest, Item Georgen Paurn Ambtman zu Pühelspach unnd etlich zuegebnen Unnderthonen (deren Ich khainen nicht khenndt habe) alda angenomben, unnd hernach hinauf geen Camer gebracht worden ist.“

„Zeugen so mit unnd bey gewest Georg Orttner Spitlmaister, Jacob Reitter, (Fol. 11, b) Michael Poden, baide zu Timblkham, auch sonnsten jung unnd alte Personen, von Talham, Timblkham, Khalchofen, unnd anndern ortten so diesmalls zuegeschaut haben.“

Fol. 12, a. „Des 1610 Jars ist bey der Herrschafft Puecham ain Lanndtskhnechtweib mit namen Martha Ederin, so sonnsten aus der Gastein bürtig gewest, auf beganngnem diepstall ergriffen, unnd in der Hoftafern daselbst eingezogen auch hernach den 23. Januari obbemelts 1610 Jars dem Lanndtgericht Warttenburg überantwort unnd gestelt worden ist, welch ich von Lanndtgerichts wegen auf gehabten beuelch in ainem sehr groben Sche- unnd windigen wetter auf der Strassen oder Farthweeg durch den gattern, welcher zwischen des clainen heussls unnd des Wölfls zu Sunleuten feldt (alda die hofmarch Puecham abgeth) zu Gerichtshannden genomben unnd durch das derffl bey Veckhlapruckh volgunds über den Ezen unnd durch das holz herein nach Warttenburg gefuerth habe.“

„Bey diser überantwort- unnd Annembung sein von Puecham herauss gewest Michael Graser Hofschreib: unnd Verwalter daselbst, Lazarus (Fol. 12, b) Schannckho, Matheus Ir Gnaden Herrn Weickharden Leib Jung, Hanns Jäger, Hellias Peuntinger zu Retlham, unnd etliche Puechamerische Underthonen.“

„Dann auf dem Warttenburgerischen Gebiett sein gestannden herenhalb des Gattern gegen Pruckhwerz Ich Wolf Rauber unnd Hanns Gurj Reitkhnecht baide zu Rossa. Dann Merth Peisskhamer Ambtman zu Attnanng, so das Weib an ainem Strickh gepundtner gefuerth. Item Hanns Jungerl Ambtman zu Niderholzham unnd zwelff freyaigner Paurn aus baiden Ämbtern, darunder Abraham Spänner zu Nidern Strasss, Wolf Poden daselbst, Matheus Gassteiger zu Lannderzham, des Thoman daselbst eltister Sohn. Mer aus dem Höckher Ambt Erhardt Greimbl zu Lüzing, Hannsen Lexls Brueder, Abraham genannt, unnd des Pettern zu Oberndorff, auch anndere ledige Khnecht etc."

Fol. 13, a. „Den 28. Juli A°. 1614 hat Frannz Schmelzer Phleger zu Khöppach dem Lanndtgericht Warttenburg ain Weibs person Namens Margretha Hoferin Maurerin zu Azpach herauss gestelt, welche damallen auf dem Creuz Farthweeg ausserhalb des Khazenperg alls Khöppacherischen Hofgründten (unnd nicht unnder der grossen Puechen wie er woll vermaint gehabt) angenomben unnd gefannckblich herein gefuerth worden, unnd sein disen tag vill hundert Personen von Wolfseckh, Ottnanng, Azpach, unnd anndern Ortten mit unnd bey gewest."

Fol. 13, b. „Den 14. October A°. 1615 ist Reichardt Wegleutner Schuesterpueb von Schwannss bürtig, so dem Ezinger daselbst bey nächtlicher weill durch das Camerfennster eingestigen, dem Lanndtgericht Warttenburg mitten auf dem Prückhl herausst vor dem obern Thor überantwortt worden."

(Späterer Zusatz: „Wie man weiter mit Ime gehanndlt findet sich in Actis.")

II.

Fol. 16. Lanndtgerichtspuechel die drey ehehaffte Tätting, so järlich im Schrannenhauss zu Schwannss gehalten werden.

Dann die Örtter oder Huettstett, wo die Warttenburgerischen Ambtleuth an den Jar- unnd Wochenmärckhten daselbst von dem viech so aus dem Lanndtgericht khombt die warzaichen abfordern.

Item alle Müllschleg unnd anders betreffend.

Fol. 17, a. Ehehaffte Tätting.

Das erste Tätting wirdt allzeit des Pfingstags nach Michaeli, unnd ob es woll sonnsten dem Jar nach das lezte Tätting wär, so wirdet es doch darumben das Erste gerechnet, weill negst volgunden Montag hernach der vogthabern geraicht, auch das Gericht traidt eingesamblt wirdt.

Das anndert Tätting ist des Pfingstags nach unnser frauen Liechtmessen.

Das dritte ehehafft Tätting des Pfingstags nach Sanct Geörgentag.

Fol. 17, b. Nachtätting.

Das Nachtätting ist strackhs vierzehentag nach dem yeztbemelten dritten ehehafft Tätting, das ist den dritten Pfingstag nach Sanct Geörgen tag, khombt aber der Rechtsprecher nicht darzue, wirdt auch die Schranen nicht besezt, sonndern durch den Abgesanndten von Warttenburg unnd die funff Ambtleuth die lanndtgerichtlichen gefell, alls diennst von verfallnen gründl unnd newgesezten heusl, item Tagwerch- hinderfuehr- unnd Müllnergelt eingenomben, auch sonnsten gemaine schlechte clagen angehört unnd guetig verglichen.

Fol. 18, a. Volgt wie man die vorbenannten drew eehafft Tätting zu halten pflegt.

Erstlich muessen die zwen Ambtleuth, alls der zu Azpach, unnd Schwannser- oder Höckher ambt, die Lanndtgerichts Schrannen mit einannder im Schrannenhauss in der obern Stuben zuerichten.

Item der Ambtman (mit anderer Schrift zugesetzt: Thobias Neder) zu Attnanng gerechtnet einen weiss ausgepuzten Stab, dene der Richter wie hernach volgt in die hanndt nemben muess.

Der Ambtmann zu (mit anderer Schrift „zu" ausgestrichen und hinzugesetzt: „des ambts") Tessalprun rueffl auf offnem Plaz im Marckht Schwannss (ausgestrichen und an die Seite geschrieben: „Thiinblkham") dises Tätting zum ersten, anndern unnd dritten mall auss, das die Paurschafft achtung geben, unnd darzue erscheinen sollen.

Fol. 18, b. „Nach disem ausrueffen, unnd ungeuerlich umb sehen Uhr greift man zur sach unnd besezt die Lanndtgerichts Schranen mit zwelff Personen als der Richter, Rechtsprecher unnd zehen frey aigner Paurn, werden auch aus dem Hauffen maistes Thaills die Eltisten herfür gesuecht unnd an die Schranen gesezt."

„Wann man nun allso völlig beysamen, so fanngt der Richter, oder Abgesanndte von Warttenburg an zu fragen, mit nachuolgunden wortten."

Fol. 19, a. Lanndtrichters Erste Frag.

„Herr N. alls meines genedig unnd gebietunden Herrn Herrn (durchstrichen und zur Seite: „Hern Thobiae Hern von Rosenberg, auf Ober Perkhamb und Schwarzgrueb herrn der Herrschafft Warttenburg etc. Röm. Kayserl. Mt. Rath." Ebenfalls durchstrichen und unten gesetzt: „Herrn Johann Franz Antoni Nütz, Freyherrn von und zu Warttenburg Herrn auf Ober perkhamb") Friderichen Freyherrn zu Polhaim unnd Warttenburg etc. Verorrnder unnd bestelter Rechtsprecher, Ich frag Euch des Rechtens, ob es heint sey der rechte Tag, Standt, weill unnd zeit, das Ich in namen wollgemelts meines genedigen Herrn müge den Stab in die Hanndt nemben, urtl unnd Recht ergehen lassen unnd richten souil in diser ehehafft Schranuen fürkhombt."

Rechtsprecher.

Herr Lanndtrichter, weill Ir mich des Rechten fragt, so sprich Ich unnd erkhenne meinethalben zu Recht, das Ir anstatt und in namen des wollgebornen wollernannts meines genedigen Herrn solt siczen an der hochlöblichen ehafft Schrannen mit aufgeregtem Stab dreymall in dem Jar, alls nemblich am Pfingtag nach Sanct Michaelstag, des Pfingstags nach unnser lieben frauen Liechtmesstag, unnd des Pfingstags nach Sanct Georgen tag des heilligen Ritters, das ist an heint der rechte Tag, Stundt weill unnd Zeit, Clagern und Antworttern, was bey der ehehafft Schrannen fürkhombt, vom morgen frue an biss zum abent da die Stern am Himel stehen, unnd alles das Ihenige was Ir macht hanndlt thuet oder lasst, das hat alles souill macht unnd crafft, alls wann besagter mein genediger Herr selbsten an der Schrannen sässen, unnd heten den Stab in Ir gnaden hanndten, allso ist es von alter herkhomben, darauf Herr Richter fragt weiter obs Recht sey.

Fol. 20. Hierüber werden erstlich die so an der Schrannen sizen, auch hernach die gannze Gmain, so ausser der Schrannen stehen unnd zuehören des Rechtens gefragt.

Annderte Frag.

Herr N. Ich frag Euch weiter des Rechtens, ob Ir sambt anndern Euren MitRechtsprechern sagen unnd zu Recht erkhennen khündt, das dise Schrannen clagern unnd Antwortern zu gewin unnd verlust mit gueten erbaren verstänndigen unnd unverleimbten Piders männern gnuegsamblich besezt sey.

Rechtsprecher.

Herr Richter, weill Ir mich aber: unnd zum anndern mall des Rechtens fragt, so sprich Ich meinethalben zu recht, weill Ich siech sizen an der löblichen Schrannen guete aufrechte erbare unnd unverleimbte Pidersmänner, von denen Niemandt nichts Unerbars waiss, villweniger bezeihen khann, das nunmallen die Schrann zu solchem Recht auf heintigen Tag genuegsamblich besezt sey. Ob aber ainer an der Schranen sässs, über den man zu clagen het, oder er hete über einen anndern zu clagen, so soll derselb von seiner Stell aufstehen, unnd ain so erbarn an sein statt sezen alls er selber ist, unnd nach verrichtung seiner Hanndlung mag er wider an sein Stell sizen, neben mir unnd meinen MitRechtsprechern richten unnd (Fol. 21) Recht ergehen lassen was fürkhombt, allso ist es von alter herkhomben. Darauf Herr Richter fragt weiter was Recht ist.

Richter.

Zum dritten so frag Ich auch weill bey der Herrschafft Warttenburg ein altes ehafft Tätting Puechel verhannden, darinen zum Thaill mergedachts meines genedigen Herrn uralt herkhombne Lanndtgerichts Recht unnd Freyhaiten begriffen, ob auch dasselbe an yezo durch mich solte offentlich verlesen werden, damit sich khonnfftig ein Yeder so im Lanndtgericht wonhafft ist, darnach richten khüne.

Rechtsprecher.

Weill Ir mich Herr Richter zum dritten mall des Rechtens fragt, so sprich unnd erkhenne Ich meinenthalber zu Recht, das das hochlöblich Gerichts Puech, von ainem Articl auf den anndern, soll offentlich verlesen werden, damit auch mein genediger Herr von denen Übertrettern unnd verprechern seine gefreyte Hänndl unnd Wänndl wisse einzufordern, auch alle umbligunde Nachbarn im Lanndtgericht wissen gegeneinannder sich zu verhalten. Das sprich ich zu Recht, das ichs rechtlicher ordnung nach nicht annderst erkhenne, darauf Herr Richter fragt weiter was Recht ist. (Zusatz mit späterer Schrift: „Nach disem soll der Landgerichts pfleger die nachvolgenten Puncten ablösen und hebt sich Erstlich der Punct wegen des Pfendten an etc.“)

Fol. 22. Hie sein zu merckhen die Rechten was die baiden aussern Gericht deren von Polhaim, die da gehörent zu der Herrschafft Warttenburg, Rechten zu Schwannss in dem Marckht habent.

Item von erst habent die Herrn von Polhaim, von der baiden vorgenannten aussern Gericht wegen, unnd zu den Gerichten, habent Sy ein offne Schran in dem Marckht Schwannss.

Umb Freyung.

Item darnach alle die, so die Schrann von Recht unnd alls es von Alter herkhomben ist, besuechen, unnd besuechen sollen, die habent alle die drew ehehafft Tätting freyung.

NB. Notta in dem alten Eehafft Tätting Puechel stehen yezt hernach noch etliche Puncten, so aber khürz halber aussgelassen wirdt.

Fol. 23. Hie ist zu merckhen, was die vorgenannten aussern Gericht, meiner genedigen Herrn von Polhaim, unnd Marckhts Gericht zu Schwannss Rechten gegeneinannder habent.

„Von erst habent baide aussere Gericht das Recht in dem Marckht, das man khainen Frey aigner aus baiden aussern Gerichten in dem Marckht nicht verbietten solle.“

„Wär aber das ain Frey aigner ainem gelten solt in dem Marckht, des er im an Laugnen steth, so soll der Richter oder der ambtman schaffen, das er in ausrichte in vierzehen tagen. Richtet er in aber nit aus in den vierzehen tagen, so soll im der Richter phanndt antworten, unnd wes er im dann laugnet, da soll man dem Burger allweg zu vierzehen tagen Recht umbthuen in der offnen Schrannen.“

Vom Pfenndten.

Wer ainem ain Pfanndt nimbt unnd pfenndt, unnd wer es ist, oder umb wes es ist, es sey umb holz hinfüehren, oder umb überackher fahren, derselbig soll ein pfanndtlich pfanndt nemben, unnd dasselbig pfanndt mag er im woll wider geben, ob er in darumb bitt. Gäb er im aber das pfanndt nit wider, unnd behielt es vierzehen tag, unnd brächt es in der Zeit nit zu dem Rechten, unnd disen nit claget, so sein sy baide umb das wanndl verfallen dem Richter. (Ist durchstrichen.)

Fol. 24. Von beherbergen wegen.

Item es mag ainer der in dem gericht gesessen ist ainen frembten behalten unnd beherbergen der über Lanndt zeucht, unnd da er nicht weiss, ain nacht ohn schaden, behielt er in aber lennger, geschäch dann yemandt yehts schaden von im, das muest er aussrichten mit leib unnd guet. Khäm ainer aber in aines hauss, unnd der wolt über seinen willen darinen sein, unnd so soll er nach den Nachbarn schickhen umb hilff, so sollen sy in fahen. Wöret er sich aber unnd schluegen in die Paurn zu todt, unnd so sollen sy in bringen zu dem Gericht, unnd so sein sy sein unentgolten gegen dem Gericht. Unnd wer dann den Nachbarn nicht zu hilff khombt, der ist umb Leib unnd guet verfallen.

Wer sich des Gerichts setzt.

Welcher sich des Gerichts wöhrt oder seines Anwaldts, der hat sich des Herrn selbsten gewöhrt, der ist umb Leib unnd guet, dann alls vill er gnadt bey seinem Herrn findt.

Von March wegen.

Item ob ainer den anndern übermarcht, es wär mit Stain, mit Rain, mit March, Zeinen, oder mit Überfahrn auf ein Gwenndt, unnd das der das sonnst nicht wenndten wolt, denn nur es muesst mit dem Rechten an in, oder mit Bschaw. So ist der ungerecht dem Richter (Fol. 25.) das wanndl verfallen 60 unnd 5 ß pfenning unnd soll er das March hinwider legen an die statt da es die Alten hinsprechent unnd haissent.

Von wegen der Pann Zaun.

Item ein rechter Pann zaun soll allweg fridt haben unnd friden wintter unnd Sumer, unnd soll der zaun haben sechs Schuech zu baiden seitten, zu yeder seitten drey Schuech, unnd auf dem Sibenden soll der zaun stehen, unnd gewalt zugraben, zu yeder seitten allweeg drey Schuech. Stunde aber aber ain Paumb in dem Pann-Zaun, den mag er woll beschütten, unnd was dann fält auf die sechs Schuech praidt unnd weith, das ist allain sein, unnd das übrig hebt yeder Thaill auff.

Item stuende aber ain Pann zaun hinan ein holz zu ainer seitten, so soll der des der Zaun ist stehen mit ainem Fuesss bey dem Zaun, unnd soll ain hackhen mit ainem taumbelln lanngen hackhenstill nemben in sein hanndt, unnd die hin gegen dem holz reckhen, unnd alls verr er dann hindan geraichen mag, alls verr soll er das holz abmaissen, unnd den Zaun dauon bessern, unnd soll des ohn entgelt sein gegen dem Gericht.

Fol. 26. Von wegen Mist ausfüehren.

Wer seinen Mist ausfüerth über aines anndern Ackher, derselb soll in ausfüehren vor Sannt Michaels tag ohn alle Irrung des die Äckher sindt, unnd ohn widerredt, wolt er aber hinach nach Sannt Michaels tag mist ausfüehren über eines anndern ackher, das soll er mit seinem willen thuen.

Von wegen der Tradtpeunten.

Item wer ain gemaine Tradtpeunt aus ainem dorff, oder wo das ist, auffahent unnd einfrident, derselbig soll allweg ainer den anndern friden genzlich unnzt die Peunt gar ledig wirdt.

Item khain Gmachzaun soll über wintter nicht stehen.

Item wer besunder in ainem Gmach, ainen Gmachzaun zeinen will, oder ein Peunt einfriden will, der soll ausserhalb des Zauns seines grundts ligen lassen, Pfluegs grädt Radtsweith.

Fol. 27. Wann man die Tradt in ain Feldt schlahen soll.

Wenn man von Erst in ain Feldt ferth, unnd darinen schneidt oder mäth, dasselbig feldt soll vierzehen tag nacheinannder fridt haben vor aller menigelich, unnzt es ganz unnd gar lähr wirdt, allso das khain Tradt viech darein khomben soll, dann halt viech mag man woll schon darinen huetten, allso das Niemandt schaden dauon beschech. Bricht ainer ain Luckhen auff in das Feldt, die soll er von stundan widerumben zuezeunen unnd seinen Nachbarn friden.

Von Friden wegen, wie man soll friden, es sey im Herbst oder im Lannssing.

Es soll ainer den anndern ongeuer friden. unnd wann er säen will, so soll er den Sackh auf der achsel tragen, uund den Gattern ehe anhahen den er säet.

Wann ain schedlich Mann in dem Lanndtgericht wär.

Item sizt ein schedlich Mann in dem Lanndtgericht, hinder ainem Praelaten, Herrn oder Edlman, wie man sich stellen soll. Den soll ein Lanndtrichter mit haimblichen stillen wortten an seinen Herrn erfordern, das (Fol. 28) er im den antwortt. Antwortt er im den, so soll der Lanndtrichter mit im fahren nach seinem verdiennen. Wo aber der Grundherr den diep wahrnet, damit er dauon fluch, so ist der Lanndtrichter nicht schuldig, khainen nimermer an in zufordern, sonnder selber darauf zugreiffen unnd den schedlichen Mann aufzuheben, unnd ist demselben Grundtherrn nichts darumb schuldig.

Wo Fräfel im Lanndtgericht geschäch.

Item geschiecht Fräfel im Lanndtgericht, wer den thuet, er sizt hinder welchem Herrn Er wolt, oder auf der Vogthey, dieselben Fräfel gehörn dem Lanndtgericht zue, unnd hat die von ainem yeden zu nemben die Straff dem Grundherrn.

Wo ainer phenndt im Lanndtgericht.

Item phenndt ainer in dem Lanndtgericht, unud das Phanndt nicht von im gelöst wurdt nach dem Lanndtsrechten, wie man weiter damit gefahren soll. Mann soll es antworten dem Lanndtrichter, unnd soll dem Phanndt von dem Lanndtrichter nachgehen, unnd den Mann, der im schaden gethonn hat, vor dem Lanndtrichter beclagen.

Fol. 29. Wie lanng er das Phanndt soll inhaben.

Item er soll das Phanndt inenhaben, ehe das er das dem Richter antwort, ist es ain essent phanndt, so soll er es inenhaben unnzt an den dritten tag, unnd soll im des Protts zu essen geben das es nicht verderbe, wirdt es nicht gelöst in dreyen tagen, so mag er es dem Lanndtrichter überantworten. unnd seinem Phanndt nachfahren wie Recht ist vor dem Lanndtrichter. Wär es aber ein ligundts Phanndt, das mag er inenhaben vierzehentag, über die vierzehen tag wirdt es von im nicht gelöst, so soll er es auch dem Lanndtrichter antwortten, unnd soll darnach den anndern Mann vor dem Lanndtrichter beclagen umb den schaden, unnzt im sein schaden widerkhert wirdt. Unnd welcher Thaill an dem Unrecht erfunden wirdt, der ist dem Lanndtrichter das wanndl verfallen, es sey ain fräfel Wanndl oder ain clainer wanndl.

Wo ain Müllner seinen zeug bessern soll.

Item wo ain Müllner seinen zeug bessern soll, darzue er muess das wasser abkheren, ligt die Müll in ainem paanwasser, so mag er abkheren, das ain wasserstuben abgeth, soll ers abhin laitten neben des zeugs in der hab (?) der Röder wider in das Achmader.

Fol. 30. Georgi wässern soll.

Wie man zu Sannt Geörgentag wässern soll in allerlai wasser, ist es ain Paanwasser, so soll man es nüzen am Sambstag nach mittag, unnd an Suntag zu Mittag die zway Thaill, unnd das dritt Thaill dem müllner rinen lassen auf die müll. Darnach sol man es wider dem müllner rinen lassen auf seine müll. Es soll auch den Vischen ohn manngel sein, ist zu Wanndl umb Leib unnd guet.

Von Ross Tauschen.

So ainer mit dem anndern thuet ainen Ross Tausch, hat er es dann an Waal unnd an Rew, soll der Tausch beleiben. Gestuendts aber über Nacht, unnd welchen es gereuth, der soll im das Ross wider haimb reithen, unnd soll im a schopf pinden 72 Pfenning. Wolt er es aber nicht wider nemben, so soll der Richter nach baiden Rossen greiffen, unnd inen ain Rechtstag nennen am dritten tag, unnd yedem wider gehen lassen was Recht ist, unnd welcher gefelt, der ist das wanndl.

Fol. 31. Weg unnd Steg machen.

Ein yeder soll weeg unnd Steeg machen vor seinen gründten. Thätten sy aber das nicht, so mag der Richter den machen von gerichtswegen, unnd mag von den nemben die wanndl, die dero gründt habent hinan an die weeg.

Ob (durchstrichen und zur Seite : „Wan") ain viech getloss („oder ledig" mit anderer Schrift) gienng in dem Gericht, wie das genannt wär, wie ain Richter damit fahren solle.

Ob ain Stier oder Peer gieenge in dem Gericht, was dieselben Gerechtigkhait haben.

Ob ain Ross schaden thätt oder ain Stier, ain Schwein oder ain wyder, unnd gienngen in dem Gericht, unnd mechten schaden thuen Rossen Viechen unnd Leuthen, wie man das halten soll, das es dem Lanndtsrechten gleich sey.

Lanndtrichter.

Auf dise yezt verlesne Puncten unnd Articl frag Ich euch des Rechtens.

Rechtsprecher.

Fol. 32. Herr Richter Ich sprich das verlesne Gerichts Puech, mit all seinem Inhalt, von ainem Articl auf den anndern offentlich zu Recht, dann es von Alter allso herkhomben unnd gehalten worden. Was aber anlanngt ainen Stier, ain Peer, ain wyder, haben dieselben macht, sonnderlich ain Stier in die dritte Pfarr, es sey durch getraidt, fridtfelder oder wissmadt zugeben, unnd wemb sy ze schaden gehen, so soll derselb ainen Hössling schissling nemben, der in ainem jar gewaxen, der Thier ains nach dem Pann zaun treiben, unnd wenn er ein palhen findt, daselbst aufmachen, unnd der Thier ains gemach hindurch treiben, unnd widerumb nach ime zuemachen, unnd ob er es zu seiner Thier ze nüzen bedürfftig, so hat er macht, das haimbzutreiben in sein hof zu nüzen seiner Thier, unnd wann er es genüzt hat, so solt ers für das hofthorr treiben, es gehe dann es sey alls verstannden durch Traidtfelder oder wissmadt. Auch ist zu merckhen, ob yemands im Lanndtgericht ain Pfarrman allain zu Sumerszeiten ain Stier, unnd nicht über wintter halten wolte, so solt derselbe Stier vermelte freyhait nicht haben, sonndern wo ain Stier in den fridtfeldern durch Euch Herr Richter, oder derselben ambtleuth betretten wurdet, so mügt Ir damit fahren alls mit anndern übergehenden Thiern.

Ob auch der Thier ains so gar überschwennckhlich sein wurde, welche Leuthen oder Viechen schaden thätten, so soll der des das Thier ist dessen an Nachtl halten, oder er muesste denjhenigen Nachtl oder schaden ausstehen, das sprich Ich meinethalber zu Recht, das (Fol. 33.) Ich rechtlich erkhenne, wie es dann von alter allso herkhomben. Darauf mügt Ir Herr Richter weiter fragen was Recht sey.

Lanndtrichter muess nach gethonner umbfrag weiter lösen.

Vermerckht die March des Lanndtgerichts der Herrschafft Warttenburg.

(Zur Seite mit späterer Schrift: Erstlich weit sich die Hofmarch der Herrschafft Wartenburg erströckht, Stehet hienor im anfang dises Biechl dann.)

Von ersten heben sy sich an an der Statt Burckhfridt Vechklapruckh zu Schöndorff an der stainen Seillen unnd geth über geen Ober Puechleuten auf das Eisen Pauckhen guet, überhin geen Hagödt, geen Khienn in die Rett, in der Rett hinauf bisz auf die Weckhlmüll, von der Weckhlmüll über geen Pettenfierst das

Märchellens guet durch den Stadlfürst. Von des Märchellens guet biss auf den Khienperg auf alle Höch aufm Khienperg, auf aller Höch einhin gerichts auf den Hausrruchh mitlet auf die Hochstrasse; auf der Hochstrass hinab bisz auf die Galling Puehen mitlet auf den Hausruckh, auf aller Höch hinab biss auf den Esslsgrabm, von dem Esslsgrabm hinab hinderhalb Wielting in den Iglspach, unnd im Iglspach hinab biss an den Ranndtschar; vom Ranndtschar hinüber geen Yming. von Yming hinüber geen Khaitting, von Khaitting überhin in den Mospach, (Fol. 34) in dem Mospach herab biss geen Praitten Schüzing, dem Khaltenhueber durch den Ofen, von der Khaltenhueb hinab in dem Pächlein biss neben Ober Hardern, vom Pächlein neben Oberhardern biss in die Äger. In der Äger abhin bisz geen Nider Hardern in das Gassteig. Aus dem Gassteig hinüber in den Trättenfuerth in die Traun, in der Traun hinauf mitlet in der Nawfarth biss in den Fasl, über den Fasl hinauf durch die Nawfarth ob des Faals über; aus der Traun geen Permanss- dorff, von Permanstorff gerichts über die Aurach bey Prauhing, in der Aurach hinab in die Äger, in der Äger hinauf mitl durch die Prückhl, in der Ager hinauf biss widerumb geen Schöndorff in die Stainen Seillen."

Lanndtrichter fragt.

Herr N. auf das vom Anfanng biss zum Enndt verlösne, unnd angehörte Gerichts Puech frag Ich euch weiter des Rechtens.

Rechtsprecher.

Herr Richter, weill Ir mich des Rechten fragt, so sprich ich meinethalben das verlösne Puech all seines Inhalts zu Recht. Ob aber ich alls ein ainfaltiger Rechtsprecher am Rechten ychtes was vergessen, oder nit ausgesprochen hette, so solt es doch in allweeg offtgedachtem meinem genedigen Herrn an Irer gnaden Lanndtgericht Hoch: unnd Freyhaiten (Fol. 35) unvergriffen unnd unentgolten, auch den umbligunden Nachbarn im Lanndtgericht sesshafft ohn allen Nachtl unnd schaden sein. Allso ist es von alter herkhomben. Das sprich ich zu Recht, das Ichs rechtlichen erkhenne. Darauf mügt Ir Herr Richter weiter fragen was Recht ist.

Lanndtrichter fragt schliesslich inner und ausser der Schrannen des Rechtens.

Der Ambtman (mit anderer Schrift beigesetzt: „Glükh") in der Ottnanng am Hausruckh rueft laut, wann ainer über seinen Nachbarn zu clagen hete, unnd Rechtens bedürfftig wär, so soll derselb herfür khomben, weill die Schrannen noch besezt sey.

III.

Fol. 36. Mauth- oder Willengelt von grosse unnd clainem viech, so aus dem Warttenburger Lanndtgericht gebracht wirdet.

(Mit späterer Schrift zugesetzt: „Erstlich soll") Von yedem Stuck Hindl, es sey ein Ross, Ochs, Khue oder Stier wirdet (ausgestrichen) altem herkhomben unnd gebrauch nach ain Groschen, aber von clainem viech alls Gaiss, Schaf, oder Schwein vier phening geraicht. (Mit späterer Schrift zugesetzt: „werden.")

Volgt wo man dise Mauth einnimbt.

Der Matickhofer Marckht ist allzeit der erste im jar, unnd zeithen die Vasnacht achttag vor dem Vaschanng tag, das ist Erchtag unnd Mitwoch hinauf. Da muess der HofAmbtman von ainem yeden Ross, so an der hanndt gefüerth wirdt (aber vom Satl Ross nicht) die Mauth begern, unnd bevorab auf der Lanndtstrassen zwischen Talham unnd Erlach bey der stainen Säullen, so die Hofmarch Warttenburg unnd das Lanndtgericht Camer voneinander schaidt, einnemben, sonnderlich aber guete Achtung geben, damit dise Mauth nicht haimblich verschwerzt unnd durch die Rosstauscher nicht (ausgestrichen) verfüerth werde, dann sy bisweillen nicht gar hinauss (Fol. 37) auf die Lanndtstrassen khomben, sonndern iren weeg von Talham hinumb auf Eiting unnd volgunds nach der Veckhls auf Timblkham nemben, damit sy nur nichts aussgeben dürffen. Wann aber ein solcher ausgespecht, erhascht unnd betretten wirdt, so ist er nicht allain in der Straff sonndern auch umb die Ross verfallen.

Disen tag hueten die Camerischen Ambtleuth nicht, sonndern hernach in der Fassten unnd anndern volgunden Märckhten.

Darf auch der Hofambtman dise Matickhofer Mauth enhalb des Farthweegs im Lanndtgericht Camer so woll alls in der Hofmarch abfordern. Entgegen khomben die Camerischen Ambtleuth wann sy alda huetten, auch herein über das Gemerckh. Doch wirdet solches aus khainer gerechtigkhait sonndern baiderseits von gueter Nachbarschafft wegen passiert.

Schwannser Mauth.

So offt des Jars im Marckht Schwannss die Jar- unnd wochenmärckht auch in der Fassten die Ross Márckht alda gehalten werden, solle ein Schreiber zu Warttenburg allweeg bey zeiten warzaichen machen, darauf die Jarzall geschriben, unnd der erste Buechstaben yedes Marckhts geschlagen steth, aintweders selbst oder durch seinen Abgesanndten hinabbringen unnd die Mauth vorbeschribner massen, souill sich von yedem Stuckh viech gebürt, in dem hauss wo er zur herberg ist einnemben. Doch sein diejhenigen so anfanngs ir viech herein treiben unnd auf dem Marckht nicht verkhaufft werden khann, Desgleichen auch die, so etwas khauffen unnd nicht aus dem Lanndtgericht damit khomben diser Mauth befreyt.

Fol. 38. Aber anndere, so vill oder wenig Viech einkhauffen unnd damit durchs Lanndtgericht Warttenburg hinaus wellen, die sein nicht allain altem herkhomben unnd gebrauch nach die lanndtgerichtliche Mauth zu geben unnd auf yedes Stuckh Viech ein Warzaichen zu nemben, sonndern auch dieselben warzaichen, wann sy am haimb treiben durch die ambtleuth unnd hueter gefragt unnd angestannden werden, fürzuweisen unnd wider von hanndten zugeben schuldig.

Ebnermassen hat es mit dem Wexlen oder Tauschen disen verstanndt, unnd ist gleich souill alls ein Khauff.

Was der Praelat zu Lambach, auch anndere Herrn unnd Lanndtleuth zu Irer Hauss Notturfft einkhauffen lassen, habe Ich bisshero khain Mauth genomben, sonndern frey passiern lassen, in bedennckhung, das die ain huetstatt bey dem Hamerschmidt unnderhalb des Marckhts allererst des 1609 Jars zum Erstenmall angestelt worden ist, yedoch haben sich ire Leuth unnd Fleischhackher allzeit bey mir bitlich anmelden, unnd willen nemben muessen.

Begibt es sich dann, das ain Rosstauscher oder ein anderer die Mauth wissentlich entfuehren wolt, unnd den Ambtleuthen drausst bey den Gätern khain warzaichen fürzuzaigen hete, oder aber sich haimblich mit den Ambtleuthen abfinden, dise Mauth bey dem Gattern aussgeben oder sich mit der unwissenhait entschuldigen wolte, wie sich nun dises begeben unnd zuetragen mag, da solle in allweeg guete obacht unnd Nachfrag gehalten, unnd durch die Ambtleuth das viech herein in das Schranenhauss gefüerth unnd auf Recht unnd Unrecht eingesperth unnd (Fol. 39) volgunds allso abgehanndlt werden, das der Herrschafft Warttenburg an dero lanndtgerichtlicher Mauth nichts geschmellert noch entzogen, unnd auch dagegen dem armen mann nichts unbillichs oder beschwerlichs auferlegt werde. Darinen dann in disem fall Ernnst unnd beschaidenhait gebraucht werden solle.

Notta. Was rechte Rosstauscher sein, wann sy die Mauth verfüehren, unnd doch nit hinausskhünen, unnd auf dem betrug ergriffen werden, so khünen sy leztlich merers nit alls schwezen unnd schwören. Derowegen muess man inen nicht allzeit glauben, sonndern sy in die Straff nemben, auf das annders nicht auch hernach khomben, dann wo man gegen denselben gar zu lindt sein würdt, so ertrüeg die Mauth schier gar nichts.

Der Altenshamer Marckht wirdet alle Jar des Mitwochs vor den heilligen Pfingstfeyrn zu Schwannss gehalten. (Der Artikel von der „Schwannsser Mauth“ ist durchstrichen.)

Mit anderer Schrift: IV.

Fol. 40. „Warttenburgerischer Lanndtgerichts Gezürckh.

„Von ersten hebt es sich an, an der Statt Burkhfridt Veckhlapruckh bei dem hamischen Gatern, welcher das warttenburgerisch unnd Puechhamisch Lanndtgericht schaid, geth volgents auf linkher hanndt über gehen Ober Puechleithen auf das Eisen Pauckhen guet über hin gehen Hagödt, gehen Khüen in die Retl, in der Retl hinauf biss auf die Weckhlmühl, von der Weckhlmühl über gehen Pettenfüerst des Märchlens Guett durch den Stadlfürst. Von des Marchlens Guett biss auf den Küenperg, auf alle höch aufm Küenperg, auf aller höch ein hin gerichts auf den Haussruckh, mitlet auf die Hochstrasse, auf der Hochstrasse hinauf biss auf die Galing Puechen, mitlet auf dem Haussruckh, auf aller höch hinab biss auf den Eselsgrabm, von dem Eselsgrabm hinab hinderhalb Wielting in den Yglsspach, unnd im Yglspach hinab neben des Hanndtschar alda ein Seil steth, ist die rechte hanndt am herwers Raissen Warttenburgerisch unnd die linkhe Puechhamisch, von danen auss nach Peneczdorf, alda der herunder Paur in das Warttenburgerisch Lanndtgricht gehörig, allermassen es die Marchseilen schaidt. Von solcher Seilen durch den Ebersperg, vom Ebersperg nach des Eder hölzl hinab auf Talham, auf der Strasse mitten durch Talham auf Krötling, von Krötling auf der Strasse nach Nider Pengering, von Nider Pengering auf Nider Holzham nach den wisen hinumb auf den Zuckhenperg, von Zuckhenperg gehen Oberndorf auf den Ziegistadl, von danen über auf Winkhl, von Winckhl hinüber gehn Zebing zu der obern Lindten auf der Strass gehn Piesing, von Piessing (Fol. 41) auf den Posstweeg gehn Ainwarting, vonn Ainwarting gehn Tuffizham wies der Posstweeg schaidt mitten am Posstweeg hinauf neben Attnangerdorf. Alss dan kombt man wider auf den Posstweeg unnd geth hinauf zu dem hämischen Gattern wo es sich angefanngen etc.

Beschriben unnd das Erstemahl verlesen im Michaels Täting zu Timblkham den 5. October Anno 1628.

Fol. 42, 43, 44 leer.

V.

Fol. 45. Müllschlög in dem ganntzen Lanndtgericht Warttenburg, so järlich wegen der falschen massen unnd Pranndtzaichen besichtigt werden muessen.

Müllner am Wassenprun, Müllner zu Ottnanng, Edlmüllner, Pruckhmüllner, Müllner zu Schnözing, Müllner zu Azpach, Müllner zu Staudach, Pallmüllner, Newmüllner, Mittermüllner, gehören unnder Khöppach (10).

Retlmüllner, Müllner zu Mäning, Pränntlmüllner zu Retlham (geh. u.) Traunkirchen (3).

Fol. 46. Purmüllner, Mossmüllner, Clauszmüllner, Stegmüllner, Burgleutmüllner, Freymüllner (geh. u.) Warttenburg (6).

Ramblmüllner (geh. u.) Windern und Wolfseckh (1.)

Müllner zu Khaufing (geh. d.) Fraunhofer (1).

Obermüllner zu Talhaim (geh. d.) Polham in Welss (1).

Traussmüll, Grienpachmüllner, Wissmüllner (geh. u.) Lambach (3.)

Häglmüllner Visdombisch (1.)

Müller zu Aich, Piedlmüll, Nideruauer (geh. u.) Wibmspach (3).

Fol. 47. Müllner zu Nider Äpping (geh. u.) Schlierbach. (1).

(Zur Seite: „Alda schaut man die Masse nicht.“) Ober Äpping, Oberndorff, Khrötling Müll, Pymüllner, Spraichmüllner (geh. u.) Wierting (5).

(Zur Seite: „Khombt nie hinein.“) Ober Müll zu Retlham (geh. u.) Vogthey Welss (1).

Müllner unnderm Perg (geh. u.) Pernaw (1). Summe 37.

Den 30. September A°. 1608 hab Ich Wolf Rauber vorbemelte Müllen überall besichtigt, unnd dissmall durch den Veitl Ambtman zu Teittenham, beim Paulin in der Traussmüll, ain Wertl unnd ain Müll mässel, so Lambacherische Pranndt gehabt, item beim Müllner zu Oberndorff ein ganzen Mezen welcher gar khainen Pranndt gehabt. Item dem Müllner zu Khrötling ain viertl unnd ain Mässel unnd dem Spraichmüllner ain Mässel so Schwannser Pranndt gehabt zerschlagen lassen, in beisein Hannsen Inngerl ambtman zu Niderholzham, merthen Peisskhamer ambtmans zu Attnanng, unnd annderer Underthonen mer.

Fol. 48. Den 26. October A°. 1609 haben wir abermallen die Müllmassen visitiert, unnd dem Paulin in der Traussmüll ein Mauth-Mässel, so nie geprenndt worden, zerschlagen, unnd zum Warzaichen ainen eisnen Raif so umb dasselbe Mässel gewest mit mir nach Warttenburg gebracht. Item dem Khrötlingmüllner ain aiches viertl unnd mässl so aneinannder gestannden unnd falschen prannt gehabt sambt ainem absonnderlichen Mauthmässel zerschlagen unnd hieuon ain Taufel, darauf derselb Pranndt steth, mit mir genomben. Unnd sein dise baide Warzaichen zusamen gebunden unnd in meiner Cannzlei zu finden.

Den 16 May A°. 1612 alls man vom Lanndtgerichts wegen die Müllmassen besichtigt ist dem Traussmüllner zu Schüzing ain gannzer Mezen, so gar khaines Pranndt sonnder nur auf dem Poden ein vergebnes rottes zaichen oder march gehabt, zerschlagen, aber das alte Viertl darauf der Polhamische Pranndt zu sehen noch lennger gelassen worden.

Item dem Khrötling Müllner ain Mauth Mässel welches zusamen geheffl unnd ohne Zweifel hieuor auch schon ein mall zerschlagen sein mag, dann ain Mässel so den Schwannser Pranndt gehabt mit einannder zum Lanndtgericht Warttenburg gebracht.

In Beisein Wolfen Auer Hausspflegers, Hannsen Jungerl ambtmans zu Niderholzham unnd Merthen Peisskhamers zu Attnanng auch der Underthonen in disen baiden Ämbtern."

13.) Notizen aus und über Ranshofen am Inn.

Mitgetheilt von Jodok Stülz.

(Fortsetzung.)

Ut ergo vos de hac via dampnationis eripiam, tunc praecipio in virtute sanctae obedientiae, ut mihi proprium resignetis. Et iam domine decane surgite et flectatis genua et praesentetis mihi claves vestras in nomine patris et filii et spiritus sancti et dicatis: Ecce pater, ego resigno vobis propria, et tunc osculetis eum ad maxillam. Et sic consequenter omnes faciant et omnes osculetis et dicite ad quemlibet: det tibi deus pro ista resignatione vitam sempiternam. Amen. Item plebani. Qui vero suas claves secum non habent, resignent manibus ponendo illas in manus vestras, quibus praecipietis, ut nullus exeat monasterium quin faciat vobis prius confessionem, in qua confessione examinetis strictissime, quantum possidet in auro et argento et in aliis clenodiis et praecipitur sibi, ut nihil alienet sed statim portet vobis ad monasterium et praesentet vobis.

Iterum altera autem die habeatis capitulum cum omnibus capitularibus et dicatis: ecce heri resignastis mihi omnia propria vestra; modo hodie resigno ego propria deo omnipotenti, b. Augustino et S. Pancratio et omnibus sanctis in nomine patris et filii et spiritus sancti. Et vestrum duo videlicet decanus et alius intrent habitationem nostram, ut quidquid ibidem conspexeritis, quod non licet me habere, exponite et ad vestiarium totius conventus deponite. Ecce ero in refectorio, in dormitorio etc. [1]).

---

[1]) Der Sinn ist klar, obgleich der Text unrichtig ist.

Iterum una mecum eligatis duos officiales, unum ab intra videlicet custodem, qui et vestiarius erit, qui colligat omnes redditus etc. custodiae et parochiarum. Et ponendae sunt duae pyxides bene seratae, quas (sic) claves debet habere praepositus et decanus, una in sacristia, alia in dormitorio, ad quas colligat fratrum omnia offertoria et confessionales et baptismales etc. de quibus omnibus provideat conventum in vestimentis lineis et laneis, nigris et albis, in pelliceis et almutiis etc. Et qualibet angaria aperiat praepositus illas duas pyxides et praesentet vestiario in numero coram duobus aut tribus capitularibus illam pecuniam.

Iterum secundus officialis debet esse ab extra, qui vocatur procurator, qui colligat omnes redditus totius monasterii et distribuat pro necessitate praebendae fratrum et caeteris neccessitatibus totius monasterii et ad solvendum debita. Et quilibet istorum duorum officialium faciat computationem in qualibet angaria praeposito, decano et duobus de capitulo ad hoc electis. Et in ultima angaria reducat unus omnem totalem computationem."

His vero a domino praelato auditiš quidam ex discipulis dixerunt: Durus est hic sermo et quis potest capere et ex hoc abierunt retro et iam non cum illo ambulabant sed malis avibus eruperunt.

Herzog Ludwig von Baiern war mit dieser Reformation, so wie mit der genau geordneten Verwaltung der Einkünfte wohl zufrieden und sprach seinen Beifall aus in einer Urkunde, welche in den Mon. boic. III, 381, Nr. 67 abgedruckt ist[1]).

Zur näheren Kenntniss des Klosterwesens in der zweiten Hälfte des 15. Jahrhunderts mag dienen, was der Verfasser der Chronik von Ranshofen aufgezeichnet hat über die Schicksale des Propstes Blasius Rosenstingel (1494—1504, 15. Mai). Derselbe legte 1456 die feierlichen Gelübde ab, erhielt bald nachher die Priesterweihe, und nachdem er die Erlaubniss erwirkt hatte sich in ein anderes Kloster seines Ordens zu begeben, lebte er durch mehrere Jahre ausserhalb seines Klosters und zwar grösstentheils in Berchtesgaden. Propst Wolfgang rief ihn wieder zurück. Allein da er sich mit diesem nicht vertragen konnte, wünschte er sich wieder zu entfernen. Der Propst verweigerte ihm die Erlaubniss, worauf sich Blasius persönlich an den Papst selbst wandte.

Dieses Alles erzählt er selbst in seinem Schreiben an den passauischen Official aus Berchtesgaden. Ich lasse es hier folgen:

Reverende in Christo pater et domine Officialis ecclesiae pataviensis aut cui in spirituali cura pro praesenti commissa est filius obedientiae Fr. Blasius Rosenstingl canonicus et professus in Ranshoven praefatae dioecesis exponit vestrae reverendae paternitati, quod de indulto domini praepositi in Ranshoven per certos annos extra monasterii gremium proprium degi in monasteriis eiusdem ordinis demptis aliquibus mensibus et circa finem annorum licentiae cum precibus magnatorum patrum instititi apud praefatum praepositum in Ranshoven pro ampliori licentia ex eo, quod non possum pacifico et quieto corde domino deo reddere famulatum in proprio gremio; non potui obtinere: Tandem propriis precibus instititi apud eum, ut daret ampliorem licentiam standi in monasteriis nostri ordinis aut indulgeret licentiam ad curiam Romanam et postulavi mihi a sua paternitate auxilium et iuvamen; nihil omnino obtinui. Exinde motus transtuli me ad curiam cum penuria et fatigatione magna et perveni cum dei adiutorio (Romam) ibidemque in auditorio sanctissimi domini papae et preces ibidem exposui caussasque animum meum moventes et obtinui indultum a Sanctitate sua ad dominum meum reverendissimum ecclesiae pataviensis episcopum aut eius Commissarium. Obtinuissem vero largiorem licentiam et adhuc obtinebo sed

---

[1]) Die folgende Urkunde Nr. 68, ist in unserer Chronik mit dem Datum Landshut sabbato ante dominicam Misericordia (15. April?) 1469 versehen, was sicher, wie aus dem Texte, wo der Propst „neu angehend" genannt wird, erhellt, richtig ist.

21**

informatus et inductus per jurisperitos patres, quatenus praesens indultum domini Sanctissimi Papae grato animo acciperem et causas animum meum moventes gratiose domino episcopo aut eius Commissario exponerem, ut ipsi intelligerent praedictas causas. quare reverende in Christo pater et domine, visis et intellectis causis animum meum moventibus supplico R. V. P. cum omni humilitate, qua decet, nec non propter dominum, quatenus iuxta indultum domini Sanctissimi conferatis mihi licentiam standi in monasteriis nostri ordinis paris vel arctioris observantiae et ibidem in uno monasterio me stabilire, ubi invenero receptores voluntarios et reddere domino deo famulatum quieto corde, quemadmodum debeo, pro quibus offero me apud dominum altissimum exoratorem voluntarium pro reverendissimo domino electo et V. P. et pro venerabili capitulo ecclesiae pataviensis.

Causae moventes animum meum.

Constitus in proprio gremio sub obedientia domini praelati praesentis in Ranshoven frequenter et publice in conventu imposuit mihi unum crimen et vocavit me seductorem fratrum etc. Denegavit mihi viam iurium et aequitatis, quia noluit mihi dare licenciam nec ad dominum Ordinarium nec ad dominum ducem etc.

Expulit me de gremio proprio non per viam iuris, quoniam ultimate voluntarie exivi propter bonum pacis.

In exitu de monasterio statuit mihi terminum praefixum, quo finito si comparerem, vellet me paterne recipere et colligere, quod non est factum. Praemisi venerabilem in Christo patrem et dominum magistrum Leonardum praepositum ad S. Nicolaum extra muros patavienses (1471—1489), quatenus induceret dominum praepositum in Ranshoven, ut foveret me in proprio gremio; non acquievit dominus in Ranshoven precibus praefati patris ac domini. Item medio tempore reverendus in Christo pater et dominus praepositus in Reichersperg cum consensu et voluntate reverendissimi domini domini episcopi pataviensis Udalrici bonae memoriae († 1. September 1479) postulat meam personam ad suum monasterium ad tempus; dominus praepositus in Ranshoven noluit consentire, quia quidquid honoris et reverentiae est, non placet circa meam personam. Tandem personaliter comparui et petii introitum ad proprium monasterium; denegavit mihi introitum imo non permisit me videre fratres meos et sic cum grandi scandalo exivi monasterium et fecit me scandalose opprobrium omnibus hominibus, exivi cum perturbatione animi et caepi hinc inde vagari per certos menses et istam evagationem ipso dominus praepositus in Ranshoven optime novit nulla misericordia motus super me nec revocavit me. Tunc temporis apostatassem, si non fuissem revocillatus (sic) per egregium dominum Ludovicum canonicum ecclesiae Salisburgensis. In evagatione constitutus misi ad principem terrae bonae memoriae ducem Ludovicum legatum, ut inquireret ab illustri principe, utrum prohibuisset mihi ingressum ad proprium monasterium secundum dictamen domini praepositi in Ranshoven? Idem honestus laicus retulit mihi in Salzburga sic: domine Blasi, dominus dux non inimicatur vobis sed vester praepositus non vult vos habere in monasterio. Postquam intellexi tantum praepositum in Ranshoven esse inimicum meum, cogitavi: Quid vis facere cum inimico tuo? inquietum habes cor cum eo. Veni demum cum precibus venerabilium patrum ad gratiosum in Christo patrem et dominum Erasmum praepositum ecclesiae Berchtesgadensis etc. (1473—1486). Praefatus gratiosus pater unacum suo venerabili capitulo gratiose, paterne pieque me recepit, fovit, tractavit, sub cuius obedientia, uti spero, sub disciplina regulari usque ad praesens steti cum quieto et tranquillo corde. Sed in praefato monasterio constitutus, dominus praepositus in Ranshoven iterum vexationes mihi imposuit per revocationem, quod tandem coactus inclinavi me ad proprium monasterium et volui comparere termino statuto; ante tamen praefatum (terminum?) comparui et volui videre, in quem finem me revocaret, quoniam praedixit mihi, quod in bonum finem faceret; tamen intellexi aliud ex ore eius, uti patebit. Nam postquam sensit me fore inclinatum ad proprium monasterium, aperuit mihi mentem suam in habitatione procuratoris monasterii. Primo obiecit mihi unam accusationem adversus suam paternitatem factam per me domino principi bonae memoriae Ludovico ante exitum de monasterio et ecce, reverende pater, per decem annos non fui in monasterio et tanto tempore reservat illud malum erga me et tamen deo teste scio me valde innocentem in hac re, quia non feci.

Secundo: Domine Blasi, si vultis comparere, videatis, quod sitis voluntatis meae et non in parte fratrum; quod si secus feceritis, peius habebitis, quam unquam habuistis. Tertio adiunxit: dico vobis in posterum non obtinebitis a me literam licentiae.

His auditis cogitavi: Ergo sine causa oporteret te lumina caeli non videre aut apostatare, quemadmodum aliquibus ex fratribus nostri monasterii contigit; vae tibi, quia malum super te!

Ecce, reverende in Christo pater et domine, haec mala quae contigerunt et in futurum mihi possent evenire per dominum praepositum in Ranshoven declinare volui et volo, ideo transtuli me ad curiam Romanam et haec mala et alia ibidem exposui ante sanctissimum dominum dominum papam Sixtum IV. et obtinui praefatum indultum, quod humiliter et gratiose peto admittere, ita ut liceat mihi stare in monasterio canonicorum regularium et in uno me stabilire; in quantum receptores voluntarios invenero, et domino deo gratum exhibere famulatum cum quieto corde et illam licentiam mittere cum domino Joanne Hayde capellano gratiosi in Christo patris ac domini praepositi in Berchtesgaden, quia idem dominus optime intimabit V. R. P. vitam meam nunc per certos annos. Hortor V. P. in domino deo procurante salutem animae, quemadmodum obligamini, ne incidam in maiora mala, vagus enim et apostata nolo esse, nisi compulsus.

Haec propria manu conscripsi, quia in propria persona comparere non possum fatigatus multum corpore, fame et longitudine viae. V. P. humilis filius obedientiae Blasius Rosenstingl canonicus etc. etc.

Was der Official von Passau in der vorliegenden Angelegenheit vermitteln konnte, scheint in dem nachfolgenden Schreiben des Propstes Wolfgang enthalten zu sein. Es lautet:

Wolfgangus praepositus totusque conventus monasterii S. Pancratii martyris in Ranshoven filio et fratri nostro in Christo sincere dilecto domino Blasio Rosenstingl nostri monasterii professo salutem in domino sempiternam.

Qui pluribus annis extra monasterium constitutus et hucusque estis, occasione cuius multum molestamur imo huiusmodi absenciam lacius sustinere nequimus neque volumus tali sub forma et conatu causis certis nos ad hoc impellentibus. — Quapropter in domino hortamur vestram charitatem et seriose mandamus et volumus, ut ad proximum festum sancti Georii martyris in nostro monasterio praefato omnibus postpositis constituamini personaliter comparendo ad famulandum et reddendum altissimo vota, quae labia vestra distinxere. Si autem timore dei postposito id exequi contempseritis, ex tunc providete vobis de aliquo monasterio, in quo stabiliri et incorporari poteritis, ad quod consensum pro tempore dabimus. Si autem neutrum feceritis, procedemus in ea re iusta S. S. Canonum decreta. Neque abhorrere debetis poenas vobis infligendas, ut intelleximus, sed certificamus. Quod salvis omnibus poenis ad nostrum gremium recipiemini. Et sic revocamus vos ad locum professionis vestrae his scriptis ad praefatum diem. Datum in praefato nostro monasterio Ranshoven, 29 die mensis Januarii anno domini 1483.

Zum Schlusse entnehme ich unserer Quelle auch einige Notizen, welche sich auf die Reformationszeit beziehen, und zwar zuerst einen Brief des berühmten Ingolstädter Professors Dr. Johann Eck, worin er Nachricht ertheilt über den Verlauf der Leipziger Disputation im Juni und Juli 1519. Wenn wir aus demselben auch keine ganz neuen und unbekannten Aufschlüsse erhalten, so dürfte doch der Abdruck desselben, da er meines Wissens noch nicht bekannt ist keiner weiteren Rechtfertigung bedürfen.

Excellenti domino et reverendo patri domino **Christophoro Tengler** juris pontificii doctori et infra Anasum Officiali reverendissimi episcopi patavienis domino suo et amico incomparabili, salutem plurimam. Literas tuas celeberrime vir accepi a M. Michaele, sed antequam legere, perdidi eas (sic). Restat, ut tibi modicum aperiam super disputatione Lipsiensi, quae secundum omnia vota mea est expedita, ut summarium habeas eo dempto, quod Lipsienses non sunt permissi iudicare et sic iudicio nondum lato Wittenbergenses liberius mentiuntur ubique literas mittendo et mira scribendo. Inprimis magna difficultate et periculo adii Lipsiam, multa timens ab via regia declinavi veniens ad Lipsiam; satis cum honore sum susceptus, licet tepide de me sentirent, quia vel erant Lutherani vel timebant me non posse resistere Luthero et Carlestadio. Sed cum ad disputationem ventum est, omnium quasi Lipsiensium animos mihi conciliavi et in me converti, ut princeps ipse christianissimus dux Georgius, sui senatores, Vniversitas, civitatis senatus omnes optarent, ut possent Eckium habere apud se. Disputavimus per tres septimanas. Luther non libenter disputavit, coëgi tamen hominem, quod optet (oportet?) dicere: optime contra eos militavi, sicut omnia scripta sunt per Notarios. Praedicavi etiam ibi in ecclesiis contra Lutherum et omnia feci. Legerunt ipsi ex libris et ferme omnia Carlstadius ex libris et schedis; Eckius assumens more suo argumenta de verbo ad verbum quae adversarius aliquando per horam deduxit, omnium ora in se convertit. Calumniantur tamen Wittenbergenses; qui etsi memoriam negare non possint, parvi pendunt tamen. Ich hab in vil Vortails gelassen, ut sacerdotes et cives saepe commonerent, ne facerem. Aliqui boni viri etiam schedas mihi miserunt, ne facerem. Ich gabs aber gern zu, dass man doch sach, quod non timerem eos, qui erant in magna comitiva, instructi et libris et omnes se iuvabant. Recesserunt in magna impatia (impatientia?) sine valedictione. Da blib ich darnach xi tag, hat erst guet leben mit guetn herrn, die mich invitirten vnd ich sie hinwiderumb. Et interea disputavimus per omnes facultates Lipsiensium, nemo autem ex Wittenbergensibus aderat. Princeps tribus diebus interfuit disputationi et uni sermoni. Disputatum fuit ante et post prandium et diebus festis dempto festo Visitationis et Petri. Der Fürst hat mich auss der Herberg gelest der xviii gulden, aber die Wittenberger nit. Der Bischof von Brandenburg donabat mihi xv Kron senatusque civitatis Lipsiensium donabat mihi tunicam, aliis nihil. Bin für Erdfurt herauss haimlich gezogen; da sie nit wolten iudicieren lassen die von Leibsig, liess ich in die wal, dass sy zwo universität namen per germaniam sed non Wittenberg; etsi augusta esset Germania, acciperent ex Italia, Gallia, Hispania vel Anglia, ita omnino nihil mihi timeam et veritati. Lutherani mira fingunt adversus me mendacia, sed veritas triumphat. Princeps et Vniversitas optima dederunt mihi testimonia et facultatis theologicae literas leges in fine epistolae impressae, ex qua Excellentia tua multa intelliget acta disputationis. Vber das mir geschenkcht ist worden, hab ich vber alle arbait vnd miehe schier 40 gulden aussgeben, sed non curo. Nostri adhuc deliberant, an velint aliquid mihi dare in subsidium. Bene iustum esset, ut ipsi has expensas solverent; nemo militat propriis stipendiis. Luther est plenus haeresibus. Vale, raptim. Mitto Dionysium pro te et Mario, si plures vultis, mittentur. Incaepi iam scribere contra perfidum librum Lutheri de Primatu Ecclesiae Romanae, Wie wol vil pieberey zu Rom geschiht. Tuus sum optime vir ad omnia vota. Datum Ingolstadii, 26. Augusti 1519.

Tuus Eckius.

Marius, dessen Eck im vorstehenden Briefe Erwähnung macht, heisst eigentlich **Augustin Maier**. Er war reg. Chorherr von St. Michael zu Weng in Ulm, hörte die Theologie an der Universität in Wien, wo ihm die Aufsicht und die Leitung der daselbst studirenden Kleriker des Klosters Ranshofen übertragen war. Dadurch kam er in nahe und innige Verbindung mit dem ausgezeichneten und gelehrten Propste Kaspar Türndl (3. Juni 1504 — 9. März [illegible]), dem Freunde des Geschichtschreibers Aventin. Marius, der Theologie Doctor, war ein berühmter Prediger und als Domprediger zu Regensburg als eifriger

Bekämpfer der neuen Lehre und erwarb sich dadurch in reichlichem Masse den Hass der Anhänger derselben. In der Folge wurde er zum Bischofe von Sidon geweiht und als Weihbischof nach Freising berufen[1]). Da er im fortwährenden Verkehr stand mit dem Propste Kaspar von Ranshofen, müssen sich viele Briefe von ihm im Archive des Klosters befunden haben, welche leider und zum grossen Nachtheile der Geschichte Baierns bis auf zwei verloren gegangen sind, welche Hieronymus Mayr in seine Chronik aufgenommen hat. Ich lasse sie hier folgen, (aus Regensburg).

Reverendo in Christo patri et domino, domino Casparo Türndl Ranshovensi praeposito dignissimo, patri suo colendissimo et unico etc. Tu mea Christe salus.

S(alutem) P(lurimam). Reverende pater, patrone unice! Cognosco, nihil est modo colendissime mi pater, quod me habeat peius, quam quod nihil hic penes nos est, quo V. P. lassae ex itinere sim solacio aut recreationi... Tot R. P. sunt secreta in corde meo P. V. R. communicanda de negocii mei Frisingani casu et aliis, ut non potuissem me continere, quin dudum Ranshoven divertissem non obstantibus periculis itineris propter Lutheranos, nisi indies sperassem V. P. adventum; nescio, an possim me continere, quin vel semel pericliter et ipse V. P. R. praeveniam. Mirum est; pauci sunt, vix 100 aut 150 personae utriusque sexus, quos noverimus hic infectos, reliqui omnes mihi favent; hi tamen pauci, si possent me demergere aut occidere, facerent. Quum nuper interpretatus sum Evangelium: Absque synagogis facient vos et si occiderint vos, arbitrabuntur obsequium se praestare deo etc. finito sermone postea in coena publicitus quaedam mulier Lutherana dixit, optime me dixisse, quae, si posset mihi toxico vitam adimere hoc adhuc vellet facere vesperi, non enim dubitaret, quin optimum praestaret deo obsequium. Poterit V. P. R. intelligere, quomodo hi homines agant cum Evangelio, quomodo intelligant. At dominus deus, cuius negotium agitur, ipse olim providebit. Mitto V. P. aliquot amicorum literas. V. P. R. mihi parcat, quod tam pluribus verbis eam occupem; ego ex amore vix stilum constringo, quin potius integro agam volumine, quam epistola animi mei fervorem in P. V. aevo mihi aeterno colendam etc. V. P. R. filius.

Augustinus Marius.

Reverende et mihi pater unice dilecte! tabellarius ille V. R. P. hic Frisingae in aedibus meis comparuit, ad quas me nuper contuli. In dominica die tertia adventus domini in Sidonensem episcopum consecratus. In die vero D. Thomae apostoli ad preces venerabilis Capituli cathedralis et iussu Reverendissimi nostri praesulis et principis parochiam hic Frisingae regendam quoque assumpsi, quod ob id factum est, ut iniustum illud Lutheranae haeresis virus ex cordibus Christi fidelium studerem evellere, quod licet invito susceperim animo, amore tamen Christi et sub spe frugis dilatandae rem aggressus sum et quotidie aggredior. Et licet imprimis molestissima a plebe et vulgo vesano perpessus sum, immutantur tamen indies audita et visa mea consuetudine; in sermonibus enim meis oleo dumtaxat utor abstinens adhuc ab aceti sive amarulenti vini acrimonia usque dum ulcus hoc durissimum parumper molliero, tali enim primum cauterio opus fore arbitror. Obstiterunt in hunc usque diem tempestuosa tempora, ut in officio meo nihil lucratus sim. Clamat Romana curia sitibundissima pecuniarum pro novis mittendis etiam plurimis pecuniis, spero tamen deo daturo omnia me brevi omnibus meis creditoribus ad unguem satisfacturum... Commendo his me V. P. tamquam filius patri Frisingae 4. Februarii anno 1524.

Ranshofen war so glücklich, in dem so gefährlichen 16. Jahrhundert nacheinander (von 1504—1587) drei ausgezeichnete Pröpste zu besitzen, welche dem Eindringen des Protestantismus sich zu erwehren wussten. Sehr merkwürdig ist, was von dem zweiten derselben, Augustin Münich, erzählt wird: Ut auctoritate,

[1]) Meichelbeck, Hist. Frising. II, 314.

eruditione ac pietate insignis, ita modestia vitae caeterarumque virtutum dotibus nec non rei familiaris gubernatione haud inferior Casparo ... Er stand dem Kloster 31 Jahre vor (vom 4. April 1529 — 5. Juni 1560). Wohlwollend, freigebig, war er unermüdet in Ausspendung von Almosen; besonders an arme Studenten. In der zu Ranshofen neben dem Gottesacker erbauten Schule unterhielt und **ernährte er 100 junge Leute und noch mehr, bestellte ihnen Lehrer und sorgte wie für Kost, so auch für Kleidung und Bücher.** Dabei unterhielt er Andere auf Akademien, so z. B. einmal gleichzeitig deren **sieben** in Ingolstadt. Ungeachtet dieser Ausgaben machte er dennoch keine Schulden. Nach seiner Resignation lebte er noch 6 Jahre, wie früher, fromm dem Gebete und mit geistlichen Übungen beschäftigt Gottergeben.

Als während seiner Verwaltung in den ersten Jahren der Regierung des milden Herzogs Albrecht das Lutherthum in Baiern stark um sich griff, kamen auch zwei Prädicanten nach Braunau. Einer predigte in der Pfarrkirche zu St. Stephan, der andere in der Spitalkirche. Sie traten anfangs so leise auf, dass der alte Propst Augustin, welcher vom Herzoge aufgefordert wurde, über sie zu berichten, einen für sie günstig lautenden Bericht erstatten zu dürfen glaubte[1]). „Sovil aber die Predicanten zu St. Stephan vnd im Spital berurt, zaigen sie an, dass sie bisher ihres Verhoffens nichts neues oder verfüehrlichs oder der heiligen göttlichen Schrifft vnd vnserm Christlichen glauben zu wider were, gelehret oder gebrediget. Seien auch solcher ihrer lehr vnd bredigens, wo, wem vnd wan es vonethen, guete rechnungschafft zethain vnd zegeben iederzeit erbütig. Gleichwohl hat der Prediger zu St. Stephan ein zeitlang **einen Bart getragen**, das mechte, nachdem es hie zu Landt nit gebrauchig, das die Briester bart zigleu sollen, ihme eines vnbriesterliches wandls ze achten vrsach geben haben. So baldt ihm aber derselb durch die geistlich Obrigkeit, damit er nit ein singularitet damit gebrauche, abgeschafft, hat er in von schuldiger gehorsam wegen ohne langen verzug hinwekch gethan."

Der Herzog scheint sich hiemit vor der Hand beruhigt zu haben, allein am 8. Juli 1556 wurden alle Geistlichen in Braunau mit Einschluss der Prädicanten vor den Herzog nach München citirt. Der Frühmesser hatte die Communion unter beiden Gestalten schon früher, als Herzog Albrecht hiezu Erlaubniss ertheilte, eigenmächtig ausgetheilt. Die Seelsorge verwalteten indessen die Chorherrn von Ranshofen.

Ein Beweis, wie weit es auch in Baiern um diese Zeit schon gekommen war, liegt in dem Umstande, dass auch die Chorherrn von Ranshofen sich die Erlaubniss erbitten mussten, ausserhalb des Klosters sich eines andern anständigen Kleides bedienen zu dürfen, da sie sich im Ordenskleide allerlei Spott und Misshandlung ausgesetzt sehen.

Herzog Albrecht kam sehr bald zur Überzeugung, dass mit Concessionen die Neuerer nicht zu befriedigen seien, sondern dass Nachgiebigkeit das Übel nur ärger mache. Darum widerrief er auch seinerseits sehr bald die Gestattung des Kelches, die er mit so grossem Eifer nebst seinem Schwäher K. Ferdinand am Concilium von Trient und beim Papste Pius IV. betrieben hatte. In Ranshofen gab es zu Ostern 1565 noch Viele, welche die Communion anders nicht als in beiden Gestalten empfangen wollten. Noch zahlreicher waren die Widerspänstigen in Braunau, wo man ohne Rücksicht auf das fürstliche und bischöfliche Verbot ihrem Verlangen statt gab. Als der Herzog hievon Kunde erhalten, verlangte er ein namentliches Verzeichniss der Ungehorsamen. Der Propst Adam von Ranshofen (3. Juni 1560 — 24. September 1587) berichtet 15. Juni 1565 an die Regierung zu Burghausen über die Pfarrgemeinde Ranshofen: So sein die andren, so sub utraque communicirt, auch ob den 150 gewest, welche maistes tails gar nahen vmb die Statt Braunau gewest vnd gesessen, auch hievor daselbs vnd anderer orten communicirt; Sich auch etlich in die 4 Jahr her der Communion, nachdem

---

[1]) Am 20. August 1554.

mein Pfarherr dieselbe kainem sub utraque administrieren wellen noch Ich das ausser der herrn Ordinarien consenss zugeben können noch sollen, enthalten. Sie haben aber alle vermög der empfangenen information vnd derselben gemains auricularitur gebeicht, die H. Absolution vnd den H. calicem mit rörlein, wie es geordnet worden, vnder der H. Mess empfangen" — zu Braunau. — „Aber deren, so ein Zeit her so vast auf die utramque getrungen, hab er vnangesehen seiner vilfaltigen predigen vnd vermanungen noch kainen ad unam gebracht oder bringen können." (Der Pfarrer von Ranshofen?).

Zur Unterhaltung der Hofmusik, welche bekanntlich unter dem kunstliebenden Herzog Albrecht sehr ausgezeichnet war, zahlte Ranshofen jährlich 32 fl., Suben 32 fl., Reichersberg 62 fl., Raitenhaslach 62 fl., Baumburg 52 fl., Seon 60 fl., Herren-Chiemsee 30 fl., Frauen-Chiemsee 42 fl., Altenhohenau 36 fl., Mattighofen 10 fl., Altötting 12 fl., der Propst von Ötting 15 fl., was also zusammen im Rentamte Burghausen 445 fl. betrug.

Zur Hochzeit des Herzogs Wilhelm von Baiern mit Renata von Lotharingen musste Ranshofen Capaunen, Pfauen, Hähne, Hühner und andere Victualien liefern.

Auf die in den Mon. boic. III, 384 enthaltene Aufforderung des Prinzen vom 25. März 1569 um einen jährlichen Beitrag zu Unterhaltung seines Hofstaates, erbot sich Propst Adam von Ranshofen zu einem Zuschuss von 300 fl., 2 Ochsen und 2 Fass Wein. Ungeachtet der Vater Herzog Albrecht ein strenges Verbot ergehen liess (l. c. 386) irgend eine Beisteuer zu leisten, bezahlte dennoch der Propst an den Regierungsnachfolger im grössten Geheimniss durch fünf Jahre jährlich 150 fl.

Herzog Albrecht liess es an mancherlei Versuchen den Zustand der Klöster zu verbessern nicht fehlen. Im Jahre 1569 berief er einen grossen Theil der Prälaten vor sich und ertheilte ihnen den Auftrag zur erfolgreicheren wissenschaftlichen Heranbildung ihrer Kleriker ein Convict zu errichten in München, Ingolstadt oder auch in irgend einem Kloster. Man kam überein, zwei solcher Anstalten zu errichten, eine in Baumburg für die reg. Chorherren und Prämonstratenser, eine zu Benedictbeuern für die Benedictiner und Cistercienser. Ranshofen hatte hiezu jährlich 16 fl. zu entrichten. Doch kam die Sache nicht zur Ausführung. Später wurde ein grosses Convict zu Ingolstadt erbaut und die Prälaten erhielten den Auftrag, ihre jungen Leute dahin zu senden. Die Prälaten gingen ungern darauf ein. Da die Kleriker verschiedener Orden miteinander leben mussten, kamen sie zwar vielfältig wissenschaftlich wohl gebildet, aber den örtlichen Klostergewohnheiten entfremdet zurück. Die Ordensobern hatten bisweilen grosse Noth, sie wieder ins Geleise zu bringen. Hieronymus Mayr machte folgende Bemerkung hiezu: Der Nachtheil des Studiums an der Universität ist zufällig, der Nutzen und Vortheil ist unleugbar, also ist die Errichtung des Seminars in Ingolstadt gut und vortheilhaft."

Zur Erhaltung der Zucht in den Klöstern wollte der Herzog die Ordensgeistlichen auf den Pfarren in die Klöster zurückgezogen wissen; die Seelsorge soll in den Händen der Weltpriester sein. Die gute Absicht scheiterte an dem Widerstande der Prälaten, welche grossen ökonomischen Nachtheil besorgten. Mayr ist anderer Meinung und äussert sich: Sed revera, Praelati hic graviter aestimarunt aliquod temporale monasteriorum detrimentum quam scandalosam hominum religiosorum perversionem, quae nunc frequens est in religiosis extra claustrum vagantibus et quomodocunque vel ubicunque negotiantibus.

Auch auf genaue Wirthschaft in den Klöstern hielt der Herzog, auf dessen Befehl in Ranshofen nach jedem Quartal vor dem Capitel oder wenigstens den Angesehenern desselben Rechnung gelegt wurde.

Wie schon bemerkt, stand es bei Ranshofen bis zum Jahre 1568, d. h. bis zum Ableben des Propstes Adam Gassenhuber durchaus befriedigend, in verhältnissmässig vortrefflich, was schon aus dem Umstande hervorgeht, weil unter seiner Verwaltung Capitularen aus Ranshofen in andere Klöster berufen wurden.

Ein solcher war Laurenz Mayr. Als Diener des Propstes Adam war er nach Ranshofen gekommen. Der Propst, welcher überhaupt gerne arme, talentvolle Jünglinge unterstützte, brachte ihn zu den Studien und schickte ihn auf die Universitäten Wien, Ingolstadt und Dillingen. Er zeichnete sich aus, wurde Chorherr in Ranshofen und 1579 als Stiftsdechant nach Baumburg postulirt und nach einiger Zeit zum Propste gewählt. Gewold fällte 1582 dieses Urtheil über ihn: Spero de praelato illo, cuius similem diu iam non tulit reliqua Bavaria, doctissimorum religiosissimum, religiosissimorum prudentissimum, prudentissimorum optimum. († am 7. September 1587.) Am 13. Jänner 1586 wurde Paul Finzinger nach Suben am Inn postulirt, starb aber schon am 14. Juli d. J. An seine Stelle trat Johannes Ponner, ebenfalls Chorherr von Ranshofen. † am 18. August 1591.

Desto trostloser lauten die Nachrichten über den sittlichen Zustand des Stiftes Suben. Hieronymus Mayr schreibt hierüber: maximum in religiosa disciplina invenerunt defectum vix emendabilem, homines nimirum irreligiosos, incorrigibiles, intractabiles, religioso nomine prorsus indignos, qui omne reformationis necessariae iugum excutiebant, in faciem suis superioribus resistebant, vere rebellabant et gravissima scandala passim edebant, ut ad eorum insolentissimam vivendi licentiam coërcendam etiam saecularium superiorum manus fuerit adhibenda. Nach dem Tode des Propstes Paul erliess das Regiment zu Burghausen nachstehendes Schreiben an den Convent zu Suben:

„Würdig vnd Ersam in Gott, besonder liebe herrn vnd freundt. Nachdem wür vnss selbs noch allerdings wol zu erinnern haben, was grossen truz, muetwilens, freuels, widersessigkeit vnd allerlai anderer vermessener, hochstraflicher handlungen sowol im vnd ausser dess Closters, gross ergerlicher, vngebürlicher leichtfertigkeit jr euch vor der vnd noch in lebzeit Brobst Joan gebraucht also, dass wür dazumal vrsach genueg gehabt heten in euch, sonderlich aber gegen den Aufwiglern vnd Redlfiehrern (des) tumults vnd gleichsamb angerichter Meitterey dermassen ernstlichs exempel zu statuiren, daran sich billich alle Religiosen heten erspieglen sollen, ist doch damals diss alles auss sonderbarer genaden vnd benebens gross empfangener hofnung jr (würdet) von eurem ergerlichen leben durchauss abstehen vnd euch fürohin wie Ordens Personen zuestehet, ganz eingezogen vnd gehorsamblich verhalten, auch sonst in allem der gebür nach auf dem rechten weeg selbs weisen wurdet, vnderlassen worden.

Wür (sic) aber bei der an iezt noch mer vorstehenter gelegenheit alberait kain Brobst verhanden, dergleichen nit zu besorgen vil weniger im werkch zu erwartten, wellen wir euch hiemit ernstlich vermant vnd mit hechstem ernst auferladen haben, dass, biss widerumben ein ordenlicher herr verhanden sein wirdet, jn dem diser Zeit fürgesezten Dechanten Joan Ponner, auch Richter daselbs neben andern durch vnss verornten weltlichen Commissarien sowol in spiritualibus alss temporalibus allen gehorsam laistet, denselben, was sie euch samentlich oder ieder insonderheit auferladen werden, nit widersezet vnd sumariter euch wie eingezognen, zichtigen, gottsforchtigen vnd volgsamen religiosen in alweg obligt vnuerweisslich erzaiget. Dann auf den fahl diss nit geschechen vnd jr mit dem wenigisten in die alten fuesstapfen tretten wurdet, hat Foll Landtrichter gemessnen beuelch euch alssbalden eurem Ordinario oder auf andere Clöster, so weit genueg von danen entlegen, auf einem karren geschwindt zu geschikchen. Wolten wür euch darnach entlich zu richten vnd vor solchem zu hieten habt, nit pergen. Datum den 12. Juli anno 1586."

(Schluss folgt.)

V. „Historischer Atlas."

Statistik des Mittelalters.

5.) Die Besitzungen des Benedictinerklosters Nieder-Altaich in der Passauer Diöcese.

Mitgetheilt von Joseph Chmel.

(Fortsetzung.)

1255, 4. Februar. Ego Hermannus abbas recepi a Meingoto de Freimaring tria talenta denariorum de illa huba in Obernhusen, que datur ad domos pro censu quatuor annorum.

Actum in Snaternmûl in placito domini P. de Weier, feria v in vigilia Agathe anno MCCLV.

Idem autem Meingotus post iiij^{or} annos restituet nobis hubam eandem non deterioratam in edificiis uel cultura. Testes Alhardus Geumann, Chunradus de Freimaring, Heinricus Sturm, Ditmarus de Puchof, Ulricus de Chreuzpah, Heinricus de Matse et alii.

Cod. Ms. Perg. Nr. XIV, Fol. 110, Nr. 576. (Durchstrichen.)

III. De Officio Ötling.

De Oxingen.

De molendino unum modium tritici iiij^{or} (modios) frumenti puri, j (modium) ordei viij (modios) mulchorns.

iiij porcos, quorum quilibet valere debet lx denarios ad fronchost.

v anseres.

x pullos.

Item xxx caseos et cc oua.

Habet molendinum in uno campo duo jugera.

In secundo j.

In tercio j.

Item v tagwerch prati.

Berihtung unum talentum.

De curia ibidem j modium tritici.

iiij^{or} (modios) frumenti.

j (modium) ordei.

iiij^{or} (modios) auene.

Item duos porcos, quorum quilibet debet valere xxx denarios ad fronchost.

Item xxx caseos et c oua et volatilia.

s. iiij anseres et viij pullos.

Ibidem de quadam hereditate xv denarios.

Ibidem de predio Heinrici Uroleich L. den. quos, si in festo Mauritii non dederit vel post infra xv dies dabit dimidium talentum aut hereditas vacat ecclesie, de quo habemus instrumentum.

Otto piscator dat de piscaturis in Öxingen et Reinoldstorf pisces ter in anno qui valent talentum.

De Taimerspach.

De curia viij modios frumenti.

viij (modios) avene.

Pro carnibus sex solidos,

xxx caseos.

iiij anseres.

viij pullos et in festis seruiet sicut melius potest.

De Ditlochsperig.
Juta xx (denarios?).
Chunradus Pernêr x.
Faber x et hec in festo Sancti Mauritii.
De Domo in Landav. lx den.
Item de decimis Palatini (?).
De Baltheringen habemus v hubas, de qualibet huba dantur ij modii tritici, j (modius) frumenti et (modii) iij avene et urna mellis et xiij casei.
Insuper habemus ibidem unum quartale de quo dantur xxx denarii et quartale mellis.
Item habemus ibidem unum holzlehen, de quo dantur ij modii tritici.
Item de quodam iugere datur quartale mellis et de quodam agro in Esilpach iiij^or casei.
Item de duobus agris viij casei.
Item de qualibet huba ij anseres et iiij^or pullos.
Item de orto dimidiam partem humuli.
Insuper de dimidia huba in Ötlingen et integra in Westerndorf et de hubis in Paltheringen dantur in festo Sancti Georii lxxviij denarii qui dicuntur werchpheninge.
Alter census denariorum datur in festo Sancti Mauritii et volatilia.
Casei autem in festo Sancti Georii.
Mel autem et frumentum in festo Sancti Laurentii.
Insuper de uilla Paltheringe dantur xlv den. pro Schaeffrischinge.
Item de qualibet huba dantur Camerario in festo Sancti Georii iiij^or denarii et in festo Mauricii iij denarii, qui dicuntur werchlosunge.
Summa xxij quartalia mellis xij modii tritici.
(Zur Seite: Nota quod de quolibet illorum quartalium dantur Laurentii xxx denar.)
v^e (modii) frumenti.
xv^m (modii) avene.
lxxvij casei.
xij anseres.
xxiiij pulli.
Et nota, quod in quolibet quartali debet sedere colonus.
Item Holzcher L. quorum quilibet valet j denarium in festo Georii.
Sed casei de hubis debent ij tunc valere unum denarium et post festum Sancti Georii quilibet valet unum denarium.
Similis conditio est de caseis xij qui dantur de tribus agris.
(Mit anderer Schrift): „Summa denariorum preter denarios aduocati et preter denarios pro frisching dimidium talentum xxiij denarii.
De Westerndorf de vij quartalibus v modii frumenti et
j (modius) tritici et
iiij^or avene.
ij anseres et
iiij^or pulli.
Insuper officiario in Ötlinge pro agri cultura xl den. et agnum et viij messores.
In Ötling.
De curia dimidias fruges
viij porcos, quilibet valens xxx denarios.
Ad steuram in festo Sancti Mauricii.
xij anseres et xxiiij^or pullos.
vj caseos.
et lx oua.
Abbati iiij^or anseres et viij pullos.
Preposito similiter.
Ad elemosinam ij anseres et iiij^or pullos et iij caseos et xxx [illegible] frischinch valentem vj denarios.

Et ad Steuram unum Frischinch valens xxiiij^or denarios.
Camerario j anserem et ij pullos.
Naute similiter.
In v^a ebdomada ebdomadale seruicium xxiiij^or caseos et dimidium talentum ouorum.
In xi^a viij metretas papaueris unum modium fabe et pise.
Item viij porcos, quorum quilibet valet xxx^a den. et superiores duo porcelli.
Huius curie sunt in primo campo xl^a jugera.
In secundo xxxviij.
In tercio xxviiij.
Item habet unum Haidech quasi ad decem iugera agri prati, L. tagwerch Silue.
Ad Berihtung huius curie pertinent subscripta.
Duo equi.
ij boves.
x modii avene.
j (modius) ordei.
j (modius) pise.
j anser.
ij aucas.
j gallum.
ij gallinas.
xij porcos, cum quibus quatuor seruiet primo, cum aliis viij, ij anno et tercio ministrabit fenum, plaustrum, aratrum et omnia utensilia ad culturam.
De curia hospitalarii dimidium frumentum et porcum valentem xxx^a denarios et volatilia et caseos et oua sicut melius potest.
De curia Ekkolfi talentum.
De uno quartali xl denarios.
De quadam hereditate viij urnas ceruisie, ex hiis Officiali dimidiam (urnam).
De dimidia huba Ruperti dimidiam carradam ceruisie et Officiali urnam et agnum et xv metretas frumenti.
De huba Arnoldi ix modios frumenti.
De P e r i n.
De curia.
viij modios frumenti et
ij (modios) tritici et
viiij (modios) avene.
j (modium) ordei vel pise.
Item x metretas papaueris.
Item iij porcos valentem (sic) quilibet xxx denarios.
vj anseres.
xij pullos et in festis seruiet sicut melius potest.
Ibidem de quodam agro contra N y d e r n P e r i n x caseos.
Item de prato quodam x caseos.
Ibidem de beneficio Eberoldi, quod est dimidia huba j scaffam tritici, duas (scaffas) avene.
Ibidem indiuisis decimis de uno praitten duobus annis j modium frumenti j modium avene videlicet in dem Teuffenwege, tercio vero (anno) nil.
Item Custodi de dimidia huba tantumdem.
Item de quodam beneficio xv denarios.
Item Custodi de dimidia huba unam scaffam tritici, ij (scaffas) avene.
Item de tercio beneficio scilicet dimidia huba custodi j scaffam tritici, ij (scaffas) auene.
Item de quadam hereditate (fehlt).
In V i e h a u s e n.
De curia iiij^or modios frumenti et unum tritici j (modium) ordei et iiij^or (modios) avene.
ij anseres et iiij^or pullos, et unum porcum valentē

De huba Wernheri vj modios tritici, xx metretas pise, ij anseres et v pullos.

De beneficio Haertwici quod est dimidia huba iij modios tritici et x metretas pise et xx denarios pro frischinge, in festo Sancti Georii.

De alio beneficio quod est dimidia huba ibidem Raebel iij modios tritici et x metretas pise et xx denarios pro frischinge.

Item ibidem de dimidia huba tantumdem.

Item ibidem Custodi de dimidia huba tantumdem.

Item de agro quodam xx denarios custodi.

Sciendum, quod cum nos et infirmarius simul haberemus unum quartale in Hergoluingen, soluens cuilibet nostrum tam nobis quam sibi xl denarios et xiij caseos, quorum quilibet debet valere j denarium.

(Zwischen 1289 et 1317). Nos Wernhardus abbas Infirmario refundentes portionem suam in eodem quartali cum redditibus lx denariorum in Tunderf, dedimus idem quartale ad Custodiam nostram sub ea conditione, ut de prouentibus einsdem in Cappella sancte Marie Magdalene lumen in Nocte perpetuo habeatur. Et in refusionem census xxxv denariorum quos solebat custos recipere decima in Maetzing.

In Gnaeuting de quodam agro v caseos.

(?) Item custodi de una huba in festo Sancti Mauritii talentum.

In die Sancti Georii xxx denarios.

Item viij caseos ij anseres iiij^{or} pullos ij metretas (tritici?) et lini duos Schoet, iiij^{or} metretas pise.

Item de dimidia huba dimidiam carradam ceruisie et modium tritici et frumenti unam anserem, ij pullos et iiij^{or} caseos.

De Wintpozzingen.

De una curia dantur custodi v modii siliginis et iiij^{or} modii avene et volatilia.

Ibidem de dimidia huba (fehlt).

In Můsingen de curia et molendino xl denarios hospitalario.

In Petzeleinsperig lxx denarios.

In Smidorf apud calba (?) xx (denarios?).

In Satlarn de una huba lx denarios.

In Chepphingen Gebhart xx denarios.

In Zviglarn xviiij denarios.

Item de prediolo ibidem Albertus Hafnêr iij denarios.

In Půch L. denarios.

(Mit anderer Schrift): Summa caseorum qui pertinent ad abbatem j tal. ij casei (also 242 Käse). ccc (300) oua.

Cod. Ms. Perg. Nr. XIV, Fol. 150, b, 151, 152, 153, Nr. 720.

S. D. (c. 1270). „In Westerndorf de vij quartalibus dantur v modii frumenti et j tritici et iiij avene singulis annis.

Item officiario in Otling xl denarios et agnum et viij messores.

Cod. Ms. Perg. Nr. XIV, Fol. 114, b, Nr. 606. (Durchstrichen.)

S. D. (c. 1270). De Vihausen de curia iiij^{or} modios frumenti j tritici, j ordei et iiij^{or} auene ij anseres et iiij pullos, et unum porcum valentem xxxj denarios.

Cod. Ms. Perg. Nr. XIV, Fol. 114, b, Nr. 608. (?) (Durchstrichen.)

Ŏxing.

1255, 31. August. Anno Millesimo cclv. In vigilia Egidii Philippus de Ŏxing cum in vigilia Bartholomei Curia sua esset exusta subscripta promisit, quod hec anno dabit unum modium tritici, ij (modios) frumenti, ij avene et edificabit domum et stabulum, et seruiet plenum seruicium in futuro. Si post hec placebit ipsum remouere nullam habebit contradictionem, et relinquet edificia [illegible] in curia nec repetet aliquid, pro eisdem. Horum fideiussores Chunradus [illegible] de Freimaering, Haertwicus de Ŏxing. Testes Ditmarus plebanus de [illegible] Guntherus Cellerarius, Rudolfus Officiarius de Yserhof, Heinricus [illegible] hardus et alii. Cod. Ms. Perg. Nr. XIV, Fol. 42, b, Nr. 195. (Durchstrich

1258. M°CCLVIII. Locauimus Chunradum de Mundolfing in curia in Öxing, ita quod non debet remoueri usque post iij annos et dedit ad lantschuldam xiiij^ta solidos et in recessu suo accipiet tercium manipulum. T. Alhardus Geuman, Wernherus de Saehsing, H. officialis de Usterling, Eppo et alii.

Cod. Ms. Perg. Nr. XIV, Fol. 52, Nr. 232. (Durchstrichen.)

(1272?) 1273 (?), 29. October. Nos Hermannus dei gratia Abbas in Altach inferiori notum fieri cupimus universis, quod Chunradus de Mundolfing quoddam predium in Oexing, quod Heinricus dictus Froleich et uxor sua Alheidis et posteritas ipsorum ad censum Quinquaginta denariorum a nostra ecclesia possidebant ab ipsis heredibus pro tali iure impetrauerunt, ita quod ipse Mundolfinger et predicta uxor sua Alhaidis et posteritas ipsorum annis singulis in die sancti Mauritii Quinquaginta denarios nobis soluant. Quod si facere neglexerint, subsequenter infra quindecim dies dabunt ad penam dimidiam libram denariorum, aut ipsi a iure suo cadent et antedictum predium ad ecclesiam libere deuoluetur. Testes Dominus Raffoldus de Planchenpach, Chalhohus de Wintzer, Reichkerus de Schoennanger, Dietmarus de Puchofn, Leutpoldus de Haiming, Wichmannus medicus et alii multi. Actum in Altach. Anno domini M°CC° Septuagesimo iij° ? (früher stand viij, das v ist ausgekratzt) iiij. Kalendas Nouembris.

Cod. Ms. Perg. Nr. XIV, Fol. 86, Nr. 426.

1258. M°CC°LVIII. Locauimus Chunradum de Mundolfing in Curia in Oxing, ita quod non debet remoueri usque post iij annos et dedit ad Lantschuldam xiiij solidos et in recessu suo accipiet tertium manipulum. Testes. Alhardus Geuman, Wernh. de Saehsing, H. Officialis de Usterling, Eppo et alii.

Cod. Ms. Perg. Nr. XIV, Fol. 126, b, Nr. 666.

Otling.

1245, 13. August. H. dei gratia Abbas in Altah dilecto sibi Wolfkango clerico Salutem in domino. Ut ad promerendam gratiam creatoris nostri diuinis obsequiis commodius ualeas implicari, ecclesiam in Otelinig iam vacantem tue discretioni committimus gubernandam. Datum Idibus Augusti anno incarnationis dominice millesimo ccxl quinto.

Cod. Ms. Perg. Nr. XIV, Fol. 31, b, Nr. 135.

S.D. Item in Officio Oetlinge habemus vj talenta et dimidium talentum et x denarios et xvj scaffas tritici et dimidiam.

Item xxj scaffas frumenti et iiij scaffam ordei et xxiiij scaffas auene.

Insuper de uno molendino dimidiam scaffam tritici, dimidiam ordei et iij scaffas frumenti et talentum j denariorum pro carnibus.

Cod. Ms. Perg. Nr. XIV, Fol. 127, b, Nr. 699.

1259. M°CC°LVIIII. (Lehen) Wilhelmus de Cirberch [illegible] de Oetlingeum manu domini Hermanni abbatis decimam et dimidiam hubam et [illegible] dino prope aurbach, quod predium [illegible] Molendinum sibi idem Wilhelmus ante [illegible] perat ea a memorato abbate in feodo sicut predictus [illegible] nitores dictum predium cum decima [illegible] Wichmannus de Turding, Ditmarus de Puchof, [illegible] de Mulhaim.

[illegible]

1255. M°CC°LV. (Lehen) Ego Hermannus [illegible] de feodis ecclesie ea que [illegible]

Feoda in Officio de Oetling.

In Paltbering dimidia huba quam [illegible] de Wincer.

Westerndorf huba quam [illegible]

In Hahperg huba, quam habet dimidiam Rudgerus Hanf. Alteram partem Alhardus Geuman.

In Oetling dimidiam hubam habent pueri Altmanni et Marquardi fratrum, pro qua contendit Wolflinus de Emchofn. Idem pueri habent agros in Aigelswisen.

In superiori Perin. Marquardus habet hubam ad Inwertsaigen.

In Perin inferiori. Wezil de Vilshofn dimidiam hubam. Gotfridus dimidiam hubam, Hartlibus de Winczer hubam quam (?) * s. unten.

In Hergolfing. Chunradus Schefpech j hubam. Ibidem Wernher et Ulricus hubam.

In Gneuting Rapoto de Ezzinpach.

In Ditlehfperg. Albero Waller.

In Ramstorf uxor Chunradi de Heidndorf curiam bonam. Ibidem Bartprehtus de Abeim.

In Raffolstorf.

In Eschelbach.

In Waenestorf? (zur Seite Westerndorf) de dimidia huba dantur iij solidi.

(Mit anderer Schrift): „Albertus de Lerbing (?) habet dimidiam hubam in Pirchah aput Reutelspach et dimidiam hubam in Chimpach que uocatur Heubelhub à Wernhardo de Prampach et fuerunt aliquando feudum Berhtoldi de Wenge ab Ecclesia.

* (Vielleicht zu Unter-Perin?)

Quam occupat Pincerna de Oed.

In Pezleinsperg (zur Seite: Pezeinsperg) Jahnstorfn.

In Hiltreichstorf Johannes Gnautinger de Naternberch habet curiam unam in feodo.

Cod. Ms. Perg. Nr. XIV, Fol. 37, Nr. 164, 165.

IV. Puchofen.

De officio in Puchhouen.

In Luttingen.

De curia dimidias fruges.

Item v porcos quemlibet valentem xxxj denarios. iiij^or anseres, viiij pullos.

In festis seruiet sicut potest.

Item de Pisa, et de papauere.

(„In Eschilbach.

De curia dimidium talentum, in die Sancti Mauricii, vel curia vacat ecclesie, de quo habemus instrumentum.") Ist durchstrichen.

In Aenningen. De curia vj modios frumenti, j (modium) tritici et j (modium) ordei et iiij^or (modios) avene et ij porcos quemlibet valentem xxxj denarios ad fronchost, ij anseres iiij^or pullos et festa seruiet sicut potest.

Item de huba hospit. (hospitalis?) iiij^or modios frumenti, dimidium (modium) tritici, dimidium (modium) ordei, ij (modios) avene et porcum valentem xviij denarios.

Ibidem de curte quadam v denarios.

In Harbach.

De Curia, quam dedit dominus Albertus liber de Halse dimidium frumentum et porcum valentem dimidium talentum.

In Puchoven.

De Curia dimidium frumentum et reliqua omnia sicut de curia in Oetlingen.

Berihtunge pertinent ista duo ad curiam, duo equi, duo boues, porci et semen, fenum.

Item de Taberna dari debent x modii avene et duo porci valentes dimidium talentum.

Huius curie sunt in uno campo xxxv iugera.

In secundo xxxiv^or.

In tercio xxix.

Item vj iugera agri pro pratis. Item vj tagwerch prati.

Chunradus de Gnaeutingen et Hainricus habent dimidiam hubam.

Alrammus quartale.

Rudgerus iij quartalia.

Ulricus filius Alvridi quartale.

Wernhardus textor quartale.

Willhalmus quartale.

Chunradus et Altmannus quartale, quod habent commune abbas et hospitalarius.

Insuper hospitalarius iij quartalia et hubam.

Vlricus Poelan dimidiam hubam.

Rŭdolfus et pistor integram hubam.

Alvridus dimidiam hubam.

Pataviensis dimidiam hubam.

Chunradus filius Alvridi iij quartalia.

Saurpir quartale.

Altman et Albertus dimidiam hubam.

Unum quartale ad Tabernam.

Quaelibet supradictarum hubarum soluit iij modios tritici et vj metretas tritici et xxx urnas ceruisie et ij urnas villico et xxiiij^or Juchart.

Si autem Juchart dimittuntur, tunc quelibet huba soluit iiij^or modios tritici et xl urnas ceruisie.

Illa autem huba, que fuit domini Rinhardi soluit iiij^or modios tritici et xl urnas ceruisie.

Et illud quartale Wernhardi textoris soluit tantum unum modium tritici et xj urnas ceruisie et iuchart.

Et nota, quod in uilla sunt tantummodo iij hube que sunt hereditarie et soluunt tantum de censu, quantum ille que habent liberam institucionem preter Juchart.

De inuentis agris xxx denarios.

Insuper ille hereditates sunt ibidem.

Saurpir. Parlases et sui coheredes habent quartale, quod soluit xxiiij^or metretas tritici et viij urnas ceruisie.

Officialis de Veterlinge dimidium quartale.

Heinricus Meustertalaer et Richart et Ulrich Schatan dimidium quartale.
Alvridus et Rudgerus dimidium quartale. Pataviensis quartale.

Saurpir et Ditricus Naegelein quartale.

Vidua Compoldi et Reichgart dimidium quartale.

Willhalmus et Regina dimidium quartale.

Dietricus filius Schubelarii dimidium quartale.

Ista vj quartalia reddunt triticum et ceruisiam.

Summa v modii tritici et xlviij urne ceruisie.

Hec sunt Reiserbe in Puchouen.

Vidua Compoldi et Chunradus lx denarios.

Chunradus de Gnaeutingen et choeredes sui x denarios.

Chunradus aput fontem x denarios.

Regina x denarios.

Alhait vij denarios et dimidium.

Parlases xxx denarios.

Albertus xxx denarios.

Walchunus v.

Faber de Osternhoue xviij (denarios).

Wintherus x denarios.

Hainricus Meustertaler xxx^a (den.).

Hainricus de Planchenpach et *Altmannus xviij (den.)*

Pataviensis xij denarios.

Pokkinge xxx den.
Almannus x den.
Summa x solidi minus x denariis.
Istos denarios recipit Officialis et ex hoc dabit in festo Sancti Mauricii unum rintfleics (sic) et pisces, tunc et aliis temporibus anni.
De quartali dimidio Trutingensis (?).
De curia quam in recompensationem curie in Laihlingen.
Dominus Hermannus abbas emit ad Heinricum de Asperig et uxorem suam Chunegundam, dantur viij modii frumenti, viij (modii) avene, ij (modii) tritici, ij (modii) ordei.
Item iiij^or anseres et x pulli.
Item ij porcos quemlibet valentem xlv denarios ad fronchost.
De Maenndorf.
De curia dimidias fruges.
Item decime indiuise.
Item iiij^or porcos quorum quilibet ualere debet xxviij denarios ad fronchost.
Item iiij^or metretas papaueris et x metretas fabe vel pise.
Item x anseres et xx pullos.
Huius autem curie sunt due hube.
Insuper ecclesia habet ibi iij hubas.
De dimidia huba Gotschalcus dimidiam carradam ceruisie et vj canistra tritici et iiij^or iuchart in curiam.
Soror sua de quartali medietatem predicti census.
Siboto de quartali tantumdem.
Ortwinus de dimidia huba sicut superius.
Heinricus de Chirchdorf de dimidia huba tantumdem.
Hermannus et Chunradus et eorum choeredes de dimidia huba tantumdem.
Sturniones (?) habent quartale in feodo, cuius partem habet dominus Heinricus in Planchenbach.
Item de curta (sic) x denarios.
Item decimas in supradictis hubis indiuisas.
Item de curia Friderici de Munchdorf ij manipulos decimales (?).
E conuerso plebanus recipit de eadem curia tercium manipulum.
Item recipit de prediis que dicuntur aigen, quorum estimatio est ad duas hubas, decimas indiuisas.
Item Hermannus passer de quibusdam agris decimas.

Cod. Ms. Perg. Nr. XIV, Fol. 154, b, 155, 156, Nr. 731.

S. D. (Lehen) Chunradus Officialis de Puchofn emit apud Wilpertum plebanum de Chuntzen et coheredes suos dimidium quartale in Puchofn.

Cod. Ms. Perg. Nr. XIV, Fol. 94, b, Nr. 518.

S. D. (Lehen) Chunradus Officialis de Puchofen habet tria quartalia in Puchofn quod ei Tirolfus resignauit.
Albertus frater predicti Tyrolfi Wernhardo de Perchaim tria quartalia in Puchofn cum omnibus suis iuribus resignauit.

Cod. Ms. Perg. Nr. XIV, Fol. 95, Nr. 530 et 531.

(Fortsetzung folgt.)

Aus der k. k. Hof- und Staatsdruckerei.

№ 22. NOTIZENBLATT. 1854.

Beilage zum Archiv für Kunde österreichischer Geschichtsquellen.

Herausgegeben von der historischen Commission
der
kaiserlichen Akademie der Wissenschaften in Wien.

I. Literatur.

Militär-Grenze.

„Vollständige Topographie der Karlstädter Militär-Grenze in Kroatien, mit besonderer Rücksicht auf die Beschreibung der Schlösser, Ruinen, Inscriptionen und andern dergleichen Überbleibseln von Antiquitäten nach eigener Anschauung und aus den zuverlässigsten Quellen dargestellt für Reisende und zur Förderung der Vaterlandsliebe. Ein Versuch von Franz Julius Fras, k. k. Schulen-Director der Karlstädter Militär-Grenze und mehrerer gelehrten Gesellschaften Mitglied. Zweite Auflage. Agram 1850. Gedruckt und im Verlage bei Franz Suppan. In Leipzig bei F. A. Herbig. In Wien bei F. Tendler et Comp. 8°. XIX und 426 Seiten, dann 11 Blätter Subscribenten-Verzeichniss. (535.) .

Die Angabe: Zweite Auflage ist leider nur eine Täuschung, nur das Titelblatt ist neu, die Auflage ist die erste, von 1834.

Wohl verdient aber das Werk nicht so viel eine zweite Auflage, als vielmehr eine gänzliche Umarbeitung.

Selbst in dieser sehr mangelhaften Gestalt ist diese Topographie von hohem Interesse für den Statistiker sowohl als für den Geschichtsforscher und Archäologen; sie eröffnet ihm ein weites Feld für künftige Forschungen und Arbeiten; das hier Gelieferte ist nur Andeutung und Fingerzeig.

Dass die früheren Schicksale der Gegenden, welche später zu den so interessanten Militär-Colonien verwendet wurden, nur mit unsäglicher Mühe und umsichtigster Forschung nach und nach zusammengestellt werden können, ist einleuchtend. — Dazu gehören aber Reisen und Untersuchungen an Ort und Stelle.

Der ganze Bezirk ist 160$^3/_4$ Quadratmeilen gross und war im Jahre 1834 an 4 Regimenter vertheilt, und zwar besass das Liccaer Regiment 50$^3/_4$, das Ottochaner 44, das Oguliner 43$^1/_2$, das Szluiner aber nur 22$^1/_2$. Jedes Regiment wurde in 12 Compagnien eingetheilt. Die Gesammt-Bevölkerung betrug 233,900 Seelen.

Mehr als die Hälfte bekannten sich zur griechisch nichtunirten Religion. Es waren 161 griechische nichtunirte, 8 griechische unirte und 112 katholische Geistliche im Bezirke.

10 Pfarrer (katholische) gehörten zum Agramer Bisthume, die übrigen zum Zengger Sprengel.

Die Griechischunirten gehören zur Kreuzer-Diöcese, die Nichtunirten zum Karlstädter Bisthume (Kathedralkirche zu Plaski im Oguliner Regimente).

Zusammen waren 91 katholische, 76 griechische nichtunirte, 8 unirte Pfarreien. Im ganzen Districte nur 1 katholisches (Kapuziner-) Kloster zu Carlobago, 1707 errichtet (zur Besorgung des Missionsgeschäftes), und 1 griechisch nichtunirtes Kalugier- (Mönchs-) Kloster zu Gomirje im Oguliner Regimente. Letzteres entstand 1596 durch Einwanderung dreier Kalogier aus dem Kloster Kerga in türkisch Dalmatien.

S. 117. „Vor alten Zeiten hat man in dieser Grenze mehrere Klöster angetroffen. So bestand ein Paulinerkloster zu Kamensko, Zengg, St. Georgea und im Kapella-Gebirge, St. Nicolaus genannt. Zu Canizа, nahe bei Gospich, war ein Kapuziner-, so wie in Zengg auch ein Franciscaner-Kloster; ein Karthäuser-Kloster soll zu Bründel, und eiu griechisch nichtunirtes Kalugier-Kloster in Modrush gewesen sein."

Derlei Andeutungen gibt es in der II. Abtheilung, welche die Topographie des Bezirkes enthält, gar viele. — Zum Beispiele:

S. 157. Ruinen der alten Veste Zvonigrad (einst „Zvinograd"), und eine Stunde weit weg die Ruinen eines ehemaligen festen Schlosses „Rakovnik". – Römer Münzen und Steine.

S. 166. Der freistehende Berg „Obljajacz" — römische Festung — „Ducaten" von Constantin dem Grossen!

S. 176. „Udbinia" — mächtige Ruinen — „Münzen und andere Antiken" — Mauern aus verschiedenen Zeiten — „Römer oder ein illyrischer König."

S. 181. „Auch die Gegend Sredniogora hat sehr viele Alterthums-Ruinen, aber leider, dass man von keiner was Verlässiges erheben kann." — Eine heilige Stätte „Sveti Grob" (Martyrer), früher auch eine Wallfahrt der Türken (?) — „Münzen und Ringsteine" in der Sammlung des Herrn Omchikus.

S. 185. „Oberhalb Vissuch, auf einem Berge, ist eine weitläufige Schloss-Ruine, welche sehr viele Höhlungen und unterirdische Gewölbe hat, die theils ganz, theils halb verschüttet sind, anzutreffen. Der Name dieses Bergschlosses ist ausgestorben, und gegenwärtig nennt man das Ganze nur obenhin Gradina."

Von dieser Gradina gegenüber, ebenfalls in Vissuch, ist noch ein anderer Berg, Kardashicza genannt. Dieser Berg ist vom Fusse bis auf den Gipfel ganz mit Schutt (Überbleibsel von Gemäuer und Schanzen) bedeckt und grösstentheils kahl. Hier werden viele Lanzen, gebrochene Schwerter, irdene Scherben und sehr feste Ziegeln gefunden.

S. 187. „Der Gipfel des Berges Ivanov-Verh ist ringsum mit einer starken Mauer terrassirt. Ganz an der Spitze sieht man auch Mauern in verschiedenen Richtungen laufen, welche beweisen, dass hier einstens ein Schloss stand. Man findet hier häufig allerhand Eisengeräthschaften, und die Erde ist wie die beste Gartenerde kohlenschwarz."

„Auf dem sehr steilen und ziemlich hohen Berge Sarancsa, dessen Gipfel eine Felsenmasse bildet, befinden sich die Schloss-Ruinen des Grafen Carlovich „Carlovicha-Dvori" genannt. Sehr dicke, mit schön ausgehauenen Steinen, theils umgestürzte und theils stehende Mauern nehmen in verschiedenen Richtungen diesen hier befindlichen Raum ein, der durch die Länge der Zeit verödet, ganz mit Gestrüpp, Buchen und anderen Bäumen verwachsen ist."

S. 189. „Ob dieses Schloss noch von (vor) Carlovich hier stand, oder er solches bauen liess, kann man nicht erheben. Eine 1826 hier gefundene Hellebarte (!) und eine silberne Münze von Kaiser Domitian, wovon Herr Omchikus der Besitzer ist — lassen denken, dass vielleicht hier noch die Römer gehaust haben." – Dazu die Anmerkung: „Domitian war der letzte von dem Slavischen (sic — es wimmelt überhaupt von Druckfehlern — oder Schreibfehlern) Geschlechte, auch der letzte von den Fürsten, die gemeiniglich die Duodecim-Caesares genannt wurden. (96 nach Christi Geburt)."

Im Dorfe Kurjak „auf einem schroffen Felsen sind noch die Mauern vom Schlosse des türkischen Gutsherrn Kurtago, von welchem auch das Dorf Kurjak den Namen erhielt, zu sehen. Eine Viertel-Stunde von der Schloss-Ruine des Kurtago, fast im Thale Tussicza, ist auch eine Kirchen-Ruine, welche sehr alt sein muss."

„Die Kirche scheint nicht gross gewesen zu sein, und war aus Quadersteinen gebaut. Sehr viele von verschiedener Grösse Grabsteine (sic) liegen da herum, einige sind 7 Schuh lang, und über 1 Schuh dick, mehrere sind ganz in die Erde und Rasen verwachsen. Diejenigen, welche noch aus der Erde hervorragen, sind ganz mit Moos bewachsen, und der Forschende muss erst das Moos wegräumen, um die darauf eingehauenen Kreuz-Zeichen zu betrachten. Herr Omchikus hat 9 solche Grabsteine an sich gebracht. Zwei hierven sind sehr schön ausgearbeitet, mit erhabenen Sternen und Kreuze. Der dritte Stein hat ausser den Kreuz-Zeichen noch zwei Schalen, der vierte eine ausgehöhlte Schale mit zwei Hufeisen-Zeichen und einem Kreuze, und die andern fünf haben ebenfalls verschiedene Zeichen.“

S. 190. Oberhalb Rebich, auf dem Berge Cernoverh, gegen Mekiniar hin, ist eine weitläufige Ruine, mit Gräben und Schanzen umgeben; der Name ist ungewiss und heisst bloss „Gradina.“

S. 191. Die berühmte Höhle „Mamulina-Pechina“ und zwar in dem Bergrücken Padalishe, welcher ein Zweig des Plissevicza-Hauptgebirgs ist. — (S. 193) „Der Fussboden der Höhle ist überall mit Menschenknochen besäet, und einige dieser Knochen sind durch den Tropfstein ganz in den Fels eingewachsen. Das beständige Tropfen des Wassers unterbricht hier blos die feierliche Stille, und man glaubt, das Picken der grossen Zeiten-Uhr des Saturnus (!) zu vernehmen. Bei welcher Gelegenheit so viele Menschen hier zu Grunde gingen, ist sehr schwer zu bestimmen. An den Fingerknöcheln findet man noch messingene Ringe, welche durch die beständige Nässe ganz in den Grünspann verwandelt sind. Auch wurde hier ein Stück von einer goldenen Halskette, 3 Zoll lang, 6 Stück silberne Knöpfe (?), 30 Stück Silbermünzen und ein Gartenmesser gefunden.“

S. 195. Mekiniar. „Hier findet man Ruinen mit langen Schanzen von trockener Mauer, und unterhalb Mekiniar im Felde eine Kirchen-Ruine, Cerkvina genannt. Die verzierten und schön gearbeiteten Steine, welche da gefunden werden, deuten, dass es ein schönes Gebäude war. Im Dorfe Sredniagora sind auch Ruinen von einer Kirche, allwo man einen Stein gefunden hat, welcher hier in Mekiniar im Officiers-Quartiere eingemauert ist. Dieser Stein hat eine Inschrift, die hier folgt, in so weit man solche entziffern konnte. Hoc Sepulcr. Fecit Antonius Martinus Dragunich. | Et Nepotibus suis in perpetuum cum voluntate|Ecclesiam et patria quam dotavit XV. Tunes. | Terrae cum heredibus suis MCCCCLXXXVIII. |“

Diese Proben genügen, um zu zeigen, dass diese Gegenden des Interessanten und Bemerkenswerthen nicht wenig darbieten, dass man aber aus diesem übrigens verdienstvollen Werke, in welchem wenigstens aus dem 18. und 19. Jahrhunderte nicht wenige Notizen und Daten vorkommen, für ältere Geschichte und Archäologie nur die nothdürftigsten Andeutungen schöpfen könne. — Ein weites Feld für künftige Forscher.

CA.

3.) „Zur Geschichte der Patriarchen von Aquileja.“

Mitgetheilt von Valentinelli, Bibliothekar der Marciana in Venedig.

(S. Notizenblatt 1854, Nr. 3, 4.)

(Fortsetzung.)

MCCCLVI. 11. Aprilis. In foro Gorici̧e, in statione domus Henrici scribe domini comitis Goricie. Stephanus quondam Benvenuti de Vermegliano vendit pretio centum librarum denarior. nouor. aquil. Thomasio filio Johannis quondam gozurami de goritia, duos mansos sitos in Sweynstech, cum decima eorum, omnibusque juribus eos spectantibus, promittens, sub pęna dupli valoris, se suis

22*

expensis curatorum ut intra mensem emptor feudali jure investiatur. Nuncius tenutę Nicolaus Rolandus; notarius Nicolaus Pacinus de Glemona.

MCCCXVIII. 5. Junii. In capitulo maioris ecclesię civitatis aquilejens. Bernardus decanus et capitulum i. e. Lodeynis Johannes Bernardi, Philippeus, Raynaldus et Lolendinus, Nycolaus de Porto civitatis, Hermannus de Budria, Laurentius et Jacobus pelegrini fratres de civitate, Marcus de Florentia, Fulcherius de Goricia, Nycolaus domini Vizonis de Midea, Dyomides de Ramanzolio, Fulcherius de Çumla, Gyrardus de Vicenza, Johannes Custos, Bernardus de Civitate, Odorlinus de sancta Sala, Guido de Manzano, Warnerius de Pulzinico, Jacobinus de Bononia, Tramorninus et Wolnerius de Civitate, ac Petrus de Orsaria, Canonici conveniunt ad electionem faciendam de futuro pręposito, qui prępositurę jura defendat; solvat decimam papalem et collectas legatorum; pręposituram non mutet nec ei resignet, sine voluntate capituli; recipiat annuatim a Patriarcha et Capitulo aquilejensi ducentos florenos; nulla jurisdictione in Canonicis gaudeat; prępositurę abolitionem per Capitulum a Curia romana impetrandam non impediet. Laudunus de civitate Austrię, notarius actum rogat.

MCCCXCVIII. 11. Novembris. In burgo castri timbari, in stupa Bartholomęi quondam Thomasii de dicto castro. Liscius quondam Leonardi de Ragasea vendit, pretio marcharum denarior. min. mon. aquil. tredecim et librarum denarior. dictę mon. sex, Jacumutio filio Chulesy et Michaeli, quondam Burtuli ambobus de S. Daniele, tres pecias prati, unam in pertinentiis Susani, alterum in loco de supra paludem in S. Daniele, tertiam in S. Daniele, in loco quem dicunt Pratum scusatum, finibus unicuique dictis. Notarius Andreas de Pichiani de Sancto Daniele.

MCCCXXII. 5. Novembris. Actum in Tumetio in domo Johannis Justan. Chuseltus vendit pretio trium marcharum denarior. aquil. et dimidii ejusdem mon. Johanni Justan notario de Tumetio unum mansum situm in eadem villa, cum onere solvendi annuatim in festo Nativitatis Domini et pro luminaria Ecclesię Sancti Georgii de Cordian octo denarios aquil. et nichil aliud plus. Nuncius tenutę Nicholaus dictus Claudus testis vocatus; Notarius Franciscus de Glemona.

MCCCXXXIX. 22. Aprilis. Ante domum heredum quondam Garlochi Becani. Otto quondam Mattię de Goritia, habitans Goritię vendit pretio octo marcharum solidorum, Rocheto quondam Gerardi de Ungerspacho, nunc Goritię habitanti, jure feudi, unum mansum situm in villa S. Andreę, rectum per Gynanum. Nuntius tenutę testis Thomassutius. Nicolaus Pacinus de Glemona notarius ex mandato Mainardi Comitis Goricię et Tyrolis.

MCCCXVIII. 3. Februar. Datum in castro de Gruberch, ante stupam dicti castri. Pitissius quondam Ricardi de Sunidracho per se et procuratorio nomine Wosalchi de dicto loco, resignat in manibus nobilis viri. Worlici de Gruberch unum mansum situm in villa de Rivigno, et decimam super uno manso in dicta villa (quibus consanguinei Pitissius et Wosalchus, jure feudali, fruebantur): mansum et decimam idem Worlichus dat, donationis nomine, Pitussio et Wosalcho, pro nobili viro Phębo de la Turre mediolanensi. Parisinus de Utino notarius et nuncius spiritualis tenutę.

MCCCLXI. 9. Maji. Utini, in burgo superiori, in curia domus S. Raynery. Nicolaus et Zingellus fratres, filii quondam Bernardi de Florentia, habitantes in civitate Austrię, promittunt Christophoro Justo Utini habitanti, quondam Bartoli Zati de Florentia, vice et nomine eorum sororis Zorue, dotem daturos decentarum quinquaginta marcharum solidorum, postquam ipsam nuptialiter primum duxerit et carnalis copula facta inter eos fuerit, conditionibus additis, Nicolosius filius Zani de Utino notarius.

MCCCXC. 10 Octobris. Frater Leonardus de Castro Tumetii, Ordinis Servorum B. M. V. commissarius Papę Bonifacii noni, nec non Cardinalis Francisci Carbonarii, indulget Herasimo quondam Nicolai Antonii Piccoli de eodem castro, ab infamia nativitatis purgari cupienti, ut, ac si legitimo matrimonio natus, ad ecclesiasticas dignitates et sacros ordines promoveri, Ordinem religiosum ingredi, beneficia ecclesiastica consequi possit, potestate data se legitimandi ad omnes actus legitimos pubblicos et civiles, jura et honores, ad officia et dignitates. Datum in Castro Tumetii, in Ecclesia S. Martini. Symon quondam Massicti de Spina spoletanus, notarius.

MCCCLXX. 6. Januarii. Anthonius olim Thomasii de Pignano, habitans in Varmo superiori vendit pretio quatuor marcharum denar. aquil. mon. nobili viro Conrado quondam Lissy de Sancto Daniele, unam decimam unius starii et unius quartę frumenti, computati quatuor quartus per starium, quę decima annuatim solvitur tempore messium colligendarum super campis et pratis infrascriptis. Actum in Varmo super. sub logia dicti loci. Leonardus olim Jacobi Bonissy de Amneciis de Utino, judex et notarius.

MCCCLXX. 20. Januar. Thomadus quondam Pamglussii de villa Varmi vendit pretio duarum marchar. denar. aquil. Conrado quondam Lissy de Sancto Daniele, quandam responsionem census sive perpetualem fictum unius starii frumenti et duarum galinarum annuatim, in festo nativitatis Domini, vel octo diebus post, super quodam sedimine, super quo moratur dictus venditor, sito in villa Varmi. Idem Leonardus qui supra, judex ordinarius et notarius. Actum in Varmo superiori, in camera sepedicti emptoris.

MCCCLXXXV. 30. Julii. Actum in Sancto Daniele, ante domum habitationis infrascriptę domine. Jacobę. Quę relicta atque hęres, ut asserunt, quondam Minici, qui fuit de Bora, olim in S. Daniele residentis, consensu Andreę quondam Morassini de dicto loco, eius mariti, constituit Bartholomęum [illegible] de S. Daniele, suum procuratorem in litibus quas movet aut movere intendit contra personas in villa de Zurida habitantibus, coram Cardinali Philippo de Alençonio Patriarcha aquilejensi, ejus Vicario et officiali, aut castaldione, aut judice delegato vel subdelegato. Anthonius de Nicolay olim Guarnerini de Spinnbergo, notarius et judex ordinarius.

MCCCCXXXIX. Johannes quondam Michaelis de Rodegiano vendit pretio octo marcharum solidorum et librarum sex aquilejensis mon. [illegible] quondam Johannis Valetti unam domum muratam, circumcinctam, non tamen [illegible], coopertam paleis, sitam in Sancto Daniele in Burgo [illegible] quod dicitur S. Nicolai, finibus assignatis. Emptor solvat annuatim de [illegible] perpetuali, fraternitati Ecclesię S. Marię de S. Daniele [illegible] sex et parvulos quatuor. Actum in S. Daniele, in domo Augustini quondam Augustini speciarii de S. Daniele. notarii.

MCCCXCV. 17. Decembris. Johannes de Rabatta [illegible] militis Phębi de la Turre vendit pretio ducentorum ducatorum [illegible] quondam Petri de Oberlaybach, jure feudi, bona sita in villa [illegible]. Actum Goricię, in stuba procuratoris, [illegible] notario [illegible] quondam [illegible] de Goricia.

MCCCXCII. 18. Maij. Venetiis, in ducali palatio. [illegible] obortis inter Pileum Episcopum Tusculan. Cardinalem, [illegible] universitatem Civitatis Austrie, [illegible] aquilejensis diçcesis, cuius custodia Cardinali dicto a [illegible] vendas Antonius Venerius Dux Venetiarum, [illegible] partis amicus, utramque et ad eum [illegible] colloquia Guilielmus comes de Prata et [illegible] curatores Cardinalis. Johannes [illegible] quondam [illegible] Petri notarius, procuratores alterius partis [illegible] nempe: Pileus possideat [illegible] tradat Johanni [illegible] presentes et futuri jurent [illegible] Actum scribit et sigilla [illegible] et ducatus Venetiarum scriba.

MCCCCXXX. 2. [illegible] Cerdo filius naturalis [illegible]

triginta trium marcharum solidorum Danieli filio Francisci de S. Daniele unum casalem cum muris edificatis positum in S. Daniele. Odoricus natus Michaelis de S. Daniele, notarius, ex commissione Lucę Throni pro excelso ducali dominio Venetiar. principis Foriiulie.

MCCCXXXVIII. 1. Septembris. Utini, in patriarchali palatio, Cum Fridericus de Varmo violenter unum mansum situm in villa S, Petri, Phębusino de la Turre arripuerit, Episcopus Concordiensis, tanquam Bertrandi Patr. aquileiens. Vicarius, mandat aut intra terminum occupatum restituat, aut coram eo, die ipso, inter nonam et vesperas appareat Neutro infecto, Vicarius dat nuncium Mathiusum qui Phebusinum in tenutam sui mansi ponat, et desuper Fridericum excutiat expensis solvendis, pro quibus dentur novem armenta valoris novem marchar. denarior. et ultra, quinquaquinta quatuor pecudes, valoris sex marchar., unus porcus valoris medię marchę, quatuor marchę denariorum vero de pecunia massario, et sex urnę vini valoris unius marchę et dimidię, et sex staria frumenti valoris unius marchę et una marcha pro taxatione Vicarii ex consilio adstantium. Actum rogat Pasinus quondam Andreę de Ferraria, notarius.

MCCCXLIII. 27. Januarii. Leonardus olim Nicolai de Utino, Chuculinus ejus frater, Johannes olim Benevenuti, Federicus olim Otorini, Vincencius dictus Canis, Nicolaus et Francischinus ejus fratres filii Gregorii dicti Manchotti, omnes de Utino conveniunt concorditer, quod si Gregorius dictus Manchottus quond. Francischini aliquem seu aliquos ipsorum hęredem vel hęredes, ultimo testamento seu codicillo, quocumque modo instituat, id totum inter se ęquali porcione divident, sub pęna quingentarum marcharum. Odolricus quondam Andreę de Utino, notarius, commissione Bertrandi Patr. aquil. actum rogat Utini in curia Johannis olim Benevenuti de Utino.

MCCCCXXXIII. 18. Junii. Utini, in burgo S. Christophori, super tabula domus olim habitationis magistri Francisci Cerdonis Favatii. Nicolaus de Portugruarii vicecapitaneus terrę Utini, Antonius notarius filius Melchioris notarii de Valvasono et Odoricus quondam Gabrielis de Goldoneriis de Utino, deficiente tertio sotio judice et jurato Cichino dominę Salbidę de Utino, judices inquirunt de questione vertente inter Veronicam viduam relictam Bertrandi de Speglimbergo Utini habitantem et Magistrum Angelum Berchandarium quondam Jacobi de Cavalcantibus de Utino, occasione unius andronę parvulę sitę in burgo Sancti Christophori inter domum Veronicę et curiam Berchandarii, et sedentes pro tribunali declarant quod a) dicta androna alias clausa et murata, sit comunis ambabus partibus, b) aperiatur a parte vię pubblicę ut pluria in andronam magnam ex ea labi possit, c) Angelus de Cavalcantibus nequeat aliquid ędificare penes murum domus Veronicę, nisi intersit pes venetus, d) Angelus idem debeat vias tollere unum suum stalulum porchorum apodiatum muro domus Veronicę, e) dictus Angelus teneatur expensas solvere in libris soldorum quatuor. Actum rogat Antonius a Fabris quondam Filippi de Utino, notarius.

MCCCLXXXII. XVIII. Kal. Decembr. Urbanus VI. Pontifex mandat archidiacono Ecclesię aquileiens. ut Guilelminus de comitibus de Buta, clericus Concordiens. dięcesis, nepos Cardinalis Pilei, probitatis et virtutum meritis commendatus, intuitu supplicationum patrui eius, in Canonicum aquileiensem instituatur, stallo ei in choro et loco in capitulo ipsius Ecclesię assignatis. Pręhendam autem si quę vacat, vel cum vacaverit, ei dandam, contrariis quibuslibet non obstantibus jubet, severius Patriarcha et Capitulo aquileiensi inhibitis, ut de pręhenda eadem, ante acceptationem a Guilelmino vel eius procuratore faciendam, disponant. Datum Romę, apud Sanctum Petrum.

MCCCLXXXIX. 6. Februar. Antonius Venerius Dux Venetiarum gratias agit Johanni Marchioni de Moravia, Patriarchę aquileiensi, quod et ipsius litteris et relatis a Guilielmo de Claratis notario veneto, de illius in se propensione et voluntate certior sit factus. Iis vero circa quę consilio Venerium accessurum idem Patriarcha sperat, respondet a) super factis Abbatis Mosacensis, Ecclesię aquilejens. et patrię Foroiulii, curet cessari a scandalis, et pacifice ac quiete omnia componi, b) desperet se intercessurum penes Pontificem, ut Augustinum priorem novi monasterii Brunę, consiliarium eius ad Episcopatum Concordiensem promoveat, dum in antecessum idem Dux suppliciter Pontifici scripserit pro Giberto Georgio Episcopo Civitatis novę; e) vigilet super bullis falsis fabricandi pecuniam veneti cunei a prędicto Guilielmo repertis. Actum in ducali palatio.

MCCCXLVI. 13. Februar. Domina Adaleyta filia domini Artici de Farla, sana mente, licet langueat corpus, testamento statuit: se sepeliendam apud Ecclesiam et cęmeterium S. Michaelis de Sancto Daniele; huic Ecclesię legatum de suo morgengap et de suis desmontaturis quod et quas accepit a suo marito Fante, pro anima sua, mariti, et Magdalenę quondam Fante uxoris; Diemottę matri suę reddi clares suorum bancorum in quibus sunt sui panni nuptiales et sue belisię; dentur denarii sex aquileiens. cuilibet Sacerdoti annuatim pro missa et vigiliis anniversariis; proprium paludellum Lenardę suę consanguineę dandum; in reliquis mobilibus vel immobilibus Artichum patrem hęredem. Stephanus Rigi de Portu Naonis, in S. Daniele habitans, notarius, actum rogat in castro S. Danielis in domo testantis.

MCCXCII. 8. Junii. Jacomina dicta Maura mulier de villa Glemonę, Federico Fabro marito suo assentiente, assignat, pro remedio animę suę, patris et matris ejus unam libram olei Ecclesię Sancte Marię de castro Glemonę ad illuminaria annua, super uno campo posito in districtu Glemonę. Jacobus dictus Syra de Glemona, notarius, actum rogat Glemonę ante domum olim Martini Nocarii.

MCCCXX. Ulricus de Reifenberg Johanni Judęo curiam et vineam Goricię sitam, in emphyteusim hęreditariam locat (lingua teutonica).

MCCCXCVIII. 16. Septembris (16. Octobris). Actum Utini sub magna loçia comunis. Quęstione oborta inter Nicolaum de Soldoneriis de Utino tanquam procuratorem Hectoris de Strasoldo hęredis Francisci dicti plebani seu patris, et Nicolaum Candidi de Utino tutorem Johannis Guberti filii et hęredis Apolini, tanquam hęredis olim Pauli sui fratris occasione restitutionis medietatis dotis olim Jacomę olim Osalchi de Strasoldo uxoris olim Pauli, Nicolaus de Soldoneriis comparet coram Leonardo capitaneo Utini, qui sententiam dat per compromissum inter duas partes ab arbitris Angelo, Andrea de Monticulis et Corradino; solvat Nicolaus de Soldoneriis petenti quatuor centum quinquaginta libras parvulorum titulo restitutionis dotis. Quo pretio, terminis multoties frustra assignatis, insoluto, bona Nicolai de Soldoneriis subastatione inchantantur in platea comunis, hora debita et loco consueto, ac venduntur Blasio quondam magistri Lazari de Utino centum et viginti uno ducatis boni auri et justi ponderis, et uno denario monetę aquil. Actum in duobus pergamenis simul filo albo assutis rogat Nicolaus filius Francisci Filitini de Utino, notarius et Leonardi capitanei scriba et cancellarius.

MCCCXCIX. 8. Septembris. Actum Goritię in domo Comunis. Nobilis vir Wintherus de Prodolono habitans Goricię per se, ac vice et nomine Tomasii filii sui et eorum hęredum tradit in livellum Jurio quondam Brates de Strana stipulanti et recipienti per se et vice ac nomine Tarpini de Gongoruch et eorum heredibus molinarezam seu sedimen molandini sui de supra Ecclesiam S. Marię super viro de Wartolm, annuo perpetuali jure quadraginta solidorum et unius gallinę quolibet festo S. Bartholomęi, vel octo diebus post solvendo. Nicolaus quond. Tomasii de Goricia notarius actum rogat.

MCCLXIX. IV. Kal. Decembr. Fridericus de Valchenberch iubet ut quę laudamina a domino Bourdelino castellano de laybaco una cum domino Hermanno de landensteyn, domino Herbordo fratribus de Alvesperch et domino Verlocho de Brenberch unanimi consilio facta sunt ea observentur. Testes adsunt frater Dietricus commendator fratrum domus teotonicorum in laybaco, frater Burchardus, frater Henricus clariger, Urbanus dictus Procel tunc judex laybacensis, Wayzmannus Heysenricus, Meynhalmus de zelvis. Actum in domo fratrum pręmissorum in Laybaco.

MCCCXCIX. 22. Aprilis. Actum in burgo Cividati. Simon et Maninus fratres quondam Nicolai Manini notarii de Utino vendunt pretio centum et triginta septem ducatorum boni auri et iusti ponderis, Jacobo eorum fratri duas partes cujusdam domus muratę, solariatę cuppisque tectę cum omnibus suis juribus, et partem quam habent et pro indiviso possident dicti venditores cum dicto emptore, onere addito livelli annui perpetualis in festo nativitatis domini vel octo diebus post prestandi Leonardo quondam Hectoris notarii de Utino, marchę unius solidorum. Actum rogat Thomasinus quondam Nicolai Messe notarius de Utino.

MCCCCI. 21. Novembris. Actum Utini aquileiens. diœces. in castro patriarchali et sala magna ipsius. Mathias comes de Porciis et Muschinus de la Turre pro seipsis et nomine Jacobi de Arpini, omnes Antonii Patriarchę locumtenentes, Venerabiles Pręlati, Nobiles et prudentes Communitatis inferioris, Fenicius Abbas Rosacensis, Fridericus Decanus aquil. diœces. aliique quamplurimi ad sonum campanę congregati, per ipsos locumtenentes coram omnibus sedent, et Consilio vulgatos rumores subiicientes gentes armigeras de Alemannia paratas ad invadendam patriam Foroiulii, decernunt quid agendum ut patria minime damnificetur.

MCCCCI. 7. Octobris. Nobiles Ancellottus quondam Johannis, Antonius et Johannes fratres filii quond. Pinçani, Pinçanus quondam Simonis, Nicholaus et Johannes fratres quondam Fantussii, omnes de Strassoldo inferiori constituunt suos legitimos Sindicos, et Procuratores, et certos nuncios speciales Nobiles Nicholaum quond. Johannis et Bucinum quond. Rizzardi de Strassoldo ut faciant et firment ligam et unionem cum magnificis et potentibus Communitatibus terrę Utini et civitatis Austrię, atque aliis Communitatibus et Castellanis patrię Foriiulii. Joachinus quond. Petri Merlati de Grado, scolasticus aquileiens. et notarius actum rogat in castro Strassoldi inferioris.

MCCCLXI. 2. Januar. Ropertus quond. Wiglelmi de Pribaco vendit Antonio de Rabata Goricię commoranti pretio decem marcharum solidorum quinque sedimina sita in Pribaco et advocaditam duorum mansorum sitorum sub sancta maria de Golez in Vituglach. Mathias quond. Nicolai Pucini notarii, Goricię habitans, notarius, actum rogat Goricię in stacione emptoris.

MCCCCI. 14. Septembris. Actum Glemonę super solio domus Communis ubi solet dictę terrę consilium celebrare. Congregato ad sonum campanę maiori Consilio Glemonę, cui intersunt Nobilis Nicolaus de Attemps capitaneus Glem. Candidus Colleti massarius, Beltrandus de la Villa, aliique plures omnes consiliarii dictę terrę, constituentes duas partes majoris consilii, repręsentantesque totam universitatem Glemonę, deputantur procuratores et nuncii Beltrandus de la villa et Nicolaus de Craniis ut contrahant unitatem, fraternitatem, ligam. vicinitatem cum communitatibus Utini et Civitatis Austrię. Henricus quond. Nicolai Rampelini de Glemona, notarius.

MCCCCI. 22. Septembris. Actum Venzoni in domo Simonis quondam Venuti Bercinegii, in sala ubi consilium dictę terrę convocari et aggregari solet. Congregato, more solito, Consilio, cui intersunt plus quam duę partes Rectorum et Consiliariorum dictę terrę, nec non Andreas Pranitus Vicecapitaneus pro Venceslao de Spegninbergo Capitaneo Venzoni, et Jacobus quondam Nicolai de la stella Camerarius Communitatis Venzoni, constituuntur quatuor viri prudentes, qui fraternitatem, unitatem et vicinitatem perpetuis temporibus duraturam cum Communitatibus Utini et Civitatis Austrię contrahant. Odoricus quondam Martini de Spegninbergo (sic) notarius.

MCCCXL. 23. Julii. In claustro monasterii Sestensis. Nicolaus de la Fratina miles, non dolo, non metu, sed sponte accipit a Tulberto quondam Vermilii de Lamiduna, suo et nomine Nicoleti sui fratris, centum marchas, occasione dotis et hereditatis Katerinę quondam Vermilii nurus suę et uxoris Friderici dicti Copie filii Nicolai. Luchinus Tomascii de Placentia, notarius.

MCCCCI. 9. Octobris. In Stupa papilionis plebis Cadubrii. Congregato ad sonum campanę Consilio cui intersunt Jacomutius notarius quond. Canali de Constantia, habitans Cadubrii, Çulianus notarius filius penci notarii de dicto loco, et alii quamplures, omnes et singuli consiliarii et maxime plures duabus partibus, positum fuit qualiter Vecellus et Caninus notarii de plebe et [illegible], ambasiatores communis Cadubrii mittantur ad civitates Austrię et Utini ut quamdem lignum et [illegible], ad id jam requisiti, pro [illegible] Gabrieli [illegible] filie [illegible]. Nicolaus [illegible] filius Antonii notarii, notarius.

MCCCCLXXXVIII. 27. Augusti. Augustinus Barbadicus Dux Venetiarum Michaeli Navaiero [illegible] patrię Foriulii, de differentia Nobilium de Arcano et Communitatis Sancti Danielis, occasione aliquius [illegible] super flumine Cormone. Dux [illegible] instruit, cum Viearo generali Patriarche aquilejensis conferre debeat [illegible], ut sit in hoc casu, de [illegible] S. Danielis [illegible] equiter. Datum in ducali palatio.

MCCCLXXVII. Actum in aquilejensi Capitulo. die Veneris, tertio mensis Aprilis. Georgius de Turtis [illegible]. [illegible] et Capitulum aquilejense [illegible] et liberant Johannem [illegible] de Goritia aquilejens. dioces., [illegible] et [illegible] de fructibus et redditibus ab eodem Capitulo perceptis, et [illegible] in villa de Versa ad Canonicos et Capitulum aquilejense pertinentibus.

MCCCCL. 30. Septembris. In pleno et general. Capitulo monasterii S. Marie de Sexto. Congregato ad sonitum campanule, more Capituli, [illegible] Federicus Abbas, frater Nicolaus et alii [illegible], representantes totum et integrum Capitulum ejusdem Monasterii ordinaverunt Franciscum [illegible] Nicolaum, actorem, factorem, nuncium, syndicum et procuratorem [illegible] fraternitatem, unitatem et vicinantiam cum communitatibus civitatis Austrie et Utini. Franciscus notarius et scriba Abbatis.

MCCCXLVII. 21. Martii. In castro Sopramonte, [illegible] Nicholaus dictus [illegible] de Sopramonte vendit [illegible] marcharum denar. Simoni quondam Matthie de [illegible] molendinum situm in Sopramonte super [illegible] Comeda, quod molendinum [illegible] Thomasius de [illegible] notarius.

MCCLCII. 14. Aprilis. Benvenuta dicta [illegible] quondam Bernardi de Utino, pro remedio animę Zacharię filię ac suorum [illegible] Ecclesię S. Marię de Utino [illegible] S. Marię de Marcio super uno suo campo [illegible] Groçari. Dominicus de Utino notarius actum [illegible] dictę mulieris.

MCCCXLIV. 13. Octobris. Conradus olim Leonardi de [illegible] vendidit pretio viginti sex marcharum [illegible] Castellato [illegible] retur, sitae in villa de [illegible] de Strassoldo. Nicolaus quondam Conradi notarii de Utino, notarius actum [illegible] Castellato in logia sue domus [illegible].

MCCCCVI. 26. Januarii. Michael Steno Dux Venetiar. [illegible] Padue Marinum Caravellum Potestatem, Zacharum Trivisanum capitaneum et Enricum Contarini, [illegible] Michaeli de Rabattis [illegible] possessionibus, quas habet Padue, [illegible] palatio Venec.

MCCCCVII. 30. Junii. Padue, in contrata [illegible] Johannes de Rabatta quondam Antonii de Rabatta, frater [illegible] de Rabatta, tanquam procurator dicti sui fratris apprehendit tenutam et corporalem possessionem de una domo magna cum [illegible] tribus domorum [illegible] de muro et lignamine, solerata, coperta de coppis cum [illegible] et orto et putheo, sitis in contrata stratę majoris Padue. [illegible] quond. Antonii de [illegible] civis et habitans Padue in burgo [illegible], contrata Katherinę et contrata illorum de Cappelis, notarius.

MCCCCV. 3. Januarii. Questione aborta inter olim bone memorię Franciscum quondam Leonardussi de Prematinis de civitate Austrie, tanquam procuratorem Agathę uxoris suę, nunc vero uxoris Andreę quondam Henrici de Bonadis de civitate Austrię, et Johannem de Rabatta Capitaneum Goritię tanquam heredem seu bonorum possessorem olim Vichiegoy, [illegible] et Coradinę de Goritia, lata fuit 24. Augusti ann. 1397 sententia arbitraria per Mathiam notarium de Goritia, vigore compromissi, qua Johannes tenebatur dare Agathę centum marchas solidorum. Nunc vero Agatha confitetur marchas centum recepisse, pacto addito de ulterius in posterum aliquid a Johanne non petendo.

MCCCCVII. 11. Septembris. Ulmerius de Canussio quond. Nicolai de Canussio de Civitate Austrię, sanus mente et corpore plura statuit testamento, quorum potiora 1. Sepeliatur in collegiata S. Marię Civitatis Austrię, in tumulo in quo ejus pater. 2. Legat duo bona altari S. Zenonis ejusdem Ecclesię, 3. Domum in Civit. Austrię in contrata S. Thomę pro missa perpetua et Cappellano. 4. eidem Eccles. Colleg. unum bonum in villa de Tyopris, unum in Premyatho ut S. Zenonis die debeat Capitulum facere prandium generale Sacerdotibus et Clericis, S. Andreę eleemosynam de tribus stariis frumenti cum uno stario fabarum, et anniversarium testatoris Sacerdoti missam majorem celebranti sex denarios offerens 5. Eccles. S. Francisci Ordinis Fratr. Min. unam marcham pro suo anniversario. 6. Eccles. S. Dominici item. 7. In Eccles. S. Petri ardeat lampas die ac nocte etc. Alexius quond. Jacobi de Atens habitans in Civit. Austrię rogat actum in Sacristia majori Colleg. Eccles. S. Marię Civit. Austrię.

MCCCCLVI. 23. Junii. Actum Justinopoli, in episcopali palatio. Gabriel Episcopus Justinopolitanus instituit suum procuratorem Presbyterum Petrum Yspanum plebanum S. Petri de burgo in Civitate Austrię ad comparendum coram quocumque judice ecclesiast. et secul. et expresse coram Fortunato Episc. sarxenatensi Vicario generali Foriiulii, et respondendum presbytero Naçariobene ficiato Eccles. Cathedr. Justinopolit. de domo una ibi posita in contracta busdagi. Michael de Vanto filius Mani de Justinopoli notarius et Episcopi cancellarius.

MCCCCVIII. 6. Octobris. In villa de Cumpellio, apud domum olim Albertini. Averardus de Soffymbergo quondam Nicolai per se et Nicolaum nepotem suosque hęredes promittit dare Henrico de Cerçan quond. Adalpretti, titulo dotis Katharinę ejus futurę uxoris et sororis Averardi mille libras Veronens. parvorum et tria paria indumentorum coloris pro preparamento, unum par de Scarlatto suffultum et completum de Vayro, Tunicam, Guarnachiam, et Clamidem; aliud par de honorato et competenti panno, completum et suffultum de Wayro; tertium par competens suffultum de Vulpis aut de Lindone Gabriel quond. Bartholotti de Utino notarius.

MCCCCXLVIII. 24. Octobris, die Jovis, in Ecclesia cathedrali Cenetensi, in choro ejusdem Congregatis in unum ad sonum campanę Consiliariis et hominibus universitatis seu regulę Canetę, pręsentes longa serie constituunt Michaelem magistrum Quezellis et Johannem Donatum notarium filium magistri Antonii fabri ac Dominicum Charagutti quond. Bartholamionis de Ceneta, et Adam Peliparium quond. magistri Francisci Peliparii de Ceneta syndicos et procuratores ad comparendum coram Guarnerio de Attinea Vicario Patriarchę aquileiensis, occasione quarundam litterarum citatoriarum, ad instantiam Episcopi Cenetensis et cujuslibet controversię in posterum enaturę. Andreas quondam Bernardi de Pergamo, notarius ac cancellarius Episcopi Cenetensis.

MCCCCIX. 29. Novembris. Actum Utini in pertinentiis mercati, super salire domorum solitę stationis magistri Johannis Cerdonis quondam Bilisii de Sancto Daniele: Anthonius quondam Flecchi de S. Daniele Utini habitans vendit pretio novem marcharum solidorum mon. aquileiens. Chamutio quondam Culossii de S. Daniele unum pratum situm in pertinentiis S. Danielis, in loco dicto prutzurnti. Johannes filius Jacobi de Utino notarius.

MCCCCXII. 24. Octobris. Actum Goricię in domo communis. Johannes de Rabatta Goricię habitans, vendit precio octoginta marchar. solidorum aquil. mon. Ludovico domini Michaelis de Rabatta militis unam domum cum tentorio posteriori antedictę domui pertinenti positam in foro Goriczię, salvo jure livelli Henrici comitis Goricię, Tyrolis, etc. solvendo annuatim perpetualiter in festo S. Georgii denarios novos viginti quatuor. Fridericus Nicolai de Tolmino Goricię habitans, notarius.

MCCCCXXVII. 27. Septembris, die Veneris. Magister Leonardus Pelliparius quond. Nicolusii Massaruti, tanquam juratus comunitatis S. Danielis, consciens et

MCCCCXIV. 7. Maij. Culussinus quondam Millitini de Sancto Daniele locat ad affictum perpetualis livelli Michaeli quondam Patussi de Sancto Daniele domos cum curiis, areis, ortis et Baiareys in villa S. Danielis in Aloto, pretio annuatim solvendo in festo Circumcisionis, marcharum denariorum quatuor et denariorum quadraginta. Insuper conductor solvat annuatim Ecclesię S. Michaelis in S. Daniele denarios octo. Bernardus quondam Rizardi de Brazacho inferiori, notarius.

MCCCCXIV. 21. Martii. Instante Jacobo olim Nicolai notarii Manini de Utino, incantatur in Utino, super platea Comunis, hora et loco debitis, die sabbati, una domus cum curia sibi contigua, murata, sollerata, cuppisque coperta, sita Utini in Caliareziis, spectans hęreditatem vacantem olim Philipussii olim Nicolussii Candidi principalis debitoris, cujus hęreditatis curator extat Jacobus notarius de carnea. Johannes quond. Georgii notarii de quadriuno Utini habitans, notarius, actum rogat ex commissione sibi facta a Lodovico duce de Teck Patriarcha aquileiensi.

MCCCLXI. 11. Martii. Simon quondam Matthię de S. Daniele tradit Bartolomeo dicto Glemono eius nepoti, septuaginta duas marchas denarior. novor. mon. aquil., nomine cujusdam Floridianę, vigore cujusdam scripturę inter ipsos latę. Nicolusius filius Thomasii de Meduna, notarius actum rogat in S. Daniele, in castro, ante domum habit. Floridianę.

MCCCCXI. 29. Junii. Tomasius de Prodolano comparet coram Conrado de Hungnot, Capitaneo Goricię ex parte Meynardi Comitis Goricię et Tyrolis etc. ibique citat Johannem familiarem Henrici de Montutio, ob exforcium ab eo perpatratum super territorio Tomasii. Henricus in id jussus promittit forcam ibi factam removere nec alterius Tomasium, absque sua bona voluntate, molestare. Federicus filius Nicolai de Tulmino, notarius.

MCCCCXV. 22. Februarii, die Veneris. Actum in civitate Austrię, in patriarchali palatio in stupa superiori Consilio parlamenti ad sonum campanę congregato, cui intersunt Lodovicus Patriarcha, Henricus Episcopus concordiensis, Nicolaus de Portugmario decanus et vicarius generalis aquileiens. aliique quamplures consiliarii, Daniel frater et hęres Johannis olim Mathusii et Jacobus Flamiani de Glemona conqueruntur quod pace vigente inter dominum de Valse et Patriarcham aquileiensem, familiares et servitores dicti de Valse vi abrepserint in portu Castri novi ferramenta laborata et non laborata, valoris sexcentorum ducatorum, nec postea aut a consilio parlamenti Utini celebrato, aut privatis supplicationibus indennes facti sint; unde expostulant et licentiam obtinent represaliarum contra procuratores et subditos domini de Valse, ad reficienda propria damna. Jacobus habitans in Civitate Austrię natus Antonii de Tricesimo, notarius.

MCCCCXVIII. 24. Augusti. Marthini Papę quinti anno primo. Fędere pacto in Concilio Constantiensi inter Sigismundum Imperatorem et Venetos, occasione creationis Martini V. Papę, cui Ecclesia quoque aquileiensis accessit, gentes armigerę per Venetos missę sunt ad devastandam patriam Foriiulii. Eapropter Ludovicus patriarcha aquileiens. pro libertate Ecclesię sustentanda et conservanda, statuit ambasiatores ad Venetos mittere, gentes armigeras instruere, victualia coemere, unde nomine mutui recipit ducentas marchas aquilegens. solidor. a Gregorio Archoloneani utinensi, Nicolao Baldana ei fideiiussore dato. Item proponuntur venditioni bona Tristani de Savorgnano rebellis sacri romani Imperii et Ecclesię aquileiens. Datum Utini in patriarchali palatio.

MCCCCXXIV. 10. Decembris, die dominica. Actum in S. Daniele in Ecclesia S. Marię Johannes infrascriptus, notarius, filius Nicolusii medicinę doctoris, de Utino, habet potestatem a Francisco quondam Simonis de S. Daniele, Petro quondam Henrici de Zuceo, Nicolao Artici de S. Daniele, ac Martino Burtuli de S. Daniele, nec non a personis jurispatronatum habentibus, eligendi sacerdotem qui celebret supra altare sito in capella supra descriptę Ecclesię, qui erit Presbyter Leonardus de Pretergiano Plebano in collegiata Ecclesia S. Michaelis de S. Daniele.

voluntate consiliariorum sono campanę congregatorum, statuit dandas marchas solidorum viginti duas et solidos viginti aquileienses, a dacio, Zarnuto portonerio portę inferioris de S. Daniele nomine sui salarii sibi non soluti. Fridericus Romanor. Rex semper Aug. et Rex Sicilię dilecto filio W. de Prampero committit, ut bonis officiis Patriarcham aquileiensem inducat ad antiquę devotionis opera Regi prę-standa, eo modo aquileiens. Ecclesię commodis et beneficiis consulturum.

(Schluss folgt.)

13.) Notizen aus und über Ranshofen am Inn.

Mitgetheilt von Jodok Stülz.

(Schluss.)

Mit dem Tode des Propstes Adam endeten sich auch für das Kloster Ranshofen die Tage des Glückes. Sein, am 9. November 1587 erwählter Nachfolger Stephan Hofer, geboren zu Ranshofen, liess aus Schwäche den Verfall im geistlichen und im zeitlichen Wesen immer mehr überhand nehmen. Während er die Höfe des Klosters um geringe Preise verpachtete, die Einkünfte nachlässig einholte, glich das Kloster einem öffentlichen Wirthshause, wo sich Käufer und Verkäufer und Wucherer umhertrieben; Künstler wurden über Gebühr bezahlt und bewirthet; Allen wurde gegeben und nur gegen die in Ingolstadt studirenden Kleriker war der Propst über Gebühr sparsam. Hätten ihn nicht die gemessenen Aufträge des Herzogs genöthigt, so würde er überhaupt Niemand dahin geschickt haben, denn er war kein Freund der Jesuiten, deren Einfluss er die herzoglichen Befehle zuschrieb. Er bemerkte auf einem solchen: „Ein Jesuitisch Bisslein gratiarum actione condignum.“ Unter diesen Umständen löste sich insbesondere von 1604 an die Zucht immer mehr auf. Die Chorherren liessen sich die Kopfhaare und den Bart wachsen „cum hirsutis barbaris,“ warfen, so oft sie das Kloster verliessen, ihr Ordenskleid weg und unterschieden sich von den Weltlichen nur noch durch ein weisses Band. Sie trugen ganz eigenthümliche Halsbinden, gingen zu Hochzeiten und Tänzen. Die auf den Pfarren lebenden Capitularen machten unbedenklich Schulden auf das Kloster. Für den auf der einträglichsten Pfarre Hantenberg exponirten Johann Pez bezahlte Propst Stephan 1596 die Summe von 400 fl. Im Kloster selbst kamen schwere Excesse zum Vorschein, durch welche der gute Ruf desselben ganz unterging. Selbst auch die pestartige Seuche vom 12. Mai 1607 an bis zum Ende des Jahres[1]), welche vier Geistliche im Kloster und in der Hofmark über 100 Personen wegraffte, war nicht im Stande die ausgearteten Ordensleute zur Besinnung zurückzuführen. Endlich starb der Propst am 29. Juli 1610 mit Hinterlassung seines in jeder Beziehung tief herabgekommenen Klosters.

Seinem Nachfolger Hilarius Steyrer, aus Budweis gebürtig, gelang es nicht, eine bessere Wendung herbeizuführen. Umsonst gaben ihm bei seiner Wahl die fürstlichen Commissäre den Auftrag, Stiftbücher zu machen, Rechnung zu führen, von den Unterthanen zu erheben wozu man befugt, und für ausgeliehene Gelder nicht über 5 pr. zu bezahlen; umsonst hinterliessen sie eine Instruction, nach welcher sich der Propst zu benehmen habe. Die Schulden und der Aufwand stiegen mit jedem Jahre, während die Verwilderung im Kloster stets zunahm. Der Prälat liebte Glanz und gab auf nicht nothwendige Dinge viel Geld aus: auf Gastereien, Kleidung, Kirchenschmuck; hingegen war er karg und geizig in den

---

[1]) Nebst Ranshofen war auch Braunau bis Ende Jänner 1608 abgesperrt.

excessus, ihres reverendo fressen, sauffens, leichtferttigkeit, nechtlichen ausbleibens, in wirtsheusern gebrauchten spilleüth, pfeiffen vnd geigens, tanzen vnd springens vnd weiss nit wass für mehrerer vngebür zu gebürendter straff nemen wollen vnd pflicht halber sollen, diese reissen auss, schreien vnd klagen über mich, gleich alss ein Vbelthäter gegen den Richter vnd vbergeben etlich vnderschidliche gravamina, ich thue wider Regel, statuta, pflicht vnd Ayd." In einer andern Schrift lässt er sich also verlauten: „Dise Evagantes vnd meine angemasste, verhaste delatores vnd calumniatores, alss sie sich leichtferttig, aigensinnig, ganz boshafftig vnd sträfflicher weiss vnderfangen auss dem Closter ins wirthaus geloffen, geiger vnd pfeiffer gehalten vnd seind darinen die ganze nacht vber verharret vnd ich nun solch ihren ärgerlichen Verhaltens willen guete vnd scharffe straff gegen ihnen fürzenemen vrsach über vrsach gehabt, bin ich dannoch so gütig gewest vnd hab sie allein in die Cellen geschafft vnd biss auf weitern bescheidt darinen zuuerbleiben gebotten. Dariber sie auss dem Closter geloffen vnd wider ihren aignen Prelaten lermen geblasen, die selbst schuldige einen anderen calumniose lästerlich vnd vnerfindlich hinderrukchs vnd haimbtüchischer weiss, wie der Judass Verräther seinen herrn angeben vnd verbonnet."

Dass aber auch dem Propste Dinge vorgeworfen werden konnten, die nicht so ganz „unerfindlich" waren, beweiset die Instruction ddo. Passau am 18. März 1619 in Folge des Visitationsbefundes:

Er soll seinen „alten Groll, Neid und Hass" gegen einzelne Conventualen ablegen; soll den Conventualen, welche beim Ordinariate Beschwerde geführt, es nicht entgelten lassen, sie nicht als Verräther ausschreien oder als solche behandeln, weil es zum Besten des Klosters gemeint gewesen; soll sich die geistlichen Angelegenheiten besser als bisher angelegen sein lassen, öfter im Chore erscheinen und darin Ordnung machen; sich in Gottesfurcht eifriger erzeigen, öfter Messe lesen und Capitel halten, darin die clamores und das Einreden abstellen und sich überhaupt eines guten Beispiels befleissen.

Es wird ihm ferner grössere Sorge für die Kranken und Schwachen empfohlen, für die ein eigenes Infirmarium zu errichten sei; ferner sei das abgekommene „regulariter" Essen wieder einzuführen und der Propst habe dafür Sorge zu tragen, dass der Convent gebührend gehalten werde.

Alle „Singularität" in der Kleidung soll abgestellt werden, besonders die jetzt üblichen Halskrägen. Überhaupt muss eine Kleiderkammer mit nothdürftiger Sommer- und Winterkleidung und Leinwand hergestellt werden, welche dem Dechant oder einem Capitular gegen Verrechnung anvertraut wird. Das Siegel soll an einem eigenen Orte im Convent unter drei Schlössern verwahrt werden.

Dem Propste, dem Dechant und Senior wird ein Schlüssel anvertraut. Wichtige Geschäfte darf der Prälat nur allein mit dem Capitel oder wenigstens mit den Senioren abthun.

Verreist er, so muss der Dechant davon benachrichtigt werden, damit er die erforderliche Inspection pflegen und mit dem Schaffner, welcher aus dem Convent zu bestellen ist, nothigenfalls Interims-Anordnungen treffen kann. Der Prälat bestellt einen Beichtvater aus dem Gremium selbst und hat darüber zu wachen, dass die Beichten nicht so lange wie bisher aufgespart werden. Die auf die Pfarren exponirten Pfarrer sind jährlich zwei oder wenigstens ein Mal zu visitiren. Der Propst wird Erkundigungen über ihren Wandel einziehen, ihre Rechnungen aufnehmen und das Ersparte mit sich ins Kloster zurückbringen. Überhaupt sollen dieselben öfters ins Kloster zurückgerufen und wenn es angeht, durch Weltpriester ersetzt werden.

Der alte Gebrauch, dass sie monatlich in die Clausur und unter den weissen Habit einberufen werden, ist zu erneuern.

Der Propst hat seinem Capitel jährlich Rechnung zu legen. Den Conventualen darf er den Recurs an den Bischof nicht untersagen. Diese aber dürfen kein Eigenthum besitzen. Monatlich und überhaupt so oft der Prälat Argwohn hat, wird er die Zellen untersuchen. Die Clausur ist herzustellen; das Trinken und der Besuch des Wirthshauses ist abzuschneiden. Um allen Verdacht gegen die

Person des Propstes zu entfernen, soll er sich künftig von aller Gemeinschaft „der in der Visitation ihme benanten Weibspersohnen" gänzlich enthalten, sie nicht mehr ins Kloster lassen, in ihren Behausungen nicht mehr besuchen und keine „Weibsen" in seine Prälaten-Wohnung oder gar in die Clausur lassen.

Diese allerdings theilweise gewiss nothwendigen und zweckmässigen Anordnungen würden indess den Zustand des Klosters kaum wesentlich gebessert haben, wenn nicht von Innen heraus eine nachhaltige und darum auch eine ordentliche dauerhafte Besserung wäre bewirkt worden. Das wurde bewirkt durch den am 22. März 1620 gewählten Propst Philipp Vetterl, dessen wir schon oben rühmend erwähnt haben. Sein Vater war Steuer-Einnehmer und [illegible] zu Burghausen. Nachdem er die Humaniora in München und Ingolstadt absolvirt hatte, trat er 1610 in einem Alter von 18 Jahren zu Ranshofen in den Orden und wurde nach Zurücklegung des Novitiats wieder nach Ingolstadt gesendet. Allein man rief ihn nach Vollendung der philosophischen Lehrfächer ins Kloster zurück, wo er sich vorzüglich mit asketischer Lectüre beschäftigte. Neben dem Unterrichte der studirenden Knaben besorgte er später die Verwaltung der Pfarre Ranshofen und es wurde ihm auch die Stiftsdecanats-Würde übertragen.

Als Propst übernahm er ein zerfallenes Haus und einen in sittlicher Auflösung weit vorgeschrittenen Convent. Mit dem festen Entschlusse, nicht nur dem weiteren Auflösungs-Processe zu wehren, sondern in beiden Beziehungen einen bessern Zustand herzustellen, ergriff Propst Philipp den Hirtenstab. Zuerst wurde mit Zurückführung eines bessern sittlichen Lebens und Wandels der Versuch gemacht.

Ein Regularpriester ausserhalb des Klosters war nach der Ansicht des Propstes „ein Fisch ausser dem Wasser." Daher wurden die auf den Klosterpfarren exponirten Capitularen im Jahre 1622 zurückberufen und ihre Stellen mit Weltgeistlichen besetzt, da der zeitliche Nachtheil in keinem Vergleich stehe mit den moralischen Übeln eines solchen Verhältnisses. Dann trug er seinen Geistlichen auf, Allem zu entsagen, was den wesentlichen Gelübden entgegen sei, insbesondere also dem Eigenthume; sie wurden verhalten, auf der Stelle alles, was sie besassen, auszuliefern und die Ordensregel zu beobachten. Alle mussten gleiche und zwar weisse Kleidung tragen und Bart und Haupt scheren lassen. Keiner durfte mehr „Herr" genannt werden, auch nicht der Propst, sondern die Geistlichen „Pater" und die Laienbrüder und die nicht Priester waren „Frater." Der Propst legte seinen Capitularen Haus-Statuten vor, führte Exercitien ein, für die Canditaten des Ordensstandes vor der Einkleidung, für die Novizen vor der Profess, für die zu Priestern Geweihten vor der ersten Messe, für alle Professen Einmal im Jahre durch acht Tage. Jeder Tag wurde begonnen mit einer Betrachtung, welche eine halbe Stunde dauerte, er wurde geschlossen mit einer Gewissens-Erforschung durch eine Viertel-Stunde. Die Priester hatten täglich die heilige Messe zu lesen, die Nichtpriester wöchentlich die heilige Communion zu empfangen. Bei Tisch wurde vorgelesen, im Advent wurde täglich gefastet, das Jahr hindurch an jedem Freitag, alle Schmausereien und Trinkgelage wurden gänzlich untersagt, eine strenge Tagesordnung regelte das ganze Leben. Der Propst kehrte sich nicht an das Murren und die Unzufriedenheit Vieler, ja selbst der Austritt der Meisten konnte ihn nicht von seinen Schritten, welche ihm als unerlässlich erschienen, zurückhalten.

Das Amt eines Novizenmeisters nahm der Propst selbst in die Hand, verfuhr aber auch bei der Aufnahme junger Leute sehr vorsichtig. Der erste, welcher nach der eingeführten Reform die Gelübde ablegte, war Georg Stainer aus Ingolstadt. Er erhielt hiebei den Namen Alypius und von da an datirt sich die Namensänderung in Ranshofen.

Der Propst selbst war seinen Conventualen in allen Dingen, welche er von ihnen forderte, Muster und Vorbild. In seinem Wandel war er sehr fromm, demüthig und höchst einfach in seiner äussern Erscheinung; er war geduldig und nachsichtig und wünschte vielmehr geliebt als gefürchtet zu werden. Ausserordentlich wohlthätig gegen Arme, übte Propst Philipp gerne Gastfreundschaft, besonders gegen Ordensgeistliche und insonderheit gegen Kapuziner und Jesuiten. Der Bau des Kapuzinerklosters zu Braunau wurde 1621 zunächst durch ihn befördert. Das Gebäude, zu welchem der Propst im Auftrage des Ordinariats den Grundstein gelegt hatte, wurde 1623 vollendet und am 21. November die erste heilige Messe in der Kirche gelesen.

Den Bau des Klosters begann Propst Philipp im Jahre 1624. Am 1. Mai legte er selbst den Grundstein. Mit dem Jahre 1628 war das Gebäude, welches italienische Maurer aufgeführt haben, vollendet. Die Zeitverhältnisse gestatteten nicht auch eine neue Kirche und einen neuen Kirchenthurm statt des während des Nachtmahls am 22. November 1621 eingestürzten zu bauen.

Papst Urban VIII. bewilligte dem Propste Philipp und seinen Nachfolgern den Gebrauch der Pontificalkleidung. Der passauische Weihbischof Johann Brenner bekleidete ihn mit derselben am 15. August 1628 unter Assistenz mehrerer Prälaten. Die vorangehenden Verhandlungen machten Schwierigkeiten und Kosten und zogen sich durch vier Jahre in die Länge. Ursache davon soll der Neid eines österreichischen Prälaten gewesen sein, welcher allerlei gegen die Person des Propstes und das Kloster vorbrachte: das Kloster sei klein und unansehnlich, der Propst mache mehr den Eindruck eines Landpfarrers. Dagegen vertheidigte der passauische Official und Domherr Jakob Hacker in einem Schreiben nach Rom vom 1. Jänner 1627 sehr nachdrücklich Kloster und Propst: „Das Kloster ist ansehnlich und gut dotirt; es nährt gegenwärtig 24 Chorherren, deren Anzahl aber auf 40 soll gebracht werden. Der Prälat ist ein sehr frommer und gelehrter Mann von gesundem Urtheile, welcher bei seinem Gesuche um die Mitra auf Andringen der Kapuziner nicht seine, sondern nur Gottes Ehre vor Augen hat. — Bei allen diesen Ausgaben liess es der Propst dem Convent nie an dem nothdürftigen Unterhalte fehlen, schickte mehrere Kleriker nach Ingolstadt, ohne dem Kloster irgend eine neue Schuldenlast aufzuladen; wohl aber hinterliess er, als ihn der Tod am 27. October 1634 wegraffte, im Alter von 41 Jahren, ein im Innern musterhaft bestelltes Kloster, beseelt von einem Geiste der Frömmigkeit und der Disciplin, welcher unter tüchtigen Prälaten wenigstens noch das ganze Jahrhundert hindurch nachhielt.

Noch mögen hier einige Notizen Raum finden.

Im Jahre 1620 wurde Braunau durch neue Gräben und Wälle befestigt, wozu die Anwohner durch einige Jahre roboten mussten.

Der Aufruhr der oberösterreichischen Bauern 1626 verursachte zu Ranshofen und in der Umgegend panischen Schrecken; die Conventualen waren sämmtlich zur Flucht bereit; der Propst begab sich, nachdem er Alle mit Reisegeld versehen hatte, nach St. Zeno, kehrte aber bald wieder zurück.

Nach dem Rückzuge des Schwedenkönigs von Nürnberg traf der Churfürst Maximilian mit seiner Gemahlin, welche in Salzburg gewesen, in Braunau wieder zusammen; am St. Augustinstag (28. August) 1633, kamen beide zum Gottesdienste nach Ranshofen, und wohnten auch der Predigt bei, welche Propst Philipp selbst hielt.

Das Kriegsvolk, welches bestimmt war zur Belagerung von Regensburg, stand in der Gegend von Ranshofen. In der Hofmark selbst lagen 200 Mann und 100 Pferde des Capitains Grafen von Wolkenstein durch mehrere Monate. Nebst dem Unterhalte erpresste dieses Volk auch Geld von den Unterthanen und benahm sich überhaupt gleich dem Feinde. Daher verbanden sich die baierischen Bauern mit den Salzburgern und bewaffneten sich, um den Soldaten den Übergang über den Inn zu verwehren und sich ihrer zu erwehren. Da sich die Sache wie Rebellion ausnahm, büssten die Rädelsführer am Galgen.

Als 1634 Herzog Bernhart von Weimar und der schwedische Feldmarschall Gustav Horn in Baiern eindrangen, um Regensburg zu entsetzen, trafen viele Flüchtlinge in Ranshofen ein, wo sie der Propst willig aufnahm und verpflegte.

Am 14. August kamen der Cardinal-Infant von Spanien Ferdinand mit einem glänzenden Gefolge — darunter auch der Herzog Karl von Lothringen — und der Churfürst Maximilian von Passau nach Braunau und jener übernachtete in

Ranshofen. Das Kloster war voll Leute. Am folgenden Tage zog er um 9 Uhr Früh wieder weiter. Der Churfürst blieb in Braunau, bis daselbst eine verheerende Seuche ausbrach, worauf er nach Ranshofen übersiedelte — am 27. October 1634. Die Churfürstin starb daselbst am 4. Jänner des folgenden Jahres.

Herzog Friedrich von Sachsen, Churfürst, verbindet sich, dem Kammermeister des römischen Königs, Hannsen dem Ungnad, 2000 rheinische Gulden für geleistete Dienste zu bezahlen und zwar die Hälfte bei Übergabe des Fräuleins Anna, König Albrechts Tochter, und die andere Hälfte ein Jahr nach ihrem Beilager mit seinem ältesten Sohne Friedrich.

Wir von gots gnaden Fridrich Herczog zue Sachssen, des Heyligen Romischen Riche Erczmarschalk, lantgraff in doringen vnd Marcgraf zu Missen Bekennen vor vns, vnser erben vnd tun kunt offinlich mit dissem vnserm briffe allen, die yn sehen oder horen lesen. Nachdem der Edele vnser Besunder lieber er Hans Vngnade Ritter vnsers allergnedigsten Herren des Romischen Koniges etc. Cammermeister gegen vns, vnsern erben, landen vnd luten ja vil mergliche sachen sich gancz getrewelich vnd furderlich hat erczeigt vnd bewieset vnd solichs hinfurder tun sol vnd mag als wir nicht zcwiveln er tun wirdet. Dorumb vnde von sunderlichen vnnsern gnaden wollen wir yn des vnbelont nicht lassen vnd haben yn verschriben vnd verschreiben yn in krafft diss briffs czwey tusent Rinische gulden, dy wir ym vss vnser Cammer reichen sollen vnd geben wollen, Nemlich Tusent Rinische gulden in den ersten dry tagen, So dy durchluchte frawelin Anna des Allerdurchluchtigsten fursten Konig Albrechts seligen gedechtniss Tochter in vnser Herschafft vnd land, als das beteydingt vnd verberurt ist, eelich byczulegen by dem Hochgebornen fursten Herren Fridrichen Herczogen zue Sachssen etc. vnserem eldisten Son bracht vnd geantwert wirdet.

Die andern Tusent Rinische gulden in dem ersten Jare noch der bylegung verberurt ordenlich zcu rechen folginde ane alles geuerde: Reden vnd globen by vnsern furstlichen wirden geinwertiglich mit dissem briffe, das wir ern Hannsen vngnaden solch zcwey tusent Rinische gulden vnuerczogelich vss vnser Cammer gutlich vnd wolczudancke in der Stad zcu Reginsperge reichen, geben vnd beczalen wollen vff tage vnd zcyte in allermasse, als obin geschriben stet allen behelff, argelist vnd geuerde hindan gesaczt vnd vsgeschlossen.

Zcu rechtem orkund vnd bekentnisse Haben wir yn des vnsern briff mit vnserm anhangenden Insigel lassen geben, der gegeben ist zcu dresden am Montag nach sant Mertins tage — 16 November — noch Christi vnsers herren gebort vierczen hundert vnd dornach Im funffczigsten Jarenn.

Das wohlerhaltene Original, auf Pergament, mit einem Hängsiegel befindet sich auf dem Schlosse Steyreck. Vergl. Fontes rer. Austr. VII, 105.

Folgendes Stück, welches sich im Archive des Schlosses Freistadt erhalten hat, möge als Beitrag zur Kenntniss des sittlichen Zustandes unsers Landes am Ausgange des 16. Jahrhunderts hier eine Stelle finden.

Der Pfarrer von Waidersfelden bittet um den Beistand seines Patrons, des Herren Hanns von Haimb zum Reichenstein, gegen den Pfarrer und Schulmeister zu Weissenbach.

„Edler, Gestrenger, Gnädiger vnnd gepietunder Herr! Euer gnaden vnd Herrligkeitten kan Ich meinen grossen Notturft nach vnangezeigter nitt lassen. Wie das Ich den verschienen 7 Decembris des altten vergangnen 79 Jars im Marcktt Weissenpach gewesen vnnd auf den Abenntt vmb Liecht Zeitt wie Ich hab heim Reittenn wöllen, Ist ein Kramer von Ens mitt einer halben Wein vom Krappten doselbst zu mir auf die gassen heraus gangen. In dem geht furuber der pfarrherr im Weissenpach mit einer fidlerin vnd sagtt seinem sprichwortt nach: Engel, Teufel! Engel, Teufel, Ittem: Was do, was du? etc. Drauf melde ich mich vnd sag: Herr Brueder Pfaf, Ich Wil dir eins bringen etc. Nach disen

22**

Wortten laufft der Pfarrer herzu vnd schreitt: Wer heist mich ein Pfaffen. Es mues einer (Salua Reuerentia) ein Schelm vnd Dieb sein, der mich ein Pfaffen heist. feret zu vnd schlegtt mein Ross vmb die fues, das der Schärglin (sic) abbricht vnnd wie er nitt wil aufhören schlagens, frag ich in, wie er thue. Er soll mir's Ross nitt schlagen. flugs schlegtt der Pfarrherr auf mich. Wie Ich dass ettliche straich auf die Kanndl, ettliche auf die Hanndt empfangen hab. Indem empfähtt der Pfarrherr von einem Anndern, der dem vnbildt nitt lennger hatt mögen zuschauen, ein straich in's angesicht, das er Zur Erden niderfallen thuet. Baldt schreitt man auf mich, Ich soll beim Reitten vnnd wie Ich vber den Platz durch den Marckt hinaus Reitte vnd aussers Marckts bey einem Pauer zum Hainrich genantt (welcher dem Herrn von Proch [Prag] zu Windthag mitt herrschafft verwanndt fast ein virtl meil wegs vom Weissenpach gelegen) mein Ross doselbsten will einstellen, Laufft herzu beim Haus der Schuelmeister im Weissenpach mit dreien Andern, Schreitt: Pfaf gib dich gefangen vnd steig ab vom Ross vnd wen du nichtt wiltt absteigen, so will Ich dir wol herab helffen. Ittem ich wil dir heintt ein Andern stal zeigen. Du bist ein Schelm. Du hast meines bruedern geschelmtt vnd etc. Kaine enttschuldigung vnd guetts wort Auch des Progerischen vntterthans bitten woltte nicht helffen sonnder Ich muest vom Ross absteigen, Einen andern lassen drauf sitzen vnd mitt Inen ins Schuelmeisters haus hinein gehn. In dem Kombtt der Richter mitt Ettlichen burgern. vberanttwortet mich der Schuelmeister dem Gricht. Der Richtter der spert mich in die Ketten vnd des frue Morgens, wie der Schuelmeister gnugsamen nachfrag vnd lauttern bericht einzogen vnd wie das mir vnrecht bschehe, sintemal Ich kein wehr bej mir ghabtt, bin Ich auf Widerstellen der gfangknus bemuessigt worden.

Demnach Gnädiger vnd gepietender Herr, mir vnschuldigem diesesmals vom Schuelmeister vnd seinen mitt Consorten auf freier Landtstrassen bej nächtlicher weil vnd auf einem andern Herrn vnterthanen gruntten ein solches begegnett, mich verhuetet vnd mit ghag schregen einen ofnen gattern verlegtt vnd alss einen vbelthäter dahin gefuret. Ist an euer Gnaden vnd Herrligkeitten mein vnnterthäniges vnd Gehorsames bitten Euer Gnaden die wöllen mir behülfliches sein, das benender Pfarrherr vnd Schuelmeister mir vmb die zuegefuegtte schleg vnd vnleidliche Action vnd Handlung genuegsamen abtrag thuen. Das wil vmb Euer gnaden Ich in aller vntterthänigkeitt gehorsamblichen wider verdienen. Euer Gnaden in gottes gnädigen schutz beuelhende

Weittersfelden, den 6 Januarii
dieses 80ten Jars.

Euer Gnaden
Vnntterthäniger Gehorsamer
Christoph Rösch
Pfarrherr doselbst.

Dem Edlen vnnd Gestrengen Herrn
Hannsen von Haym zum Reichenstain
Röm. Kays. Mt. Rath etc.

Altmannus episcopus Pataviensis templum nostrum ad S. Valentinum in Haselbach (bei Ranshofen) consecravit 1084. Daraus erhellt, dass um diese Zeit Bischof Altmann nicht bloss im Lande u. d. Enns als Bischof walten konnte, sondern auch in den Theilen des Bisthums Passau, in welchen Herzog Welf zu gebieten hatte. Die Afterbischöfe waren nur auf Passau selbst und allenfalls einem kleinen Bezirke auf dem linken Donauufer gegen Böhmen hin.

4.) Urkundliche Beiträge zur Adelsgeschichte.

I. Die Herren von Wallsee, im 14. Jahrhunderte.

Mitgetheilt von Joseph Chmel.

(Fortsetzung.)

121. 1370. 22. November. Ödmerveldea. Lehen-Revers der Katharina, Witwe des Hanns von Chamer und ihrer Tochter Elisabeth für ihren gnädigen Herrn Heinrich von Waltse von Enns, der ihnen als rechtes Lehen verliehen hat „das virtail des Stampfhofs und den gantzen Hof dareihs."

Versiegelt durch ihre Oheime Ulrich den Weydenholtzer und Hanns von Grueb, weil sie selbst nicht eigene Siegel haben.

Freytag vor S. Kathreintag 1370.

Orig. Perg. 2 Siegel (1 fehlt). Haus- und Staatsarchiv.

122. 1371, 23. April. Ich Jan der iung von Mezirziez Hern Jan Sun von Mezirzietz bechenne mit dem prif alln den die in sehent | lesent oder horent lesen also wenn mir oder meiner eleicher wirtin Johanna hern Fridreichs Tochter von Walsee | die sindlef hundert phunt wienner phenning gevallen die man uns zu rechter heimsteur geben schol oder so | vil güter alz in dem andern prif den wir von in haben geschriben stet und daz wer, das ich oder mein egenante | wirtin an chinder und an erben abgiengen mit dem tod des got nicht engew, so schulln dann der egenanten phen | ning acht hundert phunt hin wider gevalln auf Hern Fridreichs von Walsee und auf sein erben und drew | hundert phunt schullen dann gevalln auf Hern Heinreichen Wol(f)gangen und Ulreichen da von Drezendorf | von Walsee und auf ir erben an alle griig und irrung, also daz wir chein recht noch chein ansprach zu | denselben phenning nymmermer haben schullen und dez zu einem waren ürchund und geczewg gib ich in den prif versigelten mit meinem insigel und mit des vorgenanten meines vater insigel hern Jan von Mezirziez | und mit meins vettern insigel des iungen Jan von Mezirziecz und mit der erbern Herren insigel Hern Heinrei | chs Hern Hansen hern Gorigen gepruder von Vetaw die all der sache geczewg sind mit iren insigeln. Der prif ist | geben nach Cristes gepurd drewczen hundert Jare und in dem ein und subenczigesten Jare an Sand Georgen Abent.

Orig. Perg. 6 Siegel vom weissem Wachse. Haus- und Staatsarchiv.

123. 1371, 24. April. Ich Hainreich und ich Wolffganckch gebrůder von Waltse von Drosendorf, und ich Ulreich von Waltse von Drosendorf ir vetter und alle unser Erben wir vergeben offenleich mit dem brief Das | wir unverschaidenleich gelten sullen unserm Swagêr dem Jungen Janen Hern Janen Sun von Meserietsch und seiner housurowⁿ Johanna Hern Fridreichs Tochter von Waltse und irn Erben und ze ge- | trewer hant seinem vater Heren Janen dem Alten von Meserietsch und dem Jungen Janen von Meserietsch seinem vettern, und Heren Poten von Schaslawiez und Hern Hainreichen und Hern Hannsen | gebrůdern von Vetaw für ir rechtew haymstewr ayndlef hundert phunt gueter wienner phening, der wir sew wern sullen von dem sand Micholstag der schierist chůmt uber fůmf iar und sullen | In alle iar iêrleich in den fůmf iaren alle weg ayns raihen auf sand Michelstag zehen und Hundert phunt wienner phenning gen Vetaw antwůrten an allen irn schaden und nicht abzeslahen | und wann wir In geben die phenning in den fůmf iaren acht wochen vor sand Michelstag, so sullen sew uns unsern brief widergeben und sullen des zins ledich sein der zehen und Hundert | phunt phenning desselben iares, der do geuallen solt auf denselben sand Michelstag, losen wir aber nach den acht wochen vor sand Michelstag, so sullen wir In zins und haubtgůt miteinander | geben also mit au(s)genomener rede. Wann wir In geben die ayndlef hundert phunt dieselben phenning sullen wir In nyderlegen gen Hardekke an alles geuêrs, die sol der vorgenant Jan | und sein housurow an legen in dem Lande ze Österreich, nach der Edlen Herren rat Graf Pûrkcharts und Graf Hannsen von Maydbûrch und nach Hern Hainreichs von Zelkkingn und | nach Hern Werenharts und Hern Ulreichs von Meissaw, und nach Hern Hainreichs und Hern Hannsen gebrûdern von Bettaw. Wêr abêr daz man die nicht alle gehaben möcht dartzû | welich man danne gehaben mag der vorgenanten zwen oder drey an allez geuêrd, nach derselben rat sol man es anlegen. Und wêr das, daz die vorgenant vrow Anna abgieng mit | dem tod und nicht chinder noch erben hiet mit dem vorgenanten Janen irm wirt, so sullen der ayndlef hundert phunt acht hundert phunt herwider geuallen an irn vater Hern Fridreichn | von Waltse und an sein erben, und die drewhundert phunt, die sullen an mich vorgenanten Hainreichen von Waltse geuallen und an mein erben, an alle irrung, und an alle widerrede. | Wêr abêr das, daz der vorgenant Jan und sein hausvrow chinder und erben miteinander gewunnen, da sol das vorgenant gût alles angeualln. Und wêr daz wann die fümf iar auschomen | das wir In nicht beraits geltes ze geben hieten dem vorgenanten Janen und seiner housurown und irn chinden und Erben, die sew miteinander hieten, so sullen wir In abtreta| in der pyet ze Drosendorff oder ze Tyrna oder ze Weykchartzslag zehen und Hundert phunt gelts auf gestifften Guetern, und sullen In das antwûrten ze einem rechten Satzz als satzs | recht ist in dem Lande ze Österreich, mit allen den nûtzen und rechten als wir es gehabt haben, und sullen In daz beschirmen vor aller ansprach, und vor aller maenichleich nach dez landes | recht ze Österreich. Dartzû haben wir gepeten den Edln herren Graf Purkcharten von Maydbûrkch und hern Albern von Pûchhaym obristen Druchsaetzen in Österreich, hern Wernharten von | Meissow obersten Marschalich in Österreich und hern Ulreichen von Meissow, daz die mitsambt uns mit gesambter hant unverschaidenleich willichleich purgel worden sint von ainem auf den | andern gegen Janen und seiner Hausurown und irn chinden und erben, die sew miteinander habent. Nu geloben wir vorgenanten Graf Pûrkchart von Maydbûrkch und ich Alber von | Pûchhaym und ich Wernhart und ich Ulreich von Meissow wir alle unverschaidenleich mit gesambter hant, alles daz stêt ze haben und ze uolfûren daz an dem brief geschriben stet. Und | wêr daz dem vorgenanten Janen und seiner housurown Johanna und irn chinden und erben die sew miteinander hieten die zehen und Hundert phunt nicht gegeben wurden als vor | geschriben stet und die ayndlef hundert phunt auch nicht gegeben wûrden wann sie uns danne manent, so sol unser igleicher ainen Erbern rittermaezzigen chnecht selbandern mit zwain | pherten gen Vetaw senden in ein Erber gasthaws wo sew uns hin zaigent und do inneligen und laisten als recht ist in dem lande zu Maerihern und da nicht auschomen, es werde dann | des vorgenant Jan und sein housurow und irew chinde und erben, die sew miteinander habent dez egenanten geltes houptgûts und schadens gantz und gar gewert. Und daz loben wir | In unverschaidenleich mit unsern trewn an alles geuêrd. Und wêr das, daz man daz gelt nicht gaeb in vier wochen nach sand Michelstag man laist oder man laist nicht, so habent sew| vollen gewalt ze nemen die vorgeschriben phenning auf uns alle datz Juden oder datz Christen auf unser aller schaden, und nicht auf den irn. Und auch also mit ausgenomener rede, ist daz wir Si | des vorgenanten irs gelts nicht richten auf die taeg als vorbenant ist, und daz sie uns darumbe monen werdent ze laisten weliher uns denne under In mont und vodert, es sei dan der Jung | vrow Johanna sein hausurow oder ir paider chinde und erben die Si miteinander habent oder die Herren den wir zusambt In ze getrewer hant verhaizzen haben, dem sullen wir laisten als vor | geschriben stet und alle dieweil wir demselben laisten, so sei wir den andern nichtz gepunden. Und darûber so geben wir obgenanten Ich Hainreich von Waltse wir Graf Pûrkchart von Maid | bûrch Ich Alber von Pûchhaim Ich Wernhart und ich Ulreich von Meissaw In den brief zu einem waren urchund der sache versigilten mit unsern angehangen insigilen. Und wannd wir obge | nanten ich Wolffgankch und ich Ulreich von Waltse selber nicht aigner insigiln haben, so verpinden wir uns mit unsern trewn an alles geuêrd under der vorgenanten insigiln alles | daz stêt zehaben und ze laisten daz vor an dem brief geschriben stet. Der geben ist nach Christs gebůrt drewczehenhundert iar darnach in dem ayns und sibentzgistem iar an sand Jôrign | Tag — —

(Zerschnitten.)

Von aussen: „Dem von Meschriecz geben."

Orig. Perg. 5 Siegel (1 von weissem Wachs, 2, 3 und 4 von grünem (?) Wachs, 5 fehlt). Haus- und Staatsarchiv.

124. 1372, 17. December. Wir Albrecht von gotes genaden Bischof ze Pazzaw bechennen offenleich mit dem brief wond unser | lieber Ôheim Heinreich von Waltse von Drosendorf sich von unsern wegen und fůr uns ze porgen | gesetzt und verschriben hat von dez hindergans wegen den wir getan haben hinder dem Erwirdi | gen unsern lieben herren hern Pilgreim Ertzbischof ze Saltzpurch Legat des Stůls ze Rom und | den Edeln ersamen Albern von Půcheim seinen bruder umb die stôzz, chrieg und handlung so die | sind zwischen uns und Litoborio pfarrer zu sand Andre in dem Hekkental alz der hinderganch | brief sagt den wir dem vorgenanten unserm herren von Saltzpurch und demselben seinem brůder | darůber geben haben. Lůben und verhaizzen wir dem vorgenanten unserm Ôheim Heinrichen von | Waltse, daz wir in von derselben porgschaft gäntzleich und trêwleich ledigen und bringen | wellen an allen seinen schaden, wår aber daz er derselben porgschaft icht schaden nůme, die wellen und sůllen wir im gar und gäntzleich widercheren, und die sol er haben zů uns und darzů | auf aller unser und unsers Gotzhaus hab wo wir die haben, oder wo die gelegen ist. Mit urkůnde | dez briefs. Geben ze sand Pôlten an nechsten Freitag nach sand Luceintag nach christi gepůrd | dreuzehenhundert iar, darnach in dem zwai und sibentzigisten iare.

(SECRETUM etc. etc.)

Orig. Perg. 1 Siegel von rothem Wachse, rund. Haus- und Staatsarchiv.

125. 1373, 26. Mai. Ich Hainreich von Waltse von Enns vergich und tůn kůnt alle den di den brif lesen oder hôren lesen, daz ich des geswarn und | mich verpůnden hab mit dem offen brif gegen meinem liben Swager hern Hertneyden von Lyechtenstain von Nycolspůrch dem Jůn | gern, daz ich im meins liben brůder Tochter Affra hern Fridreichs von Waltse seligen geben sol ze einer eleihen wirtinn wenn | daz ist daz si zu den Jaren chůmpt daz er sey billeich genemen mag. Darzu hab ich im verlubt zu ir ze geben ze rechtem Heyrat | gůt zwelif hundert phunt wyenner phenning oder iren wert nach dem landes recht ze Ôsterreich und er ir di widerlegen schol | als widerlegůng und des lanndes recht ist ze Ôsterreich, und sol er auch di selben zwelif hundert phunt nach rat unser baider | freunt anlegen in dem lannde ze Ôsterreich, ob sew erben mit einander gewůnnen, da sol es denne auf erben alz dez landes | recht ist in Ôsterreich. Wêr aber daz sew baide abgiengen und nicht erben mit einander gewůnnen, des Got nicht geb, daz sew | denn ich oder mein erben wizzen ze vinden. Wêr aber daz ich im der gelub abtraêt, daz ich oder ob ich nicht wêr mein eriben im | meins brueder Tochter nicht geben, so sol ich oder mein eriben im veruallen sein Tawsent phunt wienner phenning, der wir in | richten sullen an all sein scheden und sol di haben auf aller meiner hab und sollen im di Herren oder ir gewalt, hinder den | unser hab gelegen ist, phand davon antwurten alz vil daz er Tawsent phunt gericht wirt an alle sein scheden mit unserm | gutleichem willen. Und wenn daz ist daz er bey ir geleit und ir widerlegung tuet nach dem landes recht ze Ôsterreich, so sol ich | in dar nach inner jars frist richten und wern zwelif hundert phunt wyenner phenning. Und ze pezzrer sicherhait setz ich im ze selb | gescholn und gwern mein libe vettern hern Rudolfen und hern Reimprechten gebrůder von Waltse von Enns und ir eriben ze sampt | mir und meinen eriben unverschaidenleichen, welihs stůkch der gelub wir im nicht volfürten alz vor geschriben stet, wenn er uns | denne monet, so sol unser igleiher an alle waygrung dez nechsten tags darnach einen erbern rittermezziges knecht selb | andern mit zwain Phêrften senden gen Wyenn in ein erber gasthaws wa sew in hin zaigen und sullen di da inne legen und | laisten alz inne ligens und laistens recht ist, und wenn sew zway moneyd gelaistent und im der egeschriben stûkch nicht auzrichten | in der zeit und in dem rechtem, alz vor geschriben stet, so sullen sew di Herren oder ir gewalt da hinder unser hab gelegen | ist, unser hab alz vil gewaltig machen daz er an all sein schaden ausgericht werde und soln auch sew laisten fur sich alz lang | uncz er auz gericht werd, und in di Herren oder ir gewalt der hab gewaltig machen. Daz luben wir im ze laisten und alles | stet haben mit unsern triwen an alles geuerd. Und daruber so geben wir obgenanten ich Hainreich, ich Rûdolf und ich Reim|precht von Waltse dem vorgenanten unserm swager hern Hertneyden von Lichtenstain den brif zu einem warn urchund der | sachen versigelten mit unsern insigeln und mit hern Haydenreichs insigel von Meyssaw Obrists Schenkchen und ze den zeiten | Lantmarschalich in Österreich, der der sachen gezewg ist mit seinem Insigel. Der brif ist geben nach Christes gepuerde | Drewtzehen hundert Jar darnach in dem drew und sybenczkistem Jar, an dem heiligen Auffert tag unsers Herren.

Orig. Perg. 4 Siegel (von grünem Wachse). Haus- und Staatsarchiv.

126. 1374. 5. März. Ich Alber von Pûchhaym obrister Druchsaêtz in Oesterreich vergich und tûn kunt allen den die den brief lesent oder hôrent lesen die nu lebent und hernach chûnftig sint, daz ich | meiner lieben Tochter und Snûr Katrein hern Eberharts sêligen Tochter von Waltse von Lintz zu irm wirt Albern meinem sun gelobt han ze geben Newnhundert phunt wienner phenning| ze rechter Margengab nach des Lanndes recht ze Österreich und han ir dafur recht und redleich gesatzt mit aller meiner Erben gûtem willen und gunst mit wolbedachtem mût und nach rat | meiner frewnde zu der zeit do ich es wol getûn mocht und mit willen und gunst des hochgeporn fûrsten meins gnêdigen herren Hertzog Albrechts ze Österreich ze Stair ze Kernden und | ze Krayn Grafen ze Tyrol etc. Newntzig phunt wienner phenning geltes auf meinem Satz ze Ragtz. der mir von meinen gnêdigen Herren den Hertzogen ze Österreich stet, mit allen den | nûtzen ern und rechten alz mein brief sagent die ich von In darumbe han, also mit ausgenomener red, ist das die vorgenant Kathrey mein Snûr den egenanten meinen sun irn wirt | uberlebt, so sol si denne die vorgenanten Newntzig phunt geltes auf dem egenanten Satze mit allen den nûtzen ern und rechten, als mir derselb Satz von den egenanten meinen gnê | digen herren stet, nach meiner brief sag in nutz und in gewer innehaben unverchumert untz an irn tod, alz margengab recht ist und des Lanndes recht ze Oesterreich, und denne nach | irm tod, so sullen denne dieselben Newntzig phunt geltes erben und geuallen auf irew chind die si mit dem vorgenanten meinem sun gewinnet. Wêr abêr des got nicht welle daz der | vorgenant mein sun mit der egenanten seiner housvrown an chind verfûr, und daz In dieselb sein hausvrow uberlebt, oder ob si chind miteinander gewunnen und das die ouch abgiengen | ê denne dieselb vrow Kathrey, dennoch sol si di vorgenanten Newntzig phunt geltes auf dem egenanten Satze mit allen den nûtzen ern und rechten so vorgeschriben stet in nutz und | in gewer innehaben unverchumert untz an irn tod alz margengab recht ist und des Lanndes recht ze Österreich, und denne nach irm tod, so sullen dieselben Newntzig phunt geltes her | wider geuallen auf mich, oder ob ich nicht wêr darnach auf mein nêchst Erben, darauf si denne ze recht erben und geuallen sullen an allen chrieg. Wêr aber das unser Herren die Hertzogen | den vorgenanten Satz losten, so sullen denne desselben gûtes Newnhundert phunt wienner phenning der egenanten vrown Katrein wider angelegt werden, nach unser baider frewnde | rat, alz margengab und lanndes recht ist, in allen den rechten, alz ich ir die auf dem obgenanten Satz gemacht han, als vorgeschriben stet und pin ouch ich obgenanter Alber von | Pûchhaim der alt und alle mein Erben unverschaidenleich der vorgenanten Newntzig phunt geltes auf dem egenanten Satz der offtgenanten vrown Kathrein meiner Snür recht gewern und schern für alle ansprach, als Satzes und morgengab recht ist und des Landes recht ze Österreich. Wer aber das ir desselben gütes an dem offtgenanten Satze icht abgieng mit recht, das sullen wir In alles alles alles ausrichten und widerchern an allen irn schaden, und sol auch si das haben datz uns und auf allem unserm güt das wir haben | in dem Lannde ze Österreich oder wo wir es haben wir sein lebentig oder tod. Und darüber so gib ich ir den brief zu einem warn urchund der sache versigilten mit meinem In | sigil und mit der Erbern Herren insigiln, hern Eberharts von Chappell, hern Chadolts von Ekchartzow des Eltern, und mit meins aydems insigil hern Otten von Zelkingen von Schonn ekke, die der sache gezewgen sint mit ira insigilen. Der brief ist geben ze Wienne nach Christes gepürde Drewtzehenhundert iare darnach in dem vier und sibentzigistem Jare des | nächsten Sunntags vor Mittervasten.

Orig. Perg. 4 Siegel (1, 2 und 4 da, Nr. 3 fehlt). Haus- und Staatsarchiv.

127. 1374, 4. Juli. Ich Rüdolf von Waltse vergich für mich und für alle mein Erben und tun kunt offenleich mit dem brief allen den die in lesent oder hörent lesen die nü lebent und hernach chünftig sint, das mir die Edeln mein lieb Swêger, her Peter, her Ulreich und her Johanns gepruder von Rosenberkch zu meiner housurown frown Agnesen irer swesteren gegeben habent ze Haymstewr nach des Landes | recht ze Österreich Tausent phunt, sechs und fümftzig phunt und sechtzig phenning wienner munzz, die ich berait in genomen und ze meinem und meiner Pruder nutz und nötdürft | angelegt han, und für dieselben phenning han ich der egenanten meiner housurown gesatzt ze rechter widerlegung nach des Lanndes recht ze Österreich mit gütem willen, mit wolbedachtem mut, mit gunst und willen meiner lieben prüder Reymprechts und Fridreichs von Waltse und nach irn und anderr meiner nächsten frewnde rat, zu der zeit do ich es wol getün mocht | unsers rechten aigens achtzehen phunt und drey und zwaintzig phenning wienner münzz geltes, gelegen in dem markcht ze Weizzenpach und ze Schönnaw dapei, und die jerleich stewr ouf denselben gütern für fumftzig phunt wienner phenning geltes, und ouf dryn wisen daselbens achtzehen Schilling geltes und halben Traidtzehent überal in der pharr ze Weizzenpach der geschatzt ist, das er ye in mittern iârn wol tragen mag sechs müt chörns und ist geraittet ye ain mutt für drew phunt phenning, und siben mutt habern alles Freynsteter mazze, geraittet ye ain mutt für viertzehen Schilling phenning geltes, und den chlainen zehent daselbens fur zehen schilling geltes und das gericht, das ich und mein | prüder ouf den vorgenanten gütern haben, für sechs phunt wienner phenning gelts und alles das, das zu den vorgenanten gutern allen gehöret, holtz, wayd, wismad, pew, ze veld | und ze dorffe, es sey gestifft oder ungestifft, versücht oder unversucht, wie so das genant ist, mit allen den nützen, ern und rechten, als ich und die vorgenanten mein pruder, die selben Güter berpracht habent, die allew unser rechtes aigen sind, nur der zehent, der ist lehen, und den han ouch ich ir mit des rechten Lehenherren hant, von dem er lehen ist, aus | gerichtett und bestêttet, als recht ist, also mit ausgenomen worten, ist das ich und die vorgenant mein housurow miteinander chinde gewinnen, darauf sullen nach unser paider tode | die egenanten Güter erben und geuallen. Wêr aber, das ich egenanter Rudolf von Waltse abgieng mit dem tode, ê denn die egenant mein housurow und das wir miteinander | nicht Chinde gewünnen, des Got nicht welle, oder ob wir chinde miteinander gewünnen, und das die ouch abgiengen, ê denn dieselb mein housurow, so sol si denn dieweil si lebt | und darnach die egenanten mein Swêger von Rosenberch und ir Erben die vorgeschribenen gült und güter für die obgenanten phenning, die ich berayt ingenomen han, in nutz | und in gewer innehaben und niezzen, als Satzes und des Lanndes ze Österreich recht ist an allen abslag alslang untz daz mein nêchst Erben dieselben güter von In lösent umb | Tausent phunt und umb sechs und fumfczig phunt und sechtzig phenning wienner münzz. Waêr aber, das die vorgenant mein housurow abgieng mit dem tode ê denn ich | und das wir mitein-

ander nicht Chind gewûnnen dez got nicht welle, oder ob wir Chinde miteinander gewûnnen, und das die ouch abgiengen ê denn ich, dennoch so sol ich die vorgenanten | Tausent phunt sechs und fumftzig phunt und sechtzig phenning ouf den vorgeschribenen gutern in nutz und in gewer innehaben unverchumert untz an meinen tod, alz Haymstewr | recht ist und des Lanndes recht ze Österreich, und denn nach meinem tode, so sullen dieselben phenning hinwider genallen ouf die egenanten mein Swaêger her Petreyn | hern Ulreichen und hern Johannsen von Rosenberch und ouf ir Erben, also das die denne aber die vorgeschribenen gult und gûter dafur innehaben und nyezzen sullen, als satzes | und Lanndes ze Österreich recht ist, an allen abslag, alslang untz daz mein nêchst Erben dieselben Gûlt und Gûter von In lôsent umb die egenanten Tausent phunt sechs und | fûmftzig phunt und sechtzig phenning wienner mûnzz, und durich pezzerr sicherhait setzen wir uns obgenanten ich Rûdolf, ich Reymprecht und ich Fridreich geprûder von Waltse | und alle unser Erben unverschaidenleich, ûber vorgenanten Gûlt und Gûter der offtgenanten frown Agnesen mein Rûdolfs housurown und ouch den egenanten irn Vettern von Rosen|berch und irn Erben, ob es ze schulden chumt, das die vorgenanten phenning hinwider ouf Sew genallent, als vorbeschaiden ist ze rechtem gewern und scherm fur alle ansprach | des aigens als aigens recht ist, des Lehens als Lehens recht ist, und alz Haymstewr und widerlegung recht ist und des Lanndes recht ze Österreich. Wêr aber, das In | an den vorgeschribenen Gûlten und Gutern icht abgieng mit recht, oder ob Si mit recht icht chrieges oder ansprach daran gewûnnen, von wem daz wêr, swas si dez schaden | nement, das sullen wir In alles ausrichten und widerchern an allen irn schaden und sûllen ouch si daz haben ouf uns unverschaidenleich, und ouf allem unserm got, das | wir haben in dem Lannde ze Österreich, oder wo wir es haben, wir sein lebentig oder tod. Und darûber so geben wir In den brief ze einem wârn ûrchund der sache ver|sigilten mit unsern insigeln, und mit unserr lieben vettern Insigeln hern Hainreichs von Waltse von Ens und Wolfgangs von Waltse von Drosendorf und mit unserer Ohaimen | Insigil hern Haidenreichs von Meichssow obrists Schenkchen und zu den zeiten Lantmarschalich in Österreich und hern Eberharts von Chappell des Eltern und mit unsers Swagers | Insigil, hern Hannsen von Liechtenstajn von Nicolspûrch ze den zeiten unsers gnêdigen herren Hertzog Albrechts ze Österreich hofmaister, die alle irew Insigiln zu einer gezeugnûzze | der vorgeschriben hanndlung und sache an den brief gehangen habent. Der geben ist ze Wienn nach christs gepurd drewtzehenhundert iar, darnach in dem vier und sibentzgistem Jare, an sand Ulreichstag.

(Zerschnitten.)

Orig. Perg. 8 Siegel. Haus- und Staatsarchiv.

(Fortsetzung folgt.)

V. „Historischer Atlas."

Statistik des Mittelalters.

5.) Die Besitzungen des Benedictinerklosters Nieder-Altaich in der Passauer Diöcese.

Mitgetheilt von Joseph Chmel.

(Fortsetzung.)

1251, 26. (27.) März. Cum Jeuta relicta Chunradi de Puchof cum Heinrico de Asperg genero eius contenderet pro Curia in Puchof de uoluntate utriusque taliter eadem contentio per arbitros est sopita, uidelicet quod predicta Jeuta deberet habere medietatem eiusdem curie in villa agris et pratis ita etiam quod ipsam curtem edificatam possidere debet, et e conuerso Heinrico predicto assignabitur altera curtis tante amplitudinis sicut ista. Item dictus Heinricus possidere debet alteram medietatem tocius curie et quocunque anno uoluerit redimere potest partem predicte Jeute pro xx talentis Ratisponensis monete ab ipsa uel ab alio quocunque cui ipsa dictos denarios uoluerit assignari, saluo tamen iure coloni. Actum in Smidorf coram Judice prouincie Swikero vij Kalendas Aprilis. Testes. Alhardus Geuman, S. Judex, Reinoldus de Perindorf, Ebo de Hofdorf arbitri. Tyrolfus, Ditricus, et alii. Istud arbitrium confirmatum est cum manu Hermanni abbatis sequenti die, anno domini M°CC°lj°. coram multis testibus.

Cod. Ms. Perg. Nr. XIV, Fol. 115, b, Nr. 617. (Durchstrichen.)

c. 1255 (?). Hee sunt predia ecclesie in Puchof.
Chunradus officiarius et Heinricus dimidiam hubam.
Alrammus quartale.
Rudgerus tria quartalia.
Ulricus filius Alfridi quartale.
Wernhardus text(or) quartale.
Wilhalmus quartale.
Chunradus et Altmannus quartale Abbatis et Hospitalis.
Insuper hospitale tria quartalia et hubam.
Ulricus Pôelan dimidiam hubam.
Rapot patruus dimidiam.
Siboto dimidiam.
Rudolfus et pistor integram.
Alfridus dimidiam hubam.
Pataniensis dimidiam hubam.
Chunradus filius Alfridi tria quartalia.
Saurpir quartale.
Altman et Albertus dimidiam hubam, unum quartale ad tabernam.

Quelibet huba soluit iij modios tritici et vj metretas et xxx urnas ceruisie et ij urnas uillico et xxiiij^or Jeuchart (?).

Si autem Jeuchart dimittuntur, tunc quelibet huba soluit iiij^or modios tritici et xl urnas ceruisie.

Illa autem huba quae fuit domini Reinhardi soluit iiij^or modios tritici et xl urnas ceruisie.

Item illud quartale Wernhardi textoris soluit tantum j modium tritici et xj urnas ceruisie et Jeuchart.

Insuper in uilla sunt tantummodo iij hube, que sunt hereditarie et soluunt tantum de Censu, quantum ille que habent liberam institutionem preter Jeuchart.

Insuper iste hereditates sunt ibidem.

Saurpir et Perlases et sui coheredes quartale quod soluit xxiiij^or metretas tritici et viij urnas ceruisie.
Officialis de Usterling dimidium quartale.
Heinricus Meustertaler et Richart et Ulricus Satan dimid. quart.
Alfridus et Rudgerus dimidium quartale.
Patauiensis quartale.
Saurpir et Dietricus Naegil quartale.
Vidua Gumpoldi et Rihkart dimidium quartale.
Wilhelmus et Regina dimidium quartale.
Dietricus filius Schuhlarii dimidium quartale.
Ista sex quartalia reddunt triticum et ceruisiam.
Summa v modii tritici et ijl (48) urne ceruisie.
Hec sunt Raiserbe in Puchof.
Vidua Gumpoldi et Chunradus lx denarios.
Chunradus Officialis et coheredes sui x denarios.
Chunradus apud fontem x.
Regina x.
Alheit vij et dimidium.
Parlases xxx.
Albertus xxx.
Walchunus v.
Faber de Osterhouen xviij denarios.
Wintherus x denarios.
Heinricus Meustertaler xxx.
Heinricus de Planchenpach et Altmannus xviij.
Patauiensis xij.
De Poching xxx.
Altmannus x.
Summa x solidi minus decem denariis.
(Istos denarios recipit officialis et ex hoc dabit in festo Mauritii j rintfleisch et pisces tunc et aliis temporibus anni [später] mutatum est) (das Eingeklammerte ausgestrichen).

Cod. Ms. Perg. Nr. XIV, Fol. 45, b, 46, Nr. 205.

1264, 18. Jänner. Nos Hermannus dei gratia abbas in Altah per presentia profitemur quod Ulricus de Hofdorf obligauit cum manu nostra Reibee uxori sue dimidiam hubam in Puchofn, que ex parte suum feodum ex parte censualis est ad dimidium modium frumenti nostre Ecclesie persoluendum, pro vj libris denariorum Ratisponensis monete. Testes Tyrolfus de Purchatal, Heinricus de Oetling, Chunradus officialis de Swartza, Otto de Heuberchofn et Chunradus filius suus et alii. Actum in die sancte Prisce virginis, anno domini M°CClxiiij^to.

Cod. Ms. Perg. Nr. XIV, Fol. 67, b, Nr. 332. (Durchstrichen.)

1268, 3. Juni. Nos Hermannus dei gratia abbas Ecclesiae sancti Mauritii in Altah omnibus presentia inspecturis cupimus esse notum, quod Chunradus Officialis de Puchofn emit ad dominum Wilpertum plebanum de Chuntzen et coheredes suos dimidium quartale in Puchofn, quod sibi confirmauimus manu nostra. unde quia nullus fratrum suorum iusticiam habet aliquam in eodem, post mortem suam ad heredes suos solummodo pertinebit.

Item emit aliud ius hereditatis videlicet curtem unam cum quibusdam agris ad Alhaidam dictam Chrûchinnam, quod ad heredes suos similiter et non ad alios deuoluetur. Item acquisiuit a nobis quosdam inuentos agros, quasi ad tria iugera qui tantum ad ipsum et ad suos heredes similiter pertinebunt, quoniam ipsos iure hereditario singulis annis pro censu triginta denariorum noscitur a nostris manibus recepisse. Datum in Altah in Dominica Trinitatis anno domini MCCLXVIII.

Cod. Ms. Perg. Nr. XIV, Fol. [illegible], Nr. [illegible]

1272. M°CC°. Septuagesimo Secundo. Tirolfus de Purchstal obligauit Chunrado de Puchof et Wernhardo de Perchaim Genero suo iij Quartalia in Puchof pro duodecim talentis ut possit ea redimere a festo Purificationis proxime nunc venturo per tres annos.

Item Albertus frater ipsius Tirolfi obligauit predictis alia tria quartalia in Puchof simili condicione.

Testes. Chunradus de Nuzperch, Heinricus et Albardus Gaeumanni, Ulricus de Otmaring, Dietmarus de Puchof, Rudgerus de Werd, Eberhardus de Mulheim, Heinricus et Rudolfus de Tekkendorf, Wernhardus de Schambach et alii multi.

Actum in Altach.

Cod. Ms. Perg Nr. XIV, Fol. 84, Nr. 423. (Durchstrichen.)

S. D. Item in Officio Puchofen habemus xj solidos minus x den. et pro carnibus j talentum.

Item v scaffas tritici et Centum scaffas frumenti minus iij scaffis. (97.)

Item vj ($5\frac{1}{2}$) scaf. ordei et l (50) scaf. avene minus una (49).

Item ibidem de Curia villicaria (?).

Cod. Ms. Perg. Nr. XIV, Fol. 137, b, Nr. 680.

1273, 27. November. Anno domini Millesimo CCLXX tercio. v Kalendas Decembris resignauit nobis Tyrolfus miles noster tria quartalia in Puchofen, cum attinentiis suis, cum pratis pascuis iuribus quesitis et inquirendis, que Chunradus officialis noster tunc ratione pignoris quod uulgo Satzung dicitur detinebat. Petens ut sublatis omnibus pactis conditionibus predicto officiali nostro eadem tria quartalia conferre libere deberemus, quod etiam audito quod nulli ius competebat, in eisdem fecimus in instanti coram testibus subnotatis. Magister Fridericus plebanus in Lantshut, Wernhardus in Percheim, Heinricus de Sehsing, Chunradus de Gnauting, Ortwinus de Hergolfing, Ulricus officialis de Oberahausen, Rapato (?) Perhtoldus dictus Rosel, Heinricus Pachauser seruientes nostri.

Cod. Ms. Perg. Nr. XIV, Fol. 87, b, Nr. 438.

1273, 29. September. Eodem etiam anno in die sancti Michahelis resignauit Albertus frater predicti Tyrolfi de Purchstal coram nobis tria quartalia in Puchofen petens instanter ut ea Wernhardo de Perchaim conferre cum omnibus suis attinentiis et iuribus libere deberemus, quod nos ad petitionem predicti Alberti fecimus coram testibus hic asscriptis. Tyrolfus miles de Purchstal, Heinricus dictus Gauman, Heinricus de Otling, Chunradus Officialis de Puchofen, Rudgerus de Werd, Liupoldus de Haiming, Heinricus de Awerbach, Heinricus de Sehsing seruientes nostri Wolfinus cocus, Magister Wolfkangus.

Cod. Ms. Perg. Nr. XIV, Fol. 88, Nr. 439.

1276. Nos Albinus dei gratia abbas in Altah inferiori per presentia profitemur quod constitutis coram nobis domino Tyrolfo milite tunc partium nostrarum iudice cum filio suo Hainrico et Chunrado officiali de Puchofen, et inter se de coniungendis matrimonio liberis eorum mutuum tractatum habentibus, tandem in tale liberorum suorum matrimonium conuenerunt, quod Heinricus filius predicti Tirolfi tunc iudicis filiam prefati Chunradi, iam quo ad annos aptam sponsalibus duceret in uxorem, prestitumque fuit iuramentum publicum, quod Heinricus predicti Tirolfi filius filiam memorati Chunradi Herburgam in uxorem traduceret, et eam maritali affectu congrue ad id monitus pertractaret, promissumque extitit ut pars a dicto matrimonio consumando resiliens extra periurium parti in matrimonium consentienti in Triginta libris denariorum Ratisponensium teneretur, quibus posset pars consentiens ad alia matrimonia honestius conuolare, et super hoc pater utriusque partis se uoluntarie obligauit. De dote et donatione propter nuptias ita coram nobis extitit ordinatum, quod predictus miles filio suo prefato nec non sponse sue quidquid habet in Puchofen in hominibus, ortis, agris, cum quesitis et inquirendis siue teneat dominio utili uel directo, aut utroque, Chunradus vero dabit integram hubam quam a nobis quemadmodum predictus T. supradicto titulo possidet feodali et redimet insuper curiam duarum hubarum datam per dictum T. filio suo et sponse ipsius pro quatuordecim libris in festo Sancti Laurentii nunc venturo. Adiectum est etiam quod mortuo patre si filius suus predictus habere residentiam affectauerit in Purchstal ut conpensato agris ad agrum et iugeri ad iuger ceteri liberi predicti T. recepto tantundem de prediis in Puchofen copiam sibi factam residentie in Purchstal et commutationis prediorum secundum quod superius est pretactum. Conuentum est etiam inter partes quod mortuo altero eorum ante commixtionem carnalium data per quemlibet ad ipsum sine Briga qualibet reuertantur, facta uero commixtione carnali si ante procreationem sobolis altera pars mortua fuerit, pars uiuens gaudebit possessionibus et rebus mortui supratactis, quoad uixerit sine lite, et post illius qui superuixerit mortem, quelibet pars ad heredes sue cognationis proximos deuoluetur. In cuius rei euidentiam presentem literam rogati a partibus nostro ac prefati Tirolfi sigillo placuit sigillari. Testes. Dominus Ditmarus Cellerarius, Dominus Hermannus plebanus de Iserhofen, Heinricus de Oetling.

Actum Anno domini M°CC°LXX sexto.

Cod. Ms. Perg. Nr. XIV, Fol. 96 und 95, b, Nr. 542.

V. De Officio Munichdorf.

De superiori Gozzenbach.

Ekkehardus iij quartalia, quodlibet soluit xxx den.

Hailca Leupsunninne habet j quartale, quod soluit xxx denarios quod mutatum est in unum modium frumenti.

Heinricus Weizlant habet dimidiam hubam, que soluit l denarios ut dicunt.

(Mit anderer Schrift:) Item xxx denarios de agris quos emimus apud Heinricum de Purchstol.

De Mittern Gossempach.

Hailca et gener eius habent hubam, quodlibet quartale soluit xxvj denarios ut ipsi dicunt.

Villicus de Ruggozzingen habet ibi xvj denarios.

In Smidorf.

De curia ij modios tritici, vj (modios) frumenti, j (modium) ordei iij (modios) avene.

Item porcum valentem vj solidos, ij anseres iiij°r pullos.

Item j modium avene pro iure aduocati.

In Linteingen.

de Curia dimidias fruges iiij°r anseres, viij pullos.

Item ij porcos ualentes dimidium talentum.

Et in festis seruiet sicut potest.

Ibidem de quartali j modium frumenti, j (modium) avene.

In Wizzensingen de vij quartalibus de quolibet urnam ceruisie et dimidiam et totidem metretas ($1\frac{1}{2}$) tritici.

Insuper villico dimidiam urnam et dimidiam metretam tritici.

Ibidem de curia que diuisa est xvj modios tritici.

Aliquando de ipsa curia dabantur xx modii tritici antequam diuideretur, quorum iiij°r sunt perditi.

Ibidem de curia domini Hartlibi de Maencing, cuius sunt tria quartalia, iij modios tritici, iij (modios) frumenti, j (modium) ordei, iij (modios) avene et volatilia.

Ibidem de duabus partibus unius hubae dat uno anno vj modios frumenti. In altero vj modios avene. In tercio lx denarios.

Et hoc habet Gugelmannus et Ulricus.

Item de inuentis agris omni anno xx denarios dat Ulricus.

De tercia parte eiusdem hube dantur custodi lx denarios omni anno.

Ibidem de hereditatibus iij modios avene (mit anderer Schrift:) videlicet altero dimidio quartali ($1^1/_2$).

De quadam hereditate Leuba xvj denarios et est j quartale.

De quartali Schorpplini lx denarios.

Vlricus Aesinger de tribus pinfang ij denarios.

Leukart et Jeuta et heredes ipsius de paruo quartali xxx denarios.

Item habemus decimas de vj hubis, duas partes decimarum hoc est de vij quartalibus ceruisie.

Item de vj quartal. curie nostre diuise.

Item de huba Svikkeri de vorst.

Item de tribus quartalibus Wernheri de Sehsingen.

Item de tribus quartalibus Chunradi de Chirchdorf.

Item de duabus partibus hube Gugelmanni et Leube.

Item de curia domini Hartlibi datur Custodi (?).

Hermannus passer de v iugeribus aput Osternhouen decimas.

Rehwinus cecus x metretas frumenti pro decimis duorum iugerum.

Hermannus de Plaedlingen dabit singulis annis de duobus Jugeribus que colit Rehwinus cecus x metretas frumenti pro decimis omni anno Wizzensingensis mensure.

In Lăẘ. de duobus quartalibus lxxx denarios.

Item de tribus quartalibus custodi (? fehlt).

Munhdorf.

De Munichdorf.

De curia villicaria dimidias fruges.

Item iij porcos, quorum quilibet valet xxvj denarios ad fronchost.

Item volatilis, caseos, oua sicut melius potest.

De minori curia ibidem cuius sunt v quartalia et dimidium dantur v modii frumenti, v auene et minuta seruicia.

Ibidem de dimidia huba dimidiam carradam ceruisie et dimidium modium tritici sed mutatum est in duos modios frumenti et ij avene.

Et in curiam villicariam unam urnam ceruisie j metretam tritici.

Ibidem de quartali L caseos vel L denarios.

Ibidem de quartali xxx denarios quorum xv accipit villicus ad ius advocati, pro quadam curte in Wizzensingen.

Alteram partem habet nouus villicus.

De tribus hereditatibus tria canistra tritici vel unus modius frumenti custodi dantur.

Ibidem et in Mulhaim de dimidia huba hospitalario dimidiam carradam ceruisie.

Insuper villico unam urnam ceruisie et unam metretam tritici.

In Hordorf de vij quartalibus de quolibet unum modium tritici dimidium (modium) frumenti et unum agnum.

Vlricus de quibusdam agris xx denarios.

Ibidem Hospitalario pro iiij°' quartalibus, de quolibet unum modium tritici, dimidium (modium) frumenti et vnum agnum.

In Sehssingen.

De curia iiij°' modios frumenti et j (modium) tritici et j (modium) ordei et ij (modios) avene.

Item in Pascha agninum ventrem et iiij°' caseos et lx oua.

Item ij anseres et iiij°' pullos.

Item in Carnisbriuio iiij°' pullos.

Ibidem de quodam agro Wernhardus xviij caseos, quos si non dabit in festo Sancti Johannis Baptiste vel ix denarios pro ipsis tunc idem ager vacat ecclesie.

Eundem agrum recepit predictus Wernhardus a nobis in feodo et resignauit nobis sextam partem quartalis cum curte et prato in Yaerhouen in concambium unde dantur xv denarii.

Cod. Ms. Perg. Nr. XIV, Fol. 157, b, 158, 159, Nr. 733.

Gossenpach.

1247. Redditus in Gossinpach.

Anno Incarnationis domini MCCXLVII. Wilhalmus de Scheonanger (Schoenanger)[1]) tradidit curiam unam in Gossinpach ad altare sancti Mauritii quam donationem postea confirmauit uxor sua Wilbirga et filii eius Reichkerus et Poppo et filie sue. (Wilpirc et Chlaremia s. Mon. boica.)

Hanc autem curiam emerat idem Wilhelmus ad Albertum de Perstain (fratrem uxoris sue Wilp. Mon. boica.) et Sophiam uxorem suam filiam Wilhalmi de Cyrberch qui omnes postea pro eadem curia cum ecclesia contendebant, sed Hermannus abbas litem eandem ab ipsis cum v talentis redemit. Testes Swikerus iudex, Hartlibus Lamina, Alhardus Geuman, Heinricus, Rudgerus, Ditmarus Ulricus et alii.

De ipsa Curia dantur ij modii frumenti et dimidius modius tritici et dimidius modius ordei et iij modii avene, Osterhovensis mensure.

Item iiij anseres, et viij pulli. Item porcum valentem lx denarios.

(Spätere Schrift:) Item ipse Wilhalmus dedit ibidem unum quartale quod redimi debet pro x solidis et soluit.

Cod. Ms. Perg. Nr. XIV, Fol. 46, b, Nr. 207.

c. 1255. Alhaeidis et filia eius Machthilt de Yserhoffen deleganerunt ad altare sancti Mauritii unum quartale in Oberngossenpach et receperunt feodaliter de manu domini Hermanni abbatis. T. Alhardus Geuman et Heinricus filius suus, Heinricus de Otling Ditmarus de Puchof et alii.

(Mit anderer Schrift:) Hartmannus de Walxing habet in Gossenpach j quartale in feudo ab ecclesia.

Cod. Ms. Perg. Nr. XIV, Fol. 41, b, Nr. 184.

S. D. (Lehen.) Alhaidis et filia eius Machtildis de Iserhofen habent in feodo unum quartale in Gossenpach.

Cod. Ms. Perg. Nr. XIV. Fol. 93, b, Nr. 496.

1261, 11. Februar. M°CC°LXI° Quidam vir dictus Leupsun de Gossenpach delegauit ad altare sancti Mauritii vj iugera agri cum curte in eadem villa pro remedio anime sue et uxoris sue, (Lücke) et parentum suorum (Lücke), ita ut singulis annis quamdiu ipse et predicta uxor sua vixerint v denarios exinde in censu Ecclesie nostre soluant. Post mortem vero ipsorum eidem predio census imponetur quem sufferre potuerit et Marquardo villico nostro ipsum predium pro censu assignabitur memorato. Testes. Heinricus Sturm, Ulricus Villicus de Münchdorf, Marquardus villicus de Gossenpach et alii. Actum iij°. Idus Februarii in presentia domini Hermanni abbatis.

Cod. Ms. Perg. Nr. XIV, Fol. 53, Nr. 243. (Durchstrichen.)

c. 1255 (?). In superiori Gossenpah habet Eberhardus tria quartalia, quorum quodlibet soluit xxx denarios.

Item Heilka habet unum quartale quod soluit xxx denarios.

Item Heinricus Weizlant habet dimidiam hubam que soluit quinquaginta denarios sicut ipse fatetur.

Item Liupsun et Ditmarus habuerunt predium de quo habet Ekhardus dimidium quartale et Heinricus Weizlant terciam partem quartalis.

In inferiori Gossinpach habet Engelpolt et Syfridus unum quartale.

Item Heilka et vir eius habet tria quartalia et quodlibet soluit xxvj denarios ut ipsi fatentur.

Cod. Ms. Perg. Nr. XIV, Fol. 46, b, Nr. [illegible]

---

[1]) (Mon. boic.) Iam occidendus elegit suam apud Altahense Monasterium [illegible] tempore domini Hermanni Abbatis et. . . .

Gedr. Mon. boica XI, pag. [illegible], Nr. [illegible]

Wizzensing.

1257, 12. August. Heinricus faber de Osterhofn et filia sua Truta et Heinricus maritus eiusdem femine habere debent ad ius hereditatis illam tertiam partem unius hube in Wizzensing et debent Custodi singulis annis lx denarios. Et si dictos denarios non dederint in die sancti Mauritii postea duplicabunt. Actum et promissum coram Hermanno abbate in Altah, in cenaculo in vigilia Ypoliti, anno domini M°CC°LVII°. Testes Chunradus Dremil. Heinricus de Otling, Chunradus Mauter. De Tundorf Heinricus, Dypoldus, Geroldus, Chunradus et alii. Gener autem dabit seruicium omni anno.

Cod. Ms. Perg. Nr. XIV, Fol. 41, b, Nr. 187.

c. 1255. (Leben.) Feoda in Wizzensing.
Hartpretus de Ahaim tria quartalia.
Hartlibus de Wintzer et Altmannus hubam unam.
Gerhohus de Vreinleinsperig dimidiam hubam.
Wernhardus de Saehsing Curiam et molendinum.

Cod. Ms. Perg. Nr. XIV, Fol. 37, b, Nr. 166.

S. D. (nach 1273). Feoda in Wizzensing.
Harpertus de Ahaim tria quartalia.
Hartlibus et Almannus de Wintzer hubam unam.
Gerhohus de Vreimleinsperg dimidiam hubam.
Wernhardus de Saehsing curiam et molendinum.

Cod. Ms. Perg. Nr. XIV, Fol. 93, b, Nr. 491.

1265. Anno domini Millesimo cclxv. Hereditavit dominus Hermannus abbas Ulricum filium Ulrici villici de Munchdorf natum per concubinam cum tercia parte hube in Wizzensing, quam aliquando habuit Chunradus vir domine Libe. Et quia tantum est in duobus campis, dabit uno anno iij modiòs frumenti, secundo iij modios avene, tercio anno xxx denarios.

Item dabit de inuentis agris tribus videlicet iugeribus, cum quibus etiam eum hereditauimus, xx denarios omni anno.

Cod. Ms. Perg. Nr. XIV, Fol. 71, b, Nr. 358.

1267, 29. April. Hermannus dei gratia Altahensis Ecclesie abbas Omnibus presens scriptum inspicientibus salutem. Per presentia constare cupimus universis, quod cum Heinricus filius Wernhardi de Saehsing filiam Heinrici de Oetling nomine Gysilam duceret in uxorem, dictus Wernhardus resignauit nobis iij quartalia in Wizzensing et molendinum ibidem, que a nostra Ecclesia feodaliter possidebat, ut eadem pueris H. et G. feodaliter conferremus, quod et factum est. Item quatuor quartalia, que dictus Wernhardus habet in eadem villa, dare tenetur infra annum predictis pueris et coram veris dominis resignare, obligans bona sua in Saehsing, pro huiusmodi laudamento Predicta autem vij quartalia tenetur Heinricus de Oetling et filia sua pro xx talentis redimere aut memorato Heinrico censum predictorum quartalium cum aliis proventibus resarcire. Adiectum fuit insuper, quod si quis eorum decederet alter predicta bona usque ad suum obitum retineret, et si heredes pariter non relinquerent, dicta peccunia videlicet xx talenta redirent ad heredes H. de Oetling et ad heredes Wernhardi de Saehsing, redirent similiter predia memorata. Actum in Altah. Anno domini M°CC°LXVII. iij° Kalendas Maij, coram testibus subnotatis. T. (fehlen).

Cod. Ms. Perg. Nr. XIV, Fol. 75, Nr. 378.

1257, 20. Mai. (Gugelmann.) M°CC°LVII. Dominica ante Petecosten ego Hermannus abbas in Altah contuli Heinrico dicto Gugelman ad ius hereditatis illam terciam partem hube in solo campo in Wizzensing, ita quod ipse cessit liti quam contra nos habuit pro quibusdam agris in campo in Iserhof, et illud ius hereditatis uacabit, si Fridericus filius suus non acceperit uxorem de familia ecclesie sancti Mauritii; ac insuper ipse Gugelmannus si hoc non procurauerit fieri, dabit nobis talentum, pro quo fideiussit Tyrolfus iudex. Actum in Yserhof. T. H. Geuman, Marquardus, Hugo H. de Neiming, Heinricus de Oetling, Geroldus, Heinricus, Rudolfus et alii. Cod. Ms. Perg. Nr. XIV, Fol. 51, Nr. [illegible].

1261, 15. November. Nos Hermannus dei gratia abbas de Inferiori Altah per presentia profitemur, quod cum Chunradus de Wizzensing dictus Smidorfer existens de familia superioris monasterii Ratisbonensis quandam feminam de familia Ecclesie nostre dictam Alhaidem sibi matrimonialiter copulasset, cum domina Judita venerabili Abbatissa super eodem contractu conuenimus tali modo quod pueri quos predicti homines generauerint equaliter diuidantur, ita tamen quod primogenitus ipsorum Ecclesie superioris monasterii cedat cum in prediis dicti monasterii videlicet in Wizzensing residentiam habeant homines memorati. Feoda quoque que idem Chunradus habuit in predicta villa, videlicet v quartalia cum manu prefate domine J. abbatisse antedicte uxori sue Alhaidi pro x libris denariorum Ratisbonensis monete pro domo Dotalicii obligauit. Acta sunt hec Ratisbone xvij Kalendas Decembris anno domini MCCLXI. coram testibus subnotatis. Testes de familia domine abbatisse Heinricus notarius, Chunradus notarius, Hofmaister dictus Heinricus, Hermannus granatarius. De familia autem nostra. H. plebanus de Aurbach, Heinricus capellanus, Meinoldus Ciuis Ratisbonensis, Eberhardus de Mulheim, Albertus de Purchstal, et alii quam plures.

Cod. Ms. Perg. Nr. XIV, Fol. 54, b, Nr. 250. (Durchstrichen.).

S. D. (Lehen.) Item contulit (Hermannus abbas) Gerhoho de Vreimleinsperg curiam unam in Wizzensing quam habuit Ulricus dictus Schorpel et sibi eam resignauit. Cod. Ms. Perg. Nr. XIV, Fol. 93, Nr. 485.

1245 v. 1246. Ego Hermannus abbas contuli Gerhoho de Fremleinsperge curiam unam in Wizensinge quam habuit Ulricus dictus Schorpel et sibi eam resignauit, anno nostro iiij°.

Cod. Ms. Perg. Nr. XIV, Fol. 32, b, Nr. 146.

1266. Millesimo cclxvj. Fridericus de Wizzensing resignauit Alh.(?) seniori Geumanno i quartale in palude pro tribus agris in Wizzensing et vj tagwerh prati an dem Ortweinsfurt, presentibus filiis suis, ita tamen, quod Alhaide sorori uxoris dicti Friderici quandocunque post obitum senioris Geumann maritum duceret redderetur. Actum in Yserhofa per manum domini Hermanni abbatis. Testes Hugo iudex, Turolfus, Ulricus et Gotpoldus de Otmaring, Wernherus de Sachsing, Poppo Officialis et alii multi.

Item idem Geumann resignauit duo tagwerh prati Friderico supradicto, volens ipsis uti temporibus uite sue. Testes qui supra.

Cod. Ms. Perg. Nr. XIV, Fol. 76, b, Nr. 385. (Durchstrichen.)

1257, 20. Mai. M°.CC°.LVII°. Dominica ante Pentecosten, ego Hermannus abbas in Altah contuli Heinrico dicto Gugelman ad ius hereditatis illam terciam partem hube in solo campo in Wizzensing, ita quod ipse cessit liti quam contra nos habuit pro quibusdam agris in campo in Yserhof, et illud ius hereditatis vacabit si Fridericus filius suus non acceperit uxorem de familia Ecclesie sancti Mauritii, ac insuper ipse Gugelmannus si hoc non procurauerit fieri, dabit nobis talentum, pro quo fideiussit Tyrolfus Judex, Actum in Yserhof. T. H. Geuman, Marquardus, Hugo, H. de Haeming H. de Oetling, Geroldus, Heinricus, Rudolfus et alii.

Cod. Ms. Perg. Nr. XIV, Fol. 125, Nr. [illegible].

(Fortsetzung folgt.)

Aus der k. k. Hof- und Staatsdruckerei.

№ 23. NOTIZENBLATT. 1854.

Beilage zum Archiv für Kunde österreichischer Geschichtsquellen.

Herausgegeben von der historischen Commission
der
kaiserlichen Akademie der Wissenschaften in Wien.

I. Literatur.

Zur Austria sacra.

„Die Kirchen der Stadt Krakau. Eine Monographie zur Geschichte und Kirchengeschichte des einstigen Königreichs Polen. Von Dr. Constantin Wurzbach, Vorstand der administrativen Bibliothek im k. k. Ministerium des Innern, Ritter des Ordens vom niederländischen Löwen, Besitzer der grossen goldenen Gelehrten-Medaillen S. M. des Kaisers von Österreich, I. M. (M.) der Könige von Preussen und Würtemberg, Mitglied mehrerer gelehrten Gesellschaften etc. Wien 1853. Druck und Verlag der Mechitaristen-Congregations-Buchhandlung. In 8. XIV, und 402 S. (S. 380—402 Inhalt d. i. Register.)

Krakau, ehemals das „Rom des Nordens" genannt, die einstige Krönungsstadt der polnischen Könige, überreich an Kirchen und Klöstern, in denen ungemeine Schätze und Reichthümer, Kostbarkeiten, Kunstwerke, Denkmäler und Mausoleen waren, verdient ohne Zweifel eine umständliche, gründlich belegte (documentirte) Monographie, welche Geschichte und Beschreibung (vielleicht auch Abbildungen) liefern sollte. Dass ein solches Werk nur durch die reichlichste Unterstützung, ja durch Zusammenwirken vieler literarischer und artistischer Kräfte zu Stande kommen könnte, ist augenfällig.

Welches Interesse eine solche Cracovia sacra haben würde, sieht man aus dieser übrigens sehr verdienstvollen und einen reichen literarischen Apparat darbietenden „Monographie" (Skizze).

Was dem Einzelnen, der nur Nebenstunden dieser Arbeit widmen konnte, erreichbar war, hat Dr. Wurzbach gesammelt und hier zusammengestellt, namentlich eine sehr reichliche Lese von Inschriften.

In der Einleitung (VII—XII) eine kurze Übersicht der polnischen Königsgräber in und ausser Krakau.

A. (S. 1—308) Kirchen, in denen noch der Gottesdienst verrichtet wird. Acht und dreissig, eigentlich 36, da (Nr. IV) die Kirche der heil. Dreifaltigkeit und (Nr. V) die Franciscanerkirche am 15. Juli 1850 abbrannten.

B. (S. 309—326) Kirchen, welche abgebrannt oder geschlossen sind, 26 (28).

I. Die Cathedrale oder die Kirche des heiligen Wenzeslaus, (S. 3—110). Mit 18 Capellen. Die herrlichste unter den Kirchen Krakaus.

„In ihnen (den Capellen) wie an den Mauern der Kirche selbst befinden sich die Mausoleen der Könige, zahlreiche Gedenktafeln der bedeutendsten Männer des Landes; es ist, wenn man die Steine dieses heiligen Baues nach und nach herabliest, als hätte man die Geschichte des Landes gelesen, die hier von den Vorfahren ist in Stein und Marmor, gedrängt in den Lapidarstyl, gemeisselt worden."

Gebaut wurde sie 1320 durch Bischof Nankier von Krakau.

Im Jahre 1440 vollendete der bischöfliche Secretär Długosz aus Auftrag seines Bischofs (von Krakau) Zbignew Oleśnicki sein Werk: „Liber Beneficiorum Ecclesiae Cathedralis et Dioecesis Cracoviensis," das noch ungedruckt ist (? S. 351 wird es unter dem Titel: „Libri inventarii proventuum ecclesiae Cracoviensis" aufgeführt?).

Die Handschrift liegt wohl in der Bibliothek der Kathedrale zu Krakau und es wäre die Veröffentlichung im Drucke sehr wünschenswerth.

Das Werk wäre geeignet für die „Fontes rerum Polonicarum," welche die k. Akademie herauszugeben beschlossen hat.

Auch so manche andere literarische Andeutungen über handschriftliche historische Schätze sind aus diesem Werke zu schöpfen. Z. B.:

S. 8. „Das Capitels-Archiv (zu Krakau) enthält viele Originale päpstlicher Bullen, Privilegien für die Krakauer Kathedrale."

Ausser dem Hochaltare enthält die Kirche selbst 25 Altäre, alle aus schwarzem Marmor gemeisselt und mit schönen Gemälden geschmückt.

„Andern Schmuck dieses „Westmünsters" der polnischen Nation bilden Marmor-Monumente, die Arbeiten aus Alabaster, Bronze, die Gemälde, Teppiche, die ebenso kostbaren als alterthümlichen Geräthschaften, wovon hier eine grosse Menge vorhanden, und Geschenke der einzelnen Könige, ihrer Gemahlinnen, der Bischöfe, Magnaten und Grossen des Reiches sind, welche in der Weise, dieses Gotteshaus, die Krönungskirche ihrer Fürsten, zu schmücken, gleichsam wetteiferten."

S. 9—110 die 18 Capellen.

1. Die Capelle des heil. Kreuzes, 1473 aus Quadersteinen erbaut. Ihre Stifter sind Kasimir Jagiełło (Andreas Kasimir) und dessen Gattin Elsbeth, Tochter des deutschen Königs Albrecht II., welche sie mit 100 Mark aus Wieliczka's Bergwerken fundirten.

2. Die Capelle unserer Frauen und der drei Könige (auch Rosenkranz-Capelle), vor 1380 gebaut, 1575 umgebaut, 1833—1840 neuerdings verändert. Die letzte Umgestaltung geschah durch die Gräfin Sophie von Branicki-Potocka nach einem Plane von Peter Nobile in Wien. „Die Wände ringsum sind mit Marmor ausgelegt, die Kuppel ist von innen reich vergoldet. Der Altar aus in Feuer vergoldeter Bronze, nach einer Zeichnung von Nobile, die Capitäler, die Rosen, sind sämmtlich Arbeiten des berühmten Wiener Künstlers Johann Danninger und seines Sohnes. Auf dem Altar ist ein altes Bild: „Die Kreuzigung Christi," das nach einigen von Guercino sein soll."

„Die schönste Zier dieser Capelle sind aber die Statue Christi aus weissem Marmor von Thorwaldsen, ferner die Büsten des Gatten der Stifterin, Arthurs Grafen Potocki und seiner Mutter Julie aus der Familie der Fürsten Lubomirski-Potocki, welche beide in dieser Capelle beigesetzt sind."

3. Die Capelle der Szafrancer, oder Capelle der Gelehrten. Darin das schöne Alabaster-Denkmal des Michael Skotnicki, gest. 1808, gemeisselt von Stephan Ricci zu Florenz. Graf Michael Skotnicki, in der Malerei ausgezeichnet, starb zu Florenz 1808. Seine Gemahlin setzte ihm zwei Monumente, das eine in der Kirche zum heil. Kreuz in Florenz, das zweite von der nämlichen Form in dieser Capelle. Ein Werk voll edler Einfachheit und ausgezeichnetem Geschmacke.

Unter dieser Capelle ruht der berühmte Matthias von Miechow, Geschichtschreiber und Hof-Arzt Sigmund's I., Autor des Werkes: Chronica Polonorum. Cracoviae ap. J. Haller 1521 Fol.

4. Die Capelle der Psalteristen hat ihren Namen von der Ordensbrüderschaft (?), welche ihren Gottesdienst in dieser Capelle abzuhalten pflegte. Ehedem stand hier eine Capelle der heil. Peter und Paul, ist auch nach Johann Prandota, Bischof von Krakau, gest. 1266, die Capelle Prandota's genannt, der „daselbst begraben ist." Die jetzige ist von K. Sigmund III. erbaut, und er bestimmte darin die Grabstätte für sich, seine Gemalin und seine Kinder. Im Testamente verschrieb er ihr kostbares Kirchengeräth, ein Stamm-Capital von 20.000 polnischen Gulden und ausserdem alljährlich 3000 polnische Gulden aus neapolitanischen Geldern, so lange, bis ihr Bau vollendet sein werde. Den letzten Willen und diese Bestimmungen erfüllte sein Sohn König Johann Kasimir, der im Jahre 1667 mit dem für jene Zeiten unermesslichen (?) Kosten-Aufwand von 100,000 polnischen Gulden den Bau vollendete, die Ruhestätte seines Geschlechtes einsegnen liess, und zum Unterhalte der daselbst fungirenden Capläne die Ein-

künfte des Dorfes Mysławczyc und 500 polnische Gulden aus den Einkünften der Bergwerke zu Wieliczka bestimmte und durch die Constitution vom Jahre 1667 bestätigte. (Volum. Leg. IV, pag. 954.)

Die Capelle schliessen zwei prachtvoll gearbeitete reich verzierte Bronzethüren, welche auf Kosten des Bischofs Andreas Trzebicki um 16,000 polnische Gulden angefertigt worden.

Unter dieser Capelle, wie unter der folgenden, befinden sich Grüfte mit mehreren Särgen, welche mit Inschriften versehen sind.

Gleich vom Eingange links in einem Zinnsarge liegt die österreichische Erzherzogin Constantia.

Weiter hinauf der zinnerne Sarg der Königinn Anna (ebenfalls einer Tochter Erzherzog Karl's von Steiermark).

Am Schlusse der zweiten Reihe ein kunstvoll gearbeiteter Kupfersarg mit dem Leichnam der Königinn Cäcilia Renata, Ferdinand's II. Tochter, Gemahlin Königs Wladislaus IV. von Polen und Schweden.

Auch mehrere Kinder-Särge.

5. Die Sigmunds-Capelle, auch Capelle der Roratisten (S. 37—47).

„Es ist dies die prachtvollste und kostbarste aller Capellen in Polen.“ Sie ist mit einer messingenen Ballustrade, worauf die Wappen Polens, Lithauens und das mailändische der Sforza sichtbar sind, geschlossen. Man nennt sie auch oft die königliche oder Jagiellonische Capelle. Sigmund I. stiftete sie im Jahre 1520, eigentlich erneuerte er die von Kasimir dem Grossen im Jahre 1340 gestiftete Capelle „zur Himmelfahrt Mariä“ und stiftete mit Wissen des Bischofs Peter Gamrat das Collegium der Roratisten, aus einem Propst, neun Präbendaren und Musikern und einem Clericus bestehend, damit sie täglich die Messe Rorate in der schönsten italienischen Weise sängen.

„Bartholomaeo Florentino, Architekt, baute die Capelle aus Quadern in Gestalt eines Vierecks. Im Ganzen wie in seinen Theilen herrscht die vollendetste Harmonie, welche durch das von oben hereinfallende und sich gleichmässig vertheilende Licht einen herrlichen Anblick bietet. Ein schöner Schmuck sind die in rothen Marmor gemeisselten Basreliefs der Heiligen und Evangelisten; in der Kuppel sind die Wappen des Landes gemeisselt und die Wand rings bildet ein fortlaufendes Schnitzwerk in Stein, mit einer Sorgfalt gearbeitet, als wäre es in Holz, ein wahres Meisterwerk der Steinschnitzerei.“

Es befinden sich daselbst die Denkmäler mit den Inschriften der beiden Könige Sigmund Jagiełło aus rothem Marmor; ihre Statuen in Lebensgrösse ruhen auf den Deckeln der Sarkophage.

Zur Seite der Grabdenkmäler beider Sigmunde erhebt sich ein Marmorthron, und vor demselben das Grabesdenkmal Anna Jagiełło's, der Tochter Sigmund I. und Gattinn Stephan Bathory's, mit ihrem Bilde in Basrelief auf Marmor, die im Jahre 1596 im 72 Jahre gestorben.

Der Altar daselbst ist ganz aus Silber und prachtvoll gearbeitet. An vielen Stellen reich vergoldet. Auf dem inneren Mittelstück sind auf vier Basreliefs Christi Geburt, der Besuch der heil. drei Könige, die Offenbarung und die Reinigung Mariä dargestellt. Auf den Seiten ebenfalls acht Basreliefs. Ausserhalb in 14 Gemälden (venetianische Schule) das ganze Leiden Christi und auf dem 15. unterhalb die Zerstörung Jerusalems gemalt. Die Silberarbeit des Altars rührt von Albert Glim aus Nürnberg.

Im Jahre 1680 wurde dieser Altar von zwei kunstverständigen Goldarbeitern aus Krakau folgendermassen geschätzt: Altare magnum deauratum in partibus est valoris flor. 300,000. Der Altar ist der nämliche, den Sigmund I. in seinen Feldzügen mitzuführen pflegte.

Von Aussen ist diese Capelle mit stark vergoldetem Kupfer gedeckt, wozu mehrere tausend Stück Ducaten verwendet wurden. Sie gewährt, nun frei gestellt, einen prachtvollen Anblick.

11. Capelle Ciborium, auch Capelle der Mansyonare. Diese sehr alte Capelle stand durch eine Gallerie mit dem königlichen Palaste in Verbindung. Die

polnischen Könige pflegten daselbst dem Gottesdienste beizuwohnen, ausgenommen bei jenen Gelegenheiten, wenn sie in der Kathedrale selbst auf dem Marmorthrone sassen.

Adalbert Serebryski, Domherr zu Krakau († 1649) hat sie ganz neu herstellen und kostbar mit schwarzem Marmor auslegen lassen. Unter den zahlreichen Grabdenkmälern derselben ist das bedeutendste das Monument Stephan Bathory's, das ihm die Königin Anna setzen liess († zu Grodno 1586, 54 Jahre alt).

Gegenüber dieser Capelle, hinter dem Hochaltar, steht ein stattliches Denkmal aus schwarzem Marmor; es ist das Johann III. Sobieski, gest. zu Wilanow 1696. Die Figuren der Ungläubigen sind aus Gyps, die Bildnisse des Königs und seiner Gemahlin in Basrelief aus Alabaster.

Gross war die Zahl der früher an der Kathedralkirche angestellten Geistlichen. Starowolski in seinem Werke: Vitae Antistit. Cracov. zählt im Ganzen 234 Personen auf, welche zu seiner Zeit bei der Kathedrale Dienste zu verrichten hatten. Täglich mehr als 100 Messen, darunter acht gesungene und zwei andere mit Musik.

Die sehr reiche Dotation hat diese Kirche durch die Theilungen Polens zum grossen Theile eingebüsst und ihr allbekannter Reichthum an goldenen und silbernen kostbaren Kirchengeräthen wurde durch die schwedischen und späteren Kriege bedeutend verringert. So nahm im April und Mai 1794 die damalige Regierung von der Kathedrale zu Krakau allein 320 Mark in Gold und 1965 Mark 9 Loth in Silber in Empfang!

Doch enthält noch immer der Kirchenschatz manche grosse Kostbarkeit, reiche Kirchen-Gewänder, Monstranzen, Kelche, Reliquien u. a. m.

II. Die Kirche zu Unserer lieben Frau (S. 110—148).

Gehört zu „den schönsten und herrlichsten Werken der gothischen Baukunst“ aus dem 13. Jahrhunderte. Gegründet von Iwo Odrowąż, Bischof von Krakau und Kanzler Alexanders des Weissen; in der Errichtungs- (?) Urkunde vom 10. September 1226 heisst es: „Ecclesiam ad laudem Omnipotentis Dei et ejus matris gloriosae Virginis Mariae in coelos assumptae, non parvis sumptibus nostris in loco parochiali dictae civitati Cracoviae magis competenti, in parochialem ereximus etc.

Den Baumeister kennt man nicht[1]).

Der Bau der Lieben Frauenkirche scheint, wie so viele andere lange gedauert zu haben.

Sie ist fast im Mittelpuncte der Stadt und reich fundirt. Im Jahre 1768 befanden sich bei dieser Kirche noch 38 Priester; sie zählt gegenwärtig noch 14 Capläne. Sie hat 32 Altäre. Der Hochaltar, ein „Musterbild der Schnitzerkunst des 15. Jahrhunderts,“ wird an grossen Festtagen wie ein Schrank geöffnet. „Seine äussere Seite bildet zwölf viereckige Basreliefs, die das Leben Jesu darstellen. Inwendig stellt das Bild den Schlummer Mariä vor in Gegenwart der Apostel.“ Die Gestalten in Lebensgrösse. „Als Thorwaldsen im Jahr 1820, bei seiner Rückkehr aus dem Vaterlande nach Rom, Krakau besuchte, gefiel ihm dieses Kunstwerk

---

[1]) Dr. Wursbach sagt (S. 111): „Doch war es ein Pole, denn damals war diese Kunst in Polen nicht mehr unbekannt, da schon früher, in der Hälfte des 12. Jahrhunderts, unter Heinrich, Erzherzog (damals noch Markgraf, seit 1156 Herzog) von Österreich, ein Pole Namens Oktavian Wolsner Baumeister des Stephans-Domes in Wien gewesen ist (Ossoliński Wiadom I, pag. 512. Rocznik Tow. P. N. Warsz. Tom. 9, pag. 452). Deutsche Schriftsteller (?) (siehe Leipz. Pfennig-Magazin Nr. 75, Jahrg. 1834) schreiben aus diesem Anlasse: Nach der Liste der Bauherren und Steinmetzen des Wiener Stephans-Domes war Oktavian Falkner aus Krakau der erste wirkliche Werkmeister dieses Baues (?), der mit der Arbeit so eilte, dass schon 1147 der Passauer Bischof Reinbert zur Einweihung dieser Kirche schreiten konnte.“

Der Name Wolrner oder Falkner klingt nicht polnisch!

(von Wit Stoss aus Nürnberg) der Schnitzerei ausserordentlich, namentlich der leichte Faltenwurf."

Die Kirche hat 11 Capellen, an den Wänden bei 200 mehr oder minder schöne Grabdenkmäler. Unter der Kirche befinden sich Grüfte, die Eigenthum einzelner Familien sind, es sind deren 60.

Die Denkmäler sind theils aus schwarzem, theils aus röthlichem Marmor, theils aus Alabaster. Auch Gemälde (meist von dem Krakauer Maler Lucas Orłowski, der um 1765 lebte), und Glasmalereien an den Fenstern, dann schön geschnitzte Betstühle sind bemerkenswerth.

S. 119—128 historische Notizen, zum Theile aus einem handschriftlichen Liber Dominorum Scabinorum Cracoviensium (1474), das überhaupt zur Stadtgeschichte so Manches noch enthalten mag (?).

In der Marienkirche wurde stets auch deutsch gepredigt. Eine Altars-Stiftungs-Urkunde von 1511 (von Bischof Johann Konarski) enthält folgende Stelle: „Ecclesia B. V. Mariae in quo ab aevo semper et ultra memoriam hominum, Theutonica lingua Verbum Dei praedicatum est."

S. 123 wird als ein alter Brauch (aus Urkunden von 1610 ersichtlich) angeführt, „dass von allem Blei, das nach Krakau entweder auf Wägen oder auf dem Weichselflusse geführt wurde, von jedem Stücke ein kleiner Theil abgehackt wurde zur Bedachung der Marienkirche, und Niemand, welcher Blei nach Krakau führte, weigerte sich dieser Sitte." Zur Aufbewahrung dieses Bleies war ein eigener Ort bestimmt, den man „Bleihof" nannte.

Sehr interessant ist der Auszug aus einem Visitations-Berichte von 1711 über diese Kirche (und ihre Schätze), welchen Bischof Kazimir Łubienski erstattete. Seitdem haben sich die Schätze stark verringert, nur noch einige alterthümliche Denkmäler kunstvoller Arbeit, geschmackvoll gearbeitete Kelche und anderes aus edlen Metallen verfertigtes Kirchengeräthe werden bis zum heutigen Tage im Kirchenschatze aufbewahrt

III. (S. 148—154). Die Kirche der heil. Peter und Paul. Eine der schönsten Kirchen Krakau's, für die Jesuiten von K. Sigmund III. erbaut; der Jesuit Joh. Maria Bernardonus war der Architekt. Die Kirche hat 9 Capellen, viele Grabdenkmäler u. s. w.

Man sieht aus dem bisher Angeführten, welchen interessanten Beitrag Herrn Dr. Wurzbach's Buch zur Polonia sacra liefert. Die grosse Zahl der Epitaphien, welche er mittheilt, sichern dem Werke jedenfalls bleibenden Werth.

Wir wiederholen aber unsern oben ausgesprochenen Wunsch, es möge die Geschichte des Bisthums Krakau und seiner Bischöfe so wie der ganzen Diöcese, ihrer Kirchen und Klöster gründlich erforscht und bearbeitet werden [1]). Ist denn der Klerus nicht geneigt, dieser Pflicht Genüge zu leisten? Musste ein Laie das obige Werk verfassen!

Chmel.

4.) Urkundliche Beiträge zur Adelsgeschichte.

I. Die Herren von Wallsee, im 14. Jahrhunderte.

Mitgetheilt von Joseph Chmel.

(Fortsetzung.)

128. 1376, 20. Juni. Ich Rudolf von Waltse zu den zeiten Houbtman in Steyr ich Reymprecht und ich Fridreich von Waltse des egenanten hern Rudolfs Bruder,

[1]) Um der allgemeineren Verbreitung willen bei allen Geschichtsforschern vielleicht in lateinischer Sprache? Oder polnisch und deutsch (für das grössere Publicum).

ich Wolfgankch vonn Wynnden ich Alber von Ottenstain der alt ich Otakcher der Wolfstain, ich | Michel der Utendorffer, ich Hanns Chûtzkchofen ich Hanns der Hager und ich Hanns von Hochenekk und alle unser Erben, wir vergehen und tûn chunt allen den die den brief lesent oder hôrent lesen. Das wir unverschai | denleich gelten sûllen Chadolten von Wêhing und seinen Erben oder wer den brief mit irm gûtem willen innhat achthundert phunt wienner phenning, die er uns berait gelichen hat, und die wir obgenanten drey Prûder | von Waltse entnomen haben unserm Vettern Jôrigen von Waltse von Lyntz zu seiner rechten nôtdûrft an den Tawsent phunden Wienner phenning, die er unserm Ôhem Seytzen von Chûnrring an der Lôsung ze Alachtsteyg | schuldig gewesen ist also mit ausgenomenen worten, ist daz wir den vorgenanten Chadolten von Waehing und sein Erben oder wer den brief mit irm gûtem willen innehat der egenanten achthundert phunt phenning richten | und wern von Sant Larentzentag der schierist chumt über ain iar so sein wir slechtleich von In ledig. Wêr aber, daz wir si derselben phenning ouf denselben tag nicht werten, alle dieweil wir si denne fûrbaz derselben | phenning nicht richten und wern und daz wir die innehaben wellen und daz ouch si uns der gûnnen und peyten wellent, so sûllen wir obgenanten alle und unser Erben unverschaidenleich In dauon dienen alle iar achtzig | phunt Wienner phenning zu den zwain têgen an sand Michelstag und an sant Jôrigentag zu yedem tag viertzig phunt unvertzogenleich und an allen abslag, und sûllen denne mit dem ersten dienst anheben von Sant | Michelstag der schierist chumt ûber ain iar und haben ouch wir obgenanten drey Brûder von Waltse an des vorgenanten Jôrigen unsers vettern stat dem vorgenanten Chadolten von Waêhing und seinen erben oder wer | den brief mit irm gûtem willen inne hat den vorgenanten dienst ausgetzaigt und geschafft und schaffen In den mit dem brief ouf desselben unsers vettern gûter, die hernach benant sint. Von erst ze Schôngrabarn zwai | und dreizzig phunt phenning geltes die man iêrleich dient an Sant Larentzen tag und daselbens zwelif phunt geltes die man iêrleich dient an dem Prehem tag fûr weysat und ouf alle die nûtz und gûlt die der egenant | unser vetter hat daselbens ze Schônngrabarn, es sey von Stewr oder von Holtz oder wie das genant ist. Darnach ze Steltzerndorf fûmf phunt und sechtzig phenning geltes an Sant Michelstag viertzehen schilling und | an sant Jôrigen tag vierdhalb phunt und swas der egenant unser vetter daselbens ze Steltzerndorf hat es sei Pantayding oder wie das genant ist. Darnach ze Ymendorf Dreitzehen schilling und vier und zwaintzig | phenning geltes an Sant Michelstag. Darnach ze Chelichdorf zwelif Schilling gelts an Sant Jôrigen tag. Darnach ze Weykestorf syben schilling und zwelif phenning gelts halb an Sant Michelstag und halb an Sant Jôrgen | tag. Darnach ze Hetzmanstorf ein halb phunt und drey phenning gelts an Sant Jôrigentag. Darnach ze Geytzendorf zwelif phunt syben schilling und acht phenning gelts an Sant Michelstag und swas der egenant unser | vetter daselbens hat es sey Stewr oder wie das genant ist. Darnach ze Harras zwai phunt drey schilling und syben phenning geltes an Sant Jôrigen tag. Darnach ze grunt von ainem viertail lehens ein halb phunt gelts | an sant Michelstag. Darnach ze Stronstorf ouf Hofsteten fûmf phunt und zwen und sybentzig phenning gelts an Sant Michelstag und an Sant Jôrigentag und ouf der Padstuben daselbens sechs schilling gelts und | ouf ûberlent daselbens drew phunt sechs schilling und achthalben phenning gelts an sand Michelstag. Darnach zu Geppendorf ouf ûberlent drey schilling gelts an Sant Michelstag mit solher beschaidenhait daz die ampt | lewt die der egenanten gûter amptlewt sint oder werdent, dem vorgenanten Chadolten von Wêhing und seinen Erben, oder wer den brief mit irm gûtem willen innehat den egenanten irn dienst von denselben gûtern alle iar | raichen sûllen zu den obgenanten têgen an alle ir mue und swas denne der ubrigen nûtz und gûlt ist, von den egenanten gûtern, alle iar ûber dieselben achtzig phunt das sol dem vorgenanten Jôrigen von Waltse und seinen | Erben geuallen. Wêr aber daz dem vorgenanten Chadolten von Wêhing und seinen Erben oder wer den brief mit irm gûtem willen innehat derselben irs dienstes an den egenanten gûtern icht abgieng und des In fûr alle iar | gäntzleich nicht gewiell und gericht wurd zu den obgenanten tegen von welherlay sachen In derselb abgankch geschich, das süllen wir obgenanten alle und unser Erben unverschaidenleich In denne erwollen und erstatten an alle wider | red sonerr das In die egenanten achtzig phunt diensts alle iar gantz und gar gewall und gerichtet werden an allen gepresten. Tét wir des nicht welich drey si denne under uns obgenanten allen oder unsern Erben moneat und vodernt | der sol dhainer ouf den andern nicht waigern, sunder ir igleicher sol denne einen Erbern chnecht selbandern mit zwain phérten des néchsten tags darnach ze Wienne in ein erber gasthaus senden wo si In hinzaigent und sulln die da inneligen und laisten alz inneligens und laistens recht ist und da nymmer auschomen si werden eé irs diensts des wir si denne ze richten schuldig sein alz vorgeschriben stet gantz und gar gewert. Wir haben ouch vollen gewalt, das vorgenant gelt von In abtzelösen wenne wir das von Sant Larentzentag der schierist chumt über ain iar darnach getún mügen oder wellen, also wenne das ist nach demselben iar, das wir In geben achthundert phunt | Wienner phenning miteinander und des diensts alsuil damit alz von der zeit gepüret, die sich denne an dem iar vergangen hat und das wir In ouch dasselb gelt alles geantwürtten an allen irn schaden, wo si das in dem Lannde ze | Österreich nemen wellent, so sein wir desselben geltes allerding von In ledig und los und süllen ouch wir In dieselben lösung wenne wir die tún wellen zwai moneyd vor ze wizzen tún an geuér. Oder wenne das ist nach dem | egenanten iar, das si die vorgenanten achthundert phunt haben wellent, das süllen si uns ouch zwai moneyd vor ze wizzen tún und süllen wir si denne In denselben zwain moneyden derselben phenning und alsuil diensts damit | alz von der zeit gepüret die sich an dem iar vergangen hat unvertzogenleich richten und wern und süllen In dasselb gelt aber geantwürtten an allen irn schaden wo si das in dem Lannde ze Österreich nemen wellent. Teten | wir des nicht, welich si denne under uns obgenanten zehenn, oder welher under uns mit dem tod abgegangen wér darnach desselben néchsten Erben moneat und vodernt, der sol aber dhainer ouf den andern nicht waigern | sunder unser igleicher der von In gemont wirt sol denne einen Erbern chnecht selbandern mit zwain phérten des néchsten tags darnach ze Wienne in ein erber gasthaus senden wo si In hin zaigent und süllen die da | inneligen und laisten alz inneligens und laistens recht ist und da nymmer auschomen es werd eé der vorgenant Chadolt von Wéhing und sein Erben oder wer den brief mit irm gütem willen innehat der egenanten acht | hundert phunt und des diensts der dauon gepüret alz vorbeschaiden ist gantz und gar gewert und das In ouch dasselb gelt geantwürtt werde an ein stat wo si das in dem Lannde ze Österreich nemen wellent alz vor | begriffen ist. Wér aber das wir In die laistung vertzugen und nicht laistieten in der weise so vorgeschriben stet es wér umb dienst oder umb houbtgüt oder ob wir In solang laistieten, das si des verdrozz, swaz | si denne irs geltes, diensts oder houbtgüts des wir si ze richten schuldig sein fürbaz schaden nement datz Christen und datz Juden in welhen wegen das ist, oder wie der schad genant ist das einer der den brief zaigt | bei seinen trewn ungesworn gesprechen mag, denselben schaden mit sambt dem dienst und houbtgüt süllen si haben ouf uns obgenanten zehenn und allen unsern Erben unverschaidenleich und ouf allem unserm Güt das | wir haben in den lannden ze Österreich und ze Steyr, oder wie wir es haben wie das genant ist und süllen In ouch denselben schaden mitsambt dem dienst und houbtgüt gäntzleich ablegen und gelten, wenn si des nach | der obgenanten vrist nicht lenger enpern wellent. Tét wir des ouch nicht wo si denne unser aller unverschaidenleich und ouch unsers igleichs besunderleich Hab und Güter anchoment, oder darouf zaigent, es sei in Steten | Maerkchten Dorffern ouf Lannde oder ouf wazzer, do süllen In unser herren die Hertzogen in Österreich oder ir Lanntmarschalich oder Houbtman oder wer irn gewalt hat, an alles fürbot und an alle chlag und gericht | phannt von antwürtten, und si der gewaltig machen, und in nutz und in gewer setzen und ouch darouf schirmen ze verchouffen, ze versetzen wem si wellen und allen irn frumen damit ze schaffen wie In das allerpest chumt und | fügleich ist an alle irrung alsuerr daz si des vorgenanten irs geltes houbtgûts und diensts des wir si denne ze richten schuldig sein und alles des schadens den si des denne habent genomen alz vorbenant ist gantz und gar | dauon gewert werden wir sein lebentig oder tod. Ouch verpinden wir uns gegen dem oftgenanten Chadolten von Wêhing und gegen seinen erben oder wer den brief mit irm gûtem willen innehat, das wir In das vorgenant gelt | weder houbtgut noch dienst nyemant in unserr gewalt verpieten noch In chain bechûmernûzz oder irrung daran tûn sûllen lazzen, und ob es aber yemant in unserr gewalt verput oder in dhain bechûmernûzz oder irrung in unserr | gewalt daran tûn wolt des sûllen si allerding unenkolten beleiben und das mag ouch uns gegen In nichts ledig gemachen wannd wir desselben geltes nicht anders sûllen noch mûgen von In ledig werden untz daz wir si | des selber gentzleich gerichtet haben und In des geantwûrtt haben an allen irn schaden an ein stat wo si das in dem lannde ze Österreich nemen wellent alz vorgeschriben stet oder daz si des von unserr hab verrichtet und | gewert werdent alz ouch vor begriffen ist. Und darûber so geben wir In den brief zu einem warn urchûnd der sach versigilten mit unserr obgenanten Rûdolfs von Waltse Wolfgangs von Wynnden Albers von Ottenstain Otakchers | des Wolfstains, Michels des Utendorffer Hannsen Chûtzkchofen und Hannsen des Hager angehangen Insigilen und wannd wir obgenanten ich Reymprecht und ich Fridreich von Waltse zu der zeit nicht aigener Insigilen haben so ver | pinden wir uns under des vorgenanten unsers Prûders hern Rudolfs vonWaltse und unsers Oheims hern Wolfgangs vonn Wynnden Insigilen mit unsern trewn an geuêr alles das stêt ze haben und ze laisten, das vor an dem brief ge | schriben stet und wannd ich obgenanter Hanns von Hochenekk zu der zeit ouch nicht aigens Insigils han, so han ich mein petschat an den brief gehangen und verpind mich darunder und under der vorgenanten | aller Insigilen mit meinen trewn an geuêr alles das ouch staêt ze haben und ze laisten das vor an dem brief geschriben stet. Der geben ist ze Wienne nach Christes gepûrt Drewtzehenhundert Jar darnach in dem | sechs und sybentzigisten Jar des nêchsten freytags vor Sannt Johanns tag ze Sunnbenden.

(Zerschnitten.)

Orig. Perg. 8 Siegel (Nr. 3 und 6 sind da, die übrigen fehlen).
Haus- und Staatsarchiv.

129. 1376, 13. Juli. Ich Rûdolf von Waltse, zu den zeiten Hauptman in Steyr, ich Reynprecht und ich Fridreich von Waltse, des vorgenanten hern Rûdolfs prûder, ich Otakcher der Wolf | stayn, ich Hanns Chûtzkchofen, ich Hanns der Hager und ich Hanns von Hohenekk und alle unser Erben wir vergehen und tûn chunt allen den die den brief lesent | oder hôrent lesen, daz wir unverschaidenleich gelten sullen dem erbern Herren Graf Thoman van Sand Jôrigen und vrown Urseln seiner Hawsfrown hern Otten sêligen | von Meissow Tochter, und ir paider Erben die si miteinander habent und noch fürbas miteinander gewinnent sibenhundert phunt Wienner phenning, die si | uns berait gelihen habent, die dem egenanten Graf Thomann zu derselben seiner Hausfrown gegeben sind ze Haimstewr nach des Lanndes recht ze Österrich | und sûllen ouch wir si derselben phenning unvertzogenleich richten und wern ze Wienn in der Stat von dem hewtigen tag, als der brief geben ist über zwai iar | tûn wir des nicht, welich si denne under uns obgenanten sibenn, oder welich under uns mit dem tod abgegangen wêrn, darnach derselben nêchsten Erben monent | und vodernt, der sol dhainer auf den andern nicht waigern, sunder unser igleicher der von In gemont wirt sol denn einen erbern chnecht selbandern mit zwain | pherten des nêchsten tags darnach ze Wienn in ein erber gasthaws senden, wo si uns hin tzaigent, und sûllen die da inneligen und laisten als inneligens | und laistens recht ist, und da nymmer auschomen, es werd eê der vorgenant Graf Thoman vrow Ursel sein Hausfrow und ir paider Erben, die si miteinander | habent oder noch fürbas miteinander gewinnent, der egenanten sibenhundert phunt gantz und gar gewert. Wêr aber daz wir In die laistung vertzugen und | nicht laistieten in der weise so vorgeschriben stet, oder ob wir in solang laistieten, daz si des verdruzz, swaz si denn der egenanten phenning nach der obgenanten | vrist furbaz schaden nement datz Christen oder datz Juden, oder mit potschaft mit nachraisen mit zerung oder wie der schad genant ist, daz ir ains pei seinen trewn | ungesworn gesprechen mag, denselben schaden mitsambt dem hauptgût sûllen si haben auf uns unverschaidenleich, und auf allem unserm Gût, das wir haben in | den lannden ze Österreich und ze Steyr, oder wo wir es haben, und sûllen In ouch denselben schaden mitsambt dem hauptgût gêntzleich ablegen und gelten wenn | Si des nach der obgenanten frist nicht lenger enpern wellent. Têt wir des nicht, wo si denn unser aller unverschaidenleich und ouch unser igleichs besunderleich | hab und Gûtern anchoment, oder darauf zaigent, es sey in Steten, Maerkchten, Dôrffern, auf Lannd und auf wazzer, do sûllen In die Lanndes fûrsten oder ir Lant-|marschalich oder Hauptman, oder wer irn gewalt hat, an alles fûrbot und an alle chlag phant von antwurten, alsuerr, daz Si der egenanten Sibenhundert phunt | phenning und alles des schadens, den si der denn habent genomen, als vorgeschriben stet gantz und gar verricht und gewert werden, wir sein lebentig oder tod. | Und darûber so geben wir In den brief zû einem warn urkund der sach versigilten mit unserr obgenanten Rudolfs Reyn-prechts und Fridreichs gebrûder von | Waltse, Otakchers des Wolfstains, Hannsen Chûtzkchofen und Hannsen des Hager angehangen Insigiln und wand ich egenanter Hanns von Hohenekk zû der zeit | selber nicht aigens Insigils han, so han ich mein Petschat an den brief gehangen, und verpind mich darunder und ouch under der vorgenanten aller Insigilen | mit meinen trewn an geuêr alles das stêt ze haben und ze laisten, das vor an dem brief geschriben stet. Der geben ist ze Wienn, nach Christes gepurd | Drewtzehenhundert iar, darnach in dem sechs und sibentzgistem iar, an sand Margreten Tag, der heiligen Junchvrown.

(Zerschnitten.)

Orig. Perg. 7 Siegel (1, 2 abgestreift, 3 da, 4 weg, 5 abgestreift, 6 und 7 schadhaft). Haus- und Staatsarchiv.

130. 1376, 4. December. Ich Jôrig der Rûdlinger vergich und tûn kunde offenbar mit dem brif alle den di in sehen oder hôren lesen di nu leben oder hernach chunftig sind, umb die chlag sa der Edel erber | Herr, her Eberhart von Chappellen der Elter uber mich tan hat meinem genedigen liben Herren, hern Hainreichen von Waltse ze den zeiten Haubtman ob der Enns und dar umb | mich mein egenanter Herre von Waltse in seinen venkchnûsse und pessrung gehabt hat, daraus mich mein vreund und erber lewt erpeten haben. Also das ich nach alle mein vreûnd | und helffer gegen dem obgenanten meinem herren von Chappellen und dem von Waltse und gegen alle den die mit wart und mit werhen an der ebenanten meiner vênkchnûse | und pezzerung schûld haben, dhain veintschaft has unwillen noch scheden zû ziehen nach gegen in haben schullen vil nach wenig in dhainen wegen an geuêrd. Auch ist sûnderleich | ze merkchen, das ich egenanter Rûdlinger alle mein vreûnd und helffer nach niemant von unsern wegen gegen den obgenanten meinen Herren, dem von Chappellen und dem von | Waltse und alle den iren von der Ansprach und chlag wegen, sa ich hab hincz den iren darumb mit in nach den iren nichtz ze schaffen nach ze handeln sôllen haben, denne mit | dem rêchten, und der vorgeschriben gelub und gehaiss hab ich gesworen ainen starkchen ayd hincz got und allen seinen heiligen, das ich und alle mein vreûnd und helffer das stêt | unverrûkcht und gêntzleihen behalten wellen mit unsern trewen an alle arig liste, der selben gelub und gehaiss ze pezzrer sicherhait und versarignûsse secz ich in ze sampt mir ze | parigen mein lîb vreûnd und gesellen di mit namen an dem brif verschriben sind und ire Insigel an den brif ze zewgnusse gehangen haben. Von erst her Wernhart, her Dietreich, di | Aystershaimer, her Jorig von Volkestorff, her Hanns Mêwrlij, her Andre von Pollnhaim, her Veyt der Anhanger, her Jacob Strahnêr, her Hainreich Schônnâwer, Lewtolt Aêspein Wolfhart | und Haensel di Sintzendorffer, Ulreich Aschperger, Ortel Gaêwman, Wernhart Chamrer ze

Lintz, Hainreich Perkehaimer, Allweyg Rudlinger, Lewtolt Holtzer, Thoman Atzpekch von Holtzhaim, Ulreich | Möser, Chonrad Steger, Goschel Lerbůchler, Stephel Chersperger von Stadelchirchen, Hanns Ponhalben aus der Tênn, Ulreich Aêttel, Thoman Alhartinger, Hanns Schifrer, Hainreich Schönn | awer von Aterse, Alram und Ludweig vettern die Chamrer, Fridreich Mitterekker, Hanns Gruber, Hainreich Aistershaimer, hern Wernharts des Aistershaimer bruder, Dyetreich Tewrbaggrer von Chro|tepdorff, Meinhart Tewrbaugrer, Alphart Hörenpekch ze Welss, Orndel Pernawer, Ulreich Geltinger. Und darnach aber setz ich darzu ze pargen mit sempt uns unser lib vreund und | gesellen als sew mit namen hernach auch verschriben sind und nicht aigen Insigel haben von erst Fridreich Forster, Jacob Chirichperger Hanns Jöriger, hern Ulreichs sun von sand Jorigen, Fridreich | Lawn, Ull Aboltinger, Hênsel Scharnhaimer, Johel Pernawer. Also beschaiden und mit warten ausgenomen, ob ich oftgenanter Jörig Rüdlinger mein vreund und helffer das in dhainer | weis über fueren, des wir von erbern Laêwten wizzentleihen uber weyset wurden, sa bin ich vorbenanter Jörig Rüdlinger vor aus veruallen leibs und gůts an alle gnad. Und mein | ebenant pargen als sew vor benantt und geschriben sind veruallen meinem Herren zwaier hundert phunt wyenner phenning der yederman seinen tail sa in aus den zwain hun|dert phunten an gepurd geben sol, wenn man den an in vodert. Wer oder welich aber des nicht têt, waz man des schaden nimpt den sol man haben dats demselben und auf | aller seiner hab, wie di genantt oder wa di gelegen ist, da von man denne desselben seins tailes und der scheden, sa man da von nimpt, bechomen sol und mag mit gůtleihem sei | nem willen und wart. Darzů solle wir vorbeschriben pargen alle dem oftgenanten Joriglein dem Růdlinger oder welher seiner vreund oder helfer der gelub und gehaiss pruchig | wurd als veint sein und nach seinem leib und gůt trachten und vleizzichleihen darnach setzen, das wir in darzů bringen, das das gegen im volfurt wêrd, das an dem brif be | schriben und begriffen ist. Und der vor verschriben red und tayding ze ůrchund gib ich egenanter Jörig Rudlinger und wir vorbeschriben Pargen alle di aigen Insigel haben | als wir vor benantt sein den brif offenbaren mit unsern anhangunden Insigeln besigelten. Darzů auch wir vorbenant pargen alle beschriben mit namen di nicht Insigel haben uns | verpinden mit unsern trewen under der obgenanten aller Insigel sa an dem brif hangen und geloben auch gêntzleihen stêt haben und volfueren an alles geuêrd alle gelub pùnd und | haizzen und mit ze gelten als an dem brif geschriben stet. Der brif ist geben an Phincztag vor sand Nyklastag nach Christi gebůrde Drewtzehen hundert Jar dar | nach in dem sêchs und sibentzkistem Jar.

Orig. Perg. 37 Siegel (21 da, 1 halb, 15 abgestreift). Haus- und Staatsarchiv.

131. 1377, 20. Februar. Ich Rudolff von Waltse di Zeit Hauptman in Steyr und mein Erben veriehen mit dem|priff, daz wir unserm holden Chunraten Hainreichs sûn am Chienperg seiner hausfrawn | allen iren Erben und gaben dî uns nùzz und fůgleich sind ze holden ain rechtz chauffrecht | geben haben auf dem hoff am Chienperg umb ain gelt des si uns gantz und gar gericht | und gewert habent, also daz wir sew darauff nicht verchern schullen all dî weil si uns | das verdienn und verstewrn mugen. Si schullen uns auch alle iar da von dienen Dreytzehen | schilling wienner phenning an unser frawen tag zu der dienstczeit, und sullen auch uns | mit aller vôdrung bereit sein als ander unser holden. Und wann si denselben Hoff | verchauffent so sollent si uns geben den zehentten phenning an geuêr waz man in | darumb geit. Und wer darauf vert, der sol uns geben sechtzig phenning ze anlait. | Stirbt aber unser holden ainr darauf so sollent uns sein Erben geben sechtzich | phenning für Todhaupt und sechtzich phenning ze anlait, und nicht mer. Daruber | geben wir in den priff versigelt mit meinem anhangunden Insigel. Geben ze | Sewsenek am freitag vor dem Suntag wann man singt Reminiscere nach | Christez geburd Dreutzehen hundert Jar darnach in dem syben und | sybentzigistem Jar.

Orig. Perg. 1 Siegel (von grünem Wachse). Haus- und Staatsarchiv.

132. 1377, 24. Februar. Ich Symon der Zänkel ich Chunrad Hÿrsmâgel und ich Ulreich Mörold tun chund und vergeben offenleich mit dem prief allen den die in sehent hörnt | oder lesent umb die missetat so wir getan haben, dar umb uns der Edel Erber Herr Her Hainrich von Waltse Hauptman ob der Enns in seiner vanchnusse | swärleich gehabt hat. Daraus uns Erber Herren Ritter und Chnecht und ander unser vreund ertaydingt und ab erpeten habent, in der mainung alz her | nach mit worten an dem prief verschriben und wegriffen ist. Von erst so haben wir gesworn stark ayd zden heyligen, daz wir von der Tât und vanch | nuzz wegen fürbaz nimer niemant dester veinter sein sullen weder Landen noch Läwten, noch allen den dhaynen, die mit worten oder mit werchen daran | schuldig gewesen sein, wie die genant werden oder sein in dhainer weis. Und wo wir daz indert überfüren geuârleich, oder ander yemant von unsern | wegen, dez wir mit zwain erbern mannen über weiset wurden, so sey wir mit zwain übersagt und verurtaild in gleicher weis alz ander schedleich läwt | die mit recht verurtaild und überwunden werdent, und sullen noch mugen wir dhains gelaitz dhainer vreyung an dhainer stat nicht geniezzen wie die | genant mag werden. Und der sach gelûb und Tayding geben wir den prief mit gûtleichem willen über uns ze ûrchund, der versigelt ist mit der | Erbern Herren Ritter und Chnecht anhangunden Insigel, die hernach an dem prief verschriben und wenant sind, von Erst Hern Hansen Maurln Hern Wernhartz | dez Aystershaimer Hern Ulreichs von Rorbach, und Wölflein dez Sintzendorffer, Hansen dez Schyfer, Ulreichs dez Geltinger Wernhartz dez Chamrer ze Lintz und | Fridreichs dez Chraftz und Albeygen und Jörgen der Rüedlinger Chunrad Chienast Tybolt Pernawer, Ludweyg Chamrer Tomel Alhartinger und Jörgen dez Prait | wiser aller anhangunden Insigel, die sie durch unsrer pet willen und durch fristung unsers lebens angelegt habent in an schaden. Darhinder | wir uns verpinten mit unsern gesworn ayden alles daz stât ze haben und ze volfurn, daz an dem prif ist verschriben, der geben ist nach Christ | gepurd dreutzehen hundert Jar und darnach in dem syben und Sibentzkisten Jar an sand Mathiastag dez heiligen zwelifpoten.

Orig. Perg. 15 Siegel (3 sind übrig, 12 abgestreift). Haus- und Staatsarchiv.

133. 1377, 8. März. Ich Zachreis der Hadrer vergich und tûn kund offenlich mit dem brief allen den di in hörent oder sehent | lesen umb die vest ze Sand Jörgenperg di da leit ob der stat ze Pazzaŵ die mir mein herr her | Rudolf von Wallse ingeantwurtt und mich in pflegweis da hin behaust hawet (sic) hat, daz ich | im mit meinen trewn an geuerd verhaizzen han, daz ich von dem obgenanten haws dhainen chrieg | noch anval tûn sol an des vorgnanten meins herren hern Rudolfs von Walse willen und haizzen. Wâr | aber daz ich nach seinem haizzen und willen ichcz an viell und tât nâm ich des dheinen schaden den sol | er mir genadichklich auz richten nach rat des edelen herren Graf Hermans von Cili und des erbern | Herren hern Hansz von Liechtenstain und anderer seiner freunt. Darzu han ich im gelubt ob der vorgenant | mein herr her Rudolf von Walsse abging mit dem tod in der zeit ich di egenant vest von im inne | hiet so sol ich denne mit derselben vest niemant ander gewärtig sein danne dem der di zeit bischolf | ze Pazzaw ist und dem Erbirdigen Capitel da selbens und sol auch in die antwürtten an allez ver | cziehen wann si di an mich vodernt. Daruber gib ich im den brif versigelt mit meinem anhangunden Insigel | und mit Ulreichs des Scharffenberger anhangunden Insigel der daz durch meiner pet willen an den | brief gelegt hat zu einer zewgnüsse im an schaden. Der brief ist geben nach Christes gepurd dreucz | ehen hundert Jar darnach in dem syben und sibenczkistem Jar des Suntags ze Mitter vassten.

Orig. Perg. 2 Siegel (Nr. 1 fehlt). Haus- und Staatsarchiv.

134. 1377, 13. April. Ich Hertneid von Pettaw der Junger an aim tail, vergich offenleich mit dem brief und tûn chunt | allen den die in sehent oder hörent lesen umb alle die chrieg, ansprach und vordrung | so mein liebew muem Ann von Liechtenstain, hern Fridreichs von Pettaw meins Vettern säligs | tochter

und ir wirt her Hans von Liechtenstain hincz mir gehabt habent, umb meiner vorgenanten | muemen vrawn Annen vaeterleich Erb an dem andern tail. Derselben chrieg vodrung und | ansprach wie so daz alles gehaizzen oder genant ist, da pin ich alles willichleich und | unbetwungenleich mit veraintem wolbedachten můt gegangen und hab mich verpůnden | und verpind mich auch dez mit dem brief hinder die Erbern herren, hern Rudolfen von Walsse | Haubtman in Steyr, hinder hern Otten von Stubmberg, Oberisten schenkchen in Steyr, hinder | hern Haugen von Tybein und hinder hern Otten von Ernuels, und in daz in ir haat und | willen geben han, und in mit unsern trewn verhaizzen an aides stat und an alz geůerd also | waz die vir darumb zwischen uns erfindent und sprechent, daz ich dez allez gênczleich | stêt haben schol und wil an alle widerred. Wêr aber, daz ich daz yndert ůberfůr und nicht | stêt hiet, in welichen stukchen daz wêr, so hiet ich alle meinew recht gen meim wider | tail vor aus verlorn. Und wêr darzu dem hochgeborn fursten meinem genedigen herren | dem Herzogen von Osterreich verfallen vier Hundert phunt wienner phening, und den obgenanten | vir Spruchlewten virhundert phunt wiennerphening. Und dez ze urchund gib ich den | brief versigelten mit meim obgenants Hertneidez von Pettaw anhangundem Insigel und | durch pezzer sicherhait und guter geczeugnuz willen mit dez Erbern Fridreichs von Fridaw meins | schaffer auch anhangundem Insigel, der daz durch meiner pet willen daran gehangen hat, ym | und seinen Erben an schaden. Der brief ist geben nach Christes gepurd Dreuczehen | hundert iar, darnach in dem siben und sibenczigistem iar, dez nâchsten Montags | nach dem Suntag, alz man singet Misericordia Domini.

Orig. Perg. 2 Siegel (1 von grünem, 2 von weissem Wachse).
Haus- und Staatsarchiv.

135. 1377, 13. Mai. Ich Rudolf von Walse Hawbtman in Steyer und ich Albrecht der Gefeller die zeit verbeser | meins egenanten herrn unser Hausvrawn und all unser erben wir vergehen offenleich mit dem prief daz | wir Judlein dem Juden von Rakeinspurg und Aindorn dem Juden seinem geswein irn Hausvrawn | und allen irn erben oder wer uns von irn wegen mit dem prief ermont unverschaidenlich gelten | sullen Hundert phunt guter wienner phening und zehen phunt phening der wir sew wern sullen | auf sand Gorgentag der schierist chumpt. Wert wir sew nicht zu dem tag so get furbaz | all wochen ye auf ain phunt drey wienner phening ze gesuch. Wir loben in auch mit unsern | trewn an aidez stat und an geůerd daz wir sew mit der bewerung nindert schaffen noch | schieben sullen an chain herschaft noch ain chain gewaltig pett mir selben ze richten und | ze wern mit beraiten phening erchen und gesuch und wenn die Juden irs geltz nicht lenger | enpern wellent so sullen wir sew wern erchen und gesuch. Tet wir dez nicht welhen schaden | dez die Juden nêmen den sew pey irn trewn mőchten gesagen, den loben wir in gênczleich abzelegen, | und sullen sew auch daz haben auf uns auf alle dew und wir haben ob wir uns daran ver- | gêzzen so sol sew der landez herr in Steyer oder wer an seiner stat gewaltig ist oder wer uber uns | ze pieten hat von aller unsrer hab richten und wern wo sew darauf zaigent oder weisent an chlag und | an taiding und dez ze urchund der sach geben wir in den prief versigelten mit unser obgenanter paider | Rudolfs von Walsse und Albrechtz des Gfeller anhangunden Insigeln zu einer geczeugnuz der | warhait. Der prief ist geben nach Christs gepurd Drewczehnhundert Jar darnach an dem | siben und sibenczigistem Jar dez Mitichens nach sand Pangreczen Tag etc.

(Zerschnitten.)

Orig. Perg. 2 Siegel. Haus- und Staatsarchiv.

136. 1378, 21. März, Wien. Christoffer von Liechtenstain von Nikolspurch verzichtet für sich und seine Erben gegen eine Summe von 1100 Pfd. Wiener Pfenninge zu Gunsten seines Oheims Jörg von Waltse auf alle Ansprüche auf die Hab und Güter, welche sein Vater Herr Eberhart von Waltse von Lin (mein En selig) hinterlassen hat „es sein vesten, Merkcht, Dörffer, Mannschaft,

Lewt und Gût, Aygen, Lehen, Purchrecht, Perchrecht, Erbgûter, Chaufgûter, Saecz, Varund-Güter" und auf die fahrende Habe, welche seine (Christoffs) Mutter hinterlassen hat, und welche in den Händen seines Grossvaters und Oheims geblieben war.

Versiegelt durch ihn und seinen Vettern Herrn Hanns von Liechtenstain der Zeit des Herzogs Albrecht von Österreich Hofmeister, und seinen Bruder Jörg von Liechtenstain von Nikolspurch.

Wien 1378, Sonntag vor Mittervasten.

Orig. Perg. 3 Siegel (Nr. 1 fehlt). Haus- und Staatsarchiv.

137. 1378, 11. Juni. Ich Rûdolf von Waltse zu den zeiten Haubtman in Steyr, ich Otakcher der Wolfstain, ich Michel der Ûtendorffer, ich Hanns Chûtzchofen, ich Hanns | der Hager, und ich Hanns von Hohenekk und all unser Erben. Wir vergeben und tûn kunt allen den die den brief lesent oder hôrent lesen | das wir unverschaidenleich gelten sûllen Dauiden dem Stewzzen dem Juden ze Wienn, Hênnlein Sun von Newnbûrch und seinen Erben ayndlef | hundert phunt wienner phenning, der wir si wern sûllen von dem hewtigen tag als der brief gegeben ist über drew iar. Tûn wir des | nicht, so sol denn nach denselben dryn iarn gesuch darauf gen auf ein igleich phunt vier phenning all wochen, und sûllen wir In die ege | nanten drew iar für den gesuch der dieselben zeit auf die egenanten ayndlef hundert phunt gewachsen môcht, dienen und geben allew iar | Hundert phunt und zehen phunt wienner phenning, zu den zwain têgen an Sant Mertteinstag und ze Phingsten, zu yedem tag fûmf | und fûmfczig phunt. Und sûllen mit dem ersten dienst anheben an Sant Mertteins tag der schirist chumt. Wir haben auch vollen gewalt, das | vorgenant gelt von In abzelôsen in den egenanten drin iarn, ob wir mûgen oder wellen, also swas wir In in derselben zeit an dem Haubtgût | geben wellen, das sullen si nemen an all widerred. Und sullen wir In den ganczen dienst der ain Jar dauon geuellet, damit geben, und sullen | auch wir denn ye alsuil geltes so wir In an dem haubtgut geben und alsuil dienstes, so iêrleich dauon geuallen solt, von In ledig sein und | los. Wenn aber das wêr in den egenanten dryn iarn, das wir In zu yedem vorgenanten tag den dienst den wir In ze raichen schuldig sein nicht | raichen und geben, so sol denn furbas auf haubtgut und auf dienstgesûch gen auf ein igleich phunt vier phenning all wochen, und wann | si haubtguts und schadens nicht lenger peiten wellent nach den obgenanten tegen, so sullen wir si irs guts wern. Tûn wir des nicht | wann si uns denn monent und vodernt, so sol unser igleicher einen erbern chnecht selbandern mit zwain phêrten des nechsten tags dar- | nach ze Wienn in ein erbêr Gasthaws senden, wo si uns hin zaigent, und sullen da innligen und laisten, als innligens und laistens recht | ist und do nimmer auschomen, es sein denn die vorgenanten Juden haubtguts und schadens gancz und gar gewert, das luben wir In ze | laisten mit unsern trewen. Es wêchst auch dennoch der gesuch auf die vorgenanten phenning nach den obgenanten tegen, man laist In | oder nicht. Si sullen auch haubtgut und schaden haben auf uns unverschaidenleich und auf allem unserm gût, das wir haben in dem | Lannde ze Österreich ob der Ens und under der Ens und das wir haben in dem Lannde ze Steyr, oder wo wir es haben, dauon In | der Lanndesfûrst oder wer seinen gewalt hat an alles fûrbot und alle chlag phant antwurtten sol, wo si darauf zaigent, wann si | des nach den obgenanten têgen nicht lenger enpern wellent, als uerr das si haubtguts und schadens gancz und gar dauon verrichtet und | gewert werden, wir sein lebentig oder tod. Wir luben In auch mit unsern trewen und verpinden uns gegen In mit dem brief, das wir Si | umb haubtgut, umb dienst, noch umb schaden, weder gen Hof, noch an chain gewaltigew bant noch ayndert alswo hin schaffen sûllen und | das auch wir chainen freybrief, tôttbrief, noch gegenbrief an irn willen umb das vorgenant gelt wider Si gewinnen sullen noch In mit | chainen andern Sachen wie die genant sint waigern noch verziechen sullen, denn das wir si haubtguts, diensts und schadens selber gênczleich | richten und wern sullen an geuêr. Wêr aber das wir icht brief gegen in furprêchten, es wern freybrief, tôttbrief,

gegenbrief, oder welherlay | brief das wêrn, die In an dem egenanten irm gelt geschaden möchten und die wir an irn willen gewunnen, eê denn si desselben irs geltes|haubtguts, diensts und schadens gar gewert wêrn, dieselben brief sülles allerding tot und zenicht sein und wider den gegenburtigen brief | chain chraft haben. Und wer den brief mit der vorgenanten Juden gutem willen innhat und uns damit mont es sey Jud oder Christen | wo er uns damit mont ynnerlanndes oder auzzerlanndes, denn sein wir alles des schuldig und gepunden ze volfûrn das vorgeschriben stet. | Und darûber so geben wir In den brief ze einem warn urkund der Sach, versigilten mit unsern anhangunden insigiln. Der brief ist| geben ze Wienn nach Christes gepurt Drewzehenhundert iar, darnach in dem acht und Sybenczgistem iar, des freytags in den Quatembern | ze Phingsten.

(Zerschnitten.)

Orig. Perg. 6 Siegel (abgeschnitten). Haus- und Staatsarchiv.

138. 1378, 7. Juli, Seusenek. Ludweyg ab dem Stayn und seine Hausfrau verzichten gegen Herrn Rudolf von Waltse und seinen Vetter Jörg auf alle verbrieften oder unverbrieften Forderungen „von dez pawz wegen ze Reychenaŵ oder von dienstes wegen.“ Nur der brief bleibt gültig „der da sagt, daz mich mein seliger Herr Her Eberhart von Waltse hintz Erharten von Pogenhofen versatzt hat umb hundert und virtzigk phunt phenning, was ich furbaz nach dem heutigen tag da von schaden nêm, da schol ich meins priefs um geniezzen, des ich von meim seligen herren hern Eberharten darumb hab.“ Waz sich aber vor dem heutigen tag vergangen hat, da sint si mir nichtz umb gepûnten weder vil noch wenikch.“

Zeuge mit seinem Siegel Peter der Hinderholtzer phleger ze Steyr.

Sewsenek 1378, Mitichen nach S. Ulrichstag.

Von Aussen: Abbt vom Stain 1378. Quittung pro W.

Orig. Perg. 2 Siegel. Haus- und Staatsarchiv.

139. 1378, 23. Juli. Ich Wernhart der Gnaŵzz vergich fûr mich und fûr alle mein erben und tun kund offenleich mit | dem prief allen den di in sehent hôrent oder lesent. Umb die chlag von dez Tuechs wegen | daz verloren ist warden und darumb meinem hern her Haynreichen von Waltse di zeit Hauptman ob | der Enns über mich di selb chlag chomen ist und mich auch darumb an meiner genâdigen Hern | der Hertzogen von Österreich stat in seiner vanchnuzz gehabt hat, so lang untz sich mein genûdig | hern von Österreich und auch mein Herr her Hainreich von Waltse darinne aygenleich dervaren habent|mit guter chuntschaft, daz ich daran unschuldig pin gewesen. Und umb dieselben vanchnûzz| schullen und wellen wir mein genâdigen Hern den Hertzogen von Österreich noch den iren noch | meinem Hern her Hainreichen von Walse noch den seinen noch dhainen der an der chlag noch an der | Vanchnûzz di mir geschehen ist schuldig ist gewesen nymmer mer dester veinter sein weder mit | warten noch mit werchen mit recht noch an recht in dhainer weiz. Wir schullen auch furbaz umb | dhainerlai handel, wie sich der verging auf der welt oder vor her vergangen hiet, an recht wider mein | genûdig Hern die Hertzogen von Österreich und die iren und wider mein hern her Hainreichen von Walse | und di sein nimmer mer nichtz gotun in dhainerlay weys und an als geuârd. Ich vergich auch| ob daz war, daz ich mit einer gewizzen und redleichen chuntschaft an die choment mâcht di an | dem obgenanten Tuch schuldig sind, daz ich gântzleich und an als geuârd derselben veint sein wil und | iren schaden trachten wil als ain veind, dez andern veintz schaden trachten sol alle die weil und sy | meiner Hern von Östereich und her Hainreichen von Walse genad und huld nicht habent. Und | daz ich obgenant Wernhart Gnâwzz und mein erben daz alles daz an dem prief geschriben ist an alz | geuârd güntzleich stât haben wellen, das hab ich in Ein gestalten ayd hintz got und hintz den | Heyligen gesworn. Und gib darûber den prief versigelt mit meinem anhangunden Insigel und | mit der erbern meiner lieben Öchaim her Syghartz und Phylippen geprûder der Stauffenperiger paider|

anhangunden Insigeln di sy durch meiner fleizzigen pet willen zu einer waren sichtigen zeugnůzz | an den prief gehangen habent in und iren erben an schaden. Der prief ist geben nach Christ | gepůrd Dreutzehen Hundert Jar und darnach in dem acht und Sybentzkisten Jar an freytag | vor sand Jacobstag.

Orig. Perg. 3 Siegel (nur Fragmente). Haus- und Staatsarchiv.

140. 1378, 11. September. Ich Hainreich der Vanstorffer ich Elspeth sein hawsvrow und ich Hanns des egenanten Vanstorffer sůn verichen fur uns und all unser erben gegenburtichleich | mit dem offen brief. Das wir mit aigem willen und willchur mit verdachtem muet recht und redlich gangen sein gěntzleich und gen sein auch mit | dem brief hinder den Edeln unsern gnedigen herren hern Hainreichen von Walse di zit haubtman ob der Ens umb die Tuechher sa die burger von Reichenhall | auf dem Schachen bey Chemmaten verloren haben, das er darumb ganczen und von uns vollen gwalt hat. Also was er den egenanten burgern von Reichenhall | umb ir tuch geltz von uns spricht ze geben auf welhen tag und wie vil und an welhe stat ze raihen, das wellen wir an widerred tun gentzlich stet haben und | volfueren und des in dhainer weis wider sein. Wer aber das wir des nicht těten und das gelt sa von unserm obgenanten herren von Walse den burgern von Reichenhall | von uns ze geben sprechen wirdt auf den tag und an di stat als genczlich nicht richten und weren in der mazz als oben geschriben und begriffen ist, welhen | denn under uns der oftgenant her Hainreich von Waltse oder wer seinen gewalt hat oder aber die burger von Reichenhall mit dem brief monĕnd unser ain vodern | ze laisten, welher under uns das ist der sol auf den andern nicht waigĕrn, er sol nach der monu(n)g mit sein selbs leib selb ander mit zwain pherden in varen ze laisten | in welhe stat und gasthaws in der haubtmanschaft ob der Ens man in hin voder und zaig ze laisten. Der sol da inne ligen und laisten als inne ligens und laistens | recht ist, und do nicht aus chomen si werden eĕ des geltz sa gesprochen wirdt genczlich gericht und gwert in aller der mass als vor an dem brif gemelt ist. Verczugen | aber wir in gelt und di laistung wie sich das vergieng, den der so den brief furbringt gesprechen mag bey seinen trewn an aid und ungesworen, denselben schaden | sollen wir in zusampt dem gelt sa gesprochen wirdt ausrichten und sollen sew das haben auf uns unverschaidenlichen und auf allem unserm varunden und likunden (sic) | gut wie sa dasselb unser gut alles genant ist und gehaizzen mag, von demselben unserm leib und gut si desselben gelts alles was des wirdt und auch der scheden | bechomen sullen und mugen als negst und pest in das fuegund und geuallund ist und ist das unser gutlicher will wir sein lembtig oder tod. Der vorverschriben | sache aller des hindergangs und der gehaizz geben wir vorgenant baid Vanstorffer den brief zu guter gedächtnuss besigelten mit unsern baiden anhangunden insigel | und ze einer zewgnůss mit des erbern Hertneiden des Pottling anhangunden Insigel, mit des willen der hindergang und di taiding beschehen sind, wann ich | Elspeth die Vonstorfferin aigens insigel nicht enhab verpind ich mich under daz Insigel meins egenanten frewntz Hertneitz des Potling das unverrukcht | stet haben und volfueren gentzlichen das oben an dem brif geschriben und begriffen ist. Der geben ist an Samstag nach unser frown tag zder dienst | zeit nach Christs geburd drewczehen hundert jar, darnach in dem acht und sybenczkisten Jar.

Orig. Perg. 3 Siegel (weggestreift). Haus- und Staatsarchiv.

141. 1378, 19. November. Ich Růdolf von Waltse zu den zeiten Haubtman in Steyr und ich Reynprecht und ich Fridreich von Waltse, des vorgenanten Hern Růdolfs Průder | ich Otakcher der Wolfstain ich Michel der Ůtendorffěr, ich Hanns der Hagěr und ich Hanns von Hochenekk und all unser Erben wir vergehen | und tun kunt allen den die den brief lesent oder hôrent lesen, daz wir unverschaidenleich gelten sůllen Daniden dem Steuzzen dem Juden ze | Wienn, Hěnnlein Sun von Newnbůrch und seinen Erben Tawsent phunt wiennĕr phenning, der wir si richten und wern sůllen von dem tag | als der brief geben

ist uber ain iar. Tůn wir des nicht, so sol denn fůrbas gesůch darauf gen auf ein igleich phunt drey phenning all wochen | und wann si haubtgůts und schadens nicht lenger peiten wellent, so sûllen wir si irs gůts wern. Tůn wir des nicht wenn si uns denn monent | und vodernt so sol unser dhainêr auf den andern nicht waigern, sunder unser igleicher der von In gemont wirt, sol einen erbêrn chnecht | selbandern mit zwain phêrten des nèchsten tags darnach ze Wienn in ein erbèr Gasthaus senden, wo si uns hin zaigent, und sûllen die do | innligen und laisten als innligens und laistens recht ist und do nimmer auschômen, es sein denn die vorgenanten Juden haubtgůts und schadens | gar gewert, das luben wir In ze laisten mit unsern trewn. Es wêchst auch dennoch der gesůch auf die vorgenanten phenning nach dem obge- | nanten tag, man laist in oder nicht als vorgeschriben stet. Si sûllen auch haubtgůt und schaden haben auf uns unverschaidenleich, und | auf allem unserm gut, das wir haben in dem Lannde ze Osterreich ob der Ens und under der Ens, oder wo wir es haben, wie das genant ist, dauon in der Lanndesfûrst oder wer seinen gewalt hat an fûrbot und an chlag phant antwûrten sol wo si darauf zaigent wann si des nach dem obgenanten tag nicht lenger enpern wellent alsuerr das si haubtgůts und schadens gancz und gar gewert werden' wir sein lebentig oder tod. Wir lůben auch den vorgenanten Juden mit unsern trewn und verpinden uns gegen In mit dem brief, das wir | si umb haubtgůt noch umb schaden weder gen Hof noch an chain gewaltigew hant noch nindert alswohin schaffen sûllen, und das auch | wir chainen freybrief tôttbrief noch gegenbrief an irn willen umb dasselb gelt wider si gewinnen sûllen noch in mit chainen andern | sachen wie die genant sint waigern noch verczichen sûllen, denn das wir si haubtgůts und schadens selber gènczleich richten und | wern sûllen an alle geuer. Wêr aber das wir icht brief gegen In furprechten, es wêrn freybrief tôttbrief gegenbrief oder welherlay | brief das wêrn, die In an dem egenanten irm gelt geschaden môchten, und die wir an irn willen gewunnen, eê denn si desselben irs geltes | haubtguts und schadens gar gewert wêrn, dieselben brief sûllen allerding tot und ze nicht sein und wider den gegenbûrtigen brief | chain chraft haben. Und wer den brief mit der vorgenanten Juden gutem willen innhat und uns damit mont, es sey Jud oder Christen wo | er uns damit mont, innerlanndes oder auzzerlanndes, dem sein wir alles des schuldig und gepunden das vorgeschriben stet. Und | darûber so geben wir In den brief ze einem warn ûrkund der Sach, versigilten mit unsern insigiln. Der brief ist geben ze Wienn | nach Christes gepûrt dreiczehenhundert iar, darnach in dem acht und sybenczgistem iar, an sant Elzbeten Tag.
(Zerschnitten.)

Orig. Perg. 7 Siegel (abgerissen). Haus- und Staatsarchiv.

142. 1379, 2. Mai. Ich Elzbet von Chůnring hern Eberharts sèligen von Waltse ab der Steyrmarich witib vergich und tůn kunt offenleich mit dem brief umb | die ayndlefhundert phunt wienner phenning, die ich geschafft han zu meiner begrebnůzz und piuild und zu meinen Jartègen zu meiner Chappelln | ze Tyernstain und meinen Dienern und Dienerinn, daz die mein lieber Ohem Haydenreich von Meichsaw ausrichten und geben sol nach meinem tod | in aynem moneyd unvertzogenleich von meiner hab, die ich hinder mein lazz als mein geschêfftbrief sagt darinn alles ander mein geschêfft geschriben | stet. Nu han ich mit wolbedachtem můt, die weil ich wol mag und pey gůten witzen und sinnen pin die vorgenanten ayndlefhundert phunt geschafft | und schaff wizzentleich mit dem brief daz die der vorgenant mein Ôhem Haydenreich von Meichsaw raichen und geben sol an die stet und den personen | als hienach stet geschriben. Von erst zu meiner begrebnůzz und piuild hundert phunt wirt der icht ûber, die sol man tailen zu der Pharr ze Tirn | stain und den frown in dem Chloster daselbens und armen Lůwten. Item zu meinen Jartègen hundert phunt. Item ze meiner Chappelln Hundert | phunt. Item ze hilff der Messe datz der Pharr ze Tirnstain sechczig phunt. Item hern Hannsen meinem Chapplan hundert phunt und die zway | phèrd von dem Abt von Chôtweyg und meinen Mantel mit der

rükkein Chürsen. Item hern Chunraten seinem gesellen zweilif phunt. Item dem andern seinem gesellen sechs phunt. Item hern Thomann, der mein Chappelan gewesen ist zehen phunt. Item meinem Schaffer dreizzig phunt. Item Freydangen dem Gröbel zehen phunt und darzu seinen brief den ich von im han ledichleich wider. Item Hainreichen dem Leymbtner fumftzig phunt. Item dem Prownsterffer meinem Diener dreizzig phunt Item Chunraten von Ellents dreizzig phunt. Item meinem Schreyber fumftzehen phunt. Item meinem Chellner fumftzehen phunt. Item meinem Hawsschaffer fumftzehen phunt. Item meinem Marstaller acht phunt und meinem Snëyder acht phunt und meinem Choch acht phunt und meinem Chuchenchnecht vier phunt. Item dem Ultzen zwainczig phunt und meinem | Torbèrtel vier phunt. Item Hërtlein meinem Schaffer ze Wienn und seiner wirtinn zwainczig phunt. Item Nicklasen dem Chellner zwelif | phunt. Item dem Walich ze Grëtz seinen brief, den ich von im han ledichleich hinwider. Item meiner Maydenoginn fumfczig phunt. Item der Chür- | bitzèrinn viertzig phunt. Item der Püschingërinn zwaintzig phunt. Item meiner Diern sechs phunt. Item Wölflein zwaintzig phunt. Item Hënnslein, dem Gerestorffer zwelif phunt, die Summ des vorgeschriben geschëffts machet Newnhundert phunt und fumftzehen phunt. Darnach so schaff ich meiner lieben mümen Annen des vorgenanten meins Öhems Haydenreichs von Meichsaw wirtinn durich besunder frewntschafft fumftzig | phunt. Darnach so schaff ich die hundert phunt und fümf und dreizzig phunt die von den obgenanten aynlefhundert phunten über das | vorgeschriben mein geschëfft dennoch überwerdent, ob ich yemants in meinem geschëfft vergezzen hiet, daz man den dauon ausricht als pilleich | sey und swaz denn derselben hundert phunt und fümf und dreizzig phunt überwirt, die sol der egenant mein Öhem Haydenreich von Meichsaw | tailen und geben ze armen Chlöstern und zu armen Chirichen und Hausarmen Lawten, wo in dunkcht da es notdürftig und wol gestatt | sey. Darnach so schaff ich mein zwo Hermein Chürsen daz man die verchauffen sol und mir mit denselben phenningen selmesse sol frümen. | Ich schaff auch mein Tyschlachen zu Altartüchen in mein Chappelln und zwen Tewich und alle meine Pücher Dawtschew und Latein schaff | ich zu derselben Chappelln. Darnach so schaff ich alles mein Gewant waz des ist von Mëntein von Seydeln von Rökchen meiner Maydenoginn | und meinen Junkchfrown und schaff ir igleicher ein Pet und ein Petgwant und igleicher einen Seydeinn Sloyr, denn meiner Maydenoginn | schaff ich zu einem seydeinn Sloyr den pesten leyneynn Sloyr, den ich lazz. Und darüber ze einem warn urkünd des vorgeschriben geschëffts | gib ich den brief versigilten mit meinem aufgedrukchtem insigil und mit meiner lieben Ohemen Wernharts von Meichsaw obrister Marschalich | und des vorgenanten Haydenreichs von Meichsaw obristes Schenkchen und zu den zeiten Lantmarschalich in Osterreich aufgedrukchten insigiln | und han vleizzichleich gepeten den erbern Ritter hern Ulreichen den Neydekker und den erbern chnecht Lyenharten den Leymbeser von He- | brestorf daz si irew insigil ze einer gezewgnüzz auf den brief gedrukcht habent in an schaden. Der geben ist ze Wienn nach Christes | gepürt drewzehenhundert iar darnach in dem newn und sybentzgistem iar, des nechsten Mantags nach Sant Philipps und Sant | Jacobstag der heiligen zwelifpoten.

Von Aussen: „Daz ist vrown Elzbeten von Chünrring hern Eberharts sëligen von Waltse ab der Steyrmarich witiben gescheffbrif umb ir begrebnüzz und ir dyener. (Schadhaft.)

Orig. Perg. 5 hinten aufgedruckte Siegel. Haus- und Staatsarchiv.

143. 1379, 4. September, Gretz. Rudolf von Waltse Hauptmann in Steyer, Otakcher der Wolfstain und Friedrich von Graben, ihre Hausfrauen und ihre Erben bekennen, 300 Pfd. gute Wiener Pfennige schuldig zu sein „Efferlein dem Juden Menndleins Sun ze Grëcz und Chisann dem Juden seinem bruder und Smerlein dem Juden seinem Sweher iren hausurown und allen iren erben oder welher Jud uns mit dem brif ermant“ die nächste Lichtmesse über 1 Jahr bezahlt werden sollen, oder es geht alle Wochen auf 1 Pfd. 2 Wiener Pfennige zu Gesuch

23**

darauf. Auch haben sie ihnen mit ritterlichen Treuen versprochen an Eides stat „daz wir sew mit der bewerung nindert schaffen noch schieben sullen an dhain herschafft nur selben ze richten und wern mit beraiten phenning. Und sulles wir uns auch dhainen man in unser trew nicht lazzen greiffen dauon die Juden schadhaft wurden und wenn die vorgenanten Juden nach dem obgenanten tag irs gelts nicht lennger empern wellent so sullen wir sew wern erchens und gesuchs." Versicherung auf ihren Gütern u. s. w.

Gretz, Sonntag nach S. Gilgentag 1379.

Orig. Perg. 2 Siegel abgestreift. Haus- und Staatsarchiv.

144. 1380, 12. Jänner. Ich Wolfgang von Waltsse und ich Ulreich sein veter wir vergeben fur uns und unsern erben | offennleich mit dem brief umb die schutt die gelegen ist bey dem Swaikch Hof der | gelegen ist zu Cholsstorff die unsers rechten aigens ist, daz wir mit willen und gunst | und mit wolbedachtem mut dieselben Schutt darauf holcz und graz wechst verlihen haben | und verleichen auch mit dem brief zu ainem rechten Purkchrecht unserm Amptman Jacoben | in dem Altenwerd frown Chunigunden seiner howsurawn und ir baider erbn. Mit der beschai-| denhait daz si und ir erben oder wer den hof zu Cholsstorff noch in innehabent und besiczet | von der vorgenant Schütt mit allen den nucz die darauf bekomen mit Holcz mit graz | oder mit gruemat uns dauon dienen sullen alle iar zu weichnachten zu ausgeunden | veirtagen zwelif schilling wienner phenning zu Purkchrecht und sol auch furbas die | vorgenant schütt mit den nuczen holcz graz und gruemat die darauf jerleich bekoment | als die schütt ietzund gelegen ist ir werd von wazzergusse mynner oder mer. Wer aber | daz ez den Swaigern ire Lannt hinprech und chem zu der schütt die wir gelihen haben | unserm amptmann wo daz die Swaiger megen geczaigen mit guter Chuntschafft daz sol in | der amptmann und sein erben oder sein nachkomen die die schutt noch in innehabent ligen | lazzen zu dem vorgenant hof zu Cholsstorff sol die schutt gehorn und dauon nicht verchaufft | werden und sullen auch si furbas mit der vorgenant schutt und mit den nuczn die jerleich darauf | bekoment alles irn frumen damit ze schaffen mit verchauffen verseczen und geben wem si wellen | an allen irrsal und sein auch wir ich obgenanter Wolfgang von Waltsse und ich Ulreich | sein veter die obgenant schutt und aller der nucz die darauf jerleich bekomen des egenanten | Jacobs frown Chunigunden seiner hawsurawn und irer baider erben oder wer den obgenant hof zu Cholsstorff noch in innehat und besiczet zu dem die schüt gehört ir recht gewern und scherm | fur alle ansprach und was in daran abget dauon sullen wir si an scheden pringen und | des zu urchund geben wir In zu einem warn urchund den brief besigilln mit mein obgenant | Wolfgangs von Waltsse insigil und mit des erbern manns insigil Jorgn des Prayttenaicher | und wann ich vorgenanter Ulreich von Waltsse ieczund nicht aigens insigils enhab, darumb | so verpind ich mich under die obgenant Insigil allez daz stet ze haben und ze laisten, daz vor | an dem brief geschriben stet, der geben ist zu Wienn nach Christs gepurt Dreweczehenhundert | darnach in dem achczigistem jar des nesten Phincztags nach dem Prehem tag.

Orig. Perg. 2 Siegel. Haus- und Staatsarchiv.

145. 1380, 18. Jänner, Wien. Rudolf von Wallsee erklärt, dass er die 3 Pfd. Gülte zu Langenlebarn, welche Hanns der Fug von ihm und seinen Brüdern zu Lehen hatte, demselben so wie seinen Erben, Söhnen und Töchtern als rechtes Lehen verliehen habe, stirbt er ohne Leibeserben, fallen sie als Lehen an seinen Bruder Otto.

Mitichen vor St. Agnesentag 1380.

Orig. Perg. 1 Siegel. Haus- und Staatsarchiv.

146. 1380, 16. Mai. Ich Johannes Greimleins in der Aw sun ze Swannen meins herren horn Hainreichs | von Walsse von Ens schreyber der Lenger vergich mit dem brief offenbar allen | lewten lebentigen yeze und hernach chunftigen den der

gegenwürtig brief geczaygt | wirt und fur chumpt das ich meinem yczbenanten Herren von dez geschefts wegen | so ich von im inne gehabt und gehandelt hab geltes schuldig warden bin mit | redleicher rechter raittung und in dez nicht hab ze richten gehabt hab ich in mit | vleizziger pet Erbrer lewt erpeten daz er mir die genad tan und geurlawbet hat, daz ich dyennen solle wa ich mag und wa mir daz chumpt doch also beschayden und mit | warten sunderleichen auz genomen. Wann mich derselb oftgenant mein herr von Walsse | vodert wa ich denn bin sa sol ich mit meinem leib und gut zu im chomen an alle | wider red und alles verezichen und an seinen willen von im nicht nacher chômen | ich gewinne sein huld ee des und ob ich yemant emals gelub getan hiet oder noch | fürbazer taet die sullen mich dez nicht wenden nach irren nach dhainerlay dinst | nach herschaft die sullen dhain recht hincz mir haben damit ich des geirret möcht | werden. Taet aber ich des nicht wenn er oder wer den brif mit seinem gûtleichen | willen inne hat und in denn furbringet dem pin ich leibs und gûts veruallen | an alle genade und mag damit tûn waz er wil. Und das ich alles das sa an dem | brief geschriben stet staet haben und also volfueren wil trewleichen an alles | geuerde des hab ich ze Got und allen seinen heyligen geswaren ainen gestalten | ayde dapey ze beleiben unverchert und an alle widerred. Und des ze scheinbern | urchunde dez gib ich den offen brief besigelten mit meim anhangundem Insigel. Dez | sind auch geczewgen durich sunder meiner vleizzigen pet willen mit iren anhang- | unden Insigeln Her Stephan zden czeiten pharrer ze Sûndelburch und Weczel | der Schikch die czeit vogt auf dem Stremberg in und allen iren Eriben an | alle schaeden. Geben ze Sumeraw an Mitichen in den Phingst veyrtagen nach | Christi geburde Drêwczehen hundert iar darnach in dem achtzkistem Jare.

Orig. Perg. 3 Siegel (1 und 2 abgestreift, von 3 ein kleiner Rest). Haus- und Staatsarchiv.

147. 1380, 22. Mai. Wir Graf Hainrech von Holczen (sic) und all unser Erben vergehen mit dem offen brif und tûn | chunt, das wir dye Edeln hern Hawgen von Dybein und herren Rûdolfen von Waltse ir wirttinn | und all ir Erben für uns ze pürgen gescholen und ganczen gewerern versaczt haben hincz | Chatschim dem Juden ze Cili hincz seiner wirtin und hincz allen iren Erben umb drew | hundert gûtter guldein und umb sibenczig gûter guldein die all ir gût wag habent, und sûllen | si dauon gancz und gar nemen ledigen und lösen an alln iren schaden und an all ir mû | umb erchen und umb scheden und sûllen das tûn so man die vir tag in der vasten geuast | hat schirist chûmftig. Tet wir des nicht, welhen schaden si des nemen den ir ains pei sein | trewn gesagen mag an ayd an tayding und an all ander pewerung den sûllen wir in gar und genczlich gelten und ablegen mit sambt dem erchen, das sûllen si haben auf uns zû | unsern trewn und auf alle dew und wir haben. Wolt wir si dann nicht wern, so sol si der | Lands her oder wer an seiner stat ist gancz und gar richten und wern erchens und schadens | von aller unser hab mit unserm gûtem willen. Das in das allez stet und unczerprochen pe- | leib darûber geben wir in den offen prif versigelten mit unsers vorgenant Graf Hainreichs | von Holczen aygem anhangundem Insigel. Geben am Eritag vor gotsleichnams tag | nach Christes gepûrd drewzehen hundert Jare, darnach in dem achtczigistem Jare.

Es ist Graf Heinrich von Holstein.

S. Hain. dei gratia Comitis Holczazie et Kormars.

Orig. Perg. 1 Siegel. Haus- und Staatsarchiv.

148. 1381, 20. Februar. Schadlosbrief des Purchart von Wynnden für seinen lieben Oheim Herrn Reinprecht von Waltse, der Zeit Hauptmann ob der Enns, der mit ihm Bürge wurde „umb die Sechshundert phunt wienner phenning die ich meinem aydem (leer gelassen) von Meissaw, hern Ulreichs säligen von Meissaw Sun gelobt han ze geben zu meiner tochter Hedweygen, die er eleich nemen sol, ze Haymstewr nach des Lands recht ze Österreich, und umb die

ee

Tawsent phunt Wiennerphenning, die ich und mein Erben demselben von Meyssaw veruallen wurden ze widerwett, ob man Im derselben Heyrat ausgieng."

Leistung, wenn er nicht zur rechten Zeit ausbörgt, „mit drei erbern chnechten, igleichen selbandern mit 2 pherten zu Wien in ein erber Gasthaws..." Pfändung wenn es noth thut.

Versiegelt durch ihn und seinen guten Freund Hanns von Wartenvels.

1381, Mitichen vor dem Vaschangtag.

Orig. Perg. 2 Siegel Haus- und Staatsarchiv.

It. für seinen lieben Oheim Herrn Heinrich von Waltse und Herrn Friedrich von Waltse.

De eod. d. it. Orig. 2 Siegel (wie oben), Nr. 1 fehlt).

(Zerschnitten.)

149. 1381, 26. Juni, Linz. Urfehde des Ulrich Hautzenberger, Sohn des Renndlein des Hautzenberger, der aus dem Gefängniss des Herrn Reinprecht von Walsee (in das er gekommen war „umb schuld") durch gute Freunde erbeten wurde. Bricht er sein Versprechen, ist er den Herzogen von Österreich und den Herren von Walsee verfallen mit Leib und Gut, und die Bürgen (Danchwart Herleinsperger, Denkchel und Jörg Gebrüder Hauczenberger und Ulrich Gieser) müssen 80 Pfd. Pfen. zahlen. Den Herzogen und den von Walsee.

Versiegelt durch Danchwart den Herleinsperger und die Gebrüder Jörg und Danchwart Hauczenperger und Ulrich Giener und für Ulrich Hautzenberger, der nicht eigenes Siegel dieser Zeit hat, durch seinen Bruder Hennslein Hautzenberger.

Mitichen nach Sunnbenden 1381.

Orig. Perg. 5 Siegel. Haus- und Staatsarchiv.

150. 1381, 10. November, Linz. Bischof Johann von Passau verleiht dem „edeln ersamen" Heinrich von Waltse und seinen Erben alle die Lehen, welche seine Hausfrau Anna selige Tochter Dietrichs von Hohenberg vom Bisthume besass, und welche durch ihren Tod erledigt waren.

S. Mertensabend 1381. Orig. Perg. 1 Siegel. Haus- und Staatsarchiv.

151. 1382, 16. Jänner. Ich Ruedolf von Waltse vergich fur mich und fur all mein Erben und tun kund offenlich mit dem brief allen den die In lesent oder horent lesen, die nu lebent und hernach chunftig sint, daz ich mit gûtem | willen, mit wolbedachtem mut, mit gunst und mit willen meiner lieben Prueder Reinprechts und Fridreichs von Waltse und nach irm und anderr meiner nechsten frewnt rat, zu der zeit da ich es wol getun mocht | recht und redlich gegeben hab meiner lieben hawsfrown frown Agnesen von der Leippen, der Edeln hërren hern Petreins hern Ulreichs und hern Hansen geprueder von Rosenberch mumen fur aindleſhundert phunt und virtzig | phunt wienner phenning, die ich ir gelobt hab zu geben ze rechter Margengab nach des Landes recht ze Österreich, meins rechtens aygens mein vest Sawsenegg und dartzu hundert phunt und virczehen phunt wienner | phenning gelts auf allen den gulten und guetern, die zu derselben vest gehorent, es sey getraid dienst phenning gult behawstes gut und uberlent, vischwaid, gericht, holtz, wayd, wismat, paw ze veld und ze dorff, es | sey gestift oder ungestifft, versucht oder unversucht, wie das genant ist mit all den nuczen eren und rechten, als ich und mein prûder dieselben gult und gûter das aygen in aigens gewêr, das purchrecht in purch-rechts gewêr, und das Lehen in Lehens gewêr herpracht haben. Und ob der vorgenanten gult auf den guetern, die zu der egenanten vest gehorent icht abgieng, das sol ich auf andern meinen gutern, die ze negst do bey ge | legen sint erstatten und erfullen alz mit ausgenomen worten, ob das geschêch, das mich die vorgenant mein hawsfrow uberlebt, so sol si denn nach meinem tod di obgenant vest Sawsenekk ze einer behawsung | und dartzu die obgenanten hundert phunt und virtzehen phunt gelts in nucz und in gewêr innhaben unverchumert untz an iren tod, als margengab.

und des Landes ze Osterreich recht ist. Und denn nach irem tod | so sol di egenant vest mit sampt den obgenanten Gůetern erben und geuallen auf unser baider Chinder, die wir mit einander gewinnen. Ob wir aber mit einander Chinder nicht hieten, des got nicht | geb, so sol di egenant vest mit sampt den obgenanten gutern nach der egenanten meiner hawsfraw tod geuallen auf mein nechst Erben, dareuf es denn zerechst (?) erben und geuallen sol an allen chrieg. Gieng aber die | vorbenant mein hausfrow ab mit dem tod eê denn ich und das si mir nicht chind liezz, die wir miteinander hieten, oder ob si mir chind liezz, die wir miteinander hieten und daz die auch abgiengen ê e denn ich, so ist die | vorgenant vest mit sampt den egenanten guetern mir und meinen prudern allerding ledig an all irrung. Es ist auch beredet, daz ein iglich Purggraf wer der wêr, der die egenant vest Sawsenckk von mir innhat der | egenanten meiner hawsfrown luben und verhaizzen sol, das er Ir mit derselben vest und irer zugehorung getrewlich gehorsam und gewertig sey, ob das geschêch, daz si mich uber lebiet, in dem rechten so vor geschriben stet. | Und wann auch das ist, das ich einen Purggrafen doselbens vercheren welt, der sol derselben vest nicht abtreten, alslang daz einander Purggraf den ich dartzu setzen wil, der egenanten meiner hausfrown verhaizz und | gelub mit derselben vest ze wartten in dem rechten als vorgeschriben stet. Wêr aber daz ein Purggraf sturb wenn ich oder mein bruder einen andern zůchunftigen Purggrafen dahin setzen, der sol der egenanten meiner haws- | frown darnach ynner virtzehen tagen gehaizz und gelub tun in dem rechten als vor geschriben stet. Und durch pesser sicherheit haben wir uns obgenant drey průder ich Ruedolf ich Reinprecht und ich Fridreich von Waltse | mitsampt unsern Erben unverschaidenlich gegen der egenanten frown Agnesen verlubt und verpunden und verpinden auch uns mit dem brief, also ob daz wêr das Ir ein purggraf der die egenanten vest innhiet gehaizz und | gelub nicht tått und das wir in dartzu nicht hielten das er Ir gelub têtt in dem rechten als vorgeschriben stêt, welich zwen under uns denn derselben frown Agnesen frewnt ayner der den brif von iren wegen innhat | mont oder vodert, der sol zehant ygleicher einen erbern chnecht selb andern mit zwain pherten des negsten tags darnach ze der Freynstat in ein erber gasthaws senden, wo er uns hinzaigt und sullen die da innligen und | laisten als innligens und laistens recht ist und do nymmer auschomen unts daz ein purggraf der die egenanten vest innhat der vorgenanten frawn Agnesen gehaizz und gelub tůtt in den rechten so vorgeschriben stêt. | Wer aber das mich obgenanten Ruedolfen die vorgenant mein hawsfrow uberlebt und das si darnach Ir dinch vercheriet und einen andern man nêm, wenn si daz tůtt, so sullen wir Reinprecht und Fridreich von Waltse | oder unser erben auf andern unsern wolbesezzen guetern enhalb der Tunaw hundert phunt und virtzehen phunt gewisser gult wienner phening der obgenanten frown Agnesen weysen ausrichten und bestêten die si furbazzer | zu iren lebtågen haben sol, als margengab und landes ze Osterreich recht ist, so vorgeschriben stet, so sol denn die ebenant behawsung die vest Sawsenekk mit irer zugehorung uns und unsern erben von | Ir ledig sein und sol der abtreten an alle widerred. Und sein auch wir obgenant ich Ruedolf ich Reinprecht und ich Fridreich von Waltse und all unser erben unverschaidenlich der offtgenanten vest Sawsenekk | und der hundert phunt und virtzehen phunt wienner phening geltes auf allen den Guetern die zu derselben vest gehorent als vorbenant ist der offtgenanten frown Agnesen recht gewern und scherm fur alle ansprach | des aigens als aygens recht ist, purchrechts als purchrechts recht ist, lehens als lehens recht ist und als margengab recht ist, und des Landes recht ze Osterreich, in allen den rechten als vorgeschriben | und begriffen ist. Wer aber das si an derselben vest und an den egenanten gutern icht chrieges oder ansprach gewunnen von wêm daz wêr mit recht oder ob ir mit recht daran icht abgieng, das sullen wir ir | alles ausrichten und widerchern an allen iren schaden und sol si das haben auf uns unverschaidenlich und auf allem unserm gut daz wir haben in dem Lande ze Osterreich, oder wo wir es haben wir sein | lebentig oder tod. So geluben auch wir obgenant Ruedolf Reinprecht und Fridreich von Waltse mitsampt dem Purggraffen der auf der vest ze Sawsenekk ist oder wirt mit gueten trewn den obgenanten | hern Peters hern Ulreichen und hern Hansen gebruedern von Rosenberch zu der obgenanten frown Agnesen handen alles das waz an dem brief geschriben ist alsuerr es der offtgenanten frown Agnesen irer múmen antriffet | stet und gancz ze halden und volfúren. Darumb so geben wir Ir den brif zu einem waren urchund der sach versigelten mit unsern anhangunden insigiln und mit unsers vettern hern Hainreichs von Waltse | von Ens und mit unsers Swagers insigel hern Hansen von Liechtenstain von Nycolspurch zu den zeiten des Hochgeborn fúrsten unsers genedigen Herren Herczog Albrechts ze Osterreich etc. Hofmaister und mit unserr | Oheimen insigiln hern Lewtolts von Meyssaw und hern Eberharts von Chappell des eltern die all ir insigiln zu einer geczeugnúzz der Sach an den brif gehangen habent. Der geben ist nach Kristi gepurt | Drewczehenhundert Jar darnach in dem zway und achtzgisten Jar des negsten phintztags vor sant Agnesentag der heyligen Junchfrown.

(Zerschnitten.)

Orig. Perg. 7 Siegel. Haus- und Staatsarchiv.

152. 1382, 10. März. Reinprecht von Waltse, Hauptman ob der Enns, gibt seinen Brüdern Rudolf und Friedrich, welche sich mit ihm für 1000 Pfd. Wiener Pfennige gegen Frau Dorothea, Witwe des Hanns Posch, mit ihren Kindern und ihrem Bruder Walther von Sawzzenegg verbürgt haben, einen Schadlosbrief in Betreff des Schadens, wenn die Schuld zur rechten Zeit nicht sollte bezahlt werden.

Versiegelt durch ihn und seinen lieben Oheim Rueger von Starhenberch von Wiltperg als Zeugen.

Montag vor Mitterfasten.

Orig Perg. 2 Siegel. Haus- und Staatsarchiv.

153. 1382, 12. März. Ich Hainreich von Rauhenstain und ich Hanns von Liechtenstain meins gnèdigen herren Hertzog Albrechts | hofmaister an der Edlen vrown Katrein tail hern Wolffgangs von Waltse sèligen wittiben und ich Kadolt von Ek | chartzow und ich Ulreich der Liechtenekker an Ulreichs tail von Waltse wir vergehen offenleich mit dem brief. | Als si ze paider seitt hinder uns vorgenant vier gegangen sint aller der chrieg und stözz die si gegeneinander | gehabt habent, es sey von Geschèffts wegen daz her Wolfgankch selig getan hat und umb all ander vodrung | die si gegeneinander gehabt haben, das wir darumb angesprochen haben und sprechen auch mit dem brief. | Von erst von des chindleins wegen das her Wolffgang selig hinder im lazzen hat, daz wir uns darumb nicht | haben angenomen ausczesprechen wann, wenn dieselb hern Wolffgangs sèligen tochter zu irn iarn chúmt | und vogtper wirt, wes si denn recht hat des nemen wir Ir nicht ab. Darnach so sprechen wir umb daz | geschèfft das her Wolffgankch von Waltse selig getan hat, alles daz er geschafft hat seiner varunden hab, | das sol die vorgenant vrow Katrey Graf Purcharts tochter von Maidburch ausrichten, waz er aber ge | schafft hat von phennigen und alles das sein piuild und begrebnúzz stet und dartzue alle ander geltschult | die er hinder im lazzen hat die sol der vorgenant sein vetter Ulreich von Waltse ausrichten. Wir sprechen | auch umb die sechs und dreizzig phunt und fúmff Schilling phenning, die von Hern Wolffgangs sèligen | tail geuallen sint, nach seinem tod untz das die vrow des chindleins ist genesen dieselben nútz sullen der | egenanten vrown Katrein sein, hat aber darúber Ulreich von Waltse derselben nútz icht ingenomen die sol | er Ir widerchern untz das ir die sechs und dreizzig phunt und fúmff Schilling eruolt werden. Dartzue | so sprechen wir umb das Pettgwant, waz die vrow pettgwants mit Ir hat pracht daz sol voraus ir sein | was aber des andern pettgwants ist, daz sullen si gleich miteinander tailen. Darnach sprechen wir auch umb daz | viech, das si alles viech gleich miteinander sullen tailen, an die vier wagenphèrt ze Entzesuelde die sullen | voraus der vrowen sein. Und daruber so geben wir obgenant vier Spruchmann, ich Hainreich von Rauhenstain |

ich Hanns von Liechtenstain, ich Kadolt von Ekchartzow und ich Ulreich der Liechtenekke dem vorgenanten | Ulreichen von Waltse den brief zu einem warn urchunt der sach versigilten mit unsern angehangen insigiln. | Der geben ist ze Wienn nach Christes geport drewtzehenhundert Jar darnach in dem zway und achtzgisten Jar | des nächsten Mitichens vor Mitteruasten.

Orig. Perg. 4 Siegel. Haus- und Staatsarchiv.

154. 1382, 9. April. Jörg von Waltse von Linz gibt dem (erbern) Ludwig ab dem Stayn, Phleger zu Pernstayn, Niclas dem Hinnderholtzer, Phleger zu Stranekke, Chůentz von Gunnthartstorf, Phleger zu Senftenberch und dem Mathes von Hedrestorf, Schaffer zu Gunthartstorf, welche sich mit ihm für 500 Pfd. Wiener Pfennige verbürgten, die er schuldig ist den Gebrüdern Ulrich und Hanns von Schönnveld, einen Schadlosbrief, wenn er sie wie versprochen ist nicht von St. Jörgentag in zwei Jahren auslösen würde. (Capital und Zins.) Leistung mit 2 erber chnechten iegleichen selbandern mit 2 pherten zu Wien in ein erber Gasthaws. Pfändung wenn es noth thut.

Versiegelt durch ihn und seinen Schreiber Heinrich den Diezzer.

1382, Mitichen nach Ostern.

(Zerschnitten.) Orig. Perg. 2 Siegel. Haus- und Staatsarchiv.

155. 1382, 19. Mai. Ich Hainreich von Waltse vergich mit dem brif offenbar. Daz ich Hansen | Wolfharts des Madrer Sůn seiner hausfrawn und iren erben, oder wem si es | gebent, der mir nucz und fuegleich ist ze ainem holden ain Chaufrecht | hab geben auf der hofstat in dem obern Werd, da si auf sitzen. Also daz | ich nach mein erben sew da von nimmer sullen vercheren nach da von ge | schaiden an phenning alle di weil si uns das verdienen und verstewren mûgen. | Ist aber daz, das si di vorbenanten hofstat verchauffen, sa sullen si uns ze | ablait geben den zehenten phenning, was man in darumb geit an ge | uérde, und der darauf vêrt sechezk phenning ze anlait. Stirbet aber unsrer | holden ainer darauf, sa sol uns sein hausfraw oder sein erben geben fûr | Todhaup sechczk phenning und sechczk phenning ze anlait. Daz in das stêt | und unverchert beleib, daruber gib ich obenanter Hainreich von Waltse in den | brif mit meinem anhangundem Insigel besigelten. Der geben ist nach | Christi geburd Drewtzehen hundert Jar, darnach in dem zway und achtzk- | kistem Jar, an Mantag nach sand Pangrêtzen tag.

Orig. Perg. 1 Siegel. Haus- und Staatsarchiv.

156. 1383, 21. Jänner, Sumeraw. Heinrich von Waltse für sich und seine Erben gibt dem Peter dem Zahenchêzz, Anna seiner Hausfrau und ihren Erben („oder wem sew es geben der uns ze ainem holden nucz und fuegleich ist") ein Recht auf der Hofstatt in dem Mitter schorn, wo sie aufsitzen („Also daz ich nach mein erben sew davon nimmer sullen vercheren nach da von geschaiden an phenning alle die weil sew uns das verdienen und verstewren mugen.") Verkaufen sie die Hofstat, sollen sie zu „Ablait" den zehenten Pfennig geben vom Kaufspreis und der darauf fährt gibt 60 Pfennig zu „Anlait." „Stirbt aber unser holden ainer sa sol uns sein Hausfraw oder sein erben geben für Todhaup sechczk phenning und sechczk phenning zu anlait und nicht mer.

S. Agnesentag 1383.

Von Aussen: Lienndl Schreml 4 pfund Zehendpfen. ze ablait und 60 Pfen.

Orig. Perg. 1 Siegel. Haus- und Staatsarchiv.

157. 1383, 28. Jänner. Rûdolff von Waldssee für sich und seinen Vetter, Herrn Heinrich, verleiht dem Wûlffing dem Chalusser und seinen Erben, die Güter, welche ihm seine Hausfrau „di Erber fraw" Dorothe verheirathet und vermacht hat, die sie früher allein zu Lehen hatte, nun gemeinschaftlich.

Nach dem Lehensrechte in Steyr.

Mitichen vor sand Wlasentag 1383.

Orig. Perg. 1 Siegel. Haus- und Staatsarchiv.

158. 1383, 20. April. Ruedolf von Walse gibt dem Jeklein dem Juden, Davids Sohn von Neunkirchen einen Schuldbrief über 21 Pfd. Pfen. die von St. Jörgentag über ein Jahr bezahlt werden sollen, sonst geht von jedem Pfund wöchentlich 3 Pfen. Gesuch auf. Gewöhnliche Bedingung. Leistung zu Newnchirchen in ein erber Gasthaus. „erbern chnecht selbandern mit 2 Pferden."

Zeuge mit seinem Siegel sein Schaffer Thoman im Ziegelhaws ze Wienn.

1383, Montag vor S. Jörgentag.

(Zerschnitten.)

Orig. Perg. 2 Siegel (zerbrochen). Haus- und Staatsarchiv.

159. 1383, 24. April, Linz. Wolfhart und Haans Sinczendorffer, Vettern, Sighart und Hanns Ponhalben, Brüder, Wilhelm und Hanns Glewseer, Brüder, Thoman der Haiden, der Zeit Burggraf zu Scheruslain und Hermann Mullrieder verbürgen sich jeder mit 50, zusammen mit 400 Pfd. Pfen. für ihren guten Freund Andre den Syntzendorffer, der von Herrn Reinprecht von Waltse, der Zeit Hauptmann ob der Enns auf Wiederstellen entlassen wurde. Er soll sich auf Aufforderung in den nächsten acht Tagen stellen.

Orig. Perg. 8 Siegel (Nr. 3 und 7 fehlen). Haus- und Staatsarchiv.

160. 1389, 19. Mai. Rueland der Ruezzhaimer und Erenreich der Habichler, verbürgen sich für ihren guten Freund Wolfhart von Admund, (des erstern Schwiegersohn), der aus dem Gefängniss des Herrn Reinprecht von Waltse, Hauptmann ob der Enns, vorläufig entlassen wurde; wird er zurückberufen, soll er sich binnen 3 Wochen stellen oder sie sind 100 Pfd. Pfen. verfallen, die er nöthigenfalls von ihrem Gute durch Pfändung sich verschaffen kann u. s. w.

Orig. Perg. 2 Siegel (Nr. 1 fehlt.) Haus- und Staatsarchiv.

161. 1383, 9. Juni. Wir Berchtold von gotes gnaden Bischof ze Freysingen bechennen mit dem | brief, daz wir dem edeln unserm Besunder lieben freunt Her Rudolf von Walsse | unser vesten und herschaft Waydhofen und Udmarvelt enpholhen haben in phelg | weiz die von unsern wegen inne ze haben uncz an unser widerruffen, alzo daz er | uns mit den selben vesten und herscheften gewertig sein sol all die weil und | wir leben. Wer aber daz wir zu ainem andern Bistum komen oder von diser welt | verschyeden da got lang vor sey, so sol er dann mit denselben vesten und herscheften | ze Waydhofen und ze Udmarvelt unserm Capitel dez Tums ze Freysingen | uncz auf ain kunftigen Bischof von dem Stul ze Rom gewärtig und gehorsam | sein an all widerred und gever. Mit urchund dicz briefs mit unserm anhan | gentem Insigel versigelt. Geben zu Wyenn an Eritag nach sand Bonifacii | tag noch Crist geburd drewzehenhundert Jar darnach in dem drew und | achczgistem Jar.

(Zerschnitten.)

Orig. Perg. 1 Siegel. Haus- und Staatsarchiv.

(Schluss folgt.)

V. „Historischer Atlas."

Statistik des Mittelalters.

5.) Die Besitzungen des Benedictinerklosters Nieder-Altaich in der Passauer Diöcese.

Mitgetheilt von Joseph Chmel.

(Fortsetzung.)

Münchdorf.

1261. Millesimo ducentesimo Lxj°. Chunradus dictus novus villicus de Munchdorf adquisiuit Curiam in qua residet sibi et filiis suis et non filiabus ad ius hereditatis, ut exinde debeant dare censum videlicet tres modios frumenti, tres avene, unum tritici (zur Seite stand, aber später durchstrichen: v modios frumenti et v avene) j ordei et volatilia et minuta servicia. Quicunque autem ex filiis suis non duxerint uxores de familia Ecclesie nostre, nichil iuris habebunt in predio memorato, quoniam idcirco filiabus suis denegatum est ius hereditatis, quoniam mater eorumdem puerorum ad Ecclesiam nostram non pertinebat. Pro eodem autem iure contendebat cum predicto Chunrado quidam Rapoto filius Engelgeri et mater eius sororque, qui accepta una libra denariorum renunciaverunt toti iuri quod eis in eadem curia competere videbatur. Testes. Officialis de Oetling, Aeminger, Heinricus de Oetling, Officialis de Puchof, Villicus de Munchdorf, Chastner de Mûlhaim, Paesler, Geroldus de Munchdorf et alii multi.

Cod. Ms. Perg. Nr. XIV, Fol. 54, Nr. 248.

1267. 25. März. Anno domini M°CC°LXVII^mo In annuntiatione sancte Marie Albertus de Puchof resignauit Chunrado Officiario de Puchof tria quartalia in Munchdorf, ita quod si predictus Albertus dederit memorato Chunrado a festo Purificationis sancte Marie proxime nunc futuro infra triennium xj libras denariorum Ratisponensis monete, tunc ipse Chunradus debet sibi predicta tria quartalia coram nobis resignare, et hoc heredes eorum si quis eorum decesserit reseruabunt. T. Tyrolfus de Purchstal, Heinricus Geumannus, Wernhardus de Saehsing, Heinricus de Aurbach, Liupoldus de Haiming, Dyepoldus, Rudgerus, Chunradus, Heinricus et alii. Trautmannus et Egno ut predicta resignatio fiat pro officiario fide jubebunt. Cod. Ms. Perg. Nr. XIV, Fol. 74, b, Nr. 374.

1244. Tale instrumentum porrectum est Ditrico et Friderico fratribus de Munchdorf.

Nos Hermannus Abbas et Conuentus ecclesie Altahensis per presens scriptum profitemur, quod predia ecclesie nostre omnia in Munchdorf preter curiam maiorem et hubam unam obligata sunt Ditrico et Friderico fratribus in Munchdorf pro xiij^cim libris et dimidia et redimi debent sine fructu et cultura. circa festa purificationis uel sancti Georii, nec habent quicquam in Hordorf obligationis agere ratione. Datum anno domini Millesimo Ducentesimo Quadragesimo quarto. (Durchstrichen.) Cod. Ms. Perg. Nr. XIV, Fol. 32, b, Nr. 143.

1258, 1263, 22. April. Cum Tirolfus iudex teneretur villico nostro de Munchdorf in xxiij solidis denariorum Ratisponensis monete, obligauit ei bona que habuit in Munichdorf, cum manu domini Hermanni abbatis pro denariis memoratis. Sub tali tamen conditione, quod predictus Ulricus debet habere predicta bona per sex annos et tunc ad predictum Tirolfum sine solutione pecunie reuertentur. Nam singulis annis defalcabitur ei dimidium talentum pro debitis supradictis. Actum in Altah in Cenaculo. Anno domini M°CC°LVIII° Testes. Wernhardus de Saehsing, Heinricus de Oetling, Heinricus de Aurbach, Rapoto Cancer.

(Mit anderer Schrift): Post hec Anno domini M°CC°LXIII° In vigilia sancti Georii Albertus frater predicti Tyrolfi stabiliuit eidem villico et pueris suis ac Ecclesie eadem bona in Munchdorf cum manu Hermanni abbatis a festo preterito

Purificationis sancte Marie pro quinque talentis sub conditione superius memorata. Actum in cenaculo in Altah. Testes. Albinus Cellerarius, Chunradus camerarius, H. camerarius, Fridericus scolasticus, Karolus, Heinricus Geumann, Timo, Ditmarus, Albertus de Ingolstat, H. de Oetling, Rudolfus Werde, H. Strobel et alii multi.

(Beides durchstrichen.) Cod. Ms. Perg. Nr. XIV, Fol. 58, b, Nr. 274, 275.

S. D. In officio Munchdorf habemus ij talenta et xliiij den.

Item xv scaffas tritici et xxiiij scaf. frumenti et vj scaf. ordei et xx scaf. auene et dimidiam.

Item dimid. scaf. pisarum.

Ibidem de Curia villicaria. Cod. Ms. Perg. Nr. XIV, Fol. 138, Nr. 681.

1264, 6. December. Anno D. M° CC. Lxiiij. In die S. Nicolai Albertus de Puchove obligavit Ulrico villico de Munchdorf iij quartalia in Munchdorf sita cum manu Domini Hermanni abbatis pro vij libris denariorum et dimidia Ratisponensis monete, ita ut predictus Ulricus debeat prefato Alberto et pueris eius dimidium talentum annis singulis defalcare. Quodsi idem Ulricus medio tempore decesserit, eadem obligatio ad heredes eius et ad nostram Ecclesiam pertinebit. Actum in Altah in camera abbatis anno et die predictis. Testes. Ewerhardus de Mûhhaim, Ditricus de Munhdorf, Liupoldus et Paldwinus fratres de Haiminge et Chunradus Officialis de Pûchoue, Gunpoldus Officialis de Lelinge, et alii quam plures.

(Durchstrichen.) Cod. Ms. Perg. Nr. XIV, Fol. 70, b, Nr. 350.

S. D. (c. 1268.) Per presens scriptum pateat uniuersis, quod cum inter homines ville de Mûnichdorf ex una parte et homines uille de Wizzensing ex altera semper in tercio anno, tunc uidelicet quando campi utriusque ville sibi oppositi sine semine iacent, quod vulgo dicitur Grat, diuersa iurgia fierent, asserentibus hominibus de Mûnichdorf, quod pratum interiacens illis campis tunc deberet ad eorum pascua pertinere, illis uero hominibus de Wizzensing asserentibus, quod ipsi tunc sicut et in prioribus duobus annis deberent ipsum pratum ab omnibus pascuis custoditum falcare. Tandem nos Hermannus abbas in Altha et Chunradus Prepositus de Osterhofen cum consensu domine Jute venerabilis Abbatisse de Obern Mûnster per litteras eius porrecto, ac etiam nobilis vir dominus Albertus de Hals bonorum utrius monasterii in illis partibus aduocatus, cum multitudine proborum hominum in prato conuenimus memorato et per arbitrium in xvj personas ex utraque parte compromissum concordauimus tali modo, ut tunc hoc est in quolibet tertio anno in medietate illius prati, quedam pars eius, tunc fossis et lapidibus terminate distincta, singulis annis custodiri debeat et falcari. Illa vero pars prati, que abinde uersus orientem extenditur et illa que ex predicto limite uergit ad occidentem, tunc quando sicut predictum est agri utriusque uille sine cultura iacent, ad ambarum villarum pascua debeant pertinere. Hoc excepto vel superaddito, ut quando quedam pars agrorum de Wizzensing versus occidentem iacuerit cum cultura tunc illi homines de Mûnichdorf ultra stratum publicam pascua cum suis pecoribus non requirent. Et ne prefati homines de Mûnichdorf et de Wizzensing ad ecclesias Altha, Osterhofen et Superius monasterium pertinentes supradictam diffinitionem siue compositionem excedere uel irritare presumant, sigilla predictorum dominorum videlicet H. Abbatis de Altah, et Ch. prepositi de Osterhofen et Abbatisse Superioris monasterii Ratispone ac etiam domini Alberti nobilis de Hals ad robur et testimonium predictorum omnium huic pagine sunt appensa, quorumdam nicholominus testium nominibus subnotatis. Testes. Altmannus de Winzer, Hugo de Rotenmann Judex Ducis, Heinricus de Haimingn, Heinricus Gaeuman, Rudgerus Judex de Osterhofn, Ulricus et Cappoldus de Otmaringn, Wernhardus de Sachsingn, Chunradus Officialis de Puchofn, Egno villicus de Mûnichdorf et alii multi.

Cod. Ms. Perg. Nr. XIV, Fol. 70, Nr. 350.

VI. Chuntzen.

De prediis circa Chuntzin.
In Ebringen de uno quartali xiiij denarios.
Item de eodem quartali xij denarios.
In Perige de dimidia huba xx denarios.
In Aesingen.
De curia vij solidos, quos si in die Mauricii non dederit, ipso sequenti die dupplicabit, et eadem curia est obligatio ecclesie donec et pro xiiij solidis redimatur.
In Schrotingen.
De uno quartali xxxv denarios.
Item de alio quartali xxxv denarios.
In Chuntzen.
De curia dimidias fruges (?).
Item vj porcos, quorum quilibet valet xl denarios iiij^or anseres, viij pullos.
In festis seruiet sicut melius potest.
Item de huba Chraeglini que addita est ad culturam curie dimidias fruges et de satis estiualibus j modium avene Osterhouensis mensure.
Item j anserem, ij pullos.
Item ibidem de una huba iiij^or modios pise j (modium) ordei et volatilia et festa.
Item de una huba in festo Sancti Egydii j talentum et pro carnibus xxx denarios et hec dabuntur siue culta siue inculta sit, quia propter hoc eiusdem hube census est diminutus.
De duobus ortis L denarios.
Item de quodam beneficio videlicet de uno quartali l denarios.
Item de una curte ij anseres.
Item de Taberna lx denarios, quod ius emimus apud Leupoldum de Plaenting pro una libra denariorum.
In Entla.
De quodam beneficio quod dicitur Tampurgisch lehen xx caseos.
Ibidem de quodam beneficio lx denarios hospitali.

Cod. Ms. Perg. Nr. XIV, Fol. 159, b, 160, Nr. 733.

De decima in parochia in Chwntzen.

Lŏw.
De curia ibidem dantur nobis due partes. Tertia pars (?).
Dorff.
De curia ibidem due partes.
Öd.
De curia ibidem due partes.
Lanchkword.
De dimidia huba indiuisam.
Item ibidem de dimidia huba indiuisam.
Item de una huba que vocatur Dachhůb indiuisam.
Item de quartali unius hube indiuisam.
Item ibidem sunt quidam agri qui dicuntur aygen ůkcher de quibus recipit plebanus decimam indiuisam similiter de omnibus agris per totam parochiam qui dicuntur aigenåkcher.
Longenchuntzen.
De hub tertia pars, due partes plebano.
Item de curia Ranuelsarii indiuisa.
Item de j (½) huba indiuisa.
Item de j (½) huba indiuisa.
Item de j (½) huba indiuisa.
Item de j (½) huba indiuisa.
Item de quartali unius hube indiuisa.
Item de j huba indiuisa.

Gůlchhing.
De curia villicaria Episcopi de Pabenberchk ante diuisionem decime datur nobis semper unus schober siliginis et tritici, similiter in messe auene, unus schober ordei et auene, et postmodum diuiditur decima et dantur nobis due partes, pars tertia.
Et notandum, quod ad predictam curiam pertinent quidam agri qui dicuntur daz vor gericht et de eisdem agris recipit plebanus decimam indiuisam.
Item de una huba due partes, tercia pars.
Item de j huba ut supra. Item de j huba ut supra. Item de j huba ut supra. It. de j huba ut supra.
Item de una huba ante diuisionem decime dantur plebano xxx manipuli siliginis et tritici, similiter xxx manipuli ordei et avene et postmodum dantur nobis due partes, tercia pars.
Item de una huba datur et diuiditur decima ut de prescripta huba.
Item de media huba dantur nobis due partes Tertia pars.
Item de una curia cuius sunt dimedia (sic) secunda (1½) huba ante diuisionem decime dantur plebano xlv manipuli siliginis et tritici et totidem ordei et avene, postmodum dantur nobis due partes. Tercia pars.
Item de j huba dantur nobis due partes, Tertia pars.
Item de una huba decima ut supra.
Item de j huba ut supra. Item de j huba ut supra. Item de j huba ut supra.
Item de tribus quartalibus unius hube decima ut supra.
Item de quartali unius hube ut supra.
Prukk.
De media huba datur nobis unus manipulus.
Item de j huba ut supra.
Item de ij (1½) huba ut supra.
Item de j huba ut supra.
Item de j huba ut supra.
Zeydelorn.
De media huba dantur nobis due partes, Tercia pars.
(7 halbe Huben ut supra.)
Item de una huba decima ut supra.
Chwntzen.
De una huba decima indiuisa.
Item de j huba ij partes. Tercia pars.
Item de j huba ut supra.
(2 halbe Huben ut supra.)
Item de duobus ortis datur nobis decima indivisa.
Item ibidem in Chuntzen de curia nostra villicaria manet nobis decima indiuisa.
Mâging.
De media huba datur nobis unus manipulus, 2dus plebano.
Item de ij (1½) huba decima ut supra.
Item de j huba ut supra.
Item de j huba ut supra.
Item de j huba ut supra.
Item de j huba ut supra.
Item de quartali unius hube ut supra.
Wolhendorf.
De media huba dantur nobis due partes. Tercia pars.
Item de j huba ut supra.
Item de j huba ut supra.
Item de j huba ut supra.
Item de ij hubis datur nobis unus manipulus, 2us plebano, 3cius (?).
Ebring.
De una huba dantur nobis ij partes. Tertia pars (?).
It. de una huba ut supra.

Item de quartali unius hube ut supra. (3 andere quartalia ut supra.)

Item de ij hubis ante diuisionem decime dantur plebano xxx manipuli, siliginis et tritici, et totidem ordei et avene, et postmodum dantur nobis due partes et 3ª pars.

Niderpperg.

De uno quartali dantur nobis due partes, Tertia pars.

Item de j (½) quartali ut supra.

Item de j (½) huba dantur nobis ij partes, Tertia pars.

Item de j huba ut supra.

Item de quartali unius hube ut supra.

Weydenpach.

De j huba decima indiuisa.

Item de j huba ut supra.

Item de j huba ut supra.

Item de j huba ut supra.

Obern Lintach.

De j huba ij partes 3ª.

Nidern Lintach.

De j huba dantur nobis ij partes. Tertia pars plebano.

Item de j huba ut supra.

Obernperg.

De una Jewch dantur nobis ij partes. Tertia pars.

Item de j Jewch ut supra.

Item de j huba ut supra.

Ibenchaym.

De ij hubis datur nobis unus manipulus, 2ᵘˢ plebano, 3ᵘˢ (?).

Item de iij hubis decima ut supra.

Kaing.

De j huba ij partes, 3ª pars.

Item de quartali unius hube decima ut supra.

Item de j huba ut supra.

Awrolfing.

De j huba unus manipulus, 2ᵘˢ plebano, 3ᵘˢ.

Item de j huba ut supra.

Entlaw.

In campo qui est versus Chüntzen de una quartali dantur nobis ij pars. 3ª plebano.

Item de aliquibus agris in eodem campo decima ut supra.

Gråmling.

De aliquibus agris in predicto campo Entlaw dantur nobis ij partes 3ª pars plebano.

Snellendorf.

De j quartali in prescripto campo Entlaw dantur nobis due partes 3ª plebano.

Tulling.

De curia ibidem decimam indiuisam.

Grunt.

De media huba tertium manipulum.

Råwt.

De una huba decima ut supra.

Cod. Ms. Perg. Nr. XIV, Fol. 221, 222, 223, Nr. 799. Schrift des 15. Jahrhunderts.

1244, 28. April. Quidam ministerialis ecclesie dictus Rapoto Chraegil, hubam unam in Chuncen in feudo ab ecclesia possidebat, quam moriens quia herede caruit coram testibus resignando in usus ecclesie deputauit. Post hec quidam nepos suus ex sorore dictus Syboto Chraegil pro eadem huba cum ecclesia litigavit, quasi ea ipsum iure hereditario contingeret, unde coactus fuit dominus Poppo abbas dictam hubam Ortwino aduocato de Hiltgersperg et Richkardi uxori sue pro xxij solidis obligare. Tandem nos Hermannus Abbas anno ordinationis nostre secundo, feria quinta quarto Kalendas Maij in domo nostra predicta petente Richkarde cum dicto Sybotone cui iam nupserat illis, obligationem eandem ab illa redemimus, ipso Sybotone liti cedente et quod ecclesiam iniuste vexasset coram testibus publice profitente. Testes, Heinricus de Plakenp(ach?), Gotfridus Steoro, Heinricus de Mencinge, Ulricus de Chreuzpach, Poppo de Ceholfing, Wintherus lirator et alii.

(Durchstrichen.) Cod. Ms. Perg. Nr. XIV, Fol. 32, b, Nr. 142.

S. D. (Lehen.) Siboto dictus Chraegel resignauit Elizabete uxori Leonhardi sagittarii quasdam decimas in Parrochia Chuntzen.

In Ebring per totam villam tercium manipulum.
In Aesing de una curia tercium manipulum.
In Perige de una huba ij manipulos.

Cod. Ms. Perg. Nr. XIV, Fol. 95, Nr. 536.

S. D. (1256), 13. October. Hubam in Chunzen habuit in feudo quidam miles ecclesie dictus Rapoto Chregel, que cum ex morte sua uacaret ecclesie obligata fuit domino Ortwino de Hilkersperg quam ego Hermannus abbas redemi, ad Reicheardam relictam predicti Ortwini pro xxij (22) solidis. Post hec Siboto Chregel contendebat pro eadem huba quam litem redemi pro j talento. Item Huzelinger de Vilshofn asserebat se ipsam hubam habere in feudo, quem item sedaui cum iiij^{or} talentis. Postremo dominus Chunradus de Steinchirchen dicebat eandem hubam esse suum feudum ab Ecclesia, cui item quod suo iuri renunciaret dedi bonum equum valentem plus quam viij. talenta, a quo tale instrumentum recepi.

Ego Chunradus de Steinchirchen tenore presentium profiteor, et protestor me nichil iuris penitus habere in illa huba in Chuncen, pro qua contentionem habui cum domino meo venerabili abbate de Inferiori Altah, renuncians liti et omni iuri, quod in predicta huba mihi competere videbatur. Et ne aliquis heredum meorum uel alia quecunque persona nomine meo dictum dominum Abbatem uel Ecclesiam Altahensem in eadem huba de cetero inquietet, presens ei porrigo instrumentum Sigilli mei appensione munitum, testes insuper sibi dando Guntherum cellerarium ipsius ecclesie, Chunradum de Viscnbart Notarium meum, Hartnidum de monte, Heinricum Chriglarium, Herrandum de Salharn. milites. Heinricum Mörlonem, Chunradum et Waltkerum fratres dictos Nortzil, Heinricum de Halding, Heinricum de Rubstorf, Heinricum de Oetling seruientem predicti domini mei Abbatis, Manegoldum de Aheim et alios quam plures. Actum in Castro Hagenowe. Anno domini M^{o}CC^{o}LVI°. Tercio Idus Octobris.

(Durchstrichen.) Cod. Ms. Perg. Nr. XIV, Fol. 125, Nr. 641, 642.

S. D. In Chuntzen de Curia villicaria circa xij scaf. tritici et frumenti et ij tal. pro carnibus et sumerpau.

Item habemus ix solidos denariorum.
Item ibidem habemus xviij metretas pisarum et ix metretas ordei.

Cod. Ms. Perg. Nr. XIV, Fol. 138, Nr. 684.

De decima in Chuntzen v scaffas tritici, v scaffas ordei, xxvj scaffas frumenti, xv scaffas avene. Ibidem Fol. 139, b, Nr. 721.

1251, 25. Jänner. Anno M^{o}CC^{o}. quinquagesimo primo, in conversione S. Pauli Syboto dictus Chraegil resignauit Elisabete uxori Leonardi sagittarii quasdam decimas in Parrochia Chuncen, quas ab ecclesia Altahensi feodaliter possidebat. In Ebring der totam villam tertium manipulum, in Aesing de una curia tercium manipulum, in Perge de una huba duos manipulos.

Cod. Ms. Perg. Nr. XIV, Fol. 113, b, Nr. 603.

1262. M°CC°LXII. Locauimus Wernhardo villico in Chuneen et dedimus ei ad brihtung ij talenta vj porcos, xij metretas ordei, lxxxviij avene Osterhofensis mensure, ij karratas feni cum bobus, uel iiij. Cum equis et dabit de Curia et huba dimidium frumentum et insuper de eadem huba iij modios avene et seruabit nobis vj pecora per hyemem. Item habet ad vorlant in qoolibet campo j iuger.

(Durchstrichen.) Cod. Ms. Perg. Nr. XIV, Fol. 55. Nr. 252.

1256. 13. October. Hubam in Chuneen habuit in feodo quidam miles ecclesie dictus Rapoto Chraegel que cum ex morte sua vacaret ecclesie, obligata fuit domino Ortwino de Hilkersperg, quam ego Hermannus abbas redemi ad Reichkardam relictam predicti Ortwini pro xxij solidis. Post hec Siboto Chraegel contendebat pro eadem huba quam litem redemi pro j talento. Item Hozelinger de Vilshofn asserebat se ipsam hubam habere in feodo, quem item sedaui cum iiij^{or} talentis. Postremo dominus Chunradus de Stainchirchen dicebat eandem hubam esse suum feudum ab ecclesia cui item quod suo juri renuntiaret dedi bonum equm (sic) valentem plusquam viij^{to} talenta, a quo tale instrumentum recepi.

Ego Chunradus de Stainchirchen tenore presentium profiteor et protestor me nichil iuris penitus habere in illa huba in Chuneen, pro qua contentionem habui cum domino meo venerabili abbate de Inferiori Altah renuntians liti et omni juri quod in predicta huba mihi competere videbatur. Et ne aliquis heredum meorum uel alia quecunque persona nomine meo dictum dominum abbatem uel ecclesiam Altahensem in eadem huba de cetero inquietet, presens ei porrigo instrumentum, sigilli mei appensione munitum, testes insuper sibi dando Guntherum Cellerarium ipsius ecclesie, Chunradum de Visnhart notarium meum, Hartnidum de monte, Heinricum Chriglarium, Heinricum de Salharn milites: Heinricum Mŏrlonem, Chunradum et Waltkerum fratres dictos Nortzil, Heinricum de Halding, Heinricum de Ruhstorf, Heinricum de Oetling seruientem predicti domini mei abbatis Manigoldum de Aheim et alios quamplures. Actum in castro Hagenavr anno domino M°CC°LVI. Tertio Idus Octobris.

(Durchstrichen.) Cod. Ms. Perg. Nr. XIV, Fol. 51. b, Nr. 228, 229.

1262. 1263. M°CC°LXII. Locauimus Wernhardum villicum curiam (ausgestrichen) in Chuneen et dedimus ei ad brihtung ij talenta, vj porcos et porcam, xij metretas ordei, lxxxviij avene Osterhofensis mensure, ij Carratas feni cum bobus uel iiij^{or} cum equis et dabit de Curia et huba dimidium frumentum et insuper de eadem huba iij modios avene nostre mensure et seruabit nobis x pecora per hyemem.

(Mit anderer Schrift): Predicta omnia assignata sunt etiam Ulrico de Utenchofn in sequenti anno. T. Poppo Officialis de Iserhofn, Ulricus villicus de Munchdorf, D. de Puchof, Timo, H. de Celle, Chunradus Camerarius et alii.

(Durchstrichen.) Cod. Ms. Perg. Nr. XIV, Fol. 55, Nr. 256.

VII. De prediis circa Ruggozzingen.

In Graemlingen de quodam predio Liiij^{or} denarios in die sancti Kyliani pro ariete castrato.

Eiusdem ville tercia pars est ecclesie.

In Rossfelde de viij iugeribus xvj denarios.

In Palkozzingen de molendino dimidium talentum et seruiet abbati secundum gratiam.

De Ruggozzingen.

De molendino talentum et alia seruicia secundum gratiam.

De curia villicaria ij modios tritici vel frumenti optimi qood habet Osterhovensis mensure.

Item j modium ordei, j (modium) avene eiusdem mensure.

Item ij porcos valentes lxij denarios ad fronchost. vj anseres xij pullos.

In festis seruiet sicut melius potest.

Ibidem de curia Ditmari iij solidos denariorum.

Ibidem de quadam hereditate pueri Eglolfi et coheredes eorum xxx denar.

In villa de diuersorum hereditatibus vj solidos et x denarios ad Vischauf qui dantur Mauritii.

Item ad steuram regis et pro frischingen. In festo Sancti Georii xxiiij denarios et in festo Sancti Jacobi tantum.

Item de quadam hereditate j modium tritici et pro vj urnis ceruisie j modium ordei et villico in Munchdorf tria Jeugera (sic) et iij obulos.

Ibidem preposito de quadam curte iiij^or denarios et de secunda vj (den.) et de tercia v.

Item prepositus habet iij agros per se.

Item dantur iij modii tritici, quod dicitur Maulweits, de Ruggozzinges et Palkozzingen sicut est subnotatum.

De villa Ruggozzingen.

Ditmarus de curia Sighardi x metretas tritici.

Heinricus nideninne iiij^or metretas (tritici).

Chunradus Velber iij (metretas tritici).

Antiquus molendinator iij (metr. tritici).

Ekkepertus et sui choheredes viij (metr. tritici).

Fricko iiij^or (metretas tritici).

Heinricus gwalt vij (metretas tritici).

Jeuta et Sluncinna iij (metretas tritici).

Item forstario dat oblaiarius v metretas (tritici).

In Palkozzingen.

De beneficio domini Popponis viij metretas (tritici).

Siboto viij metretas (tritici).

Loher xij (metr. tritici).

Cillinger x (metr. tritici).

Dremlo iiij^or metretas (tritici).

Spilhait iij (metretas tritici).

Graeml iij (metr. tritici).

Et nota, quod suprascriptum triticum datur proxima feria secunda post festum Sancti Mychahelis vel deten(sic) qui eodem die non dederit dat lx^a den. et triticum nychilominus soluet.

Item habemus ibidem xvj Immerchve.

De beneficio domini Popponis iij.

De molendino j.

Eberhardus Gener Rudlini j.

Villicus j.

De curia Sighardi j.

Zyllinger j.

Heinricus faber j.

Alhardus j.

Ulricus filius eius j.

Ekkpreht et sui coheredes j.

Siboto j.

Leupolt molendinator j.

Walchunus j. (1 fehlt).

Homines de Ruggozzingen habent ius in Oesteraw, ita, quod villicus et molendinator debent ibidem accipere ligna, quibus indigent ad edificia et ad ignem. Reliqui autem accipient tantummodo parua ligna pro necessitate sua ad conburendum. Si autem aliquis accipit tantum, quod aliis vendit! gratiam abbatis perdet. Pro huiusmodi autem jure dantur ecclesie de villa iij modii tritici et forstario quinque metrete parue, (tritici) quod colligere debet id triticum.

Cod. Ms. Perg. Nr. XIV, Fol. 160, b, 161, Nr. 286.

(Fortsetzung.)

Aus der k. k. Hof- und Staatsdruckerei.

№ 24. NOTIZENBLATT. 1854.

Beilage zum Archiv für Kunde österreichischer Geschichtsquellen.

Herausgegeben von der historischen Commission

der

kaiserlichen Akademie der Wissenschaften in Wien.

I. Literatur.

Salzburg.

„Lungau. Historisch, ethnographisch, statistisch, aus bisher unbenützten urkundlichen Quellen dargestellt von Ignaz von Kürsinger, k. k. (quiescirtem) Pfleger, ordentlichem Mitgliede des Vereines von Alterthumsfreunden im Rheinlande, Ehrenmitgliede des Mecklenburg-Schwerin und Mecklenburg-Strelitz'schen patriotischen Vereines für Ackerbau, Industrie und sittliche Cultur, Inhaber der Medaille des Vereines gegen Thierquälerei in München. Inglorius dum utilis. Mit artistischen Beigaben. Salzburg 1853. In Commission der Oberer'schen Buchhandlung."

Das Werk ist Sr. k. Hoheit dem durchlauchtigsten Herrn Erzherzog Johann, dessen Bildniss von Bl. Höfel gestochen dem Buche beigegeben ist, gewidmet.

Es ist das Seitenstück eines früheren Werkes desselben Verfassers: Pinzgau, nur noch reicher ausgestattet mit „artistischen Beigaben," von denen indess mehrere unwesentliche Darstellungen liefern, doch die meisten derselben sind recht zweckmässig.

Das Buch ist ansprechend und wird gewiss viele Leser finden, der Verfasser hat sich viele Mühe gegeben und die ihm zugänglich gewesenen historischen und statistischen Quellen sorgfältig benützt, auch aus der Gegenwart Vieles mit Lebendigkeit und warmer Theilnahme geschildert.

Wir wollen den Inhalt speciell aufführen, und das Interessanteste herausheben.

Zuerst (von S. 1—23): „Allgemeine Übersicht des Gaues;" „Namen" (vom slavischen Lunno?); „Lage und Grenzen;" „Berge und Thäler." Ein Hochthal von $17\frac{41}{100}$ Quadratmeilen, der südöstlichste Theil des Herzogthums Salzburg, an Steiermark und Kärnten grenzend. Seine Gestalt auf der Landkarte „wie ein Fächer" oder „ein Hufeisen" oder „ein Stern;" es sind zwei Hauptthäler, in welche die zahlreichen Seitenthäler („Winkel") einmünden. Eine von Hilber gezeichnete Karte versinnlicht „Lungau" ganz vortrefflich, so wie das beigegebene Gebirgs-Panorama, erläutert durch die „Übersicht der Höhenpuncte von Lungaus merkwürdigeren Bergen und Ortschaften, eingetheilt nach den Regionen des ewigen Eises bis zu jener des cultivirten Landes."

„Man kann annehmen, dass das Lungau selbst in seinen tiefsten Thalgegenden noch immer die Höhe der Hochgipfel der deutschen Mittelgebirge hat, und über den Nord- und Südrand das Enns- und Drauthal wenigstens 1000 Fuss erhaben ist."

„Klima." Kalt, rauh und sehr veränderlich, beinahe nur Sommer und Winter, mitten im Sommer Schnee. Starker Reif, gegen den man sich durch „Reifheitzen" (Rauchsäulen) schützen will. Die Erfahrung hat gelehrt, dass auf 10 Jahre in der Regel 3 Reifjahre kommen, in denen eine einzige solche Nacht die Feldfrüchte des Lungauers vernichtet. S. 18. „Wer nicht das Donnern der Lawinen mit ihren Verwüstungen in den schauerlichen Schluchten des Tau wie der Seitenthäler gehört, das Grauenhafte eines Bergfalles, Bergbruches, das Ausbrechen eines Bergstromes gesehen, wer nicht weiss, wie der Lungauer der Natur jede, auch die kleinste Gunst mit unsäglicher Mühe und oft mit grosser Lebensgefahr (wie auf den Bergmähdern und beim Heuziehen) abgewinnen muss, um bei seinen bescheidenen Ansprüchen sein sorgenvolles Leben zu fristen, wer endlich nicht gesehen hat, wie der Reif die letzte Hoffnung zur Lebensfristung vernichtet und allgemeine Niedergeschlagenheit im weiten Thale verbreitet: kennt Lungau nicht."

„Gewässer." Hauptfluss die Muhr, sie nimmt alle Gewässer von ganz Lungau in sich auf. Bisher machte die Muhr viele Verheerungen, auch bildeten sich Moore und Moräste. Seit 1844 ist die Muhr-Regulirung „grösstentheils" auf Staatskosten bewilligt. „Was durch Jahrhunderte nicht gelingen wollte, war durch des Kaisers Gnadenwort mit einem Male entschieden. Leider erlitt die Inswerksetzung dieses Unternehmens durch die im Jahre 1848 eingetretenen Ereignisse einen Stillstand. Es lässt sich aber mit Sicherheit voraussagen, dass, wenn diese Regulirung beendet sein und die Muhr hiedurch ihren geregelten Lauf erhalten wird, auch noch andere für den Gau hochwichtige Lebensfragen nachfolgen werden."

„Wird nämlich das durch veraltete Normen krankhafte Alt-Salzburgische Waldwesen im Lungau regulirt sein, wozu durch die rastlosen Arbeiten der k. k. Forstregulirungs-Commission die erfreulichste Hoffnung vorhanden ist, werden die Torf-Lager und Steinkohlen-Flötze gehörig ausgebeutet, so wird die Frage: ob die Muhr nicht benützt werden könnte, um Holz, Torf und Steinkohle als hochwichtige Handelsartikel den unteren Gegenden der Steiermark zuzuführen, wohl von selbst zur unabweislichen Beantwortung auftauchen; und so wird diese Entsumpfung noch segenbringend für nachfolgende Generationen wirken. Viele „Seen," mit kostbaren Fischen (Salblingen). S. 22. „Strassen." Durch Lungau läuft die von Salzburg über Radstadt nach Kärnten führende Poststrasse. Radstadter Tauern. Eine wahrhafte Kaiserstrasse, welche ihren dermaligen ausgezeichneten Bestand der Munificenz der österreichischen Staatsregierung verdankt."

Schon zur Römerzeit eine Strasse. Meilensäulen, Unterbau. Aber nicht gleicher Zug, „da sie ausser Mauterndorf hinter dem Schlosse Mosham auf Margarethen zuging und durch den Leisnitzgraben in sanfter Ansteigung in der tiefsten Einsattlung dieses Bergrückens an der sogenannten Zeigerlerche den kärntnerischen Boden berührte, von wo sie über Gmünd dem berühmten Teurnia (St. Peter im Holze) zueilte."

Die Slaven (Wenden) zerstörten „die Römerstrasse über den Tauern, so wie jene, welche die Römer von Mauterndorf über Tamasicis (Tamsweg) und Immurio (Murau) nach Virunum (Zollfeld) und Noreja (Neumarkt in Obersteier) angelegt hatten. Dafür ging ihr Strassenzug durch das Weissbriach- und Forstau-Thal in die Gegend von Radstadt."

„Unter der fränkisch-bojoarischen Herrschaft blieb es bei der von den Slaven angenommenen Strassenrichtung."

Erst Erzbischof Leonhard von Keutschach, dieser ausgezeichnete Staatswirth, liess den Weg über den Radstadter Tauern mit Benützung der römischen Unterbaue im Jahre 1500 wieder fahrbar herstellen. Erzbischof Franz Anton Graf von Harrach (1709—1727) erweiterte die Landstrasse vom Katschberge über den Tauern bis nach Golling, und traf auch andere zweckmässige Einrichtungen zur Belebung des Handels, wozu er vom Kaiser Karl VI. durch ein eigenhändiges Schreiben aufgemuntert wurde. Seither vermittelt der Tauern wieder wie zur Römerzeit den Handel des Nordens mit dem Süden."

Gute Commercial- und Verbindungsstrassen.

Nach dieser allgemeinen Übersicht werden in einzelnen Abschnitten die verschiedenen Gegenden, Orte und Verhältnisse geschildert.

I. (S. 23—37.) Reise auf dem Radstadter Tauern. In der Kirche des Kapuzinerklosters zu Radstadt ein Marienbild (Steinguss) von Erzbischof

Thiemo von Salzburg (c. 1090) und ausser der Kirche auf dem Friedhofe eine gothische Spitzsäule aus Nagelfluh. Auch in Altenmarkt (Dorf vor Radstadt) Steinguss (Bild des Thiemo?) in der Kirche.

In Untertauern unweit des Vicariatshauses stand ein römischer Votivstein, der auf Erzherzog Ferdinand's Befehl (1805?) nach Salzburg gebracht wurde (jetzt im städtischen Museum). (Die Abbildung siehe III, bei S. 160.) Verschiedene Deutung (Juvavia, S. 58, S. 67, und Prof. Stephan).

II. (S. 38—70.) „Umschau auf dem Radstadter Tauern." Mit 2 Abbildungen. 1) Römische Strassenkarte (durch Lungau); 2) Ansicht der Freithofhöhe.

„Das Tauernhaus und die Wiesenegger" (früheren Besitzer). Stiftung, vermög welcher jeder Tauernwirth aus dem domcapitlischen Getreidekasten in Mauterndorf jährlich 30 Metzen Roggen (Korn) und 20 Metzen Weizen in Salzburger gestrichenem Masse erhielt, wofür er die armen Reisenden zur Nothdurft bewirthen musste.

Dieselbe Verpflegung für Tauern-Wanderer bestand z. B. noch bis in die letzte Zeit auf dem Krimmler und Felber-Tauern, zu Ronnach und am Passthurm in Oberpinzgau.

Gewiss sehr menschenfreundlich! Leider gewesen. „Bei der so menschenfreundlichen Tendenz der österreichischen Staatsregierung liesse sich gewiss hoffen, dass eine bittliche Vorstellung des Tauernwirthes den günstigsten Erfolg haben dürfte. Eine geringe (?) Zubusse zu dem früheren Getreidebezuge" (erhält denn der Wirth noch das Getreide?) „dürfte hinreichend sein, um diese alte menschenfreundliche Stiftung zum Wohle der armen Tauern-Wanderer wieder aufleben zu lassen." (Erhält der Wirth das Getreide, ist er wenigstens theilweise verpflichtet.)

Über 300 Jahre waren die Besitzer des Tauernhauses aus dem Geschlechte der Wiesenegger. Im Jahre 1818 wurde dasselbe sammt Tafernrechte und Zugehör (über 474 Joch Wiesen, Hutweiden, Alpen, Hochwäldern u. s. w.) von den Wieseneggerischen Gläubigern an Kaspar Steger um 3300 fl. Reichs-Währung verkauft, 1829 und 1831 ward es wieder verkauft.

Der jeweilige Tauernwirth ist verbunden, bei dem Beneficium auf dem Tauern den Messner- und Ministranten-Dienst gegen 15 fl. von der Kirche zu versehen; einem jeweiligen Beneficiaten auf dem Tauern jährlich im Spätherbst zwei Klafter Brennholz zu stellen; endlich hat er den Besitzern der Alpe Hundsfeld, dann der Alpen Neuhütten und Seekahr im Nothfalle die Schneeflucht in der Strecke nach der Landstrasse vom obersten Wassertrögel bis zum Bröckl in der Gnaden-Alpe zu gestatten.

S. 45. Der Vicar auf dem Radstadter Tauern. Ein Kapuziner, Joseph Hackl, von der Umgegend „Tauern-Seppel" genannt, Vicar seit October 1830, bei 80 Jahre alt. Heiter und liebenswürdig. Das Vicariatshaus wurde im Jahre 1721/22 von den Gebrüdern Johann und Wilhelm Wiesenegger (Wirthen am Schaidberge und am Radstadter Tauern) auf eigene Kosten erbaut.

Im kleinen Gärtchen rückwärts nichts als weisse Rüben und Schnittlauch. Kartoffeln kommen nicht einmal zur Blüthe!

Das Beneficium auf dem Tauern wurde 1721 von Jakob Pyth, Dechant zu Werfen, gestiftet. Grosse Wohlthat. Der Beneficiat hat die Seelsorge auf dem Tauern. Seit 1721 33 Beneficiaten. Die Bevölkerung des Seelsorgbezirkes beträgt dermalen 18 Seelen. Seit 1721 wurden getraut 8 Paare, geboren 77, gestorben sind 77. (Viele Unglücksfälle fremder Reisender.)

„Schrecknisse des Tauern aus dem Sterbebuche." S. 51. „Ein frommer, aber dringender Wunsch." „Es wäre wahrlich höchst wünschenswerth, wenn, so wie auf dem Felber-Tauern bei Mittersill, eigene Tauernknechte auch hier bestellt wären, welche des Weges wohl kundig, bei einem Schneesturme, welche das ganze Jahr hindurch auf dem Tauern vorkommen, durch Rufen und Hörnerschall den verirrten Wanderer wieder zurecht;

24*

Die Kirche freundlich, gewölbt, mit einem Glockenthürmlein. Schönes Bild auf dem Hochaltar (Petrus vom Engel befreit).

S. 54. „Freithofhöhe." Der Gottesacker der Tauern-Wanderer, 5499' über dem Meeresspiegel. Mit einer Capelle, in welcher ein sehr schönes Bild, Christus am Kreuze.

S. 58. „Die römische Mansio." Der frühere Tauernwirth Steger fand bei der im Jahre 1825 vorgenommenen Wiederherstellung der ganz verfallenen Friedhofmauer römischen Unterbau und verschiedene Gegenstände:

„Eine kleine Beisszange von Eisen nach alterthümlicher Form, die man noch öffnen und schliessen konnte (römisch?), einen grossen menschlichen Todtenschädel, ein kurzes breites Schwert mit eisernem Griff, einen Pferdezaum mit Silber belegt, eine Lanzenspitze mit Widerhaken, woran noch einige Holzsplitter, Steigbügel und Stücke von Pferdegeschirr, mehrere kleine römische Münzen, auf einer Seite nicht mehr leserlich, verschiedene Gebeine, darunter ein Knochen von 3 Schuh Länge und 4 Zoll Dicke, vermuthlich von einem Kameele (?), Stücke von Geschirren aus terra sigillata und Anderes."

„Schade, dass Steger alle diese Funde an einzelne unbekannte vorüberreisende Fremde, besonders in's Ausland, verkauft hatte!

S. 59—63. Über die Römerstrasse von Aquileja (Virunum) nach Juvavum. Insbesondere von Immurio (Murau) über Tamasica (Tamsweg) auf die Station: In alpe.

S. 61. In Mariapfarr ist an der Kirchenmauer der Denkstein des Saturninus Decurio militum eingegraben.

Eine kleine Stunde davon, zu Steindorf auf dem Wege nach Mauterndorf, wo der Sage nach ein römischer Tempel gestanden sein soll, sind grosse Säulenstücke an dem Stallgebäude des Staudinger zur Mauer verwendet, dort hat sich auch ein Denkstein, der jetzt im Museum in Salzburg ist, vorgefunden, und sind weitschichtige Unterbaue hinter dem Staudingerhofe wahrzunehmen. In St. Gertruden, wahrscheinlich dem alten Mauterndorf, stand eine Meilensäule des L. Septimius Severus. Sie ist im Museum in Salzburg.

Im Schlosse zu Mauterndorf ist noch dermalen der Leichenstein des Constantius Voticius, Provincialis (Landvogtes) an der äussern Mauer des ersten Burghofes zu lesen; seit jüngster Zeit im Museum in Salzburg.

Am Posthause in Tweng eine Meilensäule des L. Septimius Severus; jetzt im Museum in Salzburg.

Von Tweng bis fast an die Tauernscharte begegnen wir noch jetzt fünfen neben der Poststrasse der Tauernscharte nahe stehenden Meilensteinen, welche in der Nähe ihres Standortes ausgegraben wurden.

Der andere Strassenzug ging von Juvavum über die Tauernscharte bis Mauterndorf, wo er sich von jener (jenem) über Tamasica nach Immurio und Virunum schied, und in südlicher Richtung über Neusäss nahe am Schlosse Moosham, Margarethen durch die Einsattlungen des Leisnitzgrabens nach Kärnten ausmündet und dort zwischen Rennweg und Kremsbruck über Gmünd nach der berühmten altceltischen Tiburnia oder Teurnia (jetzt St. Peter im Holze) führte.

Die Meilensäule des L. Septimius Severus und M. Aurelius Caraccala auf der geschnittenen Baumtratten im Leisnitzgraben gefunden (nicht auf der Taferner Alpe) und einige andere Überbleibsel von Denksteinen und einer Ara in Margarethen und Umgegend sprechen diess deutlich aus.

Die Spuren der alten Strasse (Unterbau) sind deutlich.

S. 64. Das Hospitium auf dem Tauern, wahrscheinlich aus den Ruinen der römischen Taberna (Mansio) erbaut. Erzbischof Adalbert II. widmete demselben 1198 jährlich einige Fuder (quinque et dimidiam libras) Salz von Taufenwald bei Hallein.

Auch eine Kirche stand oben im Jahre 1224.

Kürsinger sagt: „Ein geringer Aufwand von Zeit und Geld dürfte an dem Platze, wo der Tauernwirth Steger in die Erde gegraben, kostbare (?)

archäologische Funde zu Tage bringen! Hieraus mache ich ausdrücklich aufmerksam."

III. (S. 71—86.) „Übertritt ins Lungau." Das Gasthaus am Scheidberg, eine halbe Stunde unter der „Freithofhöhe," 4960 Fuss über dem Meere, im Winter meist ganz verschneit. Gefährliche Gegend durch Lawinen. Das Breitlahnbrückel. Römische Meilensäule. (Ob recht gelesen?) Das Blockhaus am Tauern, 1258 von Erzbischof Ulrich erbaut. Allerlei historische Notizen aus dem Moosbamer-Archive.

Der Abgrund, welcher von der Capelle herauf gegen das Blockhaus führt, ist gräulich. Über denselben am Gewände führte früher eine lange hölzerne, sogenannte Halbbrücke. Seit 1826 ist an deren Stelle eine lange, breite, aus der Tiefe heraufgemauerte, mit Geländern versehene, herrliche Brücke aus behauenen Steinen gebaut. Ein grossartiges Werk.

Eine Viertel-Stunde vor dem Dorfe Tweng stehen zur Linken der Strasse, am Fusse des Bannwaldes wieder zwei (?) römische Meilensäulen (abgebildet und gelesen). Der zweite Stein vielleicht ein Leichenstein (?).

S. 83—85 eine recht ansprechende Episode: „Der Tauernwegmacher Joseph Grueber."

IV. (S. 87—101.) „Tweng und die Römersteine." Das Dorf Tweng hat 20 zerstreut liegende Häuser, 151 Einwohner. Das Posthaus in Tweng und die Römersteine. (Römische Meilensäule, abgebildet. Gelesen von Hefner, und früher in der Juvavia.) Eine andere, ohne Schrift jetzt. „Die Franzosen im Jahre 1797 auch in Tweng." „Die Kirche in Tweng." Älter als das Beneficium, welches 1727 gestiftet wurde. „Erst im Jahre 1802 wurde in Tweng ein Schul- und Messnerhaus gebaut, und erst von dieser Zeit an, obgleich nur im Winter, etwas Schule gehalten." Das verdienstvolle Wirken des Expositus Reisinger. Die Serbeglocke im Kirchthurm, alt, von 1357 (oder 1457? denn Kürsinger sagt: „Also fast 400 Jahre wäre diese Glocke alt").

Früher auch Bergbau im Twengthale. Eisenstein. Gute Mühlsteine.

S. 97. „Vorschrift (der obderennsischen Landesregierung vom 17. Jänner 1839) für Reisende, welche den Radstadter Tauern passiren wollen."

V. (S. 102—106.) „Von Tweng nach Mauterndorf." Thalumschau. Spuren einer römischen Taberna, das „alte Schloss im obern Küstenfelde" genannt. Römische Meilensteine (verwittert). Eisenhammer der Lungauischen Gewerke, Drathzug. Historische Reminiscenzen. „Im verhängnissvollen Bauernkriege von 1526 war das Twenger Thal der Schauplatz mancher blutigen Auftritte."

VI. (S. 107—125.) „Schloss Mauterndorf." Seine Bauart (mittelalterlich) und Geschichte.

Es soll zuerst 326 („in der Heidenschaft") erbaut worden sein, obwohl jetzt keine Spuren römischer Bauten übrig sind. In dem Jahre 1480 ist es mehr befestiget worden. „Es war das Staatsgefängniss des Salzburgischen Erzstiftes." Lieblings-Aufenthalt des Erzbischofs Leonhard von Keutschach, von dem und seinem Nachfolger Matthäus Lang K. Maximilian I. zu sagen pflegte (Dückher, Chron. S. 228): „Er habe zwei Capläne, deren er den ersten nicht aussäcklen, den andern nicht ersättigen konnte." In diesem Schlosse hätte auch der Bürgermeister von Salzburg mit seinen Rathsherren wegen Empörung (Verschwörung) auf Befehl des Erzbischofs Leonhard heimlich hingerichtet werden sollen. S. Hansiz, Germ. sacra II, 551, Nr. XI, Jänner 1511.

In Mauterndorf sass der Vicedom und Landrichter für Lungau, später im Schlosse Moosham (c. 1524). Nach dem Reichs-Deputationsschluss von 1802 kamen die Besitzungen des salzburgischen Domcapitels in Lungau an die beiden landesfürstlichen Pfleggerichte Tamsweg und St. Michael. Mauterndorf ward Ruine. Beschreibung derselben. Im Hofraume ein römischer Denkstein.

Abbildung (XXI) und Erläuterungen. Der Faulthurm. Untersuchung. Berichtigung der schaudervollen Traditionen. Schlosscapelle. Fresken. 3 Missale noch im Pfarrhofe. Der sehr schöne Altar (ein herrliches Schnitzwerk), jetzt in der Pfarrkirche. Kürsinger wünscht die Wiederherstellung der Schlosscapelle. „Dies wäre um so leichter, als der jeweilige Pfarrer von Mauterndorf ohnehin zugleich Schlosscaplan ist, als welcher er noch die meisten Stiftungsbezüge geniesst; als der Altar, die Glocken, Paramente u. s. w. noch vorhanden sind.“ (Müsste dann aber nicht ein eigener Schlosscaplan aufgestellt werden?)

VII. (S. 126—148). „Der ehemalige (ehemals) domcapitlische Markt Mauterndorf.“ Mit der Ansicht von Mauterndorf. Der Markt hatte (1846) 167 Häuser, 1034 Einwohner, darunter 28 Gewerbsinhaber, 22 Bauern. In der Mitte steht die Pfarrkirche mit ihrem Thurme. Sie ist ein unförmliches winkliges Gebäude verschiedener Zeiten. Sie ist dem heil. Bartholomäus dedicirt. Grabsteine, Glocken. Das vormals domcapitlische Pfleghaus. In einem feuerfesten Gewölbe befindet sich die ehemalige domcapitlische Registratur, deren Obhut das Pfleggericht St. Michael hat. S. 129. „Die alten domcapitlischen Urbarien und Stiftbücher sind hier hinterlegt. Die Acten gehen über das Jahr 1512 zurück. Sie befinden sich in drei grossen Kästen mit prachtvollen Schlössern, welche von Zirbenholz und künstlich eingelegt sind. Darunter hat mich eine Weihsteuer-Beschreibung vom Jahre 1748 angezogen, deren Inhalt die dem Domcapitel ehemals unterthänigen Güter beschreibt.“ Überbleibsel von alten Waffen. „Das Bessere hievon wurde jedoch von dem vormaligen Rentmeister Estlinger in Mauterndorf an das Museum in Salzburg abgegeben, und zwar vier Harnische, 31 Stück lange Lanzen, ein Mörser mit 70 Pfd. und 550 mit Eisen beschlagene Pfeile.“ Hauscapelle. Der Pfarrhof ein ansehnliches altes Gebäude, zu weitschichtig. Auszüge aus dem Stiftbuche für die Pfarrkirche Mauterndorf, St. Gertrud und St. Wolfgang. Instruction des Dompropstes, Domdechants und Domcapitels für den neuangestellten Schlosscaplan und Vicarius curatus Ignaz Franz Gäfues, ddo. 22. März 1762, ängstliche Fürsorge für Bewahrung der Jurisdictionsrechte des Domcapitels zeigend. Das Bruderhaus, ehemals das domcapitlische Mauthgebäude. Es wurde 1829 vom Cameral-Aerar verkauft und gelangte durch Kauf an die Eisengewerkschaft von Bundschuh und Mauterndorf, Joseph Pesendorfer, Besitzer der ehemaligen Herrschaft Rottenmann, und Franz Neuper, Realitäten-Besitzer in Zeiring.

Pesendorfer hat im Jahre 1845 zu Rottenmann ein Spital gestiftet für einige zwanzig schwer kranke Arme, sie seien einheimisch oder durchreisend. Er schenkte zu diesem edlen Zwecke ein Haus, das er zum Krankenhause aneignen liess, und fundirte es mit 20,000 Gulden C. M.

Das Bruderhaus in Mauterndorf, welches schon vor 1566 (viel früher) bestand, war durch die Verhältnisse der Zeit und das Schwanken des Geldwerthes sehr herabgekommen.

„Die Bürgerschaft von Mauterndorf war eben (1845) daran, ein altes baufälliges Haus ausser dem Markte um 300 fl. Reichswährung anzukaufen, und es mit einem Baukosten-Aufwande von 2000 fl. R. W. dem Zwecke entsprechend herzustellen.“

„Die Mittel hiezu wären aus dem ohnehin schon herabgekommenen Vermögen dieses Bruderhauses genommen worden, wodurch die schon geringe Zahl der Pfründner noch mehr hätte beschränkt werden müssen.“

„Da kamen die Gewerken Pesendorfer und Neuper auf ihrer Nachsichtsreise nach Mauterndorf, erfuhren die Trübsal dieser Stiftung und schenkten ihr schönes Gewerkenhaus, in welchem bisher der Verweser der lungauischen Gewerkschaft wohnte, dem Markte als Bruderhaus.“

Das vormals Grimming'sche Haus mit seinem „Rittersaal.“ Besonders schönes Deckengewölbe. Die Grimming, eines der ältesten Geschlechter im Lungau, welche dort seit Jahrhunderten theils Eigen, theils Lehen hatten, sie gehören eigentlich der Steiermark an. Ihre schönste Besitzung war das liebliche Schloss zu Niederrain nächst Mariapfarr am Eingange in den Weisbriach-Winkel, daher sie auch die Freiherren von Niederrain hiessen (seit 1617 Freiherren). Verschiedene archivalische Notizen. Leichensteine in der Gertruden- und Wolfgangskirche (Titelreich?).

Verlag des Speiks (Valeriana celtica) der Handlung Hafner (in Salzburg) zu Mauterndorf; der Speik einst, bis zum Schlusse des 18. Jahrhunderts, ein wichtiger Handelsartikel, er wurde über Triest und Venedig nach dem Orient und nach Afrika als Heilmittel und Räucherwerk verführt. Interessante Notizen aus dem Mooshamer-Archive. Zum Handel gehörten Licenzen. Von 1543—1547 hatte ihn die Judenburger Bürgerschaft.

S. 139—146. Archivalische Notizen über die reichen Gewerke Jocher und Anthofer u. s. w. (in Mauterndorf).

S. 146—148. Zur Geschichte von Mauterndorf. Jetzige Verarmung.

VIII. (S. 149—159.) Umgebungen von Mauterndorf. Die Kirche zum heil. Wolfgang (erbaut 1642, eingeweiht 1646). Gestiftet von Elisabeth Grimming, gebornen Pernerin von Lampoding und Rettenwerth, hat Capitalien und hat schon oft ihren „ärmeren Schwesterkirchen" geholfen. Grässliches Bild, Marter des heil. Bartholomäus. Kirche St. Gertrud. Römische Meilensäule und die Grabsteine der Gewerken. Die Meilensäule ist jetzt im städtischen Museum zu Salzburg. Kirche alt. „Insbesondere ist sehenswerth die aus Zinn mit grosser Kunst getriebene Denktafel für den am 16. Mai 1653 verstorbenen Wilhelm Karl Jocher, Freiherrn von Eggersberg und Hohenrain, und dessen Gemahlin Maria Anna Ritzin, zu Grueb und Ramseiden, geziert mit 14 Ahnenwappen, worunter auch das der Helasi in Goldverzierung, wie im reichsten Farbenschmelze prangend."

Dieser Jocher ist der Begründer des Bruderhauses in Mauterndorf gewesen.

Grosses Ölgemälde von Matthäus Pinnet, 1626. Alte Grabsteine. Kreuz, treffliche Sculptur.

Der Kelchbrunnen in der Nähe einer steinernen Capelle, eine halbe Viertelstunde von St. Gertrud. Kalte Mineralquelle, bisher unbenützt.

Der Trogberg. Schauderhafter Mord auf demselben. Im Jahre 1808 wurde ein junger Maurergeselle von zwei Kerlen auf die grässlichste Weise gebraten. „Man fand seine Leiche rücklings in gebückter halbsitzender Stellung, an einen Baum gebunden. Unter ihm haben die Unmenschen Feuer angemacht, durch das allmähliche Braten des Hintertheiles träufte das Fett des Unglücklichen ab, das die Bösewichte in kleinen Gläschen auffingen, deren noch mehrere leer am Unglücksplatze gefunden und von den Thätern zurück gelassen wurden."

„Der Mund des Unglücklichen war zugebunden, daher das dumpfe Gebrüll des in langsamer Feuerqual Sterbenden." (Man hatte dieses Gebrüll von weitem gehört, wusste sichs aber nicht zu deuten.)

„Es bestand nämlich damals noch bei einigen Leuten der furchtbare Wahn, dass man durch Menschenfett Hexerei treiben, Schatzgraben und Teufelsspuk üben und dadurch reich werden könne."

„Neben der Leiche fand sich unberührt der Wanderbündel mit dem Gelde, das Reisszeug, und der Wanderpass des Unglücklichen."

Die Thäter sollen Wildschützen aus dem Kärntnerischen gewesen sein!

IX. (S. 160—180). „An der Strasse nach Tamsweg." Die drei Kreuze (Capellen) bei Steindorf, der Beinbühel und Margaretha Maultasche. (Traditionen im Lungau. Schlachten der Marg. Maultasche, unbegründet.) Der Beinbüchel schreibt sich von 1481 her (Ungern?). Steindorf und der Heidentempel. Dorf Steindorf hat 23 Häuser, 146 Seelen. Römerstein, jetzt im st. Museum zu Salzburg, hier abgebildet. Untersatz einer Ara. Staudingergut, zur Hälfte auf einem heidnischen Tempel. „Wer Zeit und Geld daran wendet, dürfte hier für die Geschichte der Römerzeit kostbare Entdeckungen machen." „Die Staudingertochter als Hexe auf dem Scheiterstosse." Ende der 60ger Jahre des 18. Jahrhunderts.

Der Edelsitz zu Gräbendorf. Die Ruine zu Pichln und das Dorf Strannach.

X. (S. 181—278.) „Der landesfürstliche Markt Tamsweg." Umschau. Alter des Marktes Tamsweg. Seine Privilegien und sein Wappenbrief. Römische Strasse vorbei. Geschichtliches. Handel. Bergwerke. S. 196 u. s. f. Urkunden von 1416, 1387, 1534. Die Pfarrkirche in Tamsweg, freundlich.

Schutzheiliger der Apostel Jakobus der Ältere. Graf Kumburgische Familiengruft Gute Kirchenmusik. Stiftungen. Im Pfarrhofe das Archiv der ehemaligen Archidiaconal-Commissäre. Mitunter uralte (?) Urkunden, Bullen, Ablassbriefe u. s. w.

S. 207. Das St. Barbara-Spital mit einer Kirche. 7 Pfründner. Geschichtliche Notizen.

„In Tamsweg besteht auch ein Krankenhaus für den ganzen Bezirk, in welches alle armen Dienstboten und Handwerksgesellen, so wie arme Reisende im Falle ihrer Erkrankung zum Heilversuche aufgenommen werden, wenn sie anderswo kein Unterkommen finden. Die Auslagen hierauf werden aus der Gemeinde-Concurrenz nach dem freiwilligen Übereinkommen der Gemeinden gedeckt." Gewiss sehr verdienstlich. S. 218. Gebäude. Umschau. Das k. k. Pfleggerichts-Gebäude, vormals das Kapuzinerkloster. Moosshamer-Archiv.

Im ehemaligen Hebenstreit'schen Hause (nun Graf Kuenburgisch) die Wohnung des Stift Nonnbergischen Verwalters. Der Verweser Friedrich Klinger besitzt ein aus Holz geschnitztes Frauenbild, ein Bruststück. Der Sage nach ist es ein altes Götzenbild (?), im Gewichte auffallend schwer, aus einem Holze, das im Lungau nicht vorkömmt, jedoch so morsch, dass es beim Bohren nur gelben Staub liefert. Der Sage nach stand dieses Bild einst im Heidentempel zu Steindorf, Kürsinger hält es für eine Diana (?).

Das Graf Kuenburgische Fideicommiss-Haus. Kuenburgisches Archiv. Notizen. Das ehemalige Kapuziner-Kloster. Die Kirche, jetzt der staatsherrschaftliche Getreidekasten. Geschichtliche Notizen. S. 236. Die Pfarrherrn in Tamsweg. Von 1507, unvollständig. Die Archidiaconal-Commissäre. (Seit 1234 im Lungau)(?). Seit 1670 in Tamsweg. Der Freithof. Die Todtencapelle. Die privilegirte Scheiben-Schiessstätte in Tamsweg. Alte und merkwürdige Geschlechter im Markte Tamsweg. Die Herren von Thannhausen. Herren von Moosham. Herren von Grimming. Herren von Kuen. Geschlecht der Frayd. Der Pagge. Der Gressing. Der Rechseisen u. s. w. Der Gämbs. u. s. w. Nicht uninteressant.

S. 256. Der Samson, eine Hauptfigur bei Festaufzügen (Abbildung).

S. 259. Der Schlosser Juli in Tamsweg, Gross-Uhrmacher. Ein geborner Immenstädter (bairisch). Ein mechanisches Genie.

S. 262. Der Eisenhandel in Tamsweg. Notizen. S. 266. Tamswegs Feuerkalender. Viele Brandunglücke, besonders 1742 am 11. April, 1788, 4. November.

S. 269. Memorabilien über den Markt Tamsweg. Von 1544 angefangen. S. 273. „Diarium so bei höchster Gegenwart Ihro hochfürstlichen Gnaden des Erzbischofes Sigismund zu Damsweg gehalten worden ist." (1759.)

XI. (S. 279—310.) Ausflüge von Tamsweg.

A. Der Anstieg nach St. Leonhard. Alter Stollen eines Goldbergwerkes. Der Kirchhof zu St. Leonhard und der Vogel Phönix. Maler Lederwasch, Messner zu St. Leonhard, starb 1792. S. 285. Über die Entstehung der Kirche in St. Leonhard. Wunderthätiges Bild 1421. Die Kirche St. Leonhard. Meisterstück deutscher Baukunst im 15. Jahrhunderte, von Toffe aufgeführt.

Portal, künstlich gewölbt. Am linken massiven Thorflügel ist ein in Messing getriebener Handgriff, einen Löwenkopf vorstellend. Viele Weibspersonen küssen diesen Kopf, vermeinend, dass sie befreit bleiben vor Geister- und Gespensterfurcht.

Der Hochaltar, von 1660, stört. Wunderschöne Glasgemälde. Zehn Altäre. Prachtvolle Monstranze. Statue des heil. Leonhard, unförmlich geschnitzt. Schöner Betstuhl aus dem 15. Jahrhundert. (Sehr interessante Kirche.) S. 295. Die Glasmalereien in der Kirche St. Leonhard. „St. Leonhard mit seinen Glasgemälden ist der schönste Juwel in Lungau's Merkwürdigkeiten." S. 300. Memorabilien.

B. Judendorf, seine Synagoge und der Judenfreithof. St. Andrä und der Stahlhammer. Der Schwefelbrunnen auf der Haiden. „Die Kirche St. Andrä wird in alten Urkunden die Kirche in Abtsdorf zu St. Andrä genannt. Hinter dem

Hochaltar am mittleren Spitzbogenfenster ist ein Glasgemälde angebracht, vorstellend einen Bischof (infulirten) knieend vor dem heiligen Andreas, welcher das Martyrerkreuz mit der Rechten, und ein grosses Buch in der Linken hält. Darunter ein Wappenschild, dessen Mitte ein Querbalken theilt, die beiden Eckfelder aber in hochrothem Farbenschmelz prangen. Im Querbalken befinden sich drei graugeschuppte Fische auf weissem Grunde, das Ganze mit Schnörkeln und Laubwerk recht künstlich durchwoben. Unter den Figuren ist zu lesen: „Apt Andre ze ossiach.“ Die Kirche alt. Der grosse Stahlhammer gehört dem Fürsten Schwarzenberg, grossartig betrieben, bringt Geld ins Lungau.

C. Von Tamsweg nach Ramingstein, eine Enge. Spuren des Waldbrandes 1841. Die Pfarrkirche und der Pfarrhof in Ramingstein (S. 331). Notizen. Finstergrün und Wintergrün. Ruinen. S. 338. Alter von Ramingstein, seine Edelgeschlechter und sein Bergbau. S. 345. Der Geist der Zeit in den letzten drei Jahrhunderten im Thale Ramingstein, mit einigen andern Merkwürdigkeiten aus der Vergangenheit. Lutheraner. S. 349. Kendlbruck (Dorf) und „Maria in Hohl'nstein.“

D. S. 354. Seethal. Die Ruine Schlossberg und die Schlossberger. Gehörten zu den ältesten adeligen Geschlechtern im Lungau. Notizen. S. 361. Die Capelle am Schwarzenbichl, das Seethal und sein See. Er hat einen Umfang von einer kleinen halben Stunde und ist sehr tief. „Eine uralte Sage lässt hier eine Stadt gestanden sein, welche durch ein ausserordentliches Natur-Ereigniss in den See versunken ist.“ Die wenigen Häuser nächst dem See heissen noch jetzt „die Stadt.“ Die Schlossruine Klauseck. (Spuk.) Einst den Pettauern gehörig. S. 370. Das Dorf Seethal. Historische Notizen.

E. S. 378 Der hohe Preber und der Prebersee. Lohnender Ausflug. Alte Schanze.

F. S. 388. Der Lessach-Winkel. Dorf Wölting. S. 393 Die Ruine Thurmschall und ihr Gespenst, das „Thurmschallweibl,“ welches Schätze hütet! Ehemals Sitz der Weisbriach? „Bei Thurmschall, heisst es, sollen die von Wölting die Soldaten der Margaretha Maultasche geschlagen haben. Der Erzbischof habe ihnen für diese rühmliche Kriegsthat das Recht verliehen, bei öffentlichen Aufzügen den Riesen-Samson als das Sinnbild der Stärke und Tapferkeit mit herumzutragen.“ S. 398. Der Gamshof. Geschichtliche Notizen. „Die grosse Ausdehnung der Besitzungen dieses Zehenthofes ist in der Urbarsbeschreibung des Erzbischofes Wolf Dietrich vom Jahre 1608 genau beschrieben.“ Capelle im Gamshof. Sagen darüber. Das Koboldergut. „Im Jahre 1784 begaben sich Martin Lerchner, Bauer am Koboldergute in Lessach, und sein Eheweib Anna nach Rom, um sich, wie die Sage geht, Gewissheit über den rechten Glauben zu verschaffen (Manharter in Tirol): denn sie waren von dem Wahne (?) gepeinigt, ob sie wohl den wahren Glauben hätten. Sie machten sich auf den weiten unbekannten Weg, waren wirklich in Rom, allein sie starben auf dem Heimwege.“ (Notiz im Sterbebuche zu Lessach.) Das Pfarrdorf Lessach (60 Nummern). Notizen. Die Pfarrkirche in Lessach, dem heil. Paulus geweiht. Alt. Neues Schulhaus (seit 1833).

„Ich wohnte hier einer Schulprüfung bei, und staunte über die Kenntnisse der Kinder. Ausser genauer Kenntniss der Grundlehren unserer göttlichen Religion, fand ich neben den schönsten Schriften, die richtigste Orthographie, las schriftliche gelungene Aufsätze, hörte ihren harmonischen Gesang, den die Schüler mit dem Kaiserliede beschlossen, und hörte von ihnen die Mittel zur Rettung der Scheintodten, besonders der Erfrornen, so wie mich ihre Kenntnisse über die im Thale wachsenden Giftkräuter und Giftschwämme überraschte. Sie verdanken dieses erfreuliche Fortschreiten dem liebevollen Pfarrherrn (Joseph Günther) und dem eben so tüchtigen Schulprovisor Schattauer. Besonders gefielen mir auch die Gedächtniss-Übungen, welche in moralischen Erzählungen und weisen praktischen Sinnsprüchen bestanden, unter denen manche Lehre gegen die Thierquälerei bereits freudige Wurzel gefasst hat.“ S. 407. Die Prophezeiung. „Im Volke lebt seit Jahrhunderten die Vorhersagung, dass der Thanner Wald mit seinem Berge eines Tages brechen und auf das Pfarrdorf Lessach herabstürzen, dasselbe mit Allem, was darinnen lebt, lebendig begraben werde; nur die Kirche werde auf das jenseits der Lessach auf der Erhöhung befindliche Mühlbachfeld überschoben, die Lessache in ihrem Laufe so abgesperrt, dass das ganze lange Hinterthal zum weiten See werde." (1827 Bergabsitzung. Grosse Gefahr.) S. 408. „Das Käsmandl." Berggeist. Sagen. S. 411. Lessacher Idiome. Redensarten und Worte. Lieder. S. 413. Die Lerchner Alm, 5000 Fuss hoch. Der Hochgailling (auch Hochgolling), 9045 Fuss hoch.

G. (S. 423—434.) Unternberg (auch Erdmannsdorf). Statistischer Überblick. Die Pfarre hat 2 Dörfer, 92 Häuser, 4 Gewerbe, 31 Bauern, 586 Seelen. Abnahme der Bevölkerung. Historische Reminiscenzen. Die Gandelmühle und die ausgewanderten Gewerken. Der Bärenkopf am Poschengute. Die Pfarrkirche zu Unternberg, dem heil. Ulrich geweiht. Schönes Ölbild, des heil. Vincentius Ferrerius. „Als im Jahre 1768 eine böse Seuche (Faulfieber) im Lungau so viele Menschen hinwegraffte, liess die Gemeinde Unternberg dieses Bild des heil. Vincentius aus Rom kommen, denn Vincentius wird als der Fürbitter der Seuchen verehrt." Marmorne Grabmäler. S. 430. Rückblick auf Kirche und Stiftungen. Fundationsbrief der Seelsorge Unternberg (am 7. December 1750 zu Salzburg ausgestellt vom Erzbischofe Andreas Jakob [Dietrichstein], im Pfarrarchive aufbewahrt).

H. (S. 435—492.) Moosham. Schloss Moosham, 2½ Stunden von Tamsweg. Uralt, einst der Sitz der Vicedome von Lungau. Wird jetzt Ruine. (Bild.) Historische Notizen. Beschreibung. S. 450. Die Herren von Moosham. Sagen, Notizen. S. 459. Die Sage von der Blutschande der Herren von Moosham. („Frescobilder.") „Leider sind die Bilder, seit ich sie gesehen, von einem abergläubischen Pechsammler aus Kärnten zerstört worden, welcher in den hinter den Bildern hohl tönenden Mauerräumen einen Schatz muthmassend, dieselben mit frevelndem Hammer zerschlagen hat."

„Zum Glücke, dass der Kunstmaler Rattensperger aus Pinzgau früher diese Bilder getreulich copirte, welche Copien ich hier anschliesse." Zwei Brüder liebten eine ihrer Schwestern. Mord. Die Sage von Sigmund von Moosheim. S. 464. Die Vicedome und Pfleger von Moosham. Notizen. S. 482. Die Capelle und Wochenmesse zu Moosham. Schöne Gemälde. Es ist Jammerschade, dass diese herrlichen Gemälde seit Aufhebung dieser Capelle nutzlos sind; sie würden selbst einer Hofcapelle zur würdigen Zierde dienen." (Fresken.)

S. 485. „Der Schörgentoni, die vier Wölfe und der Zauberer Jakl." Spuk. Die vier Wölfe waren vier Brüder, Wildschützen. „Alle vier wurden an der Sandbrücke gefangen, als Zauberer in den Fünfziger Jahren des vorigen Jahrhunderts auf dem Passeggen hingerichtet; ihre Köpfe auf den Pfahl gespiesst, die Rumpfe auf das Rad geflochten und später im Friedhöfchen am Richtplatze eingescharrt."

S. 487. „Die Theilung von Moosham und sein geschichtlicher Rahmen." Römisch. 1790 getheilt unter St. Michael und Tamsweg.

I. (S. 493—496). „Gebirgs-Panorama von Staig." „Es ist sicher einer der schönsten Puncte, um einen grossen und den schönsten Theil von Lungau zu überschauen."

K. (S. 497—510.) „Nach Mariapfarr. Der Passeggen." Die Zinsbrücke. Der Richtplatz, der Hexenhügel am Passeggen und der Zigeuner-Graben. Historische Notizen über Hinrichtungen daselbst. S. 505. „Wenn ich mir alle die Justizopfer vorstelle, welche hier auf der Richtstätte in Todesängsten ihre letzten Seufzer auswimmerten, besonders die armen Hexen und Zauberer, so ist es fürwahr schwer, seinen Unwillen über ein Verfahren und den unglücklichen Wahn zurückzuhalten, wo der Mensch Würde und Recht seines Bruders so grauenhaft mit Füssen trat."

„Ich bedauere, dass der Raum dieses Buches mir nicht gestattet, noch viele sehr merkwürdige Fälle in Malefiz-Sachen, die ich aus dem Mooshamer-Archive ausgezogen, hier aufzunehmen."

„Für die Strafgesetzgebung und ihre Fortschritte, für den Geist der damaligen Zeit und die noch im tiefsten Schlummer liegende Volksbildung bieten sie überreichen Stoff der merkwürdigsten Aufschlüsse."

S. 506. Das Dorf Lintsching, $^3/_4$ Stunden von Tamsweg. Der Gemeindevorstand Joseph Rainer, Besitzer des Karlbauer-Gutes intelligent und historisch unterrichtet.

XI. (Verstoss, es sollte XII sein.) (S. 511—553.) „Maria Pfarr und seine Umgebungen. Statistischer Überblick und Pfarr-Eintheilung. Die grösste und älteste Pfarre im Lungau. Grossartig schöne Gegend. Maria Pfarr hat 8 Dörfer, 420 Häuser, 156 Bauern, 2708 Seelen.

S. 513. Mariapfarr, die älteste Kirche im Lungau. Notizen. S. 517. Die Pfarr- und Wallfahrtskirche Mariapfarr. Verschiedene Anbaue. Unter dem Presbyterium ein unterirdisches Gewölbe. Kreuzgänge mit hohen Pfeilern(?), hohes Gewölbe, düster, grossartig. Gnadenbild von Maria von Trost. Votivtafeln. Vier schöne altdeutsche Bilder. Georgi-Capelle. Stiftungen. Der Grabstein des Priesters Leonhard Hofer, Stifters des Barbara-Spitales in Tamsweg, nach 1507 gestorben. Das Grabmal der Herren von Tanhausen und die Sage vom Vogel Greiff. Grabsteine auf dem Friedhofe. Notizen. Die Schatzkammer. Das Saalbuch, die Urbarien und Stiftungen in Mariapfarr. Das Saalbuch in Folio, 96 Pergamentblätter. „Hic notantur Predia et redditus pertinentes ad ecclesiam parochialem beate Marie virginis in Pfarr vallis Longaw Salzburgensis diöcesis conscripte per Petrum Grillinger plebanum in Pfarr anno domini Millesimo Quadringentesimo decimo nono in die beati Gregorii" (vom 12. März 1419.) Beigegeben sind in chronologischer Ordnung die Stiftungs-Urkunden, Reversalien und erzbischöflichen Bestätigungen. Notizen daraus. Schliesst mit Stiftungen von 1460 und 1485. Im Archive von Mariapfarr befinden sich Urbarien von den Jahren 1496, 1553, 1599, 1619, 1627, 1648, 1662, 1670, 1713, 1743 und 1773. S. 534. Schule zu Mariapfarr. Stiftung von 1814, für die ärmste aber bravste Schülerin eine Ausstattung. (Leider nur einmal zu geben gewesen.) S. 535. Der Pfarrhof zu Mariapfarr. Das Altar-Kleinod des Pfarrers Grillinger, 143 Edelsteine und Perlen und 108 Reliquien in sich fassend, vom Jahre 1443. (Interessant.) S. 544. Die alten Pfarrherren zu Mariapfarr. Von 1230 an. S. 546. Der römische Grabstein zu Mariapfarr. Sonstiges Local-Merkwürdiges von Mariapfarr aus Vergangenheit und Gegenwart. Notizen aus dem Mooshamer-Archive. S. 551. Das Delitzheigen. Roboter helfen die dem Pfarrer überlassene Wiese, Delitz genannt, mähen u. s. w. Alles freut sich auf die Krapfen. S. 554. Nähere Ausflüge. A. Die Kirche des heil. Laurenz zu Althofen und der heil. Modestus. Einweihung derselben im Jahre 754. Die tausendjährige Kirchen-Jubelfeier. Das Kirchweihlied (1759 vom Volksdichter Johann Michael Kagerer [Später Vicar in Alm im Pinzgau] für den Erzbischof Sigismund gemacht.) B. S. 563. Das Schloss Niederrain und die Herren von Grimming. C. S. 567. Das Dorf und die Capelle zu Zanggwarn. Urkunde von 1074. S. 569. Weitere Ausflüge. D. Der Göriach-Winkel. Der Zehner (Zehenthofer) in Göriach. Hohes Alter des Zehenthofes in Göriach. Das Hochzeitkleid der alten Zehner. Das Urbargut, das Geburtshaus des Domcapitulars Stoff (geb. 10. Sept. 1777). E. (S. 576.) Das Liegnitzthal und der Bergsturz am Hundssteine (1768) zu Weihnachten unter Donner und Blitz. F. (S. 583.) Der Weissbriach-Winkel. Thal-Umschau. Die beabsichtigte Strassen-Umlegung vom Radstadter Tauern in das Weissbriachthal. (Schade, dass sie unterblieb.) Gegen Ende des vorigen Jahrhunderts geometrische Aufnahme vom Ingenieur und Maler Gregor Lederwasch in Tamsweg. S. 585. Die Zinkwand und der Kobaltbau. Notizen. S. 588. Die Kirche und Burg-Ruine der Herren von Weissbriach. Notizen.

XII. (eigentlich XIII.) S. 595—614. (Abbildung.) „Der landesfürstliche Markt St. Michael. Statistisch - topographische Einleitung mit Hinblick auf den Volkscharakter. Die Pfarrkirche, ihre Bauart. Grabdenkmale und die drei Römerköpfe (Abbildung). Die Kirche sehr alt. XII. Jahrhundert (?). Bruderschaften. Die Capelle St. Wolfgang im Markte St. Michael, uralt. S. 604. Alter der Kirche und des Marktes St. Michael und die Gewerken. Notizen. S. 610. Die Markt- und andere Freiheiten, dann der Wappenbrief von St. Michael. S. 612. Die ehemaligen Dominicalien des Klosters St. Lambrecht, in und um St. Martin. S. 613. Sonstige Memorabilien von St. Michael. S. 615. Nähere Ausflüge. A. Die Kirche St. Ägidi. Des Pfarrers Winklhofer Getwein. Die Herren, und die Schloss-Ruine von Kesselbach. B. Ruine Oberweissburg und ihr Edelgeschlecht. C. Der ehemalige Pass Strannach, und die Poststrasse über den Katschberg. D. Lizldorf, die Taferne, und der alte Frohnleichnams-Altar (aus dem 15. Jahrhunderte). S. 622. Weitere Ausflüge. St. Martin. E. Historisch-topographische Umschau. Die Kirche und die Römerköpfe. Die St. Anna-Capelle. Der Edelsitz der Herren von Heyss, als Zehentner zu St. Martin. Bilder: zwei Römerköpfe, Mithras-Stein und römischer Steinschleuderer. (Winkhofer hat diese Steine besprochen, in der Carinthia, Jahrgang 1819, Nr. 17, und Salzburger Zeitung 1820, Nr. 56.) Notizen über Kirche und Capelle, den Edelsitz und das Geschlecht. S. 634. F. Thomathal. Umschau: Die Spuren eines Erdbebens (1348). Dorf und Kirche. Das Vicariats- und Schulhaus. Der Revierförster Schauberger (Archäolog). Die Ruinen Burgstall und Edenfest.

G. S. 649. Das Bundschuhthal. Das Berg- und Thalgebilde vom plastischen Standpuncte mit seinem Höhenkranze. Der Blähofen. Über den Nutzen des Eisenbaues für Lungau. Über die dortigen Eisenlager. Die blutige Alpe, Ursprung des Namens. Sage von einer Schlacht. Dendriten von Farrenkräutern, Palmen u. s. w. in der Rosanin-Alpe. Das berüchtigte Freimannsloch, Beschreibung hievon und die Schatzgräber. Römerstrasse durch das Bundschuhthal. (Eines der grossartigsten Thäler Lungaus.) H. S. 667. St. Margarethen. Lage und Statistik. Die Kirche, ihr Alter und ihre Epitaphien. Die Kirche zum heil. Augustin und der heil. Maximilian. Der Thurm zu St. Margarethen. Sonstige Merkwürdigkeiten aus der Vorzeit und Gegenwart. Der Römerweg durch den Leisnitzgraben, und andere römische Malzeichen in und um Margarethen. Bild: Römische Meilensäule. I. (S. 687.) Muhrwinkel. Eigenthümliche Physiognomie dieses Thales. Historisch-ethnographische Umschau, sein Höhenkranz, seine Nebenthäler, und wild-schönen grossartigen Bergscenerien. Das ehemalige Goldbergwerk in Schellgaden, seine Blüthezeit und sein Verfall, Ursachen des letztern. Das Pfarrdorf Muhr und seine Kirche. Die Hexenglocke. Der Pfarrhof und sein Pfarrherr. Der Schullehrer Johann Seywaldstätter (sehr brav). Das Gasthaus des Gfrererwirthes. Das Schützencorps der Muhrer und ihr Samson. Eine Heilquelle. Wanderung durch den oberen Muhrwinkel. Der Uhrmacher in Jettl. Die Schulkinder unter der Schnee-Lawine. Das Roggilden-Thal, der Arsenikbau, der Giftthurm, und der Schörgentoni. Ursprung der Muhr und das Thörl.

K. (S. 723—742.) „Zederhaus-Winkel." Statistischer Überblick, Höhenkranz, die ehemaligen Gewerken und Edelgeschlechter im Zederhausthale. Die Pfarrkirche, malerische Lage derselben, der Fundnagel. Der Pfarrhof. Über das Alter der dortigen Stiftungs-Gebäude. Das Dorf Zederhaus. Der Mechanicus Brunner. Die seltsamen Taufnamen im Zederhausthale. Memorabilien aus dem Mooshamer-Archive. Curiosa aus der Charakteristik der Zederhauser, aus der Vor- und Jetztzeit. Der Tod des Königsbauers auf dem Tappenkarr. Zederhaus vom windischen Worte zheda, Heerde.

S. 745—785. Anhang. I. Lungau's Schreckenstage im Jahre 1841. Grosser Waldbrand, vom 18.—23. Juli 1841. Schreiben des k. k. Pflegers zu Tamsweg, Karl von Kürsinger, an seinen Bruder Ignaz (Verfasser), Pfleger zu Mittersill.

II. Lungau's Bevölkerung vom statistischen Standpuncte und Nationalität.

Nach der jüngsten Zählung vom Jahre 1846, 12,746 Seelen, 6550 weibliche, 6196 männliche Personen. 3 Märkte, 38 Dörfer, 2095 Häuser, 20 Gei[illegible], 5 Adelige, 24 Beamte, 146 Gewerbs-Inhaber und 616 Bauern. Tabelle. [illegible] bung.

III. Gebräuche, Volksfreuden und andere nationale Eigenthümlichkeiten im Lungau.

IV. Die Flora von Lungau. Von Ignaz Zwanziger. (S. 777—785.) XV verschiedene Puncte.

Dieses der vollständige Inhalt eines Werkes, das uns, wie aus dieser umständlichen Anzeige ersichtlich, sehr angesprochen hat. Kürsinger hat mit Lust und Liebe gesammelt. Ehre seinem Streben! Dieses Salzburg ist doch ein höchst interessantes Land. Ohne Zweifel lassen sich historische Zusätze, Nachträge, Berichtigungen u. s. w. erwarten, aber des Verfassers Verdienst, das Land in seiner Eigenthümlichkeit uns nahe gerückt zu haben, wird ihm Niemand rauben. *Chmel.*

II. „Oesterreichische Geschichtsquellen."

4.) Urkundliche Beiträge zur Adelsgeschichte.

I. Die Herren von Wallsee, im 14. Jahrhunderte.

Mitgetheilt von Joseph Chmel.

(Schluss.)

162. 1384, 1. Juli. Ich Andre von Zaintgraben, Ich Purkchart und ich Dunchart payd sein Prúder, vergechen offenwar mit dem brief für uns und all unser erben alle den, den der brief fur chumpt umb den anval und vanchnüse so der edeln erber | herre Her Hainreich von Waltse mich Andren von Zaintgraben getan hat von wegen der geltschuld und ich im | phlichtig gewesen pin, von der Gueter und seiner hab, so ich von seinen wegen yna gehabt hab. Darumb hab wir uns | lieblеich und anheleichen verebent und mit einander verricht. Also daz ich noch mein prúder noch unser vrewnt, helffer | und diener noch andar nyemant von unsern wegen demselben hern Hainreichen von Waltse, seinen vrewnten | dienern helffern, noch allen andern den seinen von der egenanten vanchnüse nicht dester veinter sein sullen mit | warten noch werchen dhaynn schaden zu ziechen. Sunder wir sullen in uner dienn, daz er mich egenanten Andren von Zaintgraben der vanchnuss und der wider raittung begeben und da von ledig lazzen hat. | Naemen aber sew dar über des dhaynn schaden der wizzenleich waer, den selben schaden allen sullen wir in abtun und gentzleich widerchern. Gieng in von uns daran icht ab, daz sullen sew haben auf uns unverschaidenleich und auf aller unser hab, wie di genant oder wo di gelegen ist und [illegible] schaeden davon bechomén, wir sein lebentig oder tod. Daz loben wir allez [illegible] an dem brief geschriben und begriffen ist stet ze halden trew- leichen an allez gevaer. Und des zú einem warn ürchund und [illegible] und | pund geb wir in den offenn prief mit unsern anhangunden insigeln [illegible] gelten. Des sind auch gezewg di erbern [illegible] Andres von Zaintgraben Aydem, und die erbern Ritter [illegible] storffer und Her Ulreich der Thámbritzer, die [illegible] der sach zewg sind | mit irn anhangunden insigeln. [illegible] Christi gepurd Drewtzechen Hundert iar dar [illegible] iar des nachsten vrytages var sand Ulreichs tag.

Orig. Perg. 4 Siegel. [illegible]

163. 1383, 30. Juli. Rudolf von W[illegible] (für sich [illegible]) [illegible] dem Juden Jacob, Sohn Davids von Neunkirchen, [illegible] Pfg. Wiener Münze, die er zu Weihnachten bezahlen soll, sonst [illegible] auf jedes Pfund 3 Pfen. Gesuch. [illegible] chnechten, jeder selbander mit 2 Pferden [illegible]

Versiegelt durch ihn und „den erbern [illegible]" [illegible] Zeugen.

1383. Phinztag nach S. Jacobstag [illegible]

Unten steht mit anderer Schrift [illegible].

„den brief hab ich gelost mit des Dachsperger CC tal. darauf hab ich geben xv tal. da mein herr in der Newnstat hat umb ab gedingt drauf hab ich geben gesuch das mein herr hat abgedingt x tal. Item fur den gotscheffer xxj. tal. ½ tal. Summa das ich auf di cc. tal. verricht hab von Dachsperger lv ½ tal.

Orig. Perg. 2 Siegel (Nr. 2 fehlt). Haus- und Staatsarchiv.

164. 1383, 26. August. Urphede des Hans (Gesödel), Knecht Heinrichs des Jüngern Aystershaimer, für Herrn Reinprecht von Walsee, d. z. Hauptmann ob der Enns, u. s. Richter Friedrich Sintzinger, aus deren Gefängniss er entlassen wurde. Er soll durch sieben des Bruches überwiesen werden. Bürgen: sein Bruder Haintzel Gesödel (auch Knecht des Aistershaimer), Ortel Chirichmayr datz Inn, Fridel Nidermayr datz Inn, Üll Stegmayr datz Inn, Haintzel Höchhawser datz Inn und Lyppel datz Inn, Hensel von Freinperg und Hensel Prukmayr, Werntzel von Trappenperg, Üll Grubmer zu Langdorff und Üll Schuchster an der Widem, Haintzel von Moz, die im Fall eines Bruches dem Herrn Hauptmann Reimprecht von Waltse u. s. Richter zu Starhenberkch Friedrich dem Sintzinger 32 Pfd. Wienerpfg. verfallen sind.

Versiegelt durch seines lieben gnädigen Herren Herrn Peter von Polhaim, Herrn Andre von Polhaim und durch s. Herrn Heinrich d. Jüngern Aystershaimer, die ihn ausgebeten haben.

1383. Mitichen nach Bartholomey.

Orig. Perg. 2 Siegel. Haus- und Staatsarchiv.

165. 1383, 10. December. Heinrich von Waltse gibt der edlen erbern Frau Dorothe, Herrn Hannsen von Treun's Witwe und ihrer Tochter Jungfrau Margarethen einen Schuldbrief über 55 Pfd. Pfen. Wiener Münze, Dienst von den 1100 Pfd. Pfg., die sie ihm geliehen haben. Die 55 Pfd. sollen nächsten St. Jörgentag bezahlt werden. Sonst Leistung mit 2 erbern Chnechten und 4 Pferden zu Güns in der Stadt u. s. w. oder dann Pfändung u. s. w.

Versiegelt durch ihn und als Zeugen durch Lewtolt Espein, seinen Burggrafen zu Ortt, und Ulrich Aschperger, s. Burggrafen zu Puchaim.

Ort, Phineztag vor S. Luceintag 1383.

(Zerschnitten.) Orig. Perg. 3 Siegel (schadhaft). Haus- und Staatsarchiv.

166. 1384, 19. Jänner. Purkchart von Wynnden gibt s. lieben Oheimen Herrn Heinrich von Waltse u. s. Vettern Herrn Reinprecht und Herrn Friedrich von Waltse, welche mit ihm Bürgschaft geleistet haben für 600 Pfd. Pfen. Heimsteuer und 1000 Pfd. Pfen. „Widerwett" gegen die edlen Herren Herrn Conrad von Meichsaw u. s. Söhne Ulrich und Otto und seine Vettern Hanns und Jorg von Meichsaw, „von der heyrat wegen so ich mein Tochter Hadweigen dem egenanten Otten von Meichsaw desselben hern Chunrats von Meichsaw Sun gelobt han ze geben wann das ist das si vierzechen iar alt wirt" einen Schadlosbrief. Leistung mit 2 erber chnechten igleichen selbandern mit zwain pherden zu Wien in ein erber gasthaws. Pfändung.

Versiegelt durch ihn und den erbern hern Jörg von Liechtenstain d. Z. Chamermaister des Herzogs Albrecht von Österreich.

Eritag vor S. Agnesentag 1384.

Orig. Perg. 2 Siegel (Nr. 1 fehlt). Haus- und Staatsarchiv.

167. 1384, 14. März, Wien. Hanns von Tirna, der Zeit Hubmaister in Österreich, spricht den „erbern" Herrn Heinrich von Waltse und seinen Mitgülter Leutolt den Aeschpein und Andres von Zuentgraben (als Mitsiegler) der Schuld von 300 Pfd. Wienerpfen. quitt und ledig; Herr Heinrich von Waltse hat sie bezahlt.

Versiegelt durch ihn und seinen Oheim Hanns den Püsenchofer.

Wienn 1384. Montag vor Mitterfasten.

(2 Exemplare.) Orig. Perg. 2 Siegel. Haus- und [illegible]

168. 1284. [illegible] Wien. [illegible] dolf von Walse, [illegible] Stainich [illegible] Wien, Sohn des [illegible] [illegible] haben, von welcher [illegible] Leistung zu Wien [illegible]

Versiegelt [illegible] Burggraf zu dem [illegible]

Wien 1284. [illegible]

(Zerschnitten [illegible])

[illegible]

169. 1284. [illegible]

[illegible]

Versiegelt [illegible]

1284. [illegible]

[illegible]

170. 1284. [illegible] Wien. [illegible]

[illegible]

Wien. [illegible] 1284.

(Zerschnitten.)

[illegible]

171. 1284. 15. Juli. Heinrich von [illegible] gibt seinem lieben Oheim [illegible] von Walse, der Zeit Landmarschall in Oesterreich, [illegible] den Bürge wurde gegen [illegible] den Juden, Sohn des [illegible] und seinen Erben für 40 Pfd. Wienerpfen. einen Schadlosbrief, wenn er ihn nicht bis Lichtmess ledigen würde.

Versiegelt durch ihn und den erbern vesten Ritter [illegible] den Würfel, die zeit der Rats der Stat ze Wienn.

1284. Montag vor M. Magdalenentag.

(Zerschnitten und zerfetzt.)

Orig. Perg. [illegible] Siegel [illegible] Haus- und Staatsarchiv.

172. 1284. 13. November. Meinem lieben vettern hern Ulrichen von Walsse Hauptman | in Steir Enbiet ich Alhard von der Leippen stetten vreuntsch | aft mit ganczer Leb. Lieber vetter wisse, umb mein dorff | ze Hossazze, das mein lieber vetter her Reinprecht von Walsse von | mir chauffen wil. Schullu wizzen,

daz ich im des fur | aller maenlich gern gunnen wil und secze mich des Chau|ffes umb daz Dörffe genczlich an dich, also daz du dich | darumb erunrest, und waz du mir sprichest, daz mir | mein vetter her Reinprecht von Walsee umb daz gut geben und | beczaln sulle, daz wil ich gern stêt haben, und wil mich| des wol benüegen. Geben cze Chrumpnaw an Sunntag | vor sand Elizabeten tage

Von Aussen (alte Schrift):

„Lipen kauf umb Rossaz. 1384. Walssee."

Orig. Papier. Rückwärts aufgedrucktes Siegel von rothem Wachse. Haus- und Staatsarchiv.

173. 1384, 21. December. Conrad von Wülfleinstorf, der Zeit Burggraf daselbst, gibt dem edlen Herrn Friedrich von Walsee und seiner Hausfrau Anna und ihren Erben seine Hofstatt, gelegen zu Hobestorff, auf der jetzt sitzt Conrad Swebel und von der man jährlich dient 32 Wienerpfenninge und nichts mehr, dann 38 Wienerpfenninge Gülte jährlich von 19 Joch Äckern, das ein Feldleben und zu Habestorff gelegen ist („und die si uns und allen unsern erben und gebern zu rechtem freim purchrecht gegeben und gemacht haben, als der selb dienst von den obgenanten aekchern und hofstat in irm urbarpuche verschriben ist und haben auch die egenanten hofstat und die newnczehen Jewchart akcher vorher ze Lechen gehabt von der herschaft ze Asparnn"). Er verzichtet auf alle Ansprüche und Forderungen.

Versiegelt durch ihn und seinen Vetter den „erbern vesten Richter (?Ritter?) Herrn Chunrat den Reichestorffer."

1384. S. Tomanstag ap.

Orig. Perg. 2 Siegel. Haus- und Staatsarchiv.

174. 1385, 11 Mai, Wien. Hanns der Püsenchofer und seine Erben erklären, dass die Herren von Walsee (von Herrn Wolfgang von Wallse sälig und Herrn Ulrich von Wallse gekauft), welche ihnen die zu Ochsenburch gehörige Mannschaft verkauften, dieselbe richtig gemacht haben und sie weiter keine Ansprüche haben.

Zeuge mit seinem Siegel: Andre der Pogschucz aus der Dornaŵ.

H. Auffertteg 1385.

Orig. Perg. 2 Siegel. Haus- und Staatsarchiv.

175. 1385, 30. Mai, Wien. Ulrich von Waltse vermacht seiner Muhme Margareth, Tochter seines Vetters Heinrich von Waltse, Hausfrau des Herrn Ulrich von Dachspekch, wenn er ohne Söhne stirbt, oder seine Söhne ohne Söhne, 1000 Pfd. Pfen. Wiener Münze, die 2 Monate nach seinem Tode ausgezahlt werden sollen durch seine Erben, oder wenn diese sich weigern, durch den Landesfürsten, seinen Landmarschall oder Hauptmann von seinem Gut in Österreich oder Steyermark. („Darumb si — Margreth — sich gegen mir und gegen allen von Waltse und gegen allen unsern Erben vertzigen und fürtzicht getan hat alles des Guts das der vorgenant ir vater Her Hainreich von Waltse hinder Im gelazzen hat und alles des Guets das wir haben und noch furbas gewinnen" . . .)

Versiegelt durch ihn und seine Vettern Herrn Heinrich von Waltse von Ens und Herrn Rudolf von Waltse, der Zeit Landmarschall in Österreich, als Zeugen.

Erichtag vor Gotsleichnamstag 1385.

(Zerschnitten.)

Orig. Perg. 3 Siegel (Nr. 2 fehlt). Haus- und Staatsarchiv.

176. 1385, 19. Juni. Ich Fridreich von Waltse und ich Ruodolf von Waltse, die zeit Lanntmarschalich in Österreich und alle ünser | Erben, wir vergehen offennleich mit dem brif umb daz gemächt, so mir egeuanten Fridreichen | von Waltse mein hawsfraw Ann getan hat, und daz uns ünser lieber Swager her Hanns von | Liechtenstein von Nicolspürch, die zeit des edeln und hochgebornen

fürsten ůnsers genedigen herren|Hertzog Albrechts ze Osterreich etc. Hofmaister mit seinem In | sigel betzewgt hat, das im und seinen | Erben das an alles geuerde unschadhaft sein sol an dem gelt, so von den von Liechtenstain der| egenanten Annen anen. .der Tursynne ze Haymstewr gegeben ist nach der brif sag und | Lawttung, die In denselben von Liechtenstain darůber gegeben sind. Und darůber zu einem|warn urchunde geben wir dem vorgenanten hern Hannsen von Liechtenstain von Nicolspurch und | seinen Erben den brif versigelten mit unsern anhanngunden Insigelln, und mit der zwayer erbern|Ritter Insigelln hern Ruemharts von Rêna und hern Michels des Uetendorffer, die wir des gepeten| haben daz si der sach getzewgen sind mit irn anhanngunden Insigelln In an schaden. Der brif | ist geben ze Wienn nach Kristes gepurde Drewtzehenhundert Jar, darnach in dem fůnf und|Achtzigistem Jar, des nachsten Montags vor sand Johanns Tag ze Sunnbennden.

Orig. Perg. 4 Siegel (Nr. 3 fehlt). Haus- und Staatsarchiv.

177. 1385, 11. Juni, Wien. Rudolf von Walsee, der Zeit Landmarschall in Österreich, sagt Frau Johanna, Gemahlin des Grafen Ulrich von Pernstain selig, seine Muhme, der 444 Pfd. Pfen. los und ledig, welche sie entrichten sollte.

(„Als zwischen dem Edlen meim lieben Oheim seligen Graf Ybann von Pernstain an ainen tail und fraw Johannen Graf Ulreichs seligen seins Suns weib an dem andern tail ausgesprochen ist nach des Spruchbriefs sage der darumb geben ist, das ich da von der vorgenanten frawn Johannen meiner Můmen ausgericht und gewertt pin vierhundert phunt Wienner phenning und darczu hat sy dem vorgenanten Graf Yban seligen von Pernstain auch gericht vier und vierczik phunt.")

Zeuge: sein lieber Oheim Her Purkchart vonn Winden.

Wien, Sonntag vor S. Veitstag 1385.

Orig. Perg. 2 Siegel (Nr. 1 fehlt). Haus- und Staatsarchiv.

178. 1385, 28. Juni. Hans Schernhaimer compromittirt in s. Streite mit Conrad dem Rewtter („von des hoffs wegn zw Obernhaichen und von aller ander sach wegen") freiwillig auf den Ausspruch seines gnädigen Herrn, des edlen Herrn Reinprecht von Waltse, der Zeit Hauptmann ob der Enns, den er erfüllen will. Thut er das nicht, „so hab ich all mein vodrung und rechtn genczleichn und gar verlorn und sol denn der egenant mein spruchman ob ich dez spruchs awsging als vor gemelt ist dem Rewtter meinen Briff mitsampt dem seinem inantbůrtten zw seinen handen, darzw pin ich dem vorgenanten spruchman veruallen sechczk pfunt Wienner pfenning, der er denn von mir und meiner hab bechomen sol ..."

Zeuge mit seinem Siegel der erber Hans der Pûcher, der Zeit Stadtrichter zu Everding.

Mitichen vor Peter und Paulstag 1385.

Orig. Perg. 2 Siegel (1 abgestreift, 2 schadhaft).
Haus- und Staatsarchiv.

179. 1385, 30 August. Ich Jörig Praytlendorffer vergich offenleichen mit dem brief allen lǎwten yezo lebentigen und hernach chůnftigen, als ich umb ettleich|schuld in des Edln Herren Hern Reinprechtz von Waltse di zeit Hawptman ob der Enns vǎnchnůzz komen pin, darawz mich mein | lieb frewnd und ander piderb lǎwt erpeten haben, also in der mazz, daz ich mein frewnd noch niemand von meinen wegen umb di selben vǎnch-|nůzz Niemantz schǎden trachten noch niemant dester veintter söllen sein in dhainer weis. Auch versprich ich, daz ich hinfůr nymmer nichtz wider den | Hochgeporn Fůrsten den Hertzogen von Osterreich etc. und wider sein lant und lǎwt und wider di herren des nams von Waltse und all di irn in dhainer | weis nichts tůn sůllen weder mit angrif noch tatt, weder mit wort noch mit werchen dhainerlay zw besuchung gen In haben noch tůn sůllen | vill noch wenig in dhainen wegen. Es wǎr denn daz mein herren von

24**

Bayern und mein herr der Herczog von Österreich ir land und lawt offen chrieg| mit einander hieten, da mag ich den meinen herren von Bayern wol inne zw dinst werden und in dhainen andern wegen wider den Hertzogen von | Österreich und sein land und lawtt niht. Wär aber, daz ich oder ander yemand von meinen wegen die sach in dhainer weis überfur wittann wegen das wär, daz| ich mit zwain manns wortten den darumb zw gelauben ist, überweist wird. So pin ich leibs und güts verullen, do mit denn der so den ga | genwurtigen brief von dez Hertzogen von Österreich wegen fürpringt, mit demselben meinem leib und güt handeln und tün mag, wie in des verlust | also daz man denn andrer rehten gen mir nicht bedarf, denn mit dem brief sol ich gevertigt und geurtaylt werden. Darzw bitt ich auch | den Hochgeporn fursten den Herczogen von Bayern und auch di Richter in der gepiet und gericht man mich anchöm, ob ich es also ver-|schült alz oben geschriben stet, daz si mich also vertigen und richten süllen, alz vor begriffen ist. Und gib des über mich den offen brief be | sigelten mit meinem aygen anhangunden Insigel und zw einer güter gedächtnützz und zeugnützz versigelt mit meiner lieben frewnt Insigel | Rwpprechtz des Lewpprechtinger von Gräfing, Hansen des Vislar von Hellsperg, Wernhart des Lewpprechtinger von Lewpprechting di zeit richter | zw dem Newnmarkt, mit Hansen des Hawczenperger von Teysing, mit Jörgen des Jungern Eytzinger von Eytzing, mit Wernhartz des | Grüber, Eysnreichs des Ekkers, Eysenreichs des Lewpprechtinger di zeit pfleger zw Eberspewnt, Ulreichs des Herwerger von Püsenchofn, Heinreichs | des Lewpprechtinger von Augchaim (?), di all irew Insigel an den brief gelegt habent durch meiner vleizzigen pet willen. Dar zw verpinden | wir uns, alz wir hernach benennet sein under di oben uerschriben Insigel. Ich Hanns von Tann und ich Etich sein prüder, Niclo der | Grüber, Hans Lewpprechtinger, Heinreich Lewpprechtinger von Volkching und ich Ulreich sein Prüder, Albrecht und Andre di Lewpprechtinger| mit unsern trewn allez daz stät ze haben daz an dem brief geschriben stet. Wann wir di zeit begrabner Insigel nicht en heten. | Wir benant loben und versprechen, ob unser oben genanter frewnd Jörg der Praytt endorffer di gelüb und pund nicht stät hald und | di ubergreifft, dez er überweist wird, alz oben gemelt ist. So süllen und wellen wir sein reht veint sein und seinen schaden trech | ten und wellen an geuerd nach im stellen do mit wir in dar zw bringen, daz daz an im volfürt werd, alz er denn des nach des | gagenwurtigen briefs sag verullen ist. Daz ist geschehen nach Christi gepurd Drewtzehenhundert iar und darnach in dem | fünf und achtzigisten iar, dez Mitichen vor Egydy.

Orig. Perg. 11 Siegel. Haus- und Staatsarchiv.

180. 1385, 7. September. Urfehde des Martin Jud, Sohnes Niclas des Juden, der aus dem Gefängniss des Herrn Reinprecht von Waltse, der Zeit Hauptmann ob der Enns, durch Bitten seiner Freunde und anderer „piderb lewtt" entlassen wurde.

Versiegelt durch ihn und seinen Vater, dann durch seine Freunde: Marchart den Chersperger, Ulrich den Chersperger, Engelbrecht den Hiertten, Hanns Sichlinger, Hertneit den Sweinpekch.

Orig. Perg. 7 Siegel. Haus- und Staatsarchiv.

181. 1385, 30. September. Ich Jörig von Waltse vergich und tun kunt allen den die den brief lesent oder horent lesen die nu lebent oder hernach chunftig sint. Daz mir mein hausurow frow Margret Graf Gregorien Tochter | von Gurbaw bracht hat Tausent phunt Wienner pfenning zu rechter haimstewr nach des lanndes recht ze Ostereich die ich bereit ingenomen han und zu meinem nucz angelegt han. Dagegen han ich | derselben meiner hausurown engegen gelegt daz ich ir gib auch wizzentleich mit dem brief Tausent phunt Wienner phening ze rechter margengab auch nach des Lanndes recht ze Ostereich und han auch| ich Ir die vorgenanten Tausent pfunt meiner hausfrown widerlegt und ir dafur und fur die egenanten Tausent phunt ir margengab recht und red-

leich gesaczt mit aller meiner erben gutem willen | mit wolbedachtem mût und nach rat meiner frewnt zu der zeit do ich es wol getun mocht mein vestten Gúnthartstorf und darczu zwaihundert phunt und sechs pfenning Wienner münzz geltes, der | gelegen sint von erst ze Gunthartstorff drew und sibenzig pfunt und drei und achczig pfenning auf behaustem gût, darnach ze Ymendorf dreizehen schilling und vier und zwainzig pfenning und | ze Schonngrabarn fůmf und vierczig pfunt mynr zehen phenning, und der mayrhof mit wismat und mit zwainhundert ieuchen mynrr zehen Jeuch akers fur zwainzig pfunt gelts und alles das | perkrecht und alle die holczer die zu der egenanten vestten Gunthartstorff gehorent daz alles rechts aigen ist, und darnach mit meins lehenherren hant des hochwirdigen fursten Hern Pilgreims Bischof | ze Salczburg meins rechten lehens, daz ich von Im und von demselben gotshaus ze lehen han meinen zehent daselbs ze Gunthartstarff grozzen und chlainen ze ueld und ze dorff, und alles daz daz | zu den vorgeschriben gůtern und gulten allen gehoret ze ueld und ze dorff, es sei gestift oder ungestift versucht oder unversucht wie so daz genant ist, mit allen den nuczen eren und rechten alz ich | daz aigen in aigens gwer daz lehen in lehens gwer herbracht han und alz si mit alter herchomen sint, also mit ausgenomen worten. Ist daz die vorgenant Margret mein hausurow Chind mit | mir gewinnet, daraufsullen denn nach unser baider tod die vorgenanten gůlt und guter eriben und geuallen. Wer aber daz ich obgenanter Jorig von Waltse abging mit dem tod ee denne die | vorgenant Margaret mein hausurow und daz wir nicht Chind miteinander gewunnen, oder ob wir Chind miteinander gewunnen und daz die auch ab gingen ee denn dieselb Margret mein haus | frow dennoch sol si die egenanten zwaihundert pfunt geltes auf den vorgenanten gutern fur die egenanten zwaitausent pfunt in nucz und in gwer innehaben unverchumert uncz an iren tod, | so sullen denn Tausent phunt ir mergengab herwider geuallen auf mein nest eriben, darauf si denne ze recht eriben und geuallen sullen an allen chrieg. Denn die andern Tausent phunt ir haim | stewr sullen geuallen dahin da si die vorgenant mein hausurow Margret hinschaft oder geit, des si vollen gwalt und recht hat. Die hundert pfunt geltes auf den vorgenanten gůtern dafůr innehaben | niezzen und nuczen sullen an allen abslag als Sacza recht ist und des Lanndes recht ze Ostereich alslang uncz daz mein nest eriben denselben Sats von In losent den si In geschaft hat umb Tausent | pfunt Wienner pfennig. Ging aber die vorgenant Margret mein hausfrow ab mit dem tod e denn ich egenanter Jǒrig ir wirt und daz si mir auch nicht Chind liezz, die wir miteinander | hieten oder ob si mir Chind liezz die wir miteinander hieten und daz die auch abgingen e denn ich, dennoch sol ich die vorgenanten Tausent pfunt mein Haimstewr auf den vorgenanten gutern | in nucz und ingwer innehaben unverchpmert uncz an meinen tod alz haimstewr recht ist und des Lanndes recht ze Osterreich, und nach meinem tod sullen denne dieselben Tausent pfunt aber | geuallen dahin da si die vorgenant mein hausfrow schaft oder geit, die denn aber Hundert pfunt geltes auf den vorgenanten gutern dafur innehaben niezzen und nuczen sullen alz | Sacza recht ist an allen abslag alslang uncz daz mein nest eriben denselben Sacz von In losent umb Tausent pfunt Wienner pfennig alz vor an dem brief begriffen ist. Auch ist ze merken | ob daz geschech daz ich obgenanter Jorig von Waltse abging mit dem tod e denn die vorgenant Margret mein hausurow und alle dieweil si denn witib beleibt, so sol man den vorgenanten | Sacz von ir nicht losen. Wer aber daz si ir ding verchert und einen andern Man nem, so sullen mein nest Erben vollen gwalt haben, denselben Sacz von ir ze losen in dem rechten alz vor an dem | brief geschriben stet. Und bin auch ich obgenanter Jorig von Waltse und all mein erben unverschaidenleich der vorgenanten gůlt und gůter aller und alles des daz darczu gehǒret alz vorbenant ist | der egenanten vrown Margreten meiner hausurown in dem rechten so vorgeschriben stet recht gwern und scherm fur alle ansprach des aigens nach aigens recht des lehens alz lehens recht ist | und alz Sacza und Margengab und widerlegung recht ist und des Lanndes recht ze Ostereich. Wer aber daz Ir an denselben gulten und gutern und an aller irer zugehorung

••

so vorbenant | ist mit recht icht abging oder ob ir mit recht icht chriegs oder ansprach daran auferstünde von wem daz wer swaz si des schaden nimt daz sullen wir Ir alles ausrichten und widerchern | an allen iren schaden und sol auch si daz haben auf uns und auf allem unserm gůt daz wir haben in dem Lannde ze Osterreich oder wo wir es haben wir sein lebentig oder tod, widerfur Ir | aber daz nicht daz si nicht ausgericht mocht werden von unserr hab von irrung wegen wie die genant wer so sol si der landesherr oder wer an seiner stat ist verrichten und wern | erkens und schadens von aller unserr hab mit unserm gutleichem willen wo si oder ir Scheinbot darauf weisent oder zaigent. Und daz die sach furbaz also stet und unczebrochen beleib daruber | so gib ich egenanter Jorg von Waltse fur mich und fur alle mein erben der oftgenanten Margreten meiner hausurowN und dem dem si die obgenanten Tausent pfunt schaft oder geit ob | es zu schulden kumt als vorgeschriben stet den brief zu einem waren urchunt der Sach versigelten mit meinem angehangenn insigil und mit meiner vettern insigiln Hern Hainreichs von Waltse und hern Rudolfs von Waltse, Landmarschalich in Osterreich, hern Reinprechts von Waltse Haubtman ob der Ens und hern Fridreichs von Waltse und hern Ulreichs von Waltse von Enntzes | ueld die der sach gezeugen sint mit iren anhangundenn insigiln. Der brief ist geben ze Wienn nach Kristes gebůrd Dreuzehnhundert Jar darnach in dem fumf und achzgistem Jar des | nesten Sampstags nach sand Michels Tag.

(Zerschnitten.) Orig. Perg. 6 Siegel. Haus- und Staatsarchiv.

182. 1385, 15. November, Linz. Urphede des Seybrant von Kirchsteten der aus dem Gefängniss des Herrn Reinprechts von Waltse, Hauptmann ob der Enns, in das er durch seine Schuld gekommen, entlassen wurde „von seinen (Waltsee's) Tugenden.“

Besiegelt durch die „ersam weysen“ Stephan den Vaysten und Hanns den Prunikhofr, beide Bürger zu Linz.

Orig. Perg. 2 Siegel (Nr. 1 fehlt). Haus- und Staatsarchiv.

183. 1385, 15. November, Linz. Urphede des Heinrich von Puech, der um seine Schuld ins Gefängniss des Herrn Reinprecht von Waltse, Hauptmann ob der Enns, gekommen und von ihm aus Gnade entlassen wurde.

Nichts thun wider das Land Österreich. Durch 1 piderb man zu überführen, und verfallen mit Leib und Gut.

Besiegelt durch die „ersamen Stephan den Vaysten und Hanns den Prumkofen („wann ich aigens Insigel nicht enhab.“)

Mitichen nach S. Mertentag 1385.

Orig. Perg. 2 Siegel. Haus- und Staatsarchiv.

184. 1386, 22. Jänner, Wien. Stephan der Goldner, der Zeit Pfarrer zu Asparn auf der Zaya, gibt dem Herrn Friedrich von Wallsee einen Schadlosbrief, da er sich mit ihm verbürgt hatte gegen Helblein dem Juden von Lemppach und seine Erben über eine entlehnte Summe von 40 Pfd. Pfen. zu Nutzen der Pfarrkirche zu Asparn an der Zaya. — Bis nächsten St. Preheintag will er ihn der Bürgschaft entledigen und allen Schaden ersetzen.

Versiegelt durch ihn und durch die „erbern“ Herrn Petrein, Caplan der Burgcapelle in Wien und zu den Zeiten Official in geistlichen Sachen in Österreich des Bischofs Johann von Passau.

Montag vor Pauli Bekehrung 1386.

Orig. Perg. 2 Siegel. Haus- und Staatsarchiv.

185. 1386, 6. Februar. Ich Erasem der Fumfebiricher vergich und tun kunt offenleich mit dem brief umb die Můl gelegen ze | Stayzsprunn pei Walchenstain und haizzet die wismůl, die ich von dem edeln meinem Herrn Fridreichen | von Waltse ze lehen gehabt han und dew er mir von gnaden

recht geurlaubt hat, also daz ich und | mein erben die sullen und mügen ze purkrecht ausgeben umb fumf phunt wienner phennig gelts purch | rechts. Das ich und mein erben uns des gegen dem vorgenanten meinem Herren hern Friedreichen von Waltse| und gegen seinen erben verlubt und verpunden haben luben und verpinden ouch uns gegen in mit dem brief. | Also daz wir die vorgenanten fümf phunt purkrechts von in ze rechtem lehen haben sullen nach des lands| recht ze Österreich in aller der weise als wir die vorgenanten Mu von in ze lehen gehabt haben. Und daruber | so gib ich obgenanter Erasem der Fumfchiricher fur mich und fur all mein erbn dem oftgenanten meinem | Herren von Waltse und seinen erben den brief zu einem waren urchunt der sach versigilten mit meinem | anhangundem insigil und mit Petreins insigil des Wikchenstainer der der sache geczeug ist mit seinem | anhangundem insigil im an schaden. Der brief ist geben ze Wienn nach Kristi gepurt Drewzehenhundert | iar darnach in dem sechs und acheczgistem iar an sand Dorothe tag der heiligen Junchfrown.

Orig. Perg. 2 Siegel. Haus- und Staatsarchiv.

186. 1386, 26. September. Ich Marcht von Tirenstain Hofrichter in Osterreich vergich daz der Erber herr her Jorg von Walsse | hern Eberharts Sun von Walsse von Lyncz vor mir in der hofschrann geöffent hat und|verrueffen hat daz iar haissen all hoftayding im Land ze Österreich also wer die sein die | seins vater säligen geltbrieff inne haben di die daz vergangen iar furpracht solten haben und di|daruber nicht furchomen sind und ob denn furbaz yemand fur chöm mit dez egenanten | seins vater saligen geltbrieff oder insigel dez sull der vorgenant her Jorg von Walsse und | sein erben gen in und iren erben unengolten beleiben. Mit urchund dez briefs versigelt | mit meinem anhangunden Insigel. Geben zwienn nach Christes gepurd drewzehen hundert | iar dar nach in dem sechs und scheczigisten iar dez Mitichens vor Sand Michels Tag.

Orig. Perg. 1 Siegel. Haus- und Staatsarchiv.

187. 1386, 8 October, Wien. Jörg von Waltse (und seine Erben) erklärt, seiner Hausfrau Frau Margareth, Tochter des Grafen Gregor von Gurwaw (Corbavia) und ihren Erben 3000 Pfd. Wienerpfen. schuldig zu sein, die sie ihm bar geliehen hat und versetzt ihr dafür sein rechtes Eigen, die Veste Stranekk mit Zugehör. Ohne Abschlag der Nutzen.

Versiegelt mit seinem Siegel und den Siegeln seiner Vettern Herrn Heinrichs von Waltse, Herrn Rudolfs von Waltse, d. Z. Landmarschall in Österreich, Herrn Reinprechts von Waltse, der Zeit Hauptmann ob der Enns, und Herrn Friedrichs von Waltse Gebrüder und Herrn Ulrichs von Waltse.

Montag vor St. Colomann, 1386.

(Zerschnitten.) Orig. Perg. 6 Siegel. Haus- und Staatsarchiv.

188. 1387, 6. Februar. Jörg von Waltse gibt für sich und seine Erben dem Henslein dem Planchen und seiner Hausfrau und ihren Erben seine Wiese gelegen bei den untern Lehen in der Wartbergerpfarre zu rechtem Erbrecht; er soll den von Alter herkömmlichen Dienst entrichten, und wer „ab dem gut vert der schol geben zweliff phenning und wer darauf vert zweliff phenning Wienner."

S. Dorotheatag 1387. Orig. Perg. 1 Siegel. Haus- und Staatsarchiv.

189. 1387, 26. März, Wien. Pernger von Landenberg vermacht seinem lieben Oheim (dem erbern), Herrn Rudolf von Waltse, der Zeit Landmarschall in Österreich und seinen Erben, mit seines Lehensherrn Herzog Albrechts von Österreich Einwilligung sein rechtes Lehen, seinen Hof, gelegen zu Manswerd mit Zugehör. und 200 Pfd. Wienerpfen., die ihm Herr Wilhelm der Chrewspekch schuldig ist, unter der Bedingung, dass er diese Stücke „vor ehafter not versparn mag die wizzentleich sei angeuer und die unverchumert hinder mein lazze."

Versiegelt durch ihn und die erbern Ritter Herrn Hanns den Pellndorffer und Herrn Hanns den Rukchendorffer, der Zeit Hofmeister des Herzogs Albrecht von Österreich, des Jungen.

Erichtag vor dem Palmtag 1387.

Orig. Perg. 3 Siegel. Haus- und Staatsarchiv.

190. 1387, 18. December, Wien. Ruedolf von Waltse, der Zeit Landmarschall in Österreich, Friedrich von Waltse, sein Bruder, Reinhart der Friesing, der Zeit Burggraf zu Lemppach und Conrad der Pötinger, für sich und ihre Erben, erklären dem erbern Chnecht Jörg von Wigoltingen und seinen Erben 600 Pfd. Wienerpfen., die er ihnen bar geliehen hat, schuldig zu sein; die von nächsten Mitterfasten in drei Jahren gezahlt werden sollen, indess sollen sie jährlich 50 Pfd. Wienerpfen. in 2 Terminen (Pfingsten und Weihnachten) ihm geben ohne Abschlag des Hauptgutes. Mit gewöhnlichen Clauseln. Leistung mit einem „erbern chnecht selbander mit 2 phèrrfften in den nächsten 8 Tagen nach der Forderung zu Wien in einem erbern gasthaus.“ Schadenersatz.

Mitichen vor S. Thomanstag ap. 1387.

(Zerschnitten.)

Orig. Perg. 4 Siegel (Nr. 2 fehlt). Haus- und Staatsarchiv.

191. 1388, 18. Februar. Urfehde des Peter von Päsching Haidleins Sun von Püssching, den Herr Reinprecht von Walsee, der Zeit Hauptmann ob der Enns, ins Gefängniss gelegt, aber nun auf Bitten seiner Freunde daraus entlassen hat. Diese sind: Haidell von Püssching Hoff Hainrich von Passching, Wolfhart Pawngartmair, Andre Payr, Jörg von Püssching pey dem prun, Steffan Feiczelmair, Hanns Torfmair von Strassheim.

Versiegelt durch die „erbern leut“ Albeig den Rûdlingner, der Zeit Pfleger zu Chûrenberch und Jorg von Türnäting.

1388. Eritag vor S. Matheustag yn der vasten.

Orig. Perg. 2 Siegel (Nr. 1 abgestreift). Haus- und Staatsarchiv.

192. 1388, 24. Februar. Goschart der Yprukker verkauft dem Friedrich von Waltse und seinen Erben seine „Holden und Gût dienst gult oder nucz und auch allew-recht“, die er hatte im Dörflein, genannt zu „Dürnslecz“, gelegen bei Asparn an der Zaya, die österreichisches Lehen sind und in das Hubmeisteramt gehören, mit Erlaubniss des Herzogs Albrecht von Österreich als Lebensherrn. Preis 8 Pfd. Pfen.

Zeuge mit seinem Siegel: der „Erber Hans von Dietreichstokch“.

S. Mathyastag Ap. 1388. Orig. Perg. 2 Siegel. Haus- und Staatsarchiv.

193. 1388, 19. März. Peter der Losenstainer verkauft dem (Erbern herren) Herrn Heinrich von Waltsee und seinen Erben um eine (nicht benannte) Summe Geldes seine Veste Sinibel-Chirchen mit Zugehör. „Es sey manschafft, vogtei, trayd, zehent grossen und chlainen, holden, phenning, gelt, behauset gütter varund, weingarten, hölczer, wismad, Echker, Aygen, Lehen, purkhrecht vischwaid, zinns in urbar, ze holcz ze veld, ze dorff, es sey gestift oder ungestift, versucht und unversucht, wie so das genant ist, nichts ausgenomen an all awaczug das alles rehts aygen ist an allain die vischwaid ist leben von dem Hochgeporn fürsten Herczog Albrechten in Österreich etc. und der zehent ist Lehen von dem Hochgeporn Fürsten in Bayren mit denselben handen ich in dieselben [illegible] und zehent verchawfft und auf geben han .... mit allen den [illegible] rehten, als ich es von den Erenfelssern gechawfft han.“

Versiegelt mit seinem Siegel und den Siegeln seiner lieben [illegible] Jörg von Waltsee und Herrn Seybot von Volkenstorff und Schwagers Herrn Hanns von Traun und dem des Herrn Rûd[illegible]

Phineztag vorm Plûm Ostertag.

Orig. Perg. 5 Siegel. Haus-

194. 1388, 19. März, Wien. Ulrich von Walsee und sein Vetter Rudolff von Walssee, der Zeit Landmarschall in Österreich, geben dem (Erbern) Herrn Hanns von Tyrna, d. Z. Hubmeister in Österreich, einen Schuldbrief über 5300 gute ungrische Gulden und Ducaten, die sie ihrem gnädigen Herrn Herzog Albrecht von Österreich etc. schuldig waren, der sie dem von Tyrna cedirt hatte. Das Geld soll bis nächsten St. Michelstag bezahlt werden, sonst Schadenersatz u. s. w. Leistung zu Wien („unser igleicher der von in gemont wirt schol denne ainen Erbern knecht selbandern und mit zwain pherten des nachsten tags darnach ze Wienn in ain Erbers offenns gasthaws seanden wo si uns hinczaigent etc.“ Gewöhnliche Clauseln.

Phincztag vor dem Palmtag.

(Zerschnitten.)

Orig. Perg. 2 Siegel (Nr. 1 fehlt). Haus- und Staatsarchiv.

195. 1388, 28. April. Urphede des Stephan von Aw, (gesessen dacz Aw under Dolet), Sohn des seligen Gundakcher von Aw, der durch gute Freunde aus dem Gefängniss des Hauptmanns ob der Enns erbeten wurde.

„Auch versprich ich das ich an recht wider den Hochgeporn fursten den Herczogen von Österreich wider sein land und läwt und wider die herren des nams von Waltse und all di iren in dhainer weis tůn schol weder mit worten noch mit werchen in dhain wegen. Wär aber das ich oder ander yemant von mein wegen diselben aid und gelůb indert uberfůr und nicht stůt hielt wie sich das fueget, das man mit aim oder mit zwain piderbman beweysen möcht, so sol sich dhain andrew pessrung hincz mir vergen dann des Maisters urtail, dartzu sol all mein hab die ich hab verlorn und dem Hauptman ob der Ens wer ze der selben czeit ist verualleo sein.“ ..

Versiegelt durch die „erbern Helmhart den Goriger von Dolet und Hannsden Jöriger, Herrn Helmharts Sohn und durch Chunrat den Slusselberger.“

Eritag nach S. Gorigentag 1388.

Orig. Perg. 3 Siegel (Nr. 1 u. 2 fehlen). Haus- und Staatsarchiv.

196. 1388, 18 August, Wien. Niclas der Span verkauft seinen Antheil und Recht an einem Zehend, gelegen zu Chèlichdorf auf zehn Lehen, Wein- und Getreidzehend, der ein Lehen ist von dem „erbern herren Jörg von Wallsee“, diesem seinem Lehensherrn um eine bestimmte Summe.

Versiegelt auch durch das Siegel Thomans des Zaund, d. Z. Burggraf zu Stètz (fehlt) und des Herlein von Garobatsch.

1388, Eritag vor S. Pertelmestag.

Orig. Perg. 3 Siegel (Nr. 2 abgestreift). Haus- und Staatsarchiv.

197. 1388, 19. September. Ich Stephan der Vankch von Varhenueld mein Hausfraw und all unser erben vergehen offenleich mit dem brief und | tun kunt allen den die in lesent oder horent lesen die nu lebent und hernach kumftig sind, das wir mit guetem | willen mit wolbedachtem muet zu der zeit do wir es wol getun mochten recht und redleich gegeben haben und | geben auch mitt dem brief dem erbern Herren hern Ruedolfen von Wallse zu den zeiten Lanndmarschalich in Österreich und | seinen erben die aygenschafft unsers hofs gelegen daselbs ze Varhenueld in Chålber pharr und alles des das dartzů | gehoret ze veld und ze dorff wie das genant ist, den wir von Hannsen und Jorigen geprůdern den Meylaern | gekauft haben mit allen den nutzen und rechten als wir die aygenschafft desselben hofs und swas darczu gehoret | in aygens gewer herpracht haben. Also mit ausgenomen wortten das wir und alle die die den vorgenanten hof und swas | darczu gehoret innhabent und besiczzent süllen fürbas denselben hof und sein zugehorung von dem egenanten hern Rue- | dolffen von Wallse ze rechtem freyen purkchrecht haben und sullen im und allen seinen erben oder wem er das | schaffet macht oder geit, dauon dienn und raichen alle jar ewik-

leich sechczig Wienerphenning an sand Michels | tag ze rechtem freyn purkchrecht mit allen den nuczen und rechten als man ander freys purkchrecht in dem Lan- | de ze Österreich dieunt und wenn wir oder unser nachkomen dasselb purkchrecht jerleich also gedienn so sein | wir allerding ledig und frey, also das si uns weder mit stewr, gab, fur, lehen robot noch nachtfeld noch mit | chainen andern sachen damit wir beswert mochten werden muen noch beswerеn süllen in dhain weg, wann wir | In von dem egenanten hof und seiner Zugehörung nichts anders phlichttig noch gepunden sein, denn nur des plossen | purkchrechts an dem tag so vor benant ist, an allain wenn man denselben hof und sein zugehörung verbandelt | es sey mit verseczen oder mit verkauffen, so sol der da anvert geben dreizzig Wienner phenning ze anlayt und der | der da abuert alsuil ze ablayt und nicht mer. Wir sullen auch denselben hof und swas darezu gehoret fürbas | in rechts freys purkchrechts gewér mit dem dinst und rechten so vorgeschriben stet ledichleich und freyleichen | haben und allen unsern frumen damit schaffen verkauffen verseczen schaffen machen und geben wem wir wellen | als freys purkchrechts recht ist und des Lanndes recht ze Osterreich. Und wann wir selber aygens insigils nicht | haben, daruber so geben wir fur uns und fur all unser erben und nachkomen In den brief ze ainem warn | urkünd und zu einer ewigen vestigung der sach versigelten mit des erbern vesten Ritter insigil hern Michels des | Utendorffer und mit des erbern Thomans insigil im Ziegelhaws zu den zeiten des egenanten unsers herren hern Rue | dolfs von Wallse schaffer die wir des vleizzikleich gepeten haben, das si der sach geczeugen sind mit iren an- | gehangen insigiln In an schaden, und verpinden uns auch mit unsern trewn under irn insigiln alles das stet ze | haben und ze laisten das vor an dem brief geschriben stet. Der geben ist ze Wienn nach Christs gepurd drew- | czehenhundert jar darnach in dem acht und achtzigisten jare des negsten Samcztags nach sand Lampprechts | tag.

Orig. Perg. 2 Siegel. Haus- und Staatsarchiv.

198. 1388, 24. September, Wien. Alber von Marichartstorf und Ursula seine Hausfrau verkaufen dem Herrn Jörg von Waltse und seinen Erben ihr rechtes Lehen von demselben (Jörg von Waltse) 12 Pfd. Wienerpfenning Gülten, gelegen zu „Wulcheshofen" auf behaustem Gut „die zu den Zeiten die hernach benanten Léwt diennt von erst Lewbel der Mayrel von einem gantzen Lehen drew phunt, die Gayl Merttinn von einem gantzen Lehen drew phunt, Peter der Chréwtzer von einem gantzen Lehen drew phunt, der Stübnér von einem halben Lehen zwelif Schilling, und Lewbel der Gürtler von einem halben Lehen zwelif Schilling." Der Dienst wird halb zu Georgi und halb zu Michaelis geleistet. Kaufpreis 114 Pfd. Wiener Pfennige.

Versiegelt mit dem Siegel Albers von Marichartstorf und dem seiner Oheime des Wülffing des Dachpekch und des Engelprecht Willperger.

Wien 1388, phincztag vor sand Michelstag.

Orig. Perg. 3 Siegel (2 abgefallen). Haus- und Staatsarchiv.

199. 1389, 7. März. Ich Nicolae schreiber, die zeit Richter ze Lonuelden und all mein mittailen und hellfer an aim tail, Ich Paul der chursner, ich Hansel Gerl, Jakel schuster | Ewerl smid, Steffel sneider, Gardian, Mertel Fleischhakker, Lebhaimer, Seidel spillawbar, Ratgeb, Üll Weber, Swab Thoml Harbler Ott Chürsnar | Peter Schuster, Röttl chuttlar, Volrat, Chursenpekch, Hansel Volrat, Orttel weber, Masat Peter und ich Hansel der spillawbar und all unser | mittails und helfar an dem andern tail, wir vergehen offenleich mit dem brief und tün chund allen den er für chümpt, daz wir umb | all chrieg und stözz so wir paid tail gegeneinander gehabt haben mit gutem willen unbetwungenleich ainen hinderganch getan haben | hinder den edeln unsern genadigen herran hern Reichreichen von Wallsee oder wen er dar zw schafft, in solber beschaiden vollen und ganczen | gewalt haben süllen ze sprechen. Und was er umb czwischen uns paiden sprechent zw minn oder recht, das loben

unsern trewn stat ze haben an allez geuerd. War aber, daz yndert ainer under uns oder meniger denselben spruch nicht stat hiet und | den überfür, den der egenant von Wallsee spricht, oder wen er darzw schafft, dieselben als maniger ir ist, sind dem egenanten unserm herren | von Wallsee veruallen czwai und dreizzig pfunt pfenning und seinem widertail süllen dieselben ez sei auch ainer oder meniger all sein schaden ab | nemen, die er dez selben chriegs genomen hat und süllen si auch daz gelt auzrichten dem sprüchman in dem nachsten maneyd, daz | darnach chümftig wirt an allez verziehen. Mit urchund dez briefs, den wir geben versigIt mit dez erbern wolbeschaiden Niclo dez Schallen | berger Insigl, die zeit pfleger zw Wachsenberg und mit Hainreich dez Frohnaher die zeit pfleger ze Lobenstain Insigl, und mit Ottakcher | dez Piber Insigl, die si durch unser vleizzigen pet willen an den brief gehangen habent in und irn erben an allen schaden. Dar | under verpinten wir uns all mit unsern staten vesten trewn, allez daz stat ze haben und volfürn, daz an dem brief verschriben stet. Der | geben ist do man czalt von Christes pepürd drewtzehen hundert Jar und in dem Newnten und achtzigisten Jar dez Suntags | in der vasten als man singt Inuocauit me dominus.

Orig. Perg. 3 Siegel (abgestreift). Haus- und Staatsarchiv.

200. 1389, 30. August, Wien. Schadlosbrief des Rudolf von Tyrna, der Zeit Huebmeister in Österreich, für Rudolf von Walsse (der erber herr), der Zeit Landmarschall in Österreich, der für ihn nebst mehren Andern Bürgschaft geleistet hat, für eine Schuld von 1600 Gulden an den „erbern herren" Herrn Heinrich von Zelking.

Zeuge mit seinem Siegel „der erber mann" Stephan der Leitner, Bürger zu Wien.

Montag vor St. Gilgentag 1389.

Orig. Perg. 2 Siegel (Nr. 1 schadhaft, 2 weggestreift). Haus- und Staatsarchiv.

201. 1390, 18. März. Ulrich von Waltse von Drosendorf erklärt, seinem Oheim, Herrn Heinrich von Winchel und seinen Erben 300 Pfd. Wiener Pfennig schuldig zu sein „von des Saczs wegen, den si gehabt haben auf dem gericht ze Weykerstorff von meinen voruodern", die nach seinem Tode ausbezahlt werden sollen.

Zeuge mit seinem Siegel sein Vetter Jörg von Waltse.

1390, Freytag nach Mittervasten.

(Zerschnitten.)

Orig. Perg. 2 Siegel. Haus- und Staatsarchiv.

202. 1390, 23. März. Friedrich von Waltse und Ulrich von Rorbach erklären, dem „erbern" Engelhart dem Grueber und seinen Erben 200 ungrische Gulden und Ducaten schuldig zu sein, 100 Gulden sollen nächste Sonnwenden und 100 Gulden an St. Michelstag zu Linz zurückgezahlt werden. Gewöhnliche Bedingungen. Leistung zu Linz in einem erbern Gasthaus durch einen erbern chnecht selbandern mit 2 Pferden des nächsten Tages nach der Aufforderung.

Versiegelt durch sie und als Zeugen durch den erbern vesten Ritter Herrn Michel den Utendorffer.

Mitichen vor dem Palmtag 1390.

(Zerschnitten.)

Orig. Perg. 3 Siegel. Haus- und Staatsarchiv.

203. 1390, 25. März. Ich Fridreich von Wallse und ich Anna sein Hausfraw und all unser erben wir vergehen offenleich | mit dem brief umb die vest Stranekk und alles das, das darczu gehöret die wir von unserm vettern | Hern Jörigen von Wallse von seinen erben gekauft haben auf einen widerkauf umb drew Tausent | phunt Wienner phening als der chaufbrief sagt den wir von In daruber

haben, das wir uns des gegen | demselben unserm vettern hern Jörigen von Wallse und gegen allen seinen erben mit unsern trewn an alles | geuër verlubt und verpunden haben luben und verpinden auch uns gegen In wizzentleich mit dem | brief, also das wir die Mönschaft und Pürkchrecht so zu der egenanten Vest gehörent nicht ze aygen | sullen machen in dhain weg, und das wir In die vorgenant vest und ir zugehörung umb die | egenanten drew Tawsent phunt wider ze kauffen geben süllen von sand Jorigentag der schirist | chümpt uber ein jar. Darnach wenn si uns darumb monent in den negsten drin moneiden als| auch der egenant chaufbrief sagt an alles verczichen und geuer. Tun wir des nicht swas si | des denn furbas schaden nement wie der schad genant ist, das ir ayner bey seinen trewn un- | gesworn gesprechen mag, denselben schaden mitsambt dem haubgut süllen wir In genczleich | ablegen und widerchern und sullen auch si das haben auf uns unverchaidenleich und auf | allem unserm güt, das wir haben in dem Lannde ze Österreich oder wo wir es haben wir sein| lebentig oder tod. Und daruber so geben wir obgenanten ich Fridreich von Wallse und ich Anna | sein Hausfraw für uns und fur all unser erben In den brief zu einem warn urkund der sach|versigelten mit unsern paiden angehangen Insigiln und mit unsers Prüder Insigil hern Rudolfs von | Wallse zu den zeiten Lanntmarschalch in Österreich, der der sach geczeug ist mit seinem angehangem | Insigil. Der brief ist geben ze Wienn nach Kristi gepurd Dreẘczehenhundert Jar darnach in | dem Newnczigistem Jar des negsten freytags vor dem Pallm Tag.

Orig. Perg. 3 Siegel. Haus- und Staatsarchiv.

204. 1390, 8. April, Wien. Jörg von Wallse erklärt, seiner Gemahlin Margareth, Tochter des Grafen Gregorg von Chorbaw, und ihren Erben 3000 Pfd. Wienerpfenning, die sie ihm bar geliehen, schuldig zu sein und verpfändet ihr seine Veste Pernstain mit Zugehör — sein Eigen. Ohne Abschlag der Nutzen. Ablösbar nur zwischen Martini und Weihnachten jedes Jahres.

Versiegelt durch sein Siegel und die Siegel seiner Vettern Herrn Heinrichs von Wallsee, Herrn Rudolf von Wallse, der Zeit Landmarschall in Österreich, Herrn Reinprecht von Walse, der Zeit Hauptmann ob der Enns, und Herrn Friedrich von Walsee, Gebrüder, und Herrn Ulrich von Walsee.

Freitag nach Ostern 1390.

(Zerschnitten.)

Orig. Perg. 6 Siegel. Haus- und Staatsarchiv.

205. 1390, 16. Mai. Friedrich von Walse und Rudolf von Wallse, der Zeit Landmarschall in Österreich, geben den Gebrüdern Smerlein und Eferlein Juden. Söhnen des Eysakch von der Neustadt, einen Schuldbrief über 600 Pfd. Wienerpfenning, die sie von heute über ein Jahr bezahlen wollen. Geschieht das nicht, so geht wöchentlich Gesuch auf 1 Pfd. 3 Pfen.

„Wer aber das wir In uber ein halbs Jar ir haubgut geben das ist fumf hundert phunt Wienner phenning so sullen wir In des gesuchs domit geben alsvil des von der zeit gepuret die sich denn an dem Jar vergangen hat."

Wollen sie nach dem obgenannten Tag (1 Jahr) Hauptgut und Schaden nicht länger entbehren, soll es entrichtet werden: widrigenfalls müssen sie leisten zu Wien in einem erbern Gasthaus, jeder mit einem „erbern knecht selbandern mit zwain pherten des negsten tags darnach." Das Gesuch geht fort u. s. w.

(Zerschnitten).

It. Schadlosbrief des Friedrich von Waltse, der der Hauptschuldner ist, für seinen Bruder Rudolf.

Wien 10. Mai Eritag vor (vielleicht nach) dem Auffertag 1390.

Ebenfalls zerschnitten, 2 Siegel (fehlen).

Orig. Perg. 2 Siegel. Haus- und Staatsarchiv.

Im zweiten (Schadlos)brief, ist Zeuge mit seinem Siegel (fehlt) Michel der Wildekker, der Zeit sein (Friedrichs von Wallsee) Burggraf zu Rauchnekk.

206. 1390, 20 Juli. Urfehde Meindel des Chursner, der aus dem Gefängnisse zu Sintzing auf Bitte und Bürgschaft gewisser Personen entlassen wurde. Er soll nichts unternehmen wider seinen Herrn Reinprecht von Waltse und die Herren des Namens von Waldsee und die Ihrigen und wider Friedrich den Sintzinger. Die Bürgen zahlen 20 Pfd. Pfen. dem Herrn Reinprecht von Waltsee, Hauptmann ob der Enns, wenn er sein Gelübde bricht, er selbst ist seines Halses verlustig. Die Bürger sind: mein Herr Joachhaim der Anhanger, mein vater Thoman Churssner am Porcz, Jörig von Porcz, Hansel Friezhaimer von Weibarnn, Hainczel Veldinger von Weibarnn, Hainczel am Gestat, Jorig am Gestat, Fridel am Portz.

Versiegelt durch seinen Herrn Joachim dem Anhanger und als Zeuge hat gesiegelt der erber Hainreich der Aistershaimer der Jüngere.

1390, Mitichen nach sand Margrethen tag.

Orig. Perg. 2 Siegel. Haus- und Staatsarchiv.

207. 1390, 26. December (?). Urphede des Conrad des Newhaimer und seines Sohnes Hanns, welche aus dem Gefängniss erbeten wurden. Wider Land und Leute nichts zu thun und wider die Herren von Waltse (insbesondere H. Reinprecht, Hauptmann ob der Enns) und wider Friedrich den Sintzinger („und all di seinen an Recht in dhainerlay weizz und schullen auch an urlawb von ym nicht faren“).

Versiegelt durch die erbern Gebhart den Chardringner und Ulrich den Salmansleuter.

1390. S. Stephanstag (? 3. August).

Orig. Perg. 2 Siegel (1 zerbrochen, 2 fehlt). Haus- und Staatsarchiv.

208. 1391, 2. Februar. Ich Hanns Pùchsenmaister Chonrats des Pheytter Sun von Augspurch vergich und tun kund offenlichen mit dem brif allen lewten | iez Lebentigen und hernach kunftigen. Als ich umb Schuld in des Edeln herren hern Reinprechts von Waltse haubtman ob der Enns vench- | nuss gewesen bin, daraus mich erber herren ritter und chnecht und ander piderblewtt erpeten haben in den worten und tayding als ich | daz an dem gegenburtigen brif verschriben uber mich geben und des got und allen heiligen einen ayd gesworen hab, das ich alles das | statt haben und ungeuerdlich an all arigliste dobey beliben will, als es an dem gegenburtigen brif verschriben und begriffen ist. Zdem ersten | lob und verhaizz ich, das ich noch mein frewnd noch yemant von meinen wegen umb di egenanten Venkchnuss nyemands schaden trachten | noch dester veyntter sein sullen dhainer weis. Darczu versprich ich und hab sein auch gesworn. Das ich wider den hochgeborn fursten meinen | herren . . den Herczogen ze Osterrich etc. sein lande und lewtt und wider di herren des nams von Waltse und alle di irew hinfur nymmermer nichts | tun sol weder mit angriff, tatt, wortt noch werchen dhainerlay weis suchung gen In haben vill noch wenig denn mit dem Rechten. | Und wèr daz ich der vorgeschriben Stukch und Punttnuss nicht statt hielt, daz di von mir oder ander yemant von meinen wegen uberfur | und ubergriffen wurden, wie daz wer, daz zwen piderbman wissentlich furbringen mügen, so bin ich ein erlosser ubersagter man, das | man gen mir ander Rechten und weisung nicht bedorff, dann mit dem brif sol ich geuertigt werden und des zuchtinger urtaill und pessrung | uber mich gen. Und wèr mich denn dowider hiellt, der tutt wider sein ere und getrew und wider recht, und ist denn derselb, der mich haymt | furdert oder haldet mit sampt mir als pruchig und erlozz alz ich selb und gib der punttnuss und artikel uber mich der sach ze scheinber | gedachtnuss den brif besigelten mit der ersamen weisen Gorigen des Enykchel, Mawtter —· Richter ze Lincz Insigel, und Wernharts | des Kamerer und Stephans

Vaysten baider Purger ze Lyncz Insigel die ire Insigel der sach so einer zeugnuss durch meiner | vleizziger pett willen an den brif gelegt haben In und iren erben an schaden, wann ich obgenanter Hanns Puchsenmaister aigens Insigel | nicht enhab, verpind ich mich in aydes weis under di vorbenanten Insigel, alles daz statt haben und ungeuerdlich volfüren, das vor | an dem brif geschriben und begriffen ist. Der brif ist geben do man zalt von Christs geburd dreweczehenhundert Jar und darnach | in dem ain und newnczkisten jar an unserer frown tag zder Liechtmess.

Orig. Perg. 3 Siegel (1 abgestreift, 2 und 3 da). Haus- und Staatsarchiv.

209. 1391, 27. Februar. Ich Hanns von Lichtenstain von Nicolspurg ze den zeiten des Hochgeborn fürsten Herczog Albrechts | ze Österreich etc. Hofmaister vergich offenleich mit dem brief umb all die chrieg, stözz, züspruch vodrung | und mizzhelung die yeczund zwischen uns sind und auch gewesen sind zwischen mir an" ainem tayl | und hern Albern von Potendorf an dem andern tail es sey von Güter oder von welherlay sache | wegen das gewesen ist, oder wie sich das zwischen uns und den unsern vergangen hat uncz auf | den hewtigen tag alles, in beslozzen und nichts ausgenomen, das wir desselben alles, als oben geschriben | ist auf paiden tailn mit gütleichem willen gegangen sein hinder die erbern herren hern Rudolfen von Wallse | Landmarschalich in Österreich, hern Hainreichen von Wallse und hern Fridreichen von Potendorf und den erbern | Hannsen von Dietreichstokch dieczeit Vorstmaister in Österreich. Also swas dieselben vier nach unser paider | fürlegung und brief uber dieselben chrieg, stözz, züsprüch, vodrung und misshelung zwischen uns | sprechent es sey mynn oder recht, das wir das auf paiden tailn genczleich stet haben und dabey | an all widerred beleiben sullen und wellen, und ist das si die mynn sprechen wellent, das sullen | si mit unser paider tail wissen und willen tün. Mochten si uns mit der mynn aber miteinander nicht | berichten, so sullen si das recht für sich sprechen und swas die denn zu dem rechten darüber sprechent | das sol aber von uns paiden tailn genczleich stet behalten werden an all widerred und geuer, welher | tail das aber nicht tet, der sol ze stet her gen Wienn mit sein selb leib reitten und sol da innligen | in einem offem gasthaws, wo Im dann der ander tail hin zaiget und sol da nicht auschomen | als lanng uncz er alles das volfurt unt stet haldet, das die egenanten spruchlawtt zwischen uns sprechent. Das lub ich obgenanter Hanns von Lichtenstain stet ze haben mit meinen trewn angeuer. Und | daruber so gib ich den brief zu einem warn urkund der sach versigelten mit meinem angehangem | Insigil und mit meins pruder Insigil hern Jörgen von Lichtenstain dieczeit des egenanten meins | herren Herczog Albrechts Kamermaister der der sach geczeug ist mit seinem angehangen insigil | Im an schaden. Der brief ist geben ze Wienn nach Christs gepurd drewtzehenhundert Jar dar | nach in dem ayns und Newnczigistem Jar, des Montags vor Mitteruasten.

Eben so der Revers (Hintergangsbrief) von Alber von Potendorff von demselben Tage. 27. Februar 1391.

Versiegelt durch ihn und seinen Bruder Herrn Conrad von Potendorff.

Orig. Perg. 2 Siegel. Haus- und Staatsarchiv.

Orig. Perg. 2 Siegel. Haus- und Staatsarchiv.

210. 1391, 2. Mai, St. Pölten. Bischof Georg von Passau verleiht dem „edeln ersamen" Rudolf von Waltse, Landmarschall in Österreich, und seinen Erben die Zehende zu „Peheimischenchrut, Eybastal, Seben und Siezzsperig," welche Lehen des Bisthums Passau sind und durch den Tod Heinrichs des Rawchenstainer ledig geworden sind. (Herr und Scherm.)

Eritag vor dem Auffertlag 1391.

Orig. Perg. 1 Siegel. Haus- und Staatsarchiv.

211. 1391, 26. Mai. Ich Peter von Potenaw und ich Margret sein Hausfraw vergehen und tün chunt offenleich mit dem brief, das wir mit güt | willen mit wolbedachtem müt und zu der zeit do wir es wol getün mochten, an den edeln und wolgeborn unsern genedigen, | lieben herren hern Rudolfen von Walssee zu den zeiten Landmarschalich in Österreich und sein erben unsern hof ze Mos, gelegen in Kappeller pharr, uns selb und all unser erben und nachkomen, die denselben Hof nach uns besiczen oder innehaben werdent ge | vogtet und si zu vogt genomen haben. Also das Si uns hinfür ewichleich getrewleich vogten und schermen sulln als ander ir | vogtlewt und darumb wellen und sullen wir In hinfür ewichleich alle iar jērleich an sand Michelstag raichen und geben zu | rechtem vogtrechten zway hüerr an alles verczichen und nicht mer und das in das hinfür ewichleich stet behalten und volfürt | werde geben wir In den brief versigilten mit des erbern herren, hern Hannsen des Toczenpekchen und mit des erbern Anthonyen | von Grabarn angehangen insigiln, die Si durch unser fleissigen pet willen daran gehenkcht haben In an schaden, wann wir selber | aigner insigiln nicht haben. Geben ze Wienn an freitag nach Gotzleichnamstag nach Christs gepurde dreuczehenhundert Jar darnach | in dem ayns und Newnczigistem Jare.

Orig. Perg. 2 Siegel. Haus- und Staatsarchiv.

212. 1391, 11. Juli, St. Pölten. Bischof Georg von Passau verleiht aus Gnade dem edlen (ersamen unserm sunder lieben) Rudolf von Wallse Landmarschall zu Österreich und seinen Erben halben Zehend zu Weizzenperg („der uns und unserm Gotzhaws ze Pazzaw mit tod Hainreichs des Rawchenstainer ledig worden ist.“) Und ist sein Scherm.

Eritag vor S. Margreten 1391.

Orig. Perg. 1 Siegel. Haus- und Staatsarchiv.

213. 1391, 1. September, Linz. Urphede des Hanns von der Aschach, der aus dem Gefängniss des Herrn Reinprechts von Waltse, Hauptmanns ob der Enns, durch gute Freunde ausgebeten wurde. Nichts wider den Herzog und den Walsee zu unternehmen etc. etc.

Versiegelt durch ihn und seinen lieben Freund Ludweig ab dem Stain vom Eerstperg und Hanns ab dem Stain, Hanns den Frawndorffer, Engelhart den Gruber, Pfleger zu Chürnberg, als Zeugen.

St. Gilgentag 1391.

Orig. Perg. 5 Siegel. Haus- und Staatsarchiv.

214. 1391, 13. October. Urphede des Jörg Anhanger von Rewtt, der aus dem Gefängniss des Herrn Reinprecht von Waltse, Hauptmanns ob der Enns, durch seine Freunde und ander erber lewt war erbeten worden; er soll sich nächsten St. Martinstag an die Veste zu Linz stellen, oder wann es verlangt wird u. s. w.

Sonst ist er verfallen mit Leib und Gut.

Versiegelt durch ihn und den erbern vesten Ritter Herrn Hannsen den Mawrllein („betschaft der di selb czit Insigels nicht enhat“) und seinen guten Freund Friedrich den Sintzinger, Richter zu Starchenberg und Wolfgang den Portzhaymer.

St. Cholmanstag 1391.

Orig. Perg. 4 Siegel (Nr 3 fehlt). Haus- und Staatsarchiv.

215. 1391, 11. November. Revers des Jörg Anhanger von Rewtt für den Hauptmann ob der Enns, Reinprecht von Wallsee, in dessen Gefängniss er gekommen, aber auf Bitte seiner Freunde und anderer erberer Leute bedingungsweise entlassen wurde. Er will sich stellen in die Veste zu Linz künftigen heil. drei Königstag „oder auf welhen tag er mich in der egenanten zeit vodert“ und ohne sein Wissen und Willen nicht herauskommen, sonst ist er ein recht- und ehrloser Mann und verfallen dem Herzog von Österreich und dem Herrn Reinprecht von Walsee „leibs und guts.“

Versiegelt durch ihn und seine guten Freunde und Gesellen Wolfgang den Porczheymer, Jorg den Enykchel, die Zeit Mauthner und Richter zu Linz, und Stephan Schrantz, Bürger daselbst.

St. Martinstag 1391.

Orig. Perg. 4 Siegel. Haus- und Staatsarchiv.

216. 1392, 8. Jänner. Urfehde des Ulrich Schoppel Verig (Fährmann) zu Lantzhag, der in das Gefängniss des edlen Herrn Reinprechts von Waltse, Hauptmanns ob der Enns, gekommen war „umb beschuldnuss unredlich hanndels von uberfurens wegen am ůruar ze Lantzhag“ und aber auf Fürbitte Mehrerer bedingungsweise entlassen worden war. Wird er aufgefordert muss er sich wieder stellen „in di venkchnusse in di vestt gen Wassenberch in aller der mazz und rechten, als ich vor darinn gewesen und gehabt bin worden“ und darf nicht ohne Erlaubniss sich daraus entfernen, sonst ist er ein „übersagter man ..... wir hernach verschriben mit den namen des oftgenanten Schoppleins frewnd ich Philipp Vischer, ich Michel Vischer, ich Ulreich Vischer, ich Andre Chunrats geswey, ich Hanns Sampner, ich Mert Vischer, ich Chonrad auf dem graben, ich Andre Pintter, wir vorbenant all gesessen ze Lantzhag und ich Stephan Schopper verig ze Aschach ich Wernhart Pawman und ich Hanns Angrĕr auch gesessen ze Aschach wir loben versprechen und verhaissen, ob der obgenant unser frewnt Ulroich Schopper von Lantzhag di gelub und punttnuss alz vorgeschriben und begriffen ist nicht stat hielt, und di ubergriff, wie daz wer, verhaissen und versprechen wir all und unser igleicher besunder an eins rechten gesworn aydes stat, daz wir denn sein recht veynt wellen sein und ungeuerdlich nach Im stellen, daz er darczu gestellt und pracht werde, daz das an Im volfurt werde alz vor an dem brif mit worten begriffen ist.“

Besiegelt durch die „erbern weysen“ Otakcher den Piber, Udung den Herleinsperger und Philipp den Premsser.

St. Erhartstag 1392.

Orig. Perg. 3 Siegel (Nr 3 abgestreift). Haus- und Staatsarchiv.

217. 1392, 18. März, Wien. Schuldbrief des Jörg von Waltse über 36 Pfd. Wiener Pfennige, die er bis nächsten St. Laurenzentag zahlen soll der Jüdinn Zisnaba, Witwe der Schawll von Znaim, gesessen zu Wien, sonst geht Gesuch von jedem Pfd. 2 Pfen. alle Woche. Leistung, ein erberer chnecht selbander mit 2 pherten zu Wien in ein Gasthaus u. s. w. doch das Gesuch geht fort bis zur Zahlung.

Zeuge mit seinem Siegel sein Diener Ulrich der Fluschart.

Montag vor Mittervasten.

Mit 2 hebräischen Zeilen am Rande. (Zerschnitten.)

Orig. Perg. 2 Siegel (zerbrochen). Haus- und Staatsarchiv.

218. 1392, 30. März. Ulrich von Waltse verkauft seinem Schwager dem „erbern herren“ Hanns von Liechtenstain von Nicolspurch, der Zeit Hofmeister des Herzogs Albrecht von Österreich, sein freies Eigen eine Gülte von 15 Pfd. 6 Schilling und 24 Pfennig Wiener Münze um 158½ Pfd. Wiener Pfennige.

„Von erst ze Ottental aindlef phunt sechs schilling und 24 phenning geltes auf behaustem gut und fumf schilling und drei phenning gelts doselbs auf uberlent und newn schilling gelts ze Průnnsendorf auf behawstem gut, und ze Hittendorff Achtzehen schilling gelts auch auf behawstem gut.“

Zeugen mit ihren Siegeln: sein Vetter Herr Fridrich von Waltse von Potenstain und der „erber Ritter“ her Christan der Tèhenstainer.“

Sambcztag nach Mitteruasten 1392.

Orig. Perg. 3 Siegel. Haus- und Staatsarchiv.

219. 1397, 26. Juli. Ich Stephan Pharrer zu Mistelbach. Bechenn fur mich und alle mein Nachkomen Pfarrer der egenanten Kirchen zu Mistelbach. Als|der

Edel mein gnediger herr her Rudolf von Walsse seinen Walichstamph zu Hobesdorf gelegen auff der Czaia von dem er jerleich gehabtt | hat ain pfunt phenning geltes, das man Im alleiar duuon gedint hat zu seiner vestte gen Asparn, und des er sich durch meiner | vleizzigen bette willen verwegen hat und denselben Walichstampf daselbens gênezleichen hat naher getan und ewichleich abgesagtt | durch frumen und nucz willen der Staynprukgmûl gelegen Oberthalb Hobesdorff die da gehoret ze der egenanten Kirchen gen | Mistelbach. Daz ich Im und allen seinen Erben und Nachkomen Herren ze Asparn mit gutem willen dafur zu Widerlegung | gegeben hab und gib auch mit dem brief und mit gunst und Willen des Hochgeborn fursten meins gnedigen herren Herczog | Albrechts Herczog ze Osterreich etc. meiner egenanten Kirchen rechts Aygens, ain ander phunt geltes gelegen ze Gaubatsch | auff behaustem gute, darauf dieczeit gesezzen ist Hainreich der Gulner mit allen den nuczen ern und rechten, als ich und mein | Voruordern Pharrer ze Mistelbach das uncz her besezzen ynnegehabtt und geuessend haben. Darczû sol auch furbaz von der egenanten | Staynpruggmûl allczeit gemachtt und ausgerichtet werden die Prukg ze Hobesdorf uber die Czaya, alsoft es not geschiecht | in aller der mazz, als man die vor von dem Walichstampf hat gemachtt und ausgerichtet. Und des ze Urkund gib ich In den | briefe versigelt mit meinem insigel und mit des Erwirdigen herren Maister Lienharts des Schaurs dieczeit Official des | Bistums ze Passaw ze Wienn insigel der daz durch meiner bett willen ze czeugnûzz Im an schaden gehengt hat an disen briefe. | Der geben ist ze Wienn nach Cristi gebûrde Dreuczehenhundert Jar darnach in dem syben und Newnczgistem Jar an sannde | Annen tage.

Von aussen: Pharrer zu Mistelbach 1 Pfd. gelts 1397.

Sonnenberg etc. (?).

Orig. Perg. 2 Siegel. Haus- und Staatsarchiv.

Aus der k. k. Hof- und Staatsdruckerei.

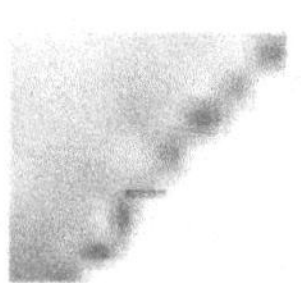

Zeitfracht Medien GmbH
Ferdinand-Jühlke-Straße 7
99095 Erfurt, Deutschland
produktsicherheit@kolibri360.de